STRATEGOR

POLITIQUE GÉNÉRALE DE L'ENTREPRISE

STRATEGOR

4e édition

DUNOD

ISBN 2 10 008314 7

Table des matières

Avant-propos 1

Introduction générale 3

Partie 1
Stratégie

Chapitre 1 Analyse de l'environnement et compréhension de la concurrence 17

1 L'environnement externe 18
2 La dynamique concurrentielle 55

Chapitre 2 Évaluer l'attractivité d'un domaine d'activité 65

1 L'attractivité intrinsèque 65
2 L'attractivité relative 73
3 Les systèmes concurrentiels 74

Chapitre 3 Des ressources et compétences à la compétitivité 79

1 L'analyse interne : de la chaîne de valeur aux compétences 80
2 Ressources et compétences : utiliser les effets de levier, valoriser le portefeuille, et évaluer la marge de manœuvre des concurrents 96

Chapitre 4 Évaluer la position concurrentielle 103

1 Valoriser le portefeuillede ressources et de compétences 103
2 Évaluer la marge de manœuvre des concurrents 111
3 Une évaluation dynamique 119

Chapitre 5 L'avantage concurrentiel 123

1 La nature de l'avantage concurrentiel 124
2 Avantage de coût et volume de production 128
3 Les avantages fondés sur une recomposition de l'offre : différenciation et low cost 146

Chapitre 6 De la proposition de valeur au *business model* : comment créer, partager et s'approprier de la valeur 163

1 La proposition de valeur : « fonder » une offre à potentiel 164
2 Le *business model* : « former » une offre à potentiel 180

Chapitre 7 Stratégies de croissance et voies de développement : spécialisation et diversification 195

1 La spécialisation 197
2 La diversification stratégique 203
3 Les modes de développement 218

Chapitre 8 La globalisation et les options stratégiques 223

1 Les forces de globalisation 224
2 La dynamique de la concurrence internationale 231
3 Stratégie internationale et avantages concurrentiels 237
4 L'internationalisation et la réorganisation de la chaîne de valeur de l'entreprise 249

Chapitre 9 Diversification et *corporate strategy* 257

1 Qu'est-ce que la *corporate strategy* ? 259
2 La segmentation stratégique 262
3 Les modèles de portefeuille d'activités 267
4 *Corporate strategy*, diversification et création de valeur 281
5 Recherche synergies désespérément 290

Chapitre 10 Les stratégies d'acquisition 299

1 Les motivations des fusions et acquisitions 301
2 Le processus d'acquisition 317

Chapitre 11 Les alliances stratégiques 333

1 Définition des alliances : l'ambiguïté coopération/compétition 333

2 Pourquoi s'allier avec un concurrent ? 337
3 Les pièges des alliances 343
4 Trois grands types d'alliances 348
5 Dynamique et management des divers types d'alliances 354

Chapitre 12 Stratégie et développement durable 361

1 Les enjeux d'environnement de l'activité économique 361
2 Les enjeux sociaux de l'activité économique 370
3 Business et « *licence to operate* » 372
4 Actionnaires et parties prenantes 378
5 Business models existants et développement durable 389
6 Aligner le système de gestion du développement durable sur les intentions stratégiques 395

Partie 2
Structure

Chapitre 13 Éléments de base d'une théorie de la structure 411

1 Définitions 411
2 Les déterminants de la structure 416
3 Différenciation-intégration 425
4 Structures et complexité 430
5 Structures et cultures 432
6 Le changement organisationnel 437

Chapitre 14 Les structures mono-dimensionnelles 443

1 La structure fonctionnelle 444
2 La structure divisionnelle 452
3 Les structures de transition 463

Chapitre 15 Les structures multi-dimensionnelles 473

1 La structure matricielle 473
2 Les projets 481
3 Mise en œuvre des structures multidimensionnelles 489

Chapitre 16 Les défis à relever 497

1 S'internationaliser 497

2 Concilier taille et réactivité 508
3 Mobiliser les compétences et les synergies 517
4 Accélérer les innovations 528

Chapitre 17 Le changement organisationnel 533

1 L'approche théorique du changement 533
2 L'évolution de la conception du changement 535
3 La mise en œuvre du changement 546
4 Une vision systémique du changement 556

Chapitre 18 Au-delà de la contingence 561

1 Une modélisation de la diversité 563
2 Le renouvellement du paradigme des structures 569

Partie 3
Décision

Chapitre 19 Planification d'entreprise et management stratégique 597

1 Définition de la planification d'entreprise 597
2 Évolution des systèmes classiques de planification 598
3 La crise de la planification 605
4 Architecture des systèmes de planification stratégique 607
5 Les fonctions potentielles de la planification 617
6 La planification : s'en servir ou pas 620

Chapitre 20 Les modèles fondamentaux des processus de décision 625

1 Le modèle de l'acteur unique 628
2 Le modèle organisationnel 632
3 Le modèle politique 638
4 Le modèle de la poubelle 641

Chapitre 21 Processus de décision et maîtrise de la stratégie 645

1 Le modèle de la politique organisationnelle 645
2 L'incrémentalisme logique 653
3 L'incrémentalisme cognitif 659

Partie 4
Identité

Chapitre 22 De la culture à l'identité 669

1 Les textes fondateurs : Selznick, Barnard, LCAG 669
2 L'idée de culture : l'engouement des années quatre-vingt 672
3 Critique de la notion de culture : de la culture à l'identité 684

Chapitre 23 L'identité 689

1 L'identification, l'identité et l'action collective 689
2 Les cinq facettes des identités organisationnelles 693
3 La focalisation de l'identité 706

Chapitre 24 Gérer les identités d'entreprise 713

1 La gestion de la *corporate reputation* 714
2 Action interne sur l'identité : la démarche clinique par entretiens et restitution 725
3 Gérer les identités d'entreprises multiples 728

Chapitre 25 Le leadership 733

1 Une littérature pléthorique 733
2 Notre approche 736
3 Le travail de rôle du dirigeant 739
4 Approche psychanalytique du leadership 743

Chapitre 26 Du knowledge management à l'entreprise apprenante : le *Learning Mix* 749

1 Le *Learning Mix* : un modèle intégrateur 750
2 La technologie : les systèmes d'information 751
3 Organisation : une structure apprenante 752
4 La gestion d'un portefeuille de connaissances 754
5 Une identité apprenante 755

Conclusion générale 761

Cas d'application

Cas Vivendi Universal : *corporate strategy* et création de valeur 769

Cas Swissair 805

Grands auteurs en stratégie 837

Glossaire 849

Bibliographie 857

Index des concepts 871

Index des sociétés 875

Avant-propos

Cet ouvrage est le fruit du travail collectif du département Stratégie et Politique d'entreprise du Groupe HEC. Ayant pour but d'intégrer les multiples facettes du métier de dirigeant, il formalise les enseignements donnés par les auteurs depuis une trentaine d'années auprès d'étudiants, de cadres et de dirigeants d'entreprise. Il manifeste en outre leur expérience du monde industriel, acquise au cours de nombreuses actions de recherche et de conseil.

Un tel ouvrage constitue un apport essentiel, tant à l'enseignement qu'à la pratique du management stratégique. Il regroupe dans une vision globale des disciplines qui étaient jusqu'à présent déconnectées, dans la littérature comme dans la formation. En ce sens, il représente pour tous, étudiants, professeurs, consultants et cadres dirigeants, un outil de travail efficace.

Cette quatrième édition, très largement refondue et enrichie, présente aussi bien les concepts de base que les réflexions les plus avancées, en s'efforçant toutefois de ne pas sombrer dans les effets de mode.

Destiné aux étudiants, aux cadres et aux dirigeants d'entreprise, cet ouvrage a été conçu et testé à leur contact. Depuis près de vingt ans, il constitue la référence de base de nos enseignements.

Les auteurs adressent leurs remerciements aux élèves de l'école HEC, aux participants du MBA-HEC, aux étudiants du doctorat HEC et aux stagiaires d'HEC Management qui, par leur curiosité et leur exigence, ont largement contribué à l'enrichissement de leur réflexion.

Enfin, cet ouvrage n'aurait jamais pu voir le jour sans la collaboration efficace de nos éditrices.

Strategor,
Jouy-en-Josas, 2004.

Introduction générale

La **politique d'entreprise** est l'une des plus jeunes sciences du management. Son objet est l'*entreprise en tant qu'acteur* de la vie économique et sociale. Elle vise à connaître les déterminants, endogènes et exogènes, de cet acteur, afin d'expliquer ses comportements passés, de prévoir, et surtout d'orienter ses comportements futurs. Ses finalités en font ainsi la discipline la plus directement liée à la direction générale d'entreprise, la plus utile à l'exercice du métier de dirigeant.

Elle considère l'entreprise comme une totalité (ce qui est précisément le point de vue d'une direction générale), alors que les autres fonctions, que ce soit le marketing, la production, la gestion du personnel ou la finance, par exemple, n'en concernent qu'un aspect. Plus qu'une synthèse des autres fonctions, la politique d'entreprise vise à réaliser la maîtrise d'un domaine spécifique, qui commence là où celles-ci s'arrêtent, et qui se définit comme celui du *libre arbitre* des dirigeants d'entreprise. Elle utilise les informations venant des autres fonctions ainsi que des méthodologies qui lui sont propres, mais elle ne se laisse emprisonner ni par les unes ni par les autres. C'est tout le sens du terme *politique,* qui trouve ses racines dans le gouvernement souverain, par les citoyens libres, de la cité-État de la Grèce antique.

Si l'on conçoit l'entreprise comme une entité poursuivant des objectifs propres, par les voies et les moyens qu'elle se donne, et si l'on accepte qu'elle puisse être objet de science, alors la politique d'entreprise est la science de la liberté de l'entreprise.

Cette liberté se manifeste d'abord par le *choix* des objectifs généraux que l'entreprise entend poursuivre, et des stratégies qu'elle développe à cette fin. Ce que l'on appelle la *stratégie,* à l'intérieur même de la politique d'entreprise, correspond à l'exercice difficile de ces choix. C'est un domaine de connaissance déjà plus ancien, qui s'est construit à partir des théories économiques appliquées à l'entreprise, et où la notion de concurrence était la base de tout raisonnement.

C'est d'ailleurs en référence à cette notion, qui évoque un état de guerre entre les combattants que sont les entreprises sur un terrain représenté par le marché, que les premiers théoriciens ont adopté le terme de stratégie. Lui aussi d'origine grecque, il se réfère à l'armée, et au général qui dispose ses troupes sur le champ de bataille. Il s'agit donc d'une analogie ; comme toute analogie, elle est très utile mais possède ses limites. En réaction à ces partis pris, les théories de la stratégie développées à HEC mettent l'accent sur les **stratégies d'alliance**, celles qui se développent précisément dans un contexte où compétition et coopération coexistent.

Des stratégies concurrentielles pures et dures aux stratégies coopératives, il y a ainsi un vaste champ d'action pour les dirigeants d'entreprise, lequel a fait l'objet de nombreuses analyses : elles sont présentées dans la **première partie** de cet ouvrage.

Un grand nombre d'approches se sont succédées, depuis le premier modèle développé dans les années soixante à l'université de Harvard. Le lecteur trouvera, tout au long de cette première partie, non seulement la description synthétique de chaque approche, mais encore son analyse critique, ainsi que l'indication des situations concrètes dans lesquelles il apparaît particulièrement pertinent.

Les méthodes d'analyse stratégique ne sont cependant que la première face de la politique d'entreprise, la plus visible et donc la mieux connue. Mais il apparut très tôt qu'elles ne pouvaient seules rendre compte de la réalité du métier de dirigeant.

En effet, le choix d'une stratégie étant supposé acquis, sa mise en œuvre n'a rien d'évident, car elle passe par une répartition des tâches à l'intérieur de l'entreprise, du sommet à la base. Cette répartition implique un nombre de personnes d'autant plus élevé que l'entreprise est grande ; ces personnes sont d'autant plus différentes les unes des autres, par leurs compétences, leurs méthodes ou leurs façons de voir, que les tâches à accomplir demandent une grande spécialisation. Tout ceci complique le rôle des dirigeants, obligés de déléguer leurs responsabilités en cascade au travers de l'organisation et d'imaginer des moyens de coordination de cet ensemble complexe. Cet aspect de la direction générale d'une entreprise est désigné sous le terme de **structure**, et on le symbolise souvent par un organigramme. Il s'agit de la structure de répartition des tâches aussi bien que des liens existant entre les différents responsables de ces tâches.

La **deuxième partie** de cet ouvrage est consacrée à l'étude de la structure de l'entreprise. Mais elle va beaucoup plus loin que ce que l'on appelait autrefois la mise en œuvre de la stratégie. Elle apprend certes au lecteur à lire un organigramme comme on lit un bilan, c'est-à-dire à y découvrir tout ce qui s'y cache, mais elle lui fait également prendre conscience de la relation très étroite qui unit stratégie et structure. Car s'il est exact qu'une stratégie, pour être mise en œuvre avec succès, suppose que la structure lui soit adaptée, une structure donnée influence, de façon très importante, la stratégie qui sera choisie. C'est un peu l'histoire de la poule et de l'œuf : la stratégie est le produit d'une structure qui lui préexiste, mais elle engendre à son tour une structure nouvelle.

Là encore, il existe une série de modèles qui proposent une codification des rapports existant entre stratégie et structure. Ils étaient au début assez simples et associaient un type de structure à un type de stratégie, au sein de ce que l'on a appelé une théorie des **stades de développement** de l'entreprise. Progressivement sont apparues des théories dites contingentes de cette relation, refusant les principes universels et mettant en avant l'idée que *ça dépend :* le type de structure le plus performant dépend d'un certain nombre de facteurs, tels que la nature de l'activité ou de la concurrence. Cette approche a donné naissance à une deuxième génération de modèles, eux aussi présentés et commentés dans la deuxième partie, à l'aide d'un grand nombre d'exemples concrets.

Les analyses plus récentes, menées à HEC notamment, ont cependant fait apparaître que les approches contingentes étaient elles-mêmes trop limitées, car elles négligeaient l'aspect politique du choix de la structure. Une entreprise n'est pas un meccano, même complexe : c'est avant tout un groupe humain, lui-même divisé en sous-groupes. Toute transformation de la structure affecte ces différents groupes en termes de responsabilité et de pouvoir. Elle est donc naturellement elle-même un enjeu de pouvoir, au-delà des raisons plus ou moins *mécaniques* mises en avant pour la justifier ou, au contraire, la condamner.

Il y a donc, dans tout choix de structure, un certain arbitraire, qui n'est autre qu'un *espace de liberté* politique pour ceux qui font ce choix.

C'est ce que le lecteur découvrira à travers les approches les plus récentes. Ainsi sera terminée l'analyse de la deuxième face de la politique d'entreprise, qui complète la première en interaction avec elle ; la dynamique stratégie-structure reste d'ailleurs encore pour beaucoup d'auteurs l'essentiel de la politique d'entreprise. Mais il n'en va pas de même dans cet ouvrage, où a été justement mis en évidence, au terme des deux premières parties, l'espace de liberté qui existe dans le choix d'une stratégie comme dans celui d'une structure. L'entreprise, *objet* de connaissance, est le *sujet* de cette liberté : l'entreprise tout entière et pas seulement sa tête, ses dirigeants supposés que nous avons jusqu'à présent évoqués, par commodité, sans les définir. Qui, en effet, exerce ces choix ? Voilà la question que les théoriciens de la stratégie ou de la structure oublient le plus souvent de se poser, comme si l'entreprise, en tant qu'être agissant, était une boîte noire parfaitement impénétrable, que l'on pourrait symboliser par un hypothétique et tout puissant dirigeant !

Dans la réalité, ce dirigeant n'existe pas toujours, et lorsqu'il existe, il est beaucoup moins puissant que les modèles ne le supposent. Les choix qu'on lui prête ne sont pas forcément les siens, car bien souvent il ne fait qu'entériner ceux qu'on lui propose. Certains semblent même avoir été opérés tout seuls, tant ils apparaissent comme le produit d'une histoire plus que celui d'une décision délibérée et datable. L'être d'une entreprise ne peut donc se laisser saisir à travers son dirigeant, mais bien plutôt à travers les processus réels de décision qui le façonnent peu à peu : c'est l'objet de la **troisième partie** de cet ouvrage.

Sans s'éloigner des grands choix de stratégie et de structure, elle guide le lecteur dans un domaine ignoré des modèles managériaux, et lui montre que ces choix s'expliquent non pas par les données du problème de stratégie ou de structure posé, mais par la façon dont l'organisation a *traité* ce problème.

Comme il n'y a pas de théorie sans modèles, cette partie, elle aussi, présente l'état actuel du savoir dans le domaine de la **décision**. Elle oppose aux approches *rationnelles,* c'est-à-dire celles qui se fondent sur une rationalité purement économique, les approches *organisationnelles,* fondées sur les lois du fonctionnement interne des organisations, et les approches *politiques,* fondées sur les rapports interpersonnels des décideurs. L'apport des sciences politiques y est essentiel, et ancien, mais il n'est pas le seul. Les théories de la planification stratégique, en particulier, ont tenté de saisir et de codifier les processus de décisions en les adaptant à l'évolution de l'environnement de l'entreprise, d'une manière très comparable aux approches contingentes décrites pour la structure.

Parmi les théories les plus récentes, celles développées à HEC essaient de dépasser à nouveau la notion de contingence pour esquisser ce que pourrait être la maîtrise des processus de décision. Si plusieurs types de processus de décision existent, elles ne se contentent pas de les classer et de leur faire correspondre des variables exogènes : en distinguant ce que l'on appelle des *situations* de décision, elles jettent les bases d'un nouveau savoir, qui permettra en quelque sorte de *décider la décision*… Ainsi s'achève la partie qui dévoile une troisième face de la politique d'entreprise.

Il en reste cependant encore une à mettre à jour. C'est la moins visible de toutes, la plus difficile à comprendre et à maîtriser. Au-delà de la manière dont se prennent les décisions stratégiques, il se produit dans toute organisation un phénomène qui interfère très largement avec la stratégie, au point parfois de la paralyser. Il s'agit de l'**identité** de l'entreprise, image collective de ce qu'est cette entreprise pour tous ceux qui y travaillent.

On a trop souvent mélangé identité et image externe perçue justement par ceux (clients ou fournisseurs, par exemple) qui ne sont pas dans l'entreprise. Or l'identité est une image infiniment plus complexe, qui ne se confond aucunement avec cette image externe, facilement manipulable par la publicité et les relations publiques. L'identité procède d'une culture interne à l'entreprise, étudiée surtout par les psychosociologues des organisations.

Dans la **quatrième et dernière partie** de cet ouvrage, leur apport est présenté puis critiqué, car il manque la nécessaire dimension entrepreneuriale. Les théories anglo-saxonnes de la *corporate culture* y sont également analysées de façon critique : il leur manque sans doute, à elles, la dimension psychanalytique indispensable.

Le concept d'identité de l'entreprise est né et a été considérablement développé à HEC depuis plus de vingt ans. Il représente une petite révolution dans la politique d'entreprise, tant son apport semble précieux au métier de dirigeant. Cet ouvrage le présente donc sous une forme complète, la plus achevée à ce jour, et en souligne toutes les applications potentielles.

Ce manuel ne saurait s'achever sans montrer les liens qui unissent les quatre piliers de la politique d'entreprise, que nous avons nommés : **stratégie, structure, décision, identité**. C'est l'objet de la conclusion, qui esquisse une difficile synthèse entre ces quatre éléments.

Ils sont un peu comme les quatre faces d'un **tétraèdre** : liés deux à deux par une crête, qui est aussi une articulation, comme dans le cas de stratégie-structure ou d'identité-stratégie. De sorte que, quel que soit le problème de politique d'entreprise posé, l'examen de l'un de ces éléments conduit automatiquement à examiner les trois autres. C'est toute l'originalité d'une approche qui contribue, avec toutes celles qui l'ont précédée, au progrès des sciences du management.

Strategor mode d'emploi

Cette nouvelle édition comporte des modules pédagogiques, certains classiques et hérités des précédentes éditions, d'autres innovants :

- les exemples qui émaillent le texte ;
- les nombreux tableaux et figures ;
- les mini-cas en anglais, témoins de l'importance de l'enseignement en anglais et permettant au lecteur de s'approprier le vocabulaire de la discipline ;
- les cas complets, situés en fin d'ouvrage et assortis de leurs documents annexes, qui permettent aux étudiants de visualiser la structure des sujets d'examen et d'en comprendre la logique interne.

Enfin, *Strategor* comporte des « utilitaires » :

- un glossaire français-anglais ;
- une bibliographie complète ;
- des portraits et références aux grands auteurs en stratégie ;
- deux index : index des concepts et index des sociétés citées.

Partie 1

Stratégie

Introduction

On trouve dans la littérature managériale un très grand nombre de définitions différentes de la stratégie d'entreprise ; nous renverrons le lecteur intéressé aux nombreux ouvrages, tant français qu'anglo-saxons, publiés sur le sujet depuis une trentaine d'années, et dont on trouvera une liste en bibliographie. Pour notre part, nous définirons la stratégie de la façon suivante : *élaborer la stratégie de l'entreprise, c'est choisir les domaines d'activité dans lesquels l'entreprise entend être présente et allouer des ressources de façon à ce qu'elle s'y maintienne et s'y développe.*

Cette définition identifie deux niveaux de stratégie :

- la stratégie de groupe (ou *corporate strategy*), qui détermine les domaines d'activité de l'entreprise. C'est cette stratégie de groupe qui conduit l'entreprise à s'engager dans tel ou tel secteur, ou à se retirer de tel ou tel autre, afin de se constituer un portefeuille d'activités équilibré ;
- la stratégie concurrentielle (ou *business strategy*) mise en œuvre dans chacun de ces domaines d'activité. Cette stratégie concurrentielle définit les manœuvres que l'entreprise doit accomplir afin de se positionner favorablement face à ses concurrents dans un secteur donné.

Par ailleurs, cette définition insiste sur le fait que ce sont les choix d'allocation de ressources, investissements et désinvestissements notamment, qui, davantage que les discours des dirigeants, font la stratégie.

Les premiers modèles d'analyse stratégique sont venus des États-Unis, dans les années soixante. Le plus connu est celui de la Harvard Business School, et a été pour la première fois proposé dans un ouvrage devenu classique[1] signé des professeurs Learned, Christensen, Andrews et Guth, nous nous y référerons par la suite sous le nom de modèle LCAG. Bien que ce modèle apparaisse aujourd'hui dépassé et simpliste, il est utile d'en rappeler la logique, qui reste sous-jacente aux approches plus récentes de la

1. Learned E.P., Christensen C.R., Andrews K.R. et Guth W.D., *Business Policy, Text and Cases*, Richard D. Irwin, 1965.

Le modèle LCAG

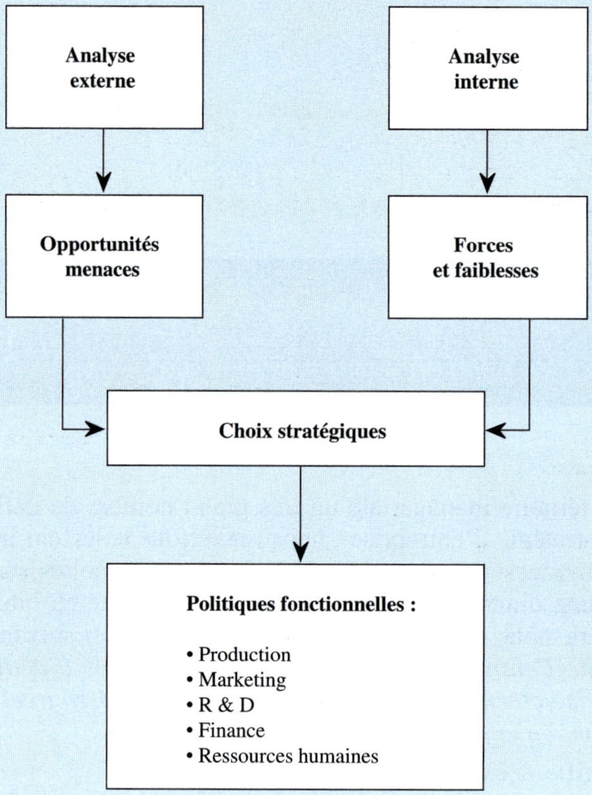

stratégie. Le modèle LCAG confronte l'entreprise à son environnement concurrentiel en évaluant la plus ou moins grande adaptation des compétences et ressources propres de l'entreprise aux contraintes que lui impose cet environnement. Cette confrontation entre analyse interne (de l'entreprise) et analyse externe (de l'environnement concurrentiel) a été représentée comme indiqué dans la figure page suivante.

Centré sur l'évaluation des forces (*strengths*) et faiblesses (*weaknesses*) de l'entreprise d'une part, sur l'identification des opportunités (*opportunities*) et menaces (*threats*) présentes dans l'environnement d'autre part, ce modèle est également connu sous l'acronyme de « SWOT ».

Les développements ultérieurs de la réflexion sur la stratégie sont venus se greffer sur ce modèle pour proposer une formalisation plus poussée des méthodes d'analyse externe et interne ainsi que des liens entre les conclusions tirées de ces analyses et l'éventail des choix stratégiques possibles.

Soulignons qu'en fait le modèle LCAG est avant tout adapté à l'analyse des stratégies concurrentielles (*business strategies*), telles que nous les avons définies précédemment. L'analyse des stratégies de groupe (*corporate strategies*) a été formalisée plus tardivement et de façon très largement indépendante par des cabinets de conseil en stratégie.

Depuis une trentaine d'années, le domaine de la stratégie s'est enrichi de nombreux modèles, méthodes et concepts qui feront l'objet de présentations détaillées dans cette première partie du livre. L'ensemble de ces approches peut être structuré dans une démarche cohérente comprenant cinq grandes étapes.

1 La segmentation stratégique

Cette première étape vise à identifier, au sein de l'activité globale de l'entreprise qui se présente la plupart du temps comme un ensemble confus de produits, de marchés, de technologies, d'outils de production, etc., les ensembles pertinents, homogènes du point de vue de la formulation de la stratégie, et donc de l'allocation des ressources, à partir desquels on pourra construire la réflexion stratégique.

2 L'analyse concurrentielle

Pour chacun des domaines d'activité ainsi définis, il convient d'en analyser les caractéristiques intrinsèques (croissance, potentiel de développement, taux moyen de rentabilité, valeur, attrait...), de déterminer quelles sont les principales forces qui s'y exercent (rivalité entre concurrents existants, pression des fournisseurs ou des clients, menace de nouveaux entrants dans le domaine ou de produits de substitution, intervention de l'État...) et d'identifier ainsi les ressorts essentiels de la concurrence.

3 La construction d'un avantage compétitif

Pour chacun des domaines d'activité considérés, et compte tenu des résultats de l'analyse concurrentielle, une stratégie appropriée permettant à l'entreprise de se créer un avantage compétitif durable doit être mise en œuvre. Les deux principales stratégies envisageables, souvent qualifiées de « stratégies génériques », sont :

• *les stratégies de coût*, par lesquelles l'entreprise cherche à s'assurer un avantage au niveau de ses coûts sur l'ensemble de ses concurrents. Des volumes de production importants étant souvent à l'origine de coûts bas, les stratégies de coût sont souvent assimilées à des stratégies de volume ;

• *les stratégies de différenciation*, par lesquelles l'entreprise cherche à produire une offre spécifique lui permettant ainsi de se démarquer de ses concurrents et d'éviter une concurrence uniquement fondée sur les coûts et les prix.

La construction par l'entreprise d'un avantage concurrentiel doit bien entendu s'appuyer sur l'éventail des ressources et compétences spécifiques dont elle dispose. Ces compétences distinctives pourront, selon les cas, être davantage cohérentes avec la mise en œuvre d'une stratégie de coût ou, au contraire, d'une stratégie de différenciation.

4 Les voies et modes de développement stratégique

Pour accélérer sa croissance, accroître son potentiel de développement, réduire ses risques, utiliser des ressources disponibles, une entreprise pourra chercher à entrer dans de nouveaux domaines d'activité ; plusieurs « voies de développement stratégique » s'ouvrent alors à elle :

• l'intégration, vers l'amont ou vers l'aval ;

• la diversification géographique ou globalisation ;

• la diversification liée ;

• la diversification conglomérale.

Ces développements pourront être accomplis par croissance interne ou externe (fusions, acquisitions, alliances, etc.).

5 Le management d'un portefeuille diversifié d'activités

Dès lors qu'une entreprise s'est diversifiée et est donc présente sur plusieurs domaines d'activité différents, se pose le problème du management intégré de l'ensemble de ces activités. Les « modèles de portefeuille d'activités » ont pour finalité de formaliser et de faciliter une telle gestion globale d'un ensemble diversifié d'activités ; pour cela, ils concentrent l'analyse sur deux dimensions principales :

• la valeur des domaines d'activité considérés ;

• la position concurrentielle de l'entreprise sur chacun de ces domaines ;

afin de déterminer si la somme des activités de l'entreprise constitue un ensemble équilibré et cohérent. Si tel n'est pas le cas, ces modèles font apparaître la nécessité de faire évoluer la composition de ce portefeuille et conduisent à formuler une véritable « stratégie de portefeuille d'activités ».

TABLEAU 0.1 **La démarche générale de l'analyse stratégique**

1re étape	Définition des domaines d'activités ou segments stratégiques de l'entreprise.
2e étape	Analyse concurrentielle de chacun de ces domaines d'activité.
3e étape	Choix d'une stratégie générique pour chaque domaine identifié.
4e étape	Détermination des voies de développement stratégique vers de nouvelles activités.
5e étape	Management d'un portefeuille diversifié d'activités.

La première étape dans cette démarche d'analyse stratégique permet de passer du niveau *corporate* au niveau business. Les deuxième et troisième étapes sont exclusivement consacrées à la *business strategy*. La quatrième étape permet de revenir au niveau *corporate* qui est également la perspective adoptée dans la cinquième étape.

L'ensemble de cette démarche s'inscrit dans une logique dominée par la libre concurrence. Or l'observation du comportement réel des acteurs économiques révèle que de nombreuses entreprises se maintiennent durablement en s'inscrivant dans une logique qui est au moins partiellement non concurrentielle. Cette dimension de la stratégie, non prise en compte dans les modèles classiques, peut être qualifiée de relationnelle. En effet, c'est par des relations privilégiées établies avec divers partenaires économiques (État, concurrents, actionnaires, groupes de pression) que l'entreprise peut se soustraire au danger d'une concurrence trop vive.

C'est pourquoi, au-delà de l'analyse détaillée des modalités de stratégie concurrentielle, la première partie du livre inclut un chapitre sur les stratégies relationnelles. En outre, elle se conclut par la présentation de la notion de métier, qui est de plus en plus utilisée dans le discours de l'entreprise, et qui se situe à la charnière entre stratégie et identité. Qu'est-ce donc en effet que le métier, si ce n'est la vision subjective qu'ont les membres de l'entreprise de leur propre compétence ? Conclusion donc en forme de transition, vers une connaissance plus approfondie des autres facettes de la politique d'entreprise.

Chapitre 1

Analyse de l'environnement et compréhension de la concurrence

Pour l'entreprise, l'étude de l'environnement est complémentaire de l'analyse de ses propres forces et faiblesses. La bonne connaissance de la concurrence ne remplace certes pas l'évaluation de ses ressources internes, de ses compétences technologiques et organisationnelles, de ses capacités d'innovation et d'initiative. Cependant, identifier les nouvelles technologies, les nouveaux entrants, les nouvelles réglementations, les comportements des fournisseurs, des réseaux de distribution et des clients est essentiel.

L'environnement concurrentiel est d'ailleurs profondément renouvelé de manière quasi permanente. Traversé par de grandes forces démographiques, économiques et sociales, l'environnement doit être connu, analysé et interprété par les entreprises et leurs dirigeants. D'ailleurs, le sommet de Davos a maintenant son équivalent alter mondialiste ! Ceci traduit une inexorable montée en puissance des « alter pouvoirs » : mouvements politiques, organisations syndicales, organisations de consommateurs, associations de défense de toute sorte.

L'entreprise est ainsi un système ouvert, qui devrait vivre en accord avec son environnement. L'analyse stratégique s'est enrichie de concepts et de grilles d'analyse au fil du temps. L'étude de la concurrence ne se résume plus à celle de la répartition des parts de marché entre les concurrents. La règle d'or n'est plus seulement la taille, et le devenir d'une entreprise n'est plus d'être seulement dominante. Sa marque, son respect des valeurs, l'impact de ses actions de court terme sur les prochaines générations, sa capacité d'innovation pèsent dorénavant beaucoup sur l'échiquier concurrentiel.

Ce chapitre est ainsi consacré à l'analyse de l'environnement et du contexte concurrentiels, puis à l'étude de la concurrence et du marché, et enfin à la dynamique concurrentielle. La perspective se veut rénovée.

1 L'environnement externe

Dans l'analyse stratégique, l'environnement est traditionnellement source d'influences, de pressions ou de contraintes qui pèsent sur les décisions de l'entreprise. Jeux de forces venant des concurrents directs comme d'autres acteurs économiques.

Toutefois, une conception complémentaire souligne le fait que les choix stratégiques adoptés par les entreprises façonnent à leur tour leur environnement : Palm Pilot lance un *organizer* électronique, Apple ouvre son site musical payant tout en lançant son i-Pod. L'analyse de l'environnement doit donc être menée pour comprendre dans quel contexte et circonstances les entreprises se font concurrence. Nous nous intéresserons dans un premier temps à l'environnement général de l'entreprise, entendu au sens large. Ensuite, nous examinerons les principales forces qui pèsent sur l'environnement concurrentiel direct des entreprises.

1.1 Les grandes dimensions de l'environnement

Entendu au sens large, l'environnement recouvre de très nombreuses dimensions. Il suffit de penser à l'environnement climatique, aux décisions politiques ou aux fluctuations monétaires pour s'en convaincre. Quelles pourraient être les influences à terme d'un réchauffement climatique ? Quel effet a eu l'avènement de la monnaie unique européenne sur les marchés ? Ces dimensions très macro doivent être mobilisées autant que de besoin pour qualifier le contexte général dans lequel les entreprises évoluent.

Toutefois, à un niveau plus précis, certains facteurs façonnent l'environnement de l'entreprise. Il est alors utile à l'analyse de regrouper ces dimensions en catégories. Dans la suite, six principales dimensions de l'environnement externe seront discutées : la démographie, la dimension technologique, l'environnement socioculturel, la dimension politique et légale, la globalisation, et l'environnement économique[1].

Il est possible de considérer que l'environnement de l'industrie regroupe les facteurs qui influencent directement les entreprises comme la menace des nouveaux entrants, le pouvoir de marché des fournisseurs et celui des acheteurs et la crainte des substituts. Enfin, l'environnement concurrentiel traduira le type et le degré de concurrence auxquels se livrent les entreprises d'une même activité.

1. Hitt M., Hoskinson R. I. et R., *Strategic Management : Competitiveness and Globalization*, 5e éd., Thomson, 2003.

FIGURE 1.1 L'environnement externe

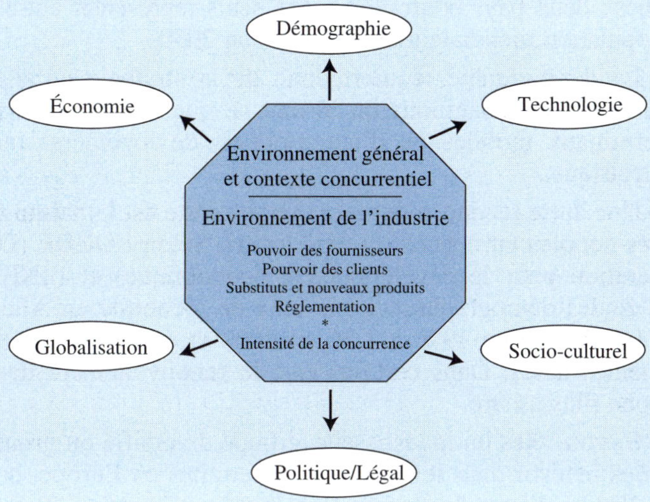

1.1.1 Les six grandes dimensions de l'environnement externe

■ La démographie

Savons-nous que plus de 60 % de la population mondiale se trouvait en Asie en 2000 ? Le facteur démographique est important pour le développement international de l'entreprise (par exemple, peut-on être absent des grands marchés chinois et indien ?) et pour les nouveaux marchés ou les innovations (quel est le potentiel de marché de telle ou telle innovation ?). Cette considération n'est pas anecdotique si vous êtes une société comme le finlandais Nokia qui souhaite lancer une nouvelle génération de téléphones portables pour contrer la montée en puissance du coréen Samsung.

Le facteur démographique recouvre traditionnellement les cinq dimensions suivantes : la taille de la population, la pyramide des âges, la répartition géographique, les dimensions ethniques et la répartition des revenus.

La taille de la population

Saviez-vous que la part de la population de la Chine dans la population mondiale était estimée à plus de 34 % en 1800 et qu'elle est évaluée à 22 % en 2000 ?

D'un point de vue global, il est important de resituer certains pays dans la population mondiale de plus de 6 milliards d'habitants au début du XXIe siècle. Les études de l'Organisation des Nations Unies anticipent que l'Inde aura plus de 1,5 milliard d'habitants, et la Chine de même, pour une population mondiale totale de près de 8 milliards en 2025. Si elles s'avèrent exactes, ces prévisions indiquent aux entreprises la taille actuelle et future de certains marchés : deux pays pourraient à eux seuls représenter entre 30 % et 35 % de la population mondiale totale à l'horizon 2050.

La démographie requiert donc de la stratégie qu'elle ait une démarche prospective. Imaginons un instant ce que seront ces marchés en termes de terminaux mobiles ou d'automobiles, de logements ou de consommation électrique.

Une autre tendance démographique forte est la baisse du taux de fécondité des couples européens ou américains. Selon l'OCDE (Organisation de coopération pour le développement économique) et l'INED (Institut national d'études démographiques), le taux de fécondité en Allemagne est passé de 2,03 enfants en 1970 à 1,36 en 2000 et de 2,47 à 1,89 en France pour les mêmes dates. Dans certains cas, le renouvellement de la population n'est donc plus assuré.

Si vous êtes un investisseur, groupe diversifié ou groupe immobilier, irez-vous investir dans les maisons de retraites en Europe, ou bien dans les nouvelles banlieues des mégapoles chinoises, mexicaines ou indiennes ?

La pyramide et la structure des âges

Non seulement les grands pays industrialisés sont sortis du *baby boom* de l'après Seconde Guerre mondiale, mais ils connaissent un double phénomène :

- un déséquilibre dans le renouvellement de leur population ;
- un vieillissement de leur population.

En France, les plus de 60 ans devraient représenter 14 des 61 millions d'habitants en 2010, et 17 des 62 millions en 2020[1].

Ainsi, la baisse de la natalité et l'allongement de l'espérance de vie dans les grandes nations industrielles conduisent à un vieillissement assez important de la population : deux mois d'espérance de vie seraient gagnés toute nouvelle année. En Europe, la part de la population qui a un âge supérieur à 64 ans est de 15 % contre 6 % en Asie.

À l'opposé, certains pays émergents connaissent une forte croissance de leur population à travers une forte natalité. Ceci les conduit à avoir plus d'un quart de leur population âgée de moins de 20 ans. En Afrique, les moins de 15 ans représentent 42 % en moyenne[2].

Ces phénomènes ne sont pas sans avoir un impact sur les flux migratoires, mais aussi sur les comportements et les types de consommation.

Imaginons ce que seront les comportements des personnes âgées à faible revenu. Que consommeront-ils ? Ceci aura non seulement un impact sur l'industrie pharmaceutique, mais aussi sur la grande distribution. La première identifierait un segment de marché en forte croissance mais avec une solvabilité diminuée. La seconde devrait adapter l'organisation de ses magasins comme de son offre.

1. Brutel Ch. et Omalek L., *Projection démographique pour la France, ses régions et ses départements*, INSEE Résultats 2003.

2. INED, *Population et Sociétés*, n° 392, juil.-août 2003.

La répartition géographique

Les déséquilibres démographiques que connaissent les pays industrialisés, additionnés aux formes variées de pénuries de main-d'œuvre, accélèrent les flux migratoires réels des zones à forte natalité mais à faible revenu par tête vers les zones à vieillissement de la population.

L'intégration économique ou la formation des zones de libre-échange accélèrent ces phénomènes. Le flux migratoire des États-Unis s'élevait encore à près de 1 million d'immigrants en 1997. Mais, depuis, il tend à fortement baisser.

Les entreprises occidentales feront-elles pression sur le personnel politique pour ouvrir plus les frontières aux flux migratoires entrants ? Ou bien vont-elles recourir de plus en plus à des sites industriels et à des prestataires de service installés dans des pays à faible coût de main-d'œuvre mais qualifiée ?

Les dimensions ethniques

À l'horizon 2020, la population d'origine hispanique devrait représenter près de 20 % de la population totale des États-Unis (contre 13 % en 1995). En 2004, en France, la religion musulmane est devenue la deuxième religion de la population vivant en France. Ces deux exemples ethniques et religieux illustrent comment la dimension socioculturelle est devenue importante, non seulement pour l'analyse des marchés, mais aussi pour le management des entreprises.

La répartition des revenus

Parmi les facteurs explicatifs des comportements économiques, le revenu est l'un des plus déterminants. De nombreuses études ont montré les inégalités de revenus entre les pays, et au sein même des pays. D'autres études ont aussi établi qu'il existait une tendance séculaire à l'amélioration des standards et des conditions de vie. Cependant, nous avons rappelé précédemment la nouveauté du phénomène qui fait converger l'accroissement de la population de plus de 60 ans et l'abaissement du pouvoir d'achat.

Un autre phénomène est à l'œuvre dans les pays industrialisés : le travail des femmes a développé le nombre des couples à deux revenus par foyer, associé à une baisse du nombre d'enfants.

De tels phénomènes socio-économiques représentent des facteurs d'environnement importants pour les entreprises.

■ La dimension technologique

Quels seront les pays ou régions du monde qui assureront le leadership technologique dans les dix années à venir ? Une récente étude, menée par l'IEEE (*Institute of Electrical and Electronics Engineers*) auprès de décideurs, laisse entendre que 60 % pensent que les États-Unis seront les leaders mondiaux en R&D en 2014, comparés aux 18 % pour la Chine et aux 6 % pour l'Europe.

La technologie exige des efforts de recherche et développement importants, durables et soutenus dans le temps. Les innovations valorisent les usages de ces développements technologiques, et renouvellent en profondeur les processus de fabrication, les produits et les équipements.

Cycle de vie des technologies et innovation

De nombreuses études tentent d'évaluer le rôle futur des technologies. Un récent panorama donne le classement suivant. Pour les dirigeants interrogés, à l'avenir, les technologies suivantes seront cruciales :

- l'ingénierie bio-moléculaire (pour 70 %) ;
- les nano-technologies (pour 60 %) ;
- les super-calculateurs (50 %) ;
- les automates et robots (45 %)[1].

Le poids de la biologie et du génie génétique permet d'anticiper un développement important de nouveaux médicaments et de nouvelles substances. La santé, mais aussi l'agroalimentaire, risquent d'en être à l'avenir bouleversés. Les « alicaments » vont le disputer aux produits alimentaires classiques. La grande distribution bataillera avec les officines de pharmacie pour la distribution de quantité de produits et substances sur leurs sites Internet.

Les technologies de l'information et de la communication ont réduit les distances et annulé le temps. Elles ont favorisé la réorganisation des entreprises et ont intensifié le rôle de l'information dans la production ou les services. Imaginez que le traitement des encours crédits sur les cartes American Express est centralisé et traité en Inde. Leur rôle croissant aura sans doute un impact sur la localisation des activités mais aussi sur la création d'emplois dans les nations industrielles. L'usage intensif de capital et de technologies de l'information peut être faiblement créateur d'emplois nouveaux. L'accès aux nouvelles technologies et aux plus grands marchés est primordial.

Renouvellement des produits et nouveaux usages

Les deux technologies que sont l'Internet et les terminaux mobiles (et les réseaux de télécommunications associés) représentent des développements importants. L'une des principales raisons est qu'elles favorisent la diffusion de technologies, de connaissances et d'informations. Ces dernières jouent un rôle non négligeable dans le positionnement stratégique des entreprises. L'autre raison est qu'elles confortent l'individualisation des comportements de consommation et favorisent le développement du « nomadisme ».

À l'avenir, le consommateur se définira vraisemblablement moins par son enracinement géographique que par ses goûts particuliers et ses attentes personnelles. Les entreprises parviendront-elles à convaincre les consommateurs qu'elles sont parvenues à concilier la production de masse (y compris des services) et la réponse aux demandes particulières ?

1. Applewhite A. et Kumagai J., *Technology Trends 2004*, Second annual 2004 IEEE Technology Leaders Survey, 2004.

FIGURE 1.2

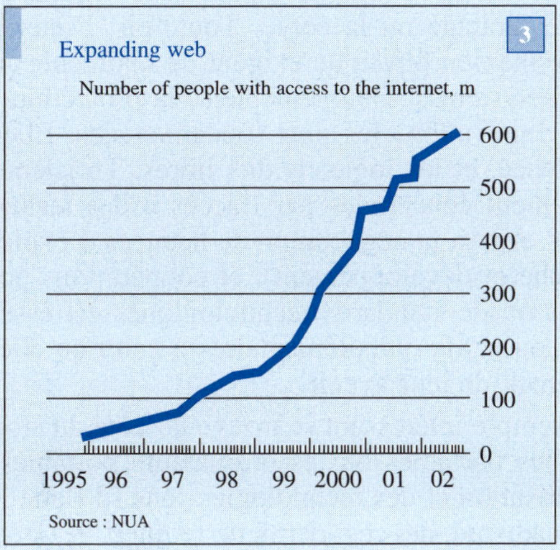

Source : *The Economist*, 23 janvier 2003.

Cependant, aucune de ces deux technologies ne sera vraisemblablement en conformité avec ce que l'on pensait initialement qu'elle serait.

L'Internet n'est pas en phase avec ce qui était envisagé lors de la bulle des années 2000 et 2001. Quantité d'entreprises souhaitent s'exonérer maintenant de la gratuité de l'accès et de l'usage de l'information. Le développement du commerce électronique est désormais patent[1]. Il offre un accès gratuit ou commercial aux consommateurs. Il organise les relations entre les donneurs d'ordre et leurs fournisseurs. Deux défis sont désormais à relever. Le premier concerne la sécurité. Elle doit être améliorée pour permettre le développement des transactions financières sur Internet. Le second est lié à la capacité à sortir de la gratuité et à migrer vers les services payants. Les modèles d'affaires des entreprises ne sont pas nombreux. Trois principaux sont généralement identifiés : le financement par la publicité, l'abonnement forfaitaire, ou le paiement à la carte.

De son côté, la technologie de la troisième génération de mobiles (UMTS ou 3G) n'a pas encore convaincu de sa supériorité ni de sa capacité à reposer sur de nouvelles applications ou de nouveaux usages. Nouvelle technologie ne signifie pas nouvelle application de marché de masse.

Droits de propriété, brevets et standards

La protection de la propriété intellectuelle relative aux logiciels est plus avancée que pour les bio-technologies ou les organismes génétiquement modifiés.

1. « A Perfect Market : A Survey of E-Commerce », *The Economist*, 15 mai 2004.

Pour les technologies logicielles, certains rapports[1] dégagent quelques conclusions.

Premièrement, la protection par le copyright apparaît nécessaire pour combattre le piratage ou la copie. Toutefois, l'interdépendance économique et l'interconnexion physique exigent de maintenir une certaine interopérabilité entre les systèmes. Deuxièmement, la protection par brevets apparaît adaptée aux innovations les plus fondamentales. Elle serait compatible avec la concurrence, et les logiciels dits libres. Troisièmement, les entreprises sont extrêmement concernées par l'accès à des technologies qu'elles ne possèdent pas. Aussi, la négociation de licences d'exploitation, d'accords de R&D (recherche et développement), et coopérations pour la mise en commun de logiciels ou de standards technologiques est essentielle. L'accès à des ressources ou actifs complémentaires à ceux qu'elles possèdent est un moyen déterminant de leur avenir.

Un exemple intéressant se trouve du côté du stockage de l'énergie pour les téléphones portables ou les ordinateurs portables. Le développement de la miniaturisation et des technologies sans fil flatte la mobilité des utilisateurs. Le nomadisme de ces derniers requiert le stockage et la concentration d'énergie dans des batteries. Le défi sera identique pour l'automobile électrique. Les fabricants de ces batteries ne sont pas les mêmes que les industriels des équipements de télécommunications, automobiles ou informatiques. La collaboration est une condition pour accéder aux technologies complémentaires.

Par contre, pour les « technologies biologiques et génétiques », le système de protection de la propriété apparaît questionné à la fois dans ses repères techniques, dans son système de validation, et dans ses repères juridiques[2]. Cette évolution serait d'ailleurs très avancée aux États-Unis où l'inventivité est stimulée.

Premièrement, les offices de brevets font ainsi face à une avalanche de demandes de brevets déposés dans des domaines scientifiques et techniques sans cesse renouvelés. Le bilan est qu'ils n'assureraient plus tout à fait correctement leur rôle d'évaluateurs et seraient transformés en chambres d'enregistrement, n'ayant plus les moyens d'auditer l'antériorité des dépôts. On peut imaginer la multiplication des recours et des plaintes comme c'était le cas en 2004 où Kodak, à travers son rachat de Wang, estime que Sun a utilisé trois de ses brevets pour développer son langage java.

À cela s'ajoute que les critères de base seraient pratiquement dépassés : invention et découverte sont confondues. La première était brevetable, la seconde non.

Deuxièmement, la reconnaissance de la propriété intellectuelle engendre des litiges et des actions en justice qui eux-mêmes provoquent des coûts de transaction et des frais de justice extrêmement élevés. Pour l'illustrer, le rapport du Conseil d'analyse économique (CAE) cite un extrait du témoignage devant la *US Federal Trade Commission* (Washington, le 28 février 2002) d'un directeur de la firme américaine CISCO :

1. Tirole J., Henry C., Trommetter M., Tubiana L. et Caillaud B., *Propriété intellectuelle*, Rapport n° 41 du Conseil d'analyse économique (CAE), Paris, La Documentation française, 2003, p. 164-165.

2. Tirole *et al.*, *op. cit.*, 2003, p. 104-106.

> « [...] obtenir des brevets est devenu pour beaucoup de gens et d'entreprises une fin en soi, nullement pour protéger un investissement en recherche et développement, mais pour créer des revenus en vendant des licences à des entreprises [...]. Ils organisent un champ de mines [...]. Ils profitent des coûts élevés des procédures judiciaires pour imposer des licences à des prix à peine moins élevés[1]. »

La propriété intellectuelle connaît donc une crise qui conduit les entreprises à s'interroger sur leur capacité à protéger leurs investissements en R&D. L'évolution de la biologie moléculaire et des biotechnologies paraît à cet égard emblématique.

Bien qu'à la base, un gène et une protéine soient des molécules chimiques (et donc traités comme tels), les développeurs des molécules chimiques de synthèse (inventées) aspirent à obtenir un brevet étendu. Ce dernier couvre fréquemment toutes les fonctions et applications de la molécule, connues et à venir qu'elles soient ou non décrites dans le brevet déposé.

Pour répondre à ce défi, ne faudrait-il pas protéger les biens communs rares et essentiels que sont les codes génétiques ? Cependant, il serait économiquement important d'accorder des brevets pour couvrir les médicaments issus de la biologie moléculaire et des biotechnologies, du fait de l'ampleur des coûts fixes de leur développement.

Ceci ouvre donc un débat sur la capacité de la puissance publique ou des organismes internationaux à réguler l'accès aux connaissances essentielles, mais aussi à maintenir un ensemble d'incitations pour les investisseurs.

■ La dimension socioculturelle

La division du travail est à la fois sectorielle, sociale et sexuée. Chacune de ces dimensions est concernée par le volet international. La division sectorielle est la mieux connue. Elle repose sur la spécialisation des activités entre fournisseurs, donneurs d'ordre et clients. La division sociale traduit les strates ou couches sociales, les différences d'éducation et de formation, et les écarts de revenus.

La division sexuée concerne les différences entre hommes et femmes, et en particulier les relations entre la sphère professionnelle et la sphère domestique. Elle concerne toutes les sociétés, à des degrés divers et selon des modalités propres. Ainsi, en Europe, les femmes paraissent travailler trois fois plus à la chaîne et avoir deux fois de chance qu'un homme d'être dans une situation de travail répétitif avec un temps d'exécution inférieur à une minute.

Genre et diversité

Ces trois dimensions déterminent la segmentation des emplois par catégories et secteurs. Elles traduisent une certaine hiérarchie entre ces secteurs. Par exemple, les femmes sont majoritairement cantonnées dans les emplois les moins qualifiés et avec les plus bas salaires.

1. *Ibid.*, p. 104-105.

Naturellement, le périmètre de ces secteurs évolue en fonction du temps et des sociétés : une même tâche, spécifiquement féminine dans une société ou une branche industrielle pourra être typiquement masculine dans d'autres.

L'évolution de l'emploi des femmes en Europe illustre assez bien les inégalités de genre. En effet, l'évolution du marché du travail s'est caractérisée par un fort développement du secteur des services. Ce dernier accompagne l'essor de la sous-traitance, du travail à domicile et du télé-travail et se traduit par une augmentation continuelle des formes précaires d'emploi, CDD (contrats à durée déterminée), stages, contrats aidés, intérim, ainsi que du temps partiel. À part l'intérim, ces formes d'emploi concernent particulièrement les femmes.

À partir des années quatre-vingt, le travail à temps partiel s'adresse majoritairement aux femmes, traduisant l'idéologie de la « conciliation » entre vie professionnelle et vie familiale. L'organisation du travail dans l'entreprise établit donc de nouvelles formes d'emploi, à travers le temps partiel. Les formes de pauvreté dans les sociétés occidentales touchent majoritairement les femmes. En France, on estime que les femmes représentent près de 80 % des salariés les plus démunis.

Temps de travail et temps à la maison

Dans les pays économiquement moins avancés, on assiste aussi à un fort développement du travail des femmes dans le secteur, en particulier informel. Elles tirent avantage de la création d'emplois dans les secteurs liés à l'exportation ou connaissant des investissements étrangers.

La division sexuée recoupe aussi le découpage entre temps professionnel et temps privé.

Des enquêtes sur l'utilisation du temps libre ont permis d'analyser la relation entre temps professionnel et temps domestique ou privé. Pour les hommes, la réduction du temps de travail a accru le temps de loisirs et de « socialisation » avec les enfants. Pour les femmes, le temps libéré est principalement consacré aux tâches ménagères et au travail parental « domestique[1] ».

Le travail domestique constitue donc le nœud des questions d'égalité professionnelle entre les sexes. La « double journée » des femmes est connue et réduit leur disponibilité. De plus, la « porosité » entre le temps privé et le temps professionnel s'accroît. Les inégalités économiques et professionnelles s'enracinent dans ces clivages. Les entreprises ont à gérer ces défis à travers l'organisation du travail qu'elles adoptent.

La concentration des femmes dans les secteurs des services, des soins et de la santé, la forte concentration féminine dans les emplois à faible qualification, et les inégalités de salaires et de déroulement de carrière (expression du « plafond de verre ») soulignent l'importance du genre dans nos sociétés. Le genre est un élément constitutif des rapports sociaux et des rapports économiques qui régissent la société. C'est une notion essentielle à intégrer dans le management des entreprises.

1. Maruani M., *Travail et emploi des femmes*, Paris, La Découverte, coll. « Repères », 2000.

■ La dimension ethnique

« Comment peut-on être Persan ? » se demandait Montesquieu. Dans un pays comme la France, s'il existe une certaine résistance à l'assimilation, elle est souvent vue comme enrayant le mécanisme de formation de la France républicaine. Le Royaume-Uni semble au contraire en prendre son parti. Aux États-Unis, le fonctionnement du melting-pot a fait la nation américaine. Pourtant, contre le développement de l'espagnol, certains songeraient aujourd'hui à faire de l'anglais la langue officielle du pays.

Si les démographes cherchent à construire des catégories pour parfaire leurs connaissances de la population, ils font face à des difficultés comparables à celles des entreprises pour comprendre la diversité ethnique et culturelle. Les entreprises, aussi, affrontent difficilement l'omniprésente revendication identitaire de leurs salariés, de leurs fournisseurs et de leurs clients. Si l'identité collective prenait traditionnellement deux formes principales (le culturel et le religieux), elle évolue fortement et intègre la dimension ethnique.

Que pourriez-vous recommander à un opérateur téléphonique qui se développe au Liban où les chrétiens sont une minorité religieuse comme le sont les protestants en Italie ? Si vous managiez un parc de loisirs en France, vendriez-vous du vin ? Quelles sont les représentations qu'une entreprise peut avoir de sa force commerciale ? Le marketing peut-il être global et à quelles conditions ?

Les entreprises ont à gérer des employés et à démarcher des consommateurs de plus en plus marqués par une dimension ethnique. Ceci n'est pas le moindre paradoxe puisque cette montée en puissance est partie prenante de la globalisation. Le fait ethnique est à la fois biologique et culturel, mais il est aussi traversé par des considérations sociales, politiques et identitaires.

Pour l'entreprise, il s'agit de tenir compte de la variété des comportements, des goûts et des attentes. Cette variété est générée par la montée en puissance de la revendication d'un particularisme donné. Ce dernier prend ses racines dans la revendication minoritaire liée à l'origine (langue parlée, pays d'origine des parents, date d'arrivée sur le territoire, etc.), à la religion, à la langue, au groupe social. Le particularisme s'enracine ainsi dans une conscience communautaire de plus en plus forte, qu'elle soit ethnique, religieuse, linguistique ou sexuée.

Les marchés, les consommateurs comme les employés sont de plus en plus marqués par une diversité culturelle marquée. Ces groupes d'individus sont liés par un entrelacs de caractères communs à la fois anthropologiques, linguistiques, politiques et historiques, etc. Leur association constitue un système propre, une structure culturelle partagée, bref, une culture commune. Deux écoles américano-indiennes existaient dans la Silicon Valley en plein boom technologique. La communauté possédait son journal, mais leurs membres travaillaient principalement dans des sociétés à capitaux américains.

Cette contradiction apparente entre globalisation (ou « massification ») et affirmation d'une différence suscite bien des interrogations. Les marchés ont tendance à s'uniformiser (langue, marché, territoire...) alors que les entreprises ont à faire face à une diversité revendiquée croissante. Elles réagissent avec plus ou moins de bonheur à ces phénomènes identitaires et différenciés.

Les dimensions politique et légale

Si la relation entre les entreprises et l'État a toujours été importante, elle a évolué au cours des dernières décennies. La construction européenne et la formation d'espaces économiques de libre-échange (ALENA, par exemple) ont fortement modifié cette relation. De plus, des groupes d'intérêt et des organisations sont entrés dans le jeu des interactions entre les nations d'une part, et entre les nations et les entreprises, d'autre part.

Les relations avec la puissance publique

Une tradition européenne a longtemps conduit les entreprises à avoir l'État national comme interlocuteur privilégié. Il est source de lois et de règlements. Les lois sur la concentration et la concurrence, celles sur la fiscalité, comme la législation sociale influencent fortement les comportements des entreprises.

Pourtant, le développement international des entreprises les a conduites à ne plus avoir un seul interlocuteur public privilégié. Elles doivent faire face à une variété de situations politiques, légales et réglementaires.

Elles ont ainsi dû fortement renforcer leurs stratégies d'influence et de pression sur les interlocuteurs publics tout en ayant à gérer une forte multiplication des interlocuteurs et parties prenantes.

Réglementation/déréglementation

Si la France a officiellement abandonné le contrôle des prix à la fin des années soixante-dix, il n'en reste pas moins vrai que des secteurs entiers voient encore leurs prix contrôlés. C'est le cas de la santé et d'un certain nombre de services basés sur les réseaux. Cependant, ces derniers sont touchés par de nouveaux phénomènes comme la dérégulation, la privatisation et la transformation des statuts des entreprises.

Les industries de services à base de réseau d'infrastructures comme l'électricité, le gaz, l'eau, les télécommunications ou le transport ferroviaire sont ainsi touchées par une profonde transformation de leurs marchés.

Cette réorganisation passe par la séparation entre la puissance publique ou l'administration et l'entreprise publique. La dérégulation se traduit aussi par l'ouverture à la concurrence de marchés traditionnellement servis par des entreprises publiques en monopole. De nouveaux acteurs apparaissent.

Des débats nouveaux apparaissent sur la réglementation d'Internet au travers du caractère fortement international de la Toile, du développement de la fraude, de la protection de la vie privé, et des types de services. Les États peuvent-ils ainsi réglementer le commerce de produits illicites se développant sur Internet ? Le développement des jeux d'argent ? Peuvent-ils assujettir à l'impôt les entreprises offrant une activité économique disponible sur leur sol, mais exerçant leurs activités à partir de paradis fiscaux ?

La construction européenne

Plus de 60 % des lois et des textes réglementaires adoptés par un Parlement national sont dorénavant issus des travaux du Parlement européen ou de la Commission européenne. Le cadre national n'est donc plus la référence des entreprises, y compris pour les volets législatifs et réglementaires.

La construction européenne s'est traduite par la libre circulation des hommes et des marchandises, l'application des règles communes de la concurrence à de très nombreuses activités économiques, et par le contrôle des décisions des états membres par des instances supranationales.

Les exemples sont très nombreux d'acquisitions assujetties au contrôle de la Direction de la concurrence, de l'interdiction d'aides ou de subventions publiques aux entreprises. Ceci a conduit nombre d'entreprises à développer des stratégies d'influence et de lobbying au niveau européen pour participer à l'élaboration de textes qui auront un impact sur leurs activités (régulation, ouverture à la concurrence, pollution, gestion des risques...).

■ La globalisation

Construction de nouveaux espaces économiques

L'Organisation mondiale du commerce (OMC) a été créée en 1995. Depuis, des tensions sont nées d'une interdépendance grandissante des économies et de certains conflits commerciaux (la banane, l'acier, le respect des droits de propriété sur les brevets et les marques, les conflits commerciaux entre pays du Nord et pays du Sud).

Pourtant, l'intérêt que suscite cette nouvelle organisation pour les entreprises est manifeste, comme celui au sein de la société civile.

Il est vrai, que du fait de son ambition mondiale et de son vaste champ de compétences, l'OMC résume un certain nombre de contradictions de l'économie globale en formation que nous connaissons.

L'OMC est en effet chargée d'élargir les champs du libre-échange à de nouveaux domaines par l'ouverture de cycles de négociations. Elle est également chargée de veiller à la conformité de ces échanges avec les règles en vigueur (règles sociales, règles environnementales). Elle bute cependant sur l'absence d'un droit international sur ces volets-là.

D'un côté, nombre de pays la saisissent pour rendre le droit, mais elle ne possède pas tous les moyens pour imposer un droit international. De l'autre côté, elle est fortement contestée par les courants anti-mondialisation et alter-mondialistes qui la jugent comme l'œuvre des investisseurs et des capitalistes.

Elle s'inscrit dans un contexte difficile :

- la formation d'espaces économiques plus ou moins intégrés (ALENA, Union européenne...) ;
- une crise patente du système des Nations Unies ;
- l'absence de régulations mondiales (par exemple, le refus des États-Unis et de la Russie de signer le protocole de Kyoto).

De ce fait, des organismes à vocation mondiale agissent sans ou avec une faible concertation : OMC d'un côté et OMS (Organisation mondiale de la santé), OIT (Organisation internationale du travail) ou UNESCO de l'autre. Pourtant, tous ces domaines seront les enjeux des prochaines négociations sur les services de demain[1].

Pourtant, des formes sectorielles de régulation mondiale existent, et ce depuis fort longtemps, comme l'IATA, pour le transport aérien, ou l'UIT, pour les télécommunications.

Globalisation et glo-calisation

La globalisation est généralement associée aux marchés émergents, aux investissements directs et aux délocalisations. Il est important de bien comprendre le rôle des délocalisations. En Europe, il est vrai qu'elles sont mises en regard avec les taux de chômage qu'un certain nombre de pays connaissent. Pourtant les données connues permettent d'affirmer qu'elles représentent moins de 5 % des investissements. Aux États-Unis, les délocalisations sont de faible ampleur au regard de la rotation totale des emplois dans l'économie américaine. La campagne électorale de 2004 a fait émerger des thèses protectionnistes en termes de localisation des investissements.

D'un point de vue général, les investissements vers les pays asiatiques à forte croissance, couplés à une base technologique renforcée de la production vont vraisemblablement renforcer une tendance qui s'était formée au cours de la décennie précédente.

Les pays récipiendaires des investissements vont devoir renforcer leurs efforts nationaux de formation d'ingénieurs et de techniciens qualifiés. C'est manifeste à travers plusieurs faits.

Premièrement, depuis longtemps, en Inde, la formation d'ingénieurs est solide et réputée. À ce jour, ce pays en retire les bénéfices en devenant le pays d'accueil des développeurs de logiciels, solutions informatiques et applications travaillant pour de très nombreuses sociétés occidentales. Deuxièmement, les formations doctorales américaines sont depuis une bonne décennie dépendantes du flux d'étudiants candidats venant de nombreux pays en voie de développement. J. D. Foley, professeur au *Georgia Institute of Technology* à Atlanta, observe d'ailleurs que les États-Unis sont : « de plus en plus dépendants des étudiants Ph.D. étrangers qui aident au maintien de la capacité d'innovation du pays, mais qui ont de plus en plus d'incitations à rentrer dans leur pays d'origine ». Il constate que « par exemple, Microsoft, Hewlett-Packard, Intel, et IBM possèdent toutes des laboratoires en Chine ou en Inde dorénavant[2] ».

1. Jacquet P., Pisani-Ferry J., Tubiana L., *Gouvernance mondiale*, Rapport n° 37 du Conseil d'analyse économique (CAE), Paris, La Documentation française, 2002.

2. *Second Annual 2004 IEEE Technology Leaders Survey, ibid.*

Renault et le pari d'une « voiture à 5 000 euros »

En juin 2004, le constructeur automobile annonçait le lancement de la Logan sur le segment des véhicules économiques. D'abord lancée en Roumanie, elle est destinée à quatre des cinq continents. Pour être développé sur le plan technique, ce véhicule a beaucoup emprunté à la banque d'organes du groupe Renault : la plateforme « B » de Renault-Nissan qui équipait déjà la Clio et la Micra ; l'arrière de la Modus ; le recours à un tableau de bord mono-bloc. Sur le plan industriel, il a été décidé de ne pas produire de prototypes. Cette économie est généralement évaluée à 20 millions d'euros. Au total, l'investissement est évalué à 1,5 milliard d'euros (hors Russie et Chine). Ce véhicule sera produit dans plusieurs pays : lancement en Roumanie avec 200 000 véhicules, production de 60 000 unités par an en Russie, et 300 000 en Iran. Elle sera commercialisée sous deux marques : Renault et Dacia. L'horizon commercial est de 700 000 véhicules vendus en 2010.

La globalisation se traduit donc par des mouvements complexes :

- investissements dans des pays à très grande taille, à fort potentiel de marché, et à faible coût de main-d'œuvre, qui est désormais qualifiée ;
- délocalisations industrielles, mais de faible niveau ;
- délocalisations des services en forte croissance, avec l'atténuation du facteur distance ;
- investissements de sociétés chinoises, mexicaines ou chinoises dans les pays industriels occidentaux. Ainsi, Cemex a-t-elle pris le contrôle en 2004 de l'anglais RWC dans l'industrie du béton.

1.1.2 Les facteurs économiques

Les économies sont désormais insérées dans un tissu d'interdépendances technologiques, commerciales et financières.

Les exemples sont nombreux. La crise financière en Asie orientale de 1997 a eu un impact récessif sur les économies occidentales. L'attaque terroriste du 11 septembre 2001 a, entre autre, eu un impact économique négatif sur le tourisme de clients américains en Europe. En 2003, l'épidémie de SRAS en Asie a eu un retentissement non négligeable sur le développement des échanges économiques avec cette région. En 2004, la croissance de la Chine crée de très fortes tensions sur le marché mondial du pétrole.

■ Croissance et création de richesse

L'économie mondiale est désormais le cadre adéquat de la croissance économique. Le dynamisme des marchés asiatique (en 2003, l'économie chinoise était proche de la surchauffe et la vigueur de la croissance japonaise remarquable) le dispute au rôle moteur de la croissance aux États-Unis. Seules ces deux grandes zones ont une réelle capacité d'entraînement de la reprise mondiale[1].

Cependant, le développement de ces échanges économiques requiert un minimum de stabilité des changes. Il est intéressant que, en 2003-2004, la hausse de l'euro vis-à-vis du dollar américain influence les choix d'investissements des grandes entreprises.

Les conditions de change comme les taux d'intérêt dépendent des conditions monétaires des banques centrales. Aux États-Unis, une remontée des taux d'intérêt à long terme était anticipée courant 2004 alors qu'au Japon et en Europe, la politique macroéconomique ne possède guère de marge de manœuvre pour compenser les conséquences négatives d'une nouvelle dépréciation du dollar.

Emploi, fiscalité et impact sur l'investissement

En Europe, la majorité des États connaissent un alourdissement des prélèvements obligatoires que le Pacte européen de stabilité n'a pas réussi à endiguer. Sans réduction de la dépense publique, ceci conduit à un creusement des déficits structurels.

Dans ce contexte, il est nécessaire de bien avoir en tête que le PIB (produit intérieur brut) par habitant dans l'Union européenne comme au Japon demeure inférieur de quelque 30 % à celui des États-Unis. Les causes sont connues :

- pour l'Union européenne, c'est principalement lié à l'écart de revenu réel ;
- pour le Japon, il s'agit plutôt d'un retard de la productivité[2].

Ceci illustre assez bien un besoin de réformes structurelles en Europe. Il s'agit de mener les politiques propices à créer un marché intérieur européen véritablement intégré et à faire progresser les réformes du marché du travail. Car la fiscalité sur le travail comme le coût des systèmes de couverture et de protection sociales pèsent sur les décisions d'investissement des entreprises.

Les marchés du travail appellent deux grandes catégories de politiques structurelles :

- le système d'impôts et de transferts qui englobe les prestations de chômage et la fiscalité ;
- la réglementation des marchés du travail et des produits.

Finalement, il est important de savoir que l'investissement des entreprises (notamment en machines et équipements) est reconnu depuis longtemps comme étant l'un des principaux moteurs de la croissance de la production. Certes, l'investissement direct à l'étranger et les autres flux de capitaux gagnent en importance. Mais, les variations internationales du niveau et de la composition de l'investissement continuent d'être déterminées par des facteurs internes qui influencent le coût total du capital et l'accès au financement.

1. OCDE, *Perspectives économiques 2004*, Paris.

2. OCDE, *op. cit.*

Un outil d'analyse de l'environnement externe

Cet outil est utile pour évaluer le poids des différentes composantes des six grandes dimensions de l'environnement de l'entreprise. Il permet d'apprécier l'impact de certains facteurs sur la stratégie, selon l'activité, les types de produits ou de couverture géographique de l'entreprise.

TABLEAU 1.1

	Composantes	Impact sur la stratégie Faible — Fort 1 2 3 4 5
A. Démographie	A.1 – Taille de la population A.2 – Pyramide et structure des âges A.3 – Répartition géographique A.4 – Dimensions ethniques A.5 – Répartition des revenus	
B. Technologie	B.1 – Cycle de vie des technologies et innovation B.2 – Renouvellement des produits et nouveaux usages B.3 – Droits de propriété, brevets et standards	
C. Socio-culturel	C.1 – Genre et diversité C.2 – Temps de travail et temps à la maison C.3 – Dimension ethnique	
D. Politique/légal	D.1 – Relations avec la puissance publique D.2 – Réglementation/déréglementation D.3 – Construction européenne	
E. Globalisation	E.1 – Construction de nouveaux espaces économiques E.2 – Globalisation et glo-calisation	
F. Économie	F.1 – Croissance et création de richesse F.2 – Emploi, fiscalité et impact sur l'investissement	

1.2 L'analyse de l'environnement de l'industrie

Définir le marché de référence, analyser les opportunités et les menaces, identifier les forces structurantes de la concurrence sont les étapes nécessaires pour mener à bien une analyse rigoureuse de l'environnement concurrentiel d'une industrie.

1.2.1 *Qu'est-ce qu'un marché ?*

Traditionnellement, l'analyse stratégique est confrontée à la difficulté de définir ce qu'est un marché. L'économie nous propose la représentation d'un « lieu » où se rencontrent l'offre et la demande. La perspective concurrentielle nous invite à nous représenter un « lieu » d'affrontement entre des concurrents.

Dorénavant, l'ensemble des analyses nous invite à tenir compte de l'histoire (d'une profession, d'une industrie ou d'un marché). L'analyse microéconomique dispose d'outils performants pour apprécier l'impact de la concentration sur le type et le niveau de concurrence entre les offres. Il nous faut donc tenir compte du nombre de concurrents impliqués.

Le raisonnement classique repose fréquemment sur l'hypothèse d'une homogénéité des produits. Pourtant, l'analyse stratégique nous apprend le rôle de la différenciation dans le positionnement concurrentiel des entreprises et de leurs produits. Enfin, l'analyse d'un marché requiert d'en comprendre les règles de fonctionnement : pouvoir réglementaire d'une instance, poids d'une organisation professionnelle, droits et conditions d'accès, etc.

■ Les éléments de définition d'un marché

Le tableau 1.2 ci-après synthétise les quatre critères principaux utilisés pour identifier les contours d'un marché : le produit ou le service, l'espace géographique, la technologie et le niveau de la concentration.

Prenons l'exemple des moyens de transport. Pendant très longtemps, le train et l'avion étaient considérés comme complémentaires et assez peu substituables, sauf pour certaines distances. Avec le développement de la technologie des trains à grande vitesse, les distances et le temps consacré au transport ont été analysés différemment, dans un espace économique comme l'Europe. Le train pour rejoindre de Paris des villes comme Lyon ou Marseille est devenu totalement concurrent de l'avion. Cet exemple est une assez bonne synthèse des quatre dimensions que nous recommandons pour mener l'analyse d'un marché.

Produit ou service

Quelques arguments et exemples sont utiles pour justifier de retenir cette dimension. Tout d'abord, de très nombreux produits ou services qui occuperont une place importante dans notre mode de consommation ne nous sont pas connus à ce jour. Près de la moitié est généralement créée et lancée en moins de cinq ans.

Par exemple, qui aurait correctement imaginé en 1995 que le nombre d'abonnés aux services téléphoniques mobiles dépasserait celui des abonnés au fixe au début des années 2000 ? Demain, des services complets de location automobile (usage, assurance, entretien et renouvellement) nous seront vraisemblablement offerts en lieu et place de la propriété directe du

TABLEAU 1.2 Une grille d'analyse d'un marché

Produit ou service	• Nature du produit ou du service	➪ caractéristiques techniques et d'usage ➪ degré d'intégration de fonctions ➪ position dans la filière : produit de première transformation, bien intermédiaire, bien durable, service, prestation…
	• Distinction des rôles entre les prescripteurs, les utilisateurs, les acheteurs et les vendeurs	
	• Écarts de prix entre les produits : existence et stabilité des segments	
	• Indépendance (ou non) des mouvements de prix de deux produits ou services	➪ Forte dépendance : critère de substituabilité ➪ Faible dépendance : critère de complémentarité
	Élasticité croisée de la demande : influence du niveau du prix de A sur la consommation des produits B, C, ou D	
Espace géographique (local, régional, national, international)	• Acheteurs	➪ les comportements d'achat des différents types d'acheteurs ➪ les types d'accès au produit ou au service ➪ aire géographique dans laquelle les acheteurs font leurs choix.
	• Vendeurs : aire géographique sur laquelle les ventes s'opèrent	
	• Distances pour le transport des produits	
	• Part relative des coûts de transport dans les coûts de production	
État de la technologie		
Niveau de la concentration		

véhicule. Ceci bouleversera profondément le modèle d'affaires des constructeurs automobiles. De manière complémentaire, le porte-monnaie électronique sera vraisemblablement une composante du téléphone portable, aux côtés des fonctions de l'appareil photographique et du lecteur de musique.

La capacité d'intégration de différentes fonctions d'usage dans un même objet est un facteur de bouleversement considérable des séparations classiques entre produits ou services, et donc entre secteurs d'activité. Face au développement des jeux à multi-joueurs disponibles sur Internet, est-ce encore pertinent d'acheter une console de jeux vidéo individuelle ? Accéder à un service de télévision numérique payante et à la carte met en concurrence le téléviseur du salon avec l'ordinateur. Si vous y ajouter la mobilité de la technologie asynchrone, et de haut débit sans fil, vous opposez la mobilité à la sédentarisation du consommateur.

Enfin, un enfant sera sensible à un objet, une couleur ou une marque et il sera à la fois prescripteur et utilisateur. Par contre, le distributeur sera le vendeur mais ne sera en général pas le producteur. Ce dernier cherchant à agir sur la décision d'achat des parents.

Les prix serviront d'indicateurs de synthèse pour comprendre si :

- le découpage du marché fait apparaître une segmentation stable : les prestations hôtelières peuvent-elles être expliquées par les prix ?
- les produits ou services seront complémentaires ou substituables : par exemple, le prix d'une prestation informatique peut être comparé au coût de développement d'un service informatique en interne dans une entreprise ;
- le niveau de prix de certains produits ou services influence la consommation d'autres produits ou services : le niveau des loyers a-t-il une influence sur le nombre de prestations par abonnement (téléphone, télévision par câble...) ?

Aussi, une analyse du produit ou du service est essentielle pour comprendre la position et le rôle de chacune des entreprises parties prenantes. En particulier, il est utile de retenir les dimensions suivantes :

- nature et caractéristiques du produit ou du service ;
- qui fait quoi ? ;
- rôle des prix ;
- comportements de la demande.

Espace géographique

La consommation sur Internet s'exonère des contraintes du temps et de l'espace. Demain, un consommateur japonais peut réserver, via Internet, pour sa famille les billets de train de la société Amtrack pour un voyage entre New York et Washington DC. À *Grand Station* à New York, deux mois plus tard, il retirera ses billets en présentant à une billetterie automatique son numéro de réservation et sa carte de crédit.

Ce premier exemple pourrait être complété par celui de la société Dell. Cette dernière a ainsi choisi de s'exonérer des circuits de distribution classiques (magasins spécialisés) et de développer un contact direct avec l'acheteur potentiel à travers une relation téléphonique ou un accès Internet.

L'espace géographique disparaît-il pour autant de l'analyse concurrentielle ? Non. Il importe encore de comprendre le rôle de l'aire géographique dans la construction d'un marché, et donc pour la concurrence. L'hôtel familial installé sur le Mont Saint-Michel est-il sur le même marché que la société Accor. Si cette dernière avait un hôtel au cœur de ce mont unique au monde, la réponse serait positive. Il faudrait alors tenir compte des caractéristiques des chambres, des prestations offertes et du niveau des prix. Cependant, cet hôtel familial peut très bien bénéficier d'un avantage lié à sa localisation, comparable à celui dont bénéficierait une société minière pour l'exploitation d'un gisement. Alors, il est possible de montrer que cet hôtel familial n'est pas sur le même marché géographique que la chaîne hôtelière mentionnée précédemment.

Ceci illustre l'importance de la prise en compte de l'espace géographique dans la construction des marchés :

- comportements d'achat ;
- localisation des différents acteurs ;
- poids des coûts de transport ;
- rôles des distances géographiques.

État de la technologie

À travers les précédents exemples, il est manifeste que la technologie sera un facteur structurant des marchés. Certes, elle concerne le produit ou le service, à travers sa conception, sa production et sa distribution. Il suffit de penser au rôle futur des technologies du génie génétique dans la santé, l'alimentation ou la production agricole. Toutefois, la technologie a aussi un impact sur le type de distribution et d'accès au client. Imaginons la réservation d'un voyage et de son hébergement après un « voyage virtuel » dans le lieu de son choix sur un site Internet approprié.

Niveau de la concentration

Combien d'entreprises sont présentes sur le marché défini à partir des trois dimensions précédemment proposées ? Y a-t-il une entreprise dominante ? Existe-t-il une frange d'entreprises de taille modeste ? Fait-on face à un oligopole ou à un duopole ?

L'analyse de la concentration et de son niveau aidera à comprendre la structure du marché, et à anticiper les comportements concurrentiels des principaux acteurs présents.

■ Définition d'une opportunité

Une opportunité est un élément qui compose l'environnement d'une entreprise qui peut être exploité. Dans ce cas, la valorisation de l'opportunité contribue à la compétitivité de l'entreprise concernée.

Par exemple, la bulle Internet des années 2000 et 2001 n'a pu se former que parce que nombre d'investisseurs et d'entreprises analysaient le e-business comme une opportunité à exploiter et sur laquelle il fallait investir. Cela a aussi été un bel exemple de comportements moutonniers débouchant sur des valorisations extravagantes !

De même, le fait qu'il y ait en France près de 40 millions d'abonnés mobile, représente une opportunité considérable pour développer des services de messages texte ou de transactions. Le chiffre d'affaire cumulé des trois opérateurs français d'une journée de SMS représentait ainsi 30 millions d'euros fin 2003 (*source* : *Que choisir ?*).

Une opportunité concernera donc les entreprises connues d'une industrie, mais aussi des acteurs financiers, économiques et industriels qui n'y appartiennent pas. Ceci a ainsi été le cas de l'industrie du courtage en ligne dont le développement a été assuré, dans un premier temps, par des acteurs nouveaux[1].

Définition d'une menace

Une menace est une caractéristique de l'environnement qui affectera la compétitivité d'une entreprise (ou d'un ensemble d'entreprises). Toutes les entreprises d'une même industrie sont d'ailleurs concernées.

Il est fréquent qu'une menace prenne la forme d'une technologie nouvelle, d'une décision légale ou réglementaire ou d'un comportement innovant.

Ainsi, des comportements d'échanges gratuits *peer to peer* de fichiers musicaux ou vidéo entre utilisateurs d'Internet créent une menace extrêmement sérieuse pour les industriels des médias, et en particulier pour les éditeurs musicaux qui enregistraient en 2003 des baisses supérieures à 15 % de leurs chiffres d'affaires. Fin 2004, il est d'ailleurs intéressant de constater que la partie commerciale du marché comme celle de l'échange gratuit sur la base du *peer to peer* progressent de manière parallèle.

1.2.2 L'analyse de l'industrie

Filière d'activité ou business system

La très grande majorité des domaines d'activité ou des secteurs s'insèrent dans une filière économique ou une filière d'activité. Trois dimensions de la filière permettent de bien comprendre son intérêt et son importance pour l'analyse stratégique :

- c'est un ensemble d'opérations techniques qui vont de la matière première jusqu'au produit final acquis par le consommateur ; la filière agroalimentaire est l'une des plus connues ;
- c'est un ensemble de relations économiques et de transactions commerciales entre des entreprises situées à des stades complémentaires le long de l'axe amont-aval ; ainsi des fabricants de semi-conducteurs vendent leurs systèmes à des fabricants de centraux de télécommunications, eux-mêmes les vendant à des opérateurs de réseaux ; ces derniers pouvant les louer à d'autres opérateurs ;
- c'est un ensemble d'entreprises mais aussi d'organisations plus ou moins hiérarchisées qui gèrent la coordination des opérations techniques et des transactions commerciales ; ainsi la filière florale voit en amont des produc-

1. Claude-Gaudillat V. et Quélin B., « Nouvelles compétences et modes d'accès : L'exemple du courtage en ligne », *Revue française de gestion*, n° 149, mars-avril 2004, p. 133-151.

teurs de fleurs et en aval le fleuriste à proximité du client ; entre ces deux stades extrêmes, se trouvent des marchés organisés comme le marché aux fleurs de La Haye aux Pays-Bas ou celui de Rungis.

À moins d'être totalement intégré, chaque industrie ou secteur est donc pris en tenaille entre un secteur fournisseur et un secteur client (distribution et client final), un stade amont et un stade aval.

Ces deux stades exercent sur le secteur des pressions variables qui exacerbent plus ou moins la lutte concurrentielle intrasectorielle ou à l'intérieur de l'industrie. Celle-ci est également influencée par la plus ou moins grande difficulté à entrer dans le secteur ou à en sortir : les barrières à l'entrée jouent un rôle de filtre. En effet, le nombre d'entreprises qui ont accès à une industrie est l'un des facteurs déterminants du jeu concurrentiel. Enfin, l'arrivée possible d'un produit de substitution représente une autre dimension à prendre en compte.

■ Le schéma des cinq forces concurrentielles

Héritier de l'économie industrielle, Michael Porter présente un schéma très utile dans son ouvrage de 1980, intitulé *Competitive Strategy*. Ce schéma, dit « schéma des cinq forces », résume de manière astucieuse les dimensions utiles à l'analyse de l'industrie et de la concurrence.

Des relations verticales entre des fournisseurs, leurs donneurs d'ordre, et enfin les distributeurs ou clients de ces derniers. Des forces extérieures à cette organisation verticale structurée venant :

- d'autres industries sous la forme d'innovation ou de substituts ;
- de la réglementation, de la politique publique, ou des forces sociales.

Cette tradition de l'analyse concurrentielle tend à « objectiver » l'environnement. Ce dernier n'est pas le résultat d'une construction ou d'une représentation des dirigeants ou des managers des entreprises. Il peut être, au contraire, résumer à des dimensions comme :

- la concurrence interne à un marché défini par une pérennité des concurrents, des produits et des technologies dans le temps ;
- la capacité à entrer de *start-up* ou d'entreprises innovantes venant d'autres industries ;
- la possibilité de l'apparition de produits, technologies ou services de substitution.

De plus, la concurrence est basée sur un jeu de force avec les fournisseurs, les donneurs d'ordre et les clients pour le partage de la valeur ajoutée.

On dispose ainsi d'une définition de l'industrie. C'est un espace de concurrence entre des producteurs offrant des réponses au marché très proches, voire similaires, et fortement substituables. Moins nombreux sont les concurrents, et plus élevés seraient les profits. Plus ces derniers sont élevés, et plus l'appétit des nouveaux entrants est aiguisé.

FIGURE 1.3 **Les cinq forces de Porter**

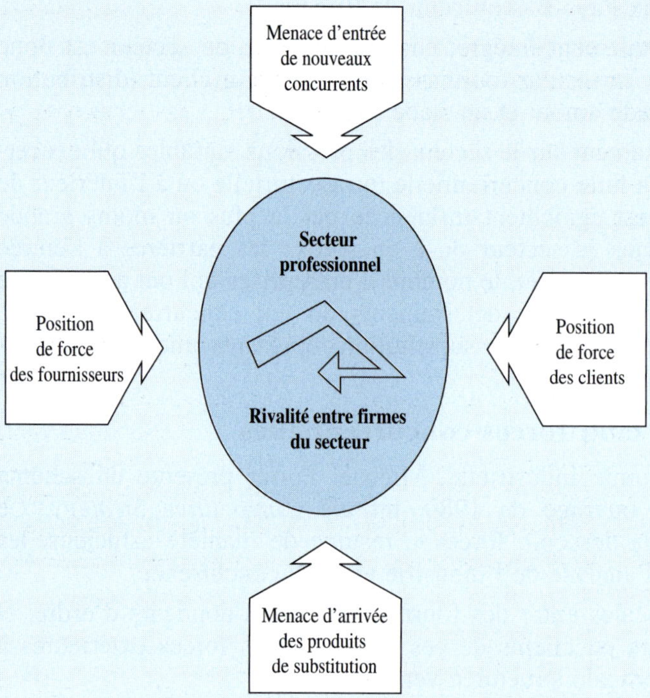

Source : M. Porter, *L'Avantage concurrentiel*, 1985.

Les barrières à l'entrée et les obstacles à la mobilité

Ces concepts sont issus de l'économie industrielle. Ils synthétisent l'idée d'obstacles aux capitaux, aux investissements et aux ressources pour entrer dans une industrie ou une activité donnée. La notion d'origine est fondée sur la nature structurelle de ces barrières, comme la réglementation ou la rareté des matières premières. Pourtant, des travaux de plus en plus nombreux insistent sur la nature « construite » de ces barrières. Elles peuvent apparaître comme le résultat de l'histoire sédimentée d'une industrie, comme par exemple, la taille requise de sites industriels ou de surfaces commerciales ou la densité d'un réseau commercial.

Par la suite, nous examinerons les principales barrières que l'on peut identifier dans l'analyse d'un environnement concurrentiel.

Économie d'échelle et d'envergure

La notion d'économies d'échelle est une notion attachée à un centre d'activité comme une usine ou un centre commercial. Elle ne doit pas être confondue avec les économies de taille qui se situent plus à un niveau *corporate*.

Les économies d'échelle introduisent la conception qu'une baisse des coûts unitaires de production est fortement dépendante de la croissance de la taille de l'activité, du volume de la production. C'est extrêmement utile dans les activités de volume comme la production automobile bas et moyen de gamme. Par contre, il existe un certain nombre de limites à la course au volume que sous-tend cette notion :

- le niveau de la demande ;
- les capitaux investis ;
- la capacité organisationnelle à gérer.

Les économies d'envergure reposent sur une notion d'économies liées à l'étendue et à la couverture des réseaux. C'est ainsi que le développement d'un réseau d'agences bancaires peut conduire au partage de coûts fixes (comme la mobilisation de capitaux). Le raisonnement est identique pour expliquer le développement d'Amazon : démarrant par le commerce des livres, le nombre de références n'a cessé de croître pour couvrir de très nombreux produits et services pouvant faire l'objet d'un transport postal (bijoux, parfums, médicaments...). Il peut aussi reposer sur la valorisation de synergies et le partage d'expérience.

Différenciation des produits

La différenciation des produits traduit la notion de segments de marché différenciés répondant par leur structuration à des demandes différentes bien que proches. C'est traditionnellement le cas de demandes bas de gamme et moyen de gamme, voire haut de gamme. C'est l'exemple de l'outillage vendu en grandes surfaces spécialisées dans le bricolage et de celui vendu dans des réseaux professionnels, comme le fait la société Facom.

Cette différenciation va reposer sur des critères physiques des produits, des éléments de prix, et des niveaux de service. Adossé à une politique active de marque, ce type de différenciation peut se révéler un obstacle, une barrière à la mobilité des entreprises.

Capitaux requis

Traditionnellement, l'entrée d'un concurrent repose sur un investissement dans une activité donnée. Cette stratégie requiert des investissements qui peuvent être élevés. S'ils sont lourds et onéreux et engendrent des coûts fixes, de tels investissements de départ seront des obstacles majeurs à l'entrée d'acteurs de faible surface financière.

La notion de capitaux requis, entendus comme barrières à l'entrée, laisse supposer que l'entrée d'un grand groupe sera plus aisée que celle d'une start-up. Ceci est vrai pour une activité déjà existante et fortement structurée. Ceci est beaucoup moins vrai quand il s'agit d'une activité en phase de démarrage dans laquelle il existe une variété de solutions technologiques et de choix industriels, avant que la concurrence n'ait permis d'éliminer les choix stratégiques les moins performants.

Les fournisseurs et les clients : leur pouvoir de négociation

Ce pouvoir de marché trouve son origine dans le pouvoir relatif que peut détenir un maillon d'une filière. Pour évaluer la menace que ces pressions font peser sur le domaine d'activité ou le secteur étudié, il faut examiner les relations que ce dernier entretient avec le secteur amont (les fournisseurs), puis avec le secteur aval (les clients).

Un certain nombre de critères sont valables pour l'amont et l'aval. Ils ont pour but d'évaluer la relation qui lie un fournisseur à son client, en particulier la position de force de l'un par rapport à l'autre (leur *pouvoir de marché*).

Ces sept critères sont les suivants :

• la *concentration relative* d'un secteur par rapport à un autre fait référence à la répartition des parts de marché sur un nombre plus ou moins grand d'entreprises. Certains secteurs sont très concentrés, d'autres sont beaucoup plus atomisés ;

• une concentration plus grande confère au secteur qui en bénéficie un pouvoir de négociation supérieur, donc une capacité de pression sur l'autre ;

• la *qualité liée* signifie que la valeur du produit fabriqué (ou du service rendu) par un secteur est fortement déterminée par la qualité de ce qui est acheté au fournisseur ; celui-ci possède alors vis-à-vis du secteur client un pouvoir de négociation important (exigences de qualité, de délais et de prix, cahiers des charges stricts) ;

• la *différenciation des produits ou des services* rend la substitution d'un produit ou d'un service à l'autre très difficile et confère un pouvoir au fournisseur sur son client. En revanche, lorsque les produits sont banalisés, le pouvoir de marché du fournisseur est beaucoup plus faible ;

• le *coût de transfert* est une résultante des deux précédents facteurs et se mesure par les dépenses engendrées par un changement de fournisseur. Plus le coût de transfert est élevé, plus le client est lié à son fournisseur actuel et plus le pouvoir de ce dernier est grand. On peut noter que, généralement, le coût perçu est supérieur au coût réel, ce qui renforce la fidélité du client vis-à-vis du fournisseur ;

• les *possibilités d'intégration* aval à un coût acceptable confèrent au fournisseur un pouvoir de négociation important vis-à-vis de son client. Le raisonnement est identique pour les possibilités d'intégration amont pour un client. Mais il devient alors un nouvel entrant et doit franchir les éventuelles barrières à l'entrée ;

• la *répartition de la valeur ajoutée*, dans la mesure où les intervenants connaissent précisément les coûts et les gains du partenaire (qu'il soit fournisseur ou client), expose aux pressions celui qui a la plus forte valeur ajoutée. Les relations entre les industriels de l'agroalimentaire et la grande distribution en sont une bonne illustration. Un profond déséquilibre des sources de valeur ajoutée pourra conduire telle ou telle entreprise à intégrer l'activité située en amont ou en aval. L'importance du produit, de la matière première ou du produit manufacturé achetés au fournisseur dans les coûts totaux du client joue un grand rôle dans la formation d'un pouvoir de marché stable du premier vis-à-vis du second ;

• la concentration des échanges confère un pouvoir de négociation important au secteur qui représente, pour le secteur partenaire, son unique client ou son unique fournisseur. Le risque d'une trop grande concentration des ventes sur un seul type de clientèle est ainsi bien connu.

Ces sept indicateurs permettent donc d'évaluer le rôle et l'influence que peuvent avoir les fournisseurs et les clients dans l'intensité de la lutte concurrentielle interne au secteur analysé en discriminant les conditions d'accès aux matières premières, aux technologies… ou au marché final.

FIGURE 1.4 **Une approche rénovée du schéma des cinq forces de M. Porter**

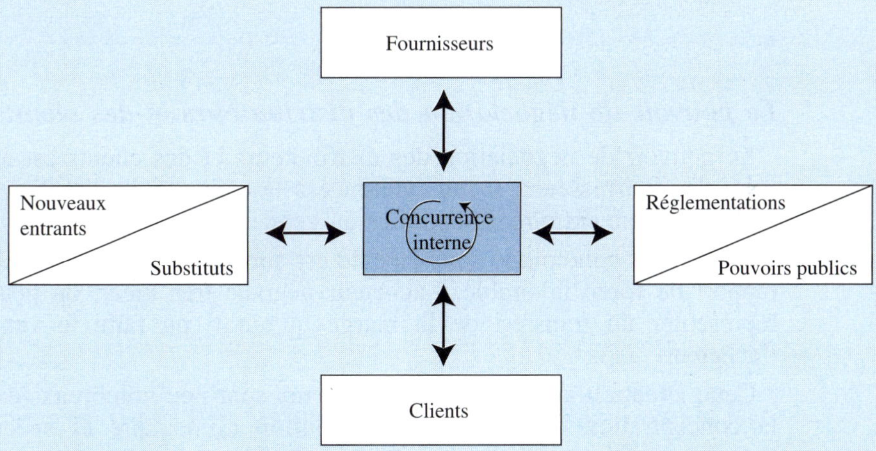

Source : M. Porter, *L'Avantage concurrentiel*, 1985 ; *Strategor*, SSDI, 1997.

Le pouvoir de négociation des fournisseurs

Il existe une relation commerciale entre une entreprise et ses fournisseurs. L'idée du rapport de force vient que si l'entreprise donneuse d'ordre est dans une situation dominante, voire de quasi-monopole, elle impose ses conditions de prix. Cette position forte vient fréquemment des quantités qu'elle commande, de son pouvoir à définir les caractéristiques techniques, et du volume que ses commandes représentent dans l'activité totale de ses fournisseurs.

Par contre, si certains fournisseurs détiennent des savoir-faire et des technologies qui les rendent spécifiques et relativement incontournables, le rapport de force s'inverse.

Le pouvoir de négociation porte sur les prix de cession et les marges du fournisseur, mais aussi parfois sur les quantités mises à disposition et sur les détails.

L'industrie aéronautique

Dans l'industrie aéronautique, il est avéré que les assembleurs ne fabriquent pas les réacteurs des avions de transport de passagers. Comme les réacteurs représentent en moyenne près de 20 % des coûts totaux d'exploitation d'un avion de ligne, il est clair que des sociétés comme Rolls Royce, General Electric, ou United Technology disposent d'un certain pouvoir de marché. Plus la demande d'avions de transport est forte, et plus leur pouvoir de négociation est élevé.

Le pouvoir de négociation des distributeurs et des clients

Le pouvoir de négociation des distributeurs et des clients est analogue à celui des fournisseurs. Il fait référence à la capacité de distributeurs ou de clients finals à extraire un bénéfice au vendeur.

La notion économique sous-jacente est simple : le vendeur n'ayant pas le rapport de force favorable, l'acheteur négocie très bien ; on peut alors se représenter un transfert de la marge qu'aurait pu faire le vendeur vers l'acheteur.

Cette situation apparaît si : les acheteurs sont peu nombreux (exemple de la concentration de la grande distribution alimentaire et spécialisée en France) ; et si le vendeur est dans une situation telle qu'il ne peut pas se passer de l'acheteur.

La substitution de produits et de services et la menace de nouveaux entrants

La principale menace concurrentielle a une double origine : l'entrée dans l'activité d'un nouveau concurrent et le lancement de produits ou de services nouveaux et de substitution.

L'effet immédiat est de détourner la demande existante des firmes en place. Ceci renforce donc l'intensité de la concurrence, car l'effet de substitution réduit la part absolue du marché du produit ou service traditionnel ou de référence. Un diagnostic stratégique approfondi des entrants potentiels s'impose toujours.

Une entreprise est susceptible de devenir un nouvel entrant si elle y trouve un intérêt qui est d'autant plus fort que :

• l'activité envisagée s'insère facilement dans les activités actuelles de l'entreprise nouvelle entrante ; par exemple, elle possède déjà les compétences requises (ou une partie) ;

• cette activité représente un potentiel de croissance et de rentabilité intéressant ;

• l'accès à cette activité n'entraîne pas un coût prohibitif.

Une conception classique repose sur le fait que les technologies nouvelles sont fréquemment la source des nouveaux substituts. C'est ainsi l'exemple du *personal digital assistant* (PDA) qui s'est développé sur le marché de la gestion du temps (agenda) en offrant quantité de fonctionnalités nouvelles. Il est dorénavant concurrencé par l'intégration de ces mêmes fonctions dans les téléphones portables. Samsung et Nokia d'un côté, et PalmOne, Sony et Hewlett-Packard de l'autre sont ainsi devenus concurrents directs sur ce segment de marché.

Ainsi, la menace de substitution trouve sa source dans les évolutions technologiques et/ou dans l'intégration de fonctions dans un même produit ou service. La substitution consiste en effet à remplacer un produit ou un service existant par un autre, qui remplit la même fonction d'usage, voire une fonction plus large, procurant ainsi à l'utilisateur une utilité plus grande pour un coût compétitif. Les menaces de substitution sont à rechercher dans les nouvelles technologies qui, déjà mûres dans des activités connexes, voire éloignées, peuvent s'appliquer dans l'activité étudiée, et faire bénéficier le consommateur d'un meilleur rapport qualité-prix.

Pour anticiper la menace de substitution, il faut :

• bien connaître la fonction d'usage remplie par le produit ou le service, avec la vision la plus large possible. La plus forte menace de substitution est celle qui aboutit à la disparition pure et simple de la demande ;

• surveiller les technologies naissantes susceptibles d'applications très variées.

En fait, les phénomènes de substitution sont de plus en plus difficiles à prévoir et à maîtriser. Ils peuvent peser sur les prix du secteur et réduire considérablement la rentabilité des entreprises en place. En confisquant une partie plus ou moins importante de la demande, ils accélèrent le déclin du secteur et peuvent conduire à une situation de surcapacité installée. La conjugaison de ces deux effets – baisse de la rentabilité et de la demande globale – conduit à une intensification irrémédiable de la lutte concurrentielle.

Ce qui importe pour l'analyse concurrentielle, c'est de comprendre que le substitut représente une menace pour le produit, et donc l'entreprise, en place dans une industrie. Le risque est la dégradation des marges, des parts de marché, et l'érosion de la réputation de la firme installée.

Les biens complémentaires sont définis par une forte dépendance de l'un vis à vis de l'autre : jeux vs consoles vidéo, imprimantes vs cartouches, etc.

Dans un certain nombre de cas, la vente de l'un crée un lien indéfectible du client au produit. Devenue captive, la vente du bien complémentaire avec un taux de marge élevé illustre bien le modèle d'affaires : ventes à prix coûtant pour « verrouiller » la clientèle, vente avec une marge élevée.

Dans d'autres situations, la même complémentarité joue. Toutefois, le métier et les compétences exigées ne sont pas maîtrisées. Ainsi, l'innovation technologique ou le lancement d'un produit oblige à accéder à des savoir-faire complémentaires (Teece, 1986). C'est ainsi le cas des fabricants de batterie(s) pour les équipements de mobilité (téléphone cellulaire, portables, organizers...).

Finalement, trois points apparaissent importants. La complémentarité traduit un certain degré de dépendance pour la réussite d'une innovation technologique ou commerciale. Elle souligne la question du partage du contrôle de la valeur ajoutée. Finalement, la complémentarité pousse les entreprises à faire des choix organisationnels pour accéder aux compétences et savoir-faire complémentaires.

L'intensité de la concurrence (entre les entreprises)

Analyser la lutte intrasectorielle, c'est étudier la rivalité entre les concurrents existants. Cette analyse suppose une connaissance de leur nombre et de leur taille relative. Des indicateurs de concentration donnent une première information sur la nature de la structure concurrentielle.

Ensuite, d'autres déterminants jouent un rôle important :

• la *croissance de l'activité* pèse sur le marché : un marché en forte croissance permet à de très nombreuses entreprises d'en tirer parti en termes de marges commerciales et de retour sur investissement ; à l'opposé, une faible croissance crée de très fortes tensions, en particulier en termes de prix ;

• la *diversité des concurrents*, par leur origine technologique ou sectorielle, par leur taille ou leur implantation géographique, conduit à un morcellement du marché et crée de sérieuses difficultés à bien percevoir le ou les concurrents les plus dangereux ;

• une absence de *source de différenciation* réelle conduit à une forte standardisation et donc chaque concurrent à devoir maîtriser strictement les différentes composantes de ses coûts ; a contrario, un fort potentiel de différenciation conduit à une variété des offres et une segmentation fine ;

• l'*importance des coûts fixes* ou de stockage conduit à peser sur la rentabilité des entreprises de plus petite taille. De même, l'augmentation de la capacité de production par paliers conduira tout investisseur à supporter, au moins temporairement, un surcoût lié aux nouveaux investissements, et à tenter de mieux utiliser sa capacité, quitte à faire des efforts sur les prix ;

• enfin, l'*existence d'obstacles à la sortie* élevés comme une forte spécialisation des actifs, des coûts fixes de sortie, des restrictions sociales ou des pressions gouvernementales conduit chaque concurrent à comparer le coût d'opportunité d'une sortie avec celui d'une riposte concurrentielle adéquate (réduction des marges, guerre des prix, rachat de concurrents, etc.).

Les entreprises se concurrencent traditionnellement sur un certain nombre de dimensions comme le prix et les quantités, mais aussi sur des dimensions non-prix (proximité géographique, qualité, fidélité du client...).

Le prix jouera un rôle très important si quatre conditions sont remplies. Les offreurs doivent être nombreux sur le marché. Les clients analysent les offres comme fortement homogènes. Substituer une offre Y à une offre A ne coûte pas : les coûts de transfert sont quasi nuls. L'industrie tend vers un excès de capacité. Toutefois, le rôle du prix dépendra aussi de la structure du marché. Finalement, ces principaux déterminants de la rivalité entre concurrents traduisent les enjeux stratégiques pour chacune des entreprises présentes de se maintenir et de se développer dans un secteur donné.

1.3 L'environnement concurrentiel : l'analyse de la structure de marché et du nombre de concurrents

L'analyse du positionnement concurrentiel d'une entreprise exige que la structure du marché soit étudiée ainsi que l'intensité concurrentielle. Trois approches sont mobilisables :

- l'étude des groupes stratégiques ;
- l'approche qualitative et l'approche quantitative de l'intensité concurrentielle.

1.3.1 Les groupes stratégiques

Une fois menée l'analyse des facteurs ou des forces qui pèsent sur l'environnement concurrentiel d'un secteur et la rivalité intrasectorielle, il est nécessaire d'étudier la logique de la concurrence interne que se livrent les entreprises d'un même domaine. Cette analyse fait parfois apparaître des structures internes au secteur, fondées sur des regroupements d'entreprises aux caractéristiques similaires et stables dans le temps. C'est ce qu'on appelle les groupes stratégiques.

■ Les facteurs explicatifs des groupes stratégiques

Au sein d'un secteur, on peut constater des différences notables de performance, de taille, et de parts de marché entre les entreprises présentes. Au cours du temps, elles semblent suivre des trajectoires stratégiques parfois divergentes.

L'analyse des groupes stratégiques ou des structures internes à une industrie mobilise en général les dimensions suivantes :

- le degré de spécialisation ;
- l'image de marque ;
- la politique de prix ;
- le mode de distribution ;

- l'étendue des services annexes proposés ;
- la qualité perçue du produit ;
- le type de politique commerciale ;
- le degré d'intégration verticale ;
- la maîtrise technologique ;
- la position en termes de coûts ;
- les relations avec la société mère ;
- les relations avec les pouvoirs publics.

La stratégie d'une entreprise se résumerait par un ensemble de choix cohérents sur chacun de ces éléments. Mais, en fait, plusieurs ensembles cohérents sont possibles dans un même secteur. Un groupe stratégique est alors constitué par les entreprises qui ont fait des choix similaires, voire identiques sur les principaux éléments listés ci-dessus.

L'analyse des groupes stratégiques permet donc de dresser une véritable topographie de la concurrence au sein d'un secteur. À la condition de pouvoir conserver les mêmes paramètres, elle conduit à représenter l'évolution dans le temps de la structure concurrentielle. L'analyse statistique des composantes principales, par exemple, prend en compte l'ensemble des éléments cités et recherche les dimensions qui permettent le mieux de regrouper les entreprises. Elle permet de bien faire apparaître la distance stratégique qui sépare les différents groupes.

L'étude des groupes stratégiques débouche ainsi sur l'analyse de la rivalité concurrentielle au sein d'un secteur à partir des trois types de concurrence suivants :

- les conditions d'entrée dans le secteur ;
- la lutte concurrentielle entre les groupes stratégiques ;
- la rivalité au sein de chacun des groupes stratégiques.

Chaque groupe se caractérise par un profil stratégique et par une performance économique résultant de la position particulière qu'il occupe dans la filière et dans l'environnement concurrentiel du secteur. Barrières à l'entrée et à la sortie peuvent alors être analysées pour un groupe comme pour un secteur. Elles deviennent alors des barrières à la mobilité intrasectorielle qui expliquent la difficulté qu'une firme peut rencontrer pour passer d'un groupe à l'autre.

Les performances d'une entreprise s'expliquent ainsi par les caractéristiques concurrentielles du secteur, puis par celles du groupe stratégique auquel elle appartient, et enfin par sa position propre au sein de celui-ci. Mais cette topographie concurrentielle n'est jamais définitivement figée. Elle évolue plus ou moins vite en fonction de la maturité du secteur et des comportements des acteurs.

L'analyse des groupes stratégiques révèle les structures internes d'un secteur, les avantages stratégiques respectifs et les barrières à la mobilité qui pèsent différemment d'un groupe à un autre.

■ La lutte concurrentielle entre les groupes stratégiques

Au total, la dynamique concurrentielle du secteur est fortement influencée par :

• le nombre de groupes stratégiques et leur taille relative : plus les groupes sont nombreux et de taille équivalente, plus la lutte est farouche ;

• le degré d'interdépendance des groupes sur le marché : s'ils servent la même demande, la concurrence est plus forte que si leurs clientèles sont relativement spécialisées ;

• la distance stratégique entre les groupes : plus elle est faible, plus la lutte concurrentielle est vive ; ce qui signifie que les stratégies sont en fait très peu différenciées.

Ces trois facteurs évoluent eux-mêmes avec le temps et sont directement déterminés par la maturité du secteur et son degré d'internationalisation. Il ne s'agit pas seulement de l'ancienneté de ce secteur, mais aussi de ses capacités de croissance. Avec l'accroissement de la maturité, les positions des firmes en place ont tendance à se rigidifier, la mobilité propre au démarrage s'amenuise et la pugnacité individuelle des entreprises s'accroît pour atteindre son paroxysme lorsque la demande faiblit.

1.3.2 Approche qualitative de l'intensité concurrentielle

Fortement subjectif par nature, l'établissement d'une liste de caractéristiques de produits et de leurs performances aide cependant à clarifier si les produits sont des substituts ou non, en particulier en examinant si les caractéristiques de performance sont équivalentes ou comparables.

Les produits, équipements ou services seront d'autant plus substituables qu'ils offriront des opportunités d'utilisation similaires. Par exemple, bien qu'ils appartiennent probablement à des segments différents, le jus d'orange et une boisson à base de coca sont substituables en cas de soif. Ces produits aux caractéristiques et aux occasions d'usage similaires ne seront sur le même marché que s'ils sont sur un même marché géographique.

De même, il existe des marchés géographiques d'usage identiques bien que de nature dissemblable. C'est le cas de la traversée de la Manche. Trois moyens de transport sont différents mais fortement substituables : le train, l'avion et le ferry. Sur une très longue distance intercontinentale, ils ne sont plus substituables. Le marché possédera donc une dimension relative reposant à la fois sur des critères géographiques mais aussi de produits, en particulier à travers leur caractère plus ou moins substituable.

1.3.3 Approche quantitative de l'intensité concurrentielle

■ Les élasticités-prix et croisées de la demande

En complément à l'analyse qualitative, il est possible de mesurer si des produits sont plus ou moins fortement substituables.

Pour mesurer la sensibilité de la demande à un produit, il est possible d'en estimer l'élasticité-prix de la demande.

Deux notions de base sont importantes :

- l'élasticité-prix de la demande ;
- l'élasticité-prix croisée.

La première établit un lien entre une évolution du prix (à la hausse par exemple) et l'évolution de la demande.

> Par exemple, si une augmentation de 1 % du prix entraîne une baisse de 1,2 % de la demande, l'élasticité de la demande par rapport au prix est de 1,2. Dans ce cas-là, la baisse de la demande en pourcentage est plus importante que la hausse du prix en pourcentage, le total des dépenses de la clientèle baisse et la demande est dite « élastique ».
> Par contre, si une augmentation de 1 % du prix entraîne une baisse en pourcentage moins élevée de la demande, l'élasticité de la demande par rapport au prix est inférieure à l'unité ; on la dit alors « inélastique ».

Beaucoup de biens ou de produits montrent une relation entre l'incrément positif du prix et la baisse de la demande. Cependant, il est bien connu que, dans nos sociétés européennes, une baisse du prix du pain n'entraînerait pas une hausse de sa consommation car il y a saturation de ce type de produit.

FIGURE 1.5 **L'élasticité**

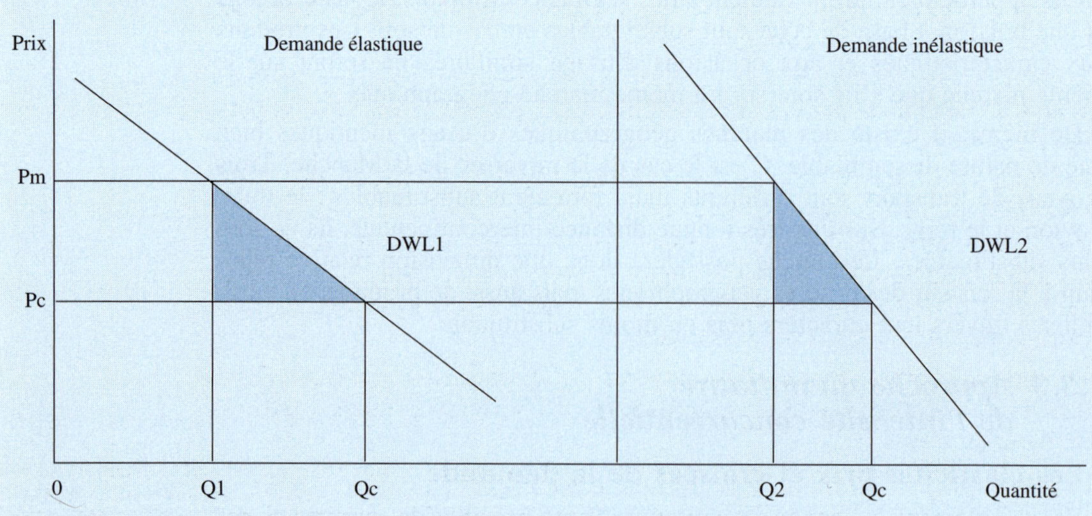

Le second type d'élasticité, l'élasticité-prix croisée de la demande, établit un lien entre l'incrément de prix du bien A avec l'évolution de la demande pour un bien Y. Par exemple, une tarification à la hausse du chèque entraînerait-elle une évolution à la hausse de l'usage de la carte bancaire pour les paiements.

Cet exemple illustre la sensibilité de la consommation d'un bien au prix d'un autre bien. L'élasticité-prix croisée de la demande mesure la propension à la substitution d'un bien par un autre.

■ Les corrélations de prix

L'idée de base est la suivante : si des vendeurs sont sur le même marché, ils devraient être sujets aux mêmes forces de la demande. Ceci peut être illustré par des comportements concurrentiels que l'on peut juger similaires sans qu'il y ait entente manifeste, bien au contraire.

Ainsi, sur le marché de la télévision à accès payant, il a été possible de montrer un certain mimétisme des comportements de prix entre Canal Satellite et TPS. Leurs campagnes de promotion sont fortement corrélées et apparaissent ajustées en termes de position prix et d'offres de contenus[1].

Toutefois, cet outil demeure délicat à utiliser compte tenu de deux arguments :

- il n'y a pas de règle établie pour savoir ce qu'est une forte corrélation ;
- des évolutions de prix peuvent se révéler corrélées économiquement sans être liées stratégiquement.

■ Mesurer la concentration

La mesure de la concentration aide à analyser la concurrence sur un marché donné.

Prenons l'exemple du fonctionnement d'un marché de quatre entreprises. La concurrence ne sera pas la même si les quatre concurrents possèdent quatre parts de marché équivalentes, ou bien si l'on a un leader de l'industrie avec une frange de trois entreprises.

L'une des mesures les plus classiques sera celle du *ratio de concentration*. Il s'agit de connaître, par exemple, le cumul des parts de marché de n premières entreprises.

De nombreux indices de concentration, plus ou moins sophistiqués, sont disponibles. L'un des plus connus est l'*indice d'Herfindahl*. Une fois une variable appropriée à l'activité retenue (par exemple, le chiffre d'affaires dans l'automobile, mais plutôt le produit net bancaire dans la banque), l'indicateur d'Herfindahl est égal à la somme des carrés de la valeur de la variable pour les n premières entreprises.

Prenons un exemple modeste. Pour un marché avec quatre entreprises dont les parts de marché respectives sont de 50 %, 30 %, 10 % et 10 %, l'indicateur est le suivant :

$$H = 0{,}5^2 + 0{,}3^2 + 0{,}1^2 + 0{,}1^2 = 0{,}35$$

L'une des propriétés intéressantes de l'indice d'Herfindahl est sa réciproque. En effet, pour un marché de n entreprises, sa valeur sera égale à $1/n$ si

1. Quélin B., *La Télévision numérique en France. La concurrence Canalsatellite-TPS*, Centrale des cas et des médias pédagogiques, 2001.

chacune des entreprises avait la même part de marché. Elle correspond à ce que l'on appelle le *nombre d'entreprises équivalentes*. Dans le cas précédent, on obtient 0,25 (1/4 de valeur pour 1/n) : valeur qu'il faut comparer à la valeur 0,35 de l'indice.

Il est possible de montrer que la distribution des parts de marché traduira un certain pouvoir de marché du leader et une certaine intensité concurrentielle, car le leader devra aussi s'attacher à éviter toute forme de coalition entre les trois autres concurrents.

En cas de fusion ou d'acquisition, les autorités de surveillance de la concurrence analyseront l'impact de ce mouvement stratégique sur la concentration, et donc sur la structure de marché et la possible position dominante qui pourrait en résulter.

Exemple du secteur de l'assurance en France – 1998

Il est dénombré 29 entreprises dans ce secteur. L'analyse doit retenir un indicateur adéquat pour ce type d'industrie : le total des primes, qui s'élève à plus de 63 millions d'euros. Enfin, une hypothèse sur la couverture du secteur est nécessaire. Il est pertinent de développer l'argument que la quasi-totalité des entreprises du secteur sont incluses dans cet échantillon, et donc qu'il est possible de calculer un indice d'Herfindhal.

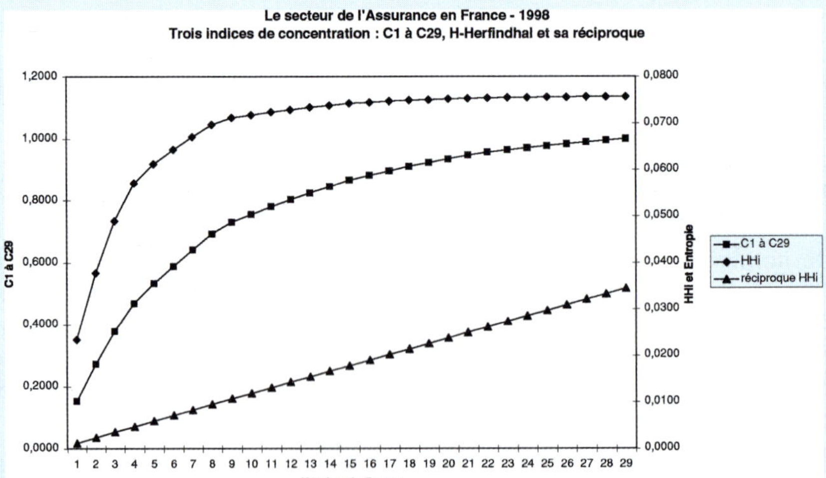

L'UAP détenait 15,3 % du total des primes, contre respectivement 12 % à La Victoire et 10,5 % à Axa Midi. Sur la base des données collectées, la valeur ▶

terminale de cet indice est de 0,0757. Cette valeur est assez moyenne en terme de concentration, par contre les trois principaux acteurs représentent déjà 37,8 % de part de marché.
Ceci atteste donc d'une distribution au bénéfice des leaders en taille. Enfin, la valeur terminale de la réciproque de l'indice d'Herfindhal est de 0,0345, soit moins de la moitié de la concentration réelle.

Le rejet de la fusion Volvo-Scania par la Commission européenne

La volonté de rapprochement de Volvo et de Scania, sous la forme d'une prise de contrôle de la seconde par la première a fait l'objet d'une décision de la Commission européenne, rejetant cette fusion dans les marchés des camions et des bus[1].

L'indicateur de concentration d'Hirschman-Herfindahl (des parts de marché) montre les pays dans lesquels cette position dominante est constatée :

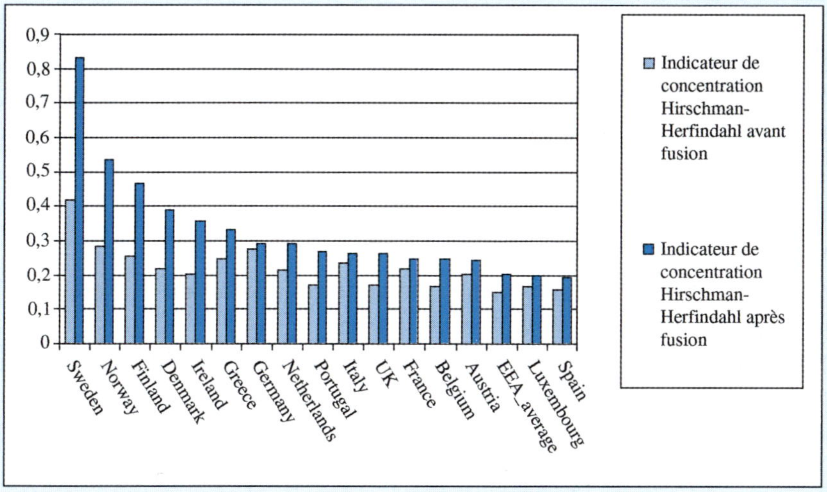

Volvo et Scania présentent aussi une forte similarité au niveau de leur représentativité à travers leurs points de vente et de services dans les différents marchés domestiques d'Europe. L'indicateur d'Hirschman-Herfindahl de la distribution des points de vente et points de service peut être employé pour comparer cette répartition avant et après la fusion :

1. Case No COMP/M.1672 – Volvo/Scania - Régulation (EEC) No 4064/89 - Merger Procédure - 15/03/2000

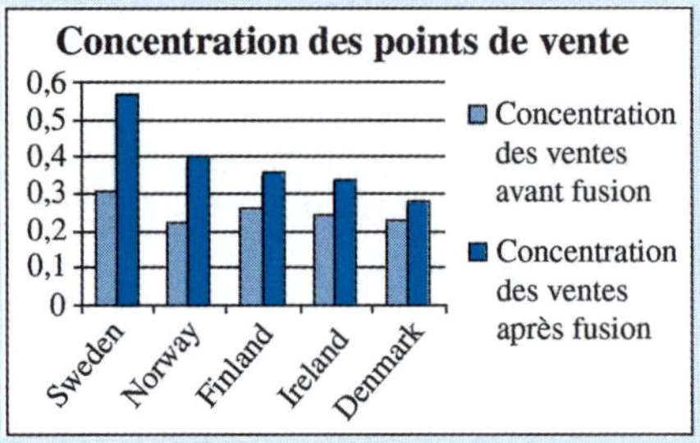

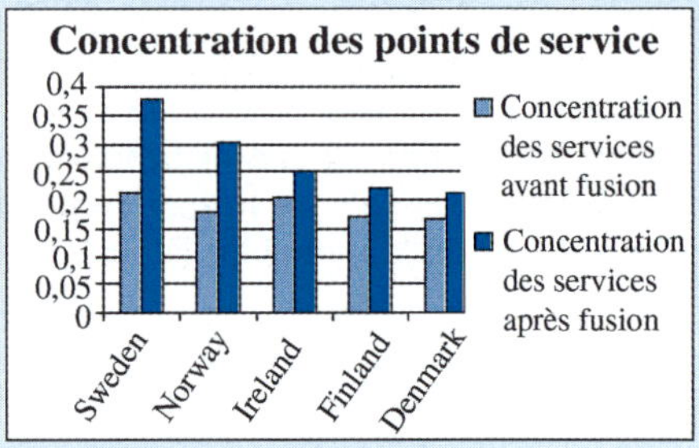

1.3.4 L'analyse du pouvoir de marché dans une industrie

L'analyse de l'environnement concurrentiel s'attache à comprendre les éléments structurels qui favorisent ou non les entrées sur le marché et la logique de la concurrence dans une industrie concernée.

Il n'est donc pas sans intérêt de se doter de critères pour estimer le pouvoir de marché de tel ou tel acteur économique sur un marché.

Trois familles de critères sont à distinguer :

- la structure de marché ;
- les comportements stratégiques ;
- la performance.

Pour analyser la structure de marché, il est recommandé d'étudier :

- la concentration ;
- le degré d'intégration verticale de l'activité ;
- les barrières à l'entrée ;
- la taille éventuellement requise pour exister dans une industrie.

Pour étudier les comportements stratégiques traduisant l'exercice d'un pouvoir de marché, cinq critères sont utiles :

- la politique de prix, que certaines décisions des autorités de la concurrence qualifient comme démontrant une position dominante ;
- la discrimination entre les types de clients ; bien que strictement interdit par la loi, le refus de vente peut illustrer, par exemple, un rapport de force entre fabricants et distributeurs ; enfin, l'entreprise peut chercher à segmenter son marché en discriminant entre des catégories types de clients ;
- sans prendre une forme aussi extrême que le refus de vente, le rapport de force entre fournisseurs et clients, ou entre producteurs et distributeurs conduit certaines entreprises à exercer un tel rapport de force qu'elles sont en mesure de restreindre la liberté commerciale d'entreprises qui sont dépendantes d'elles ;

• le travail des autorités de la concurrence montre enfin l'importance des ententes entre producteurs pour organiser un marché : les exemples des travaux publics, du marché publicitaire avant la loi Sapin (1993) ou, plus récemment, du marché des vitamines (2002) sont très illustratifs.

Enfin, la performance économique se traduisant par une profitabilité de longue durée supérieure à la moyenne des autres industries, ou bien par des rentes de position, traduit de manière fortement probable l'existence d'un pouvoir de marché qui conforte ces hauts niveaux de performance. Un tel niveau de performance économique attire alors les investisseurs et les nouveaux entrants.

TABLEAU 1.3 **Critères d'analyse d'un pouvoir de marché**

Critères de structure de marché	Critères de comportements stratégiques	Critères de performance économique
• La concentration : – nombre de firmes ; – parts de marché. • L'intégration verticale en amont et en aval. • L'existence de barrières à l'entrée. • La taille minimale efficiente des entreprises.	• La pratique de prix : – prix de prédation ; – vente en bloc. • La discrimination entre clients. • Le refus de vente. • Les restrictions imposées aux fournisseurs et/ou distributeurs. • Les ententes entre producteurs.	• L'obtention de profits « excessifs » sur une longue période. • L'existence de rente(s) liée(s) à la position concurrentielle.

2 La dynamique concurrentielle

Parler de dynamique concurrentielle, c'est introduire le temps dans l'analyse stratégique. Le temps est un facteur déterminant dans les modèles de l'hyper-compétition lesquels tentent de tenir compte :

• du raccourcissement de la durée de vie des produits, comme des technologies ;

• de l'avantage à l'innovateur et au premier qui s'engage ;

• de la consolidation d'une réputation.

2.1 Cycles de vie

2.1.1 Lent et rapide

Le cycle de vie des technologies comme des produits a toujours joué un rôle non négligeable dans le fonctionnement des industries et des marchés.

S'ils sont lents, ils seront sources d'une certaine stabilité et donc réducteurs d'incertitude. Par contre, s'ils sont rapides, les cycles de vie des technologies et des produits se révéleront un outil pour bousculer les positions de marché ou le leadership technologique.

2.1.2 *Basé sur un standard*

Les choix de compatibilité et la concurrence entre les firmes doivent prendre en compte les effets d'avantage de premier entrant (*cf. infra*). Si la compétition est technologique, il est possible de styliser deux cas de figure :

- le cas de la concurrence intra-standard ;
- le cas de la concurrence inter-standard[1].

Dans le premier cas, les entreprises choisissent la compatibilité, la concurrence s'établit alors sur les critères de prix et de qualité. L'un des bénéfices est que le risque (financier, technologique et industriel) et les gains escomptés sont limités.

Dans le cas de concurrence inter-standard, la concurrence est une concurrence avec externalités de réseau. Plus les utilisateurs d'une technologie avec un standard particulier sont nombreux, et plus la probabilité d'en accroître le nombre est élevée. Le gain potentiel (rente de monopole) est élevé. Par contre, le risque est important, le jeu concurrentiel pouvant mener dans ce cas à la disparition d'un des acteurs. Par exemple, la concurrence entre le standard Betamax et le standard VHS pour les magnétoscopes en est un des exemples les plus connus. Dans cet exemple, le second (VHS) a finalement réussi a imposé son standard en favorisant la cession de licences aux fabricants.

Le choix de compatibilité peut donc aller du choix de la compatibilité totale à l'incompatibilité totale. Dans une situation de compatibilité totale, il existe une concurrence intra-standard. Dans une situation de choix d'incompatibilité totale, la firme dominante peut choisir d'avoir un monopole exclusif ou d'accepter la présence d'entreprises travaillant sous licence. Le choix de concurrence inter-standards est naturellement le plus risqué.

2.2 *First-mover* ou suiveur

Les notions de premier ou d'initiateur renvoient, de prime abord, à l'entrepreneur de J. Schumpeter. Les incitations, de quelque nature, sont fortes pour qu'un mouvement stratégique soit décidé par une entreprise. Sur cette base, une entreprise se construit un avantage concurrentiel parce qu'elle a été la première.

Selon Lieberman et Montgomery (1988)[2], l'« avantage de premier entrant » peut émaner de trois sources principales :

- le *leadership technologique* : l'avantage provient ici d'un effet d'expérience qui permet de maintenir un avantage de coût. De même, l'avantage technologique peut être protégé par des brevets ;

1. Quélin B., Abdessemed T., Bonardi J.-Ph. et Durand R., « Network Technology Standardization : Market vs Inter-firm Cooperation », *Journal of Economic Surveys*, vol. 14, n° 4, 2001, p. 543-569.

2. Lieberman M. B. et Montgomery D. B., « First-Mover Advantages », *Strategic Management Journal*, vol. 9, 1998, p. 41-58.

• la *préemption des actifs rares*, c'est-à-dire la préemption des inputs (comme des ressources naturelles, ou d'autres ressources rares), la préemption de site et d'espace (emplacements publicitaires ou points hauts pour les antennes de radio-téléphone), ou encore les investissements de préemption dans des usines ou de l'équipement ;

• le *développement de coûts de transfert* supportés par l'acheteur.

Ce bénéfice au premier peut être d'autant plus important que le cycle de vie des produits (ou de la technologie) est court. L'idée est simple et repose sur un double argument :

- le premier qui s'engage bénéficie d'une certaine loyauté des consommateurs ;
- sa réputation s'accroissant, il est difficile pour tout nouvel entrant de lui faire perdre des parts de marché.

C'est ainsi que, en France, CanalSatellite est entrée en 1999 sur le marché de la télévision par satellite, près de six mois avant son concurrent TPS.

Comment opère cette loyauté des consommateurs ? En fait, un verrouillage des clients s'effectue. C'est ce que des auteurs ont qualifié de *lock-in*. Le verrouillage signifie pour le client un coût de changement de système ou d'abonnement (*switching costs* ou « coûts de transfert »). Par conséquent, ce coût de transfert tend à favoriser les firmes déjà en place, en décourageant les nouveaux entrants potentiels. L'engagement initial de l'entreprise qui bouge la première envoie un signal fort au marché. Puis, les clients sont conduits à investir dans la première offre, à travers un produit particulier ou une technologie spécifique. Leur choix initial, du fait d'investissements irréversibles et/ou d'un temps d'apprentissage nécessaire à l'utilisation effective de la technologie, conduit les clients à rester fidèles à leur choix initial.

Ce phénomène de *lock-in* est amplifié dans les secteurs de haute technologie (augmentation du temps d'apprentissage), à externalités de réseau (augmentation des coûts financiers de changement de système)[1]. Le verrouillage du marché par l'innovateur est source de rentes, en particulier quand l'entreprise qui en bénéficie refuse la compatibilité avec les autres systèmes. Le verrouillage contribue à développer la fidélité du consommateur.

Cependant, ces mécanismes peuvent être contrebalancés par quatre phénomènes.

Les suiveurs peuvent profiter de l'infrastructure, des efforts d'éducation des consommateurs et des efforts de R&D effectués par les pionniers. De plus, après l'émergence d'un design dominant, la concurrence se fait sur les prix, donnant un avantage aux entreprises ayant la structure de coûts la plus favorable. Par ailleurs, si les premiers entrants ne sont pas suffisamment vigilants, un nouvel entrant peut déplacer les conditions du jeu concurrentiel par une innovation technologique qui contourne les barrières à l'entrée existantes. Enfin, les premiers entrants peuvent tarder à réagir face à

1. Durand R., Bonardi J.-P., Abdessemed T. et Quélin B., « Les variables stratégiques de la compétition technologique : une représentation en trois plans », *Revue française de gestion*, mars 1998, p. 30-45.

l'innovation d'autres entreprises, parce qu'ils peuvent se trouver bloqués par des actifs spécifiques (coûts de sortie). Deux raisons complémentaires peuvent aussi l'expliquer : ils sont réticents à cannibaliser leur gamme existante, ou encore leur organisation s'est rigidifiée.

1.3 Le rôle de la réputation

La réputation est par définition un actif intangible, difficilement mesurable et dépendant du temps nécessaire pour la forger. Par contre, elle peut être évaluée, par les parties prenantes de l'entreprise (clients, fournisseurs, investisseurs, salariés…), à travers le respect par l'entreprise de certaines dimensions. D'ailleurs, des magazines comme *Fortune* ou le *Financial Times* publient régulièrement des classements des entreprises les plus respectées ou les plus cités spontanément.

Quelques critères émergent de ces évaluations :

- la performance financière ;
- la vision stratégique ;
- la responsabilité environnementale et sociale ;
- l'environnement de travail ;
- les produits ou services.

La performance financière intéressera au premier plan les actionnaires et les investisseurs. C'est en particulier le potentiel de création de valeur future qui sera étudié plus que les résultats acquis par le passé. À l'occasion d'un changement de dirigeant, c'est fréquemment le critère le plus scruté pour apprécier la capacité du nouveau président à maintenir ou à améliorer la performance financière. Pour illustrer cela, il est intéressant de penser aux exemples de J. Welch remplacé par J. Immelt à la tête de General Electric, ou bien celui de Th. Breton remplaçant M. Bon à la tête de France Télécom. Naturellement, la capacité de vision stratégique du leader influencera la performance financière future, et par ricochet la réputation de l'entreprise.

Le créateur est-il le mieux placé pour accompagner le développement d'une entreprise ? Le dirigeant sait-il faire partager sa vision et la mettre en œuvre ? Ces deux questions sont assez bien illustrées par le retour de S. Jobs à la tête d'Apple, après s'en être fait évincé. Le redressement financier est patent, et le travail sur le design des ordinateurs reconnu comme judicieux. Il reste au fondateur de l'entreprise à convaincre de sa capacité à transformer l'essai de sa diversification dans les sites musicaux, avec I-Tunes et son lecteur i-Pod.

De très nombreuses entreprises font dorénavant très attention à leur politique environnementale et leur responsabilité sociale. Le thème du développement durable résume bien ces préoccupations. C'est naturellement le cas des grands groupes pétroliers et pétrochimiques (pensons à Shell ou à Total) mais aussi de certains acteurs de la grande distribution alimentaire : Leclerc met dorénavant l'accent sur son choix de ne plus distribuer d'emballages plastiques.

De son côté, l'environnement de travail est un élément de perception très important pour les jeunes diplômés. Ceci participe de la formation d'une image et, donc, plus substantiellement, de la réputation de l'entreprise à capitaliser sur les ressources humaines en offrant un environnement propice au respect des individus, en misant sur la formation, et en veillant au management qui valorise les compétences. Pensons à la société 3M qui laisse à ses chercheurs un certain pourcentage de leur temps (8 % à 10 %) pour mener à bien leurs projets individuels de R&D.

Enfin, certaines marques sont extrêmement réputées et solidement adossées à un produit ou un service. Les critères de qualité, de fiabilité et de permanence dans le temps fondent fréquemment la réputation d'une marque attachée à un produit.

1.4 Un modèle de la rivalité concurrentielle

Les méthodologies pour analyser la concurrence sont principalement issues de l'économie industrielle. Développer une approche renouvelée de la concurrence suppose quelques précautions méthodologiques.

La première est de recourir à des faits stylisés qui se prêtent à une interprétation, d'une part, et à une possible généralisation, d'autre part. La seconde est de spécifier l'unité de temps. En approche statique, les structures de marché sont considérées comme stables et données. En dynamique, le comportement des entreprises évolue et transforme les structures mêmes des activités. Les structures de marché deviennent ainsi des variables du modèle.

Dans la représentation suivante, il s'agit de se donner une stylisation de la rivalité concurrentielle principalement issue de l'analyse micro-économique des marchés. Cette stylisation recoupe effectivement les cinq forces dites de Porter. En sus, elle permet de se représenter la dynamique des enchaînements concurrentiels.

Donnons-nous, pour commencer, les éléments d'un marché à l'origine stables :

- les conditions de base de l'industrie ;
- la structure de marché ;
- l'état de la rivalité concurrentielle.

Ensuite, sous l'impulsion d'acteurs en place, les comportements concurrentiels évoluent : guerre des prix, par exemple, ou différenciation technologique (relation 1). Sous l'impulsion de nouveaux acteurs, le nombre de concurrents et l'intensité de la concurrence s'accroissent. Leurs entrées font évoluer les structures de l'activité (relations 2 et 5).

Cependant, certains comportements des entreprises en place peuvent être plus agressifs. Les comportements de préemption, de *first mover* ou de prédation sont susceptibles d'élever les barrières à l'entrée (relation 3, puis relation 5), et donc de modifier une fois encore la structure de l'activité.

Enfin, une politique publique ou réglementaire peut profondément influencer les structures de marché existantes au départ, en modifiant les conditions économiques de l'activité, les structures de marché, et le nombre de concurrents (relations 4, puis 5 et 2).

Finalement, le cas le plus classique est traduit par l'existence d'un niveau de performance des entreprises d'une industrie ou d'un marché, supérieur à la moyenne d'autres activités. Ceci convainc alors des entreprises, jusqu'alors absentes, à y entrer (relation 7).

FIGURE 1.6 **L'analyse de la dynamique concurrentielle**

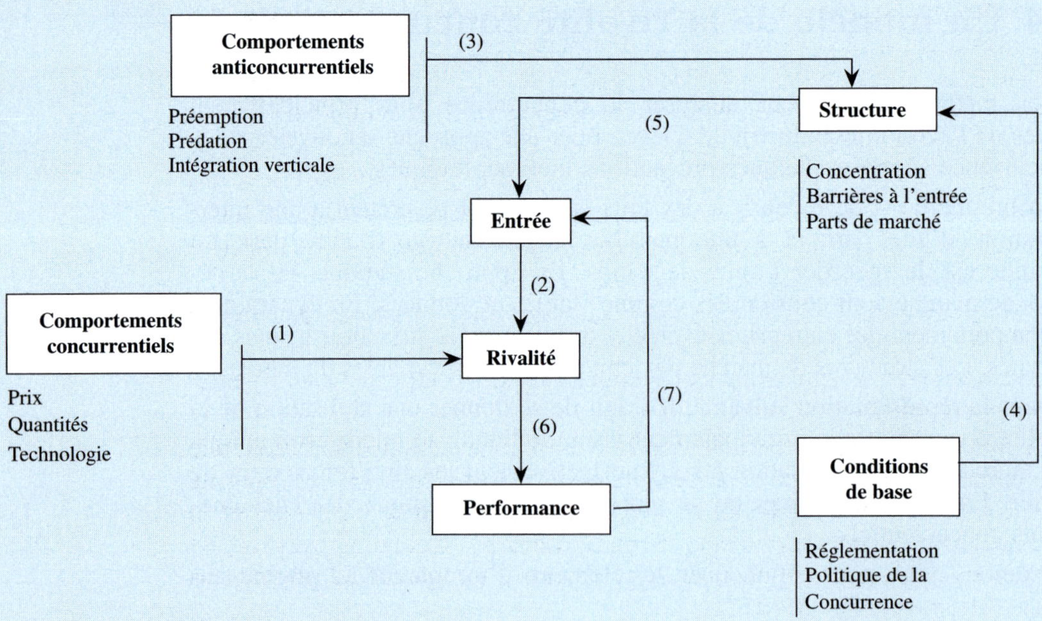

Conclusion

Analyser l'environnement d'une industrie, d'un marché ou d'une entreprise est un défi utile à relever, bien que cela puisse être complexe à faire. C'est très utile car l'environnement influence la performance, et force les entreprises à analyser les opportunités de développement à mener comme les menaces pouvant exister.

L'environnement peut être décomposé en trois grandes catégories :

• l'*environnement général*, qui regroupe des éléments généraux de la société et de ses évolutions les plus profondes ;

• l'*environnement de l'industrie* qui représente l'ensemble des facteurs qui influencent les décisions d'une entreprise, ses actions, et son potentiel de profitabilité ;

• l'*environnement concurrentiel* dans lequel les positions et les rapports de force vont déterminer l'exercice (ou non) d'un pouvoir de marché.

À travers l'analyse de ces trois niveaux de son environnement, l'entreprise repère les opportunités et les menaces. Cela suppose qu'elle possède des capacités d'étude, de comparaison et d'anticipation.

L'environnement général est décomposé en six éléments : démographique, technologique, socioculturel, politique et légal, global, économique.

L'environnement d'une industrie est décomposable en cinq grandes dimensions : le pouvoir de marché amont des fournisseurs, celui aval des distributeurs et clients, la menace de nouveaux produits et de nouveaux entrants, et la pression réglementaire et des pouvoirs publics. La dernière force est interne à une industrie donnée.

L'environnement concurrentiel est à analyser sous l'angle du pouvoir de marché que possèdent certaines entreprises et qui se traduit par une concentration des parts de marché à leur avantage et des comportements d'entreprises dominantes.

La dynamique concurrentielle exprime la représentation que l'économie est comparable à un corps vivant en pleine évolution. Le degré et l'intensité de la rivalité concurrentielle sont sujets à la mobilisation de ressources et de capacités, à des comportements d'investissement (technologiques ou de réputation, par exemple), et à des mouvements stratégiques de préemption (standards ou premier entrant).

Mini-Case

Michelin's Race for Global Leadership

Competition in the tire industry

Tire industry is a mature, increasingly global industry with few large competitors. In 1987 Continental (Germany) has taken over General Tire (USA) and Bridgestone (Japan) has taken over Firestone (USA). In 1989 Michelin took over Uniroyal Goodrich (USA) and became the world leading producer, and one of the biggest producer in North America. Pirelli tried without success in 1991 to acquire Germany's Continental.

50% of the ten largest comapnies operating in 1981 had desappeared in 1999.

In 1999 seven companies were contributing to 77% of world sales of $ 70 billion: Michelin (19.4 %), Bridgestone (19.4 %) and Goodyear (16.6%), followed four mid-size players with 17% market share (see exhibit 1) .

Occasionally overcapacity in the industry has been associated to price wars in Europe and the US with most leading companies incurring heavy losses and reacting by large cost reduction programs.

Bridgestone has conducted in its American subsidiary Bridgestone/ Firestone massive successful cost reduction program to bring Firestone plants closer to the productivity of Bridgestone's factories in Japan. Japanese companies are also relocating some of their own manufacturing in other low-cost fast growing Asian markets. Labour cost, wich represent 50% of manufacturing cost, would be in China at 1 per cent of Japanese level.

Continental moved production abroad in the 1990's (Central Europe and Portugal), cutting its workforce and developing management technique such as lean production, teams and total quality management.

Car makers have put tiremakers as well as other suppliers under presure in order to reduce cost, and have contributed to the productivity efforts but this relationship is slowly changing for more cooperative behaviour and long term technical cooperation.

Product policy

Even if for a majority of consumers a tire is regarded as a commodity, the varieties of tyres and sizes imposed by vehicle makers are increasing and the potential of differentiation is important in the industry with many different niches, consumer needs and new market segmentations.

At the same time product cycle seems shorter and shorter (3-5 years) and the pace of introduction of new products on the market is accelerating. Tire companies rely on new products for higher margins.

3 out of 4 tires are replacement tires and the replacement market is in Europe and the US more profitable than the original equipment business. Thus distribution is probably the most important issue in the replacement-tire market. In Europe Michelin and Continental have invested massively in distribution.

In the US, Goodyear offers its product at Sears, Wal-Mart and other big chains in competition with its own network of 1,800 stores.

MIchelin's strategic intent

Michelin, based in Clermont-Ferrand (France), is a company controlled by the family of founders. Edouard Michelin, a graduate of a French leading engineering school, is the 4th generation family member to run the group. Michelin, among few other French companies, is a public company with the status of "Société en Commandite par Action" (partnership limited by shares), which is based on a special partnership between management and shareholders.

The company has built its leading position through a combination of internal growth and acquisitions. Michelin in the 1970s and 1980s undertook a major move to gain market share in the US through commercial efforts and capacity building in South Carolina. The acquisition of Uniroyal Gooodrich in 1989 added markets share especially in the US where Michelin was number 2 after Goodyear.

Michelin' s presence world-wide is strong in Europe and the US but limited in Asia.

Michelin has been described in the past as a science and technology driven company but its sales orientation is very strong. Michelin traditionally prices its quality products higher than competition but the company which is the price leader is also taking initiatives in price cutting. Marketing is also getting more influence in the company with for example increased segmentation and more choices for the consumer according to its driving style.

In Europe the company has developed a distribution network (Euromaster brand) covering most countries and Michelin wants to develop through this organisation closer contacts with the end users and better service.

Product innovation

Innovative moves have been many: Michelin introducing in 1991 the remarkably durable XH-4 with a 80,000 mile warranty. Goodyear introduced in 1992 Aquatred, a rain model providing better traction on wet pavement followed by the Aqua Contact design of Continental.

▶

TABLE 1 **Michelin's organization structure**

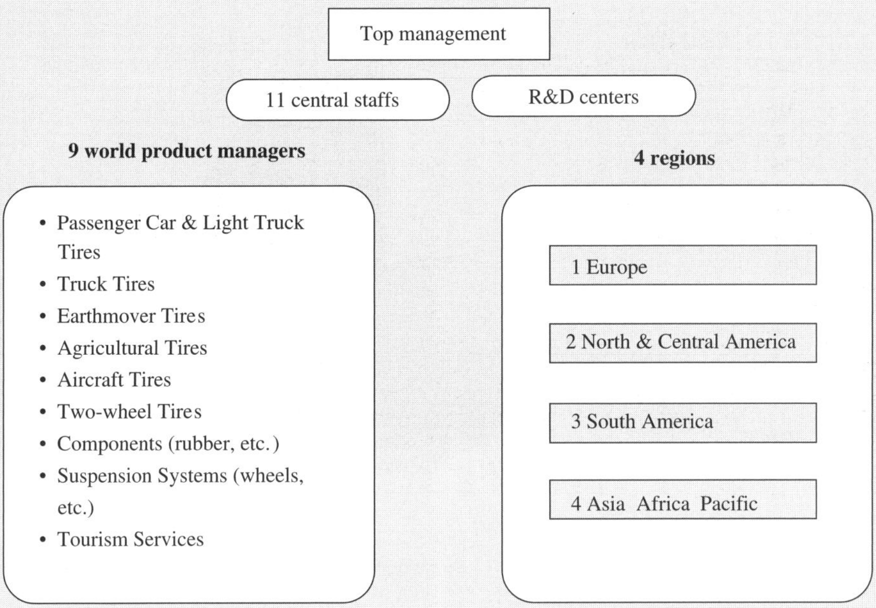

In 1993, Bridgestone/Firestone introduced a new run-flat tire allowing motorists to drive for more than 50 miles at 55 miles per hour after a tire loses its air pressure.
Michelin R&D expenses are traditionally higher than competition : Michelin spends about 4.23 % of its turnover in R&D (compared to 3.24 % for Goodyear) ; other companies with high investment rate in R&D are Continental (4 %), Pirelli (3,35 %) and Yokohama (3,20 %).
Product innovation has been important all along Michelin's history. The company has invented the radial tyre in 1946, which was a source of durable competitive advantage.
The pace of product innovation has accelerated in late 1980s.
In 1991, Michelin has introduced a new "green tire" technology that was described by the company as the most important breakthrough since the radial tires development. The new product, offered significant (35 %) less rolling resistance than conventional tires. It reduces fuel consumption (5-6 per cent) without giving up any other performance characteristics; it is "green" because it reduces atmospheric pollution.
Sales of "green tires" have develop quickly in the US where car makers have to meet minimum fuel economy standards ("corporate average fuel economy") for their vehicle ranges. Companies specialised in the luxury segments as Jaguar, Mercedes, BMW or Rolls-Royce for example has benefited immediately from the new concept to meet the standard.
Competitors offered similar technologies since 1992 : Goodyear "GFE" and Continental "Ecocontact". Bridgestone has offered one in 1994. Michelin and Continental are conducting campaigns in Europe to demonstrate the rolling resistance advantages of their respective "green" or "eco" tire. In Japan Michelin introduced a specific green tire in 1993.

Process innovation

Tire industry has known a massive wave of investment in new facilities or remodelling of old factories until 1990 and important steps have been made toward automation. In the past the laminating and completion of each carcass was essentially carried out manually.
In 1989, Pirelli introduced a new technology in its new plant in Bollate near Milan, and replicated the system in its Breuberg factory in Germany. Bridgestone opened in 1992 in Tochigi a new automated assembly line using just on time components. The factory could produce 2,500 tires a day with six employees.

TABLE 2 **Market shares**

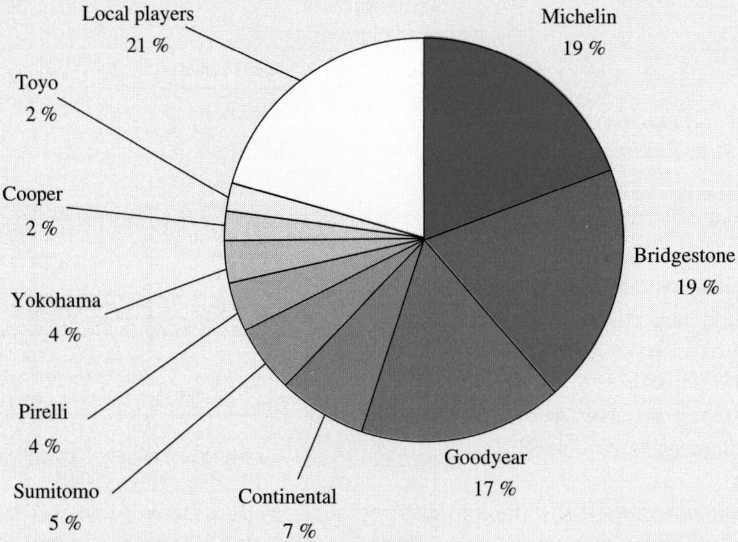

Michelin decided to work harder on the possibilities to increase quality, enlarge product line and reduce costs along the value chain. At the end of 1993 Michelin announced a step further in the automation process called the "C3M" system. A new factory near Clermont-Ferrand (France) achieved full automation of the tire-making process. The factory occupies only about 10 per cent of the space of a conventional tyre plant ; manufacturing is organised around a rotating drum on which the carcass is laid from plies fed automatically from stock drums. This extraordinary "tire-machine" working seven days a week eliminates them. It can absorb directly all the components: rubber, carbon black, other chemicals, textile and metal cables. Michelin insists on the exceptional flexibility from one tire size to another, thus the capacity to adapt rapidly to client needs and also the possibility to make with the system new types of tires.

The process was said to bring simultaneously : quality, flexibility, and low cost. Michelin did not published the capacity of the factory.

This case was prepared by Professor Jean-Paul Larçon for the Roland Berger & Partner Foundation for European Development. It has been developed as a element of comparison between innovative European companies and as A basis for class discussion.

Questions:

1. What are the Key Factors of Success in the industry?
2. What are the dynamics of rivalry between Michelin, Continental and Goodyear?
3. Can innovativeness be a sustainable competitive advantage for Michelin ?
4. What alternative strategies Michelin could develop to consolidate or increase its global leadership?

Chapitre 2

Évaluer l'attractivité d'un domaine d'activité

Surveiller l'évolution de l'environnement est essentiel afin que l'entreprise puisse s'y adapter le mieux possible. En particulier, on ne pratique pas la même stratégie selon que l'on se trouve dans un domaine d'activité porteur ou dans un domaine en déclin. L'évaluation du caractère attractif de ce domaine est une étape importante du raisonnement stratégique.

L'intérêt d'une activité, perçu au travers du jeu concurrentiel, ne peut fournir à une entreprise donnée qu'une indication relative. Une activité peut paraître sans avenir pour un concurrent possédant une part de marché insuffisante, tandis qu'elle demeure très intéressante pour l'entreprise dominante.

Aussi faut-il fonder l'analyse de l'attractivité d'un domaine d'activité à la fois sur des critères objectifs, permettent de définir son attractivité intrinsèque, et sur des critères propres à chacun des concurrents, pour mesurer l'attractivité relative qu'a le domaine pour chacun d'eux.

1 L'attractivité intrinsèque

1.1 Le taux de croissance

Le vieillissement d'une activité et, partant, l'affaiblissement de son intérêt, résultent des phénomènes de substitution présentés ci-dessus.

La disparition d'une activité peut ainsi être due à l'apparition d'une nouvelle technologie satisfaisant mieux le besoin auquel la première répondait. Le remplacement du moulin à café mécanique par les moulins électriques, puis du café en grains par le café moulu et maintenant des cafetières classiques par des machines à expresso, constituent des exemples typiques. Moins radicale qu'une disparition pure et simple, la baisse tendancielle du taux de croissance de la demande finale constitue également un symptôme de vieillissement.

Mesurer l'intérêt d'une activité par sa croissance en valeur a cependant des limites :

• les statistiques nationales utilisent une classification sectorielle macro-économique, trop globale pour en tirer des enseignements stratégiques au niveau d'un domaine d'activité donné ;

• les statistiques commerciales fournissent, en revanche, des chiffres de vente par produit, ce qui correspond à une échelle trop fine si le domaine considéré comprend plusieurs produits ;

• la mesure du taux de croissance ignore les diverses composantes qualitatives pouvant affecter la demande.

Malgré ces limites, l'approche quantitative permet d'obtenir une première appréciation sur l'attractivité d'une activité, et révèle en particulier si la croissance s'effectue à un rythme plus élevé que le taux de progression de la PIB, ou l'inverse. La démarche peut être affinée en ne retenant, par exemple, que la PIB industrielle hors énergie et BTP afin d'éviter certains biais. En revanche, ce type de comparaison reste très limité pour les activités de service. Enfin, la comparaison avec une tendance dans un autre pays – pays voisin aux caractéristiques proches – offre une très bonne base d'extrapolation.

Toutefois les statistiques en valeur sont souvent trompeuses dans les activités en forte croissance, généralement caractérisées par une baisse régulière des prix des produits ; le taux de croissance en volume constituant alors un meilleur indicateur que l'évolution du chiffre d'affaires. Privilégier le maintien des volumes, c'est accepter une baisse du chiffre d'affaires ; pour maintenir son chiffre d'affaires, il faut augmenter le volume des ventes, donc améliorer la pénétration commerciale.

Pour estimer la croissance potentielle de cette dernière, il existe des indicateurs très utiles pour apprécier la pénétration de certains produits : taux de pénétration selon les milieux (par exemple, milieu urbain/milieu rural), taux d'équipement des ménages, etc.

Taux de pénétration sur le marché français des principaux équipements électroménagers :

Réfrigérateur	96 %	Lave-vaisselle	45 %
Lave-linge	95 %	Sèche-linge	27 %
Micro-ondes	72 %	Cave à vins	3 %
Congélateur	55 %		

Les estimations offrent une base d'analyse tant en termes de réserve de croissance que d'évolution de la substitution. Il ne faut cependant pas sous-estimer la différence entre taux de pénétration et taux de consommation. Par exemple, une comparaison de certains pays industriels donnerait un taux de pénétration du téléviseur couleur assez similaire. En revanche, le taux de renouvellement est beaucoup plus important au Japon (tous les 3 à 4 ans) qu'en Europe (tous les 7 à 8 ans). Ainsi, la consommation d'un tel équipement y est beaucoup plus soutenue, et les débouchés sont plus importants.

Finalement, l'étude de la croissance d'une activité demeure essentiellement tournée vers le passé. Dans une perspective dynamique, l'analyse de l'attractivité d'une activité doit porter davantage sur la recherche des perspectives de croissance que sur la constatation des performances antérieures.

1.2 Cycle de vie d'un produit et maturité d'un domaine d'activité

Fondé sur une extension de l'idée de cycle de vie du produit, le concept de maturité introduit des éléments qualitatifs et prospectifs ignorés par le seul taux de croissance.

Le cycle de vie du produit traduit les évolutions probables au cours du temps du chiffre d'affaires et de la rentabilité d'un produit donné. Il représente les différentes phases de l'histoire commerciale d'un produit, le plus souvent sous la forme d'une courbe en cloche, conformément à la figure 2.1.

FIGURE 2.1 **Le cycle de vie du produit**

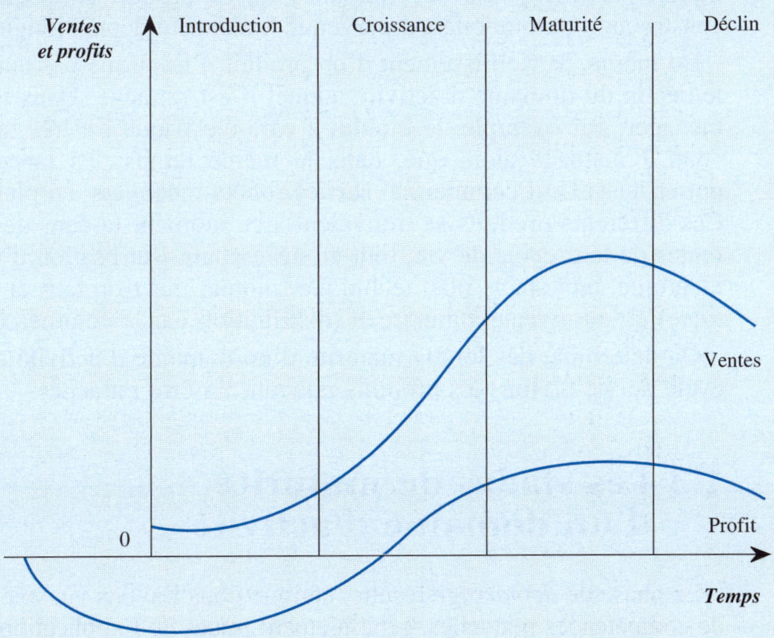

Sur cette courbe, on identifie généralement quatre phases distinctes. La phase d'introduction est une période de faible croissance correspondant à la diffusion progressive du produit sur le marché, mais requérant une politique d'investissement importante. La courbe de profit, portée sur le même graphique, indique un bénéfice souvent négatif, en raison du coût de lancement élevé du produit. La phase de croissance est caractérisée par une acceptation rapide du produit par le marché et un accroissement substantiel des bénéfices, à condition que l'entreprise tire profit de la naissance du marché en termes de parts de marché. La phase de maturité marque le ralentissement de la croissance des ventes, le produit étant déjà accepté par la plupart des acheteurs potentiels. Le bénéfice y atteint son niveau maximal avant de commencer à décroître, sous l'effet des dépenses engagées pour soutenir les ventes face à la concurrence de nouveaux produits. En période de déclin, enfin, les ventes ne cessent de stagner, voire de diminuer et les bénéfices de s'effriter.

La définition des frontières, quelque peu arbitraire, délimitant chacune de ces phases, est fonction du rythme de croissance ou de déclin du chiffre d'affaires de l'ensemble. La phase de maturité est celle dont la durée peut être la plus variable, certains produits connaissent une très longue période de maturité soutenue par une demande constante (produits de première nécessité), tandis que d'autres, liés à des phénomènes de mode, passent directement de la croissance à un déclin rapide.

Un domaine d'activité comportant généralement plusieurs produits, sa maturité ne peut pas être appréciée par l'analyse d'un seul d'entre eux. Un produit en croissance peut en effet appartenir à une activité parvenue à maturité. Le lancement d'un nouveau modèle automobile, par exemple, se traduit par une phase de croissance de ce produit alors que l'activité de construction automobile est parvenue à maturité depuis longtemps.

De même, le vieillissement d'un produit n'implique pas automatiquement le déclin du domaine d'activité auquel il est rattaché. Dans le petit électroménager, par exemple, le moulin à café électrique est très rapidement parvenu à maturité alors que, dans le même temps, les fabricants faisaient porter leur effort commercial sur les robots ménagers, en pleine croissance. Ces différents produits se trouvaient à ce moment-là dans des phases différentes de leur cycle de vie, tout en nécessitant l'utilisation d'un savoir-faire identique, tant sur le plan technique (moteur électrorotatif et injection plastique) qu'au niveau commercial (distribution par le commerce intégré).

On détermine dès lors la maturité d'un domaine d'activité en analysant le cycle de vie de tous les produits pouvant lui être rattachés.

1.3 Les stades de maturité d'un domaine d'activité

La phase de *démarrage* résulte, comme nous l'avons vu, soit de l'apparition de compétences nouvelles, généralement issues de l'application d'une innovation technologique (technique de fabrication, mode de distribution ou de commercialisation, conception d'un produit ou d'un service nouveau), soit de l'élaboration d'un nouvel ensemble à partir de compétences jusqu'alors dispersées dans des activités étrangères les unes des autres (enregistrement audio et vidéo interactif ; systèmes multimédias).

Au cours de cette phase, les entreprises doivent acquérir la maîtrise de compétences nouvelles, celles qui y parviendront le plus rapidement remporteront un avantage concurrentiel souvent décisif pour l'avenir. L'innovation est la pierre angulaire de la stratégie, et la structure de l'entreprise doit permettre aux nouvelles activités de se développer en son sein (caractère peu formel de la structure).

Cantonnée en général dans un seul produit, la nouvelle activité connaît, en phase de démarrage, un taux de croissance relativement élevé, le plus souvent supérieur au taux de croissance de la PIB. Des retournements de tendance sont toutefois possibles, l'effet d'entraînement des premiers acheteurs n'étant pas garanti (par exemple, le vidéodisque). Le cash-flow est généralement faible en raison des coûts importants supportés par toute nouvelle activité. L'innovation attire de nombreux concurrents. Il s'ensuit une lutte marquée par des succès sans lendemain et une forte volatilité des positions concurrentielles, en raison de la politique de prix peu élevés due à la structure de la concurrence si les moyens juridiques de protection de la propriété industrielle sont faibles.

Quelles que soient leurs caractéristiques, les activités en phase de démarrage présentent donc un risque important, tant industriel que commercial et financier.

La phase de *croissance* est marquée par un taux d'expansion de l'activité qui dépasse le rythme d'évolution de la PIB.

Parmi les fonctions qui paraissent déterminantes pour réussir dans cette phase, la production et la distribution sont les plus importantes : elles regroupent souvent des compétences dont la maîtrise peut se traduire rapidement par un avantage concurrentiel au niveau des coûts et de la qualité des produits, et en termes de pénétration commerciale.

L'expansion de l'entreprise s'accompagne d'un besoin croissant d'immobilisations et d'actifs circulants. Le développement de la production passe par de nouveaux investissements, d'autant plus importants que l'amélioration des compétences de fabrication et la recherche d'une réduction des coûts excluent un large recours à la sous-traitance, système que beaucoup utilisent en phase de démarrage. La croissance des ventes s'accompagne également d'une forte élévation des besoins en fonds de roulement. Bien qu'il connaisse généralement une forte hausse, en raison de profits élevés, l'autofinancement reste insuffisant et peut provoquer rapidement une crise de trésorerie majeure. Ces « accidents de croissance » menacent tout particulièrement les entreprises de taille moyenne, dont la surface financière limitée ne constitue pas, aux yeux des banquiers, une garantie suffisante.

Pour réussir dans une activité en croissance, l'entreprise doit se doter de moyens lui permettant de se développer plus vite que ses concurrents :

• une capacité financière suffisante pour réaliser les investissements nécessaires ;

• un potentiel commercial, dont le fer de lance réside le plus souvent dans un réseau de distribution performant ;

• une organisation décentralisée, fondée sur une spécialisation par domaine d'activité.

Le développement de l'entreprise se heurte toutefois à une très forte intensification de la lutte concurrentielle due à l'irruption de nombreux nouveaux entrants. Viennent ensuite une stabilisation, puis une réduction progressive qui résulte d'un double phénomène :

• l'abandon de la part de ceux qui n'auront pas su faire face au risque financier de la croissance, et n'auront pu acquérir les compétences nécessaires ; ces entreprises quittent cette activité ;

• la mise en place par les leaders de barrières à l'entrée destinées à se prémunir contre de nouveaux concurrents.

La phase de *maturité* est caractérisée par une forte stabilisation des facteurs d'évolution du jeu concurrentiel. La fidélisation croissante des clientèles, la stabilité des technologies dont le cycle de renouvellement va s'allongeant, le faible intérêt d'un domaine au taux de croissance ralenti. Tout concourt à figer les positions. La croissance de la demande finale étant limitée, et même parfois inexistante, toute augmentation du volume d'activité ne peut s'effectuer qu'au détriment d'un autre concurrent. Faire évoluer les positions concurrentielles devient dès lors très difficile et très coûteux.

Les entreprises marginalisées se trouvent confrontées à une alternative simple : ou bien poursuivre une activité limitée, tout en étant à la merci des firmes dominantes ; ou bien rechercher par une stratégie de différenciation (voir chapitre 5) un segment stratégique où il sera possible de bâtir une position plus confortable, ou bien abandonner, si les obstacles à la sortie ne sont pas trop importants. Cet abandon peut se traduire par une cession de l'activité ou par une fermeture pure et simple. C'est une stratégie de recentrage.

La phase de maturité est le plus souvent caractérisée par une concentration industrielle. La disparition de nombreux concurrents se traduisant par une baisse de tension sur les prix, les entreprises possédant le meilleur savoir-faire réalisent les profits les plus élevés. Les indicateurs[1] permettant d'identifier la phase de maturité sont donnés dans le tableau 2.1.

Plusieurs périodes peuvent être identifiées au cours de la phase de maturité :

• la première, que l'on appellera *maturité croissante,* est caractérisée par le développement de nouveaux produits connexes à l'activité principale, et qui

1. Dowsky W.L. et Nikolchev J., « Can Industries De-Mature ? Applying New Technologies to Mature Industries », *Long Range Planning*, vol. 19, n° 2, 1986, p. 38-49.

TABLEAU 2.1 Les symptômes de la maturité

1	Saturation du marché
2	Inélasticité de la demande
3	Surcapacité de production
4	Apparition de la substitution
5	Maturité technologique
6	Sophistication du consommateur

ne présentaient pas, en phase d'expansion, une rentabilité suffisante, car leur volume était alors trop faible ;

• la deuxième période est celle de la *maturité stable* au cours de laquelle tant la croissance que le potentiel de développement de l'activité deviennent nuls ;

• enfin la troisième et dernière phase, la *maturité déclinante,* est caractérisée par le retrait des produits devenus moins rentables et l'apparition de produits de substitution. Elle amorce la phase du déclin.

Sur le plan de l'organisation, la phase de maturité nécessite l'adoption d'une structure rigoureuse et hiérarchisée. En termes stratégiques, elle requiert l'amélioration de la productivité et la baisse des coûts de production.

La phase de *déclin* s'accompagne d'une modification progressive de la structure de la concurrence, dans la droite ligne de l'évolution amorcée en phase de maturité. Les principaux concurrents demeurant dans l'activité se partagent la presque totalité du marché, dont le volume va décroissant à un rythme plus ou moins accéléré. Les restructurations renforcent le poids des grandes entreprises, sans toutefois remettre en cause les firmes qui ont eu la sagesse de fortement différencier leurs productions afin de fidéliser leur clientèle.

Toute politique de baisse des prix dans une activité en déclin est suicidaire et se traduit par une course poursuite conduisant immanquablement à de lourdes pertes financières. Les besoins financiers liés à l'activité ne sont plus importants : seul le renouvellement des immobilisations doit être assuré alors que le besoin en fonds de roulement diminue.

Dans un souci de baisse des coûts, certaines décisions de désinvestissement s'imposent en fin de période. La cohérence de ces choix et la lutte contre les gaspillages nécessitent souvent l'adoption d'une structure centralisée.

Il est possible de dresser un tableau synoptique permettant d'identifier la phase du cycle de vie d'un domaine d'activité, comme le montre le tableau 2.2.

TABLEAU 2.2 L'identification de la phase du cycle de vie d'une activité

Critères \ Phases	Démarrage	Croissance	Maturité	Déclin
Taux de croissance	Moyen	Fort	Faible et stable	Nul ou négatif
Potentiel de croissance	Important	Important	Nul	Négatif
Nombre de concurrents	Faible à important	Important	Faible	Faible
Structure concurrentielle et stabilité des positions	Répartie et volatile	Cristallisation des positions	Stabilité des leaders	Oligopole
Technologie	Balbutiante	Évolutive	Figée	Figée
Accès au métier	Facile	Possible	Très difficile	Sans intérêt
Stratégies types	Innover ou copier	Investir en part de marché	Rentabiliser	Traire

1.4 Une approche multicritère de l'attractivité intrinsèque

À chaque stade d'évolution, un domaine d'activité présente des caractéristiques qui influencent sa valeur. Ces caractéristiques sont les suivantes :

• ***la croissance*** : au-delà de la valeur instantanée mesurée par le taux de croissance du domaine, le potentiel de croissance permet d'évaluer son intérêt à moyen terme ;

• ***la structure concurrentielle*** : la plus ou moins grande concentration des parts de marché, l'existence de liens étroits avec le secteur fournisseur ou le secteur client sont autant de facteurs qui vont rendre la lutte plus ou moins intense. La vivacité de la concurrence, associée à des perspectives de croissance plus ou moins prometteuses, a une influence directe sur la rentabilité potentielle d'un domaine d'activité ;

• ***la rentabilité potentielle*** : qui doit se mesurer de deux façons. Par rapport au chiffre d'affaires, elle en exprimera la rentabilité commerciale. Or nous avons vu précédemment que dans un secteur en fin de maturité et *a fortiori* en déclin, la lutte que se livrent les concurrents a tendance à laminer les marges. Par rapport aux capitaux, elle mesure la rentabilité des capitaux qu'il a fallu investir dans le domaine d'activité considéré. Le montant des capitaux investis est une des caractéristiques du domaine. Plus l'intensité capitalistique est forte, plus la rentabilité commerciale devra être élevée pour obtenir un niveau minimum de rentabilité financière ;

• ***les barrières à l'entrée*** dans un domaine d'activité donné s'élèvent progressivement sous l'effet des investissements réalisés par les entreprises en place ;

• ***l'intensité capitalistique*** d'un domaine parvenu à maturité constitue fréquemment une barrière fortement dissuasive, donc une protection qui renforce l'attractivité que l'on peut accorder au domaine d'activité.

Analyser le stade de maturité d'un domaine est donc le bon moyen d'en évaluer l'intérêt. Le tableau 2.3 présente une méthode simple[1] d'évaluation de l'attractivité intrinsèque d'une activité.

À la lecture de cette grille, on s'aperçoit qu'elle permet de juger un domaine d'activité en prenant un point de vue extérieur, sans tenir compte de la position que l'entreprise y occupe. Or l'attractivité que présente un domaine d'activité n'est évidemment pas la même pour toutes les entreprises.

TABLEAU 2.3 Grille d'évaluation de l'attractivité d'un secteur

Critères	Intensité de la valeur		
	0 — 0,5 — 1	1 — 1,5 — 2	2 — 2,5 — 3
Taux de croissance prévisible	< 2 %	2 à 8 %	> 8 %
Parts de marché des leaders	> 60 %	30 à 60 %	< 30 %
Stabilité des technologies	Innovation permanente	Cycle < 5 ans	Cycle > 5 ans
Risque de substitution produits	Élevé	Moyen	Nul
Barrières d'entrée	Négligeables	Moyennes	Fortes
Niveau prix	Guerre des prix	Élasticité élevée	Marge de manœuvre forte
Marge de gains de productivité	Faible	Moyenne	Forte
Origine de la valeur ajoutée	Banale	Reposant sur *know-how*	Résultant d'atouts spécifiques
Sécurité d'approvisionnement	Précaire	Vulnérable	Assurée
Saisonnalité	Forte	Moyenne	Faible
Base de développement d'autres métiers	Difficile	Plausible	Évidente

Chacun des critères donne lieu à une notation de 0 à 3 en fonction de l'intensité de sa valeur.
La somme des différentes notes permet une quantification de l'attractivité intrinsèque du secteur.

2 L'attractivité relative

Si nous cherchons à juger l'attractivité d'un domaine d'activité, c'est pour pouvoir choisir une stratégie. Pour estimer les chances qu'a une entreprise d'y réussir, il faut corriger l'évaluation intrinsèque, qui ne tenait pas compte de sa position spécifique, afin de définir l'attractivité relative du domaine d'activité considéré.

1. Paris F., *Missions stratégiques de l'équipe dirigeante*, Paris, Dunod, 1980.

Les différents critères examinés, permettant d'évaluer l'intérêt d'un domaine d'activité, supposent que l'entreprise en question y soit déjà présente. Dans le cas contraire, comment évaluer l'intérêt de pénétrer dans un nouveau domaine ? Une faible valeur relative peut contrebalancer une bonne valeur intrinsèque, si l'entreprise est absente du domaine. La micro-informatique n'a, par exemple, que peu d'intérêt pour un laboratoire pharmaceutique, et réciproquement. On ne porte pas le même jugement sur une barrière à l'entrée si l'on est dans le domaine ou si l'on cherche à y entrer. On peut même parier que, dans un tel cas, les jugements sont contraires. S'agissant par exemple d'un domaine en maturité, sa valeur est plus forte pour les entreprises en place que pour celles qui cherchent à y entrer.

En fait, quelle que soit la maturité du domaine que l'on analyse, on corrigera sa valeur intrinsèque pour tenir compte de la capacité de réussite de l'entreprise. Or tout domaine d'activité requiert des compétences particulières : la capacité de les maîtriser détermine pour l'entreprise l'attractivité d'un domaine. Un domaine dans lequel elle n'a aucune chance de réussir aura une valeur relative nulle, même si sa valeur intrinsèque est forte.

C'est parce qu'il permettra de valoriser des compétences existantes qu'il s'appuiera sur une expérience accumulée, qu'un nouveau domaine aura une valeur relative plus forte. Cela s'appelle la synergie. L'attractivité relative d'une activité est liée aux synergies qu'elle entretient avec les autres activités de l'entreprise (voir les développements sur la *corporate strategy*).

Ces synergies peuvent porter sur toutes les fonctions de l'entreprise, approvisionnements, fabrication, commercialisation.

Un partage de compétences renforce l'attractivité relative de deux domaines d'activité pour une entreprise. Une activité qui, en soi, aurait peu de valeur, comme la pâte à papier, par exemple, en a beaucoup plus si elle est combinée avec sa transformation en papier, puis en carton.

L'évaluation des différents domaines d'activité est donc une étape essentielle du processus de diagnostic stratégique. Encore faut-il savoir évaluer la position occupée par l'entreprise dans chacun de ses domaines d'activités, car un domaine n'est porteur d'avenir que si l'on est susceptible d'y occuper une position avantageuse.

3 Les systèmes concurrentiels

L'analyse du contexte concurrentiel permet de mettre en évidence les caractéristiques fondamentales qui serviront de base à la construction de la position stratégique. De l'analyse de la position des firmes dans un grand nombre d'industries différentes, il résulte une constatation fondamentale[1] : deux types de firmes semblent réaliser de bonnes performances (voir figure 2.2) : celles qui occupent une petite part de marché et appuient leur

1. Porter M., *Choix stratégiques et concurrence*, Paris, Économica, 1986.

position stratégique sur la construction d'une différence valorisée par la clientèle, et celles qui ont construit leur position stratégique sur une taille importante leur permettant de bénéficier d'effets d'échelle et de pratiquer une politique de prix agressive. Domination par les coûts et recherche d'une différenciation valorisable sont donc les deux types de stratégie générique que nous développerons en détail dans les chapitres suivants.

FIGURE 2.2 **Deux positionnements stratégiques**

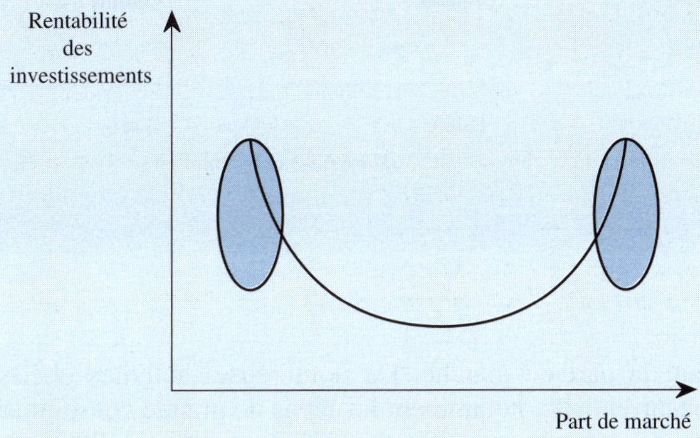

Cette constatation conduit également à établir une typologie des systèmes concurrentiels en croisant deux caractéristiques essentielles : la sensibilité de l'industrie à la différenciation, d'une part, et aux effets de volume, d'autre part.

La sensibilité à la différenciation s'explique par l'hétérogénéité des clientèles cibles, par la diversité de leurs besoins, par la possibilité ouverte aux firmes de se concentrer sur une cible précise. La sensibilité aux effets de volume vient de l'importance accordée par le marché aux effets d'échelle, ce qui implique une sensibilité aux prix et une relative standardisation de la demande.

Croiser ces deux dimensions permet de définir quatre univers concurrentiels contrastés (voir figure 2.3).

3.1 Les activités de volume[1]

Il s'agit de systèmes concurrentiels dans lesquels le volume confère un avantage important de coût, et donc de prix. Ce sont des activités pour lesquelles il existe peu de possibilités de différenciation du produit ; l'essentiel des efforts porte sur la gestion des coûts partagés, le critère pertinent de réussite

1. Boston Consulting Group, « Les activités de volume », *Perspectives et stratégie*, document BCG.

FIGURE 2.3 **Typologie des univers concurrentiels**

Sensibilité à la différenciation \ Sensibilité au volume	Faible	Forte
Forte	**Fragmentation**	**Spécialisation**
Faible	**Impasse**	**Volume**

Source : d'après BCG.

étant la part de marché. De nombreuses activités obéissent à cette logique concurrentielle, notamment les biens de grande consommation, et plus généralement toutes les activités de produits de grande diffusion standardisés.

La taille, indispensable à la réduction des coûts de production, constitue désormais un impératif pour les constructeurs de gros électroménager.

Les grands du secteur se sont ainsi lancés dans une course à la taille au travers d'acquisitions ou d'accords de coopération. Il s'agit de profiter d'économies de production, de réduire les investissements en R&D et en marketing, et de procéder à des achats communs. L'américain Whirlpool, par exemple, a repris l'électroménager de Philips, Electrolux, leader européen, a pris une participation de 10 % dans l'activité électroménager de AEG. Fagor, GDA et Ocean, quant à eux, ont constitué un groupement européen d'intérêt économique.

3.2 Les activités de spécialisation[1]

Ce sont des systèmes concurrentiels dans lesquels il existe de nombreuses sources de différenciation significative et surtout valorisable du produit. Par opposition au système précédent, la compétitivité est fondée sur des coûts spécifiques correspondant à la recherche de niches stratégiquement défendables sur longue période. Les produits de luxe, par exemple, sont à classer dans ce système.

Le groupe Bolloré, est principalement présent dans le transport et la logistique (57 % du CA) et dans la distribution industrielle (30 % du CA). Mais,

1. Boston Consulting Group, « Les activités de spécialisation », *Perspectives et stratégie*, document BCG.

à côté de ces diversifications majoritaires, l'activité de départ de Bolloré est composée de niches industrielles. Bolloré est leader dans le secteur du film pour condensateur et présent dans les secteurs des papiers spéciaux (sachets pour le thé...) et du jetable médical. Le groupe dispose sur ces petits créneaux de parts de marché très importantes. Il ne s'agit pas pour Bolloré d'entrer dans une industrie de volume en fabriquant des films pour les cassettes de magnétoscopes et de se heurter ainsi aux géants Hoechst ou Toray. La stratégie consiste plutôt à exploiter des niches trop petites, donc peu rentables pour les grands groupes, mais requérant cependant une technicité difficile à atteindre par les petites entreprises. Aujourd'hui Bolloré applique son savoir-faire technologique dans les films extra-minces pour développer des batteries destinées aux véhicules urbains électriques.

3.3 Les impasses concurrentielles[1]

Ce sont des systèmes concurrentiels dans lesquels ni le volume ni la différenciation ne peuvent procurer un avantage concurrentiel décisif. En effet, il existe peu (voire pas) de barrières à l'entrée : la technologie est facilement disponible, le nouvel arrivant est souvent plus compétitif que la firme déjà en place, et la taille ne permet pas d'atteindre des coûts plus compétitifs. La demande est généralement inférieure à la capacité de production et les obstacles à la sortie sont relativement élevés, car l'intensité en capital est forte, si bien qu'en principe l'ensemble de l'industrie perd de l'argent.

Dans un tel système concurrentiel, l'entreprise doit tenter de modifier les règles du jeu afin de rechercher des niches défendables ou des effets de volume localisés.

3.4 Les activités fragmentées[2]

Ce sont des activités dans lesquelles la taille n'a non seulement aucun effet positif mais engendre au contraire une perte de compétitivité. En effet, c'est plus l'adaptation rapide au marché qui est ici le principal facteur clé de succès. Les barrières à la mobilité sont très faibles, et la grande entreprise, qui ne peut valoriser ses coûts de coordination, est systématiquement désavantagée par rapport à la petite. En fait, les sources de différenciation existent, mais elles sont multiples et évolutives et ne permettent pas d'en tirer un avantage concurrentiel durable et décisif. La restauration, le commerce de détail, l'hôtellerie en sont de bons exemples.

Face à un tel système concurrentiel, la grande entreprise peut soit jouer le jeu du système, en minimisant les coûts de coordination par une décentralisation maximale, soit changer les règles du jeu, en faisant en sorte que les coûts partagés puissent être rentabilisés et en se spécialisant sur les coûts sensibles au volume. Par exemple, elle crée une chaîne de restaurants (type

1. Boston Consulting Group, « Les impasses concurrentielles », *Perspectives et stratégie*, document BCG.

2. Boston Consulting Group, « Les activités fragmentées », *Perspectives et stratégie*, document BCG

McDonald's) ou d'hôtels (type Holiday Inn) grâce à laquelle elle retrouve un avantage de coûts face aux très petits concurrents atomisés. Si d'autres chaînes se créent en réaction, on aboutit à un nouveau domaine correspondant à des activités de volume.

Chaque système concurrentiel se caractérise donc par des sources d'avantage concurrentiel spécifiques. Les stratégies types que les entreprises peuvent utiliser avec succès dans chaque système concurrentiel sont présentées dans le tableau 2.4.

Mais il ne suffit pas d'avoir identifié les sources d'avantage concurrentiel pour être assuré du succès. Encore faut-il construire la position, investir pour se procurer les ressources appropriées, organiser les opérations de la firme pour bénéficier d'un réel avantage sur les concurrents. En matière de stratégie, il ne suffit pas d'être bon, il faut être meilleur. Analyser et concevoir l'architecture des opérations s'appuie sur les ressources spécifiques de l'entreprise.

TABLEAU 2.4 **Grille d'évaluation de l'attractivité d'un secteur**

Système concurrentiel	Stratégie
Volume • Nombre de concurrents faibles Leader très rentable • Concurrents marginaux bénéficiaires seulement en conjoncture haute	• Croître plus vite que les concurrents pour améliorer sa position de coût • Attention à la stabilité du système
Spécialisation • Plusieurs entreprises très rentables • (qui dominent les niches) • Partie centrale de chaque niche abritée, frontières évolutives et en concurrence sévère • Suiveurs non rentables	• Focaliser l'effort sur les niches défendables • Maximiser l'avantage sur les coûts spécifiques en étant leader de la niche • Minimiser la pénalité sur les coûts partagés en poussant les coûts spécifiques le plus loin possible
Fragmentation • Beaucoup de petits concurrents entrant et sortant continuellement • Marges diverses et instables • Une grosse entreprise est désavantagée par rapport à une petite	Pour une grande entreprise • soit isoler l'activité et la gérer comme une PME (difficile) • soit transformer l'activité en une activité de volume ou de spécialisation si c'est possible
Impasse • Aucun concurrent n'a de part de marche absolue élevée • Si personne ne réduit sa production tout le monde perd de l'argent • Les plus modernes sont les plus endettés et les plus obsolètes les plus solides financièrement	Concentration et entente sous l'égide des pouvoirs publics, ou : • contrôler un marché local (zone géographique ou clientèle particulière) • localiser l'investissement là où les coûts de facteurs sont le plus favorables • développer sa propre technologie et la défendre

Chapitre 3

Des ressources et compétences à la compétitivité

Selon le modèle de Learned, Christensen, Andrew et Guth (LCAG, 1960) – dit modèle de Harvard compte tenu de l'institution d'appartenance des auteurs – la stratégie consiste à assurer une adéquation étroite entre les caractéristiques spécifiques de l'environnement concurrentiel (analyse externe) et les ressources et compétences d'une organisation (analyse interne). Quels qu'aient été les avancées et les nouveaux concepts développés depuis en stratégie, il n'en reste pas moins que ce modèle constitue toujours la trame de fond de l'analyse stratégique et que son « produit » rejeton, la matrice SWOT (*Strengths* – forces ; *Weaknesses* – faiblesses ; *Opportunities* – opportunités et *Threats* – menaces), fait encore les beaux jours des stratèges amateurs malgré son manque quasi total de bases conceptuelles.

Revenant aux sources de ce modèle de Harvard, l'analyse des *ressources et compétences* vise à compléter et équilibrer l'analyse externe (l'*industry analysis* selon M. Porter), telle qu'elle a été développée dans notre chapitre 1, qui conduit à privilégier la structure et le contexte concurrentiel de l'activité dans laquelle se situe l'entreprise sans prendre en compte suffisamment les différences fondamentales qui existent entre les entreprises. Le courant des ressources insiste à l'opposé sur l'histoire de chaque entreprise, sur ses choix passés, et sur l'empreinte qu'y ont laissée les hommes et femmes qui la composent. Selon le courant des ressources, un ensemble spécifique de ressources et de compétences peut et doit constituer une base, un pilier pour l'élaboration et le choix d'une stratégie, au même titre – voire plus pour les adeptes de la *Resource Based View (RBV)* – que l'analyse concurrentielle. Cependant, toutes les ressources et compétences de l'entreprise n'ont pas la même valeur. Identifier précisément celles qui distinguent l'entreprise, la rendent spécifique – les *compétences « cœur »* – et qui sont susceptibles de lui procurer un avantage concurrentiel durable et défendable représente une phase capitale de l'analyse interne. Ces compétences doivent posséder certaines propriétés (le « filtre VRIST ») qui donnent la possibilité à l'entreprise de créer et capter de la valeur, de la « rente » diront les économistes.

Remarquons immédiatement deux conséquences importantes liée à cette approche de la stratégie par l'interne : 1) c'est la recherche de la différence

« valorisable » (par tout ou partie du marché) qui est systématiquement privilégiée et 2) appréhender la stratégie à partir de l'entreprise, de ses ressources et de leurs propriétés concurrentielles, est la seule manière réelle d'aboutir à des stratégies originales. L'entreprise y trouve sa capacité à agir sur l'environnement et ne le subit pas passivement comme le laisse souvent supposer l'analyse externe. Toutefois, cela ne peut se réaliser que dans un certain équilibre par rapport à certains facteurs clés de succès (FCS) de l'industrie. Il convient donc d'estimer la « position concurrentielle » de l'entreprise relativement à ses concurrents principaux au travers d'un étalonnage (*benchmarking*) de ses processus et compétences et de la *veille concurrentielle* qui permet d'imaginer les mouvements et réactions à venir de ses concurrents. Sur ce dernier plan la *théorie des jeux* peut être mise à contribution avec profit. La première section de ce chapitre décrit et explicite le modèle des ressources et compétences. La deuxième section développe les outils utiles pour fonder une stratégie sur les ressources et compétences (effets de levier, valorisation, et évaluation concurrentielle). Quant à la dernière section elle introduit les effets dynamiques au sein de ce modèle d'analyse interne.

1 L'analyse interne : de la chaîne de valeur aux compétences

Il aura fallu attendre les années quatre-vingt-dix pour voir le courant des ressources ou RBV (*Resource Based View*) redonner ses lettres de noblesse aux différentes sortes de ressource et compétence dont chaque entreprise dispose. Selon Wernerfelt, les produits et les ressources d'une entreprise sont les deux faces d'une même pièce. Et si les économistes se sont acharnés à qualifier le marché des produits, les stratèges d'entreprise se sont concentrés en revanche sur l'analyse de la valeur des ressources. Pour Barney, un des principaux créateurs du courant RBV, une entreprise est un ensemble de ressources particulières qui déterminent ses marges de manœuvre stratégiques. L'idée fondamentale du courant RBV réside dans le fait que l'élaboration de toute stratégie durable et défendable doit s'appuyer sur une utilisation intelligente – non pas de l'ensemble mais bien d'une sélection fondée sur des critères de distinction, de valorisation et d'aptitude à la création et à la captation d'une rente – des ressources et des compétences présentes au sein de l'entreprise. Cette première section :

- définit l'analyse de la chaîne de valeur puis les vocables de ressource, capacité/aptitude et compétence ;
- donne des méthodes facilitant l'étape d'identification et de classification des ressources et compétences ;
- fournit des éléments qualitatifs permettant d'aboutir, par la suite, à une évaluation des actifs que maîtrise l'entreprise.

1.1 L'analyse interne par la chaîne de valeur

Les premiers pas structurés de l'analyse interne ont pris la forme de la chaîne de valeur et de son imbrication dans un système de valeur au niveau d'une industrie. En première analyse, cet outil permet de repérer les points forts et les points faibles de l'entreprise, c'est-à-dire les activités pour lesquelles elle dispose d'un avantage en termes de coût, de valeur et/ou de marge par rapport à ses concurrents. En revanche, elle fait fi de la compréhension précise des mécanismes qui permettent d'aboutir à ces avantages, ce que permet une analyse fine des ressources et aptitudes de l'entreprise.

1.1.1 Une première approche de la chaîne de valeur

Une chaîne de valeur décrit les différentes étapes et opérations réalisées par une firme dans une industrie donnée. Elle peut prendre la forme de la figure 3.1, une de ses deux représentations classiques.

FIGURE 3.1 **Différentes étapes de la chaîne de valeur**

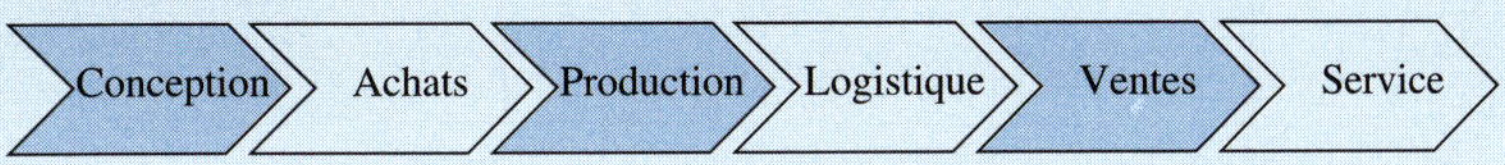

Il convient de remarquer que ce schéma n'est qu'une représentation « normative » d'une chaîne de valeur et qu'il convient de l'adapter puisque chaque entreprise se caractérise par une chaîne de valeur qui lui est propre, en fonction des activités qu'elle effectue et maîtrise. Cette représentation séquentielle de l'entreprise est par trop simpliste, même si on peut la raffiner en détaillant chaque maillon ; d'une part elle ne permet clairement pas de tenir compte d'activités et de ressources qui sont partagées et d'autre part elle ne sait pas distinguer au sein des activités et fonctions celles qui sont clés de celles qui ne le sont pas.

1.1.2 La chaîne de valeur selon Porter

Présentée par Michael Porter dans son ouvrage *L'Avantage concurrentiel,* cette représentation de la chaîne de valeur permet de faire une distinction entre les activités de base et les fonctions support (figure 3.2). Remarquons à nouveau que cette représentation demeure un schéma normatif ne pouvant être transposé à toutes les entreprises ; la chaîne représentée ici convient beaucoup plus à un équipementier automobile qu'à une compagnie d'assurance.

Les activités principales sont pour Porter à la base de la création de valeur. Dans le cas de l'équipementier, on pourrait distinguer parmi celles-ci quatre fonctions :

• la logistique qui comprend les activités liées à la réception, au stockage et à la distribution des matières premières, des produits en cours et des produits finis. Ces activités rassemblent à leur tour des activités élémentaires comme, par exemple, le transport de marchandises ou la gestion des stocks ;

FIGURE 3.2 **La chaîne de valeur selon Porter**

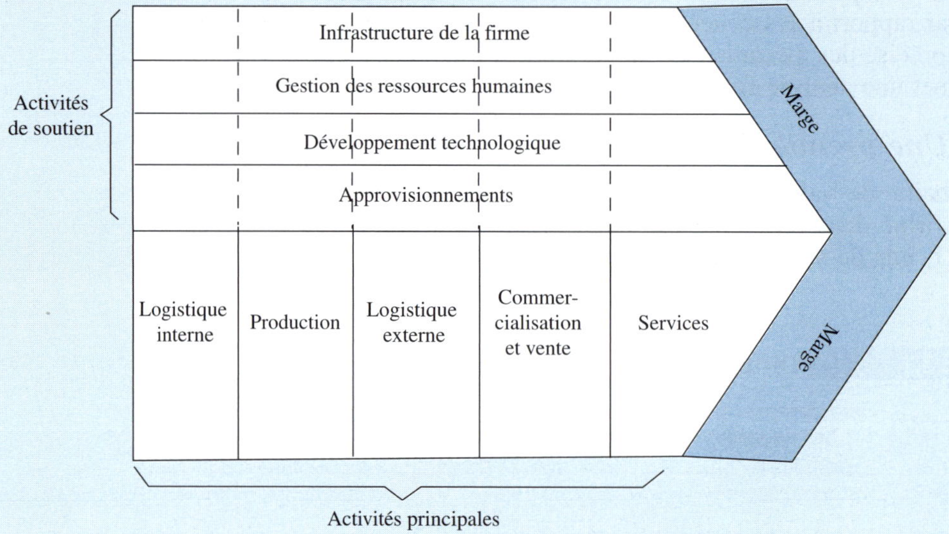

• la production qui transforme les inputs en outputs et qui recouvre des activités élémentaires comme le découpage ou l'assemblage ;

• la commercialisation (marketing et vente) qui regroupe les moyens par lesquels les produits ou les services sont conçus et mis à la disposition des clients. Cela peut comprendre la publicité, la gestion de bases clients ou la création de partenariats ;

• les services qui participent à la création de valeur perçue par les consommateurs finaux. Ces services peuvent être délivrés au moment de la vente d'un produit ou après une certaine période de temps pour permettre à ce même produit de conserver sa valeur.

Les fonctions principales bénéficient du support des activités de soutien qui contribuent à augmenter leur efficacité ou efficience. On peut, là encore, distinguer quatre fonctions :

• les achats qui correspondent au processus d'acquisition de l'ensemble des ressources nécessaires au bon déroulement de l'activité. C'est au responsable de ce département qu'incombe la tâche d'acquérir les matières premières ou composants à des prix intéressants grâce, par exemple, à un effet volume, à une conjoncture avantageuse, à un don de la négociation ou en exploitant le pouvoir que possède l'entreprise ;

• le développement technique et technologique : toutes les fonctions d'une organisation font appel à des techniques et à des technologies. Il peut s'agir, par exemple, d'un savoir-faire dans le domaine de la vente pour certains services publics, d'un logiciel de gestion de stocks de pièces détachées ou d'un procédé innovant dans le domaine de la projection de peinture. Toutes ces fonctions sont déterminantes non seulement parce qu'elles sont directement liées à la conception et à la fabrication des produits ou services mais aussi parce qu'elles contribuent à la capacité d'innovation d'une organisation et améliorent sa valeur perçue par le consommateur final ;

• le management des ressources humaines : il s'agit d'une fonction de soutien déterminante car elle influe sur l'ensemble des fonctions de l'entreprise et, en final, sur son degré d'adaptation ou, à l'inverse, de rigidité ;

• l'administration qui concerne les bâtiments, les usines mais aussi les systèmes de planification, de financement, de contrôle de qualité ou d'échange d'informations. Parce qu'elle concerne aussi les processus cette fonction joue également et fortement sur la capacité d'innovation de l'organisation.

1.1.3 La chaîne de business ou système de chaînes de valeur

Quelle que soit l'entreprise considérée, sa propre chaîne de valeur s'insère dans un système de chaînes de valeur beaucoup plus large car prenant en compte les industries qui se trouvent non seulement en son aval mais aussi en son amont (figure 3.3). C'est le concept de filière déjà abordé dans le chapitre 1 pour estimer les rapports de force et leurs effets sur le jeu concurrentiel. S'interroger sur la filière et son architecture amène à prendre en compte tous les stades de transformation qui la composent et qui concourent à créer et capter une partie de la valeur perçue par le consommateur final. Cela amène également à examiner le juste niveau de maîtrise qu'il convient d'avoir au sein de cette chaîne de business.

L'analyse interne des activités et fonctions de l'entreprise, et sa comparaison avec celles des concurrents, fournisseurs et clients, conduit à des stratégies d'intégration ou, à l'inverse, d'externalisation. L'entreprise peut en effet choisir de sous-traiter une activité donnée, si, en particulier, elle considère qu'une activité a chez elle un coût trop élevé, ou si elle ne maîtrise pas parfaitement une technique ou une technologie essentielle dans le processus de fabrication de ses produits ou nécessaire au bon fonctionnement de l'organisation.

1.1.4 La chaîne de valeur : un outil d'analyse et d'optimisation valeur-coût

Dans son nom même, le concept de chaîne de valeur fait référence à des notions comptables et plus particulièrement à la notion de valeur ajoutée. La valeur ajoutée est le supplément de valeur créé par l'entreprise, dans sa propre activité, par rapport aux biens et aux services en provenance des tiers qu'elle utilise. La valeur est donc une dimension essentielle de l'outil élaboré par Porter. Et l'on cherchera toujours à estimer dans quelle mesure et dans quelle proportion un maillon concourt spécifiquement à la valeur créée et perçue par le client (chaîne de valeur) ou le consommateur final (chaîne de business). Mais parler de valeur sans tenir compte des coûts

FIGURE 3.3 La chaîne de business

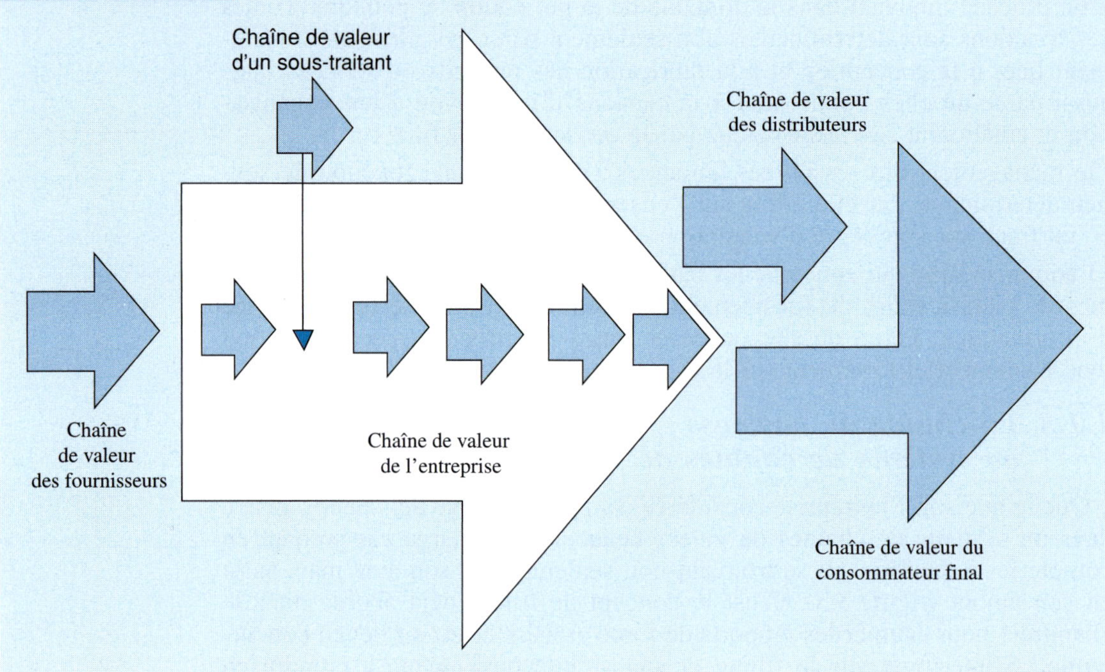

serait économiquement dangereux. Identifier, de la même façon, quelle proportion un maillon représente du coût total de l'offre est aussi essentiel. Et comparer les deux résultats aboutit (voir tableau 3.1) à une matrice très explicite quant aux conclusions à tenir et aux actions à engager.

Si la compétitivité optimale peut être recherchée en analysant pour chaque activité de la chaîne les actions à mener sur les fonctions qui la concernent, ce tableau illustre cependant, à l'évidence, que la recherche d'une optimisation générale est illusoire. Une entreprise dont les ressources sont naturellement limitées ne peut être performante sur l'ensemble des maillons de sa chaîne de valeur. Elle doit se concentrer sur les deux zones clés dénommées :

• « gâchis » où la règle est clairement de pouvoir baisser les coûts : en éliminant certaines des fonctions et ressources non valorisées par exemple, en reconfigurant (nouveaux processus) cette phase, voire, en dernier lieu, bien que cela soit la solution de facilité la plus couramment utilisée car la plus simple à court terme, en externalisant la fonction ;

• « sirène » qui présente une situation paradoxale qu'il convient de soigner en essayant en premier lieu de protéger cet avantage des copies (brevet, marque, communication…) et/ou en renforçant les fondements de la valeur perçue afin de lui donner plus de réalité et de défendabilité. Remarquons

TABLEAU 3.1 **L'analyse coût-valeur d'un maillon dans la chaîne de valeur/business**

Effet sur la valeur perçue par le client / Coût (en % coût total)	Fort	Faible
Élevé	***Normal*** ***Non prioritaire*** Améliorer la valeur perçue	***Gâchis*** Diminuer les coûts : • éliminer des fonctions • réaménager la chaîne • externaliser
Faible	***Sirène*** Conserver et soigner : • + de coûts si + de valeur • protéger des copies	***Normal*** ***Non prioritaire*** Éliminer des fonctionnalités et des coûts

que cette dernière recommandation, qui se traduit automatiquement par une augmentation des coûts associés, s'oppose, tout en gardant une totale cohérence sur le plan stratégique, à la doctrine dominante actuelle d'une recherche systématique de la baisse des coûts.

Ainsi, l'analyse de la chaîne de valeur permet de repérer des activités et des fonctions qui distinguent l'entreprise de ses concurrents, en positif ou en négatif, principalement sur la base d'une analyse de la valeur, des coûts et des marges. Les partisans du courant des ressources pensent qu'il faut aller encore plus loin dans le détail de ce que détient l'entreprise et de ce qu'elle fait réellement avec ses ressources. Plutôt que de « séquencer » les fonctions de l'entreprise, ce qui masque les utilisations plurielles d'une même ressource et les effets de synergie par exemple, l'analyse interne par les ressources repose sur l'identification des ressources, des aptitudes, et des compétences clés afin de faire le meilleur usage possible de leurs caractéristiques.

1.2 Ressources et aptitudes : les unités de base de l'analyse interne fondée sur la théorie des ressources

Il est d'autant plus important de distinguer la notion de ressource de celle d'aptitude et de compétence que, de ce point de vue, l'école RBV (*Resource Based View*) n'a pas toujours été d'une totale clarté sur les termes que ses différents promoteurs utilisent. Ressources, actifs, capacités, aptitudes, savoir-faire, compétences sont des vocables indifféremment ou alternativement pratiqués par les différents auteurs. Quant à nous, nous avons décidé de nous référer à la terminologie la plus utilisée[1].

1.2.1 Les ressources : définition et classification

Les ressources peuvent être définies comme étant l'ensemble des moyens dont l'entreprise dispose, qu'elle contrôle, et qu'elle peut engager, par le biais de ses processus productifs et organisationnels, pour créer de la valeur au sein de son activité. Certains auteurs substituent à « ressources » le terme « d'actifs ». C'est une vision intéressante car elle illustre qu'en elles-mêmes, et seules, ces ressources – comme tout actif – sont improductives. Il faut les combiner et rajouter du savoir-faire, des aptitudes, et des compétences pour que leur valeur ajoutée potentielle puisse s'exprimer et s'extraire. Mais c'est une vision insuffisante car l'entreprise peut contrôler des ressources sans qu'elles soient directement sa propriété, comme par exemple la confiance, la réputation, ou éventuellement le pouvoir de nuisance.

Ainsi, les ressources sont les actifs de l'entreprise et les facteurs contrôlés par celle-ci qui ont en eux certaines potentialités d'usage. Les ressources sont déclinables en plusieurs catégories – tangibles comme un réseau de distribution par exemple, ou plus intangibles comme une réputation – qui peuvent rendre différents services à ceux qui les contrôlent[2]. Les ressources tangibles, celles qui apparaissent clairement dans le bilan de l'entreprise, sont les plus aisées à identifier et à évaluer. Elles regroupent l'ensemble des moyens qui peuvent être physiquement observables (bâtiments, usines, terrains, machines…) et bien entendu les ressources financières. Les ressources intangibles, dont il est rarement fait mention dans le bilan, constituent pourtant, dans un grand nombre de cas, la majeure partie de la richesse « potentielle » de l'entreprise. Elles sont *a priori* plus difficiles à identifier et l'on a souvent l'habitude d'y distinguer les ressources technologiques, la réputation, c'est-à-dire le nom ou la marque, et les ressources humaines comme l'expérience, les qualifications, la formation, la flexibilité, la culture d'entreprise, l'engagement, la loyauté du personnel, etc. La valeur réelle de ces ressources, souvent sous-estimée dans les états financiers, se manifeste par exemple, lors de la cession d'une entreprise, au travers le paiement d'un *goodwill*, c'est-à-dire d'une « sur valeur » liée à l'existence même de ces actifs intangibles.

Nous appuyant sur notre pratique des différentes classifications existantes, nous avons élaboré une version « revisitée » que nous recommandons de pratiquer (tableau 3.2). Elle est détaillée, complète les classifications originelles et sépare les ressources en fonction de trois critères qui influent considérablement sur la valeur intrinsèque et la plasticité de chaque ressource. Il s'agit des degrés de :

- simplicité (l'aspect plus ou moins « basique » des ressources analysées),
- flexibilité (la latitude d'action que confère plus ou moins la ressource),

1. Grant R.M. « Prospering in dynamically competitive environnement : Organizational capability as Knowledge integration » *Organization Science*, 1996, 7(4).
Durand R., *Guide du management Stratégique*, Dunod, 2003.

2. Amit R. et Schoemaker P.J., « Strategic asset and organizational rent », *Strategic Management Journal*, 1993, 14 (1).

TABLEAU 3.2 **Une classification des ressources et de convertibilité (la capacité de transformation de la ressource en une autre)**

Financières	Cash-flow, capacité d'endettement et de fonds propres	Les + basiques Les + flexibles Les + convertibles
Physiques	Locaux, usines, matériels, magasins, systèmes de distribution…	
Humaines	Chercheurs, ingénieurs, marketeurs, équipes de vente, de service…	
Organisationnelles	Méthodes et systèmes de cash-management, qualité, marketing, vente (manuels, procédures)…	Flexibles Convertibles
Technologiques	Portefeuille de technologies et savoir-faire maîtrisés, de brevets, d'outils de management…	Les moins flexibles
Réputation	Image de marque, « réassurance », fidélité…	Convertibles uniquement en cash

Source : © Grant revisité.

1.2.2 Les aptitudes (ou capacités) : une combinaison de ressources créatrice de valeur

Si les ressources représentent l'ensemble des actifs de l'entreprise, elles n'ont cependant pas de capacité productive propre, comme nous l'avons vu. Elles possèdent certes en elles-mêmes un potentiel d'usage mais ce sont les aptitudes qui autorisent et facilitent la réalisation et la matérialisation de ce potentiel. Les aptitudes sont donc des capacités d'action et de mise en œuvre sur les ressources détenues par l'entreprise. Il peut s'agir indifféremment de savoir-faire, de tour de main, d'expérience accumulée… qui activent, intègrent et combinent ces ressources. Une aptitude est la capacité d'associer et combiner un ensemble de ressources pour réaliser une tâche ou une fonction. Ainsi si les connaissances des structures physico-chimiques du silicium détenues par les ingénieurs et éventuellement protégées par des brevets constituent manifestement des ressources nécessaires dans l'industrie des semi-conducteurs, elles ne sont que de peu d'utilité si elles ne sont pas activées au sein de la fonction R&D dans le cadre d'une capacité ou processus d'élaboration de nouveaux produits et procédés.

1.2.3 Chaîne de valeur, processus et capacités organisationelles

Comme nous l'avons déjà noté, il est possible de décomposer les opérations principales d'une chaîne de valeur en opérations de plus en plus élémentaires de manière à affiner la compréhension de l'organisation et à pouvoir identifier plus clairement ses ressources et aptitudes. Le maillon fabrication pourra par exemple être décomposé en quatre sous-fonctions – méthodes, outillage, processus de fabrication et assemblage – puis la sous-fonction méthodes elle-même en plusieurs ressources – moteurs, plastiques, tôles, emballages… – et aptitudes – calibrage, paramétrage, emboutissage, assemblage…

On comprend ainsi mieux la liaison qui existe entre le concept de chaîne de valeur et une approche fondée sur les ressources. Reste à réaliser, dans cette relation « chaîne de valeur » et « ressources et aptitudes », que toutes les activités et fonctions qui utilisent des ressources et des aptitudes humaines spécifiques, improductives en elles-mêmes comme nous l'avons déjà vu, sont également peu productives quand elles sont prises séparément. La création de valeur sous-jacente ne s'exprime que lorsque ces fonctions ou ces activités sont combinées dans des *processus* économiques, des *capacités organisationnelles*, qui organisent ces activités spécifiques de l'entreprise dans un ordre cohérent. Toute capacité organisationnelle a un objet, par exemple le développement de nouveaux produits, mobilise les ressources les plus adaptées à la réalisation de son objet au sein de chacune des activités la concernant et les combine au sein d'un processus économique qui génère de la valeur pour la firme et ses clients. La figure 3.4 illustre ce phénomène.

FIGURE 3.4 Capacités organisationnelles et chaîne de valeur

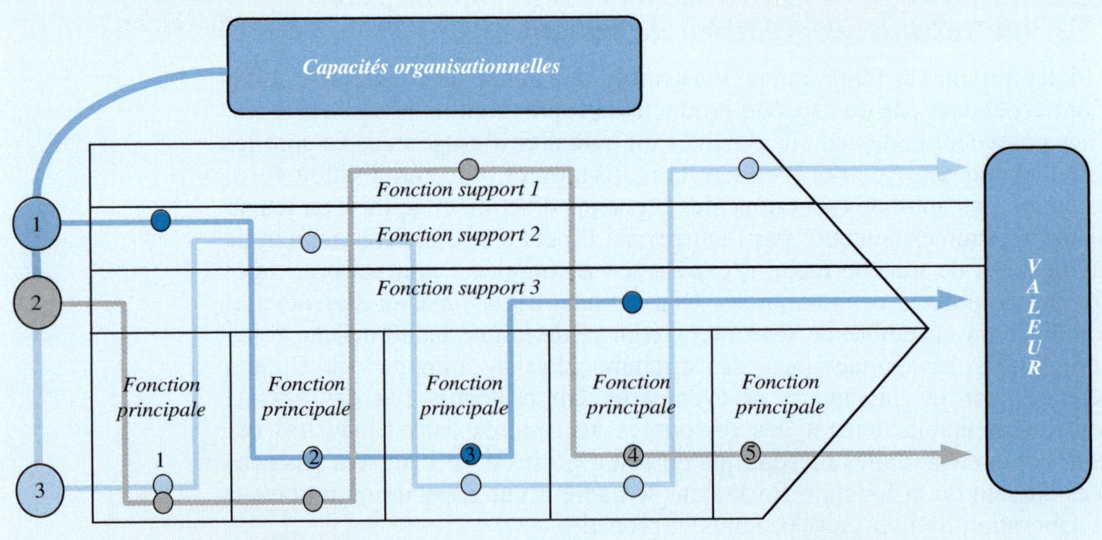

Au sein d'une firme, un large éventail de processus et de capacités organisationnelles existe, qui combine plus ou moins de ressources et de fonctions. Globalement, ces processus et capacités organisationnelles sont plus ou moins : 1) complexes à mettre en œuvre, selon le nombre d'éléments qu'ils doivent combiner et 2) susceptibles de créer de la valeur, selon les propriétés des ressources et des aptitudes qu'ils combinent.

1.3 Distinguer et exploiter les ressources et capacités organisationnelles

Quelles sont donc ces propriétés qui expliquent et fondent le potentiel de « rente » des ressources et des aptitudes d'une entreprise ? Plusieurs auteurs américains, Barney et Grant en particulier, nous fournissent une démarche qui permet de structurer notre analyse en prétendant, à juste titre selon nous, qu'une entreprise peut générer un profit grâce à une ressource ou une capacité si cette dernière permet :

- d'établir un avantage concurrentiel ;
- de le maintenir de façon durable et défendable ;
- et de s'approprier les bénéfices qu'il aura permis de dégager.

À chacune de ces étapes correspondent des propriétés particulières que devront posséder les ressources et aptitudes et que nous présentons et détaillons ci-dessous avec le modèle du filtre VRIST (figure 3.5).

FIGURE 3.5 **Le filtre VRIST des ressources et capacités organisationnelles**

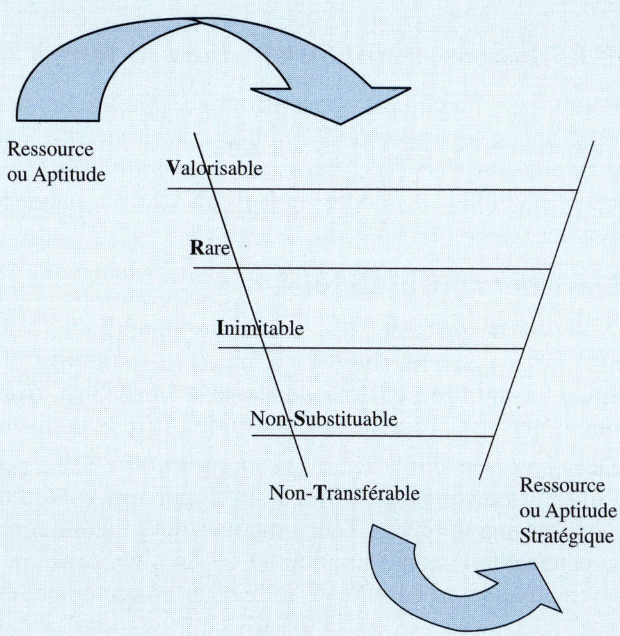

1.3.1 Constituer la base potentielle d'un avantage compétitif

Pour ce faire, une ressource ou capacité organisationnelle doit se révéler :

• *pertinente et valorisable* : posséder des terrains recelant des minéraux précieux est intéressant en soi mais peu pertinent pour une entreprise du secteur du tourisme. Cela ne fait en effet pas partie des bases de son activité principale. Une ressource ou une aptitude doit donc être corrélée à un ou plusieurs des facteurs clés de succès d'une industrie pour qu'elle prenne une pertinence et que l'entreprise puisse exploiter son potentiel de valorisation. Une ressource ou une aptitude n'a donc qu'une valeur relative, dans la mesure où 1) elle permet d'exploiter les opportunités ou de neutraliser les menaces qui 2) caractérisent le secteur d'activité privilégié de l'entreprise ;

• *rare* : cette propriété est peu originale en soi, même si beaucoup d'e-entrepreneurs de la fin des années quatre-vingt-dix l'avaient oubliée dans leur analyse stratégique. Si les ressources pertinentes sont facilement accessibles et largement partagées par tous les acteurs d'une activité, elles ne constituent plus les bases d'une capacité organisationnelle critique. Elles doivent être maîtrisées – ce sont des ressources basiques – mais ne peuvent fonder un avantage. Elles permettent à une entreprise de survivre dans une industrie donnée mais pas de lui conférer une place de leader. Quand les constructeurs automobiles japonais ont introduit le « zéro défaut », ils se sont créés alors un avantage concurrentiel. De nos jours cependant, cette capacité n'est plus rare parmi les constructeurs automobiles et n'est donc plus la source d'un avantage concurrentiel.

1.3.2 Assurer le maintien dans le temps de cet avantage

Pour que l'avantage concurrentiel potentiellement susceptible d'être généré par la ressource ou l'aptitude concernée soit « soutenable » – un néologisme dérivé du terme américain *sustainable* largement utilisé dans la littérature actuelle – encore faut-il qu'elle se caractérise par les qualités suivantes.

Difficilement imitable

À défaut de posséder les ressources et aptitudes valorisables et rares, les concurrents peuvent chercher à imiter et répliquer la combinaison de ressources et aptitudes. Il existe, dans la littérature, trois types de raison qui rendent une ressource ou une aptitude difficilement imitable.

Des *conditions historiques spécifiques à une firme* peuvent expliquer le fait qu'une entreprise, dans sa vie, a développé une expérience unique sur une ressource ou une aptitude. Tout imitateur devra alors combler un différentiel de compétence tellement important et ce, en plus, dans une période de temps raccourcie, que sa probabilité de le réaliser correctement est très limitée.

Une *ambiguïté causale*, lorsque celui qui réalise l'analyse se trouve dans la situation où il lui est difficile, voire impossible, de relier un niveau de performance supérieur à la maîtrise d'une ou de plusieurs ressources et compétences clairement identifiables. Dans cette situation d'incertitude, la copie devient impossible.

La *complexité sociale* constitue la troisième et dernière raison. On parlera de complexité sociale dès lors qu'il y a combinaison de ressources et imbrication de savoir-faire humains intangibles. Les relations avec des fournisseurs, l'image vis-à-vis des clients, les relations interpersonnelles entre des membres d'une équipe de direction sont en général difficilement imitables. Et, globalement, plus on introduira d'intangible et plus l'on passera d'une ressource à une capacité simple puis organisationnelle, plus la complexité sera importante et le risque de réplication faible.

■ Non substituable

Si l'on ne possède ni ne peut imiter les ressources et capacités, la seule voie qui subsiste alors est celle de la substitution : remplacer la ressource ou l'aptitude par une autre, plus facile d'accès pour le concurrent, et au moins aussi performante. Ceci se produit très classiquement dans le domaine des technologies où la substitution est devenue une règle mais parfois la possibilité de substitution est moins évidente et plus perturbante. Tel est le cas des ruptures de schéma de distribution par exemple. Dell est de ce point de vue une illustration de substitution d'un actif – le réseau de distribution – par un autre – un système informatisé et automatisé de ventes directes – que les producteurs d'ordinateurs n'ont pas été en mesure de combattre efficacement.

■ Non transférable

La transférabilité d'une ressource ou d'une aptitude est liée à la possibilité qu'ont les autres acteurs de l'acquérir sur le marché. Elle est donc directement liée à sa « mobilité ». De nombreuses ressources sont transférables. C'est le cas généralement des équipements standard, du personnel, des processus commercialisés par des sociétés de logiciel ou de conseil. D'autres le sont moins, et plus l'on s'oriente vers des compétences intégrant des routines spécifiques et très socialisées plus le transfert sera délicat et risqué. Il existe trois sources d'immobilisme des ressources.

L'*immobilisme géographique* des ressources naturelles, telles que certaines matières premières (les mines de bauxite et les réserves de pétrole sont géographiquement localisées et impossibles à délocaliser), est le plus évident. L'*imperfection de l'information* sur la qualité et la productivité de certaines ressources peut conduire à des situations de perception de fort risque dans un processus d'éventuelle acquisition de ces ressources. Ces situations d'imperfection sont naturellement beaucoup plus fréquentes dès lors que des compétences et donc des ressources combinées par des savoir-faire humains sont en jeu. En effet, comment s'y prendre si l'on ne peut connaître facilement ni la liste des ingrédients, ni la recette, ni le tour de main ? On parlera de l'opacité des ressources et aptitudes quand il s'agira d'intégrer ces imperfections d'information. Dernière situation d'immobilisme, la *complémentarité* entre les ressources. Séparer une ressource de son contexte naturel et de ses compléments habituels conduit souvent à une perte de valeur et d'efficience forte. Cela se remarque en autre dans les échecs que peuvent connaître certains CEO très renommés dès lors qu'ils changent de maison mère.

1.3.3 S'approprier le potentiel de rente

L'entreprise à qui appartient l'ensemble des ressources et aptitudes doit enfin s'approprier les bénéfices générés par son avantage concurrentiel. Pour cela les ressources et capacités qui fondent cet avantage doivent respecter deux qualités.

Elles doivent tout d'abord être *durables*. C'est en effet la durabilité des ressources et des aptitudes qui assurent le maintien de l'avantage pris par rapport aux concurrents. Les ressources les plus durables constituent donc des bases plus solides d'avantage compétitif. C'est le cas de l'image de marque et de la réputation d'une firme par exemple. C'est le cas aussi des brevets quoique l'évolution technologique ait tendance à réduire non seulement la durée de vie des produits mais aussi celle des technologies et des brevets sur lesquels ils s'appuient. Soulignons enfin que la durabilité d'une ressource suppose un engagement constant et sans faille de l'entreprise dans son accumulation et son perfectionnement.

Elles doivent ensuite *autoriser l'appropriabilité des résultats* et des retours sur investissement par l'entreprise. Ceux-ci dépendent toutefois grandement des systèmes de protection légale mis au service des entreprises, ainsi que de la capacité des institutions nationales à faire respecter le droit. Ainsi, la notion de propriété n'est pas facilement définissable et varie selon les pays. En outre, le savoir-faire d'un employé appartient-il à ce même employé ou à l'entreprise pour laquelle il travaille ? Prenons le cas d'un développeur de logiciels qui, après quelques années de bons et loyaux services chez Microsoft, décide de partir pour créer sa propre entreprise de développement de logiciels. Certes, cet employé va se tourner vers une activité plus entrepreneuriale mais il va aussi utiliser le savoir-faire qu'il a acquis au sein de son ancienne société, au profit d'une autre entreprise, la sienne et au détriment, certaines fois, de son ancien employeur. Cependant, plus les ressources et aptitudes en question font partie intégrante d'une routine organisationnelle et d'une culture d'entreprise, plus l'employé intéressé aura du mal à répliquer un même degré d'efficacité et à s'approprier les bénéfices générés par l'utilisation de l'aptitude en question.

1.4 Les compétences : des capacités organisationnelles stratégiques

1.4.1 Des capacités aux compétences

Il existe toujours un différentiel de performance au sein des entreprises intervenant dans une même industrie. C'est bien entendu parce que ces dernières ne bénéficient pas de la même dotation en ressources et aptitudes. Mais, quand bien même cela serait le cas, un autre facteur expliquerait cette divergence de performance : les compétences. Une compétence est pour une organisation donnée une capacité VRIST qui lui est spécifique et lui permet d'utiliser plus efficacement que ses concurrents ses ressources productives, tant au niveau de chaque fonction de l'entreprise, qu'à l'interface entre plusieurs fonctions.

Les capacités organisationnelles requièrent, nous l'avons vu, l'expertise d'individus variés qui, au sein de l'organisation, combinent des ressources tangibles et intangibles. Lorsque les processus économiques qui les sous-tendent sont répétés de manière régulière et fréquente, ces capacités organisationnelles deviennent alors des routines, c'est-à-dire des mécanismes d'action de l'entreprise reposant sur des comportements socialisés, prévisibles, naturels (pour les acteurs de l'entreprise) et quasiment automatiques. Les routines sont à l'organisation ce que les aptitudes sont pour les individus. Elles sont fondées sur des savoirs tacites socialisés si bien ancrés dans l'esprit et la mémoire collective qu'ils sont pratiqués par les individus sans qu'ils en soient toujours conscients.

Mais une routine qui n'est pratiquée que dans une certaine activité, qu'au sein d'une industrie spécifique, a toutes les chances de ne rester qu'une capacité organisationnelle comme une autre. Son potentiel de généralisation existe mais, tant qu'il n'a pas été confronté à des réalités multiples, la capacité ne peut se transformer en compétence.

Une compétence peut en effet se définir comme une capacité dynamique, l'aptitude d'une firme à « intégrer, construire et reconfigurer des routines faites de divers usages de ressources spécifiques à la firme » (Teece, Pisano et Schuen, 1997). La compétence est le savoir-faire et la connaissance acquise grâce au management réussi d'une capacité organisationnelle au sein de plusieurs secteurs d'activité différents se caractérisant par des contraintes de marché et de compétences partiellement similaires, ainsi que l'illustre la figure 3.6. Une capacité est donc spécifique à un domaine d'activité alors qu'une compétence détient un potentiel, qui doit être exploité pour devenir une réalité, d'utilisation multi-marchés ; on pourrait dire que c'est une macro-capacité.

General Electric est un bon exemple pour nous permettre d'illustrer ce passage de la capacité à la compétence.

General Electric

Pour des raisons de saturation et de baisse dramatique de la taille du marché au début des années quatre-vingt, sa division Locomotives dut passer d'une stratégie d'offre produit performant au meilleur prix à une position d'offre privilégiant les services avec un *business model* où il s'agissait plus d'offrir un coût d'exploitation avec des revenus et des coûts étalés dans le temps (privilégiant la maintenance en particulier). En procédant ainsi, GE développa, au sein de sa division Locomotives, une capacité nouvelle « d'offre service ».

▶

Capacité qu'elle dut et put rapidement et efficacement réutiliser lorsque son activité « turbines à gaz » connut les mêmes problèmes de marché. La capacité devint alors une compétence qui fut ensuite étendue, parfois préventivement, à certaines autres divisions, comme celle des appareils médicaux par exemple. Il faut cependant bien remarquer que cette capacité d'utilisation et d'extension ne fonctionne que si les activités répondent à des caractéristiques de marché et de compétition communes ; on pourrait dire qu'elles ont des facteurs clés de succès communs. Dans le cas de GE les trois industries concernées se caractérisent par les similitudes suivantes :

- des produits lourds, très coûteux, à durée de vie longue, très intensifs en technologie et maintenance ;
- des clients en nombre limités, de type public, souvent en situation monopolistique, connaissant de graves problèmes de budget ;
- des processus d'achat longs, impliquant de nombreux acteurs avec des schémas financiers complexes ;
- une situation de marché proche de la saturation quantitative et technologique.

FIGURE 3.6 Des capacités aux compétences

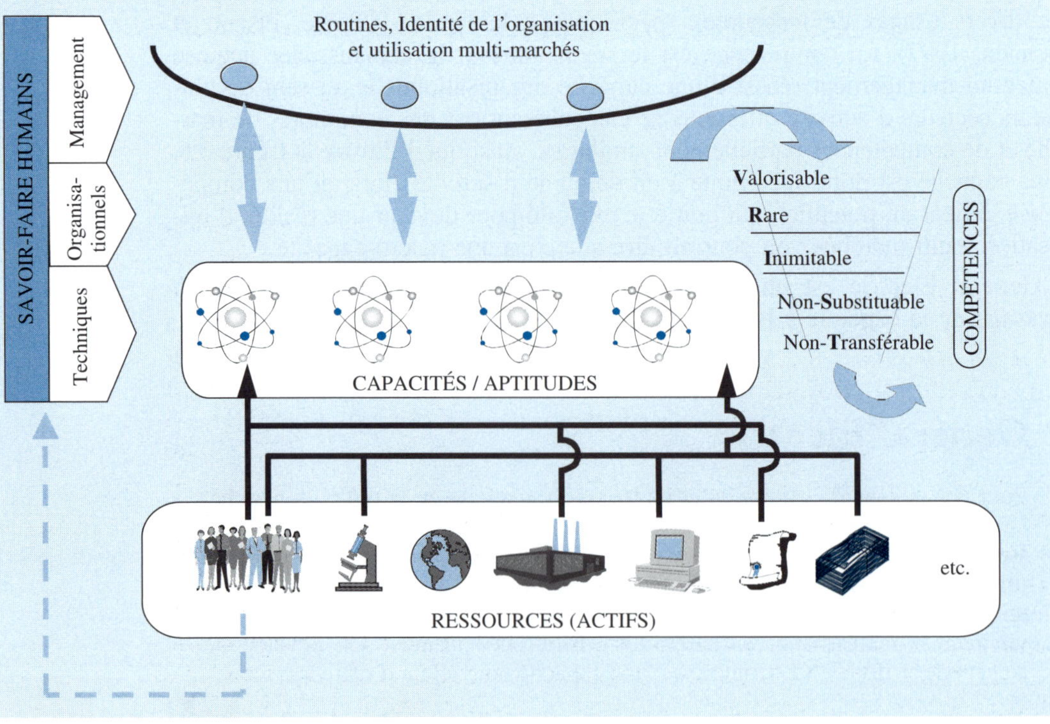

1.4.2 Dépendance de parcours et dynamique des compétences

L'histoire de l'entreprise, ses essais et ses erreurs en termes d'activité, ses figures dirigeantes marquantes, sa culture jouent fortement, nous le savons tous, sur sa position de marché et sa situation en termes de ressources et capacités à un moment donné de son histoire, celui que nous analysons précisément. Ces phénomènes, que certains résument sous le terme technique de « dépendance de parcours » (*path dependence*), expliquent, entre autres choses, que les entreprises ont des positions différentes, se caractérisent par des portefeuilles différenciés de ressources et compétences et développent généralement des compétences qui leur sont spécifiques et dans lesquelles elles excellent.

Trois phénomènes convergent pour amplifier la performance dans l'utilisation d'une compétence. D'une part, il existe des économies d'apprentissage sur les ressources humaines impliquées dans le processus et la manière d'utiliser les ressources disponibles. La capacité organisationnelle devient plus robuste, et plus « réplicable ». D'autre part, l'accroissement du recours à une compétence de l'organisation permet souvent de profiter d'économies d'échelle sur les ressources utilisées. Enfin, le déploiement de la compétence dans des contextes divers débouche le plus souvent sur des innovations dans les processus liés, qui bénéficient en retour à l'ensemble des fonctions et activités de l'entreprise utilisant la compétence. Il y a donc un effet de synergie qui se situe non seulement au niveau de la combinaison de ressources et d'aptitudes existantes, mais surtout de manière dynamique dans les effets de découverte et de rétroaction qui enrichissent la compétence au fur et à mesure de son déploiement.

Il convient cependant de souligner que l'accumulation d'expérience sur une compétence spécifique peut conduire à une situation d'impasse ou de risque. L'apprentissage d'une firme est conditionné par ses capacités et ses compétences actuelles et est donc naturellement concentré sur la recherche d'amélioration de ses savoir-faire existants, au détriment de savoir-faire nouveaux. La dépendance de sentier contraint les entreprises sur la manière dont elles peuvent s'adapter à ou façonner leur environnement concurrentiel. La routine est souvent associée à l'inertie, et l'exploitation systématique de ses savoirs au manque de curiosité et d'exploration (March, 1991). Ainsi, certains auteurs ont attiré l'attention sur l'effet Icare (Miller, 1993), c'est-à-dire sur le risque qui existe à surexploiter une compétence au détriment d'autres. À quoi servirait une compétence parfaitement maîtrisée par une entreprise qui, sous la pression d'une rupture technologique ou managériale, n'aurait plus ni intérêt ni valeur pour le secteur dans lequel intervient l'entreprise. D'autres auteurs signalent également qu'une compétence peut devenir une rigidité organisationnelle (Leonard-Barton, 1995). Les compétences peuvent donc ne pas avoir que des aspects positifs et il est capital de les évaluer dans leur potentiel à étendre les routines actuelles et à développer de nouveaux types de routine et de ressource, donnant à l'entreprise à la fois efficacité et capacité d'adaptation.

2 Ressources et compétences : utiliser les effets de levier, valoriser le portefeuille, et évaluer la marge de manœuvre des concurrents

Une fois ces ressources, capacités et compétences définies et identifiées, l'entreprise dispose de trois moyens principaux pour les gérer de manière stratégique et optimiser leur potentiel de rentabilité. Elle a tout d'abord intérêt à *exploiter les effets de levier* qui sont inhérents aux ressources et aux aptitudes. Elle devra ensuite chercher à *valoriser son portefeuille* de ressources et de compétences en l'améliorant et l'exploitant intelligemment. Elle profitera enfin de sa capacité à *évaluer la marge de manœuvre* de ses principaux concurrents pour agir en pleine connaissance de son environnement compétitif direct.

2.1 Réaliser et exploiter des effets de levier

Une entreprise ayant par nature des moyens limités, un bon management consiste à être à la fois efficace, tout particulièrement en hiérarchisant et sélectionnant les bonnes armes et ressources, et efficient, en utilisant au mieux les moyens et ressources disponibles. C'est cette approche qu'il convient d'adopter lors du processus de passage progressif des ressources aux compétences.

2.1.1 Les ressources : savoir jouer sur les effets de levier

L'entreprise utilise-t-elle au mieux ses ressources et ses aptitudes ? Lui est-il possible d'utiliser moins de ressources tout en obtenant le même niveau de performance ? Peut-elle accroître la qualité de son offre à partir de ses aptitudes actuelles ? Peut-elle bénéficier de synergies entre plusieurs ressources ? Par rapport à ces questions essentielles, Hamel et Prahalad ont clairement souligné que l'existence de capacités remarquables n'est pas toujours le résultat d'une dotation exceptionnelle en ressources. Autrement dit la base que constituent les ressources d'une entreprise n'a qu'un lien indirect avec les capacités organisationnelles qu'elle est susceptible de mettre en œuvre. Pour être efficiente, la clé, selon eux, est le talent que la firme démontre dans sa façon de créer et bénéficier d'effets de levier sur ses propres ressources, et ceci selon plusieurs manières :

- en concentrant ses efforts sur les ressources qui ont l'impact le plus significatif sur la valeur perçue par les consommateurs et ou les coûts finaux ;
- en accumulant certaines ressources, par un processus favorisant la répétition des routines et leur champ d'application (en recyclant ces ressources sur d'autres produits, marchés, secteurs) afin d'accélérer l'effet d'apprentissage ;
- en favorisant les liens de certaines ressources avec d'autres ressources ou capacités complémentaires et par là même accroître leur efficience ;
- enfin en faisant appel à d'autres organisations pour emprunter, partager ou acquérir leurs ressources, à travers des alliances, partenariats, etc.

2.1.2 Les capacités : travailler la coordination des ressources

Rappelons qu'une capacité n'est pas qu'une somme de ressources mais que ce qui la distingue et lui donne de la consistance est le fait qu'elle sait intégrer et combiner ces ressources de façon efficace et performante, à la manière d'une huile qui permettrait à une mayonnaise, grâce à la fois à une bonne recette (les manuels opérationnels traduisant des savoir-faire tacites) et à un bon tour de main (les aptitudes et expertises des individus qui sont devenus des routines) de « prendre et se lever ». C'est donc la recherche de l'efficacité de l'assemblage qui sera clé dans le niveau de performance des capacités.

De ce point de vue on peut distinguer trois niveaux, de complexité croissante, de coordination.

■ La coordination au sein d'un maillon de la chaîne de valeur

C'est *a priori* le niveau de coordination le plus simple à exécuter puisqu'il ne concerne qu'une activité ou fonction. Il suppose que la fonction soit exercée de manière efficace et sans rupture dans les processus spécialisés qui concernent la fonction.

■ La coordination au sein de la chaîne de valeur, entre plusieurs maillons différents

Il s'agit alors d'examiner les liens qui unissent deux, voire plusieurs fonctions, l'objectif étant d'amener ces fonctions à collaborer afin de fournir au client une valeur supérieure. Cela n'est pas chose si aisée et il n'est pas rare de voir, au sein d'une même organisation, des départements fonctionnels qui cherchent à défendre chacun leur propre intérêt, et cela au détriment des autres, voire à celui de l'organisation. C'est souvent le cas, par exemple, entre les fonctions de conception technique et de marketing dans la plupart des entreprises industrielles.

■ La coordination au sein de la chaîne de business, de la filière dont ressort l'entreprise

Comme nous l'avons vu précédemment, la chaîne de valeur de l'entreprise ne peut pas être isolée de son contexte puisqu'elle appartient à une filière, une *business chain* comprenant des fournisseurs, des clients finaux, des complémenteurs, des distributeurs éventuellement... avec lesquels d'une part elle crée et partage de la valeur et d'autre part entretient des relations plus ou moins développées et étroites.

Dans cette optique, une capacité peut s'appuyer et prendre toute sa valeur sur une coordination efficace et étroite avec les partenaires amont et aval. Les systèmes de production en juste-à-temps, popularisés par les grandes entreprises japonaises, ne trouvent leur efficacité que par une organisation très particulière des relations avec les fournisseurs et sous-traitants. De même, les équipementiers de l'industrie automobile collaborent avec le bureau d'études du constructeur très en amont lors de la définition d'un nouveau véhicule. Le fait d'être capable pour une entreprise d'influencer sa performance et combiner ses ressources avec celles des maillons qui la suivent ou qui la précèdent dans la chaîne de *business system* constitue une compétence de niveau supérieure, car il s'agit là de la mise en œuvre d'une combinaison partenariale très délicate.

Valeo

Valeo, parce qu'il a un accès direct au niveau de stocks de ses fournisseurs, peut ainsi évaluer avec beaucoup de précision les délais de livraison de ses propres produits et gérer finement sa *supply chain*. Il bénéficie ainsi à la fois d'un gain de temps (et d'argent en évitant d'immobiliser des stocks) considérable et d'une meilleure flexibilité et capacité d'adaptation qui constituent, quelle que soit l'industrie considérée, un atout concurrentiel essentiel.

2.1.3 Le concept de compétences « cœur »

Bien que les compétences soient difficiles à évaluer dans l'absolu, toutes ne possèdent cependant pas la même valeur et le même potentiel ; surtout si l'on intègre l'approche relative – une invariante dans la stratégie – en prenant donc en compte les concurrents. Les plus intéressantes sont celles qui permettent de créer un avantage concurrentiel en combinant trois aspects :

- elles distinguent l'entreprise de ses concurrents ;
- elles correspondent à ce que l'entreprise sait et peut mieux faire que ses compétiteurs (le filtre VRIST) ;
- elles interviennent au niveau de l'« architecture » de l'entreprise, c'est-à-dire de sa structure même, de ses principes d'organisation.

Ces trois aspects sont le résultat d'un assemblage original et spécifique de ressources, de processus que l'entreprise a « routinisé » et décliné sur un ensemble d'activités. C'est sur ces compétences cœur que l'entreprise doit concentrer ses moyens et son apprentissage afin de créer et de renforcer constamment son différentiel de compétence et fonder son expansion en les utilisant comme leviers de développement (voir tableau 3.3. quelques exemples). Il y a d'ailleurs un cercle vertueux des compétences cœur : elles constituent le pivot naturel d'une diversification, normalement moins risquée, et tout développement dans des domaines nouveaux reliés accroît leur niveau de performance au profit de l'ensemble des activités.

TABLEAU 3.3 **Exemples de compétences « cœurs »**

NEC	Intégration des technologies de l'information et des télécoms.
Black et Decker	Conception et fabrication de petits moteurs électriques.
Canon	Intégration des technologies optique fine, microélectronique et mécanique de précision.
3M	Conception de produits nouveaux liée à la maîtrise technologique des substrats, enduits et colles et la capacité à les combiner.
Carrefour	Gestion des flux (de produits, clients, cash…).
Fedex	Logistique : maîtrise d'un réseau de distribution.

Une compétence cœur est une compétence qui :

- donne un accès potentiel à une très grande variété de marchés et d'industries. Plus elle ouvre de champs et plus elle a de valeur sur ce plan ;
- répond à ces opportunités commerciales actuelles ou nouvelles sans qu'il n'y ait de changements qualitatifs dans les actifs et capacités de la firme. L'exercice de ces possibilités d'action est purement lié à la constitution antérieure de la compétence. Il peut y avoir besoin en revanche de changements quantitatifs de stocks d'actif (volume) afin d'assumer l'extension d'activités ;
- contribue de manière extrêmement importante à l'existence et l'accroissement des bénéfices perçus par le client en ce qui concerne le produit final.

2.2 La dynamique interne

Le courant des ressources qui a servi de base au renouvellement de la réflexion stratégique en mettant l'accent sur les ressources, les aptitudes, et les compétences stratégiques, a aussi développé une analyse dynamique interne qui offre des clés de lecture différentes de celles proposées par l'étude de la dynamique externe des FCS. La notion de « capacités dynamiques » permet notamment d'estimer la plasticité de l'organisation d'une entreprise et d'anticiper ses capacités de réaction face tant à des contraintes spécifiques qu'à des opportunités de développement.

Les capacités dynamiques sont les routines organisationnelles et stratégiques à partir desquelles les entreprises atteignent de nouvelles configurations de ressources en fonction des évolutions des marchés (Eisenhard et Martin, 2000). Teece, Pisano et Shuen (1997) désignent par capacités dynamiques « l'habileté de l'entreprise à intégrer, construire, et reconfigurer des aptitudes internes et externes afin de s'adapter aux évolutions de l'environnement ». Des exemples de capacités dynamiques sont la menée à bien d'alliances et de partenariats, la réalisation de scénarios stratégiques, la capacité à sous-contracter des fonctions, le développement continu de nouvelles architectures d'offre.

Les capacités dynamiques sont diverses car elles sont attachées à des marchés eux-mêmes plus ou moins dynamiques. Pisano (1994) par exemple a étudié le développement de processus industriels innovants dans des entreprises pharmaceutiques. Pour les entreprises s'appuyant sur le domaine de la chimie, où il existe des connaissances tant théoriques que pratiques bien établies, le développement des nouveaux processus industriels était plus efficace lorsqu'il recourait à des processus bien structurés et analytiques. En revanche, les entreprises pharmaceutiques qui s'appuyaient plutôt sur la biotechnologie n'obtenaient guère de bons résultats à partir de processus structurés *a priori* et analytiques. Ainsi Eisenhardt et Martin (2000) indiquent-ils que les environnements de marché très dynamiques favorisent des capacités dynamiques plus simples reposant sur des connaissances fraîches et spécifiques au contexte, pour lesquelles l'exécution demande encore plusieurs itérations avant d'être stabilisée. En revanche dans les environnements modérément véloces, les capacités dynamiques sont plus détaillées et analytiques, reposent sur des connaissances mieux maîtrisées, et leur exécution est plus directe car stabilisée.

Une des possibilités pour évaluer les capacités dynamiques est de procéder à une analyse systématique des principales utilisations futures. Prenons l'exemple de l'aptitude suivante : « être capable d'établir un diagnostic en moins de vingt minutes sur les causes d'un trouble de fonctionnement d'un équipement ». À la suite de Helfat et Peteraf (2003), nous utilisons les « 6R » pour mémoriser les voies d'utilisations futures de cette capacité. Dans le tableau 3.4, nous distinguons :

• *le retrait* : il s'agit de l'abandon de la capacité dynamique. Dans certains contextes concurrentiels il est nécessaire de repenser l'agencement et les processus économiques aboutissant à l'offre, le client demandant plus qu'un simple diagnostic en 20 minutes par exemple ou bien encore parce que des concurrents sont capables d'offrir plus de service au même coût ;

TABLEAU 3.4 Dynamique interne des capacités

Dynamique interne	Quelle durabilité ?	Quelle conséquence ?
Retrait	Nulle	Attractivité de l'offre ? Possibilité de réaction à la pression concurrentielle ?
Repli	Faible	Nécessité de bâtir la stratégie sur une nouvelle compétence
Réplication	Moyenne	Suppose une internationalisation de l'offre
Renouveau	Forte	Suppose une stabilité de la valorisation de l'offre par les acheteurs
Redéploiement	Forte	Permet d'obtenir une cohérence sur les diverses activités d'exploitation de la capacité
Recombinaison	Forte	Suppose une stratégie de diversification reliée

• *le repli* : la capacité reste importante dans le futur proche mais d'autres critères de demande se font jour et imposent d'investir dans de nouvelles compétences. La capacité est conservée mais elle n'est plus stratégique ;

• *la réplication* : profitant de l'attractivité de la capacité, il s'agit de la répliquer dans d'autres zones géographiques. La capacité prend ainsi progressivement toute son ampleur et, en couvrant son marché pertinent, accroît les chances de succès de l'offre qui lui est adossée ;

• *le renouveau* : en modifiant quelques éléments intégrés dans l'aptitude, il est parfois possible de la conserver tout en améliorant ses performances. Cet effort de renouveau est à envisager dès lors que la capacité en question correspond à un fort élément de valorisation de l'offre par le client, et que cette valorisation est stable dans le temps. Dans le cas du diagnostic en 20 minutes, le renouveau pourra consister en une promesse de réparation en un délai estimé au moment du diagnostic ;

• *le redéploiement* : le redéploiement permet à l'entreprise d'étendre la maîtrise de sa capacité à d'autres offres de marché, le plus souvent liées, afin d'offrir une cohérence de service et d'image qui permet d'asseoir la réputation de l'entreprise ;

• *la recombinaison* : associer la capacité de diagnostic en 20 minutes avec d'autres ressources comme par exemple un réseau de réparateurs ou de concessionnaires, et des systèmes de communication électroniques pour réduire les déplacements permet à l'entreprise d'accroître la durabilité et l'attractivité de son offre. Cela concerne notamment les stratégies de diversification qui autorise un plus grand nombre de recombinaisons entre ressources et compétences spécifiques.

L'étude de l'ensemble des utilisations possibles des capacités dynamiques donne une idée du potentiel concurrentiel interne de l'entreprise. Si la majorité de ses aptitudes actuelles ne permettent pas une exploitation durable, il est clair que l'entreprise se trouve dans une situation de fragilité stratégique, indépendamment des actions engagées par ses concurrents. En revanche, une entreprise dont les trois principales aptitudes et compétences se prêtent à des recombinaisons éventuelles avec d'autres ressources disponibles en interne (ou en externe par le biais d'acquisition) est une entreprise disposant d'une forte capacité de rebond.

Conclusion

Nous retiendrons trois points clés :

• En complément de l'analyse de la chaîne de valeur, l'identification et l'appréciation des ressources et aptitudes que détient une entreprise est une phase clé dans la détermination des possibilités stratégiques d'une entreprise.

• Seules les capacités organisationnelles, qui combinent des ressources et aptitudes diverses, et les compétences, qui résultent d'un processus répété et socialisé d'exploitation de ces capacités organisationnelles, peuvent constituer les bases d'un réel avantage concurrentiel spécifique à une entreprise mais elles doivent passer au travers du filtre VRIST.

• Sans application répétée et multiple, une compétence perd de sa valeur. L'entretenir, la répliquer, l'enrichir, la faire évoluer et enfin la combiner avec d'autres ressources et capacités, au travers de processus économiques maîtrisés, constitue la règle de base du maintien d'un avantage.

Chapitre **4**

Évaluer la position concurrentielle

1 Valoriser le portefeuille de ressources et de compétences

Tant lorsque nous avons abordé le potentiel de rente d'une ressource ou d'une aptitude que lorsque nous avons développé le concept de compétences cœur, nous avons fait référence au fait que la valeur des compétences d'une entreprise était relative, en fonction de celles de ses concurrents. Par ailleurs, lorsque nous avons traité des ressources en tant que bases d'un avantage concurrentiel, il nous a été nécessaire de prendre en compte l'aspect pertinent des ressources par rapport aux facteurs clés de succès de l'industrie de prédilection de l'entreprise. En procédant ainsi nous avons incidemment anticipé sur le concept de position concurrentielle, un des deux leviers clé, avec la pratique du *benchmarking*, qui permettent de valoriser – au sens propre de tirer de la valeur – le portefeuille de ressources et compétences d'une entreprise. Précisons d'entrée de jeu que ces deux leviers sont interconnectés puisque l'un – le *benchmarking* – vise à étalonner une ou plusieurs des ressources et aptitudes de l'entreprise par rapport à des firmes références dans le domaine (généralement extérieures à l'industrie d'appartenance de l'entreprise) et l'autre – *la position concurrentielle* – a pour objectif d'évaluer l'entreprise par rapport à ses principaux concurrents directs sur les facteurs clés de succès d'une activité donnée. Dans les deux cas, il s'agit donc de se mesurer pour mieux gérer, exploiter et valoriser son portefeuille de compétences. Dans ce chapitre nous avons dû faire le choix d'un ordre de présentation, mais cet ordre importe beaucoup moins que le fait d'actionner ces deux leviers parallèlement et simultanément.

1.1 Évaluer la position concurrentielle

La position concurrentielle représente et permet d'évaluer le degré de maîtrise des facteurs clé de succès (FCS) d'une activité par une entreprise relativement à ses concurrents. L'ensemble des facteurs clés de succès est caractéristique d'une industrie donnée. La position concurrentielle est donc le concept qui permet de relier approche par l'externe – l'industrie – et par l'interne – le portefeuille de ressources et compétences de l'entreprise – afin de réaliser le diagnostic de la situation stratégique de l'entreprise. Afin de pouvoir mesurer la position concurrentielle d'une entreprise dans un domaine d'activité donné, il nous faut respecter les quatre étapes suivantes.

1.1.1 Identifier les facteurs clés de succès de l'activité

Les critères d'évaluation qu'il est nécessaire de retenir sont bien évidemment les facteurs clés de succès de l'industrie à laquelle appartient l'entreprise étudiée. Précisons que le terme clé a deux implications. En premier lieu les facteurs à retenir doivent être en nombre restreint, trois à cinq maximum, sinon ils ne seraient plus essentiels. En second lieu, ils doivent concerner les éléments essentiels sur lesquels se joue la concurrence au moment de l'analyse ; ceux qui permettent de distinguer les compétiteurs et non ceux qui, maîtrisés par tous, constituent des facteurs de base non différenciant en termes de concurrence. La maîtrise du gravage des CD ne constitue clairement qu'une capacité de base pour un fabricant de CD alors que sa part de marché et sa capacité à occuper ses machines sont deux éléments clés du business.

Les facteurs clés de succès sont, nous l'avons déjà vu, des ressources, des compétences, des atouts que toute entreprise doit nécessairement maîtriser pour réussir dans une activité. À chaque activité correspond sa combinaison spécifique de FCS. Identifier les FCS repose sur une démarche expérimentale, et si possible en groupe (croiser les informations et les jugements est un des moyens les plus efficaces pour réduire les erreurs et les risques), où il faut analyser et combiner quatre sources différentes possibles d'information :

- la *demande* : les caractéristiques spécifiques concernant son évolution et son potentiel, les leviers de sa croissance, la nature des clients et des segments, le processus d'achat et les critères de décision d'achat ;
- le *jeu concurrentiel dans l'industrie* (voir chap. 1) : les barrières à l'entrée, les drivers de la concurrence, le niveau de concurrence, la concentration, les rapports de force amont/aval… ;
- les *concurrents* directs ou indirects : chercher à identifier, en analysant les plus grands, les plus proches et les plus rentables, ce qui les distingue et peut « expliquer » leur position et leur niveau de performance ;
- et enfin la *structure et les ratios financiers* moyens du secteur : structure de coûts permettant d'identifier les coûts principaux, ratios opérationnels

détaillés, ratios de rentabilité des fonds investis, intensité capitalistique, bref toutes les données financières donnant une lisibilité stratégique et économique de l'activité.

Bien que chaque industrie possède une combinaison propre de facteurs clés de succès, il est cependant possible de distinguer six grandes *catégories* de critères :

- la *position sur le marché* qui peut s'exprimer par la part de marché (absolue ou relative) et par son évolution (croissance ou décroissance) ;
- la *position de l'entreprise en matière de coûts* d'approvisionnement, de production, de commercialisation ;
- l'*image et l'implantation commerciale ;*
- les *compétences techniques* et la *maîtrise technologique ;*
- les *compétences de management et psychologiques*
- la *rentabilité* et la *puissance financière.*

1.1.2 Déterminer le poids de chaque critère

Ces différents critères n'ont pas une valeur identique, en soi et aussi relativement à la période du cycle de vie dans laquelle se situe l'activité analysée. Certains critères sont déterminants au démarrage d'un domaine d'activité alors que d'autres doivent être considérés comme prioritaires au cours de la phase de maturité (voir tableau 4.1).

TABLEAU 4.1 Facteur clé de succès dominant et maturité sectorielle

Phases	Démarrage	Expansion	Maturité	Déclin
Facteur clé de succès dominant	Technologie	Implantation commerciale	Productivité	Coûts

Chaque domaine d'activité se caractérisant au moment de l'analyse par un facteur clé de succès dominant, il convient d'opérer un classement de ces critères en affectant un poids à chacun d'entre eux. La détermination d'une pondération acceptable des différents facteurs clés de succès ne pourra intervenir qu'à deux conditions :

- il ne faut pas chercher à être exhaustif. On ne pourra jamais expliquer 100 % de la réussite. Ce serait un processus trop long et lent. Si, en revanche, on affecte ces 100 % sur un nombre limité de facteurs (négliger tout facteur qui expliquerait moins de 5 % de la réussite), quelques itérations devraient permettre d'aboutir à une liste d'environ cinq critères fondamentaux, les deux plus importants représentant plus de 50 % du poids total ;
- il faut que le résultat de cette analyse puisse être validé par des données objectives, et par une confrontation aux perceptions des opérationnels.

1.1.3 Évaluer le degré de maîtrise

Il s'agit ensuite d'évaluer la performance de l'entreprise et de chacun de ses principaux concurrents sur les facteurs clés de succès sélectionnés. Cette évaluation doit être simple : on utilise en général soit une note de 1 à 4 ou de 0 à 5 (retenez systématiquement une échelle paire pour favoriser les jugements tranchés et éviter les positions médianes si simples et trop pratiques), soit une note sur 100. Normalement on attribue la note la plus élevée à l'acteur le meilleur sur le critère à évaluer et l'on note les autres relativement à cette référence. Mais dans la mesure où la comparaison est parfois difficile compte tenu du niveau d'information possédé sur l'ensemble des acteurs, certains évaluateurs biaisent partiellement la méthode en notant chacun des acteurs sur l'échelle de notation et en comparant ensuite.

Cette étape implique de collecter une grande masse d'informations sur l'ensemble des concurrents de cette industrie. Pour être capable en effet de juger la performance d'un concurrent sur un facteur clé de succès, il faut disposer d'informations précises qui font souvent défaut. On prend alors conscience que l'on parle fréquemment d'avantage concurrentiel sans disposer des informations nécessaires pour en mesurer la réalité. Le fait d'évaluer oblige l'analyste à justifier son évaluation et donc à mener toutes les investigations nécessaires. Lorsqu'un tel exercice est entrepris par une équipe dirigeante, seule la cohésion des décideurs permet d'aboutir à un accord sur la position concurrentielle de l'entreprise. Cette cohésion permettra ultérieurement de réaliser un consensus plus rapide lorsque des décisions stratégiques importantes devront être prises.

1.1.4 Évaluer de manière globale

En multipliant les notes obtenues pour chaque facteur clé de succès par leur poids respectif, et en additionnant toutes ces notes, nous obtenons une évaluation globale qui va permettre de situer l'entreprise étudiée par rapport à l'ensemble de ses concurrents et, par ailleurs, de classer tous les acteurs analysés. Il est important que ce classement soit validé par l'ensemble de l'équipe, c'est-à-dire les analystes, les dirigeants et les opérationnels. Les résultats obtenus doivent être le reflet de la réalité du marché. Il est possible que les résultats de certaines entreprises ne correspondent pas à leurs positions en termes de part de marché. En effet, il arrive par exemple que l'évaluation d'un concurrent soit supérieure à sa place sur le marché, en particulier lorsqu'il s'agit d'un nouvel entrant. Dans ce cas, les résultats obtenus reflètent un potentiel concurrentiel et déterminent la place que ce concurrent peut revendiquer au sein de l'industrie étudiée. L'exemple que nous développons par la suite est extrait d'une analyse menée sur une entreprise de services à l'industrie.

Il y a différents moyens de représenter ces résultats. On peut utiliser la forme classique indiquant et précisant tous les éléments de l'analyse (voir tableau 4.2). Certains, plus nombreux, préfèrent une représentation visuelle,

TABLEAU 4.2 Évaluation globale de la position concurrentielle

Poids des FCS (%)	Forces	5	4	3	2	1	0	Faiblesses	Leader	A	B
35	Coûts			x					4	4	3
25	Implantation commerciale	x							5	4	3
20	Compétence technologique		x						4	3	5
15					X			Carnet d'adresses	3	3	2
5	Image			x					5	4	2
	Position concurrentielle			355					415	365	320
	Part de marché (%)			**25**					**35**	**30**	**10**

plus limitée mais plus synthétique comme celle que l'on trouvera dans la figure 4.1. Ces deux représentations permettent de faire ressortir les principales sources d'atout (d'avantage) et de handicap (de désavantage) et d'identifier le *gap concurrentiel,* positif ou négatif.

À partir de cette évaluation on peut facilement déterminer les caractéristiques qui expliquent une bonne (comme une mauvaise) maîtrise des facteurs clés de succès : ce sont les forces et les faiblesses de l'entreprise. Le profil concurrentiel peut alors être représenté comme indiqué dans le tableau 4.3.

Arrive alors, après le diagnostic, la phase du plan d'action. La réaction naturelle, celle que recommandent d'ailleurs la plupart des manuels et des consultants est de concentrer son attention et ses moyens sur ses handicaps concurrentiels qui doivent chacun faire l'objet d'un plan d'action précis. Dans cette approche, il ne s'agit plus de corriger toutes les faiblesses de l'entreprise, mais uniquement celles qui ont un réel impact sur la position de l'entreprise sur le marché. C'est loin d'être inintéressant, mais si chacun des concurrents fait la même analyse et raisonne de la même façon, le résultat sera immanquablement un nivellement des niveaux de performance des concurrents sur les FCS et des profils moyens et similaires conduisant à une

FIGURE 4.1 **Représentation radar de la position concurrentielle**

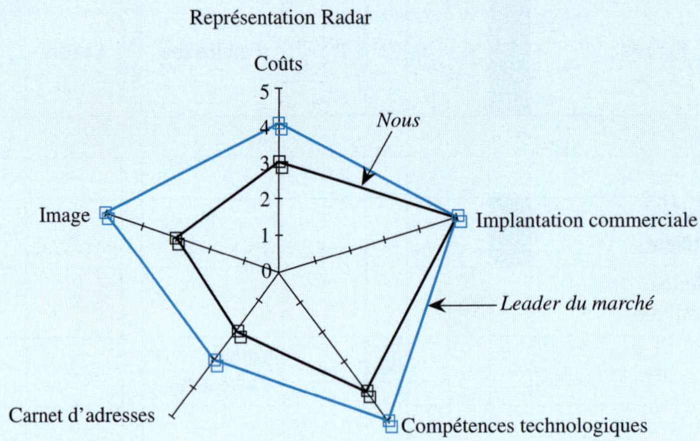

TABLEAU 4.3 **Le profil concurrentiel**

Forces	4	3	2	1	Faiblesses
Maîtrise des coûts		•			
Qualification de la force de vente	•				
			•		Couverture territoriale
Largeur de la gamme		•			
				•	Flexibilité de l'outil de production
Puissance d'achat	•				
			•		Capacité financière

hyper-compétition défavorable à la profitabilité de l'industrie en général. Tant Porter – qui constate l'imperfection des marchés – que la *Resource Based View* – qui pousse à la différence des portefeuilles de ressources et de compétences – nous conduisent à l'inverse à recommander de concentrer d'abord ses moyens et ses actions sur ses atouts afin de les entretenir et ne pas les voir disparaître sous la pression des compétiteurs. Une fois cela acquis, il faudra examiner sur quels facteurs de faiblesse relative engager les moyens restants. La perfection n'est pas du domaine de la stratégie.

1.2 Pratiquer le *benchmarking* (l'étalonnage)

Cette méthode consiste à analyser les performances de l'entreprise sur un facteur clé de succès donné et à rechercher une base de comparaison qui donnerait à l'entreprise la possibilité d'améliorer considérablement son degré de maîtrise de ce FCS. Ce processus comprend cinq étapes.

1.2.1 Identifier les variables à étalonner

Ce sont les compétences qui sous-tendent et opérationalisent les sources d'avantage concurrentiel précédemment identifiés. Il convient qu'elles soient définies de manière précise et détaillée. Un exemple : « compétence de gestion d'une gamme d'un millier de produits sans création de stock important et en tout en maintenant une qualité de service et de délai au client à un coût acceptable ».

1.2.2 Identifier les firmes étalons

Il s'agit de trouver les « meilleurs de la classe », les firmes qui, sur les variables sélectionnées, enregistrent une performance bien meilleure que celle de la firme que l'on cherche à étalonner. Les firmes étalons doivent être recherchées parmi les leaders du secteur, bien sûr, mais aussi dans d'autres industries pour lesquelles la variable à étalonner représente une source majeure d'avantage concurrentiel. Le fait est que les résultats les plus intéressants sont obtenus justement lorsque l'étalonnage est effectué par rapport à une entreprise située dans un autre secteur. Ainsi, British Airways a réussi à considérablement réduire le temps d'escale de ses avions en s'inspirant des arrêts aux stands lors des grands prix de Formule 1.

1.2.3 Collecter les données

Cette phase nécessite des études approfondies, mais aussi une grande ouverture d'esprit. Il faut en effet accepter d'apprendre en observant la pratique de firmes qui sont parfois très éloignées de l'industrie qui nous intéresse, être capable de raisonner par analogie, de transposer les modes d'organisation observés. En examinant la procédure de livraison des petites fournitures, Xerox, qui dépensait 80 à 95 dollars par commande, a trouvé un étalon à 25 à 35 dollars. Xerox a réorganisé ses magasins après avoir visité ceux de LL Bean, entreprise de vente de vêtements par correspondance.

Les firmes de produits périssables sont certainement expertes dans la gestion du juste-à-temps ; les banques et les compagnies de téléphone excellent dans la gestion de très nombreuses transactions avec un grand niveau de fiabilité. Cette collecte de données nécessite l'étude des modes d'organisation d'entreprises très différentes (voir tableau 4.4).

Ces études peuvent être formellement organisées et prises en charge par des consultants, ou réalisées dans le cadre d'un consortium. Ainsi, 90 % des compagnies de téléphone nord-américaines s'étalonnent mutuellement à

TABLEAU 4.4 **Les firmes étalons chez Xerox**

Variables à étalonner	Firmes étalons
• Organisation de la fabrication	➪ Fuji Xerox
• Gestion de la qualité	➪ Toyota
	➪ Komatsu
• Facturation et encaissements	➪ American Express ;
• Recherche et développement produit	➪ ATT
	➪ Hewlett-Packard
• Contrôle des stocks automatique	➪ American Hospital Supply
• Distribution	➪ LL Bean Inc ; Hershey Foods
	➪ Milliken Carpet
• « Boîte à idées »	➪ Ford Motor Company
• Plan des usines	➪ Cummings Engine
• Marketing	➪ Procter & Gamble
• Implication du personnel	
• Amélioration de la qualité	➪ Florida Power and Light
• Mise en œuvre de la stratégie	➪ Texas Instruments
• Système informatique	➪ Deere and Company

travers le TIBC (*Telecommunications Industry Benchmarking Consortium*). Mais la collecte des données passe aussi par la participation à des séminaires, à des colloques, à des visites d'usines et, tout simplement, par l'observation quotidienne.

Les principales sources que l'on utilise pour un *benchmarking* sont les bases de données, les associations professionnelles, les experts de l'industrie, les clients et fournisseurs, les livres, les magazines professionnels et économiques, les nouveaux cadres ou employés en provenance des firmes étalons, les professeurs, les rapports de recherche et les consultants.

1.2.4 Déterminer l'écart de performance actuel et définir un niveau de performance à atteindre

Comme le niveau de performance doit pouvoir être mesuré il faut que la variable choisie soit également mesurable.

Généralement on mesurera des coûts, des délais, des indices de qualité, etc. Il arrive fréquemment que l'écart de performance soit très important. En matière de logistique, par exemple, les coûts d'une entreprise industrielle peuvent représenter jusqu'à 10 % du chiffre d'affaires alors qu'ils sont de 3 à 4 % dans la grande distribution. Ayant constaté un tel écart, il s'agit de fixer un objectif qui puisse être atteint dans un délai raisonnable (voir figure 4.2). Rattraper un écart important par rapport au leader de son secteur ou chercher à prendre un avantage concurrentiel décisif en transposant les pratiques d'une autre industrie, peut en effet impliquer des changements d'organisation qui seront très difficiles à mettre en œuvre.

FIGURE 4.2 **L'étalonnage**

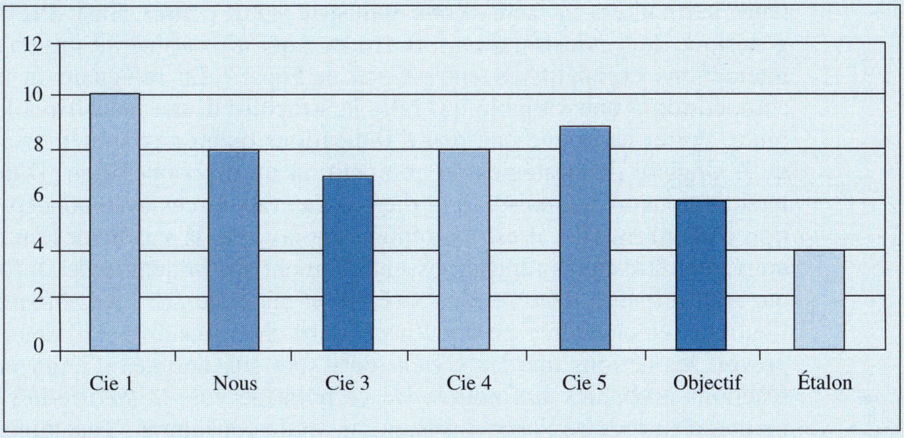

1.2.5 Définir des objectifs et des plans d'action et mesurer l'avancement

Il faut être particulièrement attentif à la confection du plan d'action afin qu'il soit réaliste dans le niveau des performances à atteindre et dans les délais prévus. Ainsi il est hors de question pour British Airways par exemple de ravitailler ses avions à la vitesse d'une F1, ce type de ravitaillement présentant trop de risques, mais il est très utile de transposer certaines pratiques de la F1 sur les tarmacs. Il faut finalement mettre en place un système de suivi qui permet de mesurer l'avancement du projet et de continuer l'étalonnage en suivant de manière précise l'évolution de l'écart de performance, car l'étalon continue, lui aussi, à progresser. Le *benchmarking* doit déboucher sur la mise en place d'un réel tableau de bord stratégique incluant aussi bien des éléments de résultats (commerciaux et financiers) que des variables permettant d'interpréter ces résultats afin de pouvoir comprendre et suivre les facteurs qui conditionnent la solidité de la position concurrentielle.

2 Évaluer la marge de manœuvre des concurrents

Il existe deux raisons essentielles qui nous conduisent à pousser et raffiner l'analyse des concurrents. D'une part l'analyse concurrentielle, appuyée sur le modèle des cinq forces de Porter, se révèle par trop statique et générale, en ne prenant pas en compte les interactions qui existent entre des compétiteurs particuliers au sein d'une industrie. Que penser ainsi d'une analyse générique de l'industrie de « soft drinks » qui n'examinerait pas en détail les interactions compétitives entre Coca et Pepsi ? En reléguant la notion de compétition à une variable qui relie la structure d'une industrie à la profitabilité, Porter ne donne que peu d'indications quant aux stratégies à adopter, qu'il s'agisse de stratégies de compétition ou de coopération. D'autre part, lorsque nous avons présenté la théorie des ressources et le concept de position concurrentielle, il est clairement apparu que la valeur des analyses qui pouvaient être faites reposait essentiellement sur la qualité des informations qui sont utilisées. Une *analyse* précise et détaillée *des compétiteurs* clés de l'entreprise considérée est donc nécessaire. Son objectif est d'identifier et de prévoir les actions que les concurrents sont susceptibles d'engager et leurs réactions probables aux nôtres. De ce point de vue, la *théorie des jeux*, qui permet d'introduire l'aspect dynamique et de considérer l'ensemble des interactions possibles, est d'un grand apport, bien que délicat à manier. Il restera alors à organiser la *veille concurrentielle* pour nourrir, en permanence et en continu, cette analyse des compétiteurs avec les informations qui lui sont utiles et nécessaires.

2.1 L'analyse des compétiteurs : pourquoi, sur quoi

L'analyse des entreprises concurrentes vise à répondre à trois objectifs principaux :

• prévoir les stratégies et décisions futures des concurrents ;

• prédire les réactions des concurrents aux initiatives stratégiques de l'entreprise ;

• et déterminer comment le comportement des concurrents peut être influencé, de manière à le rendre plus favorable à l'entreprise et à sa stratégie.

Le but de cette approche est d'intégrer dans la stratégie finale de l'entreprise, lors de sa phase de formulation, les réactions prévisibles des concurrents à la stratégie envisagée et donc de retenir et mettre en place une stratégie déjà révisée, anticipant et intégrant déjà intelligemment les réactions des concurrents. Ainsi conçue, la stratégie de l'entreprise est beaucoup plus robuste aux réactions possibles des compétiteurs, plus consistante, au sens américain du terme, et bénéficie naturellement d'une plus grande durabilité. L'entreprise fonctionne un peu comme un joueur qui anticipe les coups suivants de son adversaire.

Il s'agit de cibler les concurrents sur lesquels mettre en place une veille concurrentielle active. Ils peuvent relever de cinq catégories types :

• les « *dominants* » ; ceux qui ont les plus grandes parts de marché, qui proposent l'offre de référence du marché et qui souvent imposent leur pouvoir par leur masse ;

• les « *perles* » ; ceux qui ont les rentabilités les meilleures et qui peuvent soit appartenir à la catégorie précédente, soit rester relativement petits mais s'être constituées une position intéressante dans un segment, dans une niche ou jouer sur une différenciation profitable ;

• les « *anormaux* » ; ceux qui ne jouent pas les règles du jeu classiques, souvent de nouveaux entrants dont les « anciens » s'accordent pour prédire – car ils ne les comprennent pas – qu'ils vont « se casser la figure ». Certes cela se révélera vrai dans 95 % des cas mais dans les autres 5 % c'est une révolution qui se produira et que l'entreprise peut exploiter si elle sait l'anticiper ;

• les « *frontaux* » ; ceux qui appartiennent au groupe stratégique dont relève l'entreprise et avec lesquels elle est en compétition directe ;

• et enfin les « *substituts* » ; qui sont souvent oubliés car, n'appartenant pas au même secteur d'activité, ils n'apparaissent pas comme des concurrents réels alors qu'ils peuvent se révéler les plus dangereux dans certains cas. Pensez au TGV face aux vols en avion sur les destinations desservies en France.

Quelles informations rechercher ? Bien entendu celles qui permettront de bien analyser les possibilités d'un acteur (son portefeuille de ressources et compétences est de ce point de vue essentiel) et de prédire ses capacités d'action et de réactions. Selon les adeptes de cette approche, certains concepts se révèlent particulièrement pertinents pour structurer cette analyse fine des concurrents :

• la *dépendance de sentier* : nous l'avons déjà abordé dans la section 1 de ce chapitre. Rappelons qu'elle permet d'anticiper, en fonction de son histoire, sa culture et son comportement passé, la trajectoire stratégique d'une entreprise ;

• les *engagements*, si possible *irréversibles* : il s'agit là des décisions ouvertement et publiquement annoncées qui lient une entreprise à certains choix et actions, tels que construire un outil de production, s'engager sur une nouvelle zone géographique… ;

• les *investissements irrécouvrables* : ils sont souvent le résultat des engagements précédents qui ont mal tourné et s'expliquent généralement par une *escalade dans les engagements* où l'entreprise, cherchant à défendre ses décisions passées et voulant rester cohérente avec son fonctionnement, persiste dans ses choix en les amplifiant, s'éliminant ainsi toute possibilité de retour en arrière et réduisant sa flexibilité. C'est l'exemple, au sein d'EDF, de la centrale de Creys-Malville qui n'a plus aucune utilité industrielle malgré les milliards qui y ont été investis ;

• tant cette escalade, souvent fondée sur une *sur-confiance* dans les choix et les jugements, que d'autres éléments peuvent aussi conduire une entreprise à se trouver dans des situations de *choix sans alternative* (on pourrait dire de non-choix) qui permettent de particulièrement bien anticiper sa stratégie et ses éventuelles réactions. Orange et SFR pouvaient-ils par exemple manquer le passage à l'UMTS et ne pas concourir pour l'obtention d'une licence ? Et pourtant le troisième opérateur historique, Bouygues Télécom, a refusé de rentrer dans le jeu des enchères ;

• l'*interdépendance de portefeuille*. Certains analystes, mais ils sont peu nombreux, prétendent que cette décision de Bouygues Télécom est liée à la nature du *portefeuille d'activités* de Bouygues, la maison mère, où l'activité téléphone ne présente aucune synergie avec le reste du portefeuille. Alors que pour France Télécom l'activité fixe reste très reliée, même s'il s'agit d'une corrélation vraisemblablement négative, avec le mobile. Des ressources ou des compétences peuvent donc servir à plusieurs activités, et en cela elles sont fondamentales. Il est donc prévisible que les entreprises chercheront à les défendre d'autant plus agressivement qu'elles seront attaquées.

2.2 L'apport de la théorie des jeux

Dans l'exemple du concours et de l'attribution des licences UMTS en France, la théorie des jeux peut se révéler d'une certaine utilité pour représenter les raisons qui ont poussé Bouygues à se retirer de la compétition et Suez, le quatrième larron sur lequel les autorités comptaient, à faire de même. L'un et l'autre avaient abouti à la conclusion qu'il n'y avait de la place que pour un petit acteur en supplément des deux leaders de l'époque (Orange et SFR) et que s'ils y allaient tous les deux, il fallait que l'un meure pour que l'autre survive. Sans possibilité d'entente, le moins mauvais des choix était de ne pas y aller. Ce qui fut fait, au grand bonheur futur de Bouygues qui put revenir dans la course ensuite à moindre frais.

2.2.1 Le dilemme du prisonnier et les bases de la théorie des jeux

L'exemple que nous venons de prendre illustre parfaitement l'un des aspects les plus connus de la théorie des jeux : le fameux dilemme du prisonnier. Il s'exprime généralement ainsi. Deux personnes se retrouvent en prison soupçonnées d'un crime. On ne sait qui des deux l'a commis – peut être aucun – et si par ailleurs elles ne travaillaient pas en association. Elles sont dans des geôles différentes et ne peuvent échanger d'information. Les autorités, avant de les interroger séparément, les ont prévenues des règles et des sanctions qu'elles appliqueront et qui peuvent se résumer dans le tableau 4.5.

En examinant les enjeux et en réfléchissant aux risques encourus, les deux vont être irrésistiblement conduits à se trahir, pensant agir dans leur propre intérêt alors que leur intérêt commun devrait les conduire à se taire (cinq ans au lieu de dix). Tel est le dilemme du prisonnier. Il illustre la difficulté de

TABLEAU 4.5 Le dilemme du prisonnier, ses règles et ses enjeux

		Prisonnier B	
		Dénonce A	Ne dénonce pas A
Prisonnier A	Dénonce B	10 ans chacun	0 an A et 20 ans B
	Ne dénonce pas B	0 an B et 20 ans A	5 ans chacun

coopérer en situation concurrentielle, et s'applique donc particulièrement aux situations où les choix des acteurs sont inter-reliés, comme celui de l'attribution des licences UMTS.

La théorie des jeux, qui sert à modéliser des situations où des acteurs sociaux prennent des décisions individuelles séparées mais ayant un impact collectif et interactif, ne peut s'appliquer que lorsque les agents développent des comportements rationnels. Cette rationalité est essentielle et elle est liée aux origines mathématiques de la théorie. Issue des recherches sur les probabilités modernes, la théorie des jeux n'a cependant pris sa place dans le monde économique qu'à la suite de la parution en 1944 de l'ouvrage de J. Von Neumann et O. Morgensten (*Theory of Game and Economic Behavior*). Les éléments du jeu sont assez limités : plusieurs joueurs, des rétributions – sous forme de gains ou pertes – et des règles définissant les variables sur lesquels un acteur peut agir (choix possibles, acquisition et échange d'informations...). Les décideurs devant faire des choix stratégiques en fonction de ces règles et de ces rétributions, la théorie des jeux consiste à formaliser les scénarios possibles et à « calculer » le scénario optimal pour un acteur.

Cette théorie a donc permis de fournir une structure d'analyse et un ensemble de concepts qui permettent de décrire une situation concurrentielle par rapport à l'identité de chaque acteur, aux options ouvertes à chaque acteur, aux gains ou pertes associés à chaque option, et aux différentes successions de décisions possibles. La théorie des jeux peut en effet prédire les équilibres des situations de compétition susceptibles de se produire et les conséquences des changements dans les stratégies de certains acteurs. Le fait de respecter les règles de cette théorie conduit une équipe dirigeante à aller bien au-delà de la pure intuition et tenter de lire dans l'esprit de ses concurrents.

2.2.2 *Utilité et limites de la théorie des jeux*

Il aura fallu attendre les années quatre-vingt pour voir l'intérêt pour cette théorie grandir au sein du monde économique et les années quatre-vingt-dix pour assister aux premières applications pratiques réelles dans le domaine du management stratégique. Globalement les experts reconnaissent qu'elle s'applique avec pertinence dans trois grands types de situation :

• pour un acteur premier entrant ou en situation de monopole – soit de fait, soit de droit mais en état de dérégulation – afin d'arbitrer entre des stratégies de coopération ou de défense frontale, en interdisant l'accès à l'industrie (le concept de barrières à l'entrée prend ici toute sa valeur) ou en recherchant l'éviction des nouveaux entrants potentiels ;

• pour les quelques acteurs se partageant un marché oligopolistique quant aux politiques de coopération et de *pricing* qu'ils doivent mener ;

• et enfin pour des nouveaux entrants, afin de leur permettre de bien connaître les règles du jeu encours pour mieux pouvoir les contourner ou les détourner.

Il faut bien reconnaître cependant que la contribution de la théorie des jeux a plus servi en matière de compréhension d'événements passés qu'en matière de prévision ; ce qui est relativement fâcheux compte tenu du fait que l'essence même de cette théorie porte sur la prédiction d'actions futures. C'est que, appliquée à des situations relativement complexes, d'une part les résultats se révèlent particulièrement sensibles aux hypothèses de départ et peuvent conduire à des situations paradoxales, voire incohérentes et, d'autre part, il est très difficile de rendre compte, sous forme de règles, de cette complexité.

2.2.3 Quelques comportements « concurrentiels » à la lumière de la théorie des jeux

Compétition ou coopération… vers la co-opétition

Dans leur livre intitulé *Co-opetition*, Adam Brandenburger et Barry Nalebuff décrivent l'existence d'une dualité entre compétition et coopération dans les relations entre entreprises. Cependant, cette dichotomie n'est pas toujours aussi évidente, un même acteur pouvant, selon les industries, faire des choix différents et au sein même d'une industrie pratiquer les deux comportements à la fois. C'est le cas de Fiat et PSA qui sont à la fois concurrents directs sur l'ensemble des berlines de leur gamme et partenaires – au sein de deux alliances complètes commercialisation non incluse cependant – sur les monospaces et les véhicules commerciaux. Les fruits de la coopération se révélant plus profitables que ceux de la compétition, les entreprises ont donc cherché à développer, à tous les niveaux, de réelles collaborations. Ceci explique les vagues successives des alliances et autres partenariats. C'est le cas, en particulier, avec les clients et les fournisseurs où, au lieu d'entretenir des relations sporadiques et compétitives, elles ont mis en place des relations partenariales à long terme.

La dissuasion

L'idée est d'influencer le comportement d'un concurrent en changeant le gain associé à une stratégie donnée et en l'avertissant, qu'en cas où il adopte cette stratégie jugée par nous dommageable, il risque de subir de lourdes pertes. Les exemples de cette stratégie comportementale sont nombreux, que ce soit dans le domaine militaire et politique. Dans certaines industries les acteurs dominants, par leur comportement passé – par exemple en sachant casser les prix et les marges durant une période assez longue – savent dissuader de nouveaux entrants potentiels de se risquer à pénétrer l'activité.

■ L'engagement

Pour qu'une action préventive soit prise au sérieux, il faut de la part de celui qui la met en œuvre, un certain degré d'engagement et de crédibilité. Ainsi, quand Boeing choisit de construire son nouveau 7E7, il démontre son engagement auprès des compagnies aériennes et d'Airbus par le biais d'importants investissements technologiques et publicitaires et contrats avec ses fournisseurs. L'objectif de Boeing est, bien entendu, d'encourager les compagnies aériennes à prendre des options d'achat et de décourager Airbus de réinvestir dans la catégorie dont relève le 7E7. Il s'agit là d'un engagement fort. Le programme de fidélisation mis en place par Air France doit être considéré, pour sa part, comme un engagement d'intensité plus faible ; encore que certains estiment que tous ces miles non consommés constituent autant de bombes à retardement dans les comptes des compagnies aériennes.

■ La prévention et l'envoi de signaux

La réaction d'un concurrent face à l'initiative stratégique d'une entreprise dépend non seulement du type d'initiative mise en œuvre mais aussi de la façon dont le concurrent la perçoit. C'est pourquoi le choix des moyens utilisés pour communiquer est très important.

Même si le fait de mettre en place une politique de menaces répétées auprès de concurrents n'est pas profitable à court terme, ce type de comportement peut créer une réputation d'agressivité susceptible d'effrayer les concurrents potentiels. Les bénéfices d'une telle réputation sont particulièrement forts dans le cas d'entreprises diversifiées dont la réputation peut être transposée d'un marché à l'autre. C'est le cas par exemple de Bic, de L'Oréal et de Vodaphone dont les réputations d'agressivité ont poussé bon nombre de concurrents soit à éviter, soit à déserter les segments ou zones où ils s'étaient installés. D'autres entreprises choisiront des voies totalement opposées comme la diversion ou la désinformation.

2.3 La veille concurrentielle

La théorie des jeux trouve son utilité pour réfléchir de manière formelle aux situations possibles déclenchées par telle ou telle action stratégique de la part d'un concurrent. Cette analyse demeure toutefois « spéculative » et demande à être complétée par des approches moins formelles pour analyser le comportement des concurrents et prédire leur stratégie future. Ces approches complémentaires se résument à ce qu'il est convenu d'appeler l'intelligence économique ou la veille concurrentielle. L'intelligence concurrentielle ne se limite bien évidemment pas à la simple collecte d'informations. Il en existe un tel nombre que le problème réside dans la sélection des informations utiles à collecter pour l'analyse. Pour comprendre un concurrent, il paraît sage de concentrer son attention sur les quatre préoccupations suivantes :

2.3.1 Identifier la stratégie actuelle

Nous pouvons raisonnablement considérer, en appliquant le concept de *path dependence*, qu'une entreprise conservera dans l'avenir la même stratégie qu'elle a jusqu'à présent pratiquée. Si la stratégie d'une entreprise peut être aussi identifiée, en se fondant sur le concept d'engagement, par rapport à ce qu'elle dit, ne sur-valorisons cependant pas cette direction et appuyons plutôt l'analyse sur ce qu'elle fait et a fait. Car, comme le souligne Mintzberg, il existe souvent une divergence entre la stratégie désirée et la stratégie réalisée.

Une bonne partie des informations relatives à la stratégie du concurrent peuvent être trouvées dans ses rapports annuels, dans les messages du président aux actionnaires, dans des interviews accordées à des analystes, dans l'analyse des nouveaux projets entrepris, dans les embauches effectuées, dans les partenariats ou alliances qui ont été conclues, dans les acquisitions effectuées, dans la publicité et même dans certaines rumeurs.

2.3.2 Identifier les objectifs

Pour anticiper la nouvelle stratégie qu'un concurrent est susceptible d'adopter, il est impératif de comprendre ses objectifs tant économiques que financiers, surtout s'il s'agit d'une entreprise cotée. Une entreprise dont l'objectif est la rentabilité à court terme n'aura ni la même stratégie, ni le même comportement qu'une entreprise qui cherche à asseoir sur le long terme une part de marché conséquente.

Dans le cas où le concurrent est la filiale d'un grand groupe, il convient alors d'analyser les objectifs de la société mère, la composition de son portefeuille d'activités et l'importance et les objectifs fixés à l'activité en cause et enfin, en dernier lieu, le degré d'autonomie de la filiale.

Les questions essentielles à se poser lors de cette phase de l'analyse sont les suivantes :

- quels sont les objectifs actuels – économiques et financiers – du concurrent ?
- les résultats de la stratégie mise en œuvre permettent-ils de les atteindre et dans quelle proportion ?
- que peut-on donc raisonnablement attendre : qu'ils subsistent, évoluent ou changent du tout au tout ?

2.3.3 Identifier les hypothèses et les recettes

Une stratégie est toujours conditionnée par la perception qu'un acteur a de son industrie et de lui-même et des hypothèses sous-jacentes qu'il a développé, consciemment ou non, sur son environnement concurrentiel. Il est expérimentalement prouvé que ce jeu d'hypothèses et de *recettes*, liées aux théories et croyances des managers, évolue peu et rarement dans le temps. C'est cette stabilité qui est à la fois source de danger pour l'entreprise – un tel état de fait peut conduire de grandes entreprises à ne pas répondre de manière rationnelle à des mutations du contexte concurrentiel comme l'arrivée d'une technologie de rupture (voir Kodak et le numérique) – et merveilleux point d'appui pour prédire les actions et réactions de chaque compétiteur.

2.3.4 Identifier le portefeuille de ressources et compétences

Si prévoir la stratégie future d'un concurrent est essentiel, ce n'est cependant pas suffisant. Il faut en plus s'assurer qu'il est capable de la mettre en œuvre avec succès. Pour juger du sérieux de la menace ou de l'opportunité, il convient donc d'évaluer avec attention et objectivité les ressources et les compétences qui sont nécessaires à la stratégie du concurrent, de les comparer avec celles qu'il maîtrise et de s'interroger sur son aptitude et ses moyens à combler le gap éventuel constaté.

L'une des conditions essentielles à la pratique de l'intelligence concurrentielle est le fait qu'il faille comprendre son concurrent et donc être à l'écoute de tout ce qui le concerne. Dans un contexte de concurrence exacerbée, plus d'un tiers des grandes entreprises américaines l'ont bien compris et sont dotées d'unités spécialisées. Ces entités ont recours à des pratiques très diverses au titre desquelles elles peuvent :

- faire appel à des consultants externes spécialisés dans ce type d'activité ;
- effectuer un travail de recherche en interne en utilisant leur propre personnel, spécialisé à temps plein (cellule de veille) ou non (observateurs et correspondants) ;
- débaucher de la concurrence des personnes ayant des compétences et constituant des ressources stratégiques ;
- voir mettre en place une cellule d'« espionnage » industriel.

Dans certaines entreprises les pratiques se situent à la limite de la légalité, dans la mesure où elles ne permettent plus de faire la distinction entre informations privées et informations publiques et où elles remettent en question la notion de propriété, par exemple lorsqu'un employé détenteur d'un savoir-faire acquis au sein d'une entreprise décide de rejoindre un concurrent. La déontologie est plus que jamais à l'ordre du jour dans ce domaine.

3 Une évaluation dynamique

L'évaluation qui vient d'être décrite représente une photographie, un instantané, de la situation concurrentielle d'une entreprise. Cependant, le contexte concurrentiel peut être amené à évoluer de manière rapide tant sous l'action des compétiteurs qu'en raison des pressions des fournisseurs, clients, substituts et autres nouveaux entrants. Il faut donc prendre en compte à la fois l'évolution prévisible du poids des facteurs clés de succès, l'apparition éventuelle de nouveaux facteurs qui modifient le mix de FCS et enfin les modifications dans le degré de maîtrise de chaque acteur de ces facteurs.

Prendre en compte les évolutions de l'environnement revient à imaginer la façon dont les facteurs clés de succès et leur pondération vont évoluer dans les années qui viennent. À terme, deux situations ressortent généralement :

• les facteurs clés de succès sont identiques, mais leur pondération est profondément bouleversée. C'est un cas très fréquent. Lorsqu'un domaine d'activité, d'abord structuré par l'offre, atteint sa maturité, il se structure alors par la demande, et les compétences de nature commerciale prennent un poids prépondérant. Toutes les activités appartenant au secteur de l'électronique grand public ont connu ce genre d'évolution (micro-ordinateurs, logiciels, matériel hi-fi, par exemple). Cette modification est un moyen de remise en cause radicale des positions concurrentielles que l'on jugeait jusqu'alors inexpugnables ;

• de nouveaux facteurs clés de succès apparaissent et en remplacent d'autres, qui deviennent inopérants. Ces mutations trouvent en général leurs sources dans des compétences majeures maîtrisées individuellement ou conjointement par certains acteurs qui remettent en cause l'ensemble du processus. Ainsi les cartonniers vendent-ils de moins en moins de l'emballage et de plus en plus de la communication. La croissance de la distribution moderne, l'ouverture internationale, l'informatique et les télécommunications sont des sources constantes d'évolution des facteurs clés de succès.

Si des évolutions majeures sont attendues, il peut être instructif de simuler l'effet des modifications de l'environnement sur les positions concurrentielles. Pour cela, il suffit de reprendre les données du tableau 4.2, de modifier la pondération des facteurs clés de succès (FCS) et de constater l'effet induit sur les positions relatives.

3.1 La dérive compétitive

Puis, dans un deuxième temps, il faut prendre en compte les stratégies attendues des concurrents et évaluer la position concurrentielle qu'ils envisagent d'occuper suite à la stratégie qu'ils sont en train de mettre en œuvre.

La position concurrentielle peut être éminemment instable. La difficulté pour l'entreprise réside souvent dans la juste détermination des facteurs qui expliquent la détérioration de sa position concurrentielle ou qui conditionnent son amélioration. Comme nous venons de le voir, deux origines majeures doivent être distinguées :

• des facteurs structurels d'évolution du contexte concurrentiel qui doivent être identifiés et analysés à l'aide des outils et démarches exposés dans le chapitre 1 ;

• des décisions prises par les concurrents qui améliorent ou détériorent leur position concurrentielle.

Le défi stratégique permanent consiste à suivre dans le temps l'évolution du degré de maîtrise relative des FCS par l'entreprise.

3.2 Deux points fondamentaux

Se comparer systématiquement aux entreprises référentes pour évaluer la valeur relative de ses ressources et compétences et sa position compétitive par rapport à ses principaux concurrents est à la fois une règle de bon management et le meilleur moyen d'exploiter et valoriser son portefeuille de ressources et compétences.

Introduire une variable dynamique dans les analyses que nous venons de développer et dans l'appréhension des marges de manœuvre des compétiteurs clé permet d'anticiper et de retenir des positionnements et des choix stratégiques qui sont durables et défendables.

Chapitre 5

L'avantage concurrentiel

Nous avons vu, dans les chapitres précédents, que le secteur d'activité dans lequel a choisi de se développer une entreprise va avoir un effet non négligeable sur sa rentabilité, son développement à long terme et la valeur qu'elle sera capable de créer pour ses actionnaires. Néanmoins, la stratégie est loin de se réduire à un choix judicieux de l'activité de l'entreprise : dans le même secteur co-existent en général des entreprises très performantes et des concurrents qui réussissent beaucoup moins bien. Pour un Microsoft ou un Intel, il existe un très grand nombre de concurrents aux performances médiocres respectivement dans les logiciels ou les microprocesseurs. C'est pourquoi la notion d'avantage concurrentiel, c'est-à-dire l'avantage d'une entreprise face à tous ses concurrents dans le même secteur d'activité, est essentielle.

Pourquoi, dans une activité donnée, certaines entreprises réussissent-elles mieux que d'autres ? Cette question est au cœur de toute réflexion stratégique. Depuis la nuit des temps, tous les entrepreneurs, tous les chefs d'entreprise et tous les investisseurs se la posent quotidiennement. Malheureusement – ou peut-être plutôt heureusement –, il n'existe pas de réponse claire et définitive à une telle question. D'ailleurs, si l'on était capable d'apporter de manière certaine une réponse à cette question, cela ferait disparaître la concurrence, ôterait toute pertinence à la notion même de stratégie et rendrait impossible le fonctionnement d'une économie de marché. En effet, si une entreprise possédait de manière exclusive la « recette » du succès, elle dominerait tous ses concurrents et finirait par les éliminer, s'octroyant ainsi un monopole inattaquable. Pire encore, si cette « recette » du succès était suffisamment générale pour être efficace dans tous les secteurs d'activité, l'entreprise qui en posséderait le secret l'appliquerait progressivement à tous les domaines de production et finirait par dominer entièrement l'économie dans son ensemble. Si, à l'inverse, cette « recette » du succès était facilement disponible, toutes les entreprises l'appliqueraient et plus aucune entreprise n'aurait d'avantage sur les autres, et notre question de départ – Pourquoi certaines entreprises réussissent-elles mieux que d'autres ? – n'aurait aucun sens.

Paradoxalement, c'est justement parce que l'on connaît mal les raisons du succès des entreprises les plus performantes qu'il faut constamment se reposer la question de l'avantage concurrentiel. En effet, même une entreprise qui réussit très bien à un moment donné ne peut être sûre de totalement appréhender l'ensemble des facteurs qui déterminent sa performance ; et donc, ces facteurs risquent à tout moment de se modifier sans même que l'entreprise ne s'en rende compte, détruisant du même coup son avantage. La seule parade est de ré-examiner inlassablement les causes du succès et de tenter de préserver ou de ré-inventer l'avantage de l'entreprise, malgré les évolutions permanentes de l'environnement et les attaques incessantes des concurrents. Et, s'il n'existe pas de recettes toutes faites garantissant le succès de l'entreprise, il y a quelques principes simples qui permettent de mieux clarifier le problème et de procéder à un diagnostic lucide de la situation de l'entreprise, voire même de suggérer des voies d'action pour l'emporter sur la concurrence.

Dans ce chapitre, nous allons donc commencer par examiner la nature de l'avantage concurrentiel, c'est-à-dire ce que doit être capable d'offrir une entreprise afin de l'emporter, à un moment donné, sur ses concurrents. Nous étudierons ensuite successivement les deux grands types d'avantage que peuvent – et que doivent – créer les entreprises pour être performantes : les avantages de coût d'une part, les avantages fondés sur une différenciation d'autre part. Enfin, nous nous interrogerons sur ce qui permet à certaines entreprises de créer mieux que d'autres de tels avantages concurrentiels.

1 La nature de l'avantage concurrentiel

Si l'on demande à un public peu averti pourquoi certaines entreprises réussissent mieux que d'autres, la réponse que l'on obtient généralement est que « ces entreprises proposent de bons produits – ou services – à des prix attractifs ». Cette réponse pleine de bon sens n'est en fait pas très loin de la réalité, mais elle pêche par le fait qu'elle se place uniquement du point de vue du client et ignore très largement les effets de la concurrence.

Pour simplifier, considérons qu'une entreprise réussit mieux que ses concurrents lorsque, toutes choses égales par ailleurs, elle est capable de se développer sur le long terme dans son secteur d'activité, tout en atteignant des niveaux de rentabilité supérieurs à la moyenne du secteur, c'est-à-dire en créant davantage de valeur pour ses actionnaires que la plupart de ses concurrents. Sur cette base, pour qu'une entreprise réussisse mieux que ses concurrents, seules deux solutions s'offrent à elle :

- produire une offre à des coûts sensiblement inférieurs à ceux de ses concurrents, c'est-à-dire se doter d'un *avantage de coût* ;
- créer une offre possédant des caractéristiques uniques, appréciées des clients, et que ces clients sont disposés à payer plus cher, et ainsi se doter d'un *avantage fondé sur la différenciation.*

Le lien coût/prix/rentabilité est au cœur de la notion d'avantage concurrentiel. Pour atteindre un niveau de rentabilité supérieur à la moyenne, une entreprise n'a que deux leviers à sa disposition : le niveau de coût auquel elle produit son offre et le prix qu'elle parvient à faire payer à ses clients. Idéalement, toute entreprise souhaiterait pouvoir augmenter ses prix tout en réduisant ses coûts. Malheureusement, lorsqu'elle réduit ses coûts, l'entreprise abaisse en général simultanément la valeur de son offre pour le client, entraînant *ipso facto* une diminution du prix que celui-ci est disposé à payer. À l'inverse, pour faire payer au client un prix plus élevé, une entreprise doit en général améliorer la valeur perçue de son offre, ce qui se traduit le plus souvent par un accroissement des coûts. Toute entreprise est donc constamment en train d'arbitrer entre coûts et prix en cherchant à maximiser sa rentabilité. On peut représenter les divers positionnements en termes de coûts et de prix dans un secteur d'activité quel qu'il soit de la manière présentée dans la figure 5.1.

FIGURE 5.1 **Le lien coût-différenciation**

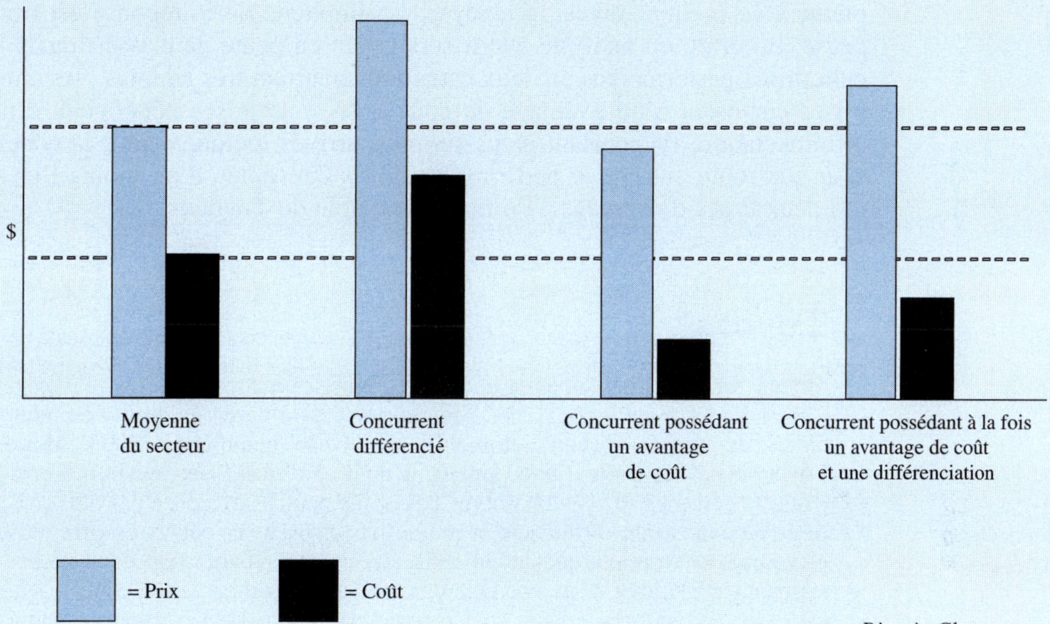

D'après Ghemawat.

Imaginons une entreprise qui ne disposerait d'aucun des deux avantages mentionnés ci-dessus. elle serait donc confrontée à la concurrence de rivaux offrant des produits similaires mais ayant des coûts plus faibles ou offrant des produits perçus comme supérieurs mais à des coûts équivalents. Ces rivaux, par définition, dégageraient une rentabilité supérieure et pourraient utiliser une partie de leurs marges plus élevées pour casser les prix ou accroître leurs dépenses de publicité et ainsi gagner des parts de marché. Même si ces concurrents plus performants choisissaient de ne pas être commercialement agressifs et conservaient leurs marges, leur rentabilité supérieure en ferait des placements plus attractifs pour des investisseurs, ce qui rendrait à terme problématique la survie de l'entreprise moins performante. Confrontée à une telle situation, l'entreprise n'a que deux solutions possibles. Une première solution serait de se créer un avantage de coût en mettant en œuvre une stratégie lui permettant de réduire ses coûts davantage que ses concurrents. Une seconde voie possible serait pour l'entreprise de se différencier en produisant une offre spécifique, appréciée des clients, et lui permettant de leur faire payer un prix supérieur, sans pour autant perdre de part de marché.

À un premier niveau d'analyse, la réponse à notre question initiale – pourquoi certaines entreprises réussissent-elles mieux que d'autres ? – apparaît donc très simple. Cette réponse est : parce qu'elles disposent soit d'un avantage de coût, soit d'un avantage fondé sur une différenciation. Toutefois, même à ce premier niveau d'analyse, la simplicité de la réponse est trompeuse. En effet, un analyste averti serait bien en peine de classer toutes les entreprises performantes en deux catégories pourtant très simples : les entreprises disposant d'un avantage de coût et les entreprises bénéficiant d'une différenciation. Et pourtant, nous sommes arrivés logiquement à la conclusion que toute entreprise performante doit s'être dotée d'au moins l'un de ces deux types d'avantage ! Prenons l'exemple de Toyota.

Toyota

Toyota est indiscutablement l'une des entreprises automobiles les plus performantes : Toyota a réalisé les bénéfices – 8,6 milliards d'euros – les plus élevés de tout le secteur automobile au niveau mondial en 2003. Mais, Toyota bénéficie-t-elle d'un avantage de coût ou d'une différenciation. Comparée à Mercedes, BMW ou Volvo, Toyota ne peut à l'évidence pas être qualifiée de concurrent différencié et ne fait pas payer à ses clients un prix plus élevé que les trois marques mentionnées ci-dessus. Toyota doit donc nécessairement bénéficier d'un avantage de coût ! Mais comparée à Hyundai, Kia ou Lada, les voitures Toyota sont perçues par la plupart des clients comme ayant des caractéristiques supérieures justifiant leur prix plus élevé. L'avantage de Toyota apparaît donc lié à de la différenciation.

En définitive, ce que révèle la discussion ci-dessus est que l'avantage concurrentiel d'une entreprise performante est relatif. Vis-à-vis de certains concurrents cet avantage sera un avantage de coût alors que vis-à-vis d'autres concurrents il s'agira d'un avantage fondé sur une différenciation. Pour être performante, une entreprise doit soit avoir des coûts plus faibles que tout autre concurrent proposant une offre similaire, soit, pour un niveau de coût donné, être capable de faire payer à ses clients un prix plus élevé que tout autre concurrent en produisant une offre spécifique perçue comme supérieure. Si nous nous référons à la figure 5.1, cela signifie qu'il existe une multitude de positionnements possibles en termes de coûts et de prix qui peuvent offrir à l'entreprise une rentabilité satisfaisante.

La figure 5.2 représente le positionnement dans un secteur d'activité donné d'entreprises performantes et moins performantes en fonction de leur niveau relatif de coût et de l'étendue de leur différenciation.

FIGURE 5.2 **Le positionnement stratégique et le caractère relatif des avantages de coût ou liés à une différenciation**

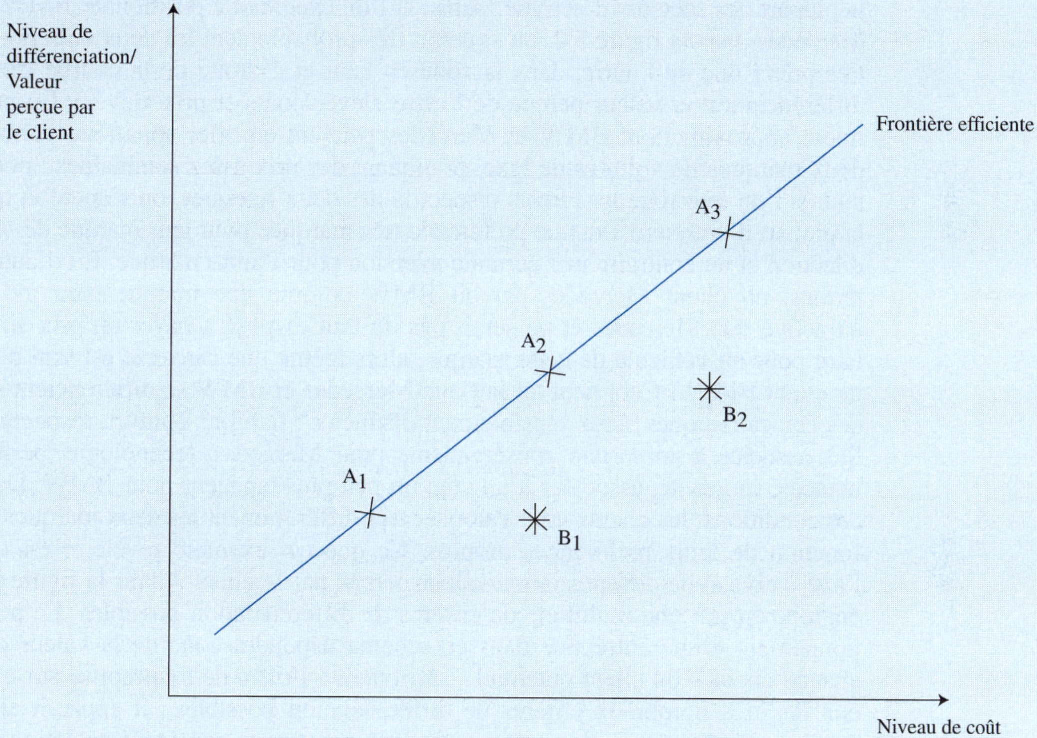

Seules les entreprises situées sur la « frontière efficiente[1] » ont une position durablement viable dans la mesure où, pour un niveau de prix – et donc, à long terme de coût – donné, leur offre est considérée comme supérieure à toute autre par les clients. Les entreprises positionnées sous la courbe affrontent la concurrence de rivaux qui, pour un niveau de prix et de coût donné, ont une offre considérée comme supérieure ou, pour un niveau de différenciation donné, ont des prix et des coûts inférieurs. Ainsi, dans la figure 5.2, les entreprises A1, A2 et A3 ont soit des coûts plus faibles, soit un niveau de différenciation plus élevé que tout autre concurrent du secteur. B1 et B2 en revanche sont confrontées à la concurrence de rivaux qui

1. En référence à la théorie financière de Modigliani et Miller dans laquelle une telle « frontière » identifie les placements financiers attrayants pour le marché en raison à la fois du risque et de l'espérance de profit qu'ils présentent.

offrent, à niveau de prix égal, un niveau de différenciation supérieur (A2 et A3 respectivement) ou qui, à niveau de différenciation équivalent, ont des coûts plus faibles (A1 et A2 respectivement). Si une entreprise parvenait à se positionner au-dessus de cette frontière efficiente, elle entraînerait de fait un déplacement de la courbe elle-même.

La seconde raison pour laquelle la simplicité apparente de la notion d'avantage concurrentiel avec ses deux composantes, coût ou différenciation, est trompeuse tient à la quasi-infinité des sources de différenciation possibles dans la plupart des secteurs d'activité. Ainsi, si l'on cherchait à positionner BMW et Mercedes dans la figure 5.2, on situerait très probablement les deux entreprises très près l'une de l'autre, dans la zone en haut et à droite de la courbe (forte différenciation et valeur perçue de l'offre élevée/coûts et prix élevés). En première approximation, BMW et Mercedes peuvent en effet apparaître comme deux marques de voitures de luxe, pratiquant des prix assez semblables ; pourtant, si l'on interroge les clients respectifs des deux marques, on s'aperçoit que la plupart d'entre eux ont une préférence très marquée pour leur marque de prédilection et au contraire une certaine aversion pour l'autre marque. En d'autres termes, un client Mercedes perçoit BMW comme une marque bien moins attractive que Mercedes et ne serait pas du tout disposé à payer un prix similaire pour un véhicule de cette marque, alors même que l'inverse est vrai pour un client BMW ! Cela tient au fait que Mercedes et BMW se différencient sur des caractéristiques assez sensiblement distinctes : fiabilité, confort, respectabilité, associés à un certain conservatisme pour Mercedes, technologie, performances, sportivité, associées à un côté un peu plus tapageur pour BMW. Dans ces conditions, les clients vont valoriser très différemment les deux marques en fonction de leurs préférences propres. Ce que cet exemple révèle, c'est que l'axe « niveau de différenciation/valeur perçue par le client » dans la figure 5.2 englobe en fait une multitude de critères de différenciation possibles. Le positionnement d'une entreprise dans ce schéma dépendra donc de la valeur que chaque client – ou client potentiel – attribuera à l'offre de l'entreprise sur chacun des très nombreux critères de différenciation possibles ; il apparaît ainsi que le positionnement des entreprises dans cet espace coût/différenciation est spécifique à chaque client et que l'existence ou non d'un avantage concurrentiel pour l'entreprise va dépendre de la taille des segments de marché résultant de ces positionnements spécifiques à chaque client.

2 Avantage de coût et volume de production

Si, pour un produit donné, il existe un prix de marché qui s'impose à l'ensemble des entreprises en concurrence, l'entreprise la plus compétitive est celle qui a les coûts les plus bas ; en d'autres termes, c'est de la capacité de l'entreprise à minimiser ses coûts que dépend son avantage concurrentiel. Or, on a observé empiriquement dans un très grand nombre d'activités économiques que l'entreprise qui avait les coûts les plus bas était également celle qui avait la production cumulée la plus importante ; la constatation de cette relation a donné naissance au concept d'effet d'expérience.

2.1 L'effet d'expérience

2.1.1 La notion d'effet d'expérience

La théorie de l'effet d'expérience[1] stipule que le coût unitaire total d'un produit décroît d'un pourcentage constant chaque fois que la production cumulée de ce produit par l'entreprise est multipliée par deux. Le coût considéré est un coût complet qui inclue, outre le coût direct de fabrication d'une unité de produit, les coûts de conception, de marketing, de distribution, les coûts administratifs, ainsi que le coût des capitaux employés. Le coût est mesuré en unités monétaires constantes, c'est-à-dire en annulant les effets de l'inflation. À chaque doublement de l'expérience cumulée de l'entreprise, dans le domaine d'activité considéré, la diminution constatée est généralement comprise entre 10 % et 30 %.

La représentation graphique de l'effet d'expérience prend la forme d'une courbe d'expérience. La courbe présentée en figure 5.3 est celle que l'on observe dans le secteur de la construction aéronautique civile.

Elle décrit l'évolution des coûts (mesurés en heures de main-d'œuvre par livre de poids d'avion fabriqué) en fonction de la production cumulée de chaque modèle. Quelques modèles d'avions connus ont été situés sur cette courbe en fonction du nombre total d'exemplaires vendus jusqu'au milieu des années quatre-vingt-dix.

Si l'on représente l'effet d'expérience en échelle logarithmique, la courbe précédente prend la forme d'une droite comme l'indique la figure 5.4.

La pente de la droite traduit l'intensité de l'effet d'expérience ; par exemple, une pente à 20 % signifie qu'à chaque doublement de la production cumulée, le coût unitaire total diminue de 20 %. Plus la courbe a une pente forte, plus l'avantage de coût d'un concurrent ayant une production cumulée importante est marqué.

Une courbe d'expérience donnée n'est pas propre à une entreprise, mais caractéristique d'un certain domaine d'activité : elle s'impose donc à l'ensemble des entreprises en concurrence sur ce secteur. En outre, l'expérience accumulée ne se répercute pas de façon automatique dans les coûts d'une entreprise, mais exige au contraire de celle-ci des efforts continus. Seules les entreprises les mieux gérées verront leurs coûts décroître le long de la courbe idéale caractéristique de l'activité considérée ; les autres risquent d'avoir des courbes de coûts qui, malgré l'accumulation d'expérience,

1. Boston Consulting Group, *Perspectives sur la stratégie de l'entreprise*, Paris, Hommes et Techniques, 1970 ; BCG, *Les Mécanismes fondamentaux de la compétitivité*, Paris, Hommes et Techniques, 1980 ; Hedley B., « A Fundamental Approach to Strategy Development », *Long Range Planning*, déc. 1976.

FIGURE 5.3 **Courbe d'expérience dans la construction aéronautique civile (représentée en échelle décimale) (Livraisons annulées à fin 2003)**

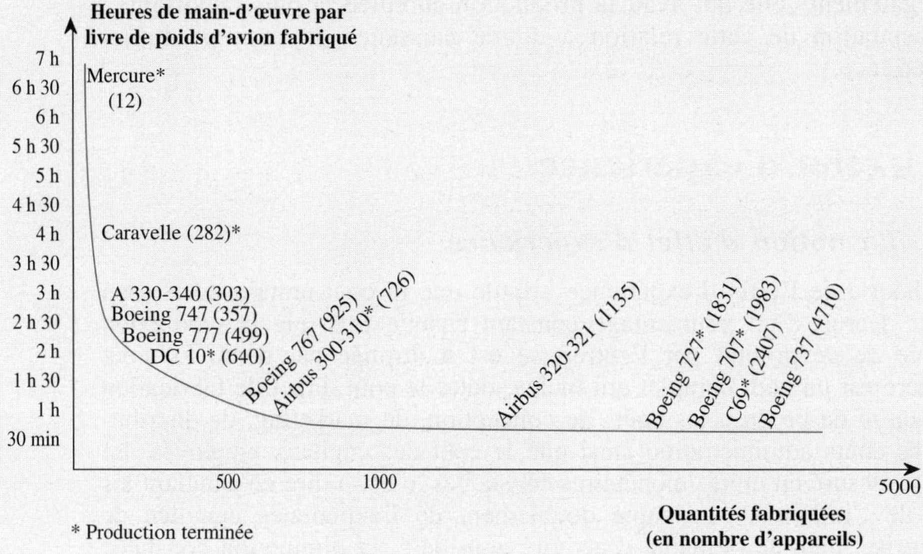

FIGURE 5.4 **Courbe d'expérience dans la construction aéronautique civile (représentée en échelle logarithmique)**

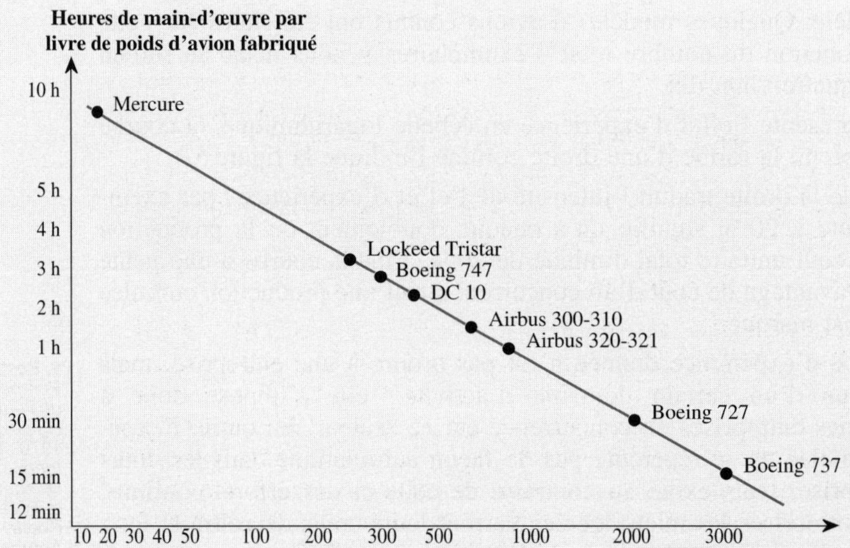

s'écarteront progressivement de cette courbe idéale. C'est ce que l'on appelle une dérive des coûts.

2.1.2 Les causes de l'effet d'expérience

L'effet d'expérience est avant tout un phénomène constaté de manière empirique, qui provient de plusieurs causes dont trois principales.

■ Les économies d'échelle et l'effet de taille

Les coûts unitaires correspondant à une activité donnée diminuent au fur et à mesure que les capacités de production et le volume d'affaires augmentent. Ces économies d'échelle tiennent, d'une part, à un étalement des frais fixes (recherche, conception, publicité) sur des séries plus longues et, d'autre part, à une diminution du coût des investissements par unité de capacité, lorsque la capacité totale augmente. Par exemple, dans l'industrie automobile, le coût de conception d'un modèle est un coût fixe, qui pèsera dix fois plus sur le coût unitaire si, au lieu de produire un million d'unités, on n'en produit que cent mille. En outre, les usines et les équipements correspondant à une production d'un million d'unités sur une période donnée n'ont pas un coût dix fois supérieur aux installations nécessaires pour en produire cent mille sur la même période. L'effet de taille, outre les économies d'échelle, permet à l'entreprise de renforcer son pouvoir de négociation vis-à-vis de ses partenaires et notamment de ses fournisseurs ; elle sera ainsi capable d'obtenir ses approvisionnements à des conditions plus favorables que celles consenties à des concurrents plus modestes.

■ L'effet d'apprentissage

L'effet d'apprentissage, souvent confondu avec l'effet d'expérience dans sa totalité, traduit avant tout l'amélioration de la productivité du travail. Au fur et à mesure de la répétition d'une tâche, le temps nécessaire à son accomplissement tend à diminuer, abaissant ainsi son coût. En effet, un ouvrier qui répète une opération voit sa dextérité, et donc sa rapidité, s'accroître avec son entraînement, alors que, parallèlement, l'organisation du travail tout entière, au niveau des unités de production, s'adapte de mieux en mieux à la tâche en question. L'effet d'apprentissage est ainsi fonction du temps écoulé autant que du volume de production cumulé.

■ L'innovation et la substitution capital/travail

L'accumulation d'expérience permet, d'une part, d'apporter des modifications au produit lui-même afin d'en supprimer les éléments superflus, ou encore de le fabriquer avec des composants plus économiques. D'autre part, le processus de production s'améliore, notamment par un remplacement progressif de la main-d'œuvre par des moyens de production (substitution capital/travail). La fabrication d'un téléviseur couleur au début des années soixante-dix exigeait l'assemblage de plus de cinq mille pièces élémentaires ; aujourd'hui, du fait des améliorations apportées au produit lui-même comme à son processus de fabrication, grâce à l'expérience accumulée, il faut moins de cinq cents pièces, alors même que la qualité et les performances des téléviseurs se sont considérablement accrues. Cela explique que les téléviseurs couleur puissent être vendus à un prix équivalent, voire inférieur, en unités monétaires courantes, à celui du début des années soixante-dix, ce qui représente une diminution très significative – plus de 80 % – de leur prix en unités monétaires constantes.

Enfin, l'effet d'expérience ne se limite pas aux activités industrielles –, il se constate également dans des activités de services ; en effet, ces dernières sont sensibles aux économies d'échelle, connaissent un effet d'apprentissage et peuvent mettre en œuvre des innovations de nature à réduire leurs coûts[1].

2.2 Les implications stratégiques de l'effet d'expérience

2.2.1 La poursuite du volume

Lorsque, pour une activité donnée, on constate un effet d'expérience important, la stratégie naturelle des entreprises en concurrence consiste à acquérir l'expérience la plus forte, afin de bénéficier des coûts les plus faibles. Pour avoir l'expérience la plus forte, les entreprises chercheront à avoir la production la plus grande et donc la part de marché la plus importante[2]. C'est pourquoi ces stratégies de coûts sont également qualifiées de stratégies de volume.

La lutte que se livrent les entreprises pour gagner des parts de marché entraîne en général un ajustement du prix du marché sur les coûts des concurrents les plus compétitifs, c'est-à-dire ceux dont la production est la plus importante. Les concurrents dont la production – donc l'expérience – est trop faible ont des coûts trop élevés, parfois supérieurs au prix du marché ; incapables de dégager des marges suffisantes, ils sont éliminés. La figure 5.5 en donne une illustration.

Le graphe y représente la courbe d'expérience propre à un domaine d'activité. Si l'on positionne sur ce graphe les trois firmes concurrentes A, B et C en fonction de leur expérience, et donc de leurs coûts respectifs, on constate immédiatement que pour le prix de marché indiqué, la firme A, qui dispose de l'expérience la plus forte, obtient des marges nettement supérieures à la firme B, alors que la firme C, dont l'expérience est la plus faible, enregistre des pertes. Dans un tel contexte, la seule alternative qui s'offre à B, et surtout à C, est soit de chercher à rattraper A en gagnant des parts de marché et en accroissant sa production, soit de se retirer du marché.

Ainsi, les concurrents dans un domaine d'activité connaissant un effet d'expérience important, sont soumis à deux impératifs. D'une part, ils doivent s'assurer que, au fur et à mesure que leur volume de production cumulée s'accroît, leurs coûts diminuent bien à un rythme correspondant à la courbe d'expérience de l'activité. Si tel n'est pas le cas, leur gestion est déficiente, et l'accumulation d'expérience ne se répercute qu'imparfaitement dans les coûts. D'autre part, ils doivent chercher à s'assurer une part de marché dominante dans leur domaine

1. Détrie J.-P. et Ramanantsoa B., *Stratégie de l'entreprise et diversification*, Paris, Nathan, 1983, p. 59.

2. Buzzle R., Gale N., Sultan R., « Market Share : A Key to Profitability », *Harvard Business Review*, janv.-fév. 1975, ou plus généralement l'ensemble des études effectuées dans le cadre du projet PIMS (*Profit Impact of Market Strategies*).

FIGURE 5.5 **Expérience et position de coût**

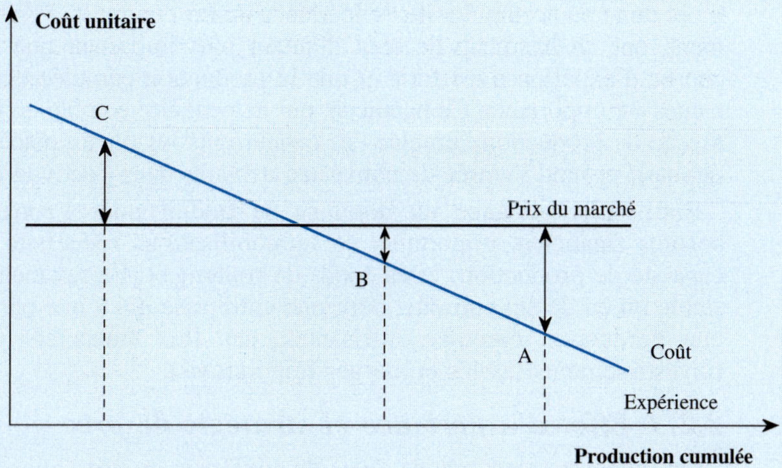

d'activité de façon à avoir la production cumulée la plus importante possible, l'expérience la plus forte et, par conséquent, les coûts les plus bas.

En termes stratégiques, le concept d'effet d'expérience pousse donc les entreprises à consacrer l'essentiel de leurs ressources à la recherche d'un volume de production et de vente aussi important que possible, en mettant l'accent sur le contrôle de leurs coûts.

2.2.2 Effet d'expérience et croissance du domaine d'activité

Si la croissance du domaine d'activité est faible ou nulle, les parts de marché sont très difficiles à faire évoluer ; tout gain de l'un des concurrents se traduit en effet par une diminution de la production pour les autres, ce qui les entraîne à réagir fortement pour conserver leur part de marché. Les positions relatives de chaque entreprise en termes d'expérience, et donc de coûts, sont stables et la structure concurrentielle du domaine pratiquement figée. La production demeurant à un niveau constant ou augmentant à un rythme lent, le taux de baisse des coûts tend vers zéro.

Si, en revanche, le domaine d'activité connaît une croissance forte, les coûts continuent à baisser rapidement. L'entreprise dont la production croît plus vite que l'activité dans son ensemble augmente sa part de marché sans affecter le niveau de production des concurrents (puisqu'elle prend sur la croissance du marché), et voit ses coûts baisser plus rapidement. Elle se crée ainsi un avantage concurrentiel.

C'est dans les périodes de croissance qu'il faut augmenter sa part de marché et investir un domaine d'activité, afin de se retrouver dans une situation favorable sur la courbe d'expérience lorsque la croissance se ralentit, et que les positions concurrentielles des diverses firmes tendent à se figer.

L'effet d'expérience apparaît comme une barrière à l'entrée d'un domaine d'activité. Les entreprises qui n'y étaient pas présentes dès l'origine, et qui n'ont donc pu accumuler de l'expérience au fur et à mesure de son développement, ont un handicap de coût d'autant plus important que la pente de la courbe d'expérience est forte et que la production cumulée des firmes dominantes est importante. Ce handicap, qui ne peut être comblé qu'en rattrapant le niveau de production cumulée des concurrents les mieux placés, joue un rôle dissuasif et rend l'entrée de nouveaux arrivants dans l'activité très difficile.

Enfin, la croissance du domaine se traduit pour l'entreprise par des besoins financiers importants en immobilisations (nécessité d'accroître la capacité de production) et en fonds de roulement. En revanche, une activité stable ou en déclin entraîne, pour une entreprise qui a une part de marché et une production cumulée suffisantes, des flux financiers positifs élevés (investissements faibles et marges importantes).

2.2.3 Effet d'expérience et stratégie de prix

On rencontre cinq grands types de stratégies de prix, qui correspondent à la fois à la position concurrentielle de l'entreprise concernée et à l'intensité de la lutte dans le domaine d'activité :

- accepter des pertes initiales pour imposer un produit de substitution (voir figure 5.6) ;
- répercuter la baisse des coûts sur les prix (figure 5.7) ;
- maintenir les prix pour accroître ses marges (figure 5.8) ;
- « acheter » de la part de marché (figure 5.9) ;
- quitter progressivement le secteur en maximisant la rentabilité (figure 5.10).

Ces différentes stratégies sont fonction de la position relative de chaque entreprise – dominante ou dominée – et, surtout, du stade de maturité du secteur d'activité (voir chapitre 2). Une évolution classique des stratégies de prix en fonction de la maturité de l'activité est représentée dans la figure 5.11.

FIGURE 5.6 **Stratégie de dumping**

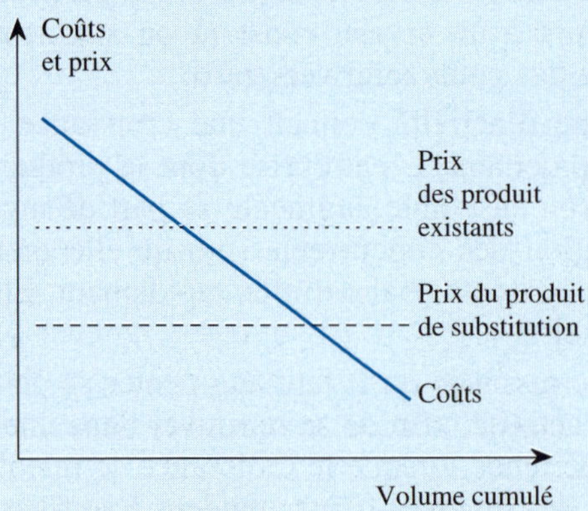

Pour imposer un produit nouveau sur le marché et, par une croissance rapide des ventes, bénéficier à plein de l'effet d'expérience, l'entreprise peut être conduite à vendre à perte dans une phase initiale en attendant que la baisse des coûts lui permette de dégager des marges positives de plus en plus grandes. Un prix de lancement suffisamment bas – compétitif en tout cas avec celui des produits existants – permet aux ventes de croître très rapidement et à l'entreprise d'accumuler en peu de temps une expérience importante.

FIGURE 5.7 **Stratégie de domination**

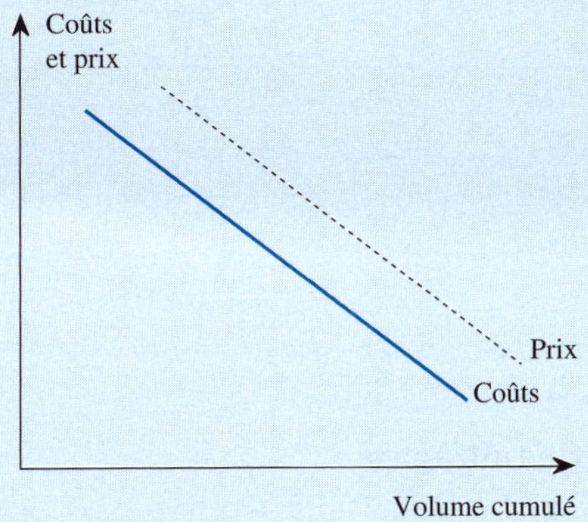

Cette stratégie, qui ne peut être suivie que par l'une des firmes dominantes du secteur, consiste à faire baisser les prix au même rythme que les coûts. L'entreprise qui suit une telle stratégie prend l'offensive et détermine les prix du marché qui s'imposeront à l'ensemble des concurrents. Tout en maintenant ses marges à un niveau constant, elle rend très difficile l'arrivée de nouveaux entrants dans le domaine, et élimine les concurrents les plus faibles. Une telle stratégie a été suivie pendant de nombreuses années par Texas Instruments dans le secteur des composants électroniques, par exemple, ou encore par les industriels japonais (Sony, Matsushita) dans le domaine des équipements électroniques grand public.

Au lieu de faire évoluer les prix en parallèle avec les coûts (figure 5.8), l'entreprise maintient le niveau initial de prix, accroissant ainsi ses marges, et créant ce que l'on appelle une « ombrelle » de prix. Une stratégie de ce type permet à l'entreprise de rentabiliser rapidement ses investissements mais ne peut être suivie en cas de guerre des prix. L'arrivée de nouveaux concurrents attirés par la rentabilité élevée de l'activité, ou l'offensive d'autres firmes cherchant à accroître leur part de marché, provoque généralement, à terme, un ajustement des prix sur les coûts.

FIGURE 5.8 **Stratégie d'ombrelle**

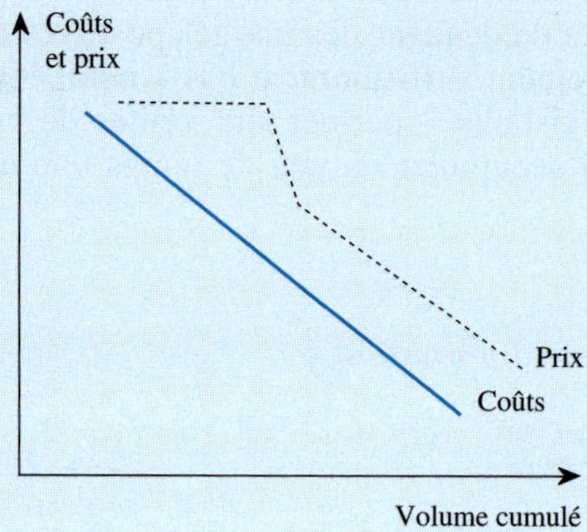

FIGURE 5.9 **Stratégie de rattrapage**

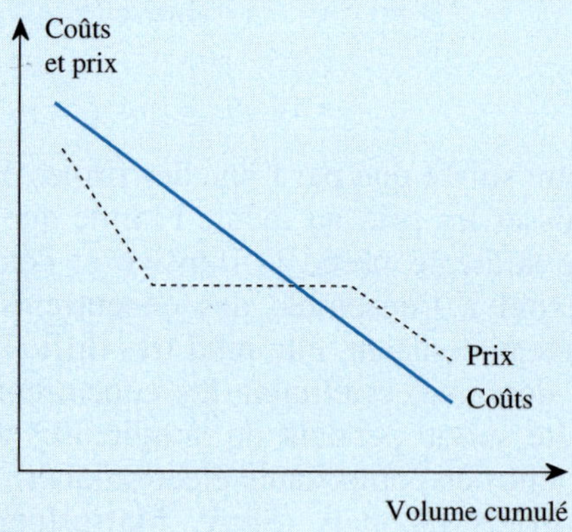

Une telle stratégie permet à une entreprise dont la position concurrentielle est défavorable d'accroître sa part de marché et de rattraper les leaders de l'activité. Pour conquérir des parts de marché, l'entreprise est amenée à sacrifier ses marges, à vendre à des prix inférieurs à ceux de la concurrence et souvent inférieurs à ses propres coûts.

FIGURE 5.10 Stratégie d'abandon

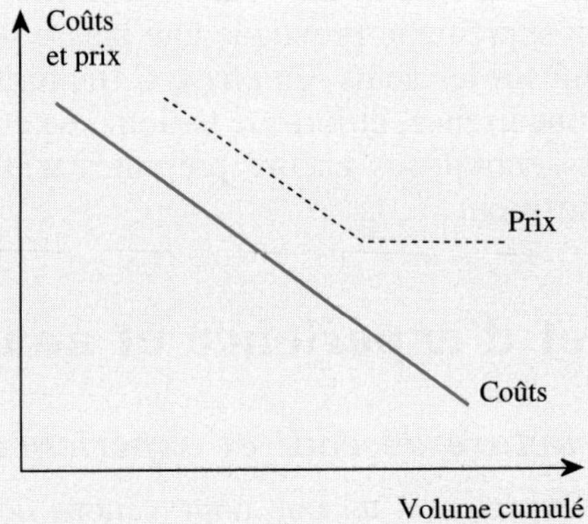

Ces stratégies d'abandon sont suivies par des entreprises qui, constatant qu'elles ne réussiront pas à conquérir une position concurrentielle favorable, décident de se retirer progressivement du marché tout en rentabilisant au maximum les investissements réalisés.

FIGURE 5.11 Fixation des prix et stades de maturité

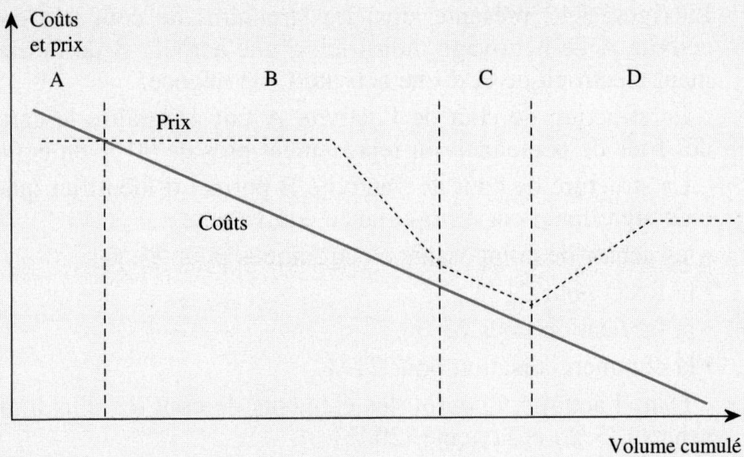

En phase A (démarrage), l'entreprise doit imposer son produit face à des produits préexistants, par une politique de prix bas, quitte à encourir des pertes. En phase B (croissance), l'entreprise maintient d'abord le niveau des prix afin de dégager des marges qui compensent les pertes de la phase précédente. Mais l'arrivée de nouveaux concurrents ou la volonté de la firme de maintenir sa suprématie provoque une baisse importante du niveau des prix qui s'ajustent sur les coûts. En phase C (maturité), on constate une stabilisation de la concurrence, et lorsque le domaine entame sa phase de déclin (D), les quelques entreprises encore présentes tentent de rentabiliser au maximum leur position.

2.3 Effet d'expérience et analyse des coûts

2.3.1 Structure de coût et expérience

L'effet d'expérience, tel que nous venons de l'examiner, agit sur le coût complet du bien ou du service produit. Or ce coût complet est lui-même le résultat de l'agrégation d'un ensemble de coûts élémentaires correspondant aux différentes tâches effectuées pour produire le bien considéré (conception, achats, fabrication, distribution, promotion, service après-vente, coûts administratifs et financiers) ou aux divers composants constituant ce bien (par exemple, dans une automobile : châssis, moteur, carrosserie, transmission, sellerie, etc.). Ces coûts élémentaires ne sont bien entendu pas tous d'importance égale. Construire la structure de coût d'un produit, d'un service ou, plus généralement, d'une activité consiste à identifier, dans le coût total de cette activité, la part que représente chacun des coûts élémentaires. Les structures de coût varient considérablement d'une activité à une autre. La figure 5.12 présente ainsi les structures de coût très contrastées d'une activité A de nettoyage industriel, d'une activité B de fabrication d'équipement électronique et d'une activité C de négoce.

La structure de coût de l'activité A fait apparaître le caractère dominant des frais de personnel qui représentent près de 90 % du coût total.

La structure de coût de l'activité B permet d'identifier quatre éléments de coût significatifs et d'importance équivalente :

- les achats de composants électroniques pour 25 % ;
- la R&D pour 21 % ;
- la fabrication pour 23 % ;
- la commercialisation pour 21 %.

Dans l'activité C, enfin, les éléments de coût les plus importants sont les achats (75 %) et la vente (20 %).

Construire la structure de coût de l'activité permet de repérer les tâches ou fonctions sur lesquelles l'entreprise devra faire porter en priorité ses efforts de réduction de coût afin de diminuer significativement ses coûts totaux. Cela permet également d'identifier les compétences qui détermineront le plus les positions de coût relatives des entreprises dans l'activité considérée. Si l'on reprend les exemples de la figure 5.12, on constate que, pour mini-

FIGURE 5.12 **Structure de coût de trois activités**

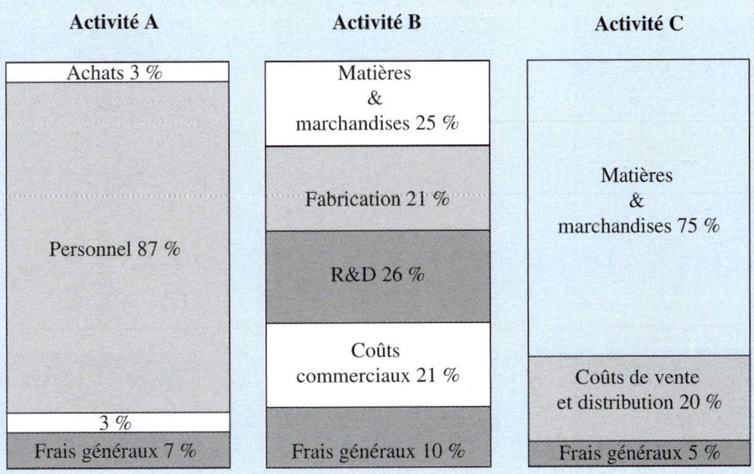

miser les coûts dans le nettoyage industriel, la gestion des plans de charge du personnel est une fonction essentielle ; dans la fabrication d'équipement électronique, il faut avoir un éventail de compétences plus équilibré pour réduire ses coûts totaux ; dans le négoce, enfin, l'achat et la vente sont les savoir-faire qui affecteront le plus la position de coût de l'entreprise.

Par ailleurs, il est important de tenir compte du fait que la structure de coût d'une activité n'est en général pas figée, mais évolue dans le temps avec l'accumulation d'expérience par les principaux concurrents. En effet, les différents éléments de la structure de coût d'un produit connaissent eux-mêmes un effet d'expérience qui est plus ou moins fort suivant la nature de chaque élément (voir figure 5.13). Pour un accroissement de production donné, certains éléments voient donc leur coût décroître beaucoup plus rapidement que d'autres. Une telle évolution modifie l'importance relative des fonctions ou tâches concourant à la mise en œuvre de l'activité et risque par là même de modifier les positions concurrentielles des entreprises en présence qui ont sur chaque fonction ou tâche considérée des compétences plus ou moins affirmées. La figure 5.14 donne, pour l'activité de production de sucre, les structures de coût que l'on observe pour des capacités de production et des niveaux d'expérience différents. Si, pour une production de trois mille tonnes par jour, l'élément de coût le plus important, représentant 35 % du coût total, est la main-d'œuvre, pour une production dix fois supérieure, c'est l'énergie qui constitue le poste principal avec 30 % du total, la main-d'œuvre ne représentant plus que 17 %. Au fur et à mesure de l'accroissement de sa production et de son expérience, une entreprise dans ce secteur

FIGURE 5.13 L'effet d'expérience sur les divers éléments de coût

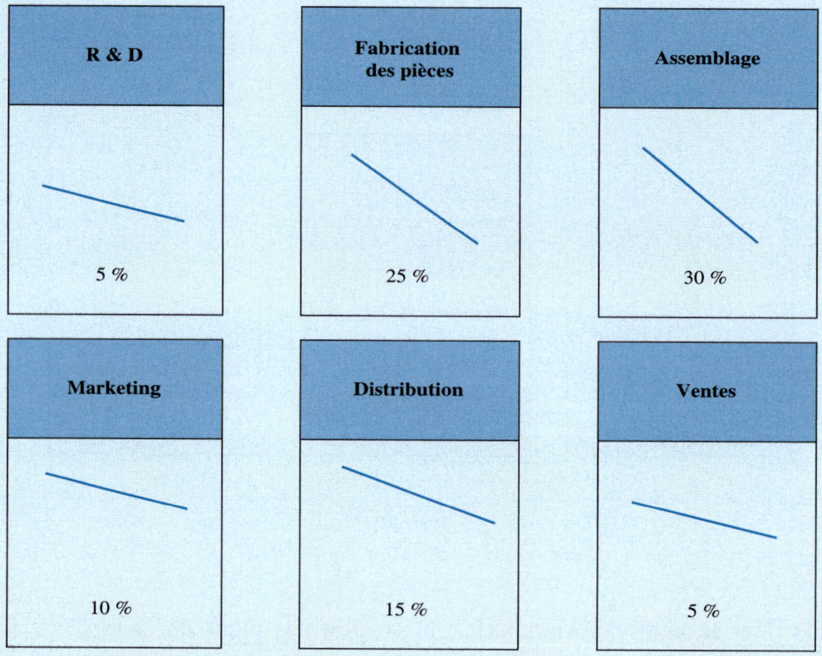

doit donc faire évoluer ses compétences en phase avec l'évolution de la structure de coût de l'activité.

2.3.2 *Structure de coûts et coûts partagés*

L'analyse de la structure de coûts d'un produit ou d'une activité permet également de repérer ce que l'on appelle des expériences partagées. Ainsi, dans la construction aéronautique citée plus haut, nous avons considéré en première analyse que l'expérience et, par conséquent, la diminution correspondante des coûts, étaient propres à un modèle donné d'avion. En réalité, l'expérience acquise par Boeing, par exemple, lors de la production du B707, se répercute pour partie, notamment par le biais des composants ou des sous-ensembles communs à divers modèles, dans le B727, le B737, le B747 et le B767 et aujourd'hui le B777. Cependant, ces divers modèles sont suffisamment différents pour que l'on ne puisse pas attribuer purement et simplement les diminutions de coût constatées à une expérience correspondant à la production totale de Boeing, tous modèles confondus.

Pour surmonter cette difficulté, on est à nouveau amené à s'intéresser à la structure des coûts et à analyser plus particulièrement les éléments de coût

FIGURE 5.14 **Évolution de la structure de coût de la production de sucre en fonction de la taille**

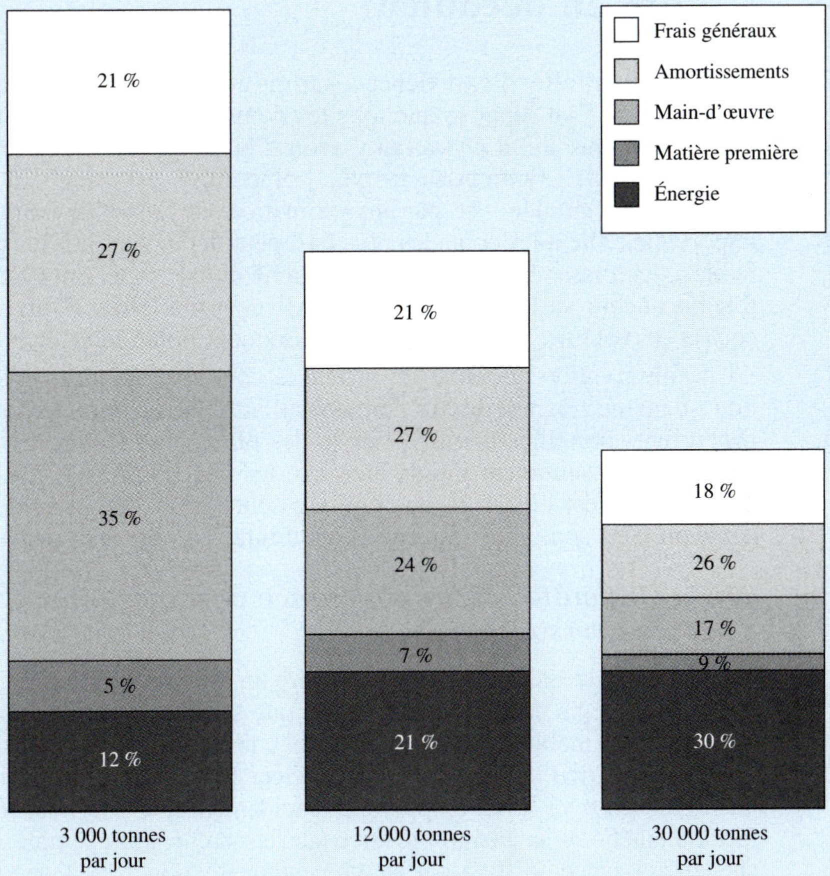

communs à plusieurs activités ou produits de l'entreprise, pour lesquels l'accumulation d'expérience se fait à un rythme accéléré. Une entreprise présente simultanément sur plusieurs produits ou activités intégrant des composants communs pourra ainsi bénéficier de l'expérience partagée pour se créer un avantage de coût sur des concurrents qui ne produiraient que l'un ou l'autre des produits considérés. Les constructeurs automobiles, par exemple, cherchent très fréquemment à tirer parti des coûts partagés en dotant deux modèles de voiture d'un même moteur. Dans l'aéronautique, Airbus a conçu deux modèles très différents d'avions, les Airbus A330 et A340, tout en faisant en sorte qu'ils utilisent un maximum d'éléments communs, y compris des sections de fuselage, les ailes et le cockpit.

2.4 Les limites de la courbe d'expérience et les dangers des stratégies qui en découlent

Le concept d'effet d'expérience a parfois été appliqué de manière trop systématique. Si l'on suppose que tous les domaines d'activité ou presque sont soumis à sa dure loi, il ne saurait y avoir d'autre bonne stratégie que les stratégies de coût. L'entreprise la plus compétitive est celle qui dispose de l'expérience cumulée – et, par approximation, de la part de marché – la plus importante ; elle a les coûts les plus bas, peut donc consentir les prix les plus faibles, accroissant ainsi sa part de marché et son expérience cumulée, renforçant encore sa compétitivité, et ainsi de suite. Hors d'une stratégie de coût et de volume, il n'y aurait par conséquent point de salut.

Une observation attentive de la réalité conduit à nuancer une telle position ; dans de très nombreux domaines d'activité subsistent côte à côte des concurrents de tailles très diverses, et les plus petits d'entre eux ne se portent pas nécessairement moins bien que les plus gros. Si le concept d'effet d'expérience est bien l'un des outils essentiels de l'analyse stratégique, il convient d'en souligner clairement les limites comme les risques[1].

2.4.1 Difficultés de la croissance et importance des ressources en jeu

Une entreprise qui voudrait se construire un avantage de coût en s'engageant dans une stratégie de volume doit savoir que la mise en œuvre d'une telle stratégie exige la mobilisation de ressources considérables. Rattraper en parts de marché une firme dominante sur un secteur d'activité en croissance suppose que l'entreprise va se développer plus rapidement que le secteur lui-même, de façon à améliorer sa position relative sur le marché. Par exemple, sur un marché en croissance de 10 % par an, une entreprise, dont la part de marché serait de 15 % et qui voudrait rattraper en trois ans une firme possédant 40 % du marché, devrait croître, sur la période, de plus de 250 %. En trois ans, l'entreprise considérée aurait ainsi plus que triplé son volume de production et ses ventes ; cela suppose qu'elle ait réussi à trouver les ressources nécessaires pour financer à la fois les investissements nouveaux et l'accroissement du besoin en fonds de roulement, et qu'elle ait également pu trouver les ressources humaines indispensables pour accompagner la croissance de son activité.

2.4.2 Expérience copiée ou contournée

Si l'accumulation d'expérience permet à une entreprise de faire baisser ses coûts, il peut arriver qu'un concurrent qui ne dispose pourtant pas d'une expérience aussi importante puisse incorporer à son propre produit des améliorations mises au point par d'autres ; la diminution de ses coûts est alors plus que proportionnelle à son expérience, et les firmes dominantes s'épuisent à accumuler de l'expérience sans que celle-ci se répercute sur leur posi-

1. Porter M., « Méfiez-vous de la courbe d'expérience », *Harvard-L'Expansion*, été 1979 ; Kiechel W., « The Decline of the Experience Curve », Fortune, 5 oct. 1981 ; Abernathy W. et Wayne L., « La courbe d'expérience et ses limites », *Harvard-L'Expansion*, hiver 1977-1978.

tion concurrentielle. Pour prendre un exemple extrême, une entreprise qui voudrait pénétrer sur le secteur de l'automobile ne commencerait pas par fabriquer des Ford T, mais profiterait dès le départ de la majeure partie des progrès techniques réalisés depuis quatre-vingt-dix ans par l'industrie automobile dans son ensemble.

En outre, la baisse des coûts sur une activité peut tenir pour une large part à l'utilisation de matériels et d'équipements plus performants, disponibles sur le marché. Un nouveau concurrent, bien que moins expérimenté, peut ainsi bénéficier de coûts équivalents, voire inférieurs, dans la mesure où, dernier arrivé dans l'activité, il dispose des installations les plus modernes.

2.4.3 L'apparition de rigidités

La mise en œuvre d'une stratégie de volume et de coût exige une standardisation poussée tant au niveau du produit lui-même que du processus de production. À la limite, pour profiter au maximum de l'effet d'expérience, il faudrait que l'entreprise fabrique et vende un produit unique aussi longtemps que possible. On imagine aisément les conséquences d'une telle stratégie au niveau du marché. La poursuite d'un effet d'expérience important provoque un ensemble de rigidités dans l'entreprise et affaiblit son adaptabilité aux évolutions de l'environnement.

Ford face à General Motors

Le déclin de Ford face à General Motors dans les années trente, aux États-Unis, peut être largement expliqué par les effets pervers d'une stratégie de volume. En cherchant à minimiser ses coûts par une standardisation maximale, Ford a proposé pendant plusieurs décennies un produit unique, le célèbre « Modèle T », qu'il n'a pratiquement pas fait évoluer. Lorsqu'elles ont été mises sur le marché, les automobiles de General Motors, de conception beaucoup plus récente et proposées avec une variété de modèles, ont alors été préférées. En outre, parce qu'elles incorporaient des améliorations techniques et étaient fabriquées dans des usines plus modernes, leur coût n'était pas sensiblement supérieur à celui des Ford.

2.4.4 Les dangers d'une guerre des prix

Si plusieurs concurrents cherchent simultanément à mettre en œuvre une stratégie de coût, ils vont chacun chercher à accroître leurs parts de marché et, pour cela, sacrifier momentanément leurs marges en vendant à des prix très bas. Le risque est grand alors de voir l'ensemble des entreprises présentes sur le marché baisser également leurs prix pour préserver leur position. La conséquence d'une telle situation est une dégradation globale de la rentabilité du domaine d'activité, sans que l'un des concurrents réussisse réellement à acquérir une position dominante. L'un des principaux dangers des stratégies de coût est ainsi de dégénérer en guerre des prix, qui ne profite en fin de compte à aucun des concurrents.

2.4.5 *L'expérience confisquée par des produits de substitution*

En suivant une stratégie de volume et de coût, une entreprise accepte de sacrifier provisoirement sa rentabilité, tant que l'activité est en phase de croissance, afin de s'assurer à terme une position dominante sur le marché. Cette position dominante doit lui permettre dans un deuxième temps, lorsque l'activité arrive à maturité et que sa croissance se ralentit, de dégager des marges et un cash-flow très importants.

Cependant, si un nouveau produit vient précipiter le déclin de l'activité, ou si un concurrent disposant d'une technologie plus performante réussit à annuler les effets de l'expérience accumulée, l'entreprise aura sacrifié ses marges et investi en pure perte ; elle ne pourra pas profiter d'une position dominante chèrement acquise. On pourrait multiplier les exemples d'activités où l'expérience accumulée des concurrents dominants a été annulée par une innovation technologique majeure : montres mécaniques et montres à quartz, avions à hélices et avions à réaction, règles à calcul et calculettes électroniques.

2.4.6 *Les activités où la concurrence ne porte pas sur les prix et les coûts*

Dans certaines activités, les stratégies de volume et de coût n'ont que peu de sens dans la mesure où la concurrence ne porte pas sur les prix et où le niveau des coûts ne saurait par conséquent être un facteur clé de succès. Dans de telles activités, l'expérience ne constitue pas un avantage concurrentiel important. Les produits de luxe correspondent typiquement à des activités où le facteur coût n'a qu'une importance très secondaire. De même, dans des domaines à très haute technologie, les performances attendues l'emportent très nettement sur le coût des systèmes ou des matériels comme variable concurrentielle.

Dans le domaine de l'armement, en particulier, le coût n'a qu'une importance tout à fait secondaire par rapport aux performances comme critère d'achat. L'entreprise la plus compétitive n'est donc pas celle qui a les coûts les plus bas, mais celle qui dispose des technologies les plus performantes[1]. Dans de telles activités, les stratégies de coût doivent s'effacer devant d'autres types de stratégies concurrentielles.

2.4.7 *Lorsque l'avantage de coût ne découle pas du volume*

Certaines analyses[2] sans remettre en cause la viabilité d'une stratégie de volume dans de nombreux domaines d'activité, font remarquer que l'expé-

1. Dussauge P., *L'Industrie française de l'armement*, Paris, Economica, 1986 ; Anastassopoulos J.-P., Dussauge P, « French Savoir-Faire in Selling Arms : A New Way of Doing Business », Long Range Planning, oct. 1985. Porter M., *op. cit.*, 1986, chap. 3.

2. Porter M.E., *Choix stratégiques et concurrence*, Paris, Economica, 1986, chap. 3.

rience, si elle est souvent à l'origine de coûts plus bas, n'est en aucun cas l'unique source de diminution des coûts. Des coûts plus bas que ceux des concurrents peuvent être obtenus autrement, permettant à des petits d'avoir des coûts compétitifs face aux gros.

Parmi les moyens ne reposant pas sur l'effet de volume qui peuvent conduire à des niveaux compétitifs de coût, on peut citer : une optimisation de l'utilisation des capacités de production, une politique d'intégration ou de sous-traitance mieux adaptée, une localisation des activités plus avantageuses, des facteurs institutionnels divers, un meilleur calendrier de lancement des produits.

Une autre façon d'avoir des coûts plus bas que ceux des concurrents les plus gros est de modifier partiellement la nature de l'offre en supprimant ou en réduisant certaines de ses caractéristiques, notamment des caractéristiques que tous les clients ne valorisent pas. Il s'agit alors de créer une offre, souvent qualifiée de *low cost*, qui est différente de l'offre standard, sans pourtant être « différenciée », dans la mesure où elle ne permet pas de faire payer un surprix mais attire au contraire des clients très sensibles au prix. Une stratégie de volume, presque par définition, doit viser le cœur du marché, le segment de clientèle le plus important, seul à même de générer les volumes de production indispensables à l'obtention d'un effet d'expérience significatif. Si certains segments du marché ne valorisent pas toutes les caractéristiques de l'offre standard, une offre dépouillée de certaines caractéristiques pourra dans certains cas être produite à un coût plus bas malgré des volumes beaucoup plus faibles. Nous examinerons ces positionnements résultant d'une recomposition de l'offre dans la suite du présent chapitre.

Avantage de coût et stratégie de volume ne sont, par conséquent, pas forcément synonymes. Ces divers arguments reposent sur des hypothèses partiellement différentes de celles qui sous-tendent la théorie de l'effet d'expérience ; ils postulent soit des imperfections dans le fonctionnement du marché, au sens de la théorie économique classique, soit des différentiels dans la qualité de la gestion des divers concurrents, soit enfin un caractère non parfaitement substituable des diverses offres en concurrence, qui font plus que compenser les effets de l'expérience.

2.4.8 L'effet d'expérience : mythe ou réalité ?

D'autres auteurs[1] poussent la critique de la théorie de l'effet d'expérience encore plus loin en niant, sinon son existence même, du moins son caractère infini. Les constatations empiriques de l'effet d'expérience auraient donné lieu à une généralisation hâtive, qui a largement exagéré l'importance du phénomène.

Selon certaines études, l'effet d'apprentissage ne se produirait que de façon limitée dans le temps, réduisant par là même la durée pendant laquelle l'effet d'expérience se ferait sentir. À partir d'un certain point, les coûts des divers concurrents convergeraient vers un même niveau, rendant l'impact

1. Hall G. et Howell S., « The Experience Curve From the Economist's Perspective », *Strategic Management Journal*, vol. 6, 1985.

stratégique du volume de production ou de l'expérience accumulée très faible. La théorie de l'effet d'expérience n'est donc pas, comme certains l'ont parfois cru, l'instrument universel permettant dans n'importe quelle situation l'élaboration d'une stratégie idéale.

Par ailleurs, les difficultés de la segmentation stratégique mettent en question la délimitation exacte du domaine d'activité auquel correspond une courbe d'expérience donnée, et rendent la mise en œuvre de stratégies de volume très délicates. Ces stratégies sont ainsi plus particulièrement adaptées à des domaines d'activité où l'effet d'expérience est fort, la différenciation des produits faible, et où la concurrence porte avant tout sur les prix et les coûts. Encore convient-il d'être très attentif aux évolutions technologiques et à l'apparition de produits de substitution qui peuvent mettre en échec de telles stratégies.

Au-delà de ses implications stratégiques, qui doivent être analysées avec prudence, la notion d'expérience est cependant fort utile à une entreprise pour contrôler l'évolution de ses coûts et la comparer à l'évolution des coûts de ses principaux concurrents. À condition que les managers y croient suffisamment, le concept d'expérience peut donc conduire l'entreprise à accroître de façon continue son efficacité et la qualité de sa gestion[1].

3 Les avantages fondés sur une recomposition de l'offre : différenciation et *low cost*

Dans chacun des domaines d'activité où elle est présente, l'entreprise doit chercher à se constituer un avantage concurrentiel décisif, durable et défendable. Vis-à-vis de concurrents proposant une offre similaire, la seule option possible est d'avoir les coûts les plus faibles et, en général, les volumes de production et l'expérience accumulée les plus importants. En recomposant son offre, une entreprise peut soit rendre son offre plus attractive que celle des autres concurrents et ainsi faire payer un surprix à ses clients, soit au contraire dépouiller son offre de caractéristiques coûteuses et se créer un avantage de coût malgré des volumes de production souvent plus faibles. Dans le premier cas, l'entreprise cherche par la différenciation à fonder son avantage concurrentiel sur la spécificité de l'offre qu'elle produit, cette spécificité étant reconnue et valorisée par le marché ou par une partie suffisante du marché. La différenciation ainsi créée permet à l'entreprise d'échapper à une concurrence directe par les prix, et donc les coûts, en rendant son offre difficilement comparable à celle de ses rivaux aux coûts plus faibles et justifie le surprix exigé aux clients. Symétrique de la différenciation, un positionnement *low cost* se fonde également sur une recomposition de l'offre

1. Hall G. et Howell S., *op. cit.*

pour aboutir à la production d'une offre spécifique, qui diffère sensiblement de l'offre standard ou de référence du secteur. Un tel positionnement *low cost* crée une position de coût très favorable due à l'élimination de certaines caractéristiques de l'offre de référence et exacerbe la concurrence par les prix pour attirer des clients.

3.1 Offre de référence et offres recomposées

Pour examiner les conditions dans lesquelles une entreprise peut produire une offre spécifique, il faut prendre en compte l'ensemble des dimensions qui caractérisent la nature d'une offre. On est ainsi conduit à définir l'offre de chaque entreprise de manière multidimensionnelle, c'est-à-dire comme la résultante d'un ensemble de caractéristiques différentes (qualité, localisation, image, sophistication, prix...). C'est en jouant sur certaines de ces dimensions que l'entreprise peut produire une offre spécifique et se doter ainsi, sous certaines conditions, d'un avantage concurrentiel.

Dans la plupart des domaines d'activité, on constate qu'il existe, parmi toutes les combinaisons possibles de ces caractéristiques, une offre de référence. Cette offre de référence est l'offre que la majorité des consommateurs, sur un marché donné et à un moment particulier, s'attend implicitement à se voir proposer. Cette notion repose donc sur l'hypothèse que, dans tout domaine d'activité, il existe une attente implicite du marché quant à la nature et aux caractéristiques d'une offre correspondant à un prix et attirant une bonne partie des acheteurs. Toute entreprise souhaitant fixer son prix à un niveau supérieur devra produire à cet effet une offre dont certaines caractéristiques auront été améliorées ou transformées par rapport à l'offre de référence. Réciproquement, en proposant une offre dont certaines des caractéristiques n'atteindraient pas les standards déterminés par l'offre de référence une entreprise pourra réduire ses coûts et, en proposant un prix inférieur au prix de l'offre de référence, pourra espérer intéresser certains segments de clientèle.

Sur le marché de l'automobile, par exemple, tout acheteur attend de la voiture qu'il envisage d'acquérir qu'elle soit équipée de phares, d'essuie-glaces, d'un démarreur électrique, d'une roue de secours, qu'elle soit capable d'atteindre une vitesse au moins égale à 130 km/h et qu'elle soit couverte par une garantie d'un an, etc. Une voiture capable de rouler à plus de 200 km/h ou couverte par une garantie de dix ans serait perçue par le marché comme ayant des caractéristiques exceptionnelles pouvant justifier un prix très vraisemblablement supérieur. À l'inverse, une automobile sans cendrier ni allume-cigare – et, de plus en plus, une voiture sans autoradio et sans climatisation – sera considérée comme sous-équipée et ne pourra être vendue que si son prix est adapté en conséquence.

Il est essentiel de souligner ici que ce sont moins les caractéristiques intrinsèques, objectives du produit qui permettent d'identifier l'offre de référence et de positionner par rapport à elle des offres « supérieures » ou

« inférieures », que la perception qu'a le marché de ces caractéristiques et la manière dont il les valorise.

Si O_r est l'offre de référence dans un domaine d'activité, une stratégie de coût « classique », le plus souvent fondée sur des volumes de production importants, consiste à produire une offre O_C, identique en tout point à O_r mais dans laquelle on est parvenu à réduire le coût et donc le prix. Une recomposition de l'offre, en revanche, consiste à produire une offre où l'on a fait varier la position sur une, plusieurs, voire un très grand nombre, des dimensions qui caractérisent l'offre de référence. Si l'on accroît ainsi la valeur perçue par au moins certains clients, on est en position de faire payer un prix sensiblement supérieur à celui de l'offre de référence ; on aura alors opté pour un positionnement différencié. Si, à l'inverse, on produit ainsi une offre perçue comme « dégradée » par rapport à l'offre de référence, mais à un coût sensiblement inférieur, on pourra proposer un prix beaucoup plus faible que celui de l'offre de référence et l'on aura opté pour un positionnement *low cost*. Ce positionnement *low cost* s'apparente à la différenciation en ce sens qu'il s'écarte de l'offre de référence sur un certain nombre de dimensions. Mais, contrairement à la différenciation, ce positionnement *low cost* n'a pas pour but d'échapper à une concurrence par les prix en accroissant la valeur de l'offre, mais au contraire de bénéficier à plein de la sensibilité aux prix de certains consommateurs prêts à transiger sur la valeur de l'offre.

Il existe ainsi des possibilités pratiquement illimitées de s'écarter de l'offre de référence – en théorie au moins, même si seul un petit nombre d'entre elles correspondent à une demande solvable du marché – dès lors que toute offre est définie par une multiplicité de dimensions.

Dans ce cadre, nous définirons la différenciation comme la production d'une offre comportant, par rapport à l'offre de référence, des différences perçues favorablement par le marché ou par une partie du marché et permettant de faire payer un prix plus élevé. À l'inverse, nous définirons comme *low cost* la production d'une offre comportant, par rapport à l'offre de référence, des différences permettant de réduire sensiblement le coût de cette offre. Ces définitions permettent d'établir une typologie des sources d'avantage concurrentiel à l'aide de laquelle on peut interpréter les positionnements stratégiques des entreprises tels qu'on les observe dans la réalité. Ainsi, on peut évaluer la différenciation ou les positionnements *low cost* à partir de la manière dont ils affectent la valeur que le marché attribue à l'offre d'une part, et de l'écart de coût et de prix résultant des caractéristiques spécifiques de l'offre, d'autre part.

3.2 Une grille d'analyse des positionnements concurrentiels

En reprenant le schéma des positionnements concurrentiels présenté dans la figure 5.2, on peut représenter l'ensemble des formes d'avantage concur-

FIGURE 5.15 **Types d'avantages concurrentiels et orientations stratégiques**

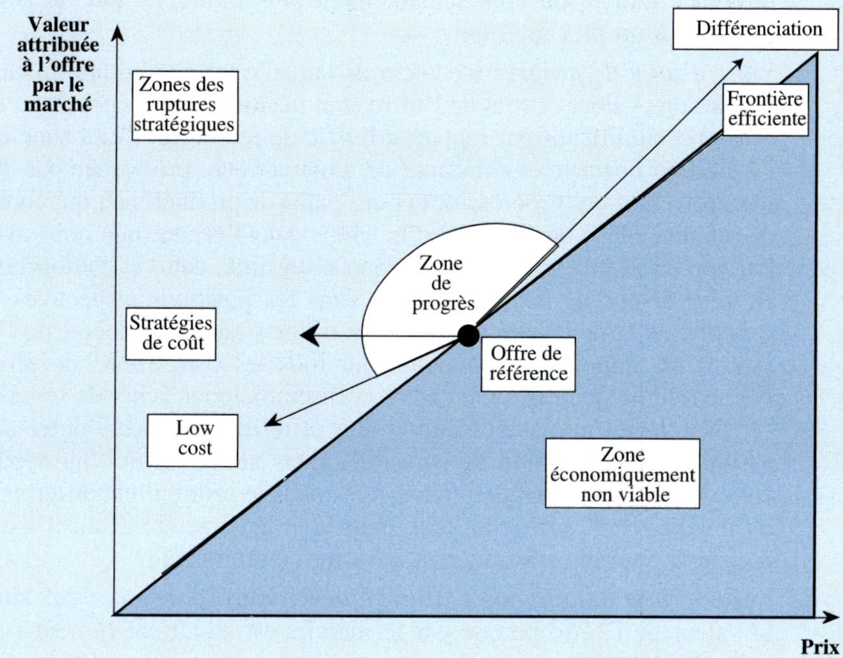

rentiel que peuvent tenter de se créer les entreprises en concurrence dans un secteur donné.

La figure 5.15 fait apparaître les positionnements suivants :

• ***un positionnement non tenable*** située sous la limite que nous avons baptisée précédemment « ***frontière efficiente*** », représentée comme une droite mais dont la forme peut être variable et dépend sans doute largement de l'activité concernée. Les offres situées en deçà de cette frontière efficiente sont confrontées à la concurrence d'offres davantage différenciées et de coûts équivalents ou d'offres perçues comme de même valeur mais de coûts inférieurs. Rejoindre la courbe est, pour une entreprise positionnée dans cette zone, une question de survie ; cependant, la véritable décision stratégique pour une telle entreprise est de choisir où rejoindre la courbe, c'est-à-dire sélectionner le rapport coût/valeur de l'offre qui correspond le mieux à ses compétences et sur la base duquel elle va affronter la concurrence ;

• ***un positionnement différencié***, dans lequel l'offre se distingue de l'offre de référence à la fois par la valeur supérieure que lui attribue le marché, ou une partie du marché, et par son coût plus élevé ;

• ***un positionnement low cost***, ou dégradé, dans lequel l'entreprise parvient à produire une offre dépouillée de certaines des caractéristiques de l'offre de référence mais à un coût sensiblement plus faible, ce qui lui permet de la proposer à un prix inférieur ;

• ***une « zone de progrès »*** au sein de laquelle les évolutions suivant les deux dimensions valeur et coût de l'offre sont positives sans cependant entraîner un écart très significatif par rapport à l'offre de référence. Cette zone est celle de l'évolution normale et constante de toute activité, provoquée par des améliorations techniques progressives et des gains de productivité, qui conduit l'offre de référence à se déplacer avec le temps dans l'espace que nous avons défini. Par son caractère progressif, presque insensible, cette évolution ne provoque en général pas de bouleversement dans les positions respectives des divers concurrents et ne résulte pas non plus d'une stratégie délibérée de l'un d'entre eux. Il est important cependant pour tous les concurrents de progresser au même rythme que l'activité dans son ensemble pour éviter de se laisser distancer. Notons enfin que l'évolution de l'offre de référence s'opère souvent par assimilation, intégration de caractéristiques nouvelles qui, au départ, avaient été introduites par l'un des concurrents dans le cadre d'une différenciation, ou, à l'inverse d'une offre *low cost*, mais dont le caractère exclusif a cessé d'être maintenu pour devenir inhérent à l'offre de référence ;

• ***une « zone des ruptures stratégiques »*** correspondant à des situations où la valeur de l'offre perçue par le marché est significativement supérieure à celle de l'offre de référence, cette valeur accrue s'accompagnant d'un coût sensiblement plus faible. On peut ici parler de rupture stratégique dans la mesure où l'apparition de la nouvelle offre rend obsolète l'offre de référence précédente, crée de fait une nouvelle offre de référence et déplace l'ensemble de la frontière efficiente dans l'espace valeur/coût. Ces ruptures stratégiques sont en général le résultat d'innovations technologiques majeures, souvent introduites par des entreprises extérieures au domaine d'activité. On peut penser à l'introduction de l'électronique dans l'horlogerie, provoquée par des firmes qui, jusque-là ne faisaient pas partie de l'industrie horlogère, et permettant la production d'une offre de valeur supérieure (meilleure précision, durabilité, fiabilité), ou du moins perçue comme telle par une partie importante du marché, et produite à un coût plus bas. Si la rupture stratégique est délibérément provoquée par une entreprise afin de s'assurer une position prééminente dans l'activité en détruisant l'avantage dont disposaient certains concurrents, on pourrait parler de stratégie de rupture[1]. Une telle stratégie de rupture n'aboutit cependant pas à un positionnement concurrentiel au même titre que les stratégies de coût-volume, de différenciation ou *low cost* puisque, une fois la rupture opérée, l'entreprise qui en est à l'origine devrait adopter un positionnement plus classique pour résister à ses rivaux, sauf à être capable de provoquer des ruptures stratégiques successives dont elle tirerait à chaque fois avantage. En d'autres termes, les ruptures stratégiques entraînent l'émergence de nouvelles règles du jeu. Une nouvelle carte du domaine d'activité se dessine ;

1. Bijon C., « Les stratégies de rupture », *Harvard-L'Expansion*, automne 1984.

• ***enfin, les « stratégies de coût » classiques***, telles que nous les avons discutées plus haut, sont représentées sur le diagramme ci-dessus par un axe qui indique le sens des efforts accomplis par les entreprises mettant en œuvre de telles stratégies. Ces stratégies visent en effet à donner à l'entreprise un avantage de coût sur ses concurrents, le plus souvent en profitant de volumes de production plus importants, avantage qu'elle pourra répercuter dans ses prix, sans altérer pour autant la perception qu'a le marché de l'offre produite.

Ikea

Pour Ikea, par exemple, la différenciation sur le marché du meuble peut s'analyser de la façon suivante :
– les approvisionnements sont faits sur la base de contrats à long terme qui permettent une grande stabilité de qualité, alors que, dans le meuble traditionnel, les achats sont plus spéculatifs ;
– cette régularité de la qualité rejaillit sur la conception qui, faisant appel à la CAO, permet de concevoir une gamme large là où les fabricants traditionnels sont obligés de se spécialiser ;
– la fabrication est très automatisée ; sa liaison avec les fonctions de conception et d'approvisionnement permet de réduire les stocks de matières premières et les en-cours, alors que les fabricants ont un stock plus lourd et assemblent à la commande. Chez Ikea, les seuls stocks sont les produits en kit. Leur poids est encore diminué par la conception de la distribution ;
– la distribution traditionnelle du meuble repose sur un grand nombre de points de vente à faible débit et indépendants des fabricants. Ikea a intégré la distribution en la concentrant sur des grandes surfaces à fort débit, ce qui limite les coûts de logistique. La conception de meubles en kit permet en outre de réduire les coûts directs de vente, de limiter la taille des entrepôts et d'assurer la disponibilité immédiate du produit et une plus grande stabilité des prix.
En réorganisant la chaîne, Ikea a donc pu proposer au consommateur une offre unique et difficilement copiable dans l'immédiat.

3.3 Une typologie des positionnements fondée sur une recomposition de l'offre

Les stratégies de coût « classiques », examinées dans la partie précédente, forment un ensemble très homogène où la nature de l'avantage concurrentiel recherché est unique et parfaitement identifiée. Il n'en va pas de même des stratégies fondées sur une recomposition de l'offre qui toutes s'appuient sur une remise en cause des caractéristiques de l'offre de référence permettant soit un accroissement de prix, soit une baisse sensible des coûts. Cependant, nous l'avons souligné précédemment, il existe, en théorie du moins, un très grand nombre de caractéristiques sur la base desquelles l'offre recomposée peut s'écarter de l'offre de référence[1]. Pour tenter de classer ces positionnements

1. C'est la raison pour laquelle des auteurs comme G. Koenig incluent les stratégies de différenciation dans ce qu'ils appellent des « stratégies d'évitement » ; voir Koenig G., *Management stratégique*, Paris, Dunod, 2004, p. 133.

très variés, que nous avons jusqu'à présent définis avant tout de manière négative par la non-conformité de l'offre produite avec l'offre de référence de l'activité, on peut les distinguer suivant deux dimensions : le sens de la variation valeur/prix qu'elles introduisent par rapport à l'offre de référence d'une part, et l'existence ou non d'un sous-ensemble du marché, d'un segment de clientèle identifié *a priori*, à qui cette offre est spécifiquement adressée. On peut ainsi définir quatre grandes catégories de positionnements correspondant à chacune des cases de la figure 5.16.

• ***L'amélioration*** correspond à une redéfinition de l'offre, perçue et valorisée par l'ensemble du marché ou par une large majorité de celui-ci ; à prix équivalent, l'offre ainsi « améliorée » serait très largement préférée à l'offre de référence et se substituerait même à celle-ci. Les offres de haut de gamme entrent la plupart du temps dans la catégorie des offres améliorées. Mercedes, BMW ou, *a fortiori*, Rolls-Royce seraient des marques privilégiées par l'immense majorité du marché si elles étaient vendues à un prix comparable à celui des Renault, Peugeot, Volkswagen ou Fiat. Le partage du marché entre offre améliorée et offre de référence se fait sur la base du prix plutôt que sur la perception de la valeur accrue de l'offre différenciée.

FIGURE 5.16 Une typologie des recompositions de l'offre

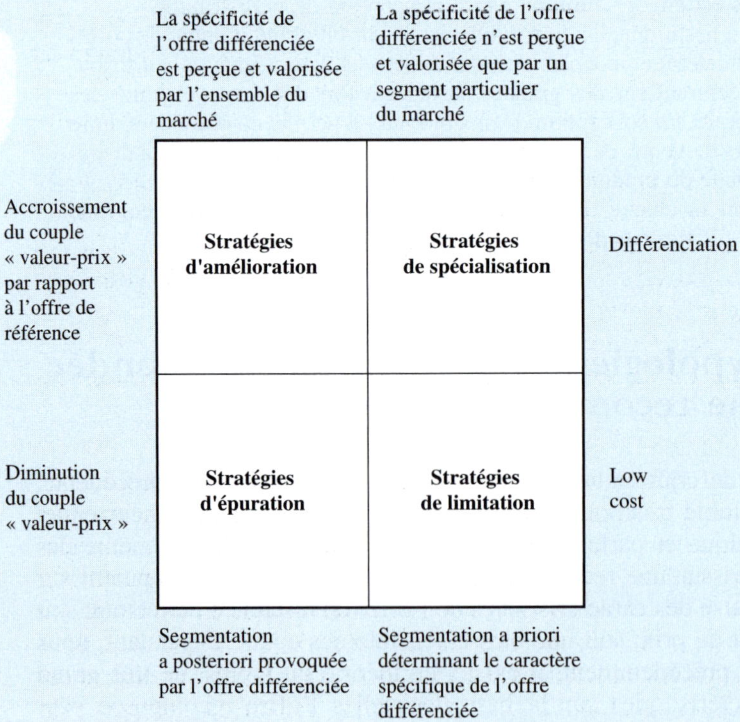

• ***La spécialisation***, en revanche, conduit l'entreprise à produire une offre destinée à un segment de clientèle particulier, identifié *a priori* et qui seul est susceptible de valoriser le caractère spécifique donné à « l'offre spécialisée ». Il s'agit bien d'une différenciation – et à ce titre elle permet d'exiger des clients un prix plus élevé que celui de l'offre de référence –, mais dont l'effet n'a de sens que pour le segment de marché pour lequel l'offre a été conçue, qui seul sera disposé à en payer le prix plus élevé. L'offre spécialisée est en fait conçue pour répondre à un besoin spécifique du segment de marché considéré, besoin mal ou non satisfait par l'offre de référence et qui, en outre, n'est pas partagé par le reste du marché. Les offres adaptées à une catégorie particulière d'utilisateurs, gauchers, handicapés, personnes de très grande ou de très petite taille, très corpulentes, etc., sont très caractéristiques des offres spécialisées. Il est significatif que l'on trouve des entreprises qui se sont fait une spécialité de répondre aux besoins spécifiques de certains segments de clientèle particuliers, comme Volvo avec les automobiles adaptées pour des conducteurs handicapés ou certaines entreprises de confection qui ne fournissent que des tailles « extrêmes ».

• ***L'épuration*** est une stratégie *low cost* qui consiste à dégrader l'offre produite par rapport à l'offre de référence ; grâce à ses coûts plus bas, l'offre épurée peut être proposée à un prix inférieur. Comme pour les offres améliorées, les offres « épurées » sont perçues par l'ensemble du marché comme inférieures à l'offre de référence, le prix moindre étant la principale motivation d'achat. Les offres des compagnies aériennes comme Ryanair ou Easyjet peuvent être interprétées comme des offres épurées dans le domaine du transport aérien, de même d'ailleurs, à un moindre degré, que les billets assortis de conditions restrictives d'utilisation. Dans le domaine de l'automobile, les fabricants coréens (Daewoo, Hyundai) ont mis en œuvre une stratégie d'épuration pour pénétrer le marché américain ; leurs modèles y ont été, à tort ou à raison, considérés comme inférieurs aux normes habituelles en matière de performances et de fiabilité, mais étaient proposés à des prix défiant toute concurrence. Aujourd'hui, Hyundai talonne Toyota dans les classements nord-américains en matière de qualité. Renault, en lançant la « Logan », une voiture vendue à 5 000 euros, dont le coût a été tiré vers le bas en évitant tout raffinement ou toute sophistication technique non essentielle, tente de mettre en œuvre une stratégie d'épuration à destination principalement de pays émergents.

• ***La limitation de l'offre*** correspond également à un positionnement *low cost*, mais conduit l'entreprise à cibler son offre sur un segment particulier du marché pour lequel certaines des caractéristiques de l'offre de référence sont superflues. La suppression de ces caractéristiques, qui permet de réduire le coût et le prix de l'offre « limitée », n'entraîne aucune dégradation de la valeur perçue par le segment de marché auquel elle est destinée. Ainsi, Airborne Express réussit à tirer son épingle du jeu dans le transport de colis express en ciblant des entreprises qui ont des flux réguliers de gros volumes de colis non urgents. Airborne peut ainsi utiliser plus de transport routier moins coûteux, et augmenter le taux d'utilisation de ses moyens de transport (camions et avions). De plus son système informatique de tracking des colis est beaucoup moins sophistiqué que celui de ses deux grands concurrents (UPS et Fedex).

La distinction marquée par la séparation verticale, dans la figure 5.17, entre amélioration et épuration d'un côté, spécialisation et limitation de l'autre, tient plus à la démarche des entreprises optant pour ces divers positionnements qu'à des caractéristiques objectives des offres produites. Dans le cas de l'amélioration ou de l'épuration, le caractère spécifique de l'offre produite est apparent pour l'ensemble du marché et l'entreprise fait le pari qu'il se trouvera un sous-ensemble suffisamment large du marché pour privilégier l'offre différenciée en raison de son rapport valeur/prix distinct de celui de l'offre de référence. Ces stratégies ont ainsi pour effet de déplacer une partie de la demande existante ou même de générer une demande nouvelle. On pourrait ici parler de segmentation *a posteriori* du marché, de segmentation provoquée par la recomposition de l'offre.

Dans le cas de la spécialisation et de la limitation, le caractère spécifique de l'offre produite n'est valorisé que par un segment du marché identifié *a priori* et pour qui l'offre est délibérément conçue par l'entreprise. On pourrait ici parler de segmentation *a priori du* marché, de segmentation déterminant la nature de la recomposition de l'offre. Il est tentant d'établir un lien entre les stratégies de spécialisation et de limitation, qui toutes deux s'appuient sur une segmentation *a priori* du marché, et les stratégies de « concentration » ou de « focalisation » mises en avant par Porter[1]. Le parallèle n'est cependant qu'apparent puisque, chez Porter, c'est l'étendue du marché visé qui détermine la nature de la stratégie alors que la distinction que nous introduisons ici s'appuie sur la démarche (segmentation *a priori* ou segmentation *a posteriori)* mise en œuvre par l'entreprise.

Les distinctions que nous venons de suggérer entre plusieurs types de stratégies fondées sur une recomposition de l'offre ne correspondent évidemment pas à des catégories totalement étanches et le classement de telle ou telle stratégie effectivement mise en œuvre par une entreprise dans telle catégorie plutôt que telle autre peut être sujet à discussion et à interprétation. Cependant, les conditions de succès des recompositions de l'offre correspondant à ces diverses catégories sont loin d'être identiques et, selon le type de stratégie mise en œuvre, l'entreprise devra privilégier des facteurs de nature sensiblement différente.

3.4 Les conditions de réussite d'une recomposition de l'offre

Pour être réussie, c'est-à-dire pour déboucher sur la création d'un avantage concurrentiel durable, toute recomposition de l'offre doit satisfaire à trois conditions : elle doit avoir un effet significatif, elle doit être économiquement viable et elle doit être défendable.

1. Porter, *op. cit.*, 1986, p. 42.

3.4.1 Un effet significatif

Lorsque la recomposition de l'offre aboutit à une différenciation (amélioration ou spécialisation), il faut que la différenciation créée soit très nettement perceptible par l'acheteur. Les clients ne perçoivent en effet pas toujours facilement les avantages que peut présenter pour eux l'offre différenciée ; s'ils ne perçoivent pas le surcroît de valeur apportée, ils refuseront de payer un prix supérieur à celui de l'offre de référence. C'est ce qui arrive fréquemment à ce que l'on appelle les « produits d'ingénieur » ; en effet, très conscient des avantages de son offre spécifique, l'ingénieur concepteur, ou plus généralement l'entreprise productrice, aura souvent tendance à surestimer la perception qu'a le marché de ces avantages. Les produits techniques destinés au grand public sont souvent victimes de ce type d'erreur. De manière symétrique, les offres *low cost* peuvent déboucher sur une réduction des coûts trop limitée et faire craindre au marché une dégradation très forte de la valeur de l'offre pour une diminution de prix perçue comme trop faible. Toute entreprise cherchant à créer un avantage concurrentiel fondé sur une recomposition de l'offre devra par conséquent être très attentive à la perception qu'a le marché de la spécificité de son offre ou de la réduction de prix qui lui est proposée.

3.4.2 Une recomposition de l'offre économiquement viable

Fondées sur la production d'une offre spécifique s'écartant de l'offre de référence de l'activité, les recompositions de l'offre sont des stratégies par définition « marginales ». Il est donc vital pour qu'une telle stratégie soit viable que l'activité au sein de laquelle elle est mise en œuvre offre des possibilités de créer des offres suffisamment différentes. Tous les domaines d'activité n'offrent en effet pas les mêmes possibilités de créer des offres différenciées ou des offres *low cost*. Certaines activités n'offrent pratiquement aucune possibilité de différenciation ou de baisse des coûts par reconfiguration de l'offre, d'autres sont très largement ouvertes à des offres spécifiques dans lesquelles l'offre de référence est à peine identifiable et, entre ces deux extrêmes, il existe tout un éventail d'activités constituant des terrains plus ou moins favorables à des recompositions de l'offre. On peut donc caractériser les domaines d'activité en fonction de la distribution de la demande globale autour de l'offre de référence, comme indiqué dans les figures 5.17 et 5.18.

Dans la réalité, la distribution de la demande autour de l'offre de référence est loin d'avoir l'aspect symétrique de la courbe de Gauss suggéré par les figures 5.17 et 5.18. En outre, cette demande n'est la plupart du temps pas continue sur l'ensemble du spectre des couples « valeur-prix » possibles.

Néanmoins, quelle que soit la distribution précise de la demande autour de l'offre de référence dans un domaine d'activité, la viabilité d'une stratégie fondée sur une recomposition de l'offre dépend de l'existence d'une demande latente suffisamment importante correspondant au nouveau couple

FIGURE 5.17 **Activité peu favorable à une recomposition de l'offre**

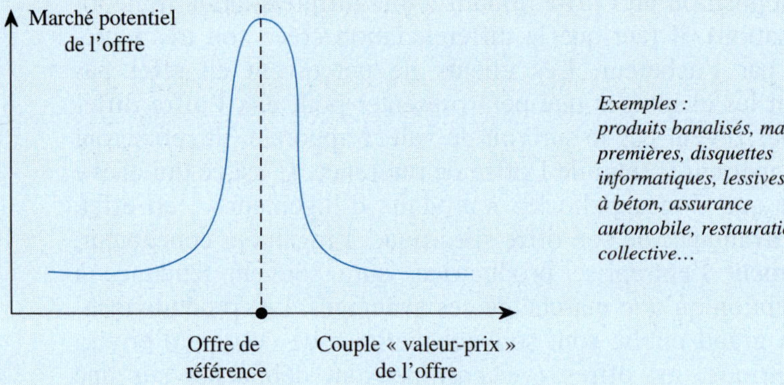

FIGURE 5.18 **Activité très favorable à une recomposition de l'offre**

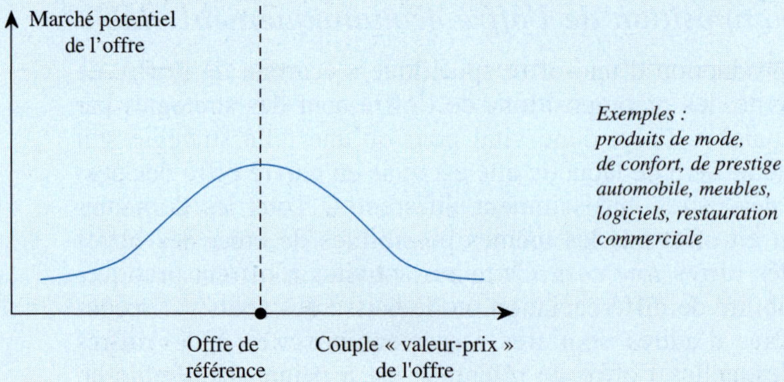

« valeur perçue/prix » de l'offre produite par l'entreprise. L'identification de cette demande latente se présente de manière très différente selon le type de stratégie dont il s'agit.

Dans le cas des stratégies d'amélioration, la perception et surtout la valorisation par le marché du caractère spécifique de l'offre produite sont des facteurs décisifs. De la relation entre la valeur perçue et le prix proposé va dépendre le volume réel de la demande pour l'offre différenciée. Or l'on constate que les entreprises ont souvent tendance à surestimer la valeur attribuée par le marché au caractère spécifique de leur offre ; lorsque cela se produit, la demande effective et les volumes de production sont inférieurs aux prévisions, entraînant le plus souvent un accroissement des coûts qu'il est tentant de répercuter dans les prix, limitant d'autant la demande effective et ainsi de suite.

Dans le cas des stratégies d'épuration, la perception et la valorisation de la « dégradation » de l'offre par rapport à l'offre de référence doit être plus que compensée par l'effet de la baisse de prix. L'impact réel de la dégradation de l'offre sur les coûts et les prix devient ici un élément décisif.

Donnant la priorité à l'offre dans la démarche stratégique suivie, les stratégies d'amélioration comme les stratégies d'épuration doivent conférer à l'offre de l'entreprise un caractère spécifique suffisamment marqué, ou permettre une diminution de prix assez sensible, pour que le pari sur la segmentation du marché provoquée par la recomposition de l'offre ne soit pas trop risqué et que la cible touchée soit suffisamment large pour rendre la stratégie économiquement viable.

Dans le cas des stratégies de limitation et plus encore de spécialisation, ce sont l'identification des segments de marchés visés, la connaissance précise de leurs besoins spécifiques et la capacité de l'entreprise à répondre à ces besoins qui deviennent essentielles. Ces stratégies de spécialisation et de limitation supposent en effet le repérage *a priori* des segments du marché pour lesquels une offre spécifique est conçue et qui deviennent les cibles de ces deux types de recomposition de l'offre. Donnant la priorité à la demande dans la démarche stratégique suivie, les stratégies de spécialisation comme les stratégies de limitation reposent largement sur des compétences marketing.

En définitive, s'écartant de l'offre de référence dont le marché est en principe relativement bien connu, les offres recomposées qui se caractérisent par un nouveau rapport « valeur perçue/prix » doivent être capables d'engendrer une demande solvable du marché suffisamment importante pour pouvoir être produites dans des conditions économiquement viables pour l'entreprise. Moins un domaine d'activité se prête « naturellement » à la production d'offres très diverses, plus il sera difficile de générer une demande importante pour une offre spécifique.

3.4.3 *Une recomposition de l'offre débouchant sur un positionnement défendable sur le long terme*

Faisant produire par l'entreprise une offre spécifique, distincte de l'offre de tout autre concurrent, une recomposition de l'offre ne débouchera sur la création d'un véritable avantage concurrentiel que si elle met durablement l'entreprise à l'abri d'une concurrence directe par les prix et les coûts. Cette protection contre la concurrence ne peut venir que des conditions dans lesquelles l'entreprise est capable de donner à l'offre qu'elle produit son caractère spécifique. Il peut s'agir d'une compétence exclusive interne à l'entreprise, voire d'un brevet dont elle se réserve l'usage, et qui seul permet la création du caractère spécifique de l'offre ou qui seul permet de produire une offre épurée ou limitée à un coût qu'aucun autre concurrent ne peut égaler. Il peut s'agir également d'un avantage de coût, dû aux volumes produits, sur l'élément spécifique de l'offre qui compense, et au-delà, le désavantage de coût qu'a vraisemblablement l'entreprise sur les éléments communs avec l'offre de référence. Il peut enfin s'agir d'un accès privilégié aux segments de marchés constituant les cibles de l'offre spécialisée ou limitée. En tout état de cause, une stratégie fondée sur la production d'une offre spécifique ne peut être mise en œuvre avec succès que si elle assure à l'entreprise un avantage concurrentiel défendable, c'est-à-dire si la spécificité de l'offre de l'entreprise peut être garantie sur le moyen et le long terme, écartant ainsi tout risque de concurrence directe par les prix et les coûts. La recomposition de l'offre peut se concevoir comme le positionnement de l'offre de l'entreprise sur un continuum allant de l'offre de référence vers des offres de plus en plus différentes ; pour être viable, un tel positionnement exige le franchissement de seuils significatifs permettant, d'une part, de capter un volume de marché suffisant et rendant difficile, d'autre part, l'imitation par la concurrence. *A posteriori,* la mise en œuvre réussie d'une telle stratégie pourra être analysée comme la création par l'entreprise d'une « niche ».

Conclusion

Le début de ce chapitre vient donc de détailler les conditions auxquelles doit satisfaire toute entreprise afin de disposer d'un avantage concurrentiel et pouvoir ainsi se positionner favorablement face à ses rivaux dans son secteur d'activité. La logique sous-jacente reste relativement simple – avantage de coût ou différenciation – même si les modalités pratiques en sont un peu plus subtiles qu'il n'apparaissait à première vue : l'avantage est relatif à chaque concurrent, perçu différemment par chaque client, et peut en outre se décliner de manières diverses (coût-volume, amélioration, spécialisation, épuration, limitation). Il n'en demeure pas moins que la question initiale par laquelle nous avions ouvert ce chapitre reste entière, même si elle peut maintenant se formuler de manière un peu différente : au lieu de demander « pourquoi certaines entreprises réussissent-elles mieux que d'autres ? », nous pouvons préciser notre interrogation en « pourquoi certaines entreprises, mieux que d'autres, réussissent-elles à faire baisser leurs coûts ou à créer davantage de valeur pour leurs clients ? ». Mais fondamentalement le mystère reste entier ; nous ne savons toujours pas réellement pourquoi certaines entreprises l'emportent sur leurs concurrents. Nous nous sommes simplement dotés d'un modèle conceptuel qui permet de prédire si une nouvelle idée ou une nouvelle stratégie est susceptible ou non de déboucher sur la création d'un avantage concurrentiel. Si cette nouvelle stratégie n'a aucune influence sur la position de coût de l'entreprise ou sur la propension des clients à payer un prix plus élevé, elle ne peut en aucun cas aboutir à la création d'un avantage concurrentiel. Mais rien ne nous éclaire sur l'origine de cette capacité à faire baisser les coûts ou à accroître la valeur de l'offre produite.

FIGURE 5.19 **Les causes du succès**

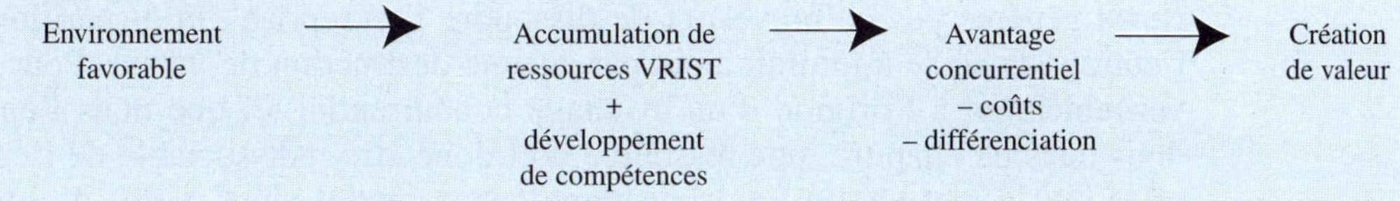

C'est justement ici qu'intervient la notion de « ressources » propres de l'entreprise déjà présentée dans le chapitre 3. Certaines entreprises possèdent des ressources *valorisables*, *rares*, *non imitables*, *non substituables* et *non transférables* (VRIST) ainsi que les compétences nécessaires pour combiner et déployer ces ressources sous la forme d'une offre qui sera donc produite à un coût compétitif et/ou fortement valorisée par le marché. Se pose alors la question de l'accumulation de ces ressources et du développement de ces compétences détenues par certaines entreprises et pas les autres. Une partie de la réponse a déjà été avancée dans le chapitre 3 : l'histoire de l'entreprise est indissociable de l'accumulation progressive de ressources et de savoir-faire. Même si un concurrent reconnaît la valeur des ressources et compétences de l'entreprise, il ne pourra les acquérir qu'en refaisant l'ensemble du cheminement suivi par l'entreprise, ce qui serait en général absurde d'un point de vue économique. Pour imiter le succès de Microsoft dans les logiciels, il faudrait refaire l'ensemble de son parcours depuis 1980 et la commercialisation du système MS-DOS ! Et si ce concurrent cherchait à brûler les étapes, il en paierait le prix, soit sous forme d'investissements bien supérieurs, soit sous forme d'une efficacité moindre. C'est ce que l'on a appelé les *time compression diseconomies*. Pour arriver rapidement à égaler Microsoft, un éventuel concurrent serait obligé d'investir bien plus sur une période courte que ne l'a fait de manière cumulée Microsoft au cours des vingt à trente dernières années ; faute de quoi, le résultat ne serait qu'une bien pâle imitation du succès de Microsoft. De plus, l'accumulation des ressources et le développement des compétences qui sous-tendent l'avantage concurrentiel de l'entreprise sont en général indissociables de son contexte organisationnel, rendant par là même une imitation très difficile dans un autre contexte. Notons au passage que les ressources à l'origine d'un avantage concurrentiel ne sauraient être des ressources facilement achetables ou vendables. Dans ce cas, en effet, l'entreprise ne créerait pas de valeur grâce à ces ressources, elle se contenterait d'exploiter la valeur des ressources elles-mêmes sans rien y ajouter. C'est la raison pour laquelle on ne peut dire d'une entreprise qui possède une mine d'or qu'elle a un avantage concurrentiel, même si par ailleurs elle est très rentable ; tout autre entreprise qui lui achèterait la mine serait à même de dégager la même rentabilité ! Il en va de même d'un brevet, si celui-ci peut être exploité tout aussi profitablement par n'importe quelle autre entreprise ! Dans ce cas, les actionnaires de l'entreprise pourraient choisir de vendre le brevet (pour un prix qui devrait être au moins égal à la valeur actualisée de tous les cash-flows générés pas ce brevet) et de dissoudre l'entreprise ; la disparition de l'entreprise ne se traduirait alors par aucune destruction de valeur. Pour être véritablement à l'origine d'un avantage concurrentiel tel que nous l'entendons dans ce chapitre, une ressource doit donc être indissociable de l'entreprise qui la met en œuvre. L'avantage concurrentiel vient moins du brevet lui-même que de la façon dont l'entreprise est capable de le mettre en œuvre.

La question des raisons du succès de certaines entreprises – et pas d'autres – qui nous préoccupe dans ce chapitre vient à nouveau de se déplacer. Les entreprises qui réussissent mieux que les autres ont un avantage concurrentiel – coût ou différenciation – qu'elles ont pu construire grâce aux ressources et compétences qu'elles ont accumulées au cours du temps. Se pose donc maintenant la question de l'origine de ces ressources. Pourquoi certaines entreprises se retrouvent-elles en position d'accumuler des ressources et de développer des compétences mieux que d'autres ? C'est ici qu'« analyse interne » et « analyse externe », les deux grandes composantes de l'analyse stratégique, se rejoignent à nouveau. Porter, entre autres, suggère que c'est d'un environnement local favorable que naissent les ressources et compétences qui permettront à une entreprise donnée de se forger un avantage concurrentiel durable. Cet environnement local favorable est formé d'un marché porteur pour l'activité de l'entreprise, d'un groupe de concurrents actifs qui rivalisent âprement pour servir ce marché, d'un ensemble de fournisseurs et de sous-traitants qui eux-mêmes sont en concurrence pour trouver une place favorable dans la filière considérée. De tels environnements favorables ont été alternativement baptisés *clusters* ou *business districts* suivant les auteurs. Les plus célèbres de ces clusters sont la Silicon Valley pour toutes les activités liées à la microélectronique et l'informatique, ou la *« Formula One » Valley* dans la région d'Oxford en Angleterre où il est indispensable d'être basé si l'on prétend être compétitif dans ces activités. En effet, une entreprise localisée dans un tel contexte sera immédiatement et constamment confrontée à la rivalité des meilleurs concurrents mondiaux, ce qui constitue le meilleur aiguillon possible pour toujours se forcer à innover, baisser ses coûts et « faire mieux » que les autres. L'entreprise sera aussi aux « premières loges » pour être le témoin des innovations les plus prometteuses développées par les meilleurs concurrents mondiaux. Si l'entreprise survit dans un tel environnement, elle sera sans aucun doute capable d'affronter avec succès des concurrents moins redoutables ailleurs dans le monde. De plus, l'entreprise devra servir des clients parmi les plus exigeants au monde pour le produit ou service considéré, qui n'ont que l'embarras du choix et qui, au fil du temps ou du fait de traditions locales, ont développé un discernement sans égal, forçant encore une fois tous les concurrents à se « dépasser » sans cesse. Elle aura accès à un pool de fournisseurs habitués à servir les concurrents les plus en pointe et pourra profiter des innovations produites au niveau des composants ou sous-ensemble entrant dans la fabrication du produit considéré. Enfin, elle trouvera sur place la main-d'œuvre la plus qualifiée et la plus expérimentée dans l'activité en question. Seule une entreprise plongée dans un tel environnement favorable sera poussée à acquérir les ressources et développer les compétences à l'origine d'un avantage concurrentiel significatif. À titre d'exemple, on peut facilement concevoir qu'un restaurant ait plus de chances de devenir un « grand » restaurant au sens du guide Michelin ou de Gault et Millau s'il est installé à Paris que s'il s'ouvre dans le Nebraska. Il fera face à Paris à la dizaine de « trois étoiles », à la vingtaine de « deux étoiles » et à la cinquantaine d'« une étoile » déjà en place, devra attirer une clientèle qui est habituée à ce type d'établissement et pourra compter sur des fournisseurs nombreux et de qualité, ainsi que sur une main-d'œuvre très qualifiée qui peut facilement passer d'un employeur à un autre. Rien de tout cela n'est disponible dans le Nebraska rendant les chances de succès beaucoup plus faibles pour le concurrent implanté là-bas.

À ce stade, notre analyse du succès des entreprises performantes peut se résumer de la façon suivante : les entreprises qui réussissent le mieux ont un avantage concurrentiel qui ne peut être fondé que sur les coûts et la différenciation ; cet avantage est le produit de ressources et de compétences qui sont propres à l'entreprise et qu'elle a développé au fil du temps ; enfin, c'est le contexte local favorable dans lequel elle s'est développée qui a permis à l'entreprise d'accumuler ces ressources et de développer ces compétences. Malgré tout, nous venons d'expliciter ici un ensemble de conditions nécessaires au succès, mais qui sont loin d'être suffisantes. En effet, toutes les entreprises qui sont créées dans un contexte favorable ne deviennent pas immanquablement des Intel, Microsoft, Ferrari ou autres « trois étoiles ». Le contexte à lui seul ne suffit pas. Il faut bien reconnaître alors, que ces entreprises qui réussissent mieux que les autres ont encore « autre chose ». Peut-être s'est-il agi de chance ? Peut-être ont-elles été fondées ou ont-elles eu, au cours de leur développement, un dirigeant « génial » ? Peut-être ont-elles développé une « culture d'entreprise » particulièrement favorable ? Aucune de ces explications possibles n'est évidemment satisfaisante, et par leur côté simpliste, elles ne font que traduire la part d'inconnu qui demeure et demeurera sans doute très longtemps dans la compréhension des raisons du succès des entreprises performantes. Cela n'a en définitive rien d'étonnant. Comme nous l'indiquions en introduction, s'il existait une « recette du succès » infaillible en matière de stratégie d'entreprise, cette recette aboutirait à la domination éternelle d'une seule entreprise par secteur ou, plus vraisemblablement, se détruirait elle-même immédiatement.

Chapitre 6

De la proposition de valeur au *business model* : comment créer, partager et s'approprier de la valeur.

C'est vers la fin des années quatre-vingt-dix, dans la grande période où rien dans le business ne semblait plus impossible et que même les lois de l'économie pouvaient être réécrites – lors de l'illusion de la « Nouvelle Économie » – que le terme *business model* a fait son apparition dans la littérature économique et, sous l'influence des capitaux risqueurs et des consultants, s'est largement répandu. Un nouveau vocable qui a rapidement trouvé son espace puisqu'il était suffisamment flou pour que chacun, selon sa spécialité, puisse se l'accaparer et l'adapter à son champ de prédilection : réécriture du mot offre pour les hommes de marketing, modèle économique pour les stratèges, modèle financier pour les investisseurs… à chacun sa version.

Rappelons qu'à cette époque « heureuse » de la Nouvelle Économie, les nouveaux prophètes du management avaient décrété qu'il n'existait plus d'avantage concurrentiel car plus rien n'était pérenne et que tout devenait évanescent, qu'il n'y avait plus besoin de stratégie et que seules les capacités rapides de réaction étaient importantes et pouvaient expliquer la réussite – combien de consultants et d'enseignants de stratégie ont hélas commis d'articles dans ce sens, s'autodétruisant sans même s'en apercevoir – et qu'il n'était même plus nécessaire de capter des clients qui payaient… La seule chose que les start-up, ou les « *brick and mortar* » (sociétés dites de l'« ancienne » économie vendant des biens tangibles), devaient mettre en avant c'était un *business model* électronique qui promettait des profits importants dans un futur généralement éloigné. Beaucoup d'entreprises ont hélas cédé à ces sirènes, sont rentrées dans le jeu et s'en sont brûlé les doigts – pensez aux pertes colossales de la Galaxie « Arnaud » dans Europaweb – car la « Nouvelle Économie », qui n'avait de nouvelle que le nom, suivait bien entendu les grandes règles immuables de l'économie… classique, à savoir créer de la valeur et dégager des profits. Corollaire de l'effondrement retentissant de la « Nouvelle Économie », le concept de *business model* est tombé dans les oubliettes de la mode. Mais ce serait erreur de « jeter le bébé avec l'eau du bain », car c'est son usage abusif et inadapté, et non le concept en lui-même, qui a conduit aux errements que nous avons vécus.

Un bon *business model* est et reste une des bases clé du succès d'une entreprise. Car fondamentalement et économiquement le rôle d'une entreprise est : en premier lieu de créer de la valeur et de la répartir intelligemment entre tous les acteurs concernés par son offre pour que celle-ci puisse prendre sa place dans l'arène concurrentielle : c'est l'objet de la « proposition de valeur » ; et, dans cette répartition de la valeur créée, de savoir capter et s'approprier suffisamment de valeur pour couvrir ses coûts et générer un profit : c'est là le rôle du *business model* à proprement parler, ou « modèle économique » en français.

Certains auteurs, dont nous faisons partie, ont une conception large et englobante du *business model*, y intégrant une dimension narrative qui explique sur quoi et grâce à quoi (le « fond » du *business model*) l'entreprise va créer de la valeur, s'insérer et se développer dans un marché et une filière – c'est son aspect proposition de valeur à proprement parler –, et une dimension mathématique (l'aspect « formel » du *business model* au sens strict) qui explique comment l'entreprise peut créer rapidement et durablement de la valeur pour ses propres actionnaires et pourquoi elle est donc saine financièrement. Par souci pédagogique nous avons cependant décidé d'aborder les deux concepts séparément et successivement.

1 La proposition de valeur : « fonder » une offre à potentiel

Une proposition de valeur décrit l'activité et la raison d'être spécifiques d'une entreprise, comment elle se positionne dans un marché (le ciblage des clients est de ce point de vue capital) et une industrie, comment et grâce à quoi elle crée de la valeur et la partage avec ses clients et son réseau de partenaires. Cette simple définition établit en fait les quatre conditions de « fond » qui structurent la réussite de l'insertion et du développement d'une offre sur un marché :

- elle doit spécifier l'entreprise qui la porte ;
- créer de la valeur ;
- savoir s'insérer dans un marché, une industrie en y créant son propre écosystème ;
- avec lequel elle partagera cette valeur qu'elle concourt à créer.

Ce sont ces quatre conditions que nous développerons dans les parties qui suivent.

1.1 Créer une forte valeur d'utilité perçue par le client

Une entreprise est nécessairement un lieu de création de valeur, et même un double lieu de création de valeur. Elle doit tout d'abord inventer une offre, en combinant et organisant des éléments et ressources générateurs de coûts, qu'elle doit ensuite être capable de commercialiser à un prix supérieur à ces coûts – en dégageant donc une valeur ajoutée comme le disent les comptables – faute de quoi elle sera dans l'incapacité de survivre et de se développer. Et pour rencontrer une demande solvable elle devra au minimum « ajouter » de la valeur pour des clients afin que ceux-ci acceptent de « payer » l'offre qu'elle propose au prix qu'elle souhaite.

Si nous suivons les économistes en utilisant le vocable valeur d'échange (la valeur à laquelle se fait l'échange entre deux acteurs) en lieu et place du terme prix, nous nous permettons en revanche de créer notre propre terminologie – valeur d'utilité perçue par le client (VUPC) – pour caractériser le fait qu'un client accepte d'acheter une offre à un prix donné dès lors qu'il perçoit qu'il peut en tirer plus de valeur personnelle en la possédant et l'utilisant. En tant que consommateur, vous et moi n'achetons finalement un produit que parce que nous sommes convaincus de bénéficier d'un surcroît de valeur d'utilité par rapport à sa valeur d'échange. Remarquons immédiatement que le terme de « valeur d'utilité perçue par le client » que nous utilisons est beaucoup plus riche et expressif que le vocable de *willingness to pay* (« volonté de payer » en français) employé par certains auteurs. Ce terme américain est par trop lié au concept de prix ou valeur d'échange alors que le concept de VUPC fait clairement prendre conscience que pour qu'il achète il faut que le client valorise l'offre plus qu'il ne la paie.

En synthèse, on peut traduire la valeur créée par l'entreprise comme étant la somme algébrique de deux valeurs :

- la « marge » de l'entreprise (Valeur d'échange – Coûts) ;
- et la « marge d'acquisition » du client (VUPC – Valeur d'échange).

Et, ainsi que l'illustre la figure 6.1, toute bonne proposition de valeur doit respecter deux règles clés qui sont à la fois simples et de bon sens économique :

- générer une création de valeur (VUPC – Coûts) maximale ;
- afin de pouvoir en donner une partie suffisante pour intéresser les clients (accroître leurs marges d'acquisition), tout en en conservant suffisamment (en valeur surtout et pas forcément en %) pour pouvoir s'implanter et se développer.

Force est de reconnaître cependant que la valeur d'utilité perçue par le client – concept fondateur, à la fois à l'origine de la réussite commerciale et à la base de la politique de prix d'une entreprise – est hélas, sauf dans de rares cas, difficilement quantifiable. Ce n'est pas pour cela qu'elle ne peut ni ne doit cependant être estimée. Il existe en effet des méthodes, développées par des experts du marketing, qui permettent de tester successivement, en présentant des offres ne se distinguant que par des différences mineures d'attributs (que l'on rajoute ou enlève), la valeur perçue et le prix acceptable de chacun de ces attributs. Ces méthodes ont été lancées et beaucoup utilisées dans l'hôtellerie en particulier, pour identifier les services valorisés par

FIGURE 6.1 **Les deux enjeux de la création de valeur**

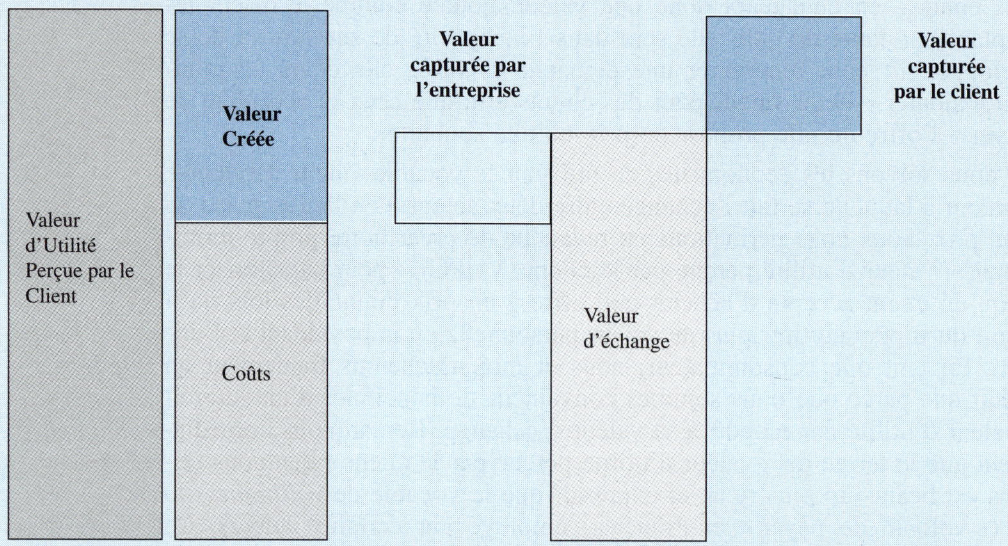

Générer une création de valeur la plus élevée possible **(créer un rapport VUPC / coûts performant)**

Obtenir un partage profitable de la valeur créée entre l'entreprise et ses clients (fonction du contexte concurrentiel et des rapports de force au sein de la filière)

les clients au-delà de leur coût réel et ainsi fixer le prix des chambres intégrant ces attributs « sur-valorisés ». Mais conscients que la plupart du temps ces tests se révèlent malheureusement difficiles (voire impossibles), longs et coûteux à réaliser et dans un souci de simplification et d'opérationnalisation nous conseillons d'analyser et d'estimer la VUPC en l'identifiant – ce qu'elle est – comme un compromis (un « *trade off* ») que tout consommateur doit faire entre les bénéfices et les sacrifices qu'il perçoit dans une offre.

Valeur d'utilité perçue par le client = Bénéfices perçus – Sacrifices perçus

1.1.1 Évaluer les bénéfices perçus

Il existe, selon nous, trois types de « levier de valeur » qui peuvent influencer de manière significative la valeur perçue, par un client potentiel, d'une offre :

• l'*avantage absolu ou relatif* pour le client, lié au niveau de valeur ajoutée de l'offre. Dans le cas des offres nouvelles se traduisant par des créations de marché, le consommateur va estimer, dans l'absolu, ce que l'innovation peut lui apporter en termes d'amélioration de son confort d'utilisation et de résolution de ses insatisfactions, qu'elles soient en termes de temps consommé, d'impossibilité d'utilisation ou de complexité de fonctionnement. Dans les cas d'une offre de substitution le client potentiel comparera le différentiel de valeur perçue entre l'offre de référence (celle des acteurs dominants) et l'offre substitutive. Ce différentiel devra être fortement positif pour que la substitution ait une chance de s'effectuer. Quelle est par exemple la valeur ajoutée d'une connexion rapide à Internet *versus* une connexion par téléphonie classique ? Combien êtes-vous prêts à payer en plus pour accélérer et surtout faciliter votre connexion Internet ? Bien entendu la veuve Michu de Carpentras n'y accordera pas la même valeur qu'un jeune qui charge de la musique en *Peer To Peer* (P2P) ; cela dépend de l'utilisation qui en est faite. Tous les « clients » potentiels ne valorisent donc pas de la même façon et la clé pour la réussite de la proposition de valeur sera le ciblage prioritaire de ceux qui valorisent le plus, voire sur-valorisent l'offre ;

• la simplicité à comprendre et à utiliser, la possibilité de tester à petite échelle et l'observabilité des résultats seront regroupées sous le terme de *transparence* ; plus l'offre est simple et lisible en effet et plus ses bénéfices sont clairement perçus. Si vous proposez de multiplier par 10 la vitesse de connexion par exemple, cela sera peut-être simple à comprendre ; mais donner la possibilité de tester le différentiel pendant une période de test sera beaucoup plus opérationnel et efficace ;

• la *compatibilité* enfin qui mesure la cohérence de l'offre avec les pratiques existantes, en termes de compétence, équipement, norme et système. Ce levier est important pour les offres « systémiques » (s'insérant dans un système) puisqu'il augmente la valeur perçue d'une offre qui s'insère sans difficulté dans un système et la diminue en cas inverse. « Compatible IBM » a été pendant de nombreuses années la clé de succès pour l'introduction des nouveaux produits informatiques ; même s'il aurait plutôt fallu écrire, pour être dans le vrai, « compatible wintel (Windows + Intel) ».

1.1.2 Estimer les sacrifices perçus

Comme pour les bénéfices, les sacrifices sont liés à trois éléments :

• le *niveau de prix* qui mesure l'effort financier que le consommateur estime réaliser en acquérant l'offre. Il est toujours relatif et reste lié, selon les cas, à la valeur perçue, au coût estimé (on raisonnera en coût d'utilisation et d'opération, avec les consommables et les compléments nécessaires au fonctionnement de l'offre) ou au prix de l'offre de référence ;

• le *risque perçu* lié à l'adoption de l'offre : il correspond au risque de faire le mauvais choix, c'est-à-dire de choisir l'offre alors qu'elle ne s'avérera pas devenir le standard du marché ou, à l'inverse, de ne pas choisir l'offre qui deviendra le standard du marché. Ce risque est naturellement fort dans les cas de modification des standards et plus particulièrement lorsqu'il y a de forts effets de réseau, situation caractéristique des innovations systémiques comme le téléphone, les produits et jeux électroniques par exemple ;

• les *coûts de transfert* liés à l'adoption de la nouvelle offre : le choix d'adopter une nouvelle offre – nouvelle en soi ou nouvelle uniquement parce qu'elle émane d'un nouveau fournisseur – peut conduire le consommateur à abandonner un équipement spécifique et coûteux qu'il utilisait dans le cadre de ses relations avec son ancien fournisseur et qui n'a plus d'utilité, à perdre le fruit d'années de collaboration avec ce fournisseur, à devoir reconstruire de nouvelles routines d'organisation, à acquérir de nouveaux savoir-faire, à reformer tout son personnel de production, etc. Tous ces renoncements, qui ne seront cependant encourus que par les offres de substitution, constituent des sacrifices, souvent perçus de manière très sensible.

1.1.3 Mesurer le trade-off *bénéfices/sacrifices*

Une fois estimés les bénéfices et les sacrifices, c'est au jeu de la balance qu'il convient alors de s'exercer. La figure 6.2 qui suit permet de positionner chacune des offres dans un des quatre quadrants de la matrice et d'identifier une recommandation claire. Remarquez qu'il n'existe qu'un seul positionnement favorable, permettant un développement sans difficultés de l'offre. Pour les autres, retravailler est un minimum ; stopper est plutôt la règle.

FIGURE 6.2 Quatre positions dans le « trade-off » bénéfices/sacrifices perçus

Sacrifices perçus	**Forts**	**« No way »** *Situation naturellement défavorable à l'offre* → Tout stopper	**« Coup de cœur »** *Zone d'indétermination forte* → Retravailler l'offre pour diminuer significativement les sacrifices perçus
	Faibles	**« Pétard mouillé »** *Zone d'indétermination faible* → Retravailler l'offre pour fortement améliorer les bénéfices perçus, sinon laisser tomber	**« My way »** *Situation très favorable à l'offre* → Exploiter vite
		Faibles	**Fort**
		Bénéfices perçus	

L'expérience montre par ailleurs que dans l'évaluation du solde bénéfices – sacrifices, la tendance naturelle des innovateurs les pousse plutôt à l'optimisme béat. Il nous faut donc recommander de ne pas surestimer les bénéfices – n'oubliez jamais les fameux exemples d'échec d'« Iridium » (un système de télécommunication par satellites couvrant la planète) qui a coûté quelques milliards de dollars à Motorola ou du Wap (messagerie bas débit sur téléphone portable) qui n'a toujours pas, en 2004, trouvé sa place – et de ne pas sous estimer, voire oublier, les sacrifices liés à l'adoption de la nouvelle offre. Le fameux exemple du clavier Dvorak, reconnu pourtant significativement plus ergonomique et productif que le Qwerty/Azerty que nous utilisons, est toujours aussi illustratif de l'importance de la prise en compte des coûts de transfert.

Il n'était pas une fois le clavier Dvorak

Un peu d'histoire

La conception de la disposition du clavier Azerty remonte au XIXe siècle. Dans les années 1860, Christopher Latham Sholes conçoit le clavier Qwerty (pour la langue anglaise) et le prototype de la TypeWrite, la première machine à écrire à avoir été produite massivement par l'armurier Remington. Le clavier Azerty, une simple adaptation du Qwerty pour la langue française, viendra un peu plus tard. La disposition Qwerty a été en fait conçue pour pallier les imperfections mécaniques des premières machines dont les tiges de touches voisines avaient tendance à se coincer l'une l'autre. L'idée est donc d'écarter le plus possible les lettres fréquemment contiguës dans un texte, afin que les tiges de la machine ne s'emmêlent pas.

Dans les années 1930, aux États-Unis, August Dvorak invente une autre disposition optimisée pour le confort et la facilité lors de la frappe de texte en langue anglaise, disposition connue sous le nom de Dvorak (clavier Dvorak).

Les avantages de la disposition Dvorak

Ce qui est généralement mis en avant par ceux qui sont passés du clavier Qwerty au clavier Dvorak :

- un plus grand confort et moins de fatigue musculaire ;
- pour ceux qui souffrent d'un syndrome du canal carpien, une amélioration de leur état ou une guérison ;
- souvent une diminution des fautes de frappe ;
- un gain, souvent marginal, dans la vitesse de frappe (tous ont au minimum retrouvé leur ancienne vitesse).

À cela il faut ajouter que l'apprentissage de la dactylographie (frappe à dix doigts) sur un clavier Dvorak est nettement plus rapide et moins fastidieux (selon ceux qui enseignent les deux dispositions).

Les huit touches de base de la disposition Dvorak-fr correspondent à 57 % des caractères contre 22 % dans le cas de la disposition Azerty (pourcentage prenant en compte tous les caractères alphanumériques et les signes de ponctuation mais pas les espaces). Avec un clavier Dvorak-fr, plus de la moitié des caractères d'un texte français sont tapés en utilisant les huit touches de base, c'est-à-dire sans bouger les doigts, contre moins d'un quart pour un clavier Azerty.

▶

▶

Le résultat

Aujourd'hui cette disposition, malgré ses avantages, reste quasiment pas utilisée. Les coûts de transfert ont été jugés par les entreprises beaucoup trop importants car il aurait fallu 1) reformer des centaines de millions de personnes et 2) changer en même temps tous les claviers. On estime en effet que la coexistence de deux standards sur le sujet est totalement impossible à gérer. Le clavier Qwerty (ou Azerty) est donc un bel exemple de domination d'une technologie inférieure.

Source : http://www.algo.be/ergo/dvorak-fr.html#pourquoi.

N'oublions pas enfin de rappeler qu'en économie, un domaine où la psychologie a tant d'importance, c'est la valeur perçue et non la valeur réelle qu'il faut estimer, et que ce sont donc les bénéfices et les sacrifices perçus de l'offre qui importent. Les coûts réels de changement d'un fournisseur transformateur « plasticien » semblent ainsi particulièrement faibles, si on les analyse en se mettant dans la peau des donneurs d'ordre. Ceux-ci sont en effet propriétaires des moules (très coûteux) que les plasticiens introduisent dans des machines à injecter standard et du commerce pour « sortir » des pièces. Les plasticiens sont donc de purs sous-traitants, *a priori* à la merci des clients qui peuvent du jour au lendemain reprendre les moules et les confier à un autre fournisseur. Et pourtant cette situation n'est qu'exceptionnelle, même lorsque le client est très insatisfait de son fournisseur ; ce qui est fréquent. C'est que les sous-traitants de la plasturgie ont réussi à faire passer le message que la maîtrise d'un moule, son bon entretien et sa bonne utilisation s'acquéraient avec l'expérience et donc qu'il fallait conserver son partenaire dans la durée. Si l'on ajoute qu'il faut aller récupérer le moule sur place puis l'apporter au nouveau fournisseur, que tout ceci génère beaucoup d'administration, de souci et de temps perdu et qu'en plus on n'est pas sur dans ce métier, tant qu'on n'a pas testé, que le nouveau est meilleur que l'ancien…, on voit que les sacrifices et les coûts de transfert perçus deviennent de petites montagnes qui conduisent à l'immobilisme et à des situations acceptées de *lock in*.

1.2 Réussir son insertion au sein de la chaîne de valeur

La figure 6.1 est la représentation simple d'une situation généralement plus complexe. Il est en effet excessivement rare que l'acte de vente soit purement binomial : un vendeur – un acheteur. Il intègre en règle générale une multitude d'acteurs et de partenaires qui interviennent tant dans le processus de décision d'achat (utilisateur, acheteur, prescripteur) que dans la chaîne de business de l'activité concernée. Arrêtons-nous un instant sur un exemple simple. Prenons un produit alimentaire et considérons le travail du designer qui doit concevoir son emballage. Quelles fonctions doit remplir cet emballage, ou plus exactement à qui doit-il procurer de la valeur ? Il doit, bien sûr, être attractif pour le consommateur, mais il doit aussi être facile à manipuler par les distributeurs, susceptible d'être fabriqué à un coût compétitif par le fabricant d'emballages, facilement utilisable, c'est-à-dire mécanisable chez l'industriel, et enfin simple à transférer pour les transporteurs. La proposition de valeur de ce nouvel emballage concerne donc toute la chaîne de business. La valeur d'utilité perçue par le client doit donc prendre en considération la perception de tous les intervenants. Il n'est ni innocent ni inintéressant d'ailleurs de s'interroger pour savoir à qui le conditionnement en brique des liquides (lait, jus de fruits) apporte le plus de valeur. Dans une telle situation la proposition de valeur doit donc en premier lieu intéresser (existence d'une VUPC), puis séduire (créer une marge d'acquisition suffisamment forte) chacun des acteurs concernés, faute de quoi le système risque de se bloquer. Reste enfin à déterminer le lieu de son insertion – le client qui acceptera de payer – dans la chaîne de business.

Gorilla Inc.

Gorilla Inc. est une entreprise qui a développé une technologie permettant aux joueurs de jeux électroniques compétitifs en ligne de pouvoir se défier quelles que soient leurs conditions d'accès à la bande passante. Utilisant un système de tag propre à la technologie de Gorilla Inc., les développeurs de jeux ont la possibilité de hiérarchiser et définir des priorités quant aux informations qui passeront par la bande passante en fonction de son niveau d'utilisation ; en cas de « bouchon » point besoin de montrer les spectateurs et les panneaux publicitaires d'un circuit automobile dans le cadre d'un jeu de course de Formule 1, en revanche la visualisation de la route et des positions des voitures proches constituent des donnés clés. Or dans la chaîne de business des jeux en ligne, Gorilla Inc. a plusieurs acteurs à convaincre :

– les joueurs, qui seront séduits par la meilleure interactivité et surtout l'utilisation du jeu, même en conditions dégradées et entre joueurs à conditions de réseau différentes ;

– les développeurs de jeux et les éditeurs, qui bénéficieront d'une plateforme générique de qualité de service leur évitant de développer la leur (gain de temps et d'argent) ;

– les fournisseurs de service de jeux, qui, en gérant tous les jeux proposés sur une seule plateforme générique, pourront réduire leurs coûts d'infrastructure et de maintenance ;

– et enfin les opérateurs et fournisseurs d'accès qui rentabiliseront leur bande passante en facturant plus de clients ou d'offres de qualité sans investissement supplémentaire.

Dans le cas présent, Gorilla Inc. détient des arguments susceptibles d'intéresser et de convaincre chacun des acteurs clés de sa chaîne de business. C'est bien loin d'être le cas pour la plupart des nouvelles offres qui souvent peinent à passer ce premier test – d'intérêt – de leur proposition de valeur. Que cette dernière soit perceptible, intéressante et convaincante pour tous les acteurs est une donnée nécessaire mais hélas insuffisante pour assurer sa réussite. Il faut encore et surtout qu'elle soit « monétisable », c'est-à-dire que l'on puisse identifier dans la chaîne de business un maillon client qui accepte de payer pour la VUPC qui lui est fournie. Dans le cas de Gorilla Inc., l'acteur clé, celui qui peut, et peut accepter de, payer, est manifestement le fournisseur de services de jeux en ligne, celui qui détient l'utilisateur final et lui facture ses services.

Comme il l'a déjà été souligné dans ce livre et comme nous y reviendrons à nouveau, il est, dans nos économies actuelles, de plus en plus rare qu'une entreprise puisse à elle seule satisfaire tous les acteurs clients qui existent au sein de chaînes de business qui deviennent de plus en plus complexes. D'autant que les clients exigent désormais, assez systématiquement, des solutions complètes, globales et auto-satisfaisantes. Les entreprises se trouvent ainsi apparemment « piégées » dans une situation paradoxale : la pression de leurs clients les pousse à des solutions complètes, source de diversification et d'éparpillement de ressources et moyens, alors que la pression des marchés financiers les conduit à se focaliser, se spécialiser, se concentrer sur leur cœur de métier ou, autrement dit, sur leur territoire de création de valeur maximum. Sortir de ce paradoxe conduit à questionner les frontières de la firme et le résoudre passe par le développement des partenariats avec des entreprises complémentaires, voire certaines fois supplémentaires. Mais pour que cela fonctionne concrètement encore faut-il être capable de respecter deux conditions vis-à-vis de ces partenaires clés pour la réussite de l'offre et de l'entreprise qui la porte : 1) les intéresser à s'associer à l'offre et 2) partager tout ou partie de la valeur créée avec eux. On comprend d'autant mieux l'enjeu de création de valeur maximum développé précédemment que l'on est désormais conscient que cette création de valeur devra être partagée avec une multitude d'acteurs, partenaires y compris.

Les éditeurs de progiciels

Dans le domaine des progiciels (des logiciels génériques, paramétrables et non développés pour une entreprise donnée) il n'existe, à notre connaissance, que deux *business models* profitables qui se situent d'ailleurs aux deux extrêmes d'un spectre.

L'un, que nous nommerons le « modèle boîte » et que nous illustrerons avec CATIA – le logiciel numéro 1 mondial dans le domaine CAO/DAO proposé par Dassault Développement – consiste à vendre, sous forme de licence généralement unitaire, un produit packagé (un CD avec un manuel dans une boîte) ▶

▶ que l'utilisateur pourra, sans aucune difficulté (ou presque), implanter sur son système informatique. Restera bien sûr à savoir l'utiliser. C'est à ce niveau et à celui de la distribution de la boîte que l'éditeur devra constituer l'écosystème qui assurera le succès de son offre. Ceci passe par un partenariat avec des distributeurs, spécialisés dans le cas de CATIA, et surtout avec des organismes de formation, continue bien entendu mais aussi, et surtout, de formation première. Quelle meilleure promotion en effet pour le produit que celle qui sera faite par les élèves ingénieurs et techniciens supérieurs qui auront appris à exceller dans son maniement lors de leurs études. Ils ne sauront faire sans ce progiciel et l'offre s'imposera et se renforcera avec le temps dans les entreprises qui les emploient. On touche là à un cercle vertueux de la dominance engendré par la création et l'entretien d'un écosystème favorable.

L'autre *business model*, celui que nous nommerons le « type ERP » et dont SAP est le fleuron, est de nature et de structure opposées. Un ERP est un outil qui restructure tous les processus d'une entreprise. Il ne peut donc être utilisé individuellement ; c'est un choix d'entreprise qui implique et concerne l'ensemble des structures et du personnel. Clairement les sommes en jeu ne sont pas du même ordre que dans le cas « boîte » – environ 15 millions d'euros de coût de licence et assimilés à payer pour le passage de Péchiney à SAP – bien que, si l'on s'en tient au prix moyen unitaire, une licence SAP soit bien moins coûteuse qu'une licence CATIA. Mais surtout, la mise en place d'un ERP induit des besoins extrêmement importants d'adaptation des méthodes et des processus, de formation des équipes et de déploiement de la solution une fois celle-ci prête à fonctionner. Pour 1 euro de revenus pour SAP on peut estimer qu'il y a 4 euros supplémentaires de services générés. Une manne extrêmement intéressante pour toute une série de partenaires : consultants en management, conseils en systèmes d'information, sociétés de service en informatique, formateurs… Tous des acteurs qui vivent sur la vente de compétences, de jours-hommes, un métier bien différent dans sa forme et sa mécanique de celle d'un éditeur de logiciels et un véritable écosystème qui, de plus, peut directement vivre de ses propres prestations, de sa propre valeur ajoutée et créée, sans « manger » sur celle de l'éditeur ERP. On aboutit ainsi, là aussi, à un système gagnant-gagnant où l'éditeur vit sur ses licences, les partenaires vendent leurs prestations et vivent sur les marges qu'ils y font habituellement et le client est satisfait par une offre complète ; à chacun sa création de valeur et tout le monde vit et se développe bien. Si, et seulement si, le montant des services annexes à la licence est bien suffisant en montant et effectivement laissé aux partenaires. Que penser d'un éditeur qui développe une suite logicielle ne générant que peu de revenus associés.

La règle de base des affaires s'applique donc totalement : chaque acteur et partenaire doit trouver son intérêt et capter une partie de la valeur créée. Dans la mesure du possible, il faut favoriser les partenariats qui ont la capacité à vivre sur leur propre création de valeur, mais si cela est impossible il faudra restituer à ces partenaires une partie de la valeur créée par l'entreprise… au détriment de sa propre rentabilité.

Pour conclure sur une nouvelle dimension de la proposition de valeur, on aura pu remarquer, au travers de l'illustration Gorilla Inc par exemple, que la valeur d'utilité de l'offre proposée aux différents acteurs de la filière n'est pas similaire : certains pourront faire des économies, d'autres générer des revenus supplémentaires, d'autres enfin accéder à des choses jusque-là impossibles. C'est en fait qu'il existe trois grands types de valeur d'utilité et qu'il importe de bien comprendre duquel ou desquels relève la proposition de valeur de l'entreprise :

• les valeurs de « création » ou de rupture relèvent d'offres qui ouvrent un nouveau champ de possibles pour les clients et créent de nouveaux marchés. Ces nouvelles offres autorisent des valeurs tant d'utilité que d'échange extrêmement importantes. L'Espace Renault et les moteurs de recherche Internet du type Google en sont deux illustrations exemplaires. Avant les moteurs de recherche sur Internet, la navigation sur le web relevait en effet plus des errements et de la chance que d'une approche structurée et méthodique ; l'invention de ces « Google » et autres moteurs a réellement ouvert un nouveau champ de possible, celui d'une capacité à accéder aux informations diverses contenues dans le web, donnant par là même à celui-ci une valeur nouvelle bien plus forte. Quant à l'Espace Renault, il a créé un nouveau segment de véhicule qui a manifestement séduit – valeurs d'utilité et d'échange fortes – de nombreux automobilistes puisque ses inventeurs, Renault et Matra Automobile, ont, pendant les quinze premières années d'existence du véhicule, dégagé une marge d'environ 15 % sur chaque Espace vendu ;

• à l'opposé, les valeurs « économiques » ou de substitution se caractérisent-elles par une économie de coûts et de moyens pour le client. Grâce à la nouvelle offre c'est plus économique et moins cher pour le client. Le grand intérêt de la valeur d'échange c'est qu'elle est parfaitement calculable ; son défaut principal c'est qu'en revanche – et à l'opposé d'une valeur de création en général – elle est bornée. Elle se limite en effet, dans le meilleur des cas, à l'économie de coûts réalisable. Dans de nombreux cas il ne faudra pas se contenter, pour fonder le calcul économique, du coût d'acquisition, mais intégrer les coûts de consommation, maintenance… afin de raisonner sur un coût d'utilisation complet – le « *cost of ownership* », disent les Anglo-Saxons. Le slogan « *Everyday low cost* » de WalMart – n° 1 mondial de la distribution alimentaire – illustre cette approche. Dans le cas des innovations de substitution, il est souvent fait largement référence aux bénéfices qualitatifs (plus simples, plus écologiques, etc.) de l'offre nouvelle, et c'est en effet important. Mais ce qui est le plus sur pour emporter l'adhésion et réussir la substitution c'est un bon et grand avantage économique. Car l'argument économie de coût, surtout si celle-ci est calculable et justifiable, est toujours apprécié, et tout particulièrement dans les périodes de situation économique difficile ;

• entre les deux se situent les valeurs d'« amplification » qui permettent à un client, dans une activité existante, d'améliorer sa productivité, grâce à des revenus en croissance, et ceci à coûts constants ou en augmentation. Les solutions EDI et les systèmes intégrés de gestion de la chaîne d'approvisionnement ont permis de gagner un temps considérable dans la logistique et l'approvisionnement des points de vente, tout en diminuant les erreurs. Ces systèmes ont permis aux distributeurs de diminuer leurs stocks tout en garantissant une disponibilité des produits et donc un plus grand chiffre d'affaires. Quand tout dépend de la marge par mètre de linéaire, on comprend bien que l'on cherche à remédier au drame du linéaire vide. Nemoptic, une jeune start-up française qui propose une nouvelle technologie – le *Binem*® – aux fabricants de panneaux de cristaux liquides, est un autre exemple illustratif d'une offre d'amplification. La technologie *Binem*® permet en effet, avec quelques investissements et process complémentaires à intégrer, à une chaîne de fabrication utilisant la technologie *Twisted Nematic* de pouvoir produire, à coût quasiment inchangé, des panneaux de qualité supérieure rivalisant avec la technologie TFT. C'est donc une nouvelle technologie qui redonne vie à un process en disparition progressive, lui assurant de nouvelles applications et revenus en forte croissance sans augmentation de coûts importants ; une vraie valeur d'amplification.

1.3 Éviter les pièges et développer une proposition de valeur pertinente

Nous disposons désormais de tous les éléments de compréhension pour pouvoir définir de manière complète et compréhensible ce qu'est une proposition de valeur.

C'est tout d'abord ce qui décrit *la mission spécifique de l'entreprise*, son activité et *l'équation économique qui la rend attractive*, c'est-à-dire la façon dont elle crée de la valeur dans cette activité et la manière dont elle sait la partager entre tous les acteurs concernés, tout en en captant et conservant pour elle-même une partie suffisante afin de se créer les conditions d'un business rentable.

À ce premier stade les sources d'erreurs et d'échecs sont déjà multiples :

• la création de valeur (ou la VUPC) n'est pas suffisamment *significative*. Combien de start-up Internet se sont lancées dans des activités transactionnelles de substitution dans lesquelles la VUPC était ridiculement faible (voire négative) pour le consommateur final ; cela a été le cas par exemple des sites d'achats groupés pour des produits de consommation courante, des sites de vente de produits de beauté en ligne... Si cette première condition – une création de valeur importante – n'est pas remplie, inutile de continuer l'analyse, et combien d'erreurs stratégiques ce simple audit évitera !

• la création de valeur (ou la VUPC) n'est pas suffisamment *perceptible et claire*. On peut certainement expliquer l'échec retentissant, depuis plus de quinze ans, du développement de la domotique (l'automatisme dans la maison) en France et en Europe par le fait que les offres proposées jusqu'ici – réglage à distance du chauffage, mise en route à heure déterminée de la cafetière... – apportaient finalement une valeur perçue assez faible pour le client potentiel. Et c'est une vérité pour une grande partie des éléments de l'offre domotique qui, hélas pour elle, se caractérise justement non pas par une prestation générique simple mais par un ensemble confus, non figé et non fini de caractéristiques et prestations optionnelles. Bref une offre compliquée et d'apparence tellement technologique qu'elle est difficilement compréhensible et évaluable pour des clients lambda et qu'elle nécessite, pour être mise sur le marché, une campagne importante d'éducation et de communication. On ne fait donc que renforcer les coûts… pour essayer de faire percevoir une valeur d'utilité. C'est Sisyphe et le tonneau des Danaïdes réunis ;

• la création de valeur (ou la VUPC) n'est pas suffisamment *convaincante*. Chacun voit bien quelle valeur il peut en tirer mais aucun n'est suffisamment convaincu pour « acheter » (au sens payer) l'offre. C'est vraisemblablement le cas des systèmes d'alerte destinés au grand public qui proposent à des clients de leur diriger (envoi par mails) des articles ou informations sélectionnés sur des sujets préalablement définis par le client. L'offre fonctionne bien dans le domaine professionnel car l'information, dans ce cas, a une valeur forte perçue et monétisable. Dès lors que l'on a cherché à la transférer dans la sphère personnelle, elle n'a pas perdu sa valeur en soi mais, en revanche, elle ne possède plus son caractère utilitariste et devient si peu convaincante qu'il n'existe pas de marché solvable et que seule la gratuité apparente (il faudra inventer un *business model* avec des revenus autres que l'abonnement ou le paiement pour la prestation) la rend viable ;

• et enfin la création de valeur n'est pas suffisamment *bien partagée*. Il existe parfois des acteurs importants dont l'adhésion ou le soutien à l'offre est une condition de succès et qui, dans le système économique concerné, ne gagnent rien, voire perdent, avec le développement de l'offre. Dans ce cas l'échec, faute de trouver une autre approche, est assuré.

Le projet Protecoque

Tel était le cas dans le projet Protecoque de lancement d'un système (une bâche + un liquide) de protection et de nettoyage des coques de bateaux de loisir lors de leur séjour au port. Le projet prévoyait la distribution du système par un réseau de shipchandlers installés dans chacun des ports importants, en passant sous silence le fait que le gain que ces shipchandlers allaient pouvoir réaliser grâce à la commercialisation de ce système ne compenserait pas, et de loin, les revenus et les marges qu'ils faisaient sur les activités de maintenance et d'entretien des bateaux et qui allaient disparaître par l'existence même de ce système. Un mode de distribution naturellement voué à l'échec car si Protecoque créait beaucoup de valeur pour lui-même et pour le client final, il la créait au détriment du *shipchandler*. La répartition de la valeur créée était donc absurde. Soit Protecoque trouvait un autre mode de distribution, soit il réaffectait une grande partie de la valeur créée du client final au distributeur (mais dans ce cas la valeur laissée au client final risquait d'être insuffisante pour emporter son adhésion), soit, allant jusqu'au bout de la précédente logique, il changeait de cible, ignorait le client final, et proposait son système en B2B aux seuls shipchandlers afin qu'ils l'utilisent comme moyen d'entretien sans effet direct et monétaire sur leur mode et montant de facturation au propriétaire de bateau.

Ainsi donc, et comme vient de nous le montrer très clairement ce dernier exemple, une proposition de valeur doit également identifier et préciser les *cibles* qui seront *sélectionnées en raison de leurs caractéristiques d'intérêt et de pertinence* vis-à-vis de la proposition de valeur. La règle du jeu, tant en stratégie qu'en marketing, est de ce point de vue très simple : éviter les offres attrape tout qui ne satisfont personne et concentrer ses moyens sur un nombre extrêmement limité de segments. Plusieurs raisons concourent à mettre en œuvre cette politique :

- la dispersion des moyens et des actions est toujours dramatique. Une entreprise, même la mieux équipée, est toujours en situation de ressources limitées face aux opportunités de business qui se présentent à elle. Choisir est une règle de base du management, même si choisir c'est abandonner, et concentrer ses moyens sur une cible et une seule est une mesure d'efficacité reconnue depuis longtemps tant sur le plan militaire qu'économique ;
- les stratégies tête de pont sont d'ailleurs particulièrement efficaces, surtout quand il s'agit pour de nouveaux entrants de prendre leur place dans un marché dominé par des acteurs importants ;
- la similarité des clients facilite l'effet d'apprentissage et d'expérience, source de productivité essentielle au développement.

La clé consiste donc à identifier au départ un ou deux segments pour lesquels l'offre de départ, même imparfaite, est suffisamment convaincante, voire sur-valorisée par rapport au reste du marché, et de se concentrer (dans un premier temps) commercialement sur ces cibles afin de les conquérir (tête de pont). Reste ensuite – par un double effet d'amélioration de la valeur d'utilité perçue par le client de l'offre (meilleures performances, accroissement de sa complétude) et de diminution de sa valeur d'échange (conséquence des économies de coûts générés par les effets d'échelle et d'expérience) – à progressivement envahir le « gras » du marché, comme l'indiquent les figures 6.3 et 6.4.

C'est le type même de stratégie qu'ont développé il y a vingt-cinq ans les fabricants japonais de photocopieurs : attaquer le segment non ou mal satisfait des utilisateurs de faible quantité et qualité de photocopies avant de venir ensuite concurrencer Xerox de plein fouet sur le segment des grosses machines/grands utilisateurs.

Si l'on suit Geoffrey Moore et son vocabulaire imagé et donc facilement mémorisable dans *Crossing the Chasm*, c'est, après justement la difficile traversée de l'abîme (*chasm*) – passer d'une offre encore « artisanale », imparfaite mais satisfaisant déjà les visionnaires techniques et les adopteurs précoces à une offre « industrialisée » de qualité, susceptible de séduire le gros bataillon des pragmatiques – rentrer dans le « jeu du bowling » (*Bowling Alley*) où l'on pourra, en utilisant comme leviers les cibles conquises faire « tomber » progressivement de nouveaux segments proches en termes géographiques ou d'activité afin, enfin, d'être aspirée par la tornade du succès et de l'hyper-croissance (figure 6.5).

FIGURE 6.3 **Insérer la proposition de valeur dans un marché**

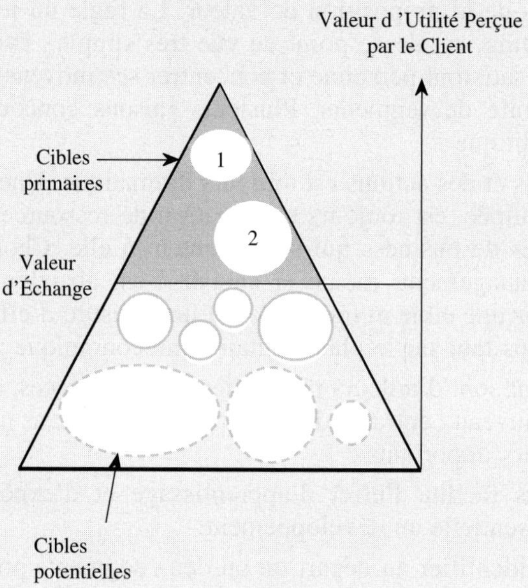

FIGURE 6.4 **Étendre la proposition de valeur au sein d'un marchéé**

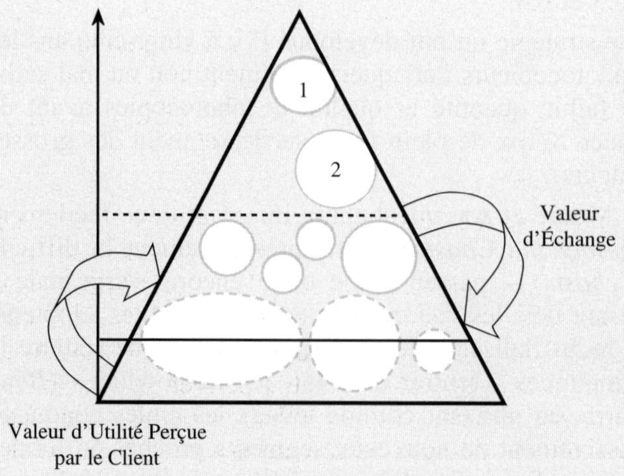

FIGURE 6.5 **Crossing the Chasm (d'après G. Moore)**

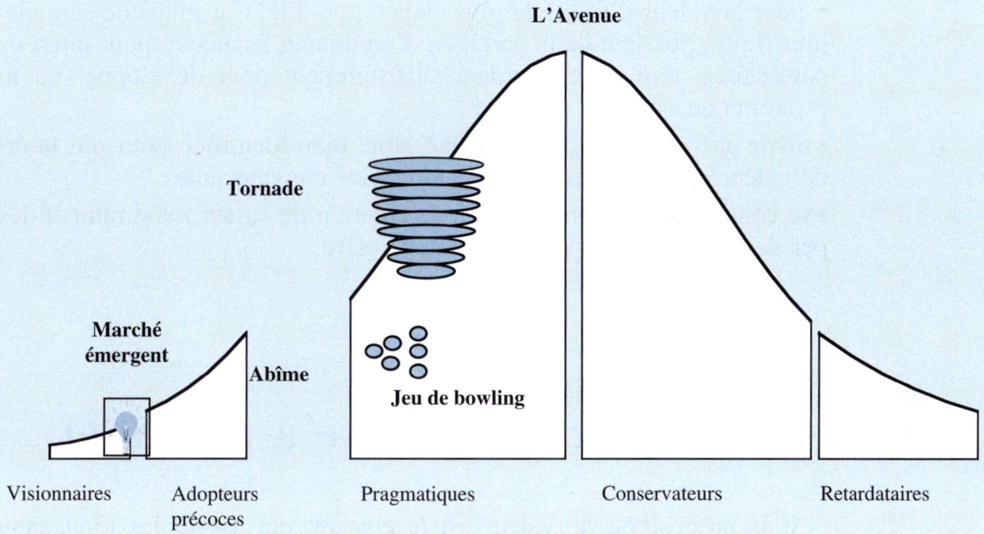

Dernier élément capital d'une proposition de valeur, celle-ci doit *reposer sur des ressources et des compétences maîtrisées par l'entreprise*, les plus spécifiques possibles et suffisamment rares et non imitables pour qu'elles soient valorisables et durables. Les ressources et compétences constituent en effet les éléments fondateurs de la valeur créée. Si elle ne s'appuie pas des bases solides, une proposition de valeur n'est en effet qu'un château de cartes ; elle est susceptible de s'effondrer à la moindre exigence des clients ou à la première réaction compétitive des concurrents. Une proposition de valeur doit donc présenter :

• du sens et de la spécificité ; elle doit permettre aux clients potentiels d'identifier l'entreprise qui la porte et se distingue – se différencie dirons nous – des autres ;

• de la durabilité et de la défendabilité (*sustainability* disent les Anglo-Saxons) ; ce qui suppose que les ressources et les compétences sur lesquelles elle repose respectent le plus possible les adjectifs suivants : rares (on retrouve la règle connue indiquant que ce qui est rare est cher), difficilement imitables (plus l'offre intégrera d'éléments intangibles et complexes, moins elle sera transparente et plus elle sera difficile à copier), non substituables (il n'existe pas de technologies ou processus alternatifs permettant d'aboutir à une offre de valeur similaire), non transférables (elles ne peuvent être facilement transférées à ou acquises par une autre entreprise) et durables (les ressources de base ne doivent pas s'épuiser naturellement et les compétences doivent être upgradées systématiquement).

En résumé de ces trois parties, on peut dire que les enjeux d'une proposition de valeur sont :

• créer la valeur d'utilité la plus élevée possible. Car plus elle sera élevée et plus il sera possible de la partager, d'en donner beaucoup pour intéresser des partenaires, tout en en gardant suffisamment pour développer un modèle économique viable et rentable ;

• offrir une solution globale à une cible bien identifiée pour qui la création de valeur est la plus perceptible et la plus convaincante ;

• se concentrer sur son territoire de création de valeur maximum et développer des partenariats, pour compléter l'offre.

2 Le *business model* : « former » une offre à potentiel

Si la proposition de valeur est le concept qui assure les fondements, les bases solides et nécessaires, qui sous tendent la réalité d'une offre, le *business model* en est sa traduction sur le plan formel : comment faire payer le client, combien et sous quelle forme, et comment dégager des résultats avec ces revenus compte tenu des coûts générés par le modèle économique dont ressort l'activité ? C'est ce que nous développerons dans cette dernière section.

L'usage, restreint et simplifié, actuellement en cours quand on parle de *business model* est de se centrer sur le modèle de revenus de l'entreprise, sa manière de générer son chiffre d'affaires dans le temps. Et il est vrai que le mode de génération des revenus est loin d'être un problème trivial. Mais il est également vrai que ne voir que les revenus en ignorant les coûts est assez caractéristique des hérésies de la bulle Internet. Gardons donc les pieds sur terre et souvenons-nous que, pour un financier normalement constitué, un *business model* c'est aussi, et surtout, la décomposition du compte de résultat en pourcentage des ventes, la structure de coûts de l'activité de l'entreprise et la prise en compte de quelques ratios clé du business. Une version arithmétique simplifiée certes, mais ô combien lisible de la pertinence du modèle économique. Bref un modèle a forcément ces deux dimensions et un moyen de s'assurer de sa cohérence c'est justement d'analyser les interactions entre ces deux variables clés : les revenus et les coûts. C'est ce que nous ferons dans les trois parties suivantes.

2.1 La dimension modèle de revenus du *business model*

Pour la plupart des ex-tenants de la Nouvelle Économie, un *business model* c'était essentiellement, voire exclusivement, un modèle décrivant la façon dont l'entreprise se faisait rémunérer et générait ses propres revenus. Décrire un *business model* c'est donc en premier lieu définir la composition, le(s) mode(s) et forme(s) de revenus de l'entreprise.

Par simplification on peut dire qu'il existe trois grandes sources de revenus :

• *les droits*, lorsque la société vend à d'autres le droit d'exploiter, en son lieu et place, des actifs qu'elle possède et/ou a développés. C'est le cas des ventes de brevets d'innovation, des ventes de licences d'utilisation de logiciels et, si l'on étend le concept, des services liés à l'exploitation du fichier des clients (*profiling*) par exemple. Deux grands avantages à cette forme de revenus : une fois l'actif créé, il est généralement peu coûteux à entretenir alors qu'il peut être commercialisé à l'infini pour un coût de duplication souvent ridicule. C'est une source de revenu qui bénéficie d'un fort effet d'échelle, très apprécié des investisseurs. Et c'est aussi la raison qui explique le fort intérêt qu'il a actuellement dans le monde des affaires : accroissement très significatif du nombre de brevets déposés par les grandes entreprises, extension du champ de protection de la brevetabilité, aux logiciels en particulier, fort développement des activités et divisions licensing qui deviennent de véritables *business units*, centres de profit comme au sein de Thomson ou d'IBM. Notons cependant que ces revenus ont toujours une durée de vie limitée (vingt ans pour un brevet) et que plus leur base est intangible plus leurs détournements (copie) sont difficiles à « contrôler » ;

• *les produits* constituent la source de revenus la plus classique. Ils présentent plusieurs avantages : ils sont très transparents et facilement testables, donc plus faciles à vendre, plus difficilement copiables que les droits et ont en général des coûts très sensibles aux économies d'échelle et d'expérience. En revanche leur mise au point et leur fabrication sont beaucoup plus coûteuses que dans le cas de droits. Leur industrialisation étant en général lourde en investissement, leur intensité capitalistique est supérieure à celle des autres sources de revenus d'autant qu'il faut assurer le financement d'un cycle d'exploitation où les stocks vont grever les marges qui sont naturellement plus faibles que celles des droits. Si le phénomène du standard peut, en limitant leur faculté d'adaptation aux demandes segmentées et différentes du marché, réduire leur intérêt, le phénomène de base installée qui les caractérise peut, en revanche, constituer une source génératrice de revenus complémentaires et, surtout, une occasion de relation entretenue avec les clients ;

• *les services* représentent la source de revenus qui se développe le plus. Plasticité, capacité de personnalisation et relation étroite avec le client constituent leurs avantages majeurs. La contrepartie se situe généralement dans le peu d'effet d'échelle qu'ils connaissent et leur risque fort d'imitation. Ils sont généralement délaissés par les investisseurs professionnels sauf s'il existe des leviers de valeur qui permettent de sortir de la relation proportionnelle revenus/coûts.

Ebay

Ebay est de ce point de vue une excellente illustration d'un modèle d'intermédiation Internet très rentable parce que ne proposant aucune des offres de service complémentaires de la pure transaction – logistique, assurance, financement – et n'ayant en conséquence aucun des coûts variables liés. C'est parce que l'offre est simpliste et qu'elle repose sur des coûts essentiellement fixes que les effets d'échelle jouent à plein.

À la lecture de trois points précédents apparaît assez visiblement la règle première des bons *business model*s : ils doivent s'appuyer sur des leviers exponentiels de création de valeur qui de manière évidente sont liés aux effets d'échelle (jouant sur les coûts fixes) et d'expérience. C'est la raison pour laquelle les spécialistes du capital-risque se refusent à investir dans des *business model*s de pur service qui certes créent beaucoup d'emplois mais qui, compte tenu de leur rapport coûts variables/coûts fixes, ne présentent aucune capacité de levier opérationnel.

Par ailleurs, et de la même façon que ces revenus proviennent de trois sources, ils peuvent se présenter sous trois grandes formes :

• des revenus *instantanés* (*one shot*), généralement de fort montant. C'est le cas en particulier des ventes d'équipement, de systèmes ou bien de droits par exemple ;

• des revenus *récurrents de montant relativement important* : vente de produits ou services, modèle des *Applications Service Provider* (ASP) où les logiciels n'appartiennent pas aux clients et lui sont facturés à l'utilisation par exemple ;

• des revenus possiblement *récurrents mais irréguliers et de très faible montant* unitaire ; c'est dans cette situation qu'il est habile de proposer un système d'abonnement intelligemment calculé et peu coûteux à suivre et facturer.

Dans ce domaine, les règles du jeu actuelles sont d'essayer de générer un mix de revenus – plusieurs types de revenus différents permettent *a priori* de réduire le risque mais, en contrepartie, obscurcissent souvent l'offre – rapides et simultanément récurrents. On comprend bien l'intérêt de l'association de ces deux adjectifs : la rapidité réduit le temps d'atteinte du point mort – l'inverse a tué la plupart des start-up de la bulle Internet – et la récurrence plaît beaucoup aux financiers, à juste raison car elle assure un revenu régulier et parfaitement prévisible. La façon de concilier ces deux phénomènes est en revanche plus obscure et suppose soit de la chance – certaines activités s'y prêtent naturellement – soit de la subtilité – savoir adapter son offre pour qu'elle s'ouvre à ce mode combiné de revenus. Le premier cas est caractéristique des fournisseurs d'équipement scientifique aux laboratoires d'analyse. Ils peuvent naturellement combiner les deux types de revenu en vendant leur équipement dans un premier temps sous une forme *one shot* et en s'assurant des revenus récurrents au travers de la vente des produits chimiques spécifiquement liés aux processus d'analyse et de révélation de leur matériel. Certains ont même plus habilement utilisé cette caractéristique en proposant un modèle d'abonnement mensuel pur intégrant la rémunération de l'appareil et des consommables en fonction du nombre d'analyses effectuées, et ceci dans le cadre d'un contrat bien « bordé » leur assurant une exclusivité de longue durée. La mixité de revenus est d'ailleurs possible dans beaucoup d'activités, pourvu qu'on la recherche. C'est ainsi le cas des logiciels, dès lors que l'on réduit le montant de la vente one shot des licences au profit d'un revenu annuel et récurrent plus important que les 10 % à 15 % annuels classiques de facturation de maintenance. Mathématiquement, le montant instantané ayant été réduit, le pourcentage de facturation annuelle doit augmenter, sans que cela pose de problèmes de compréhension ; on en profitera pour imputer en plus des revenus de services complémentaires.

La problématique de la granularité (rapport taille/fréquence de l'acte d'achat) de l'offre a déjà été abordée. On a compris qu'il fallait y adapter tant la source que la forme du revenu. Il n'en reste pas moins qu'un large spectre de possibles reste envisageable et la panoplie des modèles de revenus, différenciés selon les activités, des opérateurs téléphoniques est de ce point de vue exemplaire : abonnement fixe combiné à facturation au temps pour la téléphonie fixe, abonnement au temps de consommation avec surfacturation pour les consommations dépassant les délais pour la téléphonie mobile et abonnement fixe sans limitation de durée d'utilisation pour les connexions ADSL. Des modèles différents liés, à la fois et selon les cas, à des conditions historiques, à des situations de concurrence, à des contraintes d'investissement et de coûts et enfin à l'imagination des responsables du *pricing*.

Reste qu'il faut conseiller bien entendu d'éviter les modèles actuellement perçus comme stériles – comme celui qui consiste à proposer une offre gratuite de services dans le but de constituer une base de clients exploitable et rentabilisable à terme – ou non rentables – les modèles de revenus dits de *profiling* (vente de bases de données clients profilés) ou publicitaires (vente d'espaces publicitaires, en particulier sur des sites web à grand passage). Ainsi les experts s'accordent à juger, qu'à l'exception de quelques cas emblématiques mais jugés encore peu reproductibles comme celui de Google ou de Yahoo, ces deux types de revenus ne doivent pas compter pour plus de 15 % à 25 % des revenus globaux d'un site Internet en 2004. Le modèle ASP fait lui aussi parti des modèles actuellement jugés maudits mais il a le potentiel, selon nous, de retrouver rapidement son heure de gloire, pour peu que son mode de pricing intègre une portion de paiement *upfront* qui, en assurant une certaine couverture des coûts d'intégration et d'adaptation de départ, le rendront moins risqué et plus abordable.

2.2 La dimension structure de coûts du *business model*

C'est là l'acception la plus financière du concept de *business model*. Il s'agit de faire apparaître la décomposition du compte de résultat de l'entreprise en pourcentage des ventes sur les principaux postes de coût et d'en étudier tant la structure que l'évolution dans le temps.

Cette utilisation du terme *business model* complète très utilement son sens premier en introduisant une vision mathématique, arithmétique même, et donc simple à lire et à comprendre. Sous cette forme, on pourra s'interroger utilement sur la nature et l'importance, relative et absolue, des variables-coûts du *business model*, sur leurs évolutions dans le temps (la manière dont se construit et évolue la création de valeur captée par l'entreprise) et enfin sur les interactions qui existent entre ces dites variables (analyse de cohérence du modèle).

Pour que cet exercice arithmétique soit pertinent il convient d'utiliser les standards – *General Agreement on Accounting Principles* (GAAP) – de la comptabilité américaine qui classe, pour le plus grand bien de l'analyse managériale, les charges et coûts selon leur destination et non comme en France, pour d'obscures raisons fiscales et comptables, selon leur nature.

La décomposition, utile et finalement très simple, est la suivante :

• *ventes*, constituant la base 100 à partir de laquelle seront réparties (en pourcentage) les charges ;

• *coût des marchandises vendues* (*cost of goods sold*) qui permet de calculer, une fois éliminés tous les coûts directement imputables et liés à la réalisation des produits vendus (achat de matières et marchandises, coûts logistiques, coûts de transformation internes ou externes...), la *marge brute* (*gross margin*) ;

• *coûts commerciaux et marketing* (*sales & marketing*), qui regroupent l'ensemble des charges liées aux opérations de commercialisation (pré et post-incluses) ; dans certains *business models*, peu industriels, il est conseillé de distinguer les deux composantes, importantes en volume, de ce poste afin de pouvoir les suivre au plus près ;

• *coûts de Recherche et Développement* (R&D), qui, dans l'approche américaine, ne sont pas considérés comme des investissements, donc amortissables, mais comme des charges imputables aux exercices où elles sont engagées ; une saine approche – la R&D comme variable de gestion – qui oblige une entreprise à éviter les investissements hors de son champ de compétence, pouvant être acquis à l'extérieur et à fort risque ;

• *coûts administratifs et frais généraux* (*general & administrative*), regroupant l'ensemble des charges non imputables dans les comptes précédents.

Une fois le compte de résultat prévisionnel reconstruit, selon cette nouvelle décomposition, tout l'art consiste à mener des analyses de cohérence :

• sur chacun des postes d'abord, en comparant son montant en pourcentage et son importance dans la réussite du plan, ainsi que les choix stratégiques et politiques dont il relève dans ce même plan. Ainsi une R&D inférieure à 10 % dans un projet technologique en régime de croisière sera jugée insuffisante pour soutenir durablement l'avance et l'avantage technologiques sur lesquels repose le projet d'entreprise. Si par ailleurs le projet prévoit de passer à un système de distribution (vente indirecte) à partir de la troisième année par exemple, il conviendra de s'assurer que ceci se traduit bien dans les chiffres de l'année 3 : baisse du taux de marge brute (vente aux distributeurs à un prix intégrant une remise pour leur rémunération) et baisse corrélative des coûts commerciaux en pourcentage (pas de commerciaux pour les ventes supplémentaires) ;

• et sur l'évolution de ces postes dans le temps. Ainsi il est de bon ton de lier le taux de marge brute au cycle de vie de l'entreprise, en lui faisant adopter une forme de loi de Gauss asymétrique : un taux faible au départ (l'entreprise apprend), qui s'améliore rapidement, grâce à l'expérience et aux gains de productivité, puis qui, le projet devenant mur et étant concurrencé, se stabilise et décroît lentement.

Business Objects

Illustrons cette approche du *business model* en nous appuyant sur les comptes des années 1993 à 1997 – 1996 ayant été l'année d'introduction en bourse de l'entreprise – de Business Objects, la seule et célèbre entreprise hexagonale au sein du monde des grands éditeurs d'outil logiciel. Et commençons tout d'abord, comme il le sied, par l'étude de sa marge brute comparée à ses revenus (tableau 6.1).

TABLEAU 6.1 Le *business model* de Business Objects (1)

	1993	1994	1995	1996	1997
Revenus ($M)	14,1	30,2	60,6	85,1	114,2
Répartition Revenus					
Licences	82 %	81 %	81 %	76 %	69 %
Services	18 %	19 %	19 %	24 %	31 %
Marge brute					
Licences	91 %	94 %	96 %	95 %	95 %
Services	72 %	71 %	66 %	65 %	63 %
Marge brute moyenne	88 %	90 %	90 %	88 %	85 %

On retrouve en grande partie, les premières années de démarrage nous manquant dans la série de comptes de résultat, l'évolution annoncée de la marge brute sous la forme d'une courbe de Gauss asymétrique : amélioration, puis ▶

stabilisation suivie d'une légère et régulière décroissance que l'on peut mettre sur le compte à la fois de l'évolution de la structure des revenus – baisse relative des licences à marge plus importante que les services – et d'un renforcement probable de la concurrence qui a eu le temps de « copier » l'offre de Business Objects, condamnant l'entreprise à baisser ses prix et ses marges qui passent de 90 à 85 %.
On peut également remarquer, à la lecture des revenus et des taux de marge brute, que les dirigeants de Business Objects avaient bien compris la règle exigée par les financiers : privilégier les revenus sur lesquels la marge brute est la plus forte. C'est le cas bien sûr des licences qui ont un coût de reproduction quasi nul et ne nécessitent pas de mettre en ligne de plus en plus de personnel, comme les services dont les marges sont par ailleurs plus faibles. Un éditeur d'outils logiciels doit donc se concentrer sur la vente de « boites » et ne faire du service que par nécessité pour faciliter et accompagner la vente de ses boîtes. S'il peut réduire cette activité de service le plus possible, la transférer à d'autres (les implémenteurs et autres sociétés de service), voire l'éviter totalement, les financiers sauront l'en remercier par un financement et une valorisation de faveur. Las, on voit bien avec l'exemple de Business Objects que cette règle est bien délicate à suivre et qu'à certaines phases le développement continu suppose d'agrémenter l'offre d'un package de services que les clients jugent obligatoires et qui amputent la marge brute.
Passons désormais aux autres coûts du compte de résultat (tableau 6.2).

TABLEAU 6.2 Le *business model* de Business Objects (2) (*en millions de dollars*)

	1993		1994		1995		1996		1997	
Revenus	**14,1**	***100 %***	**30,2**	***100 %***	**60,6**	***100 %***	**85,1**	***100 %***	**114,3**	***100 %***
Marge brute	**12,4**	***88 %***	**27,1**	***90 %***	**54,5**	***90 %***	**75,1**	***88 %***	**97,4**	***85 %***
Ventes et Marketing	7,7	*55 %*	16,2	*54 %*	30,7	*51 %*	50,0	*59 %*	68,1	*60 %*
Frais généraux	1,9	*13 %*	3,4	*11 %*	5,7	*9 %*	7,4	*9 %*	11,1	*10 %*
R&D	2,4	*17 %*	4,3	*14 %*	8,1	*13 %*	10,6	*12 %*	14,1	*12 %*
Coûts opérationnels	**12,0**	***85 %***	**23,9**	***79 %***	**44,4**	***73 %***	**68,1**	***80 %***	**93,2**	***82 %***
Profit opérationnel	**0,4**	***3 %***	**3,2**	***12 %***	**10,1**	***17 %***	**7,0**	***8 %***	**4,2**	***4 %***
Résultat net	**0,2**	***2 %***	**2,4**	***8 %***	**0,2**		**5,2**	***6 %***	**2,9**	***3 %***

Le tableau 6.2 doit permettre de s'assurer – à la simple lecture de la structure des coûts et son évolution – que les dirigeants de Business Objects ont bien compris les enjeux de leur activité et la gère en conséquence. Remarquons que l'amélioration très significative du bénéfice opérationnel, qui se produit comme par hasard avant l'introduction en bourse, résulte d'un double mouvement : légère croissance de la marge brute (de 88 % à 90 %) et forte diminution de l'ensemble des frais opérationnels (de 85 à 73 %). Cela suffit pour obtenir un profit opérationnel supérieur à 16 % qu'on imagine assez bien

▶ directement lié aux effets d'échelle et d'expérience que l'entreprise, en montant en puissance (CA passant de 14 à 60 millions de dollars), a pu générer. Par ailleurs certaines masses essentielles du business sont bien respectées et équilibrées : des frais généraux qui passent de 13 % à 9 %-10 %, la norme attendue, et des investissements en R&D qui, en représentant environ 12 % des revenus, permettent d'assurer un développement et une amélioration soutenus et continus du progiciel sans mettre en péril l'équilibre économique du modèle logiciel.

La poursuite de la croissance s'avère en revanche plus délicate à réaliser à partir de 1996. Tant la conquête de nouveaux clients et territoires que le renforcement évident de la concurrence ont un double effet : sur les prix et donc les marges (baisse de la marge brute de cinq points), comme nous l'avons déjà vu, et sur la quantité de moyens commerciaux à mettre en œuvre pour arriver à croître dans ce contexte plus compétitif. En conséquence un retour aux faibles rentabilités du début de la période analysée qui seront jugées totalement insuffisantes par un financier averti qui s'insurgera contre un dépassement anormal des frais de vente et marketing au-delà des 55 % et exigera des entrepreneurs un plan de redressement.

Cet exemple réel montre bien la difficulté de tenir des « normes » dans la vie des affaires et surtout dans la durée. Que ceci serve de leçon d'humilité à tous ceux qui auront à élaborer des business plans et qui, malheureusement de façon trop fréquente, lorsqu'ils arrivent à la phase de chiffrage, en passant du traitement de texte au tableur, se laissent emporter par leur optimisme, et poussent les revenus tout en freinant les coûts. Qu'ils soient conscients que le résultat ne résistera pas à une lecture tant soit peu attentive et avertie de leurs états financiers.

2.3 *Business model* : combiner revenus et coûts

Dans cette dernière partie, nous désirons tout d'abord souligner les trois grandes règles clés que tout « bon » *business model* doit suivre pour satisfaire un investisseur, qu'il soit capital risqueur ou industriel.

Concernant la structure de coûts, et indépendamment des deux points que nous avons précédemment illustrés – un taux de R&D qui doit soutenir sur la durée l'avance technologique d'une part et l'évolution en courbe de Gauss aplatie de la marge brute d'autre part – deux autres tendances doivent impérativement être suivies pour respecter les « canons » actuels des bons *business models* :

- le renforcement constant de l'importance des dépenses de marketing ;
- la recherche de la variabilisation maximale des charges.

Si le premier point est parfaitement justifié et se vérifie historiquement, y compris sur l'exemple précédent de Business Objects, le second présente plus de danger dans sa mise en œuvre. On comprend bien son intérêt : se concentrer sur le territoire de compétence et de création de valeur maximale de l'entreprise et réduire le point mort et le risque. On saisit bien comment procéder : externaliser au maximum tout ce qui n'est pas le cœur du métier et ce qui peut l'être. Mais à force d'externaliser sans y porter assez d'attention on court le risque de « fantomisation », de structure vide et de châteaux en Espagne. Alors, rappelons-le une nouvelle fois, et ceci constitue la troisième règle de base ;

• ce qui fait la force de la proposition de valeur et donc du *business model* ce sont les ressources et compétences distinctives et défendables qui les fondent.

Le choix d'un *business model* n'est pas par ailleurs un hasard ou le produit d'une illumination. Il résulte de la prise en compte de trois éléments de base qui doivent s'agencer :

• les possibilités en termes de type et mode de revenus qu'offre le business dans lequel s'insère le projet. Ainsi certaines activités seront assez « ouvertes » en termes de choix – activité combinant biens d'équipement et consommables comme nous l'avons déjà vu – alors que d'autres seront parfois restreintes à la seule vente récurrente de services (nettoyage industriel ou restauration collective par exemple). La granularité des ventes (le rapport montant/fréquence de l'acte d'achat) constitue, de ce point de vue, un critère déterminant dans le choix du mode de facturation et de revenu ;

• la structure de coûts aura également un effet déterminant sur le choix du mode de revenu. Un projet dans lequel la plupart des coûts sont fixes devra impérativement, dans les conditions actuelles de financement, se tourner vers un modèle de revenus fondé sur des ventes rapides et one shot, afin de réduire le plus possible le temps d'atteinte du point mort. En revanche un projet où les coûts sont principalement variables bénéficiera d'un champ de possibles bien plus large et aura tout intérêt à s'orienter vers un modèle de revenus récurrents. On voit là un autre avantage de la variabilisation et de l'externalisation ;

• enfin l'importance des ressources et moyens – tout spécialement financiers – dont peut disposer le projet influencera fortement le choix du *business model.* Il sera par exemple impossible à une entreprise de retenir un modèle ASP si elle ne dispose pas de sources de financement importantes et régulières, ce modèle étant fortement consommateur de cash pendant toute la période de démarrage et de forte croissance.

La première réaction des analystes financiers et des acteurs de l'investissement, quand ils s'intéressent à une nouvelle entreprise, consistant à la rattacher à une catégorie, à un groupe d'entreprises qu'ils maîtrisent bien, pour pouvoir la comparer et la ramener à des « normes » qu'ils connaissent, il importe de procéder de la même façon. Cela est d'ailleurs très instructif de tirer les enseignements des expériences de ses prédécesseurs qui ont échoué ou réussi. On peut éviter de reproduire des erreurs, de réinventer la roue et à l'inverse de faire, comme le conseille Drucker, de l'imitation créative. C'est d'ailleurs ce qu'attendent les investisseurs, pas si fans de risque que cela, qui sont excessivement rétifs aux innovations dans les *business models* et des ardents partisans d'un *benchmark* bien compris.

TABLEAU 6.3 **Benchmark du business model de TempoSoft**

	Peoplesoft Moyenne 90-93	Temposoft Moyenne an 2-4	Biz Objects Moyenne 93-97
Revenus			
% produits (licences)	64 %	70 %	78 %
% services	36 %	30 %	22 %
Marge brute	76 %	83 %	88 %
Ventes et marketing	27 %	47 %	56 %
Frais généraux	12 %	10 %	10 %
R&D	16 %	22 %	14 %
Total coûts opérationnels	58 %	79 %	80 %
Operating income	18 %	4 %	8 %

TempoSoft

Nous illustrerons (voir tableau 6.3) ce dernier point en le structurant sur l'exemple de TempoSoft, une jeune entreprise française créée en 1999 et proposant une suite logicielle de management des ressources humaines. Nous comparerons son modèle financier avec celui d'entreprises, non similaires mais proches, car c'est là un des problèmes majeurs de l'approche comparative, et constituant des références pour un investisseur. Nous avons choisi de retenir à nouveau Business Objects que nous avons déjà largement développé dans cette partie et PeopleSoft, un des acteurs majeurs des ERP. La comparaison doit se faire bien entendu à années comparables (les premières années d'existence dans le cas présent).

Il s'avère donc, quand on le compare, que Temposoft propose un *business model* classique d'éditeur de progiciel, intermédiaire entre celui d'un spécialiste de l'applicatif (Peoplesoft) et celui d'un spécialiste de l'outil logiciel (Business Objects)... mais hélas sans la norme de profit. Ce dernier point tient clairement à des charges de R&D trop importantes qui s'expliquent par le fait que Temposoft, en fait un *spin-off* de Ilog, spécialiste mondial des briques d'optimisation, doit reverser à celui-ci 6 % de ses ventes sous forme de royalties, en contrepartie d'un accès gratuit à sa technologie et à son savoir-faire technique et commercial.

Conclusion

Nous retiendrons cinq points clés :

• Il n'existe pas de bons *business model*s sans une proposition de valeur qui à la fois soit fortement créatrice de valeur et autorise une répartition intelligente de cette valeur entre toutes les parties prenantes à l'acte d'achat, partenaires y compris.

• Pour que cette proposition de valeur ait du sens et différencie l'entreprise de ses concurrents durablement, elle doit être fondée sur un ou des actifs valorisables, spécifiques à l'entreprise et donc défendables.

• Pour réussir, il convient de se tenir exclusivement à son territoire de compétence et de création de valeur maximales et d'y consacrer toutes ses ressources ; le reste doit être confié à tous ceux qui font justement du reste leur métier.

• Les *business model*s qui intéressent, à juste titre, les financiers ont toujours une capacité à croître rapidement en bénéficiant systématiquement d'effets d'échelle ; la « scalabilité » (croissance non proportionnelle des revenus et des charges) est un must.

• Le choix d'un *business model* dépend des références des investisseurs, des possibilités en termes de source et mode de revenus offerts par l'activité, du type de structure de coûts de l'entreprise et, *last but not least*, des moyens dont disposent les entrepreneurs.

Mini-Case

Acer Business Model

Acer is among the world's top ten branded PC vendors. Based in Taiwan, Acer has approximately 15,000 employees spread across 80 offices in 38 countries, and dealer relationships and distributors in more than 100 nations.
Founded as Multitech International Corporation in 1976 by Stan Shih, the company was regarded as just another Taiwanese PC cloner.
In the mid-1980s, S. Shih decided that the company should "go global" . He changed the company's name to Acer (Latin for "sharp, acute") and formulated an aggressive strategy to conquer world markets: Acer acquired a company in the US and hired a former IBM executive as the company's president. Both moves backfired, and in the early 1990s Acer was declining rapidly.
Then Stan Shih introduced a series of strategic and organizational changes to make the company more effective. He built on his own concepts such as the "smiling curve", "fast-food business model", and "client-server organization". (see exhibit 1 & 2)
Acer's strategy could be perceived as risky but potentially highly rewarding. Facing very severe competition and falling market share in the US, its most important market, the company could go back no its "natural" mission of an original equipment manufacturer (OEM), making components and whole computers for big-name brands like IBM. Instead Acer decided to fight for establishing its brand name in the US with new sophisticated products.
If Acer was able to establish a firm presence under its own name in the consumer PC market, it will have considerable advantages over its rivals.
Acer is very cost-effective; it manufactures more quickly and cheaply than most competitors through its network of 30 assembly plants. It is flexible and has ample room to maneuver, including growing fast in mainland China.
Acer's management has also been reengineered. The once top-heavy management structure and workforce have been trimmed by 8%. Global operations are decentralized through a worldwide confederation of publicly owned affiliates. Acer structure is based on five divisions aiming at customer focus and own-brand emphasis.

TABLE 1 Stan Shih "Smiling Curve"

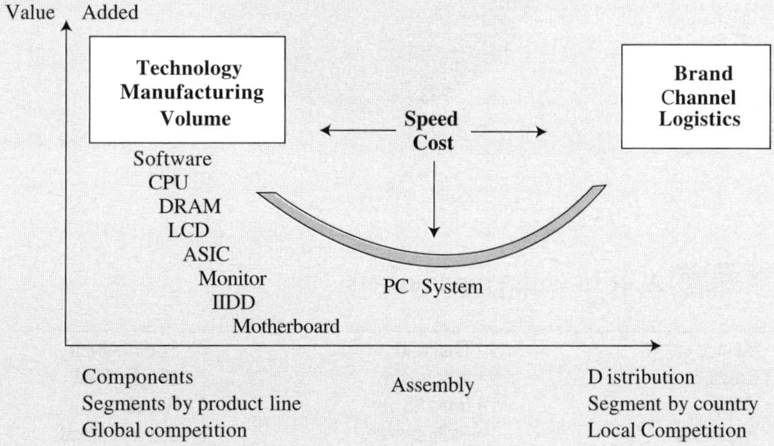

TABLE 2 **Fast food business model**

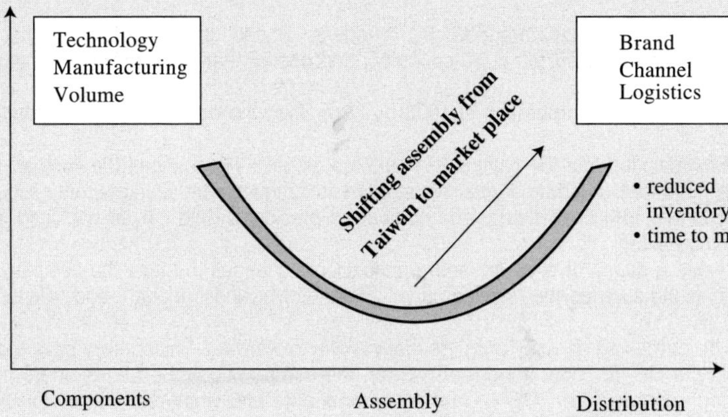

TABLE 3 **Acer revenue per region**

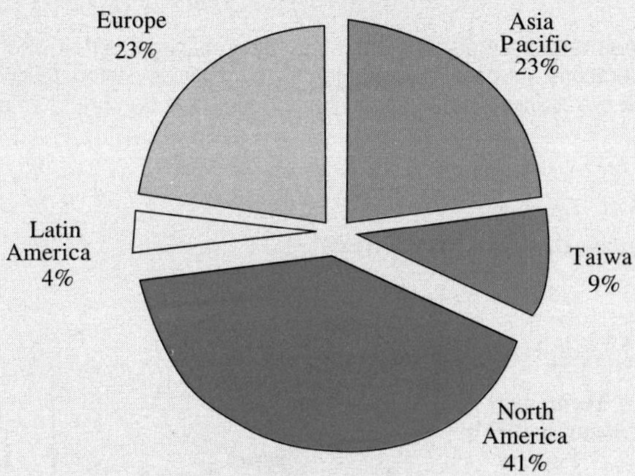

Source : Companydata

TABLE 4 **Acer in emerging markets**

• Mexico (n°1) • Brazil • Chile • Argentina	• Thailand • Indonesia • India (n°3) • Philippines • Malaysia	• South Africa • Middle East • Russia • (from Finland)

TABLE 5 Acer Client – Server organization

	RBU	SBU
RBU	Share market intelligence and marketing "best practice"	Traditional interaction SBU provides product to RBU
SBU	Communicate Market needs to SBU (sensing)	Joint purchasing development and manufacturing of common components ; shared R&D

TABLE 6 Taiwan niche

- Taking latest technology...
- Improving it...
- Adding value to it...
- Making it less expensive...
- Getting into the market quickly

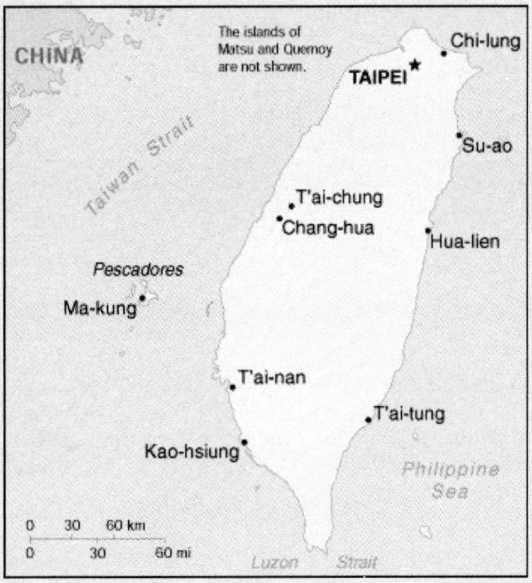

Source : Taipei Extrenal Trade Development Council

This case was prepared by Professor Jean-Paul Larçon for the Roland Berger & Partner Foundation for European Development. It has been developed as a element of comparison between innovative European companies and as a basis for class discussion.

Chapitre 7

Stratégies de croissance et voies de développement : spécialisation et diversification

La croissance a toujours été la préoccupation majeure des entrepreneurs. On utilise même souvent l'image de l'avion : « Une entreprise est comme un avion : elle ne survie que lorsqu'elle avance. Elle ne sait pas faire du surplace et encore moins reculer. » Plusieurs raisons expliquent cet état de fait. En premier lieu, chacun est porté par l'idée de progresser, de faire plus et mieux dans le futur que lors de la période qui vient de s'écouler. Certes les obstacles sont nombreux et chacun connaît un artisan qui refuse de grossir, renonçant à embaucher son premier collaborateur. Mais dans la plus grande majorité des cas l'entrepreneur est porté par cette volonté de croissance. Il a conscience que s'il ne progresse pas la concurrence va rapidement le mettre à mal. Des motifs internes poussent aussi à la croissance. Comment recruter et garder les meilleurs si l'on ne peut leur proposer des perspectives d'évolution ? Comment élargir leurs responsabilités si l'entreprise ne se développe pas ? Peut-on proposer à un collaborateur de rester toute sa vie professionnelle dans la même situation, sans voir ses responsabilités s'élargir ?

S'ils recherchent la croissance, les entrepreneurs ne sont pas tous identiques face à ce challenge. Tiraillés entre prudence et croissance les dirigeants d'entreprise déclarent en général ne pas rechercher la croissance à tout prix, mais tous rêvent d'une croissance mesurée et profitable.

Mais c'est aussi le marché qui va influer directement sur la croissance de l'entreprise. Lorsque l'on observe le comportement de l'entreprise par rapport à son marché, trois types de croissance peuvent être identifiés :

– la croissance « portée » : l'entreprise croît parce que le marché sur lequel elle est située connaît une forte croissance. Elle est comme un bouchon emporté par le courant ! Les entreprises implantées sur le marché chinois connaissent de fortes croissances ;

– la croissance « intensive » : l'entreprise croît plus vite que ses concurrents, elle accroît sa part de marché dans son industrie ;

– la croissance « extensive » : l'entreprise croît par pénétration de nouveaux marchés en s'implantant dans de nouveaux pays ou en lançant de nouveaux produits.

Face à ce dilemme deux points de vue doivent être considérés :
– dans certaines situations l'entreprise se voit obligée de croître pour atteindre ce qu'il est convenu d'appeler la taille critique. Elle désigne la taille en deçà de laquelle une entreprise ne peut pas survivre, compte tenu des effets d'échelle requis, des masses de capitaux à investir en R&D ou en capital productif, de la taille des autres concurrents… C'est ce que nous appellerons la *croissance nécessaire* ;
– face à cette « obligation stratégique », il faudra examiner la *croissance possible*, celle que l'entreprise est en mesure d'assumer en raison de ses disponibilités financières, de sa capacité à intégrer rapidement dans son organisation de nouveaux collaborateurs… Les entreprises en démarrage sont toutes confrontées à cette difficulté de gestion d'une forte croissance.

Enfin, depuis le début des années quatre-vingt-dix les marchés financiers ont fait une irruption remarquée dans l'univers de la décision stratégique. Si les investisseurs financiers traditionnels se montraient incisifs outre-Atlantique, leurs homologues français et européens restaient plutôt discrets. L'expansion des fonds de pension nord-américains, le développement en Europe des fonds d'investissement ont créé une révolution dans les relations des entreprises européennes avec leurs actionnaires. Au début du XXIe siècle, ces investisseurs contrôlent plus du tiers de la place boursière de Paris et ont progressivement introduit leurs modalités de « gouvernance ». Afin de faire fructifier le patrimoine dont ils ont la gestion (Calpers gère les fonds de retraite des employés californiens et doit donc non seulement maintenir le niveau de ce patrimoine, mais servir leurs retraites aux cotisants), ils sont donc particulièrement vigilants sur la valeur des entreprises dans lesquelles ils ont investi. Ils font alors pression sur les comités de direction afin que les décisions stratégiques prises conduisent bien à un accroissement de la valeur. Or la valeur d'une entreprise qui reflète les espérances des investisseurs, leur vue du futur, est fortement conditionnée par ses perspectives de croissance. Les investisseurs attendent donc que le management des entreprises conduise des stratégies de croissance rentable. Quelles voies s'ouvrent alors à elles ?

L'exemple des entreprises performantes montre que deux grandes voies de développement peuvent être suivies : la spécialisation et la diversification. Cependant, les emprunter simultanément comporte de grandes difficultés et nécessite d'importants moyens financiers et humains.

De nombreuses entreprises multinationales ont bâti leur puissance et leur renommée en concentrant leur développement sur un seul domaine d'activité. Tel est le cas de Boeing dans l'aéronautique ou d'Intel dans les semi-conducteurs.

D'autres groupes, en revanche, ont fondé leur développement sur une logique de diversification ; se lancer dans de nouveaux domaines d'activité constitue autant de nouvelles compétences à acquérir et à intégrer. Matra est sans doute l'exemple français le plus représentatif de cette voie de développement. Ses activités s'étendent aujourd'hui de l'électronique (composants, téléphonie) à l'industrie de l'armement, l'aéronautique (EADS) et la communication (Europe 1 et Hachette). Présent aujourd'hui dans six domaines d'activités – construction, immobilier, travaux routiers (Colas), distribution d'eau, communication (TF1), téléphonie –, Bouygues est aussi un excellent exemple.

Les années soixante et soixante-dix ont été les « années folles » de la diversification. Soutenues par la croissance et la rentabilité, attirées par les nombreuses opportunités qui caractérisent une économie dynamique, et encouragées par les modèles d'analyse de portefeuille (voir chapitre 9), la plupart des grandes entreprises se sont lancées, parfois imprudemment, dans la diversification.

La crise de l'économie mondiale de la fin des années soixante-dix s'est chargée de rationaliser cet emballement. Dans les années quatre-vingt, le mot d'ordre a été de se recentrer sur son activité de base. La spécialisation est redevenue la priorité, surtout pour les entreprises ayant vu s'affaiblir leur position concurrentielle d'origine ; la diversification est un luxe réservé aux entreprises très saines. Renault, par exemple, s'est séparé progressivement de toutes ses autres activités (moteurs marins, cyclisme, robotique, et plus récemment véhicules industriels.) pour se consacrer à l'automobile.

1 La spécialisation

1.1 Fondements stratégiques de la spécialisation

La spécialisation s'inscrit dans le cadre exclusif d'un domaine d'activité particulier, sur lequel l'entreprise concentre tous ses efforts. Elle se donne pour objectif d'atteindre dans cette activité le meilleur niveau de compétence possible et d'en faire un avantage concurrentiel décisif.

Les stratégies de coût suivent cette logique de spécialisation, chaque concurrent misant sur l'effet d'expérience pour améliorer sa position de coût et, partant, sa position concurrentielle. Il en va de même lorsque l'entreprise suit une stratégie de différenciation en présentant une offre dont la valeur est perçue comme différente de l'offre de référence et attractive par tout ou partie du marché. Elle doit alors travailler le plus possible les coûts spécifiques sur lesquels elle est susceptible de fonder un avantage concurrentiel, en faisant jouer l'effet d'expérience.

Le chemin de la réussite passe toujours par une certaine forme de spécialisation. Toutefois la spécialisation peut revêtir des formes diverses. Cela dépend du degré de maturité de l'activité et de la position concurrentielle de l'entreprise.

1.2 Spécialisation et phases de maturité

Au sein du cycle de vie d'une activité, des moments sont plus propices que d'autres à la spécialisation. On ne se spécialise pas sur un domaine d'activité qui atteint sa maturité mais plus tôt dans le cycle, lorsque l'activité présente des perspectives importantes de développement. D'une façon générale, la spécialisation va de pair avec la croissance. Sur un métier neuf et très attractif, le concurrent victorieux sera celui qui aura su croître le plus rapidement, en concentrant tous ses efforts sur la croissance de la production dans ce domaine d'activité (spécialisation intensive).

En phase de maturité ou de déclin, les positions sont plus figées, et l'entreprise a le choix entre maintenir la spécialisation qu'elle a développée dans les phases précédentes (spécialisation passive), ou changer carrément de domaine d'activité (diversification).

1.2.1 Spécialisation et position concurrentielle

Si, en phase de croissance, la stratégie de coût-volume convient particulièrement bien à une entreprise disposant à la fois d'une bonne expérience et des moyens suffisants, elle représente, en revanche, un danger pour l'entreprise dépourvue de moyens pour défendre une bonne position initiale, ou située en position concurrentielle défavorable qu'elle estime ne pas pouvoir redresser.

Dans ce cas, cette dernière doit identifier au sein du domaine d'activité une niche très spécifique, adaptée à ses compétences et à ses moyens financiers. En re-segmentant son champ d'action, elle pourra ainsi atteindre un niveau de spécialisation lui assurant une certaine compétitivité (spécialisation restrictive).

Mais de nombreuses entreprises se retrouvent également dans des positions concurrentielles difficiles dans des domaines d'activité en phase de maturité. Les fabricants de plaques d'immatriculation (une poignée d'entreprises) risquent de devoir faire face à une chute considérable de leur activité. En effet, une nouvelle réglementation de l'immatriculation des véhicules est en préparation en France : Alors qu'actuellement l'immatriculation change à chaque changement de propriétaire, la nouvelle méthode consisterait à immatriculer le véhicule une fois pour toutes lors de la première mise en circulation, indépendamment de son propriétaire. Les modèles d'analyse stratégique recommandent, dans ce cas, une solution radicale : l'abandon. C'est cependant souvent irréaliste, notamment lorsque les barrières à la sortie sont très élevées, ou quand l'activité considérée est la seule que possède l'entreprise. D'autres voies alternatives sont alors heureusement possibles :

• le recentrage sur cette seule activité, par abandon d'autres activités de diversification, ce qui entraîne souvent une amélioration rapide des compétences qui ont été laissées en friche mais restent potentiellement exploitables ;

• la resegmentation, soit par retranchement sur un segment de marché où l'entreprise est bien positionnée et peut se refaire une santé, soit par une stratégie de rupture générant un nouveau domaine dans lequel l'entreprise dispose des compétences clés.

La première solution est plus traditionnelle. Elle correspond au cas de nombreuses entreprises, Coca Cola par exemple, qui dans les années quatre-vingt, a abandonné ses diversifications hasardeuses dans le cinéma et le vin pour se retrancher dans ses places fortes : les boissons non alcoolisées : « Tout ce que nous avons cherché à faire en dehors de notre métier de base a été catastrophique » a déclaré le dirigeant de l'époque, R. Goizueta.

La seconde solution consiste souvent à jouer la carte de la révolution technologique dans laquelle l'entreprise avait une longueur d'avance sur ses concurrents du secteur, elle se traduit cependant souvent par une diversification de fait. Si la nouvelle technologie devient le facteur clé de succès de l'activité, c'est toute l'économie du secteur qui se trouve modifiée alors qu'apparaît une nouvelle compétence qui crée un nouveau métier.

Les types de spécialisation sont donc différenciés selon la phase de maturité de l'activité et la position concurrentielle de l'entreprise. La figure 7.1 permet de les identifier.

Une entreprise engagée dans la spécialisation peut suivre deux voies distinctes, successivement ou simultanément :

• l'une est *géographique* et consiste à faire des choix d'expansion ou de restriction au sein du marché pertinent qui circonscrit l'étendue spatiale du domaine d'activité de l'entreprise ;

FIGURE 7.1 **Les types de spécialisation**

Position concurrentielle / Phase de maturité	Démarrage (croissance)	Maturité (déclin)
Forte et défendable	Spécialisation extensive	Spécialisation passive Envisager l'autre voie de développement : diversification
Faible et non défendable	Spécialisation restrictive (niche)	Spécialisation par reconcentration Spécialisation restrictive (retranchement) Spécialisation par diversification

• l'autre s'exprime en termes de *produit/marché.* Elle consiste à générer ou à sélectionner des couples produits/marchés dont les facteurs clés de succès sont identiques au sein du domaine d'activité. C'est une diversification marketing (à distinguer de la diversification stratégique), qui s'appuie sur une politique de gamme ou de clientèle.

1.3 L'expansion (ou retranchement) géographique

L'idée même de spécialisation ne peut se concevoir que par rapport au marché pertinent de l'activité. Cette notion, qui est intimement liée à la définition d'un segment stratégique, permet de définir le champ géographique sur lequel on doit se battre afin d'atteindre le meilleur niveau d'expérience et se créer ainsi un avantage concurrentiel déterminant.

Une entreprise qui décide une spécialisation dans un cadre strictement national, alors que le marché pertinent du domaine d'activité est plus vaste, est vouée à la marginalisation et, si elle ne réagit pas rapidement, à la disparition.

L'Europe

Au cours des années quatre-vingt-dix la construction européenne a fait éclater les frontières de nombreuses activités. Dans tous les pays de nombreuses entreprises qui étaient spécialisées sur leur territoire domestique ont vu leurs positions

▶

▶ attaquées par des entreprises venues des pays voisins. De nombreuses industries ont changé de dimensions : la taille du marché pertinent s'est considérablement étendue. Désormais la présence, fût-elle confortable sur un marché national, ne procure plus d'avantage permettant d'envisager sereinement la pérennité de l'entreprise. De nombreux processus internes ont changé de périmètre : les systèmes de production et de logistique (ce qu'il est convenu d'appeler la *supply chain*) sont conçus sur l'ensemble du territoire européen. Avec l'élargissement de l'Europe à vingt-cinq, il sera de plus en plus facile de fabriquer à Bratislava ou à Riga pour distribuer à Manchester ou à Bilbao !

Les entreprises françaises de services aux collectivités se sont implantées dans la distribution d'eau en Grande-Bretagne, l'électricité en Italie, les entreprises britanniques de téléphonie ont pris position sur le marché français, tout comme les banques allemandes.

Toute stratégie de retranchement sur une partie seulement du marché pertinent ne peut se concevoir qu'à partir d'une segmentation affinée, permettant de dégager une niche géographique, caractérisée par des conditions particulières de marché, par des barrières érigeables et défendables par l'entreprise. Dans ce cas, la resegmentation permet d'isoler un segment sur lequel l'entreprise pourra avantageusement se spécialiser. C'est ce qu'avaient fait Chrysler, en se retirant du marché européen à la fin des années soixante-dix, et Fiat, en se repliant sur l'Europe. Plus récemment le groupe Suez a quitté le marché britannique de la distribution d'eau.

Définir les frontières du marché pertinent est donc la condition clé du succès d'une politique de spécialisation.

La première erreur à ne pas commettre est de confondre marché naturel et marché pertinent. Certaines activités, supportant mal les coûts de transport, ont un marché naturel géographiquement limité autour de l'unité de fabrication. On considère, par exemple, qu'une entreprise qui fabrique des produits en béton (parpaings, bordures de trottoir) n'est compétitive que dans un rayon de 50 à 100 kilomètres autour de son unité de production. Ceci ne constitue cependant pas le marché pertinent d'une telle activité, l'entreprise pouvant en effet multiplier ses unités de fabrication afin de mailler l'ensemble de son territoire pertinent qui, lui, est beaucoup plus vaste. Dans ce cas, l'expansion géographique passe par l'adjonction successive de marchés naturels.

La seconde erreur relève, à l'inverse, d'une vision trop large des frontières du marché pertinent. Qu'ils soient d'origine institutionnelle ou économique, les obstacles qui créent les frontières se traduisent par des coûts d'adaptation qui peuvent ruiner une stratégie d'expansion fondée sur une expérience spécialisée. Au-delà d'un certain seuil, en effet, le montant des coûts d'adaptation annule tous les effets de synergie que l'on peut attendre de l'extension

FIGURE 7.2 Détermination du marché pertinent

I. Zones où $C_s > C_p$	II. Zones où $C_s = C_p$	III. Zones où $C_s < C_p$
• Coexistence de segments stratégiques différents • Plusieurs marchés pertinents	• Situation intermédiaire réclamant une présence sur tous les marchés	• Synergies exploitables dans le cadre d'un seul marché pertinent

C_s : coûts spécifiques

C_p : coûts partagés

du marché pertinent. C'est en comparant *coûts spécifiques et coûts partagés* que l'on pourra définir les frontières du marché pertinent.

Rares sont les zones d'implantation nouvelles qui ne bénéficient que de coûts partagés avec l'implantation initiale et n'impliquent aucun coût spécifique d'adaptation. C'est pourquoi, en analysant zone par zone (régions, pays, continents), on peut aboutir à trois types de situations, comme l'explique la figure 7.2.

Seule la situation III correspond à un marché pertinent, incluant toutes les zones géographiques où les coûts partagés sont supérieurs aux coûts spécifiques. Dans le cas inverse (situation I), il existe des segments stratégiques géographiques différents. Tel était le cas, au milieu des années quatre-vingt, du marché européen de la chaussure de sécurité qui pouvait être segmenté entre l'Europe du Nord-Ouest, caractérisée par des normes de haute qualité, et l'Europe du Sud, où l'offre était de faible qualité mais où existaient encore des barrières douanières.

Il y a aussi des situations hybrides, qui représentent une étape entre la coexistence de segments différents et la constitution d'un seul et même segment. C'est probablement le cas actuel de l'automobile, où la « voiture mondiale » ne s'est pas encore imposée, mais où les frontières sont de plus en plus perméables.

Ayant pu ainsi définir, de façon ni trop étroite ni trop large, son marché pertinent, l'entreprise y pratique une stratégie d'expansion tant que la croissance de l'activité est satisfaisante. Si cette expansion devient de plus en plus aléatoire et coûteuse, l'entreprise peut alors se tourner vers la diversification marketing.

Citigroup

Après avoir consolidé sa position sur le marché nord-américain et constatant la saturation de son marché d'origine, Citigroup se lance dans l'expansion internationale. S'appuyant sur la croissance de certains marchés, Citigroup va vendre ses services bancaires (cartes de crédit notamment) dans les marchés émergents (Brésil, Inde, Chine, Russie). L'objectif est d'atteindre la moitié des revenus générés par les activités hors Amérique du Nord.

1.4 La diversification (ou retranchement) marketing

Produits nouveaux pour clients actuels ou clients nouveaux pour produits actuels, telles sont les deux voies d'une diversification marketing, *qui reste de la spécialisation dès lors qu'elle ne nécessite pas la mise en œuvre de compétences nouvelles pour l'entreprise.*

Offrir un produit nouveau, c'est accroître son potentiel de vente. Dans le cas de la spécialisation, l'entreprise peut développer toute une panoplie de produits comparables quant à leurs facteurs clés de succès (mode de production, de distribution, image, technologie), afin de constituer une gamme étendue, mais homogène, destinée à sa clientèle traditionnelle.

Ces nouveaux produits doivent présenter une synergie maximale qui permette d'accroître l'expérience globale de l'entreprise sur chacun des facteurs clés de succès. Dans cette hypothèse, l'extension de gamme permet d'amplifier ou de prolonger la croissance de l'activité, tout en améliorant la compétence de l'entreprise. Ce fut la politique, par exemple, des fabricants de biscuits et de biscottes (avec sel/sans sel, diététique/normal).

Dans de nombreuses activités, une gamme large constitue un élément clé de réussite, notamment lorsque différentes clientèles ont des besoins ou des goûts différents pour une même catégorie d'articles. C'est le cas également lorsque les produits sont commercialisés par la grande distribution, car il faut une gamme importante pour prendre sa place sur un linéaire. Les entreprises moyennes agro-alimentaires l'ont souvent appris à leurs dépens. Il suffit d'observer les rayons des supermarchés pour prendre conscience de ces stratégies : regardez les rayons de biscuits, des cafés, des céréales pour le petit-déjeuner…

L'expansion peut également provenir de changements du type de clientèle auquel s'adresse l'entreprise. Rares sont cependant les élargissements de clientèle qui n'entraînent pas, par une modification du schéma de distribution, par exemple, l'apprentissage d'un nouveau savoir-faire. Un parfumeur, passant d'une gamme de produits de toilette pour femme à une autre pour homme, rencontre probablement peu de difficultés. Mais, dans certains cas, il ne s'agit plus seulement d'adapter la politique et les moyens marketings de l'entreprise : c'est une compétence supplémentaire qu'il convient d'acquérir.

On atteint ici les confins de la spécialisation. La limite entre compétence additionnelle et modification des facteurs clés de succès est vite franchie. Sans qu'elle s'en rende compte, l'entreprise peut se diversifier tout en restant persuadée qu'elle poursuit sa spécialisation. Tel peut être le cas lorsque l'entreprise développe des produits de substitution qui, pour elle, ressortent de son activité de spécialisation, mais qui, d'un point de vue stratégique, font appel à une nouvelle combinaison de savoir-faire, en particulier lorsqu'ils sont liés à une nouvelle technologie.

1.5 De la spécialisation à la diversification

La spécialisation dans une activité doit être poursuivie tant que l'entreprise n'a pas atteint une position lui conférant un avantage décisif et durable par rapport à ses concurrents. La dispersion des ressources apparaît dès lors comme l'ennemi numéro un dans une activité de croissance. La spécialisation impose aux entreprises concentration sur l'activité et mise en sommeil de leur potentiel de diversification.

L'allocation optimale des ressources de l'entreprise, qui doit se traduire par la meilleure rentabilité possible, est la base de l'arbitrage spécialisation/diversification[1]. Très souvent, l'entreprise est tiraillée entre un investissement de spécialisation qui contribuerait au renforcement de sa position concurrentielle et une diversification dont la rentabilité serait élevée. La figure 7.3 permet de déterminer l'opportunité d'une politique de spécialisation par rapport à une stratégie de diversification. Cette figure a été réalisée dans une optique d'expansion et néglige les mouvements de retranchement précédemment mentionnés.

2 La diversification stratégique

La diversification dépasse le simple élargissement du champ d'activité de l'entreprise. Alors que la spécialisation repose sur la mise en œuvre d'un ensemble de savoir-faire unique, la diversification impose l'utilisation d'un nouvel ensemble de savoir-faire, requis par le nouvel univers concurrentiel dans lequel l'entreprise pénètre.

1. Giroire J., « Comment réussir une diversification », *Revue française de gestion*, sept.-oct. 1983.

FIGURE 7.3 Voies de développement stratégique de l'entreprise

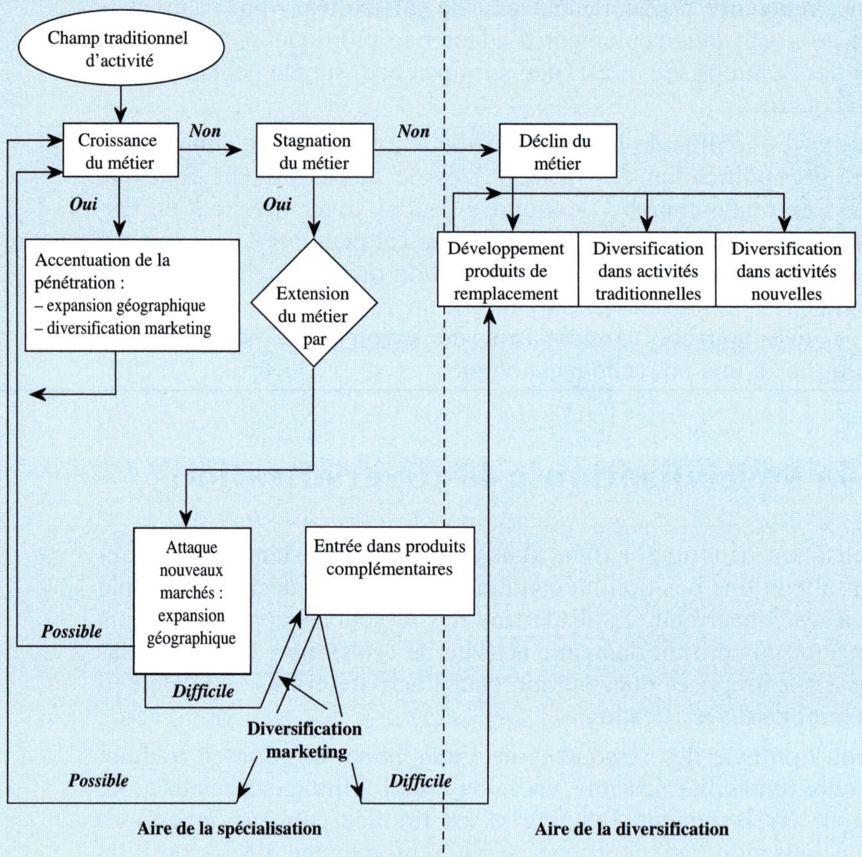

2.1 Fondements stratégiques de la diversification

2.1.1 Métier et domaine d'activité

La notion de métier, évoquée en introduction, est fondamentalement liée à la conception qu'en a une entreprise donnée. C'est ce qui explique que deux entreprises, ayant une conception différente de leur métier, puissent se retrouver en concurrence dans un même domaine d'activité. Par rapport à la diversification, le caractère subjectif de la notion de métier peut conduire une entreprise à de mauvaises perceptions, voire à aller à contresens dans ses choix stratégiques.

Exemple

Ainsi Michelin, lorsqu'il a intégré la production des fils et câbles nécessaires à la réalisation des pneumatiques, a-t-il considéré qu'il développait sa spécialisation dans son métier de base. Il est clair pourtant que ce mouvement nécessitait l'acquisition de nouveaux savoir-faire et que les facteurs clés de succès de cette activité étaient différents de ceux du travail du caoutchouc. Michelin entrait donc, du point de vue stratégique, dans un nouveau domaine d'activité. Il se diversifiait. Cette diversification allait être intégrée rapidement dans l'identité de l'entreprise et se traduire par une conception élargie de son métier.

L'introduction de Bic dans les briquets et les rasoirs jetables pourrait être perçue de l'extérieur comme une double diversification. Ce n'est pas le cas pour Bic, qui conçoit son métier comme étant la diffusion de produits grand public jetables à base de plastique moulé. De fait, qu'il s'agisse de stylos, de briquets ou de rasoirs, les compétences nécessaires sont les mêmes. Les facteurs clés de succès liés à ces produits reposent essentiellement sur la technologie (injection de plastique), le marketing (publicité, PLV) et l'introduction dans une multitude de réseaux de distribution adaptés (grande distribution, bureaux de tabac). Du point de vue stratégique, tous ces produits relèvent d'un même domaine d'activité, dans lequel Bic a raison de dire qu'il poursuit sa spécialisation. Il y rencontre d'ailleurs toujours le même concurrent : Gillette. Lorsqu'il s'est lancé, en revanche, dans les planches à voile, Bic, assurément, s'engageait dans la diversification, ce qu'il a reconnu puisque, pour la première fois dans son histoire, il a procédé par croissance externe en rachetant le spécialiste Morin. La perception interne de la spécialisation ou de la diversification peut donc coïncider avec la réalité objective.

Objectivement, *la diversification correspond aux mouvements stratégiques qui se concrétisent par un changement de domaine d'activité,* c'est-à-dire par la prise en compte d'un nouvel ensemble de facteurs clés de succès. Ces mouvements peuvent se traduire subjectivement, soit par l'élargissement du métier de l'entreprise, soit par la coexistence de plusieurs métiers. La notion de métier est complexe et sera analysée à la fin de cette partie. On peut dire, à ce stade, que l'emploi du terme « métier » renvoie à des perceptions internes, alors que celui de « domaine d'activité » ou de « segment » a un caractère plus objectif.

2.1.2 La synergie

Les entreprises qui se lancent dans une activité dont elles ne maîtrisent aucun des facteurs de succès, face à des concurrents exerçant ce métier depuis plus longtemps, sont toutefois assez rares. D'une façon générale, toute stratégie de diversification exploite plus ou moins des éléments de synergie tirés de l'activité principale de l'entreprise[1].

1. Roberts E.B. et Berry C.A., « Entering New Businesses : Selecting Strategies for Success », *Sloan Management Review*, printemps 1985.

De fait, si la combinaison de facteurs clés de succès diffère d'un segment stratégique à l'autre, il est des facteurs qui entrent dans la composition de plusieurs domaines d'activité différents. En s'appuyant sur ces compétences communes, l'entreprise, dans le cadre de sa nouvelle activité, tirera un avantage concurrentiel de l'expérience acquise dans son activité traditionnelle.

Zodiac

Zodiac, leader des bateaux pneumatiques, a su utiliser ses compétences dans les matériaux composites souples et les structures textiles pour investir de nouveaux marchés reposant sur la même technologie ou sur des technologies connexes, avec pour objectif d'être leader sur chaque segment. Zodiac est structuré aujourd'hui selon trois axes : la marine et le loisir, l'aéronautique et l'espace.

La marine et le loisir, domaine d'activité d'origine, se développent par croissance interne avec la sortie de nouveaux modèles ainsi que par acquisitions. Le groupe est leader mondial des bateaux pneumatiques. Zodiac a aussi racheté l'américain Muskin, spécialisé dans la piscine hors sol, et est devenu leader mondial.

Dans le domaine aéronautique, Zodiac est leader mondial du toboggan d'évacuation et des flotteurs pour hélicoptères. Il est aussi présent dans les systèmes d'aérofreinage, les barrières d'arrêt pour avions, les gaines souples de protection de câblage ou même les réservoirs de carburants. Zodiac s'est par ailleurs diversifié dans la fabrication de sièges passagers pour avions, secteur qui reste florissant. Après son rachat de Weber Aircraft, le groupe est leader mondial des sièges d'avions. L'aéronautique représente désormais 60 % du chiffre d'affaires du groupe.

Dans la branche espace, Zodiac est un spécialiste de production de ballons scientifiques et travaille, par exemple, à l'élaboration des gants des combinaisons des spationautes européens.

Dans de nombreux cas, la diversification procède d'une évolution progressive, fondée sur l'utilisation la plus pertinente possible d'éventuelles synergies de compétences, comme autant de pivots[1] ouvrant de nouveaux champs d'activité. La figure 7.4 reflète cette évolution.

La notion de synergie apparaît donc comme fondamentale dans la diversification, qu'il s'agisse d'une stratégie industrielle ou financière.

L'appréciation prévisionnelle du rendement réel des synergies envisagées entre le domaine d'activité traditionnel et le nouveau constitue une étape particulièrement délicate dans le choix d'une diversification. Une surévaluation des synergies de compétences existant entre les deux activités peut en effet conduire à l'échec. C'est ce qui a failli arriver à Rossignol lorsque l'entreprise s'est lancée dans la production de raquettes de tennis. Tant sur le plan technologique que commercial, les synergies avec

1. Berretta V., *Politique et stratégie de l'entreprise*, Paris, Éditions d'Organisation, 1975.

FIGURE 7.4 **Synergies et diversification**

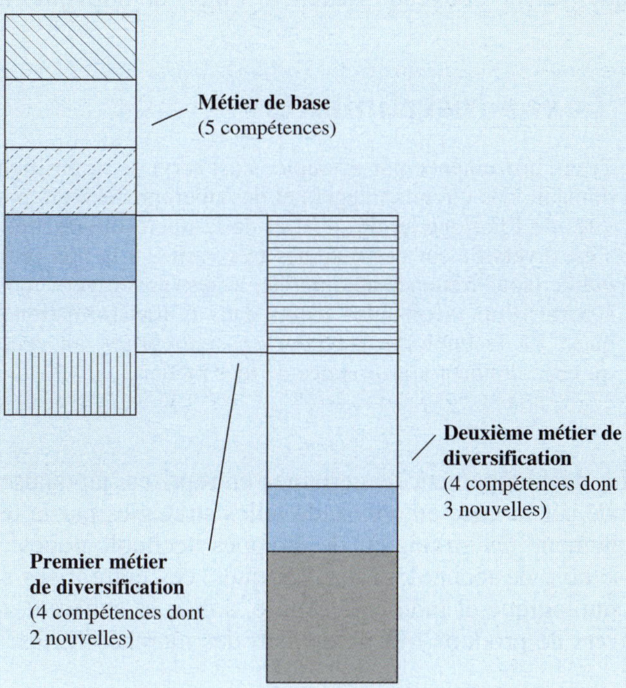

l'activité ski qui paraissent *a priori* fortes se sont révélées, à l'expérience, faibles. En abordant cette nouvelle activité, Rossignol comptait optimiser l'utilisation de son réseau de vente en jouant sur la complémentarité des cycles des deux activités. C'était oublier que les interlocuteurs de ses vendeurs n'étaient pas les mêmes au sein des magasins ou des centrales d'achat. La création d'un second réseau s'imposa pour éviter l'échec de la diversification.

Le risque de surévaluation des synergies est lié aux difficultés qu'ont les entreprises à apprécier les données concurrentielles de l'activité nouvelle et à estimer le coût financier réel de la diversification.

2.1.3 Les deux pivots clés : technologie et marché

Certaines entreprises semblent faire de la technologie l'axe principal le long duquel se développe leur stratégie ; la maîtrise d'une technologie ou d'un ensemble convergent de technologies constitue leur principale compétence distinctive. Ces entreprises ont une position technologique forte ou très forte. Le caractère dominant de la technologie se révèle particulièrement à l'occasion de mouvements stratégiques de diversification, que ces entreprises accomplissent plus volontiers en exploitant leurs compétences technologiques sur de nouveaux marchés et dans de nouvelles activités.

Texas Instruments

Texas Instruments, par exemple, s'est servi de sa position dominante dans le domaine des circuits intégrés et des microprocesseurs pour pénétrer les activités de l'horlogerie, du jouet et de la micro-informatique. Sommer-Allibert s'est diversifié sur des marchés très variés, à la fois professionnels et grand public (sous-traitance automobile, accessoires divers, mobilier, revêtements), à partir d'un savoir-faire acquis dans la transformation des matières plastiques. La technologie est pour ces entreprises au centre de la définition qu'elles donnent elles-mêmes de leur métier.

Le développement de certaines entreprises, japonaises notamment[1], paraît fondé sur la mise en œuvre de telles stratégies par la technologie, qualifiées également de stratégies de grappes technologiques[2]. S'appuyant sur un ensemble de technologies génériques, ces entreprises se créent un potentiel technologique et industriel propre, solide et cohérent, qu'elles valorisent au travers de produits très divers, sur des marchés variés.

Canon

Canon, numéro un mondial de la photographie, a fondé le développement de sa croissance sur des compétences technologiques de base qui lui ont permis d'investir de nouveaux domaines porteurs pour l'entreprise. Cette stratégie a été rendue possible par l'importance accordée par le groupe aux budgets de recherche et de développement et à l'innovation. Grâce aux compétences technologiques accumulées, Canon a pu passer de la photo à la vidéo, avec le caméscope, et aux photocopieurs à bas prix, puis aux photocopieurs couleurs. L'entreprise a également investi dans la télécopie. Canon s'est aussi développé dans les imprimantes à bulle d'encre et dans l'impression laser, puis plus récemment dans la photo numérique.

À l'inverse de ces entreprises pour qui la technologie est le fil conducteur de leur stratégie, d'autres se développent principalement en suivant une logique commerciale. Dans ce cas, l'axe privilégié de développement est le client, et la technologie n'est alors qu'un moyen parmi d'autres pour le satisfaire. L'entreprise passe aisément d'une technologie à l'autre et acquiert au fur et à mesure de ses besoins les compétences technologiques qui lui faisaient défaut pour servir de nouveaux clients, en élargissant sa gamme de produits et son portefeuille d'activités.

1. CPE, *Le Bonsaï de l'industrie japonaise : éléments de réflexion sur l'intégration de la technologie dans la fonction stratégique des entreprises japonaises*, Centre de prospective et d'évaluation du ministère de la Recherche et de la Technologie, étude n° 40, 1984.

2. GEST, *Grappes technologiques. Les nouvelles stratégies d'entreprise*, McGrawHill, 1986

FIGURE 7.5

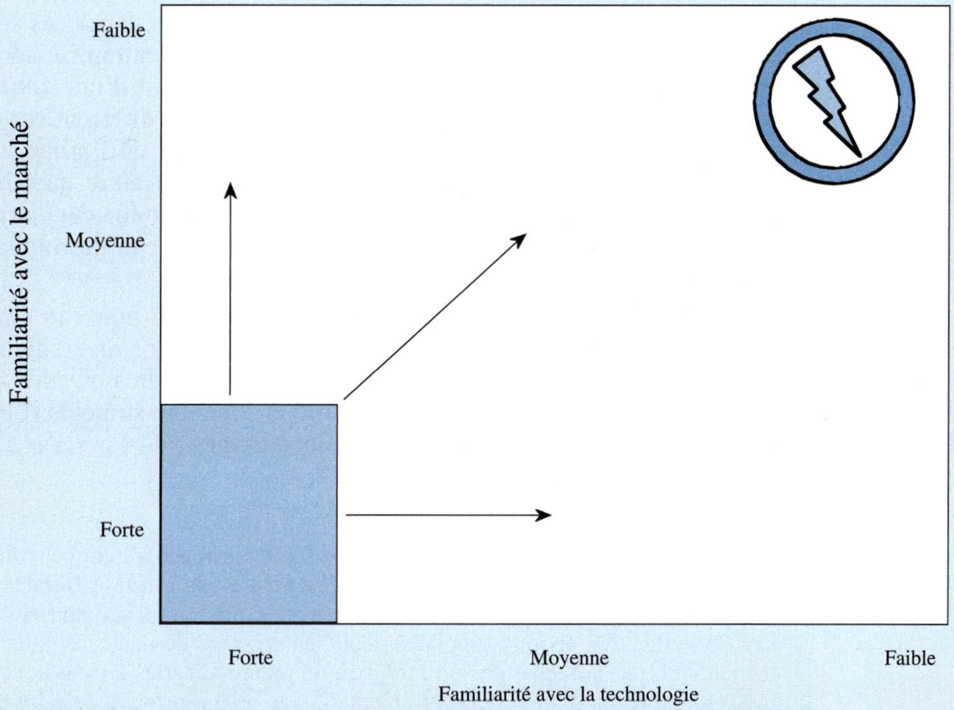

La technologie et le marché sont donc les deux pivots fondamentaux d'une stratégie de diversification. Partant d'une situation dans laquelle le marché et la technologie sont parfaitement connus, l'entreprise peut se déployer selon deux axes si elle veut minimiser les risques : conserver une des dimensions avec lesquelles elle est familière (soit les clients, soit la technologie) et innover dans l'autre, c'est-à-dire offrir à ses clients une nouvelle gamme de produits ou de services, ou bien offrir à de nouveaux clients la gamme actuelle. Prendre la diagonale (voir figure 7.5) revient à maximiser les risques !

2.2 Les voies de la diversification

Une entreprise peut se diversifier dans trois dimensions principales :

- la dimension géographique (on parlera alors de diversification géographique) ;
- la dimension filière (ce mouvement est communément désigné par le terme d'« intégration » ou encore de « diversification verticale ») ;
- la dimension activité (c'est la plus connue, et souvent la seule développée ; on l'appelle diversification horizontale).

2.2.1 La diversification géographique

Elle intervient dès lors que l'entreprise sort de son marché pertinent et s'attaque à une autre zone dans laquelle les facteurs clés de succès sont différents. Même si les produits fabriqués et vendus par l'entreprise sont semblables, les réseaux et les règles de distribution changent d'une zone à une autre et génèrent souvent des segments stratégiques qui diffèrent sur ce facteur de réussite essentiel. Coca Cola a essayé de lancer en Europe, sous sa marque phare Dasani, de l'eau en bouteille qui n'était autre que de l'eau potable filtrée et enrichie en minéraux. Face à des consommateurs, organisés et habitués à acheter de l'eau de source, mais pas de l'eau du robinet mise en bouteille, l'entreprise américaine a dû renoncer.

La dichotomie coûts spécifiques/coûts partagés peut à nouveau être utilisée. Elle permet d'éviter les erreurs d'appréciation entre diversification et expansion géographique et d'identifier les frontières du nouveau marché pertinent sur lequel l'entreprise se diversifie et joue une stratégie d'accroissement des effets d'expérience sur les coûts partagés.

Dans certains cas, une politique de diversification géographique conduit l'entreprise à re-concevoir son métier. C'est ce qui est arrivé à Bombardier lorsqu'il a racheté, au début des années soixante-dix, la société autrichienne Lohnerwerke. À l'époque spécialisé dans les scooters de neige, Bombardier recherchait, par le rachat de son fabricant de moteurs, certes à parachever un mouvement d'intégration déjà fortement engagé, mais surtout à prendre pied, par l'intermédiaire de sa filiale, sur le segment européen des scooters de neige. Mais Lohnerwerke construisait par ailleurs des tramways dans son usine de Vienne. Lorsqu'il fut atteint dans son activité de base par la crise pétrolière, Bombardier mobilisa le savoir-faire de sa filiale autrichienne pour se diversifier, avec le succès que l'on connaît en Amérique du Nord et en Europe, dans le marché du transport en commun… avant de s'attaquer à l'aéronautique par la reprise de Canadair.

Mais c'est surtout la structure concurrentielle qui peut faire la différence. Bien sûr les marchés ne sont pas identiques et la force des concurrents locaux varie d'un pays à l'autre. Pour poursuivre sur l'exemple de Dasani, Coca Cola devait aussi faire face à des concurrents puissants (Nestlé et Danone contrôlent près de 70 % du marché français de l'eau en bouteille). Le chapitre 8 est consacré aux stratégies d'internationalisation.

2.2.2 La diversification verticale : l'intégration

L'intégration vers l'amont ou vers l'aval se traduit par l'acquisition de nouvelles compétences et par un renforcement du potentiel concurrentiel de l'entreprise dans son activité d'origine[1]. Cela résulte de plusieurs phénomènes :

1. Lorenzi J.H. et Truel J.L., « Se diversifier par les stratégies de filières », *Harvard-L'Expansion*, hiver 1980-1981.

• constitution d'un avantage concurrentiel fondé sur la *sécurité des approvisionnements* (intégration vers l'amont) ou *des débouchés* (intégration vers l'aval). C'est le cas de Michelin, lorsqu'il intègre des plantations d'hévéas et la tréfilerie, ou de Péchiney, lorsqu'il a développé ses unités de laminage et de parachèvement au sein de la division Rhenalu ;

• *différenciation* accrue par rapport aux entreprises concurrentes dans l'activité de départ. Cette différenciation se traduit fréquemment au niveau des coûts de production ou de distribution, ou par un service de plus grande qualité. Ainsi les entreprises routières françaises se sont-elles fortement intégrées en amont en produisant elles-mêmes l'essentiel de leurs matériaux (carrières, centrales d'enrobés…) ;

• maîtrise de *technologies complémentaires* dans une même filière de production, mais concernant différentes étapes du cycle de fabrication (exemple de Michelin dans la production de fils et câbles pour pneumatiques) ;

• réduction des *coûts de production, liée à* la combinaison d'opérations technologiquement distinctes (papier et carton).

L'intégration permet d'autre part *l'économie des coûts de transaction* qui sont inhérents à toute relation entre deux entreprises, appartenant en particulier à deux maillons de la même filière.

Indépendamment des coûts préalables de recherche et de négociation, ces coûts de transaction sont constitués pour une entreprise :

• des coûts d'information et de communication dans le cadre du contrat, et plus précisément de ceux engendrés par la structure mise en place pour en contrôler le bon déroulement ;

• des pertes occasionnées et des coûts de renégociation éventuelle dans les cas où le contrat est incomplet ou devient inadapté face à une situation nouvelle ;

• du coût d'immobilisation de certains actifs spécifiques permettant le respect des clauses du contrat.

Williamson[1] et son école ont montré que ces coûts de transaction sont d'autant plus importants que :

• la concentration relative des deux maillons est déséquilibrée et le nombre de partenaires substituables est faible (risque de comportements opportunistes du contractant) ;

• les actifs spécifiques que l'entreprise doit immobiliser dans le cadre du contrat sont élevés (risque de reconversion ou redéploiement),

• l'environnement technique et économique qui caractérise la relation est complexe et incertain (risque de disparité d'informations et de connaissances).

Plus ces facteurs caractérisent une relation durable entre une entreprise et l'un de ses partenaires au sein de la filière, plus il devient alors intéressant pour elle d'intégrer ce maillon, d'internaliser la relation et d'éliminer ces coûts de transaction.

La fréquence des mouvements d'intégration verticale tient sans doute à l'apparente facilité d'une diversification dans un domaine proche de l'activité

1. Williamson O.E., *Markets and Hierarchies, Analysis and Antitrust Implications*, Free Press, 1975.

de base de l'entreprise. Le déploiement dans une même filière peut cependant donner un faux sentiment de sécurité et d'économie, susceptible de conduire à une sous-estimation des difficultés de l'intégration verticale.

C'est donc le potentiel compétitif apporté par l'intégration qu'il s'agit d'examiner avec précision. Établir des relations captives avec les parties amont et aval de la filière doit permettre de générer un avantage concurrentiel déterminant en matière de coût ou de qualité.

2.2.3 La diversification horizontale

L'entreprise aborde ici des domaines d'activité différents de son activité principale. Ces nouvelles activités s'appuient souvent sur des synergies et des complémentarités. L'exemple de la diversification hôtelière qu'ont pratiquée les compagnies aériennes[1] est révélateur à cet égard. La réunion des deux activités permet d'offrir au client un produit complet, correspondant à son besoin. Ces activités se caractérisent par ailleurs par deux facteurs clés similaires : la capacité financière (ou le montage financier), car ce sont toutes deux des activités à *fort ticket d'entrée,* et la maîtrise de coefficients de remplissage d'équipements lourds. Les synergies de compétences sont donc fortes, même si, sur d'autres facteurs clés, ces activités diffèrent.

Certaines entreprises pratiquent une politique de conglomérat, assimilable à une diversification tous azimuts en termes de domaines d'activité. Elles représentent une forme extrême des sociétés pratiquant la logique de portefeuille. Toutefois, l'entreprise de type congloméral s'appuie, elle aussi, sur des compétences communes – sa capacité financière et son savoir-faire en matière de gestion et d'organisation – qu'elle décline sur des activités par ailleurs diverses.

2.3 Les différents types de diversification

Selon la situation stratégique de l'entreprise, les buts visés par une politique de diversification différeront sensiblement.

Une entreprise dominante dans un domaine entrant à peine en phase de maturité, et commençant à dégager un certain volume de liquidités utilisables ailleurs, recherchera naturellement une autre activité susceptible d'assurer à ses capitaux une bonne rentabilité. Une entreprise dont la part de marché est marginale dans son activité traditionnelle est condamnée à un nouveau départ. Dans ce cas, à l'inverse du précédent, l'ensemble des ressources est affecté à la diversification, et l'activité traditionnelle abandonnée à court terme.

Quant aux objectifs de rentabilité, dans ces deux exemples, ils sont tout différents. Lorsque l'entreprise est en difficulté, elle recherche une activité susceptible d'être rentable dans un délai rapide, car sa situation financière l'exige. Dans le cas contraire, une rentabilité élevée est recherchée à moyen ou long terme, car la structure de financement de l'entreprise repose sur des bases saines.

1. Avenel J.-D. et Gouasain D., « La diversification hôtelière des compagnies aériennes », *Revue française de gestion*, nov.-déc. 1981.

FIGURE 7.6 **Les quatre types de diversification**

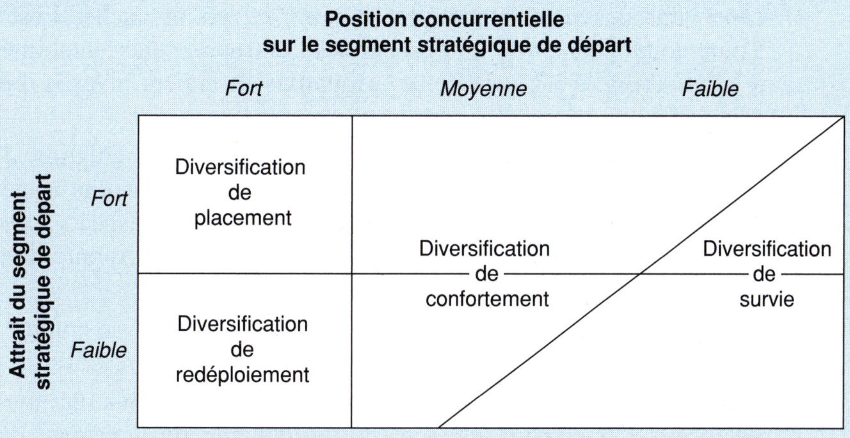

Le choix d'une stratégie de diversification comporte donc deux axes d'investigation :

• l'*attractivité du segment* stratégique sur lequel l'entreprise exerce son activité principale ; celle-ci est essentiellement liée à la maturité du métier considéré, mais aussi aux règles du jeu concurrentiel ;

• la *position concurrentielle* de l'entreprise dans son activité principale, appréciée par rapport aux caractéristiques de ses principaux concurrents, mais aussi en fonction de son savoir-faire potentiel.

Ces deux indicateurs – attrait du segment stratégique de départ et position concurrentielle sur ce segment – permettent de déterminer si l'entreprise peut trouver un intérêt réel dans la diversification (et lequel), et si elle dispose des moyens suffisants pour mener à bien la diversification envisagée.

La figure 7.6 propose une grille de choix de diversification, fondée sur la position stratégique de départ, caractérisée par référence à la position concurrentielle de l'entreprise et à l'attrait du segment stratégique d'origine.

Elle conduit à distinguer quatre types de diversification[1] :

• la diversification de placement ;
• la diversification de redéploiement ;
• la diversification de confortement (industriel ou financier) ;
• la diversification de survie.

2.3.1 La diversification de placement

Elle concerne les entreprises qui tirent de leur activité principale un excédent net de liquidités, car elles sont très bien positionnées sur un segment stratégique dont les perspectives de croissance restent bonnes.

1. Détrie J.-P. et Ramanantsoa B., *Stratégie de l'entreprise et diversification*, Paris, Nathan, 1983.

L'ampleur de la diversification de placement dépend, naturellement, de l'importance de cet excédent financier. Le montant du placement n'est cependant pas déterminant. Sa *rentabilité,* en revanche, l'est davantage. Toute nouvelle activité doit procurer à l'entreprise une rentabilité supérieure à la rentabilité marginale de ses capitaux s'ils étaient investis dans l'activité principale.

Prises de participation minoritaire ou majoritaire, création d'une filiale commune avec une autre entreprise, engagement dans une société en participation, la forme juridique du placement revêt des aspects variés qui peuvent conduire à deux appréciations différentes de la volonté diversificatrice de l'entreprise.

• le *placement est financier* si la diversification s'analyse comme une simple participation dont l'entreprise se séparera à la première crise de trésorerie ;

• le *placement est industriel* si l'entreprise s'assure ainsi de nouvelles compétences et s'associe pleinement au devenir du nouveau projet, perçu comme irréversible. Dans cette hypothèse, la participation doit conférer à l'entreprise un réel pouvoir d'influence dans les décisions. La reprise d'EDS, l'« inventeur » du *facilities management,* par General Motors – qui s'en est cependant depuis séparé avec une belle plus-value – en constitue une illustration.

2.3.2 La diversification de redéploiement

Son fondement économique apparaît exclusivement industriel. Face à une situation stratégique caractérisée par une forte position concurrentielle sur un segment stratégique vieillissant, la diversification devient un substitut à la faible croissance de l'activité principale, voire à son déclin.

La diversification de redéploiement s'inscrivant dans la perspective d'un plan de développement à moyen terme, le choix du domaine de diversification doit prendre davantage en compte le potentiel de croissance du nouveau métier que sa rentabilité immédiate. Selon le délai fixé pour le redéploiement, plus ou moins de synergies seront exploitées entre le nouveau métier et l'activité d'origine. Toutefois, l'accélération des mutations environnementales conduit de plus en plus les entreprises à privilégier le domaine de diversification présentant le maximum de synergies utilisables, afin de bénéficier dès le départ d'un avantage concurrentiel.

L'agrégation des performances de l'activité de diversification aux résultats de l'activité de base n'est pas souhaitable dans le court terme. Il faut pouvoir mesurer la valeur intrinsèque de l'activité nouvelle pour pouvoir juger l'intérêt de la diversification. Lorsqu'il s'agit d'un redéploiement, l'entreprise doit trouver dans cette activité une source de croissance et de rentabilité plus élevée que dans le cadre de l'activité d'origine. Si la gestion des deux activités reste séparée, il convient toutefois d'intégrer la diversification dans le plan stratégique de l'entreprise.

Les diversifications de Philip Morris dans l'agro-alimentaire, Bouygues dans la communication et Framatome dans la connectique constituent typiquement des mouvements de redéploiement.

Philip Morris

Philip Morris a pu financer sa diversification dans l'agro-alimentaire de grande consommation grâce aux revenus apportés par l'activité du tabac qui constitue une véritable manne pour le groupe américain. Les milliards de cigarettes que le groupe produit annuellement et la notoriété de marques comme Marlboro ou Benson & Hedges lui permettent de dégager un cash-flow important qui a servi à financer les acquisitions commencées dans les années soixante-dix avec le rachat des brasseries Miller et poursuivies surtout avec l'achat de Kraft, puis des activités céréalières pour le petit-déjeuner de Nabisco.

Les acquisitions réalisées par Philip Morris ont donc profondément modifié l'équilibre stratégique du groupe.

2.3.3 La diversification de survie

À bien des égards, les diversifications de survie s'apparentent à un mouvement de redéploiement. Le délai d'adaptation de l'entreprise y est cependant nettement plus court.

Les diversifications de survie répondent à la nécessité pour une entreprise mal placée dans le jeu concurrentiel de retrouver un domaine d'activité qui lui permette d'assurer sa pérennité. Compte tenu du faible niveau des ressources dont dispose ce genre d'entreprise, la taille de la nouvelle activité sera réduite, et les possibilités de reconversion devront tenter d'utiliser le plus possible les savoir-faire détenus. Les synergies de compétence devront être exploitées au maximum.

Le choix du domaine de reconversion sera toutefois limité par les exigences de rentabilité à court terme et les perspectives de croissance, qui sont les clés de la réussite de toute diversification de survie.

Opération chirurgicale souvent indispensable, la diversification de survie se révèle particulièrement délicate, car elle s'accompagne d'une remise en cause, dans un délai très court, de l'ensemble de l'activité de la firme. Sa réussite nécessite une parfaite maîtrise de l'opération. Une participation majoritaire est, à ce titre, absolument nécessaire dans la nouvelle structure, afin d'assurer à l'entreprise en difficulté une mainmise totale sur une affaire dont dépend son salut.

2.3.4 La diversification de confortement

Ce type de diversification s'adresse aux entreprises occupant une position moyenne par rapport à leurs principaux concurrents, et difficile à améliorer de façon substantielle. En s'adjoignant une activité complémentaire, l'entreprise cherche à bouleverser le jeu concurrentiel qui lui est défavorable, par une modification à son profit de la hiérarchie des variables stratégiques clés de son secteur d'activité. La diversification de confortement renvoie donc le plus souvent à une *stratégie de différenciation,* l'adjonction d'une activité connexe au métier traditionnel de l'entreprise lui permettant de battre en brèche la logique de volume, qui lui est défavorable.

Speedy

Après le rachat de Plein Pot, Speedy, spécialiste du changement rapide de pots d'échappement, est devenu leader du secteur devançant légèrement son concurrent Midas. Cependant, le marché de l'échappement connaît une baisse régulière. Speedy a dû équilibrer son activité et entamer une diversification dans d'autres secteurs de la réparation rapide, les amortisseurs, les freins, la vidange et les pneumatiques. Aujourd'hui, la pose de pots d'échappement est passée de 80 % à 45 % des ventes. Mais si Speedy a mieux résisté que les garages traditionnels ou les centres autos à l'érosion du marché, il doit maintenant faire face aux concessionnaires automobiles qui se lancent à leur tour dans la réparation rapide sans rendez-vous.

Le choix du domaine de diversification repose essentiellement sur l'ampleur des synergies qu'il peut présenter avec l'activité de départ. Les critères de choix d'investissement ne doivent pas tant prendre en compte la valeur intrinsèque de l'activité de diversification que les perspectives de l'ensemble homogène qui résultera de l'opération. Les politiques d'intégration verticale constituent de bonnes illustrations de ce type de diversification.

Péchiney

Ainsi, le Groupe Péchiney, historiquement spécialisé dans les activités de transformation de l'aluminium, s'est diversifié en aval dans le domaine de l'emballage métallique. Péchiney, premier producteur européen d'aluminium et troisième mondial, comptait en effet sur la croissance à long terme de la consommation d'aluminium, mais doit cependant prendre en compte le caractère cyclique de cette industrie.

Afin d'amortir les périodes basses de ce cycle et de compenser les chutes de prix lors du ralentissement de l'activité économique mondiale, Péchiney s'est développé dans l'emballage pour mieux contrôler ses débouchés et accroître sa valeur ajoutée globale. En 1988, le groupe français avait d'ailleurs racheté American National Can. Par cette diversification, Péchiney comptait mieux

▶

▶ résister que ses concurrents directs, Alcoa et Alcan, aux fluctuations des cours de l'aluminium. Depuis, le groupe s'est recentré sur deux métiers, l'aluminium et l'emballage, mais a abandonné la fabrication de boîtes de boisson. Ce confortement n'apportait en fait que peu de valeur. Ce recentrage s'est accompagné d'opérations de croissance sur ces deux métiers, la dernière en date étant la fusion avec le canadien Alcan.

2.4 Les risques de la diversification et la tendance au recentrage

Il est nécessaire de bien différencier le risque de la diversification, qui s'analyse en termes de réussite ou d'échec de la nouvelle activité, du risque de l'entreprise qui pratique cette diversification, et qui peut s'exprimer comme la probabilité de se trouver dans une situation plus mauvaise après la diversification qu'avant. Aussi doit-on apprécier ce risque de l'entreprise en fonction de l'horizon de la diversification.

Si les diversifications de placement et de redéploiement ne comportent qu'un risque limité à court terme, elles engagent l'avenir de l'entreprise, à plus long terme, et ne sont donc pas exemptes de risques. Une entreprise qui choisit un mauvais secteur pour envisager un redéploiement risque de voir sa situation financière particulièrement altérée dans le futur, faute d'avoir su investir dans un domaine rentable. En revanche, la diversification de survie n'est risquée qu'à court terme : une reconversion menée sans grand succès risque à tout moment de précipiter la faillite. Mais, à plus long terme, le risque est faible dans la mesure où la situation de départ laisse présager un lent glissement vers la cessation d'activité.

Les années quatre-vingt et quatre-vingt-dix ont cependant été beaucoup plus marquées par des opérations de recentrage que par des opérations de diversification. Une étude conduite par C.C. Malkides et A. Vanilofoulos a montré que sur les deux cent dix-neuf entreprises américaines, dont Rumelt avait étudié, en 1974, le développement sur la période 1949-1969, 20,4 % s'étaient recentrées entre 1981 et 1987 (contre 2,4 % entre 1949 et 1969), alors que seules 8,5 % s'étaient diversifiées pendant les mêmes six années (contre 46,7 % entre 1949 et 1969). Il semble bien qu'il existe un niveau optimal de diversification, variable bien sûr d'une firme à l'autre, au-delà duquel la rentabilité et la valeur de la firme risquent de diminuer. Pourquoi de nombreuses entreprises ont-elles franchi systématiquement ce niveau théorique et se trouvent-elles, dans une période où l'environnement est devenu moins favorable, obligées de se recentrer ?

La première explication est donnée par la théorie de l'agence, selon laquelle les managers ont tendance à poursuivre leurs objectifs personnels de puissance plutôt que la recherche de la maximisation de la valeur de l'entreprise au profit des actionnaires. En période de difficultés économiques, les actionnaires reprennent naturellement le pouvoir, face à des managers ayant perdu l'auréole du succès, et exigent une rentabilité minimale de leur capital. La deuxième raison est liée à la sophistication des marchés financiers. Impressionnante depuis une vingtaine d'années aux États-Unis et une dizaine d'années en Europe, cette sophistication a fortement réduit l'avantage relatif que pouvait constituer le rôle de « marché interne de capitaux » décrit par Williamson[1] qui caractérise une société à portefeuille diversifié. Troisième raison enfin : l'incertitude et la complexité croissantes de l'environnement et des technologies, les phénomènes de globalisation qui ont augmenté le coût des informations et des contrôles, diminuant ainsi les limites optimales de la diversification.

Teisseire

La société Teisseire, leader français du sirop, a abandonné la plupart des opérations de diversification qu'elle avait entamées dans les glaces et les nappages à la fin des années soixante-dix. La diversification dans les coulis et les nappages s'est en effet révélée être peu rentable. Elle était située dans un marché à faible volume de vente qui nécessitait de plus de gros investissements de production. La diversification dans les glaces et les sorbets exigeait, quant à elle, une maîtrise de compétences trop éloignées des savoir-faire de base du groupe. Le marché du froid était en outre trop concurrentiel pour Teisseire. Le groupe a, en revanche, conservé une partie de la diversification dans les conserves alimentaires (quenelles), mais a abandonné la production de plats cuisinés. Élaguant ses diversifications, Teisseire s'est donc recentré sur ses produits de base, les sirops haut de gamme où le groupe est aujourd'hui leader en France.

Au total, si on peut s'attendre encore à voir un certain nombre d'entreprises, principalement mono-activité ou à activité dominante, s'engager avec profit dans des mouvements de diversification, à l'image du groupe Daimler-Benz depuis quelques années, il est assez probable que la tendance au recentrage dominera dans les années à venir, à l'instar de Suez, Pinault-Printemps-Redoute, Renault et PSA.

3 Les modes de développement

Qu'il s'agisse de spécialisation ou de diversification, il existe deux modes privilégiés de développement.

3.1 Le développement interne

Le développement interne est la voie privilégiée pour mettre en œuvre une stratégie de spécialisation dans la phase de croissance du domaine d'activité.

1. Williamson, op. cit.

Croissance des investissements, des effectifs, multiplication des implantations, l'entreprise doit alors concentrer toute son énergie pour maîtriser les phénomènes centrifuges liés à un accroissement de la taille.

Dans le cas d'une stratégie de diversification, c'est la capacité de l'entreprise à innover par ses propres moyens et à apprendre le nouveau métier qui seront les critères déterminants. Le développement interne nécessite donc la mise en place d'un bureau d'études et la capacité à gérer des projets, ce qui suppose une réelle flexibilité organisationnelle.

3.2 La croissance externe

La croissance externe[1] consiste à racheter ou à s'allier à d'autres entreprises, soit concurrentes dans le cas d'une stratégie de spécialisation, soit appartenant à d'autres domaines d'activité dans le cas d'une stratégie de diversification. La croissance externe est un moyen d'acquérir rapidement les compétences d'un nouveau secteur ou de prendre des parts de marché dans un secteur en maturité. C'est le mode de développement choisi dans les années soixante-dix et quatre-vingt par les entreprises françaises du BTP pour reconquérir leur marché intérieur. La presque totalité des entreprises moyennes régionales a ainsi été rachetée par les grands groupes. Le développement européen de ces groupes passe aussi par le rachat (ou l'alliance) d'entreprises belges, espagnoles, italiennes, etc.

3.3 Croissance interne ou externe, comment choisir ?

À l'heure actuelle, beaucoup de secteurs industriels sont dans leur phase de maturité, qui se caractérise essentiellement par une forte rigidité des positions concurrentielles. Par ailleurs, l'internationalisation accélérée des marchés pousse à la globalisation. Enfin, les défis technologiques conduisent à l'accroissement des budgets de recherche. Ces différents phénomènes expliquent les nombreux mouvements d'alliances auxquels on assiste aujourd'hui. Tous les grands secteurs industriels sont touchés, et toutes les firmes, même les plus réticentes à ce type d'opérations, sont amenées à l'envisager.

Pour s'implanter sur les marchés d'Extrême-Orient, Michelin a ainsi été conduit à s'associer avec un fabricant sud-coréen, une entreprise japonaise, puis une entreprise chinoise. Pour éviter de se faire ravir la deuxième place mondiale par le japonais Bridgestone, Michelin s'était allié à Pirelli pour essayer de racheter Firestone. Parallèlement, Michelin a poursuivi un important effort d'investissement pour renforcer son implantation sur les marchés nord-américains avant d'y racheter Uniroyal. Ainsi, développement interne et croissance externe concourent-ils à une stratégie de spécialisation.

1. Salter M.S. et Weinhold W.A., *Diversification Through Acquisition*, Free Press, 1979.

Dans d'autres cas, c'est plus la personnalité des dirigeants et la culture de l'entreprise qui expliquent le choix.

Salomon, leader mondial de la fixation de ski, est entré dans le secteur de la chaussure de ski, puis dans celui du ski, uniquement par développement interne, tandis que son implantation dans le secteur du golf s'est faite par le rachat de Taylor Made. Quant au leader mondial du ski, Rossignol, il est entré sur le marché de la chaussure de ski par le rachat de Trappeur et de Lange, mais a développé sa propre raquette de tennis. Ces deux groupes ont maintenant rejoint deux géants de l'industrie du sport : Adidas et Salomon et Quicksilver par Rossignol.

Le choix entre ces deux modes dépend donc d'abord de critères objectifs : urgence du mouvement stratégique à entreprendre, importance et nature des barrières à la mobilité, maturité du secteur, et capacités financière, humaine et technologique de l'entreprise.

Mais ce choix fait également intervenir des éléments plus subjectifs, liés à l'identité de l'entreprise, à la personnalité des responsables de l'opération et à la perception d'une opportunité.

Le développement interne et la croissance externe sont des moyens destinés à mettre en œuvre des stratégies de spécialisation ou de diversification, donc des stratégies fondamentalement industrielles.

Les années quatre-vingt-dix ont vu les opérations financières défrayer la chronique : la vague des raiders, des OPA hostiles, a fait la « une » des journaux et a mis plus d'un groupe en difficulté. Même si cette agitation financière nous a montré de façon exemplaire qu'il était parfois difficile de rester maître chez soi, que les alliés d'hier pouvaient être à vendre aujourd'hui et devenir ennemis demain, elle ne doit pas faire oublier pour autant que la croissance externe n'est qu'un mode de développement stratégique. L'OPA n'est qu'un moyen de mettre en œuvre une stratégie, mais ne constitue pas une stratégie en soi.

Autrement dit, une stratégie financière ne peut être viable que si elle est mise au service d'une stratégie industrielle. Et les conglomérats, dépecés par les raiders, en sont un bon exemple.

Le développement du groupe PPR

Le point de départ du groupe est l'activité de distribution de bois et de matériaux. C'est donc une activité de distribution professionnelle.
Le premier développement important a été conclu par l'acquisition de la CFAO, compagnie de distribution implantée dans les pays de l'Afrique de l'Ouest. Puis pour renforcer la reprise de Rexel, spécialiste de la distribution de matériel électrique.
Les années quatre-vingt-dix vont voir l'entrée du groupe dans la distribution grand public, par le rachat de sociétés possédant des marques reconnues et bien positionnées qui connaissent des problèmes de croissance et de finance-

▶

▶

ment : Conforama (1991), Le Printemps (1992), La Redoute (1994), FNAC (1995), puis la scission de Finaref pour en faire une activité à part.
La troisième phase du développement a couvert la fin des années quatre-vingt-dix, lorsque le groupe a décidé de se développer à l'international, par croissance interne pour les enseignes existantes et par l'acquisition de deux sociétés de vente à distance (Brylane aux USA et Ellos en Scandinavie).
Au début des années 2000 le groupe va trouver un nouveau relais de croissance en entrant dans le domaine du luxe avec le rachat de Gucci.
Cette dernière phase va aussi marquer le recentrage du groupe sur les activités grand public : les activités de distribution professionnelle sont cédées progressivement, y compris l'activité d'origine. Le nouveau PPR est donc centré sur trois univers : l'habillement-bien-être, les loisirs et la maison et le luxe.
Les axes de croissance pour les prochaines années seront le renforcement des positions actuelles par accroissement des parts de marché et l'internationalisation, le chiffre d'affaire réalisé à l 'étranger devant passer de 35 % à 50 %.

Chapitre 8

La globalisation et les options stratégiques

La globalisation, ou mondialisation, est un processus dont le rouage principal est le développement des échanges internationaux et qui tend à accroître l'interdépendance économique entre les pays et les régions et provoque une plus grande intégration des économies et des sociétés au plan mondial.

Le développement porte sur les échanges commerciaux, les flux d'investissement, les flux financiers, les flux d'information et, dans une moindre mesure, les flux migratoires d'un pays à l'autre.

Cette globalisation rend caduque toute conception domestique de la stratégie d'entreprise, qu'il s'agisse des PME ou des multinationales.

Les PME subissent de plein fouet les aléas de la globalisation et peuvent profiter également de ses opportunités. Les multinationales en sont de leur côté les agents actifs : un tiers du commerce mondial est un commerce intra-entreprises.

Certaines entreprises ont une attitude passive, elles subissent la mondialisation comme une contrainte qui affecte leur position stratégique éventuellement acquise sur un marché domestique autrefois très spécifique ou protecteur. D'autres ont une attitude pro-active sur un marché et une concurrence mondialisés, se spécialisent pour dominer un segment et reconfigurent leurs activités de manière à tirer parti des opportunités de la globalisation.

Ainsi l'entreprise danoise Novo Nordisk est devenue le leader mondial des médicaments contre le diabète. Son marché domestique est le marché européen qui représentait en 2003 44 % du chiffre d'affaires contre 24 % pour l'Amérique du Nord, 16 % pour le Japon et 16 % pour le reste du monde. Même si 60 % du personnel travaille au Danemark, l'entreprise est présente commercialement dans soixante-huit pays, et ne peut avoir de stratégie que globale.

Dans ce chapitre on partira d'une analyse des forces de globalisation et de leurs limites ; on examinera ensuite l'impact de ces forces sur la dynamique de la concurrence et l'impact de la globalisation sur l'avantage concurrentiel.

Enfin on verra comment la globalisation conduit étape par étape à restructurer, reconfigurer et manager différemment la chaîne de valeur de l'entreprise.

1 Les forces de globalisation

Les facteurs de globalisation sont multiples tant d'ordre politique, économique, technologique, que sociologique.

Quatre facteurs sont prépondérants et jouent le rôle de moteurs de la globalisation : le libre-échange et les politiques publiques, l'évolution des marchés et de la demande, les facteurs de coût et l'internationalisation de la concurrence (voir figure 8.1).

FIGURE 8.1 **Les moteurs de la globalisation**

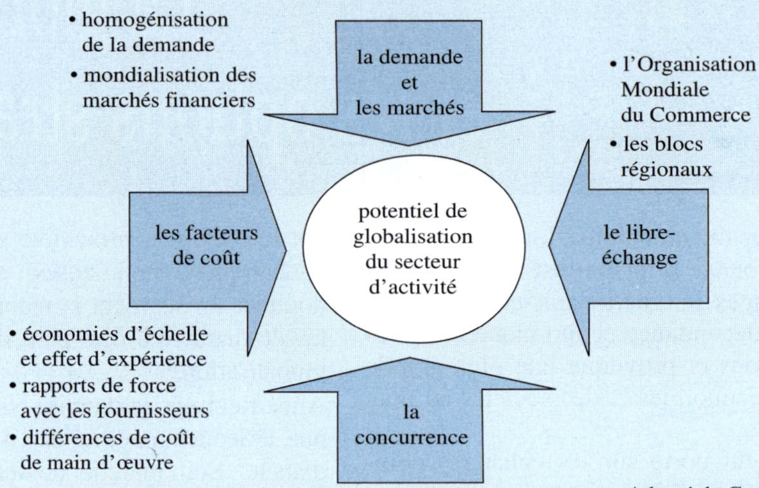

Adapté de George S. Yip, 2002

1.1 Le libre-échange et les politiques publiques

La croissance des échanges commerciaux internationaux a été continue depuis la fin de la Seconde Guerre mondiale ; elle a été facilitée par une lutte permanente contre le protectionnisme. L'Organisation mondiale du commerce (WTO : *World Trade Organization*) créée en 1995 est l'instrument inter-gouvernemental de la réduction des tarifs douaniers et des autres barrières au commerce international.

Succédant aux accords du GATT de 1947, l'OMC couvre tant les biens que les services et a une capacité juridique d'arbitrage des conflits commerciaux internationaux. La politique de l'OMC ouvre les marchés aux investisseurs étrangers, oblige à traiter de la même manière les firmes locales et les firmes étrangères, limite la capacité d'un pays à protéger son industrie nationale contre les importations étrangères.

La participation de l'Inde en 1995 et de la Chine en 2002 a renforcé le poids de cette organisation. Tout en facilitant les échanges, cette organisation conduit les états adhérents à l'OMC à penser différemment leur politique industrielle, leur soutien à l'industrie nationale ou à des champions nationaux éventuels.

Cette libéralisation des échanges au plan global s'est effectuée parallèlement avec une montée en puissance des *accords régionaux de libre-échange*.

En Amérique deux zones de libre-échange se développent en parallèle. Au Sud, le Mercosur ou Mercosul, créé en 1991, associe Brésil, Argentine Paraguay et Uruguay. Au Nord, depuis 1994 États-Unis, Canada et Mexique sont liés par un accord de libre-échange (NAFTA), et les deux zones ont un potentiel certain de convergence.

La coopération inter-régionale est active en Asie. L'*Asean Free Trade Association* (Asean : *Association of Southeast Asian Nations*), créée en 1992, a jeté les bases d'un marché de 500 millions d'habitants (Indonésie, Malaisie, Philippines, Singapour, Thaïlande, Brunei, Vietnam Laos, Myanmar et Cambodge). Le partenariat commercial à venir Chine – AFTA est ainsi susceptible de créer un marché unifié de 1, 7 milliard d'habitants.

En Asie du Sud, Pakistan, Inde, Sri Lanka, Bangladesh, Népal, Bhutan et Maldives se sont regroupés en 2004 au sein du *South Asia Free Trade Agreement* (SAFTA).

De son côté l'Union européenne élargie à vingt-cinq États en 2004 présente la forme la plus avancée d'intégration : un marché unique de 545 millions d'habitants ; une monnaie unique – l'euro ; la liberté de mouvement des biens et services, des capitaux et des personnes ; et bien sûr un projet politique.

Les coopérations régionales et l'approche multilatérale soutenue par l'Organisation mondiale du commerce (OMC) travaillent dans la même direction : l'élimination des barrières tarifaires et non tarifaires ce qui contribue à accélérer les échanges, les opportunités d'investissements à l'étranger et la globalisation de la concurrence.

1.2 L'évolution de la demande et des marchés

1.2.1 L'homogénéisation de la demande

La standardisation et l'homogénéisation de la demande proviennent d'une relative convergence des besoins et des attentes des consommateurs. Ceux-ci sont susceptibles d'abandonner rapidement leurs préférences locales traditionnelles lorsqu'apparaît sur le marché un produit ou un service nouveau de qualité à un prix raisonnable, qu'il s'agisse des consommateurs des pays développés, ou des consommateurs disposant d'un pouvoir d'achat relativement élevé des pays émergents.

Cette attitude encourage les entreprises dans un souci d'économie d'échelle à se focaliser, à standardiser leur offre, unifier leur gamme de produit au plan mondial, standardiser leur plan marketing et promouvoir des marques mondiales. C'est le cas très clairement pour toute l'électronique grand public, de la télévision au téléphone mobile.

Parallèlement les marques se globalisent. Les entreprises se trouvent à la tête d'un portefeuille de marques hérité de leur histoire et de leurs stratégies antérieures : marques locales ou régionales d'une part, marques mondiales ou à vocation mondiale de l'autre. Selon la taille et la spécificité du marché visé elles tendront soit à éliminer les marques locales au profit des marques mondiales, soit à introduire sur un même marché cible une marque globale en plus des marques locales traditionnelles.

L'évolution technologique contribue à cette standardisation par la diffusion quasi instantanée, mondialement, des technologies nouvelles et la rapide convergence dans la plupart des industries vers des standards et normes techniques universels.

Ceci ne veut pas dire que les spécificités locales n'existent plus ou sont vouées à disparaître – en particulier dans les secteurs d'activités liés à la culture, à la langue, aux habitudes alimentaires – et donc que l'on ne puisse pas bâtir des stratégies fondées sur ces spécificités.

En fait, la demande internationale apparaît comme à la fois plus homogène et plus segmentée ouvrant la voie tant au produit ou service mondialisé, qu'à une approche très adaptée aux spécificités locales.

Les grands pays émergents comme l'Inde ou la Chine ont une structure de consommation, des réseaux de distribution et des consommateurs qui ont des besoins différents de ceux des pays développés (Prahalad et Lieberthal, 1998). Ainsi sur ces marchés les multinationales étrangères s'adresseront de préférence à la classe moyenne émergente et segmenteront leur activité en fonction du pouvoir d'achat quitte à utiliser des produits et des marques différentes : marques globales ou marques locales assez différenciées en termes de qualité, de prix, d'image.

Pour les biens de consommation durable comme l'automobile, il subsiste évidemment de grandes différences entre les marchés développés eux-mêmes : américain, européen et japonais. Le constructeur automobile Renault qui dispose d'un outil de fabrication en Europe Centrale a développé en 2004 un modèle à bas prix, la Logan, qui, vendu autour de 5 000 dollars, serait susceptible d'être commercialisé dans toute une série de pays en développement : Europe Centrale, Russie, Amérique Latine, Moyen-Orient, Chine, etc.

On retrouve ici la triple préoccupation de segmentation, standardisation, et mondialisation.

1.2.2 La mondialisation des marchés financiers

La croissance des flux internationaux de capitaux a été encore plus spectaculaire que celle des flux commerciaux. Cette croissance concerne tant les marchés boursiers, les transactions bancaires internationales que les marchés des changes. Le volume, la facilité et la rapidité de ces transactions expliquent la force des mouvements spéculatifs, la contagion des crises financières et l'instabilité des marchés financiers des pays émergents. Le système financier international reste ainsi relativement fragile et source de risques pour les entreprises, risques qui vont très au-delà du risque de change.

La crise argentine de 2002 a ainsi été une source de grandes difficultés pour les entreprises étrangères qu'il s'agisse, des banques, des entreprises industrielles, ou de la grande distribution. Les multinationales européennes, fortement engagées, y ont subi ainsi des revers très sérieux : Suez, Carrefour (France) ; Telefonica, Banco Bilbao Vizcaya et Banco Santander Central Hispano (Espagne) ; Fiat (Italie).

Plus généralement la mondialisation financière a changé le visage du capitalisme. De 1975 à 1995 le montant des transactions internationales sur titres a évolué d'une manière spectaculaire passant de moins de 5 % du PIB à 135 % pour les États-Unis, 169 % pour l'Allemagne, 180 % pour la France. Les fonds de pension et les autres investisseurs institutionnels devenaient des acteurs majeurs de la finance de marché globale[1].

Ceci a conduit parallèlement à une forme de convergence des modèles nationaux de management, du rôle des marchés financiers par rapport aux banques dans le financement, et surtout du comportement des actionnaires.

L'actionnariat des sociétés françaises est relativement plus concentré que celui des entreprises britanniques ou américaines et les prises de contrôle hostiles sont rares en France. Mais il s'est fortement internationalisé et l'augmentation de la part des investissements étrangers dans les entreprises françaises a fait naître des exigences beaucoup plus fortes que par le passé en matière de création de valeur pour l'actionnaire.

Selon la Banque de France, les investisseurs étrangers possèdent plus de 30 % de la Bourse de Paris, ce qui représente une influence sur la stratégie d'entreprise, une pression, mais aussi un soutien aux entreprises qui défendent les intérêts de leurs actionnaires.

En 1998, Alcatel a été contraint d'annoncer un résultat en recul par rapport à ses prévisions, mais surtout a été soupçonné par les fonds de pension présents dans son capital d'avoir dissimulé aux actionnaires des informations qui auraient pu leur permettre de mieux anticiper ces résultats. Ceci entraîna une chute de l'action de 38 %.

1.3 Les facteurs de coût

La recherche du volume, c'est-à-dire la poursuite des économies d'échelle, est un facteur puissant de globalisation, les entreprises allant chercher à l'extérieur de leur marché domestique, ou de leur grand marché régional de référence, des potentiels nouveaux de croissance. C'est une véritable obliga-

1. *Source* : *IMF World Economic Outlook*, mai 1997.

tion pour les entreprises qui ont leurs racines dans des économies à maturité où la croissance est faible, et où la concurrence est très structurée.

L'impact du volume et l'effet d'expérience sont évidemment différents selon le maillon de la chaîne de valeur considéré et selon la technologie, les optimums varient en termes de taille d'usine, ou de taille d'entrepôt.

Le rapport de force avec les fournisseurs dépend lui aussi du volume et à la mondialisation des industriels répond en parallèle la mondialisation des sous-traitants.

Le raccourcissement des cycles de vie des produits et l'augmentation des dépenses de R&D poussent dans la même direction, c'est-à-dire plus de volumes et de débouchés mondiaux pour amortir les dépenses de R&D.

Les industriels font donc face à la nécessité de réorganiser leur outil de production sur une base internationale en s'orientant vers les pays à forte croissance en tenant compte à la fois des facilités et des coûts de transport, de la qualité et du prix de revient de la main-d'œuvre locale.

Au sein de l'Europe au sens large, et à l'intérieur même de l'Union européenne à vingt-cinq pays de 2004, la diversité de pouvoir d'achat et des coûts de main-d'œuvre est extrêmement forte. Pour une moyenne de cent en 2003 pour les vingt-cinq pays, le produit national brut par tête à parité de pouvoir d'achat va par exemple de cent dix-neuf pour l'Angleterre, cent treize pour la France, cent huit pour l'Allemagne à soixante-neuf pour la République Tchèque, cinquante et un pour la Slovaquie, et quarante-six en Pologne (voir tableau 8.1).

Ceci explique le déplacement vers l'est européen des entreprises automobiles, par acquisition ou création de capacités nouvelles de production. Les entreprises trouvent à l'est de l'Europe un environnement politique stable, des ingénieurs très bien formés, une main-d'œuvre qualifiée avec des salaires beaucoup plus bas que ceux de l'ouest européen, et le tout à portée de main en termes de logistique.

Ce qui est vrai au sein de l'Europe est vrai pour le Japon dont les entreprises sont amenées à chercher tant la croissance que le redéploiement de leur outil de fabrication en Chine ou dans d'autres pays de l'Asie émergente.

1.4 Les facteurs concurrentiels

L'évolution de la concurrence est à la fois une conséquence et une cause de la globalisation.

Les entreprises se déterminent sans doute d'abord par rapport au marché, mais nécessairement par rapport aux mouvements de la concurrence. Il y a donc anticipation et dans beaucoup de cas considération du *prime mover advantage*, l'avantage de l'entreprise qui la première se placera sur un marché, choisira les meilleurs partenaires pour la fabrication et la distribution, sera familière de la culture, des réseaux d'influence et aura une image dans le pays.

TABLEAU 8.1 **Diversité des pouvoirs d'achat en Europe**

Luxembourg	208	Grèce	79
Irlande	131	Slovénie	77
Danemark	123	Portugal	75
Autriche	121	Malte	73
Pays Bas	120	Republique Tchèque	69
Royaume Uni	119	Hongrie	61
Belgique	116	Slovaquie	51
Suède	115	Estonie	48
France	113	Lituanie	46
Finlande	111	Pologne	46
Union Europénne (15)	109	Lettonie	42
Allemagne	108	Norvège	149
Italie	107	Suisse	129
Zone Euro	107	Islande	116
Union Europénne (25)	100	Roumanie	30
Espagne	95	Bulgarie	29
Chypre	83	Turquie	27

Source : Euronatal (2003) Produit National Brut par tête à Parité du Pouvoir d'Achat Base 100 l'Union Européenne à 25.

Volkswagen

Le groupe Volkswagen a pris le contrôle du constructeur tchèque Skoda dans les années quatre-vingt-dix ; ainsi il a à la fois augmenté son chiffre d'affaires en Europe d'une manière significative et s'est doté d'un outil de production capable de produire des voitures de bonne qualité à un coût très compétitif tant par rapport à ses usines allemandes qu'espagnoles (les usines Seat).
Les fournisseurs internationaux de Volkswagen l'ont suivi dans la région et les sous-traitants locaux se sont adaptés pour offrir des prestations au standard mondial de qualité avec un coût très maîtrisé. Le mouvement de Volkswagen a en fait contribué à modifier la géographie économique de la région, la renaissance d'un potentiel de R&D au plan local, la recomposition du réseau de fournisseurs, et leurs relations à long terme avec les constructeurs.

Les blocs économiques eux-mêmes reflètent tout autant les anticipations des industriels que les politiques publiques et négociations inter-gouvernementales.

L'intégration de la Turquie est un débat politique au sein des institutions de l'Union européenne, en revanche pour beaucoup d'industriels la Turquie est déjà intégrée dans leur dispositif stratégique comme un marché local important, et une base industrielle pour servir tant le marché local que les marchés voisins (Asie Centrale, Ukraine, Russie) et les marchés de l'Europe de l'Ouest.

La dynamique de la concurrence s'exonère progressivement des frontières nationales, dont le caractère contraignant diminue, et la globalisation conduit à faire disparaître les marchés protégés, les places fortes nationales ou les sanctuaires que certains marchés pouvaient représenter.

1.5 Les limites de la globalisation

Les forces de globalisation économiques, financières, commerciales, technologiques sont donc très puissantes. En revanche elles ne couvrent pas toutes les facettes d'une société dont il faut appréhender les dimensions politiques, sociales, ou culturelles.

Ainsi une tentation protectionniste peut naître dans les pays développés désireux de protéger des secteurs économiques vieillissant ou l'inverse dans les pays jeunes de protéger une industrie naissante jugée comme particulièrement importante pour l'intérêt national.

La Chine s'est servie de son adhésion à l'OMC en 2002 pour pousser à la modernisation et la transformation de son industrie nationale. En revanche il est clair qu'elle souhaite encourager l'émergence de champions nationaux à vocation internationale dans un certain nombre de secteurs comme l'automobile ou l'aéronautique et il existe des moyens non tarifaires pour le faire.

Les dirigeants du Mercosur pourront préférer consolider leur intégration régionale, avant de se lancer dans une interdépendance et une confrontation commerciale avec les pays du NAFTA.

Les mouvements nationalistes au plan politique, souverainistes, pourront s'opposer dans beaucoup de cas à des stratégies trop ouvertes de même que les mouvements politiques qui jugent qu'il y a insuffisamment de contrôle démocratique sur les grandes institutions qui structurent l'économie mondiale : la banque mondiale, le Fonds monétaire international, l'Organisation mondiale du commerce.

Socialement enfin, les raisons ne manqueront pas, dans les régions devenues peu compétitives, de voir se développer des mouvements sociaux et syndicaux forts centrés sur la défense à court terme des emplois locaux ou nationaux. Le thème de l'anti-mondialisation est récurrent. On le retrouve même aux États-Unis pendant la campagne présidentielle de 2004 avec la peur des délocalisations des usines au Mexique ou la critique de l'externalisation des centres d'appel en l'Inde.

Plus généralement on peut s'attendre à un désir de repli, une montée des revendications, et une frilosité des hommes politiques face à la globalisation, en particulier dans les économies développées à faible croissance, si les activités économiques nouvelles à forte valeur ajoutée ne remplacent pas suffisamment vite les activités anciennes.

Parallèlement dans les pays émergents les plus fragiles, l'opinion publique et les dirigeants peuvent craindre la violence du choc de la concurrence internationale face à des activités agricoles ou industrielles encore faiblement compétitives.

Ainsi, même si les moteurs de la globalisation sont puissants, certains pays ou blocs de pays pourront prendre des mesures temporaires et spécifiques les protégeant d'une concurrence ou dépendance trop forte. Pour cette raison les entreprises à ambition globale sont amenées à s'installer au cœur de chacun des grands marchés régionaux : Europe, Natfa, Brésil, Chine, Inde, Russie, etc.

2 La dynamique de la concurrence internationale

2.1 Les industries globales

Plusieurs critères permettent d'expliquer le caractère plus ou moins global d'une industrie : l'homogénéité du produit ou du service d'un pays à l'autre, l'importance des économies d'échelle, l'internationalisation des sources d'approvisionnement, la faiblesse des coûts de transport, le niveau élevé des dépenses de recherche et développement.

Le produit ou le service peuvent ainsi être déjà très standardisés internationalement : une télévision, un pneu, un téléphone mobile, un semi-conducteur, une chambre de chaîne hôtelière internationale, ou au contraire relativement spécifique d'un pays à l'autre : un journal, un article de mode, une spécialité culinaire locale.

La globalisation est un phénomène évolutif qui dépend en partie du comportement même des entreprises dont certaines peuvent jouer un rôle d'accélérateur.

Dans les années 1960-1970 un petit nombre d'industries pouvaient être qualifiées de globales ; leurs produits étaient standards internationalement et un petit nombre d'entreprises leaders dominaient le marché : c'était le cas de l'industrie pétrolière, de la pharmacie, des moteurs d'avions. Dans la plupart des autres secteurs d'activité, la concurrence s'exerçait surtout à l'intérieur des marchés domestiques des grands pays industrialisés : États-Unis, Japon, France, Allemagne, Angleterre. Les règles du jeu étaient fixées et s'exerçaient d'abord entre champions nationaux, c'était le cas par exemple de l'automobile ou de la banque de dépôt. Les entreprises tiraient alors leur avantage concurrentiel de leur domination d'un marché national comme Fiat en Italie, la Deutschebank en Allemagne, WallMart aux États-Unis.

En fait c'est le jeu de la concurrence qui est le facteur déterminant du degré de globalisation de l'industrie. On parlera *d'industrie globale* si la concurrence dans un pays est fortement affectée par la position concurrentielle au plan mondial. La montée des forces de globalisation explique l'apparition plus ou moins rapide de nouveaux secteurs d'activité dans le registre des industries globales (voir tableau 8.2).

TABLEAU 8.2 Les industries globales

Années 1960	Années 1980
• pétrole • pharmacie • moteurs d'avion • construction navale	• électronique • informatique-le hardware • marchés financiers • boissons
Années 1990	**Années 2000**
• sous-traitants automobile • informatique – le software • compagnies aériennes	• automobile • media • communication • distribution • banque et assurance

On parlera en revanche *d'industrie multi-domestique* si la concurrence dans chaque pays reste relativement indépendante de la concurrence dans les autres pays ou de *semi-globalisation* (Ghemawat, 2003) dans les étapes intermédiaires.

L'avantage concurrentiel des entreprises dépend à la fois des économies d'échelles et des économies liées à l'intégration des activités d'un pays à l'autre.

Mais ceci n'exclut pas deux phénomènes complémentaires :

• la persistance, dans de telles industries, d'une clientèle, de canaux de distribution, de médias, de produits et de services adaptés à un segment de marché à caractéristiques très locales ;

• le choix pour l'entreprise à stratégie mondiale de cultiver ou non ce segment de marché avec le produit, le service, la marque et l'organisation appropriée.

Dans les industries globales les entreprises qui ne sont pas présentes sur les grands marchés mondiaux n'ont pas de possibilité de survivre localement.

2.2 Le rôle des entreprises multinationales

Les entreprises multinationales restent les acteurs principaux de la globalisation de l'économie, elles ont un rôle moteur dans les flux d'investissement direct à l'étranger (FDI) et dans la diffusion de l'innovation technologique. Elles représentent une part importante des échanges internationaux et du PNB mondial (4,3 %) en 2000.

Les entreprises multinationales sont les entreprises dont le chiffre d'affaires et le personnel sont majoritairement répartis en dehors du pays d'origine. Les activités sont coordonnées entre elles selon des modalités organisationnelles qui diffèrent d'une firme à l'autre en termes de relation entre le siège social et les filiales : degré d'autonomie et d'initiative stratégique.

Le capital peut rester majoritairement dans les mains d'actionnaires d'une nationalité précise ou être réparti internationalement. Une multinationale peut donc garder en partie des racines nationales. On parlera d'entreprise transnationale dans le cas contraire. Une entreprise comme ABB, qui a son siège en Suisse, et deux maisons mères – l'une allemande, l'autre suédoise – elles-mêmes avec des actionnaires internationaux, peut être qualifiée de transnationale.

La multinationale dispose d'une arme spécifique face aux géants nationaux : elle peut soutenir une offensive contre un concurrent dans un pays donné avec les ressources financières et les profits dégagés par une autre filiale dans une autre partie du monde. Elle peut pratiquer une politique de subventions croisées (*cross-subsidization*) entre ses filiales (Hamel et Prahalad, 1985). Elle peut, en déclenchant une guerre de prix, conquérir rapidement une part de marché. Elle peut au contraire être plus prudente pour ne pas soulever l'inquiétude du gouvernement local et se positionner dans une zone de prix raisonnable par rapport aux concurrents pour monter plus progressivement en puissance. Le dumping reste interdit par la plupart des traités commerciaux internationaux, mais il est difficile de juger du mode de calcul des prix de transfert internes à la multinationale.

Ceci accroît l'interdépendance des différentes filiales de la multinationale et le lien entre concurrence globale et concurrence locale.

Parfois le marché domestique de l'entreprise, si l'entreprise y est restée en position dominante, fera les frais de cette bataille mondiale : l'entreprise y aura une politique de prix plus élevé que dans les pays nouveaux à conquérir.

2.3 Champions nationaux et joueurs mondiaux

La cohabitation dans une industrie de champions nationaux et d'acteurs globaux est le fruit de deux mouvements contradictoires :

• d'une part l'histoire, et un passé de fragmentation de l'industrie qui a souvent contribué à faire naître des champions nationaux à l'abri des frontières du marché domestique ;

• d'autre part le processus économique naturel de concentration à l'échelle mondiale.

Dans ce contexte un gouvernement peut être désireux d'encourager ou défendre une entreprise publique ou privée perçue comme importante au plan des intérêts nationaux.

L'objectif du gouvernement concerné peut être lié à la politique de défense (dans les secteurs de l'armement, de l'électronique, du nucléaire), à la politique sociale (éviter des licenciements), à l'aménagement du territoire (maintenir une activité dans une région mal développée), financier (soutenir une entreprise fortement exportatrice) ou tout simplement d'ordre symbolique.

En Europe, les secteurs comme la banque, l'édition, la pharmacie font encore ici ou là l'objet de sollicitations gouvernementales et de préférences nationales. En 2004, le gouvernement français a privé le géant suisse Novartis de la possibilité de se rapprocher de l'entreprise pharmaceutique franco-allemande Aventis au profit d'un rapprochement avec le français Sanofi-Synthelabo. La tentation nationale existe donc encore, même si elle est fortement tempérée par les règles et la philosophie de l'Union européenne.

Dans l'industrie aéronautique le brésilien Embraer et le canadien Bombardier font à peu près jeu égal sur le marché des jets régionaux. Les deux entreprises se font concurrence mondialement sur ce segment en termes de produit, technologie, de service, de prix, de flexibilité.

Parallèlement on ne peut ignorer que l'avenir de ces entreprises est important pour leur pays d'origine, le Brésil ou le Canada, et les régions où elles sont implantées, Montréal et São Paulo. Elles se sont accusées régulièrement de recevoir des soutiens illégaux de la part de leurs gouvernements respectifs, litiges qui ressortent de l'arbitrage de l'Organisation mondiale du commerce. La concurrence des entreprises est ainsi en partie une concurrence entre les états.

Ces entreprises sont dans une posture stratégique différente de celles des géants qui dominent l'industrie, Airbus et Boeing, et qui pour le moment ne s'adressent pas à ce segment et rivalisent globalement sur un portefeuille d'activités beaucoup plus large.

2.4 Le choix de la localisation géographique

Lorsque l'entreprise décide de s'implanter à l'étranger plutôt que d'exporter à partir de son pays d'origine, elle doit choisir d'une part la localisation de sa nouvelle implantation et les modalités de mise en œuvre, en particulier le pourcentage de contrôle de sa filiale ou participation à l'étranger.

Le paradigme éclectique de Dunning (1998) éclaire ce choix en mettant en perspective trois facteurs : O pour *Ownership*, L pour *Localisation*, I pour *Internalisation* :

• *ownership* : quel est la nature des actifs et les avantages concurrentiels propres à l'entreprise : sa technologie, ses marques, son savoir-faire ?

• *localisation* : quel est l'avantage national comparatif du pays d'accueil (par exemple un bas coût de main-d'œuvre qualifiée, les ressources naturelles ou l'importance de la demande) ?

• *internalisation* : faut-il ou non intégrer la nouvelle activité, produire soi-même ou en partenariat avec d'autres surtout s'il y a un risque de perdre ou diluer son avantage propriétaire (ses brevets, son savoir-faire) au profit de ses fournisseurs ou partenaires de joint-ventures ?

Le processus d'internationalisation de l'entreprise peut ainsi s'interpréter par la rencontre de deux types d'avantages :

• d'une part les avantages concurrentiels de l'entreprise ;

• d'autre part les avantages comparatifs du pays d'accueil.

Porter (1990) a montré que les avantages nationaux traditionnels – tels que les ressources naturelles – sont insuffisants pour expliquer la prospérité ou le déclin, le renouvellement du tissu économique. Il montre en particulier le rôle de la concurrence comme stimulant des autres facteurs de succès d'un pays ou d'une région.

Les localisations idéales et les lieux privilégiés de convergence entre l'avantage concurrentiel de l'entreprise et le développement de l'avantage national sont les *clusters*. Ces zones géographiques privilégiées sont très compétitives dans une industrie car on y retrouve les entreprises leaders de la catégorie, leurs concurrents ou partenaires, leurs fournisseurs et leurs clients, les centres de recherche publics associés. Le tout constitue une puissante force d'attraction tant pour les entreprises locales que pour les investisseurs étrangers. L'avantage national s'y développe simultanément avec l'avantage concurrentiel des entreprises, mais la localisation est ici plutôt liée au choix d'une micro-région, d'un terroir très spécifique que d'un pays proprement dit.

Exemple

Le groupe PSA-Peugeot-Citroën s'est fixé au début des années 2000 trois zones prioritaires d'expansion : l'Europe centrale et la Turquie, le Mercosur et la Chine.

En Europe centrale le groupe a étudié ainsi en partenariat plusieurs possibilités d'implantation dans trois pays voisins, la Pologne, la Slovaquie et la République Tchèque pour y produire en commun avec Toyota une petite voiture d'entrée de gamme. Le choix du pays n'était pas un prérequis et les trois gouvernements étaient également mobilisés pour attirer l'investisseur étranger.

▶

Pour cet investissement d'un montant global de 1,5 milliard d'euros, et d'une capacité de 300 000 voitures, les deux groupes ont choisi finalement en 2002 le site de Kolin en République Tchèque. Beaucoup de raisons militaient en ce sens : la tradition automobile du pays, la qualité du réseau de transports et de l'infrastructure, la possibilité de recruter du personnel expérimenté, la présence des grands sous-traitants.
Cet investissement venant à la suite de Volkswagen et d'autres constructeurs automobiles internationaux a contribué à renforcer l'avantage national tchèque dans l'industrie automobile, sans pour autant éliminer la concurrence de la Slovaquie où Peugeot comme d'autres constructeurs s'est implanté également ou du Sud de la Pologne.

Les grands pays émergents constituent en termes de choix de localisation une opportunité particulière : un grand marché intérieur à fort potentiel de croissance et la possibilité de production à bas coûts.

C'est le cas de l'Europe centrale pour l'automobile, de la région de Canton pour l'électroménager et de l'Inde dans le domaine des centres d'appel et du software.

Ici le transfert de données immatérielles se substitue à l'échange de marchandises physiques, et le marché international s'est substitué à un marché domestique encore peu développé pour permettre un décollage spectaculaire de Bangalore et des autres métropoles high-tech de l'Inde (voir figure 8.2).

FIGURE 8.2 **L'avantage concurrentiel de l'Inde dans le domaine du software**

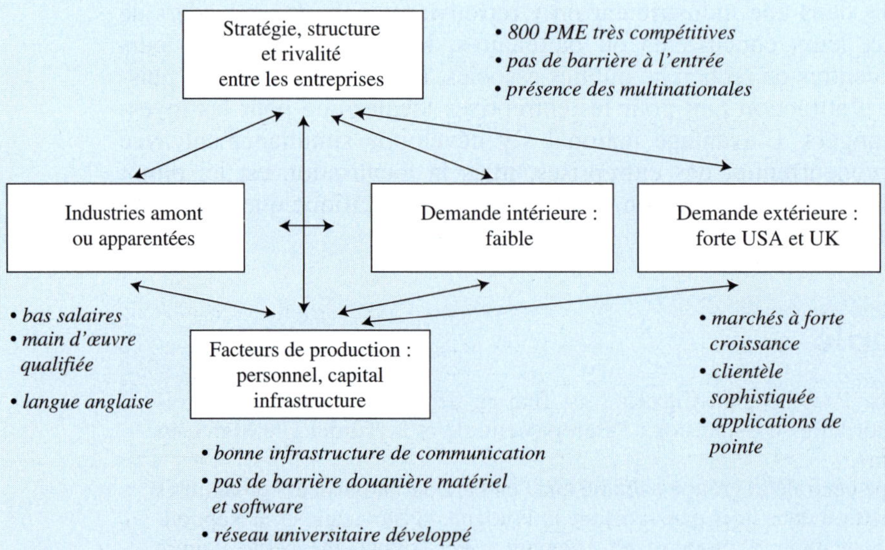

Source : Kapur & Ramamurti AME 2001

3 Stratégie internationale et avantages concurrentiels

3.1 Objectifs internationaux et avantage concurrentiel

Cinq raisons majeures conduisent les entreprises à s'internationaliser.

• *Tout d'abord* la conquête de nouveaux marchés ; la motivation est d'autant plus grande que le marché domestique est lui-même étroit ou à maturité.

• *Deuxièmement* la réduction des coûts et l'amélioration de la compétitivité de l'entreprise ; c'est une recherche d'économie d'échelle et d'effet d'expérience.

• *Troisièmement* l'opportunité d'exploiter plus avant à l'étranger les compétences à l'origine d'un avantage concurrentiel développé sur le marché domestique ; il s'agit de transférer internationalement cet avantage concurrentiel.

• *Quatrièmement* la répartition du risque dans des pays qui ont des cycles économiques différents ; ceci réduit la dépendance par rapport à l'évolution du marché domestique et permet d'avoir un portefeuille d'activités géographiquement mieux réparti en termes de cycle économique, taux de croissance, et risque.

• *Cinquièmement* enfin la nécessité d'être présent sur les grands marchés internationaux parce les concurrents y sont et pour ne pas courir le risque d'être relégué dans un rôle de joueur local faute d'avoir la taille et le rayonnement international suffisant.

Le processus d'internationalisation a un impact majeur sur l'avantage concurrentiel ; il affecte en effet directement :

• le positionnement stratégique qu'il s'agisse de positionnement en termes de coût ou de différentiation ;

• les compétences et les ressources clés de l'entreprise.

Dans le cadre d'une *stratégie de différentiation*, le caractère unique du produit ou du service est un atout permettant une identification claire sur la scène internationale et une implantation commerciale qui n'affronte pas directement les concurrents locaux ou mondiaux.

En revanche cette différentiation peut éventuellement révéler des limites qui n'existaient pas sur le marché domestique :

• l'offre différentiée est-elle valorisée par les clients, sont-ils prêts à en payer le prix, disposent-ils du pouvoir d'achat nécessaire ?

• peut-on la protéger efficacement ou au contraire est-elle susceptible d'être copiée rapidement ?

Dans le cadre des *stratégies de coût*, l'internationalisation a un double avantage immédiat : augmentation de volume et économies d'échelle d'un côté, transfert des unités de production dans les pays à bas coût de main-d'œuvre de l'autre.

Les limites rencontrées sont de deux ordres :

• le contrôle de qualité : peut-on augmenter le volume de l'activité sans remettre en question le standard de qualité ou de service ?

• le risque de dilution de la technologie : peut-on conserver une avance technologique assez nette tout en partageant avec d'autres une partie de la fabrication ou du développement ?

En matière de *compétences* et de *ressources* l'internationalisation affecte aussi directement les sources de supériorité de l'entreprise : sa compétitivité, ses rapports de force avec les fournisseurs, sa réputation, son accès aux ressources financières, sa capacité de recherche et d'innovation, sa capacité de négociation avec les instances gouvernementales, sa capacité à attirer une élite en termes de ressources humaines, sa capacité d'apprentissage.

Le transfert et l'accroissement de l'avantage concurrentiel sont différents pour chacune des étapes de la chaîne et des maillons qui se trouvent redéployés internationalement.

L'entreprise souhaite bien entendu conserver la maîtrise absolue de ses sources majeures d'avantage concurrentiel. C'est le cas par exemple de compétences technologiques permettant de fabriquer un composant ou un élément essentiel du produit en termes de spécificité et de valeur ajoutée.

Cela ne veut pas dire pour autant qu'elle n'ait pas intérêt à effectuer ces tâches dans une nouvelle localisation, plus porteuse en termes de concurrence, de marché local ou de talents d'ingénieurs ou de designers. Certaines seront donc à la fois délocalisées et externalisées en termes de propriété tandis que d'autres seront internationalisées mais gardés sous contrôle à 100 %, par exemple les centres de recherche.

Ainsi, à ses compétences traditionnelles, l'entreprise va ajouter une expertise unique en termes d'organisation, de processus interne et de ressources humaines : l'art de fonctionner en réseau internationalement et de gérer une chaîne de valeur à la fois très différenciée d'amont en aval et fortement dispersée géographiquement dans des unités internationales différentes.

3.2 Le caractère durable de l'avantage concurrentiel

Les avantages tirés des différentiels de coûts de main-d'œuvre ou de coûts de matières premières et liés à la localisation sont importants, mais ne sont pas nécessairement durables.

En effet, ces sources sont rarement protégeables par des barrières suffisamment élevées et sont accessibles aux concurrents.

Ces avantages diminuent par ailleurs avec le temps au fur et à mesure du rattrapage économique des pays concernés, phénomène qui peut porter sur plusieurs années, voire décennies selon le niveau de développement de départ du pays concerné et son taux de croissance.

Le choix des implantations géographiques tient compte en particulier de ces évolutions.

En Europe les implantations industrielles qui se sont d'abord orientées dès le début des années 1990 vers le cœur de l'Europe Centrale se déplacent dans les années 2000 plus à l'est ou sur le pourtour méditerranéen : Roumanie, Ukraine, Turquie, ou encore Tunisie.

De ce point de vue, la Chine présente un cas tout à fait singulier car elle dispose d'un potentiel relativement illimité de main-d'œuvre à bon marché par un double phénomène :

• de migration intérieure permettant à des ouvriers issus du monde rural de venir travailler à moindre coût dans les grandes villes ;

• de délocalisation à l'intérieur du territoire, les usines quittant les grandes villes côtières au profit de l'intérieur.

Les avantages concurrentiels propres à l'entreprise tels que la maîtrise d'une technologie, la valeur d'une marque, les liens tissés avec les fournisseurs et les clients sont également affectés par l'internationalisation.

Celle-ci constitue en effet à la fois une menace sur l'avantage concurrentiel de par la confrontation directe avec les plus grands acteurs mondiaux, et une opportunité par la possibilité d'enrichir l'avantage concurrentiel initial : élargir le réseau des fournisseurs de qualité, mondialiser une marque, permettre l'amortissement des dépenses de recherche et de développement sur un volume plus important, développer de nouveaux produits ou services.

L'internationalisation est donc un processus continu par lequel l'entreprise doit simultanément :

• affiner son positionnement stratégique concurrentiel ;

• développer son portefeuille de compétences propres au sein d'activités géographiquement dispersées.

3.3 Typologies des stratégies internationales

Dans une industrie donnée, l'entreprise a deux familles de choix à faire : des choix de localisation d'une part, des choix de positionnement stratégique de l'autre en termes de standardisation ou d'adaptation locale.

Les avantages comparatifs du pays d'accueil sont une chose, les opportunités du marché local et la structure de la concurrence en sont un autre.

D'un pays à l'autre les acteurs ne sont pas les mêmes, pas plus que leurs parts de marchés, ou que leur ancrage local en termes d'alliances stratégiques.

Ainsi Carrefour, leader européen de la distribution est peu présent en Europe du Nord. En revanche son cheminement international l'a conduit rapidement à une forte présence relative sur les marchés émergents d'Amérique Latine et d'Asie. Au Mexique comme en Chine, cela le conduit à affronter directement le leader mondial WallMart.

Pour chacun de ces marchés la situation concurrentielle est donc différente : date d'entrée, présence de concurrents mondiaux et/ou champions nationaux ; différences de comportements des consommateurs, de langue, d'habitude et de pouvoir d'achat, tradition en matière de service, de crédit, de transport, de parking, d'heures d'ouverture, différences de législation nationale, différences en matière de communication, de publicité, de médias, différences en matière d'assortiments, de produits, et de fournisseurs.

L'adaptation aux conditions locales est importante, mais vient en quelque sorte en aval de la nécessité d'être présent, d'une manière précoce et significative, sur les marchés à forte croissance avant ses grands concurrents globaux.

Le secteur dans lequel l'entreprise est implantée se situe sur un continuum qui va du stade multi-domestique au stade global, c'est-à-dire un degré plus ou moins élevé de globalisation.

Par rapport à cette situation générale du secteur, l'entreprise peut encore choisir son propre positionnement : une stratégie à dominante *multi-domestique* ou une stratégie à dominante *globale* sur le segment considéré.

Enfin chacune des fonctions de l'entreprise : achats, logistique, R&D, fabrication, marketing, distribution, service pourront eux-mêmes être différenciés de la même façon, du plus global au plus multi-domestique (voir tableau 8.3).

TABLEAU 8.3 **Du multi-domestique à la globalisation : un continuum**

Caractère	**multi-domestique**		**global**
Nature de l'industrie	presse quotidienne ←	automobile	électronique grand public →
Stratégie de l'entreprise	Honda ←	General Motors	Fiat →
Fonctions de l'entreprise	achats, R&D ←	production	distribution, service →

3.3.1 Les distances jouent encore un rôle important

Comment choisir sur ce continuum. Certaines spécificités locales peuvent paraître incontournables, d'autres vouées naturellement à disparaître progressivement.

Or une distance demeure d'un pays à l'autre et d'une culture à l'autre entre l'art de faire des affaires localement et la manière de travailler sur le marché domestique d'origine.

Chaque industrie et chaque segment stratégique à l'intérieur d'une industrie ont leur propre sensibilité par rapport à la distance. On peut mesurer la sensibilité de chaque activité à différentes dimensions caractérisant cette distance (Ghemawatt, 2001) :

- la culture (les langues, les ethnies, les réseaux sociaux, les religions, les normes sociales) ;
- l'administration (les liens historiques ou coloniaux ; l'appartenance à la même union économique, monétaire ou politique ; les différents politiques, les politiques publiques, les différences de développement institutionnel) ;
- la géographie (la distance physique, l'absence de frontière commune, l'absence d'accès maritime ou fluvial, la faiblesse des moyens de transport ou de communication, les différences climatiques) ;
- l'économie (le pouvoir d'achat des consommateurs, les différences de coût et de qualité : des ressources naturelles, des ressources financières, des ressources humaines, de l'infrastructure, de la production intermédiaire, de l'information et de la connaissance).

3.3.2 L'adaptation aux spécificités locales face à la recherche de synergies globales

Dans une industrie donnée l'entreprise est amenée à faire face d'une manière équilibrée à deux forces contradictoires :

- la nécessité de s'adapter plus ou moins fortement aux spécificités locales ;
- la nécessité d'exploiter les synergies internationales entre ses filiales (Bartlett et Ghoshal, 1998).

La standardisation du produit est l'une de ces synergies qui a le plus d'impact sur les coûts. En fonction du degré d'adaptation recherché aux spécificités locales et la nécessité de réduire les coûts par une standardisation, quatre types de postures stratégiques apparaissent : stratégie internationale, stratégie multi-domestique ou globale, stratégie transnationale (voir figure 8.3).

C'est en fonction de ces postures stratégiques de base que pourront être définis la structure optimum de l'organisation, le degré approprié de décentralisation et le mécanisme d'affectation des ressources.

La *stratégie internationale* de l'entreprise consiste à transférer vers de nouveaux marchés des savoir-faire, des technologies, des ressources humai-

FIGURE 8.3 **Typologie des stratégies internationales**

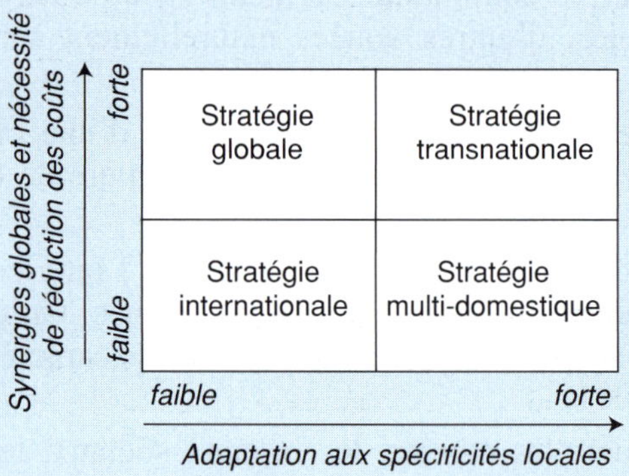

nes et financières accumulées sur le marché domestique Ce premier niveau de stratégie peut fonctionner si la concurrence par les coûts est faible et s'il existe une clientèle locale pour un produit assez standard. Le produit est développé sur le marché domestique, il peut être exporté ou fabriqué dans le pays étranger puis distribué sans grand effort d'adaptation sur le marché local.

La *stratégie multi-domestique* parie principalement sur la différentiation des activités d'un pays à l'autre, et l'adaptation la plus étroite des produits et des services aux spécificités locales.

La stratégie peut tenir compte au premier chef de la nature de la dynamique concurrentielle locale. Aussi les filiales locales doivent avoir une grande liberté d'action et pouvoir se développer relativement indépendamment les unes des autres.

Cette posture stratégique était courante dans le passé dans la majorité des grands pays européens qui présentaient encore un paysage relativement fragmenté, par exemple dans le domaine de la banque ou de l'assurance.

Dans les activités liées fortement à la langue et à la culture, cette fragmentation demeure. Ainsi dans l'édition, le groupe français Hachette Livre s'est développé en Angleterre, en Espagne et en Amérique Latine par acquisition, en achetant des éditeurs locaux, en cultivant leur identité propre, et sans recherche de grandes synergies avec les activités menées sur le marché domestique.

La stratégie globale parie à l'inverse sur la standardisation du produit et du service indépendamment des frontières, la poursuite d'économies d'échelle et la recherche des meilleures localisations en matière de fabrication. Les stratégies au niveau du produit ou du service doivent donc au premier chef être conçues et orchestrées au plan mondial ; ce sera le rôle du responsable de la *strategic business unit* correspondante dont l'autorité l'emportera par rapport aux préoccupations locales ou régionales.

Dans ce contexte de stratégie globale, l'entreprise sera conduite à focaliser sa stratégie sur son cœur de métier et ses compétences distinctives, et se développer internationalement de manière à conforter l'avantage concurrentiel initial et à viser un leadership mondial sur un certain nombre de segments.

Danone

Danone de 1997 à 2000 a éliminé de son portefeuille toute une série d'activités ou de marques même profitables pour se concentrer sur trois segments sur lesquels l'entreprise pouvait prétendre être parmi les trois premiers partout dans le monde : les produits frais, les biscuits, l'eau.
Le pari a été tenu très largement grâce à une série d'acquisitions réussies, et à une segmentation permettant de jouer à la fois sur les marques les plus globales, et des marques locales provenant des sociétés rachetées (voir tableau 8.4).

TABLEAU 8.4 **Danone : vingt ans d'acquisitions en Asie**

1980 – Japon : JV avec Ajinomoto (produits laitiers frais)
1987 – Canton : JV – produits laitiers frais
1989 – Indien : participation dans Britannia
1989 – Australie : prise de contrôle de Griffin's
1991 – Honk-Kong : acquisition de Amoy
1994 – Shanghai : JV – Shangai Danone Dairy (yogourts)
1994 – Shanghai : JV – Shanghai Danone Biscuits (bisquits)
1995 – Chine : participation dans Haomen breweries (bière)
1998 – Chine : prise de contrôle de Hangzhou Wahaha (eau)
1998 – Chine : acquisition of Wuhan Dongxihu Beer (bière)
1998 – Singapour : participation in Yeo Hiap Seng (boissons)
1998 – Indonésie : Aqua (eau minérale)
1998 – Chine : partenariat avec Health (eau minérale)
1998 – Singapour : participation dans Yeo Hiap Seng (boissons)
2000 – Chine : acquisition de Robust (eau et boissons lactées)
2000 – Chine : participation dans Aquarius Waler
2000 – Malaisie : rachat des activités d'United Biscuits

La stratégie globale n'oblige pas à supprimer tout élément de réponse aux spécificités locales en termes de produit, de réseau de distribution, de marque, ou de service, si cela contribue à accroître l'avantage compétitif mondial sur le segment. Le goût des cafés Nestlé varie d'un pays à l'autre pour s'adapter aux goûts locaux et aux habitudes des consommateurs.

McDonald propose des variantes du Big Mac telles que Maharajah Mac pour l'Inde ou le McOz pour l'Australie.

En Chine sur le marché de l'eau de table, Danone vendra sous la marque Évian pour le haut de gamme, sous la marque Wahaha pour le marché de masse. On peut parler dans ces derniers cas d'adaptation locale dans le cadre d'une stratégie globale sur le segment considéré.

La *stratégie transnationale* vise à optimiser les deux objectifs mondialement et à manager un flot de produits et de services horizontalement à travers l'organisation. Les compétences clés peuvent être développées au sein des différentes filiales, indépendamment de leur localisation géographique.

3.4 Les stratégies d'entrées et les *joint-ventures* internationales

La stratégie internationale a plus que tout autre un caractère séquentiel.

C'est un processus qui se développe au fil du temps par une série de mouvements stratégiques qui ont traits :

- au choix des pays cibles du développement international ;
- au choix des produits et des services qui sont les véhicules prioritaires de cette internationalisation dans le portefeuille stratégique de l'entreprise au plan *corporate* ;
- à l'étendue de l'offre de produits et de services mise sur le marché international ;
- au choix de la stratégie d'entrée et des modalités de développement de la présence internationale.

Le choix des pays cibles dépend de la nature de l'industrie mais aussi de la structure de la concurrence. Idéalement les entreprises aimeraient avoir une présence significative sur les trois grands marchés développés d'Europe de l'Ouest, de l'Amérique du Nord et du Japon, mais cette présence sur les trois pôles de la triade n'est l'apanage que d'un petit nombre de firmes multinationales : ces marchés à maturité sont aussi les plus concurrentiels.

Pour les entreprises européennes la première étape consiste souvent en une conquête de leur marché, le marché européen élargi à l'Est et à la Méditerranée. Une deuxième étape peut consister en une implantation aux États-Unis ou alternativement à un développement dans les pays émergents : Amérique Latine ou Asie.

Les stratégies d'entrée sur le marché international sont multiples : l'exportation, les contrats de licence ou de franchise, la création de joint-venture internationales ou de filiales contrôlées à 100 %.

L'*exportation* en tant que stratégie initiale a l'avantage pour l'entreprise de minimiser les risques et l'investissement tout en lui permettant de bénéficier des économies d'échelle. L'entreprise limite son investissement à l'étranger au choix du grossiste ou du distributeur, qui prendra en charge le marketing, la distribution et le service dans le pays étranger.

Les désavantages de cette stratégie sont liés aux coûts de transport, ou aux tarifs douaniers et bien sûr à la capacité limitée de mobilisation de l'énergie du distributeur à l'étranger. Cette stratégie est intéressante et viable sur le long terme si l'outil de production de l'entreprise est compétitif en termes de coût, donc en particulier si le marché domestique de l'entreprise est un pays émergent.

Dans ce cas l'entreprise peut aussi dans une première étape fabriquer et vendre en OEM (*Original Equipment Manufacturer*) pour un fabricant ou un distributeur étranger.

En confiant sa *fabrication sous licence* à producteur étranger en échange de royalties, l'entreprise minimise également son investissement et les risques de l'opération. Cette approche ne permet pas pour autant de bénéficier des économies d'échelle. La stratégie convient donc bien si l'entreprise ne dispose pas pour le moment des ressources financières, humaines ou organisationnelles lui permettant de s'implanter en propre. Le choix du partenaire est lors crucial, quant à son potentiel tant industriel que commercial, mais aussi quant à sa fiabilité en matière de respect de la propriété intellectuelle et des savoir-faire technologiques de l'entreprise.

Le *franchising* est utilisé largement par les entreprises de service et de distribution, la restauration rapide (McDonald), l'hôtellerie (une partie des activités du groupe Accor). C'est le franchisé qui porte le poids de l'investissement et le risque de la création d'entreprise. De son côté le franchiseur développe l'organisation nécessaire à la sélection, la formation, l'animation des franchisés. Le problème clé est alors le contrôle de qualité et la cohérence d'image et de standard d'un pays à l'autre.

La création de *joint-ventures internationales* est un mode très fréquent de développement sur les marchés étrangers.

C'est le procédé souvent utilisé par les multinationales des pays développés pour s'implanter dans des pays neufs, y fabriquer et vendre leurs produits localement. Cette politique a en particulier l'avantage de permettre une bonne adéquation avec l'environnement et le gouvernement local.

La multinationale attend de son partenaire l'accès au marché local, donc un bon ancrage en termes de connaissance du marché, de maîtrise de la distribution, de réputation, de relations avec le gouvernement. De son côté le partenaire local qui peut être une très grande entreprise entend développer sa gamme de produits, ses marques, son savoir-faire technologique, ses techniques de management, et bénéficier d'un soutien financier.

Le partenariat permet aux deux entreprises de partager l'investissement, de bâtir sur des forces complémentaires, d'acquérir des compétences nouvelles. En revanche il conduit à partager les profits, transférer une partie des connaissances au partenaire, et à s'exposer au risque de conflit ou de perte de contrôle.

Le gouvernement local de son côté trouve son compte dans la Joint-venture en termes d'apport de capital étranger, de transfert de technologie, de développement de l'emploi local, de substitution aux importations, voire de base pour l'exportation.

Dans ce cas les objectifs à long terme de la multinationale, de l'entreprise locale et du gouvernement d'accueil diffèrent et pèsent sur l'avenir de la joint-venture. Les intérêts qui la fondent peuvent évoluer avec le temps. La majorité des joint-ventures internationales se termine ainsi par l'acquisition de la joint-venture par l'un des deux partenaires.

La joint-venture est pour chacun des acteurs plus un moyen de développement qu'un objectif en soi, une étape et une modalité réversible. On jugera ainsi du succès de la joint-venture à l'aune de critères multiples : la performance financière de la joint-venture en tant que telle, la durée de l'opération, mais aussi la contribution aux objectifs stratégiques des deux partenaires, pour l'un l'accès à un nouveau marché, pour l'autre l'accès à des savoir-faire et des technologies.

Du point de vue de l'entreprise qui s'internationalise, les facteurs les plus importants à prendre en considération sont donc finalement (Segal-Horn et Faulkner, 1999) :

• le choix du partenaire, en veillant à minimiser le risque de conflit d'intérêts lié à d'autres produits ou d'autres alliances ;

• la transparence, c'est-à-dire la reconnaissance et l'explicitation des différences et intérêts de chacun, condition nécessaire à l'établissement de la confiance mutuelle ;

• le réalisme dans la fixation des objectifs, des contributions, et des résultats espérés au niveau des deux partenaires ;

• la clarté du processus de décision, l'identification des responsabilités managériales et la relative autonomie de gestion de la joint-venture ;

• la clarté des règles contractuelles à appliquer en cas de conflit, de modification des parts relatives dans le capital ou de sortie de l'un des partenaires.

Beaucoup d'entreprises préfèrent si elles n'y sont pas obligées par la législation, contrôler la totalité de leurs filiales (c'est le cas de L'Oréal ou d'ABB).

D'autres acceptent d'être minoritaires dans leurs alliances internationales et de tisser des liens de long terme sans exercer immédiatement leur leadership en termes de management (GM ou Norsk Hydro). D'autres enfin visent à créer les conditions d'une alliance stable à très long terme fondée en particulier sur un contrôle à 50-50 de la filiale commune.

Ceci n'est évidemment possible que s'il y a totale complémentarité des apports, convergence des objectifs et focalisation sur les résultats de la société commune. C'est le cas du partenariat entre le groupe français Suez et New World, groupe diversifié de Hongkong, pour la conquête du marché chinois du traitement des eaux.

En dehors de ce cas particulier l'ambition de l'entreprise sera à terme d'être présente à l'étranger à travers ses propres structures. Elle peut le réaliser en créant une filiale à 100 % ou par acquisition d'une entreprise locale. L'entreprise peut alors tirer tout le parti de sa présence sans risque de conflit ou de perte de technologie ; elle peut tisser les liens appropriés avec ses autres unités sur la scène internationale. La filiale étrangère peut devenir un pôle de développement à tous égards y compris au plan de l'innovation et de la R&D.

3.5 Globalisation et alliances internationales

La globalisation de l'industrie conduit à la fois à une relative concentration entre les mains des grands joueurs mondiaux et à l'apparition de nouveaux concurrents. Le phénomène est d'autant plus net que l'industrie est caractérisée par un fort potentiel d'économies d'échelle.

Dans l'industrie du pneumatique trois firmes seulement peuvent prétendre au titre de joueur mondial : Michelin (France), Gooodyear (USA), et Bridgestone (Japon) ; elles représentent plus de 50 % du marché mondial à elles trois.

Sur les marchés nouveaux à forte croissance, les trois leaders mondiaux se retrouvent donc au coude à coude. En Chine par exemple elles introduisent des pneus au standard mondial du point de vue de la technologie, des modalités d'utilisation, ou des techniques de fabrication.

Bien entendu cela ne fait pas disparaître en un jour les produits de techniques traditionnelles et les firmes locales qui peuvent continuer à rivaliser sur ce segment.

L'industrie automobile reste relativement multi-domestique avec des spécificités régionales en termes de préférences techniques, style de produits, type de distribution. Pour autant, l'industrie se consolide à l'échelle mondiale et laisse peu de possibilités de manœuvre stratégique pour les constructeurs locaux basés dans les pays développés.

En dehors de la présence internationale de General Motors et de Ford, le passé était caractérisé surtout par les rivalités intra-régionales : concurrence entre entreprises américaines (GM, Ford, Chrysler), européennes (Volkswagen, BMW, Fiat, Renault, PSA, etc.), japonaises (Toyota, Nissan, Honda), coréennes (Hundai, Daewoo).

Le temps présent est plutôt celui des mouvements transcontinentaux comme l'acquisition de Chrysler par Daimler.

Ces mouvements doivent beaucoup à l'opportunité et leur succès reste conditionné à une mise en œuvre relativement complexe. Il n'est pas démontré que ces alliances ou fusions créent à court terme de la valeur pour les actionnaires. En revanche si dans le cadre de ces rapprochements une politique agressive est menée en matière de réduction des coûts, répartition du risque, accroissement du volume, partage de compétences complémentaires, l'ensemble aura renforcé durablement son avantage concurrentiel par rapport à ses adversaires.

L'alliance Renault-Nissan qui date de 1999 s'est employée après le redressement de Nissan à mettre en œuvre une vision stratégique commune et à exploiter tout un potentiel de synergies tout en préservant l'identité et l'autonomie des deux sociétés.

En évitant les difficultés de mise en œuvre d'une fusion entre entreprises de cultures extrêmement différentes, les coopérations visent à bénéficier des économies d'échelle et de la standardisation (voir tableau 8.5).

TABLEAU 8.5 **L'alliance Renault-Nissan**

- Plate formes commune de fabrication
- Partage de capacités de production au Mexique, au Brésil, en Espagne
- Partage des tâches en matière de développement des moteurs et boîtes de vitesse
- Achats communs au plan mondial : objectif 70 % des achats à terme
- Politique commune en matière d'informatique
- Support commercial commun en Europe sans toucher directement aux marques et aux clients
- Appui au développement commercial international du partenaire :
  – Nissan s'appuie sur Renault dans le Mercosur,
  – Renault sur Nissan au Mexique, au Japon, à Taïwan, en Australie et en Indonésie
- Équipes mixtes de collaborateurs pour le partage de compétences

Source : Renault-Nissan 2003

L'alliance ou l'acquisition permettent en fait surtout de gagner du temps d'une manière incomparable par rapport au développement organique : acquisition d'une part de marché, d'une technologie, de réseaux de distribution ou de marques.

Dans de très nombreux secteurs, les entreprises à acheter sont peu nombreuses, il existe donc fréquemment une compétition pour le rachat ou l'acquisition et donc un talent, une compétence en matière d'acquisition, de transformation et d'intégration des sociétés rachetées. Ainsi dans le cas d'une stratégie globale, l'acquisition peut constituer un formidable moyen pour devenir un des deux ou trois leaders mondiaux de l'activité.

4 L'internationalisation et la réorganisation de la chaîne de valeur de l'entreprise

4.1 Réorganisation de la chaîne de valeur

Le développement de la présence de l'entreprise sur la scène internationale lui ouvre des voies nouvelles pour son avantage concurrentiel, mais ceci suppose une réorganisation et un découplage entre les éléments de la chaîne de valeur.

La stratégie d'une entreprise dans une activité globale ou en voie de globalisation va porter sur la répartition des différents maillons de la chaîne de valeur entre ses différentes implantations nationales. Cette répartition concerne principalement les maillons amont (logistique, production) et les activités de soutien (développement, gestion des ressources humaines, approvisionnements), alors que les maillons aval (force de vente, distribution) demeurent souvent liés à la localisation géographique du client.

Il s'agit tout d'abord de déployer sur la scène internationale les différents maillons de la chaîne de valeur : la R&D, les approvisionnements, la fabrication des composants, l'assemblage, la distribution, le marketing, la vente et les services de manière à réduire les coûts ou à accroître la différentiation du produit.

Dans le cas d'une *stratégie multi-domestique*, les différents marchés géographiques sont cloisonnés et chaque firme locale peut contrôler une grande partie de la chaîne de valeur à l'exception peut être de la R&D. D'une filiale à l'autre les liens peuvent être basés plus sur des relations commerciales que hiérarchiques.

Dans le cas d'une *stratégie globale* par produit, les maillons de la chaîne de valeur qui concernent une famille de produits déterminée sont répartis, finement reliés entre eux, mais en revanche relativement indépendants d'une famille de produit à l'autre.

Toutefois l'entreprise sera tentée d'exploiter les synergies et complémentarités d'une division à l'autre et de créer des passerelles soit au plan géographique soit au plan d'une fonction de l'entreprise, par exemple la communication, ou encore la recherche, voire les relations avec les fournisseurs qui peuvent être communes aux deux activités. C'est le cas par exemple entre la branche automobile et la branche moto de Honda.

Dans le cas d'une *stratégie transnationale*, la chaîne de valeur pourra être complètement restructurée au plan mondial en s'appuyant sur les maillons de la chaîne jugés stratégiques au plan *corporate*.

La stratégie internationale du constructeur taïwanais d'ordinateur Acer repose sur une vision spécifique de la chaîne de valeur où il y a création de valeur aux deux bouts de la chaîne : en amont au niveau des composants et en aval, au niveau du marketing et de la distribution (voir figure 8.4).

FIGURE 8.4 **Le sourire de Stan Shi**

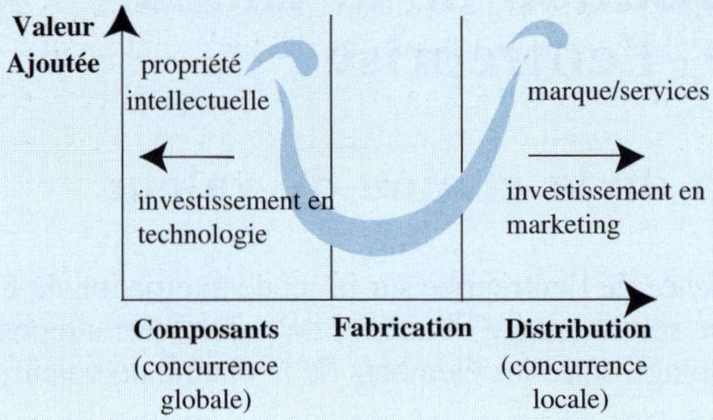

Source : Acer – Stan Shi "Smiling Curve"

Les ressources sont donc concentrées sur le développement pour lequel Taiwan constitue un environnement très favorable ; en revanche compte tenu du pouvoir d'achat élevé à Taiwan l'assemblage est réalisé soit dans un pays à bas coût par exemple en Chine continentale ou dans les filiales de commercialisation aux portes des marchés développés : Europe de l'Est, ou Mexique. Une partie de ces activités est développée en propre, une autre en partenariat avec des entreprises locales, qu'il s'agisse de fabrication, assemblage ou distribution. Certaines sociétés du groupe sont donc des fournisseurs pour d'autres unités, mais peuvent éventuellement approvisionner directement leurs composants sur le marché.

Il reste à mettre en œuvre en termes d'organisation ce montage sophistiqué, en termes de structure formelle, de processus de décision, de prix de transfert, et finalement de responsabilité des managers et patrons d'unité.

4.2 Configuration concentrée ou dispersée

La poursuite des économies d'échelle dans ce cas pose la question de la relative concentration de l'activité dans un ou plusieurs lieux de fabrication et du degré de contrôle du partenaire, fournisseur, fournisseur exclusif ou associé qui réalise la fabrication.

Michael Porter (1990) distingue en ce sens deux types d'organisation à l'échelle mondiale des activités de l'entreprise : une configuration concentrée ou une configuration dispersée.

La *configuration concentrée* vise à réaliser de très substantielles économies d'échelle et à accumuler une grande expérience dans la production industrielle en concentrant les maillons les plus importants de la chaîne de valeur sur un ou plusieurs pays.

En Europe la société Lego produit la quasi-totalité de ses jouets au Danemark et exporte sa production à travers un réseau commercial extrêmement développé de par le monde ; la société Zara a son outil de production propre en Espagne alors que les entreprises concurrentes ont délocalisé en Asie.

La majorité des industriels du textile ou de la chaussure concentrent eux aussi leurs ressources sur le développement, le design, et le marketing et soit délocalisent leurs usines, soit délèguent la fabrication à des entreprises basées dans les pays émergents.

Si l'entreprise ne souhaite pas être propriétaire de ce maillon de la chaîne, elle choisira de s'approvisionner auprès d'une entreprise locale spécialisée, dotée d'un outil de production très performant ou peut être d'un petit nombre de fabricants spécialisés de la même région.

Ainsi la majorité des leaders mondiaux de l'électroménager (Whirlpool, Electrolux, Matsushita) font fabriquer leurs produits selon leur norme propre et sous leur marque chez des partenaires ou sous-traitants de la région de Canton comme par exemple Guangdong Galanz leader mondial du microonde et relativement imbattable en termes de qualité et de prix compte tenu du volume produit.

La *configuration dispersée* répond à l'inverse aux situations où les coûts de transports, de stockage, ou de communication, les risques de change, ou surtout la nécessité de réduire les délais de livraison au client final, rendent intéressant de répartir l'assemblage près des marchés finaux.

Un cas intermédiaire est celui d'Airbus où la R&D peut être répartie dans différentes localisations en Europe, ainsi que la fabrication de parties entière de l'appareil, l'assemblage final étant effectué en France et en Allemagne pour l'A380, mais pouvant être réalisé demain dans d'autres pays, par exemple la Chine.

Dans tous les cas le déploiement international des activités implique une coordination très étroite entre différents maillons de la chaîne de valeur eux-mêmes répartis sur la scène internationale.

4.3 La coordination des activités dans une stratégie globale

La coordination des activités d'une entreprise globale alimente l'avantage concurrentiel issu d'un management efficace des activités dispersées d'une entreprise.

Elle favorise certes la multiplication des expériences de marché à fortes caractéristiques locales, mais elle doit aussi permettre la remontée de l'information, qu'elle concerne les produits, les marchés, les techniques particulières de marketing ou la politique commerciale des concurrents sur certaines zones… Elle doit aussi reposer sur le principe de la délégation des responsabilités et vraisemblablement entraîner une mobilité de l'encadrement afin de réaliser les transferts de compétences et de savoir-faire. L'efficacité de cette coordination passe par une maîtrise de ces interdépendances et doit se traduire au niveau organisationnel (circuits d'information, *reporting,* pratiques budgétaires, systèmes de contrôle).

La coordination est un impératif pour les activités de l'entreprise globale qui sont liées les unes aux autres. Elle se concrétise par :

- une synchronisation des étapes de la chaîne de valeur ;
- une réduction des coûts de transaction ;
- une circulation de l'information entre les unités entre elles et la maison mère ;
- une bonne gestion des interdépendances.

Une coordination de bonne qualité permet aussi de répartir les risques monétaires, politiques ou d'approvisionnement propres à certains pays et de réagir à certaines fluctuations conjoncturelles. De cette coordination globale dépendra la capacité de réaction à la concurrence (répartition des ressources entre les filiales) et en particulier la trésorerie nécessaire pour répondre à la pression d'un concurrent engagé dans tel ou tel pays.

Cependant, l'avantage concurrentiel lié à une stratégie globale dépasse le cadre un peu strict des frontières juridiques de l'entreprise. Les interdépendances concernent aussi les fournisseurs qui procurent certains moyens de production à la firme et les différents canaux de distribution. La part des achats dans la valeur finale d'un produit manufacturé est croissante depuis de nombreuses années, et l'on comprend l'importance de la gestion des relations avec les fournisseurs. Le choix d'un circuit de distribution, sa notoriété et sa réputation pèseront fortement sur la part de marché d'une entreprise.

Finalement l'entreprise globale doit optimiser ses circuits d'approvisionnement et ses circuits de distribution. Cela suppose que la coordination s'étende aux liens avec l'amont et l'aval de ses activités.

Conclusion

La scène internationale ouverte par l'action des organismes inter-gouvernementaux et la dynamique concurrentielle pousse les entreprises à anticiper et essayer de conquérir les marchés avant leurs concurrents.

De nouveaux challengers apparaissent, ils ont leurs racines dans les mondes émergents, des coûts de main-d'œuvre très bas, de très grands marchés domestiques, une très grande flexibilité liée à un contexte institutionnel différent. C'est le brésilien Embraer, l'indien Tata Consultancy, le chinois Huawei Technologies.

Le poids relatif des économies développées (Europe, Amérique du Nord et Japon) recule par rapport au poids des grands pays émergents (Brésil, Russie, Chine et Inde).

Dans ce contexte extrêmement concurrentiel les entreprises sont conduites à développer des stratégies internationales innovantes qui reposent sur quatre dimensions complémentaires :

– un avantage concurrentiel fondé sur une nouvelle combinaison de ressources difficile à imiter ;

– une sélection particulièrement rigoureuse de la gamme de produits et services à internationaliser, donc un surcroît d'attention donnée à la segmentation stratégique ;

– une maîtrise du processus d'internationalisation dans la durée qui inclura nécessairement des phases d'acquisitions, des phases de déploiement, des phases de restructuration ;

– une capacité particulière de coordination des activités trans-frontalières par une structure organisationnelle, des processus de décision, une culture et une politique de ressources humaines appropriées et très différentes de la culture managériale forgée sur le marché domestique.

Mais les entreprises ne sont pas les seuls acteurs ; à la rivalité des entreprises s'ajoute la rivalité des blocs commerciaux, des états et des régions.

Moins il y a d'intervention directe des acteurs institutionnels, des acteurs publics, plus l'attention est tournée vers le développement d'un environnement économique favorable en termes d'infrastructure, de communications, de connaissance, d'éducation et de gouvernance.

C'est de cette rencontre des deux logiques que naît une nouvelle écologie des entreprises et de leurs localisations (Ricart *et al.*, 2003) et, nouvelle géographie économique de l'entreprise, une présence plus forte dans les pays émergents et un effort accru de création de valeur ajoutée par la recherche et l'innovation dans les économies développées.

Mini-Case

Škoda Auto Rebirth and VW Global Strategy

Prior to 1989, nine independent manufacturers in CEE were producing some 3.2 million cars.
After 1989, all major producers of passenger cars formed joint-ventures with, or were taken over by, Western partners: Polish "Polsky" by Fiat, East German Wartburg by GM-Opel, IMV in Slovenia by Renault.
Škoda Auto, a Czech company with 100 years of experience in car industry, was the most advanced manufacturer in the region and was the only one to produce its models based on its own technology, rather than on Western licenses.
In August 1990, the Czech Republic's government was looking for a strategic partner for Škoda and concentrated on two bidders: Volkswagen and Renault. VW overcame Renault and won the bid. It promised to invest €4.6 billion in Škoda by 2000.
For Volkswagen it was an important step towards the Eastern European markets (fig. 1). Location advantages, highly skilled workers among the 18,000 employees at that time, an appealing level of engineering.
For the Czech government it was a contribution to the transformation process of the economy. The common objective was to transform Škoda, a company previously characterized by socialist structures, into a customer oriented, learning organization and, thus, to "best-in-class" level.

FIGURE 1 Growth Opportunities in CEE

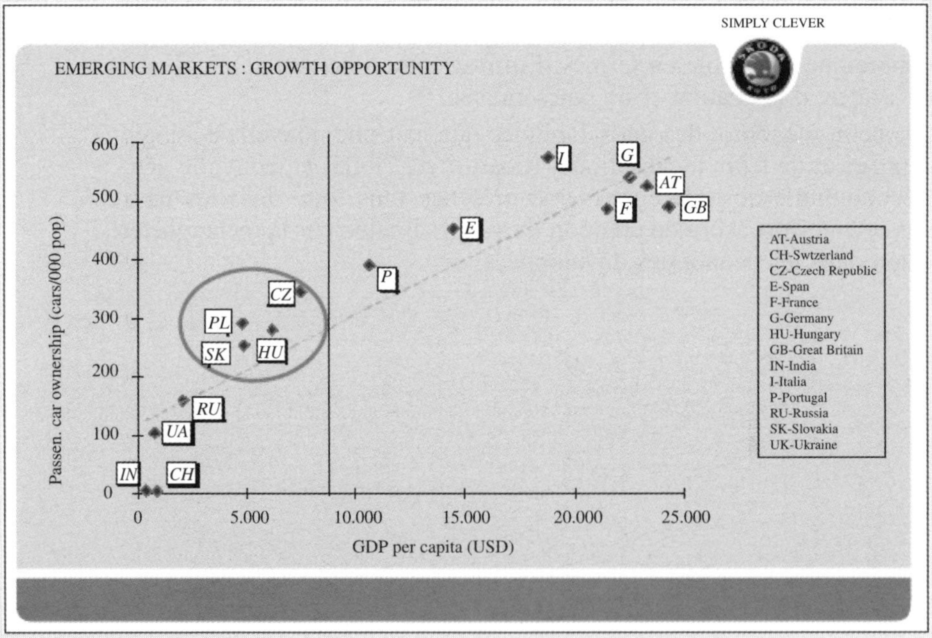

Škoda in the 1991 – 2001 period

Although VW had not yet reached the promised investment level, Škoda's first decade of VW ownership has been a success story.

- In 1991, Škoda built 172,000 cars. In 2001 it built 450,000 units. While volume more than doubled, revenue rose eight-fold, from €0.5 billion to €4 billion.
- In 1991, Škoda exported 26 percent of its production to 30 countries. In 2001 it exported more than 82 percent of output to 72 countries.

▶

Škoda still holds over half of the Czech Republic and the Slovakian markets, even though both are fully open to foreign competition.

The pace of VW investment has been slower than originally planned. A brand new engine plant, part of the 1991 investment plan, was finally approved in 1998; the construction at Mlada Boleslav started in November 1999 and production in 2002.

In 86 years since its founding in 1905, Škoda had built 7 million vehicles. In the decade since VW took over, Škoda has added another 3 million.

The growth has been driven by exports. A "controlled expansion" into Western Europe took place, especially into Germany, the firm's biggest western market.

Škoda's image was very bad among consumers in the eighties. During the 1991-2001 period, marketing vision emphasised "quality and value for money", and underlined the company's Czech roots.

Industry changes in the early 1990's

With the "disintegration of industry value-chains", through outsourcing and modular production, car-makers have reduced their value-added in-house and focus on development, marketing and coordination of external business relationships. They organized their supply-chain through a network of long-term business relationships, with selected suppliers.

Triggered by poor performance of its Spanish affiliate SEAT, the number of basic platforms in the VW-group was to be reduced from 16 to 4, and the number of first-tier suppliers from 1500 to 200.

Škoda's successful transformation attracted leading suppliers as well as competitors in the Czech Republic (fig. 2).

Škoda's transformation created many synergies opportunities for VW but also some overlap between brands. VW Group reorganized itself in order to better coordinate the development of its four major brands: VW, Audi, Seat, Skoda (fig. 3).

FIGURE 2 **Automotive Industry in the Czech Republic**

MAJOR AUTOMOTIVE INVESTORS IN THE CZECH REPUBLIC

● Accumalux ● AEG ● A. Raymond ● Assa Abloy ● Automotive Safety Components international ● Avon Rubber ● Bentelerb ● Bosal ● Cherry ● Cooper Tire&Rubber ● DaimlerChrysler ● Draftex ● Eberspracher ● Estampaciones Sabadell ● Faurecia ● Federal Mogul ● Fujikoki ● Furukawa ● Grupo Antolin ● ITW ● John Crane ● Knorr Bremse ● Kögel ● Kolbenshmidt Pierburg ● Lear ● Mann + Hummel ● F.X.Meiller ● Microtech ● Mubea ● Parker Hannifin ● Ricardo ● Rieter ● Ronal ● Royal Econosto ● Tenneco ● Tokai Rika ● Torrington ● Vishay ● Wagon Automotive ● WOCO and others

FIGURE 3 Automotive Industry in the Czech Republic

VOLKSWAGEN GROUP						
DIVISION SEGMENT	**AUTOMOTIVE DIVISION**				**FINANCIAL SERVICES DIVISION**	
BUSINESS LINE	**Volkswagen brand group**	**Audi brand group**	**Commercial Vehicles**	**Remaining companies**	**Financial Services**	**Europcar**
PRODUCT LINE/ BUSINESS FIELDS	VW Passenger Cars Skoda Bentley Bugatti	Audi SEAT Lamborghini		Financing Services	Dealer and customer financing Leasing insurance Fleet business	Rental business

Škoda's strategy since 2000

Since 1991, Škoda had produced cars primarily for central and eastern European markets. But after 2000 Škoda' increased rapidly its sales in western Europe.

In 2002 the company sold 53 percent of production in western Europe, 42 percent in eastern Europe and 5 percent in Asia and other markets. In 2004 , Germany will replace the Czech Republic as Škoda's No. 1 sales market.

The image of Škoda has changed radically over time: the product range and quality has moved up the ladder. Škoda is proud of the state-of-the-art technology and original-design of the new luxurious Škoda Superb line.

New marketing campaigns focus on "top quality at attractive price".

Skoda plant are located in Mlada Boleslav, Kvasiny, and Vrchlabi, (Czech Republic), but the company has also established knockdown-kit production in the Ukraine, India and Bosnia.

It plans also to assemble its Octavia model in Shanghai (China) in 2005 where VW has already a strong industrial and marketing presence.

Questions:

1. What are the advantages of the Czech business environment for VW?
2. What is the dynamics of competition in the car industry in enlarged Europe?
3. In term of corporate strategy, what is the contribution of _koda Auto to VW group?
4. What are the moves we may anticipate from competitors?
5. What can we anticipate about VW future global strategy?

Chapitre 9

Diversification et *corporate strategy*

En matière de stratégie d'entreprise, la question de la diversification, c'est-à-dire celle du développement de l'entreprise dans des domaines autres que son métier de base, est probablement celle qui a donné lieu au plus grand nombre de controverses, que ce soit parmi les chercheurs, les enseignants, les cadres dirigeants, les investisseurs, les analystes financiers, etc. La pensée des uns et des autres sur le sujet a du reste considérablement évolué au cours du temps. Vue comme la panacée aux problèmes de croissance des entreprises dans les années 1970, la diversification a été vouée aux gémonies par les investisseurs et les analystes financiers dans les années 1990, avant d'être prudemment et partiellement réhabilitée comme un moyen somme toute légitime de croître dans certains contextes économiques bien particuliers, notamment lorsque les marchés des capitaux et des compétences ont du mal à fonctionner de manière efficiente et liquide. Ainsi par exemple en Inde, seuls les grands groupes industriels détiennent l'essentiel des moyens financiers et humains nécessaires au lancement d'une nouvelle activité, et ces moyens sont très difficiles à trouver sur le marché. C'est donc au sein des grandes entreprises que les nouvelles activités ont tendance à se créer, et c'est là qu'elles ont le plus de chances de survivre et de se développer, réconciliant par là même diversification et performance.

Quels que soient les mouvements de balancier qui caractérisent la pensée sur la diversification, si l'on considère la réalité des entreprises sur le long terme et hors de toute idéologie, force est de constater que, partout dans le monde, depuis plusieurs décennies, des entreprises très connues, et unanimement reconnues comme performantes, sont restées insensibles aux variations de la mode et du contexte, comme si elles étaient tout autant sourdes aux panégyriques du recentrage qu'aux apologies de la diversification. Ces entreprises ont contre vents et marées maintenu une dose significative et finalement assez constante de diversification, assez limitée pour certaines, comme par exemple Dassault, LVMH ou Nestlé, ou très élevée pour d'autres, comme General Electric, United Technologies ou le groupe indien Tata. Ces groupes affichent des performances très au-dessus de la moyenne dans la plupart de leurs branches et n'ont rien à envier sur ce plan à leurs concurrents spécialisés dans chacun de leurs domaines d'activités. Or, comme nous allons le voir dans ce chapitre, c'est là le critère fondamental qui est actuellement utilisé par les experts pour évaluer la réussite d'une *corporate strategy*.

De plus, si l'on considère comme stratégique la capacité à attirer les ressources humaines et les talents, la plupart des études montrent que lorsqu'on demande à de jeunes cadres ambitieux quel serait leur employeur idéal, la plupart ont tendance à citer soit des banques d'affaires et des cabinets de conseil prestigieux où ils ne passeront que quelques années en début de parcours, soit des grands groupes internationaux significativement diversifiés où ils espèrent pouvoir faire carrière à long terme, parce que, justement, les activités étant diversifiées, les perspectives d'évolution sont plus intéressantes. Malgré l'emprise du discours, dominant dans les milieux boursiers occidentaux, sur les bienfaits de la spécialisation et du recentrage dans le *core business*, tout dirigeant d'entreprise, jeune cadre ou consultant a donc toutes les chances de travailler pour un groupe diversifié à un moment ou un autre de sa carrière.

D'un point de vue plus théorique, le débat sur la diversification est lié aux hypothèses que l'on fait sur la nature profonde des objectifs que poursuivent les dirigeants d'entreprise lorsqu'ils prennent des décisions stratégiques. Historiquement, le courant dominant en stratégie d'entreprise a longtemps fait le postulat, la plupart du temps implicite, que les dirigeants cherchaient constamment à maximiser le profit ou la valeur de l'entreprise. Puis, progressivement, la théorie de l'agence[1], qui inspire nombre d'économistes et de financiers, a eu tendance à s'imposer dans le champ de la stratégie d'entreprise. Cette théorie stipule que les dirigeants des entreprises agissent en fonction d'intérêts et d'objectifs qui leur sont propres et qui peuvent entrer en contradiction avec ceux des actionnaires. Les dirigeants peuvent en effet perdre de vue l'objectif de maximisation de la valeur, le seul qui intéresse les actionnaires, et utiliser le contrôle qu'ils ont sur les ressources de l'entreprise pour consolider leur propre position à la tête de l'organisation, renforcer leur pouvoir, maintenir des équilibres politiques internes, agrandir leur territoire, accroître le chiffre d'affaires au détriment de la rentabilité économique, développer certaines activités au détriment des autres, investir dans des activités qui les intéressent personnellement, éviter les OPA, etc., autant de manœuvres qui consolident la position du dirigeant et augmentent généralement son salaire, mais qui peuvent appauvrir les actionnaires au lieu de les enrichir. Dans une telle optique, la diversification est *a priori* suspecte, puisque c'est une manœuvre par laquelle les managers imposent aux actionnaires un investissement dans un nouveau secteur d'activité. Or, d'une part, les actionnaires n'auraient peut-être pas choisi d'investir dans ce secteur-là s'ils avaient pu disposer plus librement de leurs ressources. Et, d'autre part, les dirigeants de l'entreprise ne sont pas forcément compétents pour réussir dans ce nouveau domaine d'activité. C'est pourquoi le marché financier est réputé préférer les entreprises mono-activités aux entreprises diversifiées.

1. Ross, 1973 ; Jensen et Meckling, 1976.

Au début des années quatre-vingt-dix, la célèbre marque de luxe Gucci est au bord de la banqueroute. Sous l'impulsion de deux hommes, le styliste texan Tom Ford et le financier italien Domenico De Sole, Gucci se redresse spectaculairement. En 1999, la marque italienne est n° 3 mondiale du luxe, un secteur dont le taux de croissance était trois fois supérieur à celui de l'économie mondiale.

Très rentable, elle attise les convoitises. Pour Bernard Arnault, le patron de LVMH, le rachat de Gucci offrirait un contrôle sur le concurrent de Vuitton, société du groupe LVMH, et sa première marque étrangère. Le groupe de François Pinault cherche de son côté à occuper une place sur le marché du luxe. L'occasion va lui en être donnée lorsque Gucci, excédé par l'acquisition intempestive de 34 % de ses actions par LVMH, se rapproche de PPR dans le plus grand secret. Finalement, après de longues batailles juridiques, PPR prendra totalement le contrôle de Gucci en mars 2004, pour un montant total de 5 milliards de dollars. Pour financer cette acquisition, François Pinault a dû se séparer de ses pôles « distribution professionnelle » et « services financiers » et vendre des entreprises performantes comme Guilbert, Pinault-Bois-Matériaux ou Finaref.

Si cette vision peu favorable à la diversification domine encore très largement, elle commence à être battue en brèche par certaines recherches récentes. Grâce à l'utilisation de nouvelles méthodes de mesure et de nouveaux outils statistiques, certains chercheurs sont parvenus à montrer que la diversification peut créer de la valeur dans certains cas. Le débat reste toutefois ouvert et nous n'allons pas le résoudre dans ce chapitre. L'objectif est plutôt de le clarifier en présentant les concepts de manière aussi simple et précise que possible, pour que le lecteur puisse disposer des outils d'analyse pertinents et se faire sa propre opinion sur le sujet.

1 Qu'est-ce que la *corporate strategy* ?

La distinction entre *business strategy* et *corporate strategy* est devenue classique dans la littérature en management.

Comme on l'a vu dans les premiers chapitres de ce livre, la *business strategy*, ou stratégie concurrentielle, est la stratégie mise en œuvre par une entreprise dans un domaine d'activité donné. La *business strategy* traite du positionnement de l'entreprise dans un secteur déterminé, par rapport à ses concurrents, en prenant en compte le marché sur lequel l'entreprise vend ses produits, mais aussi celui sur lequel elle se procure les *inputs* nécessaires. Le principal objectif de la *business strategy* est d'assurer à l'entreprise des performances durablement et significativement supérieures à celles de ses concurrents dans une industrie donnée. La démarche consiste à essayer de créer un avantage compétitif durable, sur la base d'un différentiel de coût et/ou d'une différenciation de l'offre[1].

La *corporate strategy,* ou stratégie de groupe, concerne la composition et le management du portefeuille d'activités de l'entreprise. Alors que la *business strategy* cherche à maximiser la performance de l'entreprise dans un domaine d'activité donné, le but de la *corporate strategy* est de maximiser la valeur globale de l'entreprise en choisissant les domaines d'activités dans lesquels l'entreprise doit investir et se développer. La notion de diversification est donc au cœur du problème. En termes opérationnels, il s'agit en effet de répondre à deux questions :

• l'entreprise doit-elle se diversifier, c'est-à-dire se développer hors de son métier d'origine ?

• une fois diversifiée, comment l'entreprise doit-elle allouer ses ressources entre ses différents domaines d'activités, présents et futurs ?

La démarche de la *corporate strategy* consiste à essayer de créer un portefeuille d'activités cohérent en assemblant des activités qui ont collectivement une meilleure profitabilité et de meilleures perspectives de croissance qu'elles n'en auraient individuellement, si elles restaient indépendantes[2]. Les synergies entre les activités jouent donc un rôle important dans cette démarche.

Cette définition appelle plusieurs commentaires :

1. Voir chapitre 5 et Porter, 1980, 1985.

2. Porter, 1985 ; Collis et Montgomery, 1997.

Contrairement à certaines idées reçues, bien que la question de la diversification soit centrale, la *corporate strategy* ne concerne pas uniquement les grands groupes diversifiés. Toute entreprise, qu'elle soit grande ou petite, spécialisée ou diversifiée, peut (et doit) se poser le problème de sa croissance, dans ou hors de son domaine d'activité de base. Par exemple, comme l'a montré le chapitre consacré aux voies de développement, les entreprises mono-activité qui se trouvent confrontées à la maturité, voire au déclin de leur métier de base, doivent trouver les chemins de la croissance hors de cette industrie, et donc redéployer leurs ressources dans de nouvelles activités. Il s'agit donc d'un problème de *corporate strategy*, même si l'entreprise, au moment où elle se le pose, n'est pas diversifiée.

Précisons en outre que la diversification est définie strictement comme la décision d'une entreprise d'entrer dans un nouveau domaine d'activité. Une entreprise diversifiée est donc une entreprise présente dans au moins deux domaines d'activité (ou « *businesses* ») différents. Par entrée dans un nouveau domaine d'activité, nous entendons un ajout au portefeuille d'activités d'un nouveau métier correspondant à une chaîne de valeur spécifique, et non pas simplement une extension de la gamme des produits ou des services offerts par l'entreprise alors qu'elle reste en fait dans son industrie d'appartenance.

Soulignons aussi que, par rapport à la typologie des voies de développement, notre définition de la *corporate strategy* privilégie la notion de diversification de métier alors que certains auteurs parlent de diversification géographique et de diversification verticale, considérant ainsi que l'internationalisation et l'intégration verticale sont des décisions de *corporate strategy* et non de *business strategy*.

Sur la question de l'internationalisation, notre point de vue est que la globalisation, telle qu'elle est analysée dans le chapitre 8, est essentiellement un problème de *business strategy*, c'est-à-dire un problème de croissance et de performance au sein d'une seule et même activité. La chaîne de valeur d'une même activité, ainsi que les compétences et les ressources nécessaires à l'exercice de cette activité, sont en général proches, voire identiques, d'un pays à l'autre. C'est de plus en plus vrai à mesure que l'économie se mondialise. De plus, les choix stratégiques et organisationnels spécifiques à l'internationalisation, comme par exemple le fait d'opter pour une stratégie plutôt globale ou plutôt multi-domestique, dépendent essentiellement des caractéristiques de l'activité concernée et ne relèvent pas d'un choix d'allocation de ressources entre plusieurs activités différentes. On pourrait toutefois nous rétorquer qu'il existe des situations où les conditions de la concurrence sont radicalement différentes d'un pays à l'autre, surtout dans le cas d'industries fondamentalement multi-domestiques, comme par exemple l'édition ou la presse. Du coup, les facteurs clés de succès peuvent être significativement différents pour une même activité dans différents pays. Dans de tels cas, on pourrait considérer que le même « métier » exercé dans deux pays différents correspond à deux domaines d'activités stratégiques distincts. On pourrait ainsi dire, par exemple, qu'un éditeur de magazines comme Hachette Filipacci Médias, qui opère dans plusieurs pays, est une entreprise diversifiée parce que le contexte concurrentiel est tellement différent d'un pays à l'autre que les décisions à prendre au niveau *corporate* pour gérer les différents magazines dans les différents pays sont de même nature que les décisions que prend le dirigeant d'un groupe diversifié dans plusieurs industries.

Sur la question de l'intégration verticale, notre analyse est semblable. Le chapitre 7 montre bien que les décisions d'intégration ou de désintégration verticale ont en général pour but d'optimiser les opérations dans une activité donnée et de renforcer l'avantage compétitif de l'entreprise dans l'activité en question. À notre sens, ces décisions relèvent donc de la *business strategy* plutôt que de la *corporate strategy*. Là encore, on pourrait nous rétorquer qu'une fois la décision d'intégration mise en œuvre, l'entreprise se retrouve de fait diversifiée (dans le secteur en amont ou en aval de son activité principale) et doit donc faire face à des concurrents nouveaux et se doter de compétences nouvelles.

Nouvelles Frontières

Ainsi, l'intégration en amont du tour opérator Nouvelles Frontières dans le transport aérien (rachat et développement de Corsair) peut être vue comme une diversification puisque le fait de gérer une compagnie aérienne exige des compétences différentes de celles d'un tour opérator et qu'en investissant dans sa propre compagnie aérienne, Nouvelles Frontières devient concurrent de ses fournisseurs habituels. De même, l'intégration aval de Nouvelles Frontières dans son réseau d'agences de voyage exclusif peut être vue comme une diversification, bien que ce réseau ait été développé simultanément et de manière intégrée avec l'activité de tour opérator, pour peu qu'on considère l'activité de tour opérator et l'activité d'agent de voyage comme deux *businesses* différents. Ainsi, Nouvelles Frontières qui, en tant que premier voyagiste français, apparaît à nos yeux comme une entreprise spécialisée et intégrée, pourrait être considérée, à cause de son intégration verticale précisément, comme un groupe diversifié dans trois domaines : le tour opérating, les agences de voyages et le transport aérien.

Ces débats tournent en fait autour de la question de la segmentation stratégique, c'est-à-dire de la question de savoir si un ensemble d'activités donné fait partie d'un même « métier » ou doit être segmenté en plusieurs domaines d'activité différents. Ainsi, on peut se poser le problème de savoir jusqu'à quel point un grand groupe comme Suez, par exemple, est diversifié :

Le groupe Suez

Malgré la taille et le nombre de filiales du groupe Suez, on peut soutenir le point de vue que l'entreprise n'est pas diversifiée puisque, depuis la cession des activités services financiers, du BTP et de la communication, le groupe s'est recentré au début des années 2000 sur les activités *utilities* (eau, gaz, électricité, etc.). On peut toutefois distinguer, au sein des *utilities,* les activités « énergie » (Tractebel, Electrabel) et les activités « environnement » (Lyonnaise des Eaux, SITA). Mais au sein des activités environnement, on peut distinguer les activités « eau » (Lyonnaise des Eaux) et les activités « propreté » (SITA). Plus finement, dans l'activité « eau », on peut distinguer la distribution d'eau (Lyonnaise des Eaux) et le traitement de l'eau (Degrémont) qui sont des activités complémentaires mais qui utilisent des technologies différentes et qui font face à des concurrents différents.

Comme on le voit, tout dépend du degré d'agrégation ou de désagrégation auquel on s'arrête. En fait, la segmentation stratégique est une notion gigogne : on peut toujours re-découper plus finement et identifier plusieurs sous-segments à l'intérieur d'un même domaine d'activité. Tout dépend du point de vue auquel on se place. Gérard Mestrallet, le PDG du groupe Suez, va forcément prendre ses décisions sur la base d'un portefeuille d'activités plus agrégé que le patron de la branche « énergie » du groupe qui, lui, va distinguer plusieurs segments dans l'activité dont il a la charge. Les problèmes d'allocation de ressources se posent en effet à plusieurs niveaux et ils s'agrègent à mesure que l'on monte dans la hiérarchie de l'entreprise. Cela dit, du point de vue de la direction générale du groupe, celui qui nous occupe dans cet ouvrage, il est indispensable d'identifier les entités sur lesquelles les décisions stratégiques vont être prises et donc de réfléchir à la segmentation de ces activités. C'est non seulement indispensable d'un point de vue stratégique pour prendre des décisions cohérentes d'allocation de ressources, mais c'est également indispensable d'un point de vue organisationnel, pour définir les contours des *business units* autour desquelles on va structurer l'organisation de l'entreprise (voir deuxième partie de ce livre).

2 La segmentation stratégique

Généralement, une entreprise se présente comme un ensemble confus et agrégé de produits, fonctions, départements, divisions, etc. L'organisation de l'entreprise peut regrouper artificiellement plusieurs domaines d'activité différents, comme elle peut, inversement, scinder un même domaine d'activité en plusieurs centres de décision autonomes. Face à cette diversité, la première étape de toute démarche systématique de formulation d'une *corporate strategy* consiste à procéder à une segmentation stratégique de l'entreprise, c'est-à-dire à découper l'ensemble en domaines d'activité cohérents.

Les domaines d'activité étant les unités d'analyse sur lesquelles s'appuie le raisonnement stratégique, il est important de définir ces unités de la façon la plus pertinente possible par rapport aux choix stratégiques à effectuer. Cette question a fait couler beaucoup d'encre dans les années 1970 et 1980[1], époque au cours de laquelle les modèles d'analyse de portefeuille d'activités du type matrice du BCG (que nous présenterons plus loin) étaient à la mode et dominaient la pensée stratégique dans les entreprises comme dans les cabinets de conseil. Comme on le verra dans les pages qui viennent, les recommandations issues de ces modèles étant très sensibles aux contours des domaines d'activités considérés, il convenait de bien justifier les choix de segmentation effectués. À l'époque, tout le monde était d'accord sur l'importance du sujet et personne ne s'accordait sur la méthode à employer. À l'heure actuelle, ce serait plutôt l'inverse : le sujet apparaît comme mineur parce qu'une méthode unique a tendance à s'imposer, celle des analystes financiers. En effet, face à un groupe diversifié, les analystes financiers cherchent à comparer la performance du groupe à la somme des performances d'entreprises spécialisées dans chacun des *businesses* où le groupe est présent. Du coup, le critère pertinent de segmentation stratégique est celui qui permet de faire l'analyse, c'est-à-dire l'existence de concurrents spécialisés dans chacun des domaines où opère l'entreprise considérée. Autrement dit, à chaque domaine d'activité correspond un ensemble de concurrents, qu'il s'agisse d'entreprises spécialisées ou de divisions identifiables de groupes concurrents, aux performances desquels on peut comparer la performance de l'entreprise étudiée. Il s'agit d'une vision externe de la segmentation stratégique, dans laquelle le découpage des activités de l'entreprise est imposé par des facteurs exogènes. Bien que cette conception ait tendance à dominer actuellement, il nous semble utile de ne pas évacuer trop vite le point de vue interne, celui de la direction générale de l'entreprise, car décider les allocations de ressources (financières et humaines) nécessite une approche plus détaillée. En effet, la direction générale souhaite souvent disposer d'une segmentation plus fine que celle dont se contenterait un analyste financier. Ce faisant, il est bon de rappeler les quelques règles de base qu'il faut avoir en tête pour décider en interne d'une segmentation stratégique pertinente.

2.1 Raisonner à la bonne échelle

Opérer la segmentation stratégique des activités de l'entreprise a pour objectif principal de fournir au dirigeant une représentation du champ de bataille, à l'échelle appropriée. L'état-major d'une armée en campagne ne peut élaborer son plan avec une carte au 1/10 000. En revanche, cette dernière échelle sera très utile sur le terrain pour la progression des différentes unités. Il en est de même pour l'entreprise : lorsqu'il s'agit d'engager son avenir, les dirigeants doivent raisonner en trouvant le degré de finesse le plus pertinent pour traiter les informations dont ils disposent.

La segmentation stratégique s'appuie sur une analyse des compétences et des ressources requises pour être compétitif dans un segment donné. Chaque

1. Abell D.F., *Defining the Business. The Starting Point of Strategic Planning*, Prentice-Hall, 1980 ; Ader E. et Lauriol J., « La segmentation, fondement de l'analyse stratégique », *Harvard-L'Expansion*, printemps 1986 ; de Bodinat H, « La segmentation stratégique », *Harvard-L'Expansion*, printemps 1980.

domaine d'activité doit correspondre à une chaîne de valeur spécifique et doit reposer sur l'exploitation d'un maximum de ressources stratégiques communes. Le découpage effectué doit permettre l'allocation des ressources la plus judicieuse. Les choix d'affection des investissements, des hommes, ou même des locaux, s'appuieront sur une photographie des activités de l'entreprise qui doit être prise à la bonne échelle, et qui minimise les conflits de frontière.

Une bonne segmentation repose donc sur le choix d'un juste niveau d'agrégation. La segmentation ne doit être ni trop fine ni trop agrégée. Trop fine, elle conduit à sous-estimer, donc à sous-valoriser, le partage des coûts et de ressources, les effets de synergie. Trop agrégée, elle surestime les mêmes facteurs, mais surtout néglige la spécificité des compétences requises par chaque activité et masque les écarts de performance des activités différentes incluses dans le même segment stratégique.

2.2 Segmenter par regroupement et par découpage

Le mot même de segmentation évoquant une action de découpage, la démarche qui vient spontanément à l'esprit consiste à segmenter l'entreprise en la considérant comme un bloc dans lequel il s'agit de découper des morceaux dont chacun correspond à un domaine d'activité stratégique. Dans la pratique, on part du sommet, puis on identifie les grands secteurs d'activités, puis les branches, puis les divisions qui correspondent aux segments. Voilà qui ressemble fort à un organigramme ! C'est bien là l'inconvénient de la méthode : on en vient facilement à suivre les lignes de l'organigramme existant et on ne remet pas suffisamment en question les choix de segmentation antérieurs de l'entreprise considérée, ce qui peut conduire à des erreurs d'analyse importantes.

Le groupe Lagardère

Lagardère se présente comme un groupe composé de deux grands sous-ensembles, d'un côté les « hautes technologies » (c'est-à-dire l'aérospatial) avec EADS, et de l'autre les médias avec Lagardère Média. Au sein de Lagardère Média, on peut distinguer la presse, le livre, la distribution et l'audiovisuel. Ces branches peuvent elles-mêmes se dissocier en domaines d'activités. Ainsi, la branche presse, qui comprend, en 2004, 245 titres publiés dans 36 pays, peut être découpée en presse magazine (*Elle*, *Paris-Match*, *Télé 7 Jours*, etc.), presse quotidienne (*La Provence*, etc.) et régie publicitaire (Interdeco)[1]. Comme on l'a déjà souligné, on peut continuer à segmenter et re-segmenter ainsi autant qu'on le souhaite et chaque responsable de branche, de division ou de *business unit* va raisonner à un niveau plus ▶

1. *Source :* www.lagardere.com

▶ ou moins agrégé, comme dans un système de poupées russes. Mais quel que soit le degré de finesse choisi, d'intéressants problèmes de segmentation vont se poser. Ainsi par exemple, est-il pertinent de considérer l'activité distribution (magasins *Relay*) comme distincte de la presse alors qu'il s'agit d'une intégration aval ? Si oui, ne doit-on pas faire de même pour les agences photo (Gamma, Rapho, Keystone, etc.) que possède le groupe ? Ne faut-il pas en faire un domaine d'activité distinct au lieu de les considérer comme intégrées à la presse magazine ? Enfin, et plus fondamentalement, doit-on considérer les « hautes technologies » comme un domaine d'activité du groupe, sachant que Lagardère ne contrôle que 15 % du consortium européen EADS ?

L'alternative est de procéder par regroupement, c'est-à-dire partir des produits (ou services) commercialisés par l'entreprise pour les regrouper en segments stratégiques aussi homogènes que possible. Appartiendront au même segment stratégique des produits ou services ayant les trois caractéristiques suivantes :

• ils correspondent à une combinaison cohérente de facteurs clés de succès ;

• ils appartiennent à la même chaîne de valeur et ont une structure de coûts semblable ;

• ils font face aux mêmes concurrents.

Ces trois critères se recoupent en général. Les facteurs clés de succès étant semblables, les produits ou les services qui se regroupent sur le premier critère ont toutes les chances de mettre en jeu des compétences identiques et de partager de nombreuses ressources communes. Du coup, la chaîne de valeur est la même, la structure de coût est proche, et les concurrents ont toutes les chances d'être les mêmes, ce qui fait que les produits et services considérés se regroupent également sur les deux autres critères.

L'encadré ci-après donne une liste indicative des principales variables que l'on peut utiliser pour opérationaliser nos trois critères et mener concrètement l'analyse en situation réelle.

Dans la pratique, il est souvent intéressant de mener successivement les deux démarches de segmentation, par découpage et par regroupement, pour voir comment elles convergent. Cela permet fréquemment de mettre au jour des problèmes stratégiques jusque-là sous-estimés et d'engager une conversation productive avec l'état-major de l'entreprise sur le périmètre et la cohérence des activités du groupe.

Remarquons d'ailleurs que, même si nous avons présenté nos trois critères de segmentation comme des critères de regroupement, ils peuvent également être utilisés *a contrario* comme des critères de découpage. En effet, la combinaison de ces trois critères montre parfois qu'une activité, qui semblait homogène à première vue, doit en fait être découpée en deux domaines d'activité distincts, comme le montre l'exemple suivant.

Le marché français du pont roulant représente un chiffre d'affaires de 120 millions d'euros pour environ 3 500 unités. Un pont roulant se compose d'une poutre et de composants dont un moteur électrique et un palan. Les entreprises présentes sur ce secteur assurent l'approvisionnement des composants, l'installation et la maintenance. Certains utilisateurs qui doivent déplacer de lourdes charges ne peuvent utiliser un pont standard et font donc concevoir et installer un équipement sur mesure. Il existe également une activité de rénovation et de remise à niveau d'installations anciennes.
Une installation sur mesure coûte environ cinq fois plus cher qu'une installation standard. Les différents postes de coût sont les suivants :

	Standard (%)	Sur mesure (%)
Études	0	20
Poutre	15	10
Composants	45	30
Système de préhension	0	20
Assemblage	30	10
Installation	10	10
Total coûts	100	500

Cette analyse fait clairement ressortir qu'il existe sur ce marché deux domaines d'activité (deux segments stratégiques) distincts : « standard » et « sur mesure ». Les structures de coûts sont différentes et les compétences à maîtriser pour réussir dans chacun de ces domaines sont différentes. Or ces critères recoupent celui de la concurrence. En effet, le marché « standard » est dominé par de grands industriels européens, notamment des Allemands comme MAN, DEMAG et KONE, présents sur le marché allemand qui est beaucoup plus standardisé et deux fois plus important que le marché français. Alors que le marché « standard » est un marché de volume (*cf.* chapitre 2), le « sur-mesure » est un domaine de spécialisation où la proximité et les références jouent un grand rôle.
En France, les entreprises moyennes qui opéraient sur les deux marchés depuis de nombreuses années, lorsque le taux de standardisation était faible, ont dû se repositionner sur le segment qui était à leur portée.

2.3 Ne pas confondre segmentation stratégique et segmentation marketing

L'un des écueils les plus fréquemment relevés lors de la segmentation stratégique réside dans les nombreuses confusions avec la segmentation marketing. Or la segmentation marketing s'appuie sur le constat qu'un marché est rarement homogène, et qu'il se compose d'un ensemble d'acheteurs aux besoins, aux modes d'achat et aux comportements différents. Pour tenir compte de ces divergences, la segmentation en couples produit/marché permet d'isoler et d'optimiser les actions commerciales par rapport à la clientèle finale. Ainsi adapte-t-on les produits à leurs consommateurs[1]. La segmentation marketing induit le marketing mix : caractéristiques des produits, publicité, distribution, force de vente et politique de prix.

Pour un constructeur automobile, par exemple, la gamme des voitures particulières peut être divisée en plusieurs segments marketing : petite, moyenne ou grosse cylindrée, break, coupé, et ainsi de suite. Les actions promotionnelles et plus généralement l'ensemble de la politique commerciale sont adaptés à chaque cible de clientèle et à chaque produit. Poussée jusqu'au bout, cette démarche conduit à créer des séries spéciales.

La segmentation marketing s'inscrit dans une perspective de court terme et ne dégage en rien les fondements essentiels de la concurrence à moyen et à long terme. En se fondant sur une segmentation produit/marché, elle ignore une partie des concurrents, en ne considérant que ceux qui fabriquent le même produit.

Fonder la réflexion stratégique sur une segmentation marketing supposerait que l'on puisse définir des stratégies par couple produit/marché, voire par modèle, sans tenir compte des effets induits, des complémentarités, c'est-à-dire en ignorant une grande partie des facteurs clés de succès dont l'origine n'est pas commerciale.

Le marché des eaux en bouteilles représente environ 10 % du marché des boissons. Les différents produits disponibles sont : les eaux minérales et les eaux de source. Elles peuvent être plates, gazeuses ou aromatisées. Elles peuvent être conditionnées en bouteilles de verre ou de plastique (PVC ou PET), en 33, 50, 100, 150 ou même 200 cl. Les sources sont spécialisées. Si ces caractéristiques peuvent donner lieu à l'élaboration de différents segments de marché sur lesquels les responsables vont suivre leurs parts de marché grâce aux différents panels existants, cette activité ne représente qu'un seul segment stratégique. En effet, 80 % de la production est distribuée par les grandes surfaces alimentaires et l'impact de la notoriété des marques est prépondérant. Après le rachat de Perrier, le marché est dominé par deux grands groupes, Danone et Nestlé, qui sont présents sur l'ensemble de la gamme. C'est devenu un marché de grande consommation où les règles du volume doivent désormais s'appliquer.

3 Les modèles de portefeuille d'activités

Dans les années 1970, les grands cabinets de conseil en stratégie (McKinsey, BCG, Arthur D. Little), en collaboration avec certains de leurs clients (notamment Shell et General Electric pour McKinsey), ont tenté de modéli-

1. Voir entre autres Lendrevie J., Lévy, J., Lindon D., *Mercator*, Paris, Dalloz, 2003.

Principaux critères de segmentation stratégique

• La concurrence

La présence de concurrents identiques dans deux produits ou services est un critère fondamental de regroupement en un seul segment stratégique. En effet, un segment stratégique n'a de signification que si une entreprise peut être rentable en s'y spécialisant. Si une activité comporte des concurrents à la fois spécialisés et rentables, elle peut être considérée comme un domaine d'activité distinct.

L'analyse concurrentielle développée dans le chapitre 1, en particulier la topographie des groupes stratégiques opérant dans un domaine d'activité donné, constitue à cet égard un précieux terrain d'investigation.

• La structure des coûts

On a montré dans le chapitre 3 qu'un domaine d'activité possède une structure des coûts qui lui est propre. Or, examiner la structure de coûts est un bon moyen d'analyser la chaîne de valeur et de mesurer de manière quantitative et objective l'ampleur des ressources partagées entre activités. En examinant les structures de coûts de deux activités, il est donc possible de savoir si elles appartiennent ou non au même segment stratégique. Pour cela il convient :

– de disposer d'une analyse fine des coûts par fonction, pour chacune des activités ;

– de déterminer quels sont les *coûts partagés* par les deux activités. Ils peuvent concerner tous les stades de transformation, de la matière première au service après-vente. En analysant séparément la structure de coûts de deux activités, puis la structure globale obtenue en additionnant les deux activités, on fait apparaître l'existence du partage, et son intérêt ;

– de déterminer par différence les *coûts spécifiques à* chaque activité. Ces coûts sont engendrés et donc affectables à une seule activité. Ils disparaissent si cette activité est abandonnée.

La *part relative des coûts partagés et des coûts spécifiques* permet de savoir si l'on peut ou non regrouper deux activités. Si les coûts partagés sont prépondérants, il est probable que les deux activités appartiennent au même segment stratégique. En revanche, si les coûts spécifiques sont largement supérieurs aux coûts partagés, alors les deux activités ont de fortes chances d'appartenir à deux domaines d'activité différents.

• Le partage de ressources et compétences

Ce critère découle du précédent et permet de l'enrichir. Chaque élément considéré dans l'analyse de la structure de coût traduit déjà la mise en œuvre de *compétences particulières*. Il peut s'agir en particulier de savoir-faire technologiques, qui sont souvent des éléments fondamentaux de la chaîne de valeur et peuvent donc être utilisés comme critère de segmentation[1]. Dans la transformation du plastique, par exemple, l'injection et le thermoformage permettent de diviser l'industrie en deux segments distincts, correspondant à ces deux techniques de production. Cependant, certaines compétences sont plus immatérielles, plus abstraites, et elles n'apparaissent pas en tant que telles dans la structure de coûts alors qu'elles constituent un facteur clé de succès prépondérant. C'est par exemple le cas de pratiques commerciales comme l'entretien de bonnes relations avec les prescripteurs ou les pouvoirs publics. ▶

1. Dussauge P. et Ramanantsoa B., *Technologie et stratégie d'entreprise*, McGrawHill, 1987, chap. 3.

Peu visibles dans les coûts, non disponibles sur le marché, difficiles à imiter car non codifiables en général, ces compétences immatérielles jouent un rôle souvent déterminant dans le succès des firmes les plus performantes. Or, comme le stipule la théorie des ressources stratégiques[1], le rôle de ces compétences est que d'autant plus crucial qu'il est souvent incompréhensible pour qui ne connaît pas intimement l'activité en question. Ont-elles un caractère spécifique à une activité, ou sont-elles partagées ? Dans le premier cas, on sera conduit à considérer cette activité comme un segment stratégique distinct, et inversement dans le cas contraire.
En fait, cette analyse consiste à identifier les sources de *synergie.* Ce concept exprime le fait que deux activités exercées en commun ont une meilleure efficacité que lorsqu'elles sont exercées séparément. Deux activités en bonne synergie comportent une grande part de coûts partagés. En fait, plus ceux-ci sont importants, plus la synergie est forte. De même, ces deux activités nécessitent pour une bonne part des compétences communes. La synergie exprime ainsi la corrélation qui existe entre les facteurs de succès des deux activités.
Comme un segment stratégique doit être suffisamment indépendant des autres pour que l'on puisse y développer une stratégie spécifique, la synergie doit être utilisée comme un critère négatif : c'est son absence qui révèle l'existence de deux segments distincts. Or, ce critère est rarement discontinu. C'est pourquoi dans la pratique, on cherche à minimiser la synergie entre les différents segments et à la maximiser à l'intérieur de chaque segment.

• Le type de clientèle et le circuit de distribution

Conceptuellement, ce critère est inclus dans le précédent, mais l'expérience montre que, dans la pratique, il est souvent utile de l'isoler et de le considérer en tant que tel, pour déterminer rapidement si les activités que l'on compare touchent ou non des bases de clientèle identiques et utilisent ou non les mêmes circuits de distribution. Ce critère est emprunté à la segmentation marketing, mais il doit être utilisé à un niveau d'agrégation très supérieur. On peut par exemple distinguer les produits ou services destinés à des industriels de ceux vendus au grand public. Ainsi, l'activité de Suez peut être segmentée en regroupant d'un côté tous les services publics (propreté, distribution d'eau, de gaz, d'électricité) destinés aux municipalités et collectivités publiques (*Business to Administration* ou B2A) et d'un autre côté, les services offerts aux clients industriels (*Business to Business* ou B2B). Bien que chez Suez, les services aux clients industriels relèvent, tout comme les services aux collectivités, de l'énergie et de l'environnement, ils exigent en effet l'utilisation de technologies différentes et surtout la mise en œuvre d'une démarche commerciale radicalement différente. Dans d'autres industries, c'est le mode de distribution qui est souvent un critère de segmentation déterminant. L'impact de la grande distribution a révolutionné bien des secteurs, et savoir négocier avec les acheteurs des grandes surfaces ou être déjà présent sur les linéaires constitue une compétence spécifique, donc un facteur clé de succès en soi. L'accès aux réseaux de distribution représente d'ailleurs fréquemment une barrière à l'entrée dans un nouveau domaine d'activité.

• Le marché géographique pertinent

Comme nous l'avons déjà souligné, la dimension géographique ne nous semble pas (ou plus) être en soi un critère de segmentation pertinent. Toutefois, force est de constater qu'il existe des situations où les conditions de la concur-

1. Resource-Based *View of the Firm,* cf. chapitre 3.

rence sont radicalement différentes d'un pays à l'autre, et où le marché pertinent reste national. Du coup, les facteurs clés de succès peuvent être significativement différents pour une même activité dans différents pays. Dans ces situations, l'ignorance de la dimension géographique peut conduire des entreprises à sous-estimer les efforts à faire pour s'implanter sur un nouveau marché, en particulier pour exporter. C'est pourquoi la dimension géographique doit être prise en compte dans certaines situations.

ser les décisions d'allocations de ressources au sein d'un portefeuille d'activités diversifié. À l'époque le modèle d'entreprise « gagnant » était le grand groupe diversifié, structuré en divisions[1] (*M-form*). Chaque division était censée épouser les contours d'une *strategic business unit,* c'est-à-dire un domaine d'activité stratégique, avoir une grande autonomie de gestion et être dirigée par un « patron » pleinement responsable des résultats. Dans le contexte de l'époque, les « bonnes pratiques » de management étaient vues comme indépendantes des savoir-faire liés aux activités. Il ne faisait guère de doute que l'entrée dans un grand groupe performant comme General Electric, d'une nouvelle activité quelle qu'elle soit, ne pouvait qu'améliorer les performances de celle-ci. Dès lors, la *corporate strategy* consistait à décider où se diversifier, une fois ceci fait, à décider comment allouer les ressources (essentiellement le cash-flow) entre les différents domaines d'activités du portefeuille. Le but de la *corporate strategy* était essentiellement de croître (et non de créer de la valeur) et la clé du succès était d'avoir un portefeuille d'activités équilibré, c'est-à-dire au maximum autofinancé. C'est donc à McKinsey, au Boston Consulting Group et à leurs grands groupes clients des années 1960-1970 (avant la crise de l'énergie) que l'on doit les modèles de *corporate strategy* qui ont dominé la pensée stratégique pratiquement jusqu'à la fin des années quatre-vingt.

La méthode, commune à tous ces modèles, peut se résumer en quatre phases :

• d'abord, segmenter l'entreprise en domaines d'activité constituant des segments stratégiques indépendants (*cf.* ci-dessus) ;

• dans une seconde étape, évaluer chaque segment stratégique retenu selon deux critères de base, la position concurrentielle de l'entreprise et l'attractivité du segment :

- la position concurrentielle mesure la compétitivité de l'entreprise sur le segment analysé et, par voie de conséquence, la rentabilité du segment pour l'entreprise ;
- l'attractivité du segment indique sa capacité à attirer les investissements et, par voie de conséquence, les besoins financiers que représente le segment pour l'entreprise ;

• ensuite, positionner ces segments, représentés par des cercles de surface proportionnelle à leur part dans le chiffre d'affaires total de l'entreprise,

1. Voir seconde partie de ce livre sur les structures organisationnelles.

FIGURE 9.1 **Segmentation marketing et segmentation stratégique**

Segmentation marketing	Segmentation stratégique
Concerne un secteur d'activité de l'entreprise	Concerne les activités de l'entreprise considérée dans son ensemble
Vise à diviser les acheteurs en groupes caractérisés par les mêmes besoins, les mêmes habitudes, les mêmes comportements d'achat	Vise à diviser ces activités en groupes homogènes dont chacun fait face à un ensemble homogène de concurrents
Permet d'adapter la gamme de produits à l'intérieur d'une industrie donnée aux consommateurs, de sélectionner les cibles privilégiées, de définir le marketing-mix	Permet de révéler : – des opportunités de création ou d'acquisition de nouvelles activités – des nécessités de développement ou d'abandon d'activités actuelles
Provoque des changements à court et moyen terme	Provoque des chagements à moyen et long terme
PERMET DE RÉVÉLER DES BESOINS NON OU MAL SATISFAITS PAR LES PRODUITS OU SERVICES ACTUELS	

dans un tableau à double entrée, appelé matrice, dont chacun des axes correspond à un des critères déjà cités (position concurrentielle et attractivité). Cette grille permet d'identifier le niveau de risque et la situation financière de chacune des activités, et détermine en conséquence la prescription stratégique à suivre (investissement, rentabilisation ou désinvestissement) pour chaque segment ;

• enfin, dans la dernière étape, analyser la structure globale du portefeuille afin de déterminer la stratégie optimale d'allocation de ressources.

3.1 La matrice du Boston Consulting Group

Tout le monde a entendu parler des fameuses « vaches à lait », dont il convient de traire le cash-flow, des « poids morts » (ou *dogs* en anglais), dont il faut malheureusement se débarrasser, et des « vedettes » (ou *stars*), dont il faut cultiver les caprices. Avec les « dilemmes », dont on ne sait trop quoi faire, le tableau est complet. Si ces icônes sont aussi connues, c'est parce que, de toutes les matrices de portefeuille d'activité développées par les cabinets de conseil, la matrice du BCG[1] est certainement la plus connue et la plus simple à mettre en œuvre. Elle s'articule autour des deux variables suivantes :

• la part de marché relative de l'entreprise dans chaque domaine d'activité, qui opérationalise le critère de position concurrentielle ;

• le taux de croissance de chaque domaine d'activité, qui opérationalise le critère d'attractivité des segments.

1. BCG, *Les Mécanismes fondamentaux de la compétitivité*, Paris, Hommes et Techniques, 1980 ; Hedley B., « Strategy and the Business Portfolio », *Long Range Planning*, janv. 1977.

En ce qui concerne la première variable, on appelle part de marché relative le ratio suivant :

$$\frac{\text{Part de marché de l'entreprise}}{\text{Part de marché du concurrent principal}}$$

Donc pour le leader, on divise sa part de marché par celle du second, la part de marché relative du leader est donc toujours supérieure à 1. Pour tous autres on divise leur part de marché par celle du leader de l'activité et leur part relative est toujours inférieure à 1.

Le choix de cette variable fait référence à la théorie de l'effet d'expérience (voir chapitre 5). En effet, selon cette théorie, l'entreprise qui a l'expérience la plus forte (approchée ici par la part de marché relative) a les coûts les plus bas. Et ces coûts sont d'autant plus bas que l'expérience est importante. La part de marché relative est donc un indicateur instantané de la position de l'entreprise par rapport à ses concurrents sur l'échelle des coûts. C'est donc un indicateur de sa position concurrentielle.

Quant au taux de croissance, il est, dans ce modèle, le facteur essentiel de la dynamique du segment d'activité. Seules, en effet, les activités en croissance connaissent des baisses de coûts importantes et permettent la création d'avantages concurrentiels durables. À l'inverse, dans les activités stables, les coûts, ainsi que les parts de marché, sont figés ; les jeux sont faits.

Le choix de ces deux variables correspond à une logique financière un peu particulière. Le modèle part du principe que le rôle essentiel de la *corporate strategy* est de permettre une allocation optimale, entre différents segments stratégiques, du cash-flow que génère l'entreprise, de manière à assurer la croissance de l'ensemble tout en préservant un équilibre financier global. Cette approche correspond aussi à une époque où l'on considérait que les capitaux propres étaient rationnés mais peu coûteux, alors que la dette était certes plus disponible, mais plus chère.

D'un point de vue financier, on a donc, pour chaque domaine d'activité :

- au travers de la croissance, une mesure de ses besoins en liquidités (investissement de capacité, croissance du besoin en fonds de roulement) ;
- au travers de la part de marché relative (liée au niveau de coût via la position sur la courbe d'expérience), une mesure du cash-flow qui s'en dégage.

De manière simpliste, le modèle prescrit d'extraire le cash-flow des activités qui en génèrent au-delà de leurs besoins pour l'investir dans les activités qui en consomment au-delà de leur capacité d'autofinancement. Au fond, les responsables de *business units* ont prise sur tout sauf sur leur cash-flow, qui est la propriété du groupe. Réciproquement, la compétence du *corporate* dans ce modèle est essentiellement financière. Elle n'a pas à connaître des décisions de *business strategy* propres à chaque domaine d'activité.

En pratique, la matrice du BCG se présente sous la forme d'un tableau carré construit en mettant en ordonnée le taux de croissance de l'activité et en abscisse la part de marché relative de l'entreprise.

FIGURE 9.2 **La matrice stratégique du BCG**

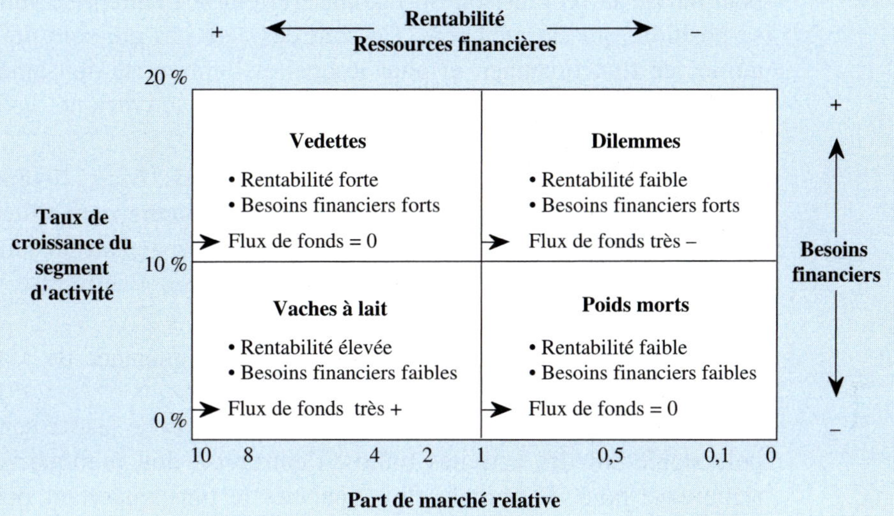

La part de marché relative est mesurée sur une échelle logarithmique allant, de droite à gauche, de zéro à dix, la valeur médiane se situant à 1, ce qui situe la césure entre les activités où l'entreprise est leader en volume (part de marché relative supérieure à un) et celles où il existe au moins un concurrent plus gros (part de marché relative inférieure à un).

Le taux de croissance s'établit sur une échelle croissante, de bas en haut, allant de 0 % à 20 % (ou plus) ; la valeur médiane était à la naissance du modèle 10 % et est devenue par la suite le taux de croissance du PIB.

Les deux valeurs médianes permettent de constituer quatre quadrants, dans lesquels les domaines d'activité sont placés selon leurs caractéristiques :

• les *vaches à lait* sont des domaines d'activité à faible croissance, mûrs ou en déclin, qui exigent peu d'investissements nouveaux, tant en capacité de production qu'en financement du besoin en fonds de roulement, mais souvent des investissements de productivité pour maintenir l'avantage de coût. Ce sont des activités fortement rentables, dans la mesure où l'entreprise occupe la position dominante, celle du leader par les coûts. Ces activités dégagent un flux financier important, qui devra être réinvesti intelligemment, c'est-à-dire ailleurs ;

• les *poids morts* ont un faible potentiel de développement. Peu consommateurs de capitaux, ils ne dégagent pas non plus de flux financier stable. Leur rentabilité est faible, voire nulle ou négative, l'entreprise étant mal située sur la courbe d'expérience par rapport à son concurrent principal. Ces activités présentent donc peu d'intérêt et sont, à terme, un danger pour l'entreprise ;

• les *dilemmes* sont des activités peu rentables, à croissance élevée, qui exigent des investissements importants (industriels, commerciaux, financiers) pour suivre la progression du marché, surtout si l'entreprise veut améliorer sa position, qui est médiocre. Ce sont des activités qui sont déficitaires en termes de flux financier, et pour lesquelles l'entreprise doit améliorer rapidement sa position concurrentielle, afin que ces activités ne deviennent pas ses poids morts de demain ;

• les *vedettes* sont également en croissance rapide. Mais, l'entreprise étant dominante et ayant les meilleurs coûts et la meilleure rentabilité, elles peuvent s'autofinancer. Cet équilibre financier est cependant précaire, la croissance et la jeunesse de l'activité ne mettant pas l'entreprise à l'abri de modifications brutales des parts de marché.

Les prescriptions stratégiques découlent logiquement de l'analyse qui vient d'être faite pour chacun des quadrants :

• *rentabiliser* les vaches à lait : arrivée en situation de leader dans un oligopole stable sur des activités mûres, l'entreprise doit pratiquer une gestion rigoureuse pour dégager le flux financier le plus important possible et le réinvestir dans des activités prometteuses, en priorité les vedettes ;

• *abandonner ou maintenir sans investissement* les poids morts : si l'activité est encore bénéficiaire, c'est que l'entreprise bénéficie d'une ombrelle de prix créée par le concurrent dominant. Dans ce cas, l'entreprise peut conserver un poids mort à condition de ne pas investir et de se contenter de dégager des liquidités. Dans le cas où l'activité n'est pas rentable, parce que les prix imposés par le leader sont trop bas, mieux vaut l'abandonner, en la vendant ou en la laissant mourir. Dans cette dernière hypothèse, il faut se désengager en pratiquant de façon sélective des prix assurant la meilleure rentabilité possible ;

• *maintenir la position dominante* pour les vedettes, en investissant massivement pour augmenter autant que possible la part de marché, attendant que, l'activité vieillissant, les vedettes deviennent des vaches à lait ;

• *doubler la mise, re-segmenter ou abandonner* les dilemmes, en fonction de critères tels que la taille future du marché, l'importance des investissements à réaliser, la synergie avec d'autres activités, le poids relatif au sein de l'entreprise, l'existence ou non de niches, les compétences propres de l'entreprise et sa capacité financière. Ces prescriptions sont résumées dans la figure 9.3.

3.2 Hypothèses et limites du modèle BCG

La matrice du BCG étant un modèle particulièrement simple, utilisant peu de variables, sa mise en œuvre est aisée. Nul besoin d'analyses financières ou économiques sophistiquées pour trouver la part de marché relative et le taux de croissance de chaque domaine d'activité. La seule difficulté réside dans la segmentation stratégique. En effet, selon la manière dont on définit les contours d'un segment, il peut devenir une vache à lait ou un poids mort, un dilemme ou une star.

Au Royaume-Uni, HP-Foods a plus de 90 % du marché de la *Worcester sauce* avec sa marque *Lea & Perrins*. Comme le principal concurrent, Heinz, a moins de 5 % du marché, le reste étant aux mains de marques de distributeurs, la part de marché relative de HP-Foods est de 0,9/0,05 soit 18. Ce marché étant en stagnation, il s'agit donc d'une vache à lait, ce qui est corroboré par le fait que, chez HP-Foods, cette activité génère un cash-flow très positif et qu'elle consomme peu d'investissement. En revanche, si l'on considère que le segment stratégique comprend toutes les sauces substituables à la *Worcester Sauce* dans la gastronomie britannique, la part de marché relative de HP-Foods devient négligeable par rapport à celle de Heinz qui domine largement les linéaires avec son ketchup et sa moutarde. Du coup, l'activité *Lea & Perrins* devient un poids mort dont HP-Foods devrait désinvestir, ce que l'entreprise n'acceptera jamais, vu l'excellente rentabilité de cette activité. Il semble pourtant plus pertinent de dire que, loin de constituer un segment stratégique à elle toute seule, la *Worcester Sauce* n'est qu'un produit parmi tant d'autres dans le domaine d'activité des sauces.

Remarquons toutefois que les problèmes de segmentation stratégique ne sont pas spécifiques à la matrice du BCG. Ces problèmes sont communs à tous les modèles de stratégie, y compris ceux qui concernent la *business strategy*. En effet, la notion d'avantage concurrentiel elle-même est liée aux contours de l'industrie dans laquelle on l'applique.

Dans l'exemple ci-dessus, on pourrait dire, en appliquant la typologie exposée dans le chapitre 5 de ce livre, que HP-Foods a un avantage de coût dans la *Worcester Sauce*, ou que c'est un avantage de différenciation sur le marché des sauces en général. Pour notre part, nous penchons évidemment pour la seconde solution : la *Worcester Sauce* est un produit différencié, vendu avec une prime de prix élevée par rapport à ses coûts de production et par rapport aux autres sauces. L'avantage compétitif de *Lea & Perrins* est lié à sa forte image de marque et à son antériorité sur le marché.

Au-delà de ces problèmes généraux de segmentation, l'utilisation de la matrice du BCG présente des pièges plus spécifiques, qu'il faut veiller à éviter. En effet, sa facilité d'utilisation peut conduire à l'adopter sans précaution et à l'utiliser dans des situations où elle risque de donner des résultats complètement erronés. En effet, la contrepartie de sa simplicité est que sa logique repose sur des hypothèses extrêmement fortes, qui sont loin d'être toujours vérifiées.

• *La première de ces hypothèses* réside dans le choix d'une seule variable, la part de marché relative, pour mesurer la position concurrentielle. Ce choix n'est pertinent que si l'effet d'expérience joue à plein et si le coût est la seule source d'avantage concurrentiel. Qu'en est-il dans des activités touchant au domaine artistique ou à celui de la mode, où l'expérience n'a pas, ou si peu, d'effet sur les coûts ? Et dans le cas où les arbitrages des consommateurs sont motivés par d'autres critères que les coûts, comme la qualité, l'image, la technologie, le service ? Ainsi par exemple, la part de marché de 2 % que BMW détient sur le marché automobile américain est un très mauvais indicateur de sa position concurrentielle et de sa rentabilité qui sont excellentes. De même, expliquer la réussite de Cartier ou de Louis Vuitton par l'effet d'expérience serait une gageure. La courbe d'expérience ne permet pas non plus de comprendre l'effritement progressif de la position de Xerox, leader mondial de la reprographie, face aux attaques de firmes japonaises plus petites et plus jeunes, mais abordant le marché avec une technologie plus performante (encre en poudre). Le champ principal d'utilisation de la matrice du BCG correspond donc aux activités mûres, à innovation technologique faible, avec des produits standardisés dans des marchés de commodités ; bref, celles sur lesquelles il convient d'adopter une stratégie de volume. Dans les domaines de différenciation où il existe d'autres sources d'avantage concurrentiel, la matrice du BCG donne des résultats aberrants. Son défaut est en fait de réduire l'analyse de l'avantage compétitif à une seule variable, le volume, et d'ignorer les stratégies de différenciation, ce qui est extrêmement limitatif.

Notons en outre que plusieurs recherches ont montré que, même dans les activités de volume, l'hypothèse n'est pas toujours complètement vérifiée parce que, bien que l'effet d'expérience existe, le raisonnement sur ses implications en termes de position concurrentielle ne s'applique pas jusqu'au bout. En effet, ces recherches montrent que la courbe d'expérience s'applique très bien au niveau de l'industrie dans son ensemble, mais que tous les concurrents présents finissent par avoir peu ou prou le même niveau de coût parce que les savoir-faire productifs se diffusent rapidement au sein de l'industrie, notamment par le biais des consultants (justement) et des fournisseurs d'équipements[1].

• *La deuxième hypothèse* qui sous-tend la matrice du BCG réside dans le choix de la deuxième variable, le taux de croissance, pour mesurer l'attractivité du secteur. Même si cela a l'air intuitivement pertinent, c'est souvent erroné. Il existe des secteurs à forte croissance qui ne sont pas du tout attractifs, ne serait-ce que parce qu'ils sont dépourvus de barrières à l'entrée, ce qui fait que le nombre de concurrents présents y est toujours trop élevé et que la rentabilité y est d'une faiblesse endémique. Ainsi par exemple, le marché mondial des micro-ordinateurs a connu pendant des années une croissance forte sans que personne gagne véritablement d'argent, même pas Apple (qui a créé l'industrie) ni IBM (qui a cherché à se positionner en leader). Les seules entreprises « anormalement » rentables dans ce domaine ont toujours été Intel et Microsoft qui sont des fournisseurs spécialisés, l'un sur

1. Lieberman M., *Strategic Management Journal*, 1987, 1989.

L'industrie automobile est un magnifique exemple d'impasse stratégique où la poursuite d'un avantage de coût/volume par tous les concurrents a conduit à une convergence concurrentielle qui réduit durablement les profits. À première vue pourtant, les constructeurs ont fait de leur mieux pour améliorer continuellement leur compétitivité. Les survivants sont ceux qui ont réussi, au prix d'efforts gigantesques, à comprimer leurs coûts, à améliorer la qualité de leurs produits et à s'internationaliser. Ils y sont parvenus grâce notamment à la pression énorme qu'ils ont réussi à créer en amont pour obliger les équipementiers automobiles et les fournisseurs d'immobilisations à leur fournir des sous-ensembles et des moyens de production de plus en plus économiques et performants. Le résultat est excellent du point de vue des clients : on peut désormais acheter des voitures quasi parfaites, belles, fiables et bon marché. Rêvons un peu : peut-être qu'un jour les voitures ne pollueront même plus l'air de notre planète. Du point de vue stratégique, cette « perfection » a en revanche un énorme inconvénient pour les concurrents eux-mêmes : comme la plupart des constructeurs font peu ou prou les mêmes voitures, au même coût et avec les mêmes équipements, ils se retrouvent constamment en concurrence frontale. La compétition est donc très rude pour capter des clients qui ne perçoivent plus de différence sensible entre les produits. Du coup, la seule solution est de baisser les prix et donc de vendre ces bijoux technologiques avec des marges extrêmement faibles. Autrement dit, aucun constructeur généraliste n'a véritablement d'avantage concurrentiel : fabriquant au même coût des produits pratiquement identiques, ils ne parviennent pas à se différencier et ont une profitabilité faible.

les micro-processeurs, l'autre sur les systèmes d'exploitation, c'est-à-dire dans des domaines où les barrières à l'entrée sont fortes. Là encore, le défaut de la matrice du BCG est de passer outre l'analyse détaillée de l'environnement concurrentiel de chaque domaine d'activité (*cf.* chapitre 1) en la réduisant à une seule variable, le taux de croissance de l'industrie, ce qui est souvent erroné.

• *La troisième hypothèse* est celle de l'indépendance totale entre domaines d'activité stratégique. Par définition, on peut désinvestir d'un poids mort, par exemple, sans que les autres segments subissent pour autant de conséquences négatives. Or la plupart des entreprises diversifiées sont présentes dans des domaines qui entretiennent entre eux des liens technologiques et/ou commerciaux. Se priver d'une activité, même si elle n'est pas rentable, c'est peut-être faire disparaître une compétence nécessaire au succès d'une activité extrêmement rentable. Que deviendraient les chaînes de télévision généralistes, par exemple, si elles ne produisaient plus de films de cinéma ? Le défaut est ici de nier l'existence des synergies, qui sont pourtant la raison d'être de la plupart des diversifications réussies.

• *La quatrième hypothèse* est celle de l'homogénéité, ou de l'absence, du coût du capital. Dans la matrice du BCG, un euro gagné dans la distribution des eaux municipales a la même valeur qu'un euro investi dans la production cinématographique. Voilà qui justifiait la fusion Vivendi-Universal, connue pour être un des échecs retentissants du début des années 2000. C'est évidemment aberrant puisque le niveau de risque est complètement différent. Dans le cinéma, il faut espérer que quelques films soient des succès planétaires pour compenser le nombre élevé d'échecs, alors que, dans la distribution d'eau, la rentabilité de chaque investissement est peut-être faible, mais elle est garantie par la stabilité du marché et par la durée du contrat passé avec la municipalité. La théorie financière la plus basique stipule que dans ce cas, le coût du capital est plus élevé dans le cinéma que dans la distribution d'eau, c'est-à-dire que (théoriquement) les investisseurs ne mettront de l'argent dans le cinéma que si la promesse de rendement est nettement plus élevée que dans la distribution d'eau. Le simple bon sens permet d'ailleurs de comprendre qu'à rentabilité égale dans les deux secteurs, il est évident que tout le monde mettrait son argent dans l'activité la plus sûre et que personne n'irait le risquer dans l'autre. Le défaut de la matrice du BCG est ici de se mêler d'allouer des ressources alors qu'elle ignore délibérément leur coût !

3.3 Les matrices McKinsey et Arthur D. Little

Dès les années 1970, les cabinets de conseil concurrents du BCG ont mis sur le marché des modèles permettant de remédier à certaines des limites que nous venons de discuter.

Ainsi, Arthur D. Little[1] et McKinsey[2]. ont-ils proposé des matrices qui évaluaient la position concurrentielle de l'entreprise de façon qualitative et complexe, au lieu de s'en tenir à la notion de part de marché relative. Répondant à la première des critiques précédentes, ces approches reconnaissaient que la compétitivité ne se fonde pas uniquement sur les coûts et les prix, mais sur une multiplicité de facteurs déterminant la force relative de l'entreprise par rapport à ses concurrents (qualité des produits, image de marque, maîtrise technologique, accès au réseau de distribution, etc.). ADL et McKinsey proposaient une liste indicative des facteurs clés de succès possibles, mais c'étaient les consultants qui les choisissaient et qui les pondéraient au cas par cas, de manière à rendre compte des caractères spécifiques des activités considérées. Chaque activité était ensuite notée sur la base de cette combinaison de facteurs, et c'était la note moyenne pondérée qui servait de mesure pour positionner les domaines d'activités sur l'axe horizontal de la matrice.

Les modèles d'ADL et McKinsey (voir figures 9.3 et 9.4) tentaient également de surmonter la deuxième limite, celle sur la mesure de l'attractivité des segments stratégiques : la matrice ADL utilisait pour ce faire le degré de maturité de l'activité. Ce critère était fondé sur les quatre phases du cycle de vie présentées dans le chapitre 2 : démarrage, croissance, maturité et déclin.

1. Wright R., *Un système pour gérer la diversité*, document Arthur D. Little, 1973.

2. « Planning a Chemical Company's Prospects », document McKinsey-Royal Dutch Shell, 1972

FIGURE 9.3 **La matrice McKinsey**

		Valeur de l'activité		
		Forte	**Moyenne**	**Faible**
Position concurrentielle	Forte	Maintenir la position de leader coûte que coûte	Maintenir la position Suivre le développement	Rentabiliser (« traire »)
	Moyenne	Améliorer la position	Rentabiliser prudemment	Se relirer sélectivement (segmenter)
	Faible	Doubler la mise ou abandonner	Se retirer progressivement et sélectivement	Abandonner Désinvertir

FIGURE 9.4 **La matrice ADL**

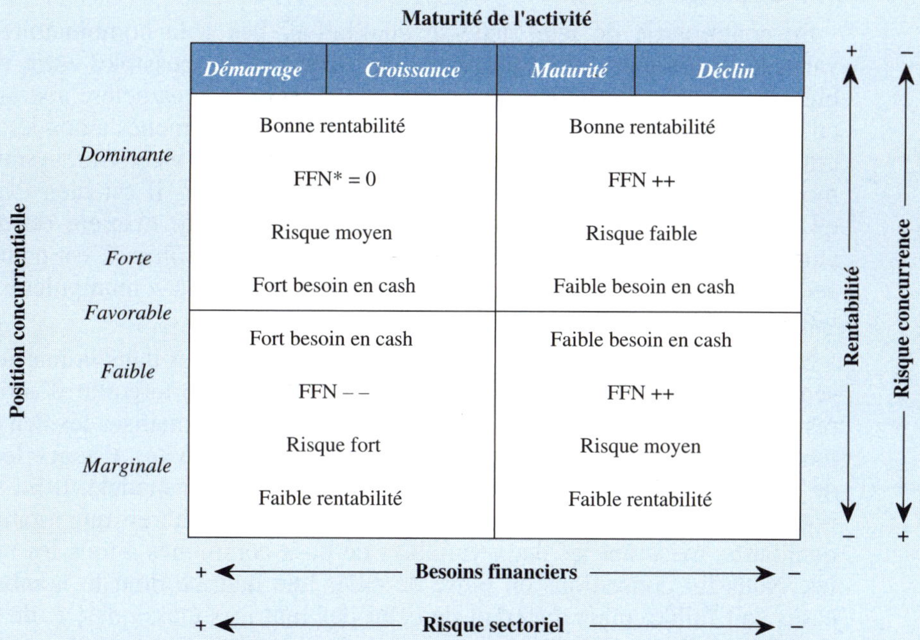

* FFN : Flux de fonds net

Intégrant le taux de croissance de l'activité, il mesurait, comme dans le modèle BCG, les besoins financiers des activités, qui sont importants dans les deux premières phases du cycle et déclinent fortement par la suite. Mais il permettait également de donner une indication sur le niveau de risque sectoriel, c'est-à-dire de la probabilité de variations importantes ou de ruptures imprévues de l'activité (réglementations nouvelles, innovations technologiques, explosion du marché). Une activité en démarrage est évidemment davantage sujette à ce type de mutations qu'une activité mûre et stable.

Quant à la matrice McKinsey, elle mesurait l'attractivité des segments stratégiques en combinant une série de variables dans un critère appelé valeur du secteur. Ce critère original combinait la valeur intrinsèque de l'activité, mesurée grâce à des variables liés à la notion de cycle de vie, et sa valeur relative, qui correspondait à l'intérêt que l'activité représentait pour l'entreprise elle-même, et dépendait d'éléments tels que l'existence de synergies avec d'autres activités du groupe, la valeur de cette activité en tant que base d'expérience, les possibilités de verrouillage (barrières à l'entrée) du secteur, ou la maîtrise d'un facteur clé critique (sécurité d'approvisionnement ou de débouchés). Par ce biais, la matrice McKinsey apportait un élément de réponse à la troisième des limites de la matrice BCG discutées précédemment, puisqu'elle s'affranchissait de l'hypothèse d'une indépendance des segments entre eux et reconnaissait l'existence de synergies au sein du portefeuille.

En contrepartie de leur richesse qualitative, liée à la combinatoire des variables utilisées et à la multiplicité des pondérations possibles entre variables, les modèles de McKinsey et ADL n'avaient pas le caractère instrumental de la matrice BCG. De plus, les consultants étaient amenés à pondérer les critères et à noter les segments avec une certaine subjectivité... souvent motivée par le désir de ne pas contredire le client. Or, il est bien évident qu'en changeant les critères et en les pondérant d'une manière ou d'une autre, on pouvait atteindre à peu près n'importe quel résultat. C'est pourquoi ces matrices, lourdes à mettre en œuvre mais faciles à « manipuler », ont vite cessé d'être utilisées.

Soulignons en conclusion qu'à part le nombre de cases dans la matrice, la seule différence notable entre tous ces modèles de portefeuille d'activités réside dans le choix des variables qui servent à opérationaliser les deux critères de base utilisés (position concurrentielle et attractivité). Chaque lecteur de ce livre peut donc développer lui-même un nouveau modèle. Il lui suffit pour ce faire de choisir une combinaison originale de critères, quantitatifs ou qualitatifs, mesurant les deux variables de base communes à tous les modèles. Nous lui conseillons en outre de créer une matrice dont le nombre de cases soit faible, mais différent de celui des matrices classiques, et de trouver des noms amusants pour désigner chaque case. Dans ce domaine, la supériorité du BCG ne fait aucun doute.

Plaisanterie mise à part, il est tout de même paradoxal de constater que les modèles de portefeuille d'activités, qui sont censés être des modèles de *corporate strategy*, évaluent les segments stratégiques selon deux critères essentiellement issus de la *business strategy* et, plus précisément, du modèle SWOT : l'évaluation de la position concurrentielle dépend d'une analyse des forces et faiblesses de l'entreprise dans les domaines d'activités considérés ; l'évaluation de l'attractivité des domaines d'activité repose sur une appréciation des opportunités et des menaces dans l'industrie correspondante. Il s'agit donc d'un résumé des analyses menées au niveau de chaque *business*. Autrement dit, une analyse de portefeuille bien faite n'est que le résumé et l'assemblage des analyses menées dans chaque domaine d'activité, analyses que nous avons présentées dans les chapitres précédents. Or, s'en tenir là, serait nier l'apport de la *corporate strategy*, puisque ce serait dire d'une part que la performance de l'entreprise est, au maximum, la somme des résultats obtenus par ses différents domaines d'activité et que, d'autre part, la seule mission stratégique du *corporate* est d'allouer le cash-flow entre des activités indépendantes, comme le ferait le marché financier si ces activités n'appartenaient pas au même groupe. Autrement dit, toutes les matrices de portefeuille ont en commun un défaut fondamental : elles ignorent la notion de création de valeur.

4 *Corporate strategy*, diversification et création de valeur

La notion de création de valeur pour l'actionnaire, c'est-à-dire le fait que, pour enrichir ses actionnaires (que ce soit sous forme de dividendes ou de plus-values), une entreprise doive dégager une rentabilité des capitaux investis supérieure à son coût du capital[1], est devenue le maître mot de la *corporate strategy* au début des années 1990.

L'objectif prioritaire de la *corporate strategy* est devenu de maximiser la rentabilité des capitaux investis. La croissance, objectif majeur des décennies précédentes, avait été reléguée au second plan. Cette évolution s'est produite sous l'influence de plusieurs facteurs. D'une part, les récessions économiques et les hausses de taux d'intérêt du milieu des années 1970, du début des années 1980 et du début des années 1990 ont révélé la faiblesse de la profitabilité des grands conglomérats. De plus, la pression des actionnaires et des marchés financiers sur les entreprises s'est considérablement accrue. Les figures de proue de cet activisme actionarial ont été les fameux fonds de pension américains, comme par exemple CALPERS (la caisse de retraite des fonctionnaires de Californie). Ces actionnaires d'un genre nouveau, plus regardants que naguère sur la rentabilité de leurs investissements, se sont mis à exiger la présence d'administrateurs actifs et indépendants dans les conseils d'administration et, quand cela leur paraissait nécessaire, n'ont plus hésité à demander la tête des dirigeants des entreprises concernées. Or, plus la pression sur la « création de valeur » pour les actionnaires a augmenté, plus l'appétit pour la diversification a baissé. En effet, non seulement les entreprises ont tendance à être moins rentables sur leurs activités

1. Le coût du capital est la rentabilité économique minimale qu'un investisseur attend d'un investissement dans une activité donnée. Il augmente avec le risque lié à cette activité.

de diversification que sur leur *core business*, mais en plus, les entreprises diversifiées souffrent en général d'une décote de conglomérat (*conglomerate discount*), c'est-à-dire qu'elles sont cotées en bourse pour une valeur totale inférieure à la somme des valeurs des activités qui les composent, ce qui aiguise évidemment l'appétit des *raiders*. Cette décote est en général de 20 % à 30 %.

Vers la fin des années 1980, plusieurs grandes entreprises ont été la proie de *raiders* qui ont encaissé de solides plus-values en prenant le contrôle du groupe pour le démanteler et le revendre « par appartements ». Le cas le plus emblématique est probablement celui du raid opéré en 1989 par KKR sur le géant de l'alimentaire et du tabac RJR Nabisco, pour la modique somme de 25 milliards de dollars ! Des opérations de cette ampleur ont clairement montré que même les plus grandes entreprises n'étaient plus à l'abri ni d'une prise de contrôle hostile, ni d'un limogeage généralisé de leur équipe dirigeante. Face à une telle menace, de nombreux groupes industriels ont préféré procéder eux-mêmes à des désinvestissements massifs pour se dégager de leurs diversifications excessives et se recentrer sur leur métier principal. Ainsi par exemple Philips a-t-il cédé à l'époque sa branche électroménager, ses activités de production musicale (Polygram), ainsi que sa filiale Grundig. Au total, pendant les années 1980-1990, alors que le turnover des dirigeants augmentait significativement aux États-Unis, le nombre d'entreprises diversifiées dans les palmarès comme le *Fortune 500* diminuait considérablement[1].

Dès la fin des années 1980, plus aucun spécialiste de stratégie, qu'il soit professeur ou consultant, ne pouvait plus ignorer la notion de création de valeur. C'est pourquoi les stratèges allèrent en masse consulter leurs collègues financiers pour créer de nouvelles approches de la *corporate strategy* mariant analyse financière et analyse stratégique.

Ces approches reposent toutes sur les principes suivants :

• l'objectif de la *corporate strategy* doit être de « créer de la valeur pour l'actionnaire », c'est-à-dire d'augmenter la valeur de l'entreprise sur le marché financier. La valeur de l'entreprise est égale à la somme de sa capitalisation boursière[2] et de sa dette nette[3]. Elle correspond par ailleurs à la valeur actualisée des cash-flows que l'entreprise va générer dans le futur. En fonction des informations dont ils disposent, les investisseurs se font en effet une opinion sur la capacité de l'entreprise à générer du cash qui leur reviendra tôt ou tard sous forme de dividendes ou de plus-values. C'est sur la base de ces anticipations qu'ils sont prêts à acheter ou à vendre les actions de l'entreprise. Par le jeu de l'offre et de la demande, le prix de l'action se fixe donc de telle sorte que la valeur de l'entreprise corresponde à l'ensemble des flux de liquidités qu'elle est susceptible de générer dans le futur. Les investisseurs tiennent par ailleurs compte du niveau de risque des activités de l'entreprise. Ils attendent des rentabilités plus élevées des activités les plus risquées. Les cash-flows sont donc actualisés à un taux d'autant plus

1. Grant, R., *Contemporary Strategy Analysis*, Blackwell, 2002, chap. 15.

2. Nombre d'actions x cours de l'action.

3. Dette diminuée du cash disponible

fort que le risque est élevé. Ce taux s'appelle le coût du capital car il correspond à la rentabilité minimale que les actionnaires attendent d'un investissement dans l'entreprise ;

• les actionnaires sont capables de diversifier leur risque et d'équilibrer leur portefeuille d'investissements par eux-mêmes, en achetant et en revendant des titres en bourse. Investir dans une entreprise diversifiée n'a donc en soi aucun intérêt. Cela ne se justifie que si cet investissement est plus rentable qu'un portefeuille d'actions d'entreprises opérant dans les mêmes secteurs ;

• la diversification ne se justifie donc que si l'activité dans laquelle l'entreprise se diversifie entre en synergie avec les activités déjà présentes. On dit qu'un groupe présente des synergies lorsque la valeur de l'ensemble du groupe est supérieure à la somme de ses parties (d'où la formule 2 + 2 = 5), c'est-à-dire si, du fait de leur appartenance à la même organisation, les activités ont collectivement une valeur supérieure à la somme des valeurs qu'elles auraient si elles étaient gérées par des entreprises indépendantes. Ce surcroît de valeur provient de liens opérationnels qui permettent de partager certains coûts entre plusieurs activités ou de créer des perspectives de croissance que les activités n'auraient pas en elles-mêmes ;

• les autres motivations de la diversification couramment avancées par les dirigeants des entreprises sont en général contraires aux intérêts des actionnaires. La croissance, par exemple, n'est pas un but en soi puisqu'elle peut conduire à détruire de la valeur si elle n'augmente pas suffisamment les cash-flows ou si elle accroît trop le risque. En outre, diversifier une entreprise dans le but de diversifier ses risques n'est pas un but légitime puisque cela conduit à confisquer aux actionnaires leur pouvoir d'arbitrage entre les différents investissements qu'ils pourraient faire eux-mêmes dans des actions d'entreprises mono-activités. Le désir d'utiliser les excédents de cash-flow produits par une vache à lait est également condamnable : il vaudrait mieux rendre ces liquidités aux actionnaires pour qu'ils en usent librement. Du coup, se diversifier pour survivre est tout aussi discutable.

Au total, les approches de la *corporate strategy* basées sur la création de valeur poussent les entreprises au recentrage car elles rejettent la plupart des motivations possibles de la diversification pour n'en retenir qu'une : la synergie. Cela les différencie fondamentalement des modèles de portefeuille d'activités des années 1970. Ceux-ci préconisaient en effet implicitement de diversifier l'entreprise pour créer un marché interne des capitaux, sans apport de valeur supplémentaire par rapport à la diversification que les actionnaires peuvent effectuer eux-mêmes en achetant des titres sur le marché boursier.

Nous allons maintenant présenter les principaux modèles et outils d'analyse correspondant aux approches de la *corporate strategy* basées sur la création de valeur.

4.1 Les trois tests de Porter

Selon Porter, toute entreprise envisageant de se diversifier devrait soumettre sa décision à trois tests[1]. La diversification ne peut créer de la valeur pour les actionnaires que si elle passe avec succès chacun de ces trois tests :

- le test de l'attractivité. Le secteur dans lequel l'entreprise se diversifie doit être attractif ou doit pouvoir le devenir sous l'action de l'entreprise ;
- le test du coût d'entrée. Le coût de l'entrée dans le nouveau domaine d'activité ne doit pas excéder la valeur actualisée des cash-flows futurs que l'entreprise pourra en tirer ;
- le test du surcroît de valeur (*better off test*). La nouvelle activité doit bénéficier de synergies avec le reste de l'entreprise, de manière à ce que ses performances au sein du groupe soient supérieures à celles qu'aurait (ou qu'avait) l'activité hors du groupe.

Cette approche souligne que l'attractivité d'une industrie ne saurait à elle seule justifier une diversification dans l'industrie en question, contrairement à ce que laissaient supposer les anciennes matrices de portefeuille d'activités. Non seulement il faut éviter de confondre attractivité et croissance, comme le faisait la matrice du BCG, mais encore faut-il considérer que l'attractivité se paie. En effet, les activités attractives, c'est-à-dire celles où les profits sont durablement élevés, comme par exemple la banque d'affaires ou la production de vin de Champagne, doivent en général leur attractivité à l'existence de hautes barrières à l'entrée. Si ces barrières n'existaient pas, les profits élevés exciteraient l'appétit de nouveaux concurrents qui entreraient en grand nombre et qui, en intensifiant la concurrence, feraient baisser les prix et dégraderaient la rentabilité du secteur, ce qui diminuerait d'autant l'attractivité du secteur.

D'où le deuxième test, celui du coût d'entrée : en supposant que le domaine de diversification soit attractif, il est probable que les barrières à l'entrée, c'est-à-dire le coût à supporter pour entrer dans l'activité, soit élevé. Il s'agit donc de vérifier qu'on récupérera bien cet investissement initial grâce aux profits futurs de la nouvelle activité. Par exemple, dans le cas d'une diversification par croissance externe, on ne peut justifier l'opération que si la valeur actuelle des cash-flows futurs est supérieure au prix de l'acquisition, c'est-à-dire si on est capable d'augmenter la profitabilité de l'entreprise cible au-delà de la rentabilité qu'attendaient les actionnaires précédents avant le rachat. De plus, comme il n'est pas rare de verser une prime de contrôle de 20 % à 30 % de la valeur de la cible, le seuil de rentabilité à atteindre est d'autant plus élevé[2].

Seule la réussite au troisième test, celui des synergies, permet de relever le défi. Si l'entreprise est capable d'exploiter des liens opérationnels (techniques, commerciaux ou autres) entre ses activités existantes et le domaine de diversification, elle pourra améliorer les performances de sa nouvelle acti-

1. Porter M.E., « From Competitive Advantage to Corporate Strategy », *Harvard Business Review*, mai-juin 1987.

2. Cet argument sera développé dans le chapitre suivant sur les fusions-acquisitions.

vité d'une manière non prévisible tant que l'activité n'était pas dans le groupe. Ou alors, si les performances de la nouvelle activité ne s'améliorent pas, ce seront les activités existantes qui bénéficieront des synergies avec la nouvelle activité, ce qui augmentera de même les performances du groupe dans son ensemble. Autrement dit, une entreprise qui se diversifie doit créer davantage de valeur pour ses actionnaires que ne le feraient les actionnaires eux-mêmes en diversifiant leur portefeuille de titres par de simples achats d'actions en bourse.

Pour certains auteurs toutefois, le test du surcroît de valeur n'est pas suffisant. Selon Goold et Campbell[1], une diversification ne se justifie pleinement que si l'entreprise arrive à démontrer que non seulement elle apporte de la valeur à sa nouvelle activité, mais qu'en plus, elle apporte davantage de valeur que n'importe quel autre parent possible. Autrement dit, l'entreprise doit démontrer qu'elle est le meilleur parent possible de l'activité cible. C'est ce que les auteurs appellent le *parenting advantage* (avantage parental) par analogie avec l'avantage compétitif. Cette analogie provient du fait que les groupes sont en concurrence les uns avec les autres sur le marché du *corporate control*, c'est-à-dire le marché de la prise de contrôle des activités. Pour gagner le droit de gérer une activité, un groupe doit démontrer qu'il dispose d'un avantage sur ses rivaux, c'est-à-dire qu'il est capable de créer davantage de valeur pour les actionnaires que n'importe quel autre groupe. Au total, si on généralise ce principe à tout le portefeuille d'activités, le groupe doit prouver qu'il est le meilleur parent possible de chacune de ses activités.

4.2 Le modèle MACS

Le modèle MACS (*Market Activated Corporate Strategy*), développé par McKinsey, est un modèle de portefeuille d'activités reposant sur le principe du *parenting advantage*. Il a pour but d'orienter les choix d'allocation de ressources en vue de maximiser la valeur de l'entreprise.

Il s'agit d'une matrice où l'on peut positionner les domaines d'activités d'une entreprise en fonction de deux critères :

- la valeur intrinsèque de chaque activité (axe horizontal) ;
- la capacité du groupe à accroître cette valeur (axe vertical).

Ces axes correspondent au premier et au troisième test de Porter que nous avons discutés précédemment. La question du coût d'entrée (deuxième test) n'est pas posée car le modèle est avant tout un outil de diagnostic du portefeuille existant. Il ne traite que des activités présentes dans le groupe et non des activités dans lesquelles celui-ci pourrait envisager de se diversifier.

L'axe horizontal est en quelque sorte la diagonale des axes des anciennes matrices de portefeuille. Il synthétise en effet les deux dimensions des anciens modèles, la position concurrentielle et l'attractivité du secteur, en une seule, la

1. Goold M., Campbell A., Alexander M., « Corporate Strategy : The Quest for Parenting Advantage », *Harvard Business Review*, mars/avril 1995.

FIGURE 9.5 Le modèle MACS

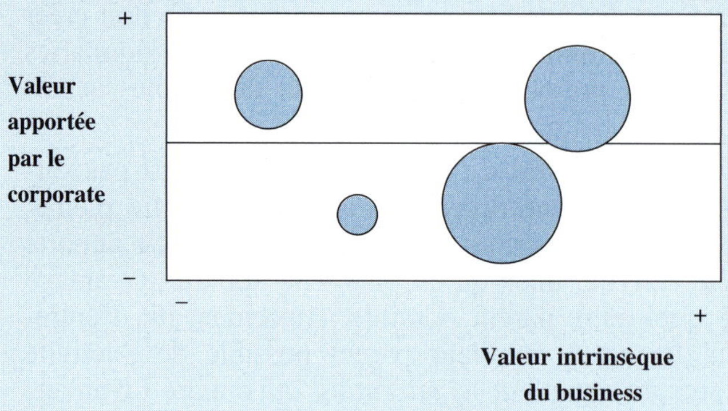

Source : d'après Mckinsey

valeur intrinsèque de l'activité. Par rapport aux catégories de la matrice du BCG, on va trouver de gauche à droite : les poids morts, les dilemmes, les vaches à lait et les stars. La valeur intrinsèque de chaque activité est mesurée par la valeur actualisée des cash-flows futurs que l'activité est capable de générer en tant que telle, indépendamment de son appartenance au groupe.

L'axe vertical sert à évaluer le surcroît de valeur que le groupe apporte à chaque activité, autrement dit le niveau de synergie entre chaque activité et le reste du portefeuille. Cette dimension est plus difficile à quantifier, puisqu'il s'agit d'isoler et de valoriser les partages de coût et les opportunités de croissance que chaque activité doit à son appartenance au groupe. Il est souvent surprenant de voir à quel point les consultants et leurs clients sont parfois optimistes sur l'évaluation financière des synergies. La ligne horizontale qui coupe la matrice en deux correspond au critère du meilleur parent. Le groupe dispose d'un *parenting advantage* pour les activités situées au-dessus de cette ligne. En revanche, il existe un meilleur parent pour les activités situées au-dessous.

Les activités dans lesquelles l'entreprise doit se développer en priorité sont les activités à forte valeur dont l'entreprise est le meilleur parent. Au-delà de cette recommandation presque tautologique, le modèle MACS aboutit dans certains cas à des conclusions qui peuvent paraître paradoxales pour qui ne pousse pas jusqu'au bout la logique de création de valeur. MACS préconise en effet de désinvestir des activités dont le groupe n'est pas le meilleur propriétaire, ce qui peut conduire à abandonner des activités à forte valeur intrinsèque. En effet, certaines activités de grande valeur peuvent trouver à l'extérieur un meilleur parent, qui serait capable de les valoriser encore mieux que le propriétaire actuel, en faisant jouer des synergies plus importantes. Ce parent potentiel est donc probablement prêt à payer une prime de contrôle élevée, ce qui fait que l'activité peut être cédée pour un prix dépassant significativement sa valeur intrinsèque dans le groupe actuel. Remarquons que la réciproque est également vraie : toujours d'après MACS, il est pertinent de conserver des activités à valeur relativement faible si le groupe en est le meilleur parent possible, car on détruirait de la valeur en les cédant à un moins bon propriétaire.

Malgré son intérêt, le modèle MACS a été peu utilisé dans les entreprises à cause des difficultés de valorisation financière de chaque business et des apports du *corporate*. Valoriser les apports du *corporate* et appliquer le critère du meilleur parent est en effet séduisant intellectuellement, mais difficile à faire dans la pratique. On retiendra toutefois le message le plus original et le plus fondamental de ce modèle : pour créer de la valeur, l'entreprise ne doit pas hésiter à procéder à des cessions ou à des *spin-offs* d'activités parfois très rentables mais dont elle est incapable d'exploiter pleinement le potentiel. Les années 1990 ont vu s'opérer un grand nombre d'opérations de ce type, qui paraîtraient surprenantes dans une logique de portefeuille classique.

Fin 1997, Danone se sépare d'Amora-Maille, filiale spécialisée essentiellement dans la moutarde et quelques autres condiments, et la vend à un groupe de trois fonds d'investissement : Paribas Affaires Industrielles, Fonds Partenaires et Finance & Investors. En fait, le groupe Danone cherche à se recentrer sur les produits laitiers, les eaux et les biscuits. C'est pour ce faire qu'il cède non seulement Amora-Maille, mais aussi Panzani (pâtes) et William Saurin (plats cuisinés). L'ensemble de ces activités est valorisé à 600 millions d'euros, pour un chiffre d'affaires de 760 millions d'euros, dont moins d'un tiers pour Amora-Maille. À l'époque, Amora-Maille n'exporte pratiquement pas.

Entre 1997 et 1999, Amora-Maille double ses profits. Le chiffre d'affaires atteint 350 millions d'euros dont 17 % à l'export. Comment se fait-il que, livrée à elle-même, cette activité ait des performances tellement supérieures à celles qu'elle avait au sein d'un groupe leader de l'alimentaire où les synergies avec les autres activités devaient être fortes ? Bien sûr, la pression sur les résultats créée par le nouvel actionnaire y est sûrement pour quelque chose : un *private equity* a une perspective de plus-value à nettement plus court terme qu'un grand groupe multinational traditionnel. Mais ce n'est pas tout. En fait, le potentiel d'Amora-Maille était sous-exploité chez Danone car la moutarde apparaissait comme une activité périphérique. En matière d'export notamment, le groupe Danone exigeait que toutes ses filiales utilisent les services centraux d'une même « division international export » dont les responsables avaient forcément tendance à privilégier les produits leur apportant les plus gros volumes (eaux minérales, produits laitiers), ce qui bridait le développement d'Amora qui ne générait pour eux qu'une activité très faible. Une fois débarrassée de cette contrainte, Amora-Maille a eu les coudées franches pour croître rapidement à l'international.

▶

▶ En mars 2000, Unilever rachète Amora-Maille à Paribas Affaires Industrielles pour 715 m €. Belle plus-value : Amora-Maille vaut maintenant à elle seule autant que l'ensemble des trois activités cédées par Danone en 1997 ! De plus, pour s'emparer d'Amora-Maille, Unilever doit sacrifier ses sauces Bénédicta (France), Bénédictin (Belgique) et Grey Poupon (UK, Suède) qui faisaient jusque-là partie de son portefeuille. En effet, la Commission Européenne juge que la position d'Unilever risque de devenir dominante dans l'activité en question. Reste à Unilever à trouver des synergies suffisantes pour développer encore d'avantage cette activité sans supporter des investissements excessifs !

Source : McKinsey.

4.3 L'hexagone de McKinsey

Au-delà du modèle MACS, l'effort de McKinsey pour élaborer une approche de la corporate strategy basée sur la création de valeur s'est matérialisé par la publication du livre *Valuation*[1] qui présente notamment le célèbre « hexagone ».

Cette démarche en six étapes permet de restructurer les activités d'un groupe diversifié dans le but de maximiser sa valeur :

La valeur de marché de l'entreprise. Le point de départ est la valeur de l'entreprise au moment où on commence l'analyse. Cette valeur est égale à la capitalisation boursière (nombre d'actions multiplié par le cours de l'action) augmentée de la dette nette (dette moins cash).

La valeur réelle de l'entreprise. En principe, la valeur de marché de l'entreprise devrait être égale à la valeur actualisée de ses cash-flows futurs. Or, il se peut que les anticipations du marché reposent sur une perception défavorable du potentiel de rentabilité futur, et que la valeur réelle de l'entreprise soit supérieure à sa valeur de marché. Donc, même sans aucun changement de stratégie ou d'organisation, il est parfois possible de valoriser l'entreprise en influant sur les anticipations des investisseurs, grâce à une communication financière plus efficace. Cette action permet de réduire l'écart de perception des investisseurs et de faire en sorte que la valeur de marché rejoigne la valeur réelle. C'est pourquoi les entreprises consacrent de plus en plus de temps et de moyens à leur communication financière.

La valeur potentielle après améliorations opérationnelles. Cette valeur peut être atteinte en procédant à des changements stratégiques et organisationnels dans chacune des activités du groupe, de manière à augmenter les cash-flows que ces activités génèrent. Il s'agit de rechercher les opportunités stratégiques non exploitées (exportation, repositionnement des produits, outsourcing, etc.) ou de réorganiser l'entreprise pour réduire les coûts dans l'ensemble de ses activités. Cette étape correspond en fait à une remise à plat de la business strategy dans chacun des domaines d'activités où opère l'entreprise.

1. Copeland, T., Koller, T., Murrin, J., *Valuation: Measuring and Managing the Value of Companies*, 3e édition, Wiley, 2000

FIGURE 9.6 **L'hexagone McKinsey**

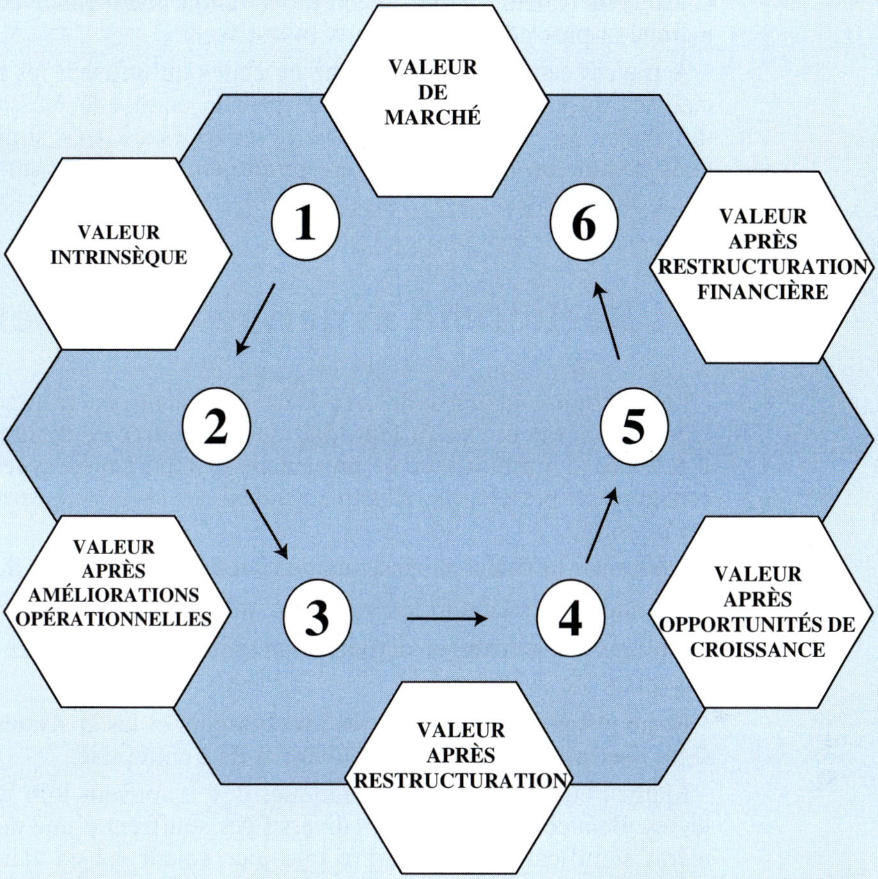

La valeur potentielle après restructurations du portefeuille. Une fois déterminée la valeur potentielle de chacune des activités, par comparaison avec la valeur de l'ensemble du groupe, il s'agit d'évaluer si une restructuration du portefeuille d'activités, notamment des désinvestissements, pourraient créer de la valeur. La question clef est de savoir si certaines activités, une fois valorisées à leur valeur potentielle grâce aux améliorations identifiées à l'étape précédente, pourraient être cédées à un prix supérieur à leur valeur potentielle interne au groupe. Le modèle MACS peut être utile pour structurer la réflexion à cette étape de la démarche.

La valeur après mise en œuvre de quelques opportunités de croissance, par le biais d'acquisitions, de joint-ventures ou d'alliances.

La valeur optimale du groupe restructuré. Il s'agit de la valeur maximale que peut atteindre l'entreprise si, une fois les perceptions du marché corrigées, les activités rationalisées et le portefeuille restructuré, on optimise en plus sa structure financière en jouant sur l'endettement et le coût du capital. C'est cette valeur optimisée qu'il va falloir maintenant communiquer au marché et plus généralement aux investisseurs.

À travers cette méthode, proche de celles qu'utilisent les raiders, les spécialistes du LBO[1] ou les firmes de private equity, le message envoyé aux dirigeants des grandes entreprises diversifiées est très simple : comportez vous comme un raider avec votre propre entreprise… avant qu'un véritable raider ne le fasse.

5 Recherche synergies désespérément

Les recommandations des modèles précédents se résument ainsi : pour créer de la valeur, un groupe doit se (re)centrer et croître dans un cœur d'activités à forte valeur et présentant d'importantes synergies. Une fois constitué ce portefeuille d'activités idéal, la *corporate strategy* a une triple mission :

- maximiser la valeur intrinsèque de chacune des activités du portefeuille ;
- exploiter au maximum les synergies entre les activités existantes ;
- explorer les nouvelles activités qui pourraient permettre de développer davantage de synergies.

Reste ensuite à convaincre les investisseurs et les analystes que cette stratégie maximise effectivement la valeur de l'entreprise.

Malheureusement, dans la pratique, il y a souvent loin de la coupe aux lèvres. Beaucoup d'entreprises diversifiées souffrent d'une décote de conglomérat significative, c'est-à-dire que leur valeur est en fait inférieure à la somme de leurs parties. Ces synergies sont souvent bien difficiles à évaluer, quand elles ne brillent pas par leur absence !

5.1 Évaluer les synergies

La diversification peut améliorer la profitabilité d'une entreprise, voire augmenter sa valeur, sans qu'il y ait pour autant de synergie. Il suffit pour cela que l'entreprise se diversifie dans une activité plus profitable que ses activités existantes et qu'elle réussisse à gérer cette nouvelle activité mieux que ne le faisait le propriétaire précédent. Ce thème sera développé dans le chapitre suivant sur les fusions-acquisitions. *A contrario*, la valeur d'une entreprise peut diminuer au moment d'une diversification alors qu'il y a des synergies, tout simplement parce que le coût d'entrée dans la nouvelle activité est trop élevé et que l'exploitation des synergies ne permettra pas de compenser ce coût. C'est pour cette raison qu'au moment de

1. Leveraged Buyout

l'annonce d'une acquisition, le cours de bourse de l'entreprise acquéreuse a souvent tendance à baisser, même s'il y a des synergies évidentes. Évaluer les synergies par différence entre la valeur du groupe avant et après une diversification ou un recentrage n'aboutit donc pas forcément à une mesure fiable.

La méthode la plus fiable actuellement utilisée pour évaluer la création de valeur et les synergies au niveau d'un groupe est la méthode *chop-shop*[1]. Cette méthode consiste à comparer la performance de l'entreprise diversifiée avec celle d'un portefeuille d'activités virtuel composé d'entreprises spécialisées dans chacun des domaines d'activité du groupe, chaque activité étant pondérée en fonction de son importance réelle dans le groupe. Idéalement, chaque entreprise spécialisée qui sert de base de comparaison devrait être de taille équivalente à celle de l'activité correspondante dans le groupe diversifié et elle devrait opérer sur les mêmes zones géographiques. Construire un portefeuille parfaitement comparable est souvent impossible. S'en approcher aussi près que possible est la tâche la plus difficile pour mettre en œuvre la méthode.

Cette méthode est inspirée de celle qu'utilisent les analystes financiers pour savoir si la valeur boursière d'une firme diversifiée bénéficie d'une prime de synergie ou d'une décote de conglomérat. Les analystes financiers effectuent un calcul de la « somme des parties » en calculant la moyenne pondérée des cours de bourse de concurrents spécialisés dans les mêmes secteurs que le groupe diversifié, puis, par comparaison avec la valeur de marché de celui-ci, évaluent la création ou la destruction de valeur au niveau du groupe.

La méthode chop-shop peut utiliser d'autres critères que le cours de bourse ou la capitalisation boursière, par exemple des mesures purement comptables comme le ROA (*Return on Assets*, rentabilité des actifs), le ROE (*return on equity*, rentabilité du capital) ou des mesures plus directes de la création de valeur qui tiennent compte du coût du capital comme par exemple l'EVA© (*Economic Value Added*).

EVA© = NOPAT – CE × (ROCE – WACC) avec :
– NOPAT : *Net Operating Profit After Tax* (résultat opérationnel après impôt) ;
– ROCE : *Return On Capital Employed* (rentabilité des capitaux engagés) ;
– WACC : *Weighted Average Cost of Capital* (coût du capital)

Les indicateurs boursiers ont l'avantage de prendre en compte les performances futures de l'entreprise, alors que les indicateurs comptables mesurent une performance passée et peuvent par ailleurs faire l'objet de manipulations par le management. En revanche, les indicateurs comptables ont l'avantage d'être stables et relativement fiables (car, même s'ils sont

1. Le Baron D., Sperdell L., « Why are the parts worth more than the sum ? "Chop Shop", a Corporate Valuation Model », in Browne L., Rosengren E., (eds), *The Meyer Boom*, conf. series n° 31, Federal Reserve Bank, Boston, 1987.

erronés, toutes les entreprises ont peu ou prou les mêmes marges de manœuvre pour manipuler les chiffres), alors que les cours de bourse subissent des variations parfois excessives, rapides et difficiles à justifier, comme l'a montré la bulle Internet des années 1999-2001. Il est donc indispensable d'utiliser plusieurs critères à la fois, en mariant les indicateurs boursiers et les indicateurs financiers.

Jusqu'au début des années quatre-vingt-dix, l'idée communément admise par les experts en stratégie d'entreprise était que la diversification liée (c'est-à-dire la diversification dans des activités partageant des ressources communes, comme par exemple une technologie ou un réseau de distribution) était potentiellement créatrice de valeur, par opposition à la diversification conglomérale, qui était censée détruire de la valeur, à cause de l'absence de synergie. Au milieu des années 1990, plusieurs recherches utilisant la méthode chop-shop ont cherché à démontrer ce résultat, sans beaucoup de succès. Ces recherches ont montré que les groupes diversifiés sont généralement moins performants qu'un portefeuille équivalent d'entreprises spécialisées, même s'il existe des liens entre les activités[1]. Il a été démontré en outre que les entreprises diversifiées améliorent leurs performances quand elles se recentrent sur un nombre d'activités plus faible[2]. Ces résultats ont conforté l'opinion largement répandue chez les analystes financiers et les investisseurs, à savoir que la diversification a en soi des effets négatifs. Cette opinion repose sur l'idée selon laquelle une équipe de management focalisée et spécialisée sur la gestion d'une activité spécifique acquiert une expérience irremplaçable et construit une véritable expertise sur l'activité en question. Une telle équipe experte fera donc toujours mieux que des dirigeants « multi-cartes » dont l'attention, le talent et le temps sont dispersés entre plusieurs activités différentes. La notion de synergie est donc un miroir aux alouettes utilisé par les dirigeants pour justifier leurs opérations de croissance aux yeux des investisseurs, alors que leur véritable motivation est de construire un groupe aussi gros que possible pour asseoir leur pouvoir, augmenter leur salaire, accéder à un autofinancement plus important et rendre les prises de contrôle difficiles, autant de motivations dont les actionnaires n'ont que faire. Ces résultats ont donné une caution scientifique aux nombreuses opérations de recentrage dont les années 1990 ont été émaillées.

Toutefois, au début des années 2000, de nouvelles recherches ont remis en cause ces idées en partant du principe que les recherches précédentes n'avaient pas pris en compte l'existence de facteurs qui affectent à la fois la diversification et la performance[3]. En contrôlant l'influence de facteurs comme la performance passée et la possession de ressources intangibles, qui ont un impact positif à la fois sur la diversification et la performance, il apparaît que la diversification liée peut effectivement créer de la valeur. Plus précisément, les *strategies corporate* fondées sur des diversifications liées par l'exploitation de ressources intangibles, comme par exemple une image de marque ou une expertise technologique exclusive, sont créatrices de valeur[4].

1. Lang et Stulz, 1994 ; Berger et Ofek, 1995.

2. Comment et Jarrel, 1995

3. Campa et Kedia, 2002.

4. Morck et Yeung, 2002

5.2 Les sources de synergies

On distingue trois sources possibles de synergies : les synergies industrielles, les synergies financières et la collusion multi-secteurs. Selon nous, seules les synergies industrielles ont un réel potentiel de création de valeur et ce sont donc les seules synergies qui puissent véritablement motiver une stratégie de diversification. Le concept de synergie financière se justifie de moins en moins sur le plan théorique et, en pratique, il ne correspond à une réalité que dans des cas très particuliers. Quant à la collusion multi-secteurs, bien que ce soit un concept intéressant d'un point de vue théorique, son impact réel reste à prouver.

5.2.1 Les synergies industrielles

Les synergies industrielles correspondent à ce que les économistes appellent des économies de champ (*scope economies*). Elles proviennent de l'utilisation de la même ressource (technologie, marque, réseau de distribution, etc.) dans plusieurs domaines d'activité différents. De telles synergies peuvent conduire à des économies sur les coûts et les investissements, puisqu'on n'est pas forcé de dupliquer certains éléments de la chaîne de valeur d'une activité pour entrer dans une autre. Elles génèrent également des opportunités de croissance du chiffre d'affaires, par exemple en transférant un savoir-faire commercial ou une marque d'une activité vers une autre[1].

Disney

Disney est une entreprise plus diversifiée qu'il n'y paraît puisqu'elle est présente dans le cinéma d'animation, la télévision, la distribution de musique et de vidéo, les parcs d'attraction et les produits dérivés. Mais toutes ces activités sont liées par l'exploitation des mêmes ressources, à savoir les personnages des dessins animés Walt Disney. Les personnages, leur histoire, la musique qui leur est associée, sont exploités simultanément dans des activités multiples : dessins animés, films de cinéma, vidéos, parcs d'attraction, CDs et produits dérivés (tee-shirts, jouets, papeterie...). Cela entraîne d'importantes économies de champ puisque le coût de la création de ces personnages est amorti sur un grand volume d'activités. De plus, les dépenses de marketing dans une activité renforcent également les autres activités. La promotion d'un nouveau dessin animé, par exemple, fait connaître un nouveau personnage, ce qui a un effet induit sur les parcs d'attraction ou les produits dérivés qui se mettent à exploiter le même personnage. Or, les parcs d'attraction et les produits dérivés ont également leur propre marketing, qui est lui-même indirectement actif sur le dessin animé. Ainsi, même si chaque activité est gérée séparément, chaque dollar dépensé en création ou en marketing dans une activité a un effet sur les autres, ce qui se décline en gains dans l'ensemble des activités du groupe et crée une importante synergie.

1. Genç et Castañer, 2001.

On pourrait croire que l'exploitation de synergies industrielles est un motif de diversification évident. Il n'en est rien. L'économie des coûts de transaction[1] nous apprend que, pour connecter deux activités productives quelles qu'elles soient, il existe toujours une alternative à l'intégration des activités en question au sein de la même entreprise, à savoir soit de passer par le marché, soit de faire une alliance. Passer par le marché signifie trouver une autre entreprise avec laquelle on établira un contrat stipulant que l'entreprise en question pourra utiliser la ressource à partager, en échange d'un prix. Ainsi par exemple, Disney peut céder des licences d'utilisation de ses personnages à une entreprise spécialisée dans les parcs d'attraction. Faire une alliance signifie trouver un partenaire avec lequel on va collaborer (et souvent co-investir) pour mettre en œuvre la nouvelle activité (voir chapitre sur les alliances stratégiques). Ainsi, si Disney pense que céder des licences est trop dangereux, par exemple parce que le licencié pourrait dégrader l'image de marque en commercialisant des produits de mauvaise qualité, Disney peut créer une joint-venture avec un spécialiste des parcs d'attraction de manière à exercer un contrôle via sa participation au capital.

En fait, il n'est pertinent de se diversifier soi-même dans l'activité liée que si c'est moins coûteux et moins risqué que de passer par le marché ou de faire une alliance. Il convient donc de comparer les coûts d'organisation interne de la diversification (coût de coordination, coût de transfert interne de savoir-faire, etc.) avec les coûts de transaction externes (coût de sélection du partenaire, coût d'élaboration et de suivi du contrat, etc.). La diversification ne se justifie que si, dans un contrat marchand ou une alliance, les risques de comportement opportuniste du partenaire sont si élevés qu'ils risquent de dégrader la valeur des ressources mises en jeu. Cette condition a davantage de chances d'être vérifiée dans le cas de ressources intangibles, qui « n'ont pas de prix » et sont donc impossibles à négocier sur le marché, que pour des actifs matériels. C'est pourquoi les recherches précédemment citées montrent que la diversification est créatrice de valeur quand elle est liée par ce type de ressource.

5.2.2 Les pseudo-synergies financières

Souvent, les dirigeants d'entreprises évoquent l'existence de synergies financières pour justifier la diversification, ce que la théorie financière moderne récuse. En effet, ces « synergies » consistent essentiellement à :

- diversifier le portefeuille d'activités de l'entreprise pour diversifier son risque, équilibrer son portefeuille et lisser ses résultats, sous prétexte que les actionnaires valorisent la stabilité des profits ;
- créer un marché interne des capitaux pour allouer le cash-flow en interne, sous prétexte que les dirigeants de l'entreprise sont mieux informés sur les opportunités que des investisseurs extérieurs.

Théoriquement, ces pseudo-synergies ne justifient pas la diversification de l'entreprise puisque les actionnaires peuvent diversifier leur portefeuille

1. Williamson, 1975 ; Teece, 1980.

eux-mêmes et que le marché est censé être transparent, ce qui fait que, lorsqu'il s'agit de diversification, c'est-à-dire d'investissement en dehors du domaine d'activité de l'entreprise, les investisseurs ont collectivement davantage d'informations que n'importe quel dirigeant d'entreprise individuel. C'est de plus en plus vrai vu les moyens que les entreprises et les banques d'affaires consacrent à la diffusion de l'information. Il n'y a donc de « synergie financière » que si le marché financier n'est pas efficient. C'est pourquoi, dans la réalité, les seuls marchés où on peut trouver trace de telles synergies sont les pays où le marché boursier est sous-développé, comme par exemple la Corée, l'Inde ou la Chine[1]. Mais, si ces pays connaissent à l'avenir la même évolution que les pays d'Europe par exemple, il y a fort à parier que, sous l'effet de la globalisation et de la croissance, ils seront bientôt dotés des mêmes mécanismes boursiers que les pays développés.

5.2.3 La collusion multi-secteurs

La présence simultanée des mêmes entreprises dans une série d'industries identiques permet à ces entreprises de développer une forme de collusion implicite, qui incite à limiter la concurrence entre elles et à maintenir de ce fait des prix artificiellement élevés. Le mécanisme sous-jacent est que chaque groupe qui se sent en position de force dans un secteur d'activité pourrait adopter un comportement agressif dans ce secteur, mais qu'il ne le fait pas car il subit en permanence la menace d'une rétorsion sur une autre activité où les dommages pourraient être plus sensibles pour lui[2]. Dès lors, se diversifier dans les mêmes activités que son concurrent principal, de manière à faire peser des menaces de rétorsion sur le plus grand nombre d'activités possible peut permettre d'augmenter les profits tout en diminuant le risque, ce qui est susceptible de créer de la valeur, même si les activités n'ont pas de lien opérationnel entre elles.

Certaines entreprises ont tendance à se diversifier dans les mêmes secteurs d'activités que leurs concurrents. Ainsi par exemple, la Lyonnaise des eaux (Suez) et la Générale des eaux (Vivendi), leaders de la distribution des eaux municipales, se sont toutes deux diversifiées dans la propreté et le chauffage urbain, ce qui correspond à une diversification liée par le marché (le marché est le même, il s'agit de services concédés par les collectivités locales), mais aussi dans la promotion immobilière, les bâtiments-travaux publics (GTM et Dumez pour la Lyonnaise, Vinci pour Vivendi) et la télévision (Canal + pour Vivendi et M6 pour la Lyonnaise), ce qui correspond à une diversification conglomérale. De son côté, Bouygues, leader mondial du BTP, possède également une filiale spécialisée dans la distribution d'eau (la SAUR) et la première télévision française, TF1. Du coup, pendant toute la décennie 1990, les trois groupes avaient des portefeuilles d'activités symétriques, composés d'industries non liées entre elles (BTP, services collectifs, télévision) mais ▶

1. Khanna et Rivkin, 2001 ; Chang, 2002.

2. Wernerfelt et Karnani, 1985.

▶ identiques pour les trois groupes. Après la fusion de la Lyonnaise avec Suez et son recentrage sur les services collectifs, puis la scission de Vivendi et de Véolia, cet état de fait a disparu au début des années 2000. On peut toutefois se demander quel en était le bénéfice.

Pour séduisante que soit cette théorie, elle n'a jamais été définitivement démontrée dans les faits. Certes, la concurrence multi-secteurs existe, mais il n'est pas évident qu'elle conduise à la forme de collusion que prévoit la théorie. Cette collusion a en revanche été mise en évidence dans le cas d'entreprises mono-activités présentes sur les mêmes marchés géographiques. Ainsi par exemple, les compagnies aériennes présentes sur les mêmes lignes ont tendance à développer ce genre de collusion et à maintenir des prix élevés[1].

Rachats d'actions et versements de dividendes en 2004

En 2004, les 40 sociétés du CAC 40 ont racheté (en net de cessions d'actions) pour environ 9 Md€ d'actions, soit 1,2 % de leur capitalisation boursière moyenne 2004. 20 ont procédé à des rachats nets et 3 d'entre elles (Total, BNP Paribas et Société Générale) ont procédé à 63 % des rachats. 20 n'ont procédé à aucun rachat ou à des cessions nettes.

En montant, la palme revient de nouveau à Total qui à dépassé les 3,4 Md€ de rachat net. En pourcentage du capital, Vinci est le premier avec 7,1 % du capital racheté.

En matière de dividendes, les montants sont plus importants (environ 16 Md€) et surtout moins concentrés : les trois premiers groupes (encore le trio Total, BNP Paribas et Société Générale) versant 32 % des dividendes du CAC 40.

	Nom	Rachats net d'actions (ME)	Rachats net en % du capital au 31.12.2004	Dividende versé en 2004 (en M€)	Somme rachats nets et dividendes versé en 2004 (en M€)
1	Total	3438	3,4 %	1671	6109
2	BNP Paribas	1584	3,6 %	1310	2894
3	Société Générale	611	2,0 %	1096	1707
4	Crédit Agricole	393	1,4 %	810	1203
5	Carrefour	456	1,7 %	530	985

▶

1. Borenstein, 1990 ; Gimeno et Woo, 1999.

6	L'Oréal	480	1,8 %	494	973
7	Suez	– 23	– 0,1 %	716	693
8	Vinci	493	7,1 %	189	682
9	Axa	0	0,0 %	676	676
10	Sanofi-Aventis	– 61	– 0,1 %	697	636
11	Saint Gobain	233	1,7 %	387	620
12	France Télécom	0	0,0 %	601	601
13	Dexia	141	0,9 %	457	598
14	Peugeot	269	2,4 %	328	597
15	Bouygues	411	4,4 %	167	578
16	LVMH	153	0,5 %	416	569
17	Schneider Electric	286	2,4 %	255	541
18	Groupe Danone	88	0,5 %	328	416
19	Veolia Environement	191	1,9 %	223	414
20	Renault	0	0,0 %	399	399
21	AGF	– 25	– 0,3 %	420	395
22	Lafarge	- 2	0,0 %	383	381
23	Air Liquide	41	0,3 %	328	369
24	Eads	0	0,0 %	320	320
25	Casino Guichard	0	0,0 %	216	216
26	Accor	0	0,0 %	209	209
27	Pernod Ricard	49	0,7 %	138	187
28	Pinault Printemps	– 127	– 1,2 %	294	167
29	Arcelor	– 47	– 0,5 %	213	166
30	Lagardère	27	0,4 %	111	139
31	Tf1	– 4	– 0,1 %	140	135
32	Michelin	– 6	– 0,1 %	133	127
33	Essilor International	53	1,0 %	57	110
34	Thomson	27	0,6 %	71	99
35	Publicis Groupe	0	0,0 %	51	51
36	Thales	– 96	– 1,7 %	129	31
37	Vivendi Universal	20	0,1 %	0	20
38	St Microelec	0	0,0 %	0	0
39	Alcatel	0	0,0 %	0	0
40	CapGemini	0	0,0 %	0	0

Source : compilation de données AMF et rapport annuels.

Par rapport à l'an passé, rachats d'actions et versements de dividendes sont en progression de 13 % ; Sanofi – Aventis, n°2 du rachat d'actions en 2003, a cessé de racheter ses actions compte tenu de l'endettement contracté pour acheter Aventis. Enfin, seule la moitié des sociétés du CAC 40 ont racheté leurs actions contre les deux tiers en 2003, probablement en raison de la hausse des cours qui peut rendre l'opération moins intéressante, ce qui a même conduit 9 groupes (contre 4 l'an passé) à procéder à des cessions nettes.

Extraits de La Lettre Vernimmen.net N°36, Février 2005

Conclusion

L'intrusion de la notion de création de valeur dans la *corporate strategy* a beaucoup fait évoluer la pensée sur le sujet. De nos jours, face au poids des marchés financiers dans la prise de décision stratégique, les dirigeants de grandes entreprises ont une marge de manœuvre plus limitée en ce qui concerne la diversification. Il ne suffit plus d'être un « parent acceptable » de ses activités et de s'assurer que la *business strategy* est correctement formulée et mise en œuvre dans chaque entité du groupe. Il faut démontrer que l'appartenance de ces activités au groupe leur apporte effectivement une valeur supplémentaire, démonstration souvent bien difficile à faire. Les fameuses synergies industrielles, qui seules peuvent justifier la diversification, sont souvent moins fortes que ne veulent bien le dire les dirigeants des entreprises. De plus, même si elles existent sur le papier, il faut pour les exploiter se doter d'une organisation qui encourage la transversalité et les échanges entre domaines d'activités différents, ce qui exige souvent un travail important sur la structure. La difficulté est de créer des incitations à l'exploitation des synergies sans pour autant déresponsabiliser les dirigeants de chaque activité, qui doivent rester pleinement et individuellement responsables des résultats de leur business. Ces questions seront développées dans la deuxième partie de ce livre, qui traite des structures organisationnelles.

Chapitre 10

Les stratégies d'acquisition

À la période de croissance spectaculaire des Trente Glorieuses (1945-1975) au cours de laquelle de nombreuses entreprises se sont diversifiées tous azimuts dans des secteurs très divers, dont la plupart étaient alors en fort développement, a succédé dès la fin des années soixante dix et au cours des années quatre-vingt une période de ralentissement économique et d'intensification de la concurrence. Face à cette évolution du contexte économique due à la mondialisation croissante des économies, aux développements technologiques rapides et à la saturation de nombreux marchés, la plupart des dirigeants ont ressenti le besoin de se recentrer sur leur métier d'origine afin d'améliorer leur compétitivité. C'est ainsi qu'une grande partie des entreprises qui s'étaient diversifiées dans les années soixante et au début des années soixante-dix se sont départies de leurs activités périphériques ou marginales pour se recentrer sur leur métier d'origine. En contrepartie de leurs désinvestissements, les entreprises ont cherché à se renforcer sur leur activité de base et ont acquis de nombreuses entreprises à l'étranger, d'une taille souvent importante, afin d'accélérer leur internationalisation. Cette stratégie de consolidation des parts de marché a pu être en partie financée par les ressources financières qu'ont générées les cessions d'activités non stratégiques. Ce double mouvement de recentrage et de consolidation des parts de marché sur le plan international a créé une offre et une demande d'entreprises, qui explique en grande partie la vague spectaculaire de fusions et acquisitions à laquelle nous avons assisté au cours des années quatre-vingt et quatre-vingt-dix. En restructurant leurs portefeuilles, les entreprises ont créé un vaste marché qui a culminé au début des années 2000.

Ces fusions et acquisitions se sont déroulées dans un contexte financier et institutionnel favorable. Sur le plan financier, la libéralisation des mouvements de capitaux, le développement des seconds marchés, la globalisation des marchés financiers ont apporté une vitalité nouvelle au marché boursier. De plus, le développement de nouvelles techniques d'ingénierie financière (*leveraged buyout ou junk bonds,* entre autres) a permis à des acquéreurs non industriels de racheter des entreprises grâce à un endettement considérable. Cette « course folle » a trouvé son apogée et ses limites au début des années 2000 avec quelques « scandales » comme Vivendi-Universal ou Tyco.

On notera toutefois que sur le plan boursier, d'importantes différences nationales subsistent : on opposera en particulier la vitalité boursière

anglo-saxonne à une tradition plus continentale de négociations discrètes, la France occupant une position intermédiaire.
Sur le plan juridique, l'assouplissement des lois antitrust depuis la fin des années soixante-dix a favorisé les stratégies de consolidation de parts de marché en permettant le développement des acquisitions au sein d'un même secteur (rachat de concurrents). La déréglementation a également alimenté le dynamisme du marché des firmes. On a ainsi constaté[1] que les pays (États-Unis, Grande-Bretagne) et les secteurs (services financiers, transport, industrie du gaz et du pétrole, par exemple) où le mouvement de déréglementation était très avancé étaient également ceux où se déroulaient le plus grand nombre d'opérations d'acquisition. De plus, en atténuant les frontières entre les activités, la déréglementation a favorisé les mouvements d'entrée et de sortie intersectoriels. Ce mouvement a toutefois connu des limites, les instances ayant dû mettre des limites en bloquant certaines opérations (Coca-Cola – Cadbury Schweppes, General Electric – Honeywell, Schneider – Legrand).

S'il est certain que le contexte reste propice au développement des fusions et acquisitions, de nombreuses interrogations demeurent quant à la logique économique poursuivie par les acquéreurs. Aux discours rassurants de certains dirigeants sur les synergies « exceptionnelles » à attendre de ces regroupements d'entreprises s'opposent des propos alarmistes selon lesquels les prises de contrôle correspondraient à un bradage des actifs industriels aux mains de quelques financiers chevronnés. Par ailleurs, la médiatisation croissante de ces opérations et la polarisation des médias sur le « folklore[2] » qui a accompagné les opérations dites hostiles ont contribué à alimenter ces craintes. La presse a décrit ces opérations en des termes véhiculant une image négative auprès du grand public : OPA-mania, raid boursier, chantage au billet vert, chevalier noir, pilules empoisonnées, obligations pourries, batteries anti-requins… De plus, ces entreprises sont entrées aujourd'hui dans une phase de « digestion » de leurs acquisitions, s'accompagnant souvent de plans de restructuration lourds et de licenciements massifs.

Aspects juridiques des fusions et acquisitions

Il existe trois modalités principales de croissance externe :

1. La fusion

Elle se définit comme l'opération par laquelle plusieurs sociétés décident de réunir leur patrimoine pour n'en former qu'une seule. Dans la pratique, la notion de fusion recouvre deux types de situation :
– la *fusion égalitaire* se réalise entre deux entreprises de taille comparable. Elle se rencontre assez rarement, car l'égalité n'est pas fréquente ;
– la *fusion-absorption* est à l'inverse adaptée aux cas où les deux partenaires ne sont pas de taille équivalente. Une seule des sociétés subsiste et reçoit à titre d'apport l'ensemble de l'actif de l'autre société qui se trouve dissoute (exemples : absorption de Dumez par Lyonnaise des eaux, d'ANC par Péchiney, de Vuitton par Moët-Hennessy…). Dans le cas d'une fusion-absorption, soit l'entreprise rachetée est divisionnalisée (ainsi, lors de leur rachat, Gervais-Danone, Évian ou Kronenbourg constituaient-elles des filiales du groupe BSN), soit ses actifs sont répartis au sein du nouvel ensemble (comme ce fut le cas lors du rachat de la Générale biscuit par BSN en 1986).

▶

1. Muldur U., « Fusions et acquisitions dans la perspective du grand marché européen », *Revue d'économie financière*, mars 1988.

2. Jensen M.C., « Takeovers : Folklore and Science », *Harvard Business Review*, nov.-déc. 1984.

▶

2. La fusion-scission

Elle aboutit à la disparition d'une société qui fait l'apport de l'ensemble de son actif à deux ou plusieurs sociétés existantes. Cette technique est largement employée pour restructurer des activités trop disparates qui coexistaient au sein de la société.

3. L'apport partiel d'actifs

C'est l'opération par laquelle une société apporte une partie de son actif à une autre société qui lui remet en contrepartie des parts ou actions nouvellement créées au titre d'une augmentation de capital. Cette technique se différencie :
– de la scission proprement dite puisque la société apporteuse continue d'exister ;
– du simple apport d'un élément isolé de l'actif : en effet, l'apport partiel d'actifs implique la transmission d'une branche d'activité de la société, avec les éléments constitutifs de son actif et de son passif

Dans le cadre de ce chapitre, nous ne traiterons pas des accords de collaboration (voir chapitre 10) ni des simples prises de participation financières qui ne permettent pas à l'acquéreur d'accéder au rôle d'opérateur industriel. Dans la suite de ce chapitre, nous ne tiendrons plus compte des distinctions juridiques et emploierons les termes génériques « acquisition » ou « rachat » pour désigner les trois principales modalités de croissance externe présentées ci-dessus.

Nous renvoyons évidemment le lecteur qui souhaiterait approfondir cet aspect aux nombreux ouvrages de droit qui traitent des modalités juridiques des opérations de croissance externe.

L'ensemble de ces interrogations, conjugué à la médiocrité constatée des performances d'une grande partie de ces acquisitions, pose avec d'autant plus d'acuité le problème de l'efficacité économique de tels regroupements. En effet, on peut se demander dans quelle mesure une acquisition permet d'améliorer les performances du nouvel ensemble constitué par l'acquéreur et sous quelles conditions ce dernier est plus à même de valoriser l'entreprise acquise que le vendeur.

L'objet de ce chapitre est de présenter les logiques économiques sous-jacentes aux acquisitions et de montrer dans quelle mesure ces dernières sont susceptibles d'améliorer les performances de l'acquéreur. Ainsi, la première section sera consacrée à l'analyse des motivations de la croissance par acquisitions et notamment des raisons qui amènent une entreprise à privilégier un rachat plutôt qu'un développement interne. La seconde section traitera du problème que pose le processus lui-même d'acquisition de la firme, avec un accent particulier sur l'évaluation du potentiel de création de valeur.

1 Les motivations des fusions et acquisitions

Les motivations des fusions et acquisitions sont nombreuses et complexes et ont été analysées au sein de disciplines aussi variées que la stratégie d'entreprise, l'économie industrielle, la finance, le droit et la fiscalité. Sur un plan plus pratique, on peut distinguer les acquisitions, qui s'inscrivent dans le cadre de l'analyse stratégique classique et visent à améliorer la position concurrentielle de l'entreprise en exploitant des synergies, de celles à caractère essentiellement opportuniste dont l'objectif est de réaliser des plus-values financières à court terme, soit en redressant l'entreprise acquise, soit en exploitant une situation de sous-évaluation.

1.1 Les acquisitions stratégiques : la réalisation de synergies

La synergie est la première justification économique des fusions et acquisitions avancée par les dirigeants. Se résumant généralement par la formule 1 + 1 = 3, la synergie[1] correspond à *toute création de valeur supplémentaire obtenue grâce au regroupement de deux (ou plusieurs) entreprises et qui n'aurait pas été obtenue sans la mise en œuvre effective de ce regroupement.* Ainsi, cette définition exclut tout gain qui serait obtenu à l'issue d'une fusion indépendamment des effets du regroupement (gains obtenus suite à un redressement de la cible ou à l'exploitation d'une situation de sous-évaluation).

1.2 Typologie

Comme nous l'avons vu dans le chapitre 7, les voies de développement stratégique de l'entreprise sont les suivantes : la spécialisation (ou concentration horizontale), l'intégration verticale, la diversification liée ou la diversification conglomérale. L'internationalisation constitue une voie de développement particulière puisqu'elle peut correspondre à un mouvement de concentration horizontale (dans le cadre de la globalisation d'un marché ou de marchés dotés de caractéristiques similaires) ou bien de diversification liée (dans le cas de marchés très différents nécessitant la maîtrise de nouveaux facteurs clés de succès, par exemple). Pour expliquer les motivations des acquisitions, nous avons construit une typologie reposant sur ces quatre types principaux de développement stratégique : les acquisitions horizontales, les acquisitions verticales, les acquisitions de diversification liée et les acquisitions conglomérales. Nous tenons toutefois à souligner que les acquisitions d'entreprises sont de nature composite (une fusion peut être à la fois de nature horizontale et verticale, par exemple) et que la classification de certaines acquisitions dépend du degré de finesse de la segmentation retenue.

1.2.1 Les acquisitions horizontales

L'acquisition horizontale correspond à un rapprochement d'entreprises concurrentes ou potentiellement concurrentes. Au-delà de l'effet en termes

1. Husson B., La *prise de contrôle des entreprises*, Paris, PUF, 1987.

de part de marché, ces regroupements horizontaux visent à dégager des économies d'échelle et à renforcer le pouvoir de marché des entreprises.

■ Les économies d'échelle

Il existe encore en Europe de nombreux secteurs où la rationalisation de l'activité de production sur une base européenne (mais aussi dans une certaine mesure mondiale) pourrait encore entraîner des économies substantielles (automobile, aéronautique, télécommunications, électronique). En revanche, d'autres secteurs (meubles, tabac, articles en cuir, textile et habillement, matériaux de construction, articles en papier), soit parce qu'ils sont à faible intensité capitalistique, soit parce que les économies d'échelle ont déjà été exploitées, offrent de faibles perspectives de réalisation de ce type d'économie. Dans la première catégorie de secteurs, le rachat et le regroupement d'unités de production permet de réaliser des gains de productivité en produisant des séries plus longues tout en évitant de créer des capacités supplémentaires sur le marché (solution particulièrement appropriée aux secteurs parvenus à maturité).

Sans revenir sur l'origine des rendements d'échelle (voir chapitre 5), il convient de préciser que, contrairement aux économies d'échelle liées à la production *stricto sensu,* les économies d'échelle liées aux autres fonctions de l'entreprise telles que la commercialisation, la recherche et développement, les services administratifs, n'ont pas été validées par des études empiriques. En effet, l'avantage conféré par la grande taille n'a pas été clairement établi, car ces économies semblent dépendre autant, si ce n'est plus, d'un renforcement du pouvoir de négociation de l'entreprise que d'une efficience interne accrue. Cependant, les acquisitions horizontales sont incontestablement un moyen d'atteindre une taille critique sur certaines fonctions comme la recherche et développement ou la publicité. La production n'est donc pas la seule fonction déterminante de la taille optimale de l'entreprise. Ainsi, dans des secteurs à fort contenu technologique ou scientifique (aéronautique, électronique de défense, télécommunications, pharmacie, par exemple), il est impératif d'amortir sur des volumes de vente importants les frais de recherche et développement qui peuvent représenter jusqu'à 20 % du chiffre d'affaires. De même, dans les industries de produits de grande consommation où le marketing joue un rôle essentiel, l'effort porte aussi sur l'amortissement des dépenses de publicité et de promotion.

■ Le pouvoir de marché[1]

Le rachat de concurrents n'a pas forcément pour objectif d'améliorer l'efficience technique ou économique grâce à la réalisation d'économies d'échelle. On constate d'ailleurs que de nombreux regroupements horizontaux sont souvent restés de simples juxtapositions de petites unités indépendantes coiffées par une direction financière, alors que la réalisation d'économies d'échelle au niveau de la production aurait requis une consolidation physique des actifs (soit par regroupement de sites au sein d'établissements plus importants, soit par spécialisation des établissements

1. Stigler G., « Monopoly and Oligopoly by Merger », *American Economic Review*, mai 1950.

existants). Certaines acquisitions horizontales sont réalisées pour atteindre une position dominante sur le marché en vue de réduire la concurrence ou bien d'accroître le pouvoir de négociation de l'entreprise vis-à-vis des fournisseurs (baisse des prix, délais de paiement, qualité), des clients (augmentation des prix, emplacements favorables des produits), ou bien des tiers (banquiers, institutionnels, organismes publics).

Dans un secteur en situation d'impasse concurrentielle (voir chapitre 2), des firmes dont la rentabilité est menacée par une situation de surcapacité peuvent s'engager dans une action de rationalisation de l'ensemble du secteur. Les acquisitions horizontales rempliraient alors le rôle des célèbres cartels apparus au tournant du siècle aux États-Unis, dont l'objectif se limitait à contrôler les quantités produites pour maintenir les prix.

Une destruction d'actifs (fermeture d'usines) ou une réduction des capacités produites permet ainsi à des firmes dominantes du secteur de supprimer les petits producteurs et de « nettoyer » le secteur. Dans la chimie de base, par exemple, il n'est pas rare de voir le secteur réaliser des profits importants peu après des opérations d'acquisition ; ces dernières, en stabilisant l'offre, font remonter les prix.

Le cas Bonduelle

C'est pour lutter contre la grande distribution que Bonduelle a acquis de nombreux petits producteurs de conserves de légumes, condamnés à commercialiser sous des marques de distributeurs l'essentiel de leur production (les marques distributeurs représentent 60 % de ce marché). Dans un secteur caractérisé par la surcapacité et une faible rentabilité, le rachat de petits producteurs a permis à Bonduelle de maîtriser les quantités produites. Par ailleurs, la maîtrise des sources d'approvisionnement de la grande distribution que confèrent ces rachats place Bonduelle dans une position favorable dans la négociation avec les centrales d'achat des distributeurs. Cela lui permet ainsi de gérer l'équilibre entre les produits sous marques distributeurs et ceux sous ses propres marques, en l'occurrence Bonduelle et Cassegrain.

Cependant, une telle stratégie de rationalisation du secteur peut se heurter à la législation relative à la concentration économique. La recherche de profits monopolistiques est à l'origine de nombreuses remises en cause de fusions et acquisitions horizontales ainsi que des législations antitrust aux États-Unis (en particulier de 1950 jusqu'au milieu des années soixante-dix). Ces dernières expliquent en partie le mouvement de diversification tous azimuts qu'ont suivi bon nombre d'entreprises américaines au cours de cette même période.

Dans le cadre de la globalisation, le rachat d'un concurrent à l'étranger permet d'acquérir une position plus forte sur le marché. Par ailleurs, le rachat d'entreprises étrangères est souvent un moyen incontournable pour pénétrer les réseaux de distribution nationaux (à moins que l'entreprise cliente ne vienne à changer de fournisseur si son fournisseur habituel passe sous contrôle étranger, comme on a pu le constater dans le secteur de la défense). Par exemple, 30 % des commandes de pneumatiques de General Motors sont aujourd'hui assurées par Michelin grâce à son rachat d'Uniroyal.

Le cas Schneider

Suite au rachat de Square D, spécialiste américain des équipements basse et moyenne tension, Schneider est devenu le leader mondial de la distribution électrique. Cette acquisition a en effet permis à Schneider de prendre le contrôle du réseau commercial le plus important d'Amérique du Nord (1 500 distributeurs) et de détenir ainsi 20 % du marché américain de l'équipement électrique domestique.

1.2.2 Les acquisitions verticales

Les acquisitions verticales consistent à racheter une entreprise au sein de la filière. Elles permettent d'améliorer l'efficacité du nouvel ensemble par l'internalisation d'opérations permettant de générer des économies sur le plan technique ou d'accroître son pouvoir de marché.

■ Les économies d'intégration technique

L'internalisation d'une activité consiste pour l'entreprise à intégrer en son sein une relation qui auparavant se réalisait sur le marché. Si l'acquisition est l'occasion d'intégrer techniquement deux activités situées à des stades différents de la filière, des économies de production peuvent être réalisées grâce à la suppression d'étapes logistiques liées au transfert physique du bien d'un site à l'autre (manutention, transport, livraison, stockage). Pour des processus de production en continu, l'intégration technique peut générer des économies substantielles. Ainsi, de nombreuses entreprises sidérurgiques se sont intégrées en aval, afin d'associer sur un même site le stade de la fabrication de l'acier et de son laminage : le laminage continu dégage en effet des économies techniques considérables. L'intégration permet également de réaliser des économies liées à l'organisation du transfert (planning, coordination administrative) ou de favoriser la flexibilité organisationnelle (ce qui peut être important pour les techniques de juste-à-temps, les ateliers flexibles, etc.).

■ Le pouvoir de marché

Une entreprise peut acquérir une firme située à un autre stade de la filière pour accroître rapidement le contrôle de la valeur ajoutée du produit ou en conserver une part suffisante, si la contribution de son activité à la formation de la valeur ajoutée du produit vient à évoluer ou si la prestation fournie par le client ou le distributeur n'est pas jugée satisfaisante.

Le cas Coca-Cola

Coca-Cola, leader mondial des soft-drinks, dont l'activité en ce domaine se limite traditionnellement à vendre à des embouteilleurs indépendants le sirop de base et le savoir-faire, a repris en 1989 sa concession française, jusqu'alors confiée à Pernod-Ricard. Coca-Cola a ainsi repris pour 890 millions de francs la Société parisienne de boissons gazeuses et neuf usines d'embouteillage. Ce rachat manifestait la volonté de Coca-Cola de dynamiser le marché français des soft-drinks, l'un des moins développés du monde occidental. Par ailleurs, Coca-Cola a rationalisé les capacités de production de l'entreprise acquise.

Certaines entreprises rachètent un fournisseur pour surveiller l'environnement du stade amont ainsi que l'évolution des technologies et des coûts, ce qui les place dans une position plus favorable dans la négociation avec les autres fournisseurs. Cette pratique correspond à une intégration partielle puisque l'entreprise acquise ne satisfait pas l'ensemble des besoins de l'acquéreur et représente pour les fournisseurs concurrents une menace d'intégration plus importante.

Le rachat d'entreprises situées en aval, prescripteur ou distributeur, permet de créer une demande captive et représente une barrière à l'entrée pour les entrants potentiels.

L'électronique grand public

Dans le domaine de l'électronique grand public, un nouveau produit (magnétoscopes, cassettes numériques, télévision haute définition) est fréquemment mis sur le marché avec différents standards techniques. Le succès d'un standard particulier est notamment lié à la richesse de l'offre en programmes (œuvres musicales, films, etc.) adaptés à ce standard. Engagés dans la bataille mondiale de la télévision et de la vidéo haute définition, Sony et Matsushita ont ainsi racheté les studios américains Columbia et Universal, afin de s'assurer la maîtrise de riches catalogues de films prestigieux. En rendant ces programmes captifs, ces acquisitions sont un moyen pour Sony et Matsushita d'imposer leur standard TVHD, aujourd'hui concurrencé par le standard européen HD MAC. Sony semble avoir intégré les leçons de son échec dans le domaine des magnétoscopes où il n'avait pas réussi à imposer son standard, car son catalogue de films était alors insuffisant.
Le rachat de CBS Records par Sony en 1988 relève de la même logique puisque l'enjeu est de réussir à imposer le standard de cassette numérique face au concurrent Philips, qui développe le standard DDC et s'appuie sur une forte présence dans l'édition musicale (Polygram).

Les acquisitions verticales peuvent également déboucher sur des actions anti-concurrentielles. Une entreprise intégrée peut pénaliser ses concurrents non intégrés si elle vient à pratiquer une politique de prix discriminatoire (en vendant à ses concurrents des composants amont à un prix supérieur au prix de cession interne) ou si elle évince ses concurrents des sources d'approvisionnement ou de distribution (pratique du *squeeze out*). Ces pratiques ne gênent les concurrents que pendant la durée requise pour changer de fournisseur ou distributeur.

Devant la réticence des industriels à s'engager dans la production à bas prix d'antennes paraboliques, Canal Plus, qui milite en faveur de la télévision par satellite, et qui diffuse par cette voie plusieurs chaînes thématiques, a racheté Tonna, producteur d'antennes.

Les effets attendus d'une acquisition verticale pourraient également être obtenus par croissance interne. Mais s'intégrer verticalement signifie souvent entrer dans un nouveau métier et requiert de nouvelles compétences qui peuvent être difficiles à développer en interne. Par ailleurs, le rachat de fournisseurs peut s'imposer si les sources d'approvisionnement se raréfient. L'acquisition d'un distributeur peut être dangereuse si les réseaux de distribution existants jouissent d'une couverture du marché très importante et sont prêts à engager des actions de représailles si l'un de leurs fournisseurs s'intègre vers l'aval (déréférencement immédiat des produits de la firme dans tous les points de vente, par exemple). En revanche, une telle acquisition peut être indispensable si les réseaux de distribution sont peu à peu contrôlés par les concurrents.

1.2.3 Les acquisitions de diversification liée

L'acquisition de diversification liée correspond à un regroupement d'entreprises n'appartenant pas au même secteur, mais ayant des activités présentant des liens entre elles de nature technique ou commerciale, permettant ainsi de partager certains coûts ou des savoir-faire. De tels regroupements peuvent également permettre à l'acquéreur de renforcer son pouvoir de marché.

■ Partage de coût et d'expérience (économies de champ)[1]

L'acquisition de diversification liée permet, quand les deux entreprises emploient des actifs similaires à certains stades de la chaîne de valeur, de réaliser des gains de productivité par la mise en commun de ces actifs (production de composants communs, par exemple). L'ensemble des gains générés par le partage d'actifs communs entre des activités différentes correspond à la notion d'*economy of scope*[2] (économie de champ ou d'envergure). La notion d'économie de champ se différencie de celle d'économies d'échelle dans la

1. Teece D., « Economies of Scope and the Scope of the Enterprise », *Journal of Economic Behavior and Organization*, 1, 1980.

2. Panzar J.C., Willig R.D., « Economies of Scope », *American Economic Review*, 71, 1981

mesure où le partage d'actifs concerne des produits qui ne sont pas concurrents sur leur marché final, car non substituables les uns aux autres. Ces économies que l'on pourrait qualifier de « transversales » représentent la différence entre la somme des coûts de plusieurs activités menées indépendamment et celle des coûts de ces mêmes activités menées conjointement.

Les activités de logistique dans le cadre des acquisitions de diversification liée font souvent l'objet d'une rationalisation permettant des gains de productivité substantiels. Par exemple, au sein du Groupe de la Cité, l'éditeur scolaire Nathan et l'éditeur de dictionnaires et d'encyclopédies Larousse partagent aujourd'hui une plateforme logistique commune. La mise en commun de ces actifs a été possible grâce à la similarité de la nature des produits (produits d'édition « lourde » ou « semi-lourde » – par opposition à la littérature générale).

Les acquisitions d'activités liées peuvent également permettre de partager des actifs de nature plus incorporelle tels qu'un savoir-faire industriel, une expertise scientifique ou financière. L'accès à des compétences complémentaires améliore la compétitivité du nouvel ensemble si le coût du transfert reste inférieur au coût du développement de ces compétences en interne ou au coût de leur acquisition sur le marché des facteurs (marché de la technologie, marché du travail). Le développement interne exige toutefois des capacités d'innovation que ne possède pas forcément l'entreprise acquéreuse. Par ailleurs, les actifs ne sont pas forcément disponibles sur le marché (barrières réglementaires, brevets) ou alors à un coût prohibitif. De plus, la croissance externe paraît inévitable si les compétences recherchées sont difficilement transférables en raison de leur caractère tacite (savoir-faire, expertise) ou si la capacité d'apprentissage des individus est limitée.

■ Le pouvoir de marché

Certaines acquisitions liées sont réalisées pour accroître le pouvoir de marché de l'acquéreur ou répondre à l'entrée de nouveaux concurrents dans le secteur. Par ailleurs, l'évolution de la demande peut rendre cette diversification nécessaire. Par exemple, dans le secteur du conseil, l'évolution des besoins rend de plus en plus nécessaire la transformation d'une offre très spécialisée en une offre plus généraliste ou « multi-spécialiste ». On a ainsi constaté dans le secteur de la communication qu'une offre trop spécialisée pouvait désormais pénaliser l'agence si ses clients étaient soucieux d'harmoniser leurs actions de publicité traditionnelle, de relations publiques, de sponsoring et de mécénat.

> Cap Gemini Sogeti, à l'origine société de conseil en services informatiques, s'est diversifié dans le conseil en stratégie et organisation (rachats successifs de Gamma, United Research et Mac Group et plus récemment Bossard et Ernst et Young). Ces acquisitions permettent de proposer une offre plus complète aux clients, d'une part, et d'être mieux introduit auprès des directions générales d'entreprises, d'autre part.

1.2.4 Les acquisitions conglomérales

Les acquisitions conglomérales correspondent à des rapprochements d'entreprises présentes sur des secteurs ayant très peu de points communs. Contrairement aux acquisitions visant à améliorer la position concurrentielle de l'entreprise sur ses différents domaines d'activité (*business strategy*), les acquisitions conglomérales s'inscrivent dans une stratégie de groupe (*corporate strategy*) dont l'objectif est de parvenir à un équilibre financier global. Les complémentarités financières qui existent entre des activités très différentes peuvent également permettre de bénéficier d'un pouvoir de marché accru.

■ Les complémentarités financières

Dans une logique de portefeuille d'activités (voir chapitre 9), certaines acquisitions permettent d'équilibrer les besoins de ressources nécessaires à la réalisation d'investissements dans des activités en fort développement et l'excédent de cash-flow généré par des activités mûres au sein desquelles l'entreprise occupe une position dominante. Ainsi, une entreprise dont la majeure partie des activités nécessite des besoins d'investissements importants cherchera à acquérir une entreprise possédant des activités mûres et génératrices de cash-flow. Dans ce cas, plutôt que de directement recourir à des financements extérieurs par endettement, l'acquéreur préférera financer son développement grâce au cash-flow généré par l'entreprise achetée et payée par un simple échange d'actions (les dirigeants salariés contrôlent ainsi le développement de l'entreprise en contrepartie d'une dilution accrue de capital).

À l'inverse, une entreprise dont les activités sont parvenues à maturité cherchera à placer ses ressources excédentaires dans des activités en développement. Dans le cas d'une stratégie de redéploiement de ses activités, l'entreprise doit également arbitrer entre développement interne et croissance externe. L'identité de l'entreprise et l'inertie organisationnelle peuvent alors jouer un rôle important.

Les regroupements conglomeraux ont été analysés comme un moyen de recréer (ou internaliser) un mini-marché financier au sein de l'entreprise, ce qui permet des économies en évitant de recourir au marché extérieur. Selon les promoteurs de la gestion conglomérale, la gestion financière centralisée permet aux dirigeants du groupe d'allouer les ressources de l'entreprise de façon optimale, ces derniers étant jugés plus à même d'opérer ce type d'arbitrage que le marché financier. La diversification des activités permettrait aussi de diminuer le risque global de l'entreprise, se traduisant par un surplus de richesse pour l'actionnaire.

Au contraire, du point de vue de la théorie financière moderne qui valorise le rendement pour l'actionnaire et non la survie et le développement à long terme d'une entreprise, les acquisitions conglomérales dont l'objectif d'équilibre financier des activités est de parvenir à une réduction du risque global de l'entreprise, ne sont pas viables économiquement. La théorie financière moderne conteste la diminution du risque par la diversification des activités de l'entreprise dans la mesure où les actionnaires peuvent eux-mêmes diversifier leur portefeuille d'actions et acheter directement sur les marchés financiers les titres des entreprises visées, et ce au prix du marché (en économisant la « prime de fusion » en sus du prix du marché que l'entreprise acquéreuse est souvent obligée de payer pour prendre le contrôle de la firme convoitée).

En règle générale, les conglomérats subissent en bourse une décote de 20 % à 30 %, ce qui signifie que leur valeur de marché est inférieure de 20 % à 30 % à la somme des valeurs des différentes composantes. C'est donc au moment du démantèlement que la valeur est créée ! Il existe très peu d'exceptions à cette règle. L'exemple emblématique de General Electric est quasiment le seul que l'on puisse régulièrement citer. D'autres dirigeants ont tenté de construire des conglomérats avec des succès mitigés, comme Tyco par exemple.

Mentionnons par ailleurs que l'équilibre des flux de trésorerie d'exploitation ou l'accès à une capacité d'emprunt inutilisée constituent des motivations financières qui peuvent être présentes dans tout type de fusion.

■ Le pouvoir de marché

Du fait de la centralisation des flux financiers, le pouvoir de marché du conglomérat peut être modulé dans les différents secteurs où il intervient. L'entreprise conglomérale peut utiliser les ressources que génère une activité dans laquelle elle occupe une position dominante pour se développer dans un secteur où elle est fortement concurrencée. Cette utilisation de ressources excédentaires peut se traduire par des pratiques de *dumping,* rendues possibles si l'entreprise ne ventile pas clairement les profits par marché et par produit.

Notons enfin que les fusions et acquisitions ont un caractère composite et que les gains attendus de tels regroupements ne sont pas exclusifs les uns des autres.

1.3 Facteurs d'arbitrage entre croissance interne et externe

Les motivations présentées jusqu'ici s'inscrivent dans une démarche d'analyse stratégique classique visant à améliorer la position concurrentielle de l'entreprise où à équilibrer son portefeuille d'activités. Dans cette optique, les acquisitions sont un moyen alternatif à la croissance interne pour mettre en œuvre les choix de développement de l'entreprise : la concentration horizontale, l'intégration verticale, la diversification liée ou conglomérale. L'arbitrage entre croissance externe ou interne dépend en fait de plusieurs facteurs parmi lesquels les plus importants sont les caractéristiques sectorielles, la propension de l'entreprise à la croissance externe, les considérations tactiques et la disponibilité des actifs sur le marché.

1.3.1 Les caractéristiques sectorielles

■ Le degré de maturité de l'industrie

Dans un secteur parvenu à maturité, la croissance externe évite d'aggraver le problème de la surcapacité et la détérioration de la rentabilité.

■ L'importance des barrières à l'entrée

Une acquisition peut être le seul moyen de pénétrer un marché dont les barrières à l'entrée sont élevées (barrières technologiques et réglementaires, savoir-faire). Ce facteur joue un rôle déterminant dans le cadre des stratégies d'internationalisation.

1.3.2 La propension de l'entreprise à la croissance externe

Bien entendu, l'entreprise peut être amenée à la croissance externe par le manque de ressources humaines ou technologiques : on constate d'ailleurs que plus l'entreprise s'engage dans des activités éloignées de son métier d'origine, plus elle a recours à la croissance externe. Par ailleurs, il peut exister une tradition de développement de l'entreprise. Ainsi, certaines entreprises se sont développées essentiellement par croissance interne (Salomon) tandis que d'autres ont eu très fréquemment recours à la croissance externe (Total, Danone, SEB, Rossignol).

1.3.3 Les considérations tactiques

■ Gain de temps

La croissance externe permet un retour sur investissement plus rapide qui contraste avec les longs délais exigés par le développement interne. Dans une logique concurrentielle, l'acquisition peut être un moyen pour l'entreprise de renforcer rapidement sa position sur le marché. Aujourd'hui s'opèrent de véritables courses oligopolistiques sur le plan international dans des secteurs tels que l'agro-alimentaire ou la pharmacie.

■ Neutralisation d'un concurrent

Dans le cadre de ces batailles oligopolistiques, certaines acquisitions correspondent à une anticipation en vue de devancer ou de neutraliser un concurrent. Il peut se révéler nécessaire de prendre le contrôle d'une entreprise si son acquisition par un concurrent risque de modifier l'avenir du secteur.

■ La disponibilité des cibles

L'arbitrage entre le développement interne et la croissance externe dépend en outre, comme on le verra par la suite, du nombre de cibles disponibles sur le marché et de leur attractivité. Ainsi, la mise en vente subite d'une entreprise pour des raisons internes au vendeur (difficultés de la maison mère, par exemple) favorise le développement d'acquisitions, qui peuvent présenter un caractère opportuniste tout en conservant un intérêt stratégique pour l'acquéreur.

1.3.4 La disponibilité des actifs sur le marché

Certains actifs sont difficilement accessibles, soit parce qu'ils existent en quantités limitées, soit parce qu'ils sont spécifiques car liés au développement et à l'accumulation d'expérience d'une entreprise. Ainsi, l'acquisition peut être un moyen de se doter d'actifs uniques ou difficiles à imiter tels qu'une technologie, un savoir-faire, une clientèle, une marque prestigieuse, ou un emplacement favorable. Cette situation est caractéristique de l'industrie du luxe où toute création *ex-nihilo* est désormais très risquée. La bataille entre les groupes PPR et LVMH pour le contrôle de Gucci en est un bon exemple.

Les types d'acquisitions qui ont été présentés ont pour objectif de créer une synergie entre deux partenaires en vue d'améliorer la position concurrentielle ou d'atteindre un certain équilibre financier. Les gains attendus de tels regroupements que l'on pourrait qualifier de « stratégiques » sont synthétisés dans la figure 10.1.

1.4 Les acquisitions opportunistes : revente et réalisation de plus-values financières

À côté de ces acquisitions « stratégiques », il existe des acquisitions à caractère plus opportuniste dont l'objectif est de réaliser des plus-values à court terme en redressant la firme acquise ou en tirant profit d'une situation de sous-évaluation.

1.4.1 Amélioration de la gestion de la cible

Acquérir une entreprise peut permettre à l'acquéreur d'améliorer la productivité de cette première en appliquant des méthodes de gestion qui se sont avérées efficaces par le passé pour ce dernier, tant d'un point de vue opérationnel que stratégique.

L'amélioration de la gestion opérationnelle peut se traduire par un contrôle plus strict des coûts de production, par une gestion plus rigoureuse de la trésorerie d'exploitation, par une réduction des frais généraux, par un dégraissage de certains services, etc.

Sur le plan stratégique, l'acquéreur peut redéfinir la segmentation stratégique. Il peut en effet constater que les actifs de la cible sont mal employés suite à des erreurs, voire à une absence de stratégie. Il peut éga-

FIGURE 10.1 **Les synergies attendues des fusions et acquisitions d'entreprises : tableau de synthèse**

Logique d'acquisition / *Type de synergie*	*Fusion horizontale*	*Fusion verticale*	*Fusion de diversification liée*	*Fusion conglomérale*
Gains d'efficience technique et économique	• Économie d'échelle : – économie de production – Amortissement des frais de R&D, de publicité…	• Économie sur les coûts de transaction : – économies techniques – économies contractuelles	• Partage de coûts et d'expérience entre des activités non concurrentes (économie de champ) : – économie d'échelle – accès à des actifs complémentaires	• Généralisation du pouvoir de marché d'un secteur à l'autre • Possibilité de *dumping*
Pouvoir de marché	• Pouvoir de négociation accru • Rente de monopole (réduction de capacités)	• Contrôle accru de la valeur ajoutée du produit • Politique de prix discriminatoire • Éviction des concurrents non intégrés, des sources d'approvisionnement ou des réseaux de distribution	• Possibilité de *dumping* grâce au transfert de ressources d'une activité à une autre (logique conglomérale) • Vente liée	• Internationalisation d'un mini-marché financier • Accès à une capacité d'emprunt inutilisée • (Réduction du risque)
*Synergies financières**	• Accès à une capacité d'emprunt inutilisée	• Accès à une capacité d'emprunt inutilisée • Équilibrage des flux de trésorerie • Redéploiement du portefeuille • (Réduction du risque)	• Accès à une capacité d'emprunt inutilisée • Équilibrage des flux de trésorerie • Redéploiement du portefeuille • (Réduction du risque)	• Gain de temps • Difficultés de l'entreprise à se diversifier dans des activités totalement différentes • Barrières à l'entrée
Facteurs favorisant le recours à la croissance externe	• Maturité de l'industrie • Politique de croissance externe des concurrents agressive (« course oligopolistique ») • Rachat de marques prestigieuses ou à forte notoriété	• Difficultés de l'entreprise à développer de nouvelles compétences • Rente de situaiton du fournisseur ou distributeur • Barrières à l'entrée technologiques, réglementaires • Maturité du secteur amont/aval	• Faible propension de l'entreprise à se diversifier par croissance à l'entrée • Barrières à l'entrée • Tradition de développement de l'entreprise • Maturité du secteur • Contraintes de temps (délais de retour de l'investissement)	

** Nous rappelons au lecteur que les synergies financières ont fait l'objet de nombreuses controverses tant sur le plan théorique qu'empirique.*

lement être amené à redéployer le portefeuille d'activités de la cible. Par exemple, il peut procéder à un recentrage des activités de la cible autour d'un métier jugé extrêmement rentable, mais qui est noyé dans un ensemble d'activités hétérogènes. Le désinvestissement d'activités marginales ou peu rentables peut apporter les fonds nécessaires au renforcement de son activité de base.

1.4.2 Sous-évaluation de la cible

Le rachat d'une entreprise peut être un moyen de prendre le contrôle d'actifs temporairement sous-évalués (ou du moins perçus comme tels). L'objectif de l'acquisition est alors de réaliser des plus-values à court terme en revendant la cible en l'état ou par « morceaux » si cette dernière est une entreprise diversifiée. Le prix de rachat proposé par l'acquéreur se situe alors entre la capitalisation boursière et la valeur de revente de la

Le cas Hanson Trust

Hanson Trust est un conglomérat britannique diversifié dans la fabrication de brouettes et de pelles hydrauliques, dans les mines d'or et de charbon ainsi que dans les matériaux de construction. Le groupe de Lord Hanson, constitué en vingt ans par soixante-dix raids boursiers, affiche depuis 1980 une rentabilité de ses capitaux propres de 40 % en moyenne par an. Les gains financiers qu'exploite ce conglomérat (compensation des prix des acquisitions par de juteuses cessions d'actifs non stratégiques, placements de trésorerie, protection contre les retournements conjoncturels grâce à la diversité des activités) ne suffisent pas à expliquer ces résultats spectaculaires. En effet, la compétence distinctive de Hanson Trust réside dans sa capacité à redresser les entreprises acquises. Hanson Trust s'est doté d'une équipe d'une centaine de personnes chargées de diagnostiquer les « vices cachés » de l'entreprise et de mettre en place une politique de redressement. La politique drastique de redressement qui a été appliquée à Imperial Tobacco, ex-leader britannique des cigarettes, suite à son rachat en 1985 par Hanson Trust permet de comprendre les raisons du succès de cette dernière. Les mesures adoptées par Hanson Trust ont été les suivantes : réduction de 50 % des effectifs, fermeture des usines les moins rentables, réduction de moitié du nombre de marques, rationalisation des structures de commercialisation, réduction des stocks. Par ailleurs, une réduction des niveaux hiérarchiques, une décentralisation des responsabilités et un système basé sur l'intéressement aux résultats, ont permis de renforcer la motivation des cadres. De nouveaux instruments de contrôle ont été élaborés ; ainsi, les dirigeants des filiales ne sont plus évalués sur l'augmentation du chiffre d'affaires mais sur le bénéfice par action. Au total, la productivité a augmenté de 60 %. À la fin de l'année 1990, Imperial Tobacco annonçait un bénéfice de 250 millions de livres, soit le double de l'année de son rachat.

firme attendue. Une entreprise peut être sous-évaluée pour les raisons suivantes :

- il existe une différence entre la valeur du cash-flow actualisé « en l'état » et la valeur de marché actuelle de la société. Cet écart de perception provient généralement d'une mauvaise communication de l'entreprise auprès du marché boursier ;
- les améliorations réalisées au sein de l'entreprise n'ont pas encore eu d'impact sur les bénéfices et sur le cours de l'action ;
- certains actifs de l'entreprise sont réellement sous-évalués. Il s'agit notamment des actifs incorporels tels que la marque, la réputation, la clientèle, les brevets ou le potentiel d'innovation ;
- l'entreprise n'est pas la mieux placée pour gérer certaines activités qui seraient plus valorisées si elles étaient détenues par d'autres groupes. La logique des raiders consiste à revendre les activités de vastes groupes diversifiés à

L'agro-alimentaire

Dans le secteur agro-alimentaire, caractérisé par la banalisation des produits, la concentration de la distribution et la part croissante des marques distributeurs, une étude PIMS a estimé à 18 % le retour sur investissement moyen pour une marque leader, 3 % pour la seconde, – 1 % pour la troisième et – 6 % pour la quatrième. Le rachat de marques leader est donc l'enjeu de nombreuses acquisitions et donne lieu à des surenchères coûteuses. C'est dans ce contexte que la CIR (holding du groupe De Benedetti) a pu revendre, en 1988, Buitoni à Nestlé pour 7,3 milliards de francs alors que le fabricant de pâtes avait été acquis en 1985 par la CIR pour 900 millions de francs !

des groupes spécialisés. Le raider réalise une plus-value importante sur cette vente, car l'acheteur est disposé à payer un prix supérieur à la valeur que l'unité stratégique représente pour le vendeur. Ainsi, si la presse décrit en des termes négatifs et tragiques les OPA menées par les raiders, il faut rappeler que, sur le plan macro-économique, l'action des raiders peut avoir pour vertu de réallouer, après démantèlement d'entreprises diversifiées, certains actifs en direction d'entreprises plus à même de les gérer (logique de recentrage). Le mouvement de recentrage opéré par les entreprises diversifiées dans les années quatre-vingt a contribué à mettre en vente de nombreuses entreprises.

1.4.3 Acquisitions et création de valeur

Toute acquisition doit créer de la valeur pour être viable sur le plan économique pour l'acquéreur. Les différentes sources de création de valeur que l'on peut attendre d'un regroupement sont résumées dans la figure 10.2.

Enfin, il faut souligner que la création de valeur n'est pas la seule motivation des acquisitions d'entreprises. Jusqu'à présent, nous avons expliqué les acquisitions par des facteurs rationnels. Il ne faut toutefois pas oublier les facteurs psychologiques ou économiquement peu rationnels qui influencent le comportement des dirigeants d'entreprise qui sont de plus en plus souvent de simples managers et non pas propriétaires du capital (cas des grandes entreprises à actionnariat public dispersé). Une acquisition peut ainsi être entreprise pour satisfaire les intérêts personnels des dirigeants sans prise en compte de ceux des actionnaires. Certains dirigeants espèrent masquer la médiocrité de leurs résultats en rachetant des entreprises bénéficiaires. D'autres cherchent à protéger leur emploi en achetant des entreprises dans d'autres activités, espérant ainsi réduire le risque de faillite de leur entreprise, ou à se protéger d'une OPA en fusionnant avec d'autres entreprises (les « chevaliers blancs » ou *white knights).* Pour les derniers enfin, la recherche de prestige, la volonté de remporter à tout prix une bataille boursière ou l'imitation des concurrents constituent des motivations déterminantes. On peut toutefois signaler que la poursuite d'intérêts personnels n'exclut pas la possibilité de regroupements viables sur le plan économique.

L'objectif affiché des dirigeants de *Time* lors du rachat du groupe américain d'édition Warner était de résister au groupe Paramount, propriétaire de Simon & Schuster ; ce dernier, premier groupe d'édition aux États-Unis, avait lancé quelques mois auparavant une tentative d'OPA sur Time.
Autre exemple : le rapprochement de Moët-Hennessy avec Louis Vuitton qui devait donner lieu à la création de LVMH, géant mondial du luxe, était à l'origine destinée à protéger les deux entreprises contre une attaque boursière en élevant considérablement la mise de fonds nécessaire à leur prise de contrôle.

FIGURE 10.2 Les sources de création de valeur à l'issue d'une acquisition

Source de création de valeur

Les fusions stratégiques : réalisation de synergies

Efficience technique et économique accrue
- Économies d'échelle
- Économies sur les coûts de transaction
- Économies de champ

Renforcement du pouvoir de marché
- Pouvoir de négociation accru au sein de la filière
- Rente de monopole (réduction de la surcapacité)
- Contrôle accru de la valeur ajoutée

Synergies financières
- Équilibrage des flux financiers/réduction du risque
- Accès à une capacité d'emprunt inutilisée
- Internalisation d'un mini-marché financier

Les acquisitions opportunistes : revente et réalisation de plus-values financières

Amélioration de la gestion de la cible
- Gestion opérationnelle
  – contrôle des coûts
  – dégraissage
- Gestion stratégique
  – définition des couples produits/marchés
  – redéploiement du portefeuille d'activités

Sous-évaluation de la cible
- Mauvaise réputation boursière
- Délais de réaction
- Actifs sous-évalués (notamment les actifs incorporels)
- Conglomérat : la somme des parties est supérieure au tout

L'intérêt porté aux mécanismes de création de valeur dans le cadre d'un regroupement d'entreprises est fondamental puisque, à l'heure actuelle, on constate que la majeure partie des fusions n'atteignent pas les bénéfices escomptés. Toutes les études convergent : 70 % des opérations seraient des échecs. Trois facteurs expliqueraient ces performances médiocres :

- des prévisions trop optimistes quant au potentiel de création de valeur ;
- un prix payé excessif ;
- des problèmes liés à la mise en œuvre de la fusion.

Ces trois facteurs sont étroitement liés puisqu'une surestimation du potentiel de création de valeur (due à une confiance trop forte de l'acquéreur en sa capacité à agir sur les revenus et les coûts de fonctionnement de la cible), conjuguée à une sous-estimation des problèmes liés à la mise en œuvre, conduit à payer l'acquisition trop cher par rapport à ses espérances de rendement, ce qui rend l'investissement plus risqué. Par ailleurs, les négociations réalisées de façon précipitée et la volonté de certains dirigeants de remporter à tout prix une bataille boursière donnent lieu à des surenchères spectaculaires où l'on voit l'acquisition devenir une fin en soi au lieu de rester un simple moyen de mise en œuvre du développement stratégique de l'entreprise. L'acquisition doit en effet être réalisée dans le cadre d'une vision stratégique claire de l'entreprise. À cet égard, on ne peut que vivement préconiser le recours à une démarche méthodique qui, même si elle ne garantit pas le succès, permet de réduire la probabilité et l'ampleur d'un échec.

2 Le processus d'acquisition

Le processus d'acquisition[1] se décompose en six étapes successives.

2.1 Formulation de la stratégie de l'acquéreur

Cette première étape correspond à l'analyse stratégique classique. Après avoir analysé la position concurrentielle de l'entreprise sur ses différentes activités, la direction générale doit déterminer les nouvelles voies de développement afin d'assurer la croissance à long terme ainsi que les modalités de son développement : la croissance interne, la coopération et/ou la croissance externe. Dans le dernier cas, l'acquéreur devra préciser le rôle des acquisitions dans la stratégie du groupe. En effet, nous avons pu voir dans la première partie du présent chapitre que les acquisitions étaient un moyen de mettre en œuvre une *business strategy* ou une *corporate strategy*.

1. Payne A.F., « Approaching Acquisitions Strategically », *Journal of General Management*, vol. 13, n° 2, hiver 1987.

FIGURE 10.3 **Le processus d'acquisition**

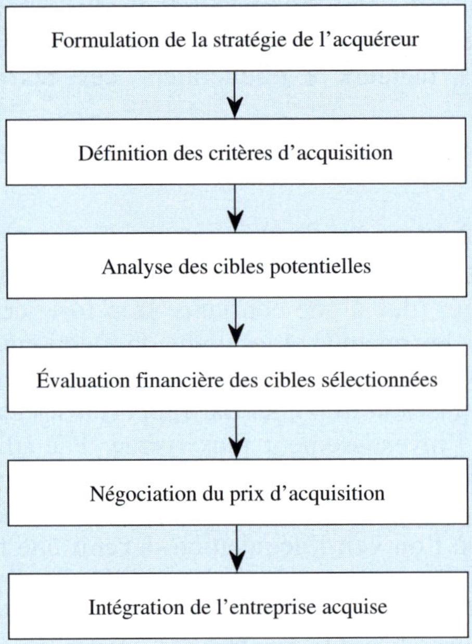

2.1.1 *La business strategy*

Il s'agit d'acquisitions qui permettent d'améliorer la position concurrentielle de l'entreprise sur ses différents métiers par une efficience interne accrue de l'entreprise (réalisation d'économies d'échelle, contrôle accru de la valeur ajoutée, partage d'expérience) ou par un renforcement de son pouvoir de marché.

2.1.2 *La corporate strategy*

Les acquisitions ou les cessions sont le moyen privilégié de construire et restructurer le portefeuille d'activités du groupe.

2.2 Définition des critères d'acquisition

Après avoir formulé clairement le rôle de l'acquisition dans la stratégie de l'entreprise, la seconde étape consiste à déterminer des critères permettant d'opérer une première sélection des cibles intéressantes pour l'entreprise (pratique du *screening*)[1]. Si l'acquisition vise à améliorer la position concur-

1. Ebeling H.W., Doorley T.L., « A Strategic Approach to Acquisition », *Journal of Business Strategy*, vol. 3, n° 3, 1983.

rentielle de l'entreprise dans un secteur particulier (exploitation d'effets de taille par le rachat d'un concurrent ou meilleure maîtrise de la valeur ajoutée du produit par la prise de contrôle d'un fournisseur ou d'un client), seuls des critères relatifs à la cible elle-même seront pris en considération. En revanche, si l'acquisition correspond à une stratégie de diversification (liée ou conglomérale), des critères relatifs à la nature du secteur seront également pris en compte.

2.2.1 Critères relatifs à la cible

Ils sont nombreux :

- taille relative (seuil minimal et maximal de chiffre d'affaires) ;
- zone géographique ;
- type de clientèle ;
- type de technologie utilisée ;
- part de marché ;
- composition des gammes ;
- potentiel technologique, industriel, commercial ou financier ;
- risque financier.

2.2.2 Critères relatifs au secteur

Pour sélectionner les secteurs dans lesquels l'acquéreur serait susceptible de se diversifier, deux types de critères sont à prendre en compte :

- l'*attrait du secteur*. Il s'agit d'examiner les pressions concurrentielles qui s'exercent sur ce secteur afin d'en inférer la rentabilité à moyens termes ;
- l'*existence de complémentarités entre le secteur de la cible et celui de l'acquéreur*. Cette complémentarité peut être commerciale ou industrielle (dans le cas d'une stratégie de diversification liée).

2.3 Analyse des cibles potentielles

L'analyse de la cible repose sur deux éléments essentiels : son attractivité et sa disponibilité.

2.3.1 Attractivité de la cible

■ L'analyse financière de la cible

L'étude de l'attractivité de la cible se limite dans la plupart des cas à l'analyse financière classique. Ce travail est généralement pris en charge par les banques d'affaires, chargées d'organiser la transaction entre l'offreur et la cible. Pour enrichir cette étude, nous conseillons vivement de réaliser une analyse stratégique de la cible.

L'analyse financière de la cible consiste à étudier sur plusieurs années :

• le *compte de résultat* : il permet d'analyser l'évolution du chiffre d'affaires, de la valeur ajoutée, de divers soldes intermédiaires de gestion, du résultat net ;

• le *tableau d'emplois-ressources* : il permet de connaître la politique d'investissement, la capacité d'autofinancement, l'évolution des fonds propres et la politique d'endettement de la cible ;

• le *bilan* : il permet de connaître la structure du capital ainsi que la composition des immobilisations nettes, des stocks et de la trésorerie.

Enfin, l'analyse des ratios d'exploitation (rentabilité économique : résultat net/chiffre d'affaires, rentabilité financière : résultat net/capitaux propres, niveau d'endettement : endettement/capitaux propres) permet de comparer l'état financier de la cible par rapport à la moyenne du secteur auquel elle appartient.

L'analyse financière permet de constater si l'entreprise est saine sur le plan financier et éventuellement si elle offre des opportunités de synergies financières ou de réalisation de plus-values financières pour l'acquéreur (capacité d'endettement inutilisée, accès à des liquidités importantes, parc immobilier sous-évalué, par exemple).

■ L'analyse stratégique de la cible

Il s'agit d'approfondir l'étude qui avait été réalisée préalablement lors de la première sélection des cibles potentielles. Plusieurs éléments sont à considérer :

• la *position concurrentielle de l'entreprise* sur ses différents marchés (part de marché, risque de nouveaux concurrents, qualité de la gamme, durabilité de l'avantage compétitif, analyse de la structure de coût) ;

• le *potentiel de développement de l'entreprise* par ses propres ressources (qualité du management, ressources technologiques, industrielles, commerciales et financières) ;

• le *potentiel de synergies* entre l'acquéreur et la cible et les rationalisations envisageables (existence d'actifs redondants, potentiel d'économies d'échelle, complémentarités des zones géographiques).

2.3.2 Disponibilité de la cible

Parallèlement, il faut vérifier s'il est possible de prendre le contrôle de la cible. Le secteur auquel appartient la cible peut être protégé par l'État, car appartenant à une industrie stratégique (aéronautique, électronique de défense). La réglementation relative aux concentrations d'entreprises ou aux investissements transnationaux constitue également un frein à la prise de contrôle.

Par ailleurs, la structure de l'actionnariat peut être un obstacle à la prise de contrôle. Deux éléments sont à prendre en compte : le type d'actionnaires (individu, famille, groupe, institutionnels, public) et le degré de concentration du capital (part des principaux actionnaires, part des actions cotées, répartition des droits de vote).

2.4 Évaluation financière des cibles sélectionnées

Après avoir réalisé l'analyse financière et stratégique de la cible, il faut procéder à son évaluation financière. Dans le cas d'un regroupement d'entreprises, deux valeurs sont à prendre en considération : la valeur intrinsèque de la cible, d'une part, et la valeur relative, d'autre part :

• la *valeur intrinsèque* de la cible correspond à la valeur financière de l'entreprise en l'état, indépendamment des effets bénéfiques de la fusion (c'est-à-dire sans prise en compte de synergies éventuelles avec l'acquéreur, de la mise en œuvre d'une politique de redressement ou de la revente d'actifs avec plus-values financières) ;

• la *valeur relative* intègre en sus de la valeur intrinsèque le potentiel de création de valeur. Il existe plusieurs valeurs relatives pour une même cible puisqu'elle dépend de la capacité de l'acquéreur à agir sur les revenus (flux économiques et financiers) et les coûts de fonctionnement de la cible. Elle varie par conséquent en fonction des ressources financières, technologiques et commerciales de l'acquéreur.

2.4.1 La valeur intrinsèque

De multiples méthodes ont été élaborées pour estimer la valeur intrinsèque de l'entreprise. Parmi ces méthodes, on distingue généralement les méthodes comptables, fondées sur la valeur patrimoniale de l'entreprise et les méthodes financières, fondées sur la valeur de rentabilité (ou valeur de marché) de l'entreprise.

■ Les méthodes comptables

L'évaluation patrimoniale consiste à évaluer l'entreprise en fonction des actifs qui la constituent (auxquels on soustrait les dettes). La valeur des actifs est déterminée en estimant soit leur coût de remplacement, soit leur valeur de revente (sur le marché secondaire). Dans le premier cas, on cherche à évaluer ce que coûterait à l'acquéreur la constitution d'actifs identiques : ce type de méthode est particulièrement approprié aux décisions d'arbitrage entre croissance interne et externe. Dans le second cas, la valeur de revente des actifs peut être estimée par la valeur à la casse (vente des actifs dans des conditions de liquidation les plus défavorables), la valeur de liquidation (valeur marchande des actifs sur le marché secondaire en cas de cessation d'activité) ou par l'actif net réévalué. L'actif net réévalué est la méthode comptable d'évaluation des entreprises la plus fréquemment utilisée et consiste à réévaluer (ou déprécier) des éléments de l'actif, et éventuellement du passif, en fonction de leurs plus-values (ou moins-values) latentes (actifs de production invendables, augmentation de la valeur d'un immeuble depuis son inscription à l'actif, vétusté de certains locaux).

Généralement, on ajoute à cette valeur patrimoniale des éléments qui ne figurent pas au bilan, mais qui apportent à l'entreprise une capacité distinctive ou une rente de situation qui génère une rentabilité supérieure. Il s'agit d'actifs généralement incorporels tels que la marque, le fonds de commerce, la notoriété, le potentiel de développement humain, un emplacement géographique favorable. Cette survaleur qui s'ajoute à la valeur patrimoniale correspond à la notion de *goodwill.*

■ Les méthodes financières

Contrairement aux méthodes comptables qui ne prennent en compte que les performances passées, les méthodes financières intègrent les perspectives de développement de la cible puisqu'elles évaluent les entreprises à partir de leur rentabilité prévisionnelle. L'entreprise n'est donc plus évaluée en fonction des actifs constitutifs de son patrimoine, mais en fonction des flux de fonds financiers qu'elle sera à même de générer suite au rachat. La méthode la plus fréquemment utilisée est l'actualisation des cash-flows espérés. Elle consiste à évaluer les flux de liquidités qui seront générés par les actifs de l'entreprise sur une période déterminée, à laquelle on ajoute une valeur finale également actualisée. Cette méthode implique de déterminer les paramètres suivants :

• les *flux prévisionnels de liquidités* : résultat d'exploitation majoré des dotations aux amortissements et des autres charges non déboursées et diminué des investissements et de l'augmentation du besoin en fonds de roulement ;

• la *période de prévision* : il est rare qu'elle soit supérieure à dix ans ;

• le *taux d'actualisation* : il est lié au risque du projet d'investissement. On a généralement recours au coût du capital évalué par le MEDAF (modèle d'équilibre des actifs financiers) qui détermine le taux de rendement exigé par les actionnaires comme la somme d'un taux sans risque (bons du Trésor) et d'une prime de risque qui dépend de la volatilité du titre considéré par rapport au marché (*bêta*) et de la prime de risque du portefeuille de marché ;

• la *valeur finale* (résiduelle) : elle peut être estimée à partir du bilan prévisionnel ou des cash-flows de la dernière année, par exemple. Notons que plus la période de prévision est courte, plus le poids de la valeur terminale est important. Il est très fréquent que les prévisions soient réalisées sur trois à cinq ans, ce qui conduit à reporter sur la valeur terminale près des deux tiers de la valeur totale.

En France, compte tenu des difficultés d'application de cette méthode, de nombreux banquiers d'affaires se contentent d'appliquer à un résultat prévisionnel un *price earning ratio* (PER) de référence, en partant du principe que le PER ne variera pas dans un futur relativement proche. La valeur du PER, qui indique la cherté relative d'une action par rapport à ses bénéfices (bénéfice par action PER = cours de l'action), dépend en grande partie des perspectives de croissance de l'entreprise. Ainsi, plus les perspectives de croissance d'une entreprise sont élevées, plus les investisseurs sont prêts à payer cher ses actions par rapport à leur bénéfice par action actuel.

2.4.2 La valeur relative

Si les méthodes pour estimer la valeur intrinsèque de l'entreprise sont connues et largement pratiquées, il n'en va pas de même pour la valeur relative, qui est souvent estimée sans prise en compte explicite des caractéristiques de l'acquéreur. Et pourtant, cette étape est essentielle, car elle permet de déterminer un seuil maximal de prix à payer au-delà duquel toute chance de réaliser une acquisition rentable risquerait d'être fortement compromise (du moins sur le plan financier). La méthodologie que nous proposons pour évaluer ce potentiel de création de valeur a été élaborée à partir des mécanismes de création de valeur que nous avons présentés dans la première section du présent chapitre. Il est clair que s'agissant d'un potentiel futur à réaliser, nous aurons recours à une approche fondée sur l'estimation des cash-flows futurs.

La valeur relative de la cible varie en fonction du potentiel de création de valeur (voir figure 10.4) que chaque offreur sera à même de créer. Ainsi, une cible sera d'une importance plus ou moins stratégique pour chaque acheteur, ce qui explique les surenchères auxquelles on assiste généralement dans les cas d'acquisition hostiles.

Le paiement d'une prime de fusion aux actionnaires de la cible en sus de la valeur intrinsèque pour prendre le contrôle de la cible se justifie si le potentiel de création de valeur est suffisamment élevé pour compenser ce surcoût (voir figure 10.5). Or l'évaluation du potentiel de création de valeur n'est pas toujours fiable pour des raisons liées à des phénomènes d'asymétrie d'information entre l'offreur et la cible (rétention d'informations, « vices cachés ») et à la difficulté de quantifier certains types de gains. Par exemple, les économies d'échelle relatives aux services fonctionnels ou administratifs ou les gains liées à des transferts de savoir-faire sont difficiles à évaluer. En général, les synergies d'efficience technique et économique sont plus difficiles à estimer que les synergies financières (les gains de bilan sont prévisibles) ou les gains obtenus grâce à un renforcement du pouvoir de marché (tarifs préférentiels auprès des fournisseurs, par exemple). Outre le problème de quantification, se pose également le problème lié à la réalisation concrète des synergies. La mise en œuvre de synergies d'efficience technique et économique est plus aléatoire que celle des synergies financières car, dans le premier cas, des mesures de consolidation physique ou administrative sont nécessaires alors que dans le second, une simple centralisation des flux financiers suffit. La mise en œuvre de mesures de rationalisation physique comporte un risque important (résistances aux changements, plans sociaux, transfert physique de

FIGURE 10.4 **L'évaluation du potentiel de création de valeur**

Revenus d'exploitation	*Potentiel d'accroissement du volume de vente*	• Potentiel d'élargissement du marché : – à de nouveaux territoires (par exemple : augmentation de la capacité à l'export) – à de nouveaux segments de clientèle – à de nouveaux canaux de commercialisation
	Potentiel d'accroissement des prix	• Possibilités d'augmenter les prix de vente (rente de monopole, prise de contrôle d'un concurrent cassant les prix, accès à une marque leader ou à forte notoriété) • Possibilités de se développer dans de nouveaux segments à forte valeur ajoutée ou haut de gamme
–		
Coûts de fonctionnement	*Amélioration de la gestion de la cible*	• Sur le plan stratégique : définition d'une stratégie, redéfinition de la segmentation… • Sur le plan opérationnel : contrôle des coûts, dégraissage
	Réalisation de synergies entre la cible et l'acquéreur	• Synergies d'efficience technique et économique : économies d'échelle, économies sur les coûts de transaction, économies de champ • Renforcement du pouvoir de marché (baisse du coût des approvisionnements et de la distribution) • Synergies financières (coût du financement du développement de l'acquéreur moins onéreux, effet de levier de la dette positif)
=		
Excédent d'exploitation		
+		
Plus-values de cessions	*Cessions d'actifs et réalisation de plus-values financières*	• Vente d'actifs redondants (actifs de production, parc immobilier) • Désinvestissement d'activités périphériques (redéploiement du portefeuille : recentrage) • Vente d'actifs sous-évalués
=		
Potentiel de création de valeur		

personnel). Les fusions de services commerciaux sont également très risquées, car des phénomènes de « cannibalisation » entre les produits peuvent interférer et avoir des effets délétères sur les parts de marché des entreprises. Difficultés d'évaluation et difficultés de mise en œuvre sont donc deux sources de surévaluation de la valeur relative de la cible qui expliquent en grande partie les nombreux échecs constatés.

La valeur se calcule, le prix se constate.

FIGURE 10.5 **Valeur-Prix-Coût**

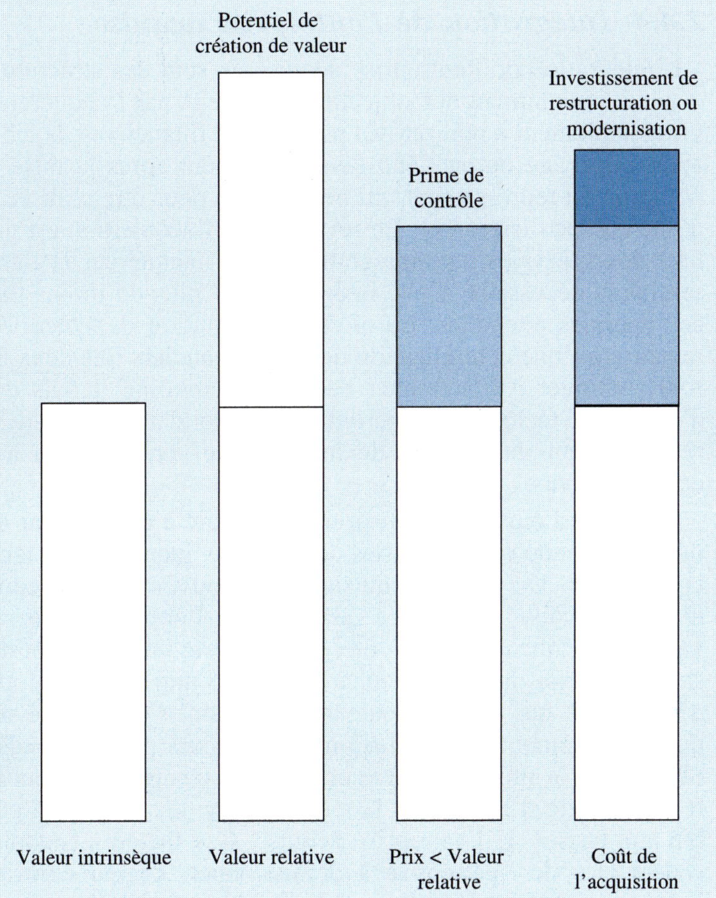

2.4.3 Négociation du prix d'acquisition

Le prix réellement payé doit se situer entre la valeur intrinsèque de l'entreprise et sa valeur relative. Mais le prix d'acquisition se détermine en fonction de l'offre et de la demande, car le marché des firmes est un marché concurrentiel où plusieurs équipes dirigeantes peuvent être amenées à se disputer le droit de prendre le contrôle d'une firme[1]. Ainsi, si de nombreuses offres concurrentes existent, l'acquéreur sera obligé de surenchérir. Il faut alors qu'il se fixe un montant maximal s'il souhaite rentabiliser son investissement dans un délai raisonnable. En revanche, il existe des secteurs où l'offre est supérieure à la demande. Il s'agit souvent des secteurs en déclin

1. Manne H.G., « Mergers and the Market for Corporate Control », *Journal of Political Economy*, 1965, p. 73-74.

(textile, construction mécanique) où de nombreuses entreprises sont mises en vente pour un nombre limité de repreneurs potentiels.

2.4.4 *Intégration de l'entreprise acquise*

L'intégration de l'entreprise acquise au sein des structures de l'acquéreur dépend évidemment des objectifs poursuivis par l'acquéreur. Si l'acquéreur vise simplement à réaliser des plus-values financières, la cible sera revendue après dépeçage ou en l'état (éventuellement après la mise en œuvre d'une politique de redressement qui ne requiert, pour être réalisée, que le transfert d'une équipe dirigeante). En revanche, si l'acquisition est un moyen de réaliser des synergies, une intégration entre l'acquéreur et l'entreprise acquise sera alors nécessaire. Cette intégration est plus ou moins forte selon le type de synergies attendues. En effet, l'exploitation de synergies financières ne requerra qu'une centralisation des flux financiers (les deux entreprises pourront continuer à fonctionner de façon autonome) tandis que les synergies d'efficience technique exigeront une consolidation physique des actifs, et le renfoncement du pouvoir de marché une centralisation administrative de certains services.

La mise en œuvre de la fusion est délicate à réaliser, car elle s'opère dans un climat tendu où les salariés de la cible s'inquiètent de leur sort individuel et collectif[1]. De plus, l'acquisition est souvent perçue comme la sanction d'une mauvaise gestion, ce qui favorise l'apparition de relations de type vainqueur/vaincu où, d'un côté, se manifeste un sentiment d'arrogance et de supériorité qui inhibe tout échange et, de l'autre, se développe un complexe d'infériorité qui interdit toute participation. Outre ce choc psychologique que crée l'annonce d'une fusion, des facteurs plus profonds constituent des obstacles à la mise en œuvre efficace du changement souhaité par l'acquéreur : la perte d'identité et la redistribution des cartes du pouvoir défavorable aux cadres de l'entreprise acquise. Ces facteurs conduisent souvent les cadres clés de l'entreprise à démissionner, ce qui constitue une menace lourde pour le bon déroulement de la fusion (notamment dans les sociétés de services telles que les agences de publicité ou les cabinets de conseil où le fonds de commerce est très volatil, car tributaire de quelques personnes qui se sont forgé une réputation dans leur domaine d'intervention). Les éléments relatifs à la mise en œuvre de la stratégie seront approfondis dans les trois parties de cet ouvrage consacrées aux structures, aux processus de décision et à l'identité de l'entreprise.

1. Hayes R.H., « The Human Side of Acquisitions », *Management Review*, 68, nov. 1979.

Mini-Case

Danone New Frontiers[1]

After the sale of its brewing activities in mid nineties the Danone Group focused on three core businesses: Fresh Dairy Products, Beverages, and Biscuits (table 1 – key figures by business line).

Danone corporate strategy

Aiming at the creation of value for the shareholders, the strategy of the Danone Group in 2004 had the following orientations:

- The expansion of the three core businesses through both internal growth, acquisitions or alliances with local companies (see table 2 - Danone Acquisitions in Asia).
- The development of new products privileging value-added products marketed under flagship brands.
- The enhancement of leading brands through the optimization of the product portfolio and large advertising budget;
- The development of a confidence relationship between Danone and the consumer through quality control and food security policy;
- The improvement of organization for greater awareness and responsiveness to consumer profiles and tastes.

Balanced geographical presence

Danone, which is very strong in Europe has to increase quickly its presence in America, Asia and Eastern Europe. Danone pays a special attention to the growth potential of emerging markets: Eastern Europe and Russia, Latin American, Asia and especially China. Emerging markets represent 31% of global sales in 2003 (table 3 - key new frontiers).

Market positioning

Danone focuses on high growth businesses associated with health and vitality as consumers increasingly look for safe, healthy foods contributing to a balanced diet.
Danone products combine eating pleasure and nutritional value as well as brands that are synonymous with quality and health (table 4 – health and nutrition is part of Danone's roots) .

Local responsiveness

In an industry were local tastes and habits are many, Danone policy is to have a strong local responsiveness, (Exhibit 1 Interview with Franck Riboud Danone' s CEO.).
To become leaders in each segment locally Danone had to increase the power of its brands. Danone aims at number one rankings at local level, generating maximum sales through a minimum of well-known labels.
60% of sales are under only four brands (Danone, Evian, LU and Wahaha).
Among Danone strong global brands are DANONE : the leading brand worldwide for fresh dairy products, LU : the world's second largest Biscuits and Cereal Products brand, Evian and Volvic for bottled water.
Danone controls also some major players in local markets such as Wahaha, leader in China and the world's second largest bottled water brand; Aqua, leader in Indonesia and the world's largest bottled water brand, Dannon in the USA, Villa del Sur in Argentina.

Product innovation

To strengthen its brands and maintain its market shares in a tough competitive environment where distribution becomes ever-more concentrated Danone has invested massively in product innovation and R& D.
The development of new products and new positioning has been key in the strategy of profitable growth centered on innovation with close ties to consumers – and one that is being consolidated with the extension and promotion of tag brands.
Danone drinking yogurt Actimel is an example of such success story in new product development (see Actimel Success Story Exhibit 2 & Table 5).

▶

1. This case was prepared by Professor Jean-Paul Larçon as a basis for class discussion rather than to illustrate effective or ineffective handling of an administration situation.

Organization

The company is organized by product groups but it had also an Asia-Pacific department (see Table 5 composition of Danone Executive Committee).
The structure includes also various horizontal mechanisms such as:
• A cross-department marketing co-ordination unit at world level for new products such as Actimel
• A Danone group's central purchasing department which managed worldwide spending of around 8 billion a year (40% of total buying);
• A "Danone dans la Vie" unit with worldwide responsibility for promoting consumption outside the home through partnership with companies such as McDonald, Club Méditerranée, Sodexho and Accor.
• A single multi-disciplinary site called Danone Vitapole in 2002 concentrating R&D resources and talent for innovation, with teams from around the world to coordinate development work.

Questions:

1. What are the strong or weak point of Danone's branding policy?
2. Due to the importance of acquisition strategy, how Danone maintains the strategic unity from one country to another in the same business?
3. What might be the dynamics of relationship between Danone managers in charge of subsidiaries abroad and the headquarters in Paris?
4. What organizational mechanisms are involved in the introduction of new products such as Actimel in all Danone markets?

Exhibit 1 : Think Global, Act Local

An Interview of Franck Riboud, CEO of Danone

Outlook Journal, Accenture 2003 (abstracts)

Outlook : Groupe Danone sells dozens of products in 120 countries. How do you keep your products relevant to consumers in so many different markets while still maintaining the integrity of the Danone brand ?

Riboud : What unites us through our brands, markets and businesses is the group's identity, which we refer to as « a worldwide business with a local presence. » Everywhere we operate, our priority is to create or develop a strong brand that reflects consumer needs in that market as closely as possible.

The best illustration of this is our flagship brand, Danone : French in France, it is seen as Spanish in Spain and Mexican in Mexico. Even in the United States, Dannon – the name was Americanized in 1942 by Daniel Carasso, the son of the founder of the Danone brand – is considered a national brand.

Are there ever any exceptions to this rule ?

Each market, of course, has its own characteristics, and in some countries, we prefer to use locally recognized brands. In Argentina, for example, La Serenissima, our fresh dairy product brand, has gained nearly 65 percent of the market.

How do your headquarters and local marketing and product development groups interact ? Do the local people determine what a product will be and how it will be marketed in their country ?

We are not a company where headquarters makes the decisions and local markets carry them out. Our inventiveness comes directly from our local markets. Most of our new products are created from specific needs noticed in a country. Usually, we test the new product a few months in the country.

▶

The drinking yogurt Actimel was first tested in Belgium and the juice Danao in France. If the new product works, other local offices can take it and adapt it. The role of our headquarters is just to define for each product the pureness of a concept – what can't be changed. Local offices can adapt the product to their individual markets. They even are encouraged to ! Some change the advertising, some change the name. Some will have a yogurt that tastes sweeter, others will have simpler packaging. We have special units in the company called acceleration units, which make a list of all of the successful local initiatives and help local offices take advantage of them.

How do you account for your success at understanding and then adapting to local markets ?

The real secret is to manufacture locally. We export very few products – some Evian to almost all 120 countries in which Danone operates, some Volvic to the UK, Germany and Japan – and we try to do as much as possible in a market. It's essential to be heavily present in the country, with manufacturing and employees. It gives insights on the reality of the market that market studies will never bring. We can have discussions with salesmen or with shop owners that help to capture the needs of consumers.

You have a number of brands that are somewhat similar. Isn't there a risk of cannibalization among them ?

[Some of] our brands [with similar ingredients] have different positionings within the same market. With our bottled waters, for example, Evian is strongly associated with health and beauty – a promise of youthful looks through drinking water – while Volvic promotes the same health message but associates it with energy through replenishing the body during sports activities. They don't cannibalize each other, because they're marketed as promoting different qualities.

What is your strategy in what you consider to be emerging countries ?

An emerging country for us is a place where our market share is not large and where the purchasing power is high. Our objective is to generate 60 percent of our sales in mature markets and 40 percent of our sales in emerging countries. We aim for a balance between the stability of some markets and the growth potential of others. In terms of figures, I can illustrate this with the example of the annual consumption of dairy products, which is 22 kilos per person in Europe and 3 kilos per person in emerging countries. The latter are at the heart of our growth strategy and currently account for 31 percent of our sales.

Are there any emerging countries that have been particularly attractive for Danone ?

With the explosion of our activities in Asia over the past few years – the region now generates 15 percent of the group's total business – we are demonstrating the success of this strategy every day, and, as with all regions, a key factor in this strategy is innovation. This dynamic Asian growth, for example, owes a great deal to the expansion of the Tiger low-cost biscuit, especially in India and in Indonesia, where the Tiger brand is adjusted to fit local market needs and where we have launched a new milk with added nutritional value. The markets in emerging countries are often fragmented among many local players, which offer us attractive opportunities in terms of partnerships, acquisitions or alliances.

Exhibit 2 : Actimel Success Story

Source : New Nutrition Business - May 2002

Actimel is a small, 100g (3.3 fl. oz.) bottle of probiotic drinking yoghurt which has been turned by Danone into one of the world's biggest functional brands.
Each bottle of Actimel contains 10 billion Lactobacillus casei Immunitas which help boost the immune system.
First launched in 1994 in Belgium – a country that is often used as a test-market – Actimel was rolled out to Germany and Spain in 1996 and France in 1997.
Actimel took off in 1997 when Danone found a powerful message to communicate its benefits : « it helps reinforce your natural defences ».

▶

In 1999 Actimel went into Central Europe - the Czech Republic, Poland, Hungary -and Latin America - Argentina in 1989 and Mexico in 2001 -, Russia in 2002.
Along with the brand's positioning, a key factors in Actimel's success was the novelty of the little bottle concept, a new category in European markets.

Although at a global level Actimel is still some way from catching up with category leader Yakult Honsha, the company which gave birth to the little bottle category in 1955 and now sells 35 million of its little bottles every day, Actimel's growth is impressive for a brand which has only been around since 1994 – in January this year Actimel was selling 4.5 million bottles a day.

Danone R & D Vitapole Center had accumulated a large dossier of clinical studies and the growth model for Actimel relied on a massive advertising spend.

The growth model for Actimel relies heavily on a massive advertising spend...
Take the UK as a benchmark, where last year Danone was the fourth-biggest spender on TV advertising of all food and drink brands – just after Unilever with its cholesterol-lowering spread Flora Pro. activ in number three slot. Danone invested around € 12 million in advertising Actimel, earning € 37 million in sales. If we extrapolate that across the brand internationally, it would suggest that Danone is spending over € 100 million on advertising a brand which earned the company € 350 million in sales last year.

« Advertising drives awareness, awareness drives penetration and once you've got the penetration you've got to get repeat purchase, » Wilson explains, adding :
« Within Danone we describe Actimel as a monster – it's like those Tamagochi Japanese kids'toys, it's the type of brand that needs constant attention and feeding to prosper. »

Ian Wilson, General Manager of Actimel worldwide

TABLE 1

KEY FIGURES BY BUSINESS LINE *(Euro millions)*

	Sales			Operating Income		
	2001	2002	2003	2001	2002	2003
Fresh dairy products	6,928	6,276	6,185	790	802	845
Beverages	3,371	3,691	3,557	432	464	537
Biscuits and Cereal Products	3,371	3,232	3,071	316	317	280
Other food business	375	356	318	60	61	57
Unallocated items	-	-	-	11	-54	-115
Group total	**14,470**	**13,555**	**13,131**	**1,609**	**1,590**	**1,604**

TABLE 2

Danone acquisitions in Asia

Japan 1980 with Ajinomoto: dairy products
China 1987 in Guangzou: dairy products
India 1989 participation in **Britannia**. Australia
New Zealand **Griffin**'s
Honk-Kong 1991 acquisition of **Amoy**
Shangai 1994 Danone Dairy & Danone Biscuits
China 1995 JV with **Haomen** breweries
China 1996 control of the Hangzhou **Wahaha** &
China 1996 acquisition of Wuhan **Dongxihu** Beer
Singapore 1998 JV with **Yeo Hiap Seng** (beverages)
Indonesia 1998: agreement with **Aqua** (mineral water)
China 1998 : JV with **Health** (mineral water)
China 2000 acquisition of **Robust** (water & dairy beverages)

▶

TABLE 3

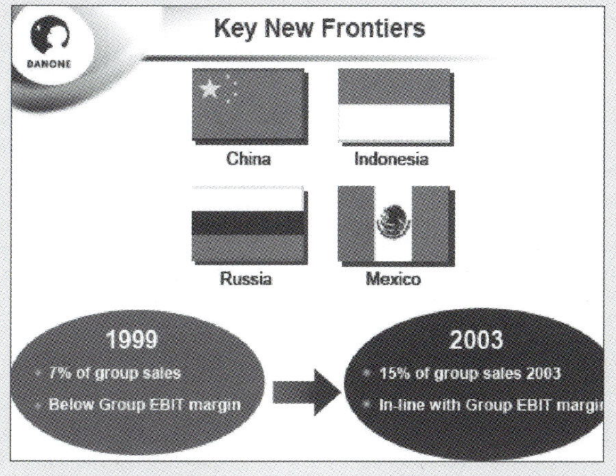

TABLE 4

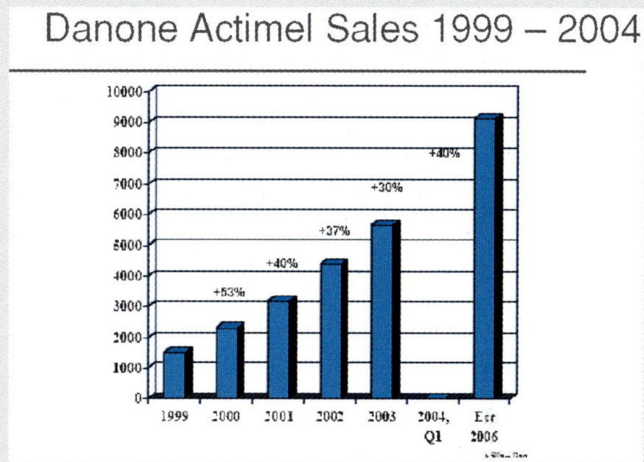

TABLE 5

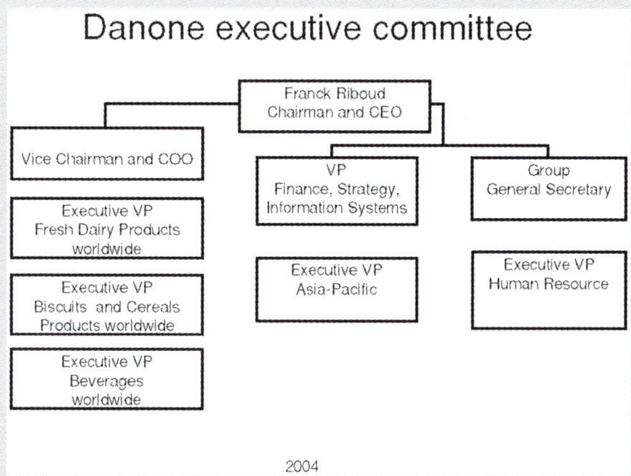

Chapitre 11

Les alliances stratégiques

Considérées encore comme marginales, voire suspectes, jusqu'au milieu des années quatre-vingt, les alliances font maintenant partie intégrante des stratégies de développement et d'internationalisation des entreprises du monde entier. S'allier avec d'autres entreprises – la plupart du temps avec des entreprises concurrentes – est devenu une option parfaitement envisageable dès qu'il s'agit de réduire les coûts, d'alléger les investissements, d'accéder à de nouvelles technologies ou de pénétrer de nouveaux marchés. Pourtant, si l'expression « alliance stratégique » fait florès, la réalité qu'elle recouvre est rarement définie de manière précise. Pour certains, les alliances stratégiques associent maîtres d'œuvre et sous-traitants dans la notion d'« entreprise étendue » ou de « constellation d'entreprises[1] » ; d'autres désignent par cette expression les rapprochements d'entreprises concertés, les fusions ou acquisitions « amicales », par opposition aux OPA « hostiles ». Certains analystes encore ne considèrent les alliances stratégiques que si elles donnent lieu à la création d'une entité juridique, une *joint-venture,* c'est-à-dire une filiale commune distincte des entreprises partenaires[2] ; pour d'autres, enfin, les prises de participations minoritaires, souvent croisées, sont le symptôme indispensable de telles alliances. Qu'ils soient fondés sur une perception des intentions des partenaires ou sur les aspects juridiques des accords, ces critères ne sont pas satisfaisants d'un point de vue stratégique.

1. Nohria N., Eccles R., *Networks and Organizations*, Boston, Harvard Business School Press, 1992 ; Normann R., Ramirez R., « Designing Interactive Strategy : From Value Chain to Value Constellation », *Harvard Business Review*, juil.-août 1993.

2. Harrigan K.R., *Strategies for Joint-ventures*, Lexington Books, 1985 ; Killing J.P., *Strategies for Joint-Venture Success*, Praeger, 1983

1 Définition des alliances : l'ambiguïté coopération/compétition

Pour notre part, ce qui nous semble caractériser fondamentalement les alliances stratégiques est l'existence d'une certaine concurrence, au moins potentielle, entre des entreprises qui coopèrent sur un projet précis, au contenu clairement défini, tout en conservant leur autonomie sur les activités qui restent en dehors de l'alliance. C'est cet état intermédiaire entre concurrence ouverte, arbitrée par le marché, et rapprochement définitif, au sein d'une même entité organisationnelle, qui permet de cerner le plus sûrement la spécificité des alliances stratégiques. C'est pourquoi nous proposons la définition suivante :

> « Les alliances stratégiques sont des partenariats entre plusieurs entreprises concurrentes, ou potentiellement concurrentes, qui choisissent de mener à bien un projet ou une activité spécifique en coordonnant les compétences, moyens et ressources nécessaires plutôt que :
>
> – de se faire concurrence sur l'activité concernée ;
>
> – de fusionner entre elles ou de procéder à des cessions ou acquisitions d'activité[1]. »

Cette définition est indépendante des structures juridiques mises en place pour gérer la collaboration. En effet, les alliances stratégiques peuvent donner lieu à toutes sortes de montages, de la signature d'un simple contrat entre les partenaires à la création d'une filiale commune (*joint-venture*), en passant par la formation d'un groupement d'intérêt économique (GIE en France ou GEIE au niveau européen). Le choix entre ces différentes structures est généralement lié à des questions de gestion du risque et de processus de décision, ainsi qu'aux modalités de sortie ou de modification de l'accord que prévoient les entreprises partenaires. La principale question en la matière est de décider si l'on opte pour une structure contractuelle (*non-equity*) ou capitalistique (*equity joint-venture*), sachant que dans le second cas, la répartition du capital est généralement proche du 50/50 car aucun des partenaires ne veut se retrouver en minorité vis-à-vis de l'autre. Les structures capitalistiques sont indispensables si la coopération implique que des actifs soient créés ou gérés en commun. De plus, tout en créant une forte implication de la part des entreprises alliées, elles permettent de rendre l'alliance plus évolutive. En effet, la possibilité d'effectuer des opérations en capital facilite l'arrivée de nouveaux partenaires ainsi que la sortie des partenaires initiaux. C'est pourquoi les structures capitalistiques simplifient la rédaction et la mise en œuvre de clauses de sortie (un partenaire peut racheter les parts de l'autre ou vendre ses parts à un tiers).

Notons enfin qu'assimiler une alliance à la structure juridique qui est créée pour la gérer est en général une erreur. Pour prendre la collaboration dans son ensemble, il faut souvent dépasser largement le cadre de la structure commune. Ainsi par exemple, le GIE Airbus ou le GIE ATR (avion de transport régional) étaient des structures uniquement chargées de la commercialisation et de l'après-vente des avions dont les sous-ensembles étaient fabriqués et assemblés directement par les entreprises partenaires. Toute l'activité industrielle générée par ces alliances était localisée au sein des entreprises alliées elles-mêmes et non pas dans les structures communes.

La figure 11.1 permet de situer les alliances stratégiques par opposition à d'autres types de relations entre firmes.

1. Garrette B. et Dussauge P., *Les Stratégies d'alliance*, Paris, Éditions d'Organisation, 1995.

FIGURE 11.1 Définition des alliances stratégiques

Formes de relations \ Entreprises concernées	Clients/fournisseurs	Concurrents	Autres
Relations de marché	Transactions	Concurrence	---
Fusions et acquisitions	Intégration verticale du secteur	Concentration	Diversification
Coopération	Partenariats verticaux	Alliances stratégiques	Accords inter-sectoriels

Le cas Cereal Partners

La joint-venture Cereal Partners, qui associe General Mills et Nestlé dans le domaine des céréales pour petit-déjeuner depuis le milieu des années quatre-vingt dix, est un bon exemple d'alliance stratégique.

Nestlé et General Mills sont bien des groupes alimentaires concurrents puisque, parallèlement à l'alliance, chacun commercialise de son côté des produits concurrents de ceux du partenaire, notamment dans le domaine des produits laitiers, des biscuits et des plats cuisinés. Ils ont choisi de collaborer dans un domaine bien précis, celui des produits à base de céréales pour le petit-déjeuner (Weetos, Golden Grahams, Cheerios, Chocapic, Nesquick, Fitness, etc.), sur tous les marchés du monde à l'exclusion des États-Unis où General Mills continue à opérer de manière autonome. Cette collaboration, bien qu'elle soit de très grande envergure, n'a pas conduit à une fusion, ni d'ailleurs à des prises de participation significatives entre les deux groupes. Pour mettre en œuvre cette alliance, les entreprises partenaires ont seulement décidé de coordonner les compétences et ressources nécessaires, chacun prenant appui sur les points forts de l'autre : General Mills a apporté la plupart des produits (Weetos, Cheerios, etc.) ainsi que les compétences marketing ; Nestlé, de son côté, a apporté l'outil industriel et surtout l'accès aux réseaux de distribution, notamment en Europe. Cette alliance est considérée de part et d'autre comme un succès. Les premiers profits ont été enregistrés en 1999, avec un an d'avance sur le plan initial et le développement ne s'est pas ralenti depuis.

▶

▶ Au-delà de son succès économique à court terme, cette alliance représentait un enjeu stratégique très important pour les deux partenaires. En effet, Nestlé avait fait auparavant plusieurs tentatives pour lancer seul ses propres produits (comme Chocapic en France par exemple) et n'avait connu que des demi-succès. Devant les difficultés à tenir les objectifs de rentabilité exigés par le groupe, l'activité aurait probablement été abandonnée si Nestlé n'avait pas trouvé un partenaire pour la développer. De son côté, General Mills, malgré sa forte part de marché aux États-Unis, avait accumulé un retard important en matière d'internationalisation par rapport à son concurrent principal, Kellogg's, le leader mondial. Il était grand temps de réagir, sans quoi Kellogg's, qui rencontrait bien peu de résistance hors des USA, aurait pu s'approprier les marchés étrangers où la croissance était la plus forte. Fort de son expérience américaine, General Mills a convaincu Nestlé de mettre en œuvre dans le cadre de l'alliance une politique marketing fondée sur les marques des différents produits (et non pas sur la marque ombrelle Nestlé) et une stratégie de volume appuyée par des investissements massifs dans de grandes unités de production.

À l'opposé, les rachats de Jaguar et de Volvo par Ford ne sauraient de notre point de vue être qualifiés d'alliances dans la mesure où ils se traduisent par la prise de contrôle de l'un des partenaires par l'autre, donc par une concentration du secteur, même si les gammes de produits conservent leurs marques originelles et même si une certaine autonomie commerciale et technique est laissée aux entreprises rachetées.

Par ailleurs, les relations de coopération entre clients et fournisseurs au sein d'une même filière économique sont des partenariats verticaux et non des alliances stratégiques, car ces relations ne soulèvent pas le problème de la concurrence entre alliés : ainsi, les relations étroites de partenariat entretenues par Toyota avec la constellation de ses sous-traitants et équipementiers (souvent qualifiées de quasi-intégration) ne sont pas des alliances stratégiques.

Enfin, un accord comme celui signé en 1994 entre Microsoft et Visa International pour développer la *Security Transaction Technology,* un système de paiement sécurisé sur Internet, associe des entreprises aux domaines d'activité certes complémentaires (le développement logiciel d'une part et les cartes de crédit d'autre part), mais trop éloignés l'un de l'autre pour poser véritablement un problème de concurrence entre les partenaires. Il s'agit donc d'un accord inter-sectoriel et non d'une alliance stratégique. Remarquons que, compte tenu de la convergence croissante des technologies, produite notamment par la numérisation, ce genre de coopération connaît une vogue très importante. La plupart des entreprises ont en effet besoin de collaborer avec des « complémenteurs » pour développer de nouveaux produits et services. Qui aurait pensé il y a quelques années que France Télécom, par exemple, pourrait être tentée de discuter coopération avec une entreprise comme Kodak, tant les domaines d'activités semblaient disparates ? Depuis l'avènement de la photographie numérique et de l'Internet, de telles collaborations sont devenues souhaitables. Ce thème, voisin mais différent de celui des alliances stratégiques, est traité dans le chapitre 1.

Les alliances stratégiques sont donc définies avant tout par la nature de la relation s'établissant entre les firmes alliées. Elles sont intrinsèquement marquées par l'ambiguïté de cette relation qui combine compétition et coopération, d'où le terme de coopétition[1] qui est souvent utilisé pour caractériser les comportements stratégiques qui en résultent. Selon les tenants de la coopétition, les entreprises ne doivent pas se focaliser uniquement sur les comportements concurrentiels classiques, elles doivent également créer des opportunités à travers la coopération. Mon concurrent d'hier peut donc devenir mon allié de demain. Bien évidemment, il existe une contrepartie, nettement moins agréable : mon partenaire d'aujourd'hui peut se renforcer à mes dépens grâce à l'alliance et devenir un concurrent encore plus dangereux demain. C'est pourquoi certains auteurs analysent les alliances entre concurrents comme une forme déguisée d'affrontement concurrentiel, où, sous couvert de collaboration, un des partenaires s'arme délibérément pour affaiblir l'autre, comme dans le mythe du cheval de Troie[2].

2 Pourquoi s'allier avec un concurrent ?

On distingue habituellement deux modes de développement de l'entreprise : la croissance interne (l'entreprise croît de manière autonome) et la croissance externe (l'entreprise procède par fusion ou acquisition). Les alliances stratégiques offrent une troisième voie qui peut présenter des avantages très importants par rapport aux deux modalités de croissance classique, lorsqu'il s'agit d'atteindre certains objectifs bien particuliers[3].

2.1 Bénéficier de synergies et d'économies d'échelle tout en préservant l'autonomie

Les alliances stratégiques permettent aux concurrents alliés d'obtenir certains des avantages que procurent habituellement les opérations de concentration sans leur en imposer toutes les contraintes. Les entreprises alliées peuvent ainsi bénéficier, en unissant leurs forces sur une activité donnée, de synergies, d'effets d'échelle ou d'expérience, réservés en principe à des groupes plus importants, sans cependant se fondre totalement dans une entité plus vaste et sans aliéner définitivement leur autonomie stratégique. Si tant d'alliances se sont nouées depuis quarante ans entre firmes européennes dans l'aéronautique et l'armement, c'est parce que ces domaines sont très sensibles aux économies

1. Brandenburger A., Nalebuff, B., Co-opetiton, Currency Doubleday, 1996.

2. Doz Y., Hamel G., Prahalad C.K., « Collaborate with your Competitors – and Win », *Harvard Business Review*, janv.-fév. 1989

3. Doz, Y., Hamel, G., *Alliance Advantage*, Boston, Harvard Business School Press, 1998.

d'échelle, ce qui aurait dû favoriser la concentration, tout en étant soumis à des préoccupations d'indépendance nationale, ce qui plaide pour le maintien de groupes nationaux autonomes et s'oppose donc à toute concentration internationale. Les alliances apparaissent dans ce contexte comme une réponse possible, permettant d'obtenir l'effet recherché tout en respectant les contraintes posées.

Exemple

Le consortium Airbus, par exemple, avait été conçu, dès l'origine en 1970, de telle sorte que chaque nation (France, Allemagne, Royaume-Uni, Espagne) conservât un constructeur aéronautique national autonome, tout en répartissant les développements et les fabrications entre eux de manière à se rapprocher (sans l'atteindre tout à fait) de la rationalisation industrielle qu'aurait permise une fusion des firmes impliquées. Un tel montage a fonctionné pendant trente ans, et suffisamment bien pour pouvoir faire jeu égal avec Boeing dans le domaine des avions de ligne. Ce n'est qu'avec la création d'EADS, à l'aube des années 2000, qu'une fusion en bonne et due forme a fini par intervenir entre les partenaires français, allemand et espagnol. Airbus reste toutefois une alliance entre EADS et British Aerospace, puisque le partenaire britannique continue à participer à Airbus sans avoir fusionné avec les autres dans EADS.

Cette caractéristique des alliances a des implications qui vont au-delà de la stratégie proprement dite. En effet, la protection d'une certaine marge de manœuvre stratégique se double d'une préservation de l'identité et de la culture interne des entreprises alliées, qui subit en général des chocs redoutables dans les cas de fusion ou acquisition. Les douloureuses et coûteuses phases de *Post-Merger Integration,* qui suivent les opérations de fusions, n'existent pas dans les alliances.

2.2 Délimiter précisément le territoire de coopération

Les alliances permettent d'exploiter les synergies entre les partenaires en circonscrivant très précisément le domaine de la collaboration, ce qui est aussi un avantage très significatif par rapport aux fusions et acquisitions. En effet, les fusions ont souvent l'inconvénient d'entraîner soit des diversifications non désirées, soit de conduire à créer des ensembles de taille excessive : pour exploiter une synergie sur une activité donnée, on a acquis un bloc d'activités beaucoup plus vaste dans lequel il va falloir trier, soit par obligation légale (injonction des autorités de réglementation de la concurrence), soit par nécessité stratégique (activités trop éloignées du cœur de métier). C'est pourquoi les fusions sont fréquemment suivies d'une phase de cession d'une partie – parfois importante – de l'acquisition réalisée initialement. Ainsi par exemple, la prise de contrôle d'Éditis (ex-Vivendi Universal Publishing) par Hachette (Lagardère Groupe) à l'automne 2002 a-t-elle été suivie par plus d'un an de négociations avec les autorités de la concurrence, au niveau français et au niveau européen, pour aboutir début 2004 à un accord stipulant que Lagardère devait revendre rien moins que 60 % des activités acquises. Les repreneurs potentiels (des maisons d'édition comme Gallimard, Média Participations, La Martinière-Le Seuil, Flammarion-Rizzoli, ainsi que des fonds d'investissement comme PAI) s'étaient mis sur les rangs depuis plusieurs mois, mais il leur a fallu attendre le printemps 2004 pour se voir ouvrir des *data rooms* où ils purent accéder aux données en vue d'évaluer les activités à vendre. Lagardère Groupe ne s'attendait pas à déboucler l'opération avant la fin de l'année 2004. On imagine aisément le coût financier – et humain – d'une telle opération, surtout si l'on tient compte du fait que Lagardère a dû revendre « par appartements » des activités d'Éditis qui partageaient jusque-là de nombreux services communs, comme l'informatique, la logistique, etc., avec leurs filiales-sœurs. Dans certains cas, il fallait même découper en morceaux certaines sociétés plus que centenaires pour récupérer certaines lignes de produits et en céder d'autres.

Dans les alliances au contraire, le territoire de la coopération peut être délimité très précisément dès le départ. Toutes les activités non concernées peuvent être clairement écartées du contenu de l'alliance, que ce soit pour des raisons légales ou pour éviter une diversification excessive des activités communes.

Exemple

Ainsi par exemple, lorsque Peugeot et Fiat ont décidé à la fin des années 1980 de développer et de fabriquer en commun un monospace (Peugeot 806, Citroën Évasion, Fiat Ulysse) pour concurrencer l'Espace Renault, les deux groupes ont strictement limité leur collaboration à ce type de voiture, dont la fabrication a été lancée en 1994 dans une usine commune contrôlée à 50/50 par les deux partenaires. Cette usine, la Sevelnord, située près de Valenciennes, est exclusivement spécialisée dans ce type de véhicule. Il aurait été bien entendu hors de propos de fusionner Peugeot et Fiat pour mettre en œuvre ce genre de projet. Pourtant, compte tenu de la faiblesse des volumes de production prévus, chacun pris isolément n'aurait pas pu rentabiliser un tel investissement.

Délimiter avec précision le territoire de coopération, c'est aussi se donner la possibilité de l'élargir, en procédant par « petits pas », de façon à encourager la coopération et à la développer progressivement. C'est ainsi que les alliances réussies « font des petits », c'est-à-dire qu'elles sont suivies par de nouvelles alliances entre les mêmes entreprises qui renforcent ainsi leurs liens. Ainsi la collaboration entre Peugeot et Fiat sur les monospaces a-t-elle été renouvelée en 1995 pour développer le 807 et ses dérivés Citroën et Fiat, puis de nouveau en 2002 pour une nouvelle gamme à venir. Au-delà de ces renouvellements successifs qui sont autant de prolongements liés à l'évolution des produits, l'alliance de PSA et Fiat sur les monospaces est venue s'insérer dans un réseau de collaborations déjà existant entre les deux groupes. En effet, quand elle a été signée la première fois en 1987, les deux entreprises collaboraient déjà sur plusieurs projets, notamment dans le domaine des véhicules utilitaires – Peugeot Boxer, Citroën Jumper et Fiat Ducato – fabriqués pour les deux groupes dans leur usine commune de Val di Sangro en Italie. La joint-venture qui allait être créée en France pour les monospaces était en quelque sorte le pendant de celle qui existait déjà en Italie pour les utilitaires, partenariat qui était lui-même issu d'accords plus anciens entre Fiat et Citroën sur la fabrication des camionnettes C35 qui sillonnaient nos routes dans les années 1970.

2.3 Apprendre

Les alliances créent des opportunités d'apprentissage et de transfert de compétences entre les entreprises alliées. Il est de notoriété publique que c'est à travers leurs alliances avec leurs concurrents japonais que les constructeurs automobiles américains ont appris dans les années 1980 les méthodes de management industriel – juste à temps, qualité totale, etc. – qui faisaient la supériorité des voitures japonaises à l'époque. Réciproquement, c'est grâce aux mêmes alliances que les constructeurs automobiles japonais ont appris comment produire et vendre leurs produits sur le sol américain, ce qui leur a permis par la suite de s'implanter de manière autonome en Amérique du Nord.

Les alliances sont un outil d'apprentissage très performant lorsqu'il s'agit d'accéder à des compétences non disponibles sur le marché. En effet, certains savoir-faire ne peuvent pas être transférés en signant des contrats de transfert de technologie, ni en débauchant quelques personnes clés, soit parce qu'ils sont difficilement codifiables, soit parce qu'ils sont détenus par une collectivité dans son ensemble et non par des individus en particulier. Intimement liés à l'organisation qui les possède, ils nécessitent de reproduire l'organisation en question pour être expérimentés et communiqués, d'où la nécessité de nouer des alliances.

Paradoxalement, les alliances facilitent davantage l'apprentissage que les fusions-acquisitions. En effet, les opportunités d'apprentissage proviennent de l'existence de fortes différences de compétences entre les entreprises partenaires, différences qu'il s'agit de comprendre et de faire durer si l'on veut que l'apprentissage soit possible. Or les acquisitions ont tendance à réduire ces différences pour intégrer l'entreprise acquise dans l'organisation et les systèmes de l'entreprise acquéreuse, réduisant du même coup les occasions d'apprendre de l'entreprise acquise. Ainsi par exemple, alors que Renault a collaboré avec Matra Automobile pendant vingt ans sur les versions successives de la Renault Espace, réalisant du même coup un apprentissage important sur ce type de véhicule, Renault a pris le contrôle d'Alpine et l'a rapidement « digéré » au sein de son organisation, réduisant du même coup, d'une manière drastique, les apports possibles de la greffe. Le résultat est que Renault commercialise avec succès une gamme de monospaces (Espace et Scénic) qu'il produit maintenant seul après avoir rompu son alliance avec Matra, alors que Renault a cessé depuis longtemps de produire des coupés sportifs de série.

2.4 Se protéger contre des concurrents plus puissants

Les alliances stratégiques permettent à des concurrents en position de faiblesse de former des coalitions permettant de rétablir l'équilibre des rapports de force au sein du secteur. L'exemple d'Airbus, déjà cité, illustre cet objectif : l'alliance a permis aux entreprises de l'industrie aéronautique européenne de survivre malgré la domination mondiale de Boeing, renforcée par le rachat de McDonnell Douglas. Dans le même ordre d'idées, quelques semaines seulement après l'annonce de la fusion Carrefour-Promodes en 1999, Casino et Cora se sont alliés pour créer Opéra, une centrale d'achat commune. Ils ont été bien vite imités par Leclerc et Système U. Ces deux alliances avaient pour objectif de compenser l'avantage de coût dont Carrefour allait pouvoir profiter dans le domaine des achats. Opéra a été dissous en 2002, mais Casino a rapidement formé une nouvelle alliance avec Auchan pour ses achats internationaux. Il n'est pas rare qu'une fusion significative dans une industrie déclenche une vague de concentration par réaction en chaîne de la part des concurrents. Dans un tel contexte, certains acteurs peuvent réagir en optant pour des alliances plutôt que des acquisitions.

Notons que ces stratégies défensives peuvent avoir des aspects anti-concurrentiels ou protectionnistes, éventuellement illicites. Des concurrents qui se sentent menacés par l'évolution de leur industrie peuvent en effet, sous couvert d'alliance stratégique, s'entendre sur les prix de vente, ou ériger des barrières à l'entrée artificielles, et ainsi carteliser le marché. La différence entre une alliance stratégique et une entente anti-concurrentielle n'est pas toujours évidente, c'est pourquoi les autorités anti-trust, en Amérique du Nord comme en Europe, sont très vigilantes sur ce genre de rapprochements. Pendant longtemps, les autorités américaines ont d'ailleurs eu tendance à avoir une attitude plus limitative sur les ententes entre concurrents que sur les fusions en bonne et due forme.

2.5 Pouvoir exercer une option d'achat ou de vente

Les alliances n'étant pas des mariages irrévocables, elles autorisent un certain degré de réversibilité. Toute alliance crée implicitement – ou explicitement – l'option pour chaque entreprise impliquée d'abandonner le projet au profit de son partenaire ou au contraire de continuer seul la même activité dans le futur. Ce mécanisme d'option est particulièrement clair dans certaines joint-ventures (filiales communes) où les parents s'entendent dès le départ sur des clauses de sortie spécifiant à quelles conditions chaque partenaire peut vendre ses parts ou acheter celles de l'autre. De telles clauses peuvent ouvrir les mêmes droits d'achat ou de vente à tous les partenaires, ou bien spécifier que seul l'un des partenaires a le droit de rachat, ou encore limiter l'option à un droit de premier refus. La principale difficulté dans la rédaction de ces clauses est de définir la méthode de valorisation des parts et les délais à partir desquels l'option peut être exercée.

Grâce à cette logique d'option, les alliances peuvent devenir des instruments de mise en œuvre de la *corporate strategy* dans des contextes de forte incertitude. Qu'il s'agisse de développer l'entreprise sur des marchés mal connus ou de la recentrer en abandonnant certaines activités difficiles à valoriser, former une joint-venture permet d'enclencher le processus immédiatement mais prudemment, en se réservant l'option de prendre le contrôle total, ou au contraire de désinvestir complètement, quand on jugera que le moment est propice. Dans le cas de la conquête d'un nouveau marché, l'alliance est une tête de pont qui permet de comprendre les conditions locales, de tester les perspectives de croissance, avant de se lancer en vraie grandeur quand l'incertitude se réduit[1]. Dans le cas du retrait d'une activité, l'alliance peut être une étape transitoire vers une cession complète, étape pendant laquelle le vendeur transmet son savoir-faire à l'acheteur qui peut quant à lui se faire une idée précise de la valeur de l'activité.

Philips-Whirlpool

La joint-venture Philips-Whirlpool, formée en 1989 et rachetée par Whirlpool en 1992, illustre la logique que nous venons de décrire. Pour Philips, l'objectif était de recentrer son portefeuille d'activité mondial en se désengageant du secteur de l'électroménager. Pour Whirlpool, leader américain de cette activité, il s'agissait d'acquérir une position significative en Europe. Au lieu d'effectuer une cession immédiate, Philips vendit 53 % de sa branche européenne d'électroménager à Whirlpool pour 361 millions de dollars. L'accord prévoyait que Whirpool avait une option d'achat sur les parts de Philips à partir de janvier 1990 et qu'il pourrait utiliser la marque Philips jusqu'en 1998. la stratégie de Whirpool consista à standardiser autant que possible les produits au niveau européen, à l'inverse de la stratégie et de l'organisation très décentralisées de Philips. De plus, pour imposer progressivement sa marque, le groupe américain commença par commercialiser l'ex-gamme Philips sous la dénomination Philips-Whirlpool, puis se mit à supprimer le nom de Philips pays par pays, en fonction de l'évolution de la notoriété de Whirlpool. De manière à profiter du savoir-faire de Philips pendant une durée suffisante, Whirlpool attendit 1992 pour racheter les parts restantes de Philips.

▶

1. Kogut B., « Joint-Ventures and the Option to Expand and Acquire », *Management Science* 37 (1), 1991, p. 19-33.

▶ Entre-temps, l'activité s'était considérablement valorisée grâce aux efforts des deux partenaires, si bien que la transaction s'effectua pour 610 millions de dollars. Quant à la conversion du marché européen à la marque Whirlpool, elle était complètement terminée en 1998. La phase d'alliance, pendant laquelle l'activité fut gérée en double commande, permit aux deux partenaires d'effectuer le passage de témoin d'une manière progressive, en combinant leurs approches de l'activité. Il était en effet intéressant pour Whirlpool, absent de l'Europe jusque-là, de tester le marché européen en bénéficiant de la longue expérience du groupe Philips en la matière. Réciproquement, la phase de collaboration permit à Philips de mieux valoriser son activité et donc de la vendre dans de meilleures conditions, la différence de prix rémunérant ses apports de savoir-faire. Une fois seul maître à bord cependant, Whirlpool s'est probablement mis à sous-estimer les particularités locales de la demande dans les différents pays, ce qui l'a conduit à pousser trop loin sa stratégie de standardisation à l'échelle européenne. Au début des années 2000, l'activité était en perte et une révision drastique de la stratégie de Whirlpool s'imposait.

De façon plus générale, remarquons au passage qu'il serait complètement erroné d'assimiler systématiquement à la tactique du « cheval de Troie » les alliances qui se soldent par une prise de contrôle de l'activité par un allié. En effet, l'issue en question peut très bien être le résultat d'un plan concerté au départ entre les entreprises impliquées. Dans ce cas, l'alliance est, pour l'une, un moyen d'entrer ou de se renforcer dans un domaine donné et, pour l'autre, un moyen de s'en dégager progressivement, parce que les *corporate strategies* des deux partenaires se complètent.

3 Les pièges des alliances

Malgré leurs avantages, les alliances stratégiques sont bien entendu loin d'être une panacée. Marquées par l'ambiguïté compétition/coopération que nous avons déjà soulignée, elles se caractérisent par une série de problèmes et de pièges qu'il est bon d'essayer de déjouer dès la formation de l'alliance.

3.1 Renforcer un concurrent

Le fait même que des concurrents collaborent entre eux est en soi générateur de conflits d'intérêt : en tant qu'alliés, les partenaires ont des intérêts convergents mais, en tant que concurrents, ils ont aussi des intérêts divergents. Ainsi une alliance stratégique est-elle un creuset dans lequel s'amalgament des objectifs multiples et par essence contradictoires. D'un côté, les entreprises qui forment des alliances stratégiques affichent toujours des objectifs communs, partagés par l'ensemble des partenaires. Sans cette convergence, l'alliance ne se ferait même pas : tous les dirigeants expérimentés en la matière insistent sur le fait que seules les alliances *win-win,* c'est-à-dire celles où tous les partenaires ont quelque chose à gagner, sont viables. D'un autre côté, comme les partenaires demeurent, malgré l'alliance, des concurrents autonomes, les alliances stratégiques sont aussi le vecteur, ou le lieu de réalisation, d'objectifs particuliers, potentiellement conflictuels, propres à chaque firme partie prenante à l'alliance. Or, mieux l'alliance fonctionne, plus les partenaires en tirent profit et se renforcent, plus ils deviennent des concurrents puissants… et donc dangereux l'un pour l'autre.

Exemple

Ainsi par exemple, l'alliance CFM-International qui associe SNECMA et General Electric Aircraft Engines dans le domaine des moteurs d'avion, est un brillant succès, tant du point de vue technique que commercial. Les deux entreprises, jusque-là spécialisées sur les réacteurs militaires, ont noué cette alliance dans les années 1970 dans un but commun, celui de se développer sur le marché de la motorisation des avions de ligne. Pour ce faire, les deux partenaires ont décidé à l'époque de développer conjointement un moteur d'avion civil franco-américain, le CFM-56, en se partageant à 50/50 le travail de conception et de production. Rares étaient en ce temps-là les spécialistes du secteur aéronautique qui croyaient au succès d'une telle alliance internationale. Un tel montage, impliquant que chaque moteur soit fabriqué pour partie en France et pour partie aux États-Unis, apparaissait comme une nouveauté complète et une hérésie industrielle. Malgré les mauvais augures, le but de GE et SNECMA a été parfaitement atteint puisque, depuis le début des années 2000, le CFM56 détient le record du nombre de moteurs livrés dans le monde. Grâce à ce succès, SNECMA et GE sont les meilleurs alliés du monde. Mais, hors du cadre de l'alliance, chacun cherche pourtant à renforcer sa propre position sur le marché, parfois aux dépens de l'autre. Chaque allié reste en effet propriétaire des technologies qu'il développe et il a toute latitude pour les réutiliser pour ses propres moteurs, qui peuvent devenir concurrents de ceux du partenaire. C'est ainsi que le SM146, développé dans les années 2000 par SNECMA et NPO-Saturn, est un concurrent du CF34, développé par General Electric dans les années 1980. Or, bien que plus petits, ces deux moteurs présentent de troublantes similitudes avec le CFM56, développé conjointement par les deux entreprises dans les années 1970. Il est probable que sans le succès de CFM-International, SNECMA ne serait jamais devenu capable de concurrencer de manière crédible les grands motoristes américains, notamment son propre partenaire General Electric.

Ce phénomène de renforcement d'un concurrent aux dépens de l'autre provient souvent des transferts de savoir-faire entre les partenaires. Dès lors, l'apprentissage, que nous avons présenté comme un avantage des alliances, peut se muer en piège redoutable : l'entreprise qui collabore est peut-être en train de nourrir un ennemi en son sein. D'un autre côté, le désir de se protéger contre les dangers de fuite technologique, ou de transmission involontaire de toute autre sorte de compétence, incite chaque partenaire à réduire son exposition, à filtrer les informations transmises d'une manière excessive, à priver l'alliance de ses savoir-faire les plus avancés, ce qui peut nuire considérablement à l'efficacité de la coopération. Le dosage optimal entre protection et transparence est donc difficile à trouver : un degré trop faible de collaboration risque de nuire à la réalisation des objectifs communs, mais trop de transparence peut aboutir à l'affaiblissement de la position de l'une ou l'autre des firmes partenaires et néanmoins rivales.

3.2 Se livrer au marchandage, au compromis et à la paralysie

Dès la négociation d'une alliance, le marchandage qui entoure fréquemment le montage juridique et organisationnel élude très souvent les implications stratégiques de la coopération pour se focaliser sur des questions de personnes ou des aspects contractuels, comptables et financiers, tels que la répartition du capital de la filiale commune (lorsqu'une telle filiale existe), la négociation des prix de cession entre partenaires, la nomination des responsables du projet commun, etc. Ce marchandage peut même faire prématurément échouer la négociation ou brider le développement de l'alliance alors que celle-ci correspond aux intérêts stratégiques des divers partenaires.

Et ce n'est pas parce que l'alliance a fini par être formée que le problème est résolu. En effet, une alliance est par nature un mode d'organisation qui laisse subsister tout au long de son existence des centres de décision multiples, chaque firme partenaire disposant d'un pouvoir de décision sur la politique mise en œuvre dans le cadre de la coopération. Dans ce genre de situation, les choix effectués risquent souvent d'être des compromis entre les points de vue des différents partenaires, qui cherchent selon toute vraisemblance à faire prévaloir ou à défendre leurs intérêts propres dans les décisions à prendre collectivement. Ces compromis conduisent parfois à de mauvaises décisions stratégiques ou à une absence totale de stratégie pour l'alliance. Pire, si les partenaires ne parviennent pas à trouver de compromis, on arrive rapidement à des blocages dans les prises de décision, ce qui peut mettre en péril les activités de l'alliance.

Tous les responsables impliqués dans le management des alliances se plaignent des difficultés que crée la coopération entre concurrents dès qu'il s'agit de prendre des décisions stratégiques. La composition des comités de direction des joint-ventures, qui comprennent souvent un nombre égal de représentants des deux partenaires, le désir des dirigeants de noyauter autant que possible la structure en plaçant des « hommes à eux » pour surveiller les agissements du partenaire, sont autant d'éléments qui conduisent chaque

Exemple

Le quotidien *International Herald Tribune,* publié à Paris par une joint-venture entre le *New York Times* et le *Washington Post,* deux journaux américains qui cherchaient à se développer à l'international, a longtemps pâti des blocages liés aux manques de cohérence des politiques suivies par les deux partenaires. Les responsables de ce journal, ne parvenant pas à obtenir l'aval simultané des deux partenaires sur des questions rédactionnelles et commerciales fondamentales, ont fini par se réfugier dans un certain immobilisme qui a considérablement bridé le développement du journal. Ces blocages ont fini par conduire à la rupture de l'alliance, d'où le rachat de la joint-venture par le *New York Times* au début des années 2000.

allié à perdre de vue les objectifs de l'alliance pour défendre ses intérêts spécifiques. Du reste, toutes les études montrent que, quelle que soit la valeur relative des actifs apportés par les entreprises partenaires lors de la formation de l'alliance, l'écrasante majorité des joint-ventures sont des accords à 50/50, ou très proches de 50/50 (par exemple 51/49), ce qui montre bien que les entreprises n'acceptent de collaborer qu'à condition d'avoir un pouvoir suffisant dans les prises de décision. Autrement dit, la plupart du temps, comme aucun allié n'accepte d'être minoritaire, la seule structure possible est le 50/50. Cet équilibre du pouvoir, que chacun des partenaires recherche pour se protéger contre les agissements éventuels de l'autre, a bien sûr ses vertus, mais il conduit à des blocages durables lorsque les intérêts des partenaires commencent à diverger.

3.3 Sous-exploiter les synergies

L'alliance est rarement une structure optimale du point de vue de l'efficience. Par peur de renforcer le partenaire, chaque entreprise a tendance à protéger ses technologies clés, ce qui limite les synergies entre les alliés. Pour arriver à des compromis satisfaisant toutes les parties prenantes, on laisse souvent subsister des duplications dans les opérations, ce qui limite les économies d'échelle et augmente les investissements nécessaires. Ainsi par exemple, la plupart des programmes en coopération dans l'industrie européenne de la défense sont-ils organisés de telle sorte que l'assemblage final des matériels développés en co-maîtrise d'œuvre est effectué simultanément dans plusieurs pays par chacun des partenaires. Alors que les entreprises s'entendent en général assez facilement pour se répartir entre elles le développement et la fabrication des sous-ensembles constitutifs de l'équipement à réaliser, aucune ne veut lâcher l'assemblage du système complet car ce serait se priver d'apparaître comme le fournisseur de premier rang vis-à-vis de son armée nationale.

Au total, si le but est de rationaliser une industrie de manière drastique, un mouvement de concentration par fusion-acquisition est en fait préférable à une ou des alliances qui seraient moins efficaces[1]. C'est bien ce qui a poussé les leaders européens de l'industrie aérospatiale à fusionner au sein d'EADS au début des années 2000 plutôt que de continuer à travailler ensemble par le biais de coopérations multiples sur différents types de produits, comme ils le faisaient depuis les années soixante.

Notre discussion des objectifs des alliances nous a montré que les entreprises qui s'engagent dans des stratégies de coopération avec des concurrents le font pour atteindre des objectifs déterminés, et parce qu'elles considèrent ces stratégies comme mieux adaptées à la réalisation de leurs objectifs que d'autres manœuvres stratégiques. Les alliances mises en place devraient donc en principe correspondre à une anticipation, par chaque entreprise impliquée, de l'évolution de l'alliance, de son issue et surtout de ses effets à long terme pour l'entreprise considérée. Notre discussion des pièges des alliances montre quant à elle que les entreprises se mettent en danger lorsqu'elles en viennent à privilégier le court terme aux dépens du long terme. Or de nombreuses entreprises nouent malheureusement des alliances pour atteindre des objectifs immédiats et limités, en sous-estimant les implications stratégiques à long terme de leur participation à de telles alliances. Si, dans certains cas, une entreprise peut ne voir sa situation affectée que de manière très marginale par sa participation à une alliance avec certains de ses concurrents, dans d'autres cas, une telle participation peut avoir des conséquences beaucoup plus importantes, voire dramatiques. Son alliance avec Honda n'a-t-elle pas ainsi fait de Rover un assembleur et un distributeur de voitures japonaises au cours des années 1980 ? Honda lui-même, en se faisant ravir le contrôle de Rover par BMW, n'a-t-il pas été victime de sa propre stratégie de coopération ?

Il est donc capital, dès la formation d'une alliance, et tout au long de son existence, d'anticiper autant que possible les évolutions qu'elle est susceptible de subir et l'issue vers laquelle elle se dirige. Cet exercice de prospective est indispensable car toute entreprise qui noue une alliance avec un concurrent doit être capable de mesurer les implications stratégiques à long terme de sa participation à cette alliance. C'est à ce prix que l'on peut décider s'il faut nouer l'alliance ou pas, et, par la suite, s'il faut la rompre, la prolonger ou en corriger les effets par d'autres mouvements stratégiques. Plusieurs travaux de recherche menés à HEC depuis le début des années quatre-vingt-dix ont permis d'éclairer cette question. Ces travaux montrent que les évolutions et les issues des alliances stratégiques sont largement prédictibles en fonction du type de collaboration noué au départ. Comprendre dans quelle catégorie se situe une alliance donnée permet de prédire sa dynamique et ses conséquences les plus probables. C'est pourquoi nous allons maintenant présenter la typologie qui a été créée dans le cadre des travaux de recherche en question.

1. Garrette B., « Les Européens se trompent d'alliances », *L'Expansion Management Review*, mars 1998, p. 68-73.

4 Trois grands types d'alliances

Alors que de nombreuses études statistiques démontrent la très grande diversité des modes de coopération entre firmes, certains ont cru pouvoir proposer une méthode universelle pour gérer les alliances stratégiques. L'expérience montre pourtant que des méthodes adaptées dans un cas ne s'appliquent pas à d'autres. Des recherches menées par des spécialistes du sujet démontrent que les alliances stratégiques relèvent de trois grands types aux caractères contrastés pour lesquels il convient de développer des solutions spécifiques[1].

Les *alliances complémentaires,* tout d'abord, associent des entreprises dont les compétences et les contributions sont de nature différente. Dans la plupart des cas, il s'agit d'alliances où l'une des entreprises a développé un produit dont la commercialisation s'effectue grâce au réseau de l'autre. Il arrive parfois que la complémentarité repose sur des bases plus complexes, l'un des partenaires amenant par exemple des compétences marketing (produit, positionnement, etc.) et l'autre la production et l'accès au réseau commercial, comme c'est le cas dans l'alliance Cereal Partners entre General Mills et Nestlé, déjà mentionnée. Ce genre d'alliance est très fréquent dans l'industrie pharmaceutique où de nombreux laboratoires distribuent des médicaments développés par leurs concurrents. Dans un secteur où les coûts de R&D deviennent prohibitifs et où les réseaux de visiteurs médicaux sont difficiles à rentabiliser si la gamme de produits est trop étroite, de telles alliances sont en effet nécessaires. Dans l'automobile, Ford a longtemps commercialisé aux États-Unis des modèles développés par son allié Mazda, avant d'en prendre le contrôle, de même que Chrysler distribuait des modèles Mitsubishi et General Motors des modèles Suzuki ou Toyota. De 1984 à 2000, Renault a commercialisé dans toute l'Europe et sous sa marque le véhicule « Espace », développé et produit par Matra-Automobile. La complémentarité entre les deux firmes était évidente : Matra-Automobile ne disposait pas d'un réseau de distribution et de service après-vente, mais possédait en revanche une compétence exclusive pour la production de la carrosserie en plastique de la voiture.

Exemple

Issue d'un projet de Matra-Automobile, la Renault Espace était le fruit d'une alliance Matra-Renault datant de 1982. Après un lancement difficile en 1984 (neuf exemplaires seulement ont été vendus lors du premier mois de commercialisation), l'Espace a progressivement séduit une clientèle moderniste, familiale et huppée, grâce à sa ligne monocorps qui rappelait celle du TGV, son habitabilité, son aménagement intérieur modulable et des performances ▶

1. Dussauge P., Garrette B., *Cooperative Strategy*, Wiley, 1999.

▶

qui n'ont rien à envier aux berlines haut de gamme. Certaines de ses caractéristiques ont été établies sur la base d'études de « styles de vie » menées depuis des années chez Renault, ce qui a permis de beaucoup améliorer le prototype de base de Matra.

Vendue dans le réseau Renault et sous la marque Renault, contrairement aux productions précédentes de Matra-Automobile qui gardaient la marque Matra (Matra-Simca, Talbot-Matra, etc.), l'Espace affichait au milieu des années 1990 une rentabilité record dans l'industrie automobile mondiale. Le réseau commercial de Renault a considérablement bénéficié de l'introduction de ce modèle exceptionnel dans une gamme généraliste car, sans entraîner d'investissement spécifique, l'Espace a attiré de nouveaux clients pour la marque.

Au total, de 1984 à 2002, Renault et Matra auront mis sur le marché trois modèles d'Espace successifs, pour une production cumulée de 850 000 véhicules. Au début des années 2000, Matra-Automobile assemblait jusqu'à trois cents Espace par jour dans son usine de Romorantin en montant une carrosserie entièrement en plastique sur une mécanique Renault. Outre les qualités innovatrices de l'Espace sur le plan de l'habitabilité, la source de l'avantage compétitif venait du fait que la technologie plastique de Matra-Automobile permettait de rentabiliser des productions automobiles à des cadences très basses, ce qui était nécessaire dans le cadre de la stratégie de niche initialement visée.

Toutefois, lorsqu'il s'est agi de renouveler l'alliance pour la troisième fois, au début des années 2000, Renault a considéré que les perspectives de développement du marché étaient suffisantes pour envisager une production en grande série dans son usine de Sandouville, aux côtés des modèles Laguna et VelSatis. C'est ainsi que l'alliance avec Matra a été rompue. Hélas, Matra Automobile ne s'est jamais remis de cette rupture. L'échec commercial de l'Avantime, nouveau fruit de la coopération Matra-Renault, ainsi que la stratégie de recentrage sur les médias du groupe Lagardère, maison mère de Matra, ont eu raison de l'entreprise qui a fermé son usine en 2003 et a vendu son bureau d'études à PininFarina.

Source : B. Garrette et A. Dumont, cas « Matra-Automobile », Groupe HEC, 2002.

Les *alliances de co-intégration*, ensuite, unissent des firmes qui apportent des compétences de nature similaire et s'associent pour réaliser des économies d'échelle sur un composant ou un stade du processus de production isolés. Ces éléments communs sont incorporés à des produits qui restent spécifiques à chaque entreprise et se font concurrence sur le marché. Ainsi, Siemens et IBM produisent ensemble des composants électroniques communs qui entrent dans les équipements informatiques commercialisés séparément par les deux entreprises, Peugeot et Renault produisent en commun un moteur V6 utilisé dans leurs modèles haut de gamme respectifs, Peugeot et BMW ont par ailleurs signé un accord de coopération sur les moteurs Diesel.

Exemple

L'accord Peugeot-Renault-Volvo (PRV) remonte à 1971, date à laquelle a été créée une *joint-venture,* la Franco-Suédoise de Moteurs, dont le capital a été réparti à égalité de parts entre les trois partenaires (15 millions de francs chacun à l'époque). Cette alliance a permis de mettre au point un moteur six cylindres en V dont la fabrication a été confiée à la Française de mécanique, filiale commune à Peugeot et Renault. Les études des différentes variantes du moteur V6-PRV étaient quant à elles réparties entre les partenaires et réalisées par leurs propres bureaux d'études, ce qui permettait de sauvegarder une certaine indépendance technologique. La production du moteur V6-PRV a commencé en 1974 et l'accord a été renouvelé en 1983. Volvo s'est ensuite retiré de l'alliance en 1989, tout en restant client de la Française de Mécanique pour quelques années. Les moteurs PRV ont d'abord équipé les 604 et les R30, puis les 605, XM, et Safrane. En 1996, vingt-cinq ans après la signature de l'accord PRV, Peugeot et Renault ont décidé, malgré la concurrence farouche qu'ils se livrent tant en France qu'en Europe, de renouveler leur coopération et de développer ensemble un moteur V6 entièrement nouveau, pour remplacer le PRV arrivé en fin de carrière. En 2004, ce moteur équipe les Renault VelSatis et Espace, ainsi que les Peugeot 607 et 406 coupés.

La longévité d'une telle alliance, paradoxale parce qu'elle associe des entreprises frontalement concurrentes, s'explique par deux raisons qui ne se sont jamais démenties :

• aucun des constructeurs impliqués n'a les débouchés suffisants pour justifier le développement et la fabrication d'un moteur V6 en propre, alors qu'intégrer à sa gamme une berline, un monospace ou un coupé de luxe équipés d'un tel moteur est toujours apparu comme une nécessité ;

• l'alternative qui consiste à acheter des moteurs six cylindres aux constructeurs américains, qui en produisent de larges quantités, n'a jamais été jugée satisfaisante, parce que les performances et les cylindrées des moteurs américains sont très mal adaptées au marché européen.

Les *alliances de pseudo-concentration*, enfin, associent des entreprises qui développent, produisent et commercialisent un produit commun. Contrairement aux alliances complémentaires, les compétences et contributions des entreprises sont de nature similaire et l'objectif recherché est un objectif de taille. C'est un seul et même produit, commun à tous les alliés, qui est mis sur le marché. Ainsi, le supersonique Concorde a-t-il été développé, produit et commercialisé par Sud-Aviation et British Aircraft Corporation. Les avions sortis des chaînes de l'un ou l'autre constructeur étaient identiques et ne pouvaient donc être mis en concurrence sur le marché. Airbus, déjà cité, est également un exemple d'alliance de pseudo-concentration, tout comme l'avion de combat européen Eurofighter. Ces alliances sont particulièrement fréquentes dans l'industrie de l'aérospatial et de l'armement car les entreprises de ce secteur, malgré leur taille souvent importante, ont du mal à faire face seules à l'ampleur de l'effort de R&D requis ainsi qu'au coût élevé des investissements nécessaires à la production. De telles alliances permettent de partager les dépenses et les investissements tout en élargissant les marchés grâce à l'addition des marchés domestiques de chaque partenaire. Le cas CFM-International, déjà cité plus haut, est un exemple d'alliance de pseudo-concentration dans le domaine de la propulsion aéronautique.

Le cas CFM-International

En 1972, General Electric et SNECMA signèrent un accord de principe pour concevoir et produire en commun un nouveau moteur d'avion de ligne, le CFM56. En 1974, les deux partenaires créèrent officiellement une société en joint-venture, CFM International. Pour des raisons politiques, le projet manqua d'échouer dès le départ lorsque, sous la pression de l'US Air Force, le Département de la Défense américain opposa son veto à l'utilisation par CFM International du corps haute pression du F101 développé par GE. Un tel transfert de technologie était en effet considéré comme dangereux pour la sécurité nationale. Il fallut de longues négociations et l'intervention personnelle des présidents Nixon et Pompidou pour que GE obtienne une licence d'exportation en 1973. Cette autorisation stipulait que les corps haute pression envoyés par GE à SNECMA devaient être mis sous scellés afin d'empêcher le partenaire français de faire du *reverse engineering* sur les parties les plus techniquement avancées du moteur.
Les deux alliés optèrent dès le départ pour une organisation originale : ils décidèrent de se partager le chiffre d'affaires généré par les ventes de moteurs et de se répartir le travail, chacun étant responsable du développement et de la fabrication de la moitié du moteur, ainsi que de sa commercialisation dans la moitié du monde.
Les débuts commerciaux de CFM furent très décevants. Ce n'est qu'en 1979 que CFM International enregistra ses premières commandes et encore celles-ci n'étaient-elles destinées qu'à renouveler les moteurs de quelques vieux quadriréacteurs DC8. Il faut ensuite attendre 1981 pour que le gouvernement fédéral américain confie à CFM la remotorisation de ses KC135. Heureusement, un coup de théâtre se produisit en 1982 lorsque, contre toute attente, Boeing sélectionna CFM International, contre un consortium mené par Rolls-Royce, comme motoriste exclusif pour ses nouveaux Boeing-737.
Pendant les années 1980 et 1990, les livraisons de CFM56 explosent. À fin 2002, 13 368 CFM56, à environ 5 millions de dollars l'unité, ont été livrés. C'est ainsi que CFMI équipe plus du quart des avions à réaction en service en 2003, soit 100 % des Boeing 737 construits depuis 1983, 49 % des DC8, 100 % des Airbus A318, 68 % des A319, 56 % des A320, 59 % des A321 et 100 % des A340-200 et 300. Depuis 2000, le CFM56 est devenu le moteur à réaction le plus utilisé dans le monde. L'arrêt de sa production ne devrait pas intervenir avant 2015-2020. CFM International espère vendre, d'ici là, près de 17 000 moteurs supplémentaires.

▶

▶ Les ventes de moteurs CFM56 sont loin d'être marginales pour les deux partenaires, elles représentent 90 % de l'activité « moteurs civils » de SNECMA et 65 % de celle de GE.
Source : P. Dussauge et B. Garrette, cas « CFM International », Groupe HEC, 2003.

Distinguer ces trois types d'alliance est essentiel, car chacun correspond à des objectifs distincts et entraîne des conséquences très différentes sur la concurrence entre les entreprises alliées. Chaque type d'alliance exige donc une approche spécifique en termes de stratégie et de management.

Pour que s'établisse une alliance de complémentarité, il faut que le produit amené par un allié ne soit pas directement concurrent de ceux du partenaire qui le commercialise. Sinon ce dernier n'a aucun intérêt à faciliter l'entrée d'un compétiteur direct. C'est pourquoi on trouve ces alliances entre des entreprises dont les produits sont différenciés. Renault ne pouvait accepter de distribuer l'Espace de Matra que parce que ce véhicule n'était comparable à aucun autre dans sa gamme. Dans la co-intégration, en revanche, la concurrence entre alliés sur le marché peut très bien rester frontale, car les produits de chacun n'ont aucune raison de ne pas être étroitement substituables. Les moteurs communs à Peugeot et Renault sont montés sur des modèles directement concurrents. La pseudo-concentration, enfin, fait disparaître la concurrence du point de vue du marché, car, comme les alliés commercialisent le même produit, ils sont pratiquement forcés de créer une interface unique vis-à-vis du client. Ainsi, GE et SNECMA se sont répartis entre eux les compagnies aériennes clientes et interviennent auprès de celles-ci au titre de CFM-International. Cela n'exclut évidemment pas des rivalités internes au consortium, mais une coordination de la relation avec le client doit rendre ces rivalités aussi transparentes que possible.

La figure 11.2 met en parallèle les objectifs poursuivis dans les trois grands types d'alliances ainsi que leurs effets sur la concurrence entre alliés.

Des études statistiques ont permis de cerner les caractéristiques principales des trois grands types d'alliances[1].

• ***Les alliances de co-intégration*** sont le plus souvent des accords limités à la R&D et/ou à la production. Elles n'ont pas pour objectif la pénétration dans de nouveaux marchés géographiques. Elles associent souvent des entreprises européennes entre elles ainsi que des entreprises américaines entre elles. Les partenaires dans ce type d'alliances sont des firmes aux positions concurrentielles équivalentes. Le mode d'organisation le plus souvent adopté pour ces alliances est de mettre en commun les moyens et activités concernés dans des unités créées à cet effet. Ce type d'alliance est particulièrement fréquent dans l'industrie automobile (fabrication de composants communs) et dans le secteur informatique (R&D commune ou fabrication de composants électroniques).

1. Garrette B., Dussauge P., Les Stratégies d'alliance, Paris, Éditions d'Organisation, 1995.

FIGURE 11.2 **Taxonomie des alliances stratégiques**

	Alliance de co-intégration 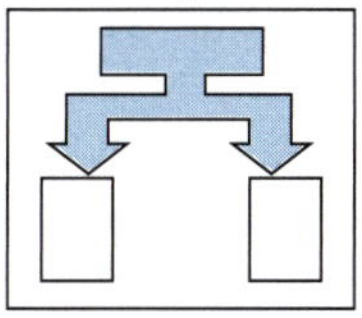	**Alliance de pseudo-concentration** 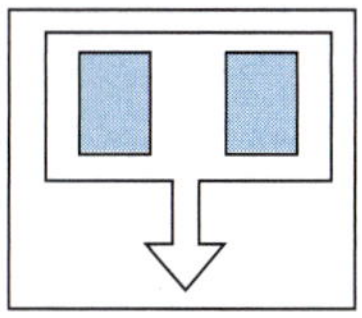	**Alliance complémentaire** 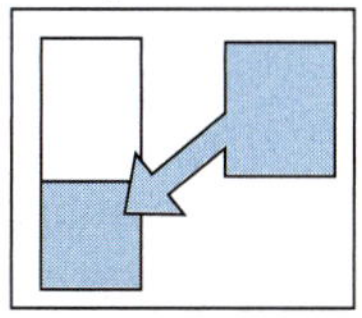
Objectifs	Effets de taille sur un stade isolé du processus de production	Effet de taille sur le produit complet, commun aux alliés	Valorisation de la complémentarité des contributions
Effets sur la concurrence	La concurrence peut rester frontale	La concurrence est neutralisée et se transforme en rivalités internes	La concurrence directe est évitée par différenciation
Exemples	– Moteurs V6 PRV – Société française de mécanique – Programmes Eurêka – MPI Siemens-IBM	– Airbus – ATR – Hélicoptères européens	– Matra-Renault Espace – GM-Toyota – ATT-Olivetti – Thomson-JVC – Roussel-Uclaf-Takeda

• ***Les alliances de pseudo-concentration*** couvrent toute la chaîne de valeur (R&D, production et commercialisation). Elles associent des firmes européennes entre elles et n'ont pas pour objectif la pénétration dans de nouveaux marchés géographiques. Les partenaires sont également des firmes aux positions concurrentielles équivalentes. En revanche, les pseudo-concentrations sont organisées sur la base d'une répartition des tâches entre les firmes partenaires (dans Airbus, par exemple, British Aerospace développe et produit les ailes, alors qu'EADS produit le fuselage et assure l'assemblage final), mais dans certains cas, la commercialisation peut être mise en commun. Il arrive dans ces alliances qu'une même tâche soit dupliquée, c'est-à-dire effectuée simultanément par plusieurs firmes partenaires (par exemple, l'assemblage final des matériels militaires est la plupart du temps dupliqué par chacun des partenaires dans chaque pays participant). C'est dans les secteurs de l'aéronautique et de l'armement que l'on retrouve la grande majorité des alliances de pseudo-concentration.

• ***Les alliances complémentaires*** sont le plus souvent des accords limités à la commercialisation d'un produit déjà développé par l'un des partenaires ; dans certains cas, elles s'étendent à la production de ce même produit. La plupart d'entre elles sont créées pour ouvrir au produit considéré de nouveaux marchés géographiques. Ces alliances complémentaires associent fréquemment des firmes japonaises avec des entreprises américaines ou européennes, aux positions concurrentielles déséquilibrées. Elles sont très courantes dans l'électronique grand public (cas des magnétoscopes JVC commercialisés en Europe par Thomson) et dans les télécommunications (cas des divers partenariats d'ATT, avec Philips notamment, pour remporter des marchés en Europe), et on les retrouve également dans l'automobile et l'informatique.

Les caractéristiques juridiques des accords, souvent mises en avant dans les études sur les alliances pour en proposer une classification générale, ne sont pas un élément majeur dans l'établissement d'une typologie de nature stratégique. On trouve en effet à peu près autant *de joint-ventures* que de simples accords contractuels dans les trois grands types d'alliances identifiés. De même, l'existence de participations croisées entre les partenaires n'est pas liée à l'un ou l'autre des types d'alliances.

5 Dynamique et management des divers types d'alliances

La typologie des alliances que nous venons de présenter permet de comprendre la dynamique et d'anticiper l'évolution des alliances en fonction de la catégorie à laquelle elles appartiennent. Ce faisant, elle peut servir de base pour formuler des recommandations sur le management des différents types d'alliance.

5.1 Organiser l'alliance et gérer les compétences des partenaires

Dans les alliances de co-intégration, la recherche d'un accroissement d'efficacité lié à la taille se traduit la plupart du temps par la mise en place et la gestion commune d'une unité de production en *joint-venture,* dédiée à la fabrication du composant concerné. Dans le cas du moteur V6 Peugeot-Renault par exemple, la production est effectivement mise en commun ; toutefois, les différents travaux de développements sont répartis entre les partenaires, ce qui limite les éventuelles fuites technologiques.

Dans les alliances complémentaires, chaque allié prend la responsabilité des tâches liées aux compétences qu'il possède. Dans ce cas de figure, les alliés n'ont pas besoin de créer de filiale commune, des contrats de cession entre eux suffisent à coordonner l'ensemble (cas de l'alliance Matra-Renault déjà citée). Toutefois, certaines alliances complémentaires donnent lieu à la création de filiales communes au sein desquelles des tâches sont partagées. Ces montages, qui ne sont pas *a priori* indispensables, traduisent une volonté des partenaires d'organiser entre eux des transferts de compétences : grâce au travail en commun au sein de la structure en *joint-venture,* l'apprentissage va être facilité. Ainsi, si l'alliance NUMMI, qui associe General Motors et Toyota depuis 1984, avait pour seul but de commercialiser dans le réseau GM des véhicules conçus par Toyota, un simple contrat serait suffisant. Si les deux partenaires sont tombés d'accord pour mettre une usine en *joint-venture,* c'est pour deux raisons : d'une part, Toyota voulait apprendre de son allié à gérer du personnel américain et, d'autre part, GM cherchait à capter le savoir-faire de son partenaire en matière de gestion de production « à la japonaise ».

Les alliances de pseudo-concentration, enfin, qui ont pour objectif principal de procurer au projet commun des avantages liés à la taille, entraînent soit des mises en commun pour certaines tâches, soit une répartition entre les partenaires pour d'autres. L'arbitrage entre répartition et mise en commun est largement déterminé par la nature des tâches elles-mêmes. Il est par exemple plus facile et moins coûteux de regrouper des services commerciaux ou des équipes de recherche que de réunir des unités de production préexistantes et géographiquement dispersées. La répartition des tâches au sein de l'alliance sur l'avion de transport régional ATR illustre ce principe : les tâches de développement et de production ont été réparties entre Aérospatiale et Alenia alors que la commercialisation était effectuée par une structure commune. Le problème principal que pose la répartition des tâches de développement et de production entre les partenaires est celui d'une spécialisation industrielle rampante. Ainsi, au bout de trente ans de collaboration dans Airbus, une entreprise comme Aérospatiale, maintenant fusionnée dans EADS, s'est-elle retrouvée dans une situation où elle n'avait plus développé ni fabriqué d'ailes d'avion de ligne depuis la Caravelle des années soixante, les voilures des différents modèles d'Airbus étant la chasse gardée de British Aerospace.

Dès lors, pour éviter ces situations paradoxales, les entreprises ont tendance à organiser une rotation des tâches entre elles ou à participer à des alliances multiples dans lesquelles elles réalisent des sous-ensembles différents. Quant aux duplications de tâches, caractéristiques des alliances de pseudo-concentration, elles s'expliquent aussi par la volonté de certains partenaires de conserver certaines compétences considérées comme cruciales. En effet, associant des partenaires dont les positions sont semblables au départ, ces alliances, par la spécialisation qu'elles provoquent, font courir un risque de perte de compétence aux divers alliés. Ce problème se pose dans des termes très différents pour les alliances complémentaires où les spécialisations des partenaires existent *a priori* et sont même la raison d'être de la collaboration.

5.2 Anticiper l'évolution de l'alliance et ses conséquences pour les partenaires

La dynamique et les problèmes de management de chacun des trois types d'alliances apparaissent comme très contrastés. Les alliances de co-intégration rencontrent souvent un problème de perte d'efficacité et voient leur produit devenir progressivement inadapté aux besoins de leurs clients-partenaires et obsolète face aux évolutions technologiques du marché. En effet, les problèmes classiques de l'intégration verticale (rigidité, coupure avec le marché...) sont aggravés par des difficultés liées au partage des responsabilités. Il est d'autant plus difficile de restructurer l'activité et de prendre des décisions radicales sur le produit que ces choix doivent être négociés et faire l'objet d'un accord entre des partenaires concurrents dont les intérêts peuvent diverger. Cette situation, dans laquelle l'alliance ne remplit plus correctement son rôle, peut se prolonger plus ou moins longtemps ; l'existence d'une structure séparée disposant de ses propres installations et d'un personnel spécifique contribue à ce phénomène d'inertie. L'une des issues probables est que l'un des alliés reprenne en main la *joint-venture* pour la restructurer.

Exemple

La Française de mécanique, créée dans le cadre des accords Peugeot-Renault initiés à la fin des années soixante afin de concevoir et produire des moteurs communs, a connu une évolution significative des problèmes propres aux alliances de co-intégration. En effet, le premier moteur commun, destiné à la 104 et à la R14, n'a jamais eu de véritable successeur et les deux partenaires se sont mis à utiliser la JV pour juxtaposer des fabrications de moteurs spécifiques à chaque constructeur, ce qui anéantit pratiquement l'effet de taille escompté au départ, mais n'a pas empêché la Française de mécanique de devenir la plus grosse unité de fabrication de moteurs automobiles en Europe. Cette évolution a eu pour cause principale la rupture de l'accord cadre Peugeot-Renault en 1974, qui, à l'exception du V6 cité ci-dessus, a rendu impossible la définition de nouveaux moteurs communs, mais n'a pas conduit à la dissolution de la structure commune.

Celle-ci s'est trouvée livrée à sa propre dynamique et partagée entre les besoins divergents de ses actionnaires. On aboutit à la situation paradoxale où les coûts liés à la gestion complexe d'une structure commune ne sont plus compensés par les gains économiques envisagés à la création. L'existence même de la structure constitue pour les firmes alliées un obstacle à la dissolution de l'alliance.

Dans les alliances de pseudo-concentration, face au risque de perte de compétence et aux inconvénients de la duplication de certaines tâches comme l'assemblage final du produit, les alliés ont tendance à organiser entre eux une rotation des responsabilités. Deux évolutions sont alors possibles : soit le maintien d'une certaine polyvalence des partenaires au détriment de la rationalisation de l'ensemble, soit une « pseudo-fusion » sur l'activité, chaque allié devenant un fournisseur spécialisé du consortium. Le second cas de figure s'accompagne en général d'un accroissement du pouvoir de la structure commune de coordination. L'exemple d'Airbus est à cet égard significatif : c'est le GIE Airbus Industrie qui a imposé aux partenaires – pour une fois tous d'accord pour redéfinir entre eux le partage des tâches – de garder sur l'A320 la spécialisation adoptée pour le modèle précédent, l'A300. Il en a été de même pour le projet A380. L'évolution ultime d'une telle logique est d'aboutir à une fusion en bonne et due forme entre les partenaires.

Les alliances de complémentarité posent des problèmes d'un tout autre type. C'est en effet dans ces alliances que les « fuites de compétences » au profit d'un partenaire et au détriment de l'autre ont les conséquences les plus cruciales sur la situation des entreprises alliées. C'est aussi dans les alliances complémentaires que des spirales de dépendance d'un allié vis-à-vis de l'autre apparaissent le plus fréquemment. Toutefois, le danger de la fuite de compétences n'est réellement à redouter que dans les cas où l'existence d'une structure de coopération étroite permet un transfert de savoir-faire vraiment significatif. On peut opposer sur ce critère des alliances de complémentarité aux évolutions très différentes comme GM-Toyota d'une part et Matra-Renault d'autre part. Dans le premier cas, Toyota semble avoir mieux compris qu'une course de vitesse s'engageait avec son partenaire pour la captation de compétences. Dans la mesure où c'est par les hommes que s'effectue l'acquisition de ces compétences, le partenaire japonais a fait passer beaucoup plus de ses cadres que GM dans des postes opérationnels de la *joint-venture* NUMMI. Ensuite, Toyota a réutilisé ces cadres « nummisés » pour gérer ses propres implantations aux États-Unis, où il se retrouvait en concurrence avec GM. Dans le cas de l'alliance Matra-Renault, en revanche, les transferts de savoir-faire étaient plus limités : Renault n'a pas acquis la technologie plastique de Matra et Matra n'a jamais atteint le niveau de Renault en marketing et distribution automobile, loin s'en faut. C'était la situation de dépendance de Matra vis-à-vis de Renault qui posait le problème crucial. En effet, s'il était envisageable dès le départ que Renault puisse un jour développer seul un successeur de l'Espace en optant pour une carrosserie en métal, comme cela a fini par se produire, il était totalement exclu que Matra se dote d'un réseau de distribution autonome pour commercialiser ses propres voitures.

Des données plus générales sur les évolutions et les issues des alliances corroborent les conclusions que nous venons de présenter sur la base d'exemples. Il apparaît ainsi que les alliances complémentaires conduisent plus souvent que les autres à des issues déséquilibrées, comme par exemple la reprise de la joint-venture par un des partenaires[1]. Une recherche sur l'industrie automobile a même montré que les parts de marché relatives des partenaires varient davantage dans le cas des alliances complémentaires que dans les cas d'alliances de co-intégration ou de pseudo-concentration[2]. Quant à la nécessité de développer un savoir-faire sur le management des alliances et d'anticiper leurs conséquences, elle est démontrée par le fait que les entreprises qui se dotent d'une fonction « alliance » centralisée obtiennent de meilleurs résultats en matière de collaboration que celles qui se contentent de gérer chaque alliance de manière spécifique et décentralisée[3].

Le tableau 11.1 résume notre analyse et nos recommandations sur la gestion stratégique des différents types d'alliance.

1. Dussauge P, Garrette B, Mitchell W., « Learning from Competing Partners : Outcomes and Durations of Scale and Link Alliances in Europe, North America and Asia », *Strategic Management Journal*, 21, 2000.

2. Dussauge, P., Garrette, B., Mitchell, W., « Asymmetric Performance : the Market Share Impact of Scale and Link Alliances in the Global Auto Industry », *Strategic Management Journal*, 25, 2004.

3. Kale P., Dyer J.H., Singh H., « Alliance Capability, Stock Market Response, and Long-Term Alliance Success : The Role of the Alliance Function », *Strategic Management Journal*, 23, 2002.

TABLEAU 11.1

	Alliance de co-intégration	Alliance de pseudo-concentration	Alliance complémentaire
Problèmes principaux	• Perte d'efficacité • Obsolescence	• Spécialisation rampante • Perte de compétences	• Course à l'apprentissage • Renforcement d'un partenaire aux dépens de l'autre
Évolution probable	• Inertie • Restructuration • Faible impact sur la position concurrentielle des partenaires/concurrents	• Rotation des rôles des partenaires, • Concentration en bonne et due forme	• Reprise de l'activité par un des partenaires • Fort impact sur la position concurrentielle des partenaires/concurrents
Recommandations	• Limiter la durée • Prévoir dès le départ des clauses de sortie bien précises (dissolution) • Viser constamment l'excellence opérationnelle	• Créer un portefeuille d'alliances avec plusieurs partenaires • Préparer une éventuelle concentration du secteur	• Identifier les compétences à apprendre et les compétences à protéger • Apprendre et diffuser les compétences nouvelles dans l'entreprise • Prévoir dès le départ des clauses de sortie bien précises (options de rachat)

Conclusion

En définitive, il apparaît que les pièges et problèmes du management des alliances dépendent avant tout du type d'alliance noué au départ, type d'alliance qui dépend lui-même des objectifs poursuivis par les concurrents-partenaires.

Dans les alliances de pseudo-concentration, l'efficacité de l'ensemble s'oppose souvent au maintien de l'autonomie stratégique de chaque allié. Pour préserver cette autonomie, chaque entreprise doit jouer sur sa participation à plusieurs alliances simultanément en construisant et en gérant un « portefeuille d'alliances » diversifié et cohérent.

Dans les alliances de co-intégration, la structure mise en place provoque une inertie qui nuit progressivement à l'efficacité du partenariat. Le succès de l'alliance dans le long terme est conditionné à la mise en place d'un système de management stratégique capable de piloter son évolution face aux nouvelles donnes de l'environnement.

Dans ces deux types d'alliance, les positions des divers partenaires vis-à-vis de ces problèmes sont symétriques, et il est intéressant de rappeler que, dans la majorité des cas, ces alliances lient des partenaires européens entre eux.

Dans les alliances de complémentarité, en revanche, les positions respectives des partenaires sont dissymétriques. Un des alliés sera souvent amené à mettre en place des systèmes de protection contre les fuites technologiques. C'est dans ce type d'alliance que peuvent se poser les problèmes de renforcement d'un allié au détriment de l'autre. Il est donc important dans ces alliances de fixer avec précision les objectifs et les limites de l'apprentissage, ainsi que de décoder avec perspicacité les intentions du partenaire. Les clauses de sortie de l'alliance, et notamment les options d'achat ou de revente de l'activité, ainsi que les formules de valorisation des apports de chaque partenaire, notamment en ce qui concerne les apports intangibles, doivent être discutés et négociés avec une attention toute particulière. Une fois l'alliance nouée, toutes les occasions d'apprentissage doivent être exploitées. C'est en effet le partenaire qui gagne la course à l'apprentissage qui se trouve en position de force lorsque l'alliance vient à se rompre.

Chapitre 12

Stratégie et développement durable

« Nous n'héritons pas le monde de nos ancêtres, nous l'empruntons à nos enfants. »
Saint-Exupéry

Le Développement Durable est devenu une réelle préoccupation des entreprises. En 1987, le rapport de la Commission mondiale pour l'environnement et le développement, « Notre Avenir à tous », placée sous la direction de Gro Harlem Bruntland et soumis à l'Assemblée Générale des Nations Unies définissait le développement durable comme *« Un développement qui répond aux besoins du présent sans compromettre la capacité des générations futures de répondre aux leurs. »*

Les effets contraignants des lois NRE ou les notations des fonds éthiques et des agences de rating spécialisées imposent aux entreprises de faire un travail de communication externe sur leurs réussites en matière de développement durable. Mais, elles doivent ensuite passer à un stade d'organisation interne de l'entreprise et d'adaptation de leur stratégie pour intégrer ces préoccupations au même titre que la rentabilité et la valeur actionnariale.

1 Les enjeux d'environnement de l'activité économique

Passer de 6 milliards d'habitants en 2000 à 8.9 milliards d'habitants[1] en 2050 est le premier sujet d'inquiétude des scientifiques. Presque neuf milliards d'êtres humains ne pourront vivre sur la Terre avec le même mode de vie que celui des quelque 750 millions d'habitants actuels des pays industrialisés, faute d'eau, d'énergie, d'espace en quantité et qualité suffisantes. Des impasses apparaissent. Des adaptations sont indispensables[2]. et le développement durable (ou *sustainable development* en anglais) est devenu en quelques années une notion clé après avoir été popularisé au sommet de la Terre

1. Données INED http://www.ined.fr/population-en-chiffres/monde/index.html

2. Stratégie nationale du développement durable, Fondements et orientations. Ministère de l'Ecologie et du développement durable.

de Rio de Janeiro en 1992. Les chefs d'état se réunissent désormais régulièrement pour assurer le « développement durable » du monde et signent conventions et traités encadrant en particulier les activités économiques.

« *C'est la dose qui fait le poison* », écrivait Pasteur. Le risque environnemental est historiquement le plus ancien. L'industrie comme l'agriculture ont toujours « écorché » la nature. On a coupé des forêts, pratiqué partout des techniques de « brûlage », consommé de l'énergie et rejeté des gaz polluants dans l'atmosphère. Mais la modernisation des états, la richesse des civilisations, couplées au développement industriel et au productivisme agricole ont modifié « la dose ». Et les effets néfastes sont là ! On détériore la couche d'ozone, le climat change. Il devient difficile de protéger les nappes phréatiques, etc…

Il n'est plus possible de considérer les ressources naturelles comme gratuites et illimitées et renouvelables. Une action rigoureuse et significative est nécessaire pour maintenir un environnement humainement vivable. La seule chose claire est que le problème ne va pas disparaître naturellement sans efforts significatifs de la communauté humaine et sans révision majeure des modes de pensée économique, de l'organisation, la production, la distribution et la consommation des biens et services. Un dossier réalisé par l'Institut français de l'environnement (Ifen) à la demande du ministère de l'écologie et du développement durable[1] livre quelques éléments de base, utiles à la réflexion sur les questions de l'utilisation des ressources naturelles, et notamment de l'eau potable et des forêts.

1.1 Les ressources en eau

Le volume total de l'eau sur terre est évalué à 1400 millions de kilomètres cubes, 98% de ce volume sont trop salés pour être utilisables par l'homme, et sur les 2% restants, seuls 0,15% participent au cycle de l'eau et sont utilisables pour les besoins humains. Cela correspond à une quantité disponible par habitant et par an de 7000 mètres cubes d'eau, en théorie suffisante. Mais beaucoup de régions sont bien en dessous du seuil nécessaire de 1700 mètres cubes par habitant et par an. Aujourd'hui, plus d'un milliard d'hommes n'ont pas accès à un approvisionnement en eau potable et 2,5 milliards ne bénéficient pas d'installation d'assainissement. Les maladies hydriques (dues à l'eau) causent tous les ans 2,2 millions de morts, dont 1,5 millions d'enfants de moins de 5 ans, plus de quatre fois le nombre de décès occasionnés par les conflits. En France, en 1999 et 2000, 95% des 400 points de surveillance des cours d'eau dépassaient le seuil européen (de 0,1 microgrammes/litre en pesticides) au-delà duquel l'eau est jugée non potable sans traitement ultérieur.

1.2 La forêt

1. Document élaboré dans le cadre du séminaire gouvernemental sur le développement durable du 28 novembre 2002.

Les forêts jouent un rôle essentiel et multiple : elles constituent un réservoir de diversité biologique (les principes actifs de nombreuses plantes sont utilisés pour fabriquer des médicaments), elles sont un instrument naturel de régulation des eaux, un puits d'absorption du carbone (lutte contre l'effet de serre) et des lieux de récréation (aménités sociales et écologiques). Durant la décennie 1990-2000, la surface des forêts a diminué de 2,37 %, soit de 94 millions d'hectares. C'est en Afrique et en Amérique Latine Caraïbes que la déforestation est la plus importante. En France, en dix ans, c'est la superficie d'un département français qui est passée de zone naturelle à zone artificielle (habitats, infrastructures, bâtiments divers, équipements sportifs ou de loisirs). Celle-ci représente 8% du territoire national et croît rapidement.

1.3 L'énergie

Le développement que l'économie connaît depuis un siècle est dû à la domestication des sources d'énergie performantes que sont le charbon, le pétrole et le gaz. Ces sources d'énergie sont performantes car elles sont concentrées et stockables.

Cette manne a permis l'essor des transports (automobile, avion, bateau), mais aussi le développement des engrais et de la pétrochimie, qui sont à l'origine de la démultiplication et du stockage des productions agricoles. Cet essor a été d'autant plus rapide aux États-Unis que les premières réserves importantes y furent découvertes. En 1930, les États-Unis consomment déjà 130 millions de tonnes de produits pétroliers par an, quand la France en consomme 5 et l'Allemagne moins de 2[1]. En 1998, les pays d'Amérique du Nord ont consommé 1 700 millions de tonnes de produits pétroliers[2]. Soit une accélération par un facteur de 13 en moins de 70 ans.

L'utilisation massive de l'énergie fossile a permis des modifications sociétales majeures.

– La durée des voyages s'est réduite drastiquement : en 1880, il faut 50 à 60 jours pour franchir l'Atlantique en bateau à voile. En 1927, il a fallu 33 h 29 mn à Charles Lindbergh pour traverser l'Atlantique de New-York à Paris[3]. Aujourd'hui, il ne faut plus que 7 heures soit une diminution du temps de trajet d'un facteur 360 mais au prix d'une consommation pétrolière exponentielle.

– L'agriculture a aussi vécu une véritable révolution : en France, la production de blé était de 13,9 quintaux par hectare en 1880, elle est aujourd'hui de l'ordre de 70 quintaux/hectare, pour une consommation énergétique équivalente à 430 à 550 litres de fioul/ha, suivant les zones[4].

– La production de biens de consommation a explosé : il s'est fabriqué 40,9 millions de voitures en 2000, contre 8 millions en 1950[5], et le nombre de voitures dans le monde est passé de 18 millions en 1924 à 666 millions en 1997[6].

– Le confort des habitations est aujourd'hui sans commune mesure : lumière, eau chaude à volonté, chauffage réglable d'un simple geste, quand,

1. Le pétrole, une épopée - Xavier Boy de la Tour, coll. Explora, cité des sciences et de l'industrie - p20 - 1993.

2. Key world energy statistics from the IEA, 2000 Edition.

3. http://www.coppoweb.com/merson/chroniques/fr.bt.php?bouton=avion.

4. http://www.confederationpaysanne.fr/cs/153dsosyst.htm

5. Vital Signs, Worldwatch Instiute, 2001.

6. *Quid* 2004.

il y a à peine un siècle, beaucoup cherchaient dans la journée les morceaux de charbon qui les chaufferaient le soir.

Mais ces bienfaits réels nous conduisent à oublier les ressources nécessaires à ce progrès même si des « crises pétrolières » se manifestant par des hausses des prix viennent périodiquement nous rappeler les limites de ces ressources.

Les limites de la croissance économique ont pourtant déjà été explorées. En 1972, le premier rapport publié par le groupe de réflexion connu sous le nom de « Club de Rome », préparé par une équipe de chercheurs du MIT, lançait une alerte sur les conséquences du modèle de développement occidental. Ce rapport, intitulé *Limits to growth*[1], faisait le constat qu'une croissance exponentielle ne peut que se heurter aux limites physiques de notre monde fini[2].

À la suite du choc pétrolier du milieu des années 70 et d'une crise économique liée au coût du pétrole, le modèle de développement occidental a semblé s'adapter et contredire ces prévisions pesimistes. Pourtant, une version révisée du rapport parue en 1992, Beyond the limits[3], souligne à nouveau que « (....) la grande majorité des ressources naturelles non renouvelables [atteindra] des prix prohibitifs avant qu'un siècle ne soit écoulé », et ce « quelles que soient les hypothèses les plus optimistes ».

1. Limits to growth : A Report for the Club of Rome's Project on the Predicament of Mankind, Donella Meadows, Editions Paperback.

2. En particulier : la disponibilité des terres arables, la capacité des écosystèmes à absorber la pollution et la disponibilité des ressources non renouvelables.

3. Beyond the limits : Confronting Global Collapse, Envisioning a Sustainable Future, Donella Meadows, Dennis Meadows, Jorgen Randers, Editions Paperback. Voir également : Limits to Growth : The 30-years Update, Donella Meadows, Dennis Meadows, Jorgen Randers, Chelsea Green Publishing Compagny, 2004.

FIGURE 12.1 **Alertes du rapport au Club de Rome (1972 et 1992)**

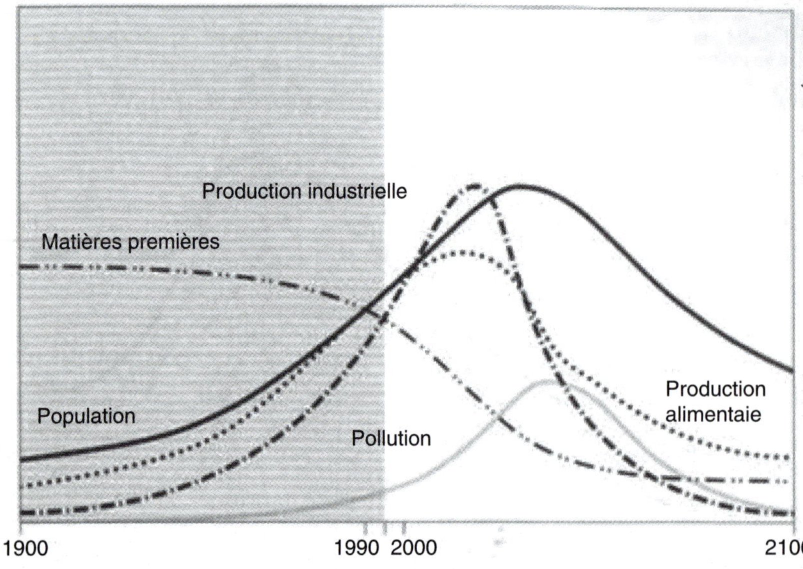

Population et production industrielle croissent jusqu'à ce que les contraintes imposées par l'environnement et les ressources détruisent la capacité d'investissement du secteur privé.

Source : D.H. Meadows, D.L. Meadows, J.Randers, W.W. Behrens, Beyond the limits, 1992.

Source : D.H. Meadows, J. Randers, W.W. Behrens, *Beyond the limits*, 1992

FIGURE 12.2 **Regular Oil & Natural Gas Liquids 2003 Base Case Scenario**

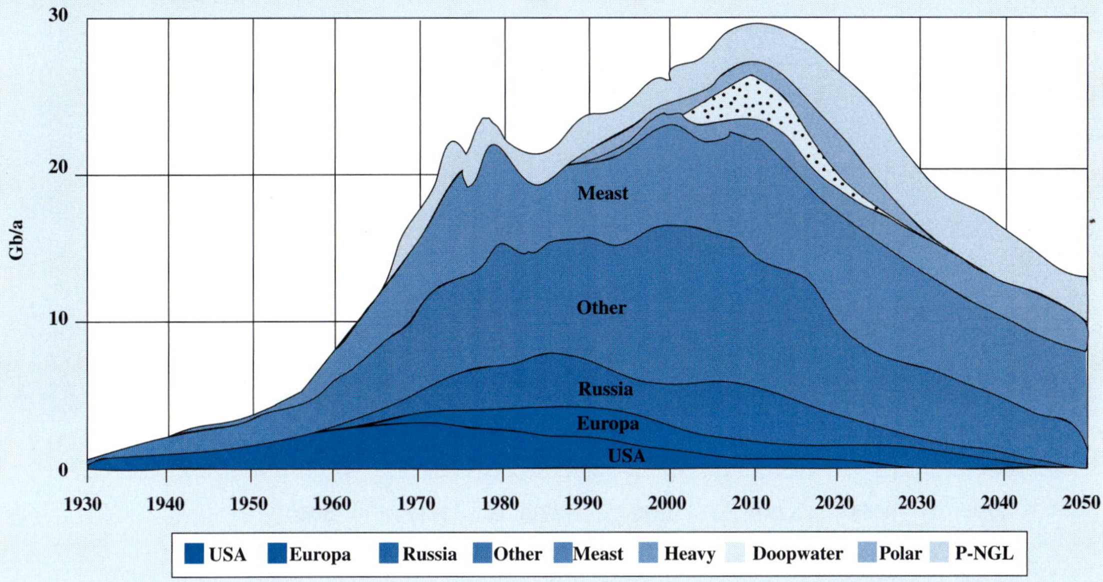

Source : C. Campbell, J. Laherrère, ASPO

Fondamentalement, les perspectives avancées par le Club de Rome contestent sérieusement la durabilité du modèle de croissance « infinie » du XXe siècle, en posant des questions de fond sur la disponibilité des ressources en matières premières, en énergie et en production agricole par rapport à la population humaine. En 2000, les combustibles fossiles couvraient près de 90 % des besoins mondiaux[1] en énergie primaire, le pétrole représentant à lui seul 40 % de la consommation totale d'énergie dans le monde[2]. Il est intéressant de constater que la demande de pétrole est fortement corrélée à la croissance économique (une variation de 1% du taux de croissance entraîne une variation de la demande en pétrole de 0,9% à court terme et de 1% à long terme[3]). La répartition des besoins en pétrole a fortement changé au cours des cinq dernières années, avec notamment le fort développement de l'Asie. La croissance des besoins et la bataille en cas de pénurie ne se limitent plus désormais aux seules économies riches de l'Amérique du Nord et de l'Europe.

D'un autre côté, un certain nombre de scientifiques et de professionnels de l'énergie estiment que la production de pétrole dans le temps ne suit pas une ligne droite mais une courbe en cloche dont le sommet représente le *pic de production*[4], c'est-à-dire le moment où la production annuelle sera la plus importante jamais réalisée.

1. Ngo Christian, *L'énergie*, Paris, Dunod, 2002, p. 9

2. Bauquis Pierre-René, Intervention lors de la conférence-débat « Quelles énergies pour le XXIe siècle et au-delà? », à l'Union Internationale des Chemins de Fer, 30 janvier 2003.

3. Buissé, Depecker et Tissot, 2001.

4. Hubbert M.K., « Nuclear Energy and the Fossil Fuels », *Amer. Petrol. Inst. Drilling & Production Practice. Proc. Spring Meeting*, p. 7-25 San Antonio, Texas, 1956. Pour plus d'informations sur la courbe de Hubbert : http://www.hubbert.mines.edu.

FIGURE 12.3 Évolution de la production de pétrole - différents scénarii

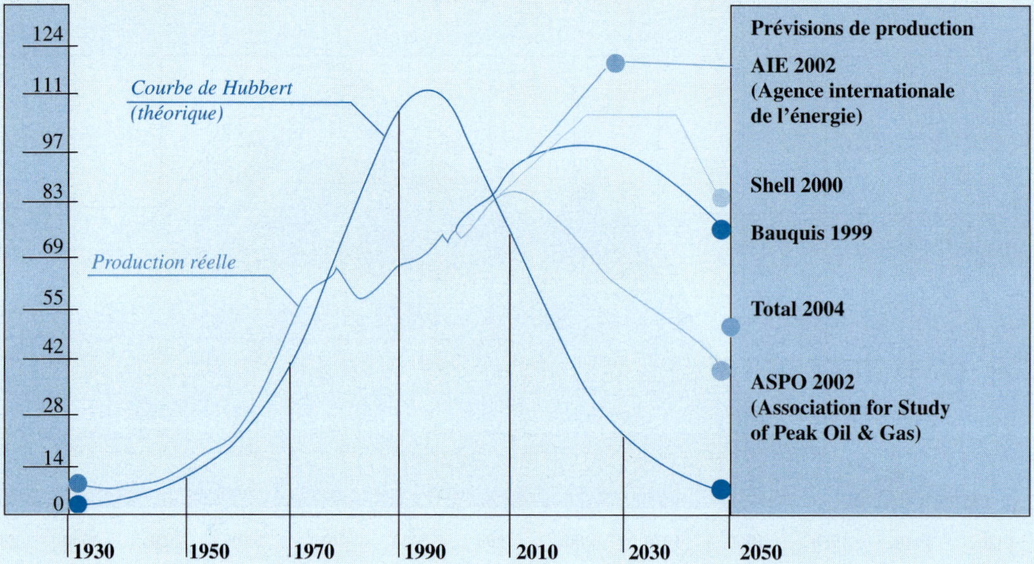

* Courbe théorique de l'épuisement des réserves prévisibles avant le choc pétrolier de 1973

Les travaux de James MacKenzie, Colin Campbell et Jean Laherrère, géologues et anciens consultants auprès de compagnies pétrolières, évaluent actuellement les ressources en pétrole récupérable, entre 1 800 et 2 200 milliards de barils[1].

Un assez large consensus semble aujourd'hui se dessiner autour du scénario d'une réduction de la production de pétrole y compris parmi les compagnies pétrolières elles-mêmes. « Même si la production pétrolière poursuit sa croissance au-delà de 2010, le débat sur le pic de pétrole pose des questions stratégiques pour le moyen terme. L'enjeu n'est pas de savoir précisément quand aura lieu le pic, mais plutôt comment se produira le déclin et quelles alternatives nous devons développer. C'est un aspect majeur de la réflexion stratégique pour les entreprises[2].

1. Mackenzie James, *Oil as a Finite Resource : When is Global Production Likely to Peak ?* mars 2000, http://www.wri.org/wri/climate/jm_oil_000.html. Cambridge Energy Research Associates, Alert, avril 2004.

2. Voir JL Ardoin et M Rouer, « Stratégies pour construire une économie sans carbone », Les Echos, L'art du management, novembre 2004.

1.4 L'effet de serre et le changement climatique

Une autre ressource naturelle est l'air. L'activité humaine a considéré qu'elle était gratuite et inépuisable, entraînant des rejets de gaz dans l'atmosphère. Il apparaît clairement qu'il y a une forte corrélation entre les rejets

FIGURE 12.4 **Global Temperature Trends : 1860-2002**

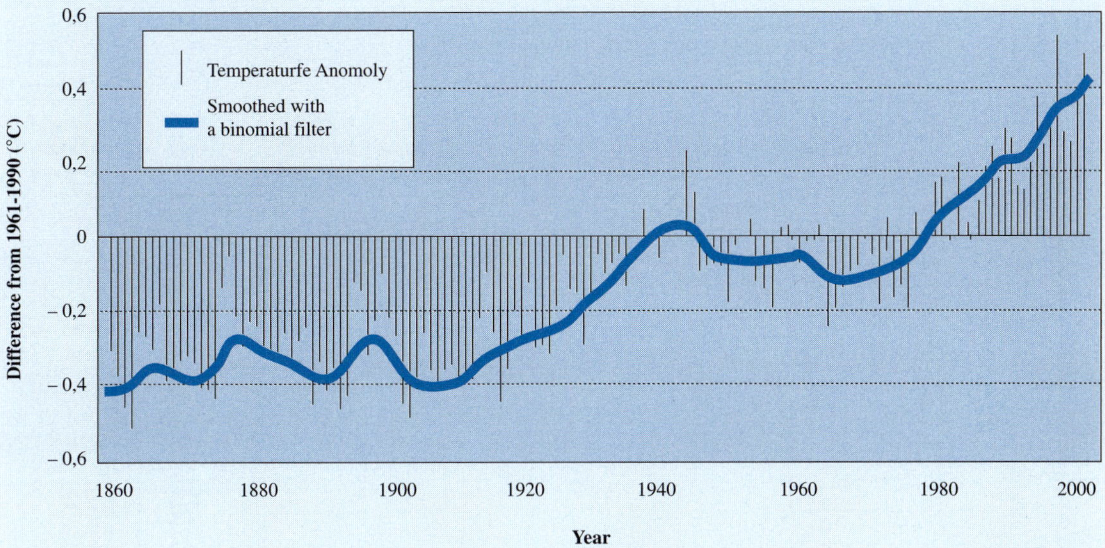

Source : World Meteorological Organization

de gaz dans l'atmosphère et des conséquences notamment climatiques. La plupart des experts considèrent que l'activité humaine contribue au moins en partie au réchauffement de la surface de la planète. La majorité des scientifiques s'accordent aussi à penser qu'un réchauffement de la température moyenne d'un degré entraînerait des modifications significatives de climat, avec un accroissement des inondations et sècheresses, des tempêtes et le développement de nombreuses maladies.

L'analyse des courbes de température moyenne sur plus d'un siècle effectuée par l'organisation mondiale de la météorologie montre clairement une tendance à la hausse.

Les projections de l'*International Panel on Climate Change* des Nations Unies montre que ces évolutions sont historiquement significatives et que même avec des actions significatives la hausse des températures sera lente et difficile à freiner.

Les accords de Kyoto ont montré une bonne convergence internationale des analyses à cet égard. La difficulté est de passer aux remèdes en partageant les efforts de réduction des émissions de Gaz à Effet de Serre qui sont les principaux accusés de cette hausse des températures.

Les sources de gaz à effet de serre sont clairement répertoriées pour inclure en premier lieu le CO_2 produit en particulier par la combustion des

FIGURE 12.5 **Variation des températures de la surface de la Terre**

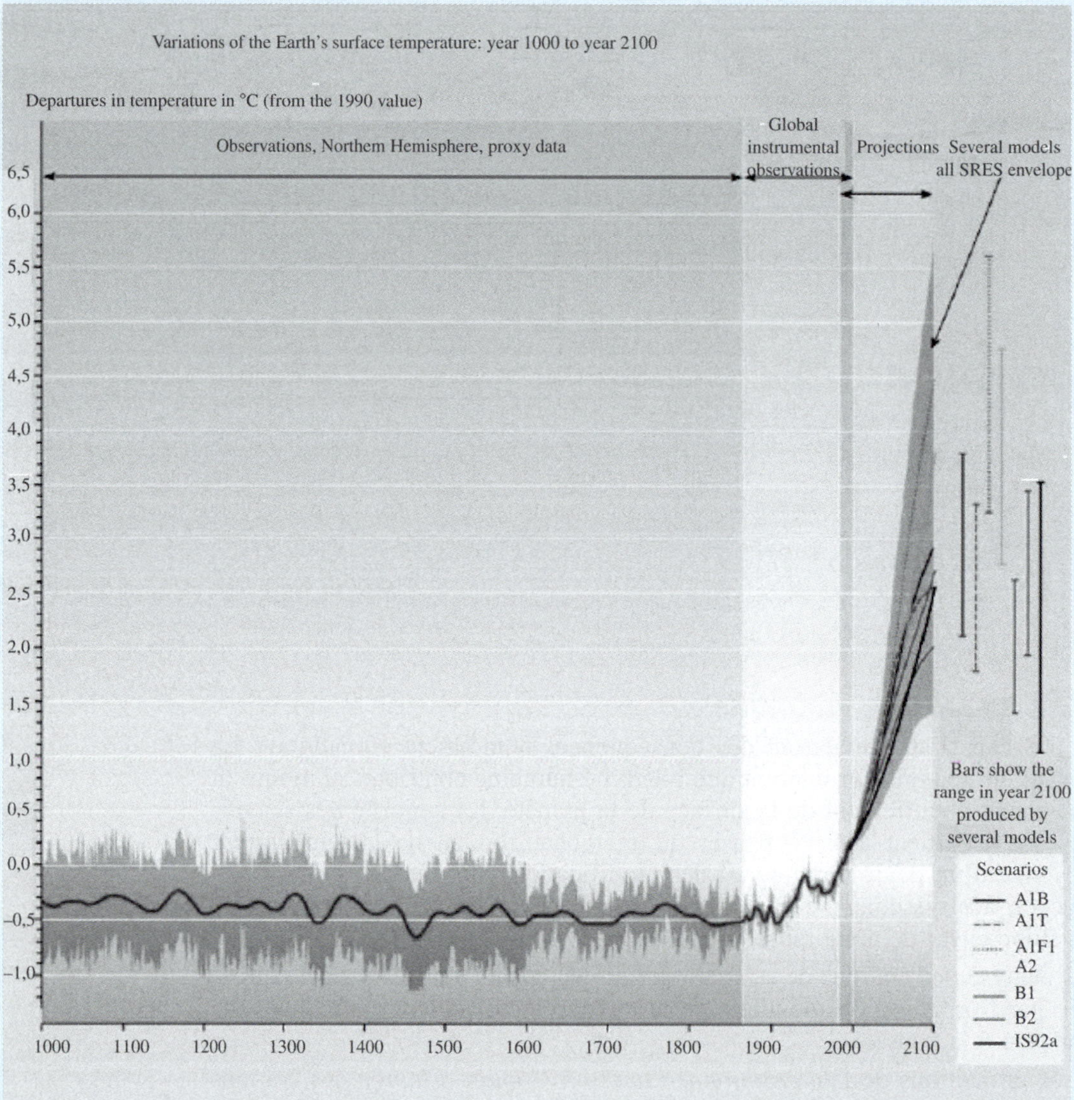

Source : World Meteorological Organization

énergies fossiles (pétrole, gaz et charbon), le méthane lié à certaines productions agricoles, l'azote lié à l'utilisation des engrais et un certain nombre d'autres gaz industriels. Pour limiter les conséquences sur le réchauffement du climat, il faudrait ramener les émissions de CO_2 au dessous de 3 gigatonnes

« équivalent carbone » par an. Equitablement réparti, ce chiffre pour 6 milliards d'habitants conduit chaque terrien à disposer d'un « droit à émettre » de 500 kg équivalent carbone par an (seuil atteint en conduisant pendant 6 mois une voiture en zone urbaine). Or, un Américain émet actuellement 11 fois plus que ce seuil, un Allemand 6 fois plus, un Anglais 5 fois plus, un Français 4 fois plus et un Chinois 1,5. A l'opposé, un Indien émet un chiffre 40% inférieur à ce seuil et un Népalais seulement 1/14e.

Les accords de Kyoto, s'ils sont appliqués, directement ou à travers les politiques qui s'en inspirent, cherchent à implanter des politiques rigoureuses par voie législative ou par voie d'incitation économique pour réduire significativement l'émission des gaz à effet de serre.

Les entreprises doivent donc évaluer ces aspects selon deux perspectives[1].

1) l'émission de gaz à effet de serre au cours de leurs processus de fabrication industrielle, pour le chauffage et la climatisation de leurs bureaux et installations. Mais les programmes de réduction des émissions de gaz à effet de serre vont concerner la totalité des entreprises de manière directe ou indirecte. Le développement des évaluations des émissions de gaz à effet de serre des processus industriels, de l'organisation des entreprises et des produits/services fournis aux clients est en train d'ouvrir de nouvelles perspectives stratégiques. Les changements de procédés, la hausse des coûts des énergies fossiles, l'incitation au développement des énergies renouvelables, la réorganisation des transports, sont des exemples d'impacts majeurs sur l'activité industrielle et commerciale. La valeur de certains actifs risque d'en être affectée, de nouveaux produits/services vont émerger, de nouvelles règles de concurrence vont apparaître. Les programmes européens de réduction d'émission de gaz à effet de serre concerne déjà plus de 12 000 sites ; chaque pays de l'Union Européenne a émis des quotas négociables de droit d'émission qui imposent une réduction annuelle de l'émission de CO_2 par site. Ces droits négociables permettent à l'entreprise de faire un choix économique entre : *a)* maintenir un volume plus important que son quota de gaz CO_2 et acheter sur le marché européen les droits d'émission qui lui manquent ou *b)* investir dans des procédés de réduction des émissions de CO_2 qui apportent des résultats en ligne avec la réduction progressive de ses quotas, voire même qui lui permettent de vendre sur le marché ses droits inutilisés.

2) Les enjeux du risque climatique affectent aussi un grand nombre d'entreprises pour ce qui concerne les risques d'inondations et de sécheresse. Cela concerne évidemment les entreprises implantées dans les zones inondables ou les pays exposés aux risques climatiques, par exemple les entreprises liés à l'agriculture, à la forêt ou à la pêche ou à la distribution de ces produits. Par voie de conséquence, des activités de service comme la distribution alimentaire, l'immobilier, ou le tourisme sont aussi concernées. Mais les banques ou les compagnies d'assurance et de réassurance ont aussi des enjeux majeurs. Des entreprises comme la compagnie de réassurance

1. What every executive should know about global warming, Kimberly O'Neil Packard & Forest Reinhardt, Harvard Business Review, July August 2000.

Swiss Re ont investi massivement dans la connaissance des changements climatiques et de ses causes, car ces risques remettent en cause la solidité financière des compagnies d'assurance et de réassurance qui garantissent les risques de catastrophes naturelles.

1.5 La production de déchets

Elle s'accroît deux fois plus vite que le revenu disponible brut des ménages, ce qui pourrait être lié soit à une consommation de biens matériels de plus en plus importante dans le revenu global des ménages, soit au changement de la nature des produits consommés, comportant de plus en plus d'emballages. Ainsi, chaque Français génère 360 kg/an de déchets ménagers, dont 40% d'emballages. Chaque année, près de 2 milliards de tonnes de déchets sont produits dans les États membres de l'Union Européenne et ce chiffre augmente de 10% par an. Or, le phénomène d'urbanisation accroît et renforce le nombre d'individus exposés aux polluants, notamment ceux liés aux transports. Une exposition prolongée à ces divers polluants constitue une préoccupation de santé publique.

2 Les enjeux sociaux de l'activité économique

Les enjeux sociétaux de l'activité économique sont nombreux et font l'objet de beaucoup de réflexions. Cependant, les besoins de plus de la moitié de l'humanité n'ont pas encore atteint une satisfaction élémentaire : ils justifient certainement pour les pays et régions concernés un développement économique rapide de biens alimentaires, vestimentaires, d'urbanisation, d'infrastructure, etc., à des faible coûts pour s'adapter à ces faibles revenus. La création d'emploi leur est indispensable pour assurer le pouvoir d'achat nécessaire à la survie de cette moitié de l'humanité. Elle ne peut se développer durablement sur la base d'importations de biens sans pouvoir exporter aussi ses marchandises transformées en profitant de ses bas coûts de main d'œuvre au moins dans un premier temps. L'économie mondiale et les entreprises notamment européennes doivent s'adapter à un marché de 4 milliards d'individus qui ont moins de 1500 euros par personne et par an[1]. Les exigences de performance en termes de prix, de packaging, de recyclabilité sont certainement très importantes mais elles doivent prendre en compte les spécificités de ces régions différentes de celles des régions les plus développées.

1. CK Prahalad & SL Stuart, "The Fortune at the Bottom of the Pyramid", Strategy and Business, Issue 26, January 2002.

Mais l'approche de ces marchés ne peut être résumée à la reproduction de la stratégie appliquée dans les régions développées. L'approche de la Grameen Bank au Bangladesh proposant des micro crédit adaptés à des populations très pauvres et illettrées a montré qu'il existait des voies économiquement fiables de travailler avec les populations les plus déshéritées tout en obtenant des résultats au moins aussi bons que les banques classiques[1]. Ce concept a d'ailleurs été repris dans de nombreux pays[2], alors que l'industrie bancaire traditionnelle était restée enfermée dans des schémas stratégiques reposant sur la solvabilité a priori des clients.

Mais les responsabilités des entreprises concernent aussi leurs employés et les communautés environnant leur sites. Le respect des droits de l'homme prohibant le travail forcé ou le travail des enfants et les droits de l'homme au travail sont devenus non seulement des exigences morales, mais le minimum que les entreprises globales doivent garantir à leurs clients. Les campagnes de communication négative qu'ont subies certaines entreprises comme Nike dans les années quatre-vingt-dix sur une insuffisante surveillance de leurs sous-traitants qui pratiquaient le travail des enfants ont servi de leçon à toutes les entreprises globales. Le risque de réputation les amènent à une redéfinition des clauses de contrat avec leurs fournisseurs prohibant ce genre de pratiques et donnant à l'acheteur des droits de surveillance et de rupture de contrat en cas de manquement.

Mais la dimension sociale de la stratégie concerne beaucoup les employés de l'entreprise. Au niveau international, des mobilisations relayées par les syndicats nationaux sont organisées autour de la « promotion, la sauvegarde de l'emploi et des droits sociaux » : luttes contre le démantèlement des services publics, la précarité et les restructurations, promotion sociale en Europe, droit du travail… Les syndicats de salariés interviennent dans différentes instances internationales telles que l'OMC, le FMI, avec toujours pour objectif de faire progresser la prise en compte de la « dimension sociale de la mondialisation ». Les fédérations syndicales internationales (FSI) négocient des « codes de bonne conduite » dans leurs champs d'activité, des accords-cadres et en suivent l'application au sein des grandes entreprises globales (par exemple Accor ou Danone, etc).

Les thèmes classiques de négociation concernent l'emploi et la formation, mais aussi le droit de représentation du personnel dans l'ensemble des pays où intervient l'entreprise, l'étendue de la couverture médicale des membres de l'entreprise et de leur famille dans toutes les filiales, l'accession à la retraite ou l'égalité d'accès aux programmes de formation. Enfin, un enjeu de plus en plus prégnant est ce que l'on appelle la « gestion de la diversité » concernant l'égalité de chances d'accès des femmes à tous les postes de responsabilité, l'égalité de rémunération entre hommes et femmes pour les mêmes postes, et l'égalité d'accès des diverses races et nationalités pour accéder à tous les niveaux de responsabilité dans l'entreprise.

1. 95 % de ses 2,3 millions de clients sont des femmes des régions rurales dans un pays où le rôle de la femme n'est pas valorisé. Avec 1170 agences, la Grameen bank a un taux de remboursement de 95% ce qui est le meilleur de toutes les banques du continent indien.

2. Voir PlaNet Finance créée par J Attali, wwwplanetfnance.or

3 Business et « *licence to operate* »

3.1 Une attitude par rapport au développement durable

Les exigences de la société civile ont changé vis à vis des entreprises : la création de richesses et d'emplois ne sont plus les seuls critères d'évaluation des entreprises. La demande plus ou moins clairement formulée par le grand public concerne aussi bien la santé, que la gestion des risques (pollution, accidents, etc.), qu'une attitude « responsable » des entreprises. Les médias sont naturellement une caisse de résonance de ces attentes. De sorte qu'une entreprise doit dorénavant adopter une attitude plus ou mois dynamique sur ces questions de « comportement citoyen ».

En fait, on trouve au sein des entreprises des attitudes types qui guident leur posture stratégique sur ces thèmes de la prise en compte des aspects environnementaux, sociétaux ou sociaux.

3.1.1 Les volontaristes

Ce sont des sociétés et des dirigeants qui ont pris conscience de l'importance du « développement durable ». Cette catégorie prend en compte explicitement un certain nombre de thèmes faisant partie de la Triple Bottom Line et les attentes de parties prenantes représentatives en la matière. Généralement, la conviction personnelle des dirigeants quant à l'importance du sujet facilite et accélère l'intégration d'une démarche active de développement durable : développement de programmes internes ambitieux, évaluation des managers sur des critères convergents avec le « triple bottom line ». Cette attitude caractérise souvent des entreprises pionnières. Ainsi, ST Microelectronics a signé son premier « décalogue » pour l'environnement dès 1994. Certaines entreprises ont même activement communiqué leur conviction auprès de leur clientèle pour se construire un réel avantage client indéniable : c'est le cas des enseignes de distribution spécialisées Nature & Découvertes et The Body Shop, des fabricants de textile Patagonia ou de crèmes glacées Ben & Jerry, ou encore Alter Eco et les cafés Malongo. L'engagement des Cafés Malongo dans le commerce équitable (produits labellisés Max Havelaar) date de 10 ans.

Actuellement, de nombreuses enseignes de distribution essaient de se positionner de manière volontariste sur le sujet. Monoprix a ainsi multiplié les actions ces dernières années et développé également une gamme de produits en partenariat avec l'Ademe (Agence de l'environnement et de la maîtrise de l'énergie) ou les Amis de la Terre. En interne, un programme environnement a été mis en place (politique de réduction des consommations d'énergie, gestion durable des déchets).

Ces entreprises peuvent aussi avoir des motivations égoïstes en escomptant que leur posture attirera les meilleurs talents et maintiendra en leur sein des équipes mieux motivées. La compétitivité et la performance financière lui seront alors données de surcroît. Ensuite, l'adaptation progressive à ces préoccupations « durables » permet d'ordonner les changements au fil des années, plutôt que de devoir se conformer rapidement à des dispositions gouvernementales brutales.

3.1.2 Les légalistes ou « bons citoyens »

Ces sociétés se montrent respectueuses de toutes les législations, environnementales comme sociales ; elles intègrent les nombreuses réglementations ou se plient aux nouvelles normes de fabrication des produits. Certaines des entreprises de cette catégorie possèdent éventuellement des convictions fortes sur l'intérêt du développement durable. D'autres considèrent que les obligations réglementaires et les normes de la profession que doivent assumer leurs entreprises sont déjà « largement suffisantes » sans en rajouter en plus. Leur perspective est de regarder les intérêts à long terme de leurs actionnaires en maximisant le profit dans le cadre des lois et normes applicables.

Devant la montée des règlements et des normes, les entreprises de certains secteurs d'activité très exposés aux risques environnementaux, doivent réaliser de lourds investissements, modifier des processus de fabrication ou transport, et adapter leurs organisations. Les industries de l'énergie (pétrole, nucléaire...), de la chimie, des ciments, des traitements de l'eau ou des déchets, du transport sont par exemple soumises à de nombreuses normes écologiques et sociales qui ont des effets majeurs sur leurs manières de gérer leurs activités. Ce sont souvent des secteurs pour lesquels la législation et la réglementation évoluent chaque année et la pression de la société s'accroît... Ces secteurs ont souvent entrepris des démarches de branche au niveau international. Suivre le rythme de développement de ces normes et engagements et les mettre en œuvre est en soi une approche très significative de mise en œuvre du développement durable et en outre un aspect clé des responsabilités légales de ces entreprises.

Exemple

L'Organisation Internationale des Constructeurs d'automobiles a présenté sa contribution au développement durable à Johannesbourg en 2002, l'industrie des mines a développé un partenariat avec The World Conservation Union pour la préservation de la biodiversité, l'industrie chimique s'est engagée à mettre en place un plan d'action pour améliorer la sécurité dans l'utilisation des produits chimiques dans les pays en voie de développement, l'International Council of Forestand Paper Associations (ICFPA) suit les actions mises en place pour appliquer les principes de Rio depuis 10 ans,

▶

▶ les dix plus grandes entreprises de l'industrie cimentière ont développé le « Cement Initiative » , l'industrie européenne de l'alimentation et de la boisson a établi un rapport en commun avec le Programme des Nations Unies pour l'environnement.

3.1.3 *Les minimalistes*

Ils n'ont pas les mêmes motivations que les catégories précédentes : elles agissent par manque de prise de conscience du sujet et se préoccupent de maximiser à court terme le profit des actionnaires. Il s'agit sans doute de la catégorie la plus nombreuse.

Malgré les débats qui durent depuis plusieurs décennies sur le respect de l'environnement ou les responsabilités sociales de l'entreprise, certains l'assimilent toujours à une « mode » managériale. D'autres rejettent l'ensemble des principes du développement durable, car elles ne croient pas à la responsabilité sociale et sociétale de l'entreprise. Elles ne voient les mesures liées au développement durable que comme des contraintes supplémentaires qui pèsent sur l'activité et les résultats de l'entreprise. Le plus souvent, leurs dirigeants pensent que la mission de l'entreprise est avant tout la création de valeur pour les actionnaires et refusent d'adhérer au concept de citoyenneté de l'entreprise.

Naturellement, les entreprises en difficulté ou dans des secteurs en récession auront plus facilement une attitude minimaliste par peur des coûts engendrés ou par manque de moyens financiers : elles attendront la dernière limite pour mettre en œuvre uniquement les dispositions obligatoires qui leur sont imposées, voire attendrons que les autorités les obligent à s'exécuter.

3.2 Une réglementation et des normes plus spécifiques[1].

La réglementation est en fait le produit d'une réflexion internationale.

En 1972, la Conférence mondiale des Nations Unies sur l'environnement à Stockholm donnait naissance à la notion « d'éco développement ». En 1992 la Conférence mondiale sur l'environnement et le développement de Rio de Janeiro (ou Sommet Planète Terre) de l'ONU regroupe les représentants de 150 pays qui adoptent un programme, « l'Agenda 21 », visant à réconcilier développement économique, protection de l'environnement et équité sociale. Cette Déclaration de Rio édicte les principes de précaution et de pollueur payeur, et élabore un programme de 40 chapitres (et 2500 recommandations)[2]. Elle repose sur un équilibre entre le Sud et le Nord, le premier s'engageant à protéger l'environnement et le second à aider le déve-

1 Adapté à partir du document : « Le développement Durable, Executive Campus 2004 », EMBA HEC par M Roger, JL Ardoin,, C Boutineau et M Vassout

2. (21 fait référence au XXIe siècle) également nommé Action 21 (pour signifier 21 actions pour le XXIe siècle) Document disponible à l'adresse: http://www.un.org/french/ga/special/sids/agenda21/

loppement du Sud. Elle insiste sur la nécessité de définir des priorités, des indicateurs et des règles internationales pour arrêter les dégradations, mesurer les progrès et assurer une intégration des impératifs du développement durable. Trois conventions y sont signées sur le Climat (établissant l'objectif de réduction des gaz à effets de serre), la Désertification et la Biodiversité. Ensuite, des programmes de l'ONU (décidés dans le cadre des conférences internationales successives du Caire en 1994, de Copenhague en 1995, d'Istanbul en 1996, de Kyoto en 1997 et de Buenos Aires en 1998), font des propositions plus concrètes.

En 1997, la conférence de Kyoto sur le réchauffement de la planète à la suite de la convention Climat réunit 182 pays. Un accord est élaboré qui engage 38 pays industrialisés à réduire en moyenne 5,2% de leurs émissions de gaz à effet de serre à l'horizon 2008-2012. L'Union Européenne l'a ratifié en mai 2002 et un nombre suffisant de pays pollueurs l'a ratifié, malgré l'opposition des Etat-Unis, pour en assurer la mise en oeuvre. L'Union Européenne l'a mis en œuvre dès le 1 Janvier 2005. Des « permis d'émission de gaz à effet de serre négociables » sont institués pour à la fois imposer une réduction annuelle des émissions par pays et entreprise, et permettre aux entreprises (et aux pays) ayant réduit leurs émissions au-delà de leurs engagements de revendre leur surplus de réduction aux autres. Les pays en voie de développement sont dispensés de réduction jusqu'en 2012, les pays industrialisés assumant ainsi leur « responsabilité historique de pollution » et facilitant le développement des pays du Sud. Les pays qui ne respecteront pas leurs engagements en 2012 devront rattraper leur retard et au-delà avec une pénalité.

L'Union Européenne devrait ainsi assumer son engagement de Kyoto de réduire ses émissions de – 8% par rapport à 1990, (la France a un objectif de 0%, Allemagne – 21%, États-Unis – 7%).

Ces objectifs sont très ambitieux et l'exemple des USA est frappant : compte tenu de l'évolution de leurs émissions de gaz à effet de serre de 1990 à ce jour (+10%), c'est un effort global de réduction de l'ordre de 17% que les USA devront réaliser dans un délai de 12 ans.

En 2000 les Nations Unies lancent à Davos le programme Global Compact auprès des dirigeants mondiaux des entreprises. Ce programme prévoit dans les domaines des droits de la personne, du travail et de l'environnement, l'adhésion à neuf grands principes inscrits dans la Déclaration Universelle des Droits de l'Homme, dans celle du BIT et reprend également les résolutions du Sommet de Rio et de Copenhague. Sur les questions sociales, l'ONU invite les entreprises à réaliser « l'effort le plus ambitieux pour établir des relations de travail entre l'ONU, le secteur privé et les mouvements de citoyens ». En juillet 2000, une cinquantaine de dirigeants de multinationales s'engagent à soutenir Global Compact. Le sommet Européen consacre la responsabilité sociale de l'entreprise et la Commission européenne met en place la Triple Responsabilité des entreprises.

En 2001 l'OCDE arrête dix principes directeurs de comportement responsables pour les entreprises multinationales. L'Union Européenne propose de réduire de 20% les gaz à effet de serre pour 2020 et propose un plan de taxation des énergies avec une « internalisation complète des coûts externes » .

En août 2002, une centaine de chefs d'États se sont à nouveau réunis pour évoquer le sort de la planète au Sommet mondial pour le développement durable de Johannesburg. Cette rencontre a permis l'élaboration d'un nouveau « Plan d'action ». Celui-ci recommande des actions sur l'eau, la santé, les énergies renouvelables, l'agriculture et la diversité biologique, mais aussi sur la réduction de la pauvreté[1].

Mais en parallèle, de nombreuses initiatives européennes apparaissent en faveur du développement durable[2].

En matière de dioxyde de carbone, une hausse des rejets de CO_2 provenant des ménages et des transports est à noter ainsi qu'un accroissement de la consommation d'énergies polluantes. La protection de l'environnement apparaît donc comme un des défis majeurs auquel l'Europe est confrontée.

Depuis 1972, 4 programmes d'action successifs, reposant sur une approche verticale et sectorielle des problèmes écologiques ont conduit la Communauté a adopté près de 200 actes législatifs, essentiellement pour limiter la pollution, par l'introduction de normes minimales, notamment en matière de gestion des déchets, de pollution de l'eau et de l'air.

Le *Traité d'Amsterdam (ratifié en 1998)* a poursuivi cette évolution en intégrant le principe de développement durable dans les missions de la Communauté européenne en faisant de la protection de l'environnement l'une des priorités absolues. Une communication sur la *stratégie européenne en faveur du développement durable* a été approuvée en mai 2001. Elle fixe des objectifs de développement durable à long terme et vise fondamentalement le changement climatique, les transports, la santé et les ressources naturelles.

Le *sixième programme d'action pour l'environnement*, définit les priorités pour la Communauté européenne jusqu'en 2010. Quatre domaines sont visés : le changement climatique, la nature et la biodiversité, l'environnement et la santé, la gestion des ressources naturelles et des déchets. L'accent est mis sur une plus grande diversification des instruments environnementaux, en favorisant plus particulièrement le recours aux *taxes environnementales* (principe du pollueur-payeur), que sur la comptabilité environnementale ou les accords volontaires.

La Communauté a souhaité privilégier la responsabilité du producteur. Ainsi, en matière de *véhicules hors d'usage*, la directive de septembre 2000 établit la mise en place d'un système de collecte des véhicules en fin de vie, à la charge du producteur. Dans la même optique, elle a légiféré sur les *déchets d'emballages*, *les piles* et *les huiles*. Les différentes options de traitement des déchets, telles que la mise en décharge et l'incinération, ont fait aussi l'objet de mesures communautaires.

Afin de contribuer à la prévention des risques naturels, technologiques ou environnementaux et se préparer à gérer les situations d'urgences qui en

1. Document disponible à l'adresse: http://www.un.org/french/events/wssd/

2. Activités de l'Union Européenne en matière d'environnement : http://europa.eu.int/pol/env/index_fr.htm ; adapté du document CPA 2004 sur le Développement Durable

dérivent, la Communauté s'est dotée d'un *programme d'action communautaire en faveur de la protection civile* qui a été prolongé jusqu'en 2004 et d'une directive relative à la *prévention des risques industriels majeurs*. En ce qui concerne le nucléaire, la Communauté a adopté une série de dispositions telles que des directives relatives à la protection radiologique et un plan d'action pour la *gestion des déchets radioactifs*.

En outre, le cadre législatif accroît en permanence la responsabilité des entreprises. Ainsi, la responsabilité que porte l'entreprise sur ses produits et services est aussi judiciaire et couvre tous les aspects de santé des consommateurs ou des travailleurs ou les conséquences écologiques des activités.

En dehors des réglementations nationales et européennes de nombreuses normes ou standards sont proposées aux entreprises.

Norme ou standard	Institution	Objet
ISO 9000		Qualité de production
AA 1000	ISEA	Performance globale
Charte OCDE	OCDE	Charte de valeurs
Global Compact	ONU	Comportement vis-à-vis de l'environnement et des communautés humaines
Global Reporting Initiative	GRI	Référentiel international de reporting
ISO 14000		Gestion de l'environnement
OHSAS 18000		Management de l'hygiène et la sécurité
EMAS	Union EUropéenne	Eco audit européen
SA 8000	OIT	Respect des travailleurs
	European Foundation for Quality Management	Management de la qualité

L'existence de ces nombreux standards et mécanismes de certification posent deux questions:

1. Ces certifications seront-elles suffisantes d'un point de vue stratégique et faut-il en poursuivre une seule ou plusieurs en tenant compte des certifications propres à certaines industries ?

2. La démarche de certification et de respect de ces standards crée-t-elle une dynamique adéquate au sein de l'entreprise pour mettre en œuvre la politique souhaitée en matière de développement durable ou doit-on l'étoffer par une démarche volontariste spécifique ?

4 Actionnaires et parties prenantes

Le choix d'une stratégie repose sur des critères de choix entre des stratégies alternatives. Le critère traditionnel est celui de la valeur de l'entreprise défini à travers la valeur actionnariale. De nombreuses voix s'élèvent pour exiger de l'entreprise plus que cela en prenant en compte les effets de l'activité de l'entreprise sur de nombreuses parties prenantes. Certaines parties prenantes sont directement affectées par cette activité économique (les clients, les fournisseurs, les employés, les banques, les communautés humaines dans lesquelles les sites de production, stockage ou de bureaux sont implantés) et ont en principe une capacité de négociation et de défense de leurs intérêts. D'autres représentent des intérêts spécifiques de la société civile en matière de protection de l'environnement (par exemple Greenpeace ou WWF), de défense de certaines catégories sociales (le travail des enfants, les victimes de la catastrophe de Bhopal ou de l'abus du tabac, les consommateurs, etc.) et remettent en cause la légitimité de l'entreprise à fonctionner si elle n'accorde pas une attention aux aspects sociétaux de son activité à travers des activités médiatiques, des attaques juridiques ou des accords de partenariat contractuel avec l'entreprise.

4.1 Comment relier corporate governance et développement durable ?

Le développement durable renvoie au gouvernement d'entreprise et pose la question : sur quels critères nommer et démettre les dirigeants ? Le droit des sociétés, dans pratiquement tout le monde occidental, reconnaît au pouvoir financier (le conseil d'administration, l'assemblée générale des actionnaires) le droit de choisir les managers. Bien entendu, ce pouvoir financier vit dans la société civile et est sensible aux influences environnementales et sociétales… Mais faut-il, et comment, faire apparaître de manière plus explicite les enjeux sociaux et environnementaux de l'action de l'entreprise ? Les dirigeants doivent-ils être « jugés » sur l'ensemble de ces aspects ou doivent-ils n'être responsables que de la performance financière dans le cadre du respect juridique des obligations environnementales et sociales de tous les pays dans lesquels l'entreprise intervient ?

Il existe différentes approches de la corporate governance : US, OCDE et France :

Aux États-Unis, le conseil d'administration et par voie de conséquence les managers ont pour seule responsabilité de créer de la valeur pour les actionnaires : "The board of directors has for sole objective : to create value to shareholders", Treadway Report in 1987 (AICPA) confirmé par le The Business Roundtable in 1997

En France, le rapport Viennot 1995 définit la mission du Conseil d'Administration : défendre les intérêts de l'entreprise. L'entreprise poursuit ses propres buts, qui peuvent être distincts de ceux de ses actionnaires, de ceux de ses employés, de ses fournisseurs et de ses clients.

L'OCDE a proposé des principes de corporate governance en 1999 et 2004 qui intègrent la responsabilité vis à vis des actionnaires et des parties prenantes : "The corporate governance framework should protect shareholders' right ; The corporate governance framework should ensure equitable treatment of all shareholders, including minority and foreign shareholders; The corporate governance framework should recognize the rights of stakeholders as established by law and encourage active co-operation between corporations and stakeholders in creating wealth, jobs, and the sustainability of financially sound enterprises."

Le Ceres (Coalition for Environment Responsible Economies, qui regroupe aux USA des investisseurs « éthiques » représentant des actifs de plusieurs centaines de millions de dollars et divers ONG) a rendu un rapport en Juin 2003 recommandant des pratiques de gouvernement d'entreprise concernant les questions d'environnement[1]. En particulier, Il recommande la création d'un comité au conseil d'administration spécialisé en matière d'environnement et de changement climatique qui a pour but d'initier et/ou de superviser les réponses stratégiques de l'entreprise sur ces questions. En outre il recommande la création d'une fonction de Responsable des Questions d'Environnement (développement durable) directement rattaché au Président Directeur général, la réalisation d'une évaluation certifiée par un auditeur externe de la totalité des émissions, la formulation d'objectifs clairs (par exemple en matière d'émission de gaz à effet de serre) et d'une communication externe aux actionnaires sur la base de la « Global Reporting Initiative ».

L'analyse de la pratique d'une vingtaine d'entreprises mondiales, parmi les plus gros émetteurs de gaz à effet de serre, montre d'ailleurs que ces questions sont en train de recevoir une réponse formalisée. 11 entreprises sur la vingtaine étudiée avait fait un rapport environnemental en 2002, 18 suivaient leurs émissions de gaz à effet de serre, 11 avaient établi une base de référence des émissions antérieures à 1992 et 8 avaient fixé des objectifs formels de réduction.

À titre d'exemple, selon ce rapport :

DuPont a institué un « Environmental Policy Committee » en 1992 pour suivre les les thèmes de changement climatique, d'émission de gaz à effet de serre, d'énergies renouvelables, d'économies d'énergie et de biodiversité et a établi des objectifs de 80% de réduction des émissions potentielles pour tous les projets proposés.

BP a créé un « Ethics and Environment Assurance Committee » en 1997 pour établir sa politique en matière de changement climatique. Ils comparent régulièrement leurs émissions de gaz à effet de serre par rapport à leurs concurrents et font une analyse coût bénéfice de leurs actions. Pour la

1. Douglas G. Cogan, « Corporate Governance and Climate Change : making the connexion », a Ceres report prepares by the Investor Responsibility Research Center

FIGURE 12.6 **Rapport 2003 du CERES (Coalition for Environnement Responsible Economies)**

Table 8. Voluntary Reporting of Greenhouse Gas Emissions

COMPANY	Greenhouse Gas Protocol[1]	DOE 1605(b) Registry	Recent Inventory	1990 Baseline	Future Target
Alcoa	✓	✓	✓	✓	✓
AEP		✓	✓		✓
BP	✓	✓	✓	✓	✓
ChevronTexaco		✓	2002		
Cinergy		✓	✓	✓	
ConocoPhilips		✓	Conoco		
DaimlerChrysler			✓	1992	
DuPont	✓	✓	✓	✓	✓
ExxonMobil			✓		
Ford Motor	✓	✓	✓		See Note 3
General Electric			2003		
General Motors	✓	✓	✓	✓	See Note 3
Honda			✓	✓	✓
IBM	✓	✓	✓	✓	✓
Int'l Paper	✓		✓		See Note 3
Royal Dutch Shell	✓	✓	✓	✓	✓
Southern		✓	✓	✓	See Note 4
Toyota			✓	✓	✓
TXU		✓	See Note 2		
Xcel Energy		✓	See Note 2		

1. A checkmark in this column indicates that the company was an early "road tester" of the Greenhouse Gas Protocol and/or has adopted the GRI Su stainability Reporting Guidelines, Which recommend use of the Greenhouse Gas Protocol to disclose data on emissions.

2. Like the other electric utilities profiled in this report, TXU and Xcel Energy are required to report car bon dioxide emissions data from their fossil energy plants to the U.S. Environmental Protection Agency. These companies have not reproduced this information in their own reports to shareholders or in ways that are more readily accessible to their stakeholders.

3. Ford Motor, General Motors and international Paper have set targets for energy use and/or region-specific greenhouse gas emissions, but have not set company-wide targets to reduce their facility emissions.

4. Southern has made emissions projections out to 2020, but has not set targets to control these emissions.

période 1999-2001, BP a estimé avoir économisé 650 millions de dollars sur la durée de vie des équipements grâce à la réduction de ses émissions de gaz à effet de serre.

Royal Dutch Shell a créé un « Social Responsibility Committee » en 1997 qui a pour mission d'évaluer les politiques de l'entreprise en matière de changement climatique mises en œuvre et recommandées par le comité de direction. Shell a ainsi intégré les aspects de coûts et d'impacts d'une économie sans carbone dans tous ses grands projets depuis 2000 pour « optimiser sa profitabilité dans un mode contraint par l'émission de gaz à effet de serre ».

Le « Corporate Governance Committee » d'IBM, créé en 1993, a examine ses politiques en matière de changement climatique et d'énergie sur la période 1990-2001 et estime avoir économisé 660 millions de dollars grâce aux économies d'énergie.

Ce rapport implique une double démarche dans laquelle :

1) la performance de l'entreprise intègre aussi bien la valeur actionnariale que la responsabilité environnementale ;

2) l'organisation d'une structure de governance pour prendre en charge cet aspect de la performance.

4.2 Les parties prenantes et leurs visions de la performance de l'entreprise

En fait la vision de l'entreprise comme une communauté fermée s'occupant seulement de ses propres intérêts économiques est désormais remplacée par une vision de l'entreprise ouverte sur toutes les sociétés civiles affectées et ayant à leur rendre des comptes comme aux actionnaires.

La légitimité de l'entreprise à fonctionner n'est plus limitée à une évaluation par les actionnaires en termes de profit ou par les états en termes de respect de la loi et de la fiscalité. Le poids économique des entreprises par rapport à celui des pays et l'importance de l'activité des entreprises dans les questions mondiales sont tels que leur « performance » est évaluée par de nombreuses parties prenantes par leur impact sur l'économie, le bien être de la société ou sa santé, le changement climatique, etc.

De ce fait, les parties prenantes de la performance de l'entreprise sont beaucoup plus nombreuses que dans le modèle économique classique (voir tableau page suivante).

Comment caractériser la légitimité des parties prenantes à exiger une forme de performance : cartographie et logiques d'influence ?

La multiplication des associations des communautés riveraines d'un site industriel, la grande variété des ONG travaillant sur différents thèmes dans un même pays imposent à l'entreprise un choix pragmatique entre ces représentants des points de vue sociaux et environnementaux. Qui sont les représentants légitimes ? Quelle est leur représentativité ? Ces organisations ont-elles une aptitude à assumer un « contrat moral » dans le temps ?

Parties prenantes traditionnelles	Parties prenantes émergentes
Actionnaires majoritaires	Actionnaires minoritaires
Administrateurs	
Concurrents	
Clients	Associations de consommateurs
Revendeurs, Franchisés	
	Médias et presse
	Institutions scientifiques
	Administrations techniques des gouvernements (santé, environnement)
Employés Syndicats	Fonds communs de pensions et retraites
Fournisseurs et Sous-traitants Co-traitants	
	Riverains des sites et établissements
	Sociétés locales et communautés
	ONG
Communauté financière	
Banquiers	
Assureurs	

On peut s'interroger si c'est bien à l'entreprise de répondre à ces questions. Mais pragmatiquement, toutes ces ONG et organisations exigent localement de l'entreprise une performance spécifique à un site. L'entreprise se trouve ainsi confrontée à une multiplicité de critères sur sa performance locale, des critères de performance parfois difficiles à opérationnaliser, des critères de performance parfois difficilement consolidables dans une appréhension globale de la performance de l'entreprise. Elle ne peut y répondre que par une cartographie de ses parties prenantes et une compréhension de leurs intérêts et de leur influence.

L'entreprise se doit ensuite d'assurer une communication, un dialogue et un travail en commun avec ces parties prenantes à son activité. Le cadre juridique qui sert de référence aux interactions avec les parties prenantes classiques tels que syndicats, fournisseurs, banquiers ou assureurs n'est plus satisfaisant. Les communautés locales, les associations de riverains, les ONG et les autres parties prenantes émergentes ont des modes de relation souvent plus tournées vers une vision « qualitative » des performances de l'entreprise (élimination de nuisances, contribution au bien être, à la santé, à l'emploi, à l'éducation, etc.) et ont des modes d'évaluation locale de la performance de l'entreprise.

En même temps, la visibilité de l'entreprise par la société au sens général est souvent plus liée à une image globale. Ce qui soulève une question : Faut-il concentrer l'action visible sur une ou deux ONG à réputation mondiale ou développer de multiples partenariats avec des ONG locales.

Mais il existe une différence majeure : les parties prenantes traditionnelles sont dans un rapport contractuel avec l'entreprise alors que les parties prenantes émergentes sont actuellement plutôt dans un rapport de force avec l'entreprise et pas encore dans une relation clairement institutionnalisée.

4.3 Une transformation de la fonction « Objectifs de l'entreprise » ?

Si les dirigeants sont avant tout responsables devant leurs actionnaires, deux nouveaux concepts apparaissent : Qui définit la « *licence to operate* » de l'entreprise ? Comment définir la performance d'une entreprise socialement responsable?

Aujourd'hui, le développement durable est compris comme la réconciliation de trois grands axes: développement économique, préservation de l'environnement, équité sociale. Il est également parfois exprimé par la formule des 3P «*People, Planet and Profit* ». Les théoriciens appellent cet objectif à trois dimensions *triple bottom line* en référence à la *bottom line* chère aux investisseurs (la ligne du bas d'un compte de résultat, soit le résultat net).

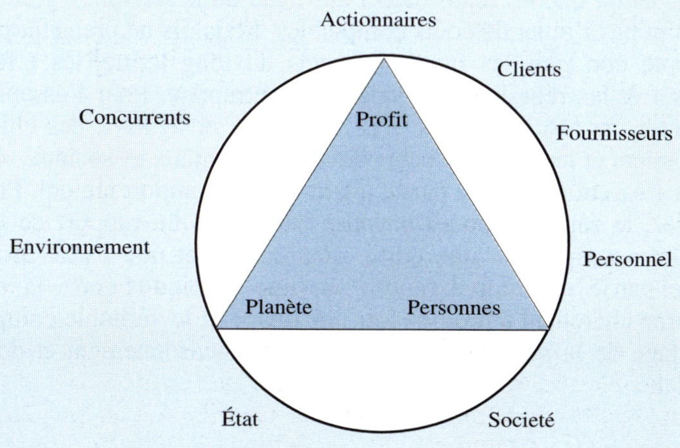

La fonction des objectifs ne pose pas seulement le problème de la définition de la finalité de l'entreprise, elle pose aussi la question de l'arbitrage entre des exigences contradictoires de performance. Comment gérer le conflit entre le profit souhaité par les actionnaires et les résultats attendus par les autres parties prenantes ? Comment gérer les conflits entre des parties prenantes ? On voit bien comment la délocalisation de l'activité industrielle d'usines, qui alimentaient l'exportation et leur relocalisation dans des usines implantées dans les marchés émergents, peuvent à la fois créer des traumatismes dans les pays qui perdent des emplois et des espoirs dans les pays qui voient la création d'emplois.

Est-ce à la direction générale de faire seule ces arbitrages ? Faut-il organiser des instances d'arbitrage entre des exigences de performance contradictoires ? Comment faire arbitrer au conseil d'administration les exigences ou les souhaits des différentes parties prenantes sans toujours privilégier le profit à court terme ?

Comme le souligne Smith, ce débat entre actionnaires et parties prenantes[1] concerne deux approches « normatives » de l'entreprise sur ce qu'elle devrait faire. L'approche actionnariale ne se réduit pas à la maximisation du profit à court terme et doit être équilibrée par une vision « éclairée » de l'intérêt de l'entreprise et du profit à long terme. L'approche par les parties prenantes ne peut se reposer que sur les responsabilités sociales et environnementales de l'entreprise et passe par la génération de profits pour assurer l'existence à long terme de l'entreprise. Faut-il choisir entre ces théories ? En tout cas il est clair que la seule finalité de la maximisation du profit annuel sans prendre en compte les aspects environnementaux et sociaux est remise en cause tant par les réglementations et normes professionnelles que par une partie des actionnaires et de la société au sens large.

Le compte d'exploitation et le bilan reflètent-ils la performance réelle de l'entreprise ? Ils ne prennent pas en compte le coût des externalités en considérant que les rejets dans l'air, l'eau ou le sol sont « gratuits » puisqu'ils ne font pas l'objet de coûts comptables. Mais, ils ne prennent pas vraiment en compte non plus les investissements du long terme, les efforts « écologiques » et les réussites sociétales de l'entreprise. Pour l'essentiel, on mesure l'Ebitda, le résultat net, le *free cash flow* et le ROI, des chiffres purement financiers et les autres aspects environnementaux et sociaux sont commentés pour l'essentiel dans la partie qualitative du rapport annuel. Pour les sociétés cotées, le rapport annuel propose désormais un rapport de développement durable comprenant une partie quantitative et une partie qualitative. Mais, cette partie qualitative repose sur une ambiguïté entre la communication externe cherchant à promouvoir une image et le véritable compte rendu sur le pilotage de la performance en matière d'environnement et de responsabilité sociale.

1. "The Shareholders vs. Stakeholders Debate", H J Smith, MIT Sloan Management Review Summer 2003

En fait, cette mutation dans la vision de la performance de l'entreprise pose un problème théorique majeur sur la finalité de l'entreprise et sur le choix de son type d'objectif. Certains proposent que le profit doit être l'objectif pour l'entreprise, car il correspond à la finalité économique de l'entreprise et au but poursuivi par les actionnaires ; qu'en fait les objectifs autres tels que l'impact sur l'environnement ou les responsabilités sociales de l'entreprise ne sont que des contraintes qui doivent être satisfaites par rapport à la finalité de profit.

Dans cette perspective, la fonction « objectifs de l'entreprise » peut alors se résumer à la création de valeur actionnariale (incluant dividendes et hausse de la valeur de l'entreprise) sur une ou plusieurs années[1].

Les modes de détermination de la valeur actionnariale et les incitations en termes de management à travers ROE, EVA et MVA, Free Cash Flows ou Total Business Return sont bien connus. Les démarches reposent sur l'amélioration du profit ou des cash flows en valeurs annuelles ainsi que l'amélioration de la productivité des ressources monétaires investies dans les actifs à long terme et les besoins en fonds de roulement. Ces mesures reposent essentiellement sur la définition comptable des variables et sont biaisées par les contraintes de la démarche comptable : valorisations monétaires fondées sur le montant le plus bas entre les coûts historiques et les valeurs de marché, non intégration de tous les « actifs intangibles non achetés » telles que l'image des marques, les savoir faire et compétences des équipes, la qualité des systèmes d'information, etc.

D'autres arguent que la définition de l'objectif de profit est trop limitée par la vision comptable réductrice, que le coût des externalités[2] de l'entreprise n'est pas pris en compte dans cette définition et qu'elles restent à la charge de la collectivité. En conséquence, l'entreprise devrait avoir une pluralité d'objectifs prenant en compte la « Triple Bottom Line » : le résultat de son activité sur le profit, sur les personnes et sur l'environnement.

La fonction des objectifs devrait alors être un ensemble intégré pondérant l'importance ou l'utilité relative des trois axes Profit, Environnement et Social :

$$PI = wp\ P + we\ E + ws\ S$$

Où PI serait le critère Performance Intégrée. Il serait fonction de trois niveaux de performance le Profit P, le Social S et l'Environnement E, avec

W_p = poids relatif sur 100% de l'axe de performance Profit P

W_s = poids relatif de l'axe de performance Social S

W_e = poids relatif de l'axe de performance Environnement E

et $w_p + w_e + w_s = 1$

La question est alors de définir une « valeur » pour ses paramètres de même que la valeur est définie pour les actionnaires. Cela nous ramène aux questions pratiques de définition : Quels sont les types de valeurs à prendre en compte pour les aspects de performance environnementale et sociale ? Par exemple un objectif de réduction des émissions de gaz à effet de serre peut être défini par rapport au procole de Kyoto ou sa déclinaison dans un pays ou une industrie. Il n'est pas nécessairement « incarné » par des parties

1. La création de valeur est classiquement définie comme le montant des profits annuels après impôts dépassant le coût à long terme des capitaux permanents utilisés (capitaux propres des actionnaires et coût de la dette financière)

2. Les externalités représentent toutes les conséquences externes de l'activité de l'entreprise telles que la consommation de ressources non remplaçables, l'émission de gaz à effet de serre, la destruction d'emplois dans un pays, ou les conséquences sur la santé des consommateurs ou des employés, ou des riverains.

prenantes faciles à identifier : ce peut être l'état dans certains pays, des « investisseurs responsables » dans des pays non signataires du protocole de Kyoto, ou des ONG dans d'autres. Il en va de même pour tous les aspects de la performance de l'entreprise.

Cette fonction d'objectifs pourrait d'ailleurs être détaillée sous forme multicritère et être représentée par une surface cible plutôt que par un chiffre unique.

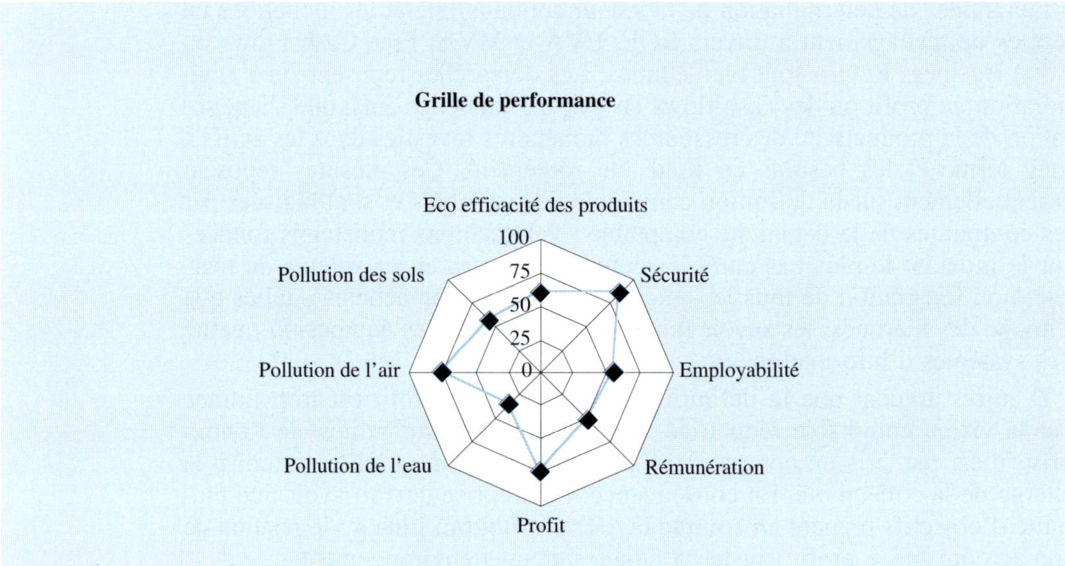

4.4 Les investisseurs socialement responsables

La ligne apparente d'opposition entre actionnaires tenant de la performance uniquement financière et des parties prenantes uniquement préoccupées d'impact social ou environnemental s'est en fait estompée ces dernières années.

Ces dernières années, de multiples fonds d'investissement « éthiques », « socialement responsables » ou de « développement durable », ont vu le jour. Cet ensemble constitue « l'investissement socialement responsable » (ISR) qui recouvre trois caractéristiques plus ou moins fortes selon les fonds et leurs engagements spécifiques :

1. L'utilisation de critères extra-financiers dans la sélection, le maintien et le désinvestissement de titres cotés en bourse.

Il peut s'agir de critères négatifs ou d'exclusion concernant des produits (secteur de l'armement ou du tabac par exemple), des pratiques (le travail des enfants, par exemple) ou l'investissement dans certaines zones géographiques (l'Afrique du sud au temps de l'apartheid).

Il peut s'agir aussi bien de critères destinés à favoriser le développement de pratiques de management Développement Durable au sein des entreprises : ces fonds sont composés d'actions d'entreprises bien notées sur un plan social et environnemental. (dans quelle mesure les sociétés cibles prennent en compte les impacts environnementaux et satisfont des critères sociaux tels que le respect des droits de l'homme et le respect des droits de l'homme au travail) ;

2. L'engagement actionnarial : ces fonds se préoccupent de l'exercice des droits de vote, du dépôt de résolutions de vote en assemblée générale des actionnaires, et de dialogue managérial pour faire avancer les pratiques de l'entreprise en matière de gouvernance d'entreprise ou de respect des actionnaires minoritaires. Le développement de cabinets spécialisés (Deminor, Proxinvest,...) et l'existence d'un réseau d'échange portant sur les résolutions de vote déposées et leurs « scores » maintiennent une notion « activiste » de l'investissement responsable.

3. L'investissement « solidaire » ou de partage. Cependant, ces fonds de partage sont majoritairement placés en obligations et une part de leurs revenus est reversée à une organisation caritative ou d'intérêt général. Mais certains fonds investissent dans des entreprises d'insertion, de micro crédits ou d'autres projets solidaires. N'oublions pas les produits financiers solidaires classiques en France (livrets d'épargne, Codevi, compte à terme) qui financent des projets d'utilité sociale.

Certains de ces fonds sélectionnent leurs titres eux-mêmes à partir de leurs critères et souvent sur la base de notations extra-financières. D'autres fonds reproduisent à l'identique la composition d'indices Socialement Responsables. Quels que soient les marchés, il y a autant de fonds Socialement Responsables que de combinaisons de profils d'investissement possibles...

Mais la rentabilité des investissements reste une préoccupation majeure des investisseurs Socialement Responsables. Cela s'accompagne de la professionnalisation croissante des outils d'analyse des entreprises cibles et des méthodes de notation qui s'apparentent au format des agences de notation financière. Des réseaux internationaux d'agence se constituent et constituent des bases de références pluriannuelles de performance CSR. De même après un foisonnement d'indices éthiques, seuls quelques-uns survivent, facilitant l'apparition d'outils de gestion indicielle (« *Trackers* ») ou assimilés (Fonds de fonds).

La composition du portefeuille d'actions n'est pas toujours clairement différenciée par rapport aux fonds généralistes notamment dans des pays dont la cote n'est pas très large. Mais, en fait, 50 % des actionnaires individuels font du développement durable un critère de choix d'investissement important. [Source : TNS-Sofres-Terre de Sienne, Nov. 03]

L'importance des critères d'investissement des actionnaires individuels (Notes sur 10)	
Rentabilité	8,0
Perspectives de croissance	7,9
Performance de l'action	7,9
Stratégie de l'entreprise	7,1
Éthique des dirigeants	6,9
Intérêt porté aux actionnaires individuels	6,9
Nature des activités de l'entreprise	6,8
Notoriété, réputation	6,8
Ancienneté	6,2
Politique en matière d'environnement	6,2
Intérêt pour le secteur d'activité	6,1
Politique de ressources humaines	5,7
Action humanitaire	5,6

Les valeurs de marché des actions ne prennent d'ailleurs pas en compte les résultats comptables mais sont effectivement fondées sut les anticipations faites par les marchés financiers sur les futurs succès commerciaux de l'entreprise, son aptitude à faire face aux évènements concurrentiels, aux évolutions des marchés des consommateurs, mais aussi à sa gestion des risques environnementaux et sociaux.

4.5 L'enjeu des notations financières et sociétales

Cette difficulté à caractériser une nouvelle définition de la fonction des objectifs de l'entreprise se retrouve dans l'évaluation de sa performance par les agences de notation. En fait deux groupes d'agences de notation ont émergé :

- les agences de notation financière en liaison avec les analystes financiers qui traditionnellement évaluent la performance passée et future pour les actionnaires et le risque financier pour les prêteurs. ;
- les agences de notation sociétale ou extra financière qui proposent des évaluations de la performance en termes d'impact sur l'environnement et de comportement « socialement responsable ».

Schématiquement, les agences « extra-financières » ont deux conceptions de la responsabilité sociale d'entreprise :

• Les Agences de notation (« Rating agencies ») se fondent sur un modèle de notation des entreprises, explicite (SAM, Innovest, Ethibel…) ou moins explicite (Vigeo, Core Ratings…). Certaines, par voie de conséquence, produisent des indices « éthiques ».

• Les Agences d'information (« Information Service Providers ») collectent et mettent en forme des informations « brutes » sur les entreprises, synthétisées sous forme d'une Fiche Entreprise . Elles émettent un avis global sur chacun des principaux domaines de la performance « Triple Bottom Line »… sans tentative de consolidation.

La collecte de l'information est d'ailleurs la difficulté numéro 1 puisqu'il s'agit d'une information déclarative et volontaire par les entreprises et non pas d'une information auditée et certifiée par un auditeur externe comme pour les informations financières. En 2002, un groupe d'entreprises a développé avec les Nations Unies un cadre de référence pour mesurer et diffuser l'information concernant les responsabilités environnementales et sociales des entreprises : le Global Reporting Initiative.

Le CERES (Coalition for Environmentally Responsible Economies) a créé la Global Reporting Initiative (GRI) en 1997, avec le PNUE (Programme des Nations Unies pour l'Environnement). Basée à Amsterdam, la GRI réunit environ 1500 membres, entreprises, fédérations professionnelles, ONG, experts. Sa mission consiste à produire des « lignes directrices » pour l'élaboration des rapports annuels de développement durable. Un travail important a été réalisé pour spécifier des normes et indicateurs (plus de 90). Voir www.gri.org.

5 Business models existants et développement durable

Pour une analyse stratégique d'entreprise, les questions qui se posent en matière de Développement Durable peuvent être regroupées en quatre thèmes :

• Comment la contrainte de durabilité va-t-elle jouer sur l 'activité de l'entreprise elle-même ? Comment faut-il modifier les business models existants en termes de gestion des risques et des impacts sociaux, environnementaux, et économiques ?

• Peut-on créer des business models alternatifs en utilisant la perspective de développement durable comme une opportunité ? Le Développement Durable permet-il de créer un avantage compétitif, notamment en matière écologique ? Quelles sont les premières évidences ?

• Les contraintes croissantes liées au développement durable vont-elles changer la structure ou la dynamique des industries ? Est-ce que cela peut faire arriver de nouveaux entrants dans des secteurs classiques ou changer la position concurrentielle relative ?

• La valorisation de groupes comme Total ou Suez va-t-elle changer parce que la perception de l'avenir va changer ?

5.1 Les enjeux stratégiques du management du cycle de vie du produit

Les enjeux sont de réévaluer la chaîne des impacts environnementaux des produits et services proposés sur l'ensemble du cycle de vie des produits pour en diminuer l'impact et en particulier en minimiser l'émission des gaz à effet de serre.

Mais il faut faire l'analyse des impacts sur la durée de vie du produit et non pas seulement sur la phase industrielle de fabrication du produit. L'exemple de l'analyse de la consommation thermique est à cet égard très parlant :

• pour un bâtiment, la construction et les matériaux utilisés représentent moins de 15 % du total de la consommation énergétique sur la durée de vie du produit, les 85 % restant étant dûs au chauffage et la production d'eau chaude sur trente ans ;

• pour un véhicule de taille moyenne à petite, l'énergie en équivalent pétrole pour le fabriquer ne représente qu'une 12 % sur l'énergie totale durant la vie du produit, les 88 % représentant la consommation du véhicule[1].

Le cadre législatif européen et français donne une responsabilité de plus en plus grande aux entreprises en ce qui concerne la fin de vie des produits fabriqués. À tire d'exemple, voici quelques directives européennes :

• pour les piles et accumulateurs : la directive n° 91-157 du 18/03/91 accompagnée des décrets n° 99-374 du 12/05/99 et n°99-1171 du 29/12/99 et de l'arrêté du 26/06/01 stipule que les distributeurs, détaillants ou grossistes doivent reprendre ou faire reprendre les piles ou accumulateurs qui sont parmi les polluants les plus dangereux lorsqu'ils sont jetés dans la nature ;

• pour les matériels électriques et électroniques : la directive n° 2002/96/ WEEE publiée le 13/7/03 demande que les producteurs et distributeurs de matériels électriques et électroniques assure le recyclage de leur produits avec un minimum allant de 80 à 60 % selon les catégories de produits ;

• pour les pneus : le décret français d'application du 29/12/03 crée l'obligation en 2004 de récupérer et valoriser les pneus mis sur le marché français ;

1. Chiffres cités par le cabinet de conseil BeCitizen

• pour les véhicules hors d'usage : divers décrets dont le n°2003-72 du 1/08/03 impose aux constructeurs automobiles de garantir la viabilité économiques des filières de traitement des véhicules hors d'usage en termes de démolition, récupération et recyclage.

Ce ne sont que des exemples et qui prêtent éventuellement à discussion sur leur efficacité actuelle. Mais la tendance lourde est que les entreprises ne peuvent plus se contenter de concevoir des produits en se désintéressant de ce qu'il advient de ce produit en fin de vie. L'analyse stratégique doit désormais prendre en compte le produit sur la totalité de son cycle de vie avec l'ensemble des partenaires sur ce cycle de vie pour en évaluer la performance économique mais aussi sa performance environnementale.

Cela amène les entreprises à assumer la responsabilité de leurs produits sur toute leur durée de vie jusqu'à la destruction finale ou au recyclage final de ces produits. L'analyse économique, les évaluations technologiques, la valeur de service du produit doivent donc être passées en revue depuis la conception du produit jusqu'au recyclage final, ainsi que tous les services attachés à chaque étape et l'apport des différents acteurs le long de cette chaîne de vie : transport, distribution, collecte des emballages, récupérations des produits usagés, conditions d'utilisation des produits chez les clients, etc. Il faut donc repenser toutes les étapes de la vie des produits/services :

• évaluer et optimiser l'efficacité des matériaux : réduire la consommation de matières premières vierges, choisir des matériaux renouvelables, utiliser des matériaux recyclés, choisir des matériaux à impact réduit, élimination des matériaux et substances toxiques ;

• évaluer et optimiser l'efficacité énergétique : choix de sources d'énergie à impact réduit, réduction de la consommation énergétique à la production, réduction de la consommation énergétique à l'utilisation ;

• analyse de la conception en vue d'une utilisation propre ;

• analyse et conception en vue de la durabilité : durée de vie technique par rapport aux besoins des utilisateurs, réparabilité et maintenance, modularité, capacité de contrôle et régulation par les utilisateurs, acceptabilité des innovations technologiques par les utilisateurs ;

• analyse de la capacité de réutilisation du produit, du recyclage des sous ensembles et des composants et de la valorisation des résidus.

En fait le WBCSD suggère 7 thèmes de travail pour améliorer l'éco-efficacité des produits[1] :

• réduire l'intensité des matières premières ;

• réduire l'intensité d'utilisation de l'énergie ;

• réduire la dispersion des substances toxiques ;

• renforcer la recyclabilité ;

• maximiser l'utilisation de composants recyclés ;

• allonger la durabilité du produit ;

• augmenter l'intensité en service.

1. World Business Council for Sustainable Development, "Eco efficiency : creating more value with less impact", August 2000

Cette démarche entraîne une réévaluation des marchés et des attentes des utilisateurs, une reconception des processus d'engineering des produits, de la fabrication, du marketing et des relations avec les fournisseurs, une reconception de la supply chain du fournisseur à l'utilisateur incluant naturellement les aspects de transport et d'emballage, la création de partenariats nouveaux pour le traitement du produit en fin de vie et son recyclage et la valorisation des résidus. Enfin, cette démarche amène une définition nouvelle (et un avantage compétitif ?) de la relation au client.

Ainsi, en 1998, Xerox a lancé son premier photocopieur entièrement digitalisé, le Document Centre 265, qui peut être recyclé à plus de 97% et est réusinable à 90%. Ce produit a 200 pièces, ce qui est beaucoup moins que son prédécesseur. Selon le magazine Fortune, la possibilité de réusiner et la réduction des pertes a économisé 250 millions de dollars à Xerox[1].

Mais si l'écoefficacité permet de produire mieux les produits existants, elle ne résout pas la question de la nécessité du produit. L'innovation peut aller plus loin et prendre en compte des raisonnements analogiques avec l'écologie naturelle. La question est alors de déplacer l'analyse de l'objet aux services rendus par l'objet. La transformation est alors de passer du raisonnement « la valeur est dans l'objet vendu » au raisonnement « la valeur est dans le service fourni par l'objet ». Cela repose bien sûr aussi sur un changement de comportement des consommateurs. Mais le déplacement de raisonnement par les consommateurs ou utilisateur commence à être perceptible : la location de voiture par opposition à la propriété de la voiture, la multipropriété de résidences de vacance, ou la location de toutes sortes de matériels ou équipements par les entreprises montrent que la propriété de l'objet est de plus en plus dissociée de son utilisation.

Interface est l'exemple souvent cité d'une entreprise américaine de moquette qui propose de louer des carreaux de moquette et qui en assure l'entretien, réduisant d'autant la production de moquette avec la consommation correspondante de produits polluants[2].

Cette approche intégrée du cycle de vie du produit impose à l'entreprise de travailler ses relations avec ses clients et fournisseurs non seulement sur les critères classiques du rapport qualité du produit/service/prix mais d'étendre son analyse à des critères de développement durable : cela couvre aussi bien l'information utilisateur sur les caractéristiques du produit (composition du produit en termes écologiques, consommations énergétiques à l'usage, etc…) que de gérer les procédures de collecte des produits usagés ou de recyclage et gestion de la relation client.

La relation avec les fournisseurs est tout aussi cruciale, puisque les entreprises imposent des critères de sélection de fournisseurs (certification environnementales ISO 14000 par exemple), et incluent dans les contrats avec les fournisseurs des clauses concernant la gestion de leur personnel (pour éliminer les risques de travail des enfants ou favoriser l'égalité homme/femme, ou les conditions de travail pour éviter l'esclavage, etc.) qui sont sujettes à audit par l'entreprise acheteuse.

1. Peter Senge & Goran Carstedt, " Innovating our way to the next industrial revolution", MIT Sloan Management Review, Winter 2001

2. Voir le site de Sol (Society for Organizational Learning créée par P Senge et des entreprises comme BP ou Interface), www.SoLonline.org. Voir aussi http://www.interfacesustainability.com/

5.2 Critères de choix des investissements industriels

Plusieurs enjeux apparaissent :

L'analyse préalable des investissements ne peut être faite sur les seuls critères du marché quantitatif, des coûts de production, et donc des cash flows ; elle doit intégrer une sérieuse évaluation des risques et des solutions : Quels sont les risques écologiques du point de vue des processus industriels existant d'une entreprise, notamment leurs impacts en matières de pollution air, eau, sol et émissions de chaleur ? Quelle est la disponibilité des matières premières ? Quels sont les déchets émis par le procédé de fabrication et quels sont les modes de traitement ultérieurs de ces déchets ? Quels sont les enjeux de transport des matières premières, des produits finis, des déchets de fabrication et des produits usagés après collecte. Quels sont les investissements nécessaires pour traiter les déficiences actuelles ? La technologie souhaitable existe-t-elle et est-elle disponible chez nos fournisseurs de matériels industriels et a-t-elle été expérimentée ? Quelle est l'évolution probable des législations dans les grandes zones géographiques concernées (Europe, Amérique Nord, Asie et autres pays majeurs). L'analyse du risque de dépendance énergétique est particulièrement crucial pour les industries très consommatrices.

La mise en place des directives européennes notamment en ce qui concerne le protocole de Kyoto induit aussi des enjeux significatifs de choix de technologie et d'investissement pour réduire notamment les émissions de CO_2. L'Union Européenne a décidé de réduire les émissions de CO_2 selon les objectifs de Kyoto en organisant un marché selon les orientations du protocole de Kyoto. En 2005, plus de 12 000 sites sont concernés en Europe et un marché d'échange de Droits Négociables d'Emission de CO_2 est constitué. Les entreprises concernées reçoivent des permis d'émettre pour chaque année qui correspondent à une réduction progressive jusqu'en 2012 des quantités de CO_2. Comme les volumes autorisés baissent chaque année, l'entreprise a le choix entre deux grandes politiques : investir et trouver des procédés pour décroître ses émissions chaque année ou acheter sur le marché des droits supplémentaires d'émettre du CO_2 qui complètent les permis qu'elle a reçue. La valeur de marché des droits d'émettre doit donc être comparée au coût des réduction du CO_2.

Un exemple illustre conceptuellement les choix possibles.

Supposons que deux entreprises A et B émettent chacune 100 000 tonnes de CO_2 par an t qu'elles reçoivent des permis pour émettre 95 000 Tonnes. L'entreprise A a la possibilité de réduire ses émissions pour cette année de 10 000 tonnes à un coût de €10/t. Le marché des droits cote à un prix de marché de €15/t.

5.3 Un marché d'innovation : du produit ou du service

Certains acteurs innovants explorent de nouveaux métiers au développement économique prometteur (on peut y loger tout l'univers du traitement et recyclage des déchets ou l'agriculture bio et raisonnée). Mais la redéfinition de « business models » existants peut aussi se faire dans des métiers traditionnels comme le tourisme où les contraintes d'un développement respectueux de l'environnement et des sociétés peut amener un tourisme d'un troisième type (cf. les débuts du nouveau format éco-village chez Pierre&Vacances) ou la société américaine Interface évoluant d'un business model de vente des moquettes à un mécanisme de contrat de location de ses carreaux de moquette fabriqués avec des dérivés du pétrole pour garantir qu'ils soient recyclés en fin de vie.

Du fait de son appartenance à un secteur d'activité fortement concerné par les enjeux et les contraintes du développement durable, le pétrolier Shell a aussi publiquement déclaré « qu'il existe des débouchés commerciaux pour ceux qui sont en avance dans la lutte contre le changement climatique. En diminuant ses émissions de GES (gaz à effet de serre), Shell a assuré de bons retours pour ses investisseurs. Le développement et la mise en oeuvre de nouvelles technologies, l'arrêt du brûlage à la torche en continu, la recherche d'une plus grande efficacité énergétique et la participation aux bourses de permis d'émission contribuent à cette réduction des émissions de GES et représentent de bons débouchés commerciaux. ».

Le lancement d'un nouveau business model est en général accompagné d'une intense activité de communication. Les sociétés utilisent de plus en plus les potentialités de gain d'image lié à leurs réalisations en la matière, auprès de leurs clients directs comme du grand public. Il est parfois difficile d'apprécier l'importance économique des réalisations vantées sur les sites internet spécialisés ou les rapports annuels... Les grands distributeurs français ont compris l'intérêt d'afficher leurs initiatives en matière de développement durable et ouvrent leurs linéaires à quelques espaces *ad hoc* ou font des opérations de promotion sur des produits de commerce équitable. Ces opérations permettent de sensibiliser les consommateurs et permettent de générer une image « développement durable » du distributeur, mais il est difficile de définir ces opérations comme des modifications significatives dans le business model des distributeurs.

Par contre, ces opérations concernent des développement innovants qui voient émerger des acteurs du développement durable comme les réseau de commerce équitable, qui modifient aussi bien l'organisation de la production dans les pays d'origine, que les parts de marché dans les pays consommateurs.

6 Aligner le système de gestion du développement durable sur les intentions stratégiques

Les composantes essentielles d'une politique de développement durable passe à la fois par la mise en place d'une organisation, d'un système d'information et l'intégration de la dimension « Développement durable » dans les objectifs des managers.

6.1 La création d'une structure spécialisée dans le pilotage du développement durable

Symboliquement autant que pratiquement l'apparition d'une structure est le signe qu'une « problématique » veut être prise en charge par l'entreprise. Plusieurs approches peuvent être utilisées :

• Faut-il un comité développement durable au sein du Conseil d'Administration ? Le rapport du Ceres met en valeur l'importance symbolique de la prise en charge au niveau du Conseil d'Administration de cet aspect de la responsabilité de l'entreprise. Mais il n'est pas nécessairement souhaitable de multiplier les comités qui prennent du temps des administrateurs au risque de les détourner des activités-clés d'un CA.

• Faut-il une direction du développement durable ? De nombreuses grandes entreprises ont opté pour la création de directions de l'environnement et du développement durable bien que certaines rattachent plutôt le développement durable à la communication ou à la finance. On voit clairement les évolutions plausibles de ces deux types de choix : une préoccupation plutôt de communication externe caractérise la seconde approche alors que la première approche a plus de chances de promouvoir une dynamique interne à l'entreprise. Le rattachement de cette fonction DD à une haute instance opérationnelle de l'entreprise (Direction Générale, Direction Industrielle, etc.) est en général un gage de capacité d'action.

• Faut-il un comité pluridisciplinaire des opérationnels et des fonctionnels de l'entreprise ? La fonction clé d'une direction du développement durable est certainement la « promotion de ce type de préoccupation au sein des opérations, et pas seulement la relation avec les instances professionnelles et réglementaires qui définissent les normes applicables aux activités de l'entreprise. L'implication des grandes directions opérationnelles dans la définition des objectifs et des plans d'action de développement durable est certainement un actif essentiel et un tel comité peut y aider à condition qu'il ne soit pas qu'un simple lieu de discours sans volonté d'agir.

Très souvent, une structure complémentaire, plus ou moins formelle, se compose de conseils scientifiques et ou de comités d'évaluation des risques.

Ces conseils ont pour vocation d'aider l'entreprise à avoir une vision objective et en partie externe des problèmes potentiels auxquels elle peut être confrontée ou l'aider à définir des lignes d'action. Reste ensuite à définir l'importance de ces comités scientifiques et le poids de leurs avis.

6.2 Objectifs des managers et système de reporting sur le développement durable

Un des premiers pas dans la mise en œuvre d'une politique de développement durable est la rédaction d'un code de bonne conduite et sa diffusion à tous les personnels de l'entreprise. Dans ce document, l'entreprise définit sa vision, ses objectifs et ses orientations en la matière.

Mais ce code a des chances de rester au stade des bonnes intentions s'il n'est pas accompagné par un mécanisme de gestion de la performance du développement durable qui soit similaire à ce qui existe pour la gestion de la performance financière. Néanmoins, certaines questions essentielles doivent être résolues par l'entreprise :

1. Le pilotage de la performance développement durable doit-il se faire en fonction des principes du reporting externe vus à travers la loi sur les nouvelles responsabilités de l'entreprise et le standard de la Global Reporting Initiative ? Il semble plus efficace de centrer les objectifs sur des thèmes spécifiques sur lesquels l'entreprise cherche réellement à progresser plutôt qu'en fonction de considérations de reporting externe, même si l'image de l'entreprise à l'extérieur ne peut pas laisser un chef d'entreprise indifférent. Les normes réglementaires et les standards propres à chaque profession incitent d'ailleurs à choisir plutôt des indicateurs significatifs. Mais la direction générale doit choisir entre afficher un objectif à un an assez réalisable ou un objectif ambitieux à 5 ou 10 ans, un « Stretch goal », qui amène à revoir fondamentalement les processus industriels aussi bien que la conception des produits et services proposés aux clients. Le dirigeant se retrouve confronté à un choix classique entre une évolution progressive qui risque d'atteindre des limites pratiques dans l'amélioration des performances environnementales ou sociales ou générer un saut qualitatif et quantitatif de transformation de l'entreprise en matière de développement durable?

2. Quel est le périmètre pratique de pilotage de la performance de développement durable? En principe le périmètre devrait être le même que celui de la consolidation financière ou en tout cas couvrir toutes les activités industrielles et commerciales gérées directement : mais cette définition laisse de côté les joint ventures qui peuvent présenter des risques significatifs de réputation ou de pollution. La pratique tend souvent à privilégier, dans un premier temps, les unités dans les pays développés, en tout cas celles qui sont les plus significatives en matière de taille. Sur ce périmètre d'action, apparaît le choix entre demander à toutes les unités du Groupe d'atteindre un standard minimum ou de fixer des objectifs plus ou moins ambitieux selon les unités.

3. Comment intégrer les indicateurs dans un système de gestion de la performance : faut-il développer un système spécifique d'information global au groupe ou étendre les systèmes existants dans chaque unité? Les coûts et délais militent souvent en faveur de la deuxième solution mais pose des problèmes de consolidation des résultats par unité et de définition commune des indicateurs. Quel niveau de matérialité demander dans le reporting des unités sachant que différentes parties prenantes peuvent avoir des vues très différentes sur ce qui est matériel par rapport à une vision du groupe[1] ? À quelle fréquence faut-il demander un reporting ? Enfin, il n'est pas possible de traiter la performance en matière de développement durable sans appliquer les principes généraux de pilotage de toute performance opérationnelle : anticiper les problèmes majeurs de comportement des opérationnels induits par les indicateurs retenus, s'assurer de l'acceptation de ces objectifs par les opérationnels et le management, intégrer la mesure des résultats concernant le développement durable dans l'évaluation de la performance des managers, et les prendre en compte dans les méthodes de motivation.

À titre d'exemple, chaque branche du groupe Lafarge[2] est dotée d'un programme de performances et d'une structure de soutien dédiée qui attribuent à toutes les unités opérationnelles des responsabilités et des objectifs. Ces objectifs de performance incluent les aspects liés au Développement Durable. Ainsi, le Programme « Advance » de la branche Ciment, lancé début 2003 a pour objectif d'optimiser le potentiel d'amélioration des performances de ses 47 unités et se base sur des échanges de savoir-faire et d'expériences dans tous les domaines du métier de cimentier. Il repose sur cinq domaines d'égale importance, représentant les principaux leviers de la création de valeur :
- « Être présent et croître sur les marchés attractifs,
- offrir une gamme innovante de liants hydrauliques et des services reconnus par le marché,
- affirmer le leadership industriel en atteignant l'excellence et la maîtrise dans la gestion industrielle
- inscrire les objectifs de performance dans une démarche de développement durable,
- développer une culture de la performance adaptée à un environnement très évolutif. »

Chacun de ces domaines est divisé en facteurs de succès qui sont pour le développement durable :

– l'économie de ressources naturelles (gestion des déchets) ;
– la réduction des émissions de CO_2 ;
– les relations avec les parties concernées par les activités et la sécurité.

Pour chaque facteur ainsi défini, les unités opérationnelles devront suivre un processus précis : auto-évaluation, définition des priorités et plan d'action.

1. Par exemple, la nuisance sonore ou odorifère peut-être significative pour une ou deux unités, ce qui est un sérieux problème pour le voisinage, mais un cas particulier pour quelques unités du groupe

2. http://www.lafarge.com/lafa

Conclusion

La responsabilité sociétale des entreprises leur impose une nouvelle définition des critères de performance : le « Triple Bottom Line » du profit, de la performance sociale et de l'impact sur l'environnement. Ces nouvelles exigences de performance sont portées par quelques segments de l'actionnariat socialement responsable, mais aussi par les exigences de parties prenantes externes à l'entreprise qui, par la capacité de mobilisation et de communication, essaient d'influer sur les décisions de l'entreprise.

L'intégration des préoccupations de développement durable au sein de la définition des objectifs et de la stratégie d'entreprise rappelle certaines similitudes avec les préoccupations de développement international des entreprises dans les années soixante dix et quatre-vingt.

La majorité des entreprises ont eu à passer d'un stade de développement domestique à un développement international avec toutes les étapes : comment adapter les produits et services à des marchés et des bases de concurrences différentes de celles maîtrisées sur le marché national, comment mettre en place des structures adéquates (faut-il une direction internationale spécialisée ou intégrer les nouvelles filiales internationales dans les divisions de produits, puis développer un équilibre entre une structure globale qui intègre l'ensemble des marchés pour une même ligne de produits conçus pour tous les marchés et une logique de spécificité des marchés géographiques demandant des caractéristiques particulières des produits ou services, des tarifications différenciées, des modes de distribution adaptés, et des communications particularisées).

Progressivement, les entreprises ont intégré ces savoir faire et compétences de sorte qu'aujourd'hui toutes les fonctions de l'entreprises sont adaptées à une vision globale des marchés de l'entreprise et de sa concurrence alors que toutes les filiales ont un ensemble d'outils qui s'intègre dans une coordination globale.

Le développement durable est une demande croissante de la société civile vis à vis de l'activité économique. On peut penser que l'entreprise doit passer par une phase de changement dans la définition et le pilotage de sa performance pour intégrer ces dimensions d'impact sur l'environnement et de responsabilité sociale, mais que dans quelques années tous ces thèmes feront partie d'un savoir faire organisationnel et seront normalement intégrés dans tous les actes de management. Pour le moment, ils nécessitent encore un acte volontariste du management.

Conclusion : Le métier

Dans la première partie de cet ouvrage, nous avons employé indifféremment les termes « domaine d'activité », « segment stratégique » et « métier ». S'ils sont synonymes, ils n'en apportent pas moins un éclairage différent sur le point de départ de toute analyse stratégique.

Le segment stratégique est l'unité d'analyse qui résulte d'une opération de segmentation. Le domaine d'activité est une notion plus intuitive et plus immédiate de l'entreprise. Elle fait généralement référence au(x) secteur(s) et marché(s) dans lesquels s'insère l'entreprise et se retrouve souvent dans l'organisation même de la firme (structure divisionnelle, par exemple). En ce sens, le segment stratégique est un concept plus « scientifique » que la notion de domaine d'activité. À titre d'illustration, on peut dire qu'un des domaines d'activité du Crédit Agricole est l'assurance, au travers de sa filiale Pacifica, et que l'assurance dommages aux particuliers est un des segments stratégiques de son portefeuille.

Que veut dire « métier » ? En quoi ce concept est-il plus que la somme des facteurs clés de succès ? Pour le comprendre, il faut revenir aux origines de ce mot[1]. Dérivé du latin *ministerium* (office, service), il désigne *toute profession dont on peut tirer ses moyens d'existence,* mais aussi *l'habileté que procure la pratique de cette profession.* Métier et professionnalisme sont en ce sens très liés et l'on voit bien ici l'apport du concept de métier à ceux de domaine ou de segment, qui n'ont pas le même contenu subjectif et procèdent d'une analyse externe à l'entreprise. Le métier met l'accent sur les compétences, les savoir-faire qui sont l'apanage de ceux qui travaillent dans l'entreprise, alors que « domaine » ou « segment » se définissent par rapport au marché, à la technologie, aux produits. Il y a dans ce mot la perception que l'on a à l'intérieur de l'entreprise de ce que l'on sait et pense pouvoir faire.

1. Détrie J.P. et Ramanantsoa B., *Stratégie de l'entreprise et diversification,* Nathan, 1983, p. 13-26 ; Anastassopoulos J.P. et Ramanantsoa B., « Le segment est mort, place au métier », Revue française de gestion, mars-avril 1982.

De manière claire, ce concept s'oppose à une vision réductrice et contingente de la stratégie, largement développée par les écoles d'économie industrielle et d'écologie des organisations, qui ne consisterait pour une entreprise qu'à s'insérer et s'adapter aux caractéristiques des activités et industries dans lesquelles elle intervient, ou est susceptible de le faire. Il restitue à l'entreprise sa spécificité, une aire de liberté quant à ses choix stratégiques et son potentiel de développement, une capacité à agir sur son environnement et non seulement à le subir.

On peut décrire et analyser une entreprise comme un ensemble de ressources qui constituent ses forces, la distinguent des autres et lui permettent de concevoir et de mettre en œuvre des stratégies qui améliorent son efficacité et son pouvoir de marché. Certains auteurs[1] proposent de distinguer trois catégories de ressources :

• les *ressources physiques* qui recouvrent les technologies maîtrisées par l'entreprise, ses équipements et usines, ses implantations géographiques, ses marques et ses accès aux matières premières ;

• les *ressources humaines* qui incluent la formation, l'expérience, la capacité de jugement, l'intelligence, le réseau relationnel et la compétence de communication de chacun des managers et collaborateurs de l'entreprise ;

• et les *ressources organisationnelles* qui concernent à la fois les systèmes de planification formels et informels, les modes de *reporting*, de contrôle et de récompense, les systèmes de coordination, ainsi que les relations informelles existant tant au sein de l'entreprise qu'entre cette entreprise et son environnement.

Si les ressources qui caractérisent une entreprise sont capitales à identifier, elles ne constituent cependant que rarement, en tant que telles, des forces productives générant de la valeur. La création de valeur est liée à l'assemblage et à la coordination d'un ensemble particulier de ressources ; ce que l'on peut appeler une compétence de l'entreprise[2]. Partant d'une analyse ou d'une perception de ses ressources, une entreprise se définit et se conçoit donc naturellement comme un ensemble de compétences, et, parmi ses compétences, elle en isole certaines qu'elle juge « fondamentales » *(core competencies)*[3] car ayant, selon elle, un impact stratégique global sur l'ensemble de la firme et majeur en terme de compétition. Ce sont, par exemple, les compétences dans la conception et la fabrication de petits moteurs électriques pour Black & Decker, la capacité d'intégration des technologies optique, microélectronique et mécanique de précision pour Canon, l'expertise en substrats, enduits et adhésifs pour 3M, la gestion des flux pour Carrefour et la maîtrise de la gestion des marques grand public pour Danone.

On comprend aisément par ces illustrations que ce qui constitue l'essence de ces compétences est l'originalité et la force de l'assemblage et de la coordination des ressources qui les composent. Et ce qui en fait la force est le fait que cet assemblage, généralement complexe car lié à des relations interpersonnelles entre des collaborateurs de l'entreprise et à des processus formels et informels de traitement de l'information et de décision, est devenu

1. Jay Barney, « Firm Ressources and Sustained Competitive Advantage », Journal of Management, vol. 17, 1991.

2. Robert M. Grant, « The Ressource-Based Theory of Competitive Advantage Implications for Strategy Formulation », California Management Review, printemps 1991.

3. Prahalad C.K. et Hamel G., « The Core Competence of the Corporation », Harvard Business Review, mai-juin 1991.

une routine ou un ensemble de routines interactives naturellement intégrées et maîtrisées par le personnel de l'entreprise, appartenant à sa mémoire et son présent collectif. Les traditions, le style, les valeurs de l'organisation renforcent cet engagement et constituent à la fois des encouragements à la coordination et des révélateurs de ces compétences fondamentales qui sont clairement perçues à l'intérieur de l'entreprise et définissent son métier.

Mais qui dit perception dit possibilité d'erreurs. L'histoire récente montre que nombre d'entreprises se sont à cet égard trompées de métier, et ont découvert qu'elles avaient intérêt à faire bien ce qu'elles savaient faire, et à abandonner des diversifications par trop aventureuses pour se recentrer sur leur **métier de base**, là où elles pouvaient le mieux exploiter leurs compétences fondamentales. L'analyse des échecs spectaculaires comme celle des redressements réussis montre bien que, à l'origine, ces décisions, dont les résultats ont prouvé qu'elles étaient mauvaises, se sont appuyées sur une conception trop large du métier de l'entreprise. Conception qui conduisait l'entreprise, d'une part, à saupoudrer ses moyens et ses ressources entre un nombre trop important de compétences qu'elle devait maîtriser sur des activités d'exigences différentes, ce qui aboutissait à un affaiblissement général de sa position, et, d'autre part, à gérer de nouvelles ressources qui se révélaient souvent plus complexes à intégrer dans la réalité que dans l'analyse. Les synergies sont toujours plus difficiles à mettre en œuvre que l'analyse *a priori* ne l'avait imaginé.

Mais si avoir une conception trop large de son métier est dangereux, en rester à une vision trop étroite se révèle également néfaste, en particulier quant aux potentialités de développement. La plupart des électriciens haute et basse tensions ont ainsi exclu de leur champ les courants faibles, éliminant par là même tout développement dans les activités porteuses de l'installation téléphonique et des systèmes de sécurité. C'est en tout cas la vision que l'on a de son métier, et surtout de son étendue *(scope)* en termes d'activités et de géographie, qui guide et fonde les choix stratégiques d'une entreprise.

Trois fabricants de chaussures de sécurité peuvent connaître, par exemple, des développements différents alors que leur base de départ est identique :

• celui qui en restera à une conception de *fabricant de chaussures de sécurité* aura comme seule voie de développement l'internationalisation et cherchera à devenir un acteur, voire le leader mondial de l'activité ;

• celui qui se définira comme un *fabricant de chaussures* aura tendance à élargir sa gamme de chaussures vers d'autres types de modèles (chaussures de sport ou de ville) ou entrera dans le giron d'un groupe… de chaussures ;

• celui qui se considérera comme un *industriel de la sécurité* développera toute une gamme de produits de sécurité (gants, masques, vêtements, etc.) dans laquelle la chaussure deviendra à terme minoritaire.

De même, se considérer comme un pneumaticien ne conduit pas du tout aux mêmes décisions stratégiques que se définir en tant que spécialiste du caoutchouc. Les tenants de la deuxième école, concurrents de Michelin dans le pneu, se sont naturellement diversifiés sur la base du caoutchouc : dans le matelas (Pirelli), dans les balles de tennis (Dunlop), dans les tapis roulants (Dunlop, Goodyear) et dans les produits industriels en caoutchouc. Alors que Michelin, en localisant son métier sur le pneu, excluait de son champ de développement, consciemment ou inconsciemment, de telles diversifications.

Les exemples de ce type sont légion. Dans de nombreux domaines, on trouvera ainsi des stratégies contrastées mises en œuvre par des entreprises ayant défini différemment leur métier.

Est-ce à dire que chaque entreprise a son propre métier ? Qu'il n'existe pas de points communs ? Certainement pas. Dans une activité donnée, une analyse objective du fonctionnement économique, des comportements des différents agents, de l'offre et de la demande, permet de mettre à jour les points essentiels qu'il est bon de respecter si l'on veut réussir, les pièges à éviter, les erreurs à ne pas commettre, bref les facteurs qui conditionnent la réussite. À partir de cette analyse on pourrait être tenté de définir un métier, chaque métier se caractérisant par un ensemble de facteurs clés de succès qui lui seraient spécifiques.

Et d'ailleurs, comment vivrait et se développerait une entreprise si ses compétences fondamentales ne correspondaient pas à des caractéristiques clés d'une ou plusieurs activités ou si elles étaient appliquées dans des secteurs qui ne les valorisaient pas ? La méthode de l'analyse des ressources et des compétences n'a de sens que si elle intègre et pousse à fond la logique de la chaîne de valeur. Une compétence n'est stratégique que si, d'une part, dans la chaîne de valeur de l'entreprise, elle correspond à une attente (un ou plusieurs facteurs clés de succès) du secteur qui est prêt à la valoriser et si, d'autre part, elle peut constituer un avantage compétitif durable.

En ce sens, la définition du métier, telle que nous la recommandons, doit associer de manière interactive une analyse interne des ressources de l'entreprise, visant à recenser ses compétences naturelles, fondamentales et spécifiques, et une analyse externe permettant d'identifier les caractéristiques concurrentielles et les facteurs clés de succès du secteur et des activités de l'entreprise. Seule une telle approche permettra d'éviter le dépérissement, la disparition ou la diversification hasardeuse, car elle donne son sens et sa cohérence aux choix stratégiques.

Mais l'expérience montre que l'entreprise préfère souvent définir *son* métier en s'appuyant sur sa vision interne dudit métier, c'est-à-dire en se localisant sur les compétences spécifiques qu'elle est fière de posséder, à la manière d'un artisan. Et souvent avec raison. Particulièrement à notre époque où l'environnement se caractérise par une turbulence forte et une évolution constante : innovation permanente par le biais de nouvelles technologies performantes, explosion et disparition aussi rapide de nouvelles activités, diminution drastique de la durée de vie des produits, modification constante des frontières, en particulier géographiques, des segments stratégiques, apparition de nouveaux concurrents mondiaux disposant d'avantages de coûts hors des normes usuelles… Face à une telle situation, l'approche par les ressources et les compétences constitue souvent la seule base solide et stable une nécessité vitale pour le fonctionnement d'une entreprise permettant de définir une stratégie. Force est de constater d'ailleurs que plusieurs entreprises dont les stratégies ont principalement reposé sur le développement et l'exploitation de compétences fondamentales clairement identifiées ont su à la fois faire preuve d'une grande innovation et d'une remarquable capacité à s'adapter aux modifications constantes de leur environnement et à tirer profit des opportunités qu'il générait.

Un métier n'est pas un pur concept analytique. Ce n'est pas seulement le résultat d'une étude détaillée du contexte concurrentiel. Un métier, cela se vit. C'est la pratique quotidienne de milliers d'individus de toutes compétences qui ont la même activité. La spécificité d'un métier est donc directement liée à la façon dont l'entreprise le vit et l'agence en interne.

Ainsi, s'il existe sans doute une définition objective du métier, que l'on peut approcher en corrélant les facteurs clés de succès qui le caractérisent avec la somme des compétences mises en jeu par l'entreprise, c'est essentiellement à partir d'une perception subjective des savoir-faire spécifiques de l'entreprise que l'on peut définir son ou ses métiers. Le métier ressort naturellement de la **carte cognitive** de la constellation dirigeante de l'entreprise ; de ce que ces individus voient ou ne voient pas, comprennent ou ne saisissent pas, anticipent et « intuitent » dans leur environnement proche. À ce titre, le métier est un concept qui fait le lien entre la stratégie et l'identité de l'entreprise.

Dans la mesure où il prend en coupe longitudinale toute l'organisation de l'entreprise, les compétences fondamentales constituant les racines qui irriguent les divisions et les unités stratégiques, il est également clair que le métier interagit avec la structure. Comment, au-delà d'une structure fonctionnelle ou par divisions, et avec quels mécanismes, favoriser le développement et l'exploitation des compétences fondamentales qui le constituent ? Et comment favoriser les processus de décision et de planification qui valoriseront et pérenniseront ce capital de savoir-faire ? La notion de métier c'est, de fait, le barycentre du tétraèdre proposé par *Strategor*.

Partie 2

Structure

Introduction

Les travaux de A. Chandler[1] ont montré qu'il y avait un lien très fort entre la stratégie et la structure d'une entreprise. La structure y apparaît comme un élément clé de la mise en œuvre de la stratégie. À une évolution de la stratégie doit correspondre, sous peine d'inefficacité, une évolution concomitante de la structure. Cette adaptation peut être menée de différentes manières :

• elle peut se faire par *incrément*, lorsqu'elle s'accomplit sur une période assez longue par accumulation de changements de détail, effectués au fur et à mesure pour mieux répondre aux contraintes organisationnelles nées de la nouvelle stratégie. Dans ce cas, elle demeure peu visible, jusqu'au moment où la somme des retouches successives modifie fondamentalement la structure initiale, et où une mise à jour formelle et complète devient indispensable ;

• elle peut au contraire être de nature *brutale*, lorsque le temps presse. Dans ce cas, le changement de structure est délibérément mis à l'honneur par un nouvel organigramme, une réaffectation des responsables. La structure symbolise alors la volonté de changement stratégique ;

• elle peut enfin être *planifiée* à l'avance, lorsque la nécessité d'infléchir la stratégie apparaît suffisamment tôt pour permettre une adaptation programmée et un apprentissage progressif des nouveaux modes d'action exigés.

Quel que soit le mode d'évolution observé, l'adaptation de la structure présente une plus ou moins grande inertie, le passage de la réflexion intellectuelle à l'action se heurtant aux rigidités de comportement, aux difficultés de communication et aux jeux de pouvoir inhérents à tout groupe humain.

Les travaux de Chandler ont marqué une certaine époque et représenté une étape dans la réflexion sur les structures. Cette réflexion a suivi un cheminement parallèle à l'évolution du monde économique, et a été évidemment

1. Chandler A., *Stratégies et structures de l'entreprise*, Paris, Éditions d'Organisation, 1972.

influencée par la complexité croissante de ce dernier. La mise en exergue de la stratégie comme principal déterminant de la structure constitue le premier pas d'un mouvement d'acceptation de la diversité, révélé par l'examen des théories successives, qui va d'une conception uniforme, caractérisée par la recherche d'une structure idéale adaptable à toute organisation, à une conception multiforme et nuancée, dans laquelle l'idée de modèle idéal est totalement absente. L'abandon progressif du modèle déterministe initial restreint la portée du travail de Chandler dans la mesure où, comme on le verra plus loin, la stratégie n'est qu'un déterminant parmi d'autres.

Au-delà de cette première remarque, si l'on admet que la structure existe avant la stratégie, excepté lors de la phase initiale de création d'une entreprise, on est conduit à inverser le raisonnement de Chandler, et à affirmer que c'est la structure qui détermine la stratégie :

• la structure conditionne les perceptions des stratèges. Elle joue en effet un rôle de filtre dans la perception qu'a une organisation des évolutions de l'environnement susceptibles d'infléchir la stratégie. Elle peut même empêcher les responsables de voir certaines évolutions. Par exemple, une organisation conçue au départ pour gérer un monopole aura du mal à identifier rapidement l'émergence de produits ou de services de substitution ;

• la structure conditionne les choix stratégiques. Même dans le cas où les évolutions ont été perçues par une partie de l'organisation, les circuits de transmission des informations, une des composantes de la structure, peuvent freiner, voire déformer l'information, retardant le moment où les décideurs compétents se saisiront du problème ;

• la structure limite l'ampleur des mouvements stratégiques. En effet, une organisation n'a qu'une capacité d'adaptation limitée, et n'importe quel mouvement stratégique n'est pas à la portée de n'importe quelle structure. Ainsi la diversification ou l'internationalisation font-elles le plus souvent éclater les structures élaborées pour un produit unique, vendu sur un marché homogène ;

• la structure facilite (ou freine) le développement d'avantages stratégiques pour l'entreprise. Elle permet l'accumulation de savoir-faire au sein de chacune des unités qui constituent autant de « bases d'expérience », sources d'avantages de coût, de qualité ou de performance technique. De même, la qualité des échanges entre ces unités conditionne la vitesse, l'efficacité et l'efficience des réponses apportées par l'entreprise à son environnement.

Ainsi, plutôt qu'un déterminisme orienté de la stratégie vers la structure, il existe entre ces deux dimensions une relation d'influence réciproque, voire une relation dialectique, que les dirigeants doivent maîtriser s'ils désirent agir efficacement sur la destinée de leur entreprise. R.A. Burgelman[1] réconcilie en quelque sorte les deux sens de la relation stratégie-structure en proposant une analyse du comportement stratégique des entreprises. En fait, on observe, selon lui, un mélange de deux comportements :

1. Burgelman R.A. et Sayles L.R., *Les Intrapreneurs*, McGraw-Hill, 1987.

FIGURE II.1 Expérience et position de coût

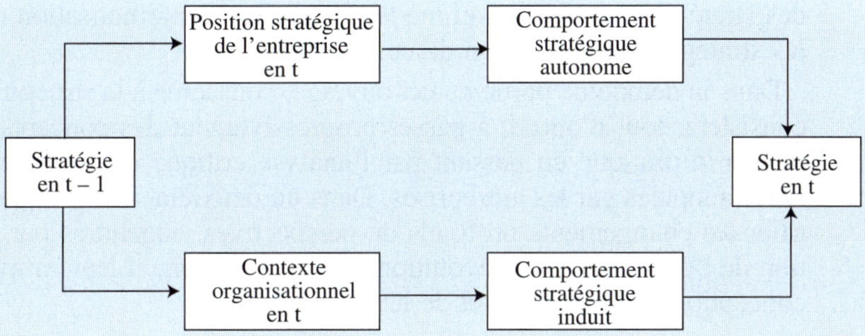

• un comportement stratégique *autonome* qui résulte directement d'une réflexion du type de celle conduite dans la première partie de cet ouvrage, et qui suppose un entrepreneur (ou une coalition dirigeante cohérente) logique dans sa démarche et doté de leviers d'action efficaces ;

• un comportement stratégique *induit* qui résulte du contexte organisationnel (structure et identité, dirions-nous ici), modelé lui-même par les stratégies poursuivies antérieurement.

O.E. Williamson[1] permet en quelque sorte de dépasser ce débat puisque, selon lui, on a affaire à une même logique, celle de l'arbitrage entre coûts de transaction et coûts de coordination. En effet, la structure englobe dans une « hiérarchie » un ensemble d'entités économiques élémentaires qui, sans cette organisation supérieure, effectueraient entre elles des transactions sur un marché. La hiérarchie constitue donc une alternative efficace au marché lorsque les coûts de transaction sont supérieurs aux coûts de coordination par une structure. Ainsi, une structure fonctionnelle (*U form*) permet de coordonner une production intégrée verticalement, plutôt que de laisser la place à une négociation entre acheteur et vendeur. De même, une structure divisionnelle (*M form*) permet de coordonner des activités diversifiées, au lieu de laisser le marché financer des entités indépendantes. Choix stratégique et choix structurel procèdent donc d'une seule et unique démarche pour Williamson. À partir de la notion de coûts de transaction, il explique les principaux mouvements stratégiques de l'entreprise et les mouvements structurels correspondants : intégration verticale, diversification, internationalisation et, dans un ouvrage postérieur[2], stratégies d'alliances.

La structure ne saurait donc être considérée comme un simple moyen de mise en œuvre de la stratégie. Elle doit constituer un des axes essentiels de la réflexion sur le management de l'entreprise. L'incertitude croissante de l'environnement, la complexification des technologies, l'évolution des attentes des individus dans l'organisation remettent en cause les conceptions traditionnelles des structures et leur confèrent un rôle majeur dans la revitalisation des

1. Williamson O.E., *Market and Hierarchies : Analysis and Antitrust Implications*, Free Press, 1975.

2. Williamson O.E., *The Economic Institutions of Capitalism*, Free Press, 1985 ; trad. fr., Paris, InterÉditions.

entreprises devenue aujourd'hui indispensable. Dans une recherche récente[1], J. Wolff et W.G. Egelhoff ont montré la validité de cet alignement stratégie-structure dans les multinationales, aujourd'hui, y compris pour ce qui concerne des stratégies nouvelles comme les stratégies d'externalisation des activités et les stratégies de génération de connaissances.

Dans la deuxième partie de cet ouvrage, consacrée à la structure, la démarche consistera, tout d'abord, à passer progressivement des concepts théoriques de base à la pratique en passant par l'analyse critique des principales structures types adoptées par les entreprises. Dans un deuxième temps, elle visera à identifier les changements profonds de perspectives, engendrés par la mondialisation de l'économie et la révolution de l'information, et leurs implications sur la conception des structures et de leur évolution.

1. J. Wolf et EgelhoffW.G. , « A Reexamination and Extension of International Strategy Structure Theory » in *Strategic Management Journal*, vol. 23, fév. 2002.

Chapitre 13

Éléments de base d'une théorie de la structure

1 Définitions

Une structure est l'ensemble des fonctions et des relations déterminant formellement les missions que chaque unité de l'organisation doit accomplir, et les modes de collaboration entre ces unités. À chaque unité est délégué un certain pouvoir pour exercer sa mission. Des mécanismes de coordination assurent la cohérence et la convergence des actions des différentes unités.

1.1 L'espace bureaucratique

La structure d'une entreprise présente trois caractéristiques principales, illustrées dans la figure 13.1 :

• la *spécialisation*, c'est-à-dire le mode et le degré de division du travail dans l'entreprise. Sur quels critères et jusqu'à quel degré de détail le découpage de l'organisation est-il réalisé ?

• la *coordination*, c'est-à-dire le ou les modes de collaboration institués entre les unités. Quelles sont les liaisons entre unités, et quel est le degré de centralisation/décentralisation qui en résulte ?

• la *formalisation*, c'est-à-dire le degré de précision dans la définition des fonctions et des liaisons. Chaque rôle est-il défini de façon stricte et détaillée ? ou laisse-t-on une large part à l'interprétation individuelle[1] ?

1. Ces définitions reprennent celles proposées dans l'ouvrage de Anastassopoulos J.-P., Blanc G., Nioche J.-P., Ramanantsoa B., *Pour une nouvelle politique d'entreprise*, Paris, PUF, 1985.

FIGURE 13.1 **Espace bureaucratique**

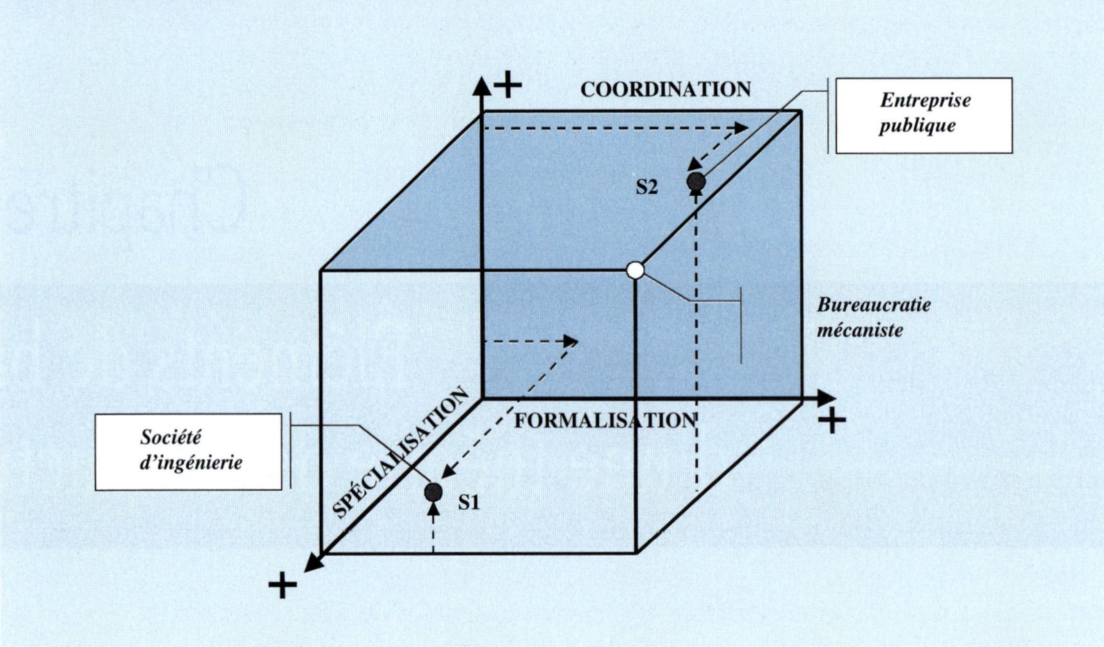

Dans la figure 13.1, l'éloignement de l'origine des trois axes exprime une bureaucratisation croissante de la structure. Par exemple, la structure S1, caractérisée par une coordination souple, une formalisation réduite et une spécialisation élevée, pourrait être, nous le verrons, la position d'une entreprise de conseil ou d'ingénierie.

Au contraire, la structure S2, qui présente une coordination étroite, une formalisation forte et une spécialisation moyenne, serait, par exemple, une entreprise de service public.

Ainsi, le degré de bureaucratisation d'une structure exprime son potentiel de flexibilité, sa capacité d'adaptation et de changement. À une bureaucratisation croissante correspond une perte de flexibilité et d'adaptabilité. Cependant, l'évaluation de la bureaucratisation se heurte à des difficultés techniques (quelles unités considérer ? quel type d'instrument de mesure adopter ?) qui en réduisent la portée pratique. Elle met l'accent sur des degrés alors que les modes (de spécialisation, de coordination, de formalisation) sont généralement plus significatifs et plus cruciaux pour la vie de l'organisation. Au total, le concept de degré de bureaucratisation apparaît comme excessivement réducteur face à la diversité des situations qu'il prétend caractériser.

Les problèmes d'organisation appellent une approche plus analytique. Quelle histoire, quelles pressions, quels choix ont conduit en S1 et S2 ? Quels sont les modes de spécialisation, de coordination et de formalisation mis en œuvre ; en d'autres termes quel est le « design » de l'organisation ? Dans quelle direction ces structures doivent-elles évoluer, et en fonction de quoi ? Autant de questions fondamentales auxquelles les paramètres de spécialisation, de coordination et de formalisation ne peuvent à eux seuls répondre. Pourtant, l'élaboration d'un diagnostic organisationnel passe obligatoirement par l'analyse de chacun d'eux.

1.2 La spécialisation

La spécialisation pose d'abord un problème de choix du mode de découpage des activités. Faut-il diviser l'entreprise par fonctions : la production, le commercial, la finance, le personnel et ainsi de suite ? Vaut-il mieux l'appréhender par groupes de produits : les avions, les hélicoptères, les missiles et les satellites, pour l'Aérospatiale, par exemple ; ou encore par marques : Chevrolet, Buick, Pontiac, Cadillac, Oldsmobile, pour General Motors ? Par zones géographiques (pays ou régions) ou par projets, comme dans le cas des entreprises de travaux publics ou d'ingénierie ?

Ainsi la structure d'une entreprise se caractérise-t-elle d'abord par son mode principal de spécialisation. Dans la réalité, la complexité de l'entreprise est souvent telle que sa structure doit prendre en compte simultanément plusieurs modes de spécialisation.

Dans certains cas, ces modes peuvent être hiérarchisés en principal, secondaire, tertiaire : leur superposition conduit alors à une spécialisation croissante au fur et à mesure que l'on descend dans le détail de l'organisation.

Dans d'autres cas, ils se côtoient et consacrent l'hétérogénéité dans la division des responsabilités au sein de l'entreprise. Ainsi, par exemple, des départements fonctionnels, tels que finances et ressources humaines, placés en position d'état-major, peuvent-ils assister des divisions opérationnelles structurées en produits ou marchés.

En fait, *le choix du mode de spécialisation se pose à chaque niveau hiérarchique*. Par exemple, qui, de la production ou de la vente, doit être chargé de la gestion des stocks ? Le marketing doit-il être propre à chaque produit ou à chaque zone géographique ? À partir de quel stade de développement un produit nouveau donnera-t-il lieu à la création d'une nouvelle unité ?

En réalité, la spécialisation doit s'adapter à la variété des situations auxquelles l'entreprise est confrontée. Pour définir le mode et le degré de spécialisation, il faut donc élargir le champ de l'analyse et faire appel à d'autres concepts, qui seront examinés plus loin.

1.3 La coordination

Reprenant une tradition millénaire, perpétuée par l'Armée et l'Église notamment, le Français Henri Fayol proposait au début du siècle d'appliquer à l'entreprise quelques principes simples et universels : la ligne hiérarchique doit être unique (un homme, un chef), un supérieur doit avoir au maximum sept subordonnés, le territoire de chacun doit être parfaitement délimité, et le chef est le seul apte à trancher les conflits. Cette vision pyramidale de la structure était encore, dans les années cinquante, celle des tenants du management scientifique, et elle a laissé des traces profondes jusqu'à nos jours, en particulier dans l'industrie lourde et le service public.

Dans la plupart des entreprises, la hiérarchie demeure le principal mode de coordination. Elle forme une pyramide plus ou moins aplatie, assortie de mécanismes de plus en plus élaborés, de définition d'objectifs, d'allocation de ressources et de contrôle. Les relations verticales supérieur-subordonné sont complétées par des mécanismes favorisant les relations horizontales, tels des comités, des groupes de travail et des projets, faisant appel à des coordinateurs provisoires ou permanents (chefs de projet, chefs de produit). La hiérarchie assure la coordination suivant les grandes lignes verticales déterminées par la spécialisation principale. Des systèmes complémentaires sont mis en œuvre chaque fois qu'il semble nécessaire de coordonner des unités à préoccupations similaires, que la spécialisation principale a isolées les unes des autres. C'est ce que traduit de manière synthétique le schéma de J. Galbraith[1] repris dans la figure 13.2.

Par ailleurs, la coordination s'appuie aussi sur des mécanismes de circulation de l'information qu'on ne peut dissocier de la structure proprement dite. Ces mécanismes vont de la simple procédure codifiant les relations opérationnelles entre services, aux systèmes les plus perfectionnés de planification et de contrôle. Ils contribuent à l'efficacité et à la souplesse des liaisons hiérarchiques et horizontales, et constituent avec la structure un tout indissociable qui s'analyse en dernier ressort comme un outil de traitement de l'information en vue de la prise de décision.

1.4 La formalisation

Formaliser, c'est rechercher la prééminence de la loi écrite sur la coutume et la jurisprudence. De nombreuses entreprises disposent d'un manuel d'organisation qui décrit avec plus ou moins de précision la structure, les fonctions qui la composent, les liaisons entre unités, et parfois même les tâches que chacun doit accomplir et la délimitation exacte de son pouvoir.

C'est un instrument qui fige nécessairement, pour un certain temps, le cadre de fonctionnement de l'organisation, et qui rencontre deux sortes de limites. La première est liée aux forces externes qui s'exercent sur l'entre-

1. Galbraith J., « Approche opérationnelle des problèmes de structure », *Document de travail*, MIT, 1972.

FIGURE 13.2 **Le schéma de John Galbraith**

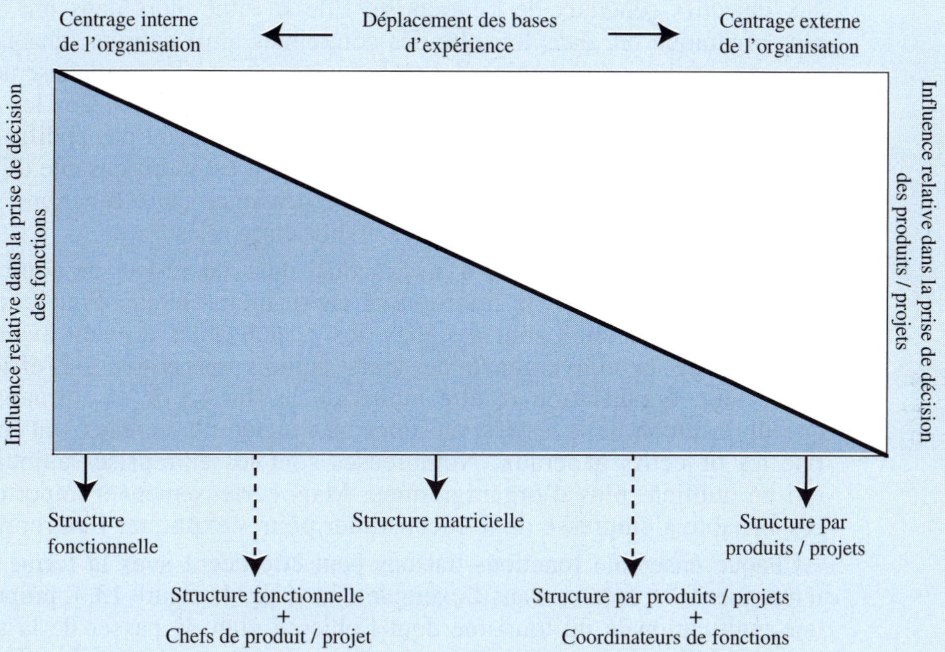

prise et l'obligent à adapter ses structures. La deuxième est liée à l'influence des individus qui composent l'entreprise et aux luttes de pouvoir qu'ils se livrent.

Ainsi chartes et organigrammes traduisent-ils souvent des intentions plus qu'une réalité. Le « design » formel d'une entreprise symbolise un compromis adopté à un moment donné entre les éléments du passé, les contraintes du présent et une vision des enjeux auxquels l'entreprise risque d'être confrontée. La structure réelle est le résultat de l'interaction dynamique de ces trois composantes et sa pérennité dépend de sa capacité à intégrer les nécessaires adaptations liées à la vie de l'organisation.

La formalisation peut être plus ou moins forte et mettre l'accent sur des aspects différents de l'organisation.

La formalisation peut mettre en exergue les tâches que le titulaire d'une fonction doit accomplir. Elle s'inscrit alors dans une conception mécaniste de la division du travail, dans laquelle chacun est considéré comme un exécutant, à l'intérieur d'un territoire soigneusement délimité, dont il ne doit pas franchir les frontières sous peine de remettre en cause toute la logique de l'organisation. Pour atteindre les objectifs qui lui sont assignés, un responsable de niveau supérieur doit avant tout veiller à ce que ses subordonnés atteignent bien ceux qu'il leur a fixés.

La formalisation peut, au contraire, mettre en valeur les missions et les objectifs à atteindre, en définissant la responsabilité de chacun par rapport aux objectifs généraux de l'entreprise. Elle se situe alors dans une vision plus organique où, dans le cadre des contraintes ainsi définies, chaque responsable est libre de combiner les tâches nécessaires à l'accomplissement de sa mission. Cette conception maintient volontairement dans le flou les mécanismes opérationnels. Les rapports entre fonctions n'étant pas codifiés mais laissés à l'initiative des différents responsables, il est indispensable d'identifier de manière précise les zones d'interdépendance entre fonctions, et les liaisons qui doivent nécessairement s'établir entre elles.

L'action d'un responsable s'inscrit ainsi dans un réseau de contraintes qui déborde largement le traditionnel cadre hiérarchique. Pour atteindre les objectifs qui leurs sont assignés, les responsables doivent avant tout s'assurer de la convergence de leurs actions respectives. L'efficacité d'une telle organisation résulte moins de la finesse de sa formalisation que de la façon dont les responsables aux différents niveaux ont intériorisé les objectifs généraux. Nombreuses sont les entreprises aujourd'hui qui ne publient plus d'organigramme. Mais curieusement n'importe quel responsable s'empresse de le reconstituer pour « expliquer l'entreprise » !

Chaque ensemble fonctions-liaisons peut être décrit sous la forme d'une « marguerite », comme dans l'exemple donné par la figure 13.3, proposée à une multinationale du tourisme dont l'objectif était de passer de la simple vente de billets à un système complet de production et distribution de services touristiques. Ce schéma, qui date de 1973, préfigure les futures structures en réseau.

2 Les déterminants de la structure

De toute évidence, une approche qui impose une manière unique de concevoir des structures ne résiste pas à l'observation de la diversité des cas rencontrés dans la réalité, et ne permet pas de répondre à la multiplicité des problèmes d'organisation. Il importe donc d'identifier, dans le contexte de chaque entreprise, les facteurs propres qui doivent intervenir dans la conception de sa structure.

Pour certains, l'efficacité d'une structure dépend de la prise en compte de déterminants exogènes comme la taille de l'entreprise, sa technologie, son environnement.

Ce type d'approche apporte un éclairage intéressant, mais insuffisant dans la mesure où il néglige la dimension volontariste de l'organisation. Ainsi, A. Chandler a montré que les structures doivent aussi s'accorder à la stratégie. Des travaux de recherche plus récents, comme ceux de M. Crozier[1], ont mis en relief l'importance de variables internes, tels les jeux de pouvoir entre individus. Enfin, l'influence de la culture nationale sur le comporte-

1. Crozier M. et Friedberg E., *L'Acteur et le Système*, Le Seuil, 1977.

FIGURE 13.3 **Un exemple de structure en « marguerite »**

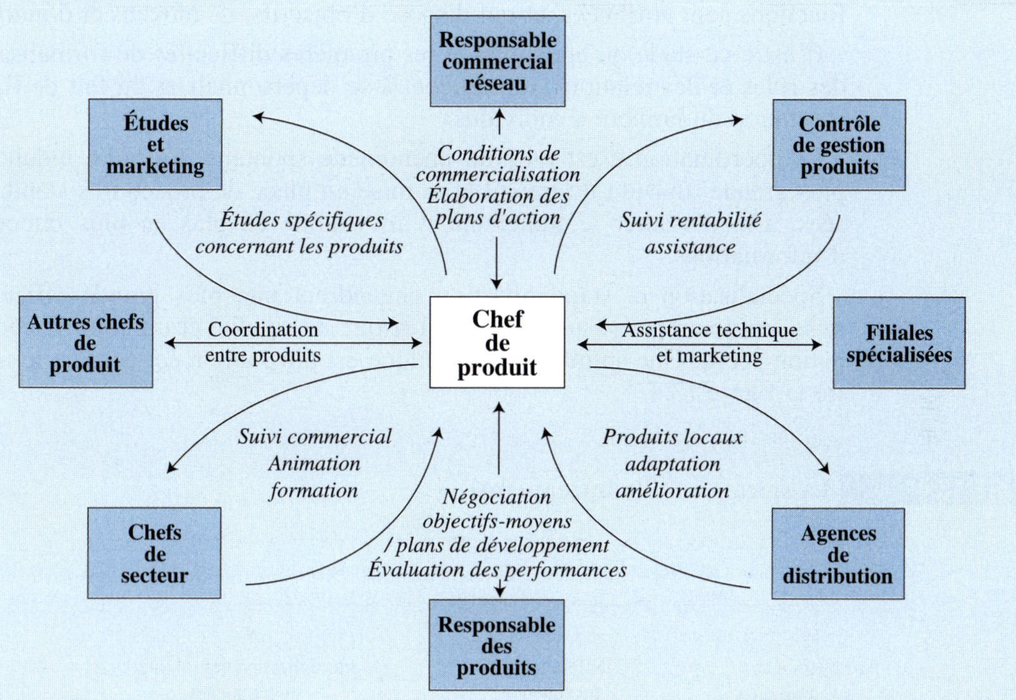

ment des individus au sein des organisations a été mise en évidence de façon éclatante par les succès japonais.

Cette dernière voie de recherche encore en pleine exploration remet partiellement en cause pas mal de travaux antérieurs, qui reposaient implicitement sur des comportements nord-américains et, donc, pas nécessairement transposables à d'autres univers culturels.

On se trouve ainsi confronté à un *faisceau de facteurs* qui ont une influence certaine sur la conception de la structure, mais dont aucun, pris isolement, n'a de valeur explicative ou prescriptive suffisante. Passons-les en revue.

2.1 La taille

La petite entreprise, si elle pose malgré tout des problèmes d'organisation interne, a toujours une structure assez simple. Le dirigeant est en prise directe avec des exécutants, auxquels il délègue rarement un pouvoir de décision, lesquels se reposent donc toujours sur lui.

Très vite, la croissance impose de mettre en place entre la direction et l'exécution un niveau intermédiaire de responsabilités, auquel différentes fonctions sont attribuées, et qui dispose d'objectifs, de moyens et d'autorité.

C'est à ce stade qu'apparaissent les premières difficultés de formalisation des rôles et des relations, qui tendent à se dépersonnaliser du fait de l'augmentation du nombre d'individus.

La coordination n'est plus un phénomène spontané. La taille induit une plus grande division du travail et la mise en place de procédures standardisées, afin d'assurer le traitement d'un volume de plus en plus important d'informations.

Spécialisation et standardisation engendrent une plus grande efficacité, mais, en contrepartie, un plus grand risque de rigidité et un coût de coordination accru. Une spirale bureaucratique est ainsi amorcée, comme le montre la figure 13.4.

FIGURE 13.4 **La spirale « taille-bureaucratie »**

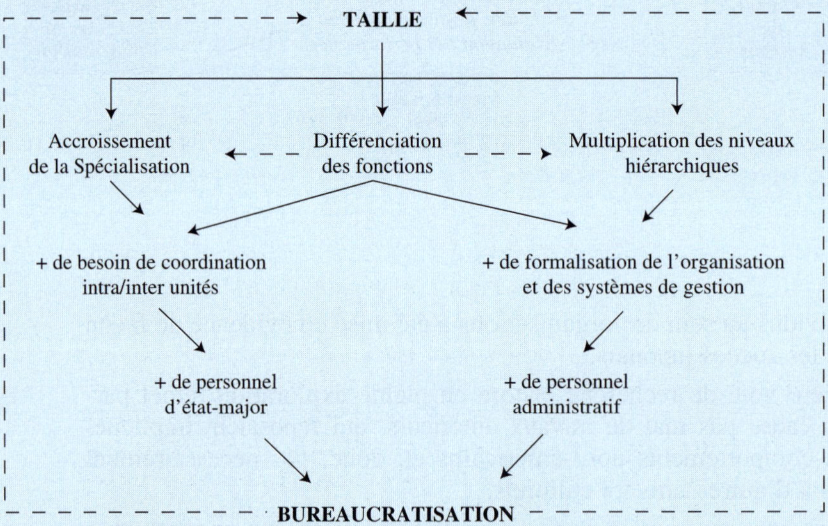

La corrélation entre l'accroissement de la taille et la bureaucratisation est évidente. Toutefois, rien n'indique que la structure d'une grande entreprise soit nécessairement moins efficace que celle d'une plus petite. *La grande entreprise recherche le meilleur compromis entre le coût de la coordination et le coût de l'autonomie des unités qui la composent,* comme il est indiqué dans la figure 13.5 proposée par J. Emery[1].

Si la structure est peu coordonnée, le coût de la coordination est faible, mais le coût de l'autonomie élevé, parce que l'organisation ignore les inte-

1. Emery J., *Organizational Planning and Control Systems*, MacMillan, 1969.

ractions entre unités, néglige de nombreuses informations et doit prendre des marges de sécurité élevées pour se protéger contre l'imprévu (coût total : point A de la figure 13.5).

En revanche, le coût de la coordination est élevé lorsque l'organisation traite un nombre excessif d'informations, met en place des systèmes coûteux et manque de flexibilité (coût total : point B de la figure 13.5).

FIGURE 13.5 **Conception de l'entreprise et coûts**

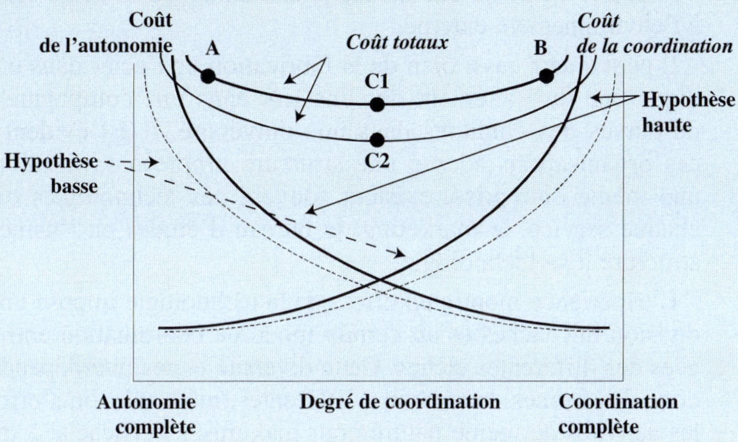

La formation des managers permet d'abaisser le coût de l'autonomie, en améliorant la cohérence des décisions. La création d'unités qui se suffisent à elles-mêmes permet de baisser le coût de la coordination en diminuant les nécessités de liaisons. Ainsi formation et décentralisation permettent-elles d'abaisser le coût total du traitement des informations (de C1 en C2 dans la figure 13.5), grâce à la diminution de ses deux composantes. Il faut noter qu'aujourd'hui, les nouvelles technologies de l'information et de la communication (NTICS) permettent d'abaisser considérablement les coûts de l'autonomie comme les coûts de la coordination, ce qui permet de gérer des ensembles, à la fois plus importants et plus décentralisés, comme certains grands groupes multinationaux.

Chaque fois que la nature des activités l'autorise, on peut éviter par une conception astucieuse la plupart des inconvénients des trop grandes structures, et en fait abaisser à la fois les coûts de coordination et les coûts d'autonomie. Ainsi peut-on créer des petites unités qui sont techniquement autonomes, des divisions ou des filiales qui à la fois conçoivent, produisent et commercialisent des produits spécifiques. Ces unités peuvent être contrôlées à partir d'objectifs généraux établis périodiquement, la direction générale du groupe n'intervenant que par exception. On peut aussi multiplier des modes très souples de coordination latérale (contacts directs entre unités, groupes de travail provisoires, chefs de produit) sans générer pour autant une inflation d'hommes et de procédures.

En conclusion, si la taille ne détermine pas une forme de structure, elle nécessite des adaptations dont la nature dépend essentiellement des autres paramètres que nous allons maintenant aborder.

2.2 La technologie

La technologie, c'est *l'ensemble du processus de transformation réalisé par l'entreprise,* comprenant à la fois le flux de base des opérations internes, l'ensemble de ce qu'elle achète pour l'alimenter et ce qu'elle livre finalement à l'environnement externe.

Il peut s'agir aussi bien de la fabrication de l'acier dans un groupe sidérurgique que du traitement des dossiers dans une compagnie d'assurances ou du cursus des étudiants dans une université. Il est évident que chacune de ces organisations adopte une structure propre à sa mission. De plus, dans une même entreprise, existent souvent des technologies différentes. Ainsi, chaque service, le marketing, le bureau d'études ou l'usine, doit adapter sa structure à sa technologie.

L'expérience montre en effet que la technologie impose un certain mode de division des tâches et un certain mode de coordination entre les unités chargées des différentes tâches. Cette diversité et ces interdépendances définissent donc des formes de structure différentes, même si l'on s'efforce de regrouper les activités de même nature pour maximiser l'efficacité à travers la spécialisation, et si l'on vise la minimisation des coûts de coordination en gérant au mieux les interdépendances.

Pour C. Perrow[1] par exemple, la technologie détermine la structure de deux façons différentes :

• par la variété des composantes qu'elle met en jeu – caractère standardisé ou non des matières, fréquence des événements imprévisibles (incidents techniques, commandes prioritaires), simplicité ou complexité des équipements. Bref, la technologie peut mettre en œuvre des opérations comportant plus ou moins d'exceptions ;

• par la *nature de l'effort à fournir pour prendre les décisions techniques*. S'agit-il d'une démarche de routine, d'une recherche rationnelle de solutions, donc analysable, ou au contraire d'une utilisation innovante des expériences antérieures ou de l'intuition immédiate, recherche que Perrow qualifie de non analysable ?

Ces deux paramètres permettent d'identifier quatre types d'organisations, selon leur technologie principale. Ces quatre formes d'organisation peuvent d'ailleurs se subdiviser, et l'observation montre qu'un nombre élevé d'entreprises se situeront autour de l'axe tracé en pointillé dans la figure 13.6.

Le schéma de Perrow présente ainsi l'intérêt d'affiner la très classique distinction entre structures mécanistes, centralisées et rigides, et structures organiques, décentralisées et flexibles.

1. Perrow C., *Organizational Analysis, a Sociological View*, Tavistock Publications, 1970.

FIGURE 13.6 **Typologie des technologies d'après Perrow**

	Peu d'exceptions (structures rigides)	**Beaucoup d'exceptions** (structures flexibles)
Recherche non analysable *(facilement décentralisable)*	**Technologie artisanale** (verres spéciaux)	**Technologie de pointe** (aérospatiale)
Recherche analysable *(difficilement décentralisable)*	**Technologie routinière** (sidérurgie, automobile)	**Technologie d'ingénierie** (équipements lourds)

Dans l'industrie automobile, par exemple, où l'on produit en série, à partir de matériaux aux normes codifiées et au moyen d'équipements techniques bien maîtrisés, suivant un processus standardisé, les structures sont très fortement hiérarchisées et présentent un haut degré de formalisation. Les fonctions sont définies de façon précise, les règles de coordination et de planification opérationnelle sont très stables.

En revanche, dans les entreprises de travaux publics, où chaque chantier présente des caractéristiques propres (type de réalisation, nature du terrain, exigences du maître d'œuvre, caractéristiques de la main-d'œuvre locale), la structure adoptée est en général plus flexible. Une plus grande autonomie est laissée aux concepteurs, chefs de chantier, conducteurs de travaux et mêmes chefs d'équipe pour adapter leur organisation à chaque cas particulier. Pour assurer tous les ajustements nécessaires, on tient des réunions fréquentes entre chefs d'équipe, d'une part, et entre les différents niveaux hiérarchiques, d'autre part. Toutefois, si les projets à réaliser sont assez similaires, par exemple la construction en France d'une chaîne d'hôtels une étoile, on recherche des effets d'expérience en centralisant certaines fonctions. La centralisation va croissant quand on passe du génie civil (peu de tâches répétitives) à la construction en modèles (beaucoup de tâches répétitives). Dans le cas de la construction de maisons individuelles, on peut chercher à concilier les avantages de la décentralisation, en implantant des filiales et des agences régionales plus proches du terrain et largement autonomes, et les avantages de l'effet d'expérience, en centralisant la conception des modèles et des méthodes de fabrication au siège.

FIGURE 13.7 Structure d'une agence de publicité

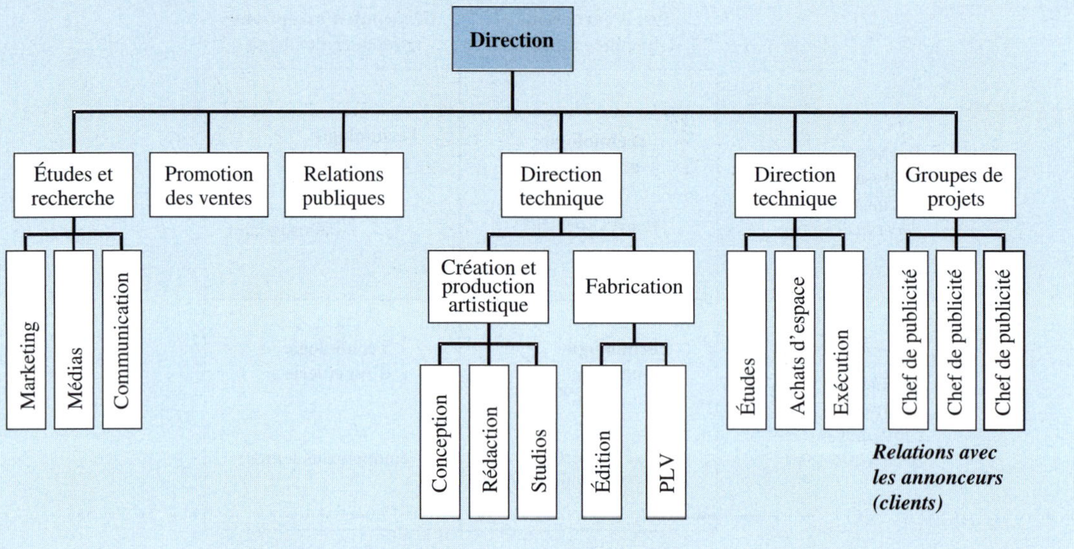

À l'évidence, la *technologie fait peser des contraintes très lourdes sur la définition d'une structure.* Pour ne citer que deux exemples, rien ne ressemble plus à une raffinerie qu'une autre raffinerie et il n'y a pas beaucoup de différences organisationnelles entre telle agence de publicité et telle autre (voir figure 13.7).

Toutefois, de nombreuses contraintes technologiques peuvent être contournées, sans perte d'efficacité, bien au contraire. Ainsi, l'introduction d'équipes autonomes dans les processus de production en grandes séries a-t-elle anéanti les structures de production fondées sur une spécialisation taylorienne du travail, fortement hiérarchisées et routinières. L'entreprise reste libre de concevoir ou de choisir, parmi les technologies disponibles, celles qu'elle estime les plus aptes à mobiliser les hommes. Les difficultés rencontrées, par exemple, par les grandes entreprises d'ingénierie européennes et américaines dans les transferts de technologie aux pays en développement mettent en évidence l'importance de tels choix d'organisation. Ces entreprises n'ont pu se contenter de vendre et d'implanter ailleurs l'ensemble technologique conçu pour leur marché (brevets, machines, procédés de fabrication) sans autres modifications. Elles ont dû aider à la conception et à l'adaptation de tout un système sociotechnique adapté aux contraintes locales, économiques, sociales et surtout culturelles. Un transfert de technologie réussi est celui qui permet la maîtrise de l'ensemble « techniques-structures-hommes » par les responsables locaux, souvent au prix de la modification des technologies initialement importées. La relation de causalité est alors inversée : la technologie cède le pas aux autres données de l'organisation. C'est elle qui s'adapte aux impératifs du système humain.

Ainsi, la partie aval de la production et les systèmes de distribution d'une tréfilerie peuvent être efficacement organisés en « unités stratégiques autonomes » (*steel cord* pour pneumatiques, câbles électriques, fils de clôtures, etc.). Mais le poids du processus de transformation commun dans la partie amont de la tréfilerie est si important qu'il limite l'intérêt de ce choix organisationnel. Les responsables d'unités stratégiques, ne contrôlant que 30 % ou 35 % de leurs coûts, se sentent peu motivés par leurs résultats. Cependant, il est possible d'engager progressivement une modification des équipements techniques amont de façon à les spécialiser par produit final et donc à les inclure dans les unités stratégiques dont les responsables contrôleront à l'avenir plus de 60 % de leurs coûts. Sacrifiant probablement quelques économies d'échelle que l'ancienne technologie apportait, la future organisation est un pari sur les gains résultant de la responsabilisation et de la motivation des responsables d'unités stratégiques que nous décrirons dans le chapitre suivant.

2.3 L'environnement

Dès les années soixante, de nombreux auteurs ont montré que les organisations sont des systèmes ouverts, en équilibre dynamique avec leur environnement[1]. La fonction de la structure est de sélectionner et de coder les données en provenance de l'environnement, afin de les transformer en informations qui génèrent à leur tour des décisions ayant un impact sur ce même environnement.

On peut mettre en évidence plusieurs caractéristiques de l'environnement qui ont un impact sur la structure de l'organisation :

• le *potentiel de l'environnement,* que certains auteurs appellent sa munificence, c'est-à-dire sa capacité à permettre à l'entreprise une croissance régulière et soutenue. Plus ce potentiel est important, plus la pression environnementale est faible, donnant à l'entreprise une grande latitude pour s'adapter aux autres déterminants de la structure, comme la technologie ou la culture. Ceci explique notamment que la plupart des entreprises n'engagent un re-engineering de leurs structures que dans les périodes où les opportunités de croissance se raréfient ;

• la *complexité de l'environnement,* c'est-à-dire l'hétérogénéité et le nombre de ses composants. Plus l'environnement est hétérogène, plus l'entreprise doit mettre en place des modes de spécialisation différents et des modes de coordination complexes pour assurer les interdépendances. Les groupes diversifiés dans des activités de haute technologie constituent une bonne illustration de ce type d'organisation multiforme, incluant de véritables « unités virtuelles » ;

• l'*incertitude de l'environnement,* qui résulte de son dynamisme et de son instabilité. La difficulté de prévoir oblige l'entreprise à adopter une structure plus souple en termes de division du travail et de coordination, et en limite

1. Par exemple, Katz D. et Kahn R.L., *The Social Psychology of Organizations*, John Wiley, 1966.

les possibilités de formalisation. Par exemple, une société de construction automobile traditionnelle, possédant une solide maîtrise de sa productique, éprouvera de grandes difficultés à vendre des prestations de productique à des clients extérieurs, qui constituent un marché très incertain, son organisation étant bâtie pour gérer des activités prévisibles et planifiées à long terme.

L'étude des déterminants de la structure permet ainsi d'identifier un certain nombre de contraintes auxquelles il convient de veiller. On peut les étudier une par une, mais, dans la réalité, ces contraintes ne sont pas indépendantes les unes des autres.

Si les organisations sont des systèmes ouverts, leur structure joue vis-à-vis de l'environnement une fonction de médiation dont la complexité s'accroît au fur et à mesure que se superposent taille, diversité et incertitude. Il faut donc rechercher une plus grande flexibilité au fur et à mesure du resserrement du réseau de contraintes auxquelles l'organisation se trouve confrontée.

En définitive, la conception d'une structure peut s'inscrire le long d'un continuum caractérisé par deux extrêmes : d'un côté, l'efficacité par la standardisation qui caractérise les organisations « mécanistes », de l'autre, l'efficacité par l'adaptabilité caractérisant les structures « organiques ». C'est ce que résume le tableau 13.1.

TABLEAU 13.1 Deux conceptions opposées de l'efficacité

Vision mécaniste	Vision organique
• Ligne hiérarchique unique comme principal mode de coordination. • Distinction claire entre fonctionnel et opérationnel, spécialisation des rôles correspondants. • Recherche de l'efficacité par la spécialisation des tâches au sein du processus interne mis en œuvre par l'entreprise. • Recherche d'homogénéisation des comportements afin de faciliter la coordination (conformité). • Accent mis sur la cohérence *a priori.* • Primauté des communications verticales. • Primauté des procédures. • Croyance en des règles idéales d'organisation (nombre de subordonnés, unicité de commandement). • La stabilité est la source principale d'efficacité (centralisation de l'innovation).	• Multiplicité des modes de coordination, possibilité de hiérarchies multiples. • Flexibilité des rôles, possibilités pour un même individu d'assumer un rôle opérationnel et un rôle fonctionnel. • Recherche de l'efficience par l'adéquation des profils de compétences aux caractéristiques de l'environnement. • Acceptation de comportements hétérogènes au prix d'un accroissement des efforts de coordination (initiative). • Accent mis sur la convergence *a posteriori.* • Primauté des communications horizontales. • Primauté des ajustements mutuels. • Pas de règles idéales, mais des contraintes auxquelles il faut s'adapter le mieux possible. • La mobilité est la source principale d'efficacité (diffusion de l'innovation).

La complexité et l'incertitude croissantes de l'environnement des entreprises conduisent de plus en plus à des structures de type organique, évolution qui est facilitée par le développement des NTICs.

3 Différenciation-intégration

Dans la mouvance des recherches sur la relation environnement-structure, les travaux de P. Lawrence et de J. Lorsch[1] méritent une mention particulière. Ils apportent en effet un éclairage différent sur les concepts de spécialisation et de coordination évoqués jusqu'à présent, en analysant leurs conséquences sur les comportements des individus et des groupes dans l'organisation. Prolongeant leurs travaux, J. Galbraith[2]. a replacé ces concepts dans une perspective dynamique, et proposé une panoplie de modes de coordination de plus en plus perfectionnés au fur et à mesure que les activités de l'entreprise deviennent de plus en plus complexes.

Depuis leur première formulation en 1967, les concepts de « différenciation » et « intégration » ont été utilisés de façon très systématique par la plupart des praticiens des organisations qui les ont en fait progressivement enrichis, le plus souvent en les réintégrant dans une perspective volontariste qu'ils n'avaient pas au départ. Vingt-cinq ans plus tard, T. Powell[3] a encore validé l'hypothèse selon laquelle la performance d'une entreprise est fonction de la cohérence (*fit*) entre la différenciation et l'intégration de sa structure, et les pratiques que l'on peut observer aujourd'hui montrent l'actualité de ces concepts.

3.1 La différenciation

En termes de structure, la relation à l'environnement ne doit pas être appréciée de façon globale. Chaque unité de l'entreprise entretient des relations particulières avec une fraction de l'environnement, dont les caractéristiques contribuent à déterminer son mode d'organisation, les comportements personnels et groupaux des individus qui la composent et les relations qu'elle entretient avec les autres unités. C'est la partition de l'entreprise en un certain nombre d'unités qui génère une partition correspondante de l'environnement en sous-environnements distincts. Par exemple, si l'entreprise est structurée par fonctions, l'unité chargée de la recherche et développement a pour sous-environnement le monde scientifique, celle responsable des finances le monde des banquiers, celle consacrée à la vente les différentes clientèles.

C'est la diversité organisationnelle générée par ces différences environnementales que Lawrence et Lorsch qualifient de différenciation.

La différenciation s'exprime suivant quatre dimensions :

• la nature des objectifs : ceux-ci peuvent être mesurables en termes quantitatifs (coût, rendement, délai) ou purement qualitatifs (qualité de service, innovation) ;

• l'horizon temporel du travail : court, moyen ou long terme ;

• la nature de l'orientation des individus : ceux-ci peuvent être plus concentrés sur la tâche qu'ils ont à réaliser ou sur leurs relations avec les autres ;

1. Lawrence P. et Lorsch J., *Adapter les structures de l'entreprise*, Paris, Éditions d'Organisation, 1973.

2. Galbraith J., *Designing Complex Organizations*, Addison-Wesley, 1972

3. Powell T., « Organizational Alignment as Competitive Advantage », *Strategic Management Journal*, vol. 13, 1993.

• le formalisme de la structure, au sens défini précédemment.

Chaque unité de l'organisation entretient donc des relations privilégiées avec un sous-environnement spécifique, auquel elle doit s'adapter le mieux possible pour être efficace. *Il ne faut donc pas chercher, par souci d'homogénéité ou de symétrie, à réduire les différences entre unités. Il faut au contraire les valoriser.*

Prenons l'exemple d'une compagnie d'assurance-vie et examinons ses services de gestion des contrats et de commercialisation.

Exemple

Le service de gestion des contrats a pour objectif de rédiger les contrats d'assurances classiques, en fonction de normes techniques prédéterminées et d'informations fournies par les démarcheurs. Il a à faire face à un environnement particulièrement stable, la législation en matière de contrats d'assurances évoluant peu en courte période. Ses tâches sont organisées selon des procédures bien établies. Les rédacteurs travaillent suivant des horaires fixes, et l'ambiance du service dépend pour beaucoup de l'aptitude de chacun à vivre en bonne intelligence avec son voisin. Les objectifs fixés à chaque rédacteur sont les mêmes : respect des normes techniques et d'un certain rendement.

Le service de commercialisation, lui, a pour objectif d'apporter un certain volume d'affaires. Les clients sont des particuliers que l'on doit rencontrer en dehors des heures de bureau. Ce service est confronté à un environnement à la fois incertain et hétérogène (comportements de la clientèle, actions de la concurrence, évolution économique). La personnalité du démarcheur influe largement sur sa performance, quelles que soient les procédures de démarchage utilisées. Le démarcheur est davantage polarisé sur les résultats à court terme, dont dépend sa rémunération. Les contacts entre démarcheurs sont peu fréquents. Une fois l'affaire conclue, le démarcheur n'aura, sauf incident, pratiquement plus de contact avec ses clients.

Le besoin de différencier les deux services est clair. Si les commerciaux étaient soumis aux mêmes contraintes organisationnelles que les rédacteurs (horaires, hiérarchie, procédures, mesure de performance), ils risqueraient fort de voir leurs performances chuter, et réciproquement. La différenciation doit être maintenue, voire renforcée, même si cela doit conduire à payer un jeune démarcheur sans diplôme plus que le chef du service de gestion des contrats, licencié en droit et plus ancien que lui dans la maison.

La nécessité de différencier n'est pas toujours aussi claire. Si cette compagnie d'assurances se diversifie dans l'assurance des risques industriels, devra-t-elle calquer l'organisation de cette activité sur l'assurance-vie ? Seule une analyse sérieuse de l'environnement de cette nouvelle activité permettra de répondre à cette question. Si les sommes en jeu sont en moyenne plus importantes, si l'établissement de chaque contrat nécessite une étude détaillée préalable, si le client industriel ne peut être abordé comme le particulier, il faudra alors imaginer une structure différente, dans laquelle, par exemple, la distinction démarcheur-rédacteur n'aura plus de signification.

Une entreprise doit donc rechercher le degré et le mode de différenciation de ses structures les plus compatibles avec les exigences nées de la diversité des environnements auxquels ses unités sont confrontées.

3.2 L'intégration

Chaque entreprise est confrontée à des problèmes stratégiques dominants qui résultent des caractéristiques de son environnement. Il peut s'agir, entre autres, d'introduire de nouveaux produits ou procédés, de programmer les moyens de fabrication pour faire face à des marchés fluctuants, d'adapter les produits à des clientèles nouvelles ou de maîtriser les approvisionnements. La résolution de chaque problème nécessite naturellement la collaboration de plusieurs unités plus ou moins différenciées. Or la différenciation accroît les barrières naturelles à la communication. Elle engendre une dynamique centrifuge. Plus une entreprise est différenciée, plus il est difficile de faire collaborer les différentes unités. Chaque unité a tendance à ne voir le problème posé qu'en fonction de son sous-environnement et de ses caractéristiques technologiques propres. Toute tentative de solution nouvelle sera perçue comme une remise en cause de la répartition du pouvoir. Pis, chacun aura intérêt à éviter les conflits afin de maintenir les équilibres existants.

Parallèlement à la différenciation, il faut mettre en place des mécanismes de révélation et de résolution des conflits. C'est ce que Lawrence et Lorsch appellent l'intégration. La force et la qualité de l'intégration requise dépendent de l'intensité de la différenciation et des caractéristiques de l'environnement (potentiel, complexité, incertitude).

Le premier mécanisme d'intégration est la hiérarchie. Lorsque la différenciation est relativement faible, la hiérarchie, associée à des systèmes formels tels que procédures, systèmes de planification et de contrôle, suffit à obtenir le degré d'intégration suffisant pour être performant.

Lorsque la différenciation s'accroît, la hiérarchie seule peut se révéler insuffisante. Il faut concevoir des modes d'intégration complémentaires qui rendent la coordination plus flexible et plus adaptable, par une multiplication des modes de collaboration entre individus.

Pour être performant dans un environnement contraignant, incertain et hétérogène, il ne faut pas chercher à réduire la différenciation, mais la compenser par une intégration de force égale. L'intégration consiste à reconnaître les différences, et à s'appuyer sur elles pour assurer la convergence des actions en vue d'objectifs communs.

Les problèmes d'intégration peuvent être permanents ou conjoncturels, concerner un nombre plus ou moins grand d'unités et être de nature plus ou moins opérationnelle. Le choix d'un mode d'intégration dépend par conséquent de la nature du problème d'intégration à résoudre. Au-delà de l'ajustement mutuel direct, on distingue trois grands modes d'intégration :

- les *hommes de liaison* : chefs de produit ou de projet dans une structure fonctionnelle, ou coordonnateurs fonctionnels dans une structure divisionnelle ;
- les *groupes d'intégration* : comités, groupes de travail ;
- les *processus d'intégration complexes* : liaisons latérales multiples, systèmes évolutifs.

Le rôle d'un *homme de liaison* consiste à mettre en communication plusieurs responsables concernés par un même problème dans des unités différentes, afin de provoquer une réflexion commune. Son objectif est de faire émerger les problèmes de coordination et de trouver une solution de consensus ou, à défaut, de susciter les arbitrages nécessaires.

Un homme de liaison sera nommé quand le problème d'intégration sera permanent et d'une importance telle que les ajustements entre les unités concernées ne s'opéreront pas spontanément. Temporaires ou permanentes, comme postes complets ou partiels, les fonctions transversales se multiplient aujourd'hui.

Pour être efficace, un homme de liaison doit avoir une mission clairement définie et affirmée dans l'organisation. Lorsque l'on crée un poste de liaison investi d'une autorité formelle, c'est-à-dire d'une participation aux décisions qui jusque-là relevaient de la seule hiérarchie, on crée un poste de cadre intégrateur.

Un *comité* est un rassemblement de responsables dont la somme des compétences est nécessaire à la résolution d'un problème qui ne peut être confié à une seule unité de l'organisation. Son rôle peut être soit de prendre des décisions (comité de direction, par exemple), soit d'instruire un dossier au profit d'une instance de décision. Dans le premier cas il est créé pour répondre à un problème de coordination permanent. Dans le deuxième cas, pour être efficace, un comité doit être investi d'une mission clairement définie, d'un objectif précis assorti de délais. Le résultat de ses travaux doit impérativement être évalué et sanctionné par l'autorité qui l'a investi de cette mission.

Un *groupe de travail* ou *task force* se différencie d'un simple comité par l'importance des moyens qui lui sont affectés. Les membres du groupe sont employés à temps partiel ou complet jusqu'à dissolution.

Un *processus complexe d'intégration* met en jeu plusieurs modes d'intégration. Il faut y avoir recours chaque fois que le problème à traiter risque de remettre fortement en cause les bases initiales de fonctionnement de l'entreprise. L'introduction d'innovations majeures dans une grande entreprise de tour opérating en est l'exemple type. La figure 13.8 illustre ce processus.

Le mode d'intégration choisi pour chacune des phases doit correspondre au problème à résoudre. Pour générer des idées nouvelles, on a recours à une *commission de réflexion* se réunissant de manière aussi peu formelle que possible, comportant éventuellement des invités extérieurs à l'entreprise.

▶

FIGURE 13.8 **Un processus complexe d'innovation**

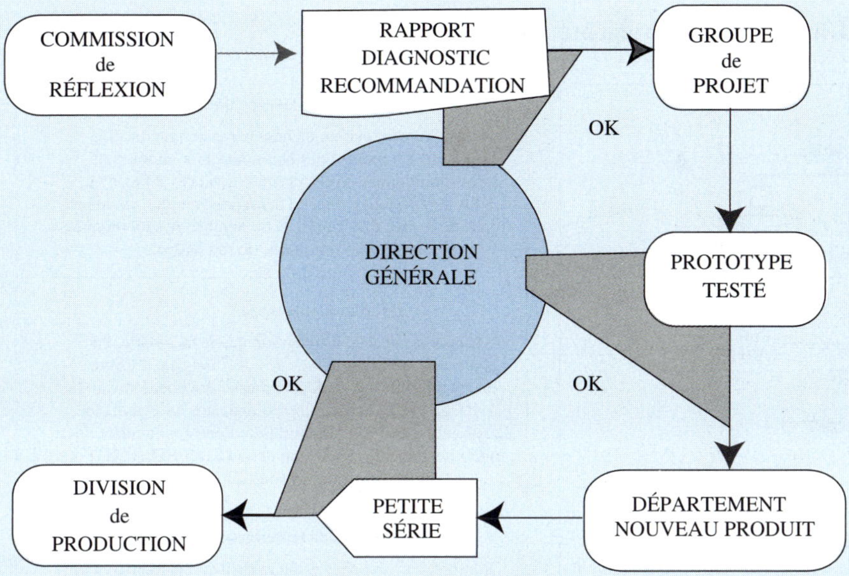

La composition de la commission de réflexion est différente de la composition du groupe de projet. Les personnes qui participent à cette commission doivent être sélectionnées en fonction de leurs capacités d'innovation et de leur intérêt pour le sujet, et non, par exemple, en fonction de préoccupations telle que le respect de la hiérarchie.

Pour déboucher sur un prototype et tester ses différents paramètres de faisabilité, on utilise un groupe de projet comprenant des responsables compétents en technique, marketing, finance, et doté de moyens d'études et d'un budget.

Pour préparer l'insertion de la nouvelle activité dans la structure opérationnelle existante, ou définir les conditions d'un développement autonome, on nomme un responsable nouveau produit, assisté d'une équipe permanente chargée de produire en petite série avant l'éventuel passage en production permanente.

La direction générale intervient par ailleurs pour sanctionner chacune des phases, autoriser ou non le passage à l'étape suivante et en définir les objectifs.

L'entreprise peut naturellement faire appel à différents modes d'intégration. Lorsque sa différenciation s'accroît, il peut devenir nécessaire de les utiliser tous. À la complexité croissante des activités correspond alors une complexité croissante des modes formels de relation entre unités, qui peut entraîner de nombreuses confusions, préjudiciables à la qualité de l'intégration. Pour éviter ces confusions et nommer la bonne personne à la bonne place, il faut que chaque type d'intégrateur puisse asseoir son autorité de façon claire, comme le suggère la figure 13.9.

FIGURE 13.9 L'autorité de l'intégrateur

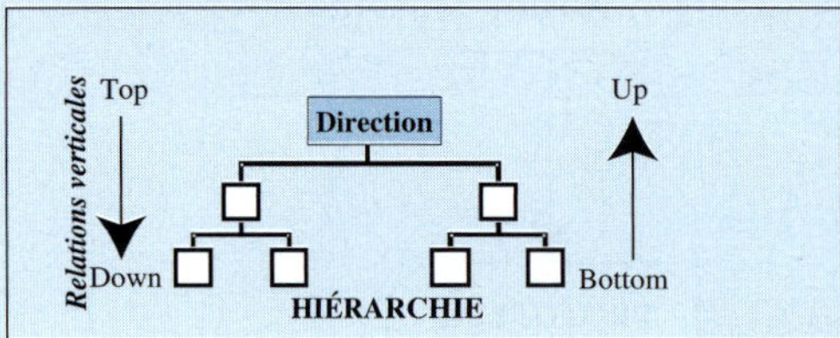	**Responsable hiérarchique** Assure la coordination de base par la communication verticale. En prenant des décisions qui s'imposeront à ses subordonnés. Son autorité se fonde avant tout sur le STATUT. Celui-ci dépend de sa position plus ou moins proche de la direction générale, du nombre de subordonnés placés sous ses ordres, de son budget.
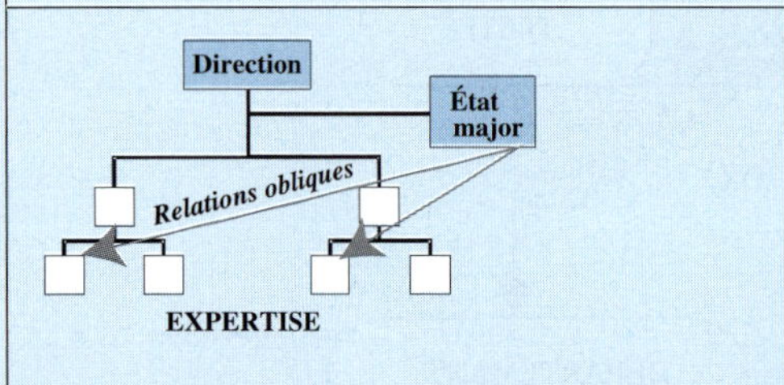	**Homme d'état-major** Renforce la capacité d'intégration de la hiérarchie. Par la préparation et l'éclairage des décisions qui relèvent du responsable auquel il est rattaché. En coordonnant par délégation les actions correspondantes à son domaine de spécialisation. Par l'instauration d'une communication oblique. Son autorité dépend de sa COMPÉTENCE et du statut du responsable qu'il assiste.
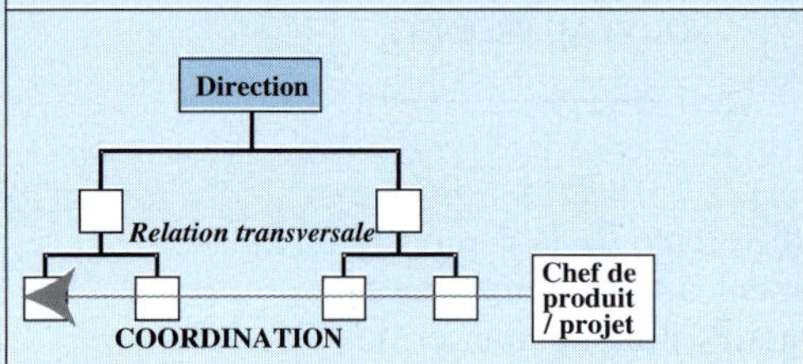	**Intégrateur transversal** Renforce les capacités d'intégration de l'entreprise. Par l'organisation de la confrontation des points de vue. Par la mise en évidence des conflits. Par l'instauration d'une communication transversale. Son autorité dépend de ses capacités RELATIONNELLES et du statut du responsable hiérarchique dont il peut invoquer directement l'arbitrage.

4 Structures et complexité

Quelles sont les solutions qui s'offrent à une entreprise confrontée à un accroissement de la complexité de ses activités ? Comment choisir entre les différentes solutions qui viennent d'être proposées, tant en termes de degré et de type de différenciation, qu'en termes d'instruments d'intégration ?

J. Galbraith identifie trois facteurs dont la combinaison détermine le degré de complexité d'une organisation :

- l'*incertitude* qui affecte les différentes tâches et activités ;
- la *diversité* des tâches et activités, c'est-à-dire le nombre de facteurs à prendre en considération pour décider ;
- l'*interdépendance* entre les tâches ou les activités.

La structure est un système qui traite des informations en provenance de l'environnement en vue de prendre des décisions qui orienteront l'action de l'entreprise. Plus l'incertitude est grande, plus la prise de décision requiert des informations nombreuses et difficiles à obtenir de manière simple. Plus les activités sont diversifiées, plus la nécessité de faire appel à des données et des raisonnements différents est grande. Plus les différentes activités sont interdépendantes, plus il est difficile d'en assurer la cohérence, c'est-à-dire d'évaluer l'incidence d'une décision sur l'ensemble.

Concevoir une structure efficace consiste alors à adapter sa capacité de traitement des informations aux exigences combinées des facteurs de complexité (voir figure 13.10).

FIGURE 13.10 Le traitement de la complexité selon J. Galbraith

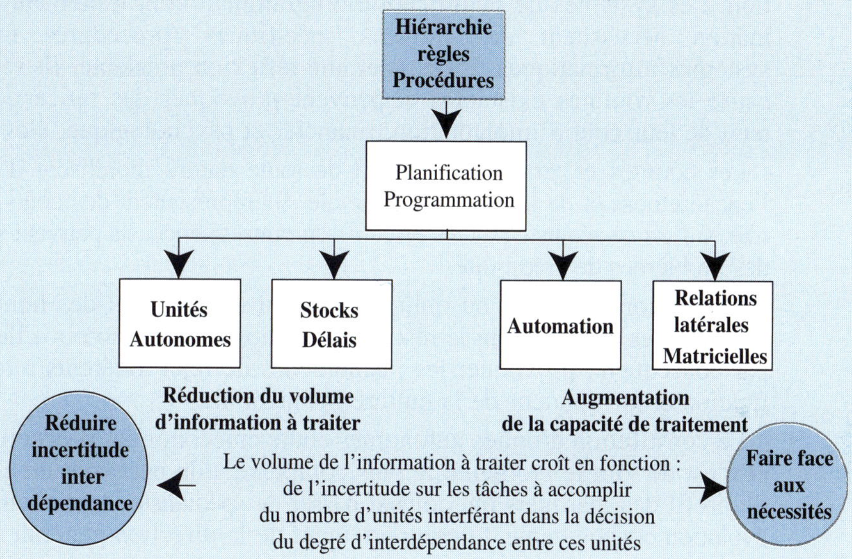

Le tableau 13.2 met en relation les facteurs de complexité avec les principaux moyens permettant d'adapter l'organisation à une complexité croissante. Trois grandes catégories de moyens se dégagent :

• ***catégorie I*** : les moyens qui traitent essentiellement l'incertitude et l'interdépendance. Ces moyens permettent d'adapter à la complexité les structures d'entreprises concentrées sur une activité homogène, ou de sous-parties d'entreprises diversifiées. Ils sont caractéristiques des entreprises intégrées verticalement ;

• ***catégorie II*** : les moyens qui influent à la fois sur l'incertitude, la diversité et l'interdépendance. Ils sont adaptés à la résolution de problèmes d'entreprises regroupant des activités très différentes mais étroitement liées. Ils sont classés dans le tableau 13.2 selon leur capacité croissante à traiter les problèmes d'interdépendance ;

• ***catégorie III*** : les moyens qui influent sur l'incertitude et la diversité. Ils permettent d'adapter les structures d'entreprises groupant des activités ayant peu ou pas de synergie entre elles.

Bien entendu, ces moyens ne s'excluent pas les uns les autres. Il faut, comme nous le verrons plus loin, les combiner pour aboutir à un résultat optimum.

Tous ces moyens ont un coût. L'ajustement par les stocks ou les délais se fait au détriment de la performance économique de l'entreprise : coût de stockage, diminution de la qualité du service client, augmentation du besoin de fonds de roulement. En contrepartie, il ne modifie pas la structure en place et constitue donc une voie naturelle pour les membres de l'organisation. Les systèmes de planification programmation et traitement de l'information nécessitent des moyens spécifiques (procédures formalisées, systèmes informatiques, ERP...) et une réflexion préalable. Ils remettent en cause les routines existantes et peuvent provoquer des réticences, compte tenu de leur coût d'implantation, financier et psychologique, élevé.

Les comités et groupes de travail de toute nature mobilisent du temps de l'encadrement et de la direction générale. Ils représentent des coûts d'opportunité, si l'on ne réajuste pas les effectifs en conséquence. Ils peuvent se heurter à des problèmes de crédibilité.

Les liaisons latérales ou obliques exigent du temps et des hommes, mais surtout elles compliquent le réseau de relations et de pouvoir. Elles peuvent, par conséquent, provoquer les phénomènes de rejet inhérents à toute modification en profondeur de la culture managériale.

La constitution d'unités autonomes coûte en économies d'échelle. De plus, et c'est de loin le problème le plus complexe, elle nécessite un changement de profil des managers qui doivent passer de spécialistes à généralistes, et une évolution concomitante du comportement de la direction générale.

En définitive, les moyens d'intégration ne présentent pas le même impact psychologique sur l'organisation. On cherche en général à épuiser d'abord ceux qui perturbent le moins, avant de mettre en place les mécanismes les plus performants.

De plus, certaines organisations ont des traditions hiérarchiques qui pèsent lourdement dans la mémoire collective. De nouveaux moyens d'intégration ne pourront réussir que s'ils sont accompagnés d'un effort considérable de formation.

5 Structures et cultures

Il est dangereux et illusoire de considérer les structures comme de simples « meccanos » qu'il suffit de bien adapter aux exigences économiques et technologiques qui s'imposent à l'entreprise : « Donnez-moi vos objectifs et vos

TABLEAU 13.2 Les moyens d'adaptation

Moyens d'action		Facteurs de complexité		
		Incertitude ↓	Diversité ↓	Interdépendance ↓
I	Stocks Délais	Augmentation des tolérances		Régulation des interfaces
I	Traitement automatique	Possibilité de faire des simulations		Augmentations des capacités de traitement
I	Planification Programmation centralisée	Par anticipation		Par modélisation
II	Comités spécialisés Task-forces	Conception de traitements différenciés	Association de spécialistes	Mise en communication
II	Comités de coordination	Mise en évidence des points communs	Confrontation des opinions	Mise en communication
II	Liaisons multilatérales	Conception de traitements différenciés	Confrontation des opinions	Mise en communication
II	Liaisons obliques	Conception de règles communes	Confrontation des opinions	Mise en communication
II	Axes d'intégration multiples	Compatibilité de traitements différenciés	Confrontation des objectifs	Mise en communication
III	Unités autonomes	Conception de traitements différenciés	Rapprochement informations/décision	Gestion des éventuelles compétences communes

contraintes, décrivez-moi votre environnement et votre technologie, je vous dirai quelle est votre structure optimale », affirment les défenseurs des théories dites contingentes ou fonctionnalistes. L'organisation pourrait-elle être neutre en termes de valeurs ? Une structure est d'abord un groupe d'individus dont les valeurs ont été forgées dans un milieu social plus vaste que celui de l'entreprise. Nous verrons dans la dernière partie l'importance de l'identité spécifique à chaque entreprise, telle que sa propre histoire l'a forgée, mais nous devons examiner ici l'impact des cultures nationales et locales sur l'organisation.

On observe d'un pays à l'autre des différences culturelles dont l'impact sur la structure des entreprises est considérable. Ainsi l'entreprise japonaise ne ressemble-t-elle guère à l'entreprise européenne qui, à son tour diffère sensiblement de l'entreprise africaine, qu'elle a pourtant souvent contribué à créer. Des variations importantes peuvent même être observées entre pays européens. Par exemple, des chercheurs[1] ont noté, dans les années soixante-dix, qu'entre un manœuvre et un directeur de production, il y avait en moyenne quatre niveaux hiérarchiques au sein d'une usine de machine-outil allemande, contre dix niveaux hiérarchiques dans une entreprise française du même secteur et de taille comparable.

Même si on parvient aujourd'hui à réduire presque partout ce nombre à deux ou trois, le style de relation n'en reste pas moins sensiblement différent.

D'une région du monde à une autre, voire d'un pays à un pays voisin, les croyances, les normes sociales, les styles de vie, bref, les valeurs culturelles, varient considérablement. Et ces différences se retrouvent dans la façon dont les individus et les groupes s'insèrent dans l'entreprise et vivent leurs relations de travail.

Ces différences puisent leur source dans l'histoire du pays, dans les traces qu'ont laissées les réalités économiques, sociales et institutionnelles, dans ses religions et ses croyances. Les différences culturelles entre pays anciens et pays neufs, entre pays de droit écrit et pays de droit coutumier, entre pays à tradition catholique et pays à tradition protestante, se reflètent dans les structures des entreprises.

En fait, à travers la culture, c'est l'ensemble du contexte institutionnel qui se répercute sur les modes d'organisation : le système économique (libéralisme ou interventionnisme, par exemple), le système politique (démocratie ou autocratie), le système administratif (fédéralisme ou centralisme). Plus encore, peut-être, l'éducation familiale, le système scolaire et universitaire déterminent des modes de relations qui s'instituent ensuite sur le lieu de travail.

Il n'est pas possible de brosser ici un tableau complet et cohérent de tous les éléments culturels susceptibles de différencier les structures des entreprises. La quatrième partie de cet ouvrage y est largement consacrée. Contentons-nous de donner quelques illustrations.

Le management à l'américaine, tel qu'on l'enseigne dans les *business schools*, repose sur des valeurs culturelles qui sont loin d'être universelles, comme la compétition entre individus, l'acceptation du risque ou la recherche du succès individuel. Ces valeurs sont pourtant les piliers des modèles de structures d'entreprise en centres de profit autonomes gérés par objectifs et par exceptions, modèles présentés par tous les bons ouvrages de management comme applicables universellement à toute entreprise diversifiée.

Les difficultés que rencontrent les managers français, et plus généralement latins (Europe du Sud, Amérique Latine), qui n'ont jamais vu dans leur éducation des notions comme le *self achievement* ou le *commitment,* exigent, lorsque l'on veut implanter ces modèles de management, un effort considérable d'acculturation. L'attitude des managers latins conduit même parfois à inverser l'ordre des facteurs, et à préférer des stratégies relationnelles

1. Travaux du laboratoire d'économie et de sociologie du travail, Aix-en-Provence, 1972.

(alliances, voire monopoles étatiques), qui permettent de considérer l'organisation comme un cocon protecteur et non comme un instrument de conquêtes et de prise de risques. Si la coopération l'emporte sur la compétition, *la préférence va alors à une structure définie par fonctions plutôt que par produits, avec un faible degré de différenciation, des modes d'intégration purement hiérarchiques et à haut degré de bureaucratisation.*

Dans les pays latins, l'autorité est souvent fondée sur le statut de l'individu (ses diplômes, son appartenance à un « corps »), et moins sur la qualité de ses performances dans l'organisation. La structure se doit alors de définir les tâches à accomplir par des « experts brevetés », et non les résultats que des « managers » devraient atteindre. Chacun est ainsi détenteur d'un territoire et va en défendre les frontières. Les relations sont codifiées suivant une pyramide verticale ; toute communication horizontale ne peut être qu'un court-circuit, préjudiciable au bon fonctionnement de l'organisation. Toutes les fonctions d'intégration latérale (chefs de produit ou de projet, par exemple) sont mal comprises et mal acceptées. L'idée même de multiplicité de commandement est hérétique. Le manque de souplesse n'autorise pas les adaptations par évolution progressive. Le changement ne peut être obtenu que par une révolution structurelle brutale et traumatisante.

L'exemple du Japon montre bien la difficulté qu'il y a à trouver des règles de structuration universelles. La structure de commandement de l'entreprise japonaise peut paraître, au premier abord, très centralisée ; pourtant, la préparation des décisions suit un processus très complet de concertation à la base et aux niveaux intermédiaires. Les rôles de chacun, les résultats à atteindre et surtout les modes de récompense, de sanction et de promotion sont formalisés dans le détail. Toutefois, les territoires des divisions ou départements ne sont pas définis avec précision, laissant la place à un grand nombre de contacts latéraux.

Le système de management est ainsi à la fois très participatif et très répressif. Dans la mesure où chacun adhère fortement aux objectifs de l'organisation, où ces derniers ont une prééminence absolue sur les objectifs personnels, la structure se contente de canaliser les énergies. Point n'est besoin d'attribuer des territoires précis à des chefs absolus, comme dans la tradition latine, ni de créer des instruments structurels de mise sous tension des individus, comme dans le management à l'américaine. L'individu agit naturellement en adhérant aux objectifs de l'organisation.

En fait, si l'on pousse la comparaison, au risque de caricaturer, entre les univers japonais, anglo-saxon et latin, on constate que ces différences de structure trouvent leur fondement dans la place que les individus donnent à leur travail dans la société. Le Japonais est voué corps et âme à son entreprise, c'est par elle que passe l'essentiel de sa vie, et son attachement est de type féodal. Pour l'Américain, l'entreprise est le lieu où l'on peut se réaliser, exprimer ses capacités, entrer en compétition avec les autres membres de l'organisation, et finalement réussir ou échouer. Pour ce faire, chacun doit disposer d'importantes marges de manœuvre et d'initiative. En contrepartie, il accepte de prendre des risques. Sa relation à l'entreprise est contractuelle, elle se négocie et peut se rompre sans problème. Pour le Latin, l'entreprise est surtout un gagne-pain. L'essentiel de sa réalisation personnelle est ailleurs. Il attend de l'entreprise des garanties stables, une protection, en échange de tâches à accomplir bien définies, voire routinières, pour lesquelles il détient une expertise technique prouvée par son statut. Pourtant, il s'agit de pays économiquement avancés, à régime libéral, qui ont sur la conception de l'entreprise bon nombre de points communs. Les Africains, par exemple, voient dans l'entreprise plus un instrument de redistribution des revenus à la famille, au village, à l'ethnie, qu'un support à l'obtention de résultats personnels.

Des notions qui peuvent apparaître aussi fondamentales que celles de l'ouverture de l'entreprise à son environnement et de l'adaptation aux changements extérieurs ne sont pas aussi universelles qu'il y paraît au premier abord : pour bien des cultures, c'est la stabilité organisationnelle, la pérennité de « l'ordre naturel » établi qui priment. Ainsi en Afrique et en Inde, on conçoit mal les notions de progrès et de réussite individuelle, qui sont les ressorts des économies occidentales, et constituent autant d'hypothèses sous-jacentes à la plupart des principes d'organisation qui sont enseignés habituellement.

Ces « caricatures » ne doivent pas faire oublier que les cultures ne sont pas des ensembles imperméables. La mentalité anglo-saxonne a profondément marqué les structures des entreprises du monde entier. La culture s'exporte en fonction des dominations d'ordre géopolitique ou économique. L'internationalisation de l'économie et la compétitivité internationale conduisent les entreprises des différents pays à rechercher dans les modes de fonctionnement des organisations des pays les plus compétitifs des solutions pour accroître leur efficacité.

Après le « modèle américain », c'est le « modèle japonais » vers lequel se sont tournés les regards. Des engouements et des effets de mode se dessinent. Mais la transposition à l'identique de modèles importés se heurte très vite aux caractéristiques culturelles locales, entraînant de nombreuses déceptions. Ainsi une recherche effectuée en 2003[1] dans les entreprises d'Amérique du Sud a montré que les caractéristiques d'autoritarisme repérées par G. Hofstede en 1978 n'avaient guère changé en vingt-cinq ans !

Cependant, tout comme certaines cultures tendent à devenir syncrétiques, beaucoup d'organisations s'efforcent de réaliser des synthèses ou des compromis, qu'il s'agisse des entreprises s'implantant à l'étranger ou des entreprises accueillant des travailleurs émigrés. Une multinationale n'adopte pas les mêmes modes de division du travail ni les mêmes mécanismes d'intégration lorsqu'elle crée une filiale en Suède, en Côte-d'Ivoire, en Italie ou au Brésil. Taux d'encadrement, degré de décentralisation, systèmes d'animation et de contrôle ne peuvent être les mêmes *a priori*. Malgré tout, par ses méthodes de formation, par ses procédures administratives, par des brassages fréquents, la multinationale parvient à développer progressivement des lignes de force communes qui assurent une véritable intégration, dans le respect des diversités culturelles.

1. Tanne de Barros B., « Démocratie dans le discours, centralisation dans la pratique » *Harvard Business Review*, avril 2004.

En définitive, la culture est bien ce qui confère aux individus leur capacité à communiquer les uns avec les autres et à jouer leur rôle dans l'organisation. Si, toutes choses étant égales par ailleurs, les jeux structurels internes aux entreprises diffèrent d'un pays à l'autre, c'est bien, comme l'a montré M. Crozier[1] , que les mobiles culturels des individus sont différents.

Mais la culture n'est pas un simple déterminant supplémentaire s'incorporant aux autres éléments de la théorie contingente de la structure. La culture constitue une force, un processus dynamique susceptible d'apprentissage, qui laisse toujours possible le choix entre plusieurs options. Il importe de ne pas la rejeter, par exemple, en ne recrutant ou ne gardant dans l'organisation que ceux qui se soumettent à de pseudo-règles universelles. Il ne faut pas non plus imposer des systèmes d'inspiration culturelle étrangère sous prétexte qu'ils sont plus performants, en se contentant de manipuler les gens à l'intérieur de l'organisation pour faire « passer la pilule ». Il est toujours possible de bâtir une réponse culturelle spécifique, en puisant dans les ressources du pays et en adaptant à sa manière les bonnes idées venues d'ailleurs. L'extension des modèles de gestion de la qualité, venus ou revenus du Japon, dans les entreprises nord-américaines et européennes en constitue la meilleure illustration.

6 Le changement organisationnel

Une organisation est vivante. Elle accueille des individus nouveaux, en voit d'autres partir, noue des relations évolutives avec son environnement, change d'orientation plus ou moins volontairement. La façon dont sa structure a été conçue lui donne une capacité plus ou moins grande à absorber, sans déformation excessive, l'impact de ces facteurs.

Il se peut toutefois qu'une accumulation de changements mineurs dans les procédures et les hommes provoque à un moment donné un décalage énorme entre la structure formelle et le mode de fonctionnement réel. Une succession de changements dans l'environnement, ignorés jusque-là, rend la structure de plus en plus inefficace. Il se peut, enfin, que les dirigeants veuillent tirer parti d'une opportunité ou cherchent à réorienter les activités de l'entreprise. Dans ces trois cas de figure, une refonte complète de l'organisation s'impose.

La conception du changement organisationnel a longtemps été marquée par le modèle de l'action rationnelle. Sans nous étendre longuement sur ce modèle, qui sera décrit dans la troisième partie de cet ouvrage, nous rappellerons que celui-ci :

• postule l'inadéquation de l'organisation existante aux enjeux auxquels elle doit faire face… et propose, à la fin d'un parcours d'investigation complexe (analyse des dysfonctionnements, recherche d'alternatives, identification de

1. Crozier M. et Friedberg E., *L'Acteur et le Système*, Paris, Le Seuil, 1977.

critères d'évaluation), une solution optimale permettant de résorber ce désajustement sous la forme d'un nouveau modèle d'organisation ;

• considère l'organisation comme un acteur rationnel unique, incarné par la direction générale, qui est réputée avoir la responsabilité d'identifier les besoins de changement, la légitimité pour choisir les caractéristiques de l'organisation future et l'autorité pour en obtenir la mise en œuvre.

6.1 La résistance au changement

Dans cette approche, les membres de l'organisation, dans leur grande majorité, n'ont pas leur mot à dire ; ils doivent faire confiance et accepter les bouleversements qui leur sont proposés pour le bien de l'organisation. Mais malheureusement, dans la plupart des cas, la confiance attendue ne se manifeste pas. La résistance au changement apparaît ; le changement est douloureux, difficile, et ne s'obtient qu'après avoir surmonté un grand nombre de difficultés. Comme le dit M. Crozier :

> « Dans un tel système, personne n'a plus rien à apporter puisque le seul problème resté ouvert est celui des objectifs généraux, ce qui signifie que [...] tous les participants qui se trouvent pris dans l'univers des moyens, c'est-à-dire la très grande majorité des membres de l'organisation sinon la presque totalité, se trouvent privés de possibilité raisonnable de participation[1]. »

Le changement est, ici, considéré comme le passage d'un état d'équilibre à un autre, d'un modèle obsolète à un modèle adapté. Dans cette conception, on privilégie le but à atteindre, modèle idéalisé dont on s'attache à définir précisément le contenu. Ce modèle constitue un cahier des charges précis et contraignant dont le respect est le principal critère de réussite du changement. La conduite du changement se place dans une perspective empirique. Elle consiste à affronter et à contourner la résistance au changement que tous les individus concernés manifestent inéluctablement, car ils doutent de la pertinence du modèle qui leur est proposé et de la nécessité de changer de modèle. Considéré comme un moyen, le processus de changement s'apparente à un louvoiement entre les zones d'incertitude appartenant à chaque acteur. Ainsi, la nouvelle organisation conçue rationnellement se met en place en subissant, au cours d'un processus empirique, un certain nombre de distorsions issues de la négociation avec les intéressés.

6.2 La satisfaction du besoin de sécurité par l'organisation

Les structures définissent le cadre de vie des membres d'une organisation. Comme indiqué dans la figure 13.11, elles répondent d'abord au souci de sécuriser, d'offrir un univers connu, prévisible, où il est aisé de se situer par

1. Communication à l'Académie des sciences morales et politiques, 18 juin 1973.

FIGURE 13.11 **La satisfaction traditionnelle du besoin de sécurité (réponse bureaucratique)**

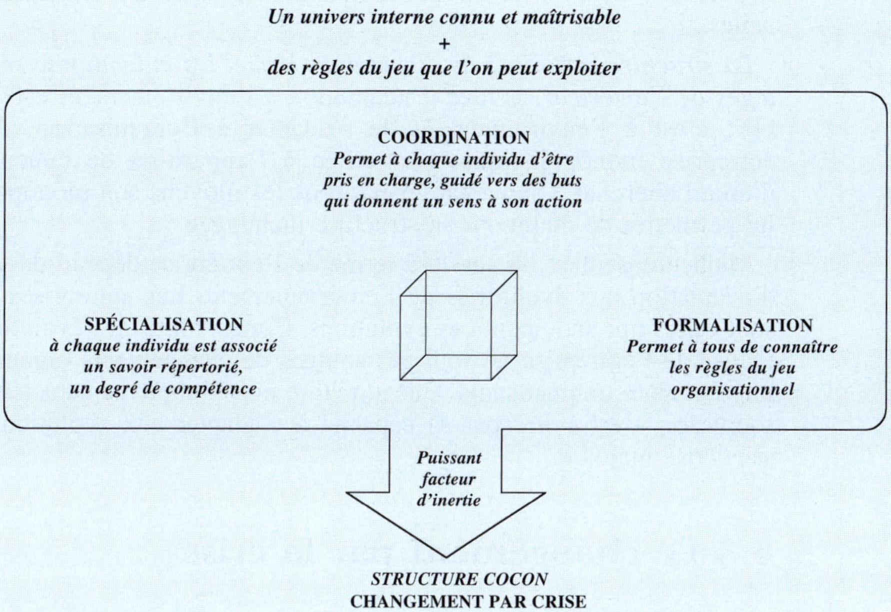

rapport aux autres. C'est pour cela que les organisations sont par nature bureaucratiques au sens wébérien du terme. La spécialisation facilite l'identification d'un individu par les autres, en termes absolus (un savoir répertorié) et relatifs (un degré de compétence). La coordination donne un sens à l'action individuelle, elle permet à l'individu d'être pris en charge, guidé vers des buts qui le transcendent. La formalisation permet à tous de connaître les règles du jeu organisationnel, les procédures constituent un système derrière lequel chaque individu peut s'abriter.

La satisfaction traditionnelle du besoin de sécurité provoque l'inertie ou la résistance au changement : toute organisation a tendance à se cantonner dans des routines de fonctionnement éprouvées par l'expérience et à se protéger des phénomènes susceptibles de troubler l'ordonnancement du jeu interne. Elle favorise le cloisonnement : chacun tend à protéger le territoire qui lui a été octroyé ou qu'il a su conquérir, à le rendre le moins possible sujet à une remise en cause. Les individus les moins dynamiques et les individus les plus dynamiques trouvent parfaitement leur compte dans ce contexte. Les premiers peuvent s'abriter derrière les règles pour se protéger et les autres les détourner à leur avantage. C'est ce qui explique que la résistance au changement s'exprime quels que soient le dynamisme et la motivation des individus concernés.

Vue sous cet angle, l'organisation idéale est celle qui peut développer des règles du jeu interne indépendantes de toute contrainte externe, qui réussit à neutraliser l'environnement, en contrôlant et en limitant son impact sur les individus (centralisation, procédés de socialisation interne puissants), et sur la pérennité de l'organisation, en particulier grâce à des stratégies relationnelles.

La structure sert alors de cocon dans lequel les individus se sentent protégés de l'extérieur. L'idée d'adaptation à l'environnement est insoutenable : c'est à l'environnement de s'adapter à l'organisation. Ainsi, une entreprise monopolistique, confrontée à l'apparition de concurrents, va d'abord chercher à sauvegarder par tous les moyens son monopole, ce qui lui permettra de maintenir sa structure inchangée.

Malheureusement, la survie à terme de l'entreprise dépend de sa capacité d'adaptation aux évolutions de l'environnement. Les entreprises gagnantes sont celles qui anticipent ces évolutions. Certes, toutes les évolutions stratégiques de l'entreprise ne sont pas sources de changements organisationnels importants et traumatisants. Une structure doit d'abord se caractériser par sa souplesse, c'est-à-dire par sa capacité à s'adapter aux évolutions externes sans crise majeure.

6.3 Le changement par la crise

Il est imposé par des incompatibilités flagrantes entre le fonctionnement interne de l'entreprise et les exigences de son environnement résultant d'une dérive incontrôlée de l'organisation, d'une volonté brutale de changement stratégique ou encore d'une évolution imprévue de l'environnement.

Dans ces situations, la mise en œuvre du changement organisationnel se heurte à la difficulté de chaque membre de l'organisation à percevoir les risques de l'immobilisme, l'inadéquation des routines qui jusque-là avaient pu être efficaces, l'obsolescence des modes d'actions existants et des comportements correspondants.

Les évolutions de l'environnement ne sont ni perçues dans leur globalité ni interprétées de la même façon par tous les membres d'une organisation. Certaines parties de la structure sont plus exposées que d'autres (les commerciaux plus que les producteurs), et les individus y ressentent les tensions de manière plus aiguë.

De plus, les défenses érigées par l'organisation ont un effet pervers ; elles diminuent son potentiel d'adaptabilité en empêchant les individus de percevoir les évolutions externes et en leur donnant le sentiment d'être à l'abri. Seule la prise de conscience qu'une crise grave les menace[1] peut les faire sortir de leur léthargie. Le changement se fera dans la difficulté et dans l'urgence, aussi bien sur le plan objectif que dans l'imaginaire des individus. Ceux qui « survivront » à l'épreuve n'en craindront que plus les adaptations ultérieures. Pour s'épargner ces désagréments, il faut arriver à fonder la satisfaction du besoin de sécurité sur la maîtrise du changement.

1. Crise réelle ou dramatisation de la réalité.

Le changement par crise met en cause l'équipe dirigeante : c'est à la lumière de la crise qu'apparaît le poids réel de la force d'un dirigeant (figure 13.12). Quelle que soit l'imprévisibilité des événements extérieurs imposant le changement, il subsiste souvent un doute sur sa capacité de rôle de guide, sur son flair de stratège.

Plus le temps manque, plus la mutation se solde par des traumatismes pour l'organisation. L'anxiété liée à l'incertitude est portée à son paroxysme, les conflits de pouvoir ouverts ou larvés ont le champ libre. Brouillant les cartes, des stratégies de clans se cristallisent pour ou contre le changement. La direction générale court le risque de perdre sa légitimité, car elle est réduite à manipuler ces clans dans une atmosphère où les raisons objectives du changement sont oubliées. Rétablir le climat de confiance nécessaire à la mobilisation des énergies est d'autant plus difficile.

Une autre source de difficultés réside dans l'origine du promoteur du changement. Lorsque le changement est dû à la volonté de la direction, le promoteur est légitime aux yeux de l'organisation. En revanche, lorsque le promoteur du changement est un responsable de niveau inférieur placé à une interface clé avec l'environnement (un chef de produit ou un responsable de bureau d'études), ce n'est pas le cas. Le problème essentiel est alors d'emporter l'adhésion de la direction. L'intervention d'un tiers (consultant extérieur) est souvent nécessaire, surtout si le promoteur du changement n'a pas accès à la direction ou n'a pas été entendu par celle-ci.

Un intervenant extérieur peut éclairer les enjeux stratégiques et les rendre plus facilement communicables à l'intérieur de l'organisation. Il est en général perçu par les membres de l'organisation comme impartial et peut donc

FIGURE 13.12 **Le changement par la crise**

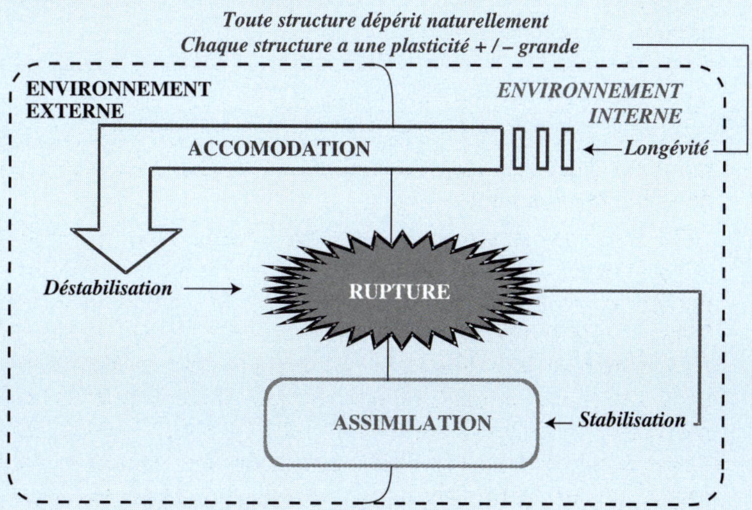

limiter l'effet pervers des enjeux de pouvoir internes. Il peut facilement plonger dans les profondeurs de l'organisation pour y relever les facteurs d'inertie liés à l'histoire, aux hommes en place, aux routines de fonctionnement, et par la même occasion déceler les forces sur lesquelles s'appuyer. N'étant pas imprégné de valeurs liées aux métiers passés et actuels de l'entreprise, il est plus à même de traduire en termes d'organisation les nouvelles données de la stratégie. Détenteur d'une méthodologie, il peut aider la direction à conduire un changement, triant ce qui, dans le projet de changement, est négociable de ce qui ne l'est pas. Il peut enfin aider la direction à optimiser l'emploi des ressources humaines de l'entreprise dans la nouvelle structure.

La conception du changement par crise, privilégie la définition *ex ante* d'un modèle d'organisation adapté qu'on s'efforce de mettre en œuvre de la manière la plus conforme possible, en dépassant l'inertie provoquée par la résistance au changement et en limitant les déformations engendrées par les stratégies des acteurs. Dans cette conception, le changement se fait du haut vers le bas. La persuasion, la conviction et la coercition sont les principaux leviers des promoteurs du changement qui doivent convaincre les acteurs du bien fondé du nouveau modèle qui leur est proposé.

Le changement est conçu comme le passage d'un état stable à un autre état stable considéré, par les dirigeants, comme mieux adapté aux défis auxquels l'entreprise est confrontée. Le modèle de la nouvelle organisation doit être le plus précis possible pour éviter les hésitations et les interprétations erronées. Il doit être mis en œuvre en bloc, le plus rapidement possible, pour éviter l'inconfort et le doute qu'une transition trop lente pourrait engendrer.

Nous verrons, dans le dernier chapitre de cette partie, comment les nouvelles approches organisationnelles tendent à éviter le changement par crise en étant conçues pour répondre à un objectif de changement permanent.

Chapitre 14

Les structures mono-dimensionnelles

Le « design » des structures est directement lié à la diversité des activités mises en œuvre par une entreprise ou une organisation.

Le cas le plus simple est celui de l'entreprise mono-activité. C'est une entreprise qui se situe sur un seul segment stratégique. Pour s'y développer, elle peut proposer une gamme de produits, s'adresser à différents types de clients, exploiter les diverses possibilités de la technologie qu'elle maîtrise. Ce faisant, elle met en œuvre un seul flux d'opérations, qui va de l'approvisionnement en matières premières à la commercialisation des produits.

Le découpage des responsabilités (autrement dit, le regroupement des tâches) y est conçu de manière à respecter les compétences spécifiques que la maîtrise de ce flux interne requiert. Cette forme de structuration est dite spécialisation fonctionnelle.

Dès qu'une entreprise met en œuvre plusieurs technologies pour satisfaire un même besoin, ou satisfait des besoins différents grâce à des produits issus d'une même technologie, elle s'engage dans un processus de diversification, provoquant l'émergence de plusieurs segments stratégiques distincts, qui se substituent à la mono-activité initiale. Elle doit alors adopter une structure radicalement différente de la structure fonctionnelle, que l'on appelle structure divisionnelle.

Le découpage des responsabilités est alors basé sur les différents segments stratégiques, qui constituent des divisions. Chaque division met en œuvre un flux intégré d'opérations et, par conséquent, peut être, elle-même, organisée selon un principe de spécialisation fonctionnelle.

1 La structure fonctionnelle

FIGURE 14.1 La structure fonctionnelle

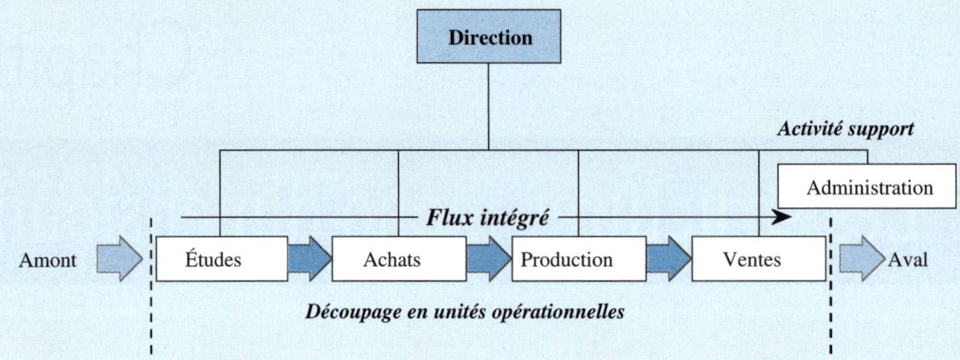

1.1 Découpage des responsabilités

Organiser par fonctions signifie d'abord « découper horizontalement un flux intégré en unités opérationnelles, spécialisées », homogènes quant aux savoir-faire mis en œuvre et qui constituent une chaîne de valeur, complétée par des activités supports.

Ce découpage est guidé essentiellement par le souci de privilégier l'efficacité et les économies d'échelle qui peuvent résulter de la concentration des compétences et des moyens. Ce faisant, on provoque des ruptures dans les flux internes de travail (recherche et développement, approvisionnement, fabrication de composants, assemblage, distribution), que l'on compense par la mise en œuvre de moyens de coordination.

Deux règles doivent orienter la constitution d'unités opérationnelles horizontales, spécialisées par fonctions :

- chaque unité doit correspondre à une base d'expérience et donc à un ensemble de coûts contrôlables homogènes (ou coûts d'activité) ;
- l'interdépendance entre les unités ne doit pas être trop forte de façon à permettre l'exercice d'une responsabilité effective dans chacune d'elles.

L'interdépendance conditionne la position et le mode de coordination des unités. Ainsi pour une entreprise dont les matières premières sont une composante majeure des coûts et présentent un caractère banal mais spéculatif, l'approvisionnement doit constituer une fonction distincte de la production, car les décisions d'achat sont plus conditionnées par les fluctuations des cours et des considérations de trésorerie que par les besoins de la production. En revanche, dans une entreprise dont les matières premières répondent à des spécifications techniques très précises et sont approvisionnées uniquement en fonction des besoins de la production (production à la commande, par exemple), l'approvisionnement doit être une sous-fonction de la production.

Dans le cas où la technologie impose à l'organisation une échelle économique minimale, un second mode de spécialisation vient s'ajouter au premier. Une division du travail verticale conduit à *séparer à chaque stade les fonctions de conception et les fonctions d'exécution.* On voit alors apparaître des assistants de direction, des bureaux d'études, des services de marketing, qui sont différents des services opérationnels de production ou de vente.

1.2 Modes de coordination

La division horizontale du travail ayant pour effet d'interrompre les processus technologiques mis en œuvre, la continuité des flux est assurée par des *procédures qui organisent la mise en œuvre des différentes fonctions opérationnelles en séquences successives.* Ces procédures (règles d'ajustement, systèmes de planification et de contrôle) sont le plus souvent formalisées. Lors de leur conception, on s'efforce d'anticiper les éventuels problèmes de coordination, afin d'y répondre le plus vite possible.

Formalisation et taille de l'organisation vont de pair, ce qui conduit graduellement à créer des services supports chargés d'assurer la nécessaire actualisation des procédures. Mais, quel que soit l'effort de formalisation, les procédures ne peuvent tout résoudre. Tout ce qui ne peut être régulé est dévolu à la hiérarchie, chargée de traiter les problèmes de communication et de décision pour lesquels des réponses standard n'ont pu être prévues.

1.2.1 Dynamique des structures fonctionnelles

La PME nouvellement créée, comme la grande entreprise sidérurgique, appartiennent à l'univers des entreprises mono-activité. Il est évident que l'une et l'autre ne peuvent avoir les mêmes structures. Le changement de taille, lié à la croissance, est le paramètre prépondérant de l'évolution de leurs structures.

1.2.2 Le premier stade : la structure en soleil

La structure en *soleil* est centrée autour du créateur et/ou du patron de l'entreprise. Il rassemble autour de lui un groupe de personnes, complémentaires à sa propre personnalité et à ses propres compétences. Un ingénieur, par exemple, s'entoure de collaborateurs à profils plutôt administratifs et commerciaux et assume personnellement la responsabilité technique.

Une structure en soleil (figure 14.2) se caractérise par la prééminence des relations bilatérales qui relient les différents membres de l'équipe à leur

FIGURE 14.2 Structure en soleil

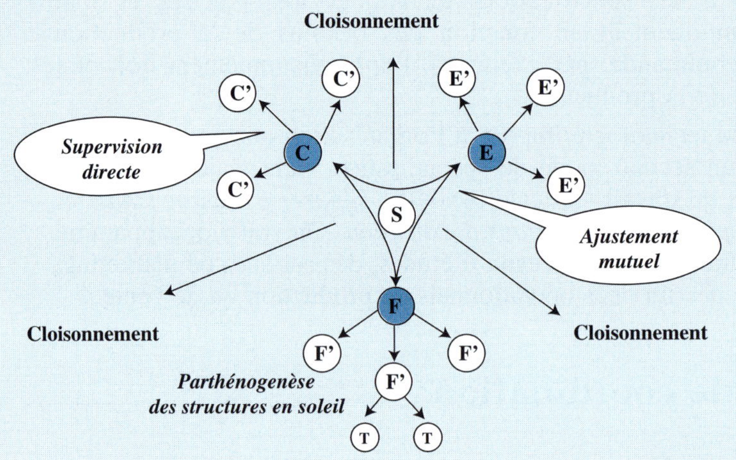

patron. Celui-ci est au centre de toutes les communications, il ne délègue pas, ou peu, et assume à la fois les responsabilités stratégiques et la direction opérationnelle de l'entreprise. Seul à assurer la synthèse, il doit être au courant de tout pour diriger. La communication périphérique entre membres de l'organisation est quasiment nulle, les réunions sont rares et ne se font qu'à l'initiative et sous la direction du patron.

Lorsque l'entreprise croît, il s'opère une évolution par parthénogenèse, au cours de laquelle chacun des membres de l'équipe initiale reproduit, avec les personnes qui lui sont subordonnées, le schéma d'organisation qui régit ses propres relations au patron. Ce dernier continue cependant à s'adresser directement à tous les membres de l'entreprise pour donner les impulsions qui lui semblent nécessaires, instaurant ainsi une pratique de court-circuit qui ne tarde pas à générer des tensions au sein de l'équipe.

Lorsque l'environnement et la technologie deviennent plus complexes, une distribution plus explicite des rôles entre le patron et ses principaux collaborateurs est nécessaire. Parallèlement, l'horizon de gestion de l'entreprise s'élargit et les problèmes de moyen et de long termes se font plus pressants, ce qui provoque une prise de conscience du patron, et le pousse normalement à déléguer une partie croissante des responsabilités opérationnelles. Il faut cependant signaler que certains n'arrivent pas à s'y résoudre, ou le font quand il est trop tard.

1.2.3 Le deuxième stade : la structure fonctionnelle simple

La structure fonctionnelle simple marque une progression dans la spécialisation et dans la formalisation. Les premières définitions de fonctions apparaissent pour rendre explicites les délégations opérationnelles. Chaque responsable de fonction commence lui-même à rationaliser l'organisation de son service. Une ligne hiérarchique s'établit et des procédures de travail sont mises en place pour organiser les relations au sein des services, et entre services, comme le montre la figure 14.3.

FIGURE 14.3 **Structure fonctionnelle simple**

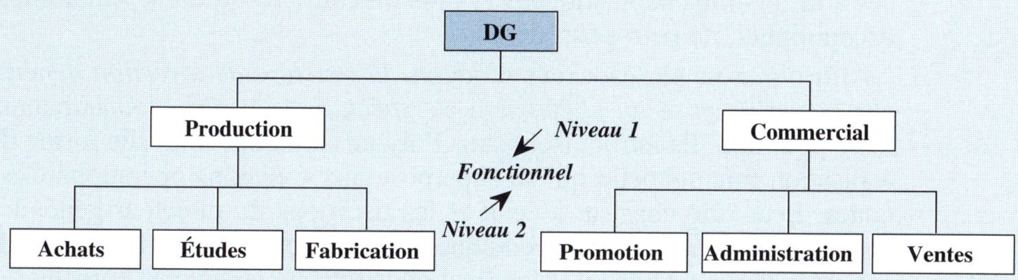

La communication rayonnante cède la place à une communication descendante et ascendante qui emprunte la voie hiérarchique. Mais, fondamentalement, le dirigeant conserve son pouvoir centralisateur. Il demeure toujours le seul susceptible d'assurer la cohérence et la convergence des actions menées au sein des différents services.

Au cours de cette phase, les compétences s'affirment, se spécialisent, provoquant des effets d'expérience et un accroissement de productivité qui accentuent les modifications de structure. Parallèlement, le cloisonnement fait son apparition, car chaque responsable se délimite un territoire professionnel qu'il protège des incursions éventuelles de ses collègues.

Au stade initial de la structure fonctionnelle, la fonction administrative est en général assurée par le dirigeant qui gère directement le personnel et les questions financières, et sous-traite souvent à l'extérieur la fonction comptable. Par la suite, cette fonction est intégrée à l'entreprise dès qu'il prend conscience de sa contribution au contrôle interne. Un secrétaire général ou un directeur administratif apparaît alors dans l'organigramme.

1.2.4 Le troisième stade : la structure fonctionnelle évoluée

Si la croissance de l'entreprise se poursuit sans que sa vocation initiale soit remise en question, l'accroissement de son volume d'activité se traduit, sur le plan structurel, par une augmentation du nombre de niveaux hiérarchiques à l'intérieur de chaque fonction. Les ateliers de fabrication se multiplient, des unités de production nouvelles se créent, la distribution se diversifie, entraînant la création de forces de vente distinctes. La taille permet de spécialiser davantage certains services qui regroupaient jusque-là des activités hétérogènes. De nouvelles fonctions deviennent autonomes, comme la recherche-développement ou les achats.

Le dirigeant n'arrive plus à maîtriser seul les problèmes de cohérence et de convergence entre les fonctions. Les responsables opérationnels développent des compétences techniques et une logique propres à leurs services (la différenciation s'accroît), au détriment, le cas échéant, d'une vision globale de l'entreprise. La taille des enjeux augmente fortement, accroissant les problèmes de contrôle. Enfin, la gestion de l'entreprise nécessite des compétences à la fois plus sophistiquées et plus diversifiées qu'un seul homme, fût-il exceptionnel, ne peut posséder.

Afin d'ajuster ses capacités d'action, *la fonction de direction générale est elle-même soumise au phénomène de spécialisation.* Des collaborateurs font leur apparition. Ils introduisent dans l'organisation une nouvelle forme de spécialisation fonctionnelle qui se superpose aux fonctions opérationnelles existantes. Leur rôle consiste à éclairer les décisions du directeur général en lui apportant des compétences techniques supplémentaires dans les grands domaines de la gestion : finance, planification, contrôle, ressources humaines, informatique, etc.

Cette évolution s'accompagne le plus souvent d'une différenciation plus marquée entre les fonctions opérationnelles, centrées sur le court terme, et les fonctions visant l'évolution à moyen et long terme de l'entreprise. La recherche-développement et le marketing se dégagent de la production et du commercial pour acquérir leur autonomie au sein de la direction générale.

Conceptuellement, il s'agit bien d'une spécialisation complémentaire, car chaque spécialiste apporte un éclairage fragmentaire que la direction générale est encore seule capable d'intégrer dans une vision d'ensemble.

Les phases suivantes de croissance d'une entreprise mono-activité n'apportent plus de modifications fondamentales à l'organisation. Chaque membre de la direction constitue progressivement autour de lui une équipe qui se transforme éventuellement en service. Chaque service génère à l'intérieur de l'entreprise des processus de communication formels qui lui permettent d'assurer son emprise sur les services opérationnels. La figure 14.4 représente ce dernier stade.

Concentrées au départ au niveau de la direction générale, les fonctions d'état-major se diffusent parmi les principaux niveaux hiérarchiques de l'organisation, au fur et à mesure du développement de l'entreprise. Dans certaines organisations, on voit même apparaître une dissociation des fonctions de direction générale entre, d'une part, un président ou un membre du directoire, qui coiffe directement les fonctions d'état-major, et, d'autre part, un directeur des opérations, qui coordonne l'ensemble des activités opérationnelles.

1.3 Efficacité des structures fonctionnelles

Une structure fonctionnelle permet d'atteindre un niveau d'excellence technique supérieure à tout autre forme de regroupement, à condition que l'envi-

FIGURE 14.4 **Structure fonctionnelle évoluée**

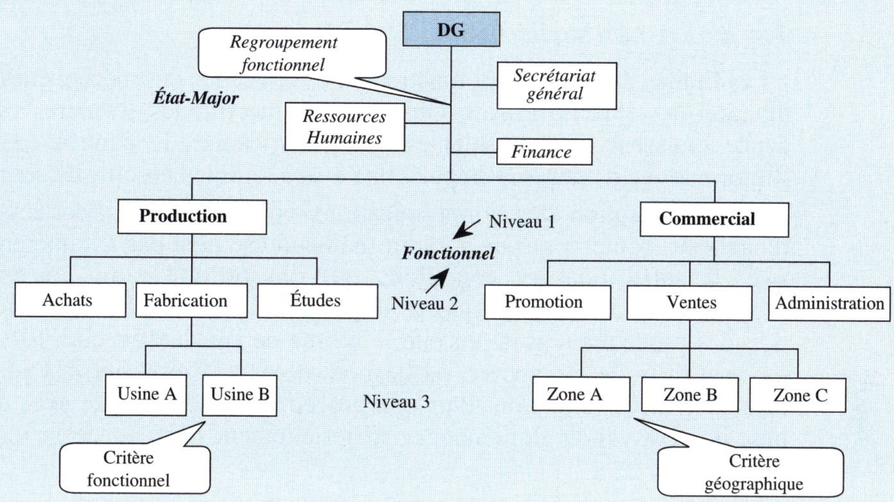

ronnement et la technologie de l'entreprise restent suffisamment stables et que l'organisation interne respecte quelques règles simples de fonctionnement. Il faut, par exemple, que :

- le développement des compétences soit encouragé par l'établissement de profils de carrière s'inscrivant à l'intérieur de spécialités ;
- chaque groupe de spécialistes soit dirigé par le meilleur d'entre eux, car c'est la meilleure façon d'en assurer la cohésion et le bon fonctionnement.

En contrepartie, la structure fonctionnelle produit une spécialisation étriquée, restreint la perspective des individus et les amène à perdre de vue leur contribution aux objectifs d'ensemble de l'organisation. Chacun, dans ce type de structure, *a tendance à privilégier sa conception de sa profession,* de ce qu'il aime ou sait faire, de ce qui facilite son travail, sans se préoccuper des éventuelles incohérences avec ce que pensent et font les membres des autres fonctions, ou avec les évolutions de l'environnement. Seul le responsable au niveau le plus élevé de la hiérarchie peut avoir une vue d'ensemble.

La prédominance des procédures et de la hiérarchie privilégie la communication écrite, au détriment des rapports directs. En même temps, tous les efforts portent sur le perfectionnement des instruments structurels, qui ne sont plus vus comme des réponses à des exigences stratégiques en évolution, mais comme des fins en soi. Une structure fonctionnelle est donc, par essence, centralisatrice et peut devenir paralysante.

1.4 Pathologie des structures fonctionnelles

1.4.1 *La centralisation*

Les limites de la structure fonctionnelle sont celles des mécanismes de coordination des flux de travail. Quand taille, incertitude, diversité, interdépendance croissent considérablement, la planification, le contrôle de gestion, l'informatique deviennent impuissants à satisfaire les besoins de coordination.

La formalisation des communications entre services apporte une cohérence « sur papier » qui ne garantit malheureusement pas la cohérence effective. Il suffit que les conditions qui ont présidé à la conception des procédures évoluent pour que ce décalage se produise. Ainsi, la formalisation des procédures porte en elle le germe de son inefficacité. Elle est coûteuse et difficile à élaborer, on hésitera donc à la modifier, à l'adapter aux changements de situation. Plus une procédure a été élaborée avec difficulté, plus il est psychologiquement et matériellement difficile de la remettre en question.

La conséquence de cette inertie est la *multiplication des recours à la hiérarchie*. Celle-ci se trouve dès lors placée dans une situation croissante d'inefficacité. Elle ne peut matériellement régler qu'un nombre limité de problèmes et doit se consacrer en priorité aux questions les plus importantes. Si la hiérarchie est envahie de demandes d'arbitrage, elle n'a plus le recul nécessaire pour étudier les questions et apprécier les implications des arbitrages rendus.

1.4.2 *L'immobilisme*

La deuxième limite que rencontre la structure fonctionnelle réside dans sa capacité d'adaptation aux exigences du changement stratégique. Centrée sur la technologie qui est apparue à un moment donné comme la réponse la plus appropriée aux besoins, elle tend naturellement à orienter tous ses efforts vers l'optimisation d'un système qui va inéluctablement devenir obsolescent. Toute modification de stratégie qui remet en cause le découpage des fonctions et les règles de liaison qui ont été formalisées devient alors difficilement acceptable par l'organisation.

Une fois encore, le seul qui puisse avoir une vision suffisamment globale et assez de recul pour apprécier les nécessités de changement organisationnel est le PDG. Mais les informations qui remontent jusqu'à lui ont peu de chances d'être fiables, dès lors que chaque unité, enfermée dans son professionnalisme, lit et interprète les événements extérieurs en fonction de ses propres structures et procédures, et que les canaux de communication ont été conçus pour ne véhiculer qu'un certain type d'informations.

1.4.3 *Les palliatifs et leurs limites*

Si la taille accroît le risque d'embouteillage de la hiérarchie, elle a surtout pour effet *d'allonger considérablement le cheminement d'une information* pour passer d'un service à l'autre au sein d'une même fonction et, *a fortiori,* d'une fonction à une autre.

Une modification des caractéristiques techniques d'un produit, par exemple, demandée par les services de vente, risque de ne jamais arriver à temps, car il lui faut traverser toute une série de filtres au fur et à mesure de son cheminement dans la structure (figure 14.5). L'impossibilité d'obtenir satisfaction crée des frustrations, qui accroissent encore les difficultés naturelles de communication inhérentes à ce type de structure.

FIGURE 14.5 **Cheminement des informations**

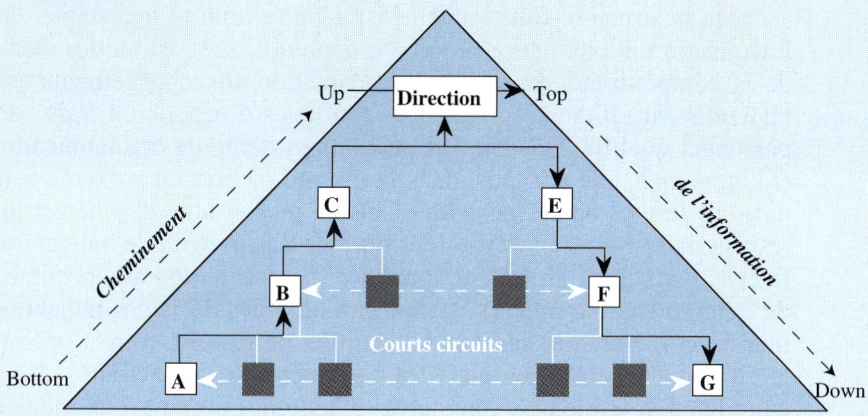

Par ailleurs, l'interdépendance entre les fonctions est telle que tout changement dans une unité (par exemple, en réponse à de nouveaux besoins extérieurs ou pour s'adapter à une nouvelle technologie) perturbe profondément le fonctionnement des autres unités, et risque d'ébranler tout ce bel édifice. Cette remise en cause peut être radicale, par passage à une autre structure, ou partielle. Avant d'en arriver là, les entreprises organisées par fonctions recherchent souvent un certain nombre de palliatifs.

Reprenant en partie le raisonnement de J. Galbraith[1] évoqué au chapitre précédent, on peut dégager deux sortes de remèdes.

Tout d'abord chaque unité, pour se rendre plus indépendante des autres sans mettre en péril le fonctionnement collectif, a tendance à prendre des marges de sécurité qui lui permettent de faire face à tout événement extérieur imprévu. Ces marges peuvent être des stocks-tampons, des matelas budgétaires, du personnel excédentaire et des délais de fabrication plus longs. Il s'agit là de solutions temporaires qui n'engagent pas un processus d'adaptation à long terme et dont on imagine facilement les effets négatifs sur la productivité.

1. Galbraith J., *op. cit.*

Plus positive, peut-être, est la mise en place de *moyens qui permettent de recueillir et de traiter une quantité plus importante d'informations.* On développe, d'une part, les services de surveillance de l'environnement (études de marché, recherche technologique, observatoire économique), et, d'autre part, les services de planification, de contrôle et de traitement de l'information (définition d'objectifs, suivis d'indicateurs, procédures de correction...). La structure se trouve ainsi dotée d'hommes nouveaux et d'équipements informatiques supplémentaires, qui permettent aux responsables de mieux analyser et donc de mieux prévoir et contrôler les changements. Mais ces moyens sont insuffisants pour modifier les comportements des individus, provoquer une volonté de collaboration et déclencher de véritables remises en question.

Ainsi, la structure fonctionnelle est adaptée à un milieu stable dans lequel l'acquisition d'expérience (courbe d'apprentissage) est un des éléments clés de la compétitivité. Sa capacité d'adaptation aux changements est limitée, mais elle est efficiente grâce aux économies d'échelle en frais généraux et personnel qualifié. Elle met en place un système de communication simple et compréhensible par tous, dans la mesure où chacun y exerce son pouvoir dans les limites de sa spécialité. Chaque responsable d'unité est jugé sur le respect de son plan de travail, des normes d'activité et de budget qui lui sont fixées ; mais il est difficile d'apprécier sa contribution aux résultats globaux de l'entreprise. Par ailleurs, la concentration des décisions majeures au sommet de la hiérarchie entraîne des conflits de priorité entre l'opérationnel et le stratégique, entre les activités routinières et les activités d'innovation, entre le court terme et le long terme et entre les produits eux-mêmes, en particulier quand la pression de la concurrence oblige à en développer de nouveaux. Enfin, la puissance et la convivialité croissantes des moyens de traitement d'information et de communication modifient les modes de relation entre individus et la qualité de l'accès aux informations, construisant *de facto* de nouveaux types d'organisation.

2 La structure divisionnelle

2.1 Découpage des responsabilités

Une entreprise diversifiée se caractérise par *la coexistence de plusieurs flux intégrés (conception-production-vente) distincts les uns des autres.* Chacun de ces flux répond à un besoin spécifique de l'environnement, fait appel à des technologies particulières de production ou de commercialisation, et exige des approches stratégiques et des méthodes de management propres. Le respect de ces différences étant une condition fondamentale de succès, il est indispensable que l'entreprise diversifiée se structure en conséquence et adopte une *spécialisation par segment stratégique ou par ensemble homogène de segments stratégiques.*

Organiser par division (ou encore par unités stratégiques), c'est donc reconnaître que la différenciation des activités de l'entreprise est telle que, non seulement on ne peut guère obtenir d'économies d'échelle en regroupant par grandes fonctions les spécialités, mais encore qu'une telle organisation peut être nuisible au bon développement de chaque activité, en ne reconnaissant pas suffisamment ses caractéristiques propres.

Chaque division réunit l'essentiel des moyens en hommes et en infrastructures nécessaires au développement de son activité (figure 14.6). Elle doit, dans une large mesure, se suffire à elle-même : la structure d'une entreprise diversifiée apparaît en quelque sorte comme une *juxtaposition d'entreprises mono-activité* qui constituent un portefeuille d'unités stratégiques de base.

FIGURE 14.6 Structure divisionnelle

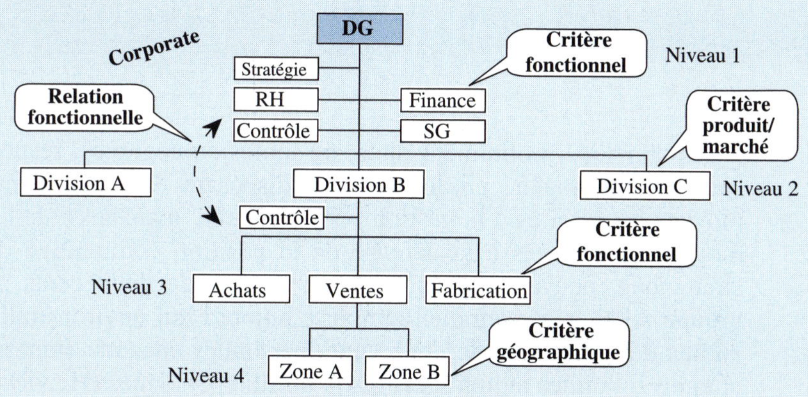

Lorsque la diversité est très grande, le système peut se démultiplier sur plusieurs échelons, comme dans le cas du groupe Danone indiqué dans la figure 14.7.

Les départements ou *business units* constituent le niveau le plus déconcentré auquel est attachée une responsabilité de profit.

Ainsi, le responsable de « département », terme qui correspond ici à la *business unit* des entreprises anglo-saxonnes, a les moyens d'analyser la position stratégique de son unité, de préparer les décisions stratégiques la concernant, et de proposer au groupe de mettre en œuvre les décisions, d'en contrôler la réalisation et de conduire la gestion quotidienne de son unité. Ces unités de base sont elles-mêmes souvent des petites sociétés, résultant soit d'un rachat, soit d'une création spécifique, qui sont assez largement autonomes.

Ainsi, selon la taille des entreprises, ce concept de divisionalisation peut se retrouver aujourd'hui à deux, trois ou quatre niveaux différents, chacun correspondant à une logique propre.

FIGURE 14.7 Structure de BSN Gervais Danone (vue partielle milieu années quatre-vingt)

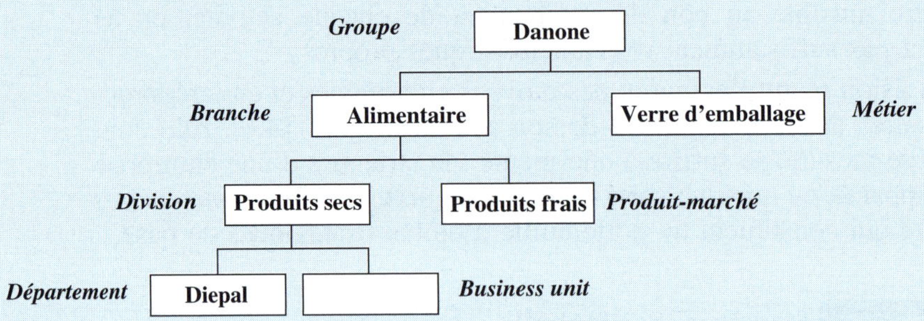

Les divisions proprement dites, ou unités stratégiques, responsables d'un ensemble homogène produit-marché, disposant non seulement de tous les moyens nécessaires à la gestion opérationnelle, mais aussi de l'essentiel des moyens nécessaires à la défense de la position compétitive d'un segment stratégique, peuvent regrouper selon les cas de deux cents personnes (le groupe ABB, par exemple, comporte aujourd'hui environ mille deux cents entités décentralisées de deux cents personnes chacune étant subdivisée en cinq ou six unités autonomes) jusqu'à mille personnes (Hewlett-Packard) ou plus.

Au niveau au-dessus encore, certains grands groupes multinationaux s'organisent en « branches » qui correspondent en général à des métiers et couvrent l'ensemble des activités dans le monde. Ainsi Saint-Gobain, constitué de plus trois cents sociétés dispersées dans une quarantaine de pays, a regroupé ses activités en huit branches (vitrage, isolation, canalisation, entreprises de services, conditionnement, fibres de renforcement, matériaux de construction, céramiques et abrasifs).

Dans les grandes entreprises, un certain nombre d'unités fonctionnelles communes apparaissent au niveau du groupe, d'autant plus importantes et nombreuses que l'entreprise cherche à exploiter des synergies entre les branches et divisions qui la composent. Les solutions adoptées se répartissent dans un espace borné par deux extrêmités. À une extrémité (conglomérat d'activités indépendantes), il n'y a guère, auprès de la direction générale, qu'un département financier ; à l'autre extrémité (produits étroitement liés), toutes les fonctions classiques sont représentées et un département de planification central joue un rôle essentiel de coordination.

FIGURE 14.8 **Structure du groupe Nestlé en Europe en 2000**

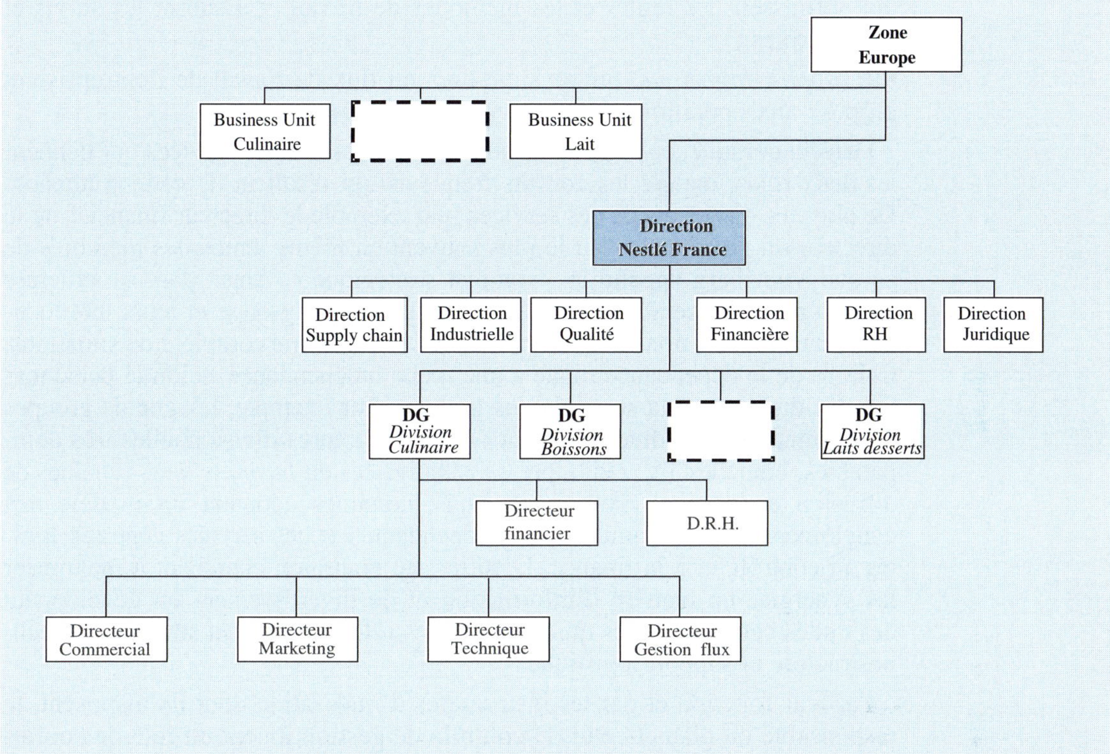

2.2 Modes de coordination

À l'intérieur même des divisions, on retrouve la problématique évoquée plus haut à propos des structures fonctionnelles. Entre les divisions, l'essentiel de la coordination passe par les liaisons hiérarchiques entre directeur de division et directeur général. Mais plus les interdépendances entre les divisions sont grandes, plus le problème devient complexe, et plus le poids des départements fonctionnels du groupe devient important.

En principe, le rôle de ces fonctionnels vis-à-vis des divisions est double : d'une part, conseiller et orienter les divisions dans la définition de leurs politiques spécifiques et dans la mise en œuvre des décisions correspondantes (ressources humaines, financières ou technologiques) ; d'autre part, fournir des services spécialisés, systématiquement ou à la demande, de façon à réaliser des économies d'échelle (paie, service juridique, par exemple).

H. Mintzberg[1] propose de séparer les fonctionnels en deux catégories :

• la *technostructure*, composée d'analystes et de « designers » des systèmes qui définissent les règles et les méthodes de travail et assurent les suivis et les contrôles ;

• le *support logistique*, qui se situe hors du flux de travail de l'entreprise et propose aux opérationnels des services spécialisés.

Dans la pratique, cependant, ce sont souvent les mêmes services qui tiennent les deux rôles, malgré les conflits fréquents qui résultent de cette confusion. De plus, les dirigeants de ces services (par exemple le directeur financier ou le directeur du personnel) sont le plus souvent en même temps des membres de ce que Mintzberg appelle le « sommet stratégique ». Ainsi, dans la structure divisionnelle, les relations entre les fonctionnels du groupe et leurs interlocuteurs dans les divisions couvrent en réalité une gamme complète de situations. Cela va de la dépendance totale à une réelle indépendance, selon la personnalité des titulaires et la stratégie des groupes. Par exemple, les grands groupes d'information et de divertissement ont des structures divisionnelles très comparables, branches TV, radio, presse, subdivisées en *business units* (chaînes de diffusion et journaux imprimés). Mais, certaines adoptent un modèle très conglomérat avec des unités très indépendantes et des services centraux limités au contrôle et à la finance. D'autres, au contraire, cherchent à maximiser les synergies en matière d'information et de divertissement en développant des unités centrales fortes qui cumulent les rôles de sommet stratégique, technostructure et support logistique.

Par leur fonction et par les instruments d'intégration dont ils disposent, le responsable du plan et celui du contrôle de gestion jouent un rôle de coordination privilégié. Ils ont une vue complète de l'ensemble des divisions et départements. La coordination dans la structure divisionnelle dépend largement des procédures et de la façon dont elles sont mises en œuvre : système de planification, de budgétisation et de *reporting,* procédures d'approbation des investissements, méthodes d'évaluation des performances des unités et de leurs gestionnaires.

2.3 Dynamique des structures divisionnelles

2.3.1 Le passage à la divisionnalisation

La diversification des activités qui résulte de l'évolution de la demande, des pressions de la concurrence, de l'apparition de technologies nouvelles, impose, comme l'a démontré depuis longtemps Chandler[2], l'adoption d'une structure en divisions autonomes, permettant de différencier les flux de production et de vente propres à chaque activité. Lorsque les activités se diversifient, la prise de décision exige de traiter une quantité de plus en plus élevée d'informations, qui sont elles-mêmes de plus en plus spécifiques. Dans une structure fonctionnelle, la direction générale est seule à détenir les

1. Mintzberg H., *Structure et dynamique des organisations*, Paris, Éditions d'Organisation, 1982.

2. Chandler, *op. cit.*

informations nécessaires à l'intégration. Elle devient très vite un goulot d'étranglement incapable de percevoir et de traiter toutes les informations ; de transmettre et d'expliquer les décisions prises ; de coordonner les actions des unités fonctionnelles.

De plus, la diversification exige de pouvoir conduire *un raisonnement stratégique spécifique pour chaque segment*. Il faut savoir quels sont les coûts propres à chaque activité et comment les contrôler. Ce sont ces missions qui échoient aux directeurs de division, qui négocient leur plan avec la direction du groupe et sont contrôlés « par exception ».

Le passage des structures fonctionnelles aux structures divisionnelles et l'évolution des structures divisionnelles posent trois grandes questions :

• faut-il faire quelques grandes divisions ou un nombre plus élevé de divisions plus petites, quitte à créer plusieurs niveaux hiérarchiques de divisionnalisation ?

• où faut-il placer les lignes de démarcation entre divisions et comment traiter les éventuelles superpositions et les interdépendances ?

• comment traiter au mieux les synergies exploitables et les cohérences à respecter entre activités ? Quels rôles et quels contenus donner, en conséquence, aux services fonctionnels centraux ?

Lorsque les interdépendances sont fortes (par exemple, dans une intégration verticale, les produits appartenant tous à une même filière), il importe d'analyser soigneusement le flux interne de produits et de services, afin de placer les frontières entre divisions, là où les interdépendances sont les moins fortes, et minimiser ainsi les cessions internes de produits ou de services. Chez Hewlett-Packard, par exemple, les différentes divisions de produits et de systèmes peuvent librement acheter leurs composants, soit à la division spécialisée du groupe, soit à l'extérieur si le groupe donne son accord.

En fait, il y a une grande diversité de structures divisionnelles, qui découle des différences qui existent dans les logiques et les degrés de diversification des entreprises. La conception de la « fonction parentale » du groupe varie en conséquence.

2.3.2 Les stades de diversification/divisionnalisation

Dans les années 1970-1975, une équipe de chercheurs de Harvard, sous la direction de B. Scott[1], a proposé un modèle qui perfectionne le schéma dichotomique de Chandler (stratégie en mono-activité = structure fonctionnelle ; stratégie diversifiée = structure divisionnelle).

Ces auteurs ont montré, en particulier, que les grandes entreprises se répartissaient en quatre grands types :

• les entreprises *mono-productrices* organisées par fonctions, telles que nous les avons décrites précédemment ;

• les entreprises *à produit dominant* dont 70 % à 95 % des ventes proviennent d'un seul produit ou d'une chaîne de produits très intégrée.

1. Scott B., « The Industrial State : Old Myths and New Realities », *Harvard Business Review*, mars-avril 1973. Cet article résume les principales conclusions d'un ensemble de thèses publiées entre 1970 et 1974 par des doctorants de Harvard. Voir le résumé et les critiques déjà présentés dans Pour une nouvelle politique d'entreprise, *op. cit.*

Leur structure est fonctionnelle pour l'essentiel, mais elles disposent généralement de divisions ou de filiales suffisamment autonomes pour gérer leurs activités de diversification. Dans cette catégorie entrent la plupart des grands de la sidérurgie, de l'automobile, du papier, du ciment, de la banque ou de l'assurance, mais aussi, par exemple, IBM, Xerox et Microsoft.

• les entreprises *diversifiées à produits liés* entre eux par des complémentarités technologiques, voire commerciales, dont la structure est typiquement fonctionnelle/opérationnelle (*staff and line*), un des rôles essentiels des fonctionnels étant précisément d'exploiter les synergies entre activités. C'est le cas, par exemple, des grands de l'équipement électrique ou mécanique (Philips, Mitsubishi, Alstom, Schneider) ;

• les *conglomérats*, dont la diversification s'est réalisée essentiellement dans des activités sans lien réel entre elles, et qui adoptent en général une structure de holding, laissant une très grande latitude stratégique à chaque filiale. On peut citer ici Litton, Textron, United Technologies, Virgin et Lyonnaise-Suez.

L'observation de l'évolution des grandes entreprises nord-américaines et européennes sur vingt ans a ainsi permis à l'équipe de Harvard de montrer que les passages entre stades tendaient essentiellement à se faire comme indiqué par les flèches pleines de la figure 14.9.

FIGURE 14.9 **Évolution historique des structures**

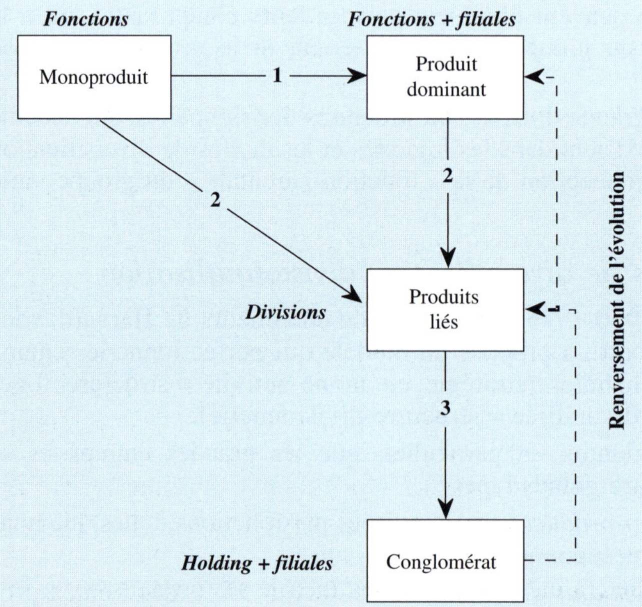

2.3.3 Le renversement de l'évolution

La montée des difficultés économiques dans le monde, à partir des chocs pétroliers des années soixante-dix, a peu à peu ralenti cette évolution vers la diversification et la divisionnalisation, et en a même parfois renversé le sens. La plupart des grandes entreprises, particulièrement en Europe occidentale, mais aussi en Amérique du Nord et au Japon, ont eu tendance à *recentrer leur stratégie sur une technologie principale, ou une grappe de technologies cohérentes.*

BSN-Gervais-Danone, par exemple, a abandonné ses activités verrières pour se recentrer sur l'agro-alimentaire, ne conservant des premières que l'emballage des produits alimentaires, étroitement lié à son métier principal pour finalement choisir en 1995 de s'appeler Danone. L'abandon de certaines activités par Rhône-Poulenc (pétrochimie) ou Péchiney (chimie), la redistribution de la téléphonie entre Alcatel et Thomson, résultent de la même logique. Aux États-Unis, dès le début des années soixante-dix, le nombre des conglomérats a considérablement diminué. R. Rumelt[1] a montré que leurs performances économiques étaient régulièrement inférieures à celles des entreprises diversifiées à produits liés. Cette observation conduit d'ailleurs les *raiders* des années quatre-vingt à éviter le plus souvent de fusionner leurs entreprises dans des structures communes.

En matière de structure, on assiste à une évolution corollaire à l'évolution des stratégies (flèches pointillées de la figure 14.9). Les états-majors centraux et les grands responsables fonctionnels accroissent leur pouvoir en fonction de la poursuite des synergies de groupe. La priorité à l'avance technologique plaide pour des services de recherche, de développement et d'ingénierie fortement centralisés ; le poids des investissements qui en résultent et le coût croissant du capital donnent la primauté aux directions financières ; la gestion des cadres, la politique des salaires, la globalisation des relations avec les syndicats limitent les mouvements de décentralisation des directions du personnel.

Les directeurs de division tendent à perdre de leur autonomie stratégique et ne retrouvent du pouvoir que grâce aux progrès de la *collégialité dans la préparation des décisions stratégiques* au niveau de l'ensemble du groupe.

2.3.4 Problème des entreprises verticalement intégrées

Dans beaucoup de secteurs industriels (ciment, pétrole, sidérurgie, automobile, chimie) et même dans certaines activités de services (banques ou assurances, par exemple), les contraintes technologiques et les économies d'échelle laissent peu de possibilités de décentralisation. Chaque stade du processus technologique, chaque service support peut constituer une division, comme l'illustre l'organigramme de l'entreprise d'aciers spéciaux décrit dans la figure 14.9.

Chaque division achète à un prix de cession interne ses produits ou services aux divisions en amont, et vend de même ses prestations en aval. Le

1. Rumelt R., thèse de doctorat, Harvard.

problème est assez simple si la division peut acheter ou vendre librement à l'extérieur. Il suffit alors de se référer aux prix du marché (diminués de la marge pratiquée en moyenne dans le secteur), et la division dispose d'un compte d'exploitation et d'une autonomie de gestion conformes aux principes d'organisation décrits plus haut. Dans l'exemple donné, la division mines, qui vend plus de 50 % de son minerai à l'extérieur, et la division fonderie et forges qui a des débouchés propres, tendent à avoir chacune leur propre structure commerciale, différente de celle de l'acier et à se comporter comme des unités très autonomes.

Le problème se complique sérieusement lorsqu'il n'y a pas de ventes intermédiaires à l'extérieur. Il s'agit alors de cessions internes de produits semi-finis, sans aucune référence à un prix de marché. Il serait artificiel de donner aux responsables de l'unité un objectif de profit, dans la mesure où les prix internes résultent d'un arbitrage au niveau du groupe, toujours contestable, et souvent contesté !

Dans l'exemple de la figure 14.10, il est bien difficile de rendre l'aciérie indépendante du laminoir, compte tenu de la continuité du flux de production. De la même façon, la logistique, par essence au service de toutes les autres divisions, voit son efficacité dépendre de leurs besoins, et même de la qualité de leur gestion.

Les cessions internes risquent de devenir une source de conflits et de paperasserie plus que de motivation et d'autonomie. Même si, aujourd'hui, les NTICs permettent de réaliser des progrès considérables, tant pour gérer les processus administratifs que pour flexibiliser les processus de négociation, la marge de manœuvre reste étroite. Le succès dépend plus d'une culture et d'une identité communes que d'un perfectionnement des définitions de fonctions et des méthodes de contrôle.

FIGURE 14.10 **Structure d'une entreprise d'aciers spéciaux**

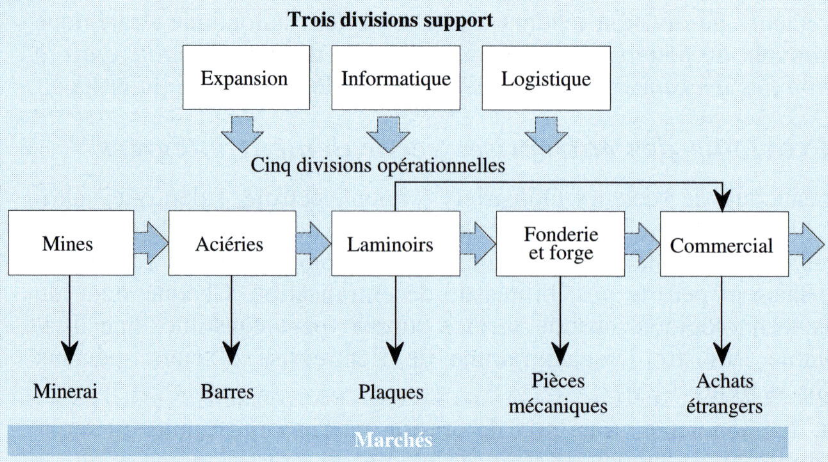

Renault/Nissan

Dans cet esprit, la direction automobile de Renault avait décidé, dès 1983, de regrouper ses usines en quatre divisions opérationnelles : produits industriels pour l'automobile (en position de fournisseurs pour les trois autres), pièces brutes, mécanique et carrosserie-montage (en position de client des trois précédentes). Chaque division a été dotée d'un compte d'exploitation propre, avec ses méthodes et les achats opérationnels nécessaires à ses fabrications, entraînant ainsi la disparition du service central des méthodes (symbole de la division taylorienne du travail) et la diminution des activités du service central des achats. Ce changement de forme n'a pu s'imposer, après plusieurs marches arrière, qu'au prix d'une profonde modification des comportements et des traditions de l'organisation. Aujourd'hui, Renault et Nissan ont mis en place une véritable entreprise commune qui vend ses pièces aux activités en aval et réalise de formidables économies d'échelle.

2.4 Efficacité des structures divisionnelles

Les structures divisionnelles ont aujourd'hui largement fait la preuve de leur intérêt et de leur efficacité :

- en se calquant sur la segmentation stratégique, elles permettent d'évaluer la position de l'entreprise par rapport à son marché et ses concurrents et de développer une meilleure capacité de réaction face aux changements de l'environnement ;
- en faisant des différentes divisions des centres de profit autonomes, elles permettent à la direction du groupe de les évaluer, les comparer et les contrôler sur une base financière commune, et donc d'agir comme un investisseur face à un marché interne du capital ;
- en constituant des ensembles homogènes suffisamment autonomes, elles permettent de définir des centres de responsabilité dotés d'objectifs et de moyens propres, dont les résultats peuvent être suivis séparément, ce qui entraîne une mobilisation plus forte des responsables ;
- en démultipliant, sans la scinder, la fonction de direction générale, elles permettent l'émergence de cadres généralistes, capables de vision et d'aptitudes stratégiques, tandis que la fonction du groupe consiste à élaborer la stratégie globale.

En revanche, il est évident que les structures divisionnelles comportent des inconvénients qu'il faut s'efforcer de limiter, voire de compenser :

- elles ne permettent pas d'exploiter au mieux les économies d'échelle : en cherchant à optimiser les résultats au niveau division, on le sous-optimise inévitablement au niveau global ;

• elles ne facilitent pas la transmission des compétences techniques, dans la mesure où les spécialistes sont dispersés dans les unités. En fait, elles peuvent, dans certains cas, conduire à un manque de réaction aux changements technologiques, en privilégiant trop fortement les réponses par rapport aux demandes immédiates du marché ;

• elles peuvent devenir extrêmement compliquées à gérer lorsque les interdépendances deviennent trop fortes, en particulier lorsque l'activité est intégrée verticalement.

2.5 Pathologie des structures divisionnelles

Les difficultés que rencontrent les structures divisionnelles trouvent leur source dans deux problèmes que l'on pourrait qualifier l'un de technique, l'autre de culturel. Le premier est inévitable : en privilégiant un critère de divisionnalisation (c'est-à-dire un mode de segmentation stratégique), on néglige nécessairement d'autres critères possibles. Ainsi, en plaçant sur la ligne hiérarchique des responsables de produits, comment coordonner des actions par pays si l'entreprise est multinationale, ou comment gérer les technologies communes à plusieurs produits ?

On doit inévitablement *arbitrer entre l'efficacité qu'apportent les responsabilités accrues et la souplesse de gestion, et les déséconomies d'échelle engendrées par la répartition des équipements et des spécialistes entre des unités plus autonomes.* Si le poids des services centraux devient trop important, on perd les avantages de l'autonomie ; s'il est trop faible, on perd les avantages de la synergie. Le problème devient excessivement complexe lorsque la plupart des activités de l'entreprise participent de la même filière, comme dans le cas de Rhône-Poulenc jusqu'au début des années quatre-vingt ; ou pis, lorsque l'entreprise est totalement intégrée verticalement, avec des produits semi-finis intermédiaires qui n'ont pas de marché propre.

La multiplication des procédures de coordination (prix de cession) ou des procédures de limitation des pouvoirs (autorisation de dépenses) peut conduire à briser la dynamique de l'autonomie des divisions. Il est évident que le directeur de la division pièces brutes de Ford ne pourra jamais avoir la même autonomie que celui de la division Évian de Danone, mais le système peut lui accorder des degrés de liberté plus ou moins importants. Il peut d'ailleurs conquérir lui-même une bonne part de son autonomie.

De nombreux responsables d'unité ont d'ailleurs réussi à réaliser seuls de gros investissements, en mettant habilement bout à bout une série de petites autorisations de dépenses dont chacune ne dépasse pas le plafond prévu par les procédures internes. Par conséquent, plutôt que d'ajouter des contrôles pour assurer des coordinations, mieux vaut opter pour un nouveau type de structure qui prenne en compte dès le départ la multiplicité des critères. C'est ce que nous allons examiner dans la deuxième partie de ce chapitre.

Mais, une des principales critiques faites aux *business units* est leur contradiction fondamentale avec la vision moderne, d'une part de l'entreprise comme créatrice de connaissances et d'autre part du marché comme lieu de concurrence entre centres de compétences (Hamel et Prahalad, 1990). Les *business units* « enferment » les connaissances et empêchent leur fertilisation croisée au sein du groupe, au point que l'existence même du groupe n'a plus de justification économique.

En conclusion, pour parvenir à réaliser le meilleur ajustement possible dans le découpage des divisions (et subdivisions), dans les liaisons entre divisions, et dans la définition de leur degré d'autonomie-contrôle, il faut dresser un graphe complet de l'entreprise. Ce graphe doit permettre de situer les unités de base (usines, ateliers, laboratoires, zones de vente, services spécialisés), leur taille et leur mode d'organisation interne. Il doit montrer les types de relations qui s'établissent entre elles : cessions de matières, de semi-produits ou de produits, prestations de services internes, liaisons d'information ou de contrôle, valeur ajoutée à chaque étape.

Ce graphe peut être très complexe dans certains secteurs d'activité, comme la chimie et ses dérivés, où les flux de produit amont/aval/latéraux sont multiples et très interdépendants. Une bonne analyse stratégique et organisationnelle impose d'examiner l'ensemble des flux internes et externes (achats, ventes, à des filiales, à d'autres entreprises, parfois concurrentes).

Le découpage en divisions, filiales, unités, et la répartition des pôles de décision qu'il implique, peut être fortement remis en question par une évolution technologique des processus de production et des produits. La transformation profonde des compagnies d'assurances par l'informatisation ou les conséquences organisationnelles du recentrage de certains groupes industriels sur des grappes technologiques prioritaires en sont de bons exemples.

À partir de ce graphe, on peut évaluer les facteurs (la technologie en particulier) qui imposent certains regroupements (dans une même division) ou déterminent le type de coordination à établir entre divisions et avec les services centraux. Toutefois il subsiste toujours un degré de liberté dans les choix stratégiques et organisationnels. On peut, par exemple, regrouper certains services support en pools ou les répartir entre les divisions, affecter un produit à une division plutôt qu'à une autre, autoriser une division en aval à s'approvisionner simultanément à l'intérieur et à l'extérieur du groupe.

3 Les structures de transition

La diversité des environnements et des stratégies implique la prise en compte de nombreux critères : savoir-faire techniques, produits, clientèles, pays, projets, etc. Dès lors, une structure ne peut être symétrique ou homogène, car ces critères n'ont pas la même importance pour toutes ses composantes.

Examinons le cas d'une entreprise mono-activité organisée en services opérationnels spécialisés par fonctions, et confrontée à une évolution de son environnement technologique et commercial. Il s'agit de la situation classique de l'entreprise industrielle moyenne dans le contexte européen actuel.

Chaque service (achat, production, commercial) est conduit à adapter sa technologie interne aux contraintes ou aux opportunités de son environnement propre (évolution des matières premières, des processus de production, des comportements des clients).

Ces contraintes et opportunités sont autant de sources de différenciation dont la prise en compte va détruire l'équilibre initial des structures et entraîner des tensions au sein de l'organisation. En effet, les différents facteurs de différenciation n'ont pas le même impact sur les structures. Certains ne nécessitent qu'une modification au sein d'un département, le seul concerné. D'autres peuvent exiger une modification en chaîne des structures des différents départements, d'autres encore peuvent nécessiter une modification des structures d'un département différent de celui qui les a perçus. Ces éléments sont résumés dans le tableau 14.1.

TABLEAU 14.1

Fonctions	Technologies spécifiques	Sources de différenciation	Environnement
Service achat	Processus d'approvisionnement	Nouveaux composants Changements de spécification Intégration en amont	Fournisseurs Matériaux de substitution
Service production	Processus de fabrication	Évolution des techniques et des équipements	Fournisseurs d'équipements Communauté scientifique Ingénierie
Service commercial	Processus de vente et de distribution	Évolution des besoins Évolution des clientèles Évolution de la distribution	Distribution Clients Concurrents Produits de substitution

Chaque service procède ainsi à des adaptations partielles et successives, qui ne s'insèrent pas nécessairement dans un plan d'ensemble. Ces adaptations sont perçues comme des ajustements de portée limitée, correspondant à la latitude laissée à chaque responsable fonctionnel de proposer à la direction générale les mesures techniques susceptibles d'améliorer l'efficacité de son service.

En l'absence de mutations brutales de l'environnement, le maintien d'une croissance régulière de l'entreprise entraîne la direction générale à approuver ces initiatives, qui remettent en cause la cohérence initiale de la structure.

L'élargissement de la clientèle peut nécessiter une diversification de la distribution. Au sein de la fonction commerciale, les forces de vente peuvent être structurées différemment, par exemple, par gammes homogènes pour lesquelles chaque responsable rencontre des problèmes de communication et de distribution spécifiques. Une telle réforme engendre très vite des tensions avec la production, à propos de l'adaptation des caractéristiques techniques du produit ou de la diversification des conditionnements. Les exigences de chaque gamme se différencient, et cela augmente le nombre des arbitrages demandés à la direction générale, avec toutes les conséquences décrites dans la pathologie des structures fonctionnelles.

La recherche d'une adéquation de l'entreprise aux évolutions du marché et des besoins des consommateurs n'est pas la seule source de changements. Les évolutions technologiques peuvent aussi être génératrices de problèmes d'organisation. Ainsi l'irruption des techniques de production flexibles dans les usines transforme les données économiques d'origine, en permettant, par exemple, de fabriquer de façon rentable des séries plus courtes, et donc des gammes plus diversifiées. L'organisation des achats et de la distribution, et plus largement de l'activité commerciale, peut en être bouleversée.

L'accentuation de la différenciation entre fonctions accroît les problèmes de communication et de coordination, que les systèmes en place ont du mal à résoudre. Si des mesures ne sont pas prises pour remédier à ces insuffisances, l'efficacité de l'entreprise est amoindrie, ce qui a pour effet de geler les réformes engagées. Une réorganisation s'impose, qui peut revêtir des formes plus ou moins lourdes ; dans certains cas, une révision des procédures et des modalités de communication interne et de la programmation peut suffire. Dans d'autres cas, il faut restructurer complètement certains services et mettre en place de nouveaux modes d'intégration.

La recherche d'une nouvelle cohérence se heurte à des difficultés liées aux perceptions des chefs de service. La structure fonctionnelle ayant pour principal avantage l'obtention d'économies d'échelle par standardisation des procédures et par concentration des spécialistes, plus ces chefs de service ont réussi dans cette voie, plus ils ont tendance à refuser toute remise en cause. Ils s'opposent au changement au nom de l'efficacité interne qu'ils ont obtenue jusque-là.

Il faut chercher un compromis acceptable entre un surcroît de différenciation permettant une meilleure efficience de chaque unité et la sauvegarde d'économies d'échelle garantes d'une meilleure efficacité globale de l'entreprise.

Le découpage des responsabilités s'accompagne de l'introduction de modes d'intégration permettant de mieux gérer la diversité, tout en respectant les interdépendances. On combine des moyens d'intégration présentés dans les chapitres précédents en fonction de l'importance de la différenciation supplémentaire à rechercher. En voici un exemple concret : il s'agit de l'entreprise *X* de robinetterie de taille moyenne, dont l'activité est restée longtemps concentrée sur une gamme unique de produits, vendus par un réseau de distributeurs à des artisans plombiers. Elle a ensuite pénétré le marché des logements aidés (HLM). Puis, une société de vente par correspondance lui a demandé de concevoir une gamme de produits pour les particuliers s'occupant eux-mêmes de leur plomberie.

L'entreprise réalise 50 % de son chiffre d'affaires avec le réseau des artisans plombiers, 25 % avec les HLM et 25 % avec les particuliers.

Sur le plan technique, elle a intégré dans sa gamme des composants en PVC, pour répondre aux exigences de prix des sociétés d'HLM et de la vente par correspondance. Ces composants, achetés à l'extérieur, restent minoritaires dans ses fabrications. Elle a intégré totalement ses autres fabrications, comme le montre la figure 14.11.

Sur neuf cents personnes, près de huit cents font de la fabrication. L'organigramme est décrit dans la figure 14.12.

La production est subdivisée en huit ateliers dirigés chacun par un contremaître ; l'ensemble est coordonné par le directeur de fabrication. Le directeur de production supervise la direction de fabrication, les achats, le service méthodes, la comptabilité industrielle et le service de programmation-entretien.

L'activité est programmée trimestriellement à partir des prévisions de ventes ; le programme est réajusté mensuellement en fonction de la répartition des demandes entre les articles des trois gammes. Les lancements en fabrication sont mensuels. Chaque atelier dispose d'un programme de fabrication optimisé par ordinateur et qui, une fois arrêté pour le mois, doit être res-

FIGURE 14.11 Processus de fabrication de l'entreprise X

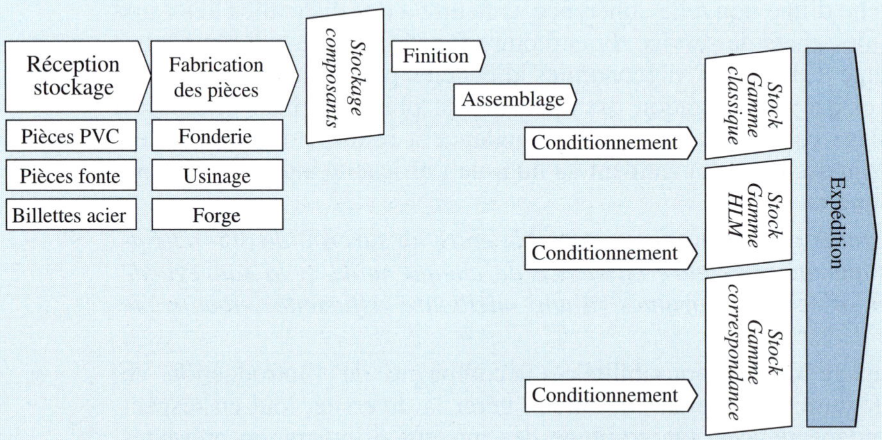

FIGURE 14.12 **Organigramme de l'entreprise X**

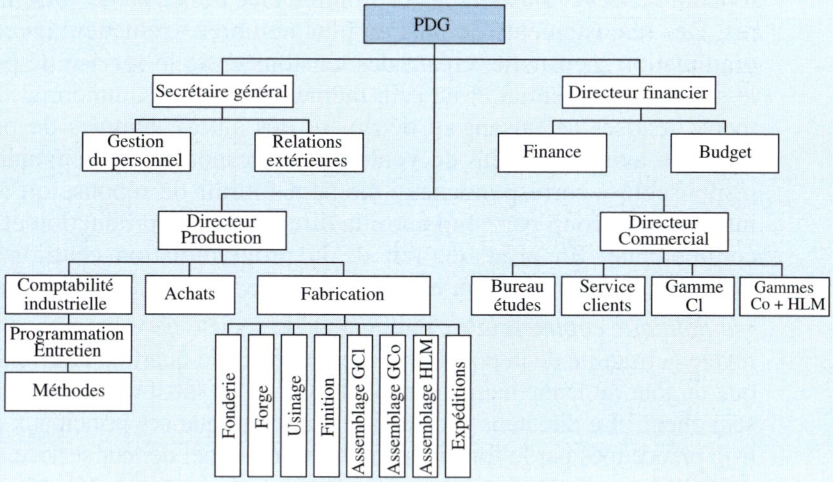

pecté. Les opérations se font dans la continuité : le stockage des composants ne dure que le temps nécessaire à la bonne marche des programmes de finition et d'assemblage. Le stock de produits finis est réduit au minimum. Toute commande arrivant après clôture du programme mensuel est reportée au programme suivant.

La comptabilité industrielle est organisée par sections de fabrication. Elle vise à suivre les coûts d'unité d'œuvre et à contrôler les écarts sur frais de fabrication directs et indirects.

La direction commerciale est subdivisée en quatre services. Le service à la clientèle gère les ventes et le service après-vente pour toutes les gammes, mais il est mobilisé à 80 % par la gamme classique. Le responsable de la gamme HLM et de la vente par correspondance assure à la fois une fonction de vente et d'administration des ventes auprès de ses interlocuteurs (relativement peu nombreux). Le responsable de la gamme classique est un chef des ventes qui dirige la force de vente de la société auprès de grossistes et détaillants en plomberie. Le bureau d'études est chargé d'imaginer de nouveaux produits qui pourraient enrichir les gammes existantes ou conduire à la création de gammes nouvelles. Le directeur commercial coor–donne l'ensemble. C'est lui qui dirige la négociation annuelle avec la société de vente par correspondance et supervise la réponse aux appels d'offre des sociétés HLM.

Cette organisation pose plusieurs problèmes à l'entreprise :

• ***les commandes urgentes*** : la société de vente par correspondance s'était jusque-là conformée à une programmation trimestrielle de ses commandes avec réajustement mensuel. Depuis quelque temps, elle a entamé une politique de réduction de ses stocks et exige que l'entreprise *X* soit en mesure de répondre à des réajustements de commandes bimensuels, voire hebdomadaires. Des réajustements de plus en plus nombreux remettent en cause la programmation mensuelle, créant des tensions entre le service de production et le service commercial et au sein même du service commercial, les réajustements réalisés se faisant au détriment des autres gammes de produits. Les relations avec la société de vente par correspondance s'enveniment, car le responsable « correspondance » ne peut fournir de réponse qu'après accord intervenu au coup par coup entre la direction de la production et la direction commerciale. En effet, du fait de la programmation centralisée, seule la direction de la production est en mesure de prendre une décision ;

• ***la politique commerciale*** : l'attitude de la société de vente par correspondance révèle la fragilité de la position de l'entreprise. Un quart du chiffre d'affaires risque du jour au lendemain d'être perdu si l'on ne satisfait pas les exigences d'un seul client ! Le directeur général a le sentiment que ses principaux adjoints sont trop préoccupés par le fonctionnement opérationnel de leur service, qu'ils accordent trop peu d'attention à une réflexion de nature plus stratégique, alors que les concurrents sont de plus en plus innovateurs. Manifestement, les trois gammes de produits ne sont pas soumises aux mêmes contraintes et ne comportent pas les mêmes risques et les mêmes opportunités de développement ;

• ***l'innovation*** : le bureau d'études récemment créé, grâce au recrutement d'un ingénieur de conception et d'un spécialiste d'études de marché, a énormément de mal à collaborer avec les autres services. Toutes ses propositions sont rejetées par la direction de la production, qui estime avoir suffisamment à faire pour perfectionner le processus de fabrication des produits existants et maintenir les standards de qualité. La direction commerciale elle-même n'a que mollement soutenu les propositions du bureau d'études, n'osant pas se prononcer sur les perspectives offertes par le marché aux nouveaux produits. La concurrence, quant à elle, fait preuve d'une imagination, dont l'effet sur le marché est indéniable.

Les structures actuelles se révèlent incapables de répondre à l'évolution des exigences de la clientèle : la procédure de programmation trimestrielle est insuffisante et la voie hiérarchique est un mode d'ajustement trop lent. La nécessité d'établir des relations horizontales entre le responsable commercial de la gamme correspondance et les responsables de l'atelier d'assemblage-correspondance s'impose. Mais cela n'est pas suffisant. La communication entre individus ne peut porter ses fruits que si elle s'accompagne d'une marge de manœuvre effective : les deux responsables concernés doivent avoir les moyens d'agir directement sur la programmation des activités. Ceci n'est possible que si l'on scinde la programmation globale des activités de fabrication en deux : programmation de la fabrication des composants, d'une part, assemblage, d'autre part.

Ce changement aurait pour avantage d'adapter l'horizon de chaque programme et de permettre une négociation des délais de livraison des produits finis au niveau le plus opérationnel. Mais il oblige l'entreprise à créer des stocks intermédiaires de composants (donc gonflement des immobilisations), et à remettre en cause l'outil permettant de réduire les coûts de fabrication.

L'entreprise est aussi amenée à introduire un changement dans la répartition des responsabilités : décentralisation des décisions opérationnelles à court terme, gestion collective du stock-tampon afin d'en limiter le poids sur la rentabilité. Ceci implique une concertation entre directeur de production, directeur commercial et directeur financier, et une réduction du pouvoir du service de programmation.

Les différentes gammes représentent désormais des segments stratégiques différents. Une direction commerciale unique ne justifie plus son rôle d'intégration entre les responsables commerciaux visant à l'obtention d'économies d'échelle sur les moyens commerciaux, et la mobilisation de synergies (produits, image, communication) est révolue. La différenciation doit l'emporter sur l'intégration. Il faut formuler des stratégies de développement propres à chaque gamme, accepter moins d'économies d'échelle et moins de synergies et rechercher une intégration entre production et commercial propre à chaque gamme.

L'évolution de la structure doit aller vers la création de divisions commerciales chargées de gérer le développement de chaque segment. Chacune de ces divisions doit adopter une structure adaptée aux caractéristiques de son activité. Au départ, on peut se contenter de deux divisions, puis, si le besoin s'en fait sentir, dissocier correspondance et HLM.

La division classique doit être adaptée à la gestion d'un réseau de distributeurs, comprenant une force de vente et une administration des ventes conçues pour traiter des flux importants de commandes et suivre une clientèle nombreuse.

La division HLM/correspondance nécessite une structure plus légère. Le responsable de la division doit s'appuyer sur deux responsables de la réception et du suivi interne des commandes pour chacune des gammes, interlocuteurs naturels des chefs d'atelier d'assemblage pour élaborer les programmes.

Chaque directeur de la division commerciale doit pouvoir négocier avec la direction générale et exécuter directement la stratégie de développement de son segment.

Quant à l'innovation, il ne suffit pas de créer un bureau d'études pour introduire la préoccupation d'innovation dans l'entreprise, car cela signifie pour les autres services qu'ils doivent se contenter de mettre en œuvre ce qui a été conçu par d'autres, alors que les personnes composant le bureau d'études ont naturellement tendance à chercher hors de l'entreprise les éléments sur lesquels fonder leur réflexion (études de marché, innovations commerciales ou techniques réalisées à l'extérieur, liens avec la communauté scientifique). Plus on développe un discours sur la nécessité d'innover, plus les services traditionnels se sentent contestés.

Pour savoir à qui – du service commercial ou du bureau d'études – revient la responsabilité d'innovation, il faut se demander en quoi elle consiste. S'agit-il de nouvelles gammes de produits, accompagnées éventuellement d'un changement de technologie, ou s'agit-il d'améliorer les gammes existantes ? Dans la seconde hypothèse, la technologie est marginalement modifiée et les savoir-faire en place peuvent largement suffire.

Dans les deux cas, l'analyse de marché est indispensable.

Dans le premier cas (innovation totale, figure 14.13), le rôle moteur doit être assumé par les services de recherche, car c'est lui le principal porteur de l'innovation. Il doit animer un processus d'intégration dans lequel il implique les grands services fonctionnels, afin que ceux-ci puissent apprécier les conséquences pratiques des innovations (voir figure 14.13).

FIGURE 14.13 **L'option « innovation totale »**

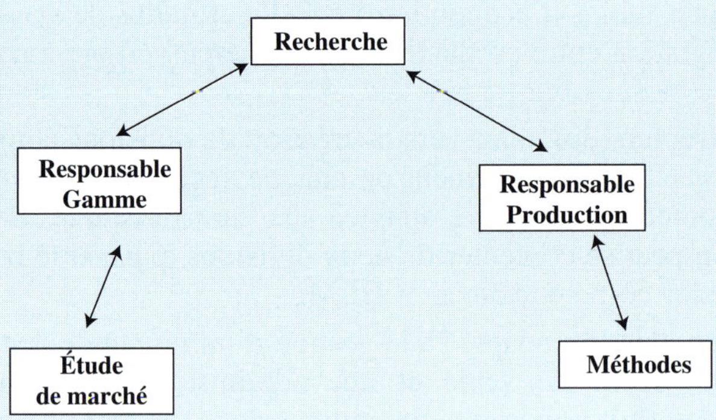

Dans le second cas (adaptation), le rôle moteur doit être assumé par chacun des responsables commerciaux, car ce sont eux qui ont la responsabilité d'adapter les produits au marché. Il convient de mettre en place autant de processus d'intégration que de couples produit-marché (voir figure 14.14).

Ces différents processus d'intégration ont pour objet de faire de l'innovation la préoccupation de tous, et d'organiser l'intervention des différents spécialistes.

Ces recommandations se traduisent par la structure représentée dans la figure 14.15. Cet organigramme doit être complété par les processus d'intégration opérationnels définis plus haut.

L'organigramme représente une *structure de compromis* qui ne correspond à aucune des deux structures décrites précédemment. D'autres formes de compromis pourraient être envisagées, chacune correspondant à une appréciation différente du couple différenciation/intégration susceptible de permettre une bonne adaptation de la structure à la stratégie.

FIGURE 14.14 **L'option « adaptation »**

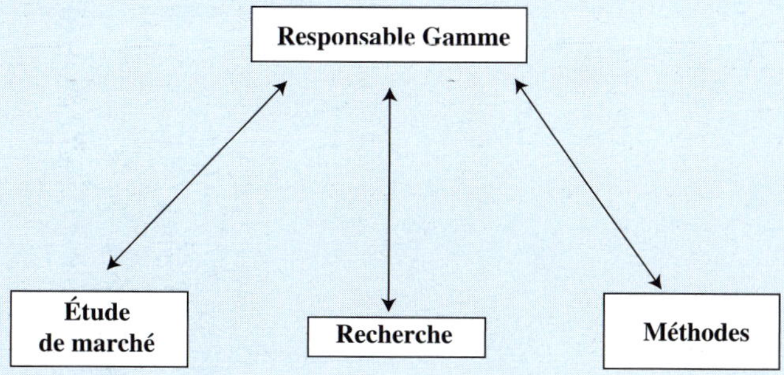

FIGURE 14.15 **Synthèse des recommandations**

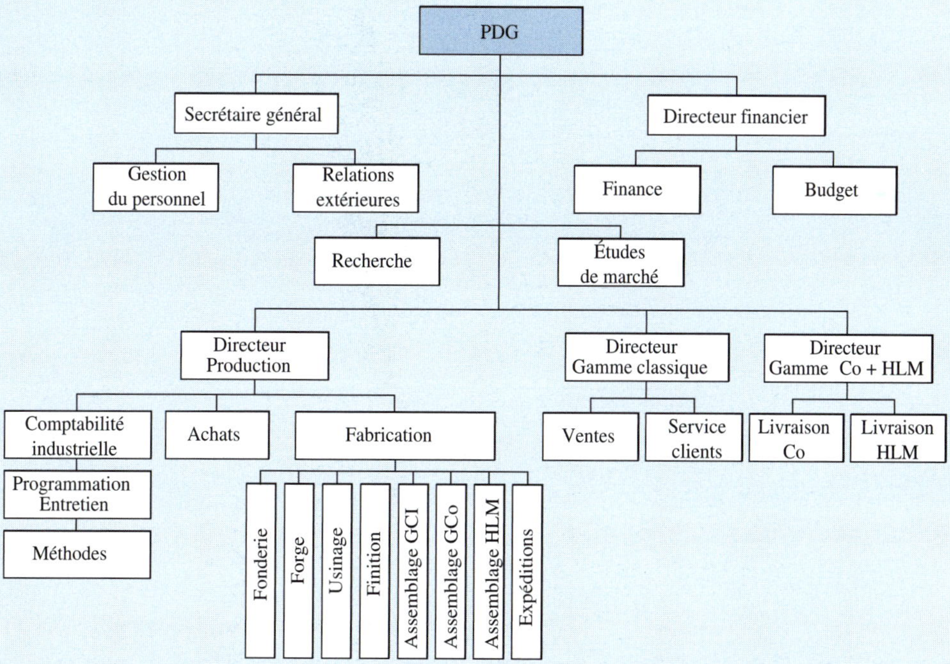

Chapitre 15

Les structures multi-dimensionnelles

Le design des structures connaît une inflexion capitale vers la fin des années 1960. C'est à cette époque que la diversification et l'internationalisation des activités conduisent certaines entreprises à rechercher les moyens de concilier des exigences contradictoires. Ces entreprises souhaitent développer les synergies entre leurs activités et consacrer des moyens communs à la réalisation de deux ou plusieurs missions différentes, qui ne peuvent être hiérarchisées les unes par rapport aux autres et qui, de surcroît, obéissent à des logiques de développement différentes. Elles ne peuvent dès lors plus se satisfaire d'une structure fondée sur la prééminence d'un seul critère.

Destinées à traiter une complexité croissante, les structures qu'elles recherchent doivent répondre à la prolifération des axes de coordination remettant ainsi en cause un des fondements du modèle mono-dimensionnel, l'unicité de commandement. Elles ne font, en cela, que confirmer une contestation de la stricte application de ce principe, engagée, depuis quelques années, par l'instauration de relations de coordination transversales chargée de palier l'incapacité de la voie hiérarchique à répondre à l'accroissement des besoins de coordination. Ainsi, dans le courant des années 1970, sont apparus deux types de structures nouveaux, d'inspiration proche, les structures matricielles et les structures par projet. Les unes ont fait couler beaucoup d'encre et engendré des débats passionnés alors que les autres ont été adoptées sans provoquer de remous ni de polémiques.

L'apparition des structures matricielles ouvre une période de confusion, qui n'est pas encore achevée, et au cours de laquelle les entreprises essaient d'adapter opérationnellement leurs structures en prônant des principes de fonctionnement contredisant pour partie leur modèle sous-jacent de structuration. Faute de disposer d'un concept offrant une solution de substitution au principe hiérarchique, d'une simplicité équivalente, la multiplication des axes stratégiques rend l'exercice du pouvoir de coordination, au sein des entreprises qui y sont confrontées, inconfortable et inutilement conflictuel.

1 La structure matricielle

Lorsque la diversification s'opère dans des activités qui font appel à un savoir-faire commun, l'organisation en divisions autonomes apparaît comme coûteuse, car des économies d'échelle sont possibles par concentration des moyens au niveau de l'ensemble de l'entreprise. Pour tirer profit de ce potentiel supplémentaire d'efficience il faut alors envisager une *structure matricielle* (figure 15.1), qui, d'une certaine façon, combine les deux autres structures, dans une perspective multi-dimensionnelle au risque de remettre en cause le principe d'unicité de commandement sur lequel reposent les structures mono-dimensionnelles.

FIGURE 15.1 La structure matricielle

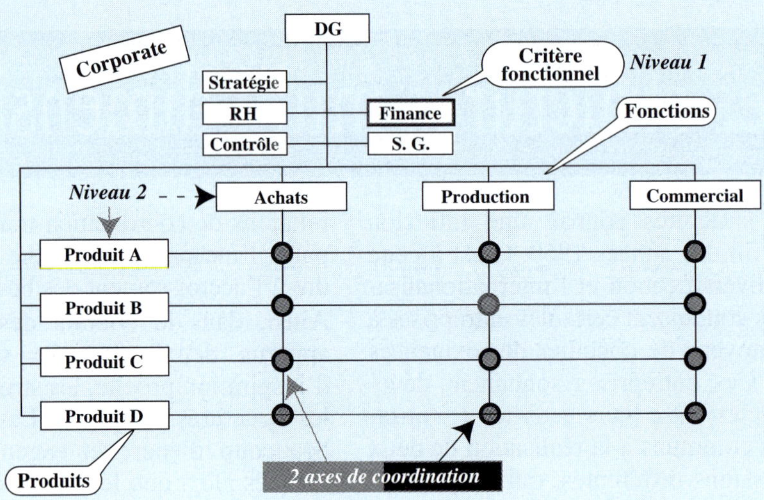

1.1 Découpage des responsabilités

Il est le fruit du croisement de chacune des missions et de l'ensemble des moyens communs auxquels elles recourent. Chacune des fonctions se structure de la façon la plus efficace pour elle. Par exemple, les achats sont répartis selon la nature des composants (matières premières, pièces mécaniques, électronique) ; mais à ce découpage se superpose un découpage par produits. On a ainsi un responsable des achats des matières premières entrant dans la fabrication du produit A, du produit B ou du produit x.

Le responsable des achats veille à l'économie globale du service (ajustement des moyens au volume global des achats, détermination des normes de commandes, nombre de fournisseurs, procédures). Le responsable « produits » détermine les caractéristiques de prix, qualité, délais, requises pour la gamme de produits qu'il gère. Quant au responsable des achats de matières premières du produit x, il est le garant vis-à-vis de chacun d'eux du respect des normes qu'ils ont édictées. Le même raisonnement s'applique à chacune des fonctions concourant à la réalisation des activités de l'entreprise.

1.2 Modes de coordination

Interdépendance des contraintes et dualité des objectifs conduisent à rechercher une forme d'organisation originale. En effet, si l'on veut réaliser de manière satisfaisante ces deux missions, on ne peut subordonner l'une à l'autre. Il faut équilibrer les pouvoirs de chacun des responsables et organiser leur confrontation, afin de gérer les conflits que la dualité des missions engendre inévitablement. Ainsi, le responsable des ventes d'un produit sera supervisé par le directeur des ventes de l'entreprise auquel il rendra compte de son comportement de vendeur, et le directeur de la division produit auquel il répondra des objectifs spécifiques de vente affectés au produit.

Chaque mission requiert un couple différenciation-intégration qui lui est propre. Chacun des moyens mis en communs est ainsi soumis à une double influence, ou à une double appartenance comme le montre la figure 15.2 :

- la *coordination verticale* a pour objectif d'optimiser l'utilisation des moyens dévolus à chaque fonction (objectif d'efficience), par une bonne allocation de ces moyens entre les différents produits. Elle s'efforce de respecter des ordres de priorité ;
- la *coordination horizontale* a pour objectif d'assurer le bon enchaînement des différentes fonctions qui s'inscrivent dans un même flux d'opérations (objectif d'efficacité). Elle s'efforce de gérer les interfaces, en tirant parti des marges de manœuvre des uns et des autres (tampons organisationnels).

FIGURE 15.2 **Les couples différenciation-intégration dans la structure matricielle**

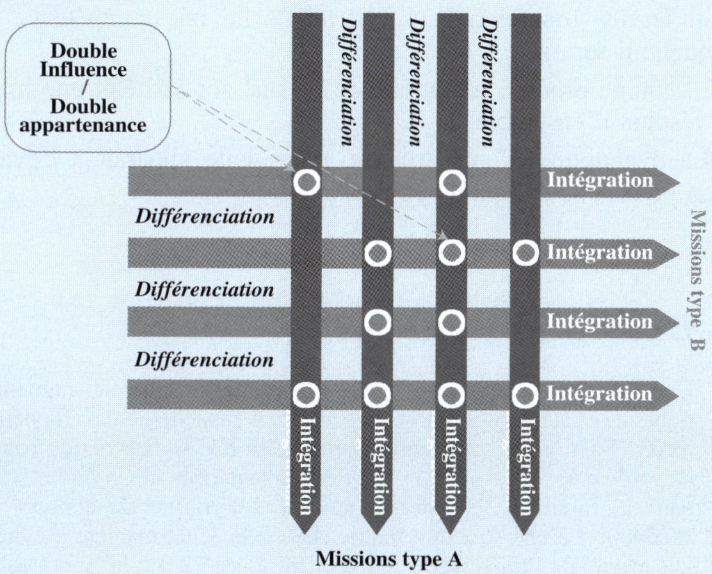

1.3 Dynamique des structures matricielles

Chacune des formes de coordination est tributaire de l'autre : la conduite des opérations implique la recherche permanente de compromis entre efficience (productivité) et efficacité (qualité de réalisation des objectifs), qui ne peut résulter que d'une collaboration très étroite entre les hommes investis de ces deux responsabilités.

Chaque responsable fonctionnel (« achats », « usinage », etc.) est chargé d'assurer un rôle d'intégrateur vis-à-vis des responsables de produit qui mobilisent les ressources de ses services. Lorsqu'il décèle un risque de non-respect des objectifs assignés par un produit, il est de son devoir de provoquer une réunion pour chercher un compromis acceptable avec le responsable produit concerné, voire décider d'un commun accord de la nécessité d'un arbitrage au niveau supérieur.

Chaque responsable de produit est, de son côté, chargé d'assurer un rôle d'intégrateur entre les responsables fonctionnels, en particulier en intervenant dans le cas où l'écart de performance d'un service fonctionnel risque de provoquer des répercussions en chaîne sur le processus de conception/production/vente de son produit.

Le responsable qui se trouve à l'intersection entre les exigences fonctionnelles et les exigences « produits » joue un rôle capital. Les causes de dysfonctionnements doivent être détectées à son niveau. C'est lui qui doit prendre l'initiative d'alerter les coordinateurs des deux lignes, lorsqu'il pressent une difficulté dont la résolution n'est plus de son ressort. Pour que la structure matricielle fonctionne bien, *il doit assumer une double appartenance* :

• au service fonctionnel, qui attend de lui une compétence technique sur laquelle il sera jugé ;

• à l'équipe produit, qui attend de lui une solidarité et une implication dans le résultat d'ensemble.

La dynamique d'une structure matricielle apparaît à l'évidence lorsque l'on prend une université pour exemple.

Exemple : l'université

Une université s'appuie essentiellement sur un potentiel humain qui fait sa richesse, et sur lequel repose largement sa capacité de développement. C'est à travers l'action du corps enseignant que se réalise la synergie entre sa *mission de recherche* et sa *mission d'enseignement* (mission « A » et mission « B » dans la figure 15.2), synergie qui est à l'origine du concept d'université. L'adoption d'une structure matricielle est la seule manière d'éviter de réduire la capacité de l'université à assumer les missions qui lui sont confiées.

▶

▶ Si l'université adopte une structure reposant sur un critère dominant, son choix se portera soit sur l'enseignement, soit sur la recherche. Les enseignants seront regroupés soit par programmes de formation (en fonction des compétences requises), soit par départements scientifiques (en fonction des complémentarités scientifiques entre disciplines). Dans le premier cas, la recherche aura du mal à s'imposer, car les responsables des programmes de formation constitueront la ligne hiérarchique. Ce sont eux qui effectueront les principaux arbitrages en fonction de critères d'enseignement, les coordinateurs des activités de recherche n'ayant à leur disposition que les instruments d'incitation propres aux intégrateurs décrits plus haut.

Dans le second cas, on observera le phénomène inverse. La formation de vétérinaires, par exemple, fera dans le premier cas partie d'un ensemble de formations s'adressant à l'environnement rural, alors que dans l'autre cas elle appartiendra à l'univers biomédical. Dans le premier cas, le professeur vétérinaire travaillera essentiellement avec les enseignants des disciplines agricoles et sera en partie coupé de son univers scientifique d'origine. Dans le deuxième cas, son milieu de travail sera composé de médecins et de biologistes, mais il aura peu de contacts avec les autres enseignants de l'univers rural.

En revanche, si l'université adopte une structure matricielle, le même professeur fera partie de l'équipe des formations rurales pour ses activités d'enseignement, et de l'univers biomédical pour ses activités de recherche. Il devra s'adapter aux exigences propres de chacun de ces univers et l'allocation de sont temps sera le résultat d'une négociation tripartite entre lui-même (ou son équipe), les responsables de l'axe enseignement et les responsables de l'axe recherche.

L'adoption d'une structure matricielle permettra, de plus, une adaptabilité plus grande de l'université aux différences de rythme d'évolution des enseignements et de la recherche. La pluridisciplinarité scientifique pourra être modifiée sans être affectée par les exigences des structures d'enseignement. À l'inverse, les enseignements pourront s'adapter sans être freinés par les cloisons entre disciplines scientifiques.

Dans l'université, la structure matricielle a peu de mal à être implantée, car chaque professeur ressent la dualité et la complémentarité des objectifs de l'organisation à laquelle il appartient. Le principe est le même dans la construction aéronautique.

Boeing a, sans doute, été, il y a une quarantaine d'années déjà, la première entreprise à adopter une structure matricielle. Les équipes de travail appartiennent à la fois à leur division de spécialité (ailes, système de guidage, etc.) et à leur département de programme (par types d'avion : 727, 737, 757, 767), tant pour ce qui concerne la fabrication industrielle que pour la conception des prototypes ou la commercialisation finale.

La même forme d'organisation est utilisée avec succès par la grande majorité des entreprises du secteur aéronautique dans le monde, dès lors qu'elles réalisent en série des produits différenciés.

1.4 Efficacité des structures matricielles

L'organisation matricielle est celle qui pousse le plus loin la vision organique des structures. Elle bouscule, au profit d'une maximisation des capacités d'ajustement mutuel, le principe de l'unicité de la hiérarchie, sur lequel reposent toutes les autres formes d'organisation. Sa mise en œuvre provoque un choc culturel qui n'est toléré par les membres de l'entreprise que si le choix d'une telle organisation leur paraît légitime. En effet, le concept de hiérarchie comme système stable de codification du pouvoir des individus est doublement remis en cause. Le pouvoir n'est plus une donnée stable, mais une résultante précaire des arbitrages nécessités par la complexité et l'incertitude dans lesquelles se meut l'entreprise.

L'efficacité d'une organisation matricielle dépend donc de la compréhension et de l'acceptation par les individus de cette règle du jeu. Celles-ci ne pourront être obtenues que si la dualité des axes stratégiques, qui caractérise l'entreprise, leur apparaît clairement.

1.5 Pathologie des structures matricielles

Elle trouve sa source, d'une part, dans une mauvaise compréhension des règles du jeu, d'autre part, dans une application à des organisations qui pourraient se satisfaire d'une structure plus simple.

La plupart des critiques faites aux structures matricielles mettent en cause la dualité hiérarchique : une personne ne peut dépendre de deux supérieurs sans que cela soit un facteur d'incohérence grave, ou la négation même de l'autorité hiérarchique. Cette critique traduit une incompréhension des fondements de la structure matricielle et des rôles respectifs joués par les trois principaux types de responsables qu'elle mobilise.

Le rôle des intégrateurs en ligne et en colonne (figure 15.1) n'est pas de donner des ordres aux différents responsables placés à l'intersection d'une ligne et d'une colonne, mais au contraire *de définir d'un commun accord les conditions de travail et les objectifs desdits responsables.* En effet ces objectifs ne peuvent résulter que d'un compromis entre les exigences de chacune des missions. Ce rôle consiste ensuite à assurer la communication entre les différents responsables qui interviennent le long de la ligne ou de la colonne dont ils assument la coordination, afin d'atteindre le niveau de performances requis.

Si l'on reprend l'ensemble de la matrice fonction/produit, le coordinateur vertical (fonction) doit optimiser l'emploi des moyens mis à sa disposition, tout en respectant les objectifs auxquels il s'est engagé vis-à-vis des coordinateurs « produits ». Pour cela, il agit sur l'allocation de ces moyens aux différents sous-ensembles représentés par les différentes cases de la matrice qui s'inscrivent dans sa colonne. Le coordinateur horizontal (produits), quant à lui, s'assure que les flux entre services fonctionnels se déroulent comme prévu, et anticipe les conséquences d'éventuels écarts, afin de réaliser les ajustements nécessaires à un respect des performances dévolues à sa ligne de produits.

Dans une telle optique, le rôle du responsable placé à l'intersection ligne/colonne ne peut être interprété comme celui d'un simple exécutant soumis à des injonctions contradictoires. *Il est le seul qui puisse déclencher un arbitrage de niveau supérieur* s'il sent, en fonction des informations qui lui sont fournies, qu'il risque de ne pas atteindre le niveau de performances requis. Par exemple, si son équipe vient à manquer de certains spécialistes, il avertira le coordinateur fonctionnel qui s'efforcera de puiser dans les autres équipes de même spécialité, travaillant sur d'autres produits. Si ce recours est impossible et si le coordinateur fonctionnel n'aboutit pas à un compromis avec les coordinateurs « produits » concernés, on aura alors recours à l'arbitrage du responsable de niveau supérieur.

Dans la structure matricielle, une décision n'est jamais l'apanage d'un seul individu qui régente un territoire bien délimité, mais le résultat de la confrontation entre deux ou plusieurs individus, le nombre d'intervenants dépendant de la complexité du problème et des interdépendances qu'il met en cause. La structure matricielle est conçue pour gérer des interfaces, le domaine d'action de chaque responsable étant largement décentralisé. *Elle met l'accent sur la performance collective plus que sur la performance individuelle.*

Lorsque cette règle du jeu n'est pas comprise et respectée, des luttes de pouvoir entre intégrateurs horizontaux et verticaux se produisent, dont l'enjeu est le contrôle hiérarchique de chaque case de la matrice. Chaque problème d'interface est alors considéré comme un terrain où l'on peut affirmer sa suprématie, et non comme un terrain de coopération. Il en résulte une dynamique inverse de la dynamique souhaitée ; les recours aux arbitrages de niveau supérieur sont systématiques, la direction générale est saturée, la « réunionite » sévit. Dans un tel contexte, les responsables placés à l'intersection des deux axes de coordination sont soit totalement passifs, attendant la fin du combat des chefs, soit suffisamment habiles pour tirer profit de cette situation en s'autorisant des initiatives qui confortent leur indépendance. Le cloisonnement de l'organisation va croissant et la coordination est laissée au hasard des affinités interpersonnelles. Une telle situation se résout généralement par un abandon de la structure matricielle et un retour à une structure plus simple.

De nombreuses tentatives d'implantation de structures matricielles se sont soldées par un échec, parce que leurs promoteurs avaient sous-estimé la révolution culturelle nécessaire, ou plus simplement parce que la complexité des problèmes n'exerçait pas une pression suffisante pour la justifier. Avant d'adopter une solution aussi complexe, il faut s'assurer qu'elle correspond à des exigences réelles. C'est ce qu'auraient dû dire les auteurs du *Prix de l'excellence*[1] au lieu de condamner d'emblée les structures matricielles, qui se sont révélées extrêmement efficaces dans un certain nombre d'entreprises.

1. Peters T.J. et Waterman R.H., *Le prix de l'excellence*, Paris, InterÉditions, 1983.

Avant d'adopter complètement une solution aussi complexe que la structure matricielle, il est souhaitable de rechercher des solutions graduelles pour faire face à un accroissement du degré d'interdépendance entre les activités développées par une organisation. L'adoption d'un système de fonctionnels/opérationnels peut permettre de renforcer la dimension fonctionnelle dans une entreprise structurée par produits. La mise en place de coordinateurs transversaux par produits peut permettre, à l'inverse, de contrebalancer efficacement la primauté des fonctions dans une entreprise qui se diversifie. Ces solutions présentent l'avantage de la progressivité et peuvent faciliter l'évolution des comportements.

Solutions de compromis, leur adoption ne permet pas toujours de mettre en œuvre toutes les économies d'échelle et les synergies potentiellement réalisables, mais ce qu'elles permettent d'économiser en coûts de coordination par rapport à la structure matricielle est le plus souvent une contrepartie suffisante. Ceci renvoie au schéma de J. Galbraith, qui souligne la continuité entre les formes de coordination. Leur mise en œuvre pratique fait l'objet du chapitre suivant.

En conclusion, la structure matricielle a soulevé un enthousiasme exagéré lors de son apparition. Elle a été appliquée avec plus ou moins de discernement à de nombreux types d'organisations, dès lors que l'analyse des flux entre produits et fonctions faisait apparaître des possibilités d'économies d'échelle importantes. Les difficultés de mise en œuvre ont provoqué un phénomène de rejet, tout aussi exagéré que l'engouement initial.

La structure matricielle peut être efficace pour des organisations confrontées à la nécessité de développer des activités très différenciées, à partir d'un potentiel commun qui ne doit pas être démembré sous peine de compromettre le développement à long terme. Bien des entreprises se sont trouvées dépassées technologiquement parce qu'elles avaient opté pour des structures totalement divisionnalisées par segments. Elles ont dès lors empêché le développement de certaines technologies dont les retombées auraient été précieuses à plusieurs divisions, et auraient peut-être permis de créer de nouveaux segments. Les stratégies qui mettent en aval le développement de certaines technologies en grappes, par exemple, impliquent une structure qui se calque sur ces grappes ; comme il est également indispensable de bien différencier les responsabilités par produits, l'adoption d'une structure matricielle peut être une bonne solution à cette dualité stratégique. En définitive, des structures matricielles (ou des structures comportant des responsables transversaux forts) peuvent constituer une solution entre, d'un côté, les tendances centrifuges et l'appauvrissement à terme d'une organisation en unités très autonomes et, d'un autre côté, l'inefficacité d'un siège trop lourd doté d'unités supports n'apportant pas suffisamment de valeur ajoutée.

Cependant, s'il est fréquent qu'un département de recherche ait avantage à adopter une structure interne matricielle, seul un petit nombre d'organisations sont dans des conditions similaires. Ce sont des organisations comme les universités, les centres de recherche qui développent les applications industrielles nées de leurs découvertes, des entreprises diversifiées qui recourent à un même ensemble de technologies de pointe pour réaliser leurs productions, ou encore des entreprises qui développent, à partir d'une base technologique commune, des programmes de construction à durée limitée (avions, bateaux, engins spatiaux). Toutes ces organisations ont en commun la nécessité de concilier des missions dont le critère temps et les caractéristiques d'efficacité sont différents.

2 Les projets

De nombreuses entreprises sont confrontées à des problèmes d'organisation liés au caractère non répétitif de leurs activités. Celui-ci peut s'exprimer de différentes manières et concerner tout ou une partie de l'entreprise. D'un côté, on trouve l'entreprise qui fabrique à la commande à partir d'un catalogue de produits plus ou moins standardisés, dans laquelle la non-répétitivité des activités se traduit par des procédures spécifiques de lancement et de suivi des fabrications, mais n'affecte pas l'organisation de base des ateliers, et *a fortiori* des autres services (fabrication d'engins d'essai, de machines spéciales). D'un autre côté, on trouve l'entreprise qui doit pour chacune de ses activités créer des structures *ad hoc,* faisant intervenir la presque totalité des fonctions mises en œuvre dans toute organisation (grands travaux publics, par exemple).

Ce type de problème se rencontre pratiquement dans tous les secteurs de l'activité économique : activité d'extraction, industrie lourde, industrie de première transformation, conception de systèmes complexes, services divers.

2.1 Introduction du temps dans la structure

Les modes de structuration définis jusqu'ici supposent une certaine permanence des activités de l'entreprise, une relative stabilité de ses processus d'action. Ils tendent à favoriser l'acquisition des bases d'expérience nécessaires par la répétition, la standardisation, la concentration des compétences au sein des différents services, même dans le cas de structures assez flexibles, aptes à s'adapter à des environnements complexes et incertains.

La non-répétitivité des activités introduit la notion de durée finie, le temps apparaissant comme une dimension supplémentaire de l'organisation. *La mise en œuvre de structures opérationnelles à durée déterminée devient une base d'expérience supplémentaire que l'entreprise doit maîtriser.*

Les activités à durée déterminée vont être organisées autour du concept de projet. Un projet peut se définir de la manière suivante :

• l'objet à réaliser n'est pas répétitif : il est individualisé dans son exécution, sinon dans sa conception ; il est réalisé à un moment donné, dans un lieu précis, dans des conditions particulières, afin de satisfaire un besoin unique ;

• l'organisation des moyens de production (voire d'études) et le processus de réalisation sont fonction de ces spécificités ;

• la maîtrise du temps (délais) est fondamentale. Une programmation propre, portant aussi bien sur les éléments techniques que sur les éléments financiers et commerciaux, est indispensable ;

• la réalisation se fait de manière autonome par rapport au reste de l'entreprise. Des projets peuvent se développer parallèlement les uns aux autres, ou cohabiter avec des activités de fabrication classique.

Un projet apparaît comme un processus continu qui va de l'idée initiale à la réalisation finale. Gestation et réalisation du projet sont étroitement liées. De plus, un projet se déroule rarement de manière linéaire, ses différentes composantes techniques s'exécutant suivant une chronologie et des relations d'ordre complexe ; des itérations et des remises en cause diverses peuvent intervenir en cours de réalisation, pour des raisons techniques, de délais et de coûts.

2.2 Types de structures par projets

Pour répondre à de telles exigences, il faut mettre en place des processus d'intégration spécifique à chaque situation. Ainsi on adopte des solutions organisationnelles très différentes, selon qu'il s'agit de réaliser un barrage, de concevoir un prototype industriel ou de mettre au point un système d'armement. De même, la structure d'un organisme international de coopération spatiale différera considérablement de celles d'une petite société privée qui développe des systèmes informatiques ou d'une entreprise multinationale d'ingénierie industrielle, toutes trois étant pourtant organisées par projets.

Pour définir la structure la plus appropriée, on prend en considération les déterminants habituels (taille, technologie et environnement), les caractéristiques génériques des projets mis en œuvre (nature, taille, durée, répétitivité), et éventuellement l'importance relative du volume d'activité des projets dans l'ensemble des activités de l'entreprise. C'est la prise en compte de tous ces paramètres qui permet de concilier au mieux les exigences propres des différents projets et les nécessaires économies d'échelle que permet la concentration des moyens (voir figure 15.2). En réinterprétant le schéma théorique proposé par J. Galbraith (voir chapitre 13), on peut distinguer trois grandes configurations : structure pure par projets, structure mixte projets/fonctions et structure matricielle projets-fonctions.

2.2.1 La structure pure par projets

Lorsqu'une organisation met en œuvre des projets de grande taille, d'une durée importante (deux ans ou plus), très différents les uns des autres ou suffisamment distants pour que l'essentiel des moyens en hommes et en matériel soit mobilisé en lieu et en heure, on peut découper l'entreprise en autant de sous-ensembles quasi indépendants qu'il y a de projets. Les entreprises de travaux publics qui réalisent de grands travaux à l'étranger (construction de barrages, plates-formes en mer) et certaines sociétés de conseil ou d'ingénierie adoptent souvent une telle structure.

Chaque projet est doté de moyens propres en hommes et équipements et est placé sous la direction d'un responsable auquel sont largement déléguées les décisions opérationnelles. L'entreprise apparaît comme un conglomérat de projets, le niveau central assumant essentiellement des responsabilités d'ordre financier et stratégique (équilibre des flux financiers et des risques, développement de nouveaux projets permettant d'assurer la continuité de l'activité économique de l'entreprise) (figure 15.3). Dans ce cas, tous les moyens opérationnels sont rattachés aux projets et non à l'entreprise, celle-ci ne se préoccupant pas prioritairement d'en assurer une optimisation globale : les équipements, par exemple, sont amortis sur la durée du projet et peuvent même ne pas apparaître dans les immobilisations de l'entreprise.

FIGURE 15.3 **Structure pure par projets**

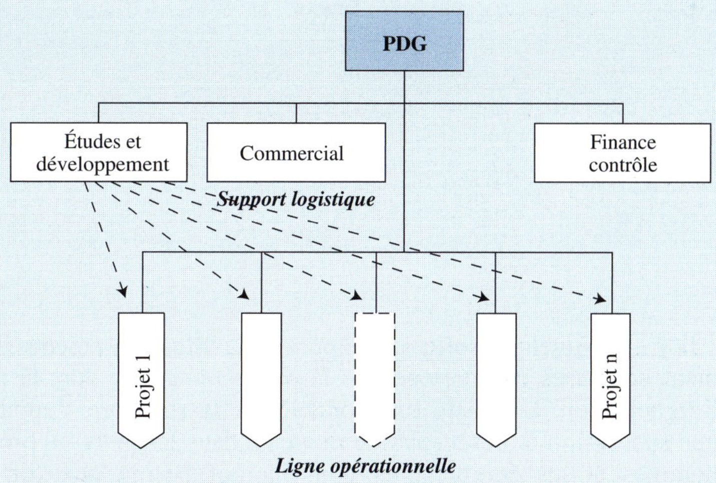

Dans le cas des entreprises de conseil, d'un projet à l'autre, la capitalisation des connaissances et des compétences est essentielle. C'est ce qui a conduit, par exemple, des cabinets comme McKinsey ou Accenture à mettre en place des systèmes virtuels de gestion des compétences en complément de leur organisation opérationnelle par projets.

2.2.2 *La structure mixte projets-fonctions*

La structure mixte projets-fonctions (figure 15.4) convient à des entreprises dont les projets sont susceptibles de puiser dans un gisement commun en hommes et/ou en matériel. Des économies d'échelle sont alors possibles, et l'entreprise doit adopter une structure fonctionnelle pour la gestion des moyens communs, avec une structure par projets pour leur exécution.

C'est le cas lorsque les projets sont plus répétitifs, d'une durée relativement courte et lorsque l'originalité technique d'un projet par rapport à un autre est faible. Les entreprises de BTP implantées sur des marchés régionaux et offrant des prestations relativement standardisées, les sociétés de conseil et d'ingénierie diversifiées, les entreprises fabriquant des engins en petite série ou des carrosseries spéciales, adoptent généralement une structure de ce type.

FIGURE 15.4 **Structure mixte projets-fonctions**

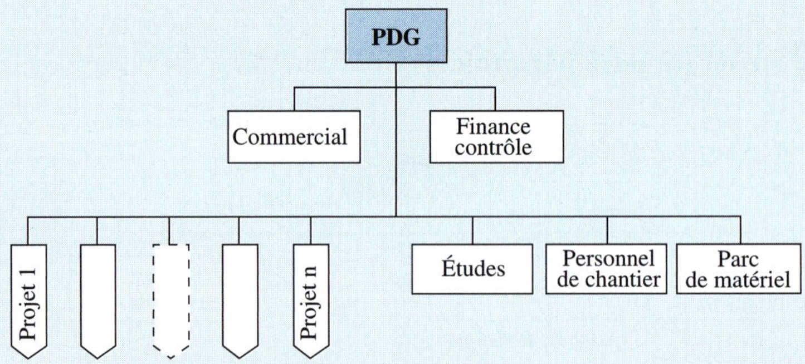

Il y a, en quelque sorte, par rapport à la situation précédente, un déplacement des bases d'expérience de la partie mouvante vers la partie stable de l'organisation. La partie fonctionnelle de la structure s'apparente un peu à une succession de réservoirs de moyens, dans lesquels les projets puisent les hommes et les équipements dont ils ont besoin aux différentes phases d'avancement des travaux. Les chefs de projet ont la responsabilité pleine et entière des moyens qui leur sont affectés durant la durée du projet. Les directeurs de services fonctionnels supports sont chargés d'adapter le potentiel de moyens aux prévisions d'activité. Ils s'assurent de l'adéquation de la qualification des hommes et des matériels aux besoins, et des progrès des méthodes et des techniques employées. La standardisation de ces dernières leur incombe, car c'est la source majeure d'économies d'échelle, dont ils sont les garants. Ils peuvent enfin jouer un rôle d'expertise technique à la demande.

2.2.3 La structure matricielle projets-métiers

L'application d'un schéma matriciel s'impose dès que la technologie développée dans les projets est à la fois sophistiquée et évolutive (figure 15.5).

FIGURE 15.5 Structure matricielle projets-métiers

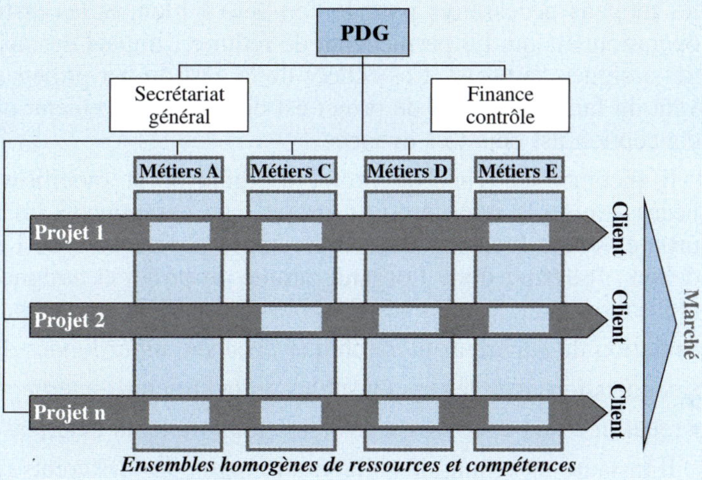

Les entreprises et organismes qui œuvrent dans des domaines à technologie de pointe, comme la NASA, le CNES ou de nombreuses sociétés d'ingénierie, en sont des exemples. Dans ce cas, il est difficile de séparer les moyens et les opérations, car les progrès et les conditions de succès de l'un et de l'autre sont étroitement liés. Lorsque les différents projets développés font appel au même ensemble de compétences technologiques, la structure matricielle est la plus efficace.

2.3 Fonctionnement des structures par projets

Les trois configurations présentées ci-dessus s'inspirent directement des trois structures de base : la structure fonctionnelle, la structure divisionnelle et la structure matricielle décrites précédemment.

La différence réside dans le problème de coordination particulier que posent les projets, auquel les mécanismes d'intégration classiques répondent mal et qui nécessite donc la mise en place d'un intégrateur différent : le chef de projet.

2.3.1 Le rôle du chef de projet

Son rôle essentiel est d'assurer la réalisation effective du projet, en veillant à l'optimisation des trois paramètres interdépendants : qualité technique, délais et coûts, qui caractérisent la performance à atteindre. Pour cela, il doit concevoir, organiser et contrôler un processus original de réalisation.

Il lui appartient de définir le processus opératoire qui sera mis en œuvre, les moyens nécessaires pour le conduire à bien, et les instruments de suivi opérationnels qui lui permettront de réduire l'impact des aléas sur les objectifs assignés au projet. Les échecs de la gestion par projets proviennent souvent du fait que le chef de projet est désigné tardivement, quand la phase de conception est déjà très avancée.

Il incombe au chef de projet d'organiser la mobilisation des moyens nécessaires à la réalisation du projet, que ces moyens lui appartiennent en propre, soient localisés dans la structure permanente de l'entreprise, ou au dehors. Il définit donc l'organigramme du projet et assigne des objectifs de réalisation à chacun des responsables, selon diverses modalités :

- relation de supérieur hiérarchique avec ses subordonnés directs ;
- négociation avec les responsables de la structure interne de l'entreprise ;
- relation client-fournisseur avec les sous-traitants externes.

Il instaure un climat de collaboration entre les différents responsables, afin que ceux-ci s'identifient en priorité au projet, quels que soient leur groupe naturel d'appartenance et leur localisation dans ou hors de l'entreprise.

Il doit enfin contrôler le développement du projet en rassemblant les informations nécessaires à la prévision et la minimisation de l'impact d'éventuels aléas sur le déroulement du projet, et en veillant à la qualité de la communication existant entre les différents responsables. Information et communication sont ses armes principales pour affronter la complexité et les incertitudes inhérentes à toute activité non standardisée.

Comme tout intégrateur, le chef de projet doit faire face à la résolution des nombreux conflits concernant la programmation, la définition des priorités, la disposition du personnel et des moyens techniques, le choix des solutions techniques, l'obtention des informations, l'imputation des coûts et des écarts éventuels, les relations interpersonnelles.

Pour réussir dans sa mission, il lui faut jouer des différents modes de résolution de conflits (confrontation, compromis, diplomatie, pression ou retrait), et tirer parti de ses qualités personnelles (expertise, empathie, charisme) et des leviers que la direction doit mettre à sa disposition (appui hiérarchique le plus élevé possible, maîtrise des ressources financières allouées au projet, moyens d'incitation sur les individus en termes de salaires, promotion, affectation).

2.3.2 L'acquisition d'expérience

Dans une activité par projets, l'acquisition d'expérience est plus difficile que dans une activité répétitive, car les possibilités de standardisation sont faibles. De plus, la tendance naturelle dans une structure par projets est d'exagérer la spécificité et l'originalité de chaque projet. Il existe cependant deux sources de capitalisation de l'expérience :

- les hommes qui ont assumé des responsabilités de chefs de projet ou qui ont déjà été membres d'une équipe de projet ;
- les procédures de prévision et de contrôle portant sur les trois paramètres de qualité, coûts et délais.

Plus que les autres, l'entreprise mettant en œuvre des projets souffre d'une rotation excessive du personnel d'encadrement qui constitue pourtant sa seule mémoire vivante. En conséquence elle doit s'attacher les chefs de projet, faciliter les échanges d'expérience entre eux, organiser leur recyclage et offrir aux meilleurs des possibilités de carrière hors de la gestion de projets.

L'entreprise doit développer une forte culture interne pour compenser les risques d'éclatement que présente toute gestion par projets. Matra en constitue un excellent exemple : l'idée que les cadres se font du profil et du comportement idéal du *matricien* assure une remarquable unité, à travers la multiplicité des projets et leur spécificité.

Les procédures de gestion des projets (suivi des délais et des coûts en particulier) représentent le seul patrimoine méthodologique commun susceptible de servir de cadre de référence, d'éviter à chacun de repartir de zéro pour chaque nouvelle affaire, et de permettre de mobiliser la compétence et la créativité de chacun sur ce qui fait la spécificité de chaque projet.

C'est aux services d'état-major de veiller à la capitalisation et à la diffusion des méthodologies. Les procédures sont aussi un facteur important de cohérence, permettant de tempérer la tendance naturelle d'une organisation par projet à une différenciation opérationnelle excessive. Leur élaboration doit être l'œuvre collective des chefs de projet, car elles sont la base du langage commun indispensable à toute organisation.

2.3.3 Le maintien de la continuité de l'activité

Une entreprise mettant en œuvre des projets doit répondre à deux exigences fondamentales : d'une part, assurer une activité régulière par un bon enchaînement des projets et, d'autre part, réaliser dans les meilleures conditions de coûts, de délais et de qualité technique les projets qu'elle a négociés.

Chacune de ces exigences obéit à des contraintes différentes qui conduisent à créer une différenciation entre les services qui s'emploient à la génération de nouveaux projets et les équipes chargées de leur réalisation.

La génération de nouveaux projets relève de la stratégie, l'incertitude technique et financière est élevée, la démarche exploratoire, les contraintes négociables, et le taux d'échec souvent élevé.

La réalisation des projets exige le respect du cahier des charges (délais, spécifications techniques et coûts) et une grande capacité d'ajustement aux aléas. Un projet peut rarement être abandonné sans conséquences graves pour l'entreprise.

La différenciation entre ceux qui sont chargés de générer de nouveaux projets et ceux qui les réalisent doit être compensée par une intégration appropriée, car les conditions de mise en œuvre d'un projet sont largement définies lors de sa phase initiale de développement. Elles pèsent lourdement sur son succès ultérieur, alors que les difficultés réelles n'apparaissent souvent qu'au moment de la réalisation.

Trois modes d'intégration peuvent être conjointement utilisés pour assurer le passage de la conception à la réalisation :

- désigner le futur chef de projet avant que le projet ne soit commercialement figé, afin qu'il puisse participer aux négociations. La principale difficulté réside ici dans la disponibilité des individus ;
- organiser une rotation des hommes entre les fonctions opérationnelles et les fonctions commerciales. Le futur chef de projet sera celui qui aura mené les négociations. Lors de la mise en œuvre du projet, il sera remplacé dans les services commerciaux du siège par un chef de projet ayant terminé sa mission. Cette solution peut créer des problèmes de synchronisation, particulièrement dans les phases de croissance des activités ;
- mettre en place des comités d'évaluation des projets en cours de négociation, composés pour partie de chefs de projets en activité.

2.3.4 Perspectives de la gestion par projets

La gestion par projets s'est rapidement diffusée dans toutes les entreprises où la maîtrise des délais est fondamentale et dépend de la qualité des relations qui s'établissent entre les services concernés (dans la même entreprise ou entre plusieurs entreprises). C'est le cas de services impliqués dans la création des nouveaux produits, dans la construction automobile ou pour la mise en œuvre d'investissements lourds, sous l'impulsion des sociétés d'ingénierie. Elle a ensuite, conquis de nouveaux espaces sous l'effet de l'accélération des changements qui affectent les activités répétitives (et s'accompagnent de coûts élevés), de l'accroissement de la complexité et de l'importance croissante des activités associant plusieurs entreprises au sein de consortium ou sous d'autres formes de partenariat. Elle a ainsi naturellement inspiré les principes de structuration et de fonctionnement de nombreuses organisations plurinationales comme Airbus Industrie, les agences de lancement ou de gestion de satellites ou encore les filiales communes de conception et de production de systèmes d'armes[1].

1. Hochmuth M.S., *Organizing the Transnational*, A.W. Sitjthoff, 1974.

Elle s'applique de plus en plus à des sous-parties d'entreprises réalisant des activités répétitives dans le souci d'éviter l'effet pernicieux de la routine.

3 Mise en œuvre des structures multidimensionnelles

Le concept matriciel est peu compatible avec les univers entrepreneuriaux qui emploient des individus plus soumis à l'autorité et qui ont un faible impact individuel sur les destinées de l'entreprise, dans ceux qui recourent à des effectifs nombreux et peu qualifiés et/où dans lesquels le poids des techniques est prépondérant et les technologies peu sophistiquées.

Il est plus facile à implanter dans les activités de recherche, de prestations intellectuelles, dans des structures composées d'individus hautement qualifiés et revendiquant une plus grande autonomie de comportement.

Les structures matricielles requièrent une forte tolérance à l'ambiguïté, une importante capacité d'initiative et d'auto motivation, c'est pourquoi elles conviennent mieux à des individus désireux et capables d'exprimer un potentiel de leadership élevé sans recourir aux formes traditionnelles de l'autorité.

La structure matricielle est particulièrement sensible aux contraintes d'efficience et de moyens. Pour s'y adapter, les individus doivent être ouverts aux autres et au dialogue, ne pas se réfugier dans une défense acharnée de leur territoire et considérer les conflits comme une manifestation naturelle des tensions provoquées par la recherche d'optimisation entre des exigences contradictoires. Ce sont les aptitudes relationnelles des acteurs qui déterminent l'efficacité de la structure matricielle, et non ses propriétés intrinsèques.

3.1 Une dynamique complexe

La structure matricielle exige une densité de relations entre les acteurs incomparablement plus importante qu'une structure hiérarchique mono-dimensionnelle.

La culture hiérarchique est plutôt une culture de l'évitement qu'une culture du conflit. Elle postule l'obéissance des subordonnés aux ordres de leurs supérieurs, censés être les seuls à pouvoir percevoir les problèmes et à détenir la hauteur de vue suffisante pour les résoudre. Or, dans une structure matricielle, les problèmes des uns naissent des exigences des autres et réciproquement. Les chefs ne peuvent percevoir les problèmes que si leurs subordonnés les leur signalent et ne peuvent les régler seuls, ils doivent soit se concerter avec leurs homologues pour trouver un compromis satisfaisant. Il leur faut accepter, en quelque sorte, de ne plus avoir l'initiative. Sur le plan décisionnel, au lieu de fonctionner du haut vers le bas, une structure matricielle fonctionne du bas vers le haut. L'initiative appartient à celui qui est placé au contact direct des événements qui a le choix de traiter directement le problème avec ses homologues sans en référer ou de transmettre l'information à son supérieur.

La performance d'une structure matricielle s'apprécie en fonction du nombre de problèmes qui peuvent être résolus par contact direct entre les intéressés. Plus ce nombre est important, plus la structure est efficace. Mais pour cela, encore faut-il résoudre le conflit que cette dynamique engendre, au plus profond de chaque individu, entre sa culture et ses aspirations. Passer d'une relation de subordination à une relation de coopération n'est simple ni pour le subordonné ni pour le supérieur. Il leur faut transgresser d'un commun accord le principe de l'unicité de commandement et institutionnaliser le court-circuit. Le subordonné qui est en butte à un conflit d'allocation de ressources ne peut le résoudre que s'il dispose d'une certaine marge de liberté pour modifier son programme de travail en évitant, par la concertation avec eux, que ce décalage ait des conséquences dommageables sur le fonctionnement des autres acteurs qui contribuent avec lui à la réalisation des objectifs des dimensions de l'organisation auxquelles il est associé. C'est sur les latitudes d'action des autres que repose la réactivité de chacun. C'est sur l'exploitation concertée de l'ensemble des latitudes d'action que repose la solution des difficultés rencontrées. Dans une dynamique de ce type, ce n'est pas l'autorité, mais la solidarité qui compte. L'individuel, s'efface devant le collectif et chaque acteur doit se sentir pleinement et concomitamment partie intégrante de toutes les dimensions auxquelles il contribue. Dans ce contexte, le supérieur est mono-appartenant alors que son subordonné est multi-appartenant. Ce n'est pas en étant fidèle à ses injonctions que ce dernier répond à sa confiance, mais en interprétant correctement ses objectifs et en recherchant les moyens de les rendre compatibles avec ceux des autres. Ce n'est pas de son savoir que le supérieur tire sa légitimité, mais de sa capacité à clarifier et à faire partager ses objectifs, de son habileté à construire, avec ses homologues, des compromis compatibles avec les ressources globalement disponibles et de sa détermination à faciliter les ajustements nécessaires en cas de crise.

Si dans une structure hiérarchique, l'arbitrage est le mode normal de résolution des conflits, dans une structure matricielle, le recours à l'arbitrage est plutôt un signe de dysfonctionnement car il a pour objet de choisir entre des positions devenues irréductibles. Le recours à l'arbitrage montre l'incapacité des modes de coordination à intégrer les acteurs dans une perspective plus globale de leur action au sein de l'entreprise. La figure 15.6 permet d'appréhender la nature de la vision qui doit guider les acteurs et illustre la multi-appartenance de ceux-ci dans une matrice à deux dimensions. Pour que la

FIGURE 15.6 **Mutation des relations**

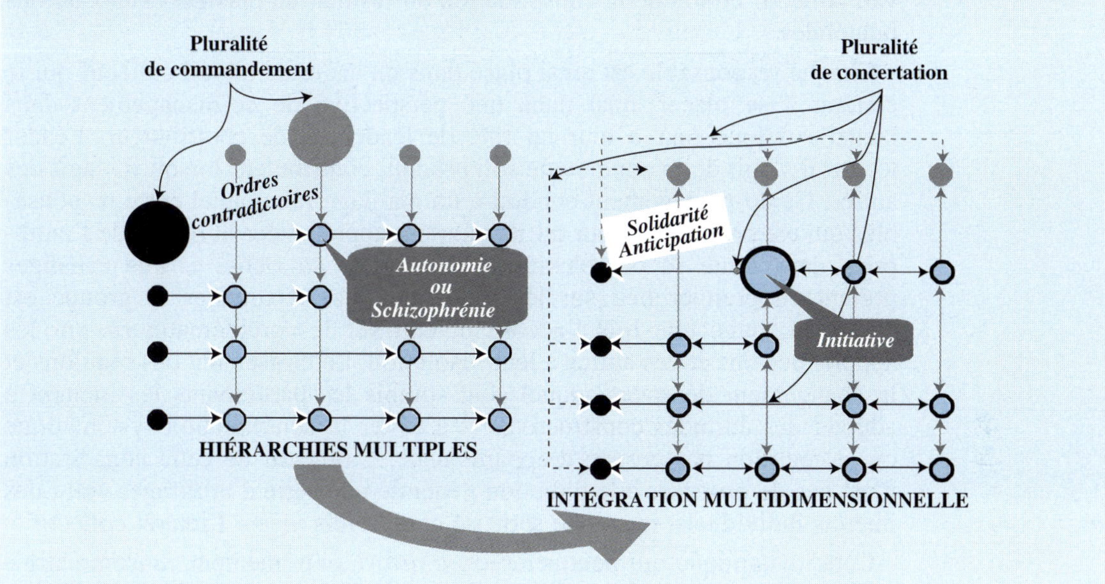

structure matricielle apporte un réel progrès en matière d'intégration par rapport à une structure mono-dimensionnelle, il est indispensable de générer autant de dynamiques entrepreneuriales qu'il existe de responsabilités distinctes au niveau 2 de l'organisation.

Dans une structure combinant quatre zones géographiques et trois gammes de produits, ce sont sept entreprises virtuelles qu'il faut reconstituer dans l'esprit et dans l'organisation des relations entre responsables. Chaque responsable de zone doit exploiter au mieux les trois gammes de produits A, B et C sur son marché. Il en est de même pour gérer la dimension produit. Chaque responsable de produit doit exploiter au mieux les potentialités de son produit sur les zones I, II, III et IV. Chaque responsable de zone doit examiner, en collaboration avec les responsables de produits comment exploiter au mieux le marché de sa zone. C'est avec eux qu'il doit réfléchir aux conséquences à tirer en matière de différenciation des produits et non tout seul. Le mix de produit prévisionnel doit résulter de ce travail collectif et non d'une série de négociations bilatérales. De même, la répartition géographique prévisionnelle des ventes de chaque produit doit être le résultat d'un travail en commun avec les responsables de zone. C'est avec eux, et non tout seul, que le responsable de produit doit réfléchir à la standardisation des fabrications en tâchant de faire en sorte que les modifications de gamme ou de produits demandées par une zone puissent être débattues avec les autres responsables de zone afin d'atteindre des volumes réalistes de fabrication et ne pas provoquer une inflation des gammes préjudiciable à la rentabilité. Le programme de fabrication du produit A doit résulter d'un travail collectif et non de la consolidation du résultat de plusieurs négociations bilatérales.

Chaque responsable est ainsi placé dans un cadre de travail collectif qui le conduit à se placer ainsi dans une perspective de co-management dans laquelle il joue tour à tour un rôle de leader ou de contributeur. Leader lorsqu'il s'agit de sa zone ou de son produit, contributeur lorsqu'il s'agit des autres. Ce co-management conduit à un maillage relationnel entre responsables qui est primordial pour qu'ils puissent appréhender la réalité de l'entreprise dans toute sa complexité et dans toute sa richesse. Les échanges portent en premier lieu sur les problématiques auxquelles le groupe est confronté, puis, une fois l'accord obtenu sur les problématiques, sur les apports des uns et des autres à leur résolution. Le croisement des réunions et le changement de statut auquel sont soumis les participants les incitent à adopter des attitudes constructives et à éviter la contradiction systématique ou la coalition par groupe d'appartenance. L'objectif de cette concertation n'est pas de proposer à la direction générale une série d'arbitrages entre des intérêts individuels, mais une série de compromis visant l'intérêt collectif.

Cette dynamique qui peut sembler, *a priori*, extrêmement consommatrice en temps, chaque responsable devant participer à sept réunions permet d'acquérir une vision d'ensemble impossible à obtenir par des contacts bilatéraux. Ceux-ci placent les protagonistes dans une dynamique de négociation prématurée. Chacun est poussé à réfléchir dans son coin à ce qu'il veut obtenir de l'autre sans savoir ce que l'autre peut réellement lui apporter, et sans qu'une problématique commune ait pu être dégagée. Il est difficile dans de telles conditions d'entrer dans un jeu à somme positive. La direction générale est alors placée devant une série d'arbitrages difficiles à rendre dans la mesure où elle décide, en fonction de sa propre logique et de sa vision de l'intérêt général, sur la base d'argumentaires contradictoires fondés sur l'intérêt individuel. En fait, pour rendre viable un tel processus, il faut jouer sur les rythmes, les horizons de référence et les périodicités, articuler les modalités de la réflexion stratégique et celles de la réflexion opérationnelle, en respectant leur specificité.

Cette dynamique conduit à faire coexister des responsabilités individuelles et des responsabilités collectives. Il est difficile de passer d'un système fondé sur la responsabilité individuelle à un système reconnaissant la co-responsabilité. Comme pour la décision collective qui est assimilée, dans la culture hiérarchique, à une non-décision, la co-responsabilité est associée à l'irresponsabilité. C'est un domaine crucial qui touche à la conception du travail collectif comme substitut à la division verticale du travail. La recherche permanente de compromis avec l'autre est un art difficile qui demande une compréhension mutuelle des enjeux, une croyance dans les jeux à somme positive. Le co-management et son corollaire la co-responsabilité demandent du temps pour que les acteurs se connaissent mieux. Articuler responsabilité individuelle et responsabilité collective pose le problème de la compétition au sein de l'entreprise. Quand est-elle utile ? Quand devient-elle stérile, voire contre-productive ? Sur quelles bases chacune des responsabilités doit être évaluée et sanctionnée ? Comment formuler des objectifs collectifs ? Quel impact la responsabilité collective a-t-elle sur les hiérarchies entre acteurs ? Comment instaurer une dynamique de coopération ?

3.2 Assurer la transition

Passer d'une structure mono-dimensionnelle à une structure multi-dimensionnelle nécessite un changement considérable de culture. Non seulement les acteurs doivent envisager autrement leur rôle et leurs rapports aux autres, mais encore, ce sont les rythmes de fonctionnement et les méthodes de travail qui doivent évoluer.

L'adoption d'une structure multidimensionnelle entraîne une révision du rôle du chef et des fondements de sa légitimité, mais aussi, une révision de l'attitude des subordonnés, investis d'une obligation d'initiative. Elle requiert, enfin, la capacité de tous à s'identifier simultanément à plusieurs entités.

Elle oblige à revoir l'unicité des rythmes de fonctionnement pour s'adapter à l'hétérogénéité des objectifs poursuivis. Il faut abandonner les rythmes de fonctionnement uniformes relevant d'un ordre conventionnel, quinquennal pour le *business plan*, annuel pour le budget, mensuel pour le contrôle de gestion… qui ne constituent pas une bonne référence pour faire converger vers une focale commune le regard des différents acteurs appelés à unir leurs efforts pour atteindre un objectif partagé.

Elle nécessite une révision des systèmes de motivation des acteurs et notamment une remise en cause des systèmes mécanistes, centrés sur l'individu, postulant une réaction du type stimulus-réponse à des leviers d'actions rudimentaires (argent, carrière), d'une portée limitée et surtout trop souvent inapplicables pour des raisons matérielles, culturelles ou statutaires (contingentement des ressources et des postes, refus de la discrimination, rigidité des statuts).

Elle exige plus des acteurs individuellement, ce surcroît de stress devant être compensé par un surcroît de solidarité, un fonctionnement plus collectif et une limitation de la compétition interne inter-individus.

Pour que la transition s'effectue dans de bonnes conditions, il convient de mettre en exergue et d'appliquer avec rigueur et détermination un certain nombre de principes clés de fonctionnement.

3.2.1 Mettre l'accent sur le client

Ce ne sont pas les rapports de pouvoir ou les échelles de valeur internes à l'entreprise qui doivent déterminer les choix, ce sont les attentes précises du client. La clarification de ces attentes par le dialogue avec celui-ci est un des éléments clés de régulation. Les objectifs et le processus mis en œuvre pour le satisfaire doivent être élaborés avec lui. Le client ne représente pas une contrainte externe, il est une des principales sources de légitimité au sein de l'entreprise. C'est cette relation au client qui oriente le contenu des contributions des différentes unités concernées au cours d'une concertation générale permettant d'en apprécier collectivement l'impact et l'opportunité.

3.2.2 *Changer le rapport au temps*

Dans une structure multidimensionnelle centrée sur le client, le temps ne s'inscrit plus dans l'ordre des moyens. Il faut envisager des échéances précises, plutôt que se projeter à un horizon donné et structurer le temps par des conventions (semaine, mois, année...). Il ne faut plus raisonner en moyennes, se reposer exclusivement sur des normes internes. Le temps est un des éléments de l'engagement vis-à-vis du client. Il s'inscrit dans l'ordre des finalités dont il constitue une des caractéristiques clés. Les échéances sont précises, nombreuses et contingentes. La conception du processus de réalisation est l'élément principal de maîtrise du temps. Il est l'outil d'intégration de base des différents contributeurs[1].

3.2.3 *Gérer le risque*

Dans une structure multidimensionnelle centrée sur le client, la gestion du risque et la réaction rapide aux aléas deviennent un élément central de la gestion et une des vertus cardinales de l'organisation. L'analyse des risques encourus et de leur probabilité d'occurrence, est à la base des anticipations permettant de limiter l'impact des aléas en préparant une parade. La gestion du risque est une composante du patrimoine d'expérience de l'entreprise tout entière qui doit faire l'objet d'une capitalisation systématique rapprochant les différents contributeurs dans une quête solidaire de nouvelles sources d'efficacité. C'est un des éléments clés de maillage des différents métiers à travers l'examen des implications en chaîne ou des causes associées. La gestion du risque révèle ce qui relève de la responsabilité individuelle et ce qui relève d'une gestion concertée des interfaces, d'une responsabilité collective. Elle permet d'objectiver le débat tout en incitant à rechercher les solutions plutôt qu'à imputer les fautes. C'est, enfin, un moyen de construire des éléments objectifs d'évaluation permettant à tous les protagonistes de progresser dans leur maîtrise des facteurs de réussite communs.

3.2.4 *Développer une conception contractuelle de l'action*

Seule la dimension contractuelle permet de gérer au coup par coup la spécificité des besoins du client (produit, service...), rend compte de l'originalité de la conception et de la réalisation de la réponse apportée. Le contrat s'inscrit dans une perspective temporelle, il facilite la mobilisation de nombreux acteurs en précisant leurs conditions d'intervention et autorise une articulation originale des diverses contributions internes et externes. La repose sur trois piliers : la désignation d'un responsable de la satisfaction du

1. Il suffit, pour se convaincre de cette différence, d'observer les conséquences des méthodes de juste à temps sur le fonctionnement des entreprises. Elles ont fait entrer les activités cycliques dans l'ordre des projets, les quantités de biens à livrer et leurs dates de livraison étant fixées par le client en fonction de l'ordonnancement de sa production, de façon à ne pas supporter le poids financier et logistique de la gestion des stocks.

client, la mise en œuvre d'un processus d'intégration particulier, la formalisation précise et détaillée du déroulement prévisionnel du contrat et la mise en place d'outils d'évaluation appropriés, d'une évaluation intégrée.

Le contrat permet d'exposer directement les différents contributeurs aux exigences du client, de mobiliser leur expertise pour rendre la mise en œuvre plus performante et plus rentable. Plus le niveau d'exigence du client est élevé, plus les compromis entre contributeurs sont performants. C'est un instrument indispensable pour clarifier les questions encore en suspens, régler les problèmes de langage et d'interprétation entre interlocuteurs, ajuster les interfaces, apprécier les risques et se prémunir contre les aléas. C'est la référence commune à toutes les parties en présence, c'est le moment où les engagements réciproques prennent une forme concrète et où leur réalisme doit absolument être testé. L'élaboration du contrat est primordiale pour l'identification des individus. C'est le moment où les questions délicates peuvent être encore abordées sereinement pour limiter les sources de difficultés auxquelles les capacités de communication, l'habileté relationnelle et le leadership ne permettent pas toujours de faire face avec succès. C'est le moyen d'éviter un mode de résolution des problèmes procédural et bureaucratique ou une improvisation sans objectif préalable ni maîtrise des processus décisionnels.

L'évaluation est une composante naturelle du contrat. Pour mener celui-ci à terme dans les meilleures conditions, il est essentiel de faire le point régulièrement. C'est un besoin beaucoup plus prégnant que lorsque l'on navigue au gré des cycles qui scandent une activité routinière.

Le contrat devient ainsi un substitut à la normalisation. La norme s'identifie à l'objectif et ne peut être facilement remise en question lorsqu'elle s'avère difficile à respecter. Intégrée à la conception, elle est beaucoup moins artificielle et beaucoup plus porteuse de sens. Elle n'est pas le fruit d'un raisonnement distinct, elle fait partie des termes du contrat entre les parties, donne au projet son rythme et aux acteurs les moyens de renforcer leur identification à celui-ci. Elle est l'élément central qui articule processus opératoire et processus décisionnel.

3.3 Les vertus de la précarité

Ainsi, l'affirmation d'un « esprit projet » est indispensable pour passer d'une structure mono à une structure multi-dimensionnelle car il génère une conception de l'organisation orientée vers la valorisation des objectifs communs et la gestion des interfaces entre territoires et individus considérés comme interdépendants. Il valorise une conception de l'autorité fondée sur la compétence plus que sur le statut et une distribution plus large du pouvoir, associant celui-ci à l'expression du leadership des individus plutôt qu'à la détention d'une position hiérarchique. Il véhicule, enfin, une conception de l'identité fondée sur la multiplicité d'appartenance et la mobilité.

La culture projet apparaît comme plus apte à faire face sereinement à la complexité, à l'incertitude et à l'évolutivité. C'est une culture de la précarité qui traite différemment les rapports avec l'environnement, le risque, le changement. C'est une culture humaniste à plusieurs titres.

Elle focalise l'attention sur les problématiques. Culture de l'original et du spécifique, elle considère comme suspectes les solutions *a priori*, les recettes éprouvées. Elle centre l'expérience sur la capacité à analyser et à prendre du recul face à une situation. Elle n'est pas foncièrement hostile à la reproduction de certaines solutions, mais elle ne peut jamais en envisager l'usage sans les avoir, au préalable, confrontées à la problématique à laquelle elles sont censées répondre. C'est une culture qui privilégie l'implication directe des acteurs et réfute fondamentalement la division verticale du travail.

Elle vise à concilier stabilité et évolutivité en intégrant le changement comme un élément naturel. Pour y parvenir, elle fonde la stabilité de l'organisation sur les compétences qu'elle détient et l'évolutivité sur leur combinaison. Le caractère multiple et éphémère de ces combinaisons oblige les individus qui y sont impliqués à ajuster fréquemment leurs comportements et leurs contributions pour atteindre collectivement des objectifs différents. Ils sont conduits ainsi à développer une faculté d'appréhension globale des problèmes, des capacités d'anticipation et des réflexes de solidarité qui constituent un mode puissant de réassurance leur permettant d'assumer les risques inhérents au changement.

Elle valorise, enfin, les capacités d'initiative des individus et fait de la gestion de leur parcours professionnel un élément clé d'adaptation de l'organisation.

Chapitre 16

Les défis à relever

Les entreprises sont, aujourd'hui, confrontées à une problématique dominante « comment faire face à l'accroissement de la complexité dû à la mondialisation de l'économie tout en préservant la flexibilité et l'adaptabilité nécessaires pour faire face à l'incertitude qui caractérise un tel environnement ». En termes de conception des structures, il s'agit, pour elles, de réguler les effets combinés d'un accroissement de différenciation et de taille sur la consistance et l'adaptabilité de leur organisation.

1 S'internationaliser

L'internationalisation, en imposant un nouveau mode de différenciation (le mode géographique), est inévitablement génératrice de problèmes organisationnels.

L'implantation à l'étranger exige la création d'entités spécifiques dont la coordination avec le reste de l'entreprise se révèle très vite complexe. L'internationalisation expose l'entreprise qui dispose d'une structure monodimensionnelle (fonctionnelle ou divisionnelle) à la nécessité d'évoluer vers une structure de type multi-dimensionnel, évolution dont nous avons pu apprécier la difficulté au chapitre précédent. Lorsqu'elle est déjà multidimensionnelle, il lui faut accroître considérablement ses capacités d'échanges et de concertation internes et externes.

L'évolution des structures des sociétés internationales, de souche américaine et européenne, a fait l'objet de nombreuses études détaillées[1]. En résumé, on observe trois familles principales de structures :

• les structures de type *mère/filiale*, qui correspondent à des petites ou moyennes entreprises, dans lesquelles le principal dirigeant veut garder le contrôle total des opérations à l'étranger ;

1. Par exemple, Bartlett et Goshal, *Managing Across Borders : The Transnational Solution*, Boston, Harvard Business School Press, 1989.

• les structures dans lesquelles l'activité à l'étranger est confiée à une *division internationale*, adoptées en général par des entreprises moyennes ou grandes dont les ventes domestiques dominent largement les ventes internationales ;

• les structures *globales* dont la conception reflète le caractère multinational. Les structures mondiales sont de moins en moins mono-dimensionnelles (par grandes fonctions, les plus rares, par branches mondiales de produits ou, au contraire, par zones géographiques). Elles sont de plus en plus fréquemment supplantées par des structures multi-dimensionnelles combinant ces trois dimensions, voire plus.

1.1 La structure mère/filiale

Lorsqu'une entreprise petite ou moyenne à structure essentiellement fonctionnelle (mono-productrice, à produit dominant, ou ayant des gammes de produits très proches les unes des autres et très liées) commence à développer un courant stable d'exportations au travers de filiales commerciales implantées dans plusieurs pays, la coordination de ces filiales s'effectue d'abord généralement par une relation directe entre le président de la maison mère et les dirigeants des filiales. Les problèmes opérationnels sont pris en charge par un service export, mais ce dernier agit comme support logistique plutôt que comme véritable direction des filiales (voir figure 16.1). Ce système peut durer longtemps, même avec la création de filiales de production à l'étranger, voire avec l'acquisition de sociétés étrangères.

FIGURE 16.1 **Structure mère/filiale à base fonctionnelle (mono-produit)**

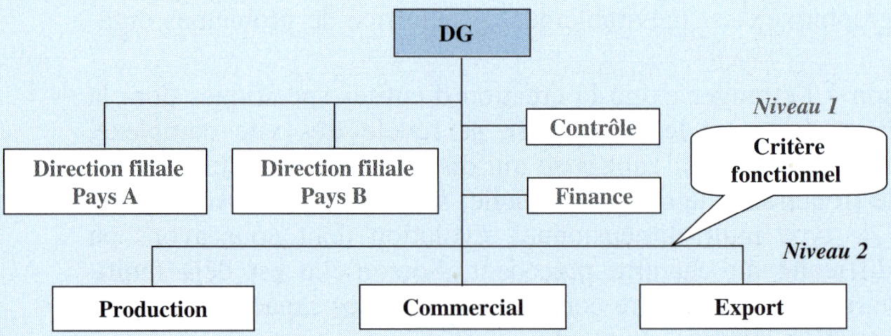

En revanche, si l'entreprise s'est déjà diversifiée sur son territoire d'origine et s'est organisée en divisions par produit, l'exportation démarre le plus souvent de façon ponctuelle à partir de l'une ou l'autre des divisions. Si le flux d'exportations réalisé par une division le justifie, celle-ci peut monter son propre service export. Dans le cas contraire, la recherche d'économies d'échelle l'emportant, un seul service export se charge de coordonner les exportations des différentes divisions. Dans les deux cas, et à ce stade, la création et le contrôle de filiales à l'étranger relèvent le plus souvent de l'action personnelle du président du groupe, qui conserve des relations directes avec les dirigeants des filiales locales (voir figure 16.2).

FIGURE 16.2 **Structure mère/filiale à base divisionnelle (diversifiée)**

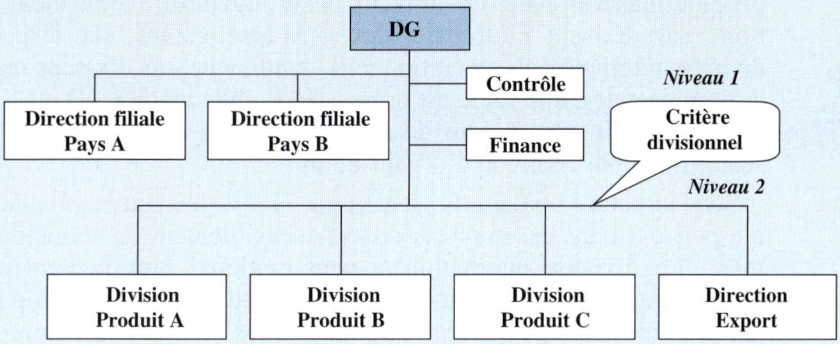

Ces structures mère/filiale sont en fait le prolongement direct de la structure solaire, décrite plus haut, qui prédomine dans les petites et moyennes entreprises. Ce type de structure, dont les qualités essentielles sont la souplesse et la rapidité de réaction, tend à se rompre sous l'effet de la croissance, et/ou de la diversification, auquel s'ajoute l'effet de l'internationalisation.

1.2 La division internationale opérationnelle

En plaçant entre le président du groupe et les directeurs de filiales à l'étranger un nouveau personnage de haut rang, le directeur international, doté d'un état-major spécifique, l'entreprise atteint un nouveau stade de multi-nationalisation. Le nombre de filiales étrangères s'est accru par rapport à la situation précédente. Des besoins d'interaction directe entre filiales étrangères et unités domestiques apparaissent, et le président du groupe ne peut plus tout contrôler personnellement. La division internationale devient, à ce stade, la responsable opérationnelle directe des filiales étrangères.

Ce schéma existe aussi bien dans les sociétés mono-productrices organisées par fonctions (cimentiers ou sidérurgistes, par exemple) que dans des entreprises organisées par divisions de produits. C'est le type d'organisation aujourd'hui le plus répandu, notamment lorsque l'entreprise est peu diversifiée et lorsque ses activités à l'étranger représentent une part inférieure à celle de ses activités domestiques.

Étant donné le poids considérable du marché des États-Unis, on trouve proportionnellement beaucoup plus de multinationales nord-américaines organisées de cette façon que de multinationales européennes. Sur un échantillon de cent soixante-deux multinationales nord-américaines, J. Stopford et L. Wells[1] identifient quatre-vingt-dix sociétés disposant d'une division internationale pour gérer leurs activités à l'étranger, tandis que L. Franko[2] sur soixante multinationales européennes, n'identifie que dix structures avec division internationale. Les travaux de W. Egelhoff[3]. confirment cette situation : sur dix-sept multinationales nord-américaines, six disposent d'une division internationale opérationnelle, tandis que sur dix-sept multinationales européennes, une seule est organisée de cette manière. Dans l'échantillon nord-américain plus récent de J. Daniels[4], seize multinationales sur trente-sept ont adopté ce mode d'organisation.

Cette structure favorise la gestion par la division internationale d'activités qui peuvent dans certains cas différer sensiblement de celles de la maison mère. La division internationale peut pratiquer plus facilement, dans un pays étranger, des acquisitions de sociétés locales, sans être trop préoccupée par des problèmes de synergie avec les autres activités de l'entreprise ou par des règles imposées par telle ou telle division domestique.

Mais la division internationale tend naturellement à rechercher son autonomie, et risque de devenir un « État dans l'État ». Pour préserver la stratégie centrale de la maison mère et les économies d'échelle, la division internationale doit demander à une unité spécialisée de la maison mère d'apporter une aide fonctionnelle à une de ses filiales.

On bute alors sur une difficulté structurelle classique : il est toujours difficile de demander à un individu ou à une équipe, ayant habituellement des responsabilités opérationnelles, d'adopter un mode d'intervention de type assistance-conseil. L'intervention doit donc être concrétisée par un contrat entre la filiale étrangère et l'unité domestique. L'entreprise doit alors mettre en place un ensemble de processus éducatifs qui développeront de nouveaux types de comportements et faciliteront par la suite le passage à d'autres étapes d'organisation.

1.3 Les structures globales

La multi-nationalisation croissante de l'entreprise fait éclater la division internationale. La faiblesse relative des activités domestiques par rapport à l'ensemble des activités internationales oblige à reconsidérer l'organisation en situant ces dernières sur un même plan que les activités menées dans les autres pays. C'est particulièrement vrai pour les entreprises dont le marché

1. Stopford J. et Wells L., *Managing the Multinational Enterprise*, Longmans, 1972.

2. Franko L., *The European Multinationals*, Greylock Press, 1976

3. Egelhoff W.G., « Strategy and Structure in Multinational Corporations », *Administrative Science Quarterly*, n° 2

4. Daniels J. D. et al., « Organizing for Dual Strategies of Product Diversity and International Expansion », *Strategic Management Journal*, vol. 6, 19

intérieur est relativement étroit (pays scandinaves, Suisse, Autriche), comme cela a été montré dans le cas spécifique des multinationales publiques[1].

Selon les analyses statistiques disponibles, on trouve des structures globales dans pratiquement la moitié des multinationales observées. L'entreprise dont les activités internationales deviennent très importantes se trouve placée devant trois grandes options, selon la conception que l'entreprise a de son ou de ses métiers.

1.3.1 La structure globale par fonctions

Si l'entreprise pratique fondamentalement un seul métier, sa structure de base reste fonctionnelle et chaque fonction peut s'internationaliser indépendamment des autres. Cette structure, très rare, se trouve semble-t-il exclusivement dans certaines entreprises pétrolières et minières, organisées en grandes branches multinationales telles que recherche, extraction, logistique et ventes. Un imposant état-major central gère les questions financières, les problèmes de personnel, de contrôle et les cessions internes entre chaque étape du flux des opérations.

1.3.2 La structure globale par produits

Si l'entreprise est diversifiée, chaque division, correspondant à un métier spécifique, a tendance à s'internationaliser en fonction de sa stratégie propre de produit et de marché.

C'est la structure qu'ont adoptée beaucoup de grands groupes très diversifiés, d'origine américaine (ITT, General Electric, Du Pont…), européenne (Danone, Daimler-Benz, Philips…) ou japonaise (Canon, Mitsubishi…). Cette structure est la plus logique lorsque la diversification de l'entreprise est totale ou « conglomérale », selon la définition proposée par L. Wrigley et perfectionnée par R. Rumelt[2], c'est-à-dire quand il n'y a pas de liens technologiques ou commerciaux entre ses différents groupes de segments stratégiques. Ainsi, la totalité des conglomérats de l'échantillon étudié par J. Daniels[3]. ont une structure mondiale par produits. Mais, dans le même échantillon, apparaît un nombre non négligeable de multinationales diversifiées, non « conglomérales » (c'est-à-dire dont les produits sont liés entre eux par toutes sortes de synergies) et structurées également par produits au niveau mondial.

Par exemple, Évian et Lu apparaissent dans les pays qui sont à la fois producteurs et consommateurs comme deux entités très indépendantes bien que coordonnées par une entité locale du groupe Danone. Canon est souvent présent hors du Japon par plusieurs groupes de produits, autonomes les uns par rapport aux autres : caméras, copieurs, optiques, etc.

La tendance à la standardisation, au niveau mondial, de chaque groupe de produits, des processus de production et des politiques de vente, due à la compétitivité internationale, pousse les entreprises diversifiées à adopter de plus en plus cette forme de structure. Autrement dit, la mondialisation des produits implique des structures globales par produits.

1. Anastassopoulos J.-P., Blanc G., Dussauge P., *Les Multinationales publiques*, Paris, IRM-PUF, 1985.

2. Wrigley L. (1970), Rumelt R. (1973), thèses de doctorat, *Harvard Business School.*

3. Daniels J., *op. cit*

1.3.3 La structure globale par zones

S'il apparaît que les facteurs clés de succès sont plus discriminants par pays que par produits, la stratégie du groupe évolue vers le concept de portefeuille de pays, et la structure qui s'impose est une structure par pays et/ou par zones géographiques. C'est le cas, par exemple, dans la pharmacie (Pfizer) ou les cosmétiques (L'Oréal). Plus généralement, on trouve cette structure lorsque les productions locales constituent une part importante des ventes réalisées dans le pays, lorsque la législation ou une règle éthique l'imposent, lorsque prédomine une politique de marques propres au pays, ou lorsque l'internationalisation s'est faite par rachat de sociétés locales. On trouve aussi une structure par zones dans les activités où les coûts de transport internationaux seraient prohibitifs (Ciments Lafarge, Air liquide). C'est enfin le cas lorsque la filiale étrangère est une acquisition, à laquelle on veut conserver son identité propre et avec laquelle l'essentiel des relations est d'ordre financier. C'est particulièrement vrai lorsque le contrôle de la filiale n'est que partiel.

La structure par zones est la forme la plus décentralisée des multinationales. Chaque management local doit détenir une expertise propre. Les possibilités d'intégration internationale par produits sont limitées, tout comme les possibilités de contrôle du siège. Ce sont souvent les entreprises les moins diversifiées qui adoptent cette structure, comme Ford, IBM, Rank-Xerox ou les grandes banques multinationales. *A contrario*, Philips, qui avait ce type d'organisation jusqu'en 1990, a opté depuis pour une structure par produits, reconnaissant ainsi le caractère mondial de ses produits.

Le manager de zone doit gérer la totalité du portefeuille de produits de sa zone. Si ce portefeuille est trop large, les déséconomies d'échelle risquent d'être considérables. En revanche, ce type de structure permet une adaptation remarquable aux spécificités géographiques (diversité des clientèles, hétérogénéité des cultures organisationnelles, pays instables politiquement).

1.3.4 Les structures globales mixtes

Sauf exception, aucune entreprise n'adopte une structure dans sa forme pure. Tout au plus, une structure domine à un moment en fonction des priorités. Si une firme est organisée au niveau mondial par fonctions ou par métiers, elle devra mettre en place des mécanismes de coordination par régions, et vice versa.

Toute organisation internationale est donc empreinte de relations matricielles. Ce sont les multinationales à structure matricielle qui, avec les multinationales à structure divisionnelle, réalisent le plus de transferts internes. Ce sont de véritables entreprises « globales ». Plusieurs critères doivent être pris en compte simultanément, même lorsque l'un d'eux domine nettement, pour des raisons purement opérationnelles (par exemple, la fermeture des frontières impose des structures par pays), ou pour des raisons de différenciation stratégique (facteurs clés de succès très différents). La structure théorique idéale est de type matriciel, le directeur du produit A dans le pays X étant rattaché à la fois à la branche internationale de la division produit A et à la zone géographique qui couvre le pays X (voir figure 16.3).

FIGURE 16.3 Structure globale matricielle

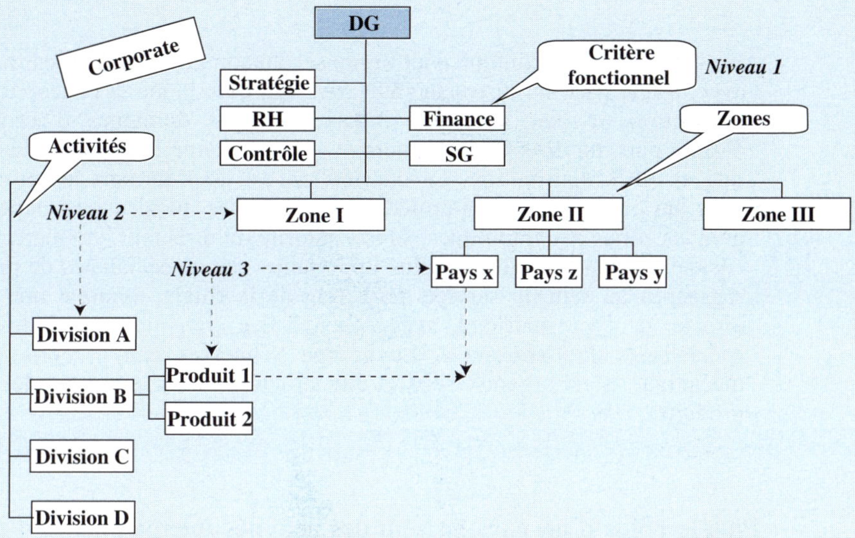

La symétrie du graphique ne doit pas faire illusion, car les pays et les produits sont d'importance très inégale pour l'entreprise. Le concept de structure matricielle n'a de sens que pour un nombre limité de pays, où le volume d'affaires de plusieurs produits justifie une organisation propre. *Le schéma matriciel est alors limité à une partie de l'organigramme.* C'est souvent le cas, par exemple, de la structure d'implantation aux États-Unis de grands groupes européens ou japonais.

De plus, on ne peut véritablement parler de structure matricielle que si l'allocation des ressources du groupe se fait réellement selon deux axes stratégiques d'égale importance : l'axe produit et l'axe pays. On a alors deux processus de planification parallèles dans le groupe, qui ne sont synthétisés qu'au niveau de la direction générale et de l'unité stratégique de base (pays X/produits A). Toutefois, on observe plutôt un partage de préoccupations entre les deux axes, l'axe pays comprenant les aspects ventes, juridique, personnel et trésorerie, et l'axe produit traitant des aspects de production, de marketing et d'investissement.

Environ 20 % des multinationales ont réellement adopté une structure totalement matricielle pays/produits. Une bonne part d'entre elles pouvant même être considérées comme tri-dimensionnelles en raison du poids de leurs unités fonctionnelles centrales. Les situations les plus fréquentes et les plus stables sont celles où il y a un véritable déséquilibre entre les deux axes, c'est-à-dire où, soit le pays, soit le produit, constitue la ligne hiérarchique par laquelle passe l'essentiel des ressources allouées, l'autre ligne assurant seulement quelques points particuliers de coordination.

En 1991, la télémécanique était organisée au sommet par grandes fonctions avec, d'une part, un directeur industriel, qui coordonne la conception et la production de cinq divisions industrielles par domaines d'activité et, d'autre part, un directeur commercial qui coordonne l'ensemble du marketing et de la distribution. La distribution est assurée dans les principaux pays du monde par l'intermédiaire de filiales locales, regroupées par grandes zones géographiques, sous l'autorité du directeur commercial de la société. Dans les filiales les plus importantes, cinq spécialistes de produits, regroupés au sein du service marketing de la filiale, assurent une liaison directe, de type matriciel, avec chacune des cinq divisions industrielles spécialisées de l'entreprise. Le groupe Schneider, qui a repris la télémécanique, s'est organisé suivant une structure matricielle (grandes zones/produits).

Plus le poids d'un pays au sein des activités internationales d'une entreprise est important, plus on a tendance à y créer une structure étoffée et autonome. Rhône-Poulenc, par exemple, avait opté au Brésil pour une structure dominante par pays : Rhodia disposait d'une grande autonomie, produisait et vendait sous sa propre autorité des produits qui, dans le reste du monde, relevaient de divisions différentes (pharmacie, textile, films), ou qui n'étaient pas vendus ailleurs.

Aux États-Unis, où le schéma était antérieurement comparable, l'acquisition, en 1992, de Rorer a conduit à un regroupement de toutes les activités pharmaceutiques sous le contrôle d'une seule entité Rhône-Poulenc-Rorer. La création d'Aventis (1998), par la fusion des activités pharmaceutiques de Rhône-Poulenc et de Hoechst, et la revente des autres activités, a constitué l'étape suivante et logique de l'évolution qui se poursuit et se renforce en 2004 par l'OPA de Sanofi-Synthélabo sur Aventis.

À l'opposé le délégué aux États-Unis du groupe Alsthom n'a pas d'autorité sur les filiales américaines du groupe, pas plus que le représentant de General Electric en France sur les filiales françaises, leur fonction se limitant essentiellement à des relations publiques et à un support juridique.

Ces deux options, domination de la stratégie par pays et domination de la stratégie par branche de produits, sont représentées dans les figures 16.4 et 16.5.

FIGURE 16.4 **Domination de la stratégie par pays**

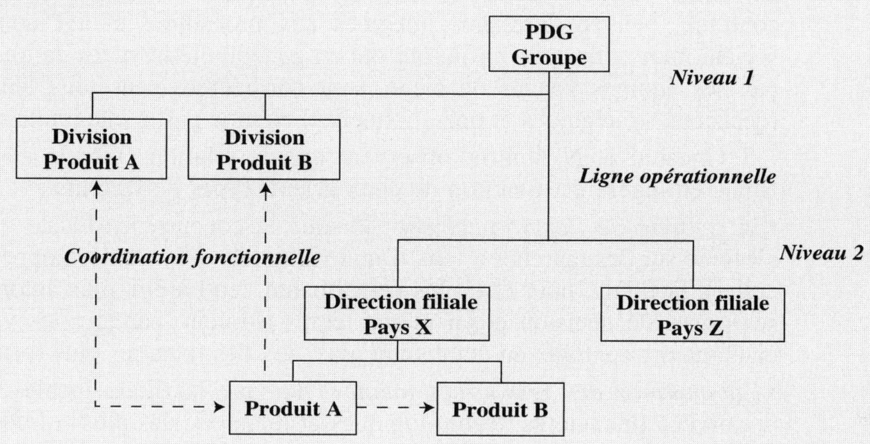

FIGURE 16.5 **Domination de la stratégie produit**

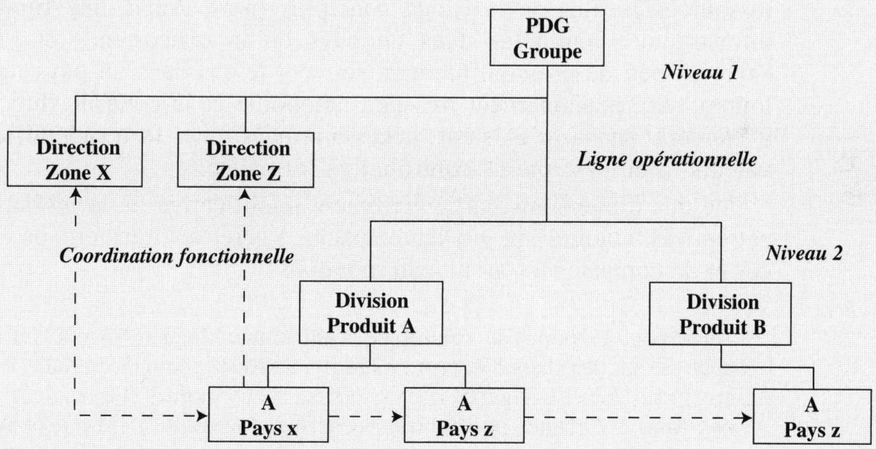

1.4 Les relations entre le siège et les filiales étrangères

Quelle que soit l'option structurelle choisie, les relations entre le siège et les filiales de chaque pays au sein d'une entreprise multinationale varient en général considérablement d'une filiale à l'autre. Ces variations résultent d'abord de l'histoire de chaque filiale étrangère : certaines, qui proviennent d'acquisitions plus ou moins anciennes, peuvent être gérées de façon très autonome comme des éléments d'un portefeuille d'activités ; d'autres, au contraire, peuvent être plus intégrées aux procédures et à l'identité de la société mère ; d'autres, enfin, qui ont en général été montées de toutes pièces par des équipes venues du siège, sont considérées sous tous leurs aspects (décisions stratégiques et opérationnelles) comme partie intégrante du groupe.

S. Ghoshal et N. Nohria[1] observent que la relation entre le siège et une filiale étrangère est fonction de deux grands types de facteurs :

• *la stabilité de l'environnement* : lorsque la concurrence locale est forte et s'exerce sur des marchés à taux d'innovation élevé (pays développés en particulier), la filiale, pour être plus performante, tend à être plus autonome dans ses prises de décision et en même temps à mieux partager les valeurs des états-majors centraux en établissant avec eux des relations plus formalisées ;

• *l'abondance des ressources locales* : lorsque la filiale locale dispose de ressources financières, technologiques et managériales plus solides, ses performances sont meilleures si elle jouit d'une plus grande autonomie dans la gestion de ces ressources, la contrepartie de cette autonomie étant également une forte identification de ses valeurs à celles du siège central et l'adoption de systèmes de liaison plus formalisés.

Ces relations s'inversent si l'environnement est moins menaçant et si les ressources locales de la filiale sont plus rares. Ainsi, une filiale à faible infrastructure implantée dans un pays où la concurrence et l'innovation exercent peu de pression (ce sera souvent le cas dans un pays moins développé), sera généralement très peu autonome et le contrôle direct du siège s'exercera sans qu'existent nécessairement une forte identification des valeurs ni un système de contrôle très formalisé.

Une des dimensions particulièrement significative de la globalisation des entreprises, aujourd'hui, est leur capacité à gérer les transferts de connaissances et de compétences au niveau mondial.

Ainsi pour emporter le contrat de télématique Magneti-Marelli, ST M. s'est appuyée sur des chefs d'équipe en France, au Royaume-Uni, en Italie, en Inde et aux États-Unis. Les équipes le plus souvent sont virtuelles et travaillent par Internet. Mais à certaines phases, les spécialistes doivent aussi se rencontrer. Et de toute façon, c'est sur une base régulière qu'ils se retrouvent à l'Université ST, qui favorise l'échange d'expérience, permet d'adopter partout dans le monde des pratiques fondamentales communes, et maintien des valeurs et une identité partagées. Pourquoi alors dans ces circonstances maintenir une structure principale en *business units* géographiques ? C'est que l'entreprise parie sur la richesse de l'enracinement culturel de chaque unité : les campus de Crolles près de Grenoble ou de Agrate près de Milan sont des sources d'innovations foisonnantes. Et, à l'autre extrémité de la chaîne, les installations au Brésil, en Inde et en Russie, permettent d'abord de mieux connaître les spécificités des besoins des clients locaux, mais aussi de plus en plus d'accéder à des ressources locales originales. C'est cette dimension qui a conduit Y. Doz, J. Santos et P. Williamson à classer ST-Microelectronics parmi les nouvelles « métanationales ».

1. Ghoshal S. et Nohria N., « Internal Differenciation Within MNC's », *Strategic Management Journal*, vol. 10, 1989.

FIGURE 16.6 **ST-Microelectronics « un système sur une chip »**

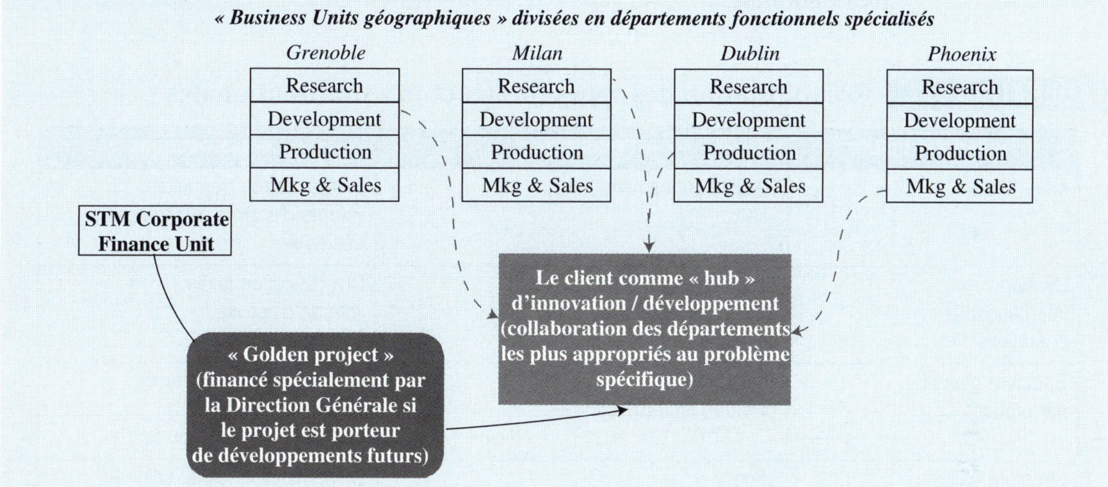

1.5 Modèle dynamique des structures globales

J. Galbraith et B. Nathanson proposent le modèle global d'évolution présenté dans la figure 16.7.

FIGURE 16.7 **Modèle général d'évolution des structures**

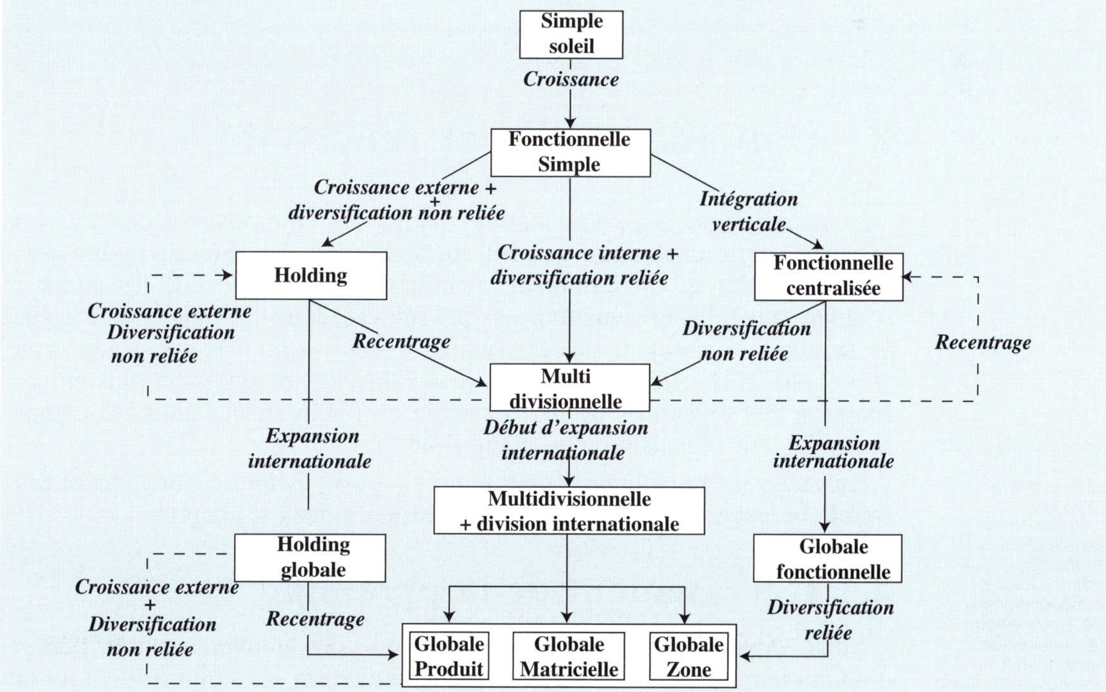

Que complète la récapitulation du tableau 16.1 des types de structures multinationales.

TABLEAU 16.1 Récapitulation des types de structures multinationales

Type de structure	Fréquence[1]	Caractéristiques
Mère/Filiale	PME le plus souvent (19)	Diversification très faible, volume d'activité à l'étranger très faible
Division internationale opérationnelle	Fréquente, entreprises grandes et moyennes (7)	Diversification faible, volume d'activité à l'étranger faible
Structure globale par produits	Fréquente, grandes entreprises (19)	Diversification importante, volume d'activité à l'étranger moyen ou fort
Structure globale par zones	Rare, grandes entreprises (2)	Diversification faible, volume d'activité très fort à l'étranger
Structure globale par fonctions	Fréquente, grandes entreprises (8)	Diversification très faible, volume d'activité très fort à l'étranger
Structure globale matricielle	La plus fréquente, très grandes entreprises (24 dont 8 tridimensionnelles zones, produits, fonctions)	Diversification importante, volume d'activité très fort à l'étranger

2 Concilier taille et réactivité

La mondialisation de l'économie soumet les entreprises à une pression concurrentielle croissante qui les entraîne dans des directions apparemment opposées et difficilement conciliables. D'un côté elle les pousse à atteindre une taille critique toujours plus élevée, sous l'impulsion des vagues de fusions qui affectent successivement toutes les branches de l'économie. D'un autre côté, elle les conduit à rechercher des réponses de plus en plus adaptées aux exigences de leur clientèle en rapprochant toutes les composantes de leur organisation du client final.

Pour réussir ce challenge il leur faut à tout prix éviter de s'engager dans la spirale bureaucratique que nous avons exposée dans le chapitre 13.

2.1 L'écrasement de la pyramide

Ainsi, depuis quelques années, s'amorce un mouvement très général d'aplatissement des structures par une réduction du nombre de niveaux

1. La dernière étude de J. Wolf et W.G. Egelhoff (*Strategic Management Journal*, vol. 23, fév. 2002) porte sur un échantillon de quatre-vingt-quinze multinationales. Le nombre d'entreprises observées dans chaque catégorie est donné entre parenthèses (seize d'entre elles ont été considérées comme appartenant à plusieurs catégories à la fois).

hiérarchiques, visant à rapprocher base et sommet stratégique dans un souci de dynamisation des modalités de décision et de raccourcissement des délais de réaction aux sollicitations de la clientèle (figure 16.8). La quasi-totalité des grandes entreprises mondiales ont entrepris ce mouvement ; beaucoup d'entre elles annoncent déjà une réduction de moitié du nombre de ces niveaux, voire plus. La RATP en est un exemple particulièrement frappant.

Dans des structures plus plates, les responsables hiérarchiques ont un champ de contrôle beaucoup plus étendu et ne peuvent donc plus exercer leurs fonctions de coordination de la même manière. Leurs relations avec chacun de leurs subordonnés sont nécessairement plus globalisées et moins fréquentes. Dès lors, une plus grande part de la coordination doit s'effectuer par ajustements mutuels entre les individus, par développement des relations transversales.

Les relations transversales ont pour objet d'accélérer le traitement de l'information en raccourcissant son cheminement à l'intérieur de la structure. Elles institutionnalisent les courts-circuits, les subordonnés, appelés à traiter directement un certain nombre de problèmes, acquérant d'autant plus d'autonomie vis-à-vis de leur hiérarchie qu'ils se montrent capables de régler directement ces problèmes sans recourir à un arbitrage.

La mise en place de relations transversales n'est efficace et durable que si elle est envisagée d'une manière globale de manière à baser la décentralisation opérationnelle plus forte sur une vision stratégique mieux partagée.

FIGURE 16.8 **L'écrasement de la pyramide**

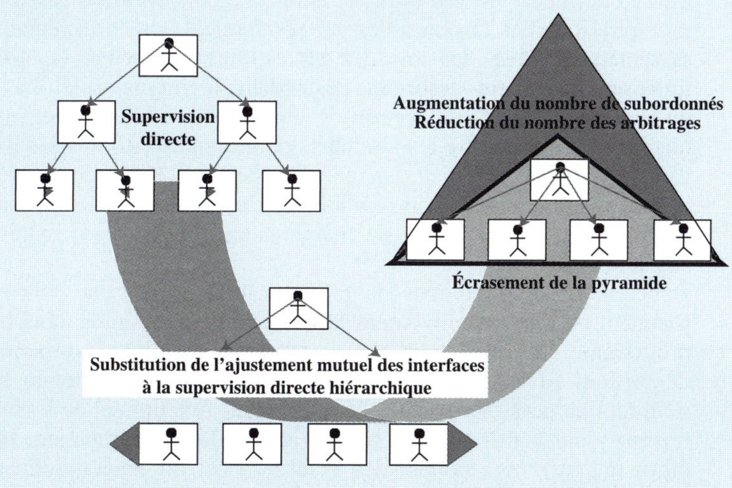

Dans une organisation fonctionnant dans un strict respect de la hiérarchie et des divisions horizontale et verticale du travail, l'instauration de relations transversales n'est naturelle ni pour les chefs ni pour les subordonnés. En effet, pour les premiers, une moindre densité de la supervision directe signifie une moindre maîtrise, pour les autres, un surcroît d'autonomie individuelle signifie un surcroît de responsabilité collective. Pour tous, cela suppose un changement de comportement impossible à réaliser sans l'instauration d'un climat de confiance fondé sur une implication et un engagement supérieurs. Lorsque les relations transversales se multiplient, impliquant un plus grand nombre d'individus appartenant à des unités différentes, l'ajustement mutuel devient plus complexe. La spontanéité ne suffit plus, le travail collectif doit être organisé et requiert des capacités d'animation particulières. Il faut apprendre aux individus à travailler ensemble, à reconnaître des objectifs collectifs qui peuvent éventuellement entrer en contradiction ou en concurrence avec les objectifs individuels assignés à chacun.

L'évolution des structures d'une raffinerie de pétrole

L'évolution des structures d'une raffinerie de pétrole nous fournit une bonne illustration d'un passage d'une organisation traditionnelle (division du travail par fonctions et relations hiérarchiques), dont le processus de décision était jugé extrêmement lourd, lent et peut réactif, à une organisation plus proche souple et moins hiérarchique (figure 16.9).
La nouvelle organisation se caractérise d'abord par la suppression de deux niveaux hiérarchiques (DGA et chefs de division). Mais, surtout, on s'est efforcé de mettre en place une structure de collaboration basée sur la proximité physique des responsables qui se sentaient dans l'ancienne organisation extrêmement isolés les uns des autres. Les « directeurs », spécialisés par fonction, travaillent désormais tous dans la même salle. Ils ont autorité directe sur les chefs de section de leur domaine fonctionnel, mais ces derniers sont répartis entre les modules opérationnels sauf lorsque les économies d'échelle ne le permettent pas (cas des chefs de sections multi-modulaires en ingénierie, comptabilité ou ressources humaines, ou du responsable d'unités centrales de laboratoire ou de maintenance générale non représentés sur le schéma).
Concrètement, les équipes de module, logées dans une salle par module, prennent de fait collectivement les décisions nécessaires dans le cadre d'un programme général élaboré chaque mois par l'équipe de direction. Les chefs de section, qui dirigent chacun leur équipe opérationnelle sur le terrain, ne réfèrent que périodiquement à leur directeur fonctionnel de l'avancement des travaux, sauf conflits (rares) au sein du module (ou, bien sûr, incident technique majeur), les réponses leur étant données en général collectivement par l'équipe de direction.

FIGURE 16.9 **Évolution des structures de la raffinerie**

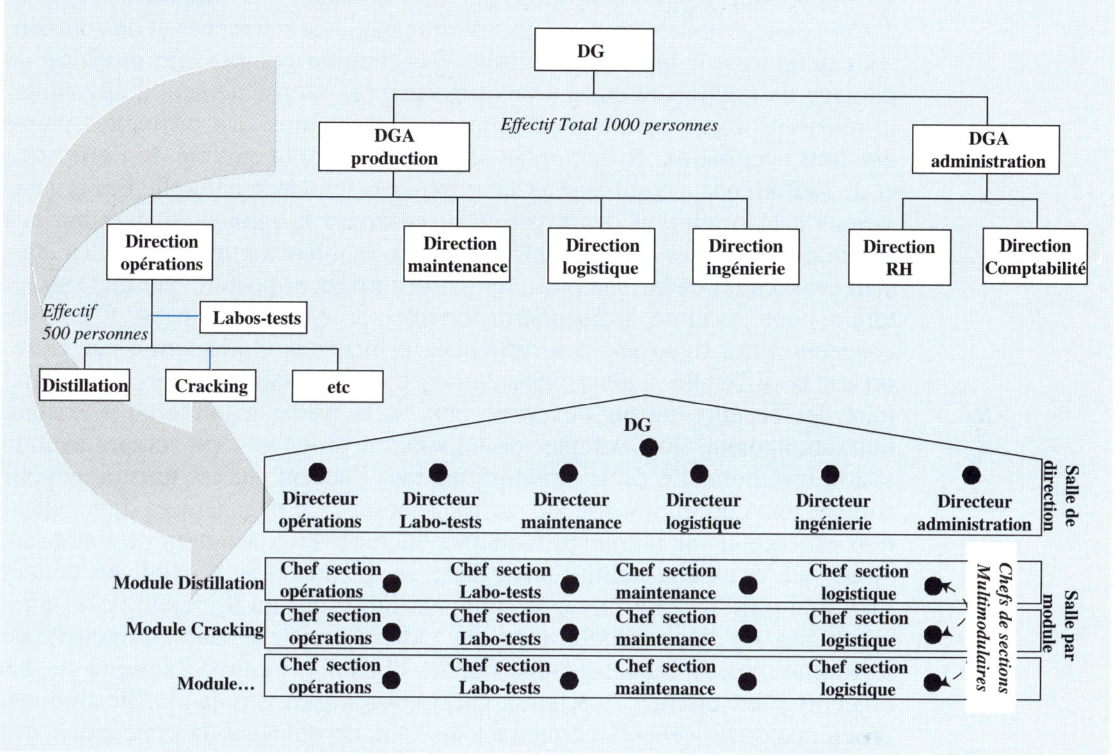

2.2 La généralisation de l'esprit projet

Pour échapper à la spirale bureaucratique, de nombreuses entreprises ont initié un changement culturel basé sur une diffusion de « l'esprit projet » qui a pour conséquences de changer fondamentalement la dynamique et les rapports inter-individus au sein de l'organisation.

Réaliser un projet, c'est réaliser un objet unique, représentant un enjeu important pour ses promoteurs, dans un temps prédéfini, en réunissant les moyens spécifiques nécessaires, sans souci de pérennité. Projet et processus sont deux concepts intimement liés, le projet se différenciant des activités répétitives par le fait qu'à chaque projet correspond un processus spécifique dont la conception vise à mobiliser les ressources de l'entreprise pour satisfaire au mieux les exigences du client.

2.2.1 Un changement du rapport à l'environnement

Cet esprit projet véhicule des valeurs qui correspondent aux grandes orientations que l'évolution de leur conception de l'environnement dicte aux entreprises. Il est tout d'abord centré sur le client, ce qui d'une part, répond à l'importance grandissante accordée à la demande par rapport à l'offre et d'autre part, évite les effets pervers d'un manque de références et de contraintes extérieures. Il incorpore, ensuite, l'évaluation comme une modalité de pilotage de l'action ce qui a pour conséquences non seulement d'augmenter la réactivité mais encore d'encourager l'anticipation des difficultés plutôt que leur occultation. Il fait, enfin, du temps le paramètre clé de l'efficacité et de l'efficience, ce qui permet de refréner la tendance naturelle des organisations à la routine et de favoriser au contraire la remise en question des solutions éprouvées en les confrontant aux problématiques auxquelles elles sont censées répondre. De plus, cet « esprit projet », postule que toute structure a pour vocation à disparaître lorsque son objet est achevé. C'est une conception qui règle une des difficultés principales d'adaptation des entreprises, la difficulté à gérer l'obsolescence des structures créées pour satisfaire des besoins qui ne s'exprime plus de la même manière ou n'existent tout simplement plus. Adopter un tel « esprit projet », c'est rompre avec la vision traditionnelle de la structure mettant l'accent sur les territoires pour adopter une conception fondée sur les relations. Ce changement de focalisation est capital car il change fondamentalement la conception de l'autorité. Alors que dans une culture territoriale ce qui incombe à celui qui détient l'autorité c'est de déterminer le comment faire sans qu'il lui soit nécessaire, à la limite, de dire pourquoi, dans une culture projet, la source principale de légitimité c'est la capacité à clarifier les objectifs. Centrer l'autorité sur les objectifs c'est orienter la relation chef/subordonnés vers la clarification des problématiques, celle-ci permettant au chef de déléguer la conception des modes opératoires aux subordonnés plutôt que d'imposer la sienne. Seule une telle conception de l'autorité peut permettre de substituer l'ajustement mutuel à la supervision directe sans créer de conflits d'ordre hiérarchique.

2.2.2 *Un changement des rapports inter-individus*

Le changement de la relation chef/subordonnés valorise la notion d'équipe. Il met l'accent sur la coopération et la formulation d'objectifs collectifs comme complément indispensable à la responsabilité individuelle. En permettant la délégation de la conception des modes opératoire, il incite à la réflexion collective pour articuler les contributions des différents acteurs au sein d'un processus original de réalisation.

Pour accepter les contraintes mutuelles qu'impose la coopération, il est capital de partager un même référentiel. Il faut avoir une vision identique des positions et des rôles de chacun, développer une perception commune des enjeux, partager des valeurs explicites incarnées dans des critères de décision et des principes directeurs de l'action. C'est ce qui permet de faire collectivement des choix, de dépasser les intérêts catégoriels voire individuels.

Coopérer, c'est mettre en commun des ressources pour atteindre des objectifs inaccessibles isolément. Ce sont les objectifs, qui sont le véritable moteur de la coopération. Ils ne peuvent résulter d'une négociation, voire d'un marchandage, uniquement basé sur des rapports de pouvoir, mais être issus de l'élaboration d'une stratégie.

Coopérer, c'est apprendre progressivement à agir ensemble. La coopération relève de l'apprentissage mutuel, de la construction dans l'action d'une confiance qui permet d'encourager la compétition interne nécessaire pour stimuler les individus sans que ceux-ci perdent de vue les objectifs de l'entreprise. Cette confiance se construit au cours de l'analyse des problématiques, de l'élaboration des objectifs communs. Elle s'affirme dans l'action qui permet de mieux s'apprécier, de mieux comprendre l'importance des compétences et des ressources apportées par chacun, et du respect des engagements mutuels.

Coopérer, c'est partager une méthodologie commune essentielle pour la communication entre partenaires. Au-delà du partage de l'information qui permet de qualifier, de quantifier, d'objectiver les enjeux et l'impact de la coopération, la mise en œuvre de méthodologies communes permet d'éviter les perceptions projectives des uns par les autres. Elle est le garant d'une analyse rigoureuse des situations, des potentiels et des besoins débouchant sur des plans d'action concrets innovants et réalistes.

Coopérer, c'est changer de rythme. L'action collective requiert du temps. Agir individuellement permet souvent d'aller plus vite, mais cela n'a d'intérêt que si la vitesse ne nuit pas à la pertinence de l'action. Agir collectivement permet de renoncer à une attitude purement réactive pour se donner les moyens de prendre du recul, d'anticiper, de reprendre l'initiative. Porter des regards différenciés sur une situation permet d'en enrichir la compréhension pour créer un sens commun qui rendra l'action plus fluide et mieux coordonnée.

2.3 La résurgence des processus

Le concept de processus n'est pas un concept nouveau, mais son utilisation s'est longtemps cantonnée à un niveau subalterne dans la conception des structures pour définir l'organisation horizontale du travail au sein des différentes unités. Il est utilisé pour l'élaboration des procédures formelles qui organisent, de manière stricte et durable, les relations entre les unités et entre les individus. Ce n'est pas un outil de réflexion collective, mais un moyen de définir les normes et les règlements auxquels le plus grand nombre doit se conformer. Dans cette utilisation, il est un instrument de coordination mécaniste, maîtrisé par des experts et non un outil de réflexion utilisé par les opérateurs pour organiser leur travail collectif. Le souci du détail et de la formalisation l'emporte sur celui de donner une perspective d'ensemble.

Dans les années quatre-vingt, exhumé par les consultants, il devient l'instrument des réorganisations drastiques et brutales, exigées par l'alourdissement des structures et l'impossibilité de supporter plus longtemps le coût des incohérences organisationnelles accumulées en raison de l'incapacité à actualiser suffisamment les procédures pour compenser les forces de différenciation engendrées par un environnement plus complexe et plus mouvant. Le réenginering ou reconfiguration des processus, devient le must de la fin du XXe siècle en raison des résultats spectaculaires qu'il produit à court terme mais acquiert concomitamment une réputation sulfureuse en raison de son impact à moyen termes beaucoup moins enthousiasmant, lorsque, avec un peu de recul, apparaissent les coûts sociaux et le gâchis de compétences qu'il engendre. Cependant, le réenginering remet en lumière la puissance du concept de processus en tant que support d'une réflexion collective permettant d'organiser la mise en œuvre de la stratégie.

Pour accomplir ses missions une organisation met en œuvre des processus opératoires. Un processus est un enchaînement d'activités standardisées produisant un résultat en transformant des éléments initiaux (entrées ou input), au sein d'un environnement donné. C'est un concept extrêmement simple dont la force réside dans la nécessité de faire des choix explicites à chaque étape de sa mise en œuvre (figure 16.10).

FIGURE 16.10 **Le concept de processus**

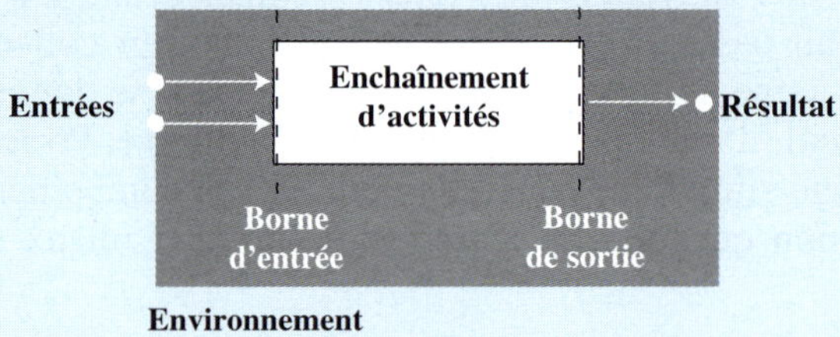

Que l'on considère l'entreprise dans son ensemble ou simplement une fraction de celle-ci, ce sont les mêmes questions qui se posent : quel résultat veut-on atteindre ? à partir de quoi ? Un processus est défini par des bornes d'entrée et de sortie qui constituent ses points d'articulation avec son environnement amont et aval. L'accent est ainsi systématiquement mis sur les interfaces, le comment atteindre les résultats visés n'étant examiné qu'une fois la discussion sur les bornes suffisamment aboutie. Pour définir un processus de façon pertinente il est indispensable de procéder de manière itérative. Les itérations successives ayant pour effet d'expliciter les *a priori* et de révéler les éléments, jusque-là implicites qui nuisent à la communication et au partage d'une vision d'ensemble. Elles procurent une compréhension, en profondeur, des mécanismes techniques, psychologiques et organisationnels à l'œuvre ainsi que des multiples acceptions de l'utilité. L'analyse de processus met en lumière et donne les moyens d'agir sur plusieurs niveaux d'interdépendance. Elle est orientée vers le client, ses attentes et les manières alternatives de les satisfaire. L'analyse des processus révèle, en les objectivant, les interdépendances entre les unités contribuant à une mission. Elle permet non seulement d'identifier les relations clés entre celles-ci, mais aussi de les ordonnancer de manière à en valoriser au mieux les apports. L'analyse de processus tempère les difficultés de communication et de collaboration inévitables entre des acteurs qui obéissent à des logiques de métier différentes. L'analyse de processus permet aux opérateurs de comprendre le rôle qu'ils doivent assumer dans un cadre de collaboration contingent, les pousse à raisonner en termes de contribution et à dépasser les contraintes et normes techniques qui pèsent sur eux en s'épaulant mutuellement.

Dans des structures plus plates, dans lesquelles la gestion directe des interfaces par les opérateurs concernés se substitue à la supervision directe par un supérieur hiérarchique la méthodologie d'analyse et la formalisation des processus jouent un rôle central. L'analyse de processus permet de penser collectivement le pourquoi et le comment faire. C'est une démarche dynamique, centré sur les fins, qui met en lumière et ordonne les transformations successives des éléments initiaux produisant un résultat final afin de concilier efficacité et efficience. C'est une démarche souple qui permet de tisser des représentations plus ou moins fines et plus ou moins complètes d'une réalité complexe. C'est enfin un concept opératoire qui permet d'exprimer une vision critique et de la traduire en actes. L'analyse des processus clés, ceux qui traduisent les orientations stratégiques de l'entreprise, est fondamentale pour articuler les contributions des différents métiers qui représentent à la fois les principaux stades de génération de valeur et recouvrent les principales compétences détenues par l'entreprise (figure 16.11). Elle est, en phase avec ces concepts de valeur et de compétences qui sont au centre des approches stratégiques les plus récentes.

FIGURE 16.11 **L'articulation dynamique entre la stratégie et sa mise en œuvre**

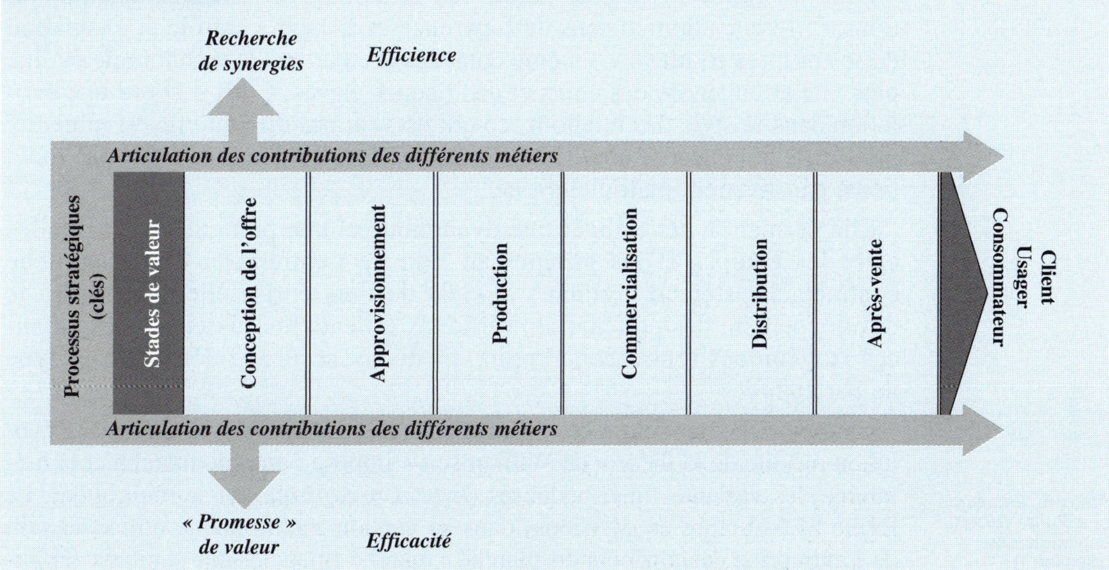

Les relations transversales au sein de l'entreprise sont ainsi orientées, car on ne saurait perdre de vue l'objectif dominant de poursuite d'une stratégie cohérente. C'est le rôle des équipes transversales qui pilotent ou animent (selon le style de l'entreprise et la pression de l'environnement), dans le but de satisfaire les clients finaux, les relations entre les activités qui constituent la chaîne de valeur (conception, production, logistique, etc.).

L'approche par les processus montre comment organiser la convergence des actions pour atteindre une fin définie au préalable. Elle permet de se déplacer dans un espace à plusieurs dimensions sans en avoir une vision exhaustive, d'appréhender une réalité complexe à l'aide d'un ensemble de perceptions partielles, d'images donnant une vision plus ou moins détaillée de la réalité. C'est un mode de représentation qui permet de s'interroger sur la pertinence des éclairages adoptés au regard des objectifs poursuivis.

L'intelligence de l'organisation que procure l'analyse de processus ne procède pas d'une appréhension complète de celle-ci à un niveau de détail donné. Elle est le fruit de fréquents allers et retours entre des plans plus ou moins détaillés et/ou de la vision simultanée de plusieurs plans disjoints.

Bien qu'elle soit dérangeante à de nombreux égards, c'est une approche partielle qui rend mieux compte de la vie d'une organisation ouverte et instable qu'une approche exhaustive réclamant des efforts de description démesurés pour obtenir une vision souvent obsolète d'une réalité mouvante et éphémère.

Les efforts déployés par les entreprises, dont nous venons de rendre compte, n'ont pas pour objet de rechercher une structure universelle efficace. Ils revêtent un aspect essentiellement pragmatique, les recherches sur la relation entre structure et performance continuant à fournir des résultats nuancés, prudents et parfois contradictoires[1].

Cette évolution permet de garder les *avantages de l'autonomie* (motivations, différenciation au sens de Lawrence et Lorsch, contrôle et évaluation de ses propres résultats...) même dans des secteurs où la technologie évolue plus vite et engendre des coûts et des risques élevés. C'est d'abord une évolution dans le style des relations, ce qui ne veut pas dire qu'elle est mineure, mais qu'elle concerne aussi bien toutes les formes de structures : par fonctions, par division, matricielles, etc.

Elle permet de développer une dynamique et une pratique contractuelles entre les équipes et les groupes au sein de l'entreprise. Cette approche contractuelle s'étend d'ailleurs au-delà de l'entreprise elle-même avec le développement des partenariats verticaux (clients/fournisseurs), des alliances stratégiques (entre concurrents) et divers accords fidélisant tout type de partenaire.

Un rapprochement entre ces mouvements très visibles sur le terrain et l'évolution récente de la théorie de Williamson s'impose : entre le marché et la hiérarchie, les variantes intermédiaires (*hybrid organizations*) se multiplient. La forme M (structure en divisions) dans sa version traditionnelle utilise au sein de l'entreprise des attributs du marché : marché financier des capitaux (expli-

1. Desreumaux A., *Structures d'entreprises*, Paris, Vuibert, 1992 (voir en particulier chapitre 7, section 1).

cité dans certains systèmes de contrôle des centres de profits), marchés inter-divisions (cessions de produits semi-finis et prestations de services). Le nombre d'unités autonomes, soit en relations directes avec les différentes composantes de l'environnement de l'entreprise, soit se succédant en étapes de la chaîne de valeur, soit agissant comme des prestataires internes de support ou d'expertise aux précédentes, tend à croître. Les relations qui s'établissent entre elles prennent de plus en plus des formes quasi contractuelles, voire contractuelles s'il y a filialisation, et se rapprochent de celles qui relient ces mêmes unités à leurs partenaires extérieurs, clients, fournisseurs, concurrents, banquiers, etc., juridiquement indépendants de l'entreprise.

3 Mobiliser les compétences et les synergies

Pour faire face à un environnement réputé plus diversifié, plus incertain et plus évolutif les entreprises doivent être capables de mobiliser plus de synergies tout en reconnaissant une différenciation croissante.

3.1 L'internalisation de la complexité

La croissance par la diversification des activités et l'expansion géographique renforcent la complexité à laquelle l'organisation doit répondre, même lorsqu'elle n'est pas atteinte de gigantisme.

La division interne du travail emprunte un nombre croissant d'axes, produits, activités, zones géographiques, marchés, clients… L'accroissement induit de la spécialisation requiert la mobilisation de capacités de coordination supplémentaires. La distinction entre deux niveaux de préoccupations stratégiques, le niveau du groupe (*corporate*) et le niveau de l'activité (*business*) introduite par la structure divisionnelle, soulève, dès lors, de nouvelles difficultés dans la mesure où il n'y a plus seulement une dimension à gérer. Dans une structure de ce type, le niveau groupe est chargé d'élaborer la stratégie de l'ensemble et de mobiliser les synergies financières et opérationnelles entre divisions. Les fonctions centralisées dépendent du degré d'autonomie accordé aux divisions et de la capacité du groupe à apporter une plus-value. Le niveau « division » chargé de mettre en œuvre la stratégie concurrentielle propre à chaque activité, héberge les fonctions dont un traitement différencié est nécessaire du fait de la spécificité de chaque activité. Avec la diversification géographique (vers une dimension internationale puis multinationale) la décentralisation doit aussi prendre en compte les spécificités en termes de besoins, de clientèle, les caractéristiques réglementaires et géopolitiques… des différentes zones identifiées grâce au concept stratégique de marché géographique pertinent (homogénéité géographique des enjeux et comportements). Chacune des zones retenues bénéficie d'une plus ou moins grande autonomie suivant les nécessités d'adaptation locale des produits, de la distribution, de la communication, etc.

À ces deux grands axes se sont ajoutés les clients et les marchés qui relevaient jusque-là de la fonction marketing. En effet, la course à la taille engagée depuis le début des années quatre-vingt, affecte certains clients qui eux-mêmes se diversifient et s'internationalisent ce qui nécessite la mise en place d'une coordination spécifique, incarnée par le concept de grand compte. De même, la prise de conscience de l'intérêt stratégique de fournir une réponse spécifique (en termes de produits, de services, de compétences...) aux attentes de sous-ensembles de clients constituant un marché particulier (le marché des cosmétiques, par exemple dans la chimie fine de spécialités ou encore, l'hôpital et la ville dans l'industrie du médicament) engendre, elle aussi, de nouveaux besoins de coordination. L'intrication de ces différentes dimensions rend le traitement de la dichotomie groupe/unités décentralisées particulièrement difficile, sans l'intercession de nouveaux concepts. La complexité externe engendre ainsi une complexité interne qui appelle d'autres visions de l'organisation pour éviter les complications et les lourdeurs.

Il en va de même en ce qui concerne l'incertitude. La réduction de celle-ci conduit à rechercher un portefeuille équilibré, à associer des activités à contre cycle économique, des activités arrivées à maturité avec des activités émergentes ou en phase de croissance, des activités ayant des besoins de financement importants avec des activités génératrices de cash. L'intégration d'un fournisseur ou d'un client permet de prendre pied dans un domaine amont ou aval et d'accéder ainsi à des sources d'informations. Cette stratégie de réduction de l'incertitude peut aller, lorsque l'entreprise située très en amont de la filière veut comprendre les attentes de la clientèle finale et limiter sa dépendance vis-à-vis de ses clients immédiats, jusqu'à l'acquisition d'une entreprise située à l'autre extrémité de la filière en sautant les stades intermédiaires.

Ces préoccupations ont donné naissance aux stratégies d'alliance qui sont apparues dans un contexte environnemental considéré comme beaucoup plus incertain et instable, comme permettant d'atteindre des objectifs analogues aux fusions – acquisitions sans perdre son autonomie stratégique. La gestion de rapprochements partiels, objectivés, elle-même pose des problèmes nouveaux dans la mesure où il s'agit de processus réversibles ayant pour conséquences de rendre les frontières de l'entreprise plus floues et plus mouvantes. Il en est de même en ce qui concerne les stratégies relationnelles visant à diminuer l'impact des rapports de force au sein des filières et nouer des rapports privilégiés avec les clients et les fournisseurs.

Plus généralement, la fidélisation, l'accroissement des coûts de transfert, l'établissement de liens privilégiés avec les divers groupes de pression externes, syndicats, médias, associations de consommateurs, association de défense de l'environnement, toutes ces stratégies destinées à restreindre l'incertitude de l'environnement multiplient, au sein des entreprises, ceux que Michel Crozier appelle les marginaux sécants, c'est-à-dire les individus qui en charge de ces relations en tirent le pouvoir lié aux zones d'incertitude correspondantes. La volonté de diminuer la vulnérabilité de l'entreprise produit ainsi un transfert de la complexité de l'externe vers l'interne. L'incertitude, fonction du rapport de force existant entre les acteurs sur le marché est, ainsi, intériorisée. D'exogène elle devient endogène[1].

La société Tigre

Jusqu'à la fin des années quatre-vingt-dix, la société Tigre, leader en Amérique Latine de la production et la vente de tuyaux et connexions en plastique, est organisée de *façon linéaire, par étape de sa chaîne de valeur* (voir figure 16.12), les séparations entre produits de base du type « commodités », vendus aux différents réseaux de distribution, et produits différenciés, à contenu technologique élevé et destinés à des clients industriels spécifiques, ne se faisant qu'à l'intérieur de chaque unité fonctionnelle (essentiellement production et marketing-ventes).

Fortement concurrencé aujourd'hui sur les produits de base par des producteurs de masse à coûts très bas, et ne trouvant pas suffisamment d'opportunités de croissance sur ses produits techniques spécialisés, Tigre a décidé de participer directement à de grandes opérations d'aménagement immobilier, en prenant en charge l'ensemble des problèmes d'eau et d'égouts, de la conception à la livraison finale des équipements. Ainsi, l'entreprise a été ces dernières années un des acteurs majeurs dans la réalisation d'un vaste complexe hôtelier sur la côte Nord Est du Brésil dans une zone écologiquement fragile pour lequel elle a proposé une solution intégrée spécifique, basée sur un système de tuyaux et connexions plastiques.

Cette nouvelle approche « par solution intégrée » pose, au début des années 2000, un problème d'organisation, puisqu'elle exige de faire collaborer la quasi-totalité des fonctions de l'entreprise à la construction de la solution, et ce en même temps que d'autres fournisseurs (par exemple de tuyaux en cuivre ou de tubes en ciment), que des acteurs complémentaires (génie civil en particulier) ainsi que des représentants de plusieurs fonctions différentes chez le client. De plus cette activité est naissante et il est prévisible que, bien que stratégique à moyen terme, elle ne représentera 15 % à 20 % des ventes qu'au bout de quatre ou cinq années. Enfin, il est important que cette activité rétro-agisse sur les unités fonctionnelles existantes, au sein desquelles elle devrait stimuler flexibilité et innovation.

La structure adoptée pour l'activité « solutions » est une structure par projets (chaque projet peut durer de deux à quatre ans en moyenne), où les chefs de projet désignés par la direction générale disposent d'une très petite équipe de spécialistes détachés pour la durée du projet, mais « contractent » dans les unités principales fonctionnelles les hommes et les moyens supplémentaires dont ils ont besoin à chaque stade d'avancement du projet.

Il est envisagé qu'en fonction du développement de l'activité, un « directeur des projets » soit nommé pour coordonner les chefs de projet et surtout capitaliser leurs expériences et, assisté d'un support marketing, susciter de nouvelles opportunités.

1. Seules les stratégies de recentrage ont pour effet de restreindre l'incertitude exogène par réduction de la diversité et l'incertitude endogène par réduction de la complexité de l'organisation.

FIGURE 16.12 **Solution intégrée client**

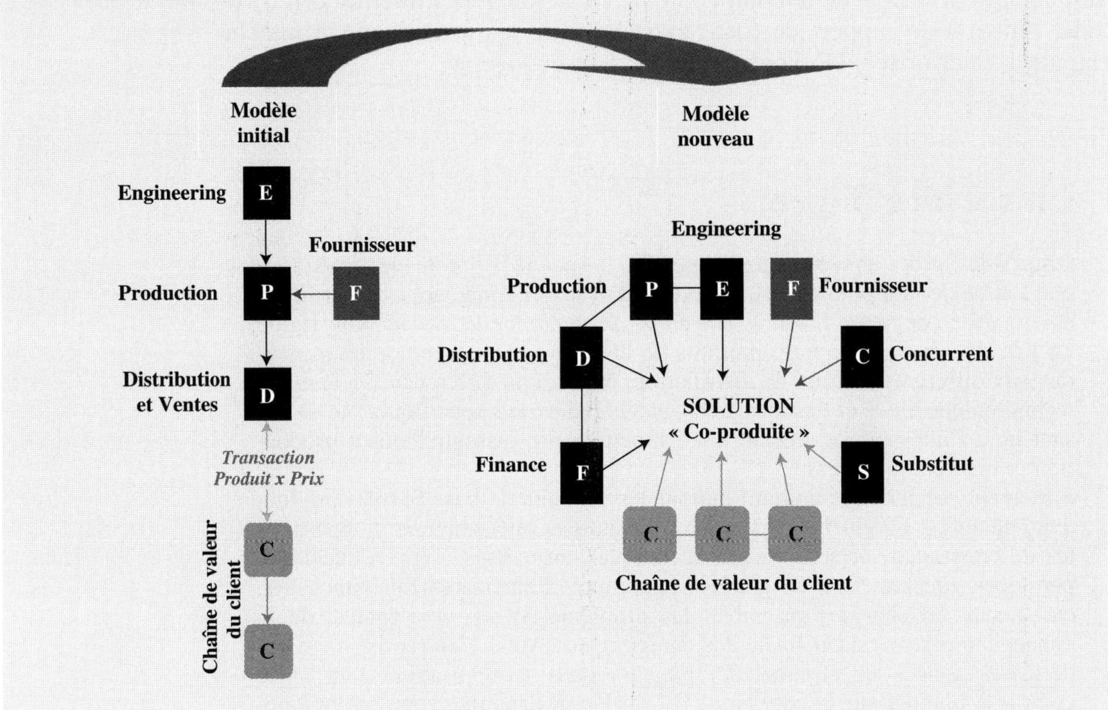

Dans cette activité de conception et de conduite de solutions, chaque unité (opérationnelle et support) apporte directement sa contribution à la solution, interagit avec le client et les autres partenaires et doit devenir à la fois « stratégique » et « opérationnelle ». Chaque manager, chaque équipe de l'activité « Solution » doit changer sa façon de raisonner (vision plus large, objectifs globaux de l'entreprise...) ainsi que ses procédures et routines de travail.
Le changement stratégique sera effectif s'il est sous-tendu par un changement de structures, un nouveau système de mesure des résultats et de motivations et un réel changement culturel (expérimenter, expliquer, former.). Cependant deux questions demeurent en suspens :
comment implanter et maintenir une structure spécialisée parallèle à la structure principale qui ne deviendra que peu à peu profitable, mais qui doit « cross-fertiliser » le reste de l'entreprise ?
L'entreprise sera-t-elle capable d'incorporer un tel changement et de le soutenir avec succès sur le long terme ?

Les entreprises sont plus ou moins capables de gérer ce transfert de l'incertitude entre l'univers stratégique et l'univers organisationnel. Une entreprise qui fait de l'innovation son principal vecteur de développement est plus à même de gérer l'incertitude qu'une entreprise qui adopte une stratégie de suiveur. L'innovation se caractérise par un haut niveau d'incertitude externe. Mais pour innover, il faut aussi être capable de gérer un degré d'incertitude endogène important. Les entreprises sont d'autant plus à même de supporter un niveau d'incertitude externe élevé qu'elles ont intégré l'incertitude comme une dimension clé de leur action et ont adopté des schémas de fonctionnement moins mécanistes. Gagner en flexibilité, être capable de redéployer rapidement ses ressources implique d'accepter un degré moindre de spécialisation (au prix d'une efficience moindre, voire d'un éventuel surcoût), d'associer à cette polyvalence une forte réactivité reposant sur une moindre formalisation et de rapprocher les instances de décision du terrain en raccourcissant la chaîne de commandement. Pour s'adapter au flou externe il faut accroître le flou interne, rendre la structure moins mécaniste. Pour que les frontières entre territoires soient reconfigurées facilement, il ne faut pas les définir de manière trop précise. Les zones frontières ne doivent plus être considérées comme des zones d'exclusion, mais comme des espaces de collaboration. Lorsque l'évolutivité se combine avec la diversité, c'est l'ensemble de l'organisation qui doit être capable de percevoir les signaux faibles de l'environnement et d'élaborer les changements qui s'imposent.

3.2 Le concept de compétence

Le concept de compétence se trouve au carrefour de plusieurs approches, économique, sociologique, organisationnelle. Il conduit à un renouvellement de la réflexion stratégique, l'adaptation à l'environnement laissant la place à la valorisation des ressources et des compétences accumulées au sein de la firme et à leurs expressions sous la forme des métiers maîtrisés et des capacités d'innovation.

Dans ce chapitre nous ne nous appesantirons ni sur les stratégies basées sur les compétences ni sur les mécanismes permettant à l'entreprise de développer ses capacités d'apprentissage. Nous nous intéresserons plutôt à l'impact du design de l'organisation sur leur construction, à l'incidence des choix concernant la localisation, les modalités de mobilisation et de développement des compétences, sur la performance de l'entreprise.

3.2.1 La formation des compétences

Les compétences résultent de combinaisons de savoirs, de comportements individuels et d'expériences collectives sur lesquelles la conception des structures influe largement. Au-delà de la formation des compétences, c'est leur capacité à procurer à l'entreprise des avantages stratégiques durables et défendables qui est en jeu, la capacité de l'organisation à mobiliser ses compétences pour construire une offre pertinente de produits et/ou de services. Pour ce faire, l'entreprise doit concentrer son énergie sur un nombre limité de compétences clés, mettant en exergue les valeurs, les attitudes et les normes d'action collective auxquelles elle souscrit, compétences clés sur lesquelles elle capitalisera un maximum d'expérience, dans la perspective d'en faire les éléments déterminants du succès dans le champ stratégique choisi (figure 16.13).

FIGURE 16.13 **Des ressources de base aux avantages compétitifs**

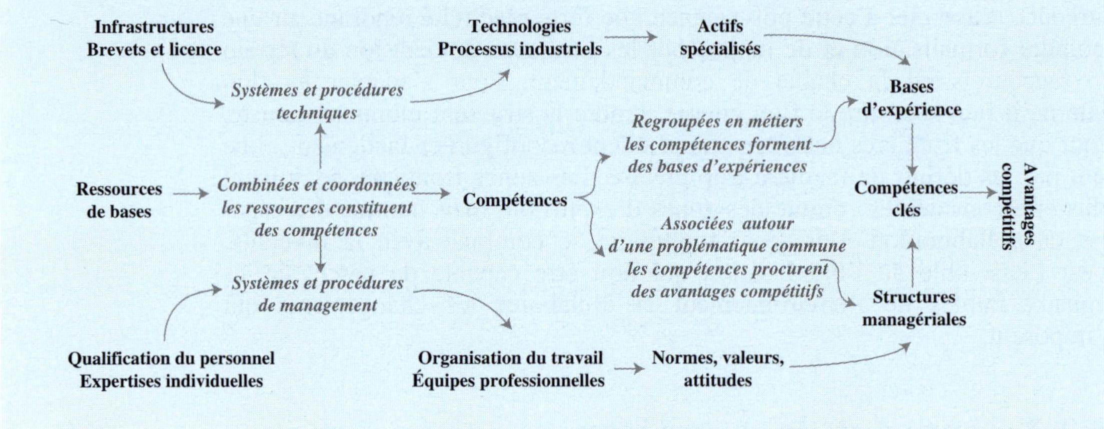

3.2.2 *Le design de l'organisation et le développement des compétences*

Les compétences résultant d'une combinaison des ressources de base dont dispose l'entreprise, leur construction pose une première question : comment regrouper les individus pour que l'association de leurs qualifications et de leurs expertises individuelles génère des compétences ? Quelle doit être la taille des unités de base de l'organisation pour que cette mutation s'opère dans les meilleures conditions ? Une fois cette question résolue, il faut alors s'interroger sur la manière la plus efficace de mobiliser ces unités de base, de les faire coopérer, pour produire de réelles bases d'expériences, faire émerger des compétences clés et les transformer en avantages compétitifs.

Construire les compétences relève de la différenciation de l'organisation, les transformer en avantages compétitifs met en jeu les mécanismes d'intégration. Plus l'éventail de compétences détenues est important, plus l'entreprise doit être en mesure de gérer un nombre important d'unités de base pour éviter un amalgame improductif, mais il lui faut, alors, être capable de mettre en œuvre des capacités d'intégration puissantes pour éviter une atomisation préjudiciable à la densité et à la qualité des échanges.

Si l'on admet que seules des compétences difficilement accessibles et imitables par la concurrence peuvent générer des avantages compétitifs durables et défendables, les structures doivent être conçues de manière à provoquer des échanges complexes entre des individus nombreux et différents tout en protégeant le résultat de ces échanges des risques d'imitation. Il leur faut pour cela favoriser l'émergence de compétences au caractère plus tacite, moins tangible, détenues individuellement et partagées collectivement, reposant plus sur les capacités organisationnelles que sur la valeur intrinsèque des ressources qu'elles mobilisent, faisant plus appel à des capacités d'ordre comportemental que cognitif, moins dépendantes des caractéristiques environnementales, plus volontaristes et savoir, enfin, prévoir en permanence le renouvellement des compétences avérées par de nouvelles compétences potentielles. C'est une des raisons majeures qui pousse les entreprises à adopter des structures de type organique moins vulnérables au plan stratégique car elles permettent de gérer par ajustement mutuel des compétences ayant ces caractéristiques... quitte à rechercher de nouvelles sources d'efficience moins dépendante de l'explicitation des compétences et de leur formalisation[1].

L'accroissement de la diversité conduit aussi à privilégier des structures à caractère organique. Alors que dans les structures mono-dimensionnelles, il s'agit de trouver un compromis satisfaisant entre des dimensions antagonistes, dans les structures multi-dimensionnelles il s'agit, au contraire, de pousser aussi loin que possible la logique de chacune des dimensions. Dans une matrice bidimensionnelle fonctions-produits, par exemple, il faut concomitamment construire des « métiers » reposant sur des bases d'expérience associant des spécialistes dans une perspective fonctionnelle commune, et matérialiser ces compétences sous forme de biens et/ou de services en combinant de manière originale ces bases d'expériences autour d'une problématique commune. Cela exige des individus concernés la capacité de passer facilement d'une perspective temporelle à une autre, de changer aisément leurs rythmes de fonctionnement. L'adoption d'une structure pluridimensionnelle déplace la recherche de compromis du niveau structurel au niveau individuel. L'accroissement du nombre de dimensions de l'organisation pousse naturellement à l'atomisation, à l'accroissement de la différenciation. Elle autorise la poursuite d'objectifs considérés auparavant comme contradictoires en facilitant les connexions multiples entre les composantes de base de l'organisation (individus, équipes, unités, selon le type d'activité), mais elle requiert pour exploiter ce potentiel un développement considérable des capacités d'intégration. C'est dans cette perspective que se situent les grands groupes multinationaux diversifiés ayant adopté une structure globale.

Dans une structure intégrant le concept de compétence, les unités de base constituent la partie la plus stable de l'organisation car elles sont détentrice des compétences durables. Elles constituent en quelque sorte le « clavier » organisationnel qui permet d'organiser les multiples combinaisons de compétences nécessaires pour répondre aux problèmes stratégiques auxquels l'entreprise est confrontée. Diminuer la taille des unités de base, c'est augmenter le potentiel combinatoire de l'organisation. C'est dans ces unités que sont associés les compétences individuelles et les actifs spécifiques au sein

1. En effet, plus les compétences sont explicites et intangibles, plus elles mobilisent les capacités cognitives et reposent sur la valeur intrinsèque des ressources, plus la normalisation associée à la division verticale du travail et la supervision directe sont sources d'efficience.

de systèmes techniques. La taille de chaque unité dépend donc du type de compétences individuelles que l'on veut réunir, des actifs spécifiques nécessaires et de la modularité des systèmes techniques correspondants.

Prenons pour exemple les activités de prestation de services intellectuels (formation, conseil, ingénierie...). Les compétences individuelles jouent un rôle primordial dans ces activités. Chaque univers professionnel codifie son domaine de savoir propre. Ainsi dans le domaine de la formation, c'est la codification académique du savoir qui importe. Dans une institution de formation à l'économie, par exemple, ce sont les subdivisions du savoir économique qui sont pertinentes, la gestion des entreprises trouvant sa place dans l'univers de la micro économie. Dans une institution dédiée à la gestion des entreprises, par contre, les savoirs économiques peuvent constituer une entité unique, assimilée à une des disciplines de gestion (finances, marketing, contrôle de gestion...). Suivant la taille de l'institution chaque discipline peut constituer une unité à part entière ou n'être représentée que par un individu, associé à d'autres au sein d'unités composites. Suivant la stratégie de l'Institution, ces compétences seront plus ou moins spécialisées. Une stratégie fondée sur un domaine de savoir conduira à une hyper-spécialisation des compétences, alors qu'une stratégie fondée sur un terrain d'application spécifique, la création d'entreprises, par exemple, engendrera une diversification des disciplines à la place de l'hyper-spécialisation précédente.

Dans l'industrie automobile, les actifs spécifiques et les systèmes techniques sont déterminants. L'exigence d'une plus grande variété et d'un renouvellement plus rapide des modèles à conduit à adopter une conception modulaire permettant d'envisager une organisation totalement différente des unités de bases. La base de travail n'est plus le modèle mais les sous-ensembles fonctionnels (moteur, suspension, transmission...), un modèle étant une intégration originale de sous-ensembles qui n'ont pas vocation à lui être exclusivement destinés. Les synergies sont au cœur du nouveau système technique dont le découpage beaucoup plus fin permet d'identifier des unités de taille plus réduite chargées de concevoir des sous-ensembles indépendants mais adaptables de manière à créer le plus possible de diversité en les combinant diversement.

3.3 La gestion des compétences

La gestion des compétences pose plusieurs problèmes. Le premier problème est celui de leur repérage au sein de l'organisation, le deuxième tient à leur localisation au sein de la structure, le troisième concerne leur entretien et leur développement, le quatrième leur mobilisation.

3.3.1 Le repérage et le développement des compétences

Le repérage des compétences au sein de l'entreprise s'inscrit dans un univers paradoxal, pour le faciliter, il faut prendre le risque d'augmenter la vulnérabilité de l'entreprise. Selon Yves Doz l'entreprise doit faire face à deux dilemmes :

• le dilemme de la codification des compétences, qui facilite leur transfert mais peu bloquer leur évolution ;

• le dilemme de la spécificité des compétences, qui permet d'accroître le potentiel de différenciation mais en limite la transférabilité.

En ce qui concerne leur développement, l'entreprise est confrontée à deux autres dilemmes :

• le dilemme de la continuité des compétences, qui conduit à privilégier leur approfondissement au détriment de nouvelles opportunités et en courant le risque de s'enfermer ;

• le dilemme de la solidité des compétences qui peut procurer des avantages compétitifs plus durables mais aussi créer des difficultés de reconversion.

Pour ne pas se trouver prisonnier de ces dilemmes l'entreprise doit développer ses capacités à articuler de manière originale les compétences qu'elle détient. En effet, l'importance stratégique des compétences dépend tout autant de leurs caractéristiques intrinsèques que de leur potentiel combinatoire. Ainsi, l'absence d'opportunité de combiner une compétence à d'autres résout les dilemmes de la continuité et de la solidité. Quant aux dilemmes de la codification et de la spécificité, ils perdent de leur acuité dans la mesure où la capacité de combiner de manière originale les compétences permet de les codifier en limitant les risques, et d'en compenser éventuellement la faible spécificité.

3.3.2 La localisation des compétences

La localisation des compétences au sein de la structure se pose en termes de rareté et de besoin. Plus large est le champ d'utilisation des compétences, plus il est souhaitable de les diffuser au sein de l'organisation de manière à ce que le partage de ces compétences ne conduise pas à opérer inutilement des arbitrages. À l'inverse, la localisation des compétences rares, très spécifiques ou utilisées moins fréquemment, est plus délicate. Elles doivent être à la disposition des composantes de la structure les plus à même de les développer lorsqu'il s'agit de compétences rares, au plus près de leur mobilisation pour les plus spécifiques et d'un accès facile pour les moins fréquemment utilisées. C'est ainsi que l'on trouve dans les structures régionales les compétences permettant d'adapter l'offre de biens et de services aux particularités des clientèles et des contextes réglementaires locaux. C'est afin d'atteindre la masse critique nécessaire à leur expression que l'on concentre les ressources les plus spécifiques et les plus rares tout en différenciant leur localisation suivant leur champ potentiel de mobilisation au sein de l'organisation.

Dans l'industrie du médicament, par exemple, l'importance stratégique et le coût de la recherche fondamentale conduit à concentrer les compétences correspondantes et à les placer directement sous l'autorité des décideurs les plus élevés. Tout aussi stratégiques dans un contexte concurrentiel exacerbé, les compétences procédurières et administratives, très spécifiques, permettant d'élaborer les dossiers de mise sur le marché sont, elles aussi, concentrées. Il en va de plus en plus de même des compétences logistiques. Par contre, les compétences de marketing et de ventes sont très largement diffusées, chaque pays, chaque marché, chaque ligne de produits requérant des compétences différenciées.

3.3.3 L'exploitation des compétences

La valorisation du potentiel de compétences détenu par l'entreprise pose de nombreux problèmes. Plus elles sont spécifiques et rares, plus les compétences doivent pouvoir être mobilisées rapidement. C'est par leur disponibilité qu'elles procurent à l'entreprise des avantages stratégiques. Plus elles sont diffusées au sein de l'organisation, plus les compétences ont tendance à déborder de leur cadre de codification et à devenir tacites, sous la pression des spécificités locales. Plus elles sont spécifiques plus les compétences ont tendance à demeurer dans le cadre structurel qui les a vues naître et se développer.

Diversification et taille donnent un relief particulier à ces questions. Elles imposent de mettre en place des mécanismes qui permettent de palier les difficultés qu'elles créent, de faciliter les échanges et les ajustements mutuels indispensables. Ces mécanismes sont multiples et leur mise en œuvre doit faire l'objet d'une réflexion d'ordre stratégique. Ils vont de la mise en œuvre d'initiatives transversales à la création de bases de données partagées, en passant par l'organisation de la mobilité des individus, les prêts de spécialistes.

Exemple

Au milieu des années quatre-vingt-dix, le groupe Sommer-Allibert décide de différencier l'organisation de ses divisions tout en renforçant les synergies de nature tant industrielles que commerciales au sein du groupe, mais sans pour autant alourdir ses superstructures. Pour y parvenir, il s'engage dans un processus de gestion des compétences reposant sur un dispositif sextuple (figure 16.14) :

- renforcement du rôle de la DRH groupe, chargée de définir les conditions d'une mobilité interne à travers l'identification de trajectoires de carrière au sein du groupe ;
- généralisation d'initiatives transversales destinées à organiser des lieux de rencontre et d'échanges entre les détenteurs de compétences ;
- création de bases de données industrielles destinées à apprécier les facteurs de performance par technologies ;
- mise en place de modalités de prêt ou de détachement de spécialistes entre les divisions ;
- création de groupes transversaux destinés à assurer une veille technologique et concurrentielle ;
- organisation de sessions de formation orientées en fonction des résultats fournis par le système de veille.

FIGURE 16.14 **Le dispositif de gestion des compétences**

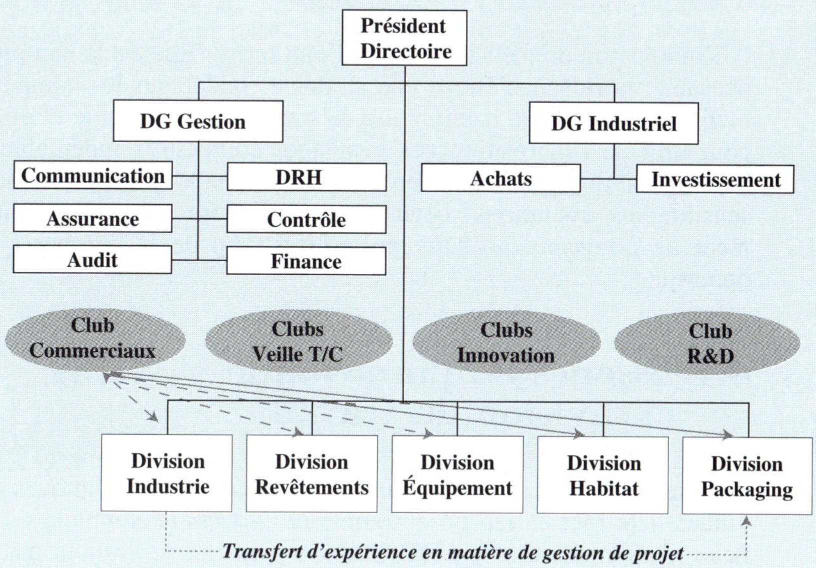

Ce dispositif est essentiellement basé sur les échanges mutuels à travers les clubs, les transferts de compétences d'une division au profit d'une autre. Il affirme la volonté de rendre la structure divisionnelle plus ouverte et plus flexible à travers le partage des compétences, l'échange d'expériences, la diffusion de la gestion de projets et l'instauration d'une mobilité des hommes fondée sur le transfert et la transposition des compétences acquises. Ce faisant, il évite la constitution d'une technostructure supplémentaire et un alourdissement du siège qui provoquerait une levée de bouclier et une résistance naturelle au sein des divisions.

Ainsi, la valorisation des compétences détenues par une entité organisationnelle dépend largement, aussi, de son ouverture et de sa capacité à leur associer des compétences externes susceptibles de les fertiliser. C'est un principe valable à l'intérieur comme à l'extérieur de l'entreprise. Dans un contexte d'incertitude élevé cette ouverture constitue une soupape importante permettant de mieux gérer les dilemmes évoqués précédemment. Encore faut-il pour cela que la conception de l'organisation s'y prête, qu'elle autorise et encourage le dépassement des frontières traditionnelles entre territoires. Cela suppose un renouvellement de la conception des organisations et du changement que nous aborderons dans les chapitres suivants.

4 Accélérer les innovations

L'innovation donne l'initiative à l'entreprise. Elle est le complément indispensable, la raison d'être d'une stratégie fondée sur les compétences. Pour innover avec succès, il faut avoir le sens de l'opportunité et être le premier pour tirer de l'innovation des avantages compétitifs indéniables. Pour cela l'entreprise doit non seulement être largement ouverte au monde extérieur, sensible aux évolutions sociétales, mais encore capable de générer rapidement de nouveaux produits et services afin de les proposer au moment opportun.

4.1 Essence de l'innovation et division du travail

L'innovation, ne se réduit pas aux seuls contenus techniques ou technologiques, elle met en jeu un ensemble de processus complexes, organisationnels, relationnels et cognitifs. Ces processus ne se limitent pas au cadre de l'entreprise, mais affectent l'ensemble du système productif, ils la placent dans un espace où interagissent, dans la durée les acteurs de la recherche, de l'industrie et de la formation, mais aussi ses partenaires et concurrents, ses clients, ses fournisseurs et ses financeurs. Ils renouvellent les relations, remettent en cause les frontières établies, insèrent fournisseurs et clients dans des relations de co-production, provoquent des alliances plus ou moins durables qui modifient les caractéristiques de l'environnement.

Aujourd'hui, les innovations se succèdent à un rythme tel qu'il faut les gérer comme des flux et non plus comme des événements ponctuels. Ce sont de moins en moins des inventions isolées, elles forment un ensemble cohérent de matériels, de produits, de conditionnements, de services associés. Elles revêtent un aspect systémique, mettent en jeu des coopérations qui débordent le cadre de l'entreprise, tendent à être de plus en plus externalisées et partagées.

L'innovation dépend de la qualité de la coopération entre de nombreux acteurs qui s'inscrivent dans des logiques professionnelles différentes, voire antagonistes, l'ampleur des innovations étant souvent corrélée à l'hétérogénéité des acteurs impliqués. Ainsi, l'innovation ne peut plus être considérée comme relevant d'une responsabilité unique. Elle n'est pas le territoire du service de recherche et de développement (R&D) car elle nécessite une mobilisation générale des compétences de l'entreprise. Le processus d'innovation ne peut être linéaire et hiérarchisé sous peine d'opposer les acteurs, le marketing à la recherche, de négliger ou de retarder l'implication des échelons, considérés comme subalternes (production et commercial), qui sont au contact de la réalité opérationnelle. L'innovation s'accommode mal des modalités et des rythmes de fonctionnement des activités répétitives. Le concept de projet trouve dans l'innovation un terrain privilégié d'expression par sa capacité à réguler les ajustements entre professionnels. Il permet de substituer des processus collectifs et itératifs aux processus linéaires produits par les divisions verticale et horizontale du travail.

4.2 L'adaptation des structures à l'innovation

Par essence transversale, l'innovation nécessite une ouverture et une flexibilité des structures et des hommes qui les composent. C'est pourquoi, lorsqu'il s'agit de provoquer une rupture et/ou lorsque la maturité transversale de l'entreprise est faible, la constitution d'une entité spécifique indépendante des structures d'exploitation est préférable. Cette entité chargée de mener à bien l'intégralité du processus d'innovation et dotée de ses propres ressources peut agir sans craindre les réactions négatives des responsables des activités courantes. Cependant, une structure d'innovation indépendante est peu adaptée à la gestion de flux réguliers d'innovations qui nécessitent un large recours aux compétences métiers. De plus, l'innovation produite par une structure indépendante est difficilement réintégrable dans l'entreprise qui en a été le promoteur. Force est alors de rechercher les moyens d'assouplir le fonctionnement de l'organisation, d'identifier et de donner de nouveaux degrés de liberté aux acteurs et de mettre en place un processus original pour faire évoluer les métiers en conjuguant leurs expériences.

Alcatel

À la fin des années quatre-vingt-dix, Alcatel se trouve dans une situation critique. Sa division Telecom System dispose d'une structure matricielle tridimensionnelle comprenant cinq *business units*, des services fonctionnels puissants et des unités géographiques (pays) responsables de comptes de résultats est difficile à manager. Résultant de multiples acquisitions, elle abrite de nombreux conflits d'intérêt entre des unités qui constituent de véritables baronnies. Dans un tel contexte il est difficile d'engager des actions permettant d'être plus réactif et plus flexible au regard des évolutions du marché. À son arrivée aux commandes, Serge Tchuruk engage une réforme ayant pour principal objectif de simplifier les structures en passant à une structure purement divisionnelle (huit divisions responsables de profit au plan mondial), de clarifier les objectifs, de réduire les coûts et de gagner en cohérence en supprimant les doublons et de réduire le *time to market* pour gagner en réactivité et se rapprocher des clients. Grâce à ces mesures, Alcatel va rattraper son retard et disposer de produits intégrés compétitifs qui consacrent son retour. Les mentalités évoluent vers une approche plus intégrée, des ponts sont lancés entre les divisions, la gestion des compétences et le *knowledge management* sont mis en œuvre, appuyés par une forte implication du top management. Mais il reste encore beaucoup de chemin à faire pour

▶

▶ améliorer la rapidité de réaction face aux opportunités du marché. Il faut pour cela innover et trouver une forme d'organisation permettant de saisir rapidement des opportunités et de les transformer en succès. L'avènement de l'ADSL va en être l'occasion. C'est une révolution technologique qui constitue une réponse idéale à un marché demandeur de débit sur Internet (multimédia, Internet mobile...). Alcatel maîtrise la technologie mais il faut faire vite, la taille n'étant pas génératrice d'avantage concurrentiel et la prime au premier entrant jouant à plein. La décision de créer une structure transversale dédiée est prise. Limitée à deux cent cinquante personnes, constituée d'experts de la technologie ADSL uniquement, elle prend en charge toutes les dimensions, produit, marketing, vente, recherche et développement... Orientée vers le résultat, flexible, réactive dans la prise de décision spécialisée, autonome (protégée des ingérences dans les opérations de gestion courante), fortement motivée par le challenge, la *Virtual Company* ainsi dénommée en raison de son caractère atypique au sein d'Alcatel, réussit pleinement sa mission, Alcatel s'empare de 50 % de part de marché, double ses ventes en l'espace d'une année et affirme ainsi sa marque dans ce domaine. Mais ses membres se sentent en partie dépossédés de leur succès lorsqu'ils doivent remettre l'activité qu'ils ont initiée avec brio aux divisions pour la poursuite de son développement. À l'issu de l'expérience des questions demeurent : comment rééditer de telles opérations ? quels enseignements en tirer pour faire évoluer les structures opérationnelles, les mentalités et les comportements au sein de l'organisation de manière à instaurer une réactivité comparable ?

La première difficulté consiste à inculquer la culture projets aux métiers. Pour cela il faut leur faire comprendre que la culture projet ne remet pas en cause leur expertise, mais s'appuie au contraire sur elle pour trouver, grâce à une approche globale de l'optimisation, les compromis permettant de générer des innovations réussies répondant aux contraintes de mise sur le marché. Il faut aussi changer leur rapport au temps en leur fixant des objectifs temporels, précis et contraignants, à la place de l'horizon temporel plus ou moins glissant qui constitue leur rapport au temps traditionnel. La deuxième difficulté réside dans la constitution d'une équipe entièrement dédiée au projet, pluridisciplinaire mais de taille restreinte, légitime, bien que ne regroupent pas toutes les compétences nécessaires. La troisième difficulté consiste à établir les indispensables connexions entre les métiers et l'équipe projet en désignant des référents susceptibles de la représenter légitimement et d'assurer sa démultiplication. Il est primordial de positionner ces responsables comme membres d'un réseau de compétences mis au service des projets.

L'innovation requiert la mise en œuvre de formes d'apprentissage collectif. Cet apprentissage repose non seulement sur le partage des savoirs et savoir-faire tacites que détiennent les différents acteurs appelés à collaborer, mais aussi sur l'adoption de comportements et de modes d'action nouveaux.

L'équipe projet est le premier lieu d'apprentissage ses membres d'origines différentes présentent des profils et des styles de travail qui doivent être combinés harmonieusement et évoluer au cours de la gestation du projet, de la créativité la plus débridée à la rigueur de manière à combiner créativité et efficacité, en sachant structurer l'espace temps dévolu au projet de manière à créer une dynamique substituant progressivement l'action à la réflexion. Cela implique de changer de dispositions mentales, de rythme de travail, de modifier la nature des échanges entre acteurs, pour transformer la liberté, l'ouverture et le foisonnement en choix clairs et définitifs imposant rigueur et discipline dans l'exécution. L'équipe doit, pour cela, arriver à se doter de méthodes de travail évolutives facilitant ces mutations.

Le deuxième lieu d'apprentissage est la structure fonctionnelle, l'organisation en métiers où sont détenues les compétences multiples à mobiliser et à coordonner, en veillant à impliquer tous les métiers, les acheteurs, les vendeurs, les responsables de l'après-vente... concernés qui doivent évoluer et trouver leur place dans un travail d'ingénierie simultanée. Élément clé de cet apprentissage, la communication est au centre du processus. Elle vise à prévenir l'irruption des problèmes, à les traiter le plus précocement possible pour trouver les compromis les plus satisfaisants et éviter le recours aux arbitrages. Savoir formuler collectivement les problématiques qui appelleront la recherche de solutions originales, se doter d'outils de résolution de problèmes, créer des supports de communication formalisés, se doter d'indicateurs, établir des listes de référence en sont les principaux éléments. La construction de ces instruments est un acte d'apprentissage collectif d'autant plus important qu'il est anticipé et qu'il instaure des relations entre acteurs dans des phases où ils sont faiblement sous pression. Pour réussir, il faut développer les capacités de communication de tous les acteurs, membres de l'équipe et spécialistes. Les spécialistes doivent être incités et apprendre à expliciter leurs savoir-faire, de manière à construire des référentiels partagés. Il est souvent nécessaire de renforcer les capacités d'abstraction des acteurs les plus opérationnels pour leur permettre d'apporter leur contribution le plus en amont possible. Mais il ne faut pas oublier dans cette démarche qu'il s'agit d'entretenir et de développer une collaboration entre deux univers qui doivent, pour être efficaces, conserver leur spécificité, leur culture, tout en reconnaissant comme légitimes le rôle, les particularités et la culture de leurs partenaires. La tension entre métiers et projets est nécessaire pour élaborer de « bons compromis » techniques et organisationnels.

Chapitre 17

Le changement organisationnel

Aujourd'hui, le changement organisationnel est devenu l'un des grands problèmes des dirigeants. Après la spécialisation par la division du travail qui a été la principale source d'efficience du passé, *l'adaptabilité est devenue le nouveau facteur de performance que les nouvelles technologies de communication doivent permettre de développer*.

Paradoxalement, la complexité croissante de l'environnement économique et des processus technologiques impose aux organisations un retour à la simplicité : mobiliser les énergies, donner la priorité aux clients constituent les points essentiels de toute action sur les structures. Or la simplicité est bien souvent ce qui est le plus difficile à réaliser.

Cette évolution, qui s'est amorcée à la fin des années quatre-vingt, implique une profonde mutation des structures formelles. Leur rôle statique de cadre de référence des rapports entre acteurs s'efface au profit du rôle dynamique de vecteur de leur action. Leur conception tend à intégrer comme règle de base la précarité ; elle a pour essence la gestion du changement. Pour apprécier la portée de cette évolution, il convient d'examiner différentes approches théoriques du changement organisationnel, de comprendre les tendances lourdes d'évolution de la conception même de celui-ci.

1 L'approche théorique du changement

Le champ de la pensée en matière de changement organisationnel peut être exploré grâce aux cinq approches théoriques dont nous présentons les principales caractéristiques dans le tableau 17.1.

Chacune de ces cinq approches met l'accent sur une vision de l'organisation, de sa relation à son environnement, de la répartition du pouvoir en son sein et des comportements des individus. Chacune apporte un éclairage au problème complexe du changement, mais aucune ne rend compte totalement de celui-ci. Cependant, sans remettre en cause leurs enseignements, il nous semble intéressant de les compléter en montrant l'évolution de la conception du changement au cours des cinquante dernières années.

TABLEAU 17.1 Approches théoriques du changement organisationnel

Approches		Paradigme	Démarche	Outils	Tenants
Approches	Rationnelle	Le changement se gouverne de manière rationnelle grâce à des dirigeants lucides et bien formés, assistés de bons analystes internes et de bons consultants externes.	Le pilotage des organisations passe par la définition d'une vision stratégique puis la conception des structures, processus et système et enfin par l'exercice du leadership.	Le changement se planifie selon quatre grandes étapes : • réunion de l'information, • analyse et diagnostic de la situation, • définition des priorités, • mise en œuvre	I. Ansoff (planification) T. Peters (excellence) Juran, Demig (TQM) M. Porter (stratégie) Hamer et Champy (réenginering)
	Écologique	Le changement résulte de la pression de l'environnement et du marché, qui élimine les moins aptes et oblige les entreprises à s'adapter.	Les organisations ont des marges de manœuvre très faibles car : • les règles dominantes du secteur s'imposent à elles, • elles survivent si elles sont suffisamment souples et flexibles, • toute la population des entreprises d'un secteur évolue dans le même sens.	Le changement est permanent mais très progressif : • il se fait par essais-erreurs-corrections-ajustements, • il dépend de la souplesse de la flexibilité et de l'adaptabilité, • les décisions ne peuvent qu'être incrémentales.	H. Aldrich (écologie des populations) Powell, Di Maggio (Institutionnalisme) C. Lindblom (incrémentalisme disjoint) J. B. Quinn (incrémentalisme logique)
	Politique	Le changement résulte de jeux politico-sociaux entre des acteurs plus ou moins puissants qui, constitués en groupes de pouvoir, négocient entre eux les décisions et leurs mises en œuvre.	Les organisations sont composées de groupes d'acteurs. La structure, les processus, les systèmes et le choix des personnes placées aux postes clés déterminent la stratégie.	Le changement s'obtient essentiellement en : • changeant l'organisation et les règles, • changeant les individus placés aux postes clés, • modifiant les atouts possédés par les différents acteurs.	J. Bower (contrôle stratégique) G. Allison (essence de la décision) M. Crozier (stratégie des acteurs) H. Mintzberg (structures et processus).

TABLEAU 17.1 Approches théoriques du changement organisationnel (suite)

Approches		Paradigme	Démarche	Outils	Tenants
Approches	Ressources	Le changement résulte de l'accumulation historique dans l'entreprise de ressources, compétences et savoirs qui déterminent les priorités et les actions futures.	Les organisations sont constituées d'un ensemble de compétences : • qui composent un portefeuille transversal à celui des produits et services, • qui sont à la source des avantages compétitifs, • et qui peuvent constituer des rigidités face aux changements de l'environnement.	Le changement résulte d'actions à long terme pour : • stimuler l'apprentissage et les connaissances dans le but de développer des compétences, • acquérir et construire de nouvelles compétences en fonction d'une vision du futur, • construire progressivement le potentiel de l'entreprise.	C.K. Prahalad (*core competencies*) B. Wernefelt (*resource based view*) P. Gemawat (*commitment*) Y. Doz (gestion des compétences)
Approches	Cognitive	Le changement se passe dans la tête de chacun et implique d'abord l'évolution des cartes mentales, l'adoption de nouveaux paradigmes exprimés par les dirigeants dans leurs discours stratégiques.	L'organisation est à la fois un lieu de mise en scène de la stratégie (scénarios, discours...), un lieu d'apprentissage progressif et limité et un filtre qui interprète et reconstruit la réalité.	Le changement ne peut qu'être « révolutionnaire » par changement de paradigme, destruction et reconstruction, ou très marginal, les routines évoluant très lentement par apprentissage.	K. Weick (*enactment*) J. March (*organizational learning*) C. Lindblom (*muddling through*) G. Hamel (*leading the revolution*) Nelson & Winter (routines organisationnelles)

2 L'évolution de la conception du changement

Éviter les déperditions d'énergie et les traumatismes provoqués par la résistance au changement en fondant l'adaptation de l'organisation sur une reconnaissance du droit des acteurs à disposer d'eux-mêmes, c'est l'ambition que le développement organisationnel[1] (DO) tente, dès les années soixante-dix, de réaliser. Le développement organisationnel consiste à appliquer des connaissances, des concepts et des recherches sur le comportement

1. *Organization Development* (OD) aux États-Unis.

humain dans les organisations pour réaliser des changements délibérés visant un accroissement d'efficacité. Les quelques citations qui suivent permettent d'en saisir l'essence :

> « Le DO représente donc un processus et une technique permettant à l'organisation de faire le point de sa "culture", de déterminer où et quand les changements sont utiles, de les réaliser et d'en évaluer les résultats[1]. »

Le développement organisationnel familiarise l'organisation avec l'idée que le changement et l'apprentissage sont des mécanismes naturels et essentiels… L'évaluation continue et la réalisation des changements nécessaires doivent être considérées comme une activité permanente, c'est-à-dire tout le contraire d'un processus périodiquement déclenché par diverses interventions extérieures.

> « On ne part pas d'un problème bien déterminé… On pourrait aller jusqu'à dire que le DO consiste essentiellement à empêcher toute manifestation d'autorité, toute ingérence de la hiérarchie. C'est une recherche collective de tout ce qui fait obstacle au bon fonctionnement de l'organisation, et qui se trouve le plus souvent dans le comportement des uns à l'égard des autres[2]… »

La pratique du DO n'a pas souvent engendré les effets souhaités par ses partisans, car elle n'a pu résoudre la contradiction entre la reconnaissance de la contingence comme fondement de l'efficacité de l'organisation, la recherche collective de solutions dans un processus écartant la hiérarchie et l'acceptation du fait que seule la hiérarchie peut apprécier les facteurs de contingence. Le développement organisationnel apporte cependant à notre réflexion sur le changement un élément fondamental. Le changement n'est pas centré sur le modèle, mais sur le processus. Ce qui prime, c'est une vision dynamique, le changement n'est pas la gestion du passage d'un état d'équilibre à un état d'équilibre différent, c'est la gestion du déséquilibre qui caractérise toute organisation dynamique (déséquilibre et mouvement étant intimement liés).

L'analyse sociologique des organisations apporte une vision complémentaire. La résistance au changement n'existe pas en tant que phénomène inéluctable, elle est le produit de la conception rationnelle du changement. Elle se manifeste lorsque la grande masse des individus qui composent l'organisation est considérée comme l'objet du changement et qu'elle n'a pratiquement pas de latitude d'action sur la construction du nouvel univers auquel elle doit s'adapter. En effet, elle n'a alors d'autre alternative que d'accepter ou de refuser en bloc ce que d'autres ont conçu pour elle. Comme le souligne M. Crozier :

> « Les membres d'une organisation ou ses clients ne sont pas en effet attachés de façon passive et bornée à leurs routines. Ils sont tout à fait capables de changer très rapidement s'ils y trouvent leur intérêt, et les habitudes ont pour eux beaucoup moins d'importance qu'on ne croit.

1. *Newton Margulies*, extrait de synopsis, janvier-février 1972.

2. Delnooz H. et De Bettignies H., *Maîtriser le changement dans l'entreprise*, Paris, Éditions d'Organisation, 1975.

> Ils ont en revanche une appréciation très raisonnable et presque instinctive des risques que peut représenter pour eux le changement… Or tout changement met en cause les conditions du jeu et les sources de pouvoir des participants. Ceux-ci ne résistent pas à la réforme pour des raisons affectives ou par manque d'information. Ils peuvent même accepter sincèrement ses objectifs, mais c'est trop leur demander que d'exiger qu'ils renoncent à ce qui leur permet de s'affirmer, de rester maître de leur comportement et éventuellement de mieux accomplir leur tâche. »

L'analyse sociologique des organisations nous apporte ici un élément capital pour construire notre conception de la conduite du changement. Un meilleur contrôle de l'organisation sur son devenir ne passe pas par la limitation des degrés de liberté que les individus se sont procurés, mais par une meilleure capacité à exploiter la dynamique qui en résulte. Une organisation contient un potentiel énergétique (l'ensemble des besoins de réalisation personnelle des individus qui la composent) qui a besoin de s'exprimer. La performance de l'organisation est étroitement liée à sa capacité à éviter qu'une partie de ce potentiel ne soit perdue dans des luttes internes et dans le contrôle des effets néfastes de ces affrontements. Il lui faut valoriser l'autonomie des acteurs en en faisant la base de sa conquête du monde extérieur et, surtout, offrir un nouveau type de réponse à leur besoin de sécurité.

2.1 Changer la source du sentiment de sécurité

Le changement par la crise n'est pas une fatalité. La capacité des dirigeants à anticiper les évolutions externes, le développement d'une culture d'entreprise privilégiant l'adaptation, la flexibilité la souplesse des structures, l'acceptation d'une remise en question fréquente des modes d'action… peuvent permettre d'y échapper. Mieux vaut pressentir les tendances de l'évolution externe suffisamment tôt pour pouvoir traiter leurs implications internes à un rythme compatible avec les habitudes et les comportements humains. Mieux vaut ne pas attendre que l'inertie organisationnelle ait placé l'entreprise dans une situation périlleuse pour provoquer les évolutions nécessaires. Mieux vaut avoir une organisation hybride qu'être prisonnier d'un modèle d'organisation que l'on a trop perfectionné.

L'acceptation du changement organisationnel étant perçue essentiellement comme le résultat de la prééminence de l'impératif de survie sur l'impératif de sécurité dans la perception des individus, la crise est apparue souvent comme l'unique moyen de créer des conditions favorables au changement. En fait c'est le moyen de satisfaire le besoin de sécurité des individus qui est en jeu. L'environnement est menaçant et anxiogène pour tous ceux qui n'ont pas l'habitude d'y être confrontés car ils n'y perçoivent que

FIGURE 17.1 Changer la source de satisfaction du besoin de sécurité

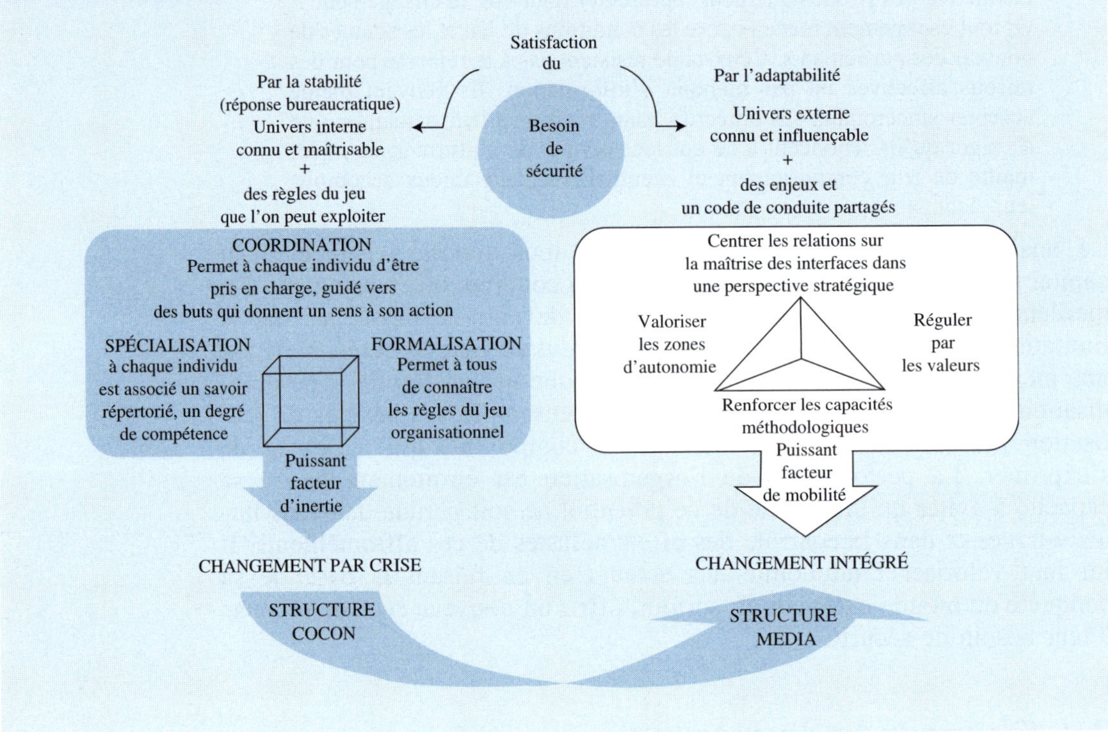

des menaces. Par contre l'ouverture sur l'environnement à la recherche des opportunités qu'il peut offrir aux ressources détenues par l'entreprise produit l'effet inverse. Pour éviter d'être en butte à l'inertie organisationnelle il faut rechercher de nouvelles sources d'attractivité. Une conception de la structure valorisant sa fonction de média vis-à-vis de l'environnement s'impose. L'intégration du changement comme élément endogène conduit à la conception de structures centrées sur l'extérieur et respectant un certain nombre de principes dont certains ont déjà été évoqués dans les chapitres précédents.

Le cloisonnement est un des facteurs majeurs de rigidité : l'accent doit être mis sur les interfaces entre les différents services et sur les interfaces de chaque service avec l'environnement (clientèle, milieux financiers ou scientifiques). La responsabilité doit être directement associée à *la maîtrise des interfaces,* le poids hiérarchique d'un responsable correspondant à l'importance des interfaces qu'il gère et non à la surface de son territoire interne, qu'il peut déléguer à ses subordonnés. Tous les *individus placés à l'interface* entre l'organisation et son environnement peuvent jouer un rôle clé dans le changement organisationnel. Le rôle du dirigeant est sur ce point capital. C'est à lui que revient le soin de déceler et valoriser à l'intérieur de l'organisation les individus susceptibles de percevoir les évolutions externes. C'est à cette condition qu'il pourra exercer véritablement sa fonction de stratège en créant les *conditions internes d'une réceptivité aux inflexions stratégiques* dont il perçoit la nécessité.

Il faut privilégier le traitement par les responsables des sources d'incertitude dues aux évolutions externes, mettre l'accent sur les objectifs communs à plusieurs responsables, et encourager les ajustements réciproques aux dépens des procédures rigides de façon à centrer les comportements sur les finalités, l'efficacité comme vecteur principal de l'efficience dans la gestion des moyens. Cela implique un accroissement important du nombre de ceux qui, dans l'entreprise, ont une véritable culture stratégique. Au fur et à mesure que l'on gravit la voie hiérarchique, les problèmes d'interface sont plus complexes : on passe de l'opérationnel au stratégique et du très court terme au long terme, comme le montre la figure 17.2.

FIGURE 17.2 **L'articulation du stratégique et de l'opérationnel**

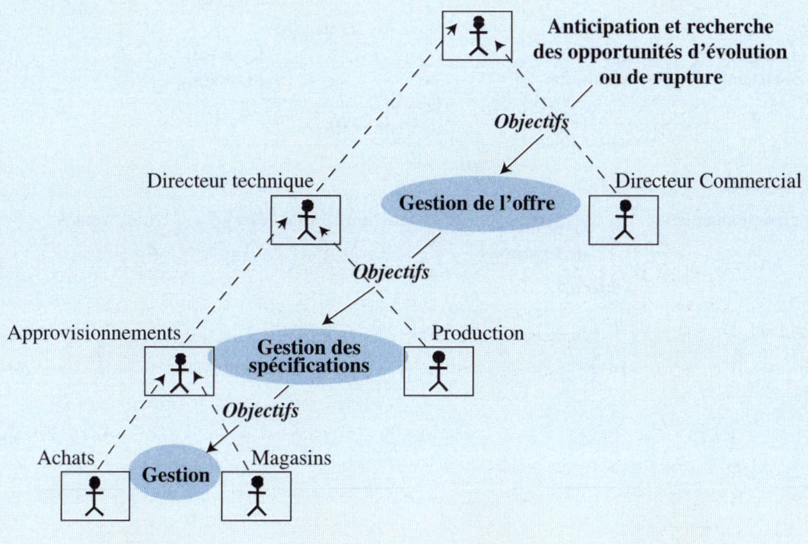

Dans ce type de structure, la formalisation n'est pas élevée, car elle constituerait un gaspillage de temps et un facteur de rigidité inutile. La régulation se fonde sur *l'intériorisation des règles du jeu* par tous les responsables, quel que soit leur niveau dans l'organisation. Ces règles du jeu peuvent trouver leur source dans la déontologie propre à la profession, moyennant certaines adaptations. Mais, dans la majorité des cas, elles résultent d'un code de valeurs propres, lié à un projet auquel on demande aux responsables de souscrire (voir quatrième partie). La régulation par les valeurs s'appuie sur les ajustements mutuels renforcés par le recentrage des responsables sur les interfaces, ce qui amène les responsables à renforcer le système commun de valeurs.

Avec l'institutionnalisation des relations latérales les barrières classiques entre fonctions tombent. Les interfaces entre responsables fonctionnels font l'objet d'une régulation par *ajustement mutuel direct* entre responsables de même niveau grâce à une communication étroite et permanente. Suivant l'étendue des relations transversales, la nature des problématiques traitées change comme le montre l'examen des figures 17.2 et 17.3.

FIGURE 17.3 **Évolution des problématiques et transversalité**

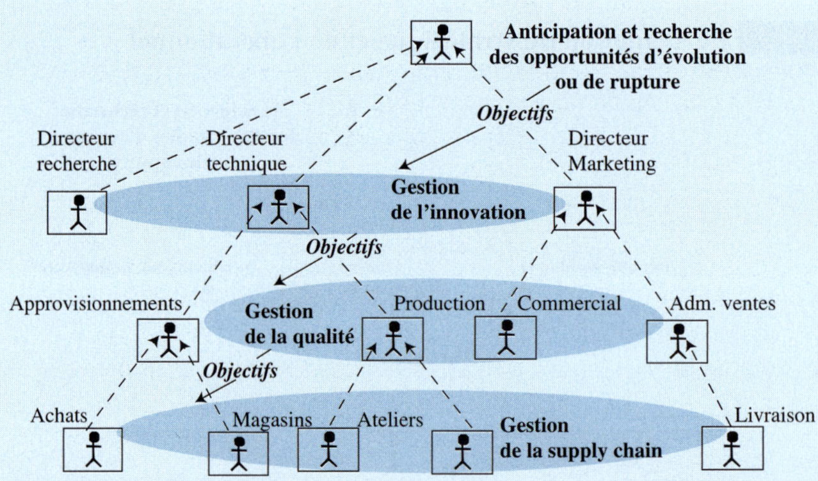

Plus la réactivité doit être élevée, plus la transversalité doit dépasser les frontières instituées par la spécialisation. Ainsi, dans un contexte de fonctionnement classique, le chef d'atelier appartenant à la fonction production aura des relations directes avec le responsable du magasin, relevant de la fonction approvisionnement, pour la résolution de tous les problèmes concernant l'alimentation de son atelier. Ces relations seront régies par la politique d'approvisionnement et de stockage définie au niveau supérieur permettant aux deux responsables de chercher les compromis opérationnels assurant une production au moindre coût. Dans un contexte ou le juste à temps régit les rapports entre entreprises tout au long de la filière, la transversalité doit embrasser l'ensemble des interfaces entre unités de base pour assurer la gestion de la *supply chain* et une maîtrise des délais, de la qualité et des coûts.

Cependant les deux figures précédentes donnent une vision encore très hiérarchique de la gestion des interfaces. Elles donnent une vision stratifiée de phénomènes qui mettent en réalité en jeu des acteurs appartenant à différents niveaux de l'organisation dans une vision moins hiérarchisée et plus participative illustrée par le processus d'innovation présenté dans le chapitre 13. La qualité ne peut être qu'une préoccupation très largement diffusée et partagée à tous les niveaux de l'organisation, de même que l'innovation ne peut être seulement l'apanage d'un petit nombre et a besoin de puiser à toutes les sources de créativité. Ainsi, des entreprises comme 3M exposent les membres de leur encadrement de base de production (maîtrise) au monde extérieur. Elles leurs permettent de rencontrer des clients. Deux idées directrices sont à l'origine de cette démarche. La première postule que la compréhension du contexte et des attentes des clients est non seulement un facteur essentiel de qualité, mais qu'elle est aussi une source d'innovations, dans les processus de fabrication et de prestation de services et, même, dans les produits. La deuxième considère que la créativité doit être un mode d'expression largement partagé au sein de l'organisation, pour faciliter tant l'émergence que la mise en œuvre des innovations. Une telle attitude remet en question les frontières traditionnelles entre les producteurs, autrefois isolés du monde extérieur, et les vendeurs, autrefois seuls exposés au contact direct et fréquent avec les clients. Elle permet de décloisonner l'organisation en créant des liens nouveaux entre deux parties de l'organisation souvent soumises à des tensions et à des antagonismes du fait de leur accès privilégié à un sous-environnement différent et en leur proposant un terrain commun d'expérience : l'exploration concertée des besoins et attentes du milieu client et l'élaboration conjointe d'une réponse novatrice.

Enfin, des hommes peuvent jouer un rôle clé à une interface particulièrement importante de l'entreprise avec son environnement, par exemple ceux qui représentent l'entreprise dans des instances extérieures (conseils scientifiques et techniques, organismes professionnels, commissions diverses suscitées par l'administration). La participation de membres de l'entreprise à ce genre d'activités peut être le fait d'une politique délibérée, le choix des instances extérieures constituant un des éléments du système de veille de l'entreprise. La mission de ces marginaux sécants, tels que M. Crozier les définit, doit être identifiée et valorisée. Ils ont rarement leur place au sommet de la hiérarchie.

Aussi, des relations directes avec les responsables stratégiques doivent-elles être aménagées, afin que la hiérarchie ne constitue pas un filtre préjudiciable à la bonne transmission des informations. La qualité du changement intégré sera fonction de la qualité du système d'information et de décision mis en place, comme cela est décrit dans la troisième partie de cet ouvrage.

2.2 Le passage du modèle au processus

En définitive, deux conceptions du changement s'affrontent. Comme nous l'avons vu dans le chapitre 13, l'une, le changement par la crise, privilégie la définition *ex ante* d'un modèle d'organisation adapté qu'on s'efforce de mettre en œuvre de la manière la plus conforme possible, en dépassant l'inertie provoquée par la résistance au changement et en limitant les déformations engendrées par les stratégies des acteurs. Dans cette conception, le changement se fait du haut vers le bas. La persuasion, la conviction et la coercition sont les principaux leviers des promoteurs du changement qui doivent convaincre les acteurs du bien fondé du nouveau modèle qui leur est proposé.

La seconde conception, met l'accent sur le processus de changement. Elle déplace les efforts des acteurs de la conception du modèle vers la conception du processus. Plutôt que de proposer un modèle détaillé de la future organisation, elle identifie les nouveaux enjeux auxquels l'organisation doit faire face et fournit aux acteurs une méthodologie d'analyse et de traitement de ceux-ci. Le centrage sur les objectifs, associé à la formalisation des stratégies et à l'utilisation de critères d'évaluation explicites, au cours d'un processus qui favorise la communication et la confrontation des points de vue, permet à un maximum d'acteurs d'influer sur le design de l'organisation. La recherche d'une cohérence d'ensemble procède d'une série d'ajustements successifs, de l'accession progressive à une compréhension globale des enjeux auxquels l'institution est confrontée. Ce qui importe, c'est la dynamique, le mouvement, la convergence progressive, l'association du plus grand nombre au processus d'adaptation. Le risque de perdre en cohérence, du fait de l'absence d'une vision globale préalable à toute prise de décision, est considéré comme relativement négligeable par rapport à l'avantage qui naît de l'orientation de l'énergie des acteurs vers des buts communs quoique partiels. Cette conception du changement s'inspire fondamentalement des voies ouvertes par les théoriciens et les praticiens du développement organisationnel. Elle privilégie les phénomènes d'apprentissage, octroie du temps pour changer et permet un engagement progressif des acteurs. L'organisation se construit autour des plans d'actions et des synergies qu'ils requièrent. Le changement se fait par un processus itératif empruntant les dimensions verticale et transversale de l'organisation.

Il y a instauration d'une dynamique de développement organisationnel : les acteurs construisent leur avenir dans toutes ses dimensions au lieu de simplement élaborer les modalités de mise en œuvre d'un avenir dessiné et voulu par d'autres. Le changement devient une des composantes de la vie organisationnelle.

À partir du moment où le modèle de l'organisation future n'est plus au centre des préoccupations, le changement peut ne plus être considéré comme devant se faire tout d'un bloc. Il peut être perçu comme une adaptation, en continu, des routines opérationnelles et des structures aux exigences nées des inflexions stratégiques. Dans cette perspective, la dynamique organisationnelle ne constitue pas en un désajustement progressif conduisant inéluctablement à une crise d'autant plus violente que l'écart creusé n'est pas perçu par les acteurs prisonniers de leurs routines. Le changement n'est pas inéluctablement placé dans un contexte d'urgence, il ne doit pas être réalisé le plus rapidement possible pour compenser l'inertie précédente et sauver ce qui peut encore l'être au prix d'un surcoût humain considérable. Une telle évolution de la conception du changement est d'autant plus indispensable que le rythme des évolutions scientifiques et techniques s'accélère et que le contexte social rend les surcoûts humains difficilement tolérables. En effet changer d'un bloc n'est pas facile à réussir, des entreprises comme Alcatel ou comme Philips, parmi tant d'autres en ont fait le difficile constat.

Philips

En 1990, Philips connaît une crise très grave, malgré les restructurations successives menées au cours des années précédentes qui ont provoqué vingt-quatre mille licenciements en deux ans soit environ 8 % des effectifs. Les pertes prévisionnelles sont évaluées à 2 milliards de florins, ses dirigeants appréhendent une chute de son cours de bourse de 15 % à 20 %. À ce moment l'organisation de Philips est réputée irréformable, ses indicateurs de performances sont très inférieurs à ceux de ses concurrents (avec un bénéfice brut par employé, par exemple plus de quatre fois inférieur à celui de Matsushita et de quatorze fois à celui de Sony) et son management accepte cette contre-performance (« Notre savoir-faire est inférieur à nos prétentions. Nous sommes peu à l'écoute, nous n'échangeons pas nos connaissances, nous n'apprenons rien de nos concurrents. Nous sommes indisciplinés... »). Philips est alors une entreprise fortement bureaucratisée garantissant l'emploi à vie à son personnel et peinant à s'ouvrir à l'extérieur. Elle pratique un lobbying très actif de manière à se protéger de la concurrence japonaise et développe de nouveaux produits sans contrôler les standards internationaux. C'est une entreprise décentralisée mal contrôlée par le siège et réalisant peu d'économies d'échelle. Une réaction drastique s'impose de toute urgence, il faut bousculer les habitudes, restaurer la profitabilité, réduire les coûts, la survie du groupe en dépend, mais il faut aussi lancer une nouvelle dynamique, revitaliser l'entreprise.

En réponse à cette problématique, C.K. Prahalad, pressenti par J. Timmer, propose de lancer un processus de transformation : l'opération « Centurion[1] ». Centurion est un processus qui doit impliquer l'ensemble du personnel du groupe soit près de deux cent cinquante mille personnes en l'espace de deux ans, en commençant par les cent cinquante premiers dirigeants suivis par le ▶

1. Source : Banian Consultant.

▶ reste du management dans un deuxième temps et par tous les employés dans un troisième temps. Les objectifs sont simples rationaliser le portefeuille d'activité, affiner la gestion des actifs, se concentrer sur l'innovation, faire de la qualité un critère de management, ouvrir l'entreprise sur l'extérieur, renforcer les collaborations entre produits et zones géographiques… pour restaurer la profitabilité. Ce processus obéit aux principes décrits par la figure 17.4, il articule des actions à court terme visant à assurer très rapidement la survie et des actions à plus long terme chargées de le revitaliser en instaurant une nouvelle dynamique de fonctionnement.

FIGURE 17.4 **Le processus de transformation**

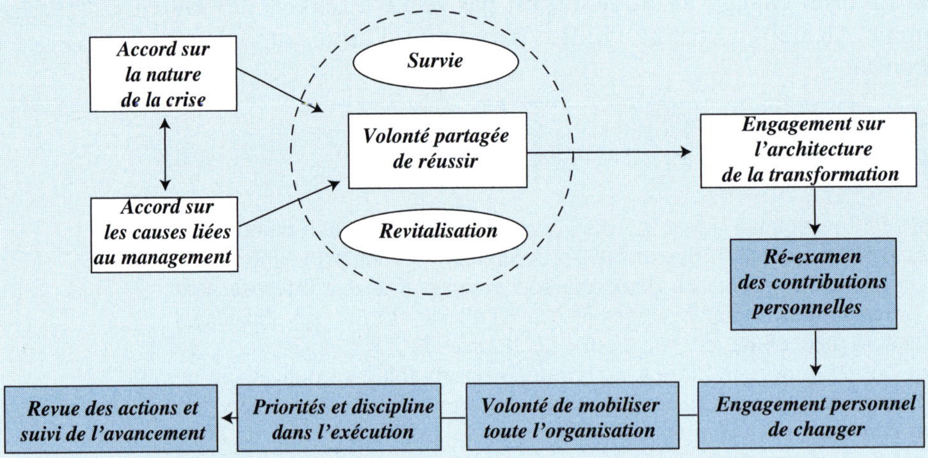

Mais la véritable difficulté vient de l'ampleur de la mobilisation à réaliser pour faire bouger une organisation de plusieurs centaines de milliers de personnes. Il faut, pour cela, mettre en place un dispositif complexe organisant l'immersion progressive de tout le personnel dans des groupes de réflexion destinés à modifier concrètement et en profondeur les pratiques de tous les acteurs. C'est une opération qui nécessite la mobilisation de nombreux consultants, K.C. Prahalad lui-même pour le sommet de l'organisation, puis des professeurs de son équipe, puis des consultants et enfin des agents de changement appartenant au personnel de Philips, sélectionnés parmi les participants des premières réunions et formés à la conduite du changement pour constituer de véritables agents internes de changement.

FIGURE 17.5 **L'architecture du dispositif**

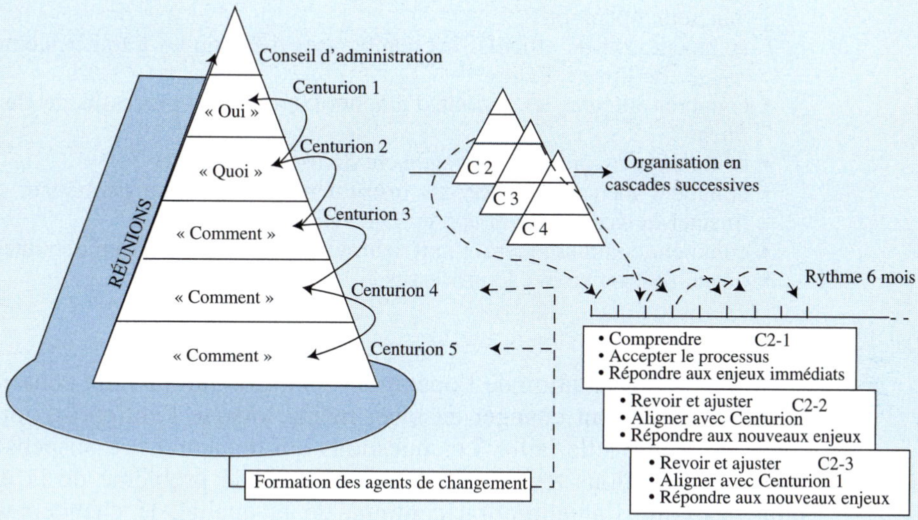

L'objectif de ce dispositif (figure 17.5) est d'organiser la communication la plus directe possible du haut en bas de l'entreprise. Une phase de formation visant les principaux dirigeants de toutes les unités par groupes de soixante-dix personnes est réalisée à partir d'octobre 1991. Chaque réunion de travail regroupe des membres de trois niveaux hiérarchiques successifs de manière à transmettre l'impulsion et à décloisonner verticalement et horizontalement. Le changement d'état d'esprit est conduit par étapes successives en commençant par rechercher un engagement des participants en leur fournissant des éléments leur permettant d'apprécier les enjeux environnementaux et le champ des actions à conduire. Dans un second temps on s'efforce de briser les références antérieures en fournissant de nouvelles données tant internes qu'externes, puis à construire de nouvelles références en partageant les idées et en imaginant des solutions nouvelles pour enfin passer à l'acte et rechercher les moyens pour dépasser les obstacles existants.

Sept ans après le lancement de Centurion, le succès est mitigé. Les indicateurs financiers ont évolué dans le bon sens, la communauté boursière l'a reconnu, mais sur le plan interne, l'opération est loin d'avoir réussi à mobiliser tout le monde. Il a été difficile de développer des changements effectifs au-delà de l'énoncé de nouveaux principes. La gestion des différents projets a provoqué une évolution des mentalités, travail en équipe, communication, coopération, prise en compte du client, partage des informations, discipline, se sont améliorés, l'ambition et la volonté de gagner se sont développées. Cependant des questions restent posées :

▶

- peut-on véritablement changer en conservant les mêmes managers ?
- quel rôle les directeurs et l'encadrement peuvent-ils, doivent-ils jouer dans une telle opération ?
- comment doit-on articuler les nombreuses thématiques à traiter, comment passer de l'une à l'autre ?
- comment intégrer les actions d'amélioration dans le processus de changement ?
- comment s'assurer de l'engagement de toutes les unités ?
- comment mettre en place des instruments d'évaluation permettant d'alimenter la dynamique et apprécier les progrès réalisés ?
- comment communiquer à l'extérieur pour renforcer la dynamique interne ?
- quand doit-on arrêter le processus ?

La simple présentation de l'opération Centurion fait prendre conscience de la difficulté de tout changer en bloc, même lorsque l'entreprise considérée n'est pas d'une telle taille. Les questions qui demeurent en suspens et auxquelles nous allons tenter de répondre posent le problème de la discontinuité. Comme l'amélioration continue de la qualité, le changement est-il sans fin ? Comment concilier les aspirations contradictoires à la stabilité et au changement qui s'affrontent au sein de chaque individu et au-delà dans l'organisation à laquelle il appartient ?

Cette expérience montre aussi que le temps constitue un paramètre clé. Faute de temps, il est difficile d'engager une dynamique de changement susceptible de construire *une cohérence entre stratégie et structure* en mettant en relation les opportunités offertes par l'environnement et les motivations des acteurs au cours d'une série d'aller et retour entre exploration externe et analyse interne. Faute de temps il est difficile aux membres de l'organisation de trouver les voies leur permettant de faire face à un environnement évolutif, de s'impliquer et de se projeter vers l'avenir au lieu de garder les yeux rivés nostalgiquement sur le passé. Mais pour que la dynamique s'engage, il faut savoir donner du rythme à l'action. C'est ce que nous allons développer dans la troisième partie de ce chapitre.

3 La mise en œuvre du changement

Dans la plupart des cours de MBA on enseigne qu'il existe une « bonne » méthode de changement. Ainsi, John P. Kotter professeur à la Harvard Business School et praticien expérimenté propose une démarche planifiée par étapes qui est devenue la bible de la conduite du changement aujourd'hui. Nous en rappellerons en les grandes lignes et mettrons en évidence les obstacles que selon nous on peut avoir à franchir à chaque phase. Nous présenterons ensuite une approche plus « contingente » de la mise en œuvre du changement dans les organisations.

Le modèle de J. Kotter

- **Première étape : établir un sentiment d'urgence**

L'urgence est évidente si l'entreprise est clairement en difficulté, comme par exemple Nissan face à une dette de mille quatre cents milliards de yens à fin 1999, ou si l'entreprise vient de fusionner, voire d'être privatisée. Mais on connaît le phénomène de l'avalanche qui se déclenche alors qu'on n'avait rien prévu. Comment un leader ou une équipe visionnaire peuvent-ils mobiliser l'organisation face à un risque qu'eux seuls pour l'instant perçoivent ?

La solution de principe est simple : mettre ceux qui sont destinés à changer en contact direct avec la source du risque, généralement externe, par exemple en enquêtant auprès des clients, en conduisant un *benchmark* de différentes organisations comparables, en rencontrant d'autres acteurs essentiels de l'environnement… ; bien sûr cela implique qu'on apporte, à tous ceux que le changement doit toucher, la méthode nécessaire à la fois pour conduire le diagnostic et pour bâtir de nouvelles propositions, et donc qu'au final, comme nous le reverrons plus loin, on augmente leur potentiel de compétences.

Ainsi dans un grand centre universitaire spécialisé européen, la formation à l'approche stratégique (logique stratégique, méthodes d'analyse et de diagnostic) d'un noyau d'une vingtaine de professeurs de mathématiques et de sciences exactes, a constitué un préalable qui a permis d'abord de les sensibiliser à l'urgence du changement, en les amenant à recueillir et traiter eux-mêmes des données externes, puis de consolider et élargir la « coalition » (voir 2e étape) et de définir de nouvelles priorités à mettre en œuvre.

- **Deuxième étape : créer la coalition qui guide le changement**

Comment susciter et organiser l'équipe qui va soutenir le processus sur le long terme ? Il faut idéalement qu'elle ait le statut suffisant pour aider à franchir les obstacles, la compétence pour fournir les apports nécessaires au bon moment et comprendre les phénomènes sociaux à l'œuvre, et enfin l'engagement pour convaincre et « tenir la distance » car beaucoup de projets de changement s'enlisent progressivement avant d'aboutir.

Plus précisément, c'est toute la gouvernance du projet qu'il faut structurer : les différents rôles (dirigeants, champions du changement, consultants-catalyseurs…), la dynamique de réunions (orientations, conception, pilotage, feedbacks…), les systèmes de suivi. Le processus doit permettre d'élargir et de consolider rapidement la coalition de départ comme dans l'exemple ci-dessus. Mais la principale difficulté est de laisser en même temps la porte ouverte aux expériences, mieux encore il faut les stimuler pour explorer largement le champ des possibles, et ne pas enfermer trop vite l'organisation dans une vision et une stratégie pré-définies.

▶

▶

• Troisième étape : développer vision et stratégie

L'élaboration d'une vision partagée et des stratégies à suivre aux différents niveaux ne peut se faire que de façon très participative et ouverte, afin de maximiser les richesses des idées apportées et d'ouvrir largement l'éventail des possibilités. Mais s'il importe de déboucher sur un consensus minimum sur de grands axes de changement, il serait catastrophique de définir un programme d'action formalisé qui serait ressenti comme une camisole de force et tuerait toutes les initiatives à venir.

Les équipes doivent travailler sur des scénarios alternatifs et pas sur des plans ou des budgets comme beaucoup de responsables en place l'attendent.

La difficulté dans la formalisation est qu'une vision doit être assez hardie pour mobiliser l'organisation sur un défi, et en même temps suffisamment réaliste pour rester crédible : combien de magnifiques visions, par exemple toutes empreintes d'écologie ou d'éthique, ne résistent pas cinq minutes à un test de la réalité. Mais la vision peut parfois conduire à envisager une organisation à deux vitesses, où les uns perfectionnent un existant encore vital pour l'entreprise, pendant que les autres développent de nouveaux « possibles » en rupture avec le présent. À titre d'illustration, on pourra envisager un programme classique de deux journées avec une équipe de responsables (par exemple les membres la coalition définie plus haut) qui, après avoir ébauché trois ou quatre scénarios possibles dans un premier temps, approfondiront ensuite chaque scénario dans des groupes parallèles, puis en débattront collectivement, pour déboucher sur l'élaboration dans un dernier temps d'une « vision stratégique » qui sera soumise à adaptation et approbation de la direction générale de l'entreprise.

• Quatrième étape : communiquer

Communiquer n'est bien sûr ni seulement informer ni, à l'opposé, donner des ordres. L'attention aux feed-back et la manière de traiter ces feed-back conditionnent le succès du changement. Combien de responsables ont cru résoudre ce problème en faisant appel à une société de communication et en appliquant les recettes de l'« endo-marketing » ! Il est important d'utiliser une gamme large de moyens de communication, et tout spécialement des moyens nouveaux lancés pour la circonstance afin de bien souligner qu'on est face à un problème nouveau. Mais il faut surtout communiquer dans les deux sens et aller au-delà de la simple communication.

Ainsi Percy Barnevik pouvait très justement se vanter d'avoir rencontré personnellement en trois ans (1989-1992), après la fusion d'Asea avec Brown Bowery, les deux cent mille employés de la nouvelle entreprise ABB dispersés dans le monde entier. « Whe are an overhead company », *plaisantait-il en faisant allusion à son usage intensif du rétroprojecteur. Et il ajoutait qu'il avait aussi derrière lui douze « apôtres » – son équipe de direction – qui démultipliaient son action de la même façon. Loin d'une campagne promotionnelle traditionnelle, tout l'effort de Barnevik et de son équipe portait autant sur l'écoute et l'échange que sur l'information et la persuasion.*

▶

▶

• Cinquième étape : donner les moyens de franchir les obstacles (*empowerment*)

Peut-on vraiment penser pouvoir transformer des chefs, même aux niveaux les plus modestes, sûrs de leurs responsabilités et de leur pouvoir, en véritables leaders du changement ? Quel intérêt ont-ils à changer, nous dit Michel Crozier ? La vision anglo-saxonne n'est-elle pas un peu naïve ? Tout projet de changement donne à un moment ou un à autre le sentiment de dévaloriser certains par rapport à d'autres, de créer des injustices. Les tâches sont peut-être plus riches, mais elles sont souvent aussi plus stressantes ; on se sent plus exposé, lorsqu'on pressent que le « cocon » de l'ancienne organisation va disparaître. La principale arme du changement à cette étape est la modification des systèmes d'évaluation et de récompense.

Ainsi, IBM à la fin des années quatre-vingt projetait d'évoluer du hardware au software et services ; mais les ingénieurs commerciaux ont continué, pendant les années qui ont suivi l'annonce du grand plan de changement, d'être principalement récompensés par la quantité de hardware vendu, et de ce fait considéraient toujours les services avant tout comme un complément de marketing pour vendre plus de hardware. Le résultat est qu'IBM, blue chip depuis toujours, s'est retrouvée dans le rouge en 1993, essentiellement, selon sa propre analyse, parce qu'elle était restée très loin de l'objectif de ré-équilibrage qu'elle s'était fixé cinq ans avant !

Modifier les systèmes de mesure des performances et les systèmes de récompenses est une condition absolument nécessaire, bien que probablement pas suffisante, surtout dans une organisation qui a profondément enraciné sa culture au long de son histoire. En effet, au-delà de la liberté d'action et de la stimulation (*empowerment* au sens traditionnel), il nous paraît essentiel de donner les compétences pour comprendre et savoir agir efficacement ; il faut former les acteurs clés aux méthodes d'enquête, de recherche et d'analyse de données, d'analyse stratégique, de gestion de projets, de conduite du changement…, afin qu'ils puissent exercer leur nouveau pouvoir, imaginer et prendre en main les changements à opérer. Il faut enfin leur libérer le temps nécessaire et créer les « espaces transitionnels », comme le suggère Gilles Amado, qui permettront de progresser et d'expérimenter sans une prise de risque excessive qui bloquerait toute créativité. La motivation au changement n'existera chez un manager que s'il perçoit que ses compétences et ses moyens d'action disponibles peuvent sensiblement augmenter au cours et à l'issue du processus de changement.

• Sixième étape : générer et exploiter de petites victoires

Montrer les succès obtenus, même limités mais bien réels, le plus rapidement possible est indispensable pour soutenir la mobilisation.

Ainsi dans une grande opération qui visait à rendre une société d'assurances plus innovantes, la conquête des deux premiers clients sur une offre complètement nouvelle issue du travail d'un « groupe de créativité » a été diffusée et débattue dans toute l'entreprise. La première difficulté a été de créer des résultats incontestables rapidement, et une des solutions a consisté à s'attaquer d'abord aux points susceptibles de générer les retours les plus rapides. La seconde difficulté, particulièrement importante dans notre cas, a été de laisser le jeu ouvert tout en donnant l'exemple aux autres secteurs d'activité :

▶

chaque « petite victoire » obtenue montre que le changement est possible, que l'effort a payé, mais elle ne doit pas être comprise comme une recette unique à copier très strictement (ce qui est souvent la réaction la plus spontanée), le succès peut toujours emprunter des voies différentes.

• Septième étape : consolider les gains et persévérer

Les statistiques montrent que le risque d'enlisement d'un projet de changement est considérable. Les petites victoires successives bien exploitées soutiennent l'énergie nécessaire, mais ne peuvent pas apparaître comme l'aboutissement du projet.

Komatsu, dans sa course à l'encerclement de Caterpillar, lançait tous les six mois un nouveau thème de changement (la qualité, la productivité, l'innovation… mais sous des formes et avec des priorités différentes) sur lequel toute l'entreprise était mobilisée. L'entreprise a réussi à maintenir avec succès cette stratégie pendant plus de 20 ans.

Mais peut-on toujours garder sur le long terme une organisation « sous tension », sans générer soit un stress dont les conséquences négatives pourraient devenir incontrôlables, soit une lassitude conduisant de fait à un complet rejet du projet ? Ce qu'il faut valoriser à ce stade ce sont moins les petites victoires que les grandes : les résultats financiers, le climat interne, la satisfaction des clients, l'image de l'entreprise s'améliorent-elles sensiblement ? De nouveau, il faut le montrer et le démontrer, l'expliquer, en débattre largement… Les -1quipes spécialisées qui avaient été mises en place au départ d'une opération de changement dans la perspective d'une action rapide, doivent maintenant s'enraciner dans l'organisation, au lieu de laisser l'ancien système reprendre le dessus (ce qui se produit malheureusement trop souvent !).

Ainsi les équipes transversales mises en place par Carlos Ghosn au départ du turn-around de Nissan (« Cross-company teams » et « Cross-functional teams »), sont progressivement devenues un des éléments essentiels du système d'organisation de l'entreprise. De même, dans la société d'assurances citée plus haut, les groupes de créativité, les groupes de développement et les groupes de lancement de produits, sont passés dans le quotidien de l'entreprise ; ils ont été ainsi pe u à peu « institutionnalisés ».

• 8e étape : ancrer le changement dans la culture

Le changement ne sera réussi que si la culture de l'organisation se l'approprie, c'est à dire s'il est enraciné dans les valeurs partagées, les comportements personnels, les relations entre individus, entre équipes et entre unités de l'organisation. Il doit donc à ce stade être encadré par des structures, des systèmes et des processus de décision cohérents avec les objectifs du changement et acceptés par tous comme constitutifs de la nouvelle réalité de l'organisation.

Ainsi l'entreprise sidérurgique brésilienne Usiminas lança début 1992 un vaste projet (nom de code « the day after » !) pour préparer son organisation et son personnel aux conséquences de sa privatisation prévue pour intervenir dans un délai d'environ un an. Le projet prévoyant une ambitieuse transformation du modèle économique existant, des structures, des systèmes de mesure et de récompenses, et en définitive de la culture en place. Le succès fut tel qu'après la privatisation en 1993, l'équipe dirigeante a été maintenue par les

▶

nouveaux actionnaires capitalistes, et les principaux programmes d'investissements, conçus et planifiés un ou deux ans plus tôt, ont été mis en œuvre après la privatisation. La plupart des responsables, du CEO aux directeurs d'unités, étaient encore en place plusieurs années plus tard. Le CEO vient de prendre sa retraite en 2004 après environ une décennie de gestion publique, suivie par une autre décennie de gestion, privée cette fois ! Tous les responsables, des directeurs d'unités aux chefs de départements opérationnels, avaient participé étroitement à l'opération de changement et étaient parvenu à y engager l'immense majorité du personnel. Un point mérite d'être souligné dans cette histoire : le soutien d'une large partie de l'environnement (gouvernement régional et administration locale, clients, dirigeants syndicaux, et même population) a été essentiel au succès de l'opération.

Cet exemple nous a aussi montré que l'ancrage du changement ne doit pas seulement se faire dans la culture interne, mais au-delà dans tout le contexte externe à l'entreprise. Il y a ainsi dans le monde un certain nombre de privatisations ou d'acquisitions qui sont fortement contestées par des acteurs de leur environnement, voire par une bonne part de la population locale.

La conséquence est que ces entreprises ne parviennent pas à consolider leurs changements internes, et s'enfoncent le plus souvent dans l'inefficacité... ce qui rend l'opération de privatisation ou d'acquisition engagée encore plus contestables, et la boucle est bouclée ! À l'opposé, Carlos Ghosn, pour réussir le turn-around de Nissan, a bénéficié d'un appui important des médias et au-delà, d'une large part de population du Japon.

En résumé, tout changement ne peut réussir de façon durable que s'il est absorbé et enraciné dans la culture interne, et s'il crée ou maintien en même temps, une symbiose suffisante avec l'environnement de l'organisation.

3.1 Le changement contingent

L'approche proposée par J. Kotter est extrêmement performante lorsqu'il s'agit de conduire un projet bien défini de changement. Mais l'auteur insiste, en particulier dans un deuxième ouvrage (Kotter et Cohen, *The Heart of Change*, HBS Press, 2002), pour que l'on respecte en toutes circonstances très strictement la succession des étapes qu'il propose, comme s'il s'agissait du seul schéma de changement concevable ! La nécessité de changement est aujourd'hui omniprésente de façon plus ou moins diffuse dans toute organisation, l'adaptation à des mouvements externes difficiles à prévoir est devenue une nécessité permanente ; bref, le changement se prête le plus souvent très mal à un processus rationnel de planification et de conduite prêt à l'emploi. Il nous paraît ainsi très important de ne pas s'enfermer dans un modèle unique et de prendre en compte une double contingence :

- les situations qui nécessitent un changement diffèrent considérablement d'un contexte d'entreprise à un autre, et donc la gestion du processus doit prendre des formes très différentes, parfois totalement opposées ;

• les croyances, les valeurs, les référentiels intellectuels de ceux qui sont amenés à conduire le changement, qu'ils soient dirigeants, hommes clés dans l'organisation ou même consultants, ont un impact important sur l'approche utilisée. Ce n'est pas neutre dans un domaine où la capacité de conviction des leaders et leur engagement personnel peuvent faire toute la différence entre la réussite et l'échec.

3.1.1 Le changement dans différents contextes

Lorsque le changement est de grande ampleur et a un impact important dans l'organisation, la conduite du mouvement ne pourra s'opérer de façon structurée et programmée que si en même temps managers et personnel en général adoptent, dès le départ ou assez rapidement, une attitude positive, ce qui est loin d'être toujours le cas.

Ainsi une fusion-acquisition du type essentiellement « complémentaire » (exemple BNP-Paribas) sera beaucoup mieux accueillie, par le personnel et par les cadres, qu'une opération de type plus « additif » (exemple Crédit Lyonnais/Crédit Agricole) où les problèmes de « doublons » et les réalisations d'économie d'échelles risquent de générer des résistances multiples. Dans d'autres cas, même si le choc est moins frontal, le changement à réaliser peut être plus radical encore dès lors qu'il vise une mutation du paradigme fondamental de l'entreprise : combien d'années encore faudra-t-il à Xerox pour compléter sa transformation commencée il y a dix ans, d'une entreprise de vente de photocopieurs pour une « *Document Company* » puis une « *Digital Company* » ?

Ces contrastes d'une situation à l'autre nous permettent d'élaborer un premier modèle de contingence (voir figure 17.6).

Dans le cas le plus difficile (quadrant 1 : Révolution : impact important/ attitude négative), le changement doit être plus « construit » que « prescrit » comme il l'est dans le quadrant 2 (Planification) où les modèles préconstruits – du type J. Kotter – s'adaptent plus naturellement ; ce qui veut dire qu'il faut plutôt, quand l'impact du changement est fort, suggérer dans l'organisation l'utilisation simultanée de différentes méthodes et démarches, laisser une large place à l'autonomie d'action et à la créativité, aider propositions et actions à émerger, et en définitive s'efforcer d'alimenter en énergie un changement progressif mais rapide, dans le cadre d'une vision de l'avenir qui a pu au départ être assez floue, mais qui se précisera progressivement et permettra la consolidation du processus.

Lorsque le changement est mal reçu dans l'organisation, mais a un impact plus limité (quadrant 3 : Mobilisation), une action plus centrée sur la sensibilisation et la formation des gens, comme des travaux par groupes de projets concrets et le coaching de certains managers, pourront suffire. Bien sûr

FIGURE 17.6 **Le changement dans son contexte**

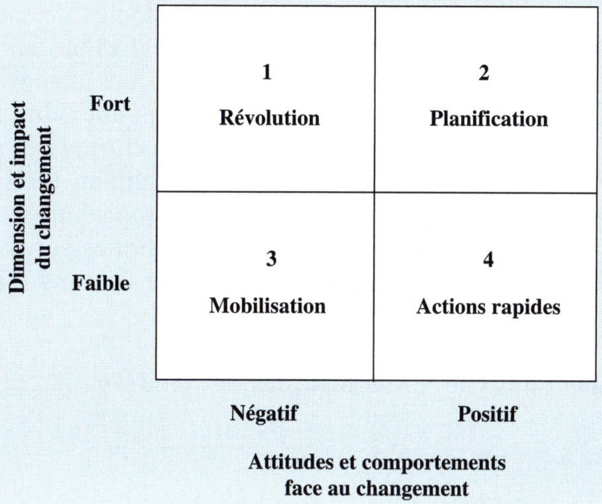

ces dernières méthodes seront également nécessaires dans les situations 1 et 2, mais elles ne seront alors pas suffisantes : des changements organisationnels (structures, systèmes de mesures) et culturels (récompenses, symboles…) seront alors indispensables. Dans le quadrant 4, on pourra conduire des actions rapides, souvent très fragmentées, mais ciblant très directement les nouveaux objectifs à atteindre.

En définitive, on peut opposer un changement régulé, dont l'impulsion remonte de la périphérie, à un changement programmé, qui est conduit par la direction générale. Dans le changement régulé, la direction générale se limite à créer un contexte propice en libérant les capacités d'initiative et en rendant disponibles de nouvelles méthodes de travail. Les modifications formelles de structure et de systèmes n'arrivent que comme une conséquence des changements de fait, survenus au cours des processus, dans les rôles, les responsabilités et les relations.

3.1.2 Changement et croyances des leaders

Tous les modèles de changement mettent l'accent sur le rôle prépondérant des leaders : sans leader(s) porteur(s) d'un projet (vision large ou objectifs précis), il y a peu d'espoir de voir un changement réussir. Mais on oublie souvent que ces leaders ont des valeurs et des croyances qui vont influencer considérablement le choix des méthodes : certains responsables mettent l'accent sur les contenus du changement, d'autres plus sur la dynamique des groupes ; les uns sont très dirigistes et poussent très fort le changement à tous les niveaux pertinents de l'organisation, les autres espèrent que la demande remonte et se limitent à induire l'essentiel des mouvements ; certains souhaitent beaucoup plus formaliser les changements (structures, processus, systèmes de mesure…) que d'autres qui préfèrent donner la priorité aux transformations comportementales et culturelles ; enfin les positions idéologiques seront très différentes selon qu'on se trouve dans une entreprise, dans une administration publique ou dans une ONG, et, au sein même d'une entreprise, selon le « système de gouvernance » que les leaders représentent (actionnariat dispersé en bourse, maison-mère holding, famille propriétaire, etc.). Nous proposons d'analyser l'impact de ces choix idéologiques sur les démarches de changement adoptées à travers la grille de la figure 17.7.

FIGURE 17.7 Impact des choix idéologiques des leaders

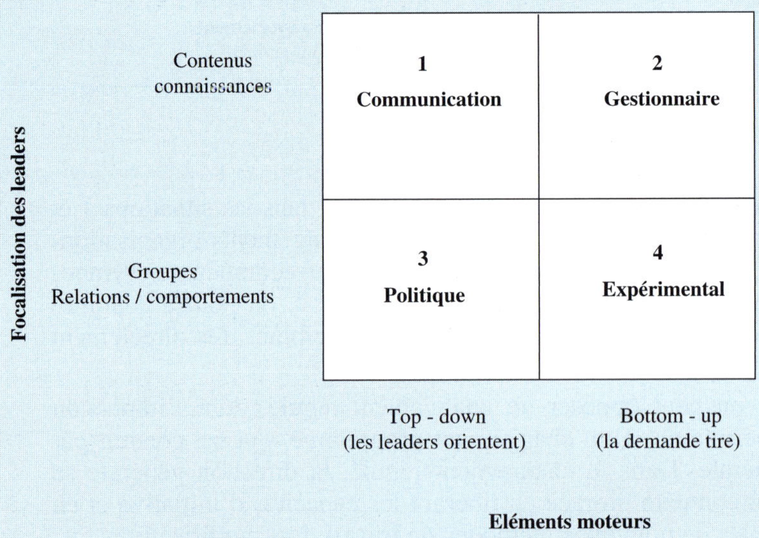

La RATP

Il est intéressant d'illustrer cette grille par l'histoire (très simplifiée) des changements tentés, et parfois réalisés, à la RATP depuis vingt-cinq ans. Au cours des années quatre-vingt, dans la lignée théorique de Michel Crozier, des expériences de changement, profondes mais locales, ont été conduites en particulier dans certaines stations de métro (figure B/modèle « Expérimental », quadrant 4). ▶

▶ Certains changements ont été spectaculaires (par exemple la réorganisation de la station Bastille) ; malheureusement pratiquement aucune expérience n'a pu vraiment faire l'objet d'une extension-généralisation à cause des barrages politiques (surtout corporatistes) internes de l'organisation.
En 1989, le nouveau président Christian Blanc lance une vaste opération de déstabilisation en proposant de passer de vingt-quatre niveaux hiérarchiques à cinq niveaux seulement, grâce à la création de soixante-dix à quatre-vingt unités autonomes (en moyenne chaque unité représentait près de cinq cents personnes), les unes opérationnelles (lignes de métro, groupes de bus...), les autres supports des premières (ingénierie, maintenance, management...). Le modèle de changement est alors « Politique » (quadrant 3) : phases de négociation et phases de crise se succèdent ; de nouvelles pratiques apparaissent par endroits ; les comportements évoluent au long des années 1990 et 1991 ; la logique de « lignes autonomes » émerge avec des hauts et des bas. Mais en 1992 une crise plus violente éclate, et devant l'ampleur du conflit et des grèves, le gouvernement mute Christian Blanc du Métro pour Air France. À cette date, les changements locaux n'ont pas vraiment été implantés, et le bébé risque d'être jeté avec l'eau du bain !
Le nouveau président, Francis Lorentz, se présentant lui-même comme « intérimaire », va adopter à l'opposé de son prédécesseur une démarche très « Gestionnaire » (voir quadrant 2), donnant priorité à la qualité des services (clients et prestations internes), tandis qu'il suspend temporairement la révolution structurelle engagée par son prédécesseur.
De nouvelles connaissances se consolident alors progressivement de 1993 à 1995 : la mesure et le suivi des « ouputs » des unités deviennent un élément crucial de la gestion de l'entreprise, les processus de fonctionnement sont de plus en plus décentralisés ; et du coup l'arrivée d'un nouveau président en 1996, issu du sérail (responsable du département Ressources humaines), va permettre l'adoption quasi naturelle d'une organisation en réseau d'unités autonomes dans lequel chaque unité dispose d'un « tableau de bord » qui lui permet d'assurer son propre pilotage, et négocie le niveau des résultats à atteindre avec le niveau supérieur et les niveaux plus opérationnels.

Bien sûr le défi serait de conduire le changement à la fois, ou alternativement dans le temps et l'espace, dans les quatre quadrants proposés dans notre tableau (figure B) ; mais un leader cherchera toujours à imposer son style et sera d'autant plus efficace qu'il ne s'écartera pas des valeurs qui font sa force. Retenons cependant quelques *credos* de leaders qui se sont avéré des supports exceptionnels de changements réussis, sans qu'on puisse toutefois les ériger en règles universelles de succès :

- une organisation en réseau d'unités autonomes ;
- un pilotage décentralisé, négocié par contrats entre siège et unités et entre unités ;
- une interrogation permanente de l'environnement et du marché pour apprendre ;

- des démarches expérimentales sur le terrain ;
- une communication transparente ;
- une participation la plus large possible.

4 Une vision systémique du changement

En dernier ressort ce sont toujours les individus qui sont à la fois les acteurs (plus ou moins engagés) et les récepteurs (plus ou moins résistants) du changement. Mais, comme l'ont fait remarquer Michel Crozier, Peter Senge et bien d'autres, les acteurs agissent au sein d'un système qu'il faut saisir dans sa globalité.

4.1 La nécessité de prendre en compte stratégie/organisation/culture

Diagnostic et recommandations devront donc avant toute chose prendre en compte les trois dimensions clés de tout système organisationnel – la stratégie, l'organisation et la culture – dimensions qui sont traitées de façon détaillée dans les différentes parties de cet ouvrage. Soulignons quelques questions essentielles à se poser.

4.1.1 La stratégie

- En quoi notre vision de l'entreprise et nos objectifs essentiels évoluent-ils ? Quelles sont les constantes et quels sont les éléments variables ?...
- Qu'est-ce qui doit changer dans notre *business model* ? Par exemple : passe-t-on de produits à services, d'intégration verticale à chaîne de valeur virtuelle, de *commodity* à solution sur mesure... ?
- Notre *corporate model* évolue-t-il ? Réalisons-nous des acquisitions ou des alliances ? Sommes-nous de plus en plus diversifiés ? Comment réaliser de vraies synergies entre unités ?...

4.1.2 L'organisation

- Comment repenser l'architecture organisationnelle (structure et systèmes de contrôle) pour qu'en même temps elle soutienne la nouvelle stratégie à long terme et elle permette l'optimisation de la gestion opérationnelle des flux actuels ?
- Comment mesurer les performances et les relier au système de motivations dans l'organisation, du niveau individuel au niveau des équipes de travail et à celui des grandes unités ?

4.1.3 La culture

• Peut-on encore s'appuyer sur les attitudes et les valeurs qui se sont enracinées au long de l'histoire de l'entreprise, et sinon, comment les faire évoluer ?

• Dans quelle mesure l'identité même de l'entreprise risque-t-elle d'entrer en choc avec les nouveaux objectifs annoncés ? Nous verrons plus loin dans cet ouvrage comment gérer le changement d'identité.

Le défi essentiel réside ici dans le gestion de la dimension « temps » : on a souvent besoin de faire évoluer la stratégie très vite, alors que par essence la culture ne peut évoluer que lentement. La réorganisation, par son effet d'annonce et par les ruptures avec les habitudes qu'elle impose, pourra sans doute permettre en quelques mois de parcourir une part du chemin. Mais le changement devra être intégré à tous les instants du processus.

FIGURE 17.8 **L'approche systémique**

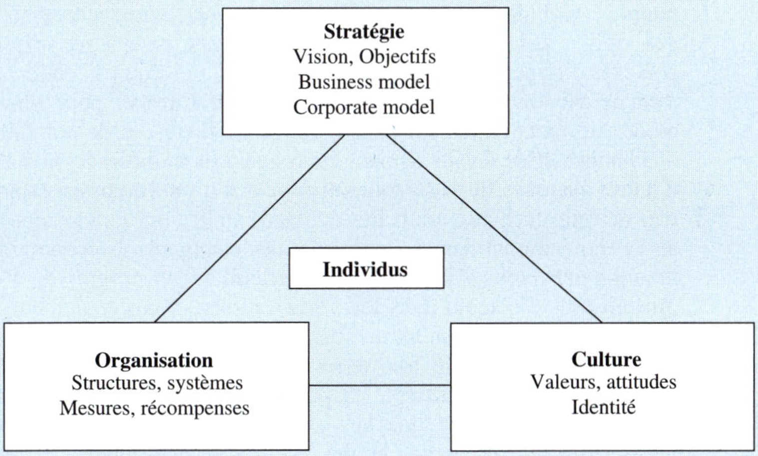

4.2 La nécessité de l'apprentissage participatif

Pour que les nouveaux objectifs, la nouvelle problématique, les nouveaux modes de travail soient vraiment appropriés par les acteurs, il faut qu'ils aient participé très directement à leur conception et à leur mise en place. L'utilisation de consultants ou d'experts, internes ou externes, aussi précieux puissent-ils être à certains moments, ne peut jamais se substituer à l'initiative des acteurs personnellement concernés.

Tout d'abord la connaissance en profondeur du métier, l'expérience accumulée par chacun, individuellement et collectivement, constituent des sources essentielles d'avantages compétitifs pour l'entreprise. Mais on rencontre ici une contradiction profonde : les compétences et les processus exigés aujourd'hui, compte tenu des changements de l'environnement, peuvent être radicalement différentes de ceux qui faisaient le succès antérieurement. Il faut donc « désapprendre » pour pouvoir « réapprendre » (voir le chapitre de cet ouvrage consacré à l'apprentissage).

Exemple

Ainsi, les banques Brésiliennes avaient développé progressivement dans les années quatre-vingt puis au début des années quatre-vingt-dix des compétences extraordinaires pour gérer en univers inflationnaire puis hyper-inflationnaire. Lorsque, en 1994, un plan de stabilisation monétaire a enfin réussi, certaines banques sont très bien parvenues à changer rapidement leurs capacités d'action, car elles avaient, depuis quelque temps déjà, préparé leurs équipes internes, techniquement et psychologiquement, entre autres activités, à faire des crédits aux entreprises et aux particuliers, ce qui ne se pratique pas en contexte d'hyper-inflation. Dans cet objectif, des équipes entières de managers avaient été envoyées aux États-Unis et en Europe, pour observer d'autres modes de fonctionnement dans d'autres contextes, et de nombreuses réunions d'échanges et de débats avaient été organisées à différents niveaux. Mais pour d'autres banques, le « désapprentissage » n'a pu être assez rapide, et, incapables de faire face aux nouvelles demandes, elles ont rapidement disparu (faillites et acquisitions) dans la tourmente des changements économiques.

D'autre part, sous l'influence en particulier des progrès de l'éducation, de plus en plus d'acteurs dans les organisations, et pas seulement des managers stricto sensu, revendiquent une capacité d'initiative et un pouvoir d'influence sur les décisions. Une fois dotés des compétences méthodologiques et de l'*empowerment* nécessaires, ils pourront devenir les acteurs de leur propre changement, pour peu que la vision leur ait été clairement communiquée, qu'ils disposent du temps et des espaces transitionnels suffisants, et qu'ils perçoivent qu'ils sont soutenus explicitement par leurs leaders. C'est de l'implication de chacun que viendra le succès du changement, et cette implication découlera du contact direct de chacun avec la réalité des problèmes et des résultats, du contact avec des solutions alternatives par l'intermédiaire de *benchmarks* et d'expériences conduites par les acteurs eux-mêmes. Ainsi pourra naître un contexte organisationnel propice au changement permanent.

Condition d'un apprentissage en profondeur, la participation exige un contexte de transparence et de confiance réciproque que les leaders doivent savoir créer, tout spécialement lorsque les circonstances sont difficiles (fusion d'entreprises, qualifications inappropriées de nombreux acteurs face à un changement important du métier exercé, ou toute autre situation de rupture…). La participation permet en effet de mettre à l'œuvre chez les individus deux processus complémentaires : un processus rationnel d'analyse et de réflexion (l'objectif est de maximiser la quantité d'intelligence à l'œuvre), mais aussi et surtout un processus émotionnel, déclenché par le contact avec une réalité nouvelle, qui sera la clé de la volonté de sortir de la zone de confort antérieure où chacun se sentait à l'aise jusque-là.

Conclusion

Pour la plupart des auteurs d'ouvrages sur le changement comme pour les consultants spécialisés dans ce domaine, le changement se présente comme un projet bien défini avec un début et une fin, même si cette dernière peut être éloignée dans le temps.

Ainsi la structuration d'un projet de conseil en changement comporte généralement un certain nombre de composantes bien définies :

- création d'un groupe central de pilotage, avec trois missions essentielles :
  - concevoir l'ensemble du processus : objectifs, étapes, moyens, équipes-projets… ;
  - conduire le processus à ses différents stades d'avancement, en particulier en aidant chaque équipe à franchir les obstacles qu'elle rencontre ;
  - suivre les résultats, en évaluant l'impact de chaque étape, en diffusant les « petites victoires » et en remettant de l'énergie dans le système ;
- mise en place d'équipes-projets en charge de missions spécifiques :
  - faire des diagnostics et des propositions locales ;
  - piloter des expériences et proposer leur extension ;
  - développer localement les motivations et les aides nécessaires ;
- rôle des « facilitateurs » (consultants internes et externes) :
  - apporter des méthodologies ;
  - gérer les transferts d'expériences ;
  - piloter et coordonner opérationnellement les projets spécifiques.

Mais au-delà de la conduite d'un projet spécifique de changement organisationnel face à de nouvelles exigences stratégiques, beaucoup d'organisations s'efforcent aujourd'hui de bâtir des modèles de changement « permanent », tout en restant conscientes qu'ils peuvent toujours être remis en cause par des ruptures violentes de l'environnement.

Ces modèles se caractérisent tout d'abord par une architecture flexible en réseaux, comme nous le développerons dans le chapitre suivant (« Au-delà de la contingence »), s'agissant autant d'un réseau interne de petites unités autonomes en interaction, que d'un réseau externe, assurant des liens permanents et étroits avec l'environnement.

Ils reposent ensuite sur un ensemble de compétences méthodologiques, individuelles et collectives, et un degré d'*empowerment* (liberté d'initiative et système de motivation) suffisant pour les exercer aux différents niveaux de l'organisation.

Ils favorisent une culture qui valorise les résultats, les « bonnes pratiques » et le transfert systématique d'expériences, mais aussi la prise de risque et l'innovation.

Ils encouragent enfin une forte prégnance du leadership : au sommet d'abord, avec une vision ferme et clairement communiquée, discours et actes restant toujours en accord ; aux différents niveaux intermédiaires ensuite, avec des moyens alloués, une aide au développement personnel, et la prise en compte des performances dans les critères de promotion.

Chapitre 18

Au-delà de la contingence

Les principes classiques régissant la conception des structures voient leur pertinence remise en cause par la nécessité impérieuse à laquelle sont soumises, aujourd'hui, la plupart des entreprises : être capables d'évoluer rapidement, sans se heurter à la résistance au changement, pour tirer le meilleur parti d'un environnement considéré comme plus complexe plus incertain et plus évolutif.

L'autorité fondée sur le « statut », pilier de la conception traditionnelle de la hiérarchie, a vécu en tant que principale source de pouvoir, au profit d'expressions multiples du leadership. Sa propension à instaurer la conformité et à étouffer les propositions créatives émanant des subordonnés, devient un des principaux facteurs de contre-performance. Il lui faut laisser la place à une autorité de compétence s'exerçant de manière plus ou moins éphémère selon la durabilité des enjeux auxquels est confrontée l'organisation.

Du fait de la diversification, de l'internationalisation, des phénomènes de taille critique liés à la mondialisation des échanges et de la concurrence, les entreprises modernes sont soumises à deux exigences apparemment contradictoires. Il leur faut être plus proches des marchés, plus nombreux et plus diversifiés (c'est-à-dire capables de générer un plus fort degré de différenciation organisationnelle) et en même temps justifier leur taille par un surcroît d'avantages stratégiques (c'est-à-dire développer des capacités d'intégration qui rendent les coûts de coordination inférieurs aux coûts de transaction). Les réponses conventionnelles en matière de coordination ne leur sont guère utiles dans la mesure où le principe de délégation-contrôle, sur lequel elles se fondent, conduit inéluctablement à renforcer les procédures et à multiplier les unités de la technostructure chargées de faire vivre ces procédures (contrôle de gestion, planification, etc.). Ces réponses ne leur permettent pas, en effet, d'échapper aux effets néfastes de la spirale taille-bureaucratie.

Par ailleurs, les nouvelles approches stratégiques qui sont mises en œuvre remettent en cause une des bases de la conception traditionnelle des structures : l'unité de l'entreprise aux frontières et aux contours précis. Les alliances et partenariats multiples, évoqués dans le chapitre 4, introduisent des éléments de flou organisationnel. Les individus multi-appartenants qui ont pour mission de gérer opérationnellement les structures et les réseaux de relations nés de ces alliances se multiplient. Ils sont placés dans des contextes organisationnels caractérisés par la précarité des situations de collaboration, souvent limitées dans le temps, dans leur objet et dans l'espace. Les alliances gênèrent ainsi une multiplication des « marginaux sécants »[1], créent des espaces de liberté nouveaux dont la dynamique stratégique apparaît incompatible avec une conception stricte du contrôle.

Ainsi, les entreprises se trouvent placées devant la nécessité de concevoir des structures obéissant à une double obligation. Ces structures doivent être plus décentralisées, recourir à un nombre croissant d'unités de faible taille, afin de renforcer la flexibilité et la mobilité exigées par leur inscription dans un réseau de relations externes diversifié. Mais elles doivent aussi être conçues de manière à *organiser la convergence* des actions menées par des unités, dotées de degrés de libertés jusque-là inconnus, *selon de nombreux axes hétérogènes*. Il leur faut concilier simultanément des préoccupations, des temporalités et des horizons différents, élaborer des compromis explicites entre ces éléments contradictoires sous peine de produire des incohérences graves. Pour faire face à ces nouvelles contraintes, les entreprises doivent trouver des points d'appui dans les évolutions sociologiques et technologiques qui modifient profondément le contexte auquel répondaient les modes traditionnels d'organisation. Il leur faut prendre en considération deux évolutions principales, l'augmentation du niveau de qualification des individus et la révolution engendrée par l'informatique et les télécommunications qui renouvellent les perspectives de mise en œuvre de la coordination par ajustements mutuels. Ces deux évolutions favorisent considérablement l'implantation de schémas organiques de fonctionnement centrés sur les relations, plus compatibles avec le potentiel et les aspirations d'individus plus « qualifiés » et exigeant des modes performants de communication. Ces schémas organiques doivent remplacer les schémas mécanistes antérieurs, centrés sur les tâches, adaptés à des individus moins « autonomes » et ancrés sur des modes de communication traditionnellement peu performants (figure 18.1). Le nouveau type de structures que ces exigences appellent est difficilement formalisable avec nos organigrammes traditionnels. Ceux-ci sont uniquement capables de décrire les divisions verticale et horizontale du travail, qui n'ont qu'une importance secondaire dans le contexte qui nous préoccupe. Mieux qu'un long discours, cette inadéquation du « langage » montre à quel point ces évolutions impliquent une révolution culturelle, qui a été amorcée avec l'apparition du concept de structure matricielle et semble bien douloureuse à réaliser. Le renouvellement de nos outils de représentation est un des leviers de la révolution qui s'annonce et que nous devons détailler dans ce chapitre.

1. Concept mis en évidence par les travaux de Michel Crozier.

FIGURE 18.1 **Deux conceptions opposées de l'organisation**

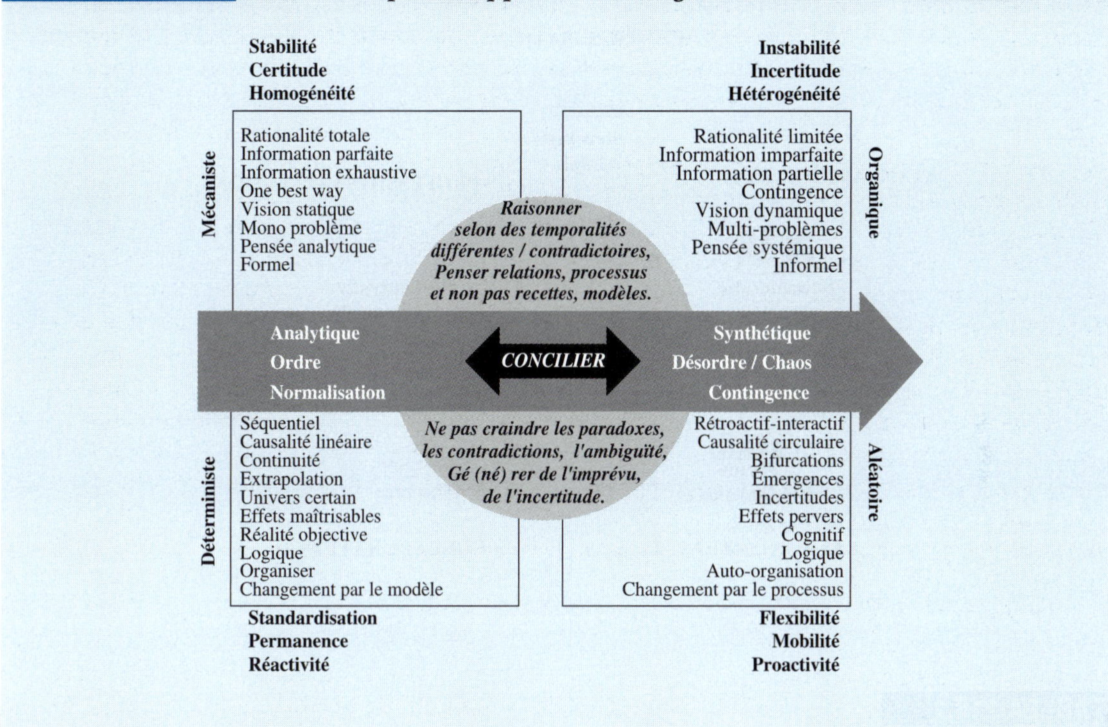

1 Une modélisation de la diversité

La description des structures en *Gestalt* offre une formalisation plus synthétique plus ouverte et plus conceptuelle qui rend mieux compte que les organigrammes de la diversité et de la contingence. En délimitant un espace pentagonal correspondant aux cinq forces dont toute structure réelle constitue, selon lui, une combinaison originale (intensité relative), Henry Mintzberg apporte une contribution très intéressante à notre réflexion (figure 18.2).

Les cinq configurations structurelles identifiées par Mintzberg représentent les cinq types purs d'organisation constituant « une combinaison théoriquement cohérente des paramètres de contingence et de structure[1] ». Parmi elles trois ont été largement étudiées dans le chapitre sur les structures mono-dimensionnelles (tableau 18.1).

1. H. Mintzberg, *Structure et dynamique des organisations*, op. cit., p. 272.

FIGURE 18.2 Le pentagone des forces

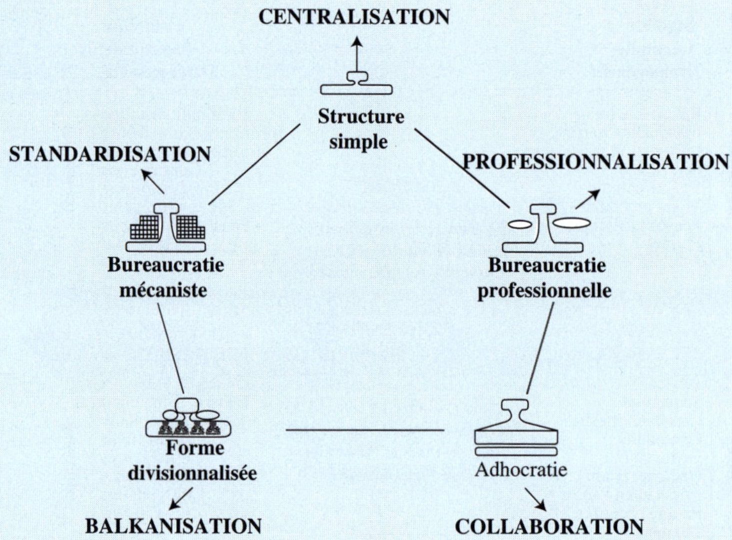

TABLEAU 18.1

Configurations structurelles		Mécanisme principal de coordination	Partie clé de l'organisation	Type de décentralisation
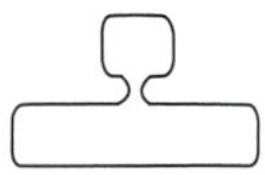	Structure simple	Supervision directe	Sommet stratégique	Centralisation horizontale et verticale
	Bureaucratie mécaniste	Standardisation des procédés de travail	Technostructure	Décentralisation limitée (horizontale et verticale)
	Forme divisionnalisée	Standardisation des produits	Ligne hiérarchique	Décentralisation verticale limitée

Par contre les deux autres configurations apportent des éléments de réflexion originaux pour construire notre réflexion sur l'adaptation des structures à la complexité et à l'évolutivité (tableau 18.2).

TABLEAU 18.2

Configurations structurelles		Mécanisme principal de coordination	Partie clé de l'organisation	Type de décentralisation
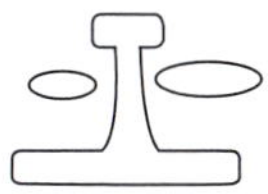	Bureaucratie professionnelle	Standardisation des qualifications	Centre opérationnel	Décentralisation verticale et horizontale
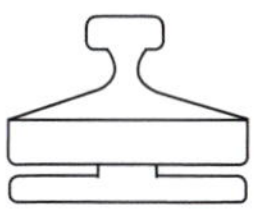	Adhocratie	Ajustement mutuel	Logistique	Décentralisation sélective

Dany Miller[1] propose de considérer les *Gestalt*, comme des configurations plus larges qui caractérisent de façon cohérente à la fois une stratégie, une structure et un type d'environnement avec lequel l'organisation développe des échanges. Repartant des cinq types structuraux proposés par Mintzberg (la structure simple, la bureaucratie mécaniste, la bureaucratie professionnelle, la forme divisionnelle, l'adhocratie), il observe que chaque type structurel fournit un type de stratégie déterminé dans un environnement spécifique. Ces configurations sont en nombre limité par l'effet de la sélection naturelle et de l'adaptation fonctionnelle imposées par l'environnement. Chacune englobe un grand nombre de caractéristiques complexes et corrélées de façon harmonieuse. Elles peuvent se modifier soit par un processus adaptatif progressif, soit par une rupture plus brutale qui peut amener à passer d'une configuration à l'autre.

1.1 Les apports de l'étude des bureaucraties professionnelles

La description de ce que Mintzberg nomme bureaucratie professionnelle apporte une compréhension de la manière dont fonctionne une structure « plate » et explicite certaines conditions de son efficacité.

C'est une configuration structurelle qui repose sur un mécanisme de coordination particulier qui permet « d'obtenir à la fois la centralisation et la décentralisation : la standardisation des qualifications ». Elle répond à la nécessité de réaliser un travail opérationnel complexe dans un contexte prévisible en permettant aux opérateurs qui le réalisent d'en contrôler l'exécution. La bureaucratie professionnelle « recrute des spécialistes dûment formés et socialisés – des professionnels – et leur laisse une latitude considérable dans leur propre travail… Le professionnel qui contrôle son propre

1. Miller D., « Configuration of Strategy and Structure : Towards a Synthesis », *Strategic Management Journal*, vol. 7, 1986.

travail agit de façon relativement indépendante de ses collègues mais reste proche des clients qu'il sert ». La standardisation des qualifications, qui permet une internalisation des normes professionnelles grâce à une combinaison de formation et de socialisation, assure la coordination *a priori*, chaque professionnel ayant appris au cours de son apprentissage ce qu'il doit attendre des autres professionnels avec lesquels il est amené à collaborer. La bureaucratie professionnelle met l'accent sur la compétence comme fondement du pouvoir, mais une compétence sanctionnée par des instances professionnelles qui élaborent les standards de qualification et les règles éthiques auxquelles le professionnel devra se conformer en échange de sa liberté d'action. C'est ainsi qu'elle crée les conditions d'un fonctionnement auto-gestionnaire. Dans la bureaucratie professionnelle le diagnostic, la clarification de la problématique, est une phase fondamentale qui permet l'application des réponses relativement routinières qui ont été mises au point par les professionnels au sein de leurs instances.

Dans ce type de configuration le centre opérationnel est prépondérant. Il est composé d'un nombre important d'unités correspondant au degré de spécialisation auquel les professionnels sont arrivés dans l'exploration de leur domaine, avec une tendance naturelle à approfondir cette spécialisation au fur et à mesure de la progression des savoirs. La ligne hiérarchique est très courte et a pour principal rôle de régler les problèmes de cohabitation et d'utilisation des ressources partagées entre professionnels. La logistique est une partie particulièrement développée de l'organisation car c'est le besoin de recourir à des moyens communs qui conduit les professionnels à en accepter les contraintes. La technostructure est atrophiée en raison de la standardisation des qualifications et l'administration a pour rôle essentiel de protéger les professionnels des perturbations provenant de l'environnement et de gérer leurs conséquences éventuelles au plan interne. Dans cette configuration la stratégie est pour une large part le résultat des stratégies des professionnels pris individuellement et des instances externes qui les encadrent. Elle représente l'effet cumulé au fil du temps des projets – des initiatives stratégiques – que ses membres ont convaincu l'organisation d'entreprendre. Les professionnels ont intérêt à accroître leurs compétences car c'est sur elles que repose leur latitude de contrôle de leur travail et des décisions qui l'affectent. En conséquence les professionnels ont tendance à être très responsables et très motivés.

Cependant, la bureaucratie professionnelle n'est pas exempte de dysfonctionnements. Elle est relativement impuissante face à des professionnels non motivés, peu consciencieux et/ou incompétents. De plus l'autonomie conférée aux professionnels peut encourager certains d'entre eux à ignorer les attentes de leurs clients et à abuser du pouvoir de prescription que leur confère leur savoir, mais aussi à s'affranchir des contraintes de l'organisation. Les professionnels ont le plus souvent une aversion à la coopération au sens de la construction collective d'une réponse que la standardisation des qualifications n'est pas en mesure de régler. L'innovation y est, par conséquent, lente et difficile car elle remet souvent en cause les frontières sur lesquelles est bâti le fonctionnement de l'organisation.

Nous pouvons tirer de l'examen de cette configuration structurelle les enseignements suivants :

• une structure plate est particulièrement adaptée à la mise en œuvre de processus de production de biens ou de services suffisamment complexes pour qu'il soit préférable de renforcer la qualification des opérateurs plutôt que de confier la standardisation des procédés de travail à la technostructure ;

• une structure plate ne peut fonctionner que si une partie du rôle dévolu à la hiérarchie est transférée aux opérateurs dont la qualification permet d'instituer un comportement auto-gestionnaire. Pour ce faire, elle doit développer le caractère professionnel de ceux-ci à travers la mise en œuvre d'un processus individuel et collectif d'apprentissage articulant formation et socialisation. C'est à cette condition que l'organisation peut, à la fois, développer son expertise et sa réactivité aux aléas ;

• une structure plate ne peut faire face à un environnement incertain et évolutif que si elle développe ses capacités de coopération pour adapter plus rapidement ses routines opérationnelles aux évolutions, voire aux ruptures, d'ordres scientifique, technique ou social nécessitant l'élaboration d'une réponse collective originale. C'est-à-dire si elle sait développer des formes originales d'intégration qui valorise son caractère professionnel et démocratique en en gommant les effets pervers ;

• une structure plate ne peut fonctionner sans une large diffusion des préoccupations d'ordre stratégique. Cela suppose l'acceptation, par sa direction générale, de la capacité d'initiative stratégique de ses opérateurs et la mise en place d'un système de régulation de ses initiatives permettant de construire une stratégie institutionnelle ;

• dans une structure plate le rôle majeur de la direction générale consiste à confronter les opérateurs aux évolutions de l'environnement que leur relation directe aux clients ne permet pas de percevoir et de piloter les processus d'intégration permettant aux opérateurs de coopérer pour adapter leur fonctionnement en conséquence.

C'est à ces différents facteurs que s'est heurtée la Régie autonome des transports parisiens (RATP) lorsqu'elle est passée entre 1992 et 1998, après des allers et retours, de nombreuses grèves et un changement de président, de vingt-quatre à seulement six niveaux hiérarchiques.

1.2 Les apports de l'étude de l'adhocratie

L'innovation sophistiquée requiert une configuration « qui permet de fusionner les travaux d'experts appartenant à des disciplines diverses dans des groupes de projets constitués en fonction des besoins et travaillant sans à-coups ». Le mécanisme de coordination principal est l'ajustement mutuel entre les opérateurs au sein des univers spécialisés où ils sont regroupés et au sein des projets finalisés qu'ils sont chargés de conduire transversalement. La structure des adhocraties doit être flexible organique, se renouvelant d'elle-même :

> « Les responsabilités changent de main. De vastes structures organisationnelles sont démantelées, remontées sous de nouvelles formes, puis réarrangées de nouveau… De toutes les configurations structurelles, l'adhocratie est celle qui respecte le moins les principes classiques de gestion, et spécialement l'unité de commandement.[1] »

La coordination n'est pas l'apanage d'un petit groupe de responsables, elle est assumée par la plupart des membres de l'organisation. Ce sont les mécanismes de liaisons qui sont l'élément clé du fonctionnement de l'adhocratie, ce sont eux qui permettent d'incorporer l'instabilité au design de la structure. Dans l'adhocratie, il y a abondance de cadres mais ceux-ci ne donnent pas de directives, ce sont des experts parmi les experts qui participent avec les autres au travail effectué en consacrant une partie importante de leur temps à entretenir les négociations et les mécanismes de liaisons nécessaires à la coordination transversale. Il y a une distribution plus égalitaire du pouvoir entre toutes les parties de l'organisation.

Une des caractéristiques essentielles de l'adhocratie est que les activités administratives et opérationnelles tendent à y être confondues comme un élément indissociable de la réalisation. La distinction entre fonctionnels et opérationnels s'estompe. Les fonctions support ne sont pas placées dans une position de prestataires de service, elles contribuent par leur expertise à l'originalité des réponses élaborées par l'organisation aux attentes de ses clients.

« Le contrôle sur le processus de formalisation de la stratégie n'est pas clairement localisé ni au sommet stratégique, ni ailleurs… La distinction entre formulation et mise en œuvre de la stratégie perd son sens. » Les cadres dirigeants ne peuvent consacrer beaucoup de temps à la formulation de stratégies explicites, ils sont mobilisés par le traitement des conflits engendrés par le foisonnement des initiatives, le pilotage des projets et surtout la recherche de nouvelles opportunités.

Comme les autres configurations, l'adhocratie n'est pas exempte de dysfonctionnement. C'est tout d'abord une structure difficile à vivre pour les individus qui ont une faible tolérance à l'ambiguïté. C'est une structure qui tend à être très concurrentielle et très brutale :

> « L'adhocratie exige des spécialistes qu'ils fassent passer les besoins du groupe avant leurs objectifs individuels et les règles de leur profession… C'est une structure qui n'est pas compétente pour faire des choses ordinaires : elle ne peut pas standardiser ni donc être efficiente. »

Nous pouvons tirer de l'examen de cette configuration structurelle les enseignements suivants :

• pour innover, il faut être capable de faire évoluer rapidement et fréquemment les structures. C'est une exigence qui est contradictoire avec la notion de territoire. Ce qui importe c'est de développer les capacités d'expertise des opérateurs et leurs facultés à contribuer à une œuvre commune ;

1. H. Mintzberg, *Structure et dynamique des organisations*, op. cit.

• dans un univers instable, il est capital de trouver de nouvelles formes de réassurance, de satisfaction du besoin de sécurité. La confiance mutuelle et la solidarité sont indispensables pour supporter l'ambiguïté et le flou, le désordre, voire le chaos, apparents ;

• un contexte flou se régule plus qu'il ne se maîtrise ou se contrôle. La large distribution du pouvoir au sein de l'organisation n'est pas une dilution de celui-ci mais un renforcement global de la capacité de l'organisation à capter les opportunités offertes par son environnement et de son pouvoir d'influence externe. La répartition interne du pouvoir y est une notion non pertinente ;

• la distinction entre compétences opérationnelles et fonctionnelles n'a pas de sens lorsqu'il s'agit de renouveler fréquemment l'offre et les modes d'action. Distinguer ce qui est de l'ordre technostructurel (fonction régalienne) et ce qui est de l'ordre logistique (prestation de service) n'a pas beaucoup plus de sens, dans un contexte d'instabilité car ce qui permet d'ordonner un fonctionnement chaotique c'est la culture partagée, les valeurs qui sont des éléments qui transcendent les règles qu'une technostructure peut émettre ;

• l'efficience n'est pas une notion indépendante, une fin en soi, elle est largement dépendante de l'efficacité et ne peut lui être valablement opposée.

2 Le renouvellement du paradigme des structures

L'examen rapide de la bureaucratie professionnelle et de l'adhocratie nous permet de mieux comprendre les difficultés de mise en œuvre des structures multi-dimensionnelles. Par rapport à l'idée que toute structure est un compromis entre les cinq forces incarnées par chacune des configurations structurelles, la mondialisation, la taille croissante et l'importance de l'innovation conduisent à considérer que le défi auquel les entreprises sont de plus en plus confrontées est d'ordre paradoxal. Il leur faut concevoir des structures capables de développer des « contraires », être à la fois être capable d'innovation, et de standardisation, sans que l'une porte préjudice à l'autre. La conception de telles structures, intériorisant les contraintes de l'environnement, appelle un changement de paradigme[1].

Fin 1996, Alcatel ayant achevé un changement d'organisation donnant la primauté aux divisions produit sur les zones géographiques, ses dirigeants s'interrogeaient sur la façon dont l'entreprise pourrait assurer une croissance soutenue dans un environnement turbulent. Générer et mettre sur le marché les produits adaptés au moment opportun à un rythme compatible avec une évolution continu et accélérée des besoins nécessitait de toute évidence un renforcement et une accélération de ses capacités d'innovation.

1. Voir Crémadez M., *Organisations et stratégie*, Paris, Dunod, 2004.

L'ADSL

La nouvelle technologie ADSL, permettant d'élever la capacité de transmission des données de 64 Kbit/s jusqu'à plus de 8 Mbit/s, alimente, alors, le marché émergent mais à taux de croissance accéléré de l'Internet à haut débit empruntant les infrastructures du réseau téléphonique. Pour saisir une telle opportunité, une commercialisation rapide et globale s'impose et cette fois Alcatel est bien décidé à ne pas se trouver dans la position de l'innovateur de pointe dépossédé du succès commercial par ses concurrents.

Ayant exploré différentes manières de l'emporter, les personnes chargées de cette investigation se convainquent qu'accélérer l'innovation passe par le recours à des structures plus petites dotées d'une mission claire et motivante, d'une entière autonomie de décision, d'une responsabilité commerciale mondiale, intégrant puissamment les différents domaines fonctionnels concernés.

Une Société Virtuelle rassemblant les compétences spécifiques nécessaires pour affronter le challenge ADSL est lancée au début de 1997 à Antwerp, son directeur reportant directement au président de la division Access. Cette Société Virtuelle mobilise rapidement deux cent cinquante personnes travaillant en transversal comme une équipe soudée et capable de décider rapidement. Elle assume un ensemble de responsabilités allant de recherche, de la gestion du produit, du marketing et des ventes aux opérations en passant par le recrutement de son propre personnel. Focalisée sur son objectif, l'équipe, composée des spécialistes du domaine est en mesure de traiter l'ensemble des dimensions de l'affaire. Elle peut appréhender facilement, comprendre et prendre en compte immédiatement les initiatives de la concurrence. Les membres de l'équipe sont particulièrement motivés sans recours à des moyens d'incitation y compris de type monétaire. Ses grands axes d'action sont déterminés par un conseil de surveillance qui s'interdit d'intervenir au jour le jour.

Le succès de l'ADSL est pour Alcatel qui occupe la place de leader mondial avec 50 % de part de marché et double ses ventes entre 1997 et 1998, la preuve que cette forme d'organisation est idéale pour répondre à des challenges du même type. Mais ce succès pose aux dirigeants une question cruciale : que faire des enseignements de l'expérience ? Est-elle généralisable au sein du groupe pour en perfectionner la capacité d'innovation ? Plus largement, comment concilier la mobilisation centrale des synergies tout en offrant de l'autonomie à certaines parties de l'organisation ? Comment laisser des espaces de liberté tout en conjurant le risque de retour de l'esprit de clocher et d'une mentalité de défense des territoires ?

La plupart des grandes entreprises diversifiées et d'envergure mondiale partagent le questionnement d'Alcatel. Elles aussi ont du mal à imaginer le côtoiement au sein d'une même structure de petites entités – disposant d'une forte autonomie, impliquant fortement leurs membres dans des projets risqués et captivant – et de grosses machines, – centrées sur l'efficience, mettant en œuvre des routines opérationnelles éprouvées mais peu motivantes, lourdes, rigides, mais mobilisant la majorité des ressources – sans phénomène de rejet réciproque et s'articulant dans une dynamique de complémentarité et d'appui mutuel.

Ce sont les termes de cette gageure que nous allons maintenant approfondir.

2.1 La remise en cause du paradigme classique

La première composante du paradigme traditionnel des structures qui est remise en cause est la *division verticale du travail.* La dissociation du travail de conception et du travail d'exécution est un des obstacles majeurs à la réalisation de structures décentralisées flexibles et combinables qui permettrait d'atteindre simultanément des objectifs multiples. Pour renouveler le paradigme, il faut donc réconcilier réflexion et action au sein des unités de base de l'organisation.

Le deuxième élément clé du modèle traditionnel à être remis en cause est la *prééminence de la coordination par la hiérarchie.* Le concept de hiérarchie implique que l'organisation soit elle-même conçue comme un ensemble de dimensions subordonnées les unes aux autres. Il n'est pas compatible avec l'idée d'une organisation composée de plusieurs dimensions d'importance équivalente.

La hiérarchie devient un mode d'intégration parmi d'autres lorsque l'on veut fonder la dynamique de l'organisation sur la valorisation des zones d'incertitude maîtrisées par chacun de ses membres. Le chef, détenteur du savoir, donneur d'ordres qui doivent être exécutés sans discuter, s'efface au profit du coordinateur chargé de traiter les problèmes de relation et d'arbitrage que les ajustements transversaux entre individus n'ont pas pu résoudre. La relation chef/subordonné perd sa signification lorsque les rôles ne sont pas stables, lorsqu'on peut être tour à tour chef et subordonné, lorsque prévaut dans l'organisation un concept plus large et multiforme de leadership. La légitimité du leader ne se fonde plus seulement sur sa capacité à encadrer l'action de ses subordonnés, ni même sur son aptitude à les placer dans une perspective stratégique, mais sur son aptitude à générer des comportements auto-gestionnaires. Diriger, c'est plus accroître l'aptitude de l'organisation à « comprendre » son environnement et à s'organiser pour faire face aux aléas que décider des orientations et de leur mise en œuvre.

Le *concept d'intégration multiple* se substitue au concept de hiérarchie multiple[1], générateur de contradictions et d'incohérences. L'intégration multiple ne réserve pas le pouvoir d'initiative aux seuls coordinateurs, le rôle des opérationnels dans la régulation est aussi fondamental que celui des coordonnateurs, les uns ayant une perception plus fine des réalités du terrain et les autres une vision plus globale des différents champs d'action de l'entreprise. Le déclenchement des processus d'intégration appartient à chacun des membres du dispositif organisationnel. Le traitement des aléas par

1. Voir, au chapitre 15, les commentaires sur le fonctionnement des structures matricielles.

une réflexion collective conduit à une communauté de perception des enjeux.

Un autre élément de base de la construction classique des organisations, la *distinction entre rôles opérationnels et rôles fonctionnels,* perd de son intérêt, car ceux-ci ne sont pas distribués rigidement et exclusivement. Chaque responsable apporte tour à tour son expertise « fonctionnelle » lors de la conception de la stratégie et ses capacités « opérationnelles » lors de la mise en œuvre de celle-ci. Ces deux dimensions ne se placent pas dans un ordre séquentiel inspiré de la division verticale du travail, mais se développent conjointement de façon à ce que les individus se situent simultanément dans des temporalités et à des horizons différents.

Enfin, la conception de *nouveaux modes de formalisation* s'impose. En effet, la flexibilité et la multiplicité des rôles joués par un même individu amoindrissent considérablement l'importance de la formalisation du contenu des postes sur lequel se centrait auparavant la description de l'organisation. Les procédures qui régissaient les interactions entre individus dans une perspective normalisatrice sont supplantées par des processus de régulation dynamiques dans lesquels le mode d'insertion de chacun doit être clairement perçu et compris de tous.

Les concepts de spécialisation, coordination et formalisation étant ainsi remis en cause, la structure ne peut plus être appréhendée comme l'espace bureaucratique décrit au début du chapitre 1. De ce fait, ce sont des pans entiers de la dynamique des organisations qui sont renouvelés. La rétention d'information n'est plus source de pouvoir. C'est la capacité à faire parvenir l'information aux individus qui sont les mieux placés pour l'utiliser qui le devient. Le concept de délégation s'efface au profit du concept de solidarité. La performance commune l'emporte sur la performance individuelle. Un nouveau paradigme de l'action organisée émerge, incarné par les structures dites « en réseau ».

2.2 Les fondements des structures en réseau

Le « réseau » apparaît comme un concept encore flou dans la littérature managériale. Forme organisationnelle moderne, nouveau style de management, nouvelle forme d'organisation des relations entre firmes, le réseau est un peu tout cela. Cette indétermination témoigne avant tout d'une rupture avec les théories classiques de l'entreprise et de l'organisation.

Entreprise de réseau, réseaux d'entreprises, réseaux professionnels ou entreprises organisée(s) en réseau, le champ d'application est large[1] et les tentatives de typologie[2]. se heurtent à la fluidité des formes et à l'absence de discontinuité inhérentes au concept de réseau lui-même.

Les différentes déclinaisons du concept, entreprises de réseau, réseaux d'entreprises et réseaux professionnels révèlent ses différentes dimensions.

1. Les exemples de réseau invoqués vont du renouvellement des relations entre entreprises fournisseur et cliente, à l'organisation de districts industriels entiers, voire à des ensembles encore plus importants comme celui des acteurs d'un système de santé national.

2. F. Butera, Raymond E. Miles et Charles C. Snow, par exemple.

2.2.1 Les entreprises de réseau

Les banques, les entreprises de transport de biens et de personnes, les entreprises de télécommunications, les entreprises de production et de distribution d'énergie… ont pour caractéristique commune le fait de s'appuyer sur une infrastructure de réseau pour développer leur activité. Elles mobilisent des infrastructures lourdes (voies ferrées, routes, lignes de transport d'énergie, lignes téléphoniques…), des accès au produit ou au service (gares, agences bancaires, points de livraison, relais téléphoniques…) et des vecteurs de communication (trains, camions, avions, fréquences d'ondes, documents…), alors que leur activité est de l'ordre du service. Leur histoire montre la difficulté de gérer un tel paradoxe (la division de la Société nationale des chemins de fer en deux entités distinctes réseau ferré de France et SNCF est une manière de résoudre la question en distinguant et en séparant structurellement les deux métiers de manière à respecter leurs spécificités et en faisant relever du marché ce qui dans l'entité SNCF ancienne relevait de la hiérarchie).

L'observation des entreprises de réseau aide à comprendre la réalité physique du réseau et la représentation concrète de ses composants. Un réseau est une infrastructure constituée de points reliés entre eux, l'ensemble des points et des liaisons constituant une trame plus ou moins dense. La densité d'un réseau dépend de la densité de l'infrastructure mais ne se réduit pas à celle-ci, elle dépend aussi de l'usage qui est fait de cette infrastructure, c'est-à-dire du volume et de la fréquence des flux qui l'empruntent. Le réseau n'est pas nécessairement homogène, certaines destinations et certaines relations pouvant être plus ou moins largement dimensionnées et fréquentées. Il peut être conçu de manière hiérarchisée, en réseau principal et sous réseaux.

2.2.2 Les réseaux d'entreprises ou la dynamique stratégique

> « Un réseau d'entreprises se constitue lorsque plusieurs entités indépendantes (généralement de la taille d'une PME) s'associent dans le but de bâtir des systèmes complexes tout en gardant leur identité et leur latitude stratégique. Constituer un réseau, c'est, pour des entreprises de taille modérée, une manière d'accéder à des domaines d'activité qui leur sont inaccessibles individuellement et de concurrencer des entreprises de plus grosse taille, fortement intégrées, en faisant de l'organisation la source principale de leurs avantages compétitifs. Chacune des entités, composant ces réseaux, constitue un maillon original, au sein d'une division du travail poussée, compensée par l'instauration de liens très forts entre partenaires. Ces liens, fondés sur le partage d'un projet commun et la confiance mutuelle, sont entretenus par une communication dense et un apprentissage collectif[1]. »

Les réseaux d'entreprises peuvent être plus ou moins ouverts et plus ou moins hiérarchiques. Le pouvoir appartient à celui qui organise les relations au sein du réseau. Pour préserver la dynamique du réseau il faut protéger le pouvoir d'initiative de ses membres.

1. Crémadez M., *Organisations et stratégie*, Paris, Dunod, 2004.

L'examen des entreprises de réseau apporte les enseignements suivants :

• la confiance mutuelle est un élément central. Elle est le fruit de l'existence de valeurs et d'une éthique partagée par les membres du réseau ;

• l'intérêt commun est à l'origine des rapprochements. S'insérer dans un réseau d'entreprises, c'est abandonner une partie de son indépendance pour accéder plus aisément à des ressources rares ou à des compétences inaccessibles sur le marché ;

• l'articulation entre dimension individuelle et dimension collective est essentielle à la pérennisation du réseau, lorsqu'il est rompu (absence de volonté des membres ou absence de projet commun), le réseau ne peut survivre tout au moins en l'état ;

• comme la confiance, la solidarité entre membres est essentielle pour éviter les dérives opportunistes ;

• l'entretien du réseau repose sur l'apprentissage collectif que produisent les interactions entre membres et l'innovation qui en est issue ;

• la force du réseau réside dans son instabilité. Maintenir le réseau ouvert est à la fois primordial et particulièrement difficile. Il est essentiel, pour ce faire, de provoquer l'émergence de nouvelles stratégies associées à de nouveaux leaders.

CISCO Systems, par exemple, est un réseau d'unités autonomes (internes) et d'alliances (externes) constitué entre 1993 et 2001 à partir de soixante-dix acquisitions. De pur spécialiste IRPs (*routers*) il a évolué vers une position forte dans le secteur des réseaux informatiques. L'intégration des acquisitions se fait par transformation de chaque acquisition qui devient une division autonome fonctionnant en réseau avec les autres unités internes et externes. Son CEO est nommé vice-président de CISCO et les principaux managers restent en place et reçoivent des stocks options. Ce réseau interne est articulé avec un réseau de cinq mille alliances externes qui se résument, le plus souvent, à de simples contrats facilement modifiables en fonction des évolutions stratégiques.
À Hong Kong, la société Li & Fung a opéré une désintégration verticale. Ses cinq mille employés composent cent divisions d'une cinquantaine de personnes auxquelles s'ajoute une petite unité centrale de support regroupant les finances, les systèmes d'information et la gestion *corporate*. Chaque division possède son propre compte de résultat, dispose d'une large autorité décisionnelle pour, en fonction des demandes du client final (Gap, Lacoste, Disney...) contrôler qualité et délais de chaque fournisseur. Ceux-ci constituent un réseau de dix mille partenaires d'une taille comprise entre cent et cinq cents employés dont Li & Fung emploie de 30 % à 70 % de la capacité. Ainsi Li & Fung fait travailler en permanence près d'un million de personnes. La qualité des relations à long terme avec ce réseau de partenaires externes repose sur l'apport de compétences des techniciens de Li & Fung et sur la capacité du groupe à concevoir et gérer l'ensemble de la chaîne de valeur. C'est la base de l'avantage compétitif de l'ensemble ainsi constitué.

2.2.3 Les réseaux confraternels et de prestations de services

Une troisième expression concrète du concept de réseau réside dans les liens qui sont tissés entre des professionnels exerçant de manière indépendante et/ou au sein d'organisations (privées, publiques, à but lucratif ou non) afin d'assurer à leur clientèle un service plus complet et plus performant. Ce sont des réseaux qui se mettent en place spontanément entre professionnels pour compenser les effets de la spécialisation. Ces réseaux sont basés sur la confiance mutuelle dans la qualité professionnelle de leurs membres et sur des principes de réciprocité. Ils ne sont pas dénués d'objectifs lucratifs ou stratégiques. Ils revêtent souvent une dimension implicite qui les rend plus difficiles à identifier que des réseaux formels. Les réseaux de prestations de services naissent généralement d'un manque de coordination entre des acteurs intervenant séparément, selon leur propre logique professionnelle, et dans la méconnaissance des autres. Leur rôle principal réside dans la connexion des offreurs agissant jusque-là de manière indépendante. Ils peuvent aussi être à l'origine de la création de services complémentaires dont la nécessité n'était pas apparue jusque-là.

L'examen de ces réseaux apporte les enseignements suivants :

- ils reposent aussi sur la confiance et la réciprocité entre membres ;
- la mise en œuvre des synergies entre les différents partenaires leur permet d'offrir un surcroît de valeur à leurs clients sans en être dépossédés ;
- ils ne se décrètent pas et ne peuvent fonctionner que si chaque maillon a à la fois sa pleine autonomie et la conscience de son rôle dans le système auquel il participe ;
- pour les mettre en place il faut du temps pour la concertation et la compréhension commune, générer un intérêt commun basé sur des relations d'échange et l'identification précise d'une problématique commune ;
- l'entretien de leur dynamique repose sur des procédures d'évaluation permettant d'apprécier le chemin parcouru.

Mais, quel que soit le type de réseau, des constantes demeurent. Comme nous l'avons rappelé en conclusion du chapitre précédent, l'organisation en réseau tient autant du « marché » que de la « hiérarchie[1] » en raison du flou frontalier entre composantes du réseau. Ce flou est dû, d'une part, à une moindre importance des limites juridiques entre constituants et, d'autre part, à *la primauté accordée aux relations entre constituants sur les constituants eux-mêmes.* L'organisation en réseau puise sa force dans l'hétérogénéité de ses composantes dont elle organise la compatibilité dans l'action. La cohésion de l'organisation en réseau est fondée sur des processus préservant et orientant la capacité d'initiative de ses constituants.

Les organisations en réseau ont pour vocation de répondre aux exigences nées des nouvelles formes de développement des entreprises en privilégiant une démarche qui va au-delà de la mutation du mécaniste vers l'organique. Les réseaux remettent en question la hiérarchie comme mode privilégié de

1. Au sens défini par Williamson.

régulation des aléas, la spécialisation des tâches comme base de répartition des responsabilités et le concept de centralisation/décentralisation comme base du design organisationnel. Le paradigme qui les inspire se fonde sur la primauté des interfaces entre les composantes (par rapport aux composantes elles-mêmes), la flexibilité des rôles confiés à des individus multi-appartenants et la priorité donnée à la dynamique organisationnelle sur la forme structurelle.

Le design de l'organisation n'y a pas pour finalité d'élaborer une combinaison optimale d'éléments, il s'efforce au contraire de définir les bases d'une combinatoire garante d'une adaptation rapide des modes d'action.

2.3 Les éléments d'une structure en réseau

Un réseau est composé de pôles (les « nœuds » du réseau) et de connexions (les liaisons entre pôles). Les pôles sont les éléments émergés, apparents de l'organisation. Ils peuvent revêtir des formes organisationnelles et des tailles diverses. Il existe autant de connexions différentes que de manières de relier les pôles entre eux. Les connexions peuvent être d'ordre bureaucratique (ordres, standards partagés, procédures), économique (transactions matérielles, monétaires), opérationnel (travail en commun, prise de décision collective, partage de ressources dans l'action), culturel (valeurs partagées, communauté d'enjeu), informationnel (accessibilité à des sources d'information, échange, partage d'informations), etc. En fait, comme nous l'avons illustré plus haut, ces connections peuvent poursuivre différents types d'objectifs stratégiques, gérer une chaîne de valeur (Li & Fung), construire des solutions intégrées (Tigre), collaborer sur un projet client (ST Microelectronics)… Dans un même réseau, ces connexions peuvent être plus ou moins homogènes et plus ou moins formalisées.

Ce qui importe dans un réseau, c'est plus sa manière de fonctionner que sa composition à un moment donné. Son fonctionnement peut être appréhendé grâce à plusieurs dimensions : sa cohésion, son potentiel combinatoire et son mode d'activation :

• ***la cohésion*** : un réseau est caractérisé par l'intensité de sa cohésion, celle-ci peut être plus ou moins forte suivant la nature plus ou moins objective ou affective des échanges entre les pôles, leur hétérogénéité, leur multiplicité et leur densité. Ainsi, un grand service public spécialisé (électricité ou transport, par exemple) se caractérisera par une cohésion beaucoup plus intense qu'un groupe privé très diversifié ;

• ***le potentiel combinatoire*** : un réseau est caractérisé par le nombre de connexions qui peut être réalisé par chacun des pôles avec les autres pôles qui le composent. Ce potentiel combinatoire est lié au degré d'agrégation des pôles (taille et diversité). Toute rechercshe d'amélioration des synergies dans un groupe diversifié implique une augmentation du nombre des connexions entre les unités (= pôles) qui la composent, et donc une amélioration de la capacité de communication de ces unités entre elles ;

• ***le mode d'activation*** : on entend par activation le fait d'induire de nouveaux échanges entre pôles ou de créer de nouvelles connexions ayant pour résultat de modifier la composition du réseau et, par voie de conséquence, de modifier la stratégie de l'organisation. Ce qui est important, c'est la manière dont est distribué le pouvoir d'activation du réseau, la liberté d'initiative.

Le pouvoir d'activation peut être plus ou moins distribué au sein du réseau. Si seuls certains pôles détiennent ce pouvoir, le réseau reconnaît une certaine hiérarchie (la concentration du pouvoir au sein de cette hiérarchie étant directement liée au nombre de pôles susceptibles d'activer le réseau) on dira que le pouvoir d'activation y est dirigé[1] (ou concentré). Au contraire, lorsque tous les pôles détiennent la possibilité de créer de nouvelles connexions à l'intérieur ou à l'extérieur du réseau celui-ci peut être qualifié d'anarchique ; on dira que le pouvoir d'activation y est distribué ou bouillonnant. Lorsque le bouillonnement sera limité par un processus de sélection des initiatives, on dira que le processus de sélection est contrôlé. Ainsi, une forte identité (voir la quatrième partie de cet ouvrage) pourra constituer un processus de sélection des initiatives dans une organisation composée d'unités très autonomes.

1. Butera F., *La Métamorphose de l'organisation*, Paris, Éditions d'Organisation, 1991.

FIGURE 18.3 **L'espace « connectique »**

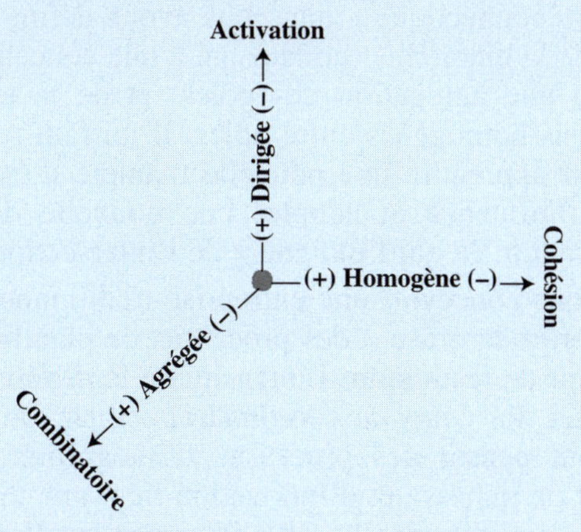

Comme le montre la figure 18.3, le réseau s'inscrit dans un nouvel espace organisationnel constitué par les trois dimensions que nous venons d'évoquer.

Si l'on compare ce nouvel espace que nous appellerons « connectique » à l'espace bureaucratique défini au début du chapitre 1, on peut observer que, finalement les dimensions ne sont pas fondamentalement différentes, mais que ce qui est déterminant, c'est que l'on s'adresse à un ensemble ouvert au lieu de traiter un ensemble fermé.

Ce qui importe dans la vision réseau, c'est la capacité de l'organisation à *générer de la stratégie* alors que ce qui importait dans la vision bureaucratique, c'était sa capacité à *en organiser la mise en œuvre.*

La différence entre spécialisation et potentiel combinatoire, par exemple, c'est que la spécialisation est centrée sur la tâche dans un ensemble de relations donné alors que le potentiel combinatoire met l'accent sur la capacité de contribuer à de multiples ensembles. De même, la coordination s'inscrit dans un contexte d'action donné alors que l'activation ouvre la voie à la création de nouveaux contextes d'action. La formalisation vise la description plus ou moins précise d'un contexte d'action alors que la cohésion vise la plus ou moins grande stabilité de ce contexte. On passe ainsi d'un espace bureaucratique statique à un espace connectique dynamique.

2.4 Construction d'une entreprise-réseau

Une entreprise traditionnelle peut être assimilée à un ensemble de pôles reliés entre eux par des connexions de l'ordre de la hiérarchie (subordination) et/ou de la transaction économique (prix de cession interne). Elle constitue ainsi un réseau qui se situe en quelque sorte aux limites de l'espace « connectique » que nous avons défini plus haut du fait de la prégnance de la hiérarchie (conduisant à une concentration du pouvoir d'activation et à une agrégation des pôles) et de la tendance à l'instauration de connexions homogènes entre pôles. Il lui faut réaliser une révolution culturelle pour apprendre une nouvelle manière d'étendre ou de restreindre son champ d'influence et adopter une nouvelle démarche de conception de l'organisation, ce qui l'éloignera de l'intersection des axes de la figure 18.3.

Alors que concevoir une entreprise traditionnelle, c'est s'efforcer de limiter l'incertitude grâce à des processus de planification et de programmation permettant de restreindre l'intensité de la différenciation et, par conséquent, d'épargner des coûts de coordination, concevoir une entreprise-réseau c'est avant tout penser des processus d'intégration permettant de valoriser le potentiel de richesse et d'innovation lié à une différenciation poussée. Dans l'entreprise traditionnelle, on s'interroge sur l'ordre dans lequel il faut procéder à l'agencement des différents constituants ; dans l'entreprise-réseau, la stratégie, les processus de production et les technologies, les communications, l'organisation et le développement des hommes sont élaborés à l'initiative des participants, par des processus itératifs et auto-régulés.

La structure dite « en soleil » est au départ très proche d'une structure d'entreprise-réseau car, lors d'une création, l'agencement des rôles des différents membres de l'organisation demeure flou et se trouve compensé par la densité des interactions entre les individus et le leadership instauré au sein du groupe. Cependant, la structure en soleil dégénère rapidement, comme nous l'avons montré au chapitre 1.

L'ossature de base d'une entreprise-réseau est plate, et si elle prend l'apparence d'une pyramide (ou plutôt d'un trapèze), c'est que la densité des problématiques auxquelles elle est confrontée diminue au fur et à mesure que l'on s'éloigne des réalités opérationnelles pour atteindre des champs d'interaction transversaux plus larges (voir figure 18.4).

FIGURE 18.4 **Ossature de base d'une entreprise-réseau**

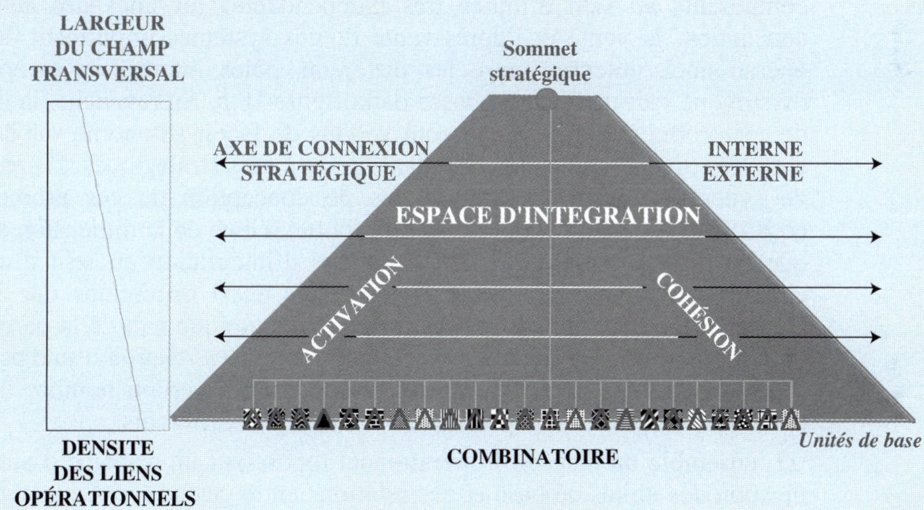

Ce plan trapézoïdal est défini par deux dimensions qui coexistent en permanence avec des poids différents au fur et à mesure que l'on s'éloigne de la base, l'intensité des liens opérationnels, d'une part, et la largeur du champ transversal concerné par les problématiques auxquelles l'organisation est confrontée, d'autre part. Ces deux dimensions définissent des nécessités d'intégration différentes qui sont traitées simultanément :

• premièrement, grâce au design de la base stable de l'organisation constituée des unités élémentaires au sein desquelles s'élabore la réalisation « physique » des missions ;

• deuxièmement, grâce à la mise en place de structures d'intégration qui occupent l'espace traditionnellement dévolu à la hiérarchie.

Il s'agit en réalité d'un espace multidimensionnel, car il peut être occupé par des structures d'intégration ayant pour objet de répondre à des enjeux stratégiques différents et susceptibles de générer des connexions internes et externes nouvelles. La hiérarchie est limitée à la coordination de chaque unité de base et assure une épine dorsale entre le sommet stratégique et le centre opérationnel de l'organisation[1].

Dans une telle structure, coexistent ainsi deux réseaux s'auto-influençant mutuellement : d'une part, un réseau opérationnel dont les pôles sont les unités de base de l'organisation et les pôles externes auxquels elles sont connectées, et, d'autre part, un réseau stratégique constitué des structures d'intégration mises en place pour répondre aux enjeux auxquels l'entreprise est confrontée. Ainsi, le groupe Schneider propose, par exemple, à ses clients des systèmes complexes sur mesure dont il fabrique les principaux composants au sein d'unités très indépendantes les unes des autres. La conception, la vente et l'après-vente de ces systèmes impliquent des liens opérationnels intenses entre les différents pôles internes et externes : la dynamique naît de la partie basse de la figure 18.5. En revanche, la majorité de ces produits (composants) sont vendus de façon autonome sur des marchés très divers et constituent autant de segments stratégiques. La recherche de synergies entre les technologies de conception de ces produits, qui constituent les *core competences* du groupe, relève de la dimension stratégique du réseau et implique des structures d'intégration au sein d'un large champ transversal qui touche des sociétés aussi différentes que Merlin-Gérin, La Télémécanique et Square-D : la dynamique naît de la partie haute de la figure 18.4. La figure 18.6 présente la mise en relation d'une partie des éléments de base d'une entreprise-réseau par un certain nombre de pôles d'intégration placés sur quatre axes stratégiques différents.

L'ensemble du dispositif opérationnel repose sur un principe d'auto-organisation des unités de base et des relations entre ces unités. Cette auto-organisation s'appuie sur la capacité de chaque unité de base à intégrer les nouvelles exigences mises en évidence au sein des structures d'intégration dans leurs « routines opérationnelles » et à modifier leur comportement en conséquence.

L'efficacité d'un tel mode de fonctionnement réside dans le principe de représentation des unités de base dans les structures d'intégration sur une base de compétence au regard de la problématique traitée et non sur une base hiérarchique.

Dans le cas contraire, la capacité du réseau à traiter des problématiques différentes serait rapidement obérée par la saturation du responsable hiérarchique de chaque unité de base, soumis à l'enfer de la « réunionnite ». Comme le montre la figure 18.6, le maillage de l'organisation est réalisé par l'appartenance des membres d'une unité de base aux diverses instances d'intégration qui requièrent leurs compétences ; instances au sein desquelles s'élaborent les orientations stratégiques et leurs modalités organisationnelles de mise en œuvre

1. Tels que définis par H. Mintzberg.

FIGURE 18.5 **Le réseau opérationnel**

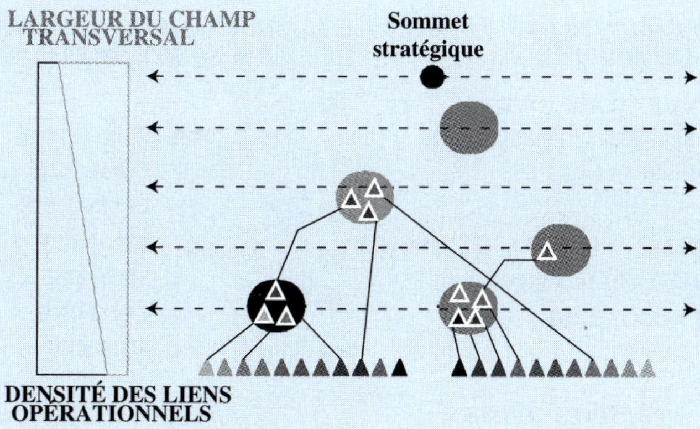

Il est de tradition dans le monde de la presse d'information que la structure de la rédaction d'un journal soit très pyramidale et placée sous la férule d'un Directeur de la rédaction dont l'objectif principal est de « boucler » son journal chaque jour. Ce modèle organisationnel s'est avéré très efficace tant que les journaux sont restés des entreprises artisanales et tant que les groupes de presse sont restés des conglomérats de petites unités très indépendantes. Mais la concurrence croissante des autres médias, la pression pour des résultats financiers et les possibilités ouvertes par les journaux *on line* ont posé la question des synergies entre rédactions : était-il logique de maintenir des pyramides juxtaposées indépendantes ? Ne pouvait-on pas créer de nouvelles unités (imprimées ou *on line*) en partageant l'expérience et les coûts des unités existantes ? La difficulté vient de ce qu'il faut d'abord innover grâce à une structure ad hoc sans casser la courbe d'expérience du ou des journaux plus anciens, mais ensuite faire que les activités anciennes bénéficient en retour et soient à leur tour dynamisées par les nouvelles activités.

La solution schématisée ci-après a été adoptée par différents groupes de presse dans le monde. Chaque rédaction reste une *business unit* autonome, mais elle n'est constituée que d'une toute petite équipe, très resserrée autour de son rédacteur en chef, qui doit acheter la plupart de ses articles à des unités ressources (« bases d'expérience ») composées de journalistes, permanents et « pigistes » (indépendants), spécialisés dans un domaine. La conséquence de ce modèle en « réseau de moyens et de fins » est qu'un même journaliste pourra proposer sur un même sujet des papiers différents en fonction des caractéristiques de la demande exprimée par chaque rédaction, par exemple sensationnaliste ou très factuel, prolixe ou lapidaire, etc.

FIGURE 18.6 Organisation de la rédaction d'un groupe de presse

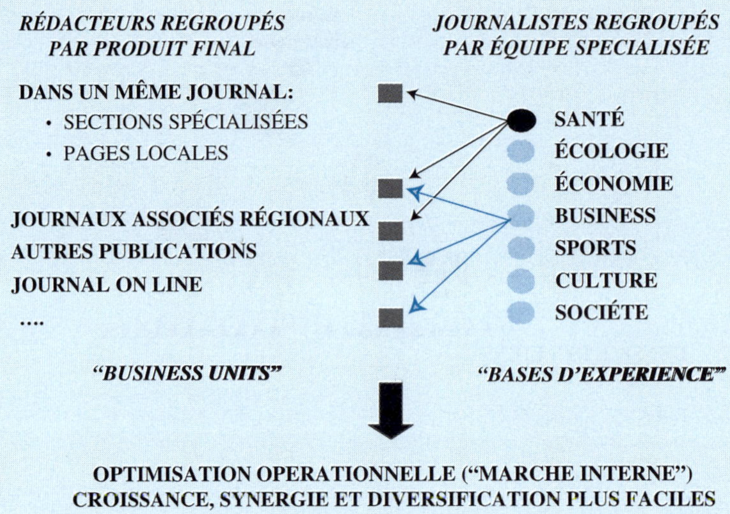

Les orientations et la dynamique de l'entreprise-réseau dépendent non pas d'un processus classique d'élaboration de stratégie, mais de la manière dont les problématiques stratégiques sont identifiées et placées entre les mains des instances d'intégration, c'est-à-dire du processus d'activation du réseau. Le choix d'un mode d'activation pose de ce fait la question du rôle, voire de l'existence du sommet stratégique.

Comme le montre la figure 18.7, les modes d'activation dirigée et contrôlée marquent une première rupture avec le paradigme classique, mais l'entreprise-réseau garde un sommet stratégique au rôle plus ou moins important.

Dans l'activation dirigée (voir figure 18.8), le sommet stratégique est prépondérant bien que son rôle et ses modes d'action doivent changer. Son rôle consiste à identifier les problématiques stratégiques, puis à organiser les pôles d'intégration et à laisser la dynamique du réseau jouer son rôle. Il doit éviter de céder à la tentation d'un interventionnisme excessif dans la formulation des stratégies et se contenter de suivre l'impact des mesures prises dans les instances d'intégration sur les résultats de l'entreprise. Wrapp titrait déjà il y a trente ans un article devenu un classique de la *Harvard Business Review* : « Un dirigeant ne prend pas de décisions stratégiques ».

En effet, l'efficacité de l'entreprise-réseau repose sur la motivation et la responsabilisation de ses membres dont le moteur principal est la réelle

FIGURE 18.7 La remise en cause du paradigme classique par les modes d'activation

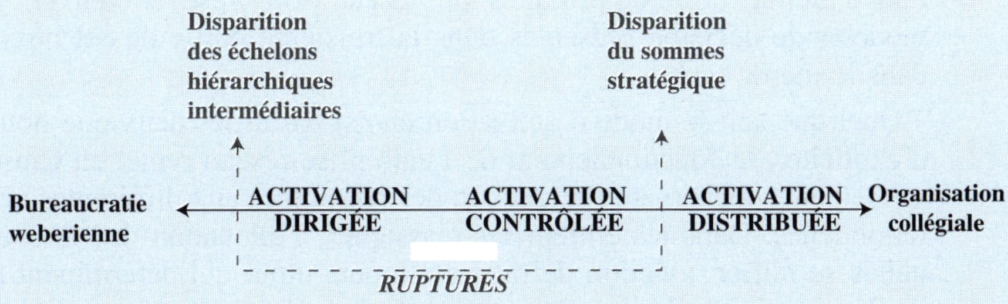

FIGURE 18.8 Les trois modes d'activation

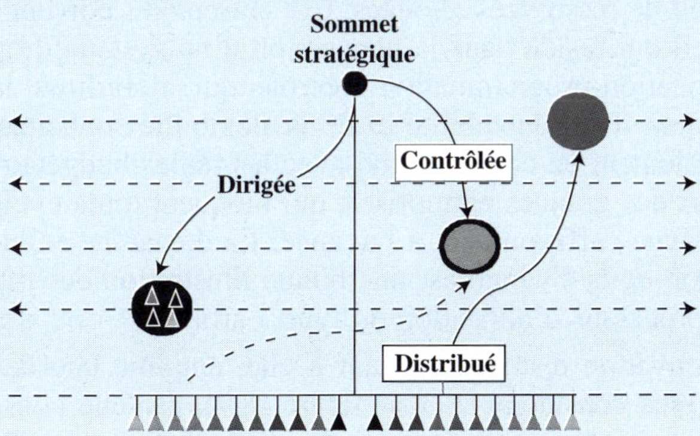

décentralisation des décisions stratégiques. Le sommet stratégique doit avant tout être attentif aux « surprises » stratégiques susceptibles d'être générées par le jeu de la décentralisation afin de les exploiter en créant de nouveaux pôles et de nouveaux axes d'intégration. Bien que l'organisation semble obéir à un schéma *top-down, la* dynamique de réseau, une fois amorcé le processus de décentralisation, en atténuera rapidement le caractère pour se rapprocher d'une activation contrôlée, à condition que le sommet stratégique soit capable de renouveler ses modes d'action et de surmonter la frustration initiale que peut générer une forme inhabituelle d'exercice du pouvoir.

Dans l'activation contrôlée (voir figure 18.8), le rôle du sommet stratégique ne se différencie pas fondamentalement du cas précédent, mais l'initiative croît à l'intérieur du réseau dont les composantes sont investies aussi de la prérogative d'identifier des problématiques stratégiques nouvelles et de proposer la création des pôles correspondants.

Le sommet stratégique dispose cependant du pouvoir d'arrêter une proposition qu'il jugerait hasardeuse, car son aval est nécessaire pour qu'une initiative venue des composantes du réseau soit mise en œuvre. Plusieurs modèles de décision présentés dans la troisième partie de cet ouvrage vont dans le même sens.

Quel que soit le mode d'activation choisi parmi les deux que nous venons d'expliciter, le fonctionnement de l'entreprise-réseau remet en cause les raisonnements concernant l'allocation des ressources aux différentes unités opérationnelles. Dans les entreprises classiques, l'allocation des ressources aux unités se fait en fonction de rapports input/output qui déterminent le niveau d'efficience souhaité dans la capacité de transformer les ressources en valeur. Dans l'entreprise-réseau, ces rapports input/output sont par essence plus difficiles à établir, car les processus sont moins stabilisés et la liaison input/output est fluctuante. Le processus d'allocation de ressources y est par conséquent plus « arbitraire » et plus « global ». En contrepartie, le contrôle est davantage centré sur les outputs et la variation de valeur générée par un surcroît de ressources allouées. Ces entreprises doivent par conséquent éviter l'écueil qui réside dans la conception d'un système trop détaillé et rigide de planification-programmation-contrôle qui alourdirait le fonctionnement au détriment de l'adaptabilité et de la flexibilité souhaitées. Cette exigence est généralement en contradiction avec les règles budgétaires en vigueur dans la plupart des grandes entreprises, qui bloquent toute évolution qui n'aurait pas été prévue suffisamment à l'avance. La démarche suivie par Renault pour la création de la Twingo est une bonne illustration des ruptures obtenues grâce à un processus d'allocation du type « arbitraire » ou « global ».

L'activation distribuée, quant à elle, entraîne une deuxième rupture beaucoup plus considérable (voir figure 18.7), car elle consacre la disparition du sommet stratégique. Avec l'adoption d'un mode d'activation distribuée, l'entreprise-réseau devient un véritable réseau dont l'autonomie stratégique des constituants est régie par les règles issues des accords établissant les connexions entre pôles, règles relevant d'une jurisprudence et non d'une autorité centrale. L'exemple le plus connu de ce type de réseau est celui des petites entreprises de l'industrie textile du nord de l'Italie. Mais on peut aussi citer beaucoup de groupes à caractère mutualiste, dont l'organisation traditionnelle en simples fédérations constituait de véritables réseaux distribués, mais dont le mouvement dominant ces dix dernières années a plutôt eu lieu en direction de réseaux à activation dirigée (Crédit Mutuel, Groupama, Cencep, par exemple).

Le réseau étant un concept ouvert, il va de soi qu'il peut être le résultat d'une combinaison d'entreprises traditionnelles, d'entreprises réseau ou de type mixte. Ainsi le concept de réseau met à mal l'espèce de partition entre, d'une part, le monde de « l'organisation formalisée signifiant mise sous contrôle et soumission et, de l'autre, le monde du "marché", de "l'action collective" ou du "mouvement social", c'est-à-dire de la concurrence, du surgissement, du devenir, de l'interaction non structurée, désordonnée et aléatoire, de la fluidité, de l'égalité et de l'absence de hiérarchie[1] ».

1. Friedberg E., « Les quatre dimensions de l'action organisée », *Revue française de sociologie*, XXXIII, 1992.

FIGURE 18.9 **Le maillage de l'organisation**

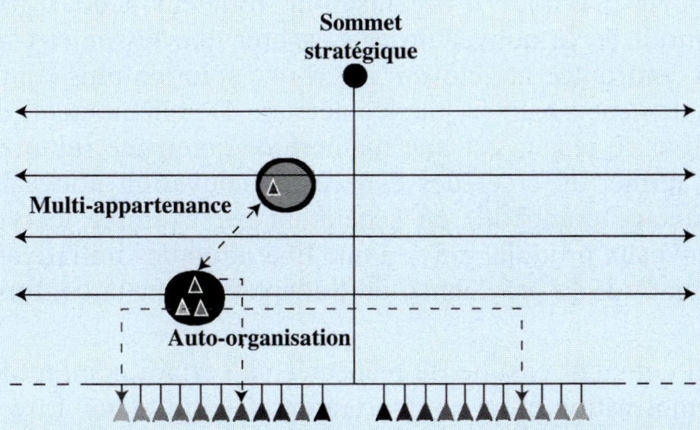

Le maillage de l'organisation institue une multi-appartenance qui prévient les risques de cloisonnement. Le fait que chaque unité de base contribue aux travaux de plusieurs pôles en impliquant, à chaque fois un de ses membres, et que chaque pôle réunisse en son sein les membres de plusieurs unités de base, produit un brassage qui se répercute à l'intérieur même de chacune de ces unités où sont conciliées opérationnellement les contraintes issues de la multiplicité des dimensions stratégiques de l'entreprise. Ce brassage est d'autant plus efficace que l'ouverture de l'organisation permet d'intégrer, si nécessaire, des compétences externes au sein des pôles, lorsque l'entreprise n'en dispose pas.

Dans une structure en réseau, l'exercice plus collectif de la responsabilité, d'une part, et la multi-appartenance, d'autre part, offrent, aux individus un renouvellement de leurs centres d'intérêt et de leurs collaborations. Ce cadre collectif permet de dépasser l'opposition entre logiques fonctionnelle et opérationnelle.

2.5 Les conditions de succès d'une structuration en réseau

Comme toutes les formes d'organisation, le « réseau » relève d'une logique propre que nous avons amplement détaillée. Le manquement à cette logique ne peut que conduire à une faible efficacité, voire à un échec total.

Il convient tout d'abord de respecter des conditions de contexte. Premièrement, dans une optique réactive, le réseau est une forme d'organisation permettant de faire face efficacement à des conditions de complexité et d'incertitude élevées. Encore faut-il, pour justifier la rupture avec le modèle classique d'organisation, réfléchir à deux fois avant de céder à l'attrait de la nouveauté et s'assurer que les enjeux auxquels l'entreprise est confrontée ne relèvent pas d'une solution plus conformiste et donc plus facilement acceptée par les acteurs. Deuxièmement, dans une vision proactive, le réseau est une manière de créer une rupture au sens stratégique du terme, de créer des espaces d'innovation nouveaux, de construire un avantage compétitif en accélérant par exemple le rythme de création de nouveaux produits grâce à une libération des initiatives. Dans les deux cas, il faut que la prévalence de l'adaptation sur la conformité soit admise par tous.

Il convient ensuite de respecter un certain nombre de conditions quant à la motivation et au comportement des individus. Être motivé par le risque et la responsabilisation n'est pas à la portée de tous. Les acteurs d'une entreprise-réseau doivent être dotés d'une forte autonomie et participer d'une culture commune dont les caractéristiques se rapprochent de celle obtenue dans une bureaucratie professionnelle grâce au processus de standardisation des qualifications. Cette culture leur permet de fonder leur besoin de sécurisation sur des normes professionnelles et sur l'appartenance à une communauté élargie, mais elle facilite surtout la mise en œuvre des processus d'auto-organisation sans lesquels l'entreprise-réseau ne peut pas fonctionner.

Un des facteurs déterminants est l'adhésion volontaire des acteurs aux axes de collaboration qui leur sont proposés (quel que soit le mode d'activation) et à une participation aux instances d'intégration sans influence hiérarchique. Sans cet engagement, ces instances se révèlent inefficaces et l'adaptation des modes opératoires ne peut pas se faire.

Il faut aussi que les acteurs souscrivent à une conception des modes de conquête et d'exercice du pouvoir largement tournée vers l'environnement et non pas centrée sur les relations au sein de l'organisation. Le réseau, puisant sa dynamique dans le partenariat, ne peut s'accommoder de la tentation de chaque composante de dicter sa loi aux autres.

Il convient enfin de respecter des conditions tenant aux systèmes d'information et de contrôle. Plus que tout autre structure, l'entreprise-réseau repose sur la fluidité et la transparence des informations. Les systèmes de contrôle indispensables doivent être avant tout orientés sur la mesure des outputs obtenus *a posteriori*. Ils doivent localiser l'attention sur les résultats et non sur les moyens. Ces systèmes de contrôle ont pour objectif primordial de permettre aux acteurs d'intégrer les résultats de leur coopération afin de les transformer en enjeux et en buts de leur action. Le fait de ne pas établir de relations détaillées entre les moyens et les résultats – ce qui serait perçu comme une insuffisance dans les systèmes de contrôle traditionnels – est, dans le cadre des réseaux, un gage de réussite.

Application du concept de réseau aux hôpitaux français[1]

La structure des hôpitaux présente un déficit d'intégration important. Ce déficit d'intégration génère des surcoûts de fonctionnement élevés essentiellement dus à l'alliance d'une structure très plate, composée d'un grand nombre d'unités et d'un fort cloisonnement inter-unités.

Le contexte

L'hôpital s'inscrit dans un système de santé composé de nombreux acteurs institutionnels (hôpitaux, cliniques, professionnels de santé exerçant une activité libérale, laboratoires de recherche, laboratoires pharmaceutiques, producteurs d'équipements paramédicaux, etc.). Son action se situe généralement dans un contexte de filière de soins mettant en jeu, pour la prise en charge d'un patient, de nombreux intervenants internes et externes à l'établissement hospitalier lui-même.

Les ressources engagées dans le domaine de la santé publique sont considérables et leur contrôle est devenu indispensable pour éviter l'implosion des systèmes de protection sociale.

Le rapport offre-demande dans le domaine de la santé est marqué par la force de la prescription qui fait que la demande est fortement induite par l'offre et notamment par les innovations réalisées par le milieu offreur.

Les enjeux auxquels doivent faire face les systèmes de santé sont complexes et très intriqués, d'une part, et soumis, d'autre part, à une accélération des innovations dans le domaine des technologies et des pratiques, d'autre part. Les acteurs institutionnels et individuels qui composent le système de santé national sont soumis à une double influence planificatrice et financière de la part d'instances de tutelle (ministère de la Santé et organismes d'assurance-maladie).

Motivation et comportement des individus

Les acteurs hospitaliers relèvent en majorité de la catégorie des « professionnels » soumis à un processus de standardisation des qualifications. Ils doivent obéir à une éthique professionnelle et, bien que n'étant pas soumis à une obligation de résultat, leur responsabilité est engagée vis-à-vis des patients qu'ils prennent en charge.

Leur comportement est largement orienté vers une pratique individuelle et libérale, et ils sont peu sensibilisés et pas formés à réfléchir aux conditions d'efficacité d'une action collective. Ils sont jaloux de l'indépendance que leur procure leur statut professionnel à des degrés divers suivant les groupes d'acteurs concernés (médecins, paramédicaux, administratifs).

Systèmes d'information et de contrôle

Il existe une forte carence en matière de systèmes d'information, notamment en ce qui concerne la mesure des activités, des résultats et l'analyse des structures de coûts. Les informations sont considérées comme appartenant à chaque professionnel et la mise en commun des données, lorsqu'elles sont recueillies, n'apparaît pas comme un phénomène naturel. Hétérogénéité des données et opacité sont les caractéristiques dominantes tant sur le plan interne ▶

1. Pour de plus amples détails, consulter M. Crémadez, *Le Management stratégique hospitalier*, Paris, Masson, 2e éd., 1997.

des établissements de soins que sur le plan général des données concernant le système de santé dans son ensemble.
De plus, le milieu soignant se caractérise par une faible propension à la formalisation des pratiques, s'opposant en cela à la bureaucratie administrative.

Les solutions traditionnelles expérimentées

Des tentatives de modification de la structure et des procédures de gestion des établissements de soins ont été lancées sans grand succès, car elles se sont heurtées à l'inertie et à la non-adhésion des professionnels. Ces tentatives, s'inspirant des démarches classiques de l'organisation des entreprises, visaient à regrouper les unités intermédiaires de l'organisation hospitalière (les services) en unités de plus grande taille (les départements) et à mettre en place des instruments de contrôle de gestion (centre de responsabilité, budgets et comptabilité analytique) accroissant le degré de normalisation de l'organisation.
La première cause d'échec de la départementalisation résidait dans le fait que chaque unité de l'organisation hospitalière pouvait être regroupée avec d'autres unités selon plusieurs schémas ayant chacun leur logique et leur justification, mais qu'aucun de ces schémas n'était satisfaisant, car trop réducteur de la réalité des besoins de collaboration inter-unités. La deuxième cause résidait dans la répugnance des professionnels à s'inscrire dans un schéma organisationnel multipliant les niveaux hiérarchiques (la hiérarchie dans un contexte professionnel est fondée sur la compétence, et un spécialiste d'une discipline n'a aucune légitimité à encadrer les spécialistes d'autres disciplines sous prétexte de rationalisation de l'organisation). Une troisième cause d'échec résidait dans l'absence de réflexion collective et de compréhension des enjeux due en partie à l'absence d'informations appropriées.
En ce qui concerne les instruments de contrôle, issus d'une culture managériale étrangère aux soignants et suspectés de masquer une tentative de prise de pouvoir par les managers, ils avaient peu de chances d'être acceptés. Leur pertinence dépendant de l'adhésion des soignants, leur mise en œuvre ne pouvait que conduire à des désillusions.

La pertinence d'une organisation en réseau

Les caractéristiques tant de contexte que de motivation des acteurs montrent que nous nous trouvons dans un cas particulièrement clair d'adéquation d'une approche en réseau (voir figure 18.10).
En effet, cette approche permet de faire coexister des préoccupations stratégiques (par exemple se positionner sur la prise en charge des personnes âgées, sur les greffes, sur la cancérologie…), qui sont autant d'axes de collaboration dans lesquels une même unité peut s'investir avec une implication variable, avec un maintien d'une structure éclatée en de nombreux services. Le réseau stratégique ainsi constitué est un outil puissant d'intégration qui mobilise tous les professionnels compétents et concernés pour l'élaboration des stratégies et des connexions entre services permettant de mettre en œuvre ces stratégies avec succès. Le réseau opérationnel résulte de l'auto-organisation au sein de chaque unité et du jeu des flux de patients passant par les connexions élaborées. Cette pratique peut sans difficulté être étendue à la collaboration avec les offreurs de soins externes à l'hôpital en les intégrant

dans le réseau stratégique de l'hôpital (ce qui peut évidemment conduire à modifier celui-ci) ou en établissant un réseau complémentaire.

L'activation de(s) réseau(x) ainsi constitué(s) est nécessairement du type activation contrôlée en raison de la coexistence, en France, d'une offre publique et d'une offre privée de soins relevant de deux logiques économiques différentes. Ce mode d'activation, s'il nécessite une évolution des modes d'action vers un comportement de régulation, plus souple et plus incitatif, est tout à fait compatible avec les préoccupations de santé publique des autorités de tutelle.
Cette conception présente de plus l'intérêt d'être compatible tant avec le financement arbitraire des établissements hospitaliers sous forme de « budget global » qu'avec un système fondé sur l'activité ou encore un système mixte. Les progrès réalisés en matière d'information médicalisée peuvent en outre permettre de disposer des systèmes de contrôle indispensables à la gestion de tels réseaux.

FIGURE 18.10

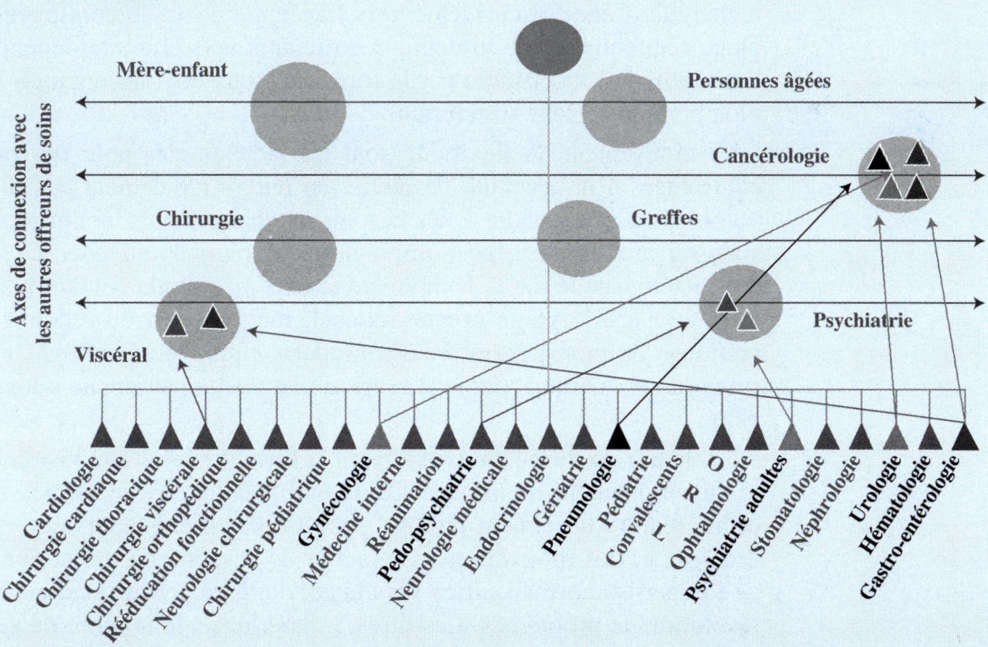

Conclusion

En un siècle, au fur et à mesure que notre monde devenait de plus en plus ouvert et interdépendant sur le plan politique, économique et culturel, l'approche des structures s'est déplacée progressivement du souci de simplification et de schématisation vers la reconnaissance de la complexité, de la recherche d'une forme idéale vers l'acceptation de la contingence, du couplage séquentiel entre stratégie et structures vers une interdépendance, de la limitation de l'incertitude par la formalisation vers l'acceptation de l'incertitude comme facteur structurant.

Le mouvement, la flexibilité sont les facteurs clés pour des organisations confrontées à la nécessité de mettre en œuvre rapidement des modifications volontaires, de répondre à des besoins de changements inopinés ou encore de s'ajuster aux conséquences imprévues d'évolutions attendues. L'acceptation de l'hétérogénéité, de la complexité et de l'incertitude conduit non seulement à un nouveau paysage organisationnel, mais aussi à un renouvellement des pratiques de management et des rapports employeur/employés et supérieur/subordonné, marqués par le passage d'une vision patriarcale à une relation de pairs.

Le métier de dirigeant évolue vers la formulation d'une vision stratégique, le développement de la capacité de mobilisation des synergies structurelles et la création du ciment culturel susceptibles d'engendrer une convergence des buts et des motivations. Le métier de responsable fonctionnel s'oriente de l'expertise normalisatrice vers la conduite de processus d'assistance et de résolution de problèmes. Les titres, l'expérience, le nombre de subordonnés, l'autorité formelle, la position hiérarchique ne sont plus les signifiants majeurs du pouvoir au sein de l'organisation. Ils s'effacent devant la capacité à concrétiser, l'obtention de résultats, la crédibilité, la réputation et les capacités relationnelles. La pyramide traditionnelle, rigide et monolithique cède le pas au réseau souple et multiforme fondé sur des nécessités objecti-

FIGURE C. II.1 **Un siècle d'évolution**

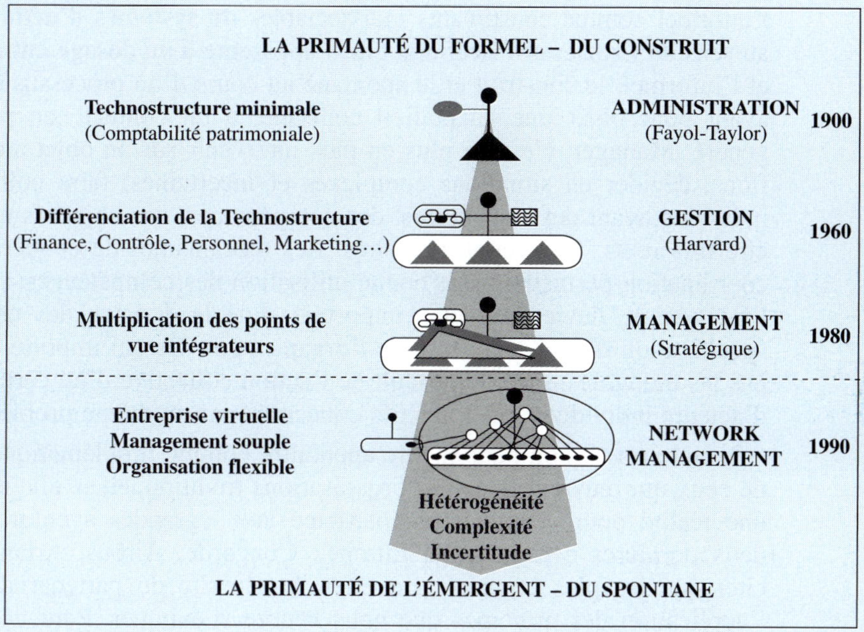

ves de collaboration et des alliances dont la durée est fonction du problème qui leur a donné jour.

Comme le souligne Erhard Friedberg : « il n'y a plus aucune différence de nature entre une organisation formalisée et des formes plus diffuses d'action collective, tout au plus une différence de degré […]. Au fond, la différence tient plus à ce qui est mis en avant et valorisé des deux côtés de cette frontière factice qu'est le critère de la formalisation. Dans les organisations, c'est la hiérarchie, c'est-à-dire la soumission, la coordination volontaire, les règles et procédures détaillées, alors que sont occultés les phénomènes tout aussi structurant mais illégitimes de concurrence, de négociation, de contrats implicites, d'échanges compétitifs et de coopération conflictuelle. Et symétriquement, ce qui est mis en avant et valorisé dans les champs d'action plus diffus, ce sont les processus d'échanges non structurés et concurrentiels, les négociations et les relations contractuelles, alors qu'est occulté et souvent sincèrement oublié l'ensemble des contraintes formelles sans lesquelles ces échanges et relations ne seraient pas possibles et qui constituent chaque fois l'arrière-fond ou le contexte général (pourrait-on dire le cadre organisationnel ?) à l'intérieur duquel l'action collective et coordonnée des hommes peut se développer. »

La conception des organisations devient plus globale et, de ce fait, le concept de structure s'estompe. Reconnaissant la coexistence du formel et de l'informel comme constituants indissociables **de systèmes d'action concrets** au sens de Crozier et Friedberg, elle s'apparente à un dosage entre le formel et l'informel, le construit et le spontané au cours d'un processus dynamique ayant pour objet une adaptation constante à un contexte en partie auto-généré. Manager, c'est de plus en plus intervenir sur un objet aux contours flous, décider en situations complexes et incertaines, faire collaborer des individus ayant des sensibilités, des compétences, des objectifs qui peuvent être différents, voire contradictoires. Les mécanismes de coopération et de coordination permettant une bonne utilisation des compétences, en un mot : l'intégration, deviennent plus importants que la division des tâches ou la spécification des rôles au sein de l'organisation. Ce qui importe, ce ne sont pas les modalités, mais le produit de l'action collective d'un certain nombre d'acteurs individuels ou collectifs concernés par un même problème.

Si cette révolution peut encore apparaître comme problématique aux yeux de ceux qui œuvrent dans des organisations traditionnelles, elle est devenue une réalité pour ceux qui ont participé aux « grandes aventures » de ces deux dernières décennies en Europe : Concorde, Airbus, Ariane, pour ne citer que les plus connues. En effet, la réussite du partenariat passe par l'application des principes que nous venons d'évoquer. Pour constituer un consortium efficace, il faut pouvoir instaurer un réseau organisationnel capable de transcender les spécificités des entreprises partenaires, et de permettre à ses salariés de trouver dans leur foi commune la cohésion nécessaire pour affronter toutes les difficultés liées aux grands défis.

Les nouvelles organisations doivent éviter les réflexes réducteurs de centralisation, standardisation, uniformisation, réglementation ainsi que l'ambiguïté traditionnelle de la relation délégation-contrôle. Elles ne doivent pas confondre une structuration consciente et explicite de la coopération entre acteurs avec une espèce de réflexe communautaire visant à faire reposer l'intégration sur la fusion des points de vue des acteurs. Une fois admis que l'interdépendance née de la coopération entre acteurs est par essence déséquilibrée, car placée dans un contexte de pouvoir et de dépendance, l'appartenance à une communauté régie par des valeurs et une forte vision partagée des enjeux permet aux individus de vivre de manière extrêmement positive dans des entités organisationnelles aux contours flous, sans éprouver un sentiment d'insécurité paralysant. Le caractère « métanoïque » de l'organisation génère un sentiment collectif puissant qui puise sa force dans le renforcement des spécificités de chacun.

Les clés conceptuelles des évolutions que nous venons d'esquisser appartiennent cependant en grande partie aux domaines qu'il nous reste à explorer. Il nous faut rechercher maintenant dans l'analyse des processus décisionnels et de l'identité de l'entreprise les éléments d'une maîtrise de ce changement organisationnel dont nous avons souligné le caractère vital.

Partie 3

Décision

Introduction

La décision est la partie la moins visible de la politique d'entreprise. C'est pourtant son moteur principal puisque, à travers elle, les idées, les sentiments, les ambitions des individus se transforment en actions stratégiques. Cette troisième partie a pour objet de comprendre les processus par lesquels s'opèrent les choix importants pour la vie de l'entreprise.

Le point de départ d'une théorie réaliste de la décision stratégique est l'étude empirique des comportements des entreprises[1]. Elle repose sur une définition de la décision stratégique comme un *processus par lequel une entreprise modifie sa stratégie réelle.* La décision est donc différente du choix, qui est le résultat substantiel de ce processus. Le corollaire de cette approche est que toute entreprise a une stratégie, consciente ou non, cohérente ou pas. On peut toujours repérer ses produits, ses marchés, ses avantages concurrentiels et sa structure organisationnelle. Les changements apportés à cette stratégie entre un instant t et un instant $t + 1$ sont les conséquences des choix stratégiques produits par des processus appelés décisions.

Le premier chapitre est consacré à la planification d'entreprise, souvent présentée comme la bonne manière de prendre des décisions stratégiques. La diversité et l'évolution des systèmes de planification sont examinées à cette occasion, ainsi que leurs fonctions dans le management stratégique.

Dans le deuxième chapitre, on aborde les modèles fondamentaux de processus de décision qui reposent principalement sur un principe explicatif : la rationalité classique, l'organisation, les jeux de pouvoir, le hasard produit par la complexité des situations.

Le chapitre suivant présente des modèles plus complexes, combinant plusieurs des principes précédents, ayant l'ambition d'expliquer comment et dans quelle proportion une direction peut maîtriser la stratégie.

1. Ce postulat épistémologique s'inscrit dans la perspective ouverte par H.A. Simon dans *Administrative Behavior*, 1945, trad. fr. : *Administration et processus de décision*, Paris, Économica, 1983. On en trouvera le commentaire dans Nioche J.-P., « H.A. Simon, sapeur et pontonnier des sciences sociales », *Revue française de gestion*, mai-juin-juillet 1993.

Le dernier chapitre reprend de façon dynamique le problème de la formation de la stratégie, son évolution au cours du temps, en montrant comment la décision stratégique peut prendre différentes formes dans l'histoire stratégique d'une entreprise.

Chapitre 19

Planification d'entreprise et management stratégique

La planification d'entreprise est traditionnellement présentée comme l'instrument de la formulation et de la mise en œuvre des décisions stratégiques. Ce rôle est controversé. Outil indispensable de management pour les uns, gadget sclérosant pour les autres, la planification est chargée de sens divers et fait l'objet d'opinions contradictoires, qu'il s'agisse d'entreprise ou d'économie nationale.

L'objet de ce chapitre est de clarifier le débat sur la planification que nous replacerons parmi les pratiques décisionnelles des entreprises étudiées dans les chapitres suivants.

Après avoir défini la planification et son objet, on explique pourquoi, après s'être développée de façon relativement homogène, la planification d'entreprise a pris récemment des formes très diverses. La présentation des dimensions sous-jacentes aux différents systèmes de planification permet d'en comprendre la variété et la logique de construction ainsi que les fonctions qu'ils peuvent remplir dans le management stratégique de l'entreprise.

1 Définition de la planification d'entreprise

La planification d'entreprise est un processus formalisé de prise de décision qui élabore une représentation voulue de l'état futur de l'entreprise et spécifie les modalités de mise en œuvre de cette volonté.

La planification d'entreprise est donc une démarche explicite, qui s'appuie sur une méthode et qui se déroule dans le temps et dans l'espace selon un programme préalablement déterminé. Elle aboutit à des choix stratégiques et à des programmes d'action visant à assurer la mise en œuvre de ces choix. C'est donc un mode de prise de décision qui se distingue en particulier par son caractère formalisé, sans que cela signifie qu'il soit entièrement codifié : le degré de formalisation et surtout la nature de la formalisation (ce qui est formalisé et comment) sont, dans la pratique observée, très variables.

La planification n'a de sens que si l'on prend en compte un ensemble assez grand de problèmes, qui sont eux-mêmes largement interdépendants et dont un traitement simultané est impossible. L'unité dans laquelle le processus de planification se déploie n'est pas nécessairement la firme tout entière, car on peut considérer que celle-ci peut être découpée en sous-ensembles suffisamment indépendants, ou que certains problèmes spécifiques peuvent être traités à part. Ici encore la pratique montre des conceptions très différentes les unes des autres.

La planification se caractérise par une attitude d'engagement, fondée sur l'anticipation, la finalisation et la volonté. Elle postule l'examen à l'avance d'un ensemble de problèmes et d'actions qui ont des chances de conduire, plus sûrement et plus efficacement, aux résultats recherchés que des décisions prises au coup par coup. Elle détermine de manière explicite un état souhaité ou souhaitable, à un horizon donné, et considère comme nécessaire de mener des actions pour atteindre cet état, qui n'est pas inscrit dans le cours naturel des choses.

Bien que tendue vers le futur, la planification se distingue nettement de la prévision d'une part, qui, par des voies extrapolatives, s'efforce de répondre à la question : « Que va-t-il se passer ? », et de la prospective d'autre part, qui répond à la même question de manière plurielle (il y a plusieurs avenirs possibles) et intrapolative (on part d'une hypothèse forte sur l'avenir et on reconstitue la trajectoire qui permet d'y arriver), alors que la planification définit une problématique du « Qu'allons-nous faire ? ». Le parti pris d'engagement différencie la planification de la programmation, qui exprime une séquence d'actions précisément déterminées dans leur nature et dans leur date. L'image de programme, souvent présente dans les esprits, procède d'une représentation mécaniste de l'entreprise dans son environnement et de l'idée que le futur est parfaitement prévisible. La planification, au contraire, trouve son unité profonde dans la remise en cause qu'elle suscite et dans la réflexion qu'elle organise.

2 Évolution des systèmes classiques de planification

La planification n'est pas une idée neuve : en 1916, H. Fayol la définit sous le terme de « prévoyance » comme l'une des cinq missions de l'administration des entreprises. « Prévoir », c'est à *la fois supputer l'avenir et le préparer ; prévoir, c'est déjà agir*[1].

1. Fayol H., *Administration industrielle et générale*, Paris, Dunod, 1999, p. 48-64.

Cependant, malgré cette définition déjà très moderne, la planification reste à un stade embryonnaire jusqu'après la Seconde Guerre mondiale. Les entreprises, surtout préoccupées de parfaire leur organisation interne, mettent en place des systèmes budgétaires de contrôle financier à court terme. Ces derniers formeront la base à partir de laquelle se développera la planification.

Après la Seconde Guerre mondiale, la croissance économique et le développement rapide des marchés exigent de la part des entreprises une attention soutenue à l'évolution de leur environnement. Des systèmes de planification sont mis en place.

Par la suite, ils seront confrontés à l'évolution des conditions d'activité des entreprises : ils évolueront eux-mêmes plus ou moins rapidement et plus ou moins profondément selon les firmes, les secteurs, les pays.

L'évolution retracée ci-dessous est nécessairement schématique elle reproduit le développement de la planification dans les grandes entreprises américaines puis, avec un certain décalage, dans les pays d'Europe occidentale et au Japon. Mais dans tous ces pays, l'évolution n'a pas été uniforme : à un moment donné coexistent, parmi les entreprises, des modes très différents de planification.

2.1 La planification à long terme

Ce premier type de planification englobant l'ensemble des activités de l'entreprise apparaît dans les années cinquante. En fait, son horizon temporel dépasse rarement cinq ans.

Le contexte qui prédomine jusque vers 1960 est caractérisé par une forte pression de la demande. Le problème principal des entreprises est d'assurer une croissance au moins aussi rapide que celle de leur marché, en évitant l'apparition de goulets d'étranglements dans leur capacité de production et de financement. Les alternatives qui s'offrent à l'entreprise sont peu nombreuses, assez facilement repérables, et les choix se hiérarchisent « naturellement ».

La préoccupation essentielle à laquelle répond la planification à long terme est de faire plus et mieux ce qu'on sait déjà faire. Elle consiste en un système intégré, depuis les prévisions jusqu'aux budgets annuels, lesquels alimentent les systèmes de contrôle de gestion qui assurent le bouclage du processus, et qui se mettent en place dans la même période. Ces caractéristiques sont les suivantes :

- l'horizon est de trois à cinq ans ;
- l'environnement pris en compte est limité au marché sur lequel la firme est présente ;
- les prévisions sont des extrapolations du passé ; elles comprennent des tendances estimées de la demande, des prix et des comportements concurrentiels ;

- l'accent est souvent mis sur les contraintes financières ;
- les méthodes quantitatives de gestion prévisionnelle (en production notamment) sont largement utilisées (voir figure 19.1).

FIGURE 19.1 **La planification à long terme**

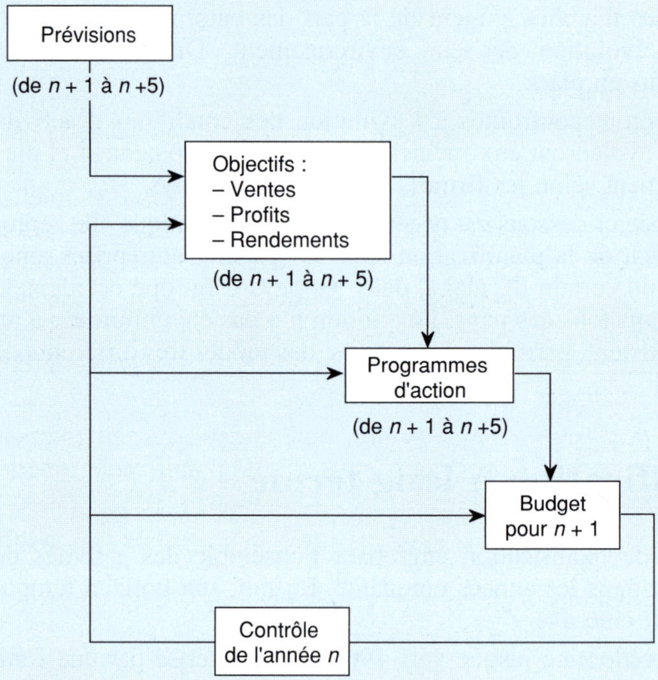

2.2 La planification stratégique

La planification à long terme est la conception qui domine jusqu'au milieu des années soixante. Mais dès le début de cette décennie, elle apparaît, aux entreprises qui en ont fait l'expérience, inadaptée à des conditions d'activités qui deviennent plus complexes, bien que la croissance se poursuive. La pression concurrentielle tend à s'intensifier et à s'exprimer de façon plus fine et plus différenciée, tandis que le rythme des innovations technologiques s'accélère.

Les choix stratégiques deviennent de plus en plus difficiles : développement de technologies et de produits nouveaux, pénétration de nouveaux marchés, choix des modes de croissance, internationalisation, sont autant de problèmes vitaux posés de plus en plus fréquemment aux entreprises.

On s'aperçoit que les systèmes de planification à long terme traduisaient surtout l'expansion d'activités existantes, mais qu'il fallait, par opposition, imaginer un système nouveau[1] correspondant aux changements en cours. Il se décompose en deux volets :

• la *planification stratégique* est le processus qui fixe les grandes orientations permettant à l'entreprise de modifier, d'améliorer ou de conforter sa position face à la concurrence ;

• la *planification opérationnelle* traduit les orientations stratégiques en programmes applicables par tous les services, départements et unités de l'entreprise dans le cadre de leurs activités courantes.

Ces missions présentent des caractéristiques différentes : l'horizon de la planification stratégique est plus lointain que celui de la planification opérationnelle. La planification opérationnelle suit une logique de continuité temporelle, alors que la planification stratégique doit gérer le changement. La planification stratégique a une orientation plus qualitative que la planification opérationnelle.

Alors que la planification opérationnelle détermine les choix dans tous les domaines et pour tous les départements et services de l'entreprise, la planification stratégique doit se localiser sur les seuls domaines engageant directement l'avenir de l'entreprise.

Le processus de planification stratégique requiert donc la participation d'un nombre restreint de hauts dirigeants, alors que la planification opérationnelle concerne tous les responsables.

La traduction concrète, dans le processus de planification global, de la différenciation stratégique/opérationnelle est complexe. Deux conceptions, pas tout à fait contemporaines l'une de l'autre, ont prévalu : la planification stratégique intégrée et la planification stratégique différenciée.

2.2.1 La planification stratégique intégrée

La conception dominante, pendant les années soixante, prend acte de la distinction stratégique/opérationnelle en développant un niveau stratégique qui trouve place dans le processus global de planification ; mais elle ménage une articulation étroite entre ces deux niveaux (stratégique et opérationnel) dans ce qui constitue un système intégré, comprenant successivement :

• un diagnostic de la position concurrentielle de l'entreprise sur les différents segments stratégiques ;

• un plan stratégique, déterminant la place que veut occuper l'entreprise sur l'ensemble de ces segments ;

• des plans opérationnels, correspondants à la programmation et à la coordination des actions à mener pour réaliser la stratégie choisie ;

• un système budgétaire pour mettre en œuvre et contrôler les actions à court terme découlant des plans opérationnels ;

• une synthèse principalement assurée par des outils financiers classiques : comptes de résultats ou bilans prévisionnels.

1. Ansoff H.I., *Stratégie du développement de l'entreprise*, Paris, Hommes et Techniques, 1968.

La formalisation des procédures est forte. Le processus privilégie les relations verticales (direction générale/divisions) plutôt que les relations horizontales (divisions/divisions). Le cycle de planification est nécessairement long, puisque les deux niveaux sont traités successivement. La démarche est soit ascendante (initiative aux divisions ; synthèse par la direction), soit en V (initiative au sommet, consultation des divisions, synthèse par la direction), soit en W avec des allers et retours entre la base et le sommet.

Sa caractéristique essentielle est l'unité du mode d'appréhension et de traitement des problèmes : le même processus formel canalise toutes les décisions. Le principal avantage attendu de ce système est une forte *cohérence,* à la fois verticale (entre des niveaux de décision différents) et horizontale (entre des domaines différents).

Voici, par exemple, le système de la Compagnie d'électro-mécanique[1] en 1972. La planification stratégique (à cinq ans) et la planification opérationnelle (à deux ans) se font sur le même modèle, la seconde ayant un degré de précision et de quantification supérieur. L'orientation générale est d'ordre financier, et les actions se déterminent par rapport à une situation censée évoluer de manière continue. La préparation du plan est très codifiée (manuel de planification, documents types). Le plan d'entreprise est la synthèse des actions déterminées par la procédure. La figure 19.2 illustre la logique de cette procédure.

Ces systèmes de planification stratégique intégrés sont issus des systèmes de planification à long terme, dont ils sont une extension. Ils correspondent, dans les entreprises, à la méthode de planification mise en place dans l'administration fédérale des États-Unis pendant les années soixante. Cette méthode, connue sous le nom de *Planning Programming Budgeting System* (PPBS), a inspiré nombre d'entreprises et d'organisations, ainsi que l'administration française qui développera à partir de 1968 une méthode similaire, la rationalisation des choix budgétaires (RCB) (voir figure 19.3).

1. Paul D. et Viollier B., *Adapter la planification d'entreprise*, Paris, Éditions d'Organisation, 1976.

FIGURE 19.3 **Les systèmes de planification et de contrôle publique**

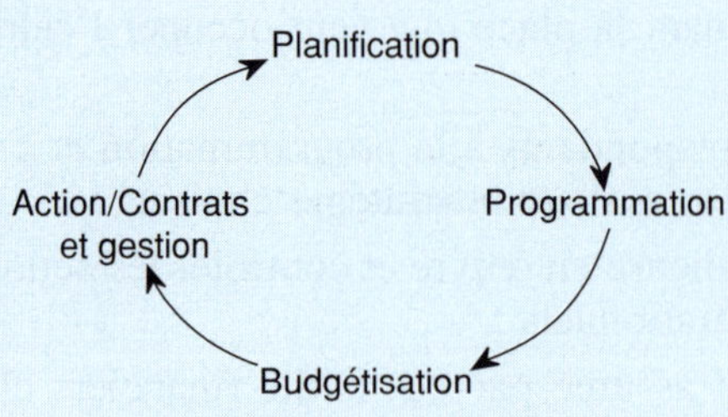

FIGURE 19.2 **La planification stratégique intégrée à la Compagnie électro-mécanique en 1972**

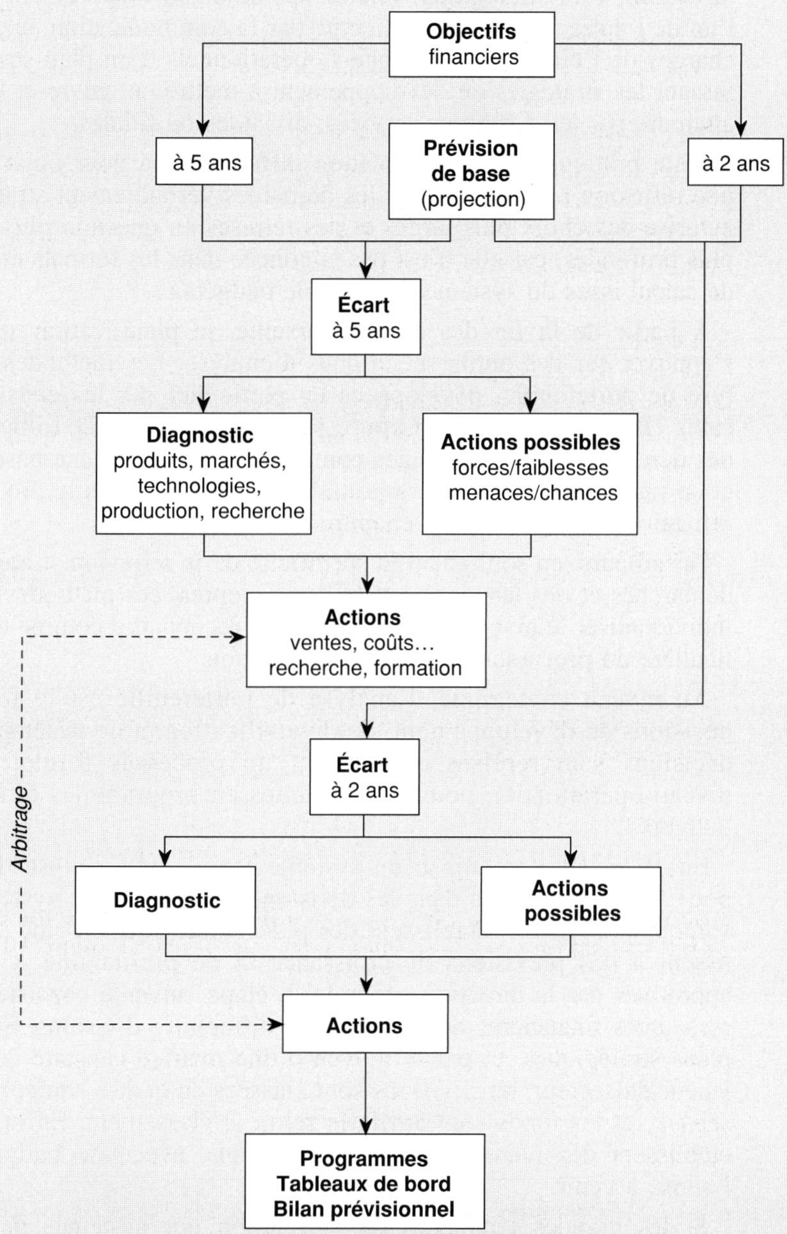

2.2.2 La planification stratégique différenciée

Un second type de solution consiste à développer deux processus de planification, l'un stratégique, l'autre opérationnel, relativement indépendants l'un de l'autre. La liaison s'effectue par la communication aux responsables chargés de l'élaboration des plans opérationnels d'un plan stratégique définissant les stratégies de développement à mettre en œuvre et les objectifs à atteindre par les différents services, divisions ou filiales.

Cette pratique de la planification différenciée a pour objet de permettre une réflexion approfondie sur les domaines véritablement stratégiques ; elle autorise des choix plus larges et des remises en question plus fréquentes et plus profondes, car elle n'est pas engoncée dans les formats et les méthodes de calcul issus du système de contrôle budgétaire.

À partir de la fin des années soixante, la planification stratégique put s'appuyer sur des outils spécifiques d'analyse. Les méthodes du type analyse de portefeuille, développées en particulier par les consultants américains (Boston Consulting Group, McKinsey, Arthur D. Little), fournissent des démarches et des langages communs qui forment une base de réflexion et de négociation pour les responsables impliqués dans le processus de planification stratégique (voir chapitre 6).

Par ailleurs, en soulignant la spécificité de la réflexion stratégique par des démarches et des langages qui lui sont propres, ces méthodes contribuent à individualiser le niveau stratégique et à le reconnaître comme une phase particulière du processus global de planification.

Au niveau stratégique, l'analyse de portefeuille est le fondement des décisions de développement, de diversification et de désengagement. Ces décisions sont reprises ensuite par un processus formel différent, au niveau opérationnel, pour être traduites en programmes et finalement en budgets.

En 1976, Dunlop[1] utilise un système fondé sur l'analyse de portefeuille pour répartir les fonds dans les divisions. La logique du système est la suivante : les divisions établissent des plans stratégiques à cinq ans, qui aboutissent à des prévisions de croissance et de profitabilité. Ces plans sont approuvés par la direction générale. L'étape suivante consiste à allouer les ressources financières de la firme aux différentes divisions. Sur la base des plans stratégiques, et par le moyen d'une matrice capacité concurrentielle/valeur du secteur, les divisions sont classées en quatre *catégories d'investissement,* et les fonds sont attribués selon le classement. Enfin, les divisions établissent des plans financiers à trois ans, avec une budgétisation pour l'année à venir.

Si les grandes tendances de l'évolution des systèmes de planification jusqu'au milieu des années soixante-dix correspondent au schéma esquissé ci-avant[2], il faut noter que des différences existent d'un pays à l'autre et d'une entreprise à l'autre. Ces pratiques de planification, qui s'établissaient progressivement, vont être bouleversées à partir de 1973.

1. *Ibid.*

2. *Ibid.*

3 La crise de la planification

Dans les années soixante-dix, les pratiques de la planification stratégique ont été confrontées à des problèmes d'une acuité et d'une nature nouvelles, que les méthodes en place se sont révélées incapables de traiter correctement. La conscience de cette inadéquation a provoqué une réflexion critique qui a remis en cause les fondements de la planification stratégique telle qu'on l'avait conçue jusque-là.

3.1 Les facteurs de changement

Certains sont l'accentuation de tendances anciennes, d'autres sont les produits directs ou indirects de la situation de crise apparue en 1973.

Il s'agit d'abord de la mondialisation des marchés, qui pousse au développement des échanges internationaux et des investissements à l'étranger, alors que le risque associé à ces opérations s'accroît du fait de l'instabilité croissante de l'ordre mondial. L'apparition d'oligopoles mondiaux dans certains secteurs conduit les firmes non dominantes à rechercher des alliances internationales, des diversifications ou des soutiens publics.

Il s'agit ensuite de la course à la technologie, qui s'accompagne d'un effacement des frontières entre les techniques et de la multiplication des voies de passage d'un métier à un autre. Les choix technologiques sont d'autant plus risqués, mais plus payants, qu'ils sont faits à un stade précoce.

De plus, les années soixante-dix voient les interlocuteurs de l'entreprise se multiplier (syndicats, États, mouvement écologique, mouvements associatifs, organismes internationaux, collectivités locales, système éducatif). L'attention accrue que les médias portent aux entreprises reflète l'intérêt du grand public.

Minimisés pendant la longue croissance économique des Trente Glorieuses, les problèmes sociaux redeviennent prioritaires (emploi, formation, conditions de travail, participation des personnels aux décisions, minorités).

Enfin, la rupture provoquée par la crise pétrolière de 1973 a porté un coup sérieux à la crédibilité des prévisions à long terme. La représentation de l'avenir qui sous-tendait les pratiques prévisionnelles était celle d'une *continuité* entre passé et avenir. En reportant sur le futur les schémas d'évolution constatés statistiquement, on néglige deux catégories de phénomènes : l'effet de la prévision sur ce qui est prévu et surtout les événements imprévus, c'est-à-dire l'apparition, là ou l'on n'envisageait que les phénomènes continus, de discontinuités. *Le futur n'est plus ce qu'il était*[1].

1. *Ibid.*

3.2 Planification contre stratégie

Tous les facteurs énumérés ci-dessus contribuent à une crise de confiance dans la planification, du moins sous sa forme classique. On lui reproche, entre autres :

• de privilégier le développement par expansion des activités existantes au détriment des opérations nouvelles ;

• de limiter l'examen de l'environnement de l'entreprise à la seule sphère économique, quand ce n'est pas à la seule sphère concurrentielle ;

• d'être bâtie sur des hypothèses de relative stabilité qui sont démenties par les faits ;

• de se traduire souvent par un processus administratif se déroulant à vitesse constante, difficile à infléchir, inapte au repérage et à la résolution des problèmes vraiment nouveaux et exigeant une réponse rapide ;

• de conférer aux chiffres, au départ assortis de marges et d'hypothèses, une précision et une légitimité fallacieuses, proportionnelles au nombre d'échelons hiérarchiques qu'ils ont franchis. Tel chiffre avancé avec d'infinies précautions et un commentaire restrictif au niveau du plan d'une sous-filiale, par exemple, apparaissent finalement comme un engagement sûr dans le tableau de synthèse soumis à la direction du groupe après trois niveaux successifs de synthèse ;

• de réduire, au lieu de favoriser, la créativité et l'ouverture au changement au sein des équipes dirigeantes ;

• de faire parfois obstacle à l'utilisation des méthodes modernes d'analyse stratégique. L'insertion de celles-ci dans un processus relativement formel se heurte aux réalités organisationnelles. Il est souvent difficile de faire coïncider la segmentation stratégique et la structure organisationnelle. En outre, ces méthodes déterminent l'allocation des ressources selon une logique (renouvellement et équilibre du portefeuille) différente des pratiques héritées des habitudes budgétaires (accroissement plus ou moins accentué des ressources allouées antérieurement aux différentes sous-parties de la structure).

La planification stratégique se trouve ainsi, à la fin des années soixante-dix, déstabilisée par la conjugaison des critiques de ceux qui n'y ont jamais cru, de la perplexité de ceux qui l'ont pratiquée et des propositions de grands cabinets de conseil qui proclament qu'il suffit *de prendre la bonne décision au bon moment.*

Surgit l'idée que la planification n'est plus le cadre obligé de la démarche stratégique, qu'elle est peu compatible avec l'exercice d'une réflexion stratégique libre et profonde. L'analyse stratégique, alors en plein développement, apparaît comme une alternative à la planification. Elle tend à se développer en dehors du processus de planification, souvent réduit à la dimension opérationnelle, c'est-à-dire à un rôle de relais, entre les choix stratégiques en amont et leur traduction en actions concrètes en aval.

De cette période troublée sont nées des réflexions critiques et des expérimentations qui permettent de mieux appréhender la nature et les mécanismes des systèmes de planification, et d'expliquer la diversité des pratiques constatées.

4 Architecture des systèmes de planification stratégique

4.1 Les domaines de la planification stratégique

Les pratiques de planification stratégique sont très diverses, mais la distinction entre la planification opérationnelle et la planification stratégique est aujourd'hui généralement acceptée, même si la frontière entre les deux semble parfois floue. La planification stratégique a ses domaines privilégiés, ses méthodes propres, et est généralement gérée par d'autres hommes que la planification opérationnelle.

Le flou apparent de la frontière tient au fait que continuent d'exister des systèmes de planification dits intégrés qui traitent des niveaux stratégiques et opérationnels selon les mêmes approches. Ce type de planification a constitué une forme transitoire pour la plupart des entreprises, mais perdure dans des entreprises ayant peu de problèmes stratégiques (monoproductrices sur un marché stable, jouissant de positions dominantes ou d'un monopole) ou qui les traitent en dehors de leur planification (par exemple, décision individuelle d'un patron-propriétaire).

Par ailleurs, l'analyse du développement des activités existantes constitue une zone de recouvrement entre les deux démarches. Cette analyse peut être menée par extrapolation, à partir du budget et du contrôle de gestion : c'est la planification opérationnelle. Mais elle peut être menée également à partir des modifications de l'environnement et des projets de changement, ce qui relève de la planification stratégique (voir figure 19.4).

Cette zone de recouvrement n'est naturellement pas le seul lien entre les niveaux stratégiques et opérationnels. Le lien principal est en général la procédure budgétaire, au cours de laquelle sont fixés les objectifs à court terme et allouées les ressources correspondantes.

On peut maintenant définir les caractéristiques des systèmes de planification stratégique actuels.

FIGURE 19.4 Les domaines de la planification

4.2 Les dimensions d'un système de planification stratégique

À travers la diversité des systèmes qui coexistent aujourd'hui, on constate que les systèmes classiques correspondaient à une vision assez étroite de la planification, héritée plus ou moins de la grande entreprise industrielle américaine des années soixante.

Pour mettre de l'ordre dans la variété des systèmes de planification stratégique, il faut distinguer cinq dimensions qui, combinées, donnent une grille d'analyse permettant de décrire tout mode de planification stratégique.

Sur chacune de ces dimensions, les systèmes classiques se situent à une extrémité, et les systèmes contemporains à l'autre. L'adoption des différentes variantes offertes sur chaque dimension permet de construire une vaste gamme de configurations possibles, dans laquelle les systèmes classiques constituent un cas particulier.

Ces cinq dimensions sont les suivantes :

- la *nature des outils,* qui servent de support à la réflexion stratégique formalisée ;
- la *récurrence du processus* de planification, qui exprime son aspect temporel ;
- le *lien avec la structure organisationnelle,* qui fait de la planification une procédure qui parcourt l'organisation d'une certaine manière ;
- le *rôle de la direction* qui définit le mode d'animation qui sous-tend l'effort de planification ;

• l'*étendue du champ de la planification* qui mesure la part attribuée à la planification formelle dans la préparation de l'avenir de l'entreprise.

4.2.1 La nature des outils

Les systèmes classiques de planification stratégique ont pour caractéristique de se mouler dans les cadres de la gestion financière de l'entreprise. Les prévisions d'activité et leurs conséquences en recettes et en dépenses sont exprimées selon les cadres fournis par la comptabilité analytique de l'entreprise et synthétisées dans ses comptes de résultats et bilans prévisionnels, auxquels sont généralement joints des programmes d'investissements pluriannuels correspondant au même horizon, cinq ans le plus souvent. L'utilisation de tels outils exprime la logique des systèmes de planification intégrée : traiter du court et du long terme avec les mêmes instruments et au sein de la même procédure. Mais les mêmes outils peuvent être utilisés dans des systèmes de planification stratégique autonome de la gestion budgétaire à court terme.

Ces outils présentent l'intérêt d'être assez standard, donc de fournir des cadres identiques permettant l'addition et la consolidation des données relatives aux sous-parties de l'entreprise à tous les niveaux (filiales, divisions, groupe). Si ces systèmes permettent des tests de cohérence financière, ils sont, en revanche, de médiocres instruments pour raisonner sur l'avenir stratégique des différentes activités et sur l'équilibre dynamique de l'ensemble.

Les nouveaux systèmes de planification utilisant des outils de type portefeuille d'activités s'efforcent justement de pallier cette lacune en organisant leur procédure autour de l'usage d'une des matrices de portefeuille disponibles. Bien que ces matrices soient variées (voir chapitre 6), le raisonnement est toujours le même : segmentation stratégique, positionnement relatif des domaines d'activité dans la matrice, formulation d'une stratégie individuelle pour chaque domaine d'activité, recherche d'une évolution équilibrée de l'ensemble du portefeuille. L'usage de ces outils, qui s'est répandu depuis le milieu des années soixante-dix, a renouvelé les pratiques de planification stratégique, mais pose d'autres problèmes de mise en œuvre, notamment lorsque des matrices sont utilisées à différents niveaux hiérarchiques au cours d'un processus de planification, dans une grande entreprise diversifiée, la segmentation stratégique pertinente pour l'avenir ne correspondant pas forcément avec la structure de l'entreprise.

Ces deux types d'outils (prévisions financières et portefeuilles) présentent des avantages et des inconvénients qui leur sont propres. Sur cette dimension comme sur les suivantes, l'opposition entre systèmes classiques et systèmes nouveaux ne porte aucun jugement de valeur.

4.2.2 La récurrence du processus

Classiquement, le processus de planification stratégique est cyclique, c'est-à-dire qu'il se déroule avec la même périodicité, par exemple, sur un horizon de cinq ans révisé tous les ans.

Mais le processus une fois achevé peut être mis en sommeil jusqu'à ce que le besoin se fasse sentir de réviser le plan arrêté ; si un tel besoin se révèle avant la fin du processus, on recommence sur des bases nouvelles. Le processus est dit activable.

Ainsi la firme chimique néerlandaise Akzo laisse-t-elle à ses unités stratégiques la possibilité d'élaborer chaque année et pour les cinq ans à venir soit un plan stratégique complet, soit une déclaration de stratégie, c'est-à-dire un document simplifié, si la stratégie arrêtée lors d'un cycle précédent de planification n'est pas sensiblement modifiée. Cette déclaration de stratégie peut être assortie d'une sélection d'actions spécifiques qui, seules, sont décrites en détail.

4.2.3 Le lien avec la structure

La planification stratégique se traduit par une procédure relativement formalisée, qui implique différents membres de l'entreprise et leur attribue des tâches selon un certain ordre séquentiel et hiérarchique.

La solution la plus évidente consiste à faire suivre à la planification stratégique les voies organisationnelles habituelles ; le processus de planification stratégique épouse alors la structure. Chaque directeur planifie son activité. Le processus de planification stratégique est dit ajusté à la structure.

L'ajustement de la planification à la structure est parfois un moyen d'animation d'une structure complexe. Dow-Corning, la société multinationale, filiale de Dow-Chemical et de Corning-Glass, est organisée selon une structure tridimensionnelle, entrecroisant neuf divisions (une par famille de segments), cinq fonctions et six zones géographiques. Dans le processus de planification les fonctions définissent les normes de performance et les hypothèses de base à prendre en compte ; les divisions développent des plans stratégiques à cinq ans et les programmes correspondants ; les zones géographiques établissent les objectifs de vente et de profit à un an et les plans opérationnels à deux ans.

On peut à l'inverse concevoir une procédure qui associe, sur tel problème stratégique, les dirigeants des différentes activités concernées par ce problème, avec en outre, par exemple, des responsables fonctionnels. Dans le cas de Dow-Corning, le processus de planification stratégique emprunte alors des voies organisationnelles qui lui sont propres par rapport à la structure de base. Le processus est dit transversal.

Un système élaboré par Texas Instruments en est un exemple. Certains programmes stratégiques spécifiques sont transdivisionnels, c'est-à-dire qu'ils concernent différentes unités dans différentes divisions. Le responsable d'un programme stratégique transdivisionnel est lui-même à la tête d'une des

▶ divisions concernées, dont il dirige les opérations. Il est donc simultanément responsable opérationnel de cette division et responsable d'un programme stratégique ; pour mener ce dernier, il dirige des managers qui ont eux-mêmes des responsabilités opérationnelles dans les différentes divisions concernées. Les programmes stratégiques, cœur de la planification, créent donc des réseaux hiérarchiques particuliers, propres à chacun, qui se superposent aux structures organisationnelles de base (voir figure 19.5).

Ce système sophistiqué, baptisé OST (objectifs, stratégies, tactiques), devait favoriser le développement de nouveaux produits et de nouveaux marchés. Il s'est révélé relativement pertinent pour les composants. En revanche, des déficiences sont apparues lorsque TI s'est aventuré sur le marché des ordinateurs personnels. Cette incursion a entraîné pour la branche des pertes sévères au milieu des années quatre-vingt. La stratégie de TI était en effet prisonnière des lourdeurs de l'OST. Une trop grande complexité, une trop grande centralisation n'ont pas permis à la branche d'être suffisamment réactive sur un marché très dynamique. Les rigidités générées par l'OST ont, en particulier, empêché TI d'affronter des concurrents souvent plus petits, plus agiles, plus flexibles et à l'écoute des évolutions du marché. L'OST interdisait de fait toute remontée des informations des managers locaux. Mais, de manière plus profonde, ce système contraignait tout le fonctionnement de l'entreprise et générait une inertie difficile à corriger. Il fixait les objectifs, les normes à partir desquelles les managers étaient évalués et le système de rémunération établi. La correction stratégique ne passait donc pas par une simple modification de l'OST, système en réalité trop ancré dans le fonctionnement même de toute l'organisation, mais par un changement plus profond de l'entreprise qui a été engagé à la fin des années quatre-vingt. Ce changement visait notamment à accroître la réactivité et surtout à ne pas contraindre toutes les parties de l'entreprise à fonctionner au même rythme et selon les mêmes méthodes.

Une procédure transversale peut être plus ou moins stable dans le temps. Elle peut varier fréquemment, emprunter des voies organisationnelles différentes, selon le moment, selon la définition des problèmes stratégiques. On peut trouver, à côté d'une planification classique ajustée où les unités planifient leur propre activité, des groupes transversaux, plus ou moins stables, qui travaillent sur des problèmes spécifiques.

4.2.4 Rôle de la direction et participation

Le mode classique d'animation de la planification stratégique consiste pour la direction à fixer aux unités des objectifs et des critères exprimés en termes généraux, le plus souvent chiffrés (rentabilité des investissements ou progression du chiffre d'affaires). Les unités déterminent le contenu des stratégies qui permettent d'atteindre ces objectifs. Le processus est délégué,

FIGURE 19.5 **L'organisation transversale de la planification stratégique chez Texas Instruments (années 1970/1980)**

Ligne hiérarchique opérationnelle / Ligne hiérarchique stratégique			Branche « Composants »				Branche « Équipement »			6 branches
			Division A		*Division B*		*Division C*			30 divisions
			CPC 1	CPC 2	CPC 3	CPC 4	CPC 5	CPC 6	CPC 7	± 200 CPC (centres produit/client)
Objectif 1 *Objective manager*	*Stratégie A* *Strategy manager*	PAT 1 *Tactic manager*					X	X		
		PAT 2			X		X			
		PAT 3				X				
	Stratégie B	PAT 4	X							
		PAT 5			X		X			
Objectif 2	*Stratégie C*	PAT 6								
		PAT 7		X	X					
	Stratégie D	PAT 8	X		X	X				
		PAT 9			X				X	
3 à 12 objectifs	± 60 stratégies	± 250 PAT (programmes d'actions tactiques)								

ou encore ascendant, puisque le plan de l'entreprise résulte de l'agrégation des plans des unités.

Cependant, la direction générale soumet souvent ces choix à une approbation. Elle peut intervenir directement dans le contenu des choix et, à la limite, les choix fondamentaux peuvent être totalement arrêtés par une poignée de dirigeants ; dans ce cas, le processus est piloté d'en haut, ou encore descendant.

L'évolution de la planification stratégique à Gulf Oil illustre le lien entre l'effort de changement et le rôle de la direction générale. Jusqu'en 1970, Gulf Oil avait une planification largement ascendante, centrée sur la ventilation de ressources financières abondantes. À partir de 1973, la firme entreprend une réorganisation (structure par activités et non plus par zones géographiques) et une diversification de ses activités. La définition des priorités stratégiques devient donc primordiale. La planification adopte l'analyse de portefeuille et devient nettement descendante, les choix stratégiques revenant à la direction générale. À partir de 1977, Gulf Oil se recentre sur ses activités traditionnelles, et la direction intervient moins dans le processus de planification.

Les variantes sont nombreuses, car cette dimension exprime le caractère plus ou moins participatif de la planification, elle est particulièrement sensible aux circonstances, à l'acuité des problèmes, mais aussi à la personnalité des dirigeants.

La définition de la stratégie chez BP (voir figure 19.6) est le résultat d'un processus de concertation entre les différents acteurs de l'entreprise. Au début de l'année, le président de BP présente sa vision stratégique du groupe aux principaux managers. Les responsables des *Business Development Units* construisent des plans stratégiques précis à partir des informations fournies par les différentes divisions et des opportunités d'investissements décelées par les responsables pays. Ces plans sont ensuite confrontés aux analyses du départe*ment Planning & Control* de la direction centrale du groupe. Permettant le partage des informations de nature stratégique, ces multiples réunions donnent lieu à la formulation de propositions et à des recommandations concrètes. Celles-ci sont évaluées par le président et la direction générale de l'entreprise et modifiées si nécessaire. La phase finale consiste à définir un *business plan.* La stratégie est donc construite selon un processus itératif, à la fois descendant et ascendant, recherchant le consensus entre les responsables des divisions pays, les responsables des *Business Development Units,* le staff et le président.

4.2.5 L'étendue du champ de la planification

FIGURE 19.6 **La procédure de planification stratégique de British Petroleum**

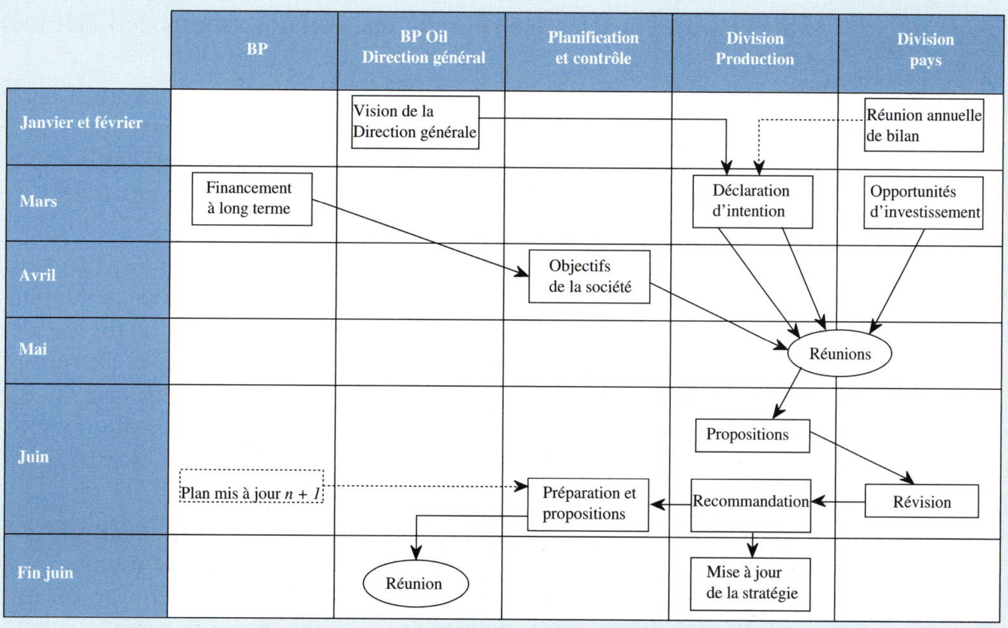

Source : *Long Range Planning*, vol. 25. janvier 1992.

Les systèmes classiques se veulent exhaustifs. Ils sont conçus pour conduire l'évolution de la firme dans tous les domaines d'activité. Ils consistent en une exploration sans faille des forces et faiblesses, menaces et opportunités, et en l'élaboration systématique de réponses et de stratégies adaptées. Ces choix sont effectués de manière cohérente en regard de missions ou d'objectifs synthétiques définis pour l'entreprise dans son ensemble : la planification classique est globale.

Une démarche opposée consiste à concentrer l'effort de planification sur des points soigneusement choisis. Par exemple, telle division qui fait face à de graves problèmes dus au déclin de son activité, ou tel département qui constitue un pôle de développement prometteur mais incertain. Ou encore, tel projet de diversification ou d'acquisition, ou même tel problème interne, touchant à l'appareil de production, à l'organisation du travail, aux relations sociales. Les autres activités ou problèmes ne font pas l'objet d'une planification, ou alors d'une manière peu approfondie, à moyen terme.

Le processus de planification est sélectif si la planification ne s'intéresse qu'à un éventail limité de problèmes, qui ne donne qu'une image partielle de l'entreprise, mais qui représente les problèmes ressentis comme stratégiques à un moment donné.

Une planification globale vise à élaborer un projet d'entreprise, une vision de son avenir. Elle peut se réduire à quelques objectifs financiers ou, au contraire, dresser une liste précise des activités, des positions concurrentielles et des comportements stratégiques : dans les deux cas, elle organise un processus systématique et global.

Une planification sélective ne traite que certains aspects de l'état futur de l'entreprise.

Certaines entreprises ont essayé de combiner dans le temps l'approche globale et l'approche sélective : chaque année, certains sujets sont traités « à fond » et d'autres de façon plus rapide. Le choix des sujets approfondis est fait de telle façon que tous les aspects de l'entreprise soient traités à fond dans un cycle de quelques années.

L'étendue du champ de la planification est donc variable : il se peut que l'entreprise ne nourrisse aucune vision de son avenir, ou seulement une vision partielle, ou encore des visions contradictoires. Dans ce dernier cas, la sélection des sujets traités s'effectue selon le degré d'urgence des problèmes ou le consensus sur leurs enjeux. Il se peut, enfin, qu'une vision globale existe bel et bien, même si elle n'est pas explicitement formulée, et qu'elle guide la planification en fonction des priorités qu'elle désigne.

L'existence d'une planification sélective ne signifie nullement que l'entreprise renonce à développer un projet d'ensemble pour elle-même, mais que ce projet n'est pas porté par la planification, ce qui signifie qu'on lui aura trouvé des substituts pour remplir les fonctions qu'elle assume habituellement (*cf. infra*).

4.3 La planification en kit

Les dimensions utilisées pour décrire les systèmes de planification, opposent donc système classique et système nouveau, comme le schématise le tableau 19.1.

TABLEAU 19.1 **Systèmes classiques et systèmes nouveaux**

	Classique	Nouveau
Nature des outils	Financiers	Portefeuilles
Processus	Cyclique	Activable
Lien avec la structure	Ajusté	Transversal
Rôle de la direction	Ascendant	Descendant
Champs	Global	Sélectif

Mais cette opposition ne constitue en rien une alternative pour les entreprises. Elle borne simplement le chemin qui peut être parcouru. La conception d'un système de planification stratégique dépasse largement un choix binaire, et ce pour au moins trois raisons :

• la définition d'un processus de planification se fait en fonction de la situation propre à l'entreprise (environnement, caractéristiques internes). Un système global comme celui de Texas Instruments peut s'appuyer sur un processus transversal totalement original. Et l'on a vu avec Gulf Oil que le rôle de la direction dans l'animation du processus pouvait varier selon les besoins, sans que soit modifié pour autant un système de facture classique. On peut donc faire du neuf avec du vieux, en combinant des traits originaux à des aspects plus classiques ;

• chaque dimension offre un éventail de possibilités plus qu'une simple alternative. En ce qui concerne le mode d'animation (ascendant/descendant), une voie moyenne peut être un processus itératif, une navette en W ou en M entre les niveaux de responsabilités comme on l'a vu dans l'exemple de British Petroleum. C'est également vrai pour l'aspect temporel de la planification. Une révision très fréquente des stratégies, avec la possibilité effective de les abandonner ou de les modifier, rapproche un processus cyclique d'un processus activable ;

• enfin, les entreprises qui ont une certaine expérience de la planification combinent parfois deux types de méthodes en leur assignant des missions complémentaires. Ainsi, IBM applique-t-il au développement de ses activités existantes un processus classique, tandis que les projets de diversification et d'acquisition, ainsi que les stratégies d'alliances, sont traités par un autre processus, sur lequel la firme est très discrète. La combinaison des dimensions de la planification est donc propre à chaque entreprise et évolutive dans le temps, comme le montre la planification stratégique chez Canon.

La planification stratégique est apparue chez Canon en 1962, lorsque l'entreprise décida de ne plus se limiter à la fabrication d'appareils photographiques et d'opter pour une stratégie de diversification reliée. Il s'agissait de coordonner le développement des différentes branches, de faciliter l'internationalisation du groupe et de réaliser le passage à une structure divisionnelle. Ce mouvement s'est poursuivi jusqu'en 1991, date à laquelle l'entreprise comprenait huit *Business Groups* et vingt et une divisions.

Depuis 1962, plusieurs types de plans ont été mis en place. Les plans de long terme (de cinq à dix ans) déterminent des objectifs généraux. Ainsi, de 1962 à 1977, trois plans ont organisé l'internationalisation et la diversification progressive de Canon. Il s'agissait initialement de réaliser plus de 20 % du chiffre d'affaires hors des appareils photographiques et de développer les réseaux de distribution partout dans le monde. Le mouvement a été amplifié avec une diminution progressive de la part des appareils photos dans le chiffre d'affaires au profit de la bureautique. En 1977, à la suite du choc pétrolier et de l'échec dans les calculettes, la stratégie a connu une réorientation. Un nouveau plan fut mis en place, avec pour objectif principal d'implanter Canon dans les photocopieurs, les imprimantes et les télécopieurs. Ce plan s'étalait sur dix ans.

En 1991, la planification stratégique chez Canon repose toujours sur trois types de plans à long, moyen et court terme :

- *les plans à long terme* posent des objectifs généraux. Il s'agit de donner une orientation globale, de définir une « vision » du groupe pour les dix années à venir. Les termes du plan sont suffisamment généraux pour permettre des modifications des sous-objectifs en fonction des évolutions de l'environnement. Le plan à long terme prend également en charge les modifications de la structure du groupe. Enfin, il englobe aussi la formation et la motivation des employés afin de donner une plus grande cohérence à l'entreprise ;
- le plan à long terme est opérationnalisé par des *plans à moyen terme* (trois ans environ) dont les objectifs sont révisés chaque année. Il s'agit de procéder de façon classique à une analyse des forces et des faiblesses de l'entreprise ainsi que des opportunités. Les projets sont établis en fonction du cadre général donné par la vision de l'entreprise. Cette phase opérationnelle d'allocation de ressources fait appel aux multiples techniques de portefeuille ainsi qu'à la simulation informatique. Avec la mise en place de la structure divisionnelle, ces plans ne sont pas établis de manière unilatérale par l'état major central mais aussi à l'initiative des managers de divisions ou de zones géographiques. Par ailleurs, des comités permettent de coordonner et d'ajuster les différents mouvements stratégiques ;
- les plans à moyen terme sont eux-mêmes concrétisés numériquement et budgétairement par des *plans à court terme* (un an). Les objectifs de rentabilité et de coûts sont fixés précisément et donnent lieu à des mesures de contrôle classiques.

Aux définitions classiques, strictes et normatives, de l'art de planifier, se substituent donc des dimensions multiples ; leurs combinaisons dessinent des configurations diverses, reflets de la variété des réponses apportées par les entreprises à la crise de la planification classique et, d'une certaine manière, à la crise économique. La diversité des pratiques de planification exprime en fait la variété des fonctions que peut remplir cet instrument.

5 Les fonctions potentielles de la planification

La planification peut avoir d'autres fonctions que la prise de décision. En effet, ces fonctions peuvent être classées en trois catégories : les fonctions décisionnelles, les fonctions de communication et les fonctions de pouvoir.

5.1 Les fonctions décisionnelles

5.1.1 Formaliser le processus de décision stratégique

C'est la vocation première des systèmes de planification. Ce rôle suppose un pouvoir et des règles du jeu stables dans l'entreprise, afin de permettre la mise en place d'une procédure formelle canalisant les processus de décision. L'environnement doit être prévisible, aucun événement accidentel ne survenant à contretemps du calendrier prévu. Ces conditions étant rarement réunies, la planification a dû s'adapter à l'incertitude. On peut encore mentionner, dans cet esprit, l'usage de *plans contingents* ou *plans d'urgence,* dont la mise en œuvre est conditionnée par l'apparition d'événements incertains[1]. La méthode des scénarios est une manière voisine de préparer l'entreprise à plusieurs avenirs possibles[2].

Dans le même esprit visant à stabiliser le contexte décisionnel de l'entreprise par une procédure formelle, le secteur public français a inventé une *planification contractuelle* qui codifie le contexte décisionnel des entreprises publiques en limitant, par un accord formel, l'arbitraire du pouvoir de leur tutelle. Une telle procédure, connue sous le nom de « contrats de plan », consiste à définir officiellement des rapports à moyen terme entre l'entreprise et l'État en convenant d'objectifs et d'engagement généraux dans le cadre desquels s'exerce une autonomie relative de gestion[3]. Si l'expérience a montré que souvent l'État ne respectait pas ses propres plans, cette forme de planification s'est institutionnalisée dans les rapports entre l'État et les régions, et entre le ministère de l'Éducation nationale et les universités… L'idée d'un recours à une forme négociée de planification stratégique pour stabiliser les rapports entre un centre de pouvoir et ses unités périphériques mérite donc attention. Ce thème est repris ci-après à propos des substituts à la planification.

1. Goetschin P., « La Planification d'urgence », *Bulletin de la Société d'étude de la prévision et de la planification*, Lausanne, janvier 1975.

2. Lesourne J. et Stoffaës C. (dir.), *La Prospective stratégique d'entreprise*, Paris, InterÉditions, 1996

3. Anastassopoulos J.-P. et Nioche J.-P., *Entreprises publiques : expériences comparées*, Fondation nationale pour l'enseignement de la gestion des entreprises (FNEGE), 1982.

5.1.2 Constituer un réservoir d'études, de prévision et de compétences

Lorsqu'il existe une équipe de planification et de stratégie, celle-ci peut élaborer en même temps que le plan de nombreux produits « annexes » : prévisions ou études faites pour les besoins du plan ou à la suite de demandes ponctuelles de la direction générale. Un des bénéfices de la planification est ainsi la surveillance plus systématique de l'environnement. Ces informations et l'expertise des analystes constituent une aide à la réflexion stratégique non formalisée, exercée en dehors du cadre et du calendrier du plan à l'occasion de processus de décision ponctuels.

En outre, cette expertise des services de stratégie constitue un atout professionnel pour les cadres qui y travaillent. Le passage dans un tel service permet d'acquérir une vision de l'entreprise et une sensibilité aiguë à l'évolution de l'environnement technologique et concurrentiel, atout précieux dans la réussite d'une carrière.

5.1.3 Coordonner les décisions

De nombreuses raisons, telles que la taille et la complexité de l'organisation, des conflits internes à l'entreprise ou un environnement très turbulent, peuvent faire obstacle à une maîtrise des processus de décision. Un des rôles de la planification formelle peut être alors de fournir un cadre de cohérence des choix même si ceux-ci sont faits selon des processus plus ou moins indépendants[1]. Cette fonction de cohérence est l'une des vertus attribuées aux systèmes classiques de planification de type financier qui, synthétisant dans un format unique l'ensemble du développement de l'entreprise, font apparaître d'éventuelles contradictions.

5.2 Les fonctions de pilotage du changement stratégique

5.2.1 Permettre la participation des groupes aux décisions

La planification stratégique peut remplir une fonction de communication ascendante en permettant aux différents groupes qui constituent l'entreprise de faire entendre leur voix dans le choix des orientations stratégiques. Lorsque cette fonction de participation est particulièrement développée et devient un objectif majeur, on ne parle plus de « système de planification », mais de « projet d'entreprise ». La participation du personnel et des cadres et leur implication psychologique dans un projet commun l'emportent alors sur les aspects formels et techniques de la procédure.

1. Hax A.C. et Majluf N.S., *Strategic Management*, Prentice-Hall, 1984, p. 65-66.

5.2.2 Fournir des supports de communication et un langage stratégique commun

La planification stratégique peut faciliter la communication entre les membres de la direction générale. La réflexion animée par le service planification donne lieu à un exercice inhabituel dans l'entreprise : penser aux orientations à prendre au lieu de se limiter à des décisions opérationnelles urgentes. La planification permet aux différents niveaux de directeurs, en les faisant travailler sur des études qui servent de support à un échange de vues plus large, de communiquer entre eux sur des questions à plus long terme.

Le service du plan récolte également auprès des divisions opérationnelles leurs perspectives à moyen terme qu'il communique aux autres directions. La planification stratégique peut donc servir de support privilégié à la communication si elle s'organise dans ce but. À la limite peu importe que le langage utilisé soit celui de l'analyse financière ou celui de telle ou telle matrice de portefeuille, l'important est qu'il soit pratiqué par les dirigeants et serve de véhicule à leur apprentissage de la réflexion stratégique.

5.2.3 Constituer un instrument de mise en œuvre de la stratégie

Pour beaucoup, la planification est moins un instrument de prise de décision qu'un moyen de mise en œuvre[1]. Dans cette perspective, les systèmes classiques de planification, utilisant des états financiers identiques à court et à moyen terme, permettent une meilleure articulation du plan avec le budget annuel que les planifications reposant sur des matrices de portefeuille, dont la logique de raisonnement est radicalement différente de la logique comptable des budgets. Un document écrit présentant des choix pour l'avenir de l'entreprise, surtout s'il comporte des « plans fonctionnels » (plan marketing, plan financier, plan de production, etc.), peut constituer un moyen puissant de communication descendante de la direction vers son personnel et un support à la mobilisation de celui-ci.

5.3 Les fonctions du pouvoir

5.3.1 Exprimer le discours stratégique officiel

Quelles que soient leur stratégie et leurs modalités de choix, les dirigeants d'entreprise ont besoin de justifier leurs orientations, tant à l'intérieur qu'à l'extérieur de l'entreprise. L'affichage d'une démarche planificatrice rationnelle et « scientifique » est l'un des moyens efficaces de donner à ces choix une légitimité.

À l'intérieur de l'entreprise, il donne au personnel le sentiment d'être bien dirigé. La réputation de l'équipe de direction – et surtout celle du président – tient pour beaucoup à l'idée que se font leurs collaborateurs de leur efficacité en tant que décideurs.

1. Lorange P., *Implementation of Strategic Planning*, Prentice-Hall, 1982.

Les syndicats sont tout autant demandeurs : un plan est à la fois une garantie de l'existence d'une stratégie et un objet de négociation.

Le discours stratégique rationnel de la planification est également essentiel vis-à-vis des partenaires extérieurs à l'entreprise. Les actionnaires et les banquiers aussi ont besoin d'avoir le sentiment que l'entreprise est dirigée, qu'elle sait où elle va, que son cheminement est cohérent.

Les pouvoirs publics, enfin, ont besoin d'avoir le sentiment de discuter avec des dirigeants d'entreprise responsables et fiables lorsqu'ils leur accordent des commandes ou des subventions.

5.3.2 Constituer un instrument de l'exercice du pouvoir

Définir une procédure pour la décision stratégique est le moyen de contrôler la distribution de l'information, le partage du travail de réflexion, la composition des instances de décision, la fixation des critères de choix, la définition des priorités stratégiques.

Dans une telle perspective, la conception et le pilotage du processus de planification peuvent être vus comme l'un des moyens dont dispose un homme ou une coalition au pouvoir pour orienter indirectement l'avenir de l'entreprise et exercer sa domination[1]. Cette fonction constituerait ainsi la face cachée de la participation des groupes aux décisions. Ces groupes participeraient en raison de l'espoir qu'ils ont d'infléchir selon leurs vœux les orientations de l'entreprise.

Les dirigeants accepteraient cette participation parce qu'ils ont le sentiment d'en contrôler les manifestations à travers la maîtrise des règles du jeu[2] et d'avoir, par ce biais, un dialogue avec les responsables opérationnels, qui leur permet d'en obtenir des informations et de les juger[3].

6 La planification : s'en servir ou pas

6.1 Le débat sur le rôle de la planification

La liste impressionnante des fonctions attribuées à la planification ne doit pas induire en erreur : ces fonctions ne sont que potentielles, et un débat existe sur leur apport réel et sur le fait de savoir si c'est pour obtenir ces effets que les entreprises adoptent ou conservent leur système de planification. Trois positions peuvent être distinguées.

Les partisans traditionnels de la planification stratégique, de I. Ansoff à M. Porter, estiment que les entreprises ont intérêt à recourir à des méthodes formelles et analytiques de planification pour rationaliser le processus de décision stratégique. Ces méthodes peuvent, de surcroît, leur rendre d'autres services.

1. Bauer M. et Cohen E., *Qui gouverne les groupes industriels ?*, Paris, Le Seuil, 1981, p. 198.

2. Bauer M. et Cohen E., op. cit.

3. Garrance F., *Les Outils de la planification au concret*, thèse pour le doctorat de l'École Polytechnique, 9 juillet 1986

D'autres experts mettent sérieusement en doute l'utilité de la planification dans la prise de décision, mais lui attribuent le mérite d'une ou plusieurs des fonctions évoquées ci-dessus.

D'autres, enfin, doutent non seulement du rôle décisionnel de la planification mais également de l'existence ou du caractère positif des autres fonctions.

À la question : « Pourquoi planifie-t-on ? », les recherches sur les processus de décision (qui vont être examinées dans les chapitres suivants) permettent de répondre que la planification stratégique, quelle qu'en soit la forme, ne peut ni revendiquer la primauté dans les pratiques décisionnelles, ni constituer un avantage décisif au niveau des performances pour les entreprises qui l'utilisent bien que ce point soit controversé[1].

Mais la rareté des recherches sur les usages réels de la planification ne permet pas d'évaluer le rôle de telle ou telle fonction de la planification dans les entreprises. À défaut d'une réponse définitive, seule une attitude relativiste semble raisonnable. Elle consiste à observer que les fonctions de la planification ont des substituts, et que les entreprises ont une marge de liberté dans l'adoption de leurs pratiques et de leurs outils de décision.

6.2 La planification n'a pas l'apanage de ses fonctions

Chaque fonction attribuée à la planification stratégique peut être remplie par d'autres moyens. La planification n'est qu'une manière parmi d'autres de prendre des décisions stratégiques. Les fonctions de pilotage peuvent non seulement être remplies par d'autres mécanismes formels, mais aussi par des moyens plus informels tels que le leadership ou l'identité d'entreprise (voir la quatrième partie).

Quant aux fonctions de pouvoir, c'est la planification qui constitue un substitut, d'ailleurs récent, à des moyens d'influence qui existent de toute éternité. Le style du leader, le maniement des structures ainsi que des systèmes de récompenses peuvent suffire à l'exercice du pouvoir en dehors de toute planification.

Nous voudrions insister sur les substituts formels aux fonctions de pilotage et, en particulier, à la fonction de mise en œuvre de la stratégie.

6.3 Les styles de management alternatifs

Un programme de recherche mené dans les années quatre-vingt sur de grandes entreprises diversifiées, anglaises et multinationales[2] a montré que les relations entre l'état-major central et les divisions et unités périphériques dans ces entreprises étaient gérées selon trois styles de management :

1. Miller C.C. et Cardinal L.B., « Strategic Planning and Firm Performance : A Synthesis of More than Two Decades of Research », *Academy of Management Journal*, vol. 37, n° 6, p. 1649-1665.

2. Goold M. et Campbell A., *Strategies and Style. The Role of the Centre in Managing Diversified Corporation*, Blackwell, 1989.

• la *planification stratégique* dans lequel le centre conduit le processus d'élaboration et de mise en œuvre de la stratégie ;

• le *contrôle stratégique* dans lequel le centre est moins actif, mais se concentre sur le contrôle de la mise en œuvre ;

• le *contrôle financier* dans lequel le centre maximise les résultats à court terme sans s'attacher à une logique de métier ni à la formulation d'une stratégie explicite.

Les caractéristiques des différents styles sont résumées dans le tableau 19.2.

TABLEAU 19.2 **Les styles de management selon Goold et Campbell**

	Planification stratégique	Contrôle stratégique	Contrôle financier
Processus d'élaboration	Dialogue centre/unités périphériques, piloté par le centre	Proposition par les unités périphériques acceptation par le centre	Pas de stratégie explicite
Allocation des ressources	Élaboration d'un portefeuille d'activités lié à la stratégie	Élaboration d'un portefeuille d'activités lié à la stratégie et à un budget prévisionnel détaillé	Élaboration d'un budget prévisionnel par les unités périphériques et accepté par le centre
Contrôle des performances	Long terme : lié à la réussite de la stratégie	Court/long terme : balance stratégie/budget prévisionnel	Court terme : réalisation des objets financiers
Rôles du centre	[+]	[+]	[–]
Exemples d'entreprises	British Petroleum Cadbury Schweppes	Courtaulds ICI	Ferrari Hanson Trust

Les auteurs considèrent que chaque style de management trouve sa meilleure application sur des familles de marchés différents :

• la *planification stratégique* : peu de produits ; ils sont liés ; l'évolution du marché est assez lente, l'environnement est instable ;

• le *contrôle stratégique* : la diversification est forte, il y a peu de liens entre les produits ; l'évolution des marchés est assez lente, l'environnement est relativement stable ;

• le *contrôle financier* : la diversification est forte, il n'y a pas de liens entre les produits ; l'évolution des produits/marchés est rapide, l'environnement est relativement stable.

La logique sous-jacente à chacun des trois styles est résumée dans le tableau 19.3.

TABLEAU 19.3 **Les hypothèses sous-jacentes aux « styles de management[1] »**

Le succès face aux concurrents provient :		D'un avantage concurrentiel à long terme	D'une concentration sur les résultats à court terme
La meilleure approche pour définir la stratégie et motiver le management est :	La coopération, la collaboration et le partage d'objectifs	La planification stratégique	
	L'existence d'une responsabilité et d'une motivation individuelle claire	Le contrôle stratégique	Le contrôle financier

6.4 Le choix de la planification est un choix politique

La multiplicité des fonctions potentielles de la planification, la variété des systèmes possibles et l'éventail des substituts soulignent la liberté des entreprises en la matière. Il serait vain d'associer à chaque fonction une architecture particulière, mais il est possible de repérer des correspondances logiques, par exemple :

- une planification dont on attend une fonction de coordination doit être globale et non sélective, plutôt cyclique qu'activable ;
- une planification à vocation participative, type projet d'entreprise, sera globale et ascendante, non sélective et descendante.

Naturellement, ces correspondances sont partielles et imprécises. Cela ne signifie pas que telle dimension est neutre par rapport à telle fonction, mais que cette fonction peut être remplie de différentes manières et que, selon la manière, le résultat sera différent.

La planification est polymorphe, comme l'a montré l'analyse de ses différentes dimensions, et polyvalente, comme le montre la variété de ses fonctions possibles.

Cela étant, elle n'est pas indispensable et peut même se révéler inutile, comme le prouvent ses substituts.

Cette vision de la planification peut inquiéter, mais elle est beaucoup plus féconde que celle qui en fait un instrument monolithique nécessaire pour toute bonne gestion. Dans le domaine décisionnel, la planification apparaît comme un moyen de structurer le processus de décision et, par là, de le

1. Goold M. et Quinn J.J., *Strategic Control-Milestones for Long-Term Performance*, The Economist Books,1990.

maîtriser. Cette opération n'a de sens que si elle est menée sur mesure pour une entreprise donnée. Le moyen d'améliorer l'efficacité d'une direction d'entreprise en matière décisionnelle est de comprendre la nature des processus de décision pratiqués dans l'entreprise et d'évaluer leur efficacité afin de recommander des modes de rationalisation adaptés. La compréhension des processus de décision réels requiert l'utilisation d'outils conceptuels qui font l'objet des chapitres suivants.

Chapitre 20

Les modèles fondamentaux des processus de décision

Il y a une certaine difficulté à concevoir la décision comme un problème. Comme chacun le sait d'expérience, un choix peut être difficile à faire en raison de l'insuffisance des informations disponibles, ou de l'incertitude qui pèse sur ses conséquences. Mais le processus de décision lui-même – la manière d'opérer le choix – apparaît si évident, si naturel qu'il semble curieux d'y trouver matière à redire. Curieux et même scandaleux : la décision n'est-elle pas le privilège de l'homme libre, doué de raison ?

Pourtant, il est au moins un cas où la question « Comment cela se passe-t-il vraiment ? » est légitime : lorsque l'on a affaire, non plus à un seul individu, mais à un groupe, notamment quand le groupe est organisé. Rien n'autorise à penser que le processus est de même nature pour un individu et pour une organisation. Les exemples abondent où le choix lui-même, le résultat de la décision, apparaît si curieux que l'on se demande comment on a pu en arriver là, comment une telle décision a bien pu être prise.

L'entreprise n'échappe pas aux problèmes que pose la décision collective. Certes, la théorie économique a longtemps confondu l'entreprise avec un individu abstrait qui tire du marché les informations nécessaires pour fixer rationnellement ses niveaux de prix et de production. Au-delà de cette simplicité factice, de vraies questions se posent :

la nature des choix est-elle indépendante de la manière dont ils sont faits ? Par exemple, une entreprise fera-t-elle le même choix si le problème est traité par le président-directeur général seul, par un comité de dirigeants, par un service spécialisé ou par l'intermédiaire d'une procédure faisant intervenir tous ces acteurs ?

les choix traduisent-ils toujours une volonté ? laquelle ? Les choix stratégiques résultent-ils de la volonté du président-directeur général, des directeurs, des cadres, de tout le personnel, des actionnaires ?

les changements sont-ils toujours délibérés ? Les petites décisions n'ont-elles que de petites conséquences ? Par exemple, la politique marketing est-elle dictée par le directeur du marketing ou résulte-t-elle de la somme des initiatives des cadres commerciaux et des vendeurs ?

Le but de ce chapitre et du chapitre suivant est de fournir les moyens de dépasser les visions naïves de la décision stratégique, celles que produisent les jugements hâtifs et les théories qui ne reposent pas sur l'observation des faits. Ainsi, on peut démonter la décision *rationnelle* qui paraît si naturelle, si évidente au pays de Descartes, et montrer ses hypothèses implicites. D'autres conceptions, d'autres théories de la décision existent, qui décrivent de manière plus réaliste le fonctionnement des organisations.

Quatre conceptions très différentes sont présentées dans ce chapitre. Ce sont des références théoriques fondamentales, que nous appellerons « modèles », au sens de « représentations simplifiées » et non d'« objets d'imitation » : le modèle de l'acteur unique, le modèle organisationnel, le modèle politique[1] et le modèle anarchique, dit « de la poubelle ».

Les caractéristiques de chaque modèle se définissent en répondant à quatre grandes questions :

• conception de l'organisation : quelle représentation de l'organisation sous-tend le modèle ? l'organisation est-elle un seul bloc ? une collection d'individus ? de groupes ? quels sont les rapports entre ces éléments ?

• orientation de l'action : qu'est-ce qui fait que l'action s'oriente dans telle direction précise ? l'organisation a-t-elle des objectifs ? D'où viennent-ils, qui les formule, et comment ?

• nature du processus : quels sont les chemins qu'emprunte une décision ? qui (ou quoi) joue quel rôle dans le processus ? quelle en est la logique propre ?

• théorie du changement : quelles sont les implications du modèle quant à la conduite du changement ? le changement est-il possible ? sous quelles conditions ?

Chacun des trois premiers modèles élémentaires est en fait une reformulation synthétique de plusieurs théories. Nous en évoquerons quelques-unes afin de mieux saisir les ressorts des modèles de base et de nourrir la réflexion. Par ailleurs, pour chaque modèle, nous essaierons de situer le courant de pensée auquel il se rattache, de dégager ses apports et son utilité, et de discerner ses limites.

Cet arsenal de modèles n'est pas seulement destiné à alimenter en outils intellectuels chercheurs et théoriciens. Il est d'un intérêt immédiat pour l'acteur engagé dans la réalité de l'entreprise, en particulier pour le cadre dirigeant.

En utilisant ces modèles comme outils d'analyse, l'acteur peut se construire une représentation des processus de décision dans son organisation et guider son action en conséquence. Il améliore ainsi ses chances de réussite et, en tout cas, s'évite la cruelle désillusion de voir ses projets (objectivement excellents) échouer inexplicablement. Le temps, la réussite et les responsabilités aidant, l'acteur peut agir lui-même sur le processus de décision.

Les modèles de base peuvent être utilisés de deux manières. Utilisés isolément, ils permettent des classements et des caractérisations rapides. Un peu sommaires face à des situations complexes, ils sont souvent suffisants pour juger des idées ou des projets. Combinés, ils permettent d'éclairer une situation concrète sous plusieurs angles. C'est à cet exercice qu'invite l'exemple de décision stratégique ci-après. Le lecteur s'apercevra que chaque modèle rend compte d'une partie de ce récit de décision, et que la combinaison des quatre permet de reconstituer l'ensemble des processus à l'œuvre.

1. Ces trois premiers modèles sont adaptés de Allison G., *Essence of Decision*, Little Brown, 1971.

Haute pression à Toxichem

Alwyn Williams, directeur de la production d'une grande entreprise chimique britannique, Toxichem, eut un jour l'idée de produire sa propre électricité, en utilisant pleinement les capacités de l'énorme chaudière de l'usine, alors sous-utilisée. À cette époque, la production et la distribution d'électricité étaient de fait un monopole public, mais la législation, malgré de nombreuses restrictions et difficultés décourageantes, autorisait la production privée d'électricité.

Les premières études montrèrent toutefois qu'une chaudière à plus haute pression serait nécessaire. En ajoutant le turbo-alternateur indispensable, l'investissement nécessaire était conséquent et, pour cette année, le budget était déjà réparti. Alwyn Williams savait en outre qu'il allait rencontrer une forte opposition, notamment de la part de Gilles Robinson, le directeur des achats, qui jugeait le projet « grotesque ». Or Robinson était un personnage prestigieux, sorte d'enfant prodige qui avait connu une ascension rapide en chassant les gaspillages dans les contrats d'approvisionnements.

Le remplacement de la chaudière vint cependant bientôt à l'ordre du jour, en raison de l'augmentation des besoins en vapeur de l'usine. Robinson y vit l'occasion de négocier un bon contrat en achetant du charbon de basse qualité, et recommanda l'achat d'une chaudière d'un type spécial pouvant brûler ce charbon. Incidemment, Williams remarqua que cette chaudière pouvait faire tourner un turbo-alternateur. Il appuya donc l'idée de Robinson.

Un an plus tard, Williams soumit un dossier au directeur général, recommandant l'achat d'un turbo-alternateur. Robinson se mobilisa aussitôt contre le projet. Il répétait que le projet était techniquement et financièrement « absurde », que « le boulot d'une entreprise chimique, c'était la chimie et pas l'électricité ». Il s'assura l'appui d'autres membres de la direction et fit intervenir des experts qui soulevèrent la gravité des conséquences d'une panne toujours possible du turbo-alternateur. Le comité d'investissement en discuta longuement et vivement, et rejeta le projet.

Quelques mois plus tard, le directeur général annonça son départ prochain. Williams et Robinson étaient tous deux candidats à sa succession. L'affaire du turbo-alternateur plaçait cependant Robinson en position de favori. Williams reprit alors le dossier et notamment les rapports des experts sur le problème des pannes. Il consulta son syndicat professionnel, en présentant son projet comme un problème de répression de l'initiative privée par un monopole public. Il recueillit l'avis d'autres experts, qui estimèrent qu'on pouvait à peu de frais raccorder Toxichem au réseau public en cas de panne. Le débat fut donc relancé et, pendant un an, les rapports et estimations se succédèrent. Williams s'assura le soutien du département comptabilité, qui avait reçu mission de présenter une estimation finale objective auprès du comité d'investissement.

Le projet fut approuvé et le turbo-alternateur fut acheté. Williams devint directeur-général et, cinq ans plus tard, une seconde chaudière et un second turbo-alternateur furent installés.

1 Le modèle de l'acteur unique

1.1 Caractéristiques

L'organisation se confond avec un acteur unique, homogène, rationnel, conscient de lui-même et de son environnement, et doté d'objectifs et/ou de préférences relativement stables.

Parler de modèle de l'acteur unique ou de modèle monorationnel, alors que l'expression *modèle rationnel* est plus souvent utilisée, se justifie pour deux raisons. D'une part, il faut éviter de suggérer que les autres modèles supposent des acteurs irrationnels, ce serait une erreur ; d'autre part, il convient de mettre l'accent sur le fait qu'une seule logique d'action est à l'œuvre. La décision est assimilée au raisonnement d'un acteur unique, individuel ou collectif, réel ou fictif, dont la conduite est rationnelle en ce sens qu'il cherche à maximiser la réalisation de certaines fins, en utilisant les moyens dont il dispose. Le degré de pureté ou de sophistication de cette rationalité peut être très variable selon les acteurs et les situations, mais il s'agit d'une monorationalité qui exclut tout conflit sur les objectifs et sur la façon de décider.

L'action se déduit des objectifs et/ou des préférences (confrontés à une situation donnée). Les objectifs sont clairement et précisément définis, et l'organisation les sert comme un seul homme. Les préférences sont stables (dans le temps), mutuellement exclusives, pertinentes (elles s'appliquent sans difficulté aux situations concrètes), exhaustives (il n'y a pas de situation à laquelle elles ne puissent s'appliquer) et exogènes (le cours de l'action ne les modifie pas).

Le processus de décision se résume à une succession d'étapes logiquement enchaînées :

- formulation du problème ;
- repérage et explicitation de toutes les actions possibles ;
- évaluation de chaque action par des critères dérivés des objectifs ou des préférences ;
- choix de la solution optimale.

On peut ajouter des raffinements, et la théorie économique ne s'en prive pas : probabilités, évaluation du risque, coût de l'information. La nature du raisonnement reste toutefois la même.

La capacité de changement est entièrement subordonnée à la volonté de l'acteur, dans les limites des contraintes objectives que lui imposent son environnement et ses ressources. L'action étant la conséquence de choix cohérents avec les objectifs, la maîtrise du changement n'est pas problématique.

1.2 Exemples de modèles de l'acteur unique

1.2.1 Le choix des investissements

Le modèle monorationnel est à la base de la théorie et du calcul économiques ; il inspire une grande partie des techniques de gestion. Ainsi, la procédure de choix des investissements, telle qu'elle est formulée par les spécialistes de gestion financière[1], se découpe en quatre phases :

• *détermination des objectifs prioritaires* de la politique d'investissement, en fonction de la stratégie de l'entreprise ;

• *génération des propositions d'investissements*, chaque projet est caractérisé par : l'investissement initial, les flux financiers générés, la durée de vie et la valeur résiduelle ;

• *évaluation des projets* : à partir des caractéristiques précédentes, les projets sont évalués en fonction de critères financiers homogènes, par exemple le taux de rentabilité interne (TRI) ou la période de remboursement ;

• *sélection des projets* : les projets qui dépassent le seuil fixé pour les critères (par exemple, un TRI supérieur à 12 %) sont adoptés ; si l'on doit sélectionner un seul projet, on choisit celui qui présente la meilleure performance.

Cette démarche, présentée ici de manière simplifiée, peut montrer une grande sophistication technique, notamment dans la prise en compte du risque, mais la logique reste la même.

1.2.2 La stratégie selon le modèle de Harvard

Les multiples modèles d'analyse stratégique présentés dans la première partie de cet ouvrage sont tous des variantes du modèle monorationnel de décision, appliqué à la formulation de la stratégie. D'une certaine manière, ils sont l'héritage de la première des « écoles » de la stratégie, « l'école du design[2] » qui a produit le « modèle de Harvard », ou modèle LCAG, présenté au début de cet ouvrage.

Pour « l'école du design », la démarche stratégique vise à réaliser une adéquation entre les caractéristiques de l'environnement et celles de l'entreprise. Elle réside essentiellement dans la réflexion consciente et contrôlée que mène le dirigeant pour formuler une stratégie qui sera ensuite mise en œuvre conformément à son intention.

1.2.3 Le modèle de l'acteur unique cognitif

Le modèle de l'acteur unique a récemment été revitalisé par l'apport d'une perspective cognitive. Il a été admis que les raisonnements des décideurs n'avaient pas la rigueur qu'on leur avait supposée. La psychologie cognitive expérimentale a en effet identifié de nombreux biais cognitifs, qui représentent des écarts de la pensée humaine « naturelle » par rapport au calcul rationnel. La figure 20.1 en présente les principaux[3].

1. Voir par exemple Solnik B., *Gestion financière*, Paris, Dunod, 2001.

2. Learned E.P., Christensen C.R., Andrews K.R. et Guth W.D., *Business Policy. Text and Cases*, Irwin, 1965. Voir une généalogie critique de ce modèle fondateur dans : Mintzberg H., « The Design School : Reconsidering the Basic Premises of Strategic Management », *Strategic Management Journal*, 11, 1990, p. 171-195.

3. Schwenk C.R., « Cognitive Simplification Processes in Strategic Decision-Making », *Strategic Management Journal*, 5, 1984, p. 111-128. Cette présentation de la perspective cognitive comme un enrichissement du modèle monorationnel est celle défendue par Schwenk (voir son livre : *The Essence of Strategic Decision-Making*, Lexington Books, 1988). C'est à notre sens une restriction considérable des potentialités des approches cognitives de la stratégie.

FIGURE 20.1 **Biais cognitifs et décision stratégique (d'après C.R. Schwenk[1])**

Étape du processus de décision	Biais cognitifs	Effets
Formulation des buts et identification du problème	*Ancrage* : le décideur est attaché à son jugement initial et peu sensible à l'information nouvelle et divergente.	• Non-perception d'indices et d'écarts
	Engagement et escalade : le décideur poursuit l'action engagée d'autant plus qu'elle ne produit pas les effets attendus.	• Minimisation des écarts • Non-révision de la stratégie
	Raisonnement par analogie : le décideur transpose des cas simples connus aux cas complexes.	• Sur-simplification du problème • Stratégie non pertinente
Production d'un éventail de solutions stratégiques	*Focalisation sur une solution préférée d'emblée* : le décideur ne voit que les avantages de la solution qu'il préfère *a priori*, et ne voit que les inconvénients des autres solutions.	• Peu de solutions vraiment étudiées • Rejet prématuré • Évaluation insuffisante de la solution préférée
	Fausse représentativité : le décideur généralise abusivement à partir de situations passées, d'essais, d'expériences de cas.	• Mauvaise appréciation des conséquences de la solution
Évaluation et sélection d'une solution	*Illusion de contrôle* : le décideur surestime son degré de contrôle sur le cours des choses.	• Mauvaise appréciation des risques
	Dépréciation des solutions incomplètement décrites.	• Rejet prématuré de solutions

Les décideurs ont également recours à des analogies et des métaphores pour simplifier la réalité à laquelle ils sont confrontés, et trouver des référents qui leur permettent de définir le type d'action souhaitable. Ils développent des hypothèses et des croyances sur l'environnement et sur leur organisation. Leurs raisonnements suivent les itinéraires tracés par des « cartes mentales », réseaux cognitifs établissant des liens entre des éléments perçus comme déterminants. La figure 20.2 montre une de ces cartes mentales, reconstituée à partir des modes de raisonnement d'un dirigeant d'entreprise.

L'approche cognitive montre ainsi que la phase de délibération, qui est centrale dans le modèle de l'acteur unique, suit des processus complexes et difficilement maîtrisables, qui ne respectent pas les canons de la rationalité normative. Cet aménagement du modèle laisse intacte l'idée fondamentale selon laquelle la stratégie procède avant tout de la pensée et de la volonté du dirigeant, mais admet que cette volonté et cette pensée ont leur part d'obscurité.

1. Schwenk C.R., « Management Illusions and Biases : Their Impact on Strategic Decisions », *Long Range Planning*, 18, 1985, p. 74-80.

FIGURE 20.2 **Carte mentale du secteur de l'édition (dirigeant d'un groupe d'édition international et diversifié)[1] (d'après R. Calori, P. Samin)**

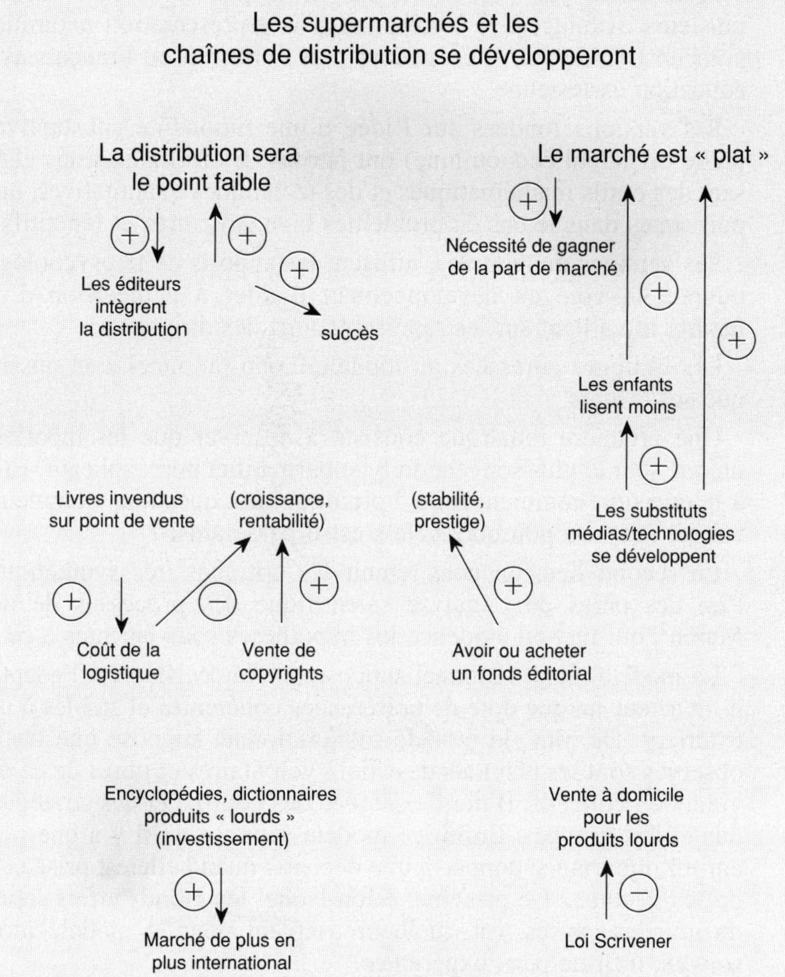

La taille des caractères reflète l'importance estimée des différents éléments de la Carte.
Les flèches signalent les liens de causalité (positifs ou négatifs) établis par la personne observée.

1.3 Portée et limites du modèle de l'acteur unique

Le modèle de l'acteur unique se présente sous de multiples habillages. Il est le seul modèle utilisé dans l'enseignement des sciences de l'ingénieur et des sciences économiques, et de très loin le modèle dominant dans celui des

1. Calori R. et Samin P., « Les facteurs de complexité des schémas cognitifs des dirigeants », *Revue française de gestion*, mars-mai 1993, p. 86-94. Sur les cartes cognitives appliquées à la stratégie, voir Huff A.S. (éd.), *Mapping Strategic Thought*, John Wiley, 1990.

sciences de gestion. Quelles qu'en soient les versions, il revient à considérer la décision comme le travail intellectuel d'un acteur unique.

Systématisé par l'économie néo-classique, le modèle mono-rationnel a plusieurs avantages. Il correspond à la représentation naturelle de l'action pour un Occidental. Il est encore plus évident à un Français ayant reçu une éducation cartésienne.

Ses versions fondées sur l'idée d'une rationalité substantive universelle (celle du calcul économique) ont permis des formalisations élaborées, utilisant des outils mathématiques et des techniques quantitatives, qui se révèlent puissantes dans le cas de problèmes bien structurés et répétitifs.

Ses versions qualitatives, utilisant les apports de la psychologie cognitive, ouvrent la voie au développement d'aides à la décision d'une nouvelle nature, travaillant sur les représentations des dirigeants[1] .

Les critiques adressées au modèle mono-rationnel sont aussi nombreuses que ses avatars.

Une première remarque consiste à observer que les théories de l'acteur unique sont le plus souvent du type normatif et non explicatif. Elles répondent à la question comment faire ? plutôt qu'aux questions comment ce choix a-t-il été fait ? ou pourquoi cela s'est-il passé ainsi ?

En second lieu, on peut retenir les critiques très synthétiques faites par l'un des pères de l'analyse scientifique des processus de décision, J.G. March[2], qui met en évidence les hypothèses sous-jacentes à ce modèle.

Le modèle mono-rationnel suppose que la décision est l'adaptation logique d'un acteur unique doté de préférences cohérentes et stables à un événement extérieur. De plus, le modèle monorationnel suppose que les changements observés sont les résultats des choix volontaires et libres de ce décideur individuel ou collectif. Il nie l'existence des conflits et des stratégies des individus et des groupes. Enfin, ce modèle suppose qu'il y a une relation directe entre l'importance donnée à une décision quand elle est prise et l'importance de ses résultats. Ce principe, selon lequel les grands effets sont produits par de grandes causes, est, malheureusement pour le modèle mono-rationnel, souvent infirmé par l'expérience.

2 Le modèle organisationnel

2.1 Caractéristiques

L'organisation est composée de sous-unités ; chaque sous-unité est pourvue de règles et de procédures qui lui sont propres, qui conditionnent sa perception et guident son comportement. Les rapports entre les sous-unités sont eux-mêmes définis par des règles et des procédures. L'ensemble des sous-unités est coiffé par une direction.

1. Voir Schwenk C.R. et Thomas H., « Formulating the Mess : The Role of Decision Aids in Problem Formulation », *Omega*, 11, 1983 ; Bryant J., *Problem Management*, John Wiley, 1989. Cossette P. (dir.), *Cartes cognitives et organisations*, Presses de l'université de Laval/Eska, 1994.

2. March J.G., « Decision-Making Perspective », in Van de Ven A., Joyce W.F. (éd.), *Perspectives on Organization Design and Behavior*, John Wiley, 1981.

Les sous-unités se voient attribuer des objectifs par la direction. Les sous-unités ont tendance à traiter ces objectifs comme des contraintes, c'est-à-dire comme des demandes de la direction qu'elles doivent satisfaire, mais sans renoncer à leurs propres objectifs et pratiques.

Les sous-unités tendent à traduire les problèmes qui leur sont posés de telle manière qu'ils puissent se formuler selon des schémas connus, sur lesquels elles pourront appliquer des règles et des procédures standard. Ainsi, les sous-unités ramènent des situations complexes et originales à des situations simples, interprétables facilement et proches de situations déjà rencontrées.

Les procédures habituelles guident la recherche de solution jusqu'à la première solution satisfaisante, c'est-à-dire celle dont le niveau de performance est jugé acceptable par le demandeur (direction ou environnement). Cette solution est adoptée, et la recherche d'autres solutions est alors arrêtée. On est donc loin ici de la recherche exhaustive de solutions et du choix de la solution optimale qui caractérisent le modèle mono-rationnel.

Le changement est problématique et difficilement maîtrisable. Le processus organisationnel tend à ramener les questions qui se posent à un nombre limité de problèmes connus, et à leur attribuer un nombre limité de solutions éprouvées. Ainsi, l'organisation reproduit les mêmes comportements, et tend par là à se déconnecter partiellement de l'environnement. Le changement ne peut provenir que de deux sources : soit une lente évolution par l'apprentissage et la modification progressive des procédures ; soit la crise : l'incapacité manifeste des procédures standard à fournit une solution acceptable peut déclencher un processus exceptionnel de recherche de solution nouvelle, générateur de perturbations et de coûts élevés pour l'organisation.

2.2 Exemples de modèles organisationnels

2.2.1 La théorie de la rationalité limitée

Le modèle organisationnel est issu principalement d'un courant de pensée inspiré par les travaux de H. Simon[1] dont la contribution aux théories de la décision a été couronnée par le prix Nobel en 1978.

Le point de départ fondamental de H. Simon est d'affirmer que, pour élaborer une théorie réaliste en gestion, il convient d'observer les pratiques des hommes de gestion en matière de décision. Il s'intéresse ainsi au comportement psychologique du décideur individuel qu'il considère comme doté d'une rationalité limitée et de conduites orientées par son environnement psychologique. Se plaçant ensuite au niveau de l'organisation, H. Simon constate que l'organisation s'efforce d'intégrer les comportements individuels en déterminant l'environnement psychologique de ses membres, et que, en contrepartie, les individus doivent décider de participer et de recevoir l'influence de l'organisation pour y agir comme décideurs. On peut détailler successivement chacun de ces quatre points.

1. L'ouvrage fondateur de Simon H. est *Administration et processus de décision*, Paris, Économica, 1984. Voir en particulier les chapitres 1 à 5. La théorie de la rationalité limitée est exposée de façon détaillée dans March J.G. et Simon H., *Les Organisations*, Paris, nouvelle présentation, Dunod, 2005, chap. 6, et dans Simon H., « On the Concept of Organizational Goal », *Administrative Science Quarterly*, n° 1, 1964, pp. 1-22.

L'homme est rationnel, mais sa rationalité est limitée, car il manque de connaissances, il ne se souvient que partiellement des choix antérieurs, et il lui est difficile d'anticiper les événements futurs. Il a des objectifs à court terme, ses besoins ne sont pas insatiables et il ne cherche pas à satisfaire tous ses objectifs immédiatement. Il procède donc par choix séquentiel, grâce à sa capacité de stocker des éléments de satisfaction et d'ajuster ainsi son niveau d'exigence.

Face à un problème, le décideur ne cherche pas à choisir *la* solution optimale. Il n'a ni l'information ni les capacités intellectuelles lui permettant d'envisager toutes les solutions possibles et d'évaluer leurs avantages et leurs inconvénients. Il va donc se contenter de retenir la première solution jugée *satisfaisante*. Cette solution sera très souvent une solution ancienne déjà utilisée pour des problèmes similaires. Le décideur ne recherche une solution nouvelle que si les solutions anciennes ne sont pas adaptées.

L'organisation détermine largement l'environnement psychologique de ses membres. Elle procure des stimuli de caractère général et des directives spécifiques qui orientent le comportement des individus et stimulent leur action dans le sens voulu par la direction. En contrepartie, ces stimuli et ces directives permettent à chaque membre d'avoir des anticipations stables quant au comportement des autres membres de l'organisation.

L'organisation influence les individus de plusieurs manières :

• par la division du travail : l'organisation oriente et limite l'attention des individus sur certaines tâches ;

• par les procédures standard : l'organisation définit la façon dont les tâches doivent être exécutées et les problèmes résolus ;

• par l'autorité : l'organisation transmet les décisions de haut en bas en établissant un système d'autorité et d'influence à la fois formel et informel. L'autorité est le pouvoir de prendre des décisions qui guident l'action d'autres personnes ; elle permet qu'une décision soit prise et appliquée sans qu'il y ait consensus. Néanmoins, elle ne peut s'exercer au-delà d'un certain seuil, d'une zone de consentement. Cette zone est différente selon les organisations et varie avec le temps ;

• par la communication : des circuits permettent la transmission des informations qui servent à la décision. Ils peuvent renforcer l'autorité ;

• par l'identité et la loyauté : l'organisation forme ses membres afin que ceux-ci s'imprègnent des critères qu'elle souhaite voir appliquer. L'individu, s'il décide de participer à l'organisation, s'attache à celle-ci, lui devient loyal, et prend des décisions cohérentes avec les objectifs de l'organisation. L'organisation acquiert ainsi une personnalité propre, distincte de celle de ses membres, qui ne s'exprime que tant que les individus adhèrent à l'organisation.

Les individus acceptent de devenir membres de l'organisation, d'y participer et de subir son influence, si elle contribue directement ou indirectement à la satisfaction de leurs objectifs personnels. Une organisation est donc un système en équilibre qui, en contrepartie des efforts et de la loyauté de ses membres, leur offre des avantages financiers, sociaux, (statut social, prestige, pouvoir) ou idéologiques (comme dans une Église ou un parti politique).

La décision apparaît donc ici organisationnelle à double titre. D'une part, l'individu voit sa rationalité limitée et influencée par l'organisation. D'autre part, la décision s'insère dans le contexte organisationnel au sein duquel les décisions sont interdépendantes :

- il existe une hiérarchie des décisions ;
- les conduites actuelles sont le résultat des décisions passées et limitent l'horizon des décisions futures.

2.2.2 La théorie comportementale de l'entreprise

Dans la lignée des travaux de H. Simon, R.M. Cyert et J.G. March[1] ont élaboré une théorie comportementale de la firme qui avait pour ambition d'expliquer les décisions des entreprises à partir de l'observation. Leur théorie est construite autour de quatre concepts.

L'organisation est conçue comme une coalition d'individus qui ont des objectifs différents. Les objectifs de l'organisation sont donc traités par les individus comme des contraintes à satisfaire, alors que l'organisation devra faire face, en permanence, à des conflits potentiels. Pour les résoudre, les problèmes sont fractionnés en sous-problèmes attribués aux différentes sous-parties de l'organisation, qui traitent chacune leur morceau comme elles l'entendent, selon leur rationalité propre, en respectant toutefois une contrainte d'objectif. Ainsi, l'organisation n'est pas un bloc animé d'un seul mouvement, mais une juxtaposition de rationalités locales définies par rapport à un niveau donné de performance. Elle a renoncé à toute optimisation globale.

Conformément au principe de la rationalité limitée, les individus et les groupes dans les situations concrètes n'ont ni le temps ni les moyens de rechercher systématiquement la solution optimale à chaque problème. Ils se satisfont de la première solution qui répond plus ou moins aux objectifs. Les conflits potentiels ne sont pas résolus par la recherche d'un accord global dans des termes communs, mais par le traitement séquentiel des problèmes : après avoir satisfait A, on satisfera B. A et B peuvent être des individus ou sous-groupes de l'organisation, des parties prenantes extérieures ou des objectifs contradictoires de l'organisation.

L'organisation cherche à éviter l'incertitude de deux façons : en mettant en place des procédures internes qui permettent de réagir rapidement aux « rétroactions » que renvoie l'environnement en réponse aux actions de l'organisation. Cela signifie que l'organisation privilégie la réaction à court terme, en réponse à des problèmes urgents, plutôt que l'anticipation à long terme, en négociant avec l'environnement des conditions stables d'activité, par exemple des délais de livraison systématiques ou des tarifs annuels.

1. Cyert R.M. et March J.G., *Processus de décision dans l'entreprise*, Paris, Dunod, 1970.

L'organisation réagit aux problèmes que lui pose l'environnement. Si le problème est facilement identifié, on lui applique les procédures habituelles, qui gênèrent la solution habituelle. Ainsi, la baisse du stock au-dessous d'un niveau N provoque une commande. Sinon, s'engage un processus de recherche qui vise à cerner le problème et à lui trouver une solution. Cette recherche a trois caractéristiques :

• elle est *motivée* par un problème, c'est-à-dire qu'il n'y a pas de recherche spontanée, planifiée ou systématique ;

• elle est *naïve,* c'est-à-dire qu'elle reste proche des manifestations premières du problème (des symptômes), sans rechercher des causes fondamentales, et qu'elle n'envisage que les solutions habituelles, sans rechercher l'innovation ;

• elle est *biaisée* par l'expérience acquise (on juge aujourd'hui à l'aune d'hier), par les souhaits (on prévoit ce qu'on peut voir) et par les conflits internes (l'information est une source de pouvoir).

L'organisation fait donc preuve d'une certaine paresse qui se traduit par des comportements non optimaux. Elle peut en général se le permettre, car elle dispose d'un volant de ressources excédentaires qui l'autorise à ne pas modifier sa conduite, alors même que les conditions environnementales fluctuent. Cet excédent organisationnel ne garantit pas l'adaptation de l'organisation à moyen et long terme. Celle-ci se réalise par un *processus d'apprentissage* qui porte sur trois points :

• les *objectifs* : l'organisation modifie les objectifs en fonction des résultats obtenus par rapport aux objectifs précédents, et en imitant d'autres organisations comparables ;

• les *règles d'attention* : l'organisation sélectionne des portions de l'environnement qu'elle surveille attentivement en fonction de quelques critères simples ; les problèmes rencontrés, les événements l'amènent à modifier les zones surveillées et les règles de surveillance ;

• les *règles de recherche* : l'organisation tend à adopter comme règles de recherche les manières de faire qui ont conduit à des succès et à écarter celles qui ont échoué ; les règles évoluent ainsi par le jeu de l'échec des règles admises et le succès des nouvelles.

Dans la théorie du comportement de l'entreprise, le processus de décision peut donc se résumer ainsi :

• il est déclenché par un problème né de la comparaison entre l'information en provenance de l'environnement et les objectifs ;

• le problème est fractionné en sous-problèmes traités par des sous-parties de l'organisation en fonction des objectifs dont elles ont la charge ;

• chaque sous-partie tend à traiter le problème selon ses procédures habituelles et n'engage une recherche de solution particulière que si celles-ci se révèlent inadaptées ;

• cette recherche s'arrête dès qu'une solution satisfaisante (par rapport à un objectif donné) est trouvée ;

• la solution globale du problème est constituée par l'ensemble des solutions apportées par les sous-parties aux sous-problèmes, compte tenu des compromis de fait obtenus à travers le traitement séquentiel des problèmes et l'acceptation de solutions satisfaisantes.

On retrouve bien les caractéristiques d'un processus organisationnel, privilégiant routine et division du travail de décision. R.M. Cyert et J.G. March précisent en outre l'origine des problèmes et donnent un caractère dynamique au modèle en décrivant le processus d'apprentissage.

2.3 Portée et limites du modèle organisationnel

L'apport fondamental du modèle organisationnel de la décision est d'avoir mis en évidence l'importance du processus lui-même dans la détermination des choix : la substance des choix est affectée par la manière dont ils sont effectués. Ce courant d'analyse s'est développé à partir de l'observation de décisions opérationnelles (production, stock, approvisionnement, prix), puis de décisions stratégiques[1] (choix des investissements, acquisition). Cette évolution reproduit avec quelques décennies de décalage celle des théories normatives de l'organisation.

En effet, l'organisation du travail de F. Taylor[2] au niveau opérationnel, l'administration générale de H. Fayol[3], au niveau des tâches de direction, sont à l'origine des théories normatives qui ont accompagné le développement séculaire des grandes organisations, de leurs structures formelles, de leurs procédures de planification et de contrôle. Après l'implantation des systèmes de comptabilité analytique et de contrôle budgétaire au niveau du management opérationnel, le développement des systèmes de planification d'entreprise dans les années soixante contribue à organiser le travail de décision stratégique, qui devient ainsi collectif, fait l'objet d'une division des tâches et des règles de comportement au sein de la procédure formelle de planification.

En observant les pratiques réelles de décision, H. Simon et ses successeurs mettent en évidence l'importance de l'organisation et des procédures dans les choix des entreprises. Ils expliquent ainsi pourquoi les comportements réels s'éloignent considérablement du modèle monorationnel qui sous-tend les théories traditionnelles.

L'utilisation du modèle organisationnel à des fins d'analyse peut paraître moins aisée que celle du modèle monorationnel : outre la maîtrise de concepts nombreux et ardus[4] elle nécessite des données de nature complexe et internes aux entreprises (procédures, etc.). Enfin, le modèle souffre de certaines lacunes :

• il explique mal les phénomènes d'innovation et de changement brutal, puisqu'il repose sur l'hypothèse selon laquelle les choix sont largement conditionnés par les structures et les procédures existantes ;

1. Carter E.E., « The Behavioral Theory of the Firm and Top Level Corporate Decisions », *Administrative Science Quarterly*, vol. 16, 1971, p. 412-428.

2. Taylor F.W., *La Direction scientifique des entreprises*, Paris, Dunod, 1957 (rééd.).

3. Fayol H., *Administration industrielle et générale*, Paris, Dunod, 1999 (1re éd. 1916)

4. Un modèle plus complet, mais plus complexe a été élaboré dans la même ligne de pensée par Mintzberg H., Raisinghani D. et Theoret A., « The Structure of Unstructured Decision Processes », *Administrative Science Quarterly*, vol. 21, 1976, p. 236-275.

- il est imprécis sur la manière dont les sous-unités de l'organisation interagissent, sur leur intégration et le rôle de la direction, sur la façon dont sont définies les structures et les procédures ; autrement dit, le modèle reste très pudique sur la question du pouvoir ;
- il admet trop facilement que les règles sont effectivement suivies au pied de la lettre et ne prend pas suffisamment en compte les jeux et les stratégies des membres de l'organisation par rapport aux procédures et outils de gestion.

3 Le modèle politique

3.1 Caractéristiques

Dans le modèle politique, l'organisation est vue comme un ensemble de joueurs – individus ou groupes – placés dans des situations particulières au sein d'une structure plus ou moins précise (ligne hiérarchique, processus budgétaire, division du travail). Les joueurs sont dotés d'intérêts et d'objectifs propres, et contrôlent différentes ressources (autorité, statut, argent, temps, hommes, idées, informations).

L'organisation n'a pas d'objectifs clairs *a priori.* Ses objectifs sont discutés et redéfinis à partir de l'interprétation qu'en font les acteurs compte tenu de leur situation de pouvoir. Les objectifs peuvent rester vagues, ambigus, et leur stabilité n'est pas garantie.

Les individus ou entités mènent des stratégies particulières à partir de leur situation propre. La confrontation des stratégies particulières est en partie régulée par la structure de l'organisation et s'exprime au travers des jeux de pouvoir, dans lesquels les acteurs utilisent avec plus ou moins d'habileté les ressources dont ils disposent. Influence, coalition, conflit, ruse, sont des éléments normaux du processus politique.

Le changement est possible, mais sa maîtrise difficile. La probabilité du changement dépend de la structure des jeux de pouvoir, des stratégies particulières des acteurs, de l'environnement. À une extrémité, le processus politique donne un changement lent et progressif, par petits coups qui n'ébranlent pas l'édifice des rapports entre joueurs ; à l'autre extrémité, se trouve la révolution, le bouleversement complet des règles du jeu, de la distribution des ressources et de la liste des joueurs.

3.2 Exemples de modèles politiques

3.2.1 L'incrémentalisme « disjoint »

Le politologue C. Lindblom[1] décrit un mode de décision qui, selon lui, est bien plus employé, du moins par les hommes politiques, que la méthode

1. Lindblom Ch., « The Science of Muddling Through », *Public Administration Review*, vol. 16, printemps 1959, p. 79-88.

rationnelle. S'il est plus employé, c'est qu'il est plus réaliste et plus efficace que le modèle rationnel dans les situations complexes.

Le modèle dit de l'incrémentalisme disjoint a des caractéristiques qui l'éloignent radicalement du modèle monorationnel : le choix d'une action se fait sur pièce, sans spécifier ou clarifier préalablement les objectifs poursuivis ou les valeurs évoquées car, de manière générale, les acteurs et parties prenantes sont en désaccord sur ceux-ci. On discute directement des actions concrètes, et chacun attribue aux actions les fins et valeurs qu'il perçoit ou qu'il désire. Ainsi, une mesure concrète d'aide fiscale à l'investissement pourra recevoir l'approbation des patrons (parce qu'elle améliore la rentabilité de l'investissement) et des syndicats (parce qu'elle favorise l'emploi), sans nécessiter pour autant un accord entre eux sur la politique générale du gouvernement.

Le critère de choix d'une action n'est pas sa contribution à la satisfaction d'objectifs préexistants, mais le degré d'accord qu'elle suscite. Dans l'analyse et la recherche d'actions, le décideur se limite à ce qu'il perçoit et conçoit facilement ; il néglige certains aspects du problème, il n'envisage qu'un petit nombre d'actions parmi celles qui sont possibles, il n'en étudie pas toutes les conséquences. On retrouve ici le principe de rationalité limitée.

Les décideurs font des choix entre des actions qui ne diffèrent que marginalement les unes des autres : ils procèdent par comparaison successives et limitées à des points précis, sans recourir à des évaluations globales, qui sont souvent impossibles, faute d'un savoir théorique suffisant.

L'application de cette méthode produit une succession d'ajustements marginaux, un grignotage continu que C. Lindblom oppose aux vastes coups de dents de la méthode rationnelle. C'est une politique des petits pas, un tâtonnement systématique, par lequel les décideurs recherchent un résultat satisfaisant plutôt qu'optimal ; préfèrent le sûr au meilleur ; se réservent des possibilités de retour en arrière et de réorientation ; cherchent à améliorer les situations existantes plus qu'à atteindre des situations idéales ; corrigent sans cesse leurs actions ; cherchent à éviter les problèmes majeurs, les changements radicaux, et se soucient peu des détails.

Les décisions se succèdent ainsi sans cohérence véritable (elles sont donc « disjointes »). Mais leur faible ampleur limite les effets contradictoires.

3.2.2 Les jeux politiques internes

Les décisions stratégiques sont à la fois l'occasion et l'objet de luttes internes dans l'entreprise. À travers les problèmes stratégiques, les acteurs poursuivent des stratégies de construction de leur autonomie et de leur influence. H. Mintzberg[1] propose une liste des principaux jeux politiques qu'on peut rencontrer dans une organisation. En voici quelques-uns :

• les jeux de *construction d'empires,* très prisés parmi les cadres supérieurs, consistent à établir et augmenter sa base de pouvoir à travers l'augmentation

1. Mintzberg H., *Le Pouvoir dans les organisations,* Paris, Éditions d'Organisation, 1986.

de la taille du service que l'on dirige, la maximisation de son budget de fonctionnement et d'investissement, l'attribution de missions et de compétences réservées. Ces jeux nécessitent souvent des alliances avec les pairs et, pour les moins puissants, le parrainage de supérieurs ou d'aînés ;

• les jeux de l'*insoumission,* pratiqués par des acteurs *a priori* peu puissants, visent à contester une décision ou plus globalement l'autorité en place. Ils se nourrissent des accès privilégiés aux savoirs et aux informations pratiques dont bénéficient ces acteurs. Parfois, ils débouchent sur un *coup de sifflet,* c'est-à-dire une dénonciation de comportements jugés illégitimes, auprès de la direction ou même à l'extérieur de l'organisation (presse, consommateurs, pouvoirs publics) ;

• les jeux du *changement au sommet* cherchent à modifier les équilibres de pouvoir dans l'entreprise. Un moyen privilégié est de se porter candidat à des postes stratégiques avec, si possible, le soutien de pairs ou de supérieurs. Parfois un groupe soudé de « jeunes Turcs » se forme avec pour but de forcer l'accès au pouvoir en se plaçant à des postes clés.

Ces jeux politiques ont bien souvent leurs règles implicites, propres à l'identité de l'organisation. Toutefois, ces règles peuvent être transgressées par des acteurs qui souhaitent un changement radical. L'entreprise peut alors se transformer en arène politique, situation d'affrontement généralisé qui constitue une crise grave pour l'organisation.

3.3 Portée et limites du modèle politique

Le modèle politique est hérité principalement de la science politique. Il a été développé à partir de l'observation des organisations ou des institutions publiques. Son apport essentiel est d'attirer l'attention sur les interactions des stratégies particulières au sein des organisations et, finalement, sur les jeux de pouvoir que cachent les discours rationnels et les organigrammes bien dessinés. Son utilisation est cependant complexe, car il requiert beaucoup d'informations.

On peut lui faire deux critiques principales. D'une part, en insistant sur les stratégies particulières, ce modèle tend à masquer le fait que les règles et les structures, dans le cadre desquelles ces stratégies s'exercent, sont aussi des instruments de pouvoir. Ainsi, une large partie des ressources dont disposent les acteurs pour influencer les décisions (autorité, budget, personnel d'étude) dépend de décisions d'organisation qui ne sont pas traitées dans les modèles élémentaires. Le modèle politique néglige également l'existence d'éléments qui transcendent les stratégies particulières : valeurs communes, projets, identité. Tous ces éléments peuvent orienter l'action plus sûrement que tout processus de négociation, car ils peuvent exister en dehors de toute discussion.

4 Le modèle de la poubelle

4.1 Caractéristiques

> « Supposons que nous regardions une opportunité de choix comme une poubelle dans laquelle les participants jettent divers problèmes et diverses solutions. La composition des détritus dans une poubelle dépend de ce que l'on y met, de l'étiquette apposée sur chacune d'elles, de l'éventail des poubelles disponibles, autant que de la vitesse avec laquelle on ramasse les ordures[1]. »

Le modèle de la poubelle, formulé par J. March, M. Cohen et J. Olsen[2], considère une décision comme le produit de la rencontre fortuite, lors d'une circonstance particulière (opportunité de choix), de problèmes (en suspens), de solutions (toutes prêtes) et de décideurs plus ou moins concernés (participants).

Les opportunités de choix sont les occasions par lesquelles une organisation est censée produire une ou des décisions (signature de contrats, embauche ou licenciement, réunions budgétaires, comités de planification, etc.).

Les problèmes sont tout ce qui implique les membres de l'organisation dans et hors l'organisation à un moment donné ; cela dépasse largement les problèmes de gestion, pour inclure les soucis familiaux ou écologiques.

Les solutions sont les réponses en quête de problèmes : elles recherchent une ou des questions pour pouvoir être mises en œuvre –, l'informatique est un bon exemple de « solution » permanente face à de nombreux problèmes possibles.

Les participants sont les acteurs présents lors d'une opportunité de choix. Comme ils ont en général plus de possibilités de participation qu'ils n'ont de temps disponible, leur présence, face à une opportunité donnée, n'est pas garantie, pas plus que leur implication.

Opportunités, problèmes, solutions et participants constituent autant de flux, relativement indépendants, qui parcourent l'organisation et parfois se rencontrent.

La circulation des flux, et donc leur croisement, est cependant partiellement déterminée, dans l'espace et dans le temps, par la structure organisationnelle (hiérarchie, spécialisation), les systèmes et procédures de gestion, ainsi que les us et coutumes. Ces éléments déterminent en partie :

- la *structure de décision,* c'est-à-dire la possibilité, pour tel acteur, d'être participant dans telle opportunité de choix (par exemple, les chefs de produits participent à la réunion hebdomadaire du département marketing, mais pas à la nomination d'un nouveau chef de produit) ;
- la *structure d'accès,* c'est-à-dire la possibilité pour tel problème ou telle solution d'être associé(e) à telle opportunité de choix. L'ordre du jour est un élément explicite de cette structure d'accès ; mais, d'une façon générale, les opportunités de choix sont plus ou moins spécialisées, par exemple, il

1. March J.G. et Olsen J.-P., *Ambiguity and Choice in Organizations*, Bergen Universitetforlaget, 1976. D'autres traductions ont été proposées pour « Garbage Can Model » : modèle du fourre-tout, modèle des concours de circonstances.

2. Cohen M.D., March J.G. et Olsen J.-P., « A Garbage Can Model of Organizational Choice », *Administrative Science Quarterly*, vol. 17, 1972, p. 1-25.

peut être saugrenu d'évoquer un problème de rémunération lors d'une réunion de planification des investissements ;

• la qualité d'un processus de décision dépend aussi de la manière selon laquelle les flux convergent à travers cette double structure. En transformant le modèle théorique en simulation[1], les auteurs montrent en particulier l'influence sur la nature même des choix effectués de phénomènes tels que la surcharge (trop de problèmes) ou la fluctuation de la participation.

4.2 Portée et limites du modèle de la poubelle

Le modèle de la poubelle présente plusieurs traits remarquables :

• il s'écarte résolument du paradigme de la décision comme résolution d'un problème par le choix d'une solution adéquate. En cela, il diffère totalement du modèle rationnel, mais aussi du modèle organisationnel (fondé sur l'idée de procédure pour résoudre les problèmes) et du modèle politique (où le problème et la solution sont négociés) ;

• il suggère des explications pour des phénomènes somme toute fréquents tels que des décisions ne résolvant pas les problèmes visés, qui réapparaissent plus tard ou ailleurs, l'adoption de solutions (par exemple, solutions à la mode) alors que la situation n'était pas problématique, la persistance de problèmes non résolus (serpents de mer), ou l'incapacité d'attribuer une décision (décision prise sans que personne l'ait vraiment voulu) ;

• il remet en cause l'idée intuitive selon laquelle une décision est un phénomène important, indépendant ou circonscrit.

Dans le modèle de la poubelle, une décision donnée ne s'explique que si l'on envisage l'ensemble des problèmes, solutions et participants qui ont ou n'ont pas un rapport objectif (logique, rationnel) avec elle. Par exemple, telle décision s'explique en partie par l'absence de tel participant absorbé par un problème qu'il a jugé plus important. Ainsi, une décision donnée est prise, en fait, dans un flux de décisions interconnectées. Ce modèle souligne lui aussi, mais indirectement, le rôle capital des éléments de structures, formels et informels, qui régulent les flux.

Le modèle de la poubelle aboutit à la disparition de l'idée même de décision. Cette vision anarchique des organisations a nourri des approches qui mettent l'accent sur l'action plus que sur la décision[2]. Il semble que l'on surestime volontiers l'importance de la décision dans les entreprises. Plus que des dispositifs destinés à résoudre des problèmes, les organisations sont des générateurs d'action ; une action largement irréfléchie, qui se déploie sous l'influence de règles, programmes, habitudes, croyances, idéologies. Les décisions sont rares ou représentent des rationalisations *a posteriori* d'actions déjà engagées, que les managers élaborent afin de se justifier aux yeux de leurs pairs, de leurs supérieurs ou des parties prenantes externes.

1. Cohen M.D., March J.G. et Olsen J.-P., *op. cit.*

2. Starbuck W.H., « Organizations as Action Generators », *American Sociological Review*, 48, 1983, p. 91-102 ; Brunsson N., *The Irrational Organization*, John Wiley, 1985, et *The Organization of Hypocrisy*, John Wiley, 1989.

Même sans suivre totalement ces conceptions audacieuses, on doit concéder, au terme de ce parcours des principaux modèles de la décision, que le problème des dirigeants d'entreprise ne se borne pas à prendre des décisions stratégiques. Il s'agit plutôt pour eux de contrôler les processus que l'on vient de décrire et, à travers eux, de contrôler la formation de la stratégie. Dans cette perspective, les processus organisationnels, politiques ou anarchiques ne sont que des éléments d'un processus plus vaste, et un dirigeant habile peut espérer les exploiter à son profit. C'est le point de vue adopté dans le chapitre suivant.

Chapitre 21

Processus de décision et maîtrise de la stratégie

La réalité des décisions stratégiques est le plus souvent complexe et ne peut être réduite aux modèles fondamentaux décrits dans le chapitre précédent. Nous abordons ici des modèles plus ambitieux qui s'efforcent de rendre compte de cette complexité, souvent en combinant plusieurs des logiques présentées dans les modèles fondamentaux.

Trois de ces modèles composites sont présentés ci-après. Chacun d'entre eux attribue un rôle prééminent à une catégorie de variables qui vont constituer la logique intégratrice. Le premier modèle est celui de la politique organisationnelle, dans lequel la cohérence des choix est assurée par la structure organisationnelle. Le deuxième modèle est celui de l'incrémentalisme logique dans lequel la cohérence est assurée par le « manager habile ». Le troisième modèle, enfin, est celui de l'incrémentalisme cognitif dont la logique centrale est de l'ordre des représentations collectives.

1 Le modèle de la politique organisationnelle

Ce modèle combine les dimensions rationnelle, organisationnelle et politique présentées au chapitre précédent en donnant le rôle éminent d'intégration et de cohérence des choix à l'organisation. Il en existe deux versions : le modèle d'allocation de ressources de J. Bower et le modèle itératif de M. Ghertman.

1.1 Caractéristiques du modèle d'allocation de ressources

J. Bower[1] a étudié les décisions d'investissement à trois ans d'une grande entreprise américaine. Cette entreprise, rebaptisée National Product, était une firme industrielle diversifiée, mais non « conglomérale », organisée sur le mode divisionnel.

Selon ce modèle, l'organisation est un groupe social coordonné par une structure dont trois éléments, en particulier, conditionnent les processus de décision stratégique.

• la structure formelle est divisionnelle à trois niveaux (en fait, cinq niveaux regroupés en trois) :

- les *unités stratégiques* sont les éléments de base : chaque unité stratégique sert un segment produit/marché ;
- les *divisions* regroupent, chacune de façon cohérente, un certain nombre d'unités stratégiques ;
- la *direction générale,* au sommet, gère la firme de façon globale ;

• le système d'information est composé des systèmes de planification, de comptabilité analytique et de contrôle de gestion ;

• le système de récompenses et de sanctions suppose les managers motivés principalement par la richesse et le pouvoir.

Ces trois éléments constituent le contexte structurel qui guide les managers dans leurs conduites et forme la toile de fond des processus de décision à l'intérieur de l'entreprise. Les managers poursuivent des buts personnels, mais le rôle du contexte structurel est de faire converger ces buts personnels et les objectifs définis pour l'organisation.

La direction générale suit une stratégie. Pour s'assurer que l'action des managers de niveaux inférieurs s'inscrit dans le cadre de cette stratégie, la direction générale met en place un *contexte structurel* cohérent avec cette stratégie. Elle fournit en outre aux niveaux inférieurs, à travers un système de planification et de contrôle, des informations sur ses exigences, exprimées essentiellement en termes financiers.

Le caractère composite du modèle s'exprime dans la vision qu'il propose d'une décision résultant de trois sous-processus :

• le sous-processus de *définition* ;

• le sous-processus d'*impulsion* ;

• le sous-processus de *détermination du contexte structurel.*

Ces sous-processus peuvent avoir lieu en parallèle : ils se déroulent chacun en trois phases correspondant à la participation de chacun des trois niveaux hiérarchiques de la structure : la phase d'initiative, qui appartient aux unités stratégiques, la phase globale, qui est celle de la direction générale, et la phase d'intégration, qui exprime le rôle de relais qu'assurent les divisions entre les deux phases précédentes.

1. Bower J.L., *Managing the Ressource Allocation Process*, Harvard University Press, 1970.

Le sous-processus de définition transforme un problème ressenti (par exemple, une rupture de stock) au niveau d'une unité stratégique (par un chef de produit) en un projet (un investissement de capacité), doté de caractéristiques techniques et économiques précises. Dans ce sous-processus, la phase d'initiative animée par l'unité stratégique est déterminante. Le manager de l'unité stratégique recherche une solution à son problème qui soit satisfaisante pour lui et pour la firme.

La direction générale exprime ses objectifs lors de la phase globale (relations avec l'environnement, relations avec les pouvoirπs publics, politique d'internationalisation) en termes financiers (marge brute d'autofinancement, taux de rentabilité des investissements). La phase d'intégration, assurée par la division, sert à agréger dans des termes comparables, donc essentiellement financiers, les projets d'investissement présentés par les différentes unités stratégiques.

Le sous-processus d'impulsion conduit un projet de sa proposition initiale à son approbation par la direction générale. Le lancement correspond au fait qu'un responsable d'unité stratégique dit avoir une idée formidable et s'efforce de la promouvoir auprès de la hiérarchie. La phase déterminante va être ici la phase d'intégration, pendant laquelle le projet est, ou n'est pas, pris en charge par un ou plusieurs responsables intermédiaires.

Ces responsables de division informent les unités stratégiques des critères utilisés par la direction générale, évaluent les projets en termes de coûts et de bénéfices et, surtout, en termes d'avantages pour eux-mêmes. En effet, s'ils se font l'avocat d'un projet, ils en garantissent l'adéquation aux besoins de l'unité stratégique comme à ceux de l'entreprise dans son ensemble. Ils engagent ainsi leur crédibilité auprès de la direction générale. Celle-ci, dans la phase globale, va finalement approuver ou non le projet.

Le sous-processus d'impulsion est donc de nature essentiellement politique, mais il se déroule dans le contexte structurel, qui oriente et conditionne le marchandage. Le rôle du système de récompense est fondamental : les responsables retiennent et poussent les projets qui peuvent leur rapporter une récompense en termes de pouvoir ou de rémunération.

Le sous-processus de détermination du contexte structurel définit les forces organisationnelles qui influencent les sous-processus de définition et d'impulsion. Il se déclenche lorsque le contexte structurel en place paraît mal adapté à la stratégie de la firme, et notamment lorsqu'il ne permet pas l'élaboration de projets stratégiques correspondant à l'ensemble des segments produit-marché sur lesquels la firme est engagée ou veut s'engager. La phase d'intégration se résume à une confrontation des besoins de la base et des exigences de gestion globale. C'est la phase globale qui est ici déterminante. Elle consiste pour la direction générale à choisir une nouvelle structure de l'organisation. Le tableau 21.1 résume les trois sous-processus.

Le changement organisationnel correspond au sous-processus de détermination du contexte structurel. Le contexte structurel est appelé ainsi par

TABLEAU 21.1 Le modèle d'allocation de ressources de J. Bower

Sous-processus		De définition	D'impulsion	De détermination du contexte
Phase (niveau)	Globale (direction générale)	Perspective agréée privilégiant l'environnement financier	« Oui » ou « Non»	Conception du contexte structurel de la firme
		Informations financières agrégées	« La firme désire… »	Besoins globaux de la firme
	D'intégration (Divisions)	Informations sur les produits/marchés	« Les unités stratégiques ont besoin »	Besoins de la base
	D'initiative (Unités stratégiques)	Perspective : « Stratégies produit/marché »	Perspective : « J'ai une idée formidable »	Perspective : « Les segments produit/marché sont mal servis par la structure »

opposition au contexte situationnel formé par l'environnement de l'entreprise et par la personnalité des dirigeants et cadres à un moment donné. J. Bower fait l'hypothèse qu'il est difficile d'agir sur le contexte situationnel, alors que le contexte structurel est le levier privilégié dont dispose la direction générale pour orienter l'entreprise en influençant la conduite des managers dans les deux sous-processus de définition et d'impulsion. Le changement selon ce modèle est donc largement maîtrisé par la direction générale et mis en œuvre par des réformes de structure.

1.2 Portée et limites du modèle d'allocation de ressources

Le lecteur attentif aura reconnu le modèle monorationnel dans le sous-processus de définition, le modèle politique derrière le sous-processus d'impulsion et le modèle organisationnel sous l'apparence du sous-processus de détermination du contexte structurel.

La contribution principale du modèle composite d'allocation de ressources proposé par J. Bower est de montrer comment des processus rationnels *et* politiques, conditionnés par un contexte organisationnel précis, peuvent produire des décisions stratégiques pertinentes et aboutir à satisfaire à la fois la direction générale et les responsables des niveaux intermédiaires et inférieurs, qui sont récompensés. Il suppose que la détermination du contexte structurel est l'arme essentielle dont dispose la direction générale pour influencer la manière dont les choix stratégiques sont définis et adoptés. Les décisions suprêmes portent donc plus sur des questions d'organisation que directement sur les orientations stratégiques.

Certaines des hypothèses sous-jacentes au modèle peuvent apparaître comme spécifiques au milieu de la grande entreprise nord-américaine diversifiée et cotée en bourse :

• les critères de décision et le système de récompense des responsables sont essentiellement financiers et font peu de place à la logique des « métiers » ;

• le niveau stratégique de base (les segments) est totalement décentralisé. On peut douter de la validité du modèle dans les entreprises mono-productrices, intégrées verticalement ou dans les cas d'investissement à l'échelle de firme tout entière ou de décision stratégique transversale par exemple sur la technologie ou l'internationalisation ;

• il faut remarquer, enfin, que la direction générale ne se contente généralement pas de dire « oui » ou « non » aux projets qui lui sont présentés. Elle peut dire « oui, si » ou « non, mais », en renvoyant le dossier pour étude complémentaire avec des orientations. La décomposition de ce mécanisme de mise à l'épreuve en cycles successifs se déroulant à travers les différents niveaux de la structure est au cœur du modèle *itératif* décrit ci-dessous ;

• le rôle attribué à la structure est sans doute trop exclusif. La direction générale dispose d'autres moyens pour influencer les choix stratégiques. Elle a le pouvoir de choisir les responsables, de les promouvoir, de les muter ou de s'en séparer, ce qui dépasse la simple rémunération. Ce rôle d'arbitre du dirigeant est mis en valeur par le modèle de *l'incrémentalisme logique* décrit dans la section suivante.

1.3 Le modèle itératif de M. Ghertman

Créé à partir de l'étude empirique des processus de décision d'acquisition d'entreprises au sein d'une entreprise multinationale[1], le modèle itératif cherche à décrire les relations entre les membres de la direction générale de la maison mère et les dirigeants des filiales étrangères. Ce modèle met l'accent sur le flux décisionnel (sous-processus d'impulsion dans le modèle précédent) qui s'analyse selon deux dimensions.

La première dimension décrit les phases du processus : la phase d'initiative, dans laquelle un acteur propose le contenu d'un projet de façon à obtenir les premières réactions de ses collègues ; la phase de locomotive, dans laquelle un acteur (supérieur) met en cause la réputation de son jugement en soutenant très fortement le projet de façon à ce qu'il soit accepté par l'organisation ; la phase de mise à l'épreuve pendant laquelle un autre acteur (dirigeant) soit demande un examen supplémentaire du projet, soit donne son accord ou oppose un refus sur le contenu du projet.

1. Ghertman M., *La Prise de décision*, Paris, PUF, 1981.

Cette succession de phases peut se répéter un nombre indéfini de fois avant qu'un processus de décision n'aboutisse à son terme. Cette suite de phases répétitives exprime le caractère itératif de ce modèle.

Une itération se définit comme la succession des trois phases d'initiative, de locomotive et de mise à l'épreuve, ou comme un couple de phases locomotives/mise à l'épreuve. Le modèle itératif se propose d'expliquer le changement du contenu de la décision par les variations de la morphologie du processus (nombre d'itérations et changement des relations entre acteurs) et de l'environnement externe.

La deuxième dimension concerne les niveaux hiérarchiques. Les acteurs appartiennent à une structure hiérarchique. Les différentes phases ne sont donc pas le fait des mêmes niveaux. Le conseil d'administration, le président-directeur général et le directeur général semblent être beaucoup plus les auteurs des phases de mise à l'épreuve que les niveaux inférieurs, alors que les directeurs de division, de département, de zone géographique ou de pays sont plus souvent les auteurs des phases d'initiative et de locomotive.

Lorsque la première phase d'initiative et de locomotive provient du niveau hiérarchique inférieur et que la phase de mise à l'épreuve provient du niveau supérieur, on parlera de processus hiérarchique standard, le flux décisionnel allant d'abord de bas en haut et ensuite de haut en bas. Le sens du flux décisionnel est défini comme le sens suivi par la succession des phases du processus entre les niveaux des participants.

Le nombre d'itérations donne une mesure de l'énergie investie par la direction générale dans la prise de décision. Ce nombre permet de comparer l'intensité du travail nécessaire pour un même type de décision ou pour des décisions différentes (acquisition ou désinvestissement, par exemple) ou dans des pays différents, ou effectué pendant plusieurs années successives.

En faisant varier le sens du flux décisionnel, on aboutit à une typologie des schémas itératifs correspondant à cinq types de processus politiques.

1.3.1 Le processus hiérarchique standard

Avant le début du processus, une ou plusieurs cellules de l'entreprise ont la responsabilité du domaine qui fait l'objet d'une décision. Le sens du flux initial est de bas en haut, puis de haut en bas. Ce mouvement peut être répété de nombreuses fois (voir figures 21.1 et 21.2).

1.3.2 Le processus hiérarchique avec initiative du président

Aucune cellule de l'entreprise n'est chargée de la décision avant le début du processus, dont la première phase est déclenchée par le niveau supérieur (voir figure 21.3).

1.3.3 Le processus hiérarchique inversé

Le type de processus suivant a été observé dans une multinationale française : c'est le PDG qui déclenche la phase d'initiative locomotive, et le

FIGURE 21.1 **Modèle itératif, variante 1 : processus hiérarchique standard**

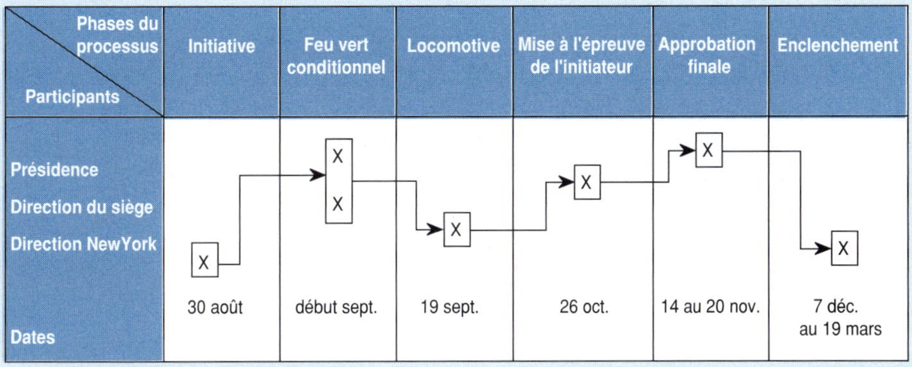

FIGURE 21.2 **Modèle itératif, variante 1 : processus hiérarchique standard**

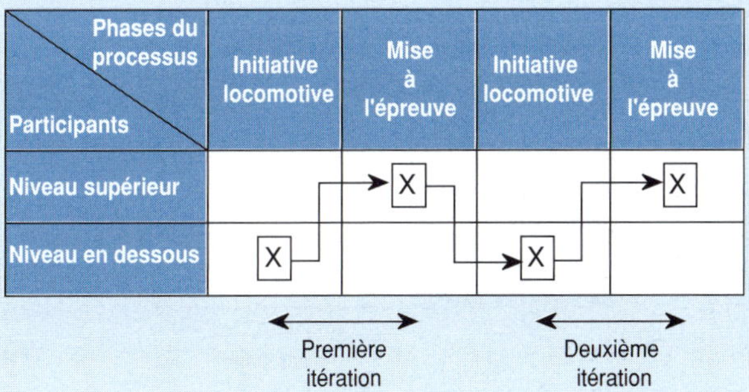

directeur financier celle de mise à l'épreuve. Le sens du flux décisionnel se trouve donc inversé, il va de haut en bas. Il n'y a pas de groupe chargé de la décision avant le début du processus. Le président joue ici le rôle de « créateur », et le directeur financier celui d'« arbitre » (voir figure 21.4).

1.3.4 Le processus hiérarchique concurrentiel

Dans ce cas, plusieurs personnes ou services d'une même entreprise sont mis en concurrence par le niveau supérieur pour préparer un projet. Deux cellules de l'organisation sont alors chargées de phases de locomotive. Lors de la phase de mise à l'épreuve, le niveau supérieur choisit entre les deux projets. Ce type de processus peut être une méthode de management très utile si elle suscite l'émulation entre deux personnes, deux services ou départements, ou bien désastreuse si elle démotive tout le monde ou produit une coalition passive contre le niveau supérieur qui l'utilise (figure 21.5).

FIGURE 21.3 **Modèle itératif, variante 2 : processus hiérarchique avec initiative du président**

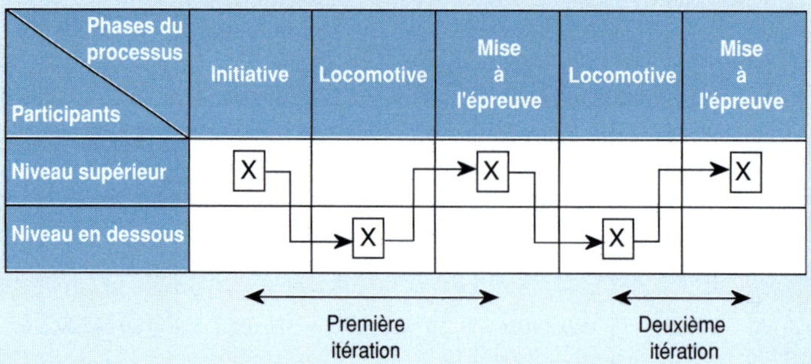

FIGURE 21.4 **Modèle itératif, variante 3 : processus hiérarchique inversé**

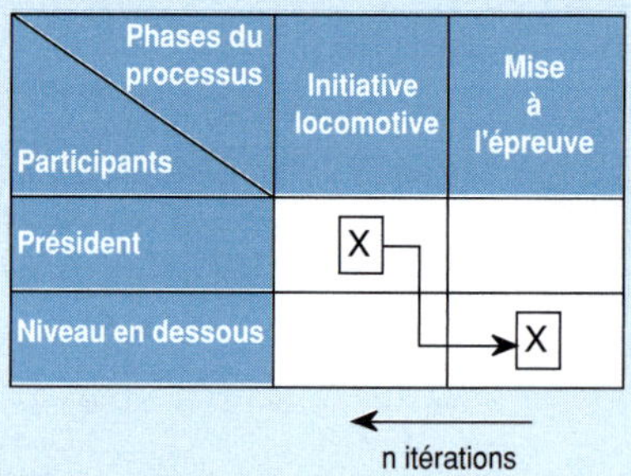

1.3.5 Le processus consensuel

Dans le processus consensuel, les mêmes acteurs déclenchent tour à tour des phases de locomotive et des phases de mise à l'épreuve. Chaque acteur change donc de conduite au fur et à mesure du déroulement du processus : les relations de pouvoir sont alors variables au lieu d'être stables et récurrentes. Il n'y a plus de sens du flux décisionnel. Ce processus correspond à des décisions prises dans des organisations non hiérarchisées ou à des situations particulières parfois appelées autogestion (voir figure 21.6).

Le modèle itératif et le modèle d'allocation des ressources dont il s'inspire mettent l'accent sur les règles du jeu structurelles, leur influence sur le rôle des acteurs dans la dynamique des processus de décision. Cette dynamique peut sembler un peu désincarnée et automatique. C'est à ces limitations que s'efforcent de répondre les versions plus récentes de l'incrémentalisme.

FIGURE 21.5 **Modèle itératif, variante 4 : processus hiérarchique concurrentiel**

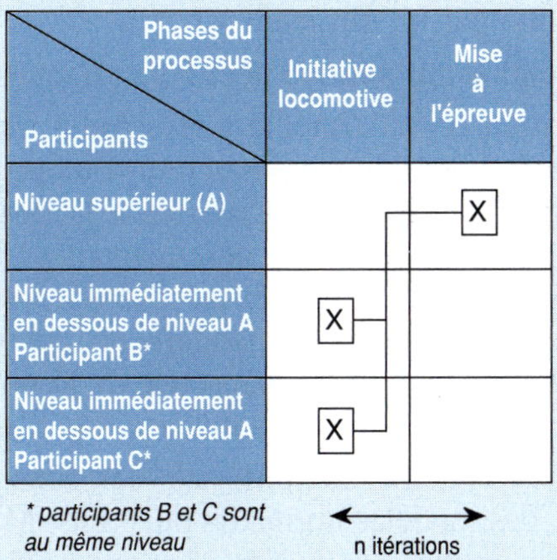

FIGURE 21.6 **Modèle itératif, variante 5 : processus consensuel**

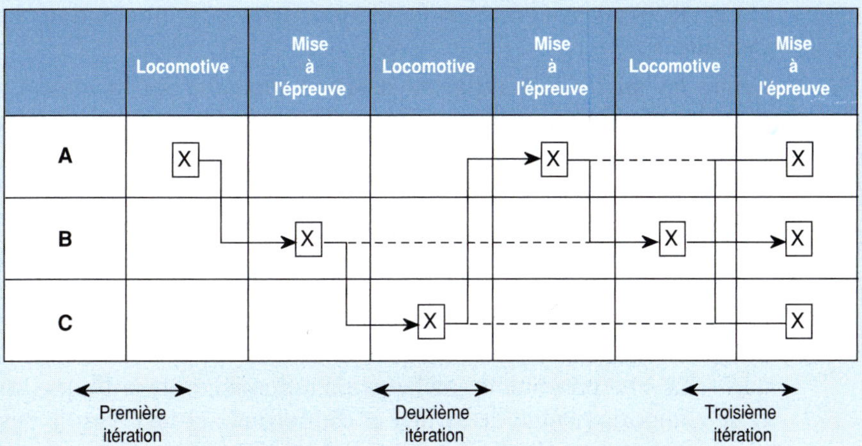

2 L'incrémentalisme logique

2.1 La double nature du dirigeant habile

L'incrémentalisme logique se veut une description réaliste des processus de décision stratégique en articulant les modèles rationnels de l'analyse stratégique et des systèmes formels de planification, d'une part, et les modèles de type politique, d'autre part. Pour J.B. Quinn[1], l'incrémentalisme logique est une manière efficace de déterminer de bonnes stratégies, à condition d'être pratiqué par un dirigeant « habile ».

L'incrémentalisme logique peut être caractérisé par quatre points :

- la formulation de la stratégie s'effectue à travers plusieurs sous-systèmes qui rassemblent des « joueurs » autour d'un problème d'importance stratégique, mais qui ne représentent pas toute la stratégie : lancement de produit, acquisition, diversification ou désengagement, développement international, développement des capacités et technologie, relations avec l'État, accès aux capitaux, relations sociales, changements de structure, etc. Cette notion de « sous-système » peut être rapprochée de la poubelle métaphorique qui réunit participants, problèmes et solutions lors d'une opportunité de choix ;
- chaque sous-système s'appuie sur des schémas logiques, des approches analytiques, des modèles normatifs puissants. Mais chacun a sa propre logique et connaît un processus de déroulement particulier, de telle sorte que les sous-systèmes simultanément actifs sont rarement « en phase » ;
- chaque sous-système rencontre cependant les limites bien connues à la rationalité. La stratégie globale de l'entreprise, confrontée aux interactions des sous-systèmes, se dessine donc de manière à la fois logique (dans le sous-système) et « incrémentale » (l'interaction entre sous-systèmes) ;
- entre les mains d'un dirigeant habile, l'approche par incrément ne consiste pas seulement à se « débrouiller ». C'est une technique de management, orientée, efficace et pro-active, pour améliorer et intégrer les aspects analytiques et comportementaux qu'implique la formulation de la stratégie.

Le processus décrit par Quinn relève bien de l'incrémentalisme puisqu'il y a fragmentation de la stratégie en une série de choix partiels et découplage notamment temporel entre ces choix partiels, les sous-systèmes obéissant à des calendriers différents. Mais cette démarche par incrément est « logique », car elle présente un mélange de rationnel et de politique, d'analytique et de comportemental, de formel et d'informel ; et un contrôle des processus par un intégrateur (le dirigeant habile).

Ces caractères laissent place à de grandes variations possibles dans le degré de fragmentation et de découplage, l'importance des aspects analytiques, le degré et les moyens de contrôle par le dirigeant. Selon Quinn, trois groupes de facteurs déterminent la nature des processus de décision stratégique :

- la culture et « l'héritage » historique de l'entreprise ;
- l'environnement qui exerce un nombre plus ou moins grand de pressions sur l'entreprise, d'intensité plus ou moins élevée, à un horizon temporel plus ou moins proche et variable ;
- la structure de l'organisation et le style de management.

1. Quinn J.B., *Strategies for Change : Logical Incrementalism*, R. Irwin, 1980.

Du coup, la description du processus reste très générale ; Quinn propose d'identifier trois phases qu'il baptise : lancement, activation et consolidation.

Dans la phase de lancement, qui correspond à la perception et à la définition des problèmes ainsi qu'aux premiers embryons d'action, la recherche sur les problèmes est plus active, moins naïve et plus profonde que ne le suggèrent Cyert et March. Les solutions envisagées sont multiples, mais elles ont pour caractéristiques d'être « portées » par des individus ou des groupes, et leur évaluation se fait autant en vertu de la crédibilité de ces acteurs que selon leurs qualités intrinsèques.

Dans la phase d'activation, qui construit les actions stratégiques, Quinn insiste sur l'importance des événements, des opportunités qui permettent de concrétiser un projet jusque-là vaguement formulé. L'essentiel de cette phase est la construction des accords internes sur les actions stratégiques possibles.

Dans la phase de consolidation, les stratégies en formation sont « reconnues » par attribution de ressources matérielles, confirmation des responsables, mise en place des structures, manifestations symboliques ; les options rejetées sont découragées. Un certain nombre d'« engagements » sont pris, lesquels suscitent une mobilisation.

Cette description soulève plusieurs questions :

- si le processus est contrôlé par le dirigeant, comment, par quels moyens, celui-ci arrive-t-il à « piloter » la stratégie ?
- la fragmentation des choix stratégiques pose le problème des objectifs stratégiques : existent-ils ? comment sont-ils fixés ? quel rôle jouent-ils ?
- les aspects analytiques et formels ont un rôle non négligeable dans le processus ; quel est-il ? à quoi servent les systèmes formels de planification ?

2.2 Comment piloter la stratégie ?

Selon Quinn, le dirigeant dispose d'un pouvoir certain qui lui permet de contrôler le processus de décision et donc de peser significativement sur la stratégie globale de l'entreprise. Mais ce pouvoir est beaucoup plus informel que formel, indirect que direct. Son usage est donc délicat et la qualité du résultat dépend de l'habileté du dirigeant.

La sélection des hommes et la détermination des structures sont deux éléments du pouvoir du dirigeant. En procédant à des nominations, en modifiant les attributions de responsabilités, en créant des unités, le dirigeant sélectionne les solutions, les projets, les potentialités d'action dont ces hommes sont porteurs et que ces unités concrétisent. Quinn note que l'impact symbolique de ces mesures est considérable : elles signalent dans l'entreprise la ou les « lignes » de la direction et donc les règles de la réussite en vigueur. Les acteurs peuvent ainsi orienter leur action. Correctement dosées, ces mesures promeuvent sans censurer, distinguent sans sanctionner, mobilisent sans engager. Le dirigeant habile est soucieux, en effet, de maintenir sa liberté de manœuvre : il lui faut éviter de se déjuger, par conséquent, il doit éviter, sauf exception, d'apparaître impliqué trop directement dans ces opérations.

Ces manœuvres permettent évidemment au dirigeant de contrôler les équilibres de pouvoir à l'intérieur de l'entreprise, de constituer des coalitions ou d'en défaire en organisant une compétition interne, de jouer sur la dynamique des ambitions et des indifférences[1].

Mais comment le dirigeant qui, comme tout un chacun, a des capacités cognitives limitées, peut-il maîtriser ces manipulations complexes d'hommes, de structures et de thèmes ?

Le premier élément de réponse est qu'il les maîtrise dans une certaine mesure, c'est-à-dire sans obéir à un plan mental prédéterminé. Le dirigeant découvre son action au fur et à mesure de ses manipulations ; il les gère par incrément, par essais-erreurs, expériences, tri progressif, affinage. Étant seul à posséder une vue d'ensemble de l'entreprise et des différents sous-systèmes à l'œuvre, son éventuelle indécision reste maquillable et peut être transformée (symboliquement) en sagesse, prudence ou dessein énigmatique. Cette position est bien celle d'un intégrateur : participant de plusieurs systèmes au carrefour des informations.

Cependant, cette position d'intégrateur n'est effective que si l'information parvient jusqu'au dirigeant et s'il dispose d'un instrument d'intégration. La recherche de l'information est un aspect crucial du travail du dirigeant. Elle s'effectue à travers un système formel que le dirigeant doit stimuler en suscitant des questions. Mais elle s'effectue aussi à travers un réseau informel que le dirigeant a construit au cours de sa carrière, dans et hors l'organisation. La « vigilance » est le premier souci du dirigeant.

Les sous-systèmes de décision stratégique ont des logiques propres ; l'intégration, même partielle et imparfaite, ne peut s'effectuer que si le dirigeant peut s'appuyer sur un instrument porteur d'une logique aussi forte que celle des sous-systèmes. C'est là, selon Quinn, le rôle du système formel de planification.

Cependant, cette raison d'être n'a pas le caractère dominant, totalisant et systématique que prônent les doctrines traditionnelles du management. Elle s'accommode d'inflexions impulsées extérieurement par l'exploitation d'opportunités ou de conjonctions favorables d'événements. Le processus de décision mêle donc formalisme, opportunisme et incrémentalisme.

2.3 Du bon usage des objectifs

On ne peut assurer que les organisations poursuivent des buts précis. Pour Quinn, les buts sont plus un élément symbolique contrôlé par le dirigeant qu'un moyen direct et explicite d'orienter l'action de l'entreprise. En

1. Wrapp H.E., « Good Managers Dont Make Policy Decisions », *Harvard Business Review*, sept.-oct. 1967. Wrapp indique que le dirigeant se meut dans des « corridors d'indifférence ».

d'autres termes, la réalité des buts est autant dans l'usage qui en est fait que dans leur contenu.

Au contraire des doctrines traditionnelles du management, qui recommandent de définir des buts précis, de les attribuer explicitement et d'en surveiller la réalisation, le dirigeant habile définit surtout des buts implicites et non chiffrables par un processus plus « incrémental » qu'analytique.

Toutefois, l'usage des buts précis n'est pas exclu. Il doit être sélectif pour revêtir une haute charge symbolique. Quinn dresse un catalogue des arguments pour ou contre la fixation de buts précis. Leur précision, de manière générale, réduit la créativité, accentue les oppositions, restreint la flexibilité en manifestant un engagement, et dévoile la stratégie aux concurrents et parties prenantes.

En revanche, des buts vagues et peu mesurables permettent de susciter le consensus sur les points essentiels et favorisent l'adhésion. Toutefois, on peut recourir aux buts précis pour susciter, lancer ou accélérer une opération ; signaler et marquer un changement majeur ; localiser l'attention des membres de l'entreprise.

À la différence de Lindblom, Quinn admet l'existence des objectifs. Mais ceux-ci n'ont pas la belle cohérence des systèmes planifiés. Leur ambiguïté génère un large éventail de réponses dans l'organisation ; le dirigeant sélectionne les réponses qui lui paraissent pertinentes, qu'elles respectent ou non ses orientations initiales, favorisant et encourageant certaines actions, il contribue ainsi à préciser et à modifier les buts initiaux, en même temps qu'il en introduit de nouveaux. Ainsi, le processus d'élaboration des objectifs peut recouvrir des phénomènes déjà décrits, comme le traitement séquentiel des problèmes (voir le modèle de la théorie comportementale). Mais, au-delà, cela peut impliquer la présence simultanée d'objectifs contradictoires.

La transformation de l'entreprise s'effectuerait ainsi par activation progressive d'objectifs existants, mais latents. L'un des atouts majeurs du dirigeant serait dans le choix des objectifs à promouvoir parmi les orientations potentielles.

Comment concilier l'usage d'un système formel de planification (SFP) avec un tel processus de fixation des objectifs ? L'originalité de Quinn dans le débat « planification contre stratégie » est de refuser l'alternative.

2.4 L'utilité informelle des systèmes formels de planification

Les SFP (systèmes formels de planification) encourent selon lui des reproches classiques : ils privilégient les critères financiers ou du moins quantitatifs avec pour conséquence d'éliminer les options qui se prêtent mal à la quantification ou qui dépassent un horizon limité ; la comparaison systématique des projets en vertu de critères financiers conduit à négliger les nécessaires synergies et la vision globale de la stratégie ; enfin, ils éliminent d'emblée les innovations significatives, qui impliquent une révision des critères de choix et des objectifs.

Ces limites font des SFP des instruments de développement « extrapolatifs » plus que réellement stratégiques. En revanche, le SFP a un rôle important dans le processus de décision en ce qu'il crée un réseau de communication, oblige à diffuser l'information stratégique, contraint les opérationnels à « lever le nez », puis suscite et organise les recherches et études sur le long terme.

Instrument de collecte d'information, de communication et de mobilisation, le SFP a un rôle post-décisionnel crucial puisqu'il formalise les décisions déjà prises, fournit un moyen systématique d'évaluation et d'ajustement des budgets annuels, protège les engagements à long terme des « dérives » budgétaires et permet la coordination des changements décidés.

C'est donc, selon Quinn, un instrument de coordination et d'intégration assurant le relais entre choix stratégiques et décisions opérationnelles. Le caractère formel du SFP lui confère un rôle d'explicitation de l'action qui vaut plus par son affirmation symbolique que par sa clarté rationnelle. Toutefois, le SFP est un outil privilégié du dirigeant, un élément central de la « règle du jeu » qu'il édicte, la « colonne vertébrale » formelle des processus informels.

Quinn critique implicitement les méthodes de portefeuille en soulignant que l'allocation de ressources doit se faire en référence à un projet global articulé autour de quelques thèmes cohérents, et non en fonction du rapport coût/avantage de chaque thème pris isolément. Dans le même ordre d'idée, si une « bonne » stratégie doit être déclinée en stratégies locales, elle ne doit pas résulter de leur agrégation.

Face aux tenants des modèles d'optimisation, il rappelle que la « bonne » stratégie doit préserver une flexibilité qui permette de saisir les opportunités ou de réagir à des événements imprévus, et qu'elle doit intégrer le coût de cette flexibilité. Une « bonne » stratégie doit donc contenir la possibilité de revoir les objectifs.

L'incrémentalisme logique ne se résume donc pas à un dosage plus ou moins subtil d'approche analytique et d'approche « politico-comportementale ». Ces deux éléments sont combinés en une conception complexe du processus de décision qui se démarque radicalement de la conception classique. Son originalité principale est de réintroduire le dirigeant comme intégrateur et gestionnaire de l'ambiguïté. En reconnaissant le pouvoir (et surtout la nature du pouvoir) du dirigeant, Quinn rompt avec les doctrines classiques du management comme avec les autres modèles composites. Par ailleurs, en réinstallant le dirigeant au centre du processus de décision, il reste recevable par le management.

3 L'incrémentalisme cognitif

Ce troisième modèle d'incrémentalisme, que nous baptisons « cognitif », va expliquer le phénomène d'adaptation par petits pas non par le besoin de résoudre des conflits et de lutter contre l'incertitude (voir ci-avant Lindblom et l'incrémentalisme disjoint voir 32.1, chapitre 21) ou par le calcul d'un dirigeant habile qui sait combiner les logiques rationnelles, organisationnelles et politiques (voir Quinn et l'incrémentalisme logique), mais par les phénomènes de cognition collective par lesquels les organisations rendent leur réponse à l'environnement progressivement cohérente en produisant un « paradigme » organisationnel. Celui-ci, qui peut être un instrument d'efficacité à un certain moment, peut devenir une prison cognitive interdisant à l'entreprise de comprendre l'évolution de son environnement et de s'y adapter.

G. Johnson[1] définit le paradigme de l'organisation comme un ensemble de croyances et d'hypothèses relativement répandues dans l'organisation et tenues pour vraies. Les représentations et les interprétations du jeu concurrentiel et de l'environnement en général sous-tendent les politiques, les programmes et les symboles partagés dans la direction de l'entreprise.

Le paradigme est au centre d'une « trame culturelle » qui articule les structures organisationnelles, le système de contrôle, les procédures routinières, le système de pouvoir, les symboles, les rites et les mythes de l'organisation (voir figure 21.7). Ce paradigme est produit par les participants, en particulier par les dirigeants, mais il échappe en partie à leur contrôle.

1. Johnson G., « Rethinking Incrementalism », *Strategic Management Journal*, vol. 9, 1988, p. 75-91.

FIGURE 21.7 La trame culturelle de l'organisation

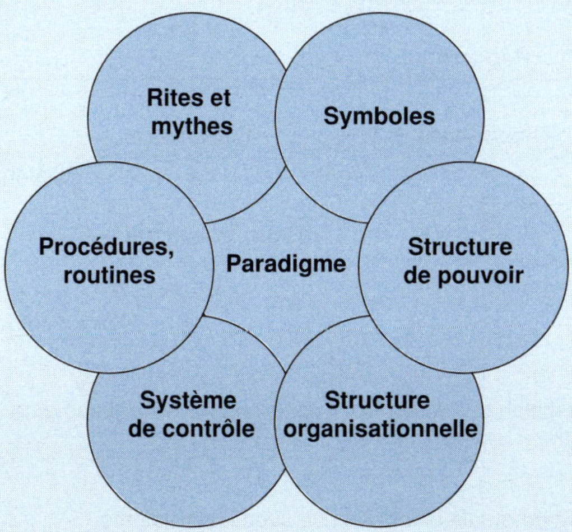

La structure cognitive centrale, le paradigme et la trame culturelle agissent comme des filtres entre l'environnement réel et l'environnement tel qu'il est perçu et interprété par l'entreprise.

Cela va avoir trois conséquences qui toutes trois convergent pour produire un changement incrémental :

• les décisions et les nouvelles manœuvres stratégiques ne surviennent qu'après une longue période d'incubation ;

• les problèmes sont perçus et traités dans le cadre du paradigme selon un processus qui va produire des solutions incrémentales : lorsque l'organisation perçoit un signal de l'environnement en phase – ou en consonance – avec son paradigme, elle réagit en développant une solution incrémentale à ce signal. Lorsqu'elle perçoit un signal non conforme – ou en dissonance – avec son paradigme, ce signal va être interprété, traduit, déformé de façon à être mis en cohérence avec le paradigme. L'hypothèse qui est sous-jacente à cette démarche est la stabilité dans le temps du paradigme dominant. Cette phase de mise en consonance du signal perçu de l'environnement fait appel, d'une part, à la mise en action des symboles de l'organisation et, d'autre part, au jeu de négociation politique entre les sous groupes de l'organisation. La solution qui sera apportée au signal sera donc par construction cohérente avec le paradigme. Ce processus de décision correspond à la formulation d'une stratégie incrémentale (voir figure 21.8) ;

• la perception de l'évolution de l'environnement peut être simultanément déformée par la persistance d'un paradigme décalé par rapport au réel. On a ainsi une dérive stratégique (voir figure 21.9).

FIGURE 21.8 **La logique de l'incrémentalisme cognitif**

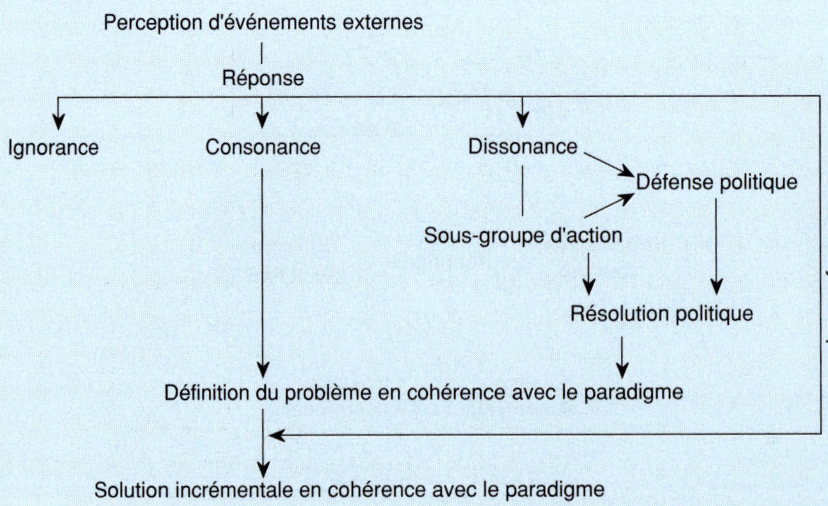

Source : G. Johnson, *Strategic Change and the Management Process*, Oxford University Press, 1987

FIGURE 21.9 **La « dérive » stratégique**

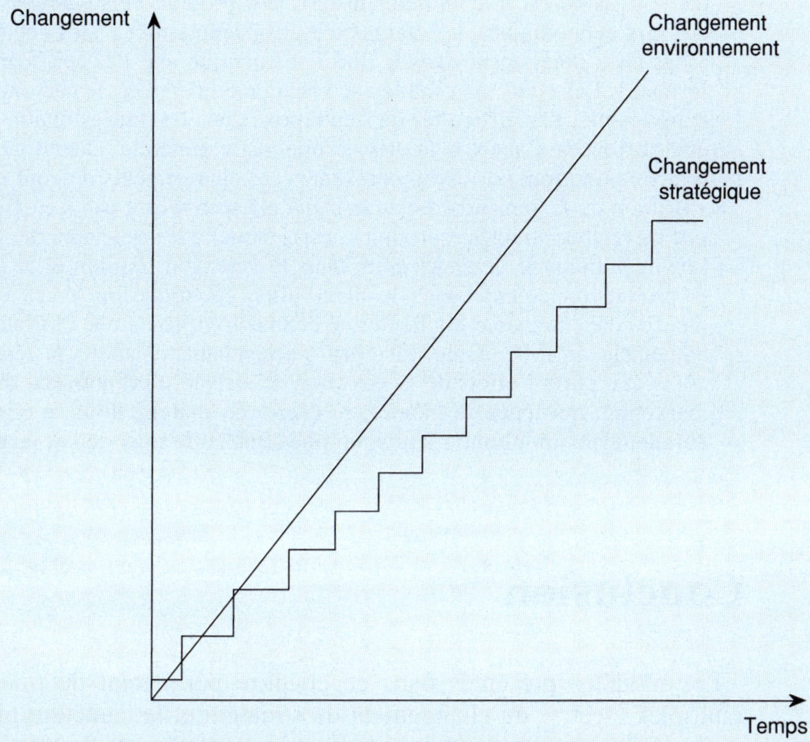

De la même façon, les manœuvres inadéquates risquent de ne pas être diagnostiquées comme telles et corrigées dans des délais convenables.

Si cette dérive devient trop importante, il y a crise. Dans ce cas, Johnson admet qu'il y aura remise en cause du paradigme sous la pression de facteurs tels que :

• action volontaire radicale de la direction générale ou du conseil d'administration ;

• dissidence ouverte de groupe(s) de l'organisation ;

• reconfiguration du pouvoir : arrivée au pouvoir d'un dissident ou d'un *outsider* qui apporte une nouvelle vision.

Une entreprise anglaise de prêt-à-porter, étudiée sur la longue période et rebaptisée, selon les cas, Cooper ou Foster, a servi de terrain d'analyse à G. Johnson. Cette entreprise, spécialisée à l'origine dans le vêtement de travail, contrôle une chaîne nationale de magasins de petite taille. Son paradigme ▶

▶

stratégique est construit autour de l'idée que la clé du succès (l'entreprise date de 1876) est la commercialisation des produits relativement standard à des prix économiques, les marges élevées étant assurées par l'achat en masse à bas prix, notamment dans le Sud-Est asiatique, par des acheteurs très performants. Les coûts sont faibles, le réseau bien contrôlé, le personnel loyal et expérimenté. Les difficultés de l'entreprise dans les années quatre-vingt vont être attribuées d'abord à la crise économique générale. Quand des informations remonteront du réseau concernant les changements de goût et la diversification de la demande de la clientèle, elles ne seront pas « entendues » par une hiérarchie orientée « produit », dans laquelle les acheteurs ont le pouvoir. Les opérations de diversification dans le vêtement féminin et le jeans, dans la production comme dans la distribution (boutique de jeans, etc.) furent menées dans la même logique et ne conduisirent pas à une réorientation fondamentale de la stratégie. La crise s'accentuant, c'est sur la réduction des coûts que porta l'effort de la direction. L'arrivée d'un nouveau directeur du marketing, qui tenta de montrer le déclin du marché de base de la société, entraîna dans un premier temps un phénomène de rejet de ses études.

Conclusion

Les modèles présentés dans ce chapitre permettent de mieux saisir les multiples facettes du changement de stratégie et le caractère plus ou moins maîtrisé des processus décisionnels qui y contribuent. Ils relativisent considérablement les théories normatives courantes de type rationnel ou planificateur. Il faut reconnaître, néanmoins, que ces modèles sont plus utiles pour expliquer les phénomènes d'évolution en régime « normal », c'est-à-dire hors des changements radicaux de stratégie. C'est à cet élargissement que procède le chapitre suivant.

Conclusion

Le dirigeant et la formation de la stratégie

L'approche classique de la stratégie considère que la formation de la stratégie peut être facilement contrôlée, soit par la réflexion du dirigeant (voir chapitre 20, le modèle de Harvard), soit par un processus organisé de planification (voir chapitre 19). De manière moins naïve, un dirigeant habile pratiquera *l'incrémentalisme logique* (voir chapitre 21) en utilisant les forces organisationnelles et politiques à l'œuvre dans l'entreprise pour servir son projet de changement. Celui qui en a la capacité cherchera à développer un *leadership charismatique* qui permettra de dépasser les conflits et les inerties. D'autres auront recours à des démarches très systématiques cherchant à modifier les « valeurs » morales (à travers par exemple un « projet d'entreprise ») ou les comportements (ainsi ont été fréquemment conçues d'ambitieuses démarches de « qualité totale »). Les pratiques, moins consensuelles, du « dégraissage » et du « recentrage » visent à débarrasser l'entreprise de tout ce qui n'est pas immédiatement créateur de valeur (économique, cette fois).

Toutes ces démarches visent à favoriser la *transformation* de l'entreprise, de manière à éviter les effets de rigidité qui accompagnent la réussite stratégique, et à introduire un renouvellement qui prévienne les crises graves susceptibles de déboucher sur une révolution stratégique. Selon l'ambition du programme, on parlera de renouveau, de revitalisation ou de renaissance stratégique. Dans cet effort, le dirigeant n'est plus un décideur au sens habituel du terme. Son action se situe à un niveau plus élevé : il s'agit pour lui de façonner les conditions matérielles (les allocations de ressources), organisationnelles (les structures, les systèmes de gestion), politiques (les arbitrages, les encouragements, les alliances), cognitives (les idées, les compétences, les systèmes de pensée), psychologiques (l'implication, le leadership, l'imaginaire) qui produiront une action stratégique suffisamment ordonnée pour préserver la stabilité de l'entreprise (notamment avec un niveau de performance acceptable), mais suffisamment originale pour régénérer l'entreprise en permanence. En d'autres termes, le dirigeant n'est plus seulement un des acteurs intervenant directement dans les décisions stratégiques, il est aussi un fabricant de processus qui met en place et pilote les dispositifs formels et informels par lesquels des décisions stratégiques seront produites et des actions stratégiques seront réalisées.

On touche là à une vision globale de l'organisation et de ce qui fait sa permanence à travers le changement : son identité. Cette action sur l'organisation dans son ensemble et sur sa réalité la plus profonde doit s'appuyer sur une compréhension aiguë de l'identité de l'entreprise, objet de la quatrième et dernière partie de cet ouvrage.

Partie 4

Identité

Introduction

L'introduction de cet ouvrage voit dans la politique d'entreprise une approche pragmatique de la liberté. Les trois autres parties montrent abondamment que cette liberté est réellement difficile à exercer face aux contingences multiples dans lesquelles baigne l'entreprise. Ce problème domine encore cette partie, consacrée à la dimension humaine du management stratégique. Le dirigeant est un homme qui gouverne d'autres hommes. Quel que soit son génie, quels que soient les progrès rendus possibles par les multiples modèles précédemment passés en revue, la contrainte humaine est là, présente, et malheur à qui l'oublie.

La stratégie doit être mise en œuvre par une collectivité humaine. L'action collective passe par le cerveau humain, et subit donc le filtre de ses capacités cognitives et celui de ses affects. Pour compliquer les choses, l'action passe aussi par une structure, avec le jeu d'influences, de mimétismes, de coalitions, de manœuvres que cela implique.

L'organisation est composée d'êtres humains, qui ont une certaine présence, et l'action collective dans une entreprise donnée s'en trouve généralement marquée par une logique cohérente, qui la distingue de toute autre. Cette logique se constitue et s'affirme dans le temps. Elle donne à l'entreprise une certaine continuité, elle permet à chacun d'identifier cette entreprise et, dans certains cas, de s'identifier à elle. C'est ce que l'on appelle l'identité.

L'expression « identité collective » dans le cas de l'entreprise n'implique pas une profession de foi unanimiste. L'entreprise n'est pas une communauté organique ni psychologique. Elle est et restera un lieu de tensions et de conflits, et cela parce qu'il n'y a pas d'entreprise sans pouvoir. L'action économique collective est toujours complexe. La cohérence interne du groupe humain qui s'en charge n'est jamais assurée, et la corruption du pouvoir est une tentation permanente.

Mais, face à toutes ces forces centrifuges, d'autres forces peuvent émerger, ne serait-ce que l'impératif de survie de l'entreprise. On ne peut que souscrire à la proposition émise par R. Boudon et F. Bourricaud[1] :

> « Lorsque la survie d'un groupe devient pour ses membres un objectif opposable à leurs yeux aux objectifs individuels que, de leur côté, ils se considèrent comme autorisés à poursuivre, on dira que ce groupement peut constituer une communauté, ou qu'il est en voie de communalisation. »

Gérer l'identité, ce serait progresser sur cette voie de la communalisation. Cela implique une tension entre une réalité et un idéal, une volonté utilisant un potentiel, mais tournée vers l'avenir. Le mot identité est plus pertinent que celui, beaucoup plus utilisé dans la littérature, de culture. Culture est un terme plus passif – alors qu'il s'agit de chercher les voies de la liberté d'agir – et aussi plus aseptisé, donc plus manipulateur.

Culture reste au niveau du superficiel, des idées de valeurs ou de croyances, et de ce qu'il est convenu d'appeler l'univers symbolique (les idéologies, mythes, rites, tabous, normes de comportement qui les expriment). L'identité s'inscrit au niveau des intérêts, des passions et des fantasmes. La notion d'identité s'interroge sur les modes d'émergence de ces images et de ces symboles, c'est là que se trouve le vrai problème du pouvoir.

Il faut donc s'efforcer de dépasser – sans les nier – les aspects trop vulgarisés aujourd'hui de la culture d'entreprise : les mythes ne sont pas que des moyens de réaliser le consensus ; les rites organisent et hiérarchisent tout autant qu'ils amusent l'observateur extérieur ; quant à l'idéologie, elle n'est pas réservée qu'aux autres. Comprendre le processus de communalisation n'est pas aisé. C'est ce que nous allons essayer de faire ici. Cette quatrième partie de *Strategor* est composée de cinq chapitres :

- chapitre 22 : « De la culture à l'identité » : en s'appuyant sur l'histoire de l'idée de culture, ce chapitre justifiera ce choix d'articuler identité et culture ;
- chapitre 23 : « L'identité » : nous y développerons l'approche originale de *Strategor* ;
- chapitre 24 : « Gérer les identités d'entreprise » : nous verrons comment appliquer ces outils conceptuels ;
- chapitre 25 : « Leadership » : nous analyserons le rôle des dirigeants et ses écueils ;
- chapitre 26 : « Du knowledge management à l'entreprise apprenante : le *Learning Mix* ».

1. Boudon R. et Bourricaud F., *Dictionnaire critique de la sociologie*, PUF, 1982.

Chapitre 22

De la culture à l'identité

1 Les textes fondateurs : Selznick, Barnard, LCAG

Les premières réflexions stratégiques considérant l'entreprise comme un groupe humain structuré, s'efforçant de devenir une communauté, sont aussi parmi les plus fécondes. La relecture de *The Fonctions of the Executive*, de C. Barnard[1] et de *Leadership in Administration*, de P. Selznick[2], permet de recadrer les recherches ultérieures dans une perspective commune et logique, celle de l'entreprise comme système de coopération ou comme institution. Les pères fondateurs, eux-mêmes imprégnés de la pensée de Max Weber[3], non seulement annoncent ce qui suit, mais continuent – surtout pour Selznick – d'indiquer des voies de recherche encore peu explorées.

L'entreprise n'est pas nécessairement en voie de communalisation. Certaines entreprises ou organisations n'ont que des tâches de routine à effectuer. La qualité et l'engagement de leurs agents ne sont pas un facteur clé de succès. Ces entreprises-là n'ont pas besoin de devenir des communautés. Devenir une communauté, une institution, est extraordinairement long et difficile. Les forces centrifuges sont nombreuses et dues aux intérêts catégoriels de chaque sous-groupe humain, mais aussi à l'esprit même des acteurs.

Une fois qu'un groupe humain, structuré, a acquis une certaine identité et que ses membres ont pu s'identifier à elle, alors, dit Selznick, cette identité constitue une réalité. L'identité se cristallise et le changement devient problématique. Lorsqu'une organisation est devenue une institution, elle est habitée par le souci de survivre.

1. Barnard C., *The Fonctions of the Executive*, Harvard University Press 1938.

2. Selznick P., *Leadership in Administration*, Harper & Row, 1957.

3. Weber M., *Kultursoziologie*, Vierkandt, 1931.

Comme l'entreprise, de par la nature de ses activités et de ses relations avec son environnement, est en permanence conduite à s'adapter, le jeu principal devient la gestion de l'identité, une fois celle-ci formée. Une identité non gérée transforme l'entreprise en un bastion, qui préfère souvent mourir plutôt que changer.

Le processus de communalisation et la gestion de l'identité sont affaire de leaders. Un détenteur de pouvoir peut se contenter d'occuper un siège ou de prendre des décisions opportunistes. Il ne conduira pas alors le processus social qui va transformer un groupe d'individus en une communauté engagée. Pour cela, il faut, en permanence, une action éclairée, et cette action est la raison d'être du leader. Elle fait du détenteur de pouvoir un homme d'État.

L'action du leader se concentre sur trois entités : les buts de l'entreprise, ses valeurs (son idéologie) et la structure de son système social. Pour chacune, sa responsabilité est de décider, de communiquer et d'incarner.

Les buts de l'entreprise définissent la raison d'être du groupe, ce qui le distingue de tout autre, ce vers quoi il va, pourquoi il est structuré comme il l'est. Il n'y a pas de communauté d'action sans but, c'est-à-dire sans stratégie pensée et commune, incarnée par le leader et défendue par lui contre toutes les attaques, en particulier venant de l'intérieur.

Une entreprise-institution est bâtie sur des valeurs quand elle n'est pas vécue par ses membres comme étant seulement un outil économique, mais qu'elle est aussi la source directe de satisfactions personnelles, intellectuelles et affectives. Par ce fait, elle produit une identité à laquelle ses membres peuvent souscrire, qui peut marquer tous les aspects de la vie dans l'organisation et assurer une intégration sociale qui va bien au-delà des mécanismes formels de coordination, en particulier hiérarchiques.

La satisfaction est offerte par le biais des idéaux personnels (Barnard) ou des images de soi (Selznick) : fierté de ce que l'on fait, sentiment d'accomplir quelque chose qui a du sens, loyauté, mais aussi des sentiments plus troubles, comme celui du besoin de revanche personnelle.

La consolidation des valeurs passe par une grande attention portée à la structure sociale. Barnard met l'accent sur la structure informelle en tant que moyen privilégié de communication. Selznick, lui, assigne un rôle primordial aux élites qui doivent être protégées afin d'acquérir une autonomie et une force suffisante. Ces élites sont porteuses des valeurs propres à l'entreprise et ont en particulier la charge, par leur action quotidienne, d'en assurer la permanence.

Pour faire émerger une identité, les leaders disposent des armes privilégiées que sont les règles et procédures de gestion. En évoquant ces armes, Barnard et Selznick ouvrent la voie à toute la réflexion ultérieure sur la mise en œuvre de la stratégie. Ils citent en particulier :

• le recrutement, qui sélectionne une base sociale ;

• la formation, qui permet la socialisation ;

• la formalisation du système de valeurs en une idéologie (une façon de voir le monde) illustrée par des mythes organisationnels ;

• la définition des rôles et des procédures ;

• les systèmes de gestion des conflits ;

• une réflexion sur le degré de décentralisation du pouvoir, la mise en place de l'identité s'accompagnant d'une plus grande centralisation.

Enfin, les deux auteurs mettent le lecteur en garde. On ne joue pas à bâtir l'identité d'une communauté, qu'on l'appelle institution ou système de coopération. Ce n'est pas un outil au service de la rentabilité, dont on peut se défaire ensuite. Ce n'est pas, dit Selznick, une occasion de discours dominicaux. L'entreprise et les leaders sont tenus par l'idéologie qu'ils créent. C'est ce qui fait l'efficacité de la première et la grandeur des seconds.

Le modèle LCAG[1] (ou modèle d'Harvard) s'appuie beaucoup sur les idées de Barnard et de Selznick. Il met leur paradigme sous une forme opérationnelle pour le dirigeant. Il l'articule un peu différemment en mettant sur le même pied deux tâches complémentaires de la direction générale : la formulation de la stratégie (en particulier, la fixation des buts) et sa mise en œuvre (faire progresser l'organisation vers ses buts) par :

• une structure adaptée ;

• des systèmes et processus de gestion permettant la convergence des énergies individuelles vers les buts de l'organisation ;

• la présence efficace d'une direction.

Le deuxième point apporte une contribution intéressante à la compréhension du mécanisme de communalisation : le leader se doit de bâtir des systèmes et processus de gestion qui créeront délibérément une atmosphère propice au développement des talents nécessaires à la poursuite des buts, et qui seront propres à fournir des satisfactions personnelles à chacun. Ces systèmes et processus comportent :

• l'établissement de standards et la mesure des performances ;

• la création et l'administration de systèmes de motivation et d'incitation ;

• la création et l'administration de systèmes de contrôle ;

• la sélection des hommes et la gestion de carrière.

Le modèle LCAG met moins l'accent sur leur aspect technique que sur leur cohérence avec les buts de l'organisation : chacun de ces systèmes permet-il d'espérer un comportement individuel adéquat ? Y a-t-il harmonie entre ces différents systèmes ? Si un changement est requis, est-il compatible avec l'ensemble ? Comment sera-t-il accueilli par l'organisation ? Est-ce le bon moment d'opérer ce changement ? Comment le conduire ?

1. Learned E., Christensen C.R., Andrews K., Guth W., *Business Policy, Text and cases*, Richard D., Irwin, 1re éd. 1965.

2 L'idée de culture : l'engouement des années quatre-vingt

Ces perspectives pionnières n'ont rien de mécaniste. Très explicitement, ces auteurs reconnaissent que tout se passe dans le cerveau des acteurs, que leur adhésion et leurs comportements dépendent de leur perception et de leur lecture des organisations et des événements qui s'y déroulent. La tâche principale des cadres dirigeants étant d'organiser la communication entre la direction et les membres.

Depuis le début des années quatre-vingt, aux États-Unis, psychosociologues et praticiens ont renouvelé cette approche en proposant l'embryon d'une théorie de la culture d'entreprise.

Ce soudain intérêt est dû au succès des entreprises japonaises qui sont apparues aux observateurs comme étant radicalement différentes des entreprises américaines. Elles sont bâties sur des valeurs et des principes différents, et leurs systèmes et procédures de gestion fonctionnent sur un tout autre mode. De la découverte des « nationalités » d'entreprise, on en vint rapidement à l'idée que chaque entreprise a (ou est) une culture particulière : à bien y regarder, IBM et Hewlett Packard sont peut-être aussi différents qu'IBM et Hitachi. Les articles et les livres utilisant le vocable de culture se sont ainsi multipliés depuis 1981, aux États-Unis et en Europe. Chez Michelin ou Siemens, dans les années trente, on appelait cela « l'esprit maison ».

Mais le mot culture est un mot piège, parce qu'il a un grand nombre de significations à des niveaux de généralité très différents. Quand on oppose nature et culture, on est très loin du sens restreint associé aux activités d'un ministère des Affaires culturelles. Au niveau d'une collectivité, l'usage du mot culture n'est pas sans risques. Ce concept a été développé par l'anthropologie pour des collectivités naturelles dont les membres sont socialisés depuis leur naissance, ce qui n'est pas le cas, bien sûr, pour l'entreprise.

La culture de l'entreprise est toutefois étroitement dépendante de l'environnement socioculturel dans lequel elle baigne et de la culture régionale ou nationale dans laquelle elle s'enracine. Cela pose d'ailleurs un problème aux entreprises en recherche de « transnationalité ».

Dans ce chapitre, après avoir brièvement évoqué ces dimensions culturelles externes, nous présenterons l'idée de culture d'entreprise et ses composantes telles qu'elles se sont imposées depuis les années quatre-vingt. Enfin, nous analyserons les limites de cette notion et les dangers de l'utilisation mécaniste qui en a été faite, ce qui nous conduira au chapitre suivant consacré à la notion d'identité.

2.1 Le poids des propriétés socioculturelles

Une entreprise est constituée de membres qui sont avant tout des « agents sociaux ». Contrairement à ce que pourraient laisser croire certains ouvrages sur la culture d'entreprise, les salariés n'abandonnent pas leur « être social » quand ils franchissent la porte d'entrée de l'organisation. Lorsqu'un individu vient travailler dans l'entreprise, quelle que soit sa fonction, il importe avec lui ses propriétés socioculturelles, une histoire qui lui est propre et son habitus. Cette notion d'habitus, utilisée par Mauss[1] et Durkheim[2], a été reprise et enrichie par Bourdieu[3]. L'habitus renvoie à l'existence d'habitudes et d'attitudes socialement acquises qui vont orienter les choix d'un individu, ses goûts et, d'une façon générale, ses représentations. Il fonctionne comme un système de règles, plus ou moins consciemment intégré. L'habitus est le produit des conditions d'existence et s'acquiert dès le plus jeune âge. Lorsqu'un individu devient membre d'une organisation, son habitus va lui servir de « boussole » interne, le guidant dans ses actions. Alors que certains agents n'ont qu'à laisser leur habitus s'exprimer pour adopter des conduites adaptées (par exemple, les héritiers de la noblesse d'entreprise, enfants de « grands patrons »), d'autres vont se trouver en situation d'acculturation. Si l'on s'intéresse aux dirigeants, on constate qu'à des habitus différents correspondent des pratiques d'entreprise différentes et des styles de management différents.

L'entreprise peut être considérée comme le théâtre d'affrontements entre agents sociaux. Un individu donné, en fonction des propriétés sociales (âge, sexe, diplôme, etc.) qui le caractérisent, va être plus ou moins bien armé pour participer à ces luttes de pouvoir. Selon les organisations, le type de propriété permettant d'accéder à une position élevée varie. En effet, si dans certaines entreprises il est nécessaire d'avoir un diplôme d'une grande école (en France) ou d'une université renommée (à l'étranger) pour espérer occuper une position dominante, dans d'autres, c'est l'ancienneté et la fidélité qui priment. Chaque organisation peut être considérée comme un marché attribuant une valeur plus ou moins importante à telle ou telle propriété sociale. Analysant le processus de sélection des dirigeants dans des organisations associatives, B. Ramanantsoa et B. Moingeon[4] ont mis en évidence l'existence de « filtres électifs » ne laissant passer que les agents pourvus de certaines propriétés. Pour reprendre la métaphore du champ proposée par Bourdieu[5], on peut dire qu'une organisation fonctionne comme un champ de luttes doté d'une logique, de règles du jeu spécifiques. Lorsque la possession d'une propriété procure des profits à son détenteur, on considère que cette propriété constitue une forme de capital. Comparant les différents champs sociaux, Bourdieu a montré que les propriétés qui fonctionnent le plus souvent comme capital sont celles relatives à la « culture » possédée, au patrimoine et aux revenus, ainsi qu'aux relations sociales. Il distingue ainsi trois formes principales de capital[6] :

1. Mauss M., « Les techniques du corps », *Journal de psychologie*, XXXII, n° 3-4, mars-avril 1936.

2. Durkheim E., *L'Évolution pédagogique en France*, vol. 1, Paris, Alcan, 1938

3. Bourdieu P., *Le Sens pratique*, Paris, Éditions de Minuit, 198

4. Ramanantsoa B. et Moingeon B., « Non-Profit Organizations : The Market Within the Bureaucracy », in Child J., Crozier M., Mayntz R. et al., *Societal Change Between Market and Organization*, Aldershot, Avebury, 1993.

5. Bourdieu P., *Questions de sociologie*, Paris, Éditions de Minuit, 1984

6. Bourdieu P., *La Distinction, critique sociale du jugement*, Paris, Éditions de Minuit, 1979.

• *le capital culturel*, qui est lié non seulement à l'accumulation de diplômes, mais aussi au résultat de la « pédagogie clandestine » provenant du milieu familial ;

• *le capital économique*, renvoyant aux revenus et au patrimoine de l'agent ;

• *le capital social*, c'est-à-dire les « relations », le réseau de connaissances.

Selon les organisations, ces différentes espèces de capital peuvent avoir un rendement plus ou moins élevé. Concernant le capital culturel, ce que l'on observe fréquemment dans les entreprises, c'est la valorisation d'une forme spécifique de ce capital, formation d'ingénieur/formation commerciale, voire diplôme de telle ou telle école de commerce ou d'ingénieurs. Si « avoir fait une grande école » en France ou une université renommée est une propriété qui fonctionne comme capital dans de nombreuses entreprises, il n'en va pas de même des « titres maison » (par exemple, un technicien devenu ingénieur par promotion interne est appelé « ingénieur maison »). L'une des raisons expliquant l'attachement à l'entreprise de ces « ingénieurs maison » semble en partie liée au fait que cette propriété est difficilement valorisable à l'extérieur de l'entreprise qui a décerné le titre. Le poids accordé aux diplômes initiaux semble constituer une variable culturelle nationale.

Être ancien de telle ou telle grande école ou université renommée, avoir occupé un poste à responsabilité dans la haute fonction publique, connaître personnellement tel ou tel ministre, etc., peut se révéler fort utile lors des négociations tant à l'intérieur qu'à l'extérieur de l'entreprise. Ces propriétés constitutives du capital social sont souvent à l'origine d'un « coup de pouce » qui permet, à capital culturel et économique égal, de faire la différence.

La problématique du pouvoir dans l'entreprise et des propriétés socio-culturelles se retrouve chez M. Bauer et E. Cohen[1]. Ces auteurs ont cherché à analyser le fonctionnement des grands groupes industriels français en se posant notamment les questions suivantes :

• sous quelles conditions accède-t-on au système dirigeant d'un groupe industriel ?

• quels sont les acteurs sociaux qui exercent ce pouvoir industriel et participent ainsi de manière privilégiée à l'action de transformation de la société ?

• s'agit-il des détenteurs du capital, qui définiraient alors des stratégies industrielles dont la logique viserait d'abord à maximiser leurs profits, ou bien d'un groupe beaucoup plus vaste de salariés compétents mais non-propriétaires, les politiques d'une entreprise résultant alors de son mode de fonctionnement ?

Deux éventualités extrêmes peuvent être distinguées, quelle que soit la structure de contrôle : soit les propriétaires définissent les conditions d'accès au système dirigeant et les stratégies du groupe industriel en termes d'activité, de modes d'accumulation et de modes de développement (Bauer et Cohen parlent alors de système dirigeant possédant), soit les propriétaires

1. Bauer M. et Cohen E., *Qui gouverne les groupes industriels ? Essai sur le pouvoir dans de grands groupes industriels*, Paris, Le Seuil, 1987. Cette approche a été poursuivie dans des ouvrages ultérieurs de Bauer et Mourot.

ont perdu le pouvoir industriel, voire la possibilité de choisir les dirigeants du groupe (ils parlent alors de système dirigeant affranchi). Une analyse empirique de longue période leur permet de conclure que les conditions d'exercice du pouvoir industriel font qu'il n'est plus crucial de savoir qui sont les actionnaires des principaux groupes industriels. Ils démontrent que le pouvoir industriel s'est consolidé et que son exercice est monopolisé par un petit nombre d'acteurs qui, grâce à leur emprise sur de grands groupes industriels, peuvent imposer leur propre choix à l'ensemble du corps social. Dans cette perspective, les grandes écoles et les grands corps de l'État semblent jouer un rôle clé tant au niveau de la société française qu'au niveau de la culture de certaines entreprises[1].

2.2 Le poids des cultures nationales

La culture d'une entreprise donnée ne saurait être appréhendée indépendamment de la culture du ou des pays dans lequel (lesquels) elle opère, non plus que de la culture nationale du pays d'origine. L'analyse d'une culture d'entreprise ne peut pas faire l'économie d'une prise en compte de l'histoire, de l'évolution du contexte économique, politique ou sociétal du (des) pays considéré(s).

Si l'on reprend la classification de G. Hofstede[2], la culture française se caractériserait par son individualisme, sa peur relative de l'incertitude, son attrait pour des relations de pouvoir distantes et une attitude plus « féminine » que « masculine ». Ceci contribuerait à expliquer le fort développement de structures bureaucratiques, phénomène analysé par M. Crozier[3]. Ces bureaucraties, qui ne recourent ni au drapeau ni à la gymnastique matinale rythmée par l'hymne à l'entreprise, développent d'autres mythes, rites et symboles.

Un aspect important de ce sujet a déjà été traité dans la partie « Structure » de *Strategor*, où l'on a vu que la structure de toute organisation porte la marque de la culture nationale de ses membres. On peut compléter ce point en ajoutant que les symboles utilisés par l'organisation sont eux aussi très influencés par la culture locale, que ce soient les symboles institués ou les symboles émergents. Ce n'est pas un hasard si les premiers symboles institués provenaient du Japon (Matsushita). Aucune culture n'a été aussi loin dans la symbolisation de l'idéologie de l'entreprise : le drapeau, la charte, les chants collectifs, la gymnastique matinale forment un ensemble cohérent avec les cercles de qualité, le *kanban* ou le *ringi-sei* (préparation collective des décisions). C'est la symbolique de l'entreprise comme collectivité. Celle-ci s'inscrit de façon cohérente dans la culture nationale de ce pays.

Kagono[4] décrit les différences radicales dans les modalités d'intégration – au sens de P. Lawrence et J. Lorsch – observables dans les grandes firmes japonaises et américaines.

1. Voir Suleiman E., *Les Élites en France*, Paris, Le Seuil, 1979, ainsi que Aubert N., Ramanantsoa B., Reitter R., « Nationalizations, Managerial Power and Societal Change », Harvard, University Press, 75th Anniversary Colloquium Series, 1984.

2. Hofstede G., *Cultures Consequences*, Sage, 1980.

3. Crozier M., *Le Phénomène bureaucratique*, Paris, Le Seuil, 1963.

4. Kagono T. et al., *Organizational Structure and Process*, North Holland, 1985.

Le mode japonais de relation stratégie-structure-culture y apparaît comme « évolutionniste » et non comme une séquence d'adaptation de la structure à la stratégie. Les structures plus flexibles génèrent des stratégies adaptatives ; le contrôle moins rigide qu'aux États-Unis est remplacé par une série de mécanismes informels : la pérennité des équipes dirigeantes est associée à un horizon stratégique plus lointain et à une moindre fixation sur les résultats à court terme.

La culture nationale, le mode de pensée, la religion, l'éducation et le processus de formation des élites constituent ici un fond commun très différenciable de l'Américain ou de l'Européen.

Cette expression de l'identité nationale prendra toutefois des visages fort différents d'une entreprise à une autre. Ainsi, au sein d'un même milieu, et avec des valeurs communes japonaises, Matsushita peut apparaître comme plus américaine, plus mécaniste que Sony. Chaque entreprise a sa personnalité, est douée d'une culture qui lui est propre, même si les constantes nationales gardent leur validité statistique.

Nous sommes redevables au Français Philippe D'Iribarne d'avoir mis l'accent sur ces articulations entre culture nationale et spécificités de l'entreprise. Dans son article d'*Organisation Studies* intitulé « The Combination of Strategic Games and Moral Community in the Functionning of Firms » (2003), il montre sur deux exemples comment cette référence à des systèmes de valeur extérieurs à l'entreprise peut expliquer que, si une entreprise n'a pas toujours une culture spécifique, elle ne peut jamais être réduite à une somme d'individus poursuivant des intérêts particuliers. Un groupe d'hommes au travail a toujours un nombre même limité de valeurs ou perceptions communes a minima, quand bien même ces valeurs seraient complètement implicites, intériorisées parce qu'appartenant à une communauté plus large (être musulman ou citoyen américain dans les deux cas analysés par d'Iribarne).

2.3 Définition de la culture d'entreprise et de ses composantes

Les recherches et la pratique des années quatre-vingt ont consacré une approche de la culture d'entreprise qui est devenue un pôle dominant de la littérature de gestion. Il est important, même aujourd'hui, d'en connaître les principes et les composantes.

La définition la plus satisfaisante de la culture est donnée par E. Schein[1] : la culture est l'ensemble des hypothèses fondamentales qu'un groupe donné a inventé, découvert ou constitué en apprenant à résoudre ses problèmes d'adaptation à son environnement et d'intégration interne. Ces hypothèses ont été suffisamment confirmées dans l'action de sorte qu'on puisse les considérer comme valides, donc les enseigner à tout nouveau membre du

1. Schein F., *Organizational Culture & Leadership*, Jossey Bass, 1985.

groupe, en les présentant comme la manière appropriée de penser et sentir les problèmes de l'action collective.

Les hypothèses de base de l'action collective concernent la relation à l'environnement, la nature du réel, la conception du temps et de l'espace, le modèle de l'homme, de son activité et de ses relations pour ceux qui les partagent. Elles s'expriment indirectement par l'univers symbolique des valeurs proclamées, mais aussi par les mécanismes symboliques traditionnels de l'anthropologie : mythes, rites, tabous.

Cette définition rejoint celle d'E. Morin[1] : la culture est un système qui fait communiquer une expérience existentielle personnelle et un savoir collectif constitué. Le savoir est enregistré et codé, assimilable seulement pour les détenteurs du code et lié à des configurations permettant d'organiser et de structurer les relations existentielles, pratiques et imaginaires.

Dans les années quatre-vingt, un grand nombre de travaux ont porté sur les différents aspects de la culture d'entreprise :

- les croyances, valeurs et normes prévalant dans les groupes ;
- les mythes et histoires sur l'organisation ;
- les rites collectifs ;
- les tabous, les zones d'ombre.

2.3.1 Les croyances, valeurs, normes de comportement

L'idée que tout groupe a tendance à engendrer des croyances, des valeurs et des normes collectives qui ne sont pas toujours explicitées n'est pas neuve. L'abondante littérature des années soixante, engendrée par la très fameuse étude Hawthorne de E. Mayo et F. Roethlisberger[2], a constamment mis l'accent sur le fait que chaque groupe de travail se constituait en quelque sorte une conception du monde permettant à ses membres de comprendre et d'interpréter ce qui se passe à tout moment. Cette vision du monde comporte d'abord des croyances, c'est-à-dire des propositions générales sur le fonctionnement du milieu pertinent au groupe (l'idée que, à partir du moment où un groupe est soudé, il se tirera de toute situation où il est mis à mal). Elle comporte ensuite des valeurs, c'est-à-dire des préférences collectives qui s'imposent au groupe (par exemple, la sécurité avant tout) ; enfin, des normes, c'est-à-dire des règles spécifiques de comportement s'appliquant à tous les membres du groupe (par exemple tout membre démontrant un excès de zèle au travail sera rejeté).

La frontière entre croyances, valeurs et normes n'est pas toujours très aisée à tracer. Chaque groupe humain se construit une culture informelle ; cette culture est apprise par les membres du groupe qui doivent s'y soumettre au risque d'encourir des sanctions. Elle constitue donc un puissant mécanisme d'intégration de l'individu.

Ce mécanisme culturel est également bien connu en anthropologie, où l'on peut s'attacher à décrire une société par l'ensemble de règles de comportements

1. Morin E., *Sociologie*, Fayard, 1984.

2. Roethlisberger F. et Dickson W., *Management and the Worker*, Harvard University Press, 1939

qui, si vous les suivez, font de vous un indigène au comportement approprié, comme l'a montré C. Geertz[1].

Des études sur la culture ont repris cette ancienne notion de la sociologie des organisations, mais elles l'ont appréhendée dans une perspective nouvelle. Par exemple, une recherche de M. Schall[2], s'appuyant sur l'idée que la culture se forme dans l'interaction sociale et donc dans la communication, regarde comment fonctionnent les règles de communication (celles qui régissent l'échange de messages) et leur interprétation au sein d'un groupe et entre les groupes. Schall restreint son étude aux règles de communication concernant la quête du pouvoir et de l'influence : comment se comporte-t-on, au sein d'un groupe donné, pour atteindre ses buts ? L'auteur choisit, au sein d'une même entreprise, deux unités ayant des relations suivies, bien qu'appartenant à des divisions différentes. S'appuyant sur un large ensemble de techniques de recherche, il réussit à construire une image des règles gouvernant les interactions où le pouvoir est en jeu.

Par exemple, dans le groupe A, il est clair que l'information doit circuler au sein du groupe, au prix d'un aplanissement des différences, alors que le groupe B élève des barrières internes entre ses différents sous-groupes et valorise la réussite individuelle. En cas de problème, la recherche de boucs émissaires est courante dans le groupe B (ces boucs émissaires pouvant être externes). Le groupe A, ayant eu à souffrir de ce mécanisme de la part du groupe B, a développé une certaine méfiance envers ce dernier. Une série de règles permet à ses membres de se protéger. Par exemple, il est recommandé d'exiger du groupe B pour chaque transaction qu'il s'engage par écrit sur les délais de livraison.

L'application stricte de règles et de normes fait que, à la longue, l'organisation va se rigidifier et produire des comportements stéréotypés. Parmi les articles consacrés à ce sujet, celui de V. Degot[3], intitulé « L'entreprise comme système culturel », contient l'analyse de plusieurs cas de pratiques correspondant à un savoir ancien, qui ont perduré jusqu'à devenir complètement dysfonctionnelles pour l'entreprise. Par exemple, une entreprise familiale dont les systèmes de gestion sont très peu informatisés, mais qui est confrontée à une plus grande complexité, a du mal à utiliser des systèmes plus sophistiqués ; cela ne lui est pas naturel.

R. Kilman[4] livre une étude complète de la culture informelle d'une division de Westinghouse. Il y montre l'écart existant entre les normes, les différents groupes de travail et les conduites qui seraient fonctionnelles pour l'organisation, qu'il appelle le *culture gap*. Il distingue quatre sortes d'écarts, correspondant à quatre familles de normes différentes :

• les normes concernant le travail avec d'autres groupes (refaire systématiquement ce que d'autres groupes ont fait/s'appuyer sur le travail des autres) ;

• les normes concernant l'innovation (essayer toujours d'améliorer le produit/pas de zèle) ;

1. Geertz C., *Savoir local, savoir global*, Paris, Gallimard, 1987.

2. Schall M., « A Communication Rule Approach to Organizational Culture », *Administrative Science Quarterly*, nov. 1983.

3. Degot V., « L'entreprise comme système culturel », *Revue française de gestion*, nov.-déc. 1981.

4. Kilman R., *Beyond the Quick Fix*, Jossey Bass, 1985.

• les normes concernant les relations humaines à l'intérieur du groupe (essayer de connaître les autres en dehors du travail/ne se soucier de personne) ;

• les normes concernant la liberté de chacun.

2.3.2 Les mythes, légendes, héros, idéologies

Parmi les formations symboliques importantes, on peut citer les mythes. Ces mythes font référence à l'histoire de l'entreprise, à ses succès, à ses époques héroïques. Le mythe a pour objet de créer, ou de conforter, une image idéale de l'organisation et produit un système de valeurs. Les mythes se rencontrent plus souvent dans les organisations où la stratégie résulte d'analyses rigoureuses.

Pour beaucoup, le mythe fait partie de l'irréel, ou du moins de la fable. En fait, dans l'entreprise, comme dans toute société, le mythe raconte une histoire idéalisée à partir de faits réels. On comprend mieux l'importance de parler (et de reparler) ensemble de l'époque du créateur, de l'époque des machines à vapeur : on retrouve là l'origine des choses, les choses extraordinaires grâce auxquelles l'entreprise, l'institution existe.

Si l'on examine les différentes fonctions du mythe, on comprend également son importance, et combien il peut être dangereux de ne pas intégrer les mythes dans un diagnostic de l'identité. Tout d'abord, le mythe a une fonction explicative[1] qui, très souvent, permet de reconstruire et d'expliquer tout phénomène et de résoudre toute contradiction. Les différentes pratiques trouvent souvent leur sens à travers le mythe.

À partir de là, on peut comprendre la fonction sociologique du mythe. Dans l'entreprise, il permet d'unifier les croyances de tous et d'être un gage de consensus social. Parallèlement à l'expression d'une cohérence, le mythe décrit aussi un ordre du monde. Par cette fonction psychologique, il exprime les conflits plus ou moins conscients et joue par son évocation répétée un rôle de régulation sociale. Le mythe du créateur parti de rien rappelle le plus souvent qu'il y a les compagnons de la création, qui doivent être distingués des autres.

La connaissance des mythes n'est jamais uniforme. Si tout le monde en a entendu parler, certains peuvent bénéficier d'un statut particulier dans la mesure où ils pourront dire : « J'y étais », ou à la rigueur : « j'ai connu quelqu'un qui y était ». Le mythe, en soi, classe la population – de façon ici consensuelle – entre ceux qui savent et ceux qui croient savoir.

Enfin, le mythe a une fonction que G. Durand[2] a appelée ontologique : le mythe rassure. Si l'entreprise a toujours existé, c'est qu'elle existera toujours, quelles que soient les vicissitudes de la vie et de la concurrence. On comprend alors l'importance qu'il y a à gérer ou du moins à canaliser les mythes. Derrière le consensus qu'ils incarnent, ils sont également un élément du contrôle social, et les différents partenaires en concurrence vont dès lors chercher à gérer ce discours social. Le jeu des mythes et contre-mythes

1. Sironneau J.-P., *Sécularisation et religions politiques*, Paris, Mouton, 1982.

2. Durand G., *Les Structures anthropologiques de l'imaginaire*, PUF, 1960.

est significatif des jeux et enjeux de pouvoir. R. Girard[1] a montré que le mythe impose une certaine violence en la légitimant. Il est donc manipulatoire de parler de mythes, et plus globalement d'identité, sous le seul aspect du consensus, en occultant tout jeu de pouvoir. Les deux notions sont indissociables.

Le fonctionnement quotidien des mythes a fait l'objet d'une intéressante recherche de J. Martin et son équipe[2]. Examinant un ensemble de récits circulant couramment dans les entreprises, ils arrivent à les répartir en sept familles tournant autour de trois thèmes principaux :

- trois familles sur le thème général de l'égalité ou de l'inégalité dans l'entreprise :
  - le mythe du détenteur de pouvoir cherchant à abuser de sa position pour enfreindre une règle (par exemple, pénétrer sans badge adéquat dans un secteur protégé) ;
  - le mythe de l'humanité du chef (qui, par exemple, remplace au pied levé un de ses collaborateurs et effectue une tâche manuelle) ;
  - le mythe de l'ascension sociale (l'autodidacte existe toujours).
- trois familles sur le thème général de la sécurité ou de l'insécurité de l'emploi :
  - comment choisit-on ceux qu'on licencie ?
  - que fait l'entreprise pour moi quand elle me demande de changer de poste et, *a fortiori,* de ville ?
  - comment le chef réagit-il quand un de ses subordonnés se trompe ?
- une famille mettant en scène les collaborateurs de l'entreprise face à un obstacle quelconque :
  - comment réagissent-ils ?
  - comment l'entreprise se comporte-t-elle vis-à-vis d'eux ?

Chaque récit a plusieurs versions. Selon une analyse structuraliste, on peut dire qu'il a une même structure interne mais des contenus différents selon les entreprises, et même des contenus opposés en fonction d'un critère simple : le rôle de l'entreprise. Dans les versions qualifiées de positives par les auteurs, l'organisation est vue comme bonne, aidante, responsable (avec l'individu) de tout ce qui peut être dit de positif. Les événements négatifs du récit sont alors attribués à l'environnement, qui est tenu pour responsable. Dans les versions négatives, si l'individu est toujours positivement connoté, l'organisation et l'environnement échangent leurs rôles : l'organisation est mauvaise, déficiente, responsable de ses malheurs, dans un environnement favorable qui aurait pu permettre le succès. Les auteurs concluent en soulignant que, bonne ou mauvaise, l'entreprise est toujours perçue comme unique.

L'entreprise produit ses héros, simples soldats, capitaines ou dirigeants. À l'image de Stakhanov, héros de la productivité soviétique, certains rôles sont magnifiés spontanément ou avec un peu d'insistance au sein de l'entreprise.

1. Girard R., *La Violence et le Sacré*, Paris, Grasset, 1972.

2. Martin J. et al., « The Uniqueness Paradox in Organizational Stories », *Administrative Science Quarterly*, nov. 1983.

• AT&T, au moment de la dérégulation et de la perte de la forte identité de service public de « Ma Bell », promeut et fait connaître sa « nouvelle race d'entrepreneurs ».

• Le Club Méditerranée, dont le concept de village de vacances est au cœur du succès stratégique, fait de ses chefs de village des héros de légende. Managers, entraîneurs d'hommes, animateurs infatigables et souriants, les demi-dieux, seigneurs et maîtres du village sont essentiels à la culture et à la réussite des opérations du Club. Tenir leur rôle, être à l'image de ce qu'ils doivent être, est un défi en soi. Après tout, ce sont les seuls managers de l'industrie touristique qui doivent chanter, danser, charmer, même lorsque les avions sont en grève ou les bagages perdus.

La tentation de donner des signes de changement dans l'entreprise en créant des héros, en désignant des vaincus, des boucs émissaires, existe. Mais elle est peu sage. Ici, le discours sur l'entreprise s'approche de l'idéologie, au pire de la propagande. Ces symboles « forcés » et un mécanisme hâtif de diffusion de « nouvelles valeurs » des acteurs au sein de l'entreprise peuvent apparaître, aux yeux des acteurs, comme déconnectés de la réalité, surréalistes ou manipulatoires. On peut constater depuis quelques années une nette augmentation du nombre d'ouvrages relatant l'histoire d'une entreprise. Dans bien des cas, il s'agit de « relectures » de l'histoire, véritables tentatives de création de mythes favorables aux dirigeants. Le mythe est alors un instrument de légitimation du pouvoir.

2.3.3 Les rites collectifs

Ils sont liés aux mythes, dont ils permettent l'expression réitérée. Il s'agit d'actes qui se répètent, et dont l'efficacité est, du moins en partie, d'ordre extra-empirique. Ils permettent, eux aussi, de manifester un consensus, tout en sécurisant. On se retrouve ensemble par le rite, et le respect strict du rite correspond à une volonté de se rassurer, en manifestant son appartenance à un groupe.

Un des travaux les plus fascinants sur les pratiques rituelles et leur sens est dû à Barley. Il faut avouer que le type d'entreprise étudié est particulièrement bien choisi : les pompes funèbres américaines. Barley étudie les pratiques stéréotypées choisies par leurs dirigeants dans l'accomplissement de leurs tâches : l'arrivée au domicile du défunt, sa prise en charge, sa présentation physique lors de la veillée funéraire, l'aménagement du décor. Ces pratiques ritualisées ont pour objectif de communiquer un grand nombre de messages fondamentaux aux personnes présentes, que ce soient les assistants apprenant leur métier ou les familiers du défunt.

Pour que le message puisse être décrypté, il faut qu'un code fasse correspondre une série de signifiants (par exemple, la position de la tête du défunt lors de la veillée mortuaire ou la présence de fleurs fraîches) à un signifié (la mort est un phénomène naturel, il convient donc que les funérailles se passent dans la dignité et le calme). Barley analyse dans le détail le fonctionnement des codes à l'œuvre avec leurs mécanismes de base : la métaphore (le défunt est comme un homme qui dort), la métonymie (un homme qui dort, c'est les yeux fermés, la bouche fermée, la tête qui repose et l'expression sereine), l'opposition (un cadavre non apprêté ne ressemble pas à une personne qui dort).

Si l'on veut être moins macabre, on peut rappeler que toute technique de gestion peut être pratiquée comme un rite par l'entreprise. Il suffit pour cela que les détenteurs du pouvoir singularisent cette technique en parlant et en théâtralisant (par exemple, pour montrer que l'entreprise est à l'avant-garde du management, est sociale ou est dynamique). Le lecteur pourra lire sur ce sujet dans *Pouvoir et politique. Au-delà de la culture d'entreprise* une analyse de l'utilisation de la direction participative par objectifs[1]. Il pourra aussi parcourir, avec *Business Week*[2], le long florilège des techniques qui sont ou furent à la mode : théorie Z, intrapreneurship, restructuration, excellence, budget base zéro, courbe d'expérience, gestion de portefeuille, dynamique de groupe, matrices, conglomérat, informatisation, et, bien sûr… culture d'entreprise.

Dans bien des cas, la participation aux rites, par exemple, la « grand-messe » annuelle au cours de laquelle, selon les cas, sont présentés les résultats financiers, récompensées les meilleures performances commerciales, etc., est un moyen d'afficher son appartenance à l'organisation. Toutefois, il arrive que certains membres refusent de partager ces productions symboliques, manifestations visibles de l'imaginaire organisationnel commun fondé sur la « mêmeté ». Ils prennent alors le risque de se retrouver marginalisés, voire mis hors jeu, car une telle démarche s'apparente à une remise en cause des règles du jeu de l'organisation.

Les « jeunes loups » peuvent ainsi refuser de participer aux rites, cherchant à s'opposer à la règle. Ce coup de force symbolique peut les conduire soit à être mis hors jeu, soit, en cas de succès, c'est-à-dire s'ils sont suivis dans leur démarche, à imposer une nouvelle règle conduisant à de nouveaux rites dont ils seront maîtres. Ainsi, le rite tout comme le mythe fonctionne parfois comme instrument de pouvoir.

2.3.4 Les tabous

Ils renvoient directement à la peur de l'organisation. La diversification, l'argent (ou le non-argent), les femmes, le pouvoir, l'échec, sont autant de manifestations d'une peur collective. Pour se défendre contre cette peur, on préfère oublier ce à quoi elle a trait.

I. Mitroff et R. Kilmann[3] ont écrit un texte sur une catégorie particulière de tabous qu'ils appellent « l'impensable ». Il s'agit d'événements catastrophes pouvant affecter les produits de l'entreprise et que les dirigeants sont incapables de prévoir parce qu'un tel exercice est pour eux trop anxiogène. Mitroff et Kilmann répertorient trois types d'impensable :

1. Reitter R. et Ramanantsoa B., *Pouvoir et politique. Au-delà de la culture d'entreprise*, McGraw-Hill, 1985.

2. « Business Fads : What's In and Out », *Business Week*, janvier 1986.

3. Mitroff I. et Kilmann R., « Corporate Taboos as the Key to Unlocking Culture », in Kilmann R., Saxton M., Serpa R. et al., *Gaining Control of the Corporate Culture*, Jossey Bass, 1985.

• *l'événement maléfique venu du dehors :* tel est le cas pour le Tylénol, un produit de Johnson & Johnson dont certaines capsules avaient été imbibées, mal intentionnellement, d'une dose de cyanure, ce qui avait coûté deux vies humaines et 250 millions de dollars ;

• *l'événement maléfique venu de l'entreprise :* cela arriva à Procter & Gamble qui dut retirer de la vente un tampon périodique, Rely, soupçonné d'être la cause d'affections graves ;

• *l'événement maléfique parasite :* l'exemple donné est celui d'Atari dont l'image de produits pour les loisirs de la famille fut ternie par la venue, sur le marché des logiciels, de jeux pour adultes compatibles avec la machine Atari.

2.4 Typologie des cultures d'entreprise

Dès que l'on dispose d'un corps de concepts pour décrire et analyser un phénomène, il est très tentant de bâtir une typologie même au risque de simplification. Parmi les nombreuses typologies proposées dans les années quatre-vingt, celle de Deal et Kennedy et celle de Ouchi méritent une attention particulière.

T. Deal et A. Kennedy[1] retiennent deux critères pour décrire les cultures qu'ils appliquent à l'activité de l'entreprise : son niveau de risque (élevé/faible) et la rapidité de connaissance des résultats de l'action (immédiate/lente). En croisant ces deux critères, ils arrivent à quatre types de culture (voir figure 20.1). La faiblesse de ce travail est d'être purement descriptif et de ne pas expliquer ce qui se passe dans la tête des gens qui peuplent ces différentes organisations.

Pour W. Ouchi[2], le facteur important est le type de transaction qui lie l'individu à son entreprise : les deux parties échangent des biens et des services, et cet échange doit être soumis à des règles permettant à chaque partie d'être assurée d'y trouver son intérêt (le sentiment d'équité).

1. Deal T. et Kennedy A., *Corporate Cultures : The Rites and Rituals of Corporate Life*, Addison Wesley, 1982.

2. Ouchi W., *Théorie Z*, Paris, InterÉditions, 1982 ; Wilkins A. et Ouchi W., « Efficient Culture : Exploring the Relationship between Culture and Organization Performance », *Administrative Science Quarterly*, nov. 1983.

FIGURE 22.1 **Les quatre types de culture selon Deal**

	Risque élevé		
Feedback Immédiat	Culture « Macho » (privilégie la satisfaction immédiate)	Culture « Bet the company » (dynamisme, action planifiée et systématique)	**Feedback Lent**
	Culture « Word hard – Play hard » (privilégie l'apparence, le style flamboyant)	Culture « process » (basée sur des règles et des procédures)	
	Risque faible		

Trois types de mécanismes, de règles d'échange, sont possibles :

• *un mécanisme de marché*, avec formation d'un prix d'échange et d'un contrat reposant sur ce prix. C'est le mécanisme le plus simple, mais qui ne marche vraiment que dans des situations peu ambiguës (entre un joueur de football et ses dirigeants, par exemple) ;

• *un mécanisme bureaucratique*, avec élaboration d'un contrat formel prévoyant, en particulier, des formes de contrôle de l'activité du salarié, et donc la création d'un rapport hiérarchique. Cette forme de contrat social et de régulation des transactions fonctionne bien tant que l'univers n'est pas trop ambigu ou incertain. Sinon, un contrat ne peut pas couvrir toutes les situations possibles, et l'équité de la transaction dépend de ce qu'il advient de cette zone d'incertitude ;

• *le mécanisme du clan*, observé par Ouchi dans les entreprises japonaises. Le contrôle formel est remplacé par une culture commune, qui assure aux individus que leurs intérêts propres et ceux de l'entreprise-clan convergent. Les individus agissent donc naturellement dans le sens de l'organisation. C'est une relecture de Selznick, à ceci près que pour Ouchi, l'accent n'est pas mis sur une communauté de buts. Il suffit que les individus aient le sentiment que, à terme, leur participation et leur engagement seront traités avec équité.

Bâtir un clan est un processus long et difficile. Cela requiert en particulier une certaine stabilité des membres et une structure d'interactions fréquentes. Mais le clan est bien mieux équipé que les deux autres cultures pour affronter l'incertitude et l'ambiguïté du monde extérieur.

Ouchi pense que chaque entreprise utilise en fait les trois formes de contrôle social, mais que certaines privilégient une forme ou l'autre ; c'est en cela qu'elles se différencient.

3 Critique de la notion de culture : de la culture à l'identité

Un observateur de l'entreprise formé aux sciences sociales éprouve une certaine insatisfaction, voire une certaine gêne face à beaucoup de livres ou d'articles sur la culture. Cela provient d'une double constatation : la pensée dominante – celle qui a eu le plus d'audience dans les entreprises – est normative, simpliste, réductrice, instrumentale et donc potentiellement dangereuse ; les critiques de cette pensée dominante reconnaissent ces limites, mais sont incapables de formuler un modèle d'entreprise expliquant ses contradictions, ses conflits, ses ambiguïtés.

3.1 La perspective dominante, la culture comme un îlot de consensus, de cohérence et de clarté

La plupart des études américaines des années quatre-vingt partagent trois caractéristiques.

• Premièrement, *la culture est définie comme « ce qui est partagé »*. Ce consensus englobe l'organisation tout entière – il est donc légitime de parler de *la* culture d'entreprise, qui est partagée par l'ensemble des membres de l'organisation. Si les manifestations culturelles sont conflictuelles en apparence, il faut rechercher le consensus à un niveau d'abstraction plus élevé, par exemple au niveau des hypothèses fondamentales ou des valeurs d'usage (Schein, 1984).

• Deuxièmement, *la culture est cohérente*. Le contenu des thèmes culturels est cohérent avec les pratiques culturelles formelles et informelles, ainsi qu'avec les multiples formes culturelles. Les thèmes culturels sont également cohérents entre eux. Par exemple, selon Ouchi (1981), les organisations de type « théorie Z » ont des cultures articulées autour de trois thèmes cohérents entre eux : le souci du bien-être physique et psychologique de l'employé, une perspective à long terme dans les décisions engageant les produits et les ressources humaines, et la volonté de coordonner l'organisation au moyen de valeurs partagées plutôt que par des moyens administratifs usuels. Il est clair qu'un tel souci pour les employés et la volonté de développer des valeurs partagées ne pourraient coexister avec un horizon décisionnel à court terme. Lorsqu'il existe des incohérences, celles-ci sont résolues en faisant appel à une cohérence plus profonde, généralement à un niveau d'abstraction supérieur. Cette citation tirée de Schein (1985) illustre ce mouvement d'abstraction :

> « *Without understanding these [underlying basic] assumptions, one cannot decipher most of the behavior observed, particularly the seeming incongruity between intense individualism and intense commitment to group work and consensus. Similarly, one cannot understand why there is simultaneously intense conflict with authority figures and intense loyalty to the organization without also understanding the assumption "we are one family who will care for each other"*[1] » (Schein, 1985, p. 11).

La culture existe ici pour soulager l'anxiété, contrôler l'incontrôlable, rendre prévisible l'incertain, c'est-à-dire pour clarifier l'ambigu. Dans la perspective de l'intégration, la culture – et notamment le sens que chaque membre d'une organisation accorde aux formes et pratiques culturelles – est claire. Pour Barley (1983) par exemple, « *organizations are speech communities sharing socially constructed systems of meaning that allow members to make sense of their immediate, and perhaps not so immediate, environment*[2] » (Barley, 1983, p. 393). De même pour Schein, la « fonction » des valeurs d'usage partagées correspond à la création du « sens »,

1. « Sans comprendre ces postulats (de base), il est impossible de déchiffrer la plupart des comportements observés, particulièrement l'apparente incohérence entre un individualisme intense et un attachement très fort au travail en groupe et au consensus. De même, il n'est pas possible de concilier les intenses conflits avec les figures autoritaires et la loyauté envers l'organisation sans comprendre le postulat de base « Nous sommes une grande famille, où l'on se soutient mutuellement ».

2. « Les organisations sont des communautés de parole partageant des systèmes de codes socialement construits qui permettent aux membres d'attribuer un sens à leur environnement plus ou moins immédiat. »

c'est-à-dire à l'établissement, pour le groupe, de ce qui est correct et fonctionnel.

• Troisièmement, *la culture est instrumentalisable*. La plupart des études dans cette perspective considèrent, implicitement ou explicitement, qu'il existe un lien entre la culture d'une entreprise et sa performance. La culture « fonctionnelle », c'est-à-dire consensuelle, cohérente et non ambiguë, faciliterait notamment les opérations cognitives de ses membres. Dans de telles cultures, les membres savent comment se comporter, les rôles sont clairs. La culture donne un sens « global », un sentiment d'unité, à des activités qui pourraient autrement sembler isolées. Elle fournit aux individus un contexte leur permettant d'interpréter rétrospectivement leurs activités et de ne pas souffrir de l'anxiété liée à l'ignorance et à la confusion (Weick, 1979).

De plus, la culture favoriserait la loyauté, le dévouement et l'enthousiasme des membres (Ouchi, 1981 ; Pettigrew, 1979). Ces effets seraient renforcés dans le cas des cultures « uniques ». Cette fonction « intégrative » de la culture est amenée à jouer un rôle de plus en plus important à mesure que les liens communautaires traditionnels (religieux, familiaux) s'estompent et que grandit le besoin d'appartenance à l'entreprise.

Par contre, le lien entre culture et performance financière reste ambigu, que ce soit pour ceux qui pensent qu'il s'agit d'un problème d'opérationalisation (Saffold, 1988) ou bien pour ceux qui refusent cette causalité (Siehl et Martin, 1990). Des auteurs comme Ouchi (1981) affirment que la culture est un moyen de contrôle plus économique que la supervision directe et les systèmes d'incitation habituels. Le commentaire le plus clair à ce sujet est celui de Schein : certains attributs ou dimensions d'une culture d'entreprise peuvent contribuer au succès dans un environnement donné et constituer un désavantage dans un autre milieu ou une autre phase du développement de l'entreprise.

3.2 La perspective critique : cohérence des sous-cultures et conflits inter-groupes

Unicité, cohérence et instrumentalisation peuvent être critiquées. C'est ce que font les études qui se concentrent sur la notion de « sous-culture[1] » (Van Maanen et Barley, 1985 ; Louis, 1983 ; Smircich, 1983). Selon Martin (1992), les études écrites dans cette perspective partagent trois caractéristiques :

• au niveau de l'organisation, il peut exister des incohérences entre le contenu des thèmes culturels et les pratiques et formes culturelles ;

• car le consensus n'existe qu'au niveau des sous-cultures, qui peuvent s'opposer entre elles ;

• l'ambiguïté est rejetée à la périphérie de l'organisation.

1. Ce terme est utilisé ici sans connotation négative. En France, les sociologues du travail utilisent plutôt le terme de micro-culture.

Fondamentalement, la définition de la culture demeure inchangée : la culture c'est « ce qui est partagé ». Par contre, le consensus n'existe qu'au niveau des sous-groupes et non plus au niveau de l'organisation dans son ensemble. La base de ces sous-groupes varie d'une organisation à une autre ; les sous-cultures les plus fréquentes sont les cultures fonctionnelles (marketing, production, direction), les cultures professionnelles (avocat, informaticien), ou les cultures ethniques. En fonction des rapports qu'entretient une sous-culture vis-à-vis de la culture dominante (souvent celle de la direction), on parlera de sous-culture positive, négative (contre-culture) ou orthogonale (rapport neutre).

Au-delà des oppositions entre sous-cultures, il peut exister des incohérences au sein d'une même sous-culture, notamment parce qu'il existe toujours plusieurs interprétations possibles d'une manifestation culturelle donnée. L'incohérence entre les thèmes culturels et les pratiques culturelles renvoie à la distinction désormais classique entre la *théorie d'usage* et la *théorie professée* introduite par Argyris et Schön (1978). Par exemple, le MBWA (*Management By Walking Around*) marque-t-il la volonté d'offrir un accès direct à la hiérarchie à toutes les couches de l'entreprise, ou bien est-ce un moyen de contrôle déguisé ?

Pour les partisans de la notion de *loosely-coupled systems* (Orton et Weick, 1990), ce type d'incohérence peut avoir pour cause une tension interne. Elle peut également résulter de la nécessaire adaptation à l'environnement. Par exemple, Meyer et Rowan (1977) ont montré les incohérences entre la rhétorique (valeurs proclamées) utilisée par des établissements d'éducation lors des communications avec des audiences externes et les pratiques pédagogiques effectives en classe. Dans cet exemple, l'incohérence est volontaire, elle est le fruit d'une stratégie d'adaptation : l'organisation adapte un discours qui lui permet de se protéger des influences externes. Étant donné les impératifs parfois inconciliables qui caractérisent l'environnement moderne, il s'agit d'une occurrence fréquente.

À l'inverse, l'existence de sous-cultures n'exclut pas la présence d'une certaine forme de consensus au niveau de l'organisation. Young (1991) rapporte l'exemple d'une organisation où :

> *« the existence of solidary values was explicitly marked by widely held views concerning the firm, assertion of its unique qualities, and regular statement of collective identity by shop floors groups. These were also the features of company cultures proclaimed by its managers. Yet a closer appraisal suggest that precisely these statements of collectivity also constitute the vehicle whereby different interest among shop floors workers asserted superiority and celebrated sectional boundaries. Unity and division existed in tandem*[1] » (Young, 1991, p. 91 cité dans Martin, 1992).

Enfin, la façon de traiter l'ambiguïté constitue la troisième caractéristique de cette perspective. La culture exclut, par définition, ce qui est ambigu. Celle-ci est renvoyée aux frontières de l'organisation, dans un espace en quelque sorte constitué entre les sous-cultures. Martin et Mayerson (1988)

1. « L'existence de valeurs de solidarité était explicitement marquée par des points de vue largement partagés concernant la firme, des affirmations de ses qualités uniques, et des expressions régulières de l'identité collective par les groupes d'ouvriers. Ces caractéristiques culturelles étaient également épousées par les cadres. Pourtant, une analyse plus fine suggère que ce sont précisément ces expressions d'identité collective qui constituaient la base sur laquelle les groupes affirmaient leur supériorité et célébraient les barrières qui les différentiaient. »

parlent des sous-cultures comme d'îlots de lucidité dans un océan de chaos, mais l'image d'une mosaïque semble mieux convenir.

Pour Schein, la culture est le produit d'un apprentissage collectif au sein d'un groupe où il existe des *interactions différentielles*, c'est-à-dire des situations où le ratio entre interactions internes au groupe et interactions avec l'extérieur est élevé. La culture évolue donc au fur et à mesure que l'organisation grandit – à sa création par un fondateur, le groupe est suffisamment petit pour qu'il n'existe qu'une seule culture d'entreprise. Mais lorsque l'organisation se développe la différenciation entre sous-unités augmente, et des sous-cultures apparaissent.

Même si la culture peut avoir certaines « fonctions », les auteurs partisans de l'approche de la différenciation sont sceptiques quant à la possibilité d'utiliser la culture comme un outil. Certains critiquent vigoureusement l'usage de la culture comme mécanisme de contrôle. Par exemple Van Mannen et Kunda (1989) écrivent :

> « *Viewed as a control device, corporate culture asks us to put our heart and soul into our work. There is, however, surely a limit to which we are willing to sell our hearts and souls for the production and sale of soap, aspirin, entertainment, research or computers... The [culture] movement is frightening to the extent that people are expected to fall in line for a culture organized for the commercial purpose of others and over which they have little influence*[1]. » (p. 92).

Encore une fois, une telle abnégation pour l'entreprise profite beaucoup plus aux dirigeants et propriétaires de l'entreprise qu'aux salariés. La question n'est plus seulement de savoir si la culture d'entreprise peut-être utilisée, mais de juger si cela est moral.

Depuis sa première édition, *Strategor* a toujours pris ses distances par rapport à l'idée de culture. Nous pensons que les sciences sociales ne sauraient conduire à des modèles normatifs, ce qu'a fait la pensée dominante en matière de culture. Nous pensons qu'introduire la différenciation en sous-culture est sain parce qu'elle permet de reconnaître la dimension politique des organisations. Mais il convient d'aller au-delà de la simple critique et c'est ce que l'introduction de l'idée d'identité nous permet de faire, car elle permet de comprendre le processus de communalisation.

1. « Vue comme un instrument de contrôle, la culture d'entreprise nous demande de mettre notre cœur et notre âme dans le travail. Il existe cependant certainement une limite jusqu'à laquelle nous sommes prêts à investir nos cœurs et nos âmes pour la production et la vente de savon, d'aspirine, d'amusement, de recherche ou d'ordinateurs... La littérature sur la culture est effrayante dans la mesure où elle dessine un homme devant s'ajuster à une culture organisée en fonction des objectifs commerciaux de tiers et sur laquelle il n'a que très peu d'influence. »

Chapitre 23

L'identité

Strategor pense possible de proposer un modèle allant au-delà des perspectives « culturelles » évoquées au chapitre précédent et du débat sur l'unicité, la cohérence et l'opérationnalité. Ce modèle rejoint la perspective de Selznik de 1957 : ce qu'il faut regarder c'est non pas la culture, qu'on peut considérer comme un résultat, mais l'action collective, qui est une construction, conflictuelle, improbable, ambiguë, mais capable de produire de la différence, donc de servir une stratégie pertinente sur un marché.

L'identité collective ou organisationnelle est vraiment au cœur du management stratégique : répondre à la question « qui sommes-nous » permet de comprendre ce qu'il est possible de faire sur le marché. L'identité – personnelle ou collective – est toujours construite aussi par le regard que l'extérieur porte sur le sujet-individuel ou collectif.

Ce chapitre propose trois développements :

• d'abord comprendre le rôle de l'identification dans le processus de communalisation ;

• puis rajouter la dimension extérieure pour arriver à un modèle plus général d'articulation des différentes facettes de l'identité ;

• enfin, esquisser une typologie possible des identités en les différenciant par l'objet central qui permet l'identification : leader, types d'activité, cultures ou modes de comportement.

1 L'identification, l'identité et l'action collective

Pour Selznik, il n'y a pas de frontière naturelle entre la psychologie individuelle, la psychosociologie de l'action collective et l'étude des productions culturelles des communautés humaines. Autrement dit, pour comprendre cette création, cette institutionnalisation organisationnelle stratégique, il faut comprendre les bonnes raisons qu'a chacun des individus concernés d'y contribuer, et les modes de régulation de l'action collective entre ces individus. Ces deux questions vont nous occuper maintenant. Elles sont par ailleurs développées dans *Stratégie et esprit de finesse* (G. Chassang, M. Moullet, R. Reitter, Économica, 2002).

La première interrogation est donc celle-ci : pourquoi s'investit-on dans l'action collective ? Pourquoi est-on éventuellement prêt à donner son intelligence et son énergie, sinon sans compter, du moins sans garder l'œil rivé sur sa montre, la convention collective et le texte de la RTT ? Qu'est-ce qui éventuellement nous motive ?

Comme souvent, les économistes nous donnent une base de départ, mais une partie seulement de la réponse : l'agent recherche son intérêt propre. En cela il est rationnel. Mais cette rationalité ne peut qu'être « limitée », ou « procédurale », parce que les objectifs poursuivis peuvent être multiples et ambigus, parce que l'information peut être imparfaite et le temps être compté, parce que l'agent dépend d'autres agents, etc.

Même dans sa version la plus sophistiquée (par exemple, chez Jensen, *Organizational Strategy*, 2000), l'*Homo economicus* reste très primitif. Il vise la jouissance et veut éviter la punition. Il est capable de mentir, mais a peur du gendarme. Il est capable de calculs sophistiqués, ce qui permet aux économistes de prédire son comportement. Mais il n'a pas de corps, ni de représentation de soi, ni de rêve, ni de langage. Il n'aime ni ne fait. Il ne rêve ni ne doute. Il ne risque pas sa vie pour son honneur, ni pour autrui, ni pour une transcendance quelconque. Les mythes et les narrations le laissent froid. Il n'a pas de nom et pas d'histoire. Bref, cet *homo economicus* n'est pas un être humain.

À chacun son métier. Malgré l'utilité indiscutable des outils fournis par l'*organizational strategy*, le dirigeant d'entreprise peut-il se contenter de ce modèle de l'homme ? Selznik répondrait que oui, mais que l'organisation qui en résulterait serait bien fragile, bien peu pérenne et surtout, peu à même d'affronter la complexité, car trop à la merci des calculs de ses agents.

Les sciences humaines nous apportent des savoirs sur la motivation humaine permettant d'aller au-delà de l'*Homo economicus*.

C'est ainsi que l'entreprise est un lieu extraordinaire, en ceci qu'elle contribue à la construction de l'image de soi, de l'identité personnelle. Cette construction est un travail continu, de confrontation et d'aménagements adaptatifs entre, d'une part, une réalité extérieure que je perçois et que j'interprète et, d'autre part, mes propres impératifs intrapsychiques. Ces impératifs peuvent être l'internalisation de modèles sociaux et culturels (je dois me montrer digne de ma classe, de ma grande école) ; d'autres sont plus archaïques (dans le regard de ma mère, j'étais le centre du monde et, à mes yeux, je le suis encore). Ma valeur extérieure, l'entreprise est une fabuleuse machine à la décrypter : je la lis dans les chiffres et les appréciations, mais aussi dans le regard des fournisseurs ou des clients, des supérieurs hiérarchiques ou des subordonnés. On peut se construire une estime de soi là-dessus, ce peut être un gai savoir, mais aussi une drogue, peut-être même une prison psychique.

Quelles conséquences cela a-t-il pour nous ? Pourquoi rajouter ce concept à la panoplie existante, à côté de la rationalité limitée ou de l'opportunisme moral ? D'abord, parce qu'il faut savoir sur quels moteurs on joue quand on propose un *business model*. La stratégie, étant par essence tournée vers le futur, est toujours un peu un rêve, une vision. Pour réaliser ce rêve, on crée des fantasmes et des narrations, et l'on encadre l'action par des dispositifs incitatifs, – on crée un imaginaire nécessaire. Ce qui entraîne une série d'interrogations : cela correspond-il aux besoins psychiques de ceux qui seront les acteurs de sa réalisation ? Ces derniers sont-ils prêts à s'ajuster ? Peut-on trouver à l'extérieur d'autres acteurs possibles ? Mais aussi, ces acteurs ne se retrouveront-ils pas prisonniers du succès de la stratégie ? La stratégie elle-même ne risque-t-elle pas d'être prisonnière de l'identité créée ? L'identité créée ne risque-t-elle pas d'entraver l'adaptation stratégique ? Plus encore : peut-on forger un imaginaire à titre de leurre ? Va-t-on délibérément tromper ceux qu'on veut transformer en un acteur collectif ?

Abordons maintenant notre deuxième interrogation : comment passe-t-on du groupe d'individus à l'acteur collectif ? Autrement dit, comment l'action devient-elle collective ? Pourquoi les acteurs collaborent-ils ? Comment les actions individuelles ou en petits groupes s'intègrent-elles (au sens de Lawrence et Lorsch) pour produire de l'organisation ?

Si ces questions se posent, c'est que l'action collective ne va pas de soi. Nous avons *a priori* beaucoup de bonnes raisons de ne pas collaborer. Nos intérêts ne rejoignent pas nécessairement ceux d'autrui. Au contraire, ils sont souvent concurrents (pour les ressources, les places, l'accès aux réseaux d'influence), voire en conflit (par exemple, le commercial veut une variété de l'offre que la production ne souhaite pas).

De même, du point de vue de l'imaginaire, on sait bien, au moins depuis l'école de la contingence, que les cartes mentales varient d'une unité ou d'une profession à l'autre sur des aspects aussi fondamentaux que la conception du temps, de l'espace ou du choix des priorités.

Au sein d'une même équipe, la nature humaine fait que mes partenaires, associés ou amis, sont aussi mes rivaux. Même si nos intérêts convergent, autrui est toujours potentiellement dangereux, source de blessures narcissiques, donc à redouter.

L'action collective est constamment soumise à des forces opposées. Certaines sont centrifuges et mettent en danger la coopération et l'intégration. D'autres sont centripètes et, si elles ne triomphent pas, l'acteur collectif aura bien du mal à prévaloir.

Michel Crozier et Erhard Friedberg sont sans doute les auteurs les plus utiles pour analyser ces forces centrifuges, et pas seulement dans le cadre des administrations. À partir du postulat de la rationalité procédurale, ils nous permettent de comprendre comment chaque agent – ou groupe d'agents – essaie de « tirer son épingle du jeu » organisationnel, en mettant à profit les ressources dont il dispose et en tenant compte des contraintes qui s'imposent à lui. Le concept central de maîtrise de l'incertitude comme source de pouvoir intéresse la stratégie au plus haut point, car on voit bien que les jeux de pouvoir entre groupes d'acteurs internes peuvent empêcher l'entreprise de s'attaquer aux incertitudes cruciales qu'elle doit maîtriser. Si, par exemple, la réussite passe par la maîtrise de la gestion par projet, elle peut être mise en danger par la manipulation de l'information sur les coûts que peut exercer un groupe d'agents au détriment d'un autre.

En regard de ces forces centrifuges, qui s'opposent à la coopération, il y a, heureusement des forces centripètes. Les sciences humaines nous offrent, là aussi, quelques ouvertures intéressantes. Crozier et Friedberg, bien sûr, qui ne se bornent pas à décrypter le jeu sur les zones d'incertitude, mais qui montrent aussi comment les acteurs ou groupes d'acteurs sont conduits à trouver entre eux des arrangements, des *modus vivendi*, permettant au jeu de continuer. Et il continuera tant qu'une des parties prenantes n'aura pas davantage intérêt à faire exploser le système qu'à poursuivre la collaboration. Autre apport des sciences sociales : cet important courant concernant la constitution de systèmes sociaux fondés sur des cycles don/acceptation du don/obligation de contre-don. L'idée d'identité collective reconnaît ces forces centripètes. Mais elle permet d'aller plus loin : si le processus de communalisation se poursuit, ses forces débouchent sur quelque chose de plus fort : l'identification commune des acteurs individuels à un acteur collectif qui les transcende, et donc s'impose à eux.

Il faut bien comprendre ce qu'est l'identification. Une des clés de notre condition humaine est biologique : nous naissons prématurés, incapables de survivre par nous-mêmes. L'insuffisance de nos facultés motrices nous rend totalement dépendants d'autrui. Mais, en même temps, notre appareil sensoriel est tel que nous ressentons intensément le plaisir et la souffrance. Nos rapports avec ceux dont nous dépendons ne peuvent donc être qu'affectifs, et leur inscription dans notre cerveau est indélébile. Cela favorise l'acquisition du langage qui, à son tour, nous inscrit dans une société.

Il importe de relever que l'identification n'est pas un mécanisme passif : s'identifier à son père ou à sa mère n'est pas simplement les prendre pour modèle et les faire vivre en soi : c'est aussi aller vers eux. L'identification est une sorte de contrat implicite. C'est une relation d'amour – mais aussi, nécessairement, une relation ambivalente amour/haine. C'est aussi, et cela intéresse le management stratégique, un ciment fort dans la constitution d'une collectivité partageant les mêmes objets d'identification. La matrice en est la famille : mais, grâce au langage, lequel permet la transmission de valeurs qui transcendent l'individu, les hommes sont amenés à aimer autre chose que leurs parents. C'est ainsi que se constituent les identités collectives.

2 Les cinq facettes des identités organisationnelles

Nous espérons avoir convaincu le lecteur qu'une stratégie ne peut ni s'élaborer ni se mettre en œuvre en faisant abstraction de ce qu'elle est dans l'esprit des gens et de ce qu'elle peut être dans leurs projections et leurs rêves ; que l'action collective est un processus fragile, ambigu, conflictuel qui ne se réduit pas à un discours de fin d'année ou à une plaquette remise aux actionnaires ; que, cependant, l'action du dirigeant est possible s'il se pose les bonnes questions.

Avant de passer, au chapitre suivant, à la question de l'action sur l'identité, il nous paraît utile, de présenter un modèle de ce que sont pour nous les cinq facettes de l'identité.

2.1 Définitions

Le modèle des cinq facettes développé par Soenen et Moingeon (2002) repose sur le postulat suivant : l'identité d'une organisation peut être appréhendée comme la réponse à la question « qui sommes-nous ? (ou qui est cette organisation » quand le locuteur est extérieur à elle). Il est clair qu'un grand nombre de groupes ou de personnes différentes peuvent prétendre à fournir une réponse. On peut citer bien sûr les dirigeants ou les membres de l'organisation, mais d'autres *stakeholders* tels que le législateur, une association de consommateur ou bien un consultant en management peuvent proposer une réponse. L'identité d'une organisation est simultanément immanente et attribuée : l'identité émane de l'organisation elle-même, à travers les différents groupes qui la constituent, et lui est attribuée par différentes audiences externes. Pour toute identité collective, que ce soit celle d'une entreprise commerciale ou celle d'une organisation à but non lucratif, on peut distinguer cinq facettes (figure 23.1, p. 700), qui sont autant de réponses à la question identitaire :

- **l'*identité professée*** renvoie à l'identité telle qu'elle est définie et formulée « officiellement » par les dirigeants de l'entreprise. L'identité est un discours, qui porte sur la raison d'être de l'entreprise, et qui met l'accent sur ses attributs centraux, stables et distinctifs ;
- **l'*identité projetée*** se réfère aux manifestations identitaires médiatisées que mobilise une entreprise afin de se présenter auprès de ses différents publics. D'une entreprise à l'autre ces communications font l'objet d'une politique plus ou moins intégrée ; elles peuvent varier selon les circonstances et l'auditoire ;
- **l'*identité vécue*** renvoie à la représentation collective de l'entreprise qu'en ont ses membres. Cette représentation, composée de perceptions et d'affects

plus ou moins conscients, est ancrée dans le vécu et peut s'écarter assez largement de l'identité telle que les dirigeants la conceptualisent ou telle qu'elle est relayée par la communication institutionnelle. Sa nature peut varier selon les responsabilités assumées dans l'entreprise et les trajectoires individuelles ;

• ***l'identité manifestée*** correspond à un ensemble d'éléments, centraux et stables dans le temps, plus ou moins étroitement reliés qui caractérisent l'organisation. C'est en quelque sorte l'identité « historique » de l'organisation. Les éléments peuvent inclure des modes de fonctionnement, des compétences collectives, des structures, ou des éléments plus symboliques tels des rites d'entreprise ;

• ***l'identité attribuée*** correspond à l'image de l'entreprise, c'est-à-dire aux attributs qui lui sont associés par différents publics. Chaque public développe sa propre représentation de l'entreprise, qui dans certains cas se confond avec l'image de ses marques. Pour certains auteurs, la réputation est le halo résultant de ces différentes images.

Ces cinq facettes coexistent et forment un système, le *système identitaire*. Il s'agit d'un système ouvert, soumis à des forces centrifuges et centripètes, pouvant modifier l'environnement et être modifié par lui. Les cinq facettes constituent un schéma d'analyse qui peut être appliquée à différents niveaux : on peut analyser une entreprise dans sa globalité, ou bien l'on peut se concentrer sur une des entités qui la composent, comme par exemple une division, une succursale, etc. Les organisations étant composées de multiples collectifs plus ou moins autonomes, elles ont nécessairement des identités multiples. Chacune de ces identités est un système identitaire complet comportant cinq pôles. Les différents systèmes identitaires qu'abrite une organisation s'emboîtent pour constituer une identité organisationnelle *corporate*. C'est le plus souvent à ce composite que l'on pense lorsque l'on parle de l'identité d'une entreprise.

Avant de décrire les dynamiques du système identitaire, nous revenons en détail sur chacune des facettes.

2.2 L'identité professée

Toute organisation produit sur elle-même un discours au travers duquel elle définit son identité : ce discours identitaire, nous l'appelons l'identité professée. Il s'agit d'une réponse, d'une déclaration, de l'ensemble des affirmations que les membres d'un groupe utilisent pour définir collectivement leur identité. Ce discours va porter sur les caractéristiques centrales, distinctives et stables de l'entreprise (Albert et Whetten, 1984 ; Larçon et Reitter, 1979) :

• ***centralité*** : une caractéristique est centrale lorsque sa remise en cause équivaut à remettre en cause la raison d'être de l'entreprise. En d'autres termes, l'identité correspond au « non négociable », ce à quoi l'entreprise n'est pas prête à renoncer ;

• ***distinctivité*** : une caractéristique est distinctive lorsqu'elle permet de distinguer l'entreprise de ses concurrents. Souvent, c'est une configuration spécifique de caractéristiques usuelles – et non les caractéristiques elles-mêmes – qui confère à l'entreprise sa spécificité. Bien entendu, l'appréciation de la spécificité est relative. Il s'agit d'une perception, en l'occurrence une affirmation, qui ne correspond pas nécessairement à une réalité ;

• ***stabilité*** : une caractéristique est stable lorsqu'elle renvoie à une dimension pérenne de l'entreprise. Le discours identitaire porte souvent sur une dimension historique de l'entreprise. Lorsque le discours sur l'identité évolue, il demeure nécessaire de conserver une cohérence historique ; c'est pourquoi il est fréquent que des entreprises réinterprètent leur passé de façon à le rendre cohérent avec leur présent.

Le discours identitaire est professé de façon plus ou moins spontanée, et par intermittence. Affirmation des caractéristiques centrales, distinctives et stables de l'entreprise, il sera particulièrement mobilisé lors des changements organisationnels. L'identité va être utilisée comme argument de dernier recours pour trancher les décisions qui engagent l'avenir de l'entreprise. Dans une situation d'incertitude, l'identité professée va servir de référent ultime : pour justifier une évolution ou au contraire pour s'y opposer. Comme tout objet de discours, l'identité peut donner lieu à des contre-discours. N'importe quel groupe au sein de l'entreprise, et pas seulement le comité de direction, peut produire un discours sur l'identité. Dans les phases de changement, le discours identitaire devient en enjeu politique fort. Celui, individu ou groupe, qui a la capacité de légitimer sa version du discours identitaire est en position de force. En effet, le discours identitaire est performatif[1] : le fait d'afficher une définition de soi publiquement constitue un engagement qui rend difficile tout retour en arrière. Cet effet est renforcé lorsque ce discours est médiatisé, c'est-à-dire lorsqu'il est relayé par des moyens de communication de masse, comme la publicité, les opérations de relations publiques, etc. Lorsque le discours identitaire est médiatisé, il devient l'identité projetée.

2.3 L'identité projetée

L'identité projetée regroupe l'ensemble des communications qu'une entreprise mobilise pour se présenter à ses différents publics. Il s'agit donc, comme pour l'identité professée, d'un discours identitaire définissant la raison d'être et la mission de l'entreprise. Mais ce discours est relayé par des moyens de communications de masse, par exemple : publicité, relations publiques, etc. Les caractéristiques retenues par l'entreprise pour projeter son identité répondent aux mêmes critères que ceux s'appliquant à l'identité professée : il s'agit des caractéristiques centrales, distinctives et stables.

1. Performatif : se dit d'un verbe dont l'énonciation constitue simultanément l'action qu'il exprime (ex : je dis, je jure, etc.).

La plupart des auteurs en marketing se concentrent sur cette facette de l'identité (Margulies, 1977 ; Garbett, 1988 ; Ind, 1997 ; Balmer, 1995 ; Wilson, 1997 ; Melewar, 2000) et utilisent le terme *corporate identity*.

Les entreprises varient quant à leur capacité à orchestrer l'ensemble de ces éléments de façon cohérente. Van Riel (1995) propose de bâtir une plateforme commune, une « histoire crédible », pour coordonner l'ensemble des communications de l'entreprise. Le terme « communication » est ici à entendre au sens large : il peut très bien s'agir d'actions ou d'événements. Entrent donc dans cette catégorie des activités comme le sponsoring, le mécénat, et bien sûr les différentes formes de publicité (publicité institutionnelle, publicité produit, etc.). La mise en œuvre d'une identité visuelle (Brun, 1996) entre également dans cette catégorie : logos, uniformes, etc., sont autant de symboles, de marqueurs identitaires que l'entreprise utilise pour se singulariser et susciter l'identification.

C'est le caractère médiatisé qui distingue l'identité professée, par exemple par les dirigeants d'une entreprise à l'occasion d'une conférence auprès d'analystes financiers, et l'identité projetée plus largement auprès de la communauté financière au moyen du rapport annuel d'entreprise ou d'encarts publicitaires dans la presse économique. Plus la taille et la complexité de l'entreprise croissent, et plus la gestion de l'identité devient ardue. L'entreprise doit être capable de produire un message cohérent. Cohérent ne veux pas dire invariant. En effet l'identité projetée est circonstancielle : idéalement, elle doit varier en fonction des circonstances et des audiences.

2.4 L'identité vécue

L'identité vécue correspond à *l'identité de l'entreprise telle qu'elle est perçue par ses membres.* Il s'agit d'une représentation mentale que les membres construisent collectivement sur la base de leur vécu. On utilise souvent le terme d'image de l'entreprise – l'utilisation du terme « identité vécue » est délibérée, permettant de souligner que cette image est construite sur la base du vécu, c'est-à-dire d'un rapport intime à l'entreprise. Les critères qui s'appliquent à l'identité professée (centralité, stabilité et spécificité) s'appliquent également à l'identité vécue : l'identité vécue comprend les caractéristiques de l'entreprise que les membres jugent centraux, stables et distinctifs. Cette représentation joue un rôle très important dans l'orientation des conduites des membres puisqu'elle va suggérer ce qui est approprié, légitime et faisable, et à l'inverse ce qui ne l'est pas (Elsbach et Kramer, 1996). De plus, elle va structurer l'attention des membres en l'orientant de façon sélective vers certains éléments du contexte concurrentiel et certaines routines. Lorsque les salariés partagent une représentation commune de l'entreprise, leurs objectifs et ceux de l'entreprise sont en cohérence. Parvenir à un tel alignement est un important facteur de la performance organisationnelle. Des recherches empiriques ont montré que la stratégie d'une entreprise est fortement influencée par les schémas mentaux que partagent ses dirigeants (Calrori *et al.*, 1994 ; Hall, 1984). De plus, les liens que forgent les individus avec l'organisation, par exemple leur degré d'identification, et la qualité de leur collaboration, sont également contingents à la représentation collective de l'entreprise (Dukerich, Golden et Shortell, 2002 ; Dutton, Dukerich et Harquail, 1994).

Tous les groupes qui composent l'entreprise, et non pas seulement sa direction, vont développer leur propre représentation de l'entreprise. Ces représentations peuvent diverger fortement les unes des autres, ce qui entraîne des problèmes de coordination. Citons le cas d'une entreprise de fabrication de meubles, ayant récemment changé de direction. La nouvelle direction pense que le rapport qualité-prix, la capacité à produire une qualité correcte à bas prix, est le fondement de l'entreprise. À l'inverse, les membres de l'entreprise se vivent comme « des artisans produisant du bel ouvrage » – pour eux la qualité produit est au cœur de l'identité de l'entreprise. Lorsque la direction tente d'initier une série de changements destinés à mieux maîtriser les coûts, notamment en redéfinissant la gamme de produits de l'entreprise elle rencontre l'incompréhension et, rapidement, l'opposition larvée des salariés.

Les divisions formelles (révélées par l'organigramme) ou informelles (e.g. les communautés de pratiques transversales) de l'entreprise peuvent induire des représentations très différentes de son identité. Il est fréquent que la vision de l'entreprise qu'ont les membres du comité de direction diffère de la vision des salariés. Il appartient aux premiers de comprendre la vision des seconds, de communiquer largement leur propre vision et de gérer l'inévitable tension entre les deux. C'est une tâche particulièrement difficile, notamment parce que ces représentations ne sont pas toujours conscientes (Enriquez, 1992). Selon les cultures nationales et organisationnelles, la direction va tolérer l'existence d'écarts plus ou moins grands. Certaines entreprises n'admettent aucun écart et mettent en place une communication interne et des pratiques d'acculturation destinées à les faire disparaître. Ce type d'approche possède des atouts évidents, comme l'alignement des perceptions et la convergence des buts, ce qui assure à l'entreprise une grande rapidité d'exécution. Mais il comporte aussi des faiblesses. Ainsi, une conformité de surface peut en réalité cacher un désaccord profond. La convergence peut s'opérer au niveau des discours, les identités professées par la direction et les salariés convergent, sans que les identités vécues se rapprochent.

Soenen et Moigeon (2002) définissent l'identité vécue comme unc forme *locale* de représentation collective (Moscovici, 1984 ; Jodelet, 1984). En effet, les cadres cognitifs et les référents linguistiques que mobilisent les individus pour élaborer une représentation de leur entreprise sont puisés dans un répertoire qui dépasse le cadre de l'entreprise. Ce répertoire correspond en fait à la représentation sociale de l'entreprise. Marquées par les cultures nationales, ces représentations sociales de l'entreprise fournissent un vaste choix de critères typologiques associés à des ensembles de normes et d'attentes (Moliner, 1995). C'est par comparaison à ces normes et à ces attentes déterminées au niveau sociétal que les membres de l'entreprise font développer le versant évaluatif de leur représentation de l'entreprise.

Conceptualiser l'identité vécue comme une représentation sociale, permet également de comprendre son caractère à la fois stable et flexible. Le noyau identitaire est constitué d'un ensemble de caractéristiques perçues comme uniques, distinctives et stables. Ces caractéristiques ne peuvent être remises en cause sous peine de modifier la raison d'être de l'entreprise. Vouloir toucher à ces éléments, c'est immanquablement provoquer une forte résistance au changement. En effet, la fonction de ce noyau est d'orienter l'activité cognitive et les conduites des membres de l'entreprise. À côté de ce noyau, il existe un « système périphérique », qui regroupe des éléments plus concrets. Contrairement au noyau identitaire, le système périphérique peut être altéré. C'est même sa fonction première : assurer la continuité organisationnelle. Ce système assure à l'identité vécue son caractère flexible – caractère nécessaire compte tenu de l'évolution rapide de l'environnement.

2.5 L'identité manifestée

Qu'elle soit individuelle ou collective, l'identité ne peut être séparée de la dimension historique (Reitter et Ramanantsoa, 1985). L'identité organisationnelle est le produit d'une histoire, et se manifeste dans un ensemble de caractéristiques concrètes telles que des routines, une structure organisationnelle et un niveau de performance. Un certain nombre de ces caractéristiques revêtent pour les membres un caractère symbolique. Les organisations modernes contiennent aussi leur part de rites, de mythes et des tabous. Ces manifestations symboliques sont les signifiants d'un imaginaire organisationnel, c'est-à-dire la représentation collective de l'entreprise que se sont construits les membres. On comprend donc qu'il existe une correspondance entre l'identité manifestée et l'identité vécue. La première servant de substrat à la seconde. La relation entre la représentation collective et les pratiques collectives historiquement situées est dynamique : ces deux facettes du système identitaire se répondent.

On peut s'interroger sur le processus qui conduit une entreprise à converger vers un ensemble stable de routines et d'arrangements. Selon March et Olsen (1976), auteurs d'un influent traité sur la théorie béhavioriste de la firme, la convergence s'opère sous l'effet d'un processus d'apprentissage par tâtonnement (*trials and errors*) dans lequel seules les actions ayant en apparence conduit à un résultat positif sont retenues. L'identité se constitue parce qu'en accumulant de l'expérience, l'entreprise, en tant que système organisé, tend à réduire la variabilité de ses processus internes au profit d'un nombre stable de routines organisationnelles. Cette dynamique interne est renforcée par des mouvements au niveau de l'industrie. Selon les théoriciens néo-institutionnels en effet, l'accumulation d'expérience conduit à l'émergence de normes sociales et de cartes cognitives qui contribuent à réduire la variabilité des modes d'actions organisationnels et leurs conséquences (Tolbert et Zuckert, 1983). On doit noter, par contre, que, s'il existe une tendance à la convergence des formes d'actions organisationnelles au niveau de l'industrie, le caractère distinctif de l'identité provient d'une part de la configuration des modes opératoires qui est spécifique à l'entreprise. D'autre part le processus d'élaboration symbolique par lequel se construit l'identité vécue produit de la spécificité – si plusieurs entreprises peuvent avoir des identités manifestées semblables, leur identité vécue sera nécessairement divergente. En effet le processus de symbolisation et d'identification qui conduit à l'identité vécue est extrêmement fécond en divergence.

Une fois constituée, l'identité organisationnelle place l'entreprise sur une trajectoire dont il est difficile de s'écarter, du moins rapidement. Sorte de précipité, de résidu du vécu d'un groupe social, l'identité représente une somme d'investissements politiques et affectifs, aussi bien financiers qu'émotionnels sur lesquels il est difficile de faire table rase.

2.6 L'identité attribuée

Les groupes qui composent l'entreprise ne sont pas les seuls à se construire une représentation de l'entreprise. Tous les publics qui de près ou de loin sont en relation avec l'entreprise développent également leur propre représentation. Comme l'identité vécue, l'identité attribuée est souvent appelée « image de l'entreprise » – nous utilisons le terme « attribuée » pour souligner que cette image se compose d'attributions qui, à l'inverse de l'identité vécue, ne sont pas construites sur la base d'un rapport interne à l'organisation. Tandis que l'identité vécue correspond à l'image de l'entreprise qu'en ont ses membres, l'identité attribuée renvoie à celle de groupes n'appartenant pas à l'entreprise. Naturellement, le fait d'appartenir ou pas à l'entreprise va avoir une influence considérable sur le sens que prend l'entreprise pour le groupe et la façon dont il se la représente.

La littérature et les praticiens utilisent fréquemment le mot réputation pour désigner l'image de l'entreprise parmi ses audiences externes. Il est possible de distinguer l'image d'entreprise, qui est la représentation de l'entreprise auprès d'un public spécifique, et la réputation, qui est définie comme le halo résultant de l'ensemble des représentations de l'entreprise (Fombrun, 1996). Alternativement, Gioia, Schultz et Corley (2000, p. 67) proposent de distinguer les deux notions de la façon suivante : il y a d'un côté des impressions transitoires (*transient impressions*), qui sont de court terme, et la réputation qui est une forme de jugement collectif relativement stable dans le temps. Cependant, en pratique, image et réputation sont utilisées de façon interchangeable. Nous retiendrons que l'identité attribuée renvoie à une représentation de l'entreprise, à une image – on retrouve une fois encore les notions de centralité, spécificité et stabilité, tandis que la réputation renvoie à une évaluation de la valeur de l'entreprise. Nous utilisons le terme identité pour signifier que cette facette forme, avec les quatre autres facettes déjà décrites, un système identitaire dynamique. Certes il s'agit d'une facette distincte, mais elle est néanmoins reliée, de façon de plus ou moins étroite, aux autres dimensions, plus internes, de l'identité. Nous réserverons le terme réputation à l'évaluation globale de l'entreprise, au halo résultant de l'ensemble des identités attribuées à l'entreprise par ses différents publics.

FIGURE 23.1 **Les cinq facettes de l'identité organisationnelle – un système dynamique (d'après Soenen et Moingeon, 2002)**

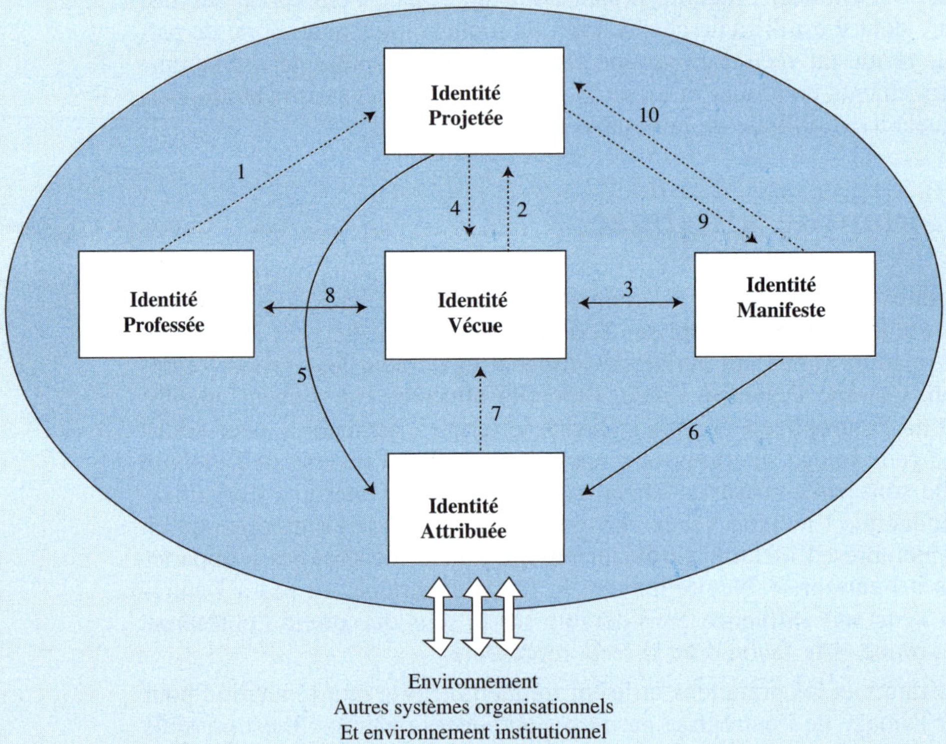

2.7 Les dynamiques identitaires

2.7.1 La dynamique interne du système identitaire

Dans la figure 23.1, les principales dynamiques internes du système identitaire sont représentées par des flèches : les flèches épaisses dénotent des influences fortes et/ou systématiques, tandis que les flèches en pointillés indiquent des relations faibles et/ou non systématiques. Par exemple, l'identité projetée peut être l'expression directe de l'identité professée (1), mais ce n'est pas nécessairement le cas. En effet une entreprise peut décider pour des raisons stratégiques de ne pas communiquer sur sa véritable nature et sur ses ambitions. C'est notamment le cas des entreprises opérant dans des secteurs sensibles comme le tabac ou la pornographie.

L'identité projetée peut être l'expression de l'identité vécue (2) et/ou de l'identité manifestée (10) – ces relations sont, elles aussi, possibles mais non systématiques. Une entreprise décide si la face quelle présente aux yeux du monde doit être une traduction fidèle de sa réalité interne, ou si au contraire il vaut mieux construire de toutes pièces une « image ».

À l'inverse, la relation qui existe entre l'identité vécue et l'identité manifestée (3) est systématique : ces deux facettes s'influencent mutuellement et co-évoluent. L'identité vécue est également affectée par l'identité projetée (4) – parfois, notamment dans les grandes entreprises, la publicité institutionnelle cible directement les salariés. L'identité attribuée est naturellement affectée par l'identité projetée (5), comme en témoignent les études marketing sur l'impact de la publicité. Toutefois, et c'est une évidence, l'identité attribuée à une entreprise est impactée par son identité manifestée (6), c'est-à-dire la qualité relative de ses produits, le comportement de ses employés, etc. Autre exemple : une entreprise d'État qui est privatisée voit son identité manifestée profondément modifiée, et subit conséquemment une modification de l'identité que lui attribue le public. En retour, des modifications de l'identité attribuée à l'entreprise peuvent entraîner des changements au niveau du vécu identitaire de ses employées (7). Ainsi, si l'entreprise est décriée dans la presse, les employées peuvent être amenés à réviser leur représentation de l'entreprise (ce que les individus croient qu'ont leur attribue affecte profondément leur perception d'eux-mêmes).

Enfin, l'identité professée et l'identité vécue peuvent s'influencer mutuellement, tandis que sur le long terme, l'identité projetée peut altérer l'identité manifestée (9). Ainsi, une entreprise qui pendant vingt ans communique systématiquement de façon « décalée » ou provocatrice (par exemple, Benetton) développe immanquablement une organisation marquée par cette communication.

2.7.2 Identité d'entreprise et changement

En plus des dynamiques internes, le système identitaire est soumis à des influences externes. Le tableau 23.1 résume les principales forces qui peuvent contribuer à faire évoluer l'identité d'entreprise. Tout d'abord, des évolutions de l'environnement concurrentiel peuvent nécessiter un changement profond de l'identité d'entreprise, notamment de l'identité manifestée. Par exemple, l'arrivée sur un marché historiquement protégé de la concurrence internationale d'entreprises asiatiques produisant à bas prix entraîne fréquemment un repositionnement des entreprises locales vers le haut de gamme (c'est le cas de l'industrie du textile). Cette évolution requiert un changement profond de l'identité d'entreprise (identité manifestée), ainsi qu'un changement des représentations collectives de l'entreprise, puisque ses compétences clés sont amenées à évoluer. L'évolution n'est pas toujours aussi radicale et peut être progressive. Elle peut résulter du fonctionnement normal de « l'écologie intra-organitionelle » (Weick, 1979). À l'image des espèces vivantes, les entreprises possèdent des mécanismes internes de variation, de sélection et de rétention qui modifient leurs modes de fonctionnement et contribuent à l'évolution graduelle de leur identité. Les pressions institutionnelles peuvent aussi conduire une entreprise à adopter un discours identitaire, et à relayer ce discours largement auprès de ses audiences clés, afin d'obtenir ou de maintenir une légitimité sociale. Le *turn-over* et l'évolution des relations d'emplois peuvent conduire à une évolution rapide de l'identité vécue, soit parce que les propriétés sociologiques des nouveaux employés diffèrent de celles des anciens (ce qui veut dire d'autres normes, d'autres attentes), soit parce que les évolutions des relations d'emplois remettent en cause les contrats psychologiques en place. Enfin, les changements de positionnement des concurrents ou l'arrivée de nouveaux entrants peuvent modifier l'identité attribuée à l'entreprise : une entreprise qui était jusqu'à présent « la plus grosse » se retrouve du jour au lendemain en deuxième ou troisième position. Les crises médiatiques qui ternissent la réputation d'un secteur industriel dans son ensemble vont également affecter négativement les identités attribuées aux entreprises de ce secteur, ce qui aura également un impact sur le vécu identitaire de leurs salariés.

TABLEAU 23.1 Forces contribuant à faire changer l'identité d'entreprise

Facette(s) de l'identité directement affectée(s)	Forces entraînant l'évolution de l'identité d'entreprise
Manifestée (et vécue)	Évolution de l'environnement concurrentiel nécessitant une évolution des compétences clés de l'entreprise.
Manifestée	Dynamique des systèmes d'action intra-organisationnels – écologie interne de l'entreprise (variation, sélection, rétention).
Professée et projetée	Pressions institutionnelles poussant à l'isomorphisme organisationnel.
Vécue (et manifestée)	Turnover (arrivé de nouveaux employés aux propriétés sociologiques différentes).
Vécue (et manifestée)	Évolutions des relations d'emploi.
Attribuée (et vécue)	Changement de positionnement des concurrents, arrivée de nouveaux entrants et modification de la position concurrentielle relative de l'entreprise.
Attribué (et vécue)	Crises médiatiques affectant l'image et la réputation de l'entreprise ou du secteur industriel dans son ensemble.

Ces évolutions peuvent remettre en cause la cohésion du système identitaire, car souvent une force va modifier une ou deux facette(s) de l'identité d'entreprise tout en laissant les autres relativement inchangées. De telles évolutions contribuent ainsi à augmenter l'entropie du système. Plus les facettes diffèrent les unes des autres et moins le système identitaire est cohérent. Selon la nature des écarts, l'entreprise court différents types de risque :

• attribué ⇔ manifesté : un trop grand écart entre l'identité attribuée à l'organisation et l'identité manifestée, c'est-à-dire en quelque sorte l'écart entre la substance et l'image, fait courir à l'entreprise un risque de réputation. En effet en cas d'incident mettant en cause les produits ou les dirigeants de l'entreprise, l'adéquation entre l'identité projetée (la promesse) et l'identité manifestée (la réalité) va déterminer la capacité de l'entreprise à surmonter la crise ;

• professée ⇔ vécue : un écart entre l'identité professée par la direction et l'identité vécue par les membres de l'organisation peut conduire à une absence d'identification chez les salariés, qui ultimement conduit au cynisme et à une baisse de la motivation. De même, un écart trop fort entre l'identité projetée et l'identité vécue conduit aux mêmes effets néfastes.

Heureusement, il existe aussi des forces qui contribuent au maintien de l'intégrité du système identitaire. Certaines fonctionnent de façon automatique, tandis que d'autres requièrent l'intervention du management. Elles sont représentées sur la figure 23.2.

FIGURE 23.2 **Forces contribuant à réduire l'entropie du système identitaire**

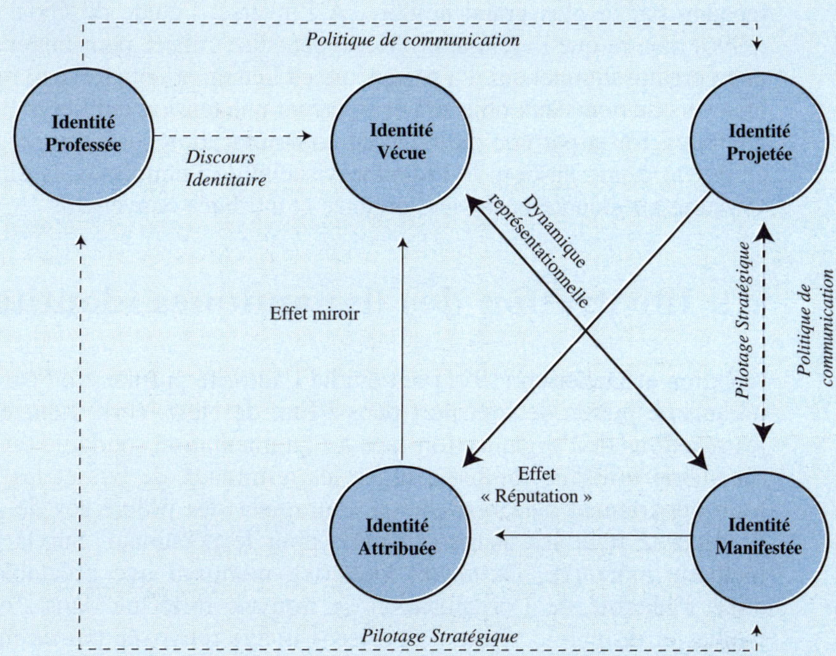

Plusieurs phénomènes concourent de façon naturelle au rééquilibrage du système identitaire. Tout d'abord, le discours identitaire a un effet performatif qui fait converger identité professée, identité projetée et identité vécue. Le discours identitaire se diffuse dans et en dehors de l'entreprise. L'étude de Gioia et Thomas (1996) sur les universités américaines montre que le discours identitaire est créateur de sens et qu'il sert aux membres de l'organisation pour interpréter leur environnement. Ensuite, la fonction d'orientation cognitive et comportementale de l'identité vécue contribue à faire converger le contenu « vécu » et le contenu « manifesté » de l'identité. L'effet miroir contribue à rapprocher l'identité vécue et l'identité attribuée (Dutton et Dukerich, 1991).

Le management a à sa disposition plusieurs leviers qu'il peut mobiliser pour maintenir la cohérence du système identitaire. Tout d'abord, au travers de choix sur la stratégie, la structure ou les processus de l'entreprise, la direction peut transformer l'identité manifestée de l'entreprise. Cette évolution peut aller dans le sens d'un rapprochement entre l'identité professée – qui correspond alors à la vision stratégique de l'entreprise, et l'identité manifestée. Mais, l'inverse peut également se produire : la direction peut prendre acte de l'évolution organique de l'identité manifestée de l'entreprise et mettre à jour l'identité professée et l'identité projetée. L'étude de Burgelman (1984) montre comment la direction d'Intel, et notamment son CEO Andy Groove, a été capable de redéfinir l'identité d'Intel en réponse à l'importance graduelle acquise par la branche microprocesseurs de l'entreprise. En annonçant publiquement qu'Intel était désormais « *a chip company* » et plus « *a memory company* », Groove prenait acte de la transformation identitaire d'Intel et lui permettait d'être reconnu par le plus grand nombre. À l'inverse, l'étude de Gioai et Thomas (1996) montre que l'identité professée peut être utilisée pour initier un changement organisationnel qui n'a pas encore eu lieu en orientant l'activité des membres vers de nouveaux objectifs et en créant une tension qui libère l'énergie des membres. Enfin par une politique de communication cohérente, et par la mise en œuvre d'une gestion de l'identité visuelle de l'entreprise, la direction peut s'assurer qu'identité professée, projetée et attribuée convergent.

2.8 Illustration des dynamiques identitaires

Dutton et Dukerich (1991) ont étudié l'autorité portuaire de New York, un organisme public de transport dans l'État de New York. Leur étude décrit les réactions de l'organisation face à l'augmentation soudaine du nombre de sans-abris utilisant comme refuges les terminaux de bus et les stations de train appartenant à l'organisation, entraînant des problèmes de salubrité et de sécurité pour les usagers comme pour le personnel. Sur la base d'une méthode inductive, Dutton et Dukerich montrent que préalablement à la crise, l'identité de l'organisation se trouvait réfléchie dans l'opinion des médias et du public. Suite à la crise, l'image renvoyée par ce miroir métaphorique ne correspondait plus à l'identité ressentie par les membres de l'organisation (ainsi qu'à l'identité qu'ils souhaitaient se voir attribuer, ou encore à la réputation souhaitée). En effet, la presse présentait l'organisation comme froide, coupée de ses usagers et uniquement motivée par le profit, sans considération pour le bien-être communautaire. Cet écart, à la façon d'une dissonance cognitive, précipita la réaction de l'organisation. Initialement, le Port Authority avait considéré que le problème des sans-abris n'était pas de son ressort et qu'il devait être traité par la police. Avant la crise, l'organisation n'incluait pas les sans-abris dans sa « mission » ; mais suite à la réaction du public et au mécontentement du personnel, la charte d'entreprise ainsi qu'un certain nombre de dispositifs organisationnels furent modifiés afin de les inclure. Cet exemple montre donc le rôle de l'identité attribuée, l'image externe, sur l'évolution de l'identité interne vécue (d'où la ligne en pointillé, figure 23.3, entre identité attribuée et identité vécue).

FIGURE 23.3 **Réinterprétation de l'étude de Dutton et Dukerich (1991) à partir du modèle des 5 facettes**

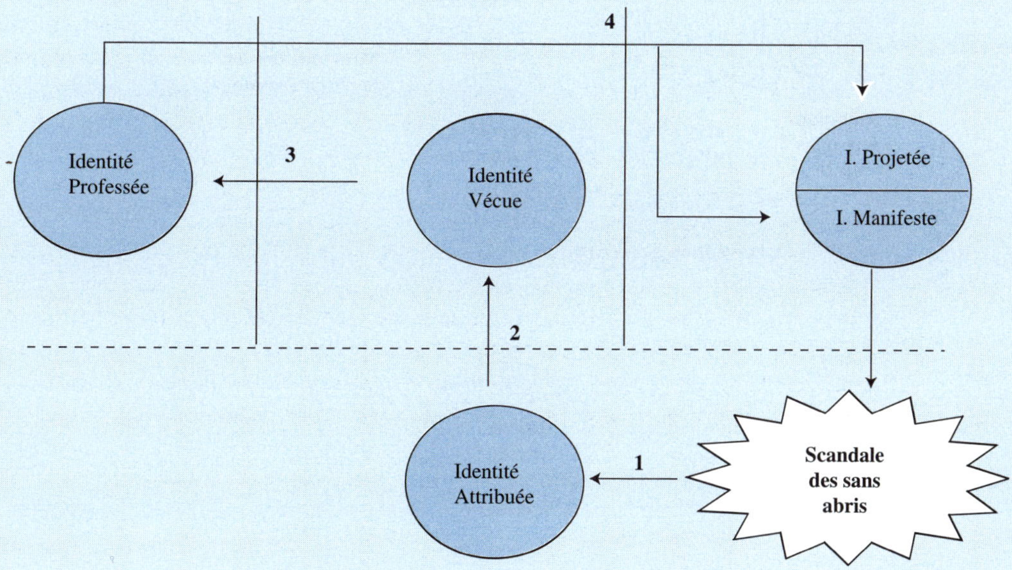

L'étude de Gioia et Thomas (1996) constitue un autre exemple d'étude dynamique sur la relation identité-image. Elle relate le changement stratégique initié par la direction d'une université américaine, et notamment la façon dont l'image désirée, c'est-à-dire « faire partie des dix meilleures universités américaines », a été utilisée comme moteur d'un changement organisationnel de grande ampleur. Cette image désirée (ou identité que l'on souhaite voir attribuée à l'organisation par certains publics) était utilisée comme « principe organisateur » dans les processus de décision de l'équipe dirigeante, ainsi que dans les communications avec le reste de l'organisation. Les conclusions de cette étude portent sur la nécessité de créer un écart de perception entre la situation actuelle et la situation désirée qui soit suffisamment important pour mobiliser l'action tout en veillant à ce qu'il ne soit pas trop grand afin de ne pas décourager les individus. Bien que l'outillage conceptuel utilisé soit différent (le couple identité-image), cette étude est cohérente avec celles portant sur les projets d'entreprise (par exemple, Reitter, 1991). Cette étude illustre le lien entre l'identité professée et les identités vécues et manifestées (figure 23.4).

FIGURE 23.4 Réinterprétation de l'étude de Gioia et Thomas (1996) à partir du modèle des 5 facettes

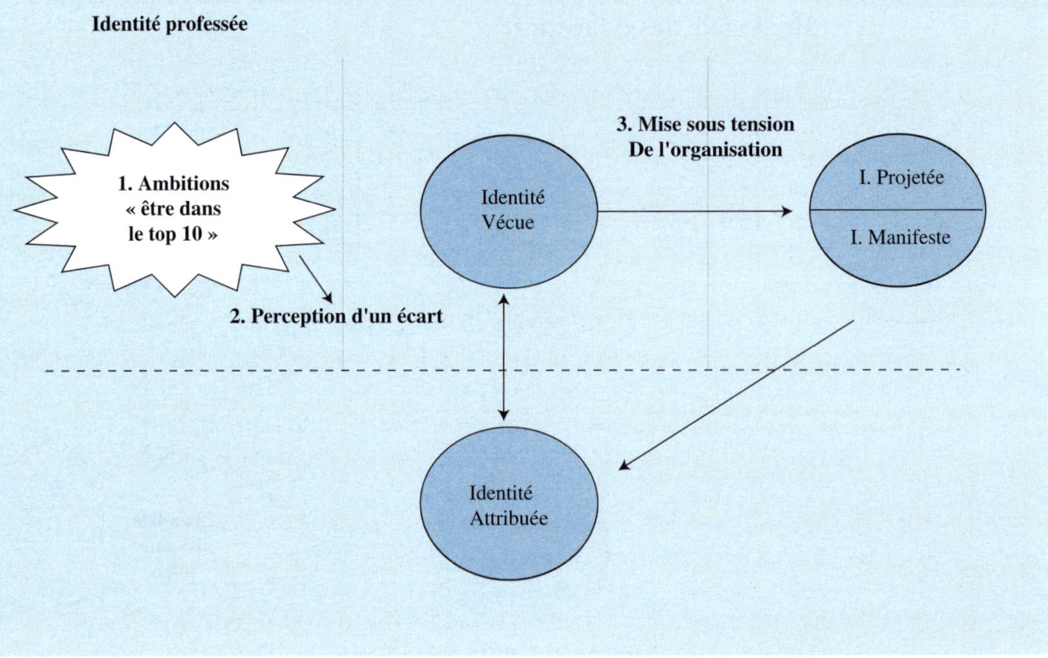

3 La focalisation de l'identité

Pour comprendre rapidement ce qui fait la singularité d'une entreprise, on peut se demander s'il existe un objet principal d'identification propre à créer un acteur collectif, à donner une cohérence aux cinq facettes.

À quoi peut-on s'identifier dans l'entreprise ? Qu'est-ce qui peut créer l'acteur collectif ?

De très nombreuses situations d'entreprise tendent à montrer que l'objet de focalisation de l'identité peut être :

- un produit ou un domaine d'activité qui fonde le métier de l'entreprise et, par conséquent de ceux qui y travaillent ;
- un mode de comportement ou des compétences particulières ;
- un dirigeant, ou un groupe dirigeant en lequel l'entreprise tout entière se reconnaît et derrière lequel elle fait bloc.

La nature de l'objet sur lequel se localise l'identité d'une entreprise-produit, mode de comportement ou leader – est une variable déterminante pour son développement ; elle conditionne très largement le type de stratégie qu'une entreprise pourra entreprendre avec succès.

3.1 La focalisation sur l'activité

La focalisation de l'identité[1] d'une entreprise sur une activité se rapproche fort de la conception traditionnelle du métier. Le métier recouvre le savoir-faire et le vouloir-faire. L'activité, telle qu'elle est perçue dans l'entreprise, est la source de la cohésion du groupe ou de l'organisation tout entière. En se définissant comme faisant partie de l'entreprise, les individus se définissent dans le même temps comme exerçant un métier et donc, par là même, trouvent leur place dans le tissu social.

Une entreprise dont l'identité est focalisée sur l'activité fait implicitement de tout son personnel des spécialistes de l'activité en question. L'attachement des individus porte d'abord sur l'activité et ensuite sur l'entreprise dans la mesure où elle est le temple où l'activité est honorée : la satisfaction éprouvée dans le travail et la motivation sont directement liées à l'activité.

Toutes les activités ou tous les métiers ne semblent pas avoir la même propension à focaliser l'identité des entreprises. Des activités comme la construction automobile ou l'aéronautique, le transport ferroviaire ou aérien, par exemple, dont les produits sont facilement identifiables, repérables, dont le contenu symbolique est important, qui supposent des savoir-faire spécifiques et qui jouissent en outre d'un certain prestige social, semblent mieux à même de constituer l'objet de focalisation de l'identité des entreprises. Il ne faut cependant pas généraliser. Tous les constructeurs automobiles et toutes les compagnies aériennes n'ont sans doute pas une identité focalisée exclusivement, ni même prioritairement, sur le produit.

La focalisation de son identité sur l'activité a pour une entreprise des implications stratégiques très importantes. Tout d'abord, en canalisant l'attachement, la motivation, l'énergie des individus sur le produit ou l'activité prioritairement à l'entreprise, elle tend à introduire un biais technique. On

1. Ramanantsoa B. et Hoffsteter C., « La maîtrise de l'identité par la gestion du processus de focalisation : une nouvelle donnée stratégique ? », *Direction et gestion*, n° 4, 1981.

peut schématiser cette situation par la formule suivante : « Peu importe que l'entreprise aille mal, pourvu que le produit, lui, soit parfait. »

Cette focalisation sur le produit conduit ainsi parfois à une certaine surenchère en matière de technologie[1]. Des améliorations techniques trop précoces, voire inutiles d'un point de vue concurrentiel ou stratégique, sont apportées au produit, au nom de l'excellence telle qu'elle est perçue au sein de l'entreprise. On constate en outre souvent, dans un tel contexte, que les fonctions techniques ont la priorité sur les fonctions commerciales : « Si le produit se vend mal, c'est de la faute du client qui n'a pas compris que notre produit est le meilleur. »

Plus décisif encore est l'effet que peut avoir la focalisation de l'identité de l'entreprise sur l'activité ou le produit en matière de diversification[2]. Toute tentative de diversification, perçue dans l'entreprise comme risquant de l'éloigner de son métier de base, a de grandes chances d'être vécue comme une trahison à sa raison d'être. Le développement des activités nouvelles, quelles que soient ses justifications économiques, sera alors, consciemment ou inconsciemment, rejeté ou saboté par l'ensemble du personnel.

Ce rejet est dû à la relation psychique entre les individus et l'activité traditionnelle de l'entreprise, mais il s'explique aussi par la perte éventuelle de compétence, et donc de pouvoir, des individus dans la nouvelle activité. Cette dernière situation est très fréquente chez les dirigeants de petites et moyennes entreprises qui comprennent la nécessité d'une diversification, mais l'appréhendent en même temps, dans la mesure où la diversification leur apparaît comme une dilution des compétences techniques qui ont assuré le développement de l'entreprise et, par conséquent, comme un affaiblissement de leur propre pouvoir. La plupart des responsables de l'entreprise risquent, de la même façon, de se sentir dépossédés d'une partie de leurs attributions, dès lors que les activités nouvelles nécessitent de nouveaux venus dans l'entreprise.

Le « sabotage », souvent inconscient, des activités de diversification qui ne correspondent pas au métier traditionnel de l'entreprise et de ceux qui y travaillent peut prendre des formes très diverses. Il peut se faire dans l'ordonnancement des tâches : tout ce qui concerne les nouvelles activités passe après ou est renvoyé aux calendes grecques. Le sabotage peut être aussi l'absence de « champion » pour porter la diversification ou encore les multiples difficultés qu'une organisation dressera dans ses rapports avec le porteur éventuel du projet.

Une identité focalisée sur l'activité de base n'est pas précisément un atout en matière de diversification. C'est ce qui explique qu'après cinq ans, voire dix ans, d'une politique résolue de diversification, du moins selon la version officielle des dirigeants, certaines entreprises consacrent encore la quasi-totalité de leur activité à leur métier traditionnel ; leurs activités de diversification restent à l'état de « potentiel » ou de « croupion », suivant les formules consacrées.

1. Dussauge P. et Ramanantsoa B., *Technologie et stratégie d'entreprise*, McGrawHill, 1987, chap. 9.

2. Détrie J.-P. et Ramanantsoa B., *Stratégie de l'entreprise et diversification*, Paris, Nathan, 1983.

3.2 La focalisation sur un mode de comportement

La notion de mode de comportement est moins simple à définir et à cerner que celle d'activité ou de métier, et son rôle dans la structuration de l'identité est plus difficile à comprendre.

Un mode de comportement peut être défini comme un état d'esprit formé par un réseau de règles, d'incitations et d'interdits, en général implicites, qui vont orienter, modeler la façon de se conduire des individus au sein de l'organisation. Un mode de comportement est moins un ensemble de contraintes qui s'exercent sur les individus, et que ceux-ci perçoivent comme telles, qu'une forme d'idéologie, sécrétée par l'organisation, à laquelle ses membres adhèrent plus ou moins inconsciemment.

On peut comprendre plus facilement l'importance d'un mode de comportement dominant dans la structuration de l'identité d'une entreprise dès lors que l'on perçoit à quel point ce mode de comportement affecte la vie quotidienne des individus dans l'organisation.

Il existe une très grande variété de modes de comportement sur lesquels peuvent se focaliser les identités des entreprises ; à la limite, dans chaque entreprise existe un mode de comportement dominant spécifique. Certaines entreprises se vivent comme performantes, innovatrices, opportunistes, risque-tout, ou bien encore perfectionnistes ou individualistes. Ces qualificatifs simplistes masquent une façon très réelle, et souvent assez précise, de se conduire et de réagir, à laquelle se conforment les individus dans l'entreprise.

Ces différences deviennent très visibles lorsque deux entreprises fusionnent. Comment organiser la coexistence, voire l'intégration de deux mondes aussi hétérogènes qu'Axa et UAP, Elf et Total, Daimler et Chrysler ou encore BNP et Paribas ? Ce problème étant particulièrement important aujourd'hui, nous lui consacrerons un développement entier dans le chapitre 24 (« Gérer les identités ») Nombre d'administrations ou d'entreprises de service public ont une identité focalisée sur un mode de comportement bureaucratique reposant sur un ensemble de procédures avec lesquelles fonctionne toute l'entreprise. Une focalisation de l'identité sur un mode de comportement bureaucratique, auquel il ne faut pas donner ici un sens nécessairement péjoratif, peut être tout à fait adaptée à certains types d'entreprises et leur permettre d'atteindre une grande efficacité. Un mode de comportement bureaucratique est, par exemple, bien adapté à des activités à la fois complexes, à grande échelle et très répétitives, où une grande coordination de toutes les opérations est essentielle au bon fonctionnement de l'ensemble. La SNCF ou la RATP, par exemple, semblent avoir une identité focalisée, au moins partiellement, sur un mode de comportement bureaucratique. Le respect des codes et des procédures y est une condition vitale du bon déroulement de l'activité ; on peut difficilement laisser un conducteur de train ou de métro, ou encore un responsable d'aiguillage, prendre des initiatives.

La focalisation de l'identité d'une entreprise sur un mode de comportement conforme aux exigences de l'activité de l'entreprise est un élément essentiel de sa réussite. Dès que des transformations dans son activité ou dans son environnement imposent à l'entreprise d'adopter de nouveaux modes de comportement, la focalisation de son identité devient un frein considérable à son adaptation. Ainsi, autant une identité focalisée sur un mode de comportement planificateur peut être un facteur de succès dans un environnement assez prévisible, autant elle constitue un handicap dans un environnement turbulent.

3.3 La focalisation sur le leader

La personnalité des dirigeants est, on l'a vu, un élément fondamental de la conduite des entreprises. Il n'est donc pas surprenant de constater que le leader (ou groupe de dirigeants) puisse constituer, dans certains cas, un objet de focalisation de l'identité. La motivation des individus dans une entreprise dont l'identité est focalisée sur le dirigeant trouve ses fondements avant tout dans la relation qui s'établit entre le leader et chacun des individus dans l'organisation. Cette relation, qui n'a pas besoin d'être bilatérale et individualisée pour fonctionner (le patron ne peut pas toujours connaître personnellement tous ses employés), est d'autant plus forte que l'on a affaire à un dirigeant charismatique.

Le métier ou le produit, pas plus que les modes de comportement dominants, ne sont, dans de telles entreprises, le moteur principal de l'activité des individus ; la référence au métier ou au produit, le respect de certains modes de comportement n'ont de sens que par rapport au leader, que parce que c'est lui qui les définit. Par conséquent, les entreprises dont l'identité est ainsi focalisée sur un leader sont, *a priori*, capables des évolutions stratégiques les plus rapides et les plus diverses, pourvu que ces évolutions soient conduites et impulsées par le leader en question.

La capacité de l'entreprise à effectuer des mouvements stratégiques importants – diversification ou évolution technologique, par exemple – dépend avant tout de la clairvoyance, des choix et surtout de la motivation profonde du ou des dirigeants. Si les changements stratégiques risquent, à terme, de remettre en cause son pouvoir, un dirigeant, même s'il en reconnaît la nécessité, a de fortes chances de ne pas les conduire, pour des raisons plus ou moins inconscientes, avec toute la conviction nécessaire. Dès lors, le personnel, sentant que le dirigeant n'est pas lui-même pleinement impliqué, ne s'investira pas davantage pour faire aboutir des choix pourtant reconnus comme décisifs.

Enfin, une entreprise dont l'identité est focalisée sur le leader est susceptible de connaître des crises graves lors de la disparition du leader, ou lors des changements de dirigeants, si ces changements ne sont pas préparés très soigneusement et très longtemps à l'avance. Il est toujours difficile de donner des exemples d'une telle focalisation, le charisme n'est pas très bien porté, dès qu'il s'agit de l'avouer. Mais on peut penser que la diversification totale de Danone, de l'emballage à l'alimentaire, et sa réussite, s'expliquent – au-delà de toute analyse stratégique classique – par une telle focalisation sur son leader historique.

Il ne s'agit pas de hiérarchiser ces trois modes de focalisation. Chaque mode peut contribuer à la communalisation en répondant de façon singulière aux problématiques les plus profondes des acteurs : que voulons-nous être ? Que sommes-nous les uns pour les autres ? pour l'extérieur ? Comment se régule le jeu des intérêts particuliers ? Y a-t-il une idée collective qui s'impose aux individus ? Quel impact cela a-t-il sur la mise en œuvre de notre stratégie ?

Chapitre 24

Gérer les identités d'entreprise

La gestion de l'identité est un impératif qui s'impose à toutes les organisations quelle que soit leur taille et quelle que soit leur activité. C'est un enjeu particulièrement important pour les organisations de grandes tailles, lors des phases de croissance et, plus globalement, lors des transformations organisationnelles. En effet, toute modification du périmètre de l'organisation pose la question de l'appartenance, des frontières et de leur justification, en bref la question « qui sommes-nous ? ». L'identité constitue la quatrième dimension de la pyramide de *Strategor* – elle est étroitement liée aux trois autres. Tout changement, qu'il porte sur la stratégie, sur la structure ou sur les processus, comporte une dimension identitaire. Que les dirigeants le veuillent ou non, qu'ils y prêtent attention ou non, l'identité est agissante.

L'enjeu *a minima*, pour les dirigeants, est de maintenir la cohérence identitaire de l'organisation. L'impératif de cohérence se manifeste à deux niveaux. Premièrement, il est nécessaire que l'identité organisationnelle soit en harmonie avec la stratégie, les structures et les processus de l'organisation. Deuxièmement, les différentes facettes de l'identité organisationnelle (ou des identités organisationnelles) doivent être en cohérence – par exemple l'identité telle que se la représentent les membres de l'entreprise et l'identité que sa direction tente de communiquer à travers son plan média. L'entreprise qui laisse ces deux facettes de son identité par trop s'éloigner l'une de l'autre risque de décrédibiliser sa communication. Enfin, pour les entreprises qui abritent plusieurs identités distinctes, il convient d'établir une stratégie de gestion des identités multiples.

Mais on peut aller plus loin et transformer l'identité organisationnelle en véritable ressource stratégique. Selon Barney et Stuart (2000, p. 38) l'identité est créatrice de valeur lorsqu'elle est largement partagée, et correspond aux compétences clés de l'entreprise. Ainsi une identité de « fabriquant bon marché » aura tendance à orienter l'attention des employés vers la maîtrise de coûts – si en parallèle, la compétence clé de l'entreprise repose sur la maîtrise des coûts, il existe alors une synergie : la représentation collective de l'entreprise contribue à l'efficience des processus organisationnels.

L'identité organisationnelle est difficile à gérer : il est hors de question d'envisager une approche trop mécanique, trop directive, qui serait immanquablement vouée à l'échec. On ne change pas l'identité par décret comme on change un organigramme. L'identité organisationnelle est le produit d'interactions complexes aux dimensions multiples, dont certaines sont inconscientes. Une erreur largement répandue consiste à aborder la question identitaire de manière parcellaire, par exemple sous l'angle exclusif de la culture d'entreprise. Gérer l'identité revient alors à un problème de ressources humaines. La culture et l'identité sont deux notions certes proches mais néanmoins distinctes (*cf.* chapitre 23). Comprise comme un langage commun, comme cadre symbolique, la culture fournit un milieu au sein duquel la question identitaire est débattue (Hatch et Schultz, 1997). Comprise comme un ensemble de valeurs (Schein, 1986) la culture peut constituer l'objet autour duquel le discours identitaire se focalise. Une autre approche consiste à se préoccuper uniquement de problématique d'image ou de réputation. En elles-mêmes, ces approches ne sont pas mauvaises, mais elles sont tout aussi insuffisantes.

La thèse défendue dans cette quatrième et dernière partie de *Strategor* peut se résumer de la façon suivante : l'identité est une dimension clé du management stratégique et doit d'être gérée de façon pro-active, à la fois sur son versant externe, qui concerne la question de la *corporate reputation*, et sur son volet interne qui renvoie aux problématiques de la mobilisation, de la coopération et de la gestion du changement.

Nous terminerons par un coup de projecteur sur un cas de figure aujourd'hui très fréquent : les entreprises qui, souvent de par leur histoire, ont à gérer des identités multiples.

1 La gestion de la *corporate reputation*

1.1 Actif stratégique ou simple prérequis ?

L'image publique de l'entreprise et sa réputation jouent un rôle de plus en plus central. Avoir une bonne réputation suscite des comportements favorables à l'entreprise parmi différents groupes. Fombrun et van Riel (2003) soulignent les éléments présentés dans le tableau 24.1.

TABLEAU 24.1 Effets d'une bonne réputation

Clients	Encourage les achats répétés et contribue à la croissance des parts de marché
Employés	Renforce l'attractivité des offres d'emploie et améliore la motivation
Investisseurs	Abaisse le coût du capital et attire de nouveaux investissements
Journalistes	Contribue à obtenir une couverture presse plus positive
Analystes financiers	Affectent positivement le contenu des recommandations

Une étude de R. Dolphin (2004) indique que la plupart des grandes entreprises anglo-saxonnes gèrent leur réputation comme un actif stratégique susceptible de contribuer à la création d'un avantage concurrentiel.

C'est particulièrement le cas des entreprises qui opèrent sur des marchés peu différentiés. Les dirigeants de ces entreprises estiment que la réputation de l'entreprise – souvent appelée *corporate reputation*, peut avoir un impact direct sur le cours de bourse (p. 84). Ces entreprises placent donc la réputation au cœur de leur stratégie de communication et le directeur de la communication devient le « gardien de la réputation ». Tentons de comprendre.

Tout d'abord, il importe de souligner que ce phénomène n'est pas nouveau. En 1961 (p. 191), Boorstin écrivait :

> « *In an age where the average customer has only the vaguest notion of the actual activities of a vast, complex corporation, the public image of the corporation substitutes for more specific or more circumstantial notions of what is going on*[1]. »

Ce qui est nouveau, c'est l'accélération du phénomène : de plus en plus, l'image se substitue à la substance (Alvesson, 1990). Chaque année, afin de faire face à la pression concurrentielle et afin d'être reconnues et soutenues, les entreprises investissent d'importantes ressources pour renforcer leur image, leurs marques et leur réputation. Le raisonnement stratégique en la matière consiste à sélectionner les traits de l'entreprise qui sont uniques, difficilement imitables et authentiques et de les communiquer de la façon la plus efficace afin de projeter une image convaincante vers les différentes audiences de l'entreprise. Parmi les audiences clés (ou *stakeholders*), on compte notamment les clients, les actionnaires et les employés. S'ajoutent à cette liste, les groupes de pressions, les pouvoirs publics nationaux et internationaux et le grand public.

Un nombre croissant de travaux en stratégie, qui s'appuient sur la théorie de la ressource, soulignent également la valeur stratégique de la réputation (Diericks et Cool, 1989 ; Rumelt, 1987 ; Weiglet et Camerer, 1988). En substance, l'argument est le suivant : la réputation est un actif intangible qui d'une part possède un potentiel de création de valeur, et d'autre part est difficile à imiter. La difficulté d'imitation est liée à l'ambiguïté causale et à la dimension historique de la réputation. Des auteurs comme Poldony (1993) suggèrent également qu'il existe un cercle vertueux de la réputation : les firmes ayant une bonne réputation ont, comparativement, une incitation supplémentaire à investir dans les activités et les attributs sur lesquels repose leur réputation, créant ainsi une boucle de rétroaction positive.

De nombreuses études empiriques (Fombrun et Shanley, 1990 ; Herremans, Akathaporn, et McInnes, 1993 ; Landon et Smith, 1997 ; Poldony, 1993) confirment les avantages associés à une bonne réputation. Ces études montrent notamment qu'il existe une corrélation entre performance financière et réputation. Toutefois, deux remarques s'imposent quant à la nature de cette relation. Premièrement, il faut garder à l'esprit que lorsque l'on parle de réputation, c'est en fait la « position relative » d'une entreprise

1. « À une époque où le consommateur moyen n'a que de vagues notions de l'activité réelle d'une entreprise de grande taille et complexe, l'image publique de cette entreprise se substitue à la connaissance spécifique et circonstanciée de la réalité » (Boorstin, 1961, p. 191).

par rapport à son secteur et à ses concurrents qui importe. Deuxièmement, une corrélation n'indique pas une relation de cause à effet. Pour certains, la réputation est simplement le reflet dans le présent de la performance financière passée. Par exemple, l'étude de McGuire, Schneeweis et Branch (1990) montre que la performance financière passée contribue très largement à la réputation d'une entreprise. En conséquence, si la réputation n'est qu'un miroir du passé, elle peut certes constituer un prérequis pour accéder à certains marchés, mais ce n'est pas une source d'avantage concurrentiel.

Toutefois, une étude plus récente de Roberts et Downling (2002) montre qu'en réalité l'impact de la réputation sur la performance financière est « persistant » : les firmes ayant une meilleure réputation ont une rentabilité au-dessus de la moyenne sectorielle sur plusieurs exercices comptables. De plus, cette étude montre que l'impact de la réputation sur la performance financière est distinct des anticipations basées sur la performance financière passée. Plus qu'un miroir, la réputation est également un aimant qui confère à l'entreprise toute une série de soutiens, et qui peut dès lors constituer sous certaines conditions une source d'avantage concurrentiel.

1.2 Quelques définitions

En économie, la réputation est définie comme un signal de qualité (Shapiro, 1983). En gestion, on parle de *corporate reputation*, que l'on définit comme l'évaluation des actions passées de l'entreprise et de son potentiel futur (Fombrun, 1996)[1]. Cette évaluation est stockée sous forme d'une représentation mentale qui mesure l'attrait relatif de l'entreprise vis-à-vis de ses concurrents. La réputation est donc une grandeur relative. Contrairement à la réputation d'un individu, ce qui importe aux stratèges c'est la réputation d'une organisation relativement à la réputation de ses rivales – les Anglo-Saxons parlent parfois de *reputational-position*. L'adjectif *corporate* dénote le caractère à la fois global et composite de cette représentation. La réputation *corporate* est un attribut organisationnel global. C'est en quelque sorte la somme des représentations de l'entreprise dans ses divers univers de référence, tels que le marché des biens et des services, le marché de l'emploi, les marchés financiers, et de plus en plus aujourd'hui l'espace public. On constate que la réputation joue un rôle significatif dans les décisions individuelles même lorsque les individus concernés ont une connaissance parcellaire de l'entreprise et de sa réputation. Par exemple, sur le marché de l'emploi, la réputation des employeurs pèse sur la décision des demandeurs d'emploi même si ces derniers ne possèdent pas une information complète à propos de l'entreprise. On parle d'un effet de « halo ».

1. « A perceptual representation of a company's past actions and future prospects that describe a firm's overall appeal to all its key constituents when compared to leading rivals » (Fombrun, 1996, p. 72). Fombrun et Rindova (1996) proposent une définition alternative : « A corporate reputation is a collective representation of a firm's past actions and results that describes the firm's ability to deliver valued outcomes to multiple stakeholders. It gauges a firm's relative standing both internally with employees et externally with its [other] stakeholders, in both the competitive et institutional environments. »

1.3 Les antécédents de la *corporate reputation* et leurs conséquences pour la gestion de l'identité d'entreprise

À un niveau très général, la réputation est le produit de la valeur des actions passées. Les différents publics d'une organisation perçoivent ces efforts. En conséquence, les firmes s'engagent dans un certain nombre d'actions destinées à construire leur réputation, par exemple : relation publique, publicité institutionnelle, mécénat, etc. Les associations que maintient une entreprise, que ce soit des alliances, des joint-ventures ou de simples collaborations, contribuent également à sa réputation. Parfois, la réputation est la principale motivation d'une politique de partenariat, comme par exemple dans le cadre du sponsoring sportif. La performance financière constitue un autre déterminant de la réputation. Une étude récente (Roberts et Dowlings, 2002) a montré que la réputation d'une entreprise, mesurée relativement à la moyenne de l'industrie, est influencée par les performances financières de l'entreprise des quatre années précédentes à hauteur de 15 % (c'est-à-dire le ROA des quatre années précédentes explique 15 % de la variance inter-firmes en termes de réputation). L'étude montre également que les scores de réputation sont relativement stables dans le temps. On constate également que les entreprises qui ont une politique de marque qui consiste à faire figurer l'identité de l'entreprise dans ou à côté de leur(s) marque(s) produits ont en moyenne une réputation supérieure.

Le lien entre familiarité et réputation est sujet à débat. Certaines études montrent que la familiarité contribue positivement à la réputation (Bromley, 1993 ; Dowling, 1986 ; Turban, 2001). Mais d'autres études montrent que l'exposition dans les médias a un impact négatif sur la réputation, même lorsque la couverture média est positive (Fombrun et Shanley, 1990). Dans la pratique, le consensus est qu'il existe bel et bien un lien entre familiarité et réputation : pour preuve, une part considérable des activités de publicité est destinée à augmenter la familiarité des consommateurs avec les entreprises et leurs produits dans l'espoir qu'une telle familiarité conduise à une préférence pour ces entreprises et ces produits. C'est cette même croyance qui motive les communications à destination du marché de l'emploi. Le phénomène cognitif sous-jacent est bien connu, il s'agit du phénomène de « simple exposition » (*mere exposure phenomena*). Des études montrent que l'appréciation d'un stimulus augmente avec la fréquence d'exposition[1]. Ce phénomène permet d'expliquer des événements de la vie de tous les jours : ainsi lors d'élections locales, les candidats reçoivent des votes en proportion du degré de familiarité des électeurs avec leur nom. Toutefois, ce phénomène ne s'applique que lorsque l'on tente de discriminer entre des stimuli globalement peu familiers. Il ne permet pas d'expliquer la préférence entre des objets connus. En fait, si l'on s'en réfère aux nombreuses recherches en théorie de la décision, il est clair que la familiarité peut produire à la fois des

1. Ces expériences sont faites classiquement avec des photos de visages inconnus : on constate que les individus « préfèrent », c'est-à-dire évaluent positivement, les visages qui leur ont été présentés à plusieurs reprises par rapport à ceux qu'ils n'ont vu qu'une seule fois. Cf. Bornstein pour une revue de cette littérature.

effets positifs et des effets négatifs : plus une entreprise est connue et plus elle présente une cible large pour la formation d'opinions négatives. Être familier avec une entreprise signifie avoir à disposition un ensemble plus large d'informations (positives et négatives) sur lesquelles baser son jugement (Brooks *et al.*, 2003). En conséquence, les entreprises les plus connues sont toujours les plus réputées, mais cette réputation peut être positive ou négative. La réputation est fluctuante et dépend pour une large part des circonstances présentes. En conséquence, il n'existe pas non plus de lien direct entre familiarité et préférence. Sur les marchés où les concurrents sont bien établis, promouvoir la familiarité de l'entreprise et de ses produits ne permet pas d'influencer le choix des consommateurs (Baker, 1999).

En résumé, on peut retenir les deux éléments suivants :

- lorsqu'une entreprise s'engage à promouvoir sa réputation, cela requiert une attention de tous les instants – car plus une entreprise est connue et plus elle est exposée ;
- une politique de réputation destinée à promouvoir la notoriété de l'entreprise est inefficace sur les marchés biens établis : l'entreprise doit alors se distinguer, ce qu'elle peut faire en mettant sont identité au cœur de sa communication.

1.4 L'impact des crises

Une étude sur le *Reputation Quotient* illustre parfaitement l'impact des crises médiatiques sur la réputation (Gardberg et Fombrun, 2002). Aux États-Unis en 2000, les sept entreprises ayant les plus mauvaises réputations auprès du grand public toute industrie confondue étaient Firestone, Exonmobile, Philip Morris, Nikle, K-Mart, AOL et Ford. Pendant la période retenue, ces entreprises ont toutes été confrontées à de graves crises médiatiques. Firestone et Ford ont été affectées par l'explosion de pneus sur le modèle Explorer de Ford (épisode qui conduisit à un rappel véhicule sans précédent au cours de l'été 2002). ExxonMobil souffre d'une couverture médiatique négative depuis le scandale de l'*Exxon Valdez* en Alaska. En 2000, l'entreprise faisait également les gros titres pour avoir mis fin aux avancées salariales accordées par Mobil avant son rachat par Exxon, et à cause d'une campagne de communication dans laquelle l'entreprise persistait à nier l'importance du phénomène de l'effet de serre (ce qui a attisé la colère des mouvements écologistes conduisant au boycott en Europe de sa filiale Esso). Philip Morris a continué de souffrir de l'exposition médiatique très négative suite aux procès multiples contre les fabricants de tabac intentés par des malades aux US. Nike et K-Mart se retrouvent souvent opposés à des groupes de pressions qui les accusent d'utiliser des sous-traitants opérant des *sweatshops* dans les pays en voie de développement (c'est-à-dire des usines dans lesquels des vêtements sont confectionnés par des enfants). Enfin, AOL était très critiqué dans la presse pour son comportement monopolistique et agressif. Tous ces exemples montrent que les crises médiatiques peuvent avoir un impact extrêmement négatif sur la réputation : difficilement acquise, une bonne réputation peut être facilement perdue.

1.5 Les avantages d'une bonne réputation

Nous avons déjà souligné l'impact positif que la réputation exerce sur la persistance des taux de profits supérieurs à la moyenne comme le démontrent les travaux de Roberts et Dowling (2002) : Même lorsqu'on isole la composante financière de la réputation, l'impact du résidu, c'est-à-dire la réputation non liée aux performances financières des précédentes périodes, sur la performance demeure positif et significatif. Mais d'où exactement provient cet effet ?

La réputation agit comme un signal de la qualité intrinsèque des produits et services d'une entreprise, pour laquelle les consommateurs sont prêts à payer un prémium – notamment dans les marchés caractérisés par une incertitude forte sur la qualité (Shapiro, 1983). Cet effet s'ajoute à l'effet intrinsèque de la réputation qui conduit les individus à valoriser les transactions avec des firmes ayant une bonne réputation : acheter une marque connue renvoie au consommateur une image positive de lui-même. Ce même penchant conduit les employés à accepter plus facilement les demandes d'une entreprise ayant une bonne réputation, par exemple travailler plus (ou travailler pour un salaire moindre). Dans certaines industries comme le conseil en management, la banque d'affaire ou le conseil juridique, les gains associés à ce type d'effet sont très importants et contribuent de façon significative à la rentabilité des institutions leader de leur marché (bien sûr, entretenir une réputation entraîne également des dépenses). Enfin, une bonne réputation réduit les coûts de monitoring des transactions avec les fournisseurs, ainsi que les coûts initiaux de contracting. Dans un autre registre, la littérature en marketing suggère qu'une bonne réputation améliore la performance de la force de vente, le lancement de nouveaux produits et la résilience de l'entreprise en cas de crises médiatiques (Dowling, 2001).

Le tableau 24.2 classe les entreprises américaines en deux groupes : celles ayant une bonne réputation celles ayant une réputation moyenne ou mauvaise (la réputation est mesurée à l'aide du *Reputation Quotient*). Sur un ensemble de critères, on constate clairement l'impact positif de la performance.

Il existe également des effets plus complexes car indirects. Par exemple, une étude menée par Benjamin et Poldony (1999) a montré que le retour sur investissement d'une politique d'investissement qualité dans l'industrie californienne des producteurs de vin est supérieur pour les producteurs ayant déjà une bonne réputation.

TABLEAU 24.2

	Réputations supérieures à la moyenne	Réputations inférieures à la moyenne
RQ rating	68,8	77,3
Market value to book value	4,01	5,73
Long-term debt to equity	144,7	74,9
Return on Assets	5,3 %	9,52 %
5-year Growth rate in earning per share	8,46 %	12,07 %

Source : C. Fombrun et C.V. van Riel, *Fame and Fortune*, 2002.

1.6 Gérer la réputation : selon quels principes et avec quel budget ?

Aujourd'hui, toutes les entreprises ne gèrent pas efficacement le risque de réputation. Les outils classiques du contrôle de gestion se concentrent exclusivement sur les activités créatrices de valeurs. Or, au-delà de la performance économique pure, d'autres facteurs tels que la performance sociale ou environnementale contribuent à une bonne réputation. Des systèmes tels que le *Balanced Scorecard* (Kaplan et Norton, 1996) permettent une prise en compte plus large des éléments qui ont un impact sur la réputation. En parallèle, rares sont les entreprises qui introduisent dans leurs indicateurs de performance, qu'ils soient individuels ou collectifs, des éléments liés à la réputation. Globalement, la réputation est encore fréquemment gérée seulement en période de crise, même si les choses sont en train de changer : la multiplication des bilans sociaux et des bilans écologiques témoigne que la réputation est de plus en plus considérée comme un actif stratégique à part entière. L'industrie des *business school* fournit un exemple convaincant. Depuis une dizaine d'années, les écoles ont pris conscience de l'importance de leur réputation, notamment auprès des recruteurs. Les classements publiés annuellement par divers journaux tels que *Business Week* ou le *Financial Time* ont pris une importance considérable. Pour être bien classée, une *business school* doit non seulement posséder de solides fondamentaux, mais également s'assurer qu'elle communique de façon efficace ces éléments aux personnes qui construisent ces classements. Au-delà de la simple mise à disposition de l'information, il existe tout un travail de lobbying qui porte sur la façon dont doivent être calculés les classements.

Fombrun et van Riel (2003) recommandent aux entreprises d'être « expressives ». En effet, ils soulignent que parvenir à un certain degré de visibilité est un impératif si l'on souhaite bâtir une solide réputation. Ils recommandent aux entreprises d'adopter les principes suivants :

- être visible ;
- être distinctif ;
- être authentique ;
- être transparent ;
- être constant.

En matière de budget, Fombrun et van Riel (2003, p. 31) donnent l'heuristique suivante : en moyenne une amélioration de 10 % la réputation, telle que mesurée par le RQ (voir repère ci-dessous) conduit à une augmentation de 1 % à 5 % de la valeur de marché de l'entreprise. Si l'on prend l'hypothèse basse, cela signifie que le budget à consacrer à une augmentation de 10 % de la réputation ne doit pas dépasser 1 % de la capitalisation de l'entreprise.

1.7 Une entreprise doit-elle adopter une stratégie de réputation et mettre l'identité au cœur de sa stratégie de marque ?

Le cas de Virgin illustre le rôle que peut tenir la réputation au cœur de la stratégie d'une entreprise : la réputation de Virgin, bâtie autour du charismatique président-fondateur Richard Branson, est utilisée dans l'ensemble des activités du groupe comme source de différentiation. Body Shop fournit un autre exemple. Le positionnement de l'entreprise est le suivant : « *profits with principles* » ou « *doing well by doing good* ». Au début, dans les années 1990, c'était un positionnement unique et viable, car il correspondait à l'émergence d'une catégorie suffisamment importante de clients sensibles à ce type d'arguments (les *cost-conscious green*). Cette stratégie contraste avec celle utilisée par la plupart des firmes cosmétiques, qui utilisent une stratégie de marque ombrelle, de type *house of brands*, dans laquelle chaque ligne de produit conserve une identité de marque propre et indépendante. En substance, mettre l'identité de l'entreprise au cœur de stratégie de marque, c'est dire : « Achetez nos produits parce que nous sommes qui nous sommes. » Dans le cas de Body Shop, comme pour Virgin, la présidente du groupe, Annita Roddick, jouait le rôle de figure emblématique de l'entreprise. Mais il n'est pas nécessaire d'avoir un leader charismatique pour mettre l'identité d'entreprise en avant (voir plus loin le concept de focalisation). Ainsi, les entreprises publiques, comme Gaz de France, ont souvent recours à ce type de stratégie. Dans leur cas, il s'agit de renforcer leur image « d'entreprise citoyenne ».

La décision d'utiliser l'identité de l'entreprise comme base de la politique de réputation dépend également de la réputation de l'industrie. Dans les industries qui ont globalement mauvaise réputation, comme le tabac, la pornographie, l'armement, le nucléaire, etc., il est extrêmement difficile de construire une réputation positive. Dès lors, la stratégie consiste à cacher l'identité de l'entreprise aux yeux du grand public. Dans les industries perçues comme un mal nécessaire, par exemple l'industrie du pétrole ou l'industrie forestière, certaines entreprises décident d'investir dans une politique de réputation volontariste. Même si ce type de stratégie ne permet pas de produire un avantage concurrentiel, elle permet de s'assurer une protection relative vis-à-vis de groupes de pressions et d'ONG. On peut citer comme exemple les efforts concédés par Shell depuis une dizaine d'années en réponse aux attaques dont l'entreprise a fait l'objet de la part de Greenpeace notamment, suite à l'épisode du *Brent Spar*. L'avantage produit n'est peut-être pas décisif, mais son impact est positif sur le moral des employés. Il concourt à influencer le segment des consommateurs les plus sensibles aux arguments écologiques, ainsi qu'à maintenir l'entreprise dans les bonnes grâces des pouvoirs publics. Enfin, une bonne réputation dans une telle industrie peut détourner l'attention de certains groupes vers les concurrents. Toutefois, il ne s'agit pas d'un avantage concurrentiel car celui-ci n'a d'impact ni sur les fondamentaux de l'entreprise (il laisse sa structure de coût globalement inchangée) ni sur le choix de la majorité des consommateurs (pas de véritable différentiation).

Une alternative consiste à mener une politique collective, au niveau des groupes stratégiques ou de l'industrie. Certaines firmes, notamment celles opérant sur des marchés « *bad but fun* », comme l'alcool, les paris ou le *fast food*, tentent de modifier l'identité attribuée à l'industrie et/ou à l'entreprise. Ainsi l'industrie du pari tente depuis des années d'être perçue comme l'industrie du jeu. McDonald's a tenté de projeter une identité de « restaurants pour la famille ». En France, les tentatives répétées de l'industrie viticole pour positionner le vin comme un élément du patrimoine sont un autre exemple de politique identitaire à grande échelle.

Adopter une politique de réputation visible est difficile. Cela comporte des risques liés à la plus grande exposition de l'entreprise et requiert une vigilance constante afin de s'assurer que l'identité manifestée est en accord étroit avec l'identité projetée. L'égarement d'un seul employé peut mettre en péril une réputation durement conquise. De plus, construire cette réputation, c'est-à-dire parvenir à ce que l'identité attribuée à l'entreprise corresponde à l'identité professée et projetée nécessite la mise en place de contrôles internes rigoureux, du temps et de la constance. Les coûts associés à une telle stratégie sont élevés. Le cas des *business schools* illustre ce dernier point : entrer dans l'arène médiatique, faire connaître l'école nécessite d'être présent dans les classements internationaux. Être parmi les premiers confère un avantage pour attirer des fonds et des étudiants – mais être quarante-neuvième de la liste ? Quand on se lance dans une telle stratégie, il faut s'assurer que la réputation de l'entreprise est mobilisée aux étapes de la chaîne de valeur où elle peut réellement conduire à un avantage concurrentiel. On distingue alors deux cas de figure, soit la réputation est utile, et dans ce cas il convient de l'entretenir et de la développer, soit elle est stratégique et il convient alors de la communiquer le plus largement possible et de la placer au cœur de la réflexion stratégique.

1.8 La réputation : une épée à double tranchant

La réputation est un signal de la qualité, qui entraîne la formation d'un contrat implicite entre l'entreprise et ses clients. Plus une entreprise est réputée, et plus les défaillances produits sont perçues comme une rupture de ce contrat. De plus, les entreprises qui ont une bonne réputation ont une couverture médiatique importante, ce qui se retourne contre elles en cas de problème. De plus, les entreprises qui ont une réputation de qualité sont, toutes choses égales par ailleurs, plus susceptibles d'être victimes du syndrome de la « trappe de compétence » (« *competency trap* », Levitt et March, 1988). Le raisonnement est le suivant : l'attention que porte une entreprise aux nouvelles technologies émergentes est inversement proportionnelle à sa réputation (particulièrement sa réputation en matière d'excellence technique). Une étude portant sur l'industrie américaine de l'automobile (Rhee et Haunschild, 2003) confirme ces deux hypothèses. En effet, en cas de problèmes techniques entraînant le rappel usine de véhicules, les constructeurs subissent des réductions de leur part de marché qui sont proportionnelles à leur réputation. Il semble par contre que la relation entre réputation et apprentissage soit en réalité une courbe en U. Même si les entreprises à forte réputation sont plus souvent victimes de la persistance de routines sous-optimales, l'importance des coûts associés aux problèmes qualité les pousse à surcompenser. Les entreprises n'ayant pas de réputation sont immunisées à ce phénomène. Ce sont donc uniquement les entreprises ayant des réputations « moyennes » qui sont potentiellement les plus pénalisées en matière d'apprentissage. Cet exemple montre que bâtir une stratégie de réputation est risqué. Il s'agit d'une situation de « *winner takes all* ».

Mesurer la réputation des entreprises – *Fortune Most Admired Companies* et Harris-Fombrun « *Reputation Quotient* »

Il existe aujourd'hui un certain nombre d'études et de baromètres qui mesurent régulièrement la réputation des grandes entreprises. Le plus célèbre de ces classements est sans doute *America's Most Admired Companies* publié par le magazine *Fortune* (http://www.fortune.com/fortune/). Cette étude annuelle couvre les mille plus grandes entreprises représentatives de tous les secteurs de l'économie américaine. Les entreprises étudiées sont sélectionnées par rapport à leurs résultats financiers. La réputation est mesurée sur la base des réponses à un questionnaire qui est adressé à des dirigeants, des directeurs non exécutifs et des analystes financiers. En moyenne, plus de douze mille personnes sont sondées chaque année, et le taux de réponse avoisine les 50 %. Les sondés évaluent les firmes sur huit critères :

▶

▶

- utilisation des actifs,
- responsabilité sociale et environnementale,
- capacité de développement et de rétention des personnels clés,
- solidité financière,
- capacité d'innovation,
- valeur en tant qu'investissement,
- qualité du management
- qualité des produits.

La réputation est un composé du score obtenu sur ces huit dimensions D'autres journaux, comme le *Financial Time*, *Asian Business*, *Manager Magazine* produisent des études similaires. Des agences comme le *Council on Economic Priorities* (CEP) et des fonds d'investissements comme Kinder, Lydenberg & Domini (KLD) produisent aussi des *ratings* spécialisés sur la performance sociale des entreprises. Ces *ratings* présentent l'avantage d'une grande stabilité, ce qui permet d'établir des comparaisons longitudinales. Ils ne sont pas pour autant sans défaut. On relèvera notamment l'absence d'une base théorique sérieuse pour la sélection des dimensions composant la réputation, et les biais de sélection des répondants qui tend à sur-représenter les audiences financières (Deephouse, 2000).

En réaction aux limitations identifiées ci-dessus, Harris International a développé, en coopération avec C. Fombrun, professeur à la NYU, une nouvelle mesure de la réputation, *The Harris-Fombrun Reputation Quotient* (http://www.reputationinstitute.com). La réputation est mesurée en deux étapes. Une première étape, dite de nomination, permet de construire une liste des entreprises les plus visibles. Dans une seconde étape, un large panel représentatif du grand public évalue les entreprises sur une liste de vingt critères organisés en six dimensions :

- produits et des services ;
- environnement de travail ;
- performance financière ;
- vision et leadership ;
- responsabilité sociale ;
- attractivité émotionnelle.

Cette dernière dimension, la plus importante selon des études statistiques répétées depuis cinq ans, évalue la confiance et le respect dont bénéficie l'entreprise. Le score obtenu sur les vingt critères est ramené sur 100 et constitue le « RQ » ou quotient de réputation (terme impropre car il ne s'agit pas véritablement d'un rapport). Disponible aux États-Unis depuis 1999, le RQ est progressivement calculé dans un nombre étendu de pays. Les résultats pour la France en 2004 sont reproduits dans le tableau 24.3.

TABLEAU 24.3 **La réputation des entreprises françaises, en 2004**

Company	RQ	Company	RQ
1. L'Oréal	76,1	9. La Poste	61,1
2. Danone	73,5	10. Total	59,2
3. Microsoft	69,8	11. McDonald's	58,9
4. PSA	69,2	12. SNCF	58,4
5. Carrefour	68,2	13. France Telecom	54,2
6. EDF	67,5	14. Crédit Lyonnais	46,4
7. Renault	67,3	15. Vivendi	43,3
8. Air France	64,4		

Source : *Wall Street Journal Europe*, 15 nov. 2004.

2 Action interne sur l'identité : la démarche clinique par entretiens et restitution

Comme toute intervention, celle sur l'identité doit commencer par un audit. Celui-ci se singularise, dans notre cas, de trois façons au moins :

• il est nécessairement complexe, du fait de la diversité des objets qu'il doit couvrir. Il est notamment essentiel de comprendre et d'intégrer les contraintes d'ordre stratégique ;

• il s'adresse au cœur de l'entreprise et est donc délicat à mener. Il nécessite un soutien clair de la part des dirigeants qui le commanditent ;

• la distinction entre phase de diagnostic et phase d'intervention est ténue. Non pas que les deux phases soient confondues, mais plutôt parce qu'effectuer un diagnostic, c'est déjà agir sur l'identité. Questionner le système sur les processus psychologiques individuels et groupaux peut générer des conduites diverses, en particulier une mobilisation importante des individus à l'égard de l'action à venir, ou au contraire un rejet brutal.

L'audit d'identité s'intéresse d'abord à l'histoire de l'entreprise. On ne saurait trop insister sur l'importance du temps dans l'évolution des stratégies et des structures. L'entreprise a une histoire, et le présent s'inscrit nécessairement dans le courant de cette histoire. Si, sur une longue période, elle a pu survivre, c'est qu'elle a été capable, au fil des ans et des décisions critiques, de déterminer ce qui marche et ce qui ne marche pas pour elle. Aucune entreprise n'est excellente en permanence. Des mouvements stratégiques peuvent se révéler erronés, des modifications de structures peuvent être tardives ou prématurées. Mais, sauf quand elle se laisse glisser dans la pathologie, l'entreprise ajuste en permanence ses stratégies et ses structures. Elle est donc porteuse d'un savoir accumulé qui est un des piliers de son identité.

Une constatation similaire peut être faite pour les individus dans l'entreprise. On n'apprend pas son rôle en un jour. Il y a tout un processus d'acculturation permettant à l'identité personnelle de s'acclimater dans l'entreprise, de découvrir l'identité organisationnelle, et de s'y aménager une place au prix de quelques compromis et de quelques doubles langages. La carrière n'est pas nécessairement rectiligne. Elle passe par des périodes de stagnation et des périodes d'ascension rapide, souvent en fonction de changements dans la coalition de pouvoir au sommet mais, sauf en cas de « parachutage », il est bien rare d'atteindre les échelons supérieurs si on n'a pas une bonne compréhension des règles du jeu organisationnel. Et cette compréhension ne s'acquiert qu'au fil des ans.

C'est le temps qui permet de dégager la cohérence d'ensemble de l'organisation, de la comparer avec d'autres et de lui conférer une permanence. C'est le temps qui permet d'identifier une entreprise et, éventuellement, de s'identifier à elle ou de la rejeter. L'identité organisationnelle est un produit du temps.

Lorsque Sony proclame une partie de son identité par le slogan : « C'est nouveau, c'est Sony », ce symbole qu'elle produit n'aurait aucun sens s'il ne reposait pas sur une histoire, sur des décisions stratégiques importantes, sur des succès d'innovation, sur une structure permettant cette innovation. Pour que le symbole ait un sens, il doit être crédible, et seule l'histoire rend durablement crédible. Car chacun peut lire l'histoire de son entreprise comme un texte et y trouver le fil conducteur qui mène au présent et fait entrevoir la gamme des avenirs possibles.

La continuité n'est pas la seule caractéristique de l'histoire d'une entreprise, pas plus que de l'histoire de tout autre groupe humain organisé. Les ruptures font partie de sa vie et en rendent la lecture plus complexe : rupture lors de la disparition d'un dirigeant, rupture lors de la fusion avec une autre entreprise, rupture due à un événement imprévisible du marché ou de la concurrence. Certaines ruptures peuvent être anticipées : changement stratégique majeur, nationalisation, dénationalisation, déréglementation ; d'autres pas.

L'audit d'identité passe aussi par une enquête ethnographique de l'entreprise. L'intervenant doit consacrer un temps considérable sur le terrain à relever à la fois l'ensemble des politiques et leur mode d'application, mais aussi les pratiques des acteurs ; et cela ne peut se faire que par une observation minutieuse.

Il est nécessaire de s'entretenir en profondeur avec un certain nombre d'acteurs et d'essayer de comprendre les représentations qu'ils ont de l'entreprise. Cet audit d'image interne peut s'appuyer sur des questionnaires validés par l'expérience. On peut utiliser, par exemple, une version aménagée du guide d'entretien proposé par Levinson[1]. Dans le cas d'une entreprise diversifiée complexe, le guide suivant fut utilisé :

- Pouvez-vous nous raconter l'histoire de votre société, votre histoire au sein de la société, votre rôle aujourd'hui ?

1. Levinson H., *Organizational Diagnosis*, Harvard University Press, 1972.

• Quel est le rôle joué par votre service dans le fonctionnement de l'entreprise ? Pouvez-vous décrire la structure et le fonctionnement de votre service ? Quelles sont les relations entre votre service et les autres services ?

• Que se passe-t-il quand il y a un conflit entre deux services ?

• Quelles sont les périodes où il y a le plus de travail pour vous ? L'information nécessaire à l'accomplissement de votre tâche est-elle disponible ?

• Comment votre travail est-il contrôlé ? Est-il évalué ?

• De quoi dépend votre rémunération ? votre carrière ? Y a-t-il des règles du jeu à observer si l'on veut percer ?

• Si vous aviez à choisir votre successeur, sur quels critères le feriez-vous ?

• Quel est le climat dans votre service ?

• Y a-t-il dans votre société des interprétations, des dogmes, des points de vue qui vous paraissent plus relever du sentiment et de la tradition que de l'analyse objective ?

• Y a-t-il dans votre société des sujets qu'il n'est pas de bon ton d'aborder ?

• Si vous deviez comparer votre entreprise à un animal ou à une personne, qui choisiriez-vous ?

• Quelle est l'image de votre société à l'extérieur ?

• Qu'est-ce qui attire les cadres dans votre société ? Qu'est-ce qui pourrait aller à l'encontre de cela ?

• Votre société est-elle vulnérable ? pourquoi ? Comment voyez-vous son avenir ? Quels sont les facteurs importants à prendre en compte ?

Signalons enfin que, en matière d'audit d'identité, la relation entre l'intervenant, les acteurs et l'entité entreprise est aussi importante que le contenu des informations collectées. Les comportements des acteurs envers l'intervenant reflètent les affects et les modes d'action qui prévalent dans l'entreprise. La réaction spontanée de l'intervenant devant ce qu'il apprend et ce qui se dévoile de l'identité de l'entreprise ne doit pas être mise de côté. Chacun réagit face à un système organisationnel donné, et l'analyse de cette réaction même apporte des informations sur la nature du système, surtout si l'intervenant a une certaine expérience et connaît des types d'entreprises variés.

Dans un tel audit, chaque personne interrogée doit, en outre, savoir qu'elle n'est pas seule à fournir des informations. Ce savoir limite la tentation de produire des discours enjolivés.

On donne plus volontiers des informations quand on sait qu'il y aura restitution, c'est-à-dire, mise en commun et – peut-être – travail à partir de cette mise en commun. Dans l'idéal, la restitution doit être aussi complète que possible.

Cependant, dans certains cas, le ou les dirigeants peuvent craindre une restitution qui pourrait, soit les mettre sur la sellette, soit amener des enchaînements qu'ils ne sont pas sûrs de maîtriser. Dans ces cas de figure, le consultant doit être prêt à s'adapter à son client. Il faut garder à l'esprit que les interviewés peuvent considérer qu'une simple prise de conscience par le dirigeant des blocages de son organisation a une valeur en soi. Le dévoilement contrôlé des non-dits constitue déjà un levier d'action ultérieure.

La restitution présente toujours deux phases :

• la présentation de *verbatim* permettant de décrire la situation telle que les interviewés la perçoivent. Chaque acteur doit, à la fois, se reconnaître dans cette restitution et apprendre quelque chose sur la perception des autres. Si le consultant fait bien son travail, cette phase doit être inattaquable. Elle constitue un savoir commun (en particulier des non-dits) ;

• le consultant peut se permettre ensuite d'esquisser des interprétations, c'est-à-dire de donner une cohérence au paysage décrit dans la première phase. Il est ici attaquable, et c'est là que le vrai travail commence.

Il n'est pas de changement sans processus d'appropriation du changement par les acteurs de l'entreprise. C'est leur travail qui compte.

Les intervenants deviennent partie prenante du changement. Dans le processus, ils ne sont pas des experts extérieurs détenteurs d'une vérité, mais des individus cherchant à comprendre, à aider.

Ils apportent des méthodes et des savoirs permettant aux acteurs du système social de mieux résoudre leur problème :

• méthodes de recueil des données sur la position concurrentielle de l'entreprise et son fonctionnement interne ;

• savoirs sur le fonctionnement interne et externe des organisations ;

• méthodes de conduite des processus de changement permettant son appropriation par l'entreprise.

3 Gérer les identités d'entreprises multiples

Les entreprises modernes ont souvent des identités multiples (Pratt et Foreman, 2000 ; Albert et Whetten, 1985 ; Cheyney, 1991). Cela signifie qu'il existe au sein d'une même entreprise plusieurs conceptions de l'organisation, c'est-à-dire plusieurs identités vécues distinctes et, plus largement, plusieurs systèmes identitaires distincts. Par exemple, dans une clinique privée, une identité « médicale » peut coexister avec une identité « business ». Quelle position le management doit-il adapter face à cette multiplicité ? Est-il nécessaire de rassembler et/ou coordonner l'ensemble de ces identités au sein d'une méta-identité englobante ? Doit-on, au contraire, laisser chacune des identités s'exprimer, ou encore choisir de promouvoir une identité dominante, quitte à se séparer des autres ? Selon Pratt et Foreman (2000), la stratégie identitaire adaptée dépend de deux critères : l'attachement à la pluralité identitaire et l'existence de synergies entre les identités :

• *pluralité* : quel est le degré de pluralité identitaire optimum pour l'entreprise ? La valeur attachée à la pluralité dépend du soutien qu'apportent des parties prenantes puissantes aux différentes identités, de la contribution potentielle de chaque identité à la stratégie de l'entreprise et du niveau de ressources disponibles pour gérer la coexistence d'identités multiples. Plus les parties prenantes qui soutiennent les diverses identités sont puissants, plus la contribution potentielle des identités est forte et plus les ressources de l'entreprise sont importantes, et plus la valeur attachée à la pluralité identitaire augmente ;

• *synergie* : existe-t-il des synergies entre les différentes identités ? Le potentiel de synergie dépend de la compatibilité des identités, de l'interdépendance entre les groupes qui soutiennent ces identités, et de la répartition « spatiale » des identités. Plus les identités sont compatibles entre elles, plus les groupes qui les soutiennent sont interdépendants, et plus elles sont dispersées de façon homogène à travers l'entreprise, et plus les synergies potentielles sont importantes.

Lorsque l'on combine ces deux critères, on obtient quatre stratégies de gestion des identités multiples (*cf.* figure 24.1).

FIGURE 24.1 **Stratégies pour la gestion des identités d'entreprise multiples (adapté de Pratt et Foreman, 2000)**

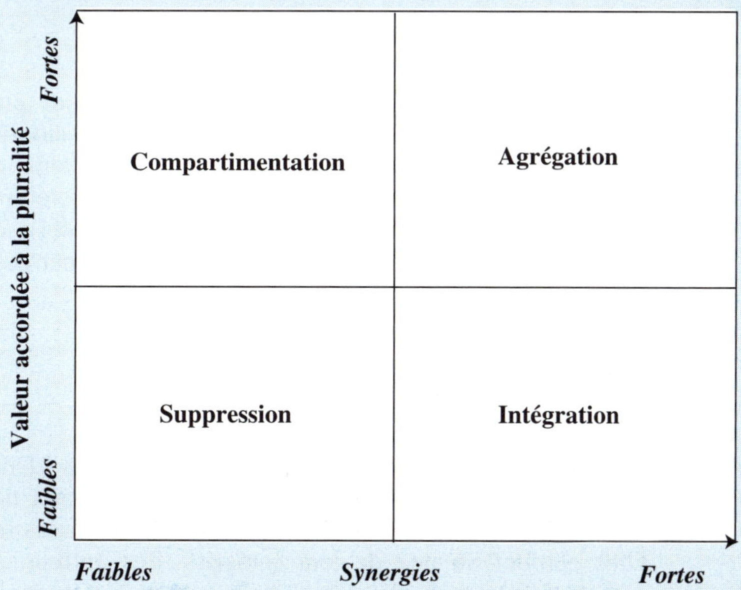

3.1 La compartimentation

Cette stratégie consiste à conserver l'ensemble des identités présentes sans chercher à les intégrer. Chacune des identités est maintenue de façon séparée ; la séparation s'opère de façon physique et/ou spatiale et/ou symbolique. Cette stratégie est adaptée dans les cas où :

- les multiples identités sont légitimes, et/ou soutenues par des parties prenantes puissantes et/ou ont une valeur stratégique importante ;
- les ressources organisationnelles sont importantes ;
- les identités sont peu compatibles, peu interdépendantes et peu dispersées.

Pratt et Foreman (2000, p. 27) donnent l'exemple d'une institution de soin composée d'un hôpital à but non lucratif (dépositaire d'une longue tradition religieuse), d'une clinique offrant une large gamme de soins spécialisés et enfin d'une unité fournissant des services d'assurance-santé. Dans cette entreprise coexistent, respectivement : une identité « charitable », une identité « médecine spécialisée, professionnelle » et une identité « business ». Ces trois identités sont importantes pour le succès à long terme de l'établissement mais peuvent facilement entrer en conflit. La stratégie mise en place par la direction consiste à maintenir chaque branche dans des locaux différents, à adopter des modes de fonctionnement différentiés d'une entité à l'autre et à instaurer des règles explicites de coopération minimales. On ne cherche donc pas à tirer un profit maximal des synergies potentielles, mais parallèlement chacune des identités est maintenue dans son intégrité.

3.2 La suppression

Cette stratégie consiste à se séparer d'une, ou de plusieurs, des identités distinctes qui composent l'entreprise. La suppression peut s'opérer par une politique de cession d'actifs ou, plus difficilement, par une politique interne. Une telle stratégie est plus facile à mettre en place dans les organisations idéographiques (Albert et Whetten, 1984), c'est-à-dire dans les organisations où les diverses identités sont peu dispersées et sont, au contraire, compartimentées.

3.3 L'intégration

Cette stratégie consiste à fusionner les diverses identités en une nouvelle identité distincte et englobante. Contrairement aux deux stratégies précédentes, les identités ne demeurent pas indépendantes les unes des autres, et elles perdent un peu de leur intégrité. Les entreprises qui fusionnent en « bons termes » choisissent parfois ce type de stratégie. Les conditions de mise en œuvre d'une telle stratégie sont :

- forte interdépendance entre les multiples identités ;
- absences d'incompatibilités ;
- faible degré d'attachement aux identités d'origine.

3.4 L'agrégation

Cette stratégie consiste à conserver l'intégrité des multiples identités présentes dans l'organisation tout en établissant des liens entre elles. À l'inverse de la compartimentalisation, l'agrégation ne consiste pas à isoler les identités les unes des autres. Au contraire, cette stratégie consiste à instaurer des modes de coopération afin d'exploiter au maximum les synergies potentielles. Une telle stratégie est adaptée lorsqu'il existe un fort degré d'attachement aux identités d'origine (ce qui exclut la stratégie d'intégration). La mettre en œuvre requiert :

- forte interdépendance entre les multiples identités ;
- absence d'incompatibilités

L'agrégation prend principalement deux formes : la création d'une hiérarchie qui définit l'emboîtement des identités multiples, ou la création de mythes d'entreprise. La première solution revient à créer une hiérarchie identitaire. Cependant, cette hiérarchie n'est pas statique : elle varie selon les circonstances. C'est la priorité immédiate qui détermine le degré de pertinence d'une identité. Par exemple, dans une centrale nucléaire gérée par un opérateur privé, un système identitaire « business » coexiste avec un système identitaire « sécurité » : des études montrent (Osborn et Ashforth, 1990) que la prévalence d'une identité, et par conséquent d'une logique d'action, évolue de façon fluide en fonction de la prioritisation des problèmes demandant une attention immédiate. La deuxième alternative, déjà évoquée par Selznick en 1957 dans la notion de *socially integrating myths*, consiste à construire des mythes d'entreprise qui réconcilient des identités pourtant contradictoires. Ces mythes produisent des justifications, ainsi que ressources rhétoriques, qui permettent de soulager les conflits identitaires. Prenons l'exemple d'une entreprise marquée par l'affrontement de deux identités : l'une « ingénieur » et l'autre purement « business ». Chacune de ces identités induit des logiques d'actions opposées, ce qui engendre de nombreux conflits au niveau du fonctionnement concret de l'entreprise. Pour gérer ce conflit, les membres de l'entreprise font fréquemment référence au fondateur de l'entreprise, ce « génial inventeur et fin homme d'affaires » qui savait, dit-on, marier les deux impératifs. Ce mythe des origines constitue une authentique ressource rhétorique qui, si elle ne permet pas de résoudre le conflit, fournit aux membres de l'organisation un espoir et une orientation pragmatique permettant de « s'arranger » du conflit.

La typologie de Prat et Foreman (2000) est utile car elle permet un tour d'horizon assez complet des stratégies identitaires que les managers peuvent utiliser pour gérer la multiplicité des identités d'entreprise.

Les quatre stratégies proposées sont, bien sûr, des idéaux types, et la réalité est souvent plus contrastée. Le schéma des cinq facettes de Soenen et Moigeon (2002) permet d'affiner cette typologie. En effet, une entreprise peut décider d'adopter des stratégies différentiées en fonction des facettes identitaires. Par exemple, une entreprise peut adopter une stratégie de compartementalisation en ce qui concerne les identités manifestes et les identités vécues, tout en choisissant une stratégie d'intégration au niveau de l'identité projetée. Il s'agit typiquement de la stratégie adoptée par les écoles de commerce : Elles projettent une identité hybride mêlant enseignement et recherche, tandis qu'en interne la recherche et l'enseignement demeurent deux activités autonomes – tant au niveau du vécu des personnels qu'au niveau des modes de fonctionnement.

Conclusion

Une combinaison de forces de grande ampleur fait s'interroger sur la capacité des organisations à développer des systèmes identitaires complets. La théorie institutionnelle affirme que les organisations tendent à se ressembler de plus en plus (Scott, 2001). Des processus normatifs, mimétiques et coercitifs forcent les entreprises à converger vers un petit ensemble de modes opératoires stables – les organisations deviennent de plus en plus semblables les unes aux autres à force de s'imiter et du fait de la nécessité de se conformer à des pressions institutionnelles homogènes. La popularité du *benchmarking* atteste de ce mouvement. En conséquence, les identités manifestes des entreprises, notamment au sein d'un même secteur industriel tendent à converger. Cela affecte naturellement l'identité vécue, qui se construit en rapport à l'identité historique. Le processus d'élaboration symbolique qui conduit un collectif à développer un imaginaire organisationnel, une identité vécue, est mystérieux. Il est difficile de prévoir quels éléments parmi l'ensemble des fonctionnements organisationnels vont être dotés d'une charge symbolique et quels affects vont être projetés sur l'entreprise. Par contre, il est assez simple de prédire que l'isomorphisme à grande échelle peut amener les individus à questionner le caractère spécifique et distinctif de leur entreprise. Si cela advient, ceux-ci cessent alors de s'identifier à l'entreprise, et l'identité vécue devient marquée par un faible degré d'engagement. L'entreprise cesse d'être une source d'identification significative pour les individus. De nombreuses études (Capelli, 1999) en ressources humaines témoignent de ce désengagement, de la montée du cynisme et des comportements de type « mercenaire ». De plus en plus les rapports entre salariés et entreprises prennent un caractère purement contractuel (Rousseau, 1995). Dans ce contexte, la gestion de l'identité organisationnelle devient encore plus importante. L'entreprise qui parvient, au moyen d'un leadership et de modes d'organisation cohérents, à faire émerger une identité organisationnelle qui fait sens pour ses salariés se trouve dotée d'un avantage certain.

Chapitre 25

Le leadership

Le thème du leadership recèle un fascinant paradoxe : il y a quasiment consensus pour le juger fondamental pour la stratégie ; en conséquence les écrits sont pléthoriques ; mais ce qui reste après la lecture est bien mince, aussi bien pour le dirigeant – ou l'aspirant dirigeant – que pour le chercheur.

1 Une littérature pléthorique

L'importance du chef a été reconnue bien avant l'apparition de la littérature en gestion. C'est ainsi que 2004, l'année de la Chine, a permis aux Français de redécouvrir la pensée de Confucius (551-479 avant J.-C.), ministre et conseiller de princes, explicitant le rôle du détenteur de pouvoir comme garant du symbolique, à la fois dans sa fonction de construction de la continuité identitaire (l'importance des rites) et dans sa fonction de communication entre les hommes d'une même communauté (le prince est garant de la codification du langage). De même le Yi-King, postérieur de quatre siècles, offre des considérations sur l'importance du bon fonctionnement de la chaîne hiérarchique que l'on peut relire avec profit aujourd'hui. D'ailleurs, les conférences de François Jullien sur la philosophie du pouvoir et de la stratégie chez les penseurs chinois classiques font salle comble à Paris, avec un parterre de dirigeants de grandes entreprises.

Ce rôle du stratège dans la formulation et la mise en œuvre de la stratégie est souligné d'emblée dans le livre fondateur de la discipline, *Business Policy*, qui lui réserve une case dans le modèle SWOT, et énonce que l'entreprise est l'ombre portée de ses dirigeants, c'est ce que nous avons vu dès l'introduction du présent ouvrage, puis en introduction de cette quatrième partie.

Business Policy a quarante ans. Depuis, des milliers d'articles et de livres ont été consacrés au leadership. Qu'en tirer ? Pour répondre à cette question, nous sommes redevables à certains auteurs ou institutions qui font périodiquement le point sur la littérature en la matière (littérature anglo-saxonne cela va de soi, les Anglo-Saxons ignorant le reste du monde). C'est ainsi que les chercheurs se doivent de lire le monumental *Handbook of Leadership*, de Bass et Stogdill. Les praticiens, eux, peuvent se tourner vers les numéros spéciaux périodiques de *The Economist* (dernière parution octobre 2003).

Trois courants émergent de cette lecture : une présence toujours renouvelée de l'école des relations humaines ; la présence permanente d'auteurs prescriptifs, en particulier provenant du conseil ; l'arrivée d'une approche positiviste qui avait jusqu'alors épargné le domaine.

Commençons par ce dernier phénomène. *The Economist* certes reconnaît que rares sont les études visant, à partir de bases de données statistiques, à établir des corrélations entre des variables telles que la performance d'une entreprise et les caractéristiques de ses dirigeants. Mais l'hebdomadaire en recense quelques-unes et elles sont… étonnantes. Une recherche d'Harvard étudie sur vingt ans un échantillon d'entreprises, dans différents secteurs, ayant connu plusieurs *chief executive officers*. Dans l'hôtellerie, le CEO explique 41 % de la rentabilité de l'entreprise contre 4,6 % dans la fabrication de papier. La moyenne est à 14 %. Pour ceux qui jugeraient ce chiffre décevant, *The Economist* rappelle que le grand Michael Porter a fixé à 19 % la part de la rentabilité explicable par l'industrie elle-même. Changer de chef est donc un peu moins porteur d'espoir que changer d'industrie, mais n'est pas négligeable…

D'autant plus que la science américaine nous ouvre de grandes perspectives puisqu'une étude de l'université du Minnesota a conclu qu'entre 35 % et 50 % des qualités d'un leader sont dues à des facteurs génétiques. Le travail des conseils d'administration sera donc bientôt considérablement facilité, et on n'aura plus besoin de lire *Strategor*.

L'école des relations humaines est de longue tradition. L'œuvre fondatrice est bien connue : c'est la recherche de Lewin-Lipitt et White de 1927 sur l'efficacité du travail de groupe sous trois « styles de leadership » différents : autoritaire, démocratique et laisser-faire. On se souvient des résultats. Le leadership autoritaire est légèrement plus efficace que le style démocratique mais produit moins d'innovation. De cette recherche a émergé la polarisation de la pensée sur deux variables clés de l'action d'un groupe : sa productivité et son climat. Le leadership s'adresse donc autant aux besoins et sentiments de membres du groupe qu'à la structuration des tâches à accomplir.

Une très abondante production a exploré cette voie, culminant, dans les années soixante, avec les grandes œuvres de Bales, de Likert, de McGregor ou de Blake et Mouton. Dans les années soixante-dix, marquées par ailleurs par l'apport de la théorie de la contingence de Lawrence et Lorsch (examiné dans la partie Structure de *Strategor*), cette approche a été affinée par une étude poussée des situations d'action. Exemplaire en est l'œuvre de Fiedler (1972) qui démontre que chaque « style » est adapté à une « situation » définie par des variables en nombre restreint (la qualité des relations entre le leader et le groupe ; la légitimité du leader ; le caractère structuré ou non de la tâche à accomplir). Il conviendrait donc, quand les données de la situation changent, soit de changer son style de leadership, soit de changer de leader.

Cette même veine a alimenté bien des auteurs des années quatre-vingt et quatre-vingt-dix, tel que Robert House qui en est devenu le chef de file, mais aussi ceux qui se sont tournés vers l'apport des sciences cognitives (Hampden-Turner, de Bono), vers la référence au charisme (Bass), ou vers la puissance de l'esprit moutonnier dans les groupes (Janis).

La littérature normative est aujourd'hui dominante si on en juge par la part que *The Economist* lui réserve. Son approche a le mérite d'être simple : le monde des affaires fourmille d'exemples de leaders tentés d'expliquer les raisons de leur succès. De nombreux « experts » son près à témoigner de ce que leur expérience des grands leaders leur a appris sur les qualités nécessaires pour exercer le pouvoir. On sait que cette approche a toujours la faveur du public : le best-seller absolu de l'histoire, toutes disciplines confondues, est *Le Prix de l'excellence* de Peters et Waterman qui fonctionnait sur ce modèle.

L'œuvre classique qui reste la référence de cette veine est sans doute le Bennis et Nanus, *Diriger. Les secrets des meilleurs leaders* (InterÉditions, 1985). À partir de l'étude de quatre-vingt-dix cas, les auteurs dégagent quatre aptitudes qui seraient le secret du succès : la capacité visionnaire – que l'on trouvait déjà dans l'analyse wébérienne du leadership charismatique ; la capacité de communiquer cette vision soit par le discours soit par la création d'une architecture sociale (structure, système de gestion) ; la capacité à gagner la confiance des gens par l'opiniâtreté, la cohérence et la résilience – c'est-à-dire la capacité à surmonter les échecs ; enfin l'auto-déploiement, héritier du fameux *self achievement* de Maslow : la capacité à comprendre ses points forts et à les exploiter en les faisant partager aux membres du groupe.

Vingt ans plus tard, en 2004, quelles sont donc les qualités requises pour être un nouveau Jack Welch ? Il faut bien avouer qu'il y a peu de nouveauté par rapport aux admonestations traditionnelles. *The Economist* retrouve donc la nécessité d'être charismatique, la volonté de diriger, le jugement clair, des valeurs éthiques fermes, le sens de la décision, de la direction et la capacité visionnaire mais sans négliger l'ouverture aux autres, la capacité de communiquer, la flexibilité et l'absolue nécessité de libérer l'autonomie d'autrui (en anglais *empowerment*, le précepte d'or de la fin du XXe siècle).

La grande nouveauté est sans doute la modestie et la patience qu'on ne trouvait guère auparavant. Le beau titre de l'ouvrage de Badaracco (*Leading Quietly*) semble avoir fait mouche : un leader doit se contenter de petites victoires (de mise en œuvre) pour en préparer de grandes (la réalisation d'une stratégie). On peut remarquer qu'on revient en fait à un article classique des années soixante (« Good Managers Don't Make Policy Decisions » de Wrapp).

Pour les lecteurs qu'agacerait la posture du gourou, on peut recommander le témoignage direct des dirigeants sur leur action, car la présentation de soi peut très bien s'assumer comme subjective et donc montrer de l'intérieur la façon dont le travail du dirigeant est vécu. C'est ainsi qu'en 2004 on ne regrettera pas la lecture des livres de Carlos Ghosn (signé ou non par lui). On apprendra également beaucoup sur un personnage exceptionnel (Jean-Marie Messier) en lisant les deux livres qu'il a consacrés à l'odyssée de Vivendi Universal. Cette lecture construit une histoire cohérente que l'on pourra comparer à la même histoire narrée par des journalistes (Martine Orange, Pierre Briançon).

Il est impensable de clore ce panorama sans consacrer un développement à deux phénomènes anglo-saxons qui connaissent un grand succès en France : le *coaching* et le *team-building* (qu'on ne se donne jamais la peine de traduire…).

Le point de départ est une métaphore : celle de l'entraîneur sportif qui accompagne les joueurs dans leur progrès, aussi bien chaque joueur que l'ensemble qu'ils forment. Le coach est un conseil mais un détenteur de pouvoir peut aussi avoir des talents de coach. Cette métaphore a un grand attrait c'est sa souplesse car, en football par exemple, un entraîneur peut être plutôt un technicien ou un tacticien ; il peut être un animateur d'hommes ou un maître du tableau noir ; il peut s'occuper de la vie privée de ses joueurs ou pas. Mais cette métaphore a aussi des limites : en sport, l'entraîneur est à la fois détenteur de l'autorité formelle et absent du terrain. Dans l'entreprise, ça n'est jamais vrai. Quand on parle de *coaching* comme profession, le coach n'est ni en position hiérarchique, ni sur le terrain. Quand on parle du *manager-coach* de ses subordonnés, on parle de quelqu'un qui est à la fois hiérarchique et au cœur de l'action. Cette ambiguïté conceptuelle rappelle beaucoup celle qui a tant bénéficié à ses débuts aux experts de la culture d'entreprise ; la mythification d'un mot risque de disqualifier des approches rigoureuses, il ne faudrait pas que le coach fasse oublier les psycho-sociologues comme les gourus de la culture ont supplanté les ethnologues de l'identité.

Au demeurant, le succès du *coaching* sur le marché repose une question très ancienne et très sérieuse : peut-on apprendre le leadership ? Nous soutenons que oui, mais cela passe par un vrai travail et une approche plus ancrée dans les sciences sociales.

2 Notre approche

Notre approche est, nous l'espérons, moins incantatoire. Dans la tradition de Max Weber, nous considérons le travail du dirigeant comme un effort quotidien d'agrégation et de consolidation de diverses légitimités, en particulier de la légitimité formelle issue de la règle et de sa légitimité personnelle.

Cette perspective a sa propre continuité. Il convient de citer deux auteurs majeurs.

Reprenons une fois de plus Philippe Selznik, et son livre fondateur : *Leadership in Administration* paru en 1957. L'idée intéressante est une constatation dérangeante : la plupart des organisations se passent de leadership. Il n'y a pas d'organisation sans pouvoir et sans détenteurs d'autorité formelle, toute organisation effectue une tâche avec plus ou moins d'efficacité, mais la plupart du temps les acteurs de ces organisations n'éprouvent pas un sentiment d'identité collective. L'organisation ne secrète pas de valeurs dont les acteurs pourraient se nourrir. Ils ne s'identifient pas à elle. Elle reste une coquille vide : ils peuvent changer de coquille, comme elle peut changer d'acteur.

Le leadership, nous dit Selznik, c'est justement le travail qui va transformer l'organisation banale en « institution », c'est-à-dire qui va lui permettre de devenir un corps social conscient de ses buts et de ses valeurs, capable de s'affirmer face aux autres et de résister si son identité est menacée. Le leader est celui qui porte ce travail. Il est celui qui légitime les buts et qui modèle l'architecture sociale, celui qui bâtit et qui tranche. Et il y risque toujours sa légitimité.

La deuxième institution fondatrice est celle de Zaleznik, annoncée dans « Managers and Leaders : Are they Different ? », un article de 1977, et développée dans ses publications ultérieures. Là encore, l'idée est simple : le leader n'est pas un manager. Ils ne diffèrent pas seulement par leur rôle mais par leur conception de l'organisation. Ils sont fondamentalement différents. Leur histoire personnelle est différente. Différente est leur structure psychique. Différents sont leurs rapports interpersonnels au sein de l'organisation. Le leader est celui qui nourrit l'identité collective de son identité personnelle. Cela suppose de sa part un travail intrapsychique, une élaboration personnelle capable de transformer des talents particuliers en aventures collectives. Le travail sur les buts, le travail sur l'architecture sociale, ne relève pas seulement de l'économie ou de la psychologie sociale. Il passe aussi par un travail sur soi. On n'y risque pas seulement sa légitimité mais aussi son âme.

Quiconque a vécu dans une organisation le sait bien : les vrais leaders sont rares et la plupart des organisations n'ont pas d'âme. Elles remplissent banalement des tâches mécaniques et sont livrées à la politique et au jeu des rapports de force, car sans leader, il n'y a pas de pouvoir au service d'une œuvre collective s'imposant aux intérêts particuliers.

Zaleznik décrit dans un de ses ouvrages ce qui se passe quand le leader s'efface au profit d'une idéalisation, soit d'une idéologie de la coopération et de l'évitement des conflits, soit des systèmes et règles de gestion dépersonnalisés. Dans ces cas, l'essence même de l'entreprise – qui est d'imaginer, de produire et de vendre des biens et des services sur un marché – passe progressivement au second plan. L'énergie des individus est détournée de la substance des problèmes au profit des processus de résolution de ces problèmes.

On leur demande de s'identifier à des idéologies (l'excellence, la participation, la culture d'entreprise, l'efficacité) et non plus à des hommes. Le destin d'un système idéologique est d'engendrer la déception dans la mesure où la réalité des entreprises ne permet jamais de maintenir très longtemps le leurre et la fiction. Lorsque l'idéologie ne fonctionne plus, de telles organisations deviennent des systèmes politiques. Chacun agit en fonction de son intérêt, en particulier de ses sources de protection ou de ses soucis de carrière. Les décisions ne sont plus prises en vue d'atteindre les objectifs de l'entreprise et pour remplir ses tâches, mais en fonction des alliances passagères et des bénéfices à en attendre à court terme.

Mais si le leader fait face à sa responsabilité, l'organisation n'est pas pour autant assurée d'agir selon la raison, car tout pouvoir corrompt et place le leader dans une situation où il peut éventuellement, lui aussi, faire passer l'intérêt de l'organisation après le sien. Il peut certes le faire par la voie perverse, en transformant les autres en purs objets de ses pulsions, mais également de façon plus insidieuse, par la voie névrotique. Se construisent alors des entités cimentées par des collusions entre dirigeants et dirigés, sur des fantasmes archaïques où les uns et les autres trouvent leur place.

Le chemin vers une identité saine n'est donc pas aisé. Toute organisation est confrontée au thème central du pouvoir et des tensions internes. Le nier, c'est s'engager sur la vole bureaucratique ou mystique. S'y perdre, c'est se diriger vers les systèmes pervers ou névrotiques. Entre les deux, il faut reconnaître le primat du travail à accomplir et du principe d'équité et de justice dans le traitement des hommes. Alors le pouvoir trouve toute sa légitimité et sa force à long terme.

Le successeur de Zaleznik à la chaire de Leadership d'Harvard, John Kotter, reprit en 1990 ce thème de la différence entre manager et leader dans un article cité dans tous les *best of* : « What Leaders Really Do ». Comme l'indique le titre, la perspective est plus phénoménologique que psychosociologique. Alors que le manager gère la complexité, le leader prend en charge le changement. Dans cette perspective deux tâches deviennent capitales et lui seul peut les affronter : faire vivre la collaboration des acteurs (le choix des mots de Kotter est assez malheureux : il dit « alignement », ce qui semble bien réducteur) et les motiver au service du but choisi, les aider à surmonter les difficultés. La vraie tâche du leader est d'instaurer une « culture du changement ».

Dans la série des grands articles d'*Harvard Business Review* sur le leadership, il convient aussi de relever l'article écrit en 1998 par Daniel Coleman : « What Makes a Leader », prélude au livre de 2002 *Primal Leadership* et qui développe l'idée d'intelligence affective.

L'approche en est très irritante car là aussi le positivisme a frappé (90 % de l'écart de performance entre les chefs ne provient pas de leur intelligence cognitive mais de leur intelligence affective) en même temps que, en conclusion, la démarche commerciale du consultant (je peux vous enseigner l'intelligence affective). Mais le corps du texte est plus conceptuel en ce qu'il propose cinq composants de l'intelligence affective : la capacité de contrôler ses affects et ainsi d'améliorer ses capacités cognitives ; la motivation intrinsèque – la passion du travail plutôt que de l'argent ou du statut – l'empathie et la capacité d'entretenir des rapports humains normaux.

On peut bien sûr contester la liste. Mais on peut se réjouir de l'impact nouveau d'un message clair : les capacités d'un leader ne sont pas qu'intellectuelles, et elles requièrent un vrai travail sur soi, que nous appellerons *le travail de rôle*. Ce concept va nous permettre de rapprocher les auteurs précédents dans un modèle unique.

3 Le travail de rôle du dirigeant

Dans une organisation, chaque rôle a des caractéristiques propres et pose une problématique spécifique. Nous nous intéressons ici à la fonction dirigeante, à l'exercice des responsabilités. Il nous semble que, dans ce cadre, tout leader est face à trois problématiques majeures : son rapport à la tâche stratégique ; son rapport au système social ; son rapport aux structures de pouvoir.

3.1 La tâche stratégique

C'est le plus officiel des trois thèmes. Diriger, c'est choisir. C'est bâtir des stratégies, c'est-à-dire, sélectionner des champs de bataille, décider d'objectifs, établir des priorités, rechercher l'adéquation des moyens et des fins.

Cela ne peut se concevoir sans une compréhension fine de la dynamique des forces de l'environnement, du monde pertinent. L'art du stratège, c'est de profiter de cette dynamique, de comprendre la vague qui porte et d'anticiper les écueils possibles.

On peut penser qu'en cela les outils d'aide à la décision stratégique lui seront d'un grand secours. C'est vrai, mais un leader authentique se caractérise toujours par la marque personnelle qu'il imprime : il transcende les outils, car son génie est de comprendre la dynamique sous-jacente, de la faire sienne et d'en extraire un projet personnel qui deviendra un projet collectif. Beaucoup de leaders potentiels en sont empêchés par le souci de leur carrière, ou par une vision géographique trop étroite, ou par leur difficulté psychique à admettre la pluralité des stratégies possibles dans un univers donné.

3.2 Le rapport au système social

Ce deuxième thème n'est à l'honneur que depuis peu. Diriger, c'est conduire une action collective, c'est faire en sorte que l'édifice improbable et précaire que constitue toute entreprise produise de la collaboration et de l'action, plutôt que des forces centrifuges ou du repliement sur soi. Dans le discours, c'est facile : il n'y a qu'à parler de valeurs communes. Dans la réalité, c'est infiniment difficile. La concurrence est plus naturelle que la collaboration. L'entreprise est un monde d'associés rivaux, qui ont le plus souvent établi des équilibres de pouvoir difficiles à comprendre si l'on se contente d'un regard superficiel.

Pour le dirigeant, cette tâche est sans doute encore plus complexe que la précédente. Comprendre et diriger un système social pose le problème de la bonne distance à adopter. Trop de distance, et l'on n'a pas accès à l'intime, on se coupe du réel, on n'a plus d'existence aux yeux des gens ; trop peu de distance, et l'on s'identifie, on s'englue dans le quotidien, on perd en légitimité par excès de familiarité, on devient prisonnier d'une culture qu'on ne peut plus changer.

Les relations interpersonnelles au quotidien constituent un aspect privilégié de ce rapport au système social. Dans une organisation, tout le monde sait comment le patron se comporte face à autrui, que ce soit sur les scènes privilégiées (comité exécutif, comités d'évaluation, relations avec les représentants du personnel) ou les scènes banales (cantine, visites de site, rencontres dans les couloirs, etc.).

Le travail de rôle ne va pas sans emprunt de masques. Mais il faut toujours se rappeler le mot de Lincoln : « *You can't fool all the people all the time.* »

3.3 Le rapport au pouvoir

C'est le thème le plus tabou dans la littérature et dans la réalité, donc probablement le plus important. On ne dirige jamais, ni politiquement seul, ni dans l'univers éthéré des idées. Diriger, c'est maîtriser suffisamment de ressources pour assurer une certaine stabilité aux relations de pouvoir. Si elles sont instables, la politique s'installe et la stratégie ne peut plus s'accomplir.

Pour le dirigeant d'une organisation, les relations de pouvoir et la constitution d'équilibres se situent en général à deux niveaux : par rapport aux représentants des actionnaires, et par rapport à une coalition interne. Il est rare qu'un dirigeant n'ait pas à rendre compte à une instance supérieure. Il est rarissime – selon notre expérience en tout cas – que celle-ci considère qu'il lui incombe d'aider directement le dirigeant dans l'accomplissement de son travail. Le plus souvent, elle est distante, peu intéressée par le terrain, mais attentive aux résultats chiffrés ou, pire, aux incidents qui peuvent se produire. Lorsque la tutelle est l'État, c'est pire encore : soumise au politique, raisonnant à court terme, elle est capable de sottise et d'injustice.

Les coalitions internes sont mieux connues. Il faut le redire : on ne gouverne pas seul. Un chef qui ne pourrait faire confiance – et se confier – à un minimum d'alliés avec qui un travail d'équipe est possible verrait certainement son action déboucher sur du vide, faute de relais, de soutiens.

Autant que les deux autres, ce thème du pouvoir met en jeu la personnalité tout entière. Là-dessus, la littérature et le cinéma ont beaucoup à nous apprendre : l'exercice du pouvoir n'est pas psychologiquement neutre. Il renvoie à de multiples thèmes : la culpabilité (Macbeth), la filiation et la mort (Lear), le fantasme de toute-puissance et de réparation narcissique (Caligula), la paranoïa (la mutinerie sur le Caine), l'imposture (le colonel Redl), etc. Dans la pratique, en tout cas, chaque travail de prise de rôle doit commencer par une interrogation systématique : pourquoi suis-je là ? Quel est ce moi qui a la prétention de diriger les autres ?

3.4 Les compétences du dirigeant

Nous avons maintenant une meilleure appréhension du travail psychique du dirigeant de son processus et des problématiques sur lesquelles il porte. Pour aller un peu plus loin, il nous faut maintenant mieux comprendre les compétences sous-jacentes à ce travail.

Pour éviter d'aligner des lieux communs, il convient de faire un détour par une théorie plus générale renvoyant au fonctionnement de l'esprit humain. La première partie a montré que le travail de prise de rôle s'effectuait à l'articulation de l'intrapsychique et du social. C'est donc assez naturellement vers un corpus théorique centré sur cette articulation que nous nous sommes tournés : la psychologie du moi.

La psychologie du moi nous est utile parce que, bien qu'issue de la psychanalyse, donc acceptant tout à fait le caractère intrapsychique des conflits inhérents à la condition humaine, elle se donne pour objet les fonctions adaptatives du moi – ou, si l'on veut résumer, la prise en considération de ce que Freud appelait « le principe de réalité » : comment tenons-nous compte de la réalité extérieure ? Comment le moi trouve-t-il des mécanismes de régulation lui permettant de faire le lien entre l'intérieur et l'extérieur ? Comment fonctionne l'intelligence dans l'action ?

Sans entrer dans des débats d'école, il suffira ici de dégager cinq grandes fonctions adaptatrices du moi : la maîtrise des fonctions cognitives, la transformation des savoirs en décision, la tolérance à l'ambiguïté, le travail sur le temps et le contrôle des pulsions, la capacité à se présenter à autrui

■ La maîtrise des fonctions cognitives

En particulier l'objectivité (comprendre comment mes sentiments affectent ma capacité de comprendre le monde), le recul (qui permet, au-delà des idées reçues, la spéculation intellectuelle et la création), la logique (la compréhension des chaînes causales, des rapports entre les moyens et les fins et des effets systémiques).

■ La transformation des savoirs en décision

La concentration mentale (le choix des priorités, l'articulation des tâches à accomplir), l'empathie (la capacité de comprendre la situation et les sentiments d'autrui), la capacité de s'engager, de prendre position, de s'exposer, ce qui passe par l'introspection et débouche sur une conception personnelle du rôle : que va-t-il m'apporter ? Que vais-je lui apporter ? Jusqu'où irai-je dans mon identification au poste, à l'organisation ? Comment vais-je m'y prendre ? Quels sont les dangers ? Quels vont être mes critères de réussite ? Quels sont mes atouts et mes points faibles ?

■ La tolérance à l'ambiguïté et aux contradictions

La capacité de tolérer les dissonances cognitives, la capacité de prendre en compte la complexité du réel et de ne pas se jeter impulsivement dans l'action.

■ Le travail sur le temps

La capacité, tout en s'affranchissant de son propre passé, d'en utiliser des éléments pour nourrir la réflexion et l'action : la possibilité de laisser filtrer le préconscient et de s'en servir pour faire face au réel « ici et maintenant » : la capacité de se détendre et de jouer, de mettre le temps entre parenthèses.

■ La canalisation des pulsions

La sublimation (l'utilisation de ses désirs pour construire une action socialement acceptable), le contrôle (la capacité de se maîtriser et de ne pas agir impulsivement).

■ La capacité à se présenter à autrui

La conception de son rôle se construit dans l'esprit de l'individu mais elle s'incarne dans des actions publiques : intronisation, prise de fonction, contacts personnels avec d'autres acteurs, efforts de communication, prises de décisions symboliques..., en définitive, une mise en scène. Celle-ci fait passer de l'information aux autres acteurs et contribue à la formation chez eux de représentations.

L'intérêt de cette liste est grand : elle permet une analyse systématique des discours et des comportements. Pour peu qu'il y ait demande de la part du dirigeant, donc que celui-ci accepte l'observation et la discussion avec le chercheur ou le consultant, on peut tenter de comprendre son action, en recherchant quelles compétences il utilise au mieux, quelles sont ses faiblesses, quels manques, quels blocages, quelles hésitations reviennent dans l'analyse ?

La littérature classique sur le leadership n'est guère sensible à cette complexité. Elle présente souvent des figures mythiques « sans peur et sans reproche ». Dans la réalité, il n'existe rien de tel. Assumer les responsabilités est toujours un combat ambigu – extra et intrapsychique. Le rapport aux subordonnés peut être très ambigu et les structures de pouvoir ne peuvent que poser les problématiques profondes de la dépendance, de la rivalité, de la capacité à engendrer des successeurs.

Les capacités du moi peuvent être affaiblies par le jeu des autres dimensions d'une personnalité. Chacun d'entre nous doit faire face à « l'autre scène » (Freud) : à la force de ses désirs, aux commandements de sa conscience, à la quête d'idéaux inaccessibles. L'homme mûrit en travaillant sur tout cela et en développant sa capacité d'« aimer et travailler » (Freud) : s'adapter, choisir, anticiper, comprendre la force du réel, penser librement, agir et jouir de son action et de son existence. C'est pourquoi la psychanalyse offre une perspective incontournable sur l'exercice du pouvoir.

4 Approche psychanalytique du leadership

Ce sont les pulsions de vie et les pulsions de mort (pulsions sexuelles et d'auto-conservation, et pulsions d'agression et d'emprise) de chaque individu qui, dans l'évolution de leur histoire, déterminent les structures psychiques et leurs modes de relation à soi et aux autres. On peut distinguer plusieurs modes relationnels selon le degré de maturation psychique des individus, en tenant compte des avatars du développement psychique et des points de fixation de l'énergie psychique. On peut ainsi identifier quatre types de leaders.

Si l'on considère la relation à soi, la relation à autrui et les différentes possibilités offertes à l'énergie psychique d'investir la relation, on peut décrire quatre grands types de fonctionnement psychique et mental.

La relation à soi et son investissement particulier donneront naissance au *leader narcissique*. Les composantes du courant psychique narcissique sont un sentiment d'invulnérabilité, de toute-puissance (mégalomanie), d'immortalité. Selon leur degré d'investissement, elles détermineront la qualité psychologique première du leader narcissique : la mégalomanie accompagnée d'un certain délire d'immortalité, l'impatience, car ce leader désire tout et tout de suite, ou l'omniscience, ce leader faisant taire tous les savants de son entourage. Le leader narcissique se considère comme un aboutissement au sommet de la perfection, existant spontanément, refusant toute filiation, et même toute causalité rationnelle. Le narcissique veut être aimé pour lui-même.

À l'opposé de cette relation très particulière qu'est le narcissisme, puisqu'il s'agit d'une relation interne au psychisme humain, nous trouvons trois types différents de relations à autrui : la relation de possession, la relation de séduction et la relation de respect.

Face à autrui, considéré comme un objet d'amour et non plus de haine, le psychisme humain peut, lors du développement psycho-sexuel, s'approprier imaginairement autrui, en utilisant une pulsion partielle d'emprise, agissant à son compte et poursuivant des buts qui lui sont propres, on peut qualifier ce type de *leader possessif*. La fixation à un stade précoce du développement psycho-affectif de l'individu détermine une variété de comportements où l'agressivité non socialisée est la marque dominante. La possession va de pair avec la jalousie. Alliées à la composante narcissique, ces qualités donneront des structures psychiques à caractère paranoïde, où le sentiment mégalomaniaque pousse le leader sur le chemin de la conquête et de la domination.

Plus loin sur le long chemin de la maturation psychique, on rencontre une structure plus évoluée du comportement humain : autrui n'est déjà plus un objet physique indifférencié qui sollicite la pulsion d'emprise, mais un être à séduire. C'est le *leader séducteur*. Selon la nature des composantes psychiques de cette structure, on observe une gamme très variée de leaders séducteurs, allant de la séduction indifférenciée (quel que soit le type d'objet), sorte de quête éperdue, toujours insatisfaite, jusqu'à l'état de séduction passive. Le leader séducteur est complètement dominé par sa composante hystérique, qu'il soit homme ou femme. Allié au narcissisme, cela peut produire des comportements exhibitionnistes. Le séducteur, ou la séductrice, doit faire d'énormes efforts pour capter l'attention d'autrui, en vue de satisfaire les demandes toujours croissantes de ses pulsions.

Lorsque le développement psycho-sexuel arrive à maturité et que l'ensemble des pulsions est réuni sous le primat de la génitalité, on a affaire à un adulte accompli, dont le *moi* coordonne de façon satisfaisante l'ensemble pulsionnel sans être dominé par lui, ce qui lui permet d'utiliser à plein son énergie psychique au service de tous ses projets. On peut appeler *leader sage* cette structure, qui est la forme la plus évoluée du psychisme humain. La bienveillance et le respect d'autrui vont de pair avec une mise en œuvre satisfaisante des pulsions agressives, qui sont mises au service de l'organisation dans son ensemble. Le leader sage a une image paternelle (ou maternelle) ne menaçant aucun membre de l'organisation. Il s'agit d'un père ou d'une mère qui permet aux membres de l'organisation de grandir et de prendre, le moment venu, les rênes du commandement.

Avant d'aborder la description de chacun des leaders, on peut résumer, avec la figure 25.1 ces propositions théoriques.

Les différents types de leaders, dont on a brièvement décrit le fonctionnement mental, s'entourent dans l'organisation de collaborateurs ayant des profils différents. Il y a des compatibilités et des incompatibilités, que l'on va examiner à propos de chacun des leaders. De tels personnages mettent à rude épreuve l'équilibre psychique de leurs collaborateurs, ils peuvent être une source de stress permanent pour certains d'entre eux[1]. Ils peuvent réactiver chez autrui des conflits pulsionnels non résolus, et provoquer des réactions de défense, de rejet ou de rapprochement passionnel exagéré.

1. Stora B., « Stress des dirigeants d'entreprise en France en 1985 », *Cahier de recherche du Centre HEC-ISA*, n° 270, 1985.

FIGURE 25.1 Les types de leaders

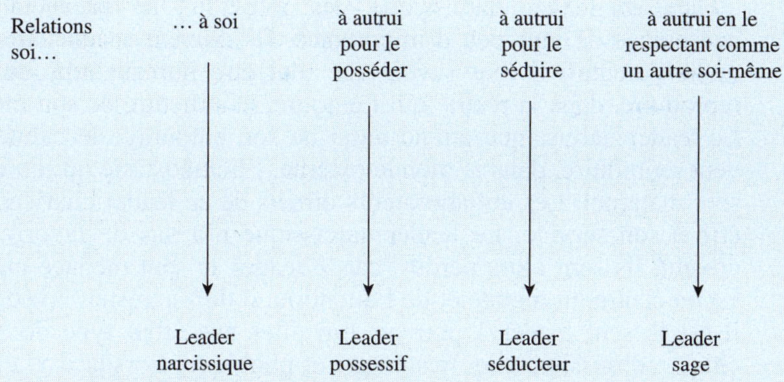

4.1 Le leader narcissique

Il se caractérise surtout par un degré d'autonomie élevé ; peu intimidable, son fonctionnement psychique est orienté vers la *conservation de soi-même.* L'amour qu'il se porte lui permet de réaliser de grands projets et de s'imposer aux autres. Les composantes narcissiques de sa personnalité (sentiment d'invulnérabilité, de toute-puissance) le mettent à l'abri des agressions du monde extérieur et lui permettent de triompher aisément de ses adversaires. Le *moi* de ces leaders dispose d'une grande quantité d'agressivité, qui se manifeste dans le fait d'être prêt pour l'action.

Ce sont les leaders narcissiques qui ont fortement influencé l'histoire (Alexandre le Grand, César) et qui créent leur entreprise[1]. Le narcissique se sent placé au centre du monde, les autres sont là pour le servir et servir ses projets, et non l'inverse. Il se sent de plus immortel, il triomphe du temps et de l'espace. Ces qualités inconscientes déterminent profondément son comportement. Vus de l'extérieur, ces êtres peuvent apparaître comme redoutables, car on prend rapidement conscience de sa propre non-existence face à eux. Les hommes et les événements sont là pour les servir.

On comprend mieux à présent leur incapacité en général à trouver des successeurs. Ce schéma de fonctionnement s'applique à de nombreux entrepreneurs. Ils sont psychologiquement aveugles, ils perçoivent peu leur entourage. Prisonniers de l'illusion narcissique, ces leaders n'envisagent pas leur mort et écartent soit par la voie brutale, soit par la voie juridique, soit par des manœuvres de pouvoir, leurs éventuels successeurs. Tel ce chef d'entreprise ayant deux enfants capables de lui succéder et qui récuse l'un en déclarant qu'« il est subtil en affaires, mais sans ambitions » et l'autre parce qu'« il veut réussir, mais qu'il n'a pas l'intelligence des affaires ».

1. Stora B., « Psychanalyse et management », « La Stratégie du Club Méditerranée » et « La Stratégie du jeteur de sort », *Cahiers de recherche du Centre HEC-ISA*, n° 67/77.

Combien d'empires, de royaumes, de cités, de groupes industriels et d'entreprises ont disparu à cause de l'illusion narcissique !

Face au leader narcissique, les individus ne prennent pas toujours conscience de leur peu d'importance. Ils doivent servir leur chef selon un mode parental. Il faut savoir que tout être humain reproduit ou tente de reproduire, dans la réalité qui l'entoure, la structure de son monde intérieur. Le leader narcissique attend aussi de son entourage le calme et la paix. Il veut reproduire, dans le monde externe, l'homéostasie qu'il a connue dans le sein maternel. Les collaborateurs directs de ce leader charismatique doivent être à son service. Le leader narcissique n'a pas de favori ; si certains le croient, ils sont alors perdus, car le leader se sent menacé par la rivalité. Il est au centre du monde et de l'attention, il doit le rester. Avec le leader sage, il est le seul leader à pouvoir travailler avec tout type de structures psychique, obsessionnelle, hystérique et phobique. Lorsqu'il y a de tels leaders à la tête d'une organisation, les leaders complémentaires ou numéros deux se trouvent dans l'ombre portée du soleil.

Il va sans dire que la description de types psychologiques presque purs a pour but d'illustrer certains fonctionnements psychiques. Dans la réalité on parlera plutôt de leaders à prédominance narcissique.

4.2 Le leader possessif

Il possède une capacité d'agir énergiquement, avec une relation particulière à autrui. La marque de ce type de leader est l'*avoir,* avoir aussi bien des êtres vivants que des objets de toute nature ; la fixation pulsionnelle de cette structure psychique contraint le leader à n'envisager la relation à l'autre qu'en effaçant les caractéristiques humaines de l'autre. Les autres sont des objets anonymes, interchangeables, manipulables. Dans les entreprises dirigées par de tels leaders, l'univers organisationnel vit dans un climat particulier : aucune résistance n'est tolérée, L'être humain qui résiste oppose une image contraire au leader possessif, contrarie sa vision du monde ; cet homme doit disparaître.

Dans le monde stalinien, c'est par dévoration que ce type de personne était détruit. Dans le monde hitlérien, les êtres humains étaient fécalisés : disparition de l'être humain par avilissement, rabaissement au niveau animal (Auschwitz était appelé l'anus du monde). Dans ces entreprises, le leader possessif peut prendre le pouvoir avec l'accord des directeurs (type leader consensuel) et ne révéler *qu'ex-post sa vraie nature ; l'autocrate apparaîtra alors pour diriger de façon efficace, sadique et, de temps en temps, brutale.*

Le leader possessif réactive chez ses collaborateurs immédiats des problèmes liés aux pulsions partielles sadiques, orales et anales, à savoir la passivité et l'obéissance. Le modèle du fonctionnement de l'appareil digestif, qui a un équivalent sur le plan mental, est privilégié. Les collaborateurs doivent aider leur leader dans un monde où ils projettent avec force leurs pulsions agressives et surtout destructrices. Ils participent, eux aussi, aux fantasmes de manipulation, de dévoration ; ils conquièrent des parts de marché, ils participent à des stratégies de conquête et de domination.

Les êtres humains, fixés dans ces positions psychiques, s'identifient fortement à leur leader, qui valide leurs actes en les récompensant. La maîtrise de l'environnement externe est l'objectif principal. D. Miller, J.-M. Toulouse et N. Béranger[1] appellent ce type de leader « personnalité d'entrepreneur promouvant l'expansion ». « Ces managers, disent-ils, sont plus orientés vers les choses que les idées. Ils se concentrent sur les faits et sont concernés par les résultats immédiats, visibles et tangibles. » Ce type de leader a des stratégies de diversification et d'expansion.

4.3 Le leader séducteur

Il investit la part la plus grande de son énergie psychique dans la vie affective, émotionnelle : aimer, mais surtout être aimé. Sa stratégie existentielle est entièrement dominée par les pulsions élémentaires auxquelles toutes les autres pulsions sont soumises. Un tel leader exerce une étrange fascination sur l'entourage, qu'il séduit par la parole ; il sait entraîner l'adhésion de ses collaborateurs, en réactivant psychologiquement chez eux l'envie d'être aimé par les figures parentales.

Ce leader peut aussi bien être charismatique que consensuel ; lorsqu'il est consensuel, il est perpétuellement dans la relation de séduction avec les directeurs qui l'ont porté au pouvoir. Cette structure psychique est caractérisée par une lacune dans le développement de la maturité psychique[2] empêchant l'être d'achever sa maturité sur un mode unifié (ce qui est le sens premier d'individu : indivis, homogène). Ce personnage immature a une stratégie de domination par la fascination, il devient une *idole* entourée de fans. Il donne à ses adeptes l'impression qu'il *peut tout* et qu'il *sait tout.*

Ce type de leader se comporte comme une sorte de mage ou d'oracle. La pensée magique n'est pas loin. Tout comme le devin, il cache et promet à la fois, ce qui lui assure des partisans fidèles. Il provoque chez ces derniers des régressions psychiques facilitant sa domination, en les maintenant dans un ravissement continu. Ce type de leader peut entraîner des millions d'hommes et de femmes tout autant sur le chemin de la vertu (croyances, religions, idéologies), que dans le malheur et la destruction.

Le leader séducteur peut s'entourer de personnes dotées de structures psychiques obsessionnelles et hystériques, mais il fait fuir les phobiques, pour qui le danger réside dans le rapprochement. Les collaborateurs ont pour tâche, par leur présence et par leur admiration inconditionnelle, de renforcer chez lui l'amour de soi. Le leader séducteur a des stratégies de maîtrise de l'organisation, il donne sa préférence aux structures et aux processus de décision, et est le centre de l'identité organisationnelle. Ses collaborateurs sont prêts à des stratégies de conquête fondées sur l'exhibition et la séduction

1. Miller D., Toulouse J.M. et Béranger N., « Top Executive Personality and Corporate Strategy », HEC-Montréal, oct. 1983.

2. Grunberger B., *Le Narcissisme*, Paris, Payot, 1971, p. 322.

(des produits qui plaisent par des qualités fascinantes). De la conquête du marché à la conquête du public en général, tout sera mis en œuvre pour fasciner, plaire, séduire.

4.4 Le leader sage

C'est un adulte accompli, qui respecte profondément la personnalité des êtres avec qui il est en relation. Son exercice du pouvoir ne menace pas autrui. Il peut être craint, jamais redouté. Selon le schéma de maturité pulsionnelle développé par la psychanalyse, le leader sage possède une personnalité bien intégrée. Il présente à ses interlocuteurs une image paternelle, mais non paternaliste. Alors que pour chacun des autres leaders, c'est soit une composante psychique (le narcissisme), soit des pulsions partielles mal intégrées (le noyau hystérique ou les pulsions sadiques-orales et sadiques-anales) qui déterminent leur comportement avec les autres, l'intégration pulsionnelle permet au leader sage un fonctionnement psychique plus harmonieux. Dominant sa vie pulsionnelle, il utilise pour le bien de la communauté au milieu de laquelle il vit la presque totalité de son énergie psychique : il est bienveillant, sévère et juste.

Ce type de leader permet des stratégies de développement et de croissance. Grâce à sa maturité, il facilite la carrière de ses collaborateurs, qui pourront à leur tour diriger. Le leader sage peut travailler avec tout type de structure psychique ; même les phobiques ne se sentent pas menacés par lui, car il sait se tenir mentalement à la distance voulue. On ne rencontre pas souvent ce type de leader dans les organisations ; mais, lorsqu'il dirige, on sent que le père est présent, à l'écoute de tous, réactivant et facilitant, mentalement et psychiquement, un développement harmonieux grâce à la qualité de l'environnement créé.

Chapitre 26

Du knowledge management à l'entreprise apprenante : le *Learning Mix*

Dans ce chapitre, un modèle intégrateur est proposé : le *Learning Mix*. Il comprend quatre facettes en interaction. Les difficultés rencontrées par les entreprises souhaitant devenir « apprenantes » et cherchant à adopter une approche efficace de la gestion des connaissances (*knowledge management*) s'expliquent par une non prise en compte de l'une ou de plusieurs de ces facettes.
Si le partage et la création de connaissances, l'enrichissement du capital intellectuel collectif ou encore l'acquisition de « capacités à apprendre » constituent un enjeu affiché par de nombreuses entreprises, rares sont celles qui adoptent une démarche concrète et opérationnelle permettant de relever ces défis. Fréquemment, des initiatives parcellaires coexistent : mise en place d'un outil de partage des connaissances, actions visant à recenser les compétences détenues par l'entreprise, etc. La difficulté consiste à articuler ces différentes actions, à les inscrire dans une démarche intégrée permettant de capitaliser sur ces initiatives. Il s'agit ainsi de mettre en place une véritable politique de gestion des connaissances et de l'apprentissage organisationnel.
Les chercheurs en sciences de gestion, tout comme les consultants, ont une propension à développer leur propre perspective indépendamment des travaux réalisés par leurs collègues. Tous conseillent de prendre appui sur la richesse que représente la variété des compétences des acteurs dans l'entreprise, soulignent la nécessité de repérer les connaissances utiles et de capitaliser sur celles-ci. Mais la mise en pratique de leurs recommandations n'aboutit pas aux bénéfices annoncés. La principale raison est liée à l'absence d'une vision intégrée, la non prise en compte des travaux et perspectives développés par les autres auteurs. Dit autrement, ils exhortent les entreprises à adopter des pratiques qu'eux-mêmes n'ont pas retenues dans leur propre démarche.

1 Le *Learning Mix* : un modèle intégrateur

Il suffit d'écouter les discours des dirigeants, de lire les écrits des chercheurs en gestion et des consultants pour se convaincre de l'intérêt porté aux notions de *knowledge management*, de *learning organization*, de capital intellectuel, d'actifs intangibles, etc.

S'il existe incontestablement un effet de mode, il convient de remarquer que les premières recherches portant sur l'*organizational learning* (apprentissage organisationnel) ont été réalisées il y a près de trente ans (Argyris et Schön, 1974). La notion de *learning organization* (entreprise apprenante) est apparue plus tardivement (voir notamment Senge, 1990). Nous proposons d'utiliser cette dernière dénomination pour désigner le sous-ensemble des travaux sur l'apprentissage organisationnel ayant une visée prescriptive (à la différence de ceux qui ont une ambition uniquement descriptive) (Edmondson et Moingeon, 1998). Ce n'est que depuis la moitié des années quatre-vingt dix que l'on voit paraître des publications sur le *knowledge management* (gestion des connaissances), dont une minorité est à vocation académique (e.g. Nonaka et Takeuchi, 1995). Toutefois, de nombreux chercheurs s'intéressant au processus d'apprentissage ont abordé la gestion des connaissances dans leur travail sans avoir systématiquement recours à cette dénomination ni en faire l'objet principal de leur recherche.

Depuis moins de dix ans, les publications académiques et managériales, les discours des dirigeants, les colloques et séminaires reflètent un engouement tout particulier pour ces différentes notions. Ceci est lié à une prise de conscience des limites d'une approche centrée sur la maîtrise d'une technologie comme principale source d'avantage concurrentiel. Là où il y a quelques années le fait de détenir une innovation technologique constituait, dans bien des cas, la principale façon d'acquérir et maintenir un avantage compétitif, c'est aujourd'hui dans la capacité à innover de façon permanente, à apprendre plus rapidement que ses concurrents, que réside la seule source d'avantage concurrentiel durable. Ce n'est plus la technologie en tant que telle qui est la ressource stratégique, ce sont les processus organisationnels, technologiques et cognitifs qui sous-tendent les capacités à innover et à apprendre (Edmondson et Moingeon, 1996).

> « Une entreprise apprenante se caractérise par la capacité collective de ses membres à capitaliser sur l'expérience acquise, à partager les connaissances, à en acquérir de nouvelles, à innover, à résoudre les problèmes rencontrés, notamment lorsqu'ils sont perçus comme embarrassants et ce au lieu de chercher à les dissimuler. » (Moingeon, 2003)

De façon opérationnelle, ceci nécessite de gérer les différentes dimensions du *Learning Mix* (figure 26.1)[1] :

- *technologique* : gérer les systèmes d'information, et notamment les outils dédiés au partage de connaissances ;

1. Pour une présentation détaillée de la manière dont on peut apprendre à gérer le *Learning Mix*, voir Moingeon, 2003.

• *organisationnelle* : mettre en place et manager une structure apprenante, c'est-à-dire une organisation et des modes de fonctionnement favorisant la création et le partage de connaissances ;

• *stratégique* : identifier et gérer le portefeuille de connaissances de l'entreprise, c'est-à-dire à la fois les connaissances détenues et celles à acquérir ;

• *identitaire* : développer une identité apprenante, ce qui requiert, dans bien des cas, un travail complexe sur les valeurs et les modes de raisonnement. C'est incontestablement cette dernière facette qui est la plus difficile à gérer.

FIGURE 26.1 **Le Learning Mix (Moingeon, 2003)**

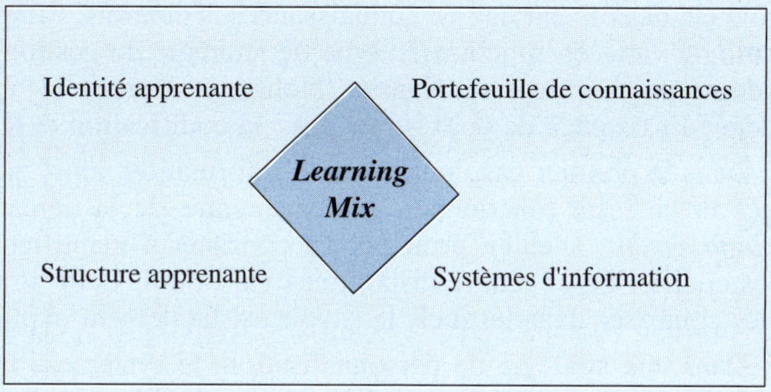

2 La technologie : les systèmes d'information

Cette dimension du *Learning Mix*, la plus tangible, est celle qui a davantage retenu l'attention des entreprises ces dernières années. De nombreuses sociétés ont en effet alloué des ressources importantes à la mise en place de systèmes d'information.

Tout d'abord, il convient de signaler que les notions d'information et de connaissance sont hiérarchisées. Une information est une donnée à laquelle un individu attribue une signification. La connaissance, quant à elle, nécessite à la fois l'articulation d'un ensemble d'informations et leur appropriation ainsi que leur incorporation par la personne. Dans cette perspective, c'est au niveau de l'acteur (individuel ou collectif) qu'existe la connaissance et non au niveau de l'outil en tant que tel.

Les évolutions technologiques récentes ont permis un accroissement spectaculaire à la fois des capacités de traitement et de stockage des ordinateurs ainsi que des possibilités de communication entre acteurs.

À titre d'illustration, la pratique du CRM (*Customer Relationship Managament*), basée sur la collecte et l'exploitation informatique d'un nombre très important de données relatives aux consommateurs (qui sont-ils ?, quelles sont leurs pratiques d'achat ?, etc.) permet aux spécialistes du marketing d'acquérir de nouvelles connaissances et ainsi, accroître l'efficacité de leurs actions (Hiebeler et al., 1999). De façon générale, bases de données, moteurs de recherche, systèmes experts et autres outils d'aide à la décision, fournissent aux acteurs des informations auxquelles les limites de leur mémoire et de leur cognition ne donneraient pas accès. À ce titre, la technologie est source de connaissances.

Par ailleurs, Internet entraîne un accroissement sans précédent des possibilités de communication et son utilisation permet de s'affranchir en partie des contraintes de temps et d'espace. Les systèmes d'information jouent donc un rôle clé dans le partage de connaissances. Toutefois, l'importance de la technologie varie en fonction du type de stratégie de gestion des connaissances adopté par l'entreprise. Hansen, Nohria et Tierney (1999) ont mis en évidence l'existence de deux stratégies : la codification et la personnalisation.

Dans le premier cas, le système d'information, ainsi que les salariés chargés de le faire fonctionner, sont au centre de la démarche de *knowledge management*. L'enjeu principal va consister à identifier les connaissances, les codifier et les rendre disponibles via l'outil. Cette stratégie correspond à des contextes dans lesquels le savoir est facilement explicitable.

Dans une stratégie de personnalisation, le système d'information joue un rôle beaucoup moins central. L'enjeu est de disposer de structures et modes de fonctionnement propices au partage de connaissances à dominantes tacites : nombreuses réunions, équipes projets transversales, etc.

Toutefois, même lorsque l'entreprise a opté pour une stratégie de codification, l'outil de gestion des connaissances doit rester au statut d'outil et ne pas devenir une finalité. Le « medium ne doit pas être le message », la technologie doit conserver une fonction de support. En d'autres termes, le *knowledge management* ne saurait en aucun cas être réduit à sa dimension technologique.

3 Organisation : une structure apprenante

Qui fait quoi en matière de *knowledge management* ? Quels sont les modes d'organisation propices au partage et à la création des connaissances ? La troisième facette du *Learning Mix* s'intéresse à ces questions.

Les publications consacrées à l'organisation de la fonction *knowledge management* sont assez peu nombreuses et principalement à vocation managériale (voir par exemple Phillips et Bonner, 2000). Ceci atteste du caractère relativement récent de cette préoccupation dans l'entreprise.

Ces travaux s'inspirent fréquemment du modèle des *knowledge intensive organizations* (les sociétés de conseil). C'est en effet dans ces organisations, pour lesquelles la gestion des connaissances constitue la raison d'être, que l'on trouve une plus grande formalisation et spécialisation des rôles en la matière. Depuis le début des années quatre-vingt dix, on a ainsi vu apparaître les fonctions de *Chief Learning Officer, Chief Knowledge Officer*, Directeur du capital intellectuel, etc. Selon les entreprises, ces dénominations renvoient à des réalités différentes. Dans une acception réductrice, le *Chief Learning Officer* s'occupe des programmes de formation, le *Chief Knowledge Officer*, de l'outil de partage des connaissances, et le directeur du capital intellectuel de la gestion des brevets. Dans une vision plus large de ces rôles, il s'agit d'impulser et coordonner les actions concernant la création et le partage des connaissances (ex. : mise en place d'un outil dédié, amélioration de l'identification et de l'exploitation du patrimoine existant, enrichissement de ce patrimoine par repérage et formalisation des « meilleures pratiques »), éviter les « pertes de connaissances » (qui ont pu se produire dans le passé suite au départ de salariés : retraite, licenciement, départ volontaire), etc. Au niveau des entités, on retrouve des rôles dédiés tels que *Knowledge Manager* (relais local du *Chief Knowledge Officer*), ou encore des *Knowledge Editors* chargés d'identifier et codifier les nouvelles connaissances, d'en assurer l'actualisation (par exemple, sélectionner ce qui doit être retenu à l'issue d'une mission de conseil, le faire valider et le rendre accessible via le système d'information).

Comme l'ont montré I. Nonaka et H. Takeuchi (1995), le *knowledge management* requiert des processus de conversion de connaissances : passage du tacite à l'explicite, de l'individuel au collectif et inversement. La gestion de ces processus est l'une des missions principales à confier aux spécialistes de la gestion des connaissances.

En complément de la formalisation de rôles dédiés au *knowledge management*, c'est en fait l'ensemble de la structure et des modes de fonctionnement de l'entreprise qui doivent être repensés afin de faciliter création et partage de connaissances (Garvin, 1993 ; Goh et Richards, 1997 ; Pedler, Burgoyne et Boydell, 1991). Une structure apprenante présente plusieurs caractéristiques dont :

- un fonctionnement en équipes transversales autour de projets ;
- peu de niveaux hiérarchiques (structure plate) ;
- un nombre limité de procédures formalisées ;
- un décloisonnement des entités avec des salariés organisés en réseau ;
- l'existence de communautés de pratique.

Ces communautés rassemblent sur la base du volontariat des individus partageant une même passion (pour un métier, un produit, une technologie, etc.). Adoptant un fonctionnement proche de celui constaté dans des organisations associatives, elles sont des lieux propices au *knowledge management*. Les membres d'une communauté définissent leurs propres règles de fonctionnement ainsi que leurs objectifs. Ils n'attendent de l'entreprise qu'un soutien logistique et l'autorisation de consacrer une partie de leur temps à l'animation de la communauté. A titre d'exemple, dans le groupe Cap Gemini Ernst & Young, les personnes intéressées par le *knowledge management* ont créé à leur initiative leur propre communauté. Cette communauté dispose d'un journal interne et d'un espace dédié sur l'intranet du groupe dans lesquels ses membres partagent leurs expériences, indiquent les meilleures pratiques qu'ils ont pu observer, font connaître les outils qu'ils ont développés. Ils organisent également différentes manifestations, notamment des séminaires de formation à l'attention des autres salariés.

4 La gestion d'un portefeuille de connaissances

Cette facette du *Learning Mix* concerne le portefeuille de connaissances de l'entreprise. L'approche de la stratégie par les ressources a mis en évidence le rôle central joué par ces actifs immatériels dans la constitution d'un avantage concurrentiel (Peteraf, 1993). C'est en effet en conjuguant des connaissances que l'entreprise développe compétences et capacités organisationnelles sur lesquelles elle prend appui pour renforcer sa compétitivité (Moingeon et Métais, 2000).

Si certaines connaissances peuvent être facilement formalisées (connaissances explicites), d'autres sont difficiles à expliciter et codifier (connaissances tacites). Comme l'a souligné Polanyi (1966), on sait plus de choses qu'il n'est possible de le dire. Ainsi, des expertises individuelles, des savoir-faire, des capacités collectives constitutives de l'identité de l'entreprise, etc., reposent sur des connaissances tacites et peuvent être sources d'avantage concurrentiel car rares, difficilement imitables ou substituables (Barney, 1991).

Portefeuille de connaissances
=
Patrimoine de connaissances
+
Connaissances internalisables

Le portefeuille de connaissances est constitué à la fois de celles détenues actuellement par l'entreprise (son patrimoine de connaissances) et celles qu'elle peut acquérir (notamment en mobilisant ses capacités à apprendre). La gestion du portefeuille doit être guidée par la recherche d'un équilibre entre exploitation et exploration (March, 1991) : l'exploitation permettant de capitaliser sur le patrimoine acquis, l'exploration conduisant à acquérir de nouvelles connaissances.

Concernant l'existant, il convient tout d'abord de souligner la difficulté que représente l'identification des connaissances disponibles. L'expression « si mon entreprise savait ce qu'elle sait » est fréquemment utilisée par les dirigeants qui appellent de leurs vœux une meilleure « connaissance des connaissances », un repérage précis et fiable du patrimoine existant. Cette difficulté à identifier ce que l'entreprise sait a pour conséquence le gaspillage de connaissances par non-utilisation (Moingeon, 1994). A la différence d'autres ressources, l'utilisation d'un savoir n'a pas pour effet d'en diminuer la qualité ou quantité. Bien au contraire, elle peut conduire à la création de nouvelles connaissances. Mais à l'inverse, leur non-utilisation peut entraîner une diminution du patrimoine disponible. Ceci se produit par exemple à l'échelle individuelle lorsque l'on ne pratique pas une langue ou un sport pendant une longue période.

Toutefois, la logique d'exploitation des connaissances a ses limites. L'entreprise peut se retrouver piégée par ses compétences (Levitt et March, 1988). Elle va avoir tendance à mobiliser celles qu'elle maîtrise le mieux même si celles-ci ne sont pas les plus efficaces. Ce qui était compétence stratégique peut alors se transformer en « rigidité centrale » (Leonard-Barton, 1992). Ces phénomènes se trouvent fréquemment confortés par l'existence du syndrome du « non inventé ici », les salariés de l'entreprise refusant d'apprendre de l'extérieur, ce qui a pour conséquence de limiter le portefeuille de connaissances au patrimoine existant.

La création de nouvelles connaissances organisationnelles peut se faire de plusieurs façons : en combinant des savoir et savoir-faire disponibles dans l'entreprise, en intégrant et en s'appropriant des connaissances extérieures, voire en réalisant un apprentissage en double boucle (Argyris et Schön, 1978, 1996), c'est-à-dire une remise en question des valeurs, hypothèses de base, normes qui contribuent à définir les connaissances mobilisables. Cette forme d'apprentissage n'est possible que si l'entreprise dispose d'une identité apprenante (voir ci-dessus).

5 Une identité apprenante

Cette facette est incontestablement la plus difficile à appréhender car elle renvoie aux aspects les moins tangibles d'une entreprise. En effet, étudier l'identité d'une organisation, c'est s'intéresser à tout ce qui contribue à la rendre spécifique, différente des autres (Larçon et Reitter, 1979). Au delà de l'identification des pratiques managériales, des modes de comportement adoptés par les salariés et de l'ensemble des productions symboliques (rituels, organisation du temps et de l'espace, etc.), il s'agit de mettre à jour les systèmes de dispositions et de valeurs (systèmes dont les acteurs n'ont pas nécessairement conscience) qui en expliquent l'existence, c'est-à-dire accéder aux racines de l'identité (Moingeon et Ramanantsoa, 1997).

Gérer l'identité, c'est non seulement identifier les pratiques et expliciter les valeurs, mais décider quelles sont les valeurs qu'il convient de modifier ou d'acquérir, et quelles sont les pratiques à mettre en place à cette fin. En effet, une identité ne change pas par décret. C'est en identifiant les racines de l'identité, et en étant exposés de façon prolongée à de nouvelles règles du jeu et modes de fonctionnement que les membres d'une organisation vont progressivement désapprendre certains comportements (ainsi que les dispositions qui les produisent) et introjecter de nouvelles valeurs.

L'observation des pratiques et des comportements d'une entreprise apprenante indique l'existence :

- d'une motivation pour apprendre et progresser ;
- d'une volonté de faire des choix informés sur la base d'informations et de connaissances valides (Argyris et Schön, 1974) ;
- d'une propension à partager les connaissances ;
- d'une capacité à réaliser des apprentissages en double boucle, remettant en question les valeurs, hypothèses de base et connaissances existantes afin d'en acquérir de nouvelles (Argyris et Schön, 1978) ;
- d'une capacité des salariés à porter un regard critique sur eux-mêmes, à identifier la part de responsabilité qui peut leur incomber dans une situation (Argyris, 1995) ;
- d'un niveau élevé de confiance interindividuelle : cette confiance est double, elle porte à la fois sur les intentions (ex. : « Quand je partage des connaissances avec des collègues, je ne suis pas inquiet, je sais qu'ils ne vont pas chercher à les exploiter à mon insu, contre mon intérêt »), et sur les compétences (ex. : « Je peux lui dire de rencontrer de ma part des grands comptes que je gère, je sais que tout va bien se passer. Il a un excellent relationnel. ») (Moingeon et Edmondson, 1998) ;
- d'une capacité collective à aborder de façon productive les « vrais problèmes », c'est-à-dire ne pas adopter un mode de raisonnement défensif quand le problème discuté est potentiellement embarrassant (Argyris, 1995) ;
- d'un droit à l'erreur et d'un climat de « sécurité psychologique » en cas de problème (Edmondson, 1999).

Sur le chemin d'une identité apprenante, les obstacles à surmonter peuvent être nombreux. Par exemple, les salariés peuvent présenter le syndrome du « non inventé ici » sans en avoir conscience. Ceci va les conduire à refuser toute connaissance externe (à leur entreprise, voire à leur département ou équipe). Ce syndrome peut être lié à une trop forte valorisation de l'excellence technique qui rend difficilement acceptable la reconnaissance d'une expertise extérieure. Certaines sociétés ont décidé de lutter contre ceci en valorisant l'utilisation de connaissances venant d'autres entreprises ou entités. Ainsi, British Petroleum a créé le prix du « vol de l'année » et Raytheon / Texas Instruments celui du « ça n'a pas été inventé ici, mais on l'a quand même utilisé ».

Autre obstacle d'importance, les systèmes de rémunération et de pouvoir. Plusieurs cas de figure sont à distinguer. Si toutes les sociétés aujourd'hui s'accordent pour souligner l'importance des connaissances, rares sont celles qui ont véritablement mis en place une approche intégrée du *knowledge management*. Ainsi, on constate fréquemment un écart entre la théorie professée par les entreprises en matière de gestion des connaissances et leur théorie d'usage (Argyris et Schön, 1978). Le discours qu'elles tiennent et les politiques affichées ne correspondent pas avec les pratiques et modes de fonctionnement que l'on peut observer. En termes identitaires, on constate alors l'existence d'écarts entre les différentes facettes de l'identité de l'entreprise : identités professée, projetée, vécue, manifestée et attribuée (Soenen et Moingeon, 2002). En outre, lorsqu'une démarche de management par objectifs (définition d'objectifs annuels à la fois individuels et collectifs) est mise en place, très souvent aucun d'eux ne renvoie au partage et à la création de connaissances. Toutefois, il ne suffirait pas de fixer des objectifs relatifs au *knowledge management* (par exemple : « utiliser la base de connaissances pour répondre à un appel d'offres », ou encore, « contribuer à l'enrichissement de cette base »), pour que la gestion des connaissances soit efficace. Encore faut-il que les salariés soient convaincus de l'intérêt d'une telle démarche. En effet, ceux-ci peuvent parfaitement donner l'illusion d'un partage de connaissances en contribuant à la base tout en gardant pour eux les informations les plus importantes afin de ne pas perdre de pouvoir. Il se peut que les pratiques incitatives mises en place par les entreprises aient des effets induits faisant obstacle au partage de connaissances. À titre d'exemple, de nombreuses sociétés ont décidé de valoriser ceux qui détiennent des compétences rares (les experts), ceux qui contribuent à la création de nouvelles connaissances (ex. : rémunération des dépôts de brevets). Toutefois ces pratiques enseignent (de façon non voulue) que le pouvoir étant lié au savoir, communiquer son savoir, c'est perdre du pouvoir. Moins il y aura d'experts, plus les experts existants auront de visibilité, etc. Elles incitent donc à la rétention des connaissances, à ne pas aider d'autres personnes à acquérir le statut d'expert.

Si toute initiative prise séparément a ses limites, la gestion de l'identité d'une entreprise passe par la mise en place d'un ensemble de dispositifs et de pratiques : intégration du *knowledge management* dans les objectifs et la politique de rémunération (notamment en cherchant à valoriser ceux qui acquièrent de nouvelles connaissances *et* en font bénéficier les autres), reconnaissance du droit à l'erreur à condition que l'on en tire des enseignements, obligation pour les principaux dirigeants de montrer l'exemple (le comité exécutif devrait être reconnu par tous comme un lieu de partage et de création de connaissances), etc. En prenant appui sur les concepts d'habitus et champ (Bourdieu, 1984), il est possible de rendre compte du mécanisme par lequel les salariés vont intégrer dans leurs systèmes de dispositions (constitutifs de leur habitus) des propriétés du champ de l'entreprise. L'exposition prolongée à des pratiques incitatives en matière de *knowledge management* exerce un effet pédagogique. Ainsi, l'incorporation (processus d'apprentissage non conscient) des règles de fonctionnement et des valeurs qui leur sont liées, contribue à façonner l'existence d'un dénominateur commun au niveau des habitus individuels, c'est-à-dire la constitution d'un habitus organisationnel, au fondement de l'identité de l'entreprise (Moingeon et Ramanantsoa, 1997).

Les dispositifs et pratiques évoquées ci-dessus sont des conditions nécessaires mais non suffisantes. Pour que l'identité d'une entreprise soit qualifiée d'apprenante, ses salariés doivent également faire évoluer leurs compétences interindividuelles. Ces compétences renvoient par exemple à la manière dont ils interagissent lorsqu'ils sont en réunion. La capacité à partager, acquérir et créer des connaissances est intimement liée à la qualité des interactions, et, en amont, aux modes de raisonnement des salariés.

Conclusion

Au terme de ces cinq chapitres consacrés à la dimension humaine du management stratégique, nous voudrions, en conclusion, souligner le lien entre identité et avantage concurrentiel.

Sous certaines conditions, l'identité d'entreprise peut être source d'avantage concurrentiel. Selon Barney et Stewart (2000), l'identité est créatrice de valeur quand elle satisfait à trois conditions :

- être largement partagée ;
- avoir un contenu aligné sur les compétences clés de l'entreprise ;
- être en phase avec l'environnement concurrentiel.

L'identité vécue agit comme un filtre cognitif qui oriente l'attention des individus vers certaines menaces et certaines opportunités (Gioia et Thomas, 1996). Pour que ce filtre soit efficace, il est nécessaire que l'identité soit partagée par un grand nombre de membres. Ensuite, le contenu de l'identité doit être aligné sur les compétences clés de l'entreprise : cet alignement permet la convergence entre les objectifs des membres et ceux de l'entreprise. Enfin, l'identité doit être en phase avec l'environnement concurrentiel de sorte que la valeur des options stratégiques qui entrent dans le périmètre d'attention des membres l'emporte sur les coûts d'opportunités associés aux options qui, parce qu'elles sont en dehors du cadre défini par l'identité vécue, ne sont pas considérées.

La théorie de la ressource montre que pour produire un avantage concurrentiel, une ressource doit, en plus d'être créatrice de valeur, être rare et difficile à imiter (Barney, 1991).

Par définition, l'identité renvoie aux attributs organisationnels centraux, stables et spécifiques. La spécificité de l'identité devrait naturellement lui conférer une certaine rareté. En fait, c'est loin d'être automatique, car centralité, stabilité et spécificité existent au niveau du discours (identité professée et projetée) et au niveau du ressenti (identité vécue). La psychologie cognitive nous apprend que les individus ont tendance à se sentir plus distinctifs qu'ils ne le sont en réalité.

Or, sur un marché, ce n'est pas *pourquoi* une entreprise entreprend certaines actions qui importe, mais surtout *quelles* actions elle entreprend. Des entreprises fondées à la même époque, ou qui font appel à une main-d'œuvre issue des mêmes couches sociales et avec les mêmes compétences ont de forte de chance d'être relativement semblable au niveau de leur identité manifestée – même si, du fait du biais psychologique identifié ci-dessus, elles diffèrent au niveau du discours et du vécu.

À l'inverse, l'identité organisationnelle sera toujours difficile à imiter. En effet, elle possède deux qualités, dépendance de sentier et complexité sociale, qui la rendent difficile à imiter. La dépendance de sentier correspond au fait que l'identité est le produit d'une histoire unique. Une fois établie, l'identité repose sur des relations sociales complexes et partiellement tacites. Le fait que l'entreprise soit difficile à imiter n'a pas que des conséquences positives. Si l'identité devient obsolète suite à des évolutions du contexte concurrentiel, il sera coûteux pour l'entreprise de la faire évoluer – l'identité est alors une source importante de rigidité.

Retenons donc les éléments suivants :

- l'identité est créatrice de valeur lorsqu'au niveau du vécu, elle est alignée avec les compétences clés de l'entreprise ;
- sous certaines conditions, c'est-à-dire rareté objective (et non pas seulement vécue comme telle), elle peut être source d'avantage concurrentiel ;
- l'identité peut devenir une source importante de rigidité sous l'effet de certaines évolutions du contexte concurrentiel qui la rendent caduque.

Conclusion générale

Voici arrivé le terme de cet ouvrage. Comme annoncé, la politique d'entreprise a été divisée en quatre grandes parties, qui forment comme les quatre faces d'un tétraèdre : la stratégie, la structure, les processus de décision et l'identité de l'entreprise. Le but de cette construction était évidemment didactique ; on ne peut prétendre que, dans la réalité, les phénomènes observés se classent automatiquement dans l'une de ces quatre catégories. La réalité est toujours plus complexe que ce qu'on peut en dire. Le sachant, il demeure utile de la représenter de la façon la plus exacte possible, et c'est ce qui a été tenté.

Cet ouvrage n'est que partiellement original. Il rassemble dans chaque partie les théories ou les modèles qui paraissent les plus pertinents, et la plupart lui sont étrangers. Il s'est efforcé de leur faire justice. Mais s'il faut rendre à César ce qui lui appartient, le lecteur aura noté au passage que les auteurs ont eux-mêmes contribué à l'évolution des connaissances dans certains des thèmes traités. Leur apport réside à la fois dans l'approche globale de la politique d'entreprise et dans ces contributions ponctuelles.

Il convient cependant d'ajouter ici une dernière innovation théorique, sans laquelle ladite approche ressemblerait davantage à un saucisson découpé en quatre rondelles qu'au tétraèdre annoncé au départ. Quelle différence, en effet, y a-t-il entre un saucisson découpé et un tétraèdre ? C'est justement que les rondelles de saucisson sont coupées les unes des autres, alors que les faces du tétraèdre (voir figure C.1) sont reliées deux à deux par des arêtes communes. Autrement dit, stratégie, structure, décision et identité ne doivent pas être considérées comme indépendantes les unes des autres, mais au contraire comme un ensemble fortement structuré.

Cela a déjà été suggéré, lorsqu'on a insisté sur certaines des relations qui unissent les quatre faces deux à deux : le lien est évidemment très fort entre

FIGURE C.1 **Le tétraèdre**

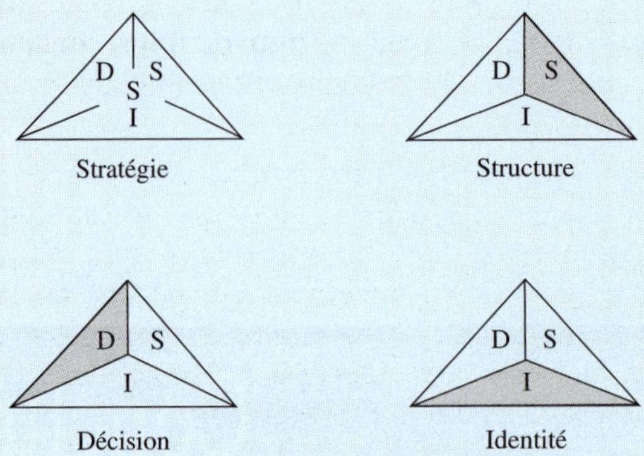

la stratégie et la structure, de même qu'entre la stratégie et l'identité. Mais il ne s'agit pas là de relations exceptionnelles : tous les éléments de la politique d'entreprise sont liés les uns aux autres, et c'est ce qu'il faut maintenant montrer.

On peut passer rapidement sur les relations déjà décrites de façon explicite dans cet ouvrage. Comme on l'a vu à *travers la théorie des stades de développement, la stratégie et la structure s'influencent mutuellement.* Une stratégie de diversification, par exemple, induit une divisionnalisation de la structure, une telle structure rendant en revanche plus difficile à l'avenir une stratégie de spécialisation, et ainsi de suite.

Les plus grands problèmes auxquels sont confrontés les dirigeants d'une entreprise sont ainsi souvent dus à *des décalages dans le temps entre les différents éléments constitutifs de la politique d'entreprise,* et leur plus grande vertu réside souvent dans leur capacité à réduire ces décalages en faisant évoluer tel ou tel élément vers une plus grande cohérence avec les trois autres.

Parmi les inter relations observables entre ces éléments, *un lien très fort existe entre la structure et les processus de décision.* Une structure très décentralisée, en centres de profit par exemple, s'accommodera mal d'instances stratégiques au sommet, mais beaucoup mieux d'un système de planification stratégique intégré. Si les processus de décision sont politisés à l'extrême, ils casseront une structure trop mécaniste, mieux adaptée à des approches dites rationnelles. L'influence d'un élément sur l'autre s'exerce donc toujours dans les deux sens, d'où l'inanité du concept de mise en œuvre. Grâce à la théorie des situations de décision, on peut établir des correspondances avec les caractéristiques de la structure et détecter les décalages éventuels, ou vérifier la cohérence existante.

La relation stratégie-processus de décision permet d'observer une double influence : en reprenant l'alternative diversification/spécialisation, on constate que la spécialisation est plus aisée avec un système de planification rationnel, voire un processus bureaucratique, alors que la diversification s'accommode assez mal d'un tel système et va plutôt de pair avec un système de décision plus personnalisé, avec un pouvoir plus concentré au sommet. La théorie de la répartition du pouvoir permet d'établir un lien entre les deux éléments.

Dans un autre ordre d'idées, les stratégies de coût se développent mieux avec des processus de décision très formalisés, alors que les stratégies de différenciation s'épanouissent mieux dans un système souple, fondé sur l'initiative. Là, c'est la théorie de l'environnement qui permet de faire le lien : les stratégies de coût sont associées à un environnement plus certain, les stratégies de différenciation sont plus adaptées à l'incertitude, d'où la corrélation avec les processus de décision correspondants.

La relation processus de décision/identité est de même nature que les précédentes. Des processus formalisés ou bureaucratiques ne permettront pas à une identité managériale de s'épanouir, mais ils auront tendance à perpétuer une identité de type bureaucratique. La mise en place d'un système de planification ou de contrôle ne peut ainsi valablement se faire qu'après une réflexion sur l'identité (ce qui est rarement le cas, il faut bien le dire). Mais si celle-ci évolue, par exemple sous l'impulsion d'un nouveau leader fort et charismatique, les processus trop formels et désincarnés voleront en éclats.

Encore une fois, ce sont les décalages qui créent problème et qui exigent des transformations dans un sens ou dans l'autre. On a à cet égard longuement insisté, dans la quatrième partie, sur l'importance du leader comme agent de changement. La théorie du leadership (charismatique, consensuel) est l'un des instruments de correspondance entre identité et décision.

Il reste, pour terminer, à évoquer *la relation existant entre structure et identité,* qui n'est pas moins forte que les autres. La structure concourt évidemment à forger l'identité, ne serait-ce que par la carte des pouvoirs qu'elle induit. L'organigramme peut être explicite et implicite, officiel ou officieux, mais néanmoins connu de tous. Lorsque l'on veut transformer l'identité, l'une des solutions possibles consiste à créer une identité parallèle, en modifiant l'organigramme. En retour, l'identité préexistante influence grandement l'évolution de la structure, qui peut elle-même être considérée comme une production symbolique de l'identité. On associera ainsi volontiers une identité de type managérial à une structure souple et décentralisée, et inversement, une identité bureaucratique à une structure mécaniste fortement hiérarchisée. La théorie des productions symboliques est l'un des moyens d'établir de telles correspondances.

Une observation trop courte de la réalité pourrait contredire les correspondances dont on a parlé : cela ne les infirme pas pour autant, car des décalages temporels peuvent faire coexister deux éléments difficilement compatibles pendant une période plus ou moins longue. De telles incohérences sont fréquentes, et elles constituent autant de défis lancés aux dirigeants.

Ces derniers ont tendance à se concentrer sur un seul élément de la politique d'entreprise à la fois. Lorsque les incohérences deviennent trop fortes, ils se préoccupent des réactions bilatérales. Mais il est rare de voir un dirigeant maîtriser l'ensemble.

Les bons dirigeants sont ceux qui, ayant perçu les problèmes, réagissent vite, et surtout choisissent le terrain sur lequel ils vont agir en fonction de l'efficacité qu'il présente. Au lieu de chercher à tout prix à imposer une stratégie par ailleurs bien pensée et adaptée au marché, par exemple, ils ont souvent intérêt à agir sur la structure ou les processus de décision, voire sur l'identité.

Un auteur célèbre a pu prétendre ainsi que les bons dirigeants ne décident jamais la stratégie, mais se servent de toutes les autres variables afin de l'orienter *in fine* dans le sens qui leur paraît le meilleur. On peut aller un peu plus loin, en affirmant qu'aucun des quatre éléments fondamentaux de la politique d'entreprise ne prime sur les autres. Il n'y a pas de raison pour que la stratégie soit l'élément auquel les autres doivent obéir ; entre plusieurs stratégies possibles, la meilleure est celle qui offre le plus de cohérence avec les autres éléments.

On pourrait prétendre à la limite que la fonction de la stratégie est d'harmoniser les trois autres éléments et l'environnement de l'entreprise. Mais le même raisonnement vaut pour la structure, le processus de décision et l'identité.

La politique d'entreprise est donc un ***système***, et la tâche du dirigeant est d'assurer la cohérence interne de ce système, en même temps que la cohérence entre ledit système et son environnement. Ceci ne peut se faire globalement, ne serait-ce qu'en raison des défauts et des incertitudes inhérents à toute organisation humaine. Au contraire, c'est par des ajustements progressifs que le système évolue, et c'est là une de ses caractéristiques essentielles : c'est un système en transformation permanente. Les cohérences ne sont jamais parfaites, et cent fois sur le métier le dirigeant remet son ouvrage, sinon, les entreprises pourraient être dirigées par des ordinateurs. Il y a du Sisyphe dans tout PDG, mais c'est une bonne chose, même si cela l'empêche de dormir !

Voilà qui ramène le lecteur au point de départ, à la première définition de la stratégie. Il peut mesurer l'importance du chemin parcouru. Si les dirigeants ont parfois du mal à trouver le sommeil, cette approche leur sera beaucoup plus utile que de compter les moutons ; qu'ils visualisent donc en pensée stratégie, structure, décision et identité, et qu'au lieu de leur faire sauter tour à tour une barrière, ils les rassemblent dans une bergerie mentale en forme de tétraèdre ! Les idées lumineuses viendront tout naturellement et, après elles, un sommeil serein.

On ne peut faire de la stratégie sans outils d'analyse, en s'intéressant au papier à lettre ou à la couleur des moquettes. On est très loin de la conception du stratège génial, qui pilote l'entreprise comme on pilote un bateau ou un avion. Adieu les grands capitaines d'industrie, bonjour les mécanos de la (politique) générale !

C'est que la politique d'entreprise demande bien des talents et parfois les plus inattendus. Railler quelque peu l'image traditionnelle du dirigeant à la barre, ce n'est cependant pas la récuser complètement : il est utile de savoir maîtriser le gouvernail. Simplement, ce n'est pas suffisant, et il y a même des moments où ce n'est pas important. On peut d'ailleurs souvent remarquer que des dirigeants qui se succèdent ont un profil très différent les uns des autres : c'est qu'ils étaient en fonction à des époques différentes de la vie de l'entreprise, et que chacun lui a fait franchir une étape particulière, pour laquelle son expérience et ses compétences personnelles étaient particulièrement adaptées.

Pour conclure, ***stratégie***, ***structure***, ***décision*** et ***identité*** forment les quatre faces d'un tétraèdre, quatre portes par lesquelles les dirigeants d'entreprise peuvent entrer pour conduire, transformer et faire évoluer les organisations.

Cas d'application

Cas Vivendi Universal : *corporate strategy* et création de valeur

Exposé des faits

En novembre 1996, Jean-Marie Messier est nommé PDG de la Compagnie générale des eaux. Il hérite d'une société de *utilities* affaiblie par une diversification malheureuse dans l'immobilier, et entreprend de recentrer le groupe sur son *core business* et de le développer dans les télécommunications et les médias. En 1998, suite à sa fusion avec Havas, le groupe prend le nom de Vivendi. En 2000, Vivendi fusionne avec Seagram et Canal +, donnant naissance à Vivendi Universal, deuxième groupe mondial de communications. La « création de valeur » est alors présentée comme « une des sept valeurs » du groupe.

Le 3 juillet 2002, le conseil d'administration du groupe, suite à la démission de plusieurs administrateurs, à la chute du cours de bourse de Vivendi, à une crise de liquidités, et à des rumeurs autour de l'éventuelle irrégularité des méthodes comptables appliquées par le groupe, nomme Jean-René Fourtou PDG du groupe et prend acte de la démission de Jean-Marie Messier.

Ce document a été réalisé avec la collaboration de Patrick Bendahan, HEC 2003.

1 Description des activités à fin 2002

Vivendi Universal, né de la fusion entre Vivendi (ex-Compagnie générale des eaux) et Seagram en 2000, est le deuxième groupe mondial de communication.

Le groupe, qui a généré un chiffre d'affaires consolidé de 58 milliards d'euros et un résultat d'exploitation de 3,8 milliards d'euros (marges de 6,5 %) en 2002, est également un leader des services à l'environnement. La société est cotée au *New York Stock Exchange* et à Euronext Paris. Elle emploie 68 150 personnes dans soixante et onze pays. Vivendi Universal est composée de sept pôles principaux, le solde (holding et autres activités) représentant 2 % du CA et – 30 % du résultat d'exploitation. La société réalise 45 % de son chiffre d'affaires en France, 19 % aux États-Unis, 6 % au Royaume-Uni, 19 % dans le reste de l'Europe et 10 % dans le reste du monde.

1.1 Groupe Cegetel (12 % du CA, 38 % du résultat d'exploitation)

Le groupe Cegetel est le deuxième opérateur de télécommunications en France. Il est présent sur deux segments :

• ***la téléphonie mobile*** : SFR, filiale du groupe Cegetel à 80 %, est le deuxième opérateur de téléphonie mobile en France (13,5 millions d'abonnés et 35 % de parts de marché) après Orange (50 %) et devant Bouygues Telecom (15 %). SFR, génère l'essentiel de son CA (92 %) à travers la vente de services de téléphonie (communications, SMS), le solde (8 %) correspondant à des ventes d'appareils. SFR dispose d'une excellente couverture de réseau (98 % de la population), et génère un ARPU[1] supérieur à ses concurrents (37,40 euros par mois, contre 34,1 euros pour Bouygues et 31,6 euros pour Orange au premier semestre 2002). En septembre 2001, SFR s'est vu octroyer par l'État français une licence UMTS pour une période de 20 ans moyennant une contrepartie de 619 millions d'euros (versée en septembre 2001), et une redevance annuelle correspondant à 1 % du chiffre d'affaires provenant de ce réseau ;

• ***la téléphonie fixe*** : Cegetel SA, filiale du groupe Cegetel à 90 % (directement et indirectement) est le premier opérateur privé de téléphonie fixe, avec 3,3 millions de clients individuels et plus de seize mille entreprises clientes. Outre les services de téléphonie fixe, Cegetel offre aux entreprises des réseaux privés virtuels ainsi que des accès internet haut débit.

Le marché de la téléphonie mobile en France présente selon les analystes un potentiel de croissance intéressant : en effet, le taux de pénétration à fin juin 2002 atteint 63 %, ce qui est inférieur aux pays européens les plus comparables (Italie 89 %, Royaume-Uni 80 %, Espagne 76 %, Allemagne 66 %) et, plus généralement, à la moyenne des pays européens (76 %). Le marché a cru de 25 % en 2001 et de 4 % en 2000 en nombre d'utilisateurs, avec des tarifs moyens relativement stables.

Dans le segment de la téléphonie fixe, la croissance provient essentiellement de la prise de parts de marché à l'opérateur historique, dans le cadre du processus de déréglementation des télécommunications initié en 1996, et concrétisé à partir de 2001.

1. *Average Revenue per User* ou revenu moyen par usager.

1.2 Universal Music Group (11 % du CA, 15 % du résultat d'exploitation)

UMG, dans lequel Vivendi détient une participation de 92 %, est le leader mondial de la musique enregistrée (24 % de parts de marché). La société, qui réalise l'essentiel de son activité en Amérique du Nord (44 %) et en Europe (41 %), est présente sur deux activités :

• ***la musique enregistrée*** : le groupe achète, produit, commercialise et distribue de la musique enregistrée sur des supports audio et vidéo. UMG assure le stockage et la livraison des produits finis aux grossistes et détaillants, et détient deux clubs de vente par correspondance (Britannia Music au Royaume-Uni et Club Dial en France) ;

• ***l'édition musicale*** : UMG acquiert auprès d'auteurs/compositeurs ou d'éditeurs des droits relatifs à des œuvres musicales, afin de les céder sous licence ou de les exploiter dans le cadre d'enregistrements de films et de vidéos, d'édition de partitions ou d'autres types de diffusion. Au total, UMG dispose d'un catalogue de plus d'un million de titres.

La croissance de l'industrie musicale, liée principalement au cycle économique, est freinée par le piratage, favorisé par le développement conjoint d'Internet et des techniques de gravure et de stockage de données. Dans un marché mondial en recul de 9,5 % en 2002, UMG est parvenu à prendre des parts de marché (de 23,5 % et 24,4 %).

1.3 Vivendi Universal Entertainment (11 % du CA, 22 % du résultat d'exploitation)

VUE, filiale à 86 % de Vivendi, regroupe les activités de Vivendi dans trois segments :

• ***le cinéma*** : Universal Pictures Group (3 927 millions d'euros de CA) produit des longs métrages et les distribue en salle (19 % du CA), puis en vidéo/DVD (57 % du CA) et à la télévision (24 % du CA) ;

• ***la télévision*** : Universal Television Group (2 199 millions d'euros de CA) exploite des chaînes de télévision par câble et par satellite (57 % du CA), dont les revenus proviennent des abonnements (58 %) et de la publicité (42 %), et produit et distribue des programmes télévisés (43 % du CA) ;

• ***les parcs de loisirs*** : Universal Parks and Resorts (852 millions d'euros de CA) est un des leaders du secteur des parcs à thèmes. La société détient des participations majoritaires ou minoritaires dans des parcs d'attractions et des activités connexes (hôtellerie) aux États-Unis (Universal Studios Hollywood notamment), en Europe et en Asie.

L'industrie cinématographique est principalement « drivée » par les *blockbusters* (films à fort succès), qui génèrent d'importantes recettes lors de leur distribution en salle et plus encore de leur diffusion sur des supports vidéo/ DVD ou à la télévision. De ce fait, les parts de marché du secteur peuvent être amenées à évoluer fortement d'une année sur l'autre.

Le marché des parcs de loisirs est mûr aux États-Unis, mais présente des opportunités de croissance en Europe et en Asie (limitées cependant par le manque d'espace). Le marché est marqué par une forte dépendance aux aléas climatiques ainsi qu'aux conditions géopolitiques et sanitaires : ainsi, la fréquentation des parcs de loisirs a récemment été affectée par les événements du 11 septembre, l'épidémie de SARS ainsi que par la guerre en Irak.

1.4 Groupe Canal + (8 % du CA, – 9 % du résultat d'exploitation)

Le groupe Canal +, détenu à 100 % par Vivendi, est principalement présent dans :

• ***la télévision à péage*** : à travers la production de chaînes de télévision payantes (dont Canal +, détenue à 49 %, ainsi qu'une quarantaine de chaînes thématiques) et l'exploitation de plates-formes par satellite (CanalSatellite, détenue à 67 %) et par câble (NC Numéricable) ;

• ***le cinéma*** : StudioCanal, présent dans la production, la co-production, l'acquisition et la distribution de films européens et américains (catalogue de plus de cinq mille films) ;

• ***le sport*** : le groupe Canal + possède une participation de 46 % dans Sportfive (aux côtés notamment de RTL), société de gestion de droits sportifs, et de 91 % dans le club de football Paris-Saint-Germain (PSG).

Le marché de la télévision à péage en France a crû de 5 % en 2001 et en 2002 en termes de nombre d'abonnés, du fait d'une forte croissance du segment numérique (+ 13 % en 2001, + 11 % en 2002) qui a plus que compensé le recul du segment analogique (– 2 % en 2001 et 2002).

1.5 Maroc Telecom (3 % du CA, 12 % du résultat d'exploitation)

Maroc Telecom, dans lequel Vivendi détient une participation minoritaire (35 %) aux côtés du Royaume du Maroc (65 %), est l'opérateur historique de télécommunications au Maroc. La société fournit des services :

• ***de téléphonie fixe et de transmission de données*** (62 % du CA) : Maroc Telecom est actuellement l'unique opérateur de téléphonie fixe au Maroc. Cependant, le Royaume du Maroc devrait, après une tentative infructueuse en 2002, procéder à un nouvel appel d'offres pour une deuxième licence de téléphonie fixe. Maroc Telecom est le principal fournisseur d'accès à Internet

(72 % de parts de marché), devant son principal concurrent Maroc Connect (18 % de parts de marché), filiale de Wanadoo ;

• ***de téléphonie mobile*** (38 % du CA) : sur ce segment, Maroc Telecom est, depuis 1999, soumis à la concurrence d'un deuxième opérateur : Medi Telecom (30 % de parts de marché), détenu par les opérateurs ibériques Telefonica et Portugal Telecom, et par un groupement d'investisseurs marocains conduit par la BMCE.

Le marché de la téléphonie fixe est mûr. Le marché de la téléphonie mobile, en revanche, présente un fort potentiel de croissance : en effet, le taux de pénétration n'atteint que 22 % à fin décembre 2002.

1.6 Vivendi Universal Games (1 % du CA, 2 % du résultat d'exploitation)

Vivendi Universal Games (VUG), est l'un des leaders mondiaux des jeux interactifs et logiciels éducatifs. La société développe, commercialise et distribue des jeux et logiciels sur support PC (56 % du CA) ou console (44 % du CA). VUG est le sixième éditeur mondial de logiciels grand public (5 % de parts de marché), et le deuxième éditeur mondial de jeux sur PC.

Le marché des jeux vidéo est un marché en forte croissance, dynamisé notamment par le cycle de renouvellement des consoles.

1.7 Vivendi Environnement (52 % du CA, 50 % du résultat d'exploitation)

Filiale à 20 % de Vivendi, Vivendi Environnement (devenue Veolia Environnement, VE) est un leader mondial des services à l'environnement. La société s'appuie sur quatre divisions principales :

• ***Eau*** : Vivendi Water est le premier opérateur mondial de services d'eau et l'un des premiers concepteurs et fournisseurs mondiaux d'installations et d'équipements de traitement de l'eau. La société offre trois types de services :

– la gestion de services d'eau potable et d'assainissement, pour le compte de collectivités publiques et d'entreprises privées, et la gestion des eaux industrielles pour les entreprises privées ;

– les installations, systèmes et équipements standard de traitement de l'eau à destination des collectivités publiques et des entreprises industrielles ou tertiaires ;

– les services aux particuliers, à travers la vente d'eau conditionnée.

• ***Propreté*** : Onyx est le deuxième opérateur mondial de la propreté. La société est présente sur les deux principaux maillons de la chaîne :

– la collecte et les services associés : collecte et transfert des déchets, nettoiement urbain, entretien des espaces publics, assainissement et entretien des réseaux d'eau potable, gestion des déchets liquides, nettoyage industriel et commercial ;

– le traitement et la valorisation des déchets : tri et recyclage des matières, traitement des déchets dangereux, mise aux normes des sites pollués.

• ***Énergie*** : Dalkia (joint-venture entre VE et EDF) est le leader européen des services énergétiques. La société conçoit et opère des réseaux de chauffage urbain et d'éclairage public, et gère les systèmes énergétiques de clients industriels ou particuliers.

• ***Transport urbain*** : Connex est le deuxième opérateur privé de transport urbain de voyageurs (gestion de réseaux urbains de bus, métro, tramway, et de lignes inter-urbaines de bus et d'autocars pour le compte de collectivités locales) en France après Keolis (filiale à 45 % de la SNCF). La société est également présente dans d'autres pays européens, notamment au Royaume-Uni. Le marché français, sur lequel Connex réalise 37 % de son activité, est mûr et concentré, les trois premiers opérateurs (Keolis, Connex et Transdev) détenant 90 % du marché hors Île-de-France (en volume). Le marché européen, en cours de déréglementation, présente des opportunités de croissance intéressantes.

En outre, VE détient une participation dans le groupe espagnol FCC, spécialisé dans la construction et les services à l'environnement.

Les métiers dans lesquels VE opère sont globalement mûrs en France, mais présentent des opportunités de croissance à l'international, du fait de la privatisation de services assurés jusque-là par des acteurs publics.

2 La construction du groupe Vivendi Universal

Le groupe Vivendi Universal résulte de la fusion en juin 2000 de Seagram, Canal + et Vivendi, elle-même issue de la fusion entre la Compagnie Générale des Eaux et Havas en 1998.

2.1 Compagnie Générale des Eaux

Compagnie Générale des Eaux, historiquement présente dans l'approvisionnement puis le traitement de l'eau et des déchets en France, s'est développée à l'international dans les années 1970-1980. À l'arrivée de Guy Dejouany en 1976, CGE générait 2 milliards d'euros de CA, dont 80 % dans des activités de traitement de l'eau, de propreté et de services énergétiques (*core business*). Sous son impulsion, CGE a vu son activité multipliée par 11 en vingt ans, avec 25 milliards d'euros de CA en 1996, dont 46 %

proviennent des activités *core business*, le solde provenant d'une diversification dans des secteurs tels l'immobilier, la santé et les télécommunications, financée en partie par les cash-flows récurrents du *core business*[1].

Au début des années 1990, la crise de l'immobilier, provoquée par la conjonction de plusieurs facteurs (remontée des taux d'intérêts, récession, bulle spéculative), et les besoins de cash de la Société Française du Radio Téléphone (SFR) provoquent une crise de liquidités.

2.2 L'arrivée de Jean-Marie Messier

En novembre 1996, Jean-Marie Messier est nommé P-DG de CGE, sur les conseils de Guy Dejouany. Le nouveau dirigeant entreprend de recentrer le groupe sur le segment *utilities* (eau, déchet, énergie, transport). De 1995 à 1997, CGE réalise près de 5 milliards d'euros de cessions, dans l'immobilier et la santé principalement. Il cherche par ailleurs à développer des positions assez fortes dans trois domaines extérieurs aux métiers traditionnels du groupe : les télécommunications, l'édition et la télévision payante.

• ***Télécommunications*** : Jean-Marie Messier restructure SFR et crée Cegetel. Par croissance interne, Cegetel devient le principal challenger de l'opérateur historique France Télécom, et fait le pari du développement de la téléphonie mobile. Afin de financer le développement de Cegetel dans la téléphonie fixe et mobile, activités en croissance et fortement consommatrices de cash (investissements d'infrastructures), CGE ouvre le capital de Cegetel et de SFR à British Telecom, Mannesman (absorbé par la suite par Vodafone), et Southwestern Bell. Par ailleurs, Vivendi acquiert 51 % de Monaco Telecom, et prend le contrôle de l'opérateur polonais de téléphonie mobile PTC et du câblo-opérateur polonais Bresnan, conjointement avec Elektrim, pour 1,2 milliard de dollars.

• ***Édition*** : en 1998, CGE fusionne avec Havas, premier groupe de médias en France, dans lequel CGE détenait déjà un tiers du capital. Outre des actifs avec de fortes positions de marché dans des segments tels l'édition professionnelle et éducative, Havas apporte à l'ensemble Canal +, le leader en Europe de la télévision à péage. Le nouvel ensemble est baptisé Vivendi. CGE restructure le portefeuille d'activités de Havas en le recentrant sur l'édition de livres scolaires et d'ouvrages de référence (dictionnaires, encyclopédies) et sur les jeux interactifs. Ainsi, Havas se désengage de l'affichage (cession du groupe Avenir pour 877 millions d'euros), de la publicité (cession de 9 % d'Havas Advertising pour 198 millions d'euros), et de la radio/télévision (cession de 18,7 % d'Audiofina pour 704 millions d'euros), et réalise plusieurs acquisitions, telles Barbour Index (presse spécialisée dans la construction au Royaume-Uni), MediMedia (groupe d'information médicale), et Cendant Software (leader de l'édition de progiciels de jeux électroniques).

• ***Télévision payante*** : suite à l'absorption d'Havas, la participation de CGE dans Canal + passe de 15 % à 34 %. En 1999, Vivendi augmente sa

1. « Vivendi – Revitalizing a French Conglomerate », *Harvard Business School*, 16 déc. 1998.

participation dans Canal + en reprenant, en échange de titres Vivendi, la participation de 15 % détenue par le groupe Richemont. En septembre 1999, Vivendi fusionne avec Pathé, et rétrocède simultanément l'activité cinéma, conservant la participation de Pathé dans Canal Satellite et 20 % de BskyB (premier opérateur de télévision à péage au Royaume-Uni et en Irlande)[1]. Vivendi augmente sa participation dans BSkyB à 25 % en rachetant les participations minoritaires de Granada et Pearson.

À fin 1999, Vivendi réalise 41,6 milliards d'euros de CA, dont 54 % dans l'environnement (eau, énergie, propreté, transport, FCC), 21 % dans la communication (télécoms, médias, internet, audiovisuel) et 25 % dans l'aménagement (construction et immobilier). L'environnement génère l'essentiel du résultat d'exploitation (73 %), la communication 24 %, l'aménagement 9 %, les autres activités ayant une contribution négative (– 6 %).

2.3 L'année 2000

2.3.1 Une démarche centrée sur la création de valeur

Dans le rapport annuel 2000, la création de valeur est présentée comme centrale dans la stratégie du groupe :

> « La création de valeur est l'une des sept valeurs de Vivendi Universal. Nous devons à nos actionnaires une croissance régulière de notre chiffre d'affaires et de nos résultats afin de générer une réelle création de valeur. »

Cette création de valeur passe par « l'amélioration de la rentabilité des opérations existantes autant que le développement des relais de croissance ».

2.3.2 Seagram et Canal +

Le 20 juin 2000, Vivendi, Seagram et Canal +, conseillés respectivement par Lazard Frères, Goldman Sachs et Morgan Stanley, et Merrill Lynch, annoncent un rapprochement stratégique destiné à créer Vivendi Universal, le deuxième groupe mondial de communications. L'opération, finalisée le 8 décembre, aboutit à l'intégration de Seagram et à l'acquisition de l'ensemble des activités du groupe Canal + (à l'exception de la chaîne à péage française, pour laquelle la réglementation française limite le contrôle d'un actionnaire unique à 49 %).

> « Dans le sillage de l'annonce de la fusion entre AOL et Time Warner, qui construit un groupe sur les perspectives de synergies entre des contenus et les nouveaux canaux qui permettent d'y accéder, [Vivendi] décide de devenir un groupe de médias et d'utiliser la valorisation généreuse de ses activités d'accès pour contrôler des contenus » (J. Montaldo, *Le Marché aux voleurs*, Albin Michel, 2003.)

Basé à Montréal, le groupe Seagram est présent dans quatre activités :

• ***la musique*** : Universal Music Group, qui produit, distribue et édite des enregistrements musicaux, est le leader mondial de l'industrie musicale ;

1. Cette fusion aurait eu pour objet d'éviter que TF1 n'absorbe elle-même Pathé, ce qui lui aurait conféré une minorité de blocage dans CanalSatellite.

• ***l'audiovisuel*** : la division Filmed Entertainment produit et distribue des produits pour le cinéma, la télévision et la vidéo. Elle possède également des chaînes câblées, et commercialise des droits liés aux œuvres et aux produits dérivés (*merchandising*) ;

• ***les parcs de loisirs*** (Universal Studios) ;

• ***les vins et spiritueux*** (Chivas Regal, Crown Royal, etc.), activité destinée à être cédée[1].

La fusion est massivement approuvée par les actionnaires de Vivendi (96,6 %), de Seagram (90,4 %) et de Canal + (98,6 %) en décembre 2000.

2.3.3 Portefeuille d'activité de Vivendi et Seagram

Les activités de Vivendi et Seagram préfusion sont résumées dans le tableau suivant :

Les notes rédigées par les maisons de courtage aux alentours de l'annonce montrent que les analystes, qui soulignent l'aspect dilutif de l'opération (en termes de Bénéfice par Action) et mettent en lumière certains risques (principalement liés à la difficulté à intégrer et gérer un ensemble complexe), semblent cependant approuver l'intérêt stratégique de la fusion :

> « *Despite short-term dilution, the merger of Seagram and Canal Plus to form Vivendi Universal could pay off in the future* » (ING Barings, note du 21 juin 2000).
>
> « *Strategically, we believe there is a clear rationale for the deal in terms of the long-term positions of Vivendi and Canal + in a converging and globalizing media and communications world* » (UBS, note du 22 juin 2000).
>
> « *We believe Vivendi Universal has all the ingredients – content, connectivity, and scale – to establish itself as a leading multimedia platform* » (CSFB, note du 20 oct. 2000).

2.3.4 Autres acquisitions

En 2000, le groupe investit 3 milliards d'euros dans l'acquisition de participations dans l'Internet[2] (780 M€), les télécommunications[3]. (442 M€), la télévision et les films (520 M€), l'édition (219 M€) et les services à l'environnement (920 M€) et d'autres segments (123 M€).

2.3.5 Cessions

Le groupe se désengage de ses activités « non stratégiques » dans la construction et l'immobilier, « conformément à sa stratégie de recentrage sur ses pôles médias et communication et services à l'environnement ». Ainsi, la Compagnie générale d'immobilier et de services (CGIS) est scindée en deux parties : Nexity, vendue à un groupe d'investisseurs pour un prix de 42 millions d'euros, et Vivendi Valorisation, gérée par Nexity en attendant sa cession. De plus, Vivendi ramène sa participation dans Vinci de 49,3 % à 16,9 %, pour un montant de 572 millions d'euros.

1. Dans le cadre de la fusion, Vivendi Universal conclut avec Diageo et Pernod Ricard un protocole d'accord concernant la cession des activités Vins et Spiritueux pour un montant de 8,15 milliards de dollars. Cette cession ne sera finalisée que le 21 décembre 2001, pour un montant de 8,1 milliards de dollars, qui « sera utilisé par Vivendi Universal pour réduire sa dette et financer d'autres initiatives du Groupe ».

2. Acquisition de i-France pour 149 millions d'euros et de Scoot pour 443 millions d'euros.

3. Acquisition de United Telecom Investment (Hongrie) pour 130 millions d'euros, de Kencell (Kenya) pour 36 millions d'euros, ainsi que de Xfera et Vivendi Telecom España (Espagne) pour 96 et 90 millions d'euros respectivement.

	Vivendi	Seagram
Services à l'environnement	• *Eau, Propreté, Energie, Transport* CA : 21 382 M€ EBITDA : 2 779 M€/EBIT : 1 519 M€	–
Télécommunications	• *Téléphonie mobile* : SFR • *Téléphonie fixe/Internet* : Cegetel CA : 4 102 M€ EBITDA : 1 372 M€/EBIT : 351 M€	–
Audiovisuel	• *Télévision* : Canal + • *Cinéma* : StudioCanal CA : 1 152 M€ EBITDA : 91 M€/EBIT : – 103 M€	• *Télévision* : Sci-Fi Channel UK, USA Network Latin America, 13th Street • *Cinéma* : Universal Studios CA : 3 480 M$ EBITDA : – 61 M$/EBIT : – 139 M$
Musique	–	• *Pop* : A & M, Blue Thumb, Def Jam, Geffen, Interscope, Island, MCA, Nashville, Mercury, Motown, Polydor, Universal • *Classique* : Decca, Deutsche Gramophon, Philips • *Jazz* : Verve, GRP, Impulse CA : 6 236 M$ EBITDA : 1 018 M$/EBIT : 328 M$
Médias/Internet	• *Édition, publicité* : Havas • *Internet* : Havas Interactive CA : 3 317 M€ EBITDA : 364 M€/EBIT : 304 M€	–
Parcs de loisirs	–	Universal Studios CA : 862 M$ EBITDA : 188 M$/EBIT : 83 M$
Vins et spiritueux	–	• *Production* : Chivas Regal, Four Roses, Seagram's, Sandeman, etc. • *Distribution* : Absolut Vodka, Mumm, Perrier-Jouët CA : 5 108 M$ EBITDA : 727 M$/EBIT : 602 M$
Holding/Autres	• *Immobilier, Construction* CA : 11 668 M€ EBITDA : 630 M€/EBIT : 210 M€	CA : – EBITDA : —/EBIT : – 121 M$
Total	**CA : 41 623 M€** **EBITDA : 5 235 M€/EBIT : 2 281 M€** **Effectifs : 235 610**	**CA : 15 686 M$** **EBITDA : 1 872 M$/EBIT : 753 M$** **Effectifs : 34 000**

Source : prospectus d'introduction en bourse de Vivendi Universal – Note : chiffres Vivendi : 31 déc. 1999, Seagram : 30 juin 2000.

Par ailleurs, le groupe crée Vivendi Environnement (VE), qui regroupe les activités historiques du groupe (eau, énergie, propreté, transport, FCC) et en cède 37 % à des investisseurs institutionnels et au public pour 3,8 milliards d'euros lors de l'introduction en Bourse de VE en juillet 2000.

À fin 2000, le centre de gravité du groupe s'est considérablement déplacé : si les services à l'environnement représentent 50 % du CA consolidé proforma du groupe, Vivendi ne détient plus que 63 % de ce pôle, et le *core business* historique représente moins de 10 % de l'actif net réévalué.

2.4 L'année 2001

En 2001, Vivendi poursuit son programme d'acquisitions, notamment dans l'édition, les télécommunications et la musique :

• ***Maroc Telecom*** : ainsi, en avril 2001, le groupe finalise l'acquisition, annoncée en décembre 2000, de 35 % de Maroc Telecom, l'opérateur historique de télécommunications marocain, dans le cadre de sa privatisation partielle. L'opération, qui porte sur un montant de 2,3 milliards d'euros, valorise la société à près de dix fois l'EBITDA estimé pour 2001. Cette acquisition d'une « entreprise techniquement performante, rentable et disposant d'un bilan solide, avec un très faible niveau d'endettement » dans un marché « dynamique », entre, selon Vivendi, dans le cadre d'un « partenariat stratégique global » avec le Maroc, « pour tirer pleinement profit du fort potentiel de développement de ce pays », dans la communication et dans les services à l'environnement.

• ***Houghton Mifflin*** : en juillet, le groupe finalise l'acquisition de Houghton Mifflin, l'un des premiers éditeurs scolaires aux États-Unis. L'opération est réalisée pour un montant de 2,2 milliards de dollars, incluant une reprise de dette de 500 millions d'euros. Cette acquisition permet à Vivendi Universal Publishing (VUP), qui dispose déjà de solides positions en France, en Espagne, au Brésil, ainsi que dans le reste de l'Europe et de l'Amérique Latine, de devenir un des géants de l'édition scolaire mondiale.

> « Cette acquisition d'une très grande importance stratégique est un pas de plus vers la réalisation de notre stratégie, qui vise à nous assurer la prééminence mondiale dans un certain nombre de secteurs clés de la production de contenus. Cette acquisition nous met dans une position concurrentielle tout à fait favorable, qui nous permettra de tirer le meilleur parti possible de la croissance du secteur scolaire, en optimisant l'usage que fait le groupe tout entier des contenus et des technologies de ces deux sociétés. Comme nous allons financer cette transaction par la vente d'autres actifs dans notre portefeuille édition [la division information professionnelle et journaux gratuits de VUP] qui, s'ils ont une valeur considérable, n'en sont pas moins non-stratégiques, cette acquisition n'aura pas d'incidence sur notre bilan et apportera de la valeur à nos actionnaires » (Vivendi Universal, communiqué du 3 août 2001).

• ***MP3.com*** : le 28 août 2001, Vivendi finalise l'acquisition de MP3.com pour 400 millions de dollars, financée en titres et en numéraire.

> « L'acquisition de MP3.com constitue un pas extrêmement important dans notre stratégie de création d'une plateforme de distribution et, en même temps, d'acquisition d'une technologie de pointe. MP3.com constituera un actif important pour Vivendi Universal dans la réalisation de notre objectif consistant à devenir le premier fournisseur de musique en ligne et de services liés. MP3.com apporte à Vivendi Universal des millions d'amateurs de musique ; une solide plateforme de distribution ; une technologie qui renforce notre aptitude à traiter les abonnements, le marketing direct et la gestion des données ; une technologie qui s'applique à tous les appareils et traverse un éventail d'activités de Vivendi Universal comprenant la musique, les films, les jeux et éventuellement les livres, ainsi que de solides équipes techniques et de management » (J.-M. Messier, communiqué du 29 août 2001).

• ***EchoStar*** : le 14 décembre 2001, Vivendi et EchoStar concluent une alliance stratégique de 8 ans dans le cadre de laquelle Vivendi développera la technologie de décodeur de Canal + et fournira 5 nouvelles chaînes aux abonnés du réseau satellite DISH Network d'EchoStar aux États-Unis. Dans le cadre de cette alliance, Vivendi acquiert 10 % du capital d'EchoStar pour 1,5 milliard de dollars.

Le rythme d'acquisition du groupe est source d'inquiétude au sein des analystes :

> « *The pace of corporate activity at Vivendi is extraordinary, with 12 billions euros of disposals announced and 6 billions euros of acquisitions [...]. The ongoing deal-making, combined with driving the performance of the businesses to achieve like-for-like sales target of 10 % and EBITDA growth, is in danger of over-stretching Management* » (Bear Stearns, note du 24 juillet 2001).

Le niveau d'endettement commence à devenir problématique pour le groupe suite aux acquisitions successives (Maroc Telecom, Houghton Mifflin, investissements Internet, Echostar, titres d'autocontrôle), d'autant que les cessions annoncées tardent à se finaliser : la cession de la division Vins et Spiritueux de Seagram ne se clôturera qu'en décembre 2001, tandis que celle de la presse professionnelle de VUP s'enlise.

2.4.1 La crise de liquidités

Courant 2002, la situation financière de Vivendi se dégrade, comme en atteste le *downgrading* de la dette du groupe par les agences de *credit rating*[1] : ainsi, la note de la *senior unsecured debt* du groupe par Moody's, inchangée depuis le 15 mai 1998, passe de Baa2 à Baa3 le 3 mai 2002 ; de même, la note de la dette à court terme du groupe par S & P, inchangée depuis le 15 octobre 1996, passe de A2 à A3 le 6 mai 2002.

Les analystes avancent diverses explications, notamment :

• ***des modalités de financement inadaptées*** : avec un recours massif à de l'endettement court terme et des obligations convertibles (OC), avec l'espoir

1. Cf. *annexes*.

que celles-ci soient converties en actions (ne donnant donc pas lieu à un décaissement) du fait des bonnes performances boursières du groupe ;

• ***un accès limité au cash*** : Maroc Telecom et Cegetel, malgré leur forte génération de cash, ne versent pas de dividendes. Par ailleurs, 90 % de la dette est située dans les activités médias, alors que celui-ci génère moins de la moitié du free cash-flow du groupe ;

• ***le rachat de titres d'autocontrôle*** : Vivendi a dépensé près de 7 milliards d'euros dans le rachat en Bourse de ses propres titres. En janvier 2000, le groupe lance une opération de placement de 5 % de son capital : le pacte d'actionnaires prévoit un prix minimum de 60 euros, ce qui entraîne un faible discount et l'échec partiel de l'opération, suivi d'une baisse du cours de bourse et de réactions négatives des agences de rating ;

• ***des acquisitions coûteuses*** : au premier semestre 2002, le groupe a décaissé 2,9 milliards d'euros pour financer des acquisitions.

Le 7 mai, Vivendi annonce la finalisation de l'acquisition des actifs de divertissement de USA Networks (USA), financée par 1,62 milliard de dollars en numéraire et par l'émission de 27,6 millions d'actions Vivendi Universal au profit de Liberty Media. Aux termes de l'accord, Vivendi Universal contrôle 93 % de Vivendi Universal Entertainment (VUE), la nouvelle entité réunissant Universal Studios Group et les actifs de divertissement de USA Networks. En outre Vivendi reçoit 60,5 millions de warrants USA Interactive, dont le prix d'exercice est compris entre 27,4 dollars et 37,5 dollars par action.

Afin de résoudre la crise de liquidités à laquelle le groupe fait face et de rétablir la confiance du marché, Jean-Marie Messier entreprend, après la finalisation en avril de la cession des pôles presse professionnelle et santé de VUP aux fonds d'investissement Cinven, Carlyle et Apax pour 1,2 milliard d'euros (au lieu des 2 milliards d'euros attendus)[1], plusieurs cessions :

• ***8 juin 2002*** : signature d'un accord avec News Corporation en vue de la cession de 100 % de Telepiù (Tele +) pour 1,5 milliard d'euros, dont une reprise de dette financière à hauteur de 750 millions d'euros :

> « Cette opération est [...] l'une des illustrations de notre engagement à réduire rapidement l'endettement du Groupe Vivendi Universal. La réduction de la dette qui en résultera, et l'arrêt d'une des principales sources de perte de cash-flow du Groupe contribueront à l'amélioration de nos performances, de notre structure de bilan et de nos ratios d'endettement » (J.-M. Messier, communiqué du 8 juin 2002).

• ***17 juin 2002*** : le Conseil d'administration de Vivendi Universal autorise le groupe à réduire à légèrement plus de 40 % le niveau de la participation dans Vivendi Environnement :

> « [Ceci] permettra au groupe de déconsolider sa participation dans Vivendi Environnement (en US *gaap*), tout en conservant le contrôle de fait de la société. L'opération représente pour Vivendi Universal une étape supplémentaire importante dans sa volonté de réaliser son important programme de désendettement dans les meilleurs délais » (Vivendi Universal, communiqué du 17 juin 2002).

1. Vivendi conserve une participation de 25 % dans l'ensemble, qui sera rachetée quelques mois plus tard par les investisseurs.

• ***28 juin 2002*** : Vivendi annonce la cession de 5,3 millions d'actions Vinci pour un montant global d'environ 353 milliards d'euros, et son intention d'acquérir des options d'achat (*calls*) lui permettant, le cas échéant, d'assurer le remboursement des obligations échangeables en actions Vinci émises par le groupe en mars 2001 :

> « À l'issue de cette opération, Vivendi Universal ne supportera donc aucun risque économique sur les variations ultérieures du cours de Vinci » (Vivendi Universal, Communiqué de presse du 28 juin 2002).

Cependant, ces annonces ne suffisent pas à enrayer la chute du cours de bourse du groupe, accélérée par la publication par S & P et Moody's de nouvelles notations dégradées les 1er et 2 juillet ;

• ***7 mai 2002*** : finalisation.

2.4.2 L'arrivée de Jean-René Fourtou

Le 3 juillet 2002, le Conseil d'Administration de Vivendi Universal approuve à l'unanimité la nomination de Jean-René Fourtou à la Présidence du groupe, et prend acte de la démission de Jean-Marie Messier. Le Conseil décide également de la mise en place d'un comité financier, présidé par Claude Bébéar, et d'un comité stratégique, présidé par Henri Lachmann, et se donne pour priorité la « transparence financière » et la « résolution des problèmes de trésorerie court terme » :

> « Dans les deux prochaines semaines, tout ce qu'il sera possible de traiter, notamment dans la gestion de la trésorerie court terme, le sera avec détermination. Je suis confiant dans la capacité du Groupe à résoudre ses problèmes de trésorerie et je suis convaincu que nous saurons trouver les solutions adéquates dans les plus brefs délais.
>
> Par ailleurs, un premier diagnostic financier et stratégique sera établi à court terme, dans un délai de trois mois. Deux comités ont été créés à cet effet au sein du Conseil d'Administration. De plus, deux groupes de travail, composés de personnes internes et externes au groupe, vont être mis en place afin de préparer le travail et les décisions du Conseil d'Administration.
>
> Le Conseil d'Administration et l'ensemble des salariés du Groupe demeurent pleinement mobilisés pour maintenir les bonnes performances de nos activités. Vivendi Universal dispose de tous les atouts nécessaires pour envisager positivement l'avenir, au moment où nous travaillons à rétablir la confiance et la santé de notre groupe » (J.-R. Fourtou, 3 juillet 2002).

Peu après la nouvelle publication de notes dégradées par les agences de rating (14 août 2002), le nouveau dirigeant entreprend un programme de cessions de plus de 10 milliards d'euros, destiné à résoudre les problèmes de trésorerie du groupe :

• ***19 août 2002*** : Vodafone et Vivendi Universal confirment la conduite de discussions concernant l'avenir de la structure du capital de leur joint-venture Vizzavi. Ces discussions pourraient aboutir à une offre de rachat par Vodafone de tout ou partie des parts de Vivendi dans Vizzavi ;

• ***30 août 2002*** : Vivendi confirme la cession à Vodafone de sa participation de 50 % dans Vizzavi pour un montant de 142,7 millions d'euros. « La vente de Vizzavi s'inscrit directement dans le cadre de la cession d'actifs non stratégiques ainsi que la réduction de foyers de pertes au sein du Groupe Vivendi Universal. » Vizzavi France est repris par Vivendi ;

• ***30 août 2002*** : annonce du projet de cession de l'ensemble du pôle Presse Grand Public de Vivendi Universal Publishing (groupe Express-Expansion et groupe l'Étudiant) et de Comareg (incluant Delta Diffusion, destinée à rejoindre Mediapost) au groupe Socpresse, pour « un montant global cash supérieur à 300 millions d'euros » ;

• ***23 octobre 2002*** : Vivendi Universal ouvre des négociations avec le groupe Lagardère pour céder les activités d'édition en Europe et en Amérique Latine de Vivendi Universal Publishing (VUP). Natexis-Banque Populaire rachèterait pour le compte de Lagardère, et en vue de les lui vendre, les actifs concernés de VUP dès l'obtention de l'accord des autorités de concurrence. Cette cession se réaliserait sur la base d'une valeur d'entreprise de 1,25 milliard d'euros et inclurait les activités de littérature générale, de référence et d'éducation de Vivendi Universal Publishing, hors Houghton Mifflin :

> « Cet accord répond pleinement aux trois objectifs indissociables que nous nous étions fixés dès le moment où nous avons pris la décision, difficile, de céder nos activités d'édition. D'abord, il contribue au désendettement de VU, préalable impératif à tout redressement. Ensuite, il répond aux préoccupations culturelles et patrimoniales, liées aux métiers de l'édition, qui ne nous ont jamais quittées. C'est dans cet esprit que, dès le début, nous avons demandé à tous les acquéreurs potentiels de prendre des engagements importants dans ce domaine. Enfin, cet accord offre des perspectives de développement à l'activité d'édition française et européenne de VUP » (J.-R. Fourtou, 23 oct. 2002).

• ***31 octobre 2002*** : Vivendi Universal ouvre des négociations exclusives avec le consortium composé de Thomas H. Lee Partners, Blackstone Group, Bain Capital et Apax Partners en vue de céder Houghton Mifflin, sur la base d'une valeur d'entreprise de 1,75 milliard d'euros (1,4 × CA 2001 et 9,5 × l'EBITDA après amortissement des créations éditoriales 2001) ;

• ***18 décembre 2002*** : cession à EchoStar d'une participation de 10,7 % dans l'opérateur satellitaire nord-américain pour un montant de 1 066 millions de dollars ;

• ***19 décembre 2002*** : cession d'une participation de 34 % dans le producteur d'électricité nord-américain Sithe Energies à Apollo Energy LLC pour un montant de 323 millions de dollars ;

• ***20 décembre 2002*** : cession des actifs Édition de Vivendi Universal Publishing (hors l'éditeur américain Houghton Mifflin et les éditeurs brésiliens Atica & Scipione) à Investima 10, détenue à 100 % par Natexis Banques Populaires, qui réalise un portage pour le groupe Lagardère. Le montant de l'opération s'élève à 1,2 milliard d'euros en valeur d'entreprise ;

- ***23 décembre 2002*** : encaissement du produit de la cession d'EchoStar (1 066 millions de dollars) ;
- ***24 décembre 2002*** : encaissement de 1 856 millions d'euros, correspondant au produit de la cession de la moitié de sa participation (20,4 % sur 40,8 %) assortie d'une option d'achat à 26,50 euros portant sur le solde, dans Vivendi Environnement, au prix de 22,5 euros par action ;
- ***17 décembre 2002*** : annonce de la prise de contrôle par Vivendi des actifs de divertissement de USA Networks pour un prix de 10,3 milliards de dollars, financé à 60 % par l'apport des actions de USA Networks déjà détenues par Vivendi, à 15 % par la vente d'actions d'autocontrôle à Liberty Media, et à 20 % en cash (1,6 milliard de dollars + 750 millions de dollars de paiements différés). En outre, Vivendi recevra des bons de souscription d'actions (BSA) USA Networks, ainsi que la participation de 27 % de Liberty Media dans l'entité européenne de télévision câblée Multithématiques, en échange de 5,2 millions d'actions d'auto-contrôle de Vivendi Universal (3,6 % du capital) ;
- ***31 décembre 2002*** : clôture de la cession de la maison d'édition Houghton Mifflin au consortium associant H. Lee et Bain Capital pour 1,66 milliard de dollars (dont 1,28 milliard de dollars en numéraire encaissés et 380 millions de dollars de reprise de dette) ;
- ***4 février 2003*** : cession du pôle presse Grand Public (groupe Express-Expansion-l'Étudiant) au groupe Socpresse pour 200 millions d'euros ;
- ***5 février 2003*** : cession de 89 % du capital de Canal + Technologies à Thomson Multimédia pour 190 millions d'euros ;
- ***12 février 2003*** : cession de 28 millions de warrants USA Interactive, pour environ 240 millions de dollars ;
- ***30 avril 2003*** : cession de Telepiù à NewsCorp et Telecom Italia pour 871 milliards d'euros, dont 414 millions d'euros de reprise de dette ;
- ***8 octobre 2003*** : General Electric et Vivendi Universal annoncent avoir signé un accord en vue de la fusion de VUE et NBC. Les actionnaires de VUE conserveront 20 % de l'ensemble et recevront 3,8 milliards de dollars (Vivendi, en tant qu'actionnaire à 86 % de VUE, devrait recevoir 3,3 milliards de dollars). À partir de 2006, Vivendi Universal aura la possibilité de commencer à monétiser sa participation, sur la base de sa valeur de marché. « C'est un très bon accord pour les actionnaires de Vivendi Universal tant sur le plan de la création de valeur que de la réduction de notre dette. Cette opération permettra de réduire de façon significative la dette de Vivendi Universal. À fin 2004, notre dette devrait être inférieure à 5 milliards d'euros » déclare Jean-René Fourtou.

Annexe 1 : Compte de résultat consolidé (2000-2002)

	Exercices clos le 31 décembre			
(en millions d'euros)	**2002 avec VE mise en équivalence[1] non audité**	**2002 Réel[2]**	**2001 Réel**	**2000[4]**
Chiffre d'affaires	28 112	58 150	57 360	41 580
Coût des ventes	(16 749)	(40 574)	(39 181)	(30 181)
Charges administratives et commerciales	(8 919)	(12 837)	(13 899)	(9 004)
Autres charges d'exploitation nettes	(567)	(851)	(340)	(572)
Résultat d'exploitation	1 877	3 788	3 795	1 823
Coût du financement	(650)	(1 333)	(1 455)	(1 288)
Provisions financières	(2 786)	(2 895)	(482)	(196)
Autres charges et produits financiers	(658)	(514)	9	722
Résultat courant des sociétés intégrées	(2 217)	(954)	1 867	1 061
Charges et produits exceptionnels	1 125	1 049	2 365	3 812
Impôt sur les résultats	(2 119)	(2 556)	(1 579)	(1 009)
Résultat des sociétés Intégrées avant amortissement des écarts	(3 211)	2 461)	2 653	3 864
d'acquisition et intérêts minoritaires	17	17	—	—
Quote-part dans le résultat net des sociétés cédées[2]	(99)	(294)	(453)	(306)
Quote-part dans le résultat des sociétés mises en équivalence	(992)	(1 277)	(1 688)	(634)
Dotations aux amortissements des écarts d'acquisition	(18 442)	(18 442)	(13 515)	—
Amortissement exceptionnel				
Résultat avant intérêts minoritaires	(22 727)	(22 457)	(13 003)	2 924
Intérêts minoritaires	(574)	(844)	(594)	(625)
Résultat net part du groupe	(23 301)	(23 301)	(13 597)	2 299
Résultat par action (en euros)	(21,43)	(21,43)	(13,53)	3,63
Nombre moyen pondéré d'actions (en millions d'actions)[3]	1 087,4	1 087,4	1 004,8	633,8

Les notes annexes font partie intégrante des états financiers consolidés.

(1) Aux fins de présentation au périmètre de consolidation au 31 décembre 2002, dans lequel Vivendi Environnement est mis en équivalence à cette date, ce compte de résultat illustre la mise en équivalence de Vivendi Environnement au 1er janvier 2002 au lieu du 31 décembre 2002 (Voir note 2).

(2) Au 31 décembre 2002. Vivendi Universel a appliqué l'option prévue au paragraphe 23100 de l'annexe au réglement n° 99-02 du Comité de la Réglementation Comptable permettant de présenter la quote-part du groupe dans le résultat net des entreprises cédées au cours de l'exercice sur une seule ligne au compte de résultat lorsque la cession d'une entreprise ou d'une branche d'activité est d'une importance significative. Les sociétés ou branches d'activité concernées sont l'ensemble des activités d'édition de Vivendi Universel.hormis Vivendi Universel Games, les activités d'édition au Brésil ainsi que le pôle presse grand public, dont la cession a été finalisée en février 2003 et Comareg (journaux gratuits) dont la cession est en cours de finalisation (voir notes 2 et 3).

(3) Hors titres d'autocontrôle comptabilisés en déduction des capitaux propres.

(4) Données retraitées de manière à refléter l'application des changements de méthode comptable intervenus en 2001.

Source : Vivendi Universal, document de référence 2002.

Annexe 2 : CA et résultat d'exploitation par pôle (2000-2002)

En millions d'euros	2002	2001	2000
Groupe Cegetel	7 067	6 384	5 129
Universal Music Group	6 276	6 560	495
Vivendi Universal Entertainment	6 270	4 938	194
Groupe Canal +	4 833	4 563	4 054
Maroc Telecom	1 487	1 013	0
Vivendi Universal Games	794	657	572
Autres	1 385	1 289	2 667
Vivendi Environnement	30 038	29 094	26 294
Actifs de VUP cédés en 2002	0	2 862	2 175
Total chiffre d'affaires	**58 150**	**57 360**	**41 580**
Groupe Cegetel	1 449	928	453
Universal Music Group	556	719	86
Vivendi Universal Entertainment	816	300	– 13
Groupe Canal +	– 325	– 374	– 341
Maroc Telecom	468	387	0
Vivendi Universal Games	63	18	– 41
Autres	– 1 150	– 570	– 20
Vivendi Environnement	1 911	1 964	1 589
Actifs de VUP cédés en 2002	0	423	110
Total résultat d'exploitation	**3 788**	**3 795**	**1 823**

Source : Vivendi Universal, document de référence 2002.

Annexe 3 : Projections par pôle (2003-2008)

Year to December Cm	2003F	2004F	2005F	2006F	2007F	2008F
Turnover						
MEDIA AND COMMUNICATIONS						
Cegetel	7,542	8,386	8,787	9,113	9,429	9,736
Canal+	3,974	4,118	4,384	4,666	4,958	5,266
Music	4,861	5,184	5,061	5,065	5,209	5,374
Vivendi Universal Entertainment	5,765					
Games	556	695	764	787	811	835
Maroc Telecom	1,461	1,640	1,821	1,979	2,117	2,289
CORE MADIA & COMMS REVENUES	**24,158**	**20,023**	**20,817**	**21,609**	**22,523**	**23,501**
Non-core revenues	742	741	771	803	836	870
TOTAL VIVENDI UNIVERSAL REVENUES	**24,900**	**20,023**	**21,588**	**22,412**	**23,358**	**24,371**
TOTAL VIVENDI UNIVERSAL EBITDA	**5,426**	**4,967**	**5,554**	**5,881**	**6,255**	**6,628**
OPERATING PROFIT (EX-GOODWILL)						
Cegetel	1,928	2,276	2,564	2,638	2,733	2,841
Canal+	92	72	143	203	264	334
Music	292	370	477	522	590	614
Vivendi Universal Entertainment	759	0	0	0	0	0
Games	– 28	49	65	79	89	100
Maroc Telecom	527	591	669	746	829	932
CORE MEDIA & COMMS OP. PROFIT (EX-GOODWILL)	**3,569**	**3,358**	**3,918**	**4,187**	**4,506**	**4,822**
Non-core / holding	– 597	– 433	– 426	– 426	– 425	– 424
TOTAL VIVENDI OP-PROFIT (EX-GOODWILL)	**2,973**	**2,925**	**3,761**	**3,761**	**4,081**	**4,398**
Operating margin - total	*11,9%*	*14,1%*	*16,8%*	*16,8%*	*17,5%*	*18,0%*
Net incorne/(expense) from associates Other incorne	– 88	387	500	507	485	306
Net Interest	– 1,060	– 894	– 696	– 525	– 172	167
PrE-exceptionnal PBT	**1,832**	**2,419**	**3,292**	**3,743**	**4,393**	**4,871**
Taxable exceptionals/cash costs Employee profit sharing	– 600					
Non-taxable items (e.g. asset write-offs)						
Exceptional operating charges	– 600	0	0	0	0	0
Pre-tax profit (after restructuring charges)	1,232	2,419	3,292	3,743	4,393	4,871
Other exceptional items	0	0	0	0	0	0
Provisions add back	– 1,158	– 869	– 87	– 78	– 70	– 63
Amortisation of goodwill/intangibles	– 1,186	– 9,823	– 1,186	– 1,186	– 1,186	– 1,186
Pre-tax profit (Reported)	– 1,113	– 8,273	2,019	2,478	3,137	3,621
Taxation - total	– 1,020	– 920	– 1,185	– 1,339	– 1,393	– 1,404
Preference dividends	0	0	0	0	0	0
Minorities	– 935	– 1,086	– 1,118	– 1,121	– 1,180	– 1,245
Attributable	**– 3,067**	**– 10,280**	**– 284**	**17**	**564**	**972**
Pre-exceptional EPS (EUR)	**– 0,31**	**0,38**	**0,92**	**1,20**	**1,70**	**2,08**
Pre-exceptional EPS (EUR) - fully diluted	**– 0,29**	**0,36**	**0,86**	**1,11**	**1,58**	**1,93**
EPS (after restructuring charges) (EUR)	**– 1,76**	**– 0,43**	**0,84**	**1,12**	**1,63**	**2,02**
EPS (Reported) (EUR)	– 2,87	– 9,60	– 0,27	0,02	0,53	0,91

Source : ABN AMRO, note du 24 novembre 2003.

Annexe 4 : Bilan consolidé (2000-2002)

(en millions d'euros)	Exercices clos le 31 décembre 2002	2001	2000
ACTIF			
Écarts d'acquisition, nets	20 062	37 617	47 133
Autres immobilisations incorporelles, nettes	14 706	23 302	20 180
Immobilisations corporelles, nettes	7 656	23 396	19 989
Titres mis en équivalence	1 903	9 176	9 177
Titres immobilisés et autres immobilisations financières	4 138	5 583	7 342
Actif net de la branche Vins et Spiritueux mise en vente	—	—	8 759
Actif immobilisé	48 495	99 074	112 580
Stocks et travaux en cours	1 310	3 163	3 219
Créances d'exploitation	9 882	21 094	19 242
Impôts différés actif	1 613	4 225	3 908
Créances financières à court terme	640	2948	1 171
Disponibilités	7 295	4 725	3 271
Valeurs mobilières de placement	88	3 773	7 347
Actif circulant	20 838	39 928	38 158
TOTAL DE L'ACTIF	**69 333**	**139 002**	**150 738**
PASSIF	5 877	5 972	5 945
Capital	27 687	28 837	27 913
Primes	(19 544)	1 939	22 817
Réserves et résultat consolidés			
Capitaux propres (part du groupe)	14 020	36 748	56 675
Intérêts minoritaires	5 497	10 208	9 787
Autres fonds propres	1 000	—	—
Produits différés et subventions	579	1 856	1 560
Provisions	3 581	6 331	5 946
Dettes financières à long terme	10 455	27 777	23 954
Autres dettes à long terme	3 894	5 688	6 337
	39 026	88 608	104 259
Dettes d'exploitation	13 273	26 414	23 497
Impôts différés passif	7 857	9 977	8 130
Dettes financières à court terme	9 177	14 003	14 852
Dettes à court terme	30 307	50 394	46 479
TOTAL DU PASSIF	**69 333**	**139 002**	**150 738**

Source : Vivendi Universal, document de référence 2002.

Annexe 5 : Flux de trésorerie (2000-2002)

	Exercices clos le 31 décembre			
(en millions d'euros)	**2002[1][2] (non audité)**	**2002[1]**	**2001**	**2000[3]**
Opérations d'exploitation :				
Résultat net. part part du groupe	(23 301)	(23 301)	(13 597)	(2 299)
Extourne de la quote-part dans le résultat net des sociétés cédées	(17)	(17)	—	—
Élimination des charges et produits sans incidence sur la trésorerie				
Dotations aux amortissements	22 103	24 040	19 050	4 038
Dotations aux provisions financières	2 786	2 895	482	92
Plus-values de cessions d'immobilisations	(1 541)	(1 748)	(2 546)	(3 910)
Résultats des sociétés mises en équivalence nets des dividendes reçus	373	473	439	343
Impôts différés	1 589	1 608	379	231
Intérêts minoritaires	574	844	594	625
Variation nette du besoin en fond de roulement	229	(124)	(301)	(1 204)
Flux nets de trésorer le provenant des opérations d'exploitation	2 795	4 670	4 500	2 514
Opérations d'Investissement :				
Acquisition d'immobilisations corporelles et incorporelles	(1 729)	(4 134)	(5 338)	(5 800)
Cession d'immobilisations corporelles et incorporelles	158	158	464	2 822
Acquisition d'immobilisations financières[4]	(2 000)	(4 792)	(8 203)	(3 133)
Cession d'immobilisations financières[4]	9 233	10 987	1 947	3 787
Cession de la branche vins et spiritueux	—	—	9 359	—
Cession (achat) de titres immobilisés de l'activité portefeuille (TIAP)	—	—	4 395	233
Variation des créances financières	(1 875)	(2 027)	278	4 452
Rachat d'actions propres classées en valeurs mobilières de placement (VMP)	—	—	(141)	(2 456)
Cession (achat) d'autres valeurs mobiliéres de placement (VMP)	322	213	1 579	(1 386)
Flux nets de trésorerie affectés aux opérations d'Investissement	4 109	405	4 340	(1 481)
Opérations de financement :				
Variation des emprunts à court terme	(3 271)	(5 991)	(1 670)	2 432
Émission d'un emprunt obligataire remborsable en actions Vivendi Universal	767	767		
Augmentation des dettes financières long terme et autres dettes à long terme	369	2 748	5 195	16 370
Remboursement des dettes financières long terme et autres dettes long terme	510	(1 854)	(5 900)	(21 923)
Augmentation de capital	68	1 622	582	3 396
Cession (rachat) d'actions propres[5]	1 973	1 973	(4 253)	(106)
Dividendes versés en numéraire[6]	(1 120)	(1 300)	(1 423)	(800)
Apport en numéraire en faveur de USA Interactive[7]	(1 757)	(1 757)	—	—
Flux nets de trésorerie liés aux opérations de financement	(2 461)	(3 792)	(7 469)	(631)
Effet de change	981	1 287	83	7
Total des flux de trésorerie	5 424	2 570	1 454	409
Trésorerie :				
Ouverture	1 871	4 725	3 271	2 862
Clôture	**7 295**	**7 295**	**4 725**	**3 271**

Source : Vivendi Universal, document de référence 2002.

Annexe 6 : Flux de trésorerie opérationnelle par pôle (2001-2002)

(en millions d'euros)	2001	2001
Groupe Cegetel	1 267	2 058
UMG	152	523
VUE	669	465
Groupe Canal+	(480)	(353)
Maroc Telecom	383	599
VU Games	(126)	76
Holding et Autres	(641)	(739)
Flux de trésorerie d'exploitation avant coût du financement et impôts, après frais de restructuration, pro forma[(a)]	1 224	2 629
Ajustements pro forma[(a)]	52	29
Investissements industriels, nets de cession	1 573	1 571
Coût du financement et impôts	(1 076)	(1 434)
Flux nets de trésorerie provenant des opérations d'exploitation, hors Vivendi Environnement	1 773	2 795
Vivendi Environnement[(a)]	2 727	1 875
Flux nets de trésorerie provenant des opérations d'exploitation	4 500	4 670

(a) Ajustements pro forma :
- Mise en équivalence de Vivendi Environnement au 1er janvier 2001
- Consolidation des activités d'USA Networks au 1er janvier 2001
- Consolidation de Maroc Telecom au 1er janvier 2001
- Déconsolidation des activités d'édition cédées en 2002 au 1er janvier 2001.

Source : Vivendi Universal, document de référence 2002.

Annexe 7 : Situation trimestrielle de trésorerie (T4 2002-T4 2004)

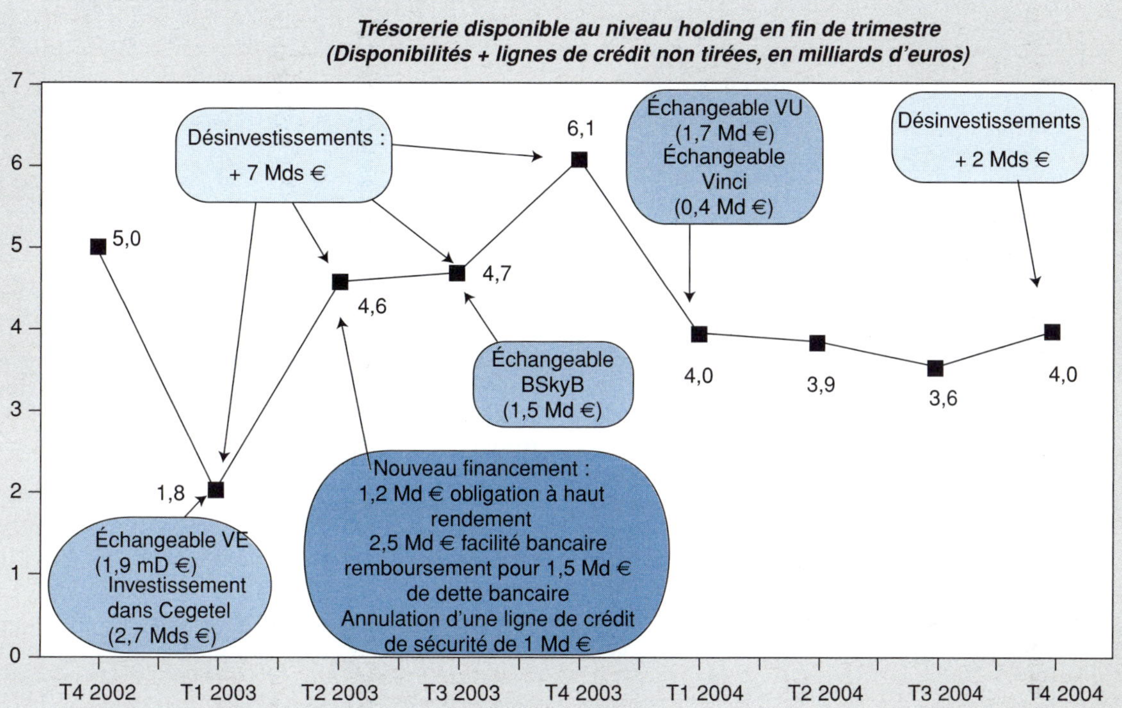

(1) Les données non auditées présentées sont indicatives des objectifs de la direction de la société et ne constituent donc pas des prévisions en tant que telles. Hypothèse sous-jacente : le plan de refinancement en cours de mise en place est finalisé début mai 2003.

Source : Vivendi Universal, document de référence 2002.

Annexe 8 : Actif net réévalué (ANR) de Vivendi Universal à fin novembre 2000

Vivendi	%	Value (Em)	Notes
Vivendi Environnement	72,0%	11,216	Listed company
Canal+	100,0%	250694	Average share price between 1/1/00 and 30/9/00
Havas Advertising	20,0%	1 007	Listed company
BSkyB	22,7%	7 738	Listed company
Fixed-line telephony	35,2%	440	E1,000 per subscriber (1,25 million), 2,5x sales
Mobile telephony	35,2%	17 600	E5,000 per subscriber (target of 10 million for y/e 2000), 11,4x sales and 40x Ebitda
Publishing/Media (ex-Havas)	100%	7 000	2.0x sales and 19.2x Ebitda
Monaco Telecom	51,0%	53	Acquisition price
Telecom Developpement	22,0%	242	Value of investments
Poland Telecom (Elektrim)	49,0%	1 209	Book value
Vizzavi	25,0%	5 700	Yahoo's P/E discounted by 50% applied to MAP's 2002 earnings
UMTS licence in France	35,2%	2 350	Value of licence (see our UMTS report)
UMTS licence in Spain	14,8%	1 427	Xfera consortium
Scoot.com	22,0%	214	Listed company
Other holdings		1 000	Book value
AOL	16,1%	194	400,000 subscribers (E3,000 per subscriber)
Vinci	14,0%	631	Listed company
Sithe	n/a	1 800	Assets to be divested
Share portfolio		1 067	Identified holdings
Net debt		3 300	
Overall value of Vivendi		83 331	
Per-share value of Vivendi		E137,50	
Seagram	**EBITDA or %**	**Value (Em)**	**Notes**
Universal Music	1 183		
Entertainment	219		
Total	1 402	23 273	Sector Ebitda multiple (16,6x)
Universal Studios		4 650	Value of portfolio (consensus)
USA Networks	43,0%	3 088	Listed company
Spirits		9 900	Estimated value of divestments
Dupont	1,5%	813	Listed company
Net debt		7 560	
Overall value of Seagram		34 164	
Vivendi-Universal		**113 300**	
Millions of shares		**1 180,00**	
Value of Vivendi-Universal		**E99,6**	**per share**

Source : CDC-IXIS, note du 28 novembre 2000.

Annexe 9 : Données par action et valorisation (1992-2005)

DONNÉES PAR ACTION (EUR)	**Déc. 92**	**Déc. 93**	**Déc. 94**	**Déc. 95**	**Déc. 96**	**Déc. 97**	**Déc. 98**	**Déc. 99**	**Déc. 00**	**Déc. 01**	**Déc. 02**	**Déc. 03e**	**Déc. 04e**	**Déc. 05e**
Nb titres réels fin d'ex. (mio)	302,410	334,099	341,255	355,745	371,556	408,270	484,845	591,864	1 080,026	1 053,000	1 068,000	1 068,000	1 068,000	1 068,000
Nb titres dilués fin d'ex. hors autocontrôle (mio)	311,693	349,523	356,712	370,840	362,267	442,230	507,627	602,151	1 088,753	1 053,000	1 138,000	1 138,000	1 138,000	1 138,000
BPA + Svl (ajusté)	1,76	1,77	1,85	(0,97)	1,23	2,33	2,92	3,31	4,46	(0,50)	(4,24)	0,47	0,78	0,80
Var. BPA+Svl (%)	*11,8%*	*0,7%*	*4,7%*	*NS*	*NS*	*89,7%*	*25,7%*	*13,3%*	*34,5%*	*NS*	*(747,4%)*	*S*	*67,0%*	*2,7%*
BPA (ajusté)	1,53	1,50	1,53	(1,39)	0,82	2,01	2,49	2,77	3,66	(0,50)	(22,24)	0,47	0,78	0,80
CFPA	4,68	4,33	3,94	2,13	3,60	3,37	7,29	8,39	4,45	5,73	4,67	1,14	1,42	1,56
ANPA (a)	12,1	14,4	15,4	12,9	13,8	16,8	16,2	18,4	52,5	34,9	14,1	14,3	14,8	15,3
Dividende net	0,14	0,14	0,56	0,56	0,60	0,75	0,91	1,00	1,00	1,00	0,00	0,00	0,00	0,00
VALORISATION	**COURS MOYEN ANNUEL de 1992 à 2002**				**Déc. 96**	**Déc. 97**	**Déc. 98**	**Déc. 99**	**Déc. 00**	**Déc. 01**	**Déc. 02**	**Déc. 03e**	**Déc. 04e**	**Déc. 05e**
P/E	15,2x	16,7x	15,8x	NC	22,5x	15,9x	19,7x	22,9x	21,9x	NC	NC	40,0x	24,0x	23,3x
PE relatif DJ STOXX50	94%	99%	103%	NC	144%	87%	88%	109%	108%	NC	NC	238%	179%	190%
P/CFPA	5,7x	6,8x	7,4x	11,9x	7,7x	11,0x	7,9x	9,0x	21,9x	11,3x	5,8x	16,4x	13,2x	12,0x
FCF yield	(2,1%)	(4,7%)	(11,8%)	(17,0%)	2,1%	(0,5%)	(1,2%)	(4,3%)	(2,3%)	1,1%	1,1%	2,0%	1,9%	2,9%
P/ANPA	2,21x	2,05x	1,90x	2,2%	2,00x	2,21x	3,57x	4,12x	1,86x	1,86x	1,94x	1,31x	1,27x	1,22
Rendement net	0,5%	0,5%	1,9%	1,96x	2,2%	2,0%	1,6%	1,3%	1,0%	1,5%	0,0%	0,0%	0,0%	0,0%
Payout	7,7%	7,8%	30,4%	NC	49,2%	32,4%	31,0%	30,2%	22,4%	NC	(0,0%)	0,0%	0,0%	0,0%
VE/CA	0,57x	0,63x	0,60x	0,58x	0,57x	0,99x	1,37x	1,99x	2,24x	1,85x	0,95x	1,79x	1,80x	1,65x
VE/EBITDA ajusté	7,5x	8,5x	9,6x	11,4x	7,1x	11,8x	12,6x	15,8x	15,7x	12,2x	6,3x	9,0x	7,5x	6,6x
VE/EBIT ajusté	14,4x	17,5x	27,4x	67,7x	26,2x	42,3x	32,6x	36,2x	36,5x	28,0x	14,6x	16,1x	13,0x	11,6x
VE/Op. FCF	201,6x	NC	NC	NC	20,3x	74,3x	NC	NC	NC	29,1x	7,1x	19,9x	17,8x	14,5x
VE/CE -y.c Svl brute	1,1x	1,1x	1,0x	1,0x	1,0x	1,6x	2,1x	1,9x	1,2x	1,5x	1,8x	1,4x	1,5x	1,4x
VALEUR D'ENTREPRISE (MEUR)	**12 484**	**4 322**	**14 207**	**14 356**	**14 315**	**25 202**	**43 390**	**82 655**	**93 719**	**106 178**	**55 276**	**45 032**	**35 874**	**33 803**
Capitalisation	8 062	9 903	9 980	9 008	10 246	15 112	27 961	44 843	105 253	68 466	29 096	20 014	20 014	20 014
+ Dette financière nette retraitée	6 698	7 415	7 997	9 192	8 590	6 016	8 463	24 108	27 016	30 334	12 249	13 307	4 572	3 773
+ Autres passifs & engagements										937	991	991	991	
+ Intérêts minoritaires réévalués	1 277	1 281	1 837	1 805	1 648	10 999	12 999	19 998	30 500	21 200	18 981	16 851	16 851	16 851
– SME et actifs financiers réévalués	3 552	4 322	5 606	5 649	6 170	6 925	6 033	6 293	69 050	14 759	6 041	6 130	6 554	6 834

Annexe 10 : Compte de résultat et tableau de flux (1992-2005)

COMPTES (MEUR)	**Déc 92**	**Déc 93**	**Déc 94**	**Déc 95**	**Déc 96**	**Déc 97**	**Déc 98**	**Déc 99**	**Déc 00**	**Déc 01**	**Déc 02**	**Déc 03e**	**Déc 04e**	**Déc 05e**
CA	**21 859**	**22 503**	**23 806**	**24 843**	**25 293**	**25 477**	**31 739**	**41 625**	**41 797**	**57 360**	**58 150**	**25 155**	**19 890**	**20 478**
EBITDA ajusté (b)	**1 654**	**1 690**	**1 479**	**1 263**	**2 004**	**2 144**	**3 453**	**5 235**	**5 980**	**8 674**	**8 799**	**5 025**	**4 811**	**5 132**
Amortissements (hors Survaleur)	(785)	(872)	(960)	(1 052)	(1 457)	(1 549)	(2 121)	(2 955)	(3 409)	(4 879)	(5 010)	(2 224)	(2 046)	(2 212)
EBIT ajusté (avant Survaleur)	**869**	**818**	**518**	**212**	**546**	**596**	**1 331**	**2 280**	**2 571**	**3 795**	**3 788**	**2 801**	**2 765**	**2 920**
Résultat d'exploitation publié	906	853	561	259	586	636	1 391	2 280	2 571	3 795	3 788	2 801	2 765	2 920
Résultat financier	(323)	(231)	(332)	(518)	(328)	(301)	9	(220)	(633)	(1 928)	(4 742)	(825)	(410)	(230)
SME	76	108	71	134	211	104	43	33	(306)	(453)	(294)	139	473	332
Résultat exceptionnel et autres	(52)	(126)	324	(256)	100	605	190	(1 157)	2 947	(13 071)	1 066	0	0	0
Impôts	(135)	(120)	(135)	(219)	(181)	(195)	(90)	793	(1 021)	(762)	(2 556)	(771)	(942)	(1 076)
Minoritaires	42	100	139	194	56	115	(212)	(5)	(745)	(1 179)	(844)	(861)	(1 045)	(1 080)
Amortissement de la survaleur	(70)	(95)	(116)	(156)	(147)	(141)	(210)	(293)	(514)	0	(19 719)	0	0	0
BN part du groupe publié	443	489	510	(562)	298	822	1 121	1 431	2 299	(13 598)	(23 301)	484	841	865
BN part du groupe ajusté (c)	**443**	**489**	**510**	**(562)**	**298**	**822**	**1 121**	**1 431**	**2 299**	**(527)**	**(24 367)**	**484**	**841**	**865**
TABLEAU DE FLUX (MEUR)	**Déc 92**	**Déc 93**	**Déc 94**	**Déc 95**	**Déc 96**	**Déc 97**	**Déc 98**	**Déc 99**	**Déc 00**	**Déc 01**	**Déc 02**	**Déc 03e**	**Déc 04e**	**Déc 05e**
EBITDA ajusté	**1 654**	**1 690**	**1 479**	**1 263**	**2 004**	**2 144**	**3 453**	**5 235**	**5 980**	**8 674**	**8 799**	**5 025**	**4 811**	**5 132**
Autres mouvements	28	(49)	148	(89)	(147)	(178)	103	(1 422)	(876)	0	3 612	0	0	0
Var. BFR	367	84	(490)	(556)	633	523	(63)	(944)	(1 047)	(574)	(582)	(740)	(740)	(739)
Cash flow opérationnel	**2 049**	**1 724**	**1 137**	**618**	**2 489**	**2 489**	**3 492**	**2 869**	**4 057**	**8 100**	**11 829**	**4 285**	**4 071**	**4 393**
Investissements industriels	(1 987)	(2 084)	(2 271)	(2 028)	(1 784)	(2 150)	(3 909)	(5 269)	(5 822)	(4 457)	(4 000)	(2 017)	(2 054)	(2 059)
Op. FCF	**62**	**(359)**	**(1 134)**	**(1 410)**	**705**	**339**	**(417)**	**(2 399)**	**(1 765)**	**3 643**	**7 829**	**2 268**	**2 017**	**2 334**
Résultat financier et impôts payés	(323)	(231)	(332)	(518)	(549)	(536)	(140)	(449)	(1 423)	(2 690)	(7 298)	(1 596)	(1 352)	(1 306)
FCF	**(195)**	**(521)**	**(1 391)**	**(1 841)**	**246**	**(121)**	**(475)**	**(2 765)**	**(3 152)**	**1 003**	**531**	**722**	**715**	**1 079**
Acquisitions nettes de cessions	(25)	(626)	(519)	299	474	100	(918)	(11 383)	(25 632)	(3 929)	12 700	(1 000)	8 300	0
Divers	(1 313)	(488)	265	38	(877)	(540)	(1 925)	(7 154)	(3 427)	705	1 551	(500)	0	0
Augmentation de capital	898	1 086	1 222	494	964	3 354	1 220	6 141	30 102	0	4 400	0	0	0
Dividendes Décaissés	(162)	(168)	(159)	(185)	(205)	(219)	(348)	(484)	(800)	(1 097)	(1 097)	(280)	(280)	(279)
Var. Dettes nettes	**797**	**717**	**582**	**1 195**	**(602)**	**(2 574)**	**2 447**	**15 645**	**2 908**	**3 318**	**(18 085)**	**1 058**	**(8 735)**	**(800)**
Cash flow part du groupe	**1 425**	**1 479**	**1 371**	**742**	**1 305**	**1 426**	**3 415**	**4 466**	**2 807**	**6 034**	**5 113**	**1 251**	**1 565**	**1 724**

Annexe 11 : Ratios opérationnels et financiers (1992-2005)

RATIOS (%) ET EFFECTIFS	Déc 92	Déc 93	Déc 94	Déc 95	Déc 96	Déc 97	Déc 98	Déc 99	Déc 00	Déc 01	Déc 02	Déc 03e	Déc 04e	Déc 05e
Var. CA	6,3%	2,9%	5,8%	4,4%	1,8%	0,7%	24,6%	31,1%	0,4%	37,2%	1,4%	(56,7%)	(20,9%)	3,0%
Croissance organique CA														
Var. EBIT ajusté	7,2%	(5,9%)	(36,6%)	(59,1%)	157,9%	9,0%	123,6%	71,2%	12,8%	47,6%	(0,2%)	(26,1%)	(1,3%)	5,6%
Var. BN part du groupe ajusté	11,2%	10,3%	4,4%	NS	NS	176,2%	36,3%	27,7%	60,7%	NS	(4523,7%)	NS	74,0%	2,8%
Frais de personnel/CA	27,5%	28,5%	28,4%	28,5%	28,6%	26,5%	25,7%	24,9%	–	–	–	–	–	–
EBITDA ajusté/CA	7,6%	7,5%	6,2%	5,1%	7,9%	8,4%	10,9%	12,6%	14,3%	15,1%	15,1%	20,0%	24,2%	25,1%
EBIT ajusté/CA	4,0%	3,6%	2,2%	0,9%	2,2%	2,3%	4,2%	5,5%	6,2%	6,6%	6,5%	11,1%	13,9%	14,3%
Taux d'IS	25,5%	24,2%	24,5%	NC	50,7%	20,7%	5,7%	NC	20,9%	NC	NC	39,0%	40,0%	40,0%
Marge nette	1,8%	1,7%	1,6%	(3,0%)	1,0%	2,8%	4,2%	3,5%	7,3%	(21,7%)	(38,6%)	5,3%	9,5%	9,5%
Inv. Industriels/CA	9,1%	9,3%	9,5%	8,2%	7,1%	8,4%	12,3%	12,7%	13,9%	7,8%	6,9%	8,0%	10,3%	10,1%
Op. FCF/CA	0,3%	(1,6%)	(4,8%)	(5,7%)	2,8%	1,3%	(1,3%)	(5,8%)	(4,2%)	6,4%	13,5%	9,0%	10,1%	11,4%
BFR/CA	11,3%	11,3%	8,7%	6,1%	2,9%	1,2%	0,9%	8,3%	(27,7%)	(23,7%)	(21,0%)	(45,6%)	(53,9%)	(48,8%)
CE hors Svl/CA	44,4%	47,9%	46,2%	46,9%	44,6%	40,9%	49,8%	77,2%	68,4%	57,7%	17,5%	46,6%	20,9%	23,2%
ROE (avant Svl)	14,1%	12,1%	11,9%	(8,8%)	8,7%	14,1%	17,0%	15,8%	5,0%	(1,4%)	(30,9%)	3,2%	5,3%	5,3%
Gearing	158%	136%	129%	166%	144%	70%	82%	161%	41%	65%	60%	62%	20%	15%
EBITDA ajusté/Frais Fi.	5,1x	7,3x	4,5x	2,4x	6,1x	7,1x	NC	23,8x	9,4x	4,5x	1,9x	6,1x	11,7x	22,3x
Dette Fi./EBITDA	4,1x	4,4x	5,4x	7,3x	4,3x	2,8x	2,5x	4,6x	4,5x	3,5x	1,4x	2,6x	1,0x	0,7x
ROCE -hors Svl	6,7%	5,8%	3,6%	1,1%	2,4%	4,5%	6,3%	5,3%	7,1%	8,6%	25,4%	14,6%	39,8%	36,9%

Source : *Exane*, publication du 9 décembre 2003.

Annexe 12 : Vivendi : évolution du cours de bourse et des volumes échangés

Source : d'après données Bloomberg.

Annexe 13 : Variations de cours : Vivendi vs. CAC 40s

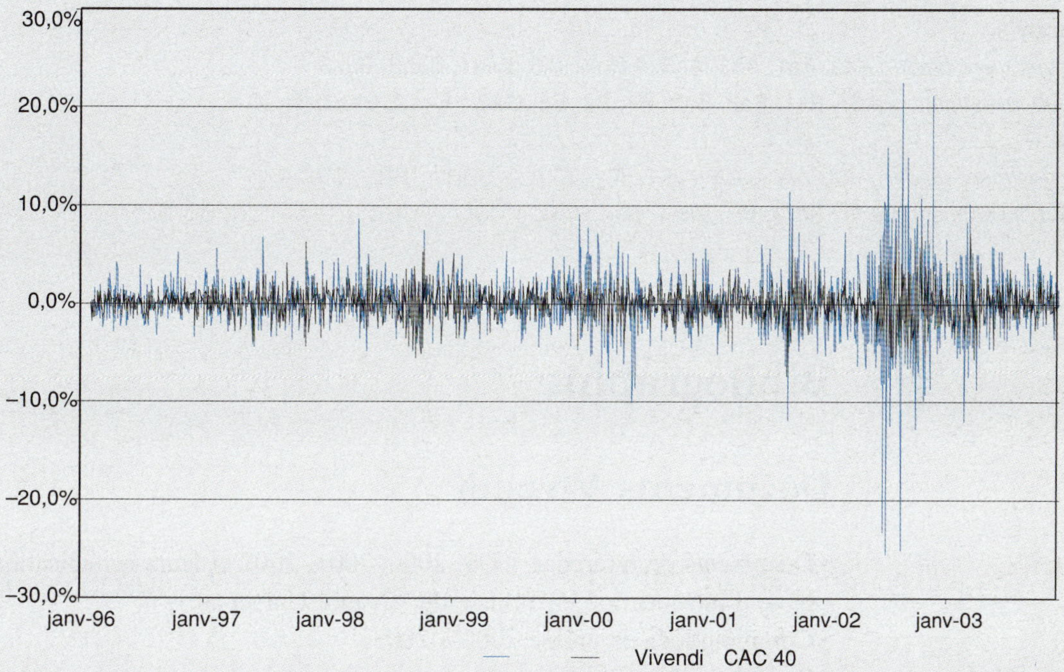

Source : d'après données Bloomberg.

Annexe 14 : Les principales agences de credit rating

Dette à long terme – S & P	Dette à court terme – S & P	Senior unsecured debt – Moody's	Senior implied issuer – Moody's
15/10/1996 : BBB +	15/10/1996 : A2	09/07/1996 : Baa3	
		15/05/1998 : Baa2	
20/10/1999: BBB			
	06/05/2002 : A3	03/05/2002 : Baa3	
02/07/2002 : BBB –		01/07/2002 : Ba1	
14/08/2002 : BB	14/08/2002 : B	14/08/2002 : B1	14/08/2002 : Ba2
			30/10/2002 : Ba3

Source : Bloomberg.

Annexe 15 : Échelles de notation

Moody's

• *Investment grade* : Aaa, Aa1, Aa2, Aa3, A1, A2, A3, Baa1, Baa2, Baa3

• *Sub-investment grade* : Ba1, Ba2, Ba3, B1, B2, B3, Caa1, Caa2, Caa3, Ca, C

S & P

• *Investment grade* : AAA, AA +, AA, AA –, A +, A, A –, BBB +, BBB, BBB –

• *Sub-investment grade* : BB +, BB, BB –, B +, B, B –, CCC +, CCC, CCC –, CC, SD, D

Bibliographie

Documents Vivendi

• Documents de référence 1999, 2000, 2001, 2002 et leurs actualisations.

• Note d'introduction en Bourse de Vivendi Universal.

• Communiqués de presse 2000 à 2003.

• Plaquettes de présentation du groupe.

Notes de brokers

• *Exane*, publication du 9 décembre 2003.

• Lehman Brothers, note du 15 mai 2003, Julien Roch, Alistair Flett, Matthew Walker, Colin Tennant, Rufus Grantham.

• UBS Warburg, note du 3 décembre 2002, Mike Hilton, Polo Tang, Amine Goraieb, Christopher Dixon.

• Bear Stearns, note du 24 juillet 2001, Nick Bell, Philip Goldsmith, Fanos Hira, Jerry Dellis, Axel Funhoff.

• CDC-IXIS, note du 28 novembre 2000.

• UBS Warburg, note du 22 juin 2000, Amine Goraieb, Richard Jones.

• ING Barings, note du 21 juin 2000, Jean-Marie Caucheteux.

• Deutsche Bank, note du 28 mars 2001, Paul Reynolds, Lyonel Francoy.

• Credit Suisse First Boston, note du 18 octobre 2000, Laura Martin, Jean-Hugues de Lamaze, Carlo Campomagnani.

• Deutsche Bank, note du 3 mai 2000, Mark C. Lewis, John Willis, Graeme Moyse.

Cas

• J. M. Turner, *Vivendi – Revitalizing a French conglomerate*, Boston, Harvard Business School.

• B. Garette et J.-L. Ardoin, *Suez – strategy corporate, fusions-acquisitions et création de valeur*, Groupe HEC.

Autres sources

• J. Montaldo, *Le Marché aux voleurs*, Albin Michel, 2003.

• *Le Transport urbain de voyageurs*, étude Xerfi.

• Articles de presse divers.

• Sites Internet.

Éléments d'analyse

1 Questions

1. Quelle est la *strategy corporate* de Vivendi ?

2. Cette stratégie crée-t-elle de la valeur pour l'actionnaire ?

3. Est-elle viable ?

4. Quel est l'impact des marchés financiers (actions, obligations) sur la capacité à mener à bien cette stratégie ?

2 Éléments de réponse

La stratégie menée par Vivendi sous l'égide de Jean-Marie Messier consiste à créer un groupe de média/communication en utilisant les cash-flows récurrents générés par les activités de services à l'environnement (« cash cows »). Cette diversification se réalise par croissance interne (*cf.* Cegetel) mais surtout externe (*cf.* Havas, Canal +, Seagram, etc.).

La croissance est financée par :

• les cash-flows disponibles ;

• l'échange de titres ;

• l'endettement.

FIGURE 1 **Portefeuille d'activités à fin 2002**

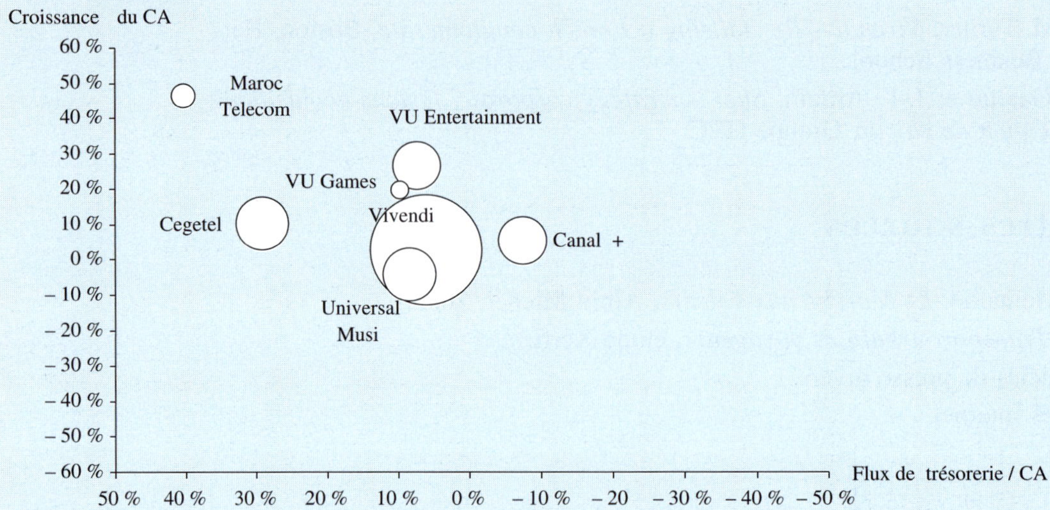

Source : Rapport annuel 2002.

Le marché semble approuver la stratégie du groupe (*cf.* approbations massives en assemblées générales, réactions des analystes, etc.) :

> « *Strategically, we believe there is a clear rationale for the deal in terms of the long-term positions of Vivendi and Canal + in a converging and globalizing media and communication world* » (UBS, note du 22 juin 2000).

Cependant :

- la structure complexe du groupe (intérêts minoritaires, etc.) crée des problèmes de remontée de cash (*cf.* Maroc Telecom, Cegetel) ;
- l'échange de titres, s'il permet à Vivendi d'acquérir des sociétés de qualité en profitant d'une valorisation en bourse élevée, pose le problème de la dilution des actionnaires existants ;
- le recours important à l'endettement court terme rend le groupe dépendant, pour le refinancement de la dette, de la confiance des banques et du marché ;
- la complexité comptable du groupe, dans le sillage de l'affaire ENRON, devient suspecte aux yeux du marché (rumeurs sur la fiabilité des comptes) :

> « C'est un peu comme si Jean-Marie Messier était en train de changer les pneus de sa voiture et de refaire le moteur alors qu'elle roule à 100 km/h » (H. Vogel, *Vogel Capital Management*).

FIGURE 2 **Réaction boursière à l'annonce de la fusion Vivendi/Seagram/Canal + (20 juin 2000)**

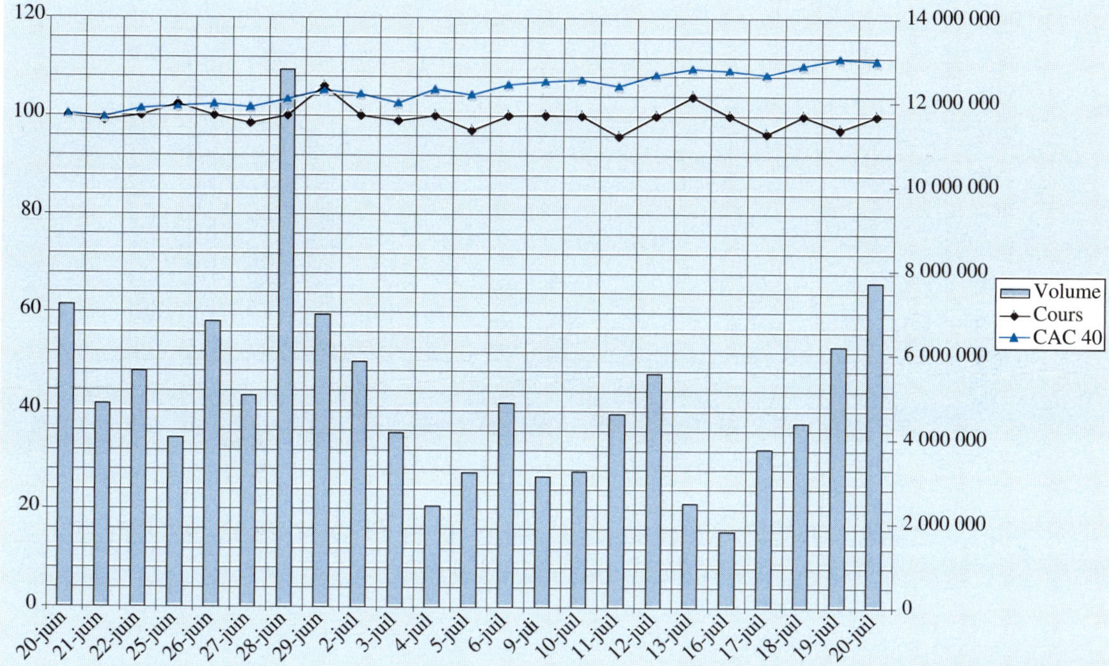

Source : Bloomberg.

Réaction des agences de credit rating

Le 3 mai 2002, Moody's abaisse d'un cran la notation de la dette de Vivendi, suivie de peu par S & P, qui abaisse la note de la dette à court terme du groupe le 6 mai 2002.

Le 1er juillet 2002, Moody's dégrade à nouveau d'un cran la notation de la dette de Vivendi, qui passe ainsi à la catégorie spéculative. Le lendemain, S & P dégrade la note de la dette à long terme de Vivendi.

Le 14 août 2002, Moody's dégrade de trois crans la note de la dette de Vivendi ; S & P dégrade de deux crans la note de la dette à long terme du groupe, faisant passer ainsi Vivendi dans la catégorie spéculative.

La capacité du groupe à « délivrer », c'est-à-dire à tenir ses objectifs de chiffre d'affaires, d'EBITDA et de cash-flows, n'est pourtant pas en cause. En effet, depuis la fusion avec Seagram et Canal +, les prévisions d'EBITDA ont été tenus et celles de *free cash-flows* opérationnels dépassées.

De même, le niveau d'endettement du groupe est historiquement faible, tant en termes de ratios de structure (c'est-à-dire *gearing* ou dette/capitaux propres) que de ratios de flux (c'est-à-dire dette/EBITDA).

FIGURE 3 Évolution du ROCE (1992-2005e)

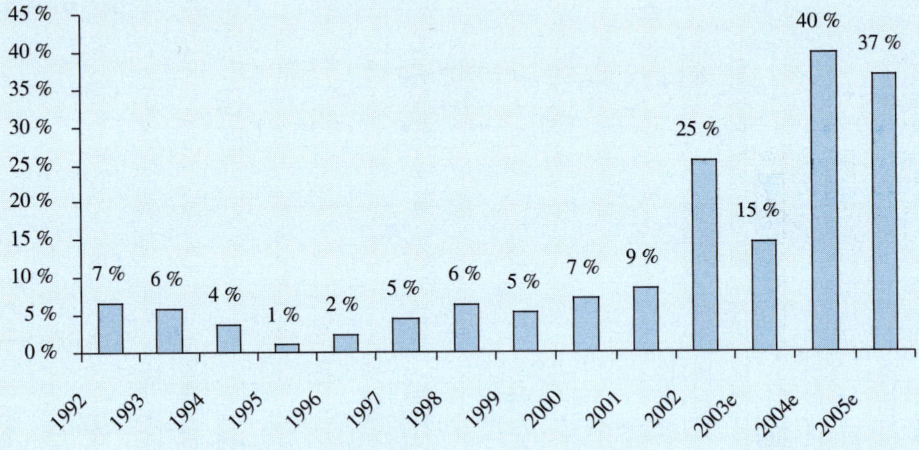

Source : Exane, publication du 9 décembre 2003.

FIGURE 4 Notation de Vivendi par les principales agences de credit rating

Dette à long terme – S&P	Dette à court terme – S&P	Senior unscured debt – Moody's	Senior implied issuer – Moody's
15/10/1996 : BBB+	15/10/1996 : A2	09/07/1996 : Baa3	
		15/05/1998 : Baa2	
20/10/1999 : BBB			
	06/05/2002 : A3	03/05/2002 : Baa3	
02/07/2002 : BBB–		01/07/2002 : Ba1	14/08/2002 : Ba2
14/08/2002 : BB	14/08/2002 : B	14/08/2002 : B1	30/10/2002 : Ba3

Source : Bloomberg.

Il semblerait[1] que la grille d'analyse de la dette par la communauté financière ait changé :

• en 2000, la dette était en effet principalement analysée par les banques et les analystes financiers en termes de valeur d'actif. Le niveau de dette

1. Cf. analyse de J. Montaldo in *Le Marché aux voleurs*, Albin Michel, 2003.

FIGURE 5 **Évolution des ratios d'endettement (1992-2005)**

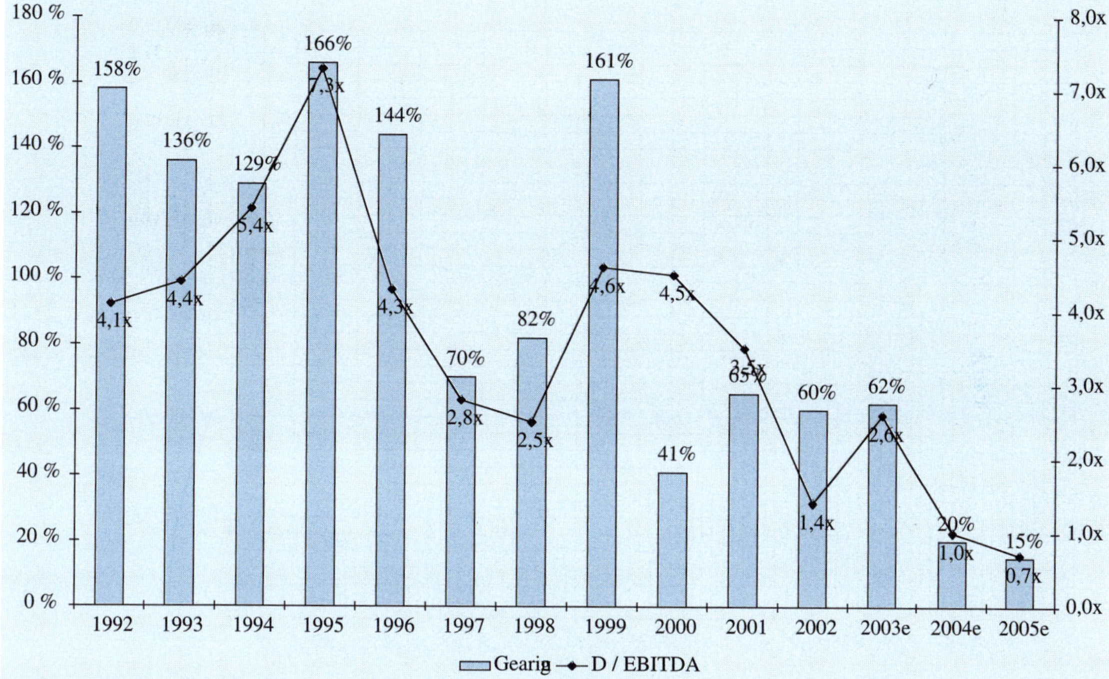

Source : Exane, publication du 9 décembre 2003.

n'apparaît alors pas inquiétant, puisqu'il ne représente (hors Vivendi Environnement) que 10 % à 20 % de la valeur des actifs ;

• à fin 2001, les agences de rating considèrent que le niveau souhaitable d'endettement se situe à trois fois l'EBITDA consolidé, soit 15/18 milliards d'euros. Ce niveau semble atteignable pour fin 2002 suite aux cessions envisagées ;

• cependant, l'analyse des agences se porte progressivement vers une méthode de calcul proportionnelle, visant à déconsolider partiellement puis totalement les participations dans lesquelles Vivendi ne contrôle pas l'accès au cash. Or la capacité de remboursement de la dette réside en grande partie dans Vivendi Environnement et Cegetel (et dans une moindre mesure, Maroc Telecom), dont Vivendi ne contrôle pas la politique de remontée de dividendes (qui nécessite la détention de 50,01 % des droits de vote, ou des dispositions particulières dans un pacte d'actionnaires). Les agences de notation de crédit exigent donc des engagements de désen-

FIGURE 6 **Réaction boursière au downgrading de la dette de Vivendi (1er et 2 juillet 2002)**

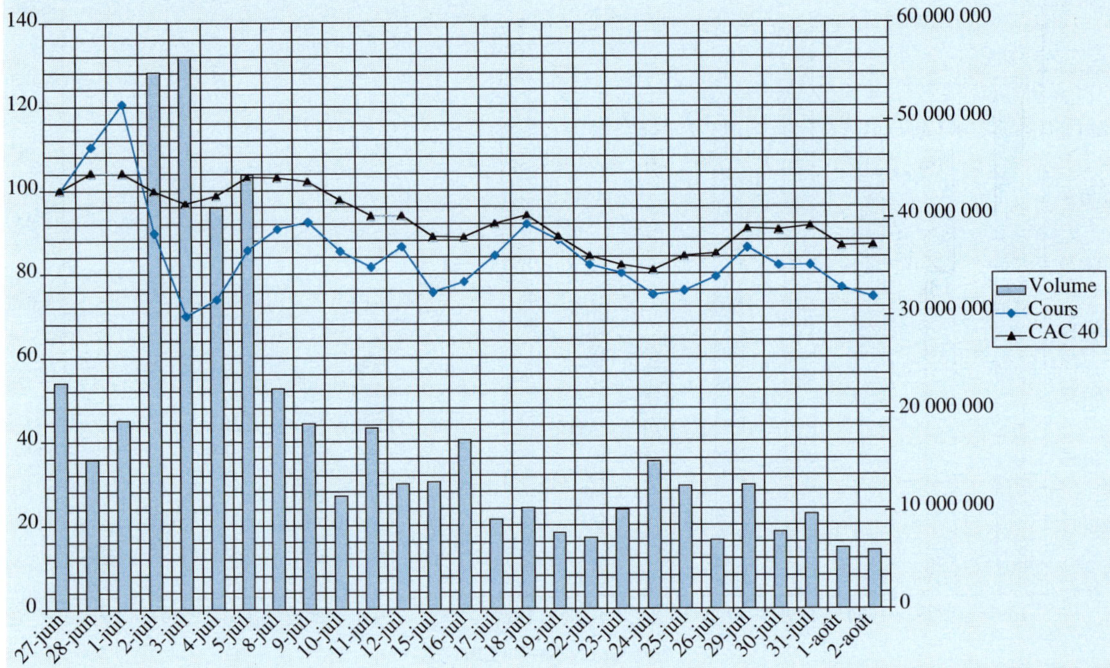

Source : Bloomberg.

dettement importants, au moment même où les conditions de marché sont peu favorables.

Cette pression au désendettement entraîne parallèlement une nette réduction des prix de cession escomptés, les acquéreurs pressentis profitant de la situation difficile du groupe pour revoir fortement le prix proposé à la baisse (*cf.* Aprovia/MédiMédia, le pôle presse professionnelle et santé de VUP).

Le *downgrading* de la dette de Vivendi entraîne des réactions très défavorables en Bourse : les agences de rating sont en effet considérées comme indépendantes, contrairement aux analyses affiliées à des maisons de courtage, aux intérêts parfois contradictoires avec ceux des actionnaires.

Ainsi, suite aux publications des 1er et 2 juillet 2002 par Moody's et S & P, le cours de bourse de Vivendi perd 26 % (le 2 juillet) et 22 % (le 3 juillet) de sa valeur, et Jean-Marie Messier est contraint à la démission.

3 Conclusion

La stratégie menée par Jean-Marie Messier n'était pas absurde, comme en attestent :

• la tenue par le groupe de ses objectifs de profitabilité ;

• les réactions boursières aux principales acquisitions du groupe.

L'échec de la politique de Jean-Marie Messier réside principalement dans :

• le financement de la croissance (dette court terme, accès au cash de Vivendi Environnement, Cegetel et Maroc Telecom) ;

• un changement d'attitude de la communauté financière (méthode de détermination de la dette supportable par le groupe, méfiance face aux conglomérats complexes).

Cas Swissair

Au sein des compagnies aériennes du monde entier, Swissair a longtemps été considérée comme une référence et un modèle de management. Compagnie préférée des voyageurs d'affaire grâce à la qualité de son service, elle était également reconnue en matière de sécurité.

Néanmoins, ces points forts ne se sont pas avérés suffisants pour empêcher la faillite du groupe Swissair, holding à la tête de la compagnie, en octobre 2001.

À la fin des années quatre-vingt-dix, Swissair s'est engagée dans une importante politique d'expansion en s'associant et en prenant des participations dans diverses compagnies européennes en particulier Sabena en Belgique, AOM-Air Liberté et Air Littoral en France. Swissair a également construit autour d'elle l'alliance Qualiflyer dont les membres sont essentiellement les compagnies dont elle s'est rapprochée.

Très rapidement, ces opérations sont apparues comme un échec notamment financier. Ainsi, après des années de forte rentabilité, Swissair a enregistré des pertes énormes en 2000 et 2001 et parallèlement son action a chuté de 97 % entre octobre 2000 et 2001. Le plan de sauvetage reposant sur un apport d'un milliard de dollars par le gouvernement suisse et quelques grandes institutions financières du pays n'empêchera cependant pas le licenciement d'une large part des 70 000 employés de la compagnie (entre 9 000 et 27 000 selon les prévisions). Autre mesure significative, Swissair laissera à son ancienne filiale Crossair, le rôle de compagnie nationale.

Swissair n'est cependant pas la seule à être touchée et plus généralement toutes les compagnies du groupe Qualiflyer vont se retrouver dans une situation difficile. Très vite, le groupe suisse va se séparer des compagnies françaises comme de Sabena. Si AOM-Air Liberté ou Air Littoral retrouvent des repreneurs, Sabena doit déposer le bilan en novembre 2001 et c'est la création d'une nouvelle compagnie nationale belge qui est envisagée. Certes ces compagnies n'étaient pas dans une situation financière exceptionnelle lorsqu'elles ont été rachetées par le groupe Swissair mais leur intégration n'a fait au final qu'aggraver cette situation.

Globalement, Swissair a échoué dans sa tentative de construire une compagnie européenne de premier rang par croissance externe et a entraîné tous ses partenaires dans sa chute. Quels sont les raisons d'un tel échec ?

Ce document a été réalisé avec la collaboration d'Amélie Jeudi de Grissac, MS HEC Strategic Management, 2001.

1 Croissance et expansion d'une compagnie aérienne

1.1 Une compagnie aérienne : un atout prestigieux et protégé

Les États ont toujours eu des liens privilégiés avec leurs compagnies aériennes. Pendant l'entre-deux-guerres déjà, ces dernières ont toutes bénéficié de subventions, soit ouvertement comme Lufthansa, soit d'une façon plus discrète comme dans le cas de Pan Am. Ces liens devinrent un peu moins évidents après la Seconde Guerre mondiale, à partir du moment où les compagnies purent acquérir une certaine indépendance financière. Cependant aucun gouvernement ne ménagea son soutien à une industrie si précieuse pour le commerce et la balance des paiements.

Ce sont les gouvernements asiatiques qui, les premiers, ont compris toute l'importance qu'il y avait à soutenir leurs nouvelles compagnies aériennes, désireuses d'avoir un réseau planétaire et de faire de leur base d'activités une plaque tournante de la navigation aérienne. Une poignée de villes ambitieuses paie actuellement un prix élevé pour être un carrefour international. Les politiques agressives des Philippines, de Singapour et de Hong Kong, où les gouvernements et les compagnies travaillent main dans la main, leur permettent d'éliminer leurs concurrentes en Occident ou dans les pays en développement moins dynamiques.

Bien que la concurrence entre les compagnies aériennes se manifeste ostensiblement sous différentes formes (amabilité des hôtesses, confort, soin particulier apporté aux repas...), le véritable affrontement se situe entre les gouvernements qui utilisent tous les moyens pour défendre les intérêts de leur pays. Aucun pays ne peut pratiquer une politique complète de cieux ouverts et confier ses intérêts nationaux à des compagnies étrangères. Même les compagnies américaines, qui ont été poussées par la déréglementation à conquérir des marchés étrangers, ont vite compris à quel point elles avaient besoin du ferme soutien d'un gouvernement déterminé.

En Europe, la densité démographique et la concentration urbaine ont limité l'expansion indéfinie de l'aviation et imposé un schéma bien particulier. Chaque nation conservant sa compagnie, au final trop de compagnies se disputaient un marché local trop faible. La fragmentation de l'Europe a notamment commencé à poser des problèmes de plus en plus épineux aux compagnies aériennes lorsque le coût des avions et de leur maintenance est devenu particulièrement élevé. Elles n'ont pu continuer leur activité seules et ont du mettre en place des partenariats.

1.2 Des modifications profondes de l'environnement

Le transport aérien était au départ un secteur très réglementé. Chaque compagnie opérait dans son pays et des accords bilatéraux étaient établis entre les pays pour les liaisons internationales.

Le transport aérien a par la suite subi de nombreux changements afin de s'adapter à l'évolution de l'économie mondiale au cours des dernières années.

Plus particulièrement dans ce secteur, les compagnies aériennes ont du tenir compte de :

• l'augmentation importante des échanges et la globalisation de l'économie. Les grandes compagnies internationales ont donc cherché à proposer un réseau le plus dense et le plus étendu possible ;

• l'accroissement des coûts notamment pour le carburant et également pour la maintenance. Les compagnies européennes en particulier ont subi en plus l'effet de change par rapport au dollar. La facture pétrolière, les frais d'avions et de leasing sont en effet facturés en dollars, tandis que l'essentiel des recettes tirées des billets d'avion sont dans d'autres devises. Pour les plus gros appareils, il devenait donc très important d'avoir un taux de remplissage suffisamment élevé afin d'en assurer la rentabilité. La multiplicité des compagnies en Europe a posé un problème de surcapacité qui a ainsi été accentué par l'augmentation de ces coûts ;

• la déréglementation survenue dans un premier temps aux États-Unis puis la libéralisation qui a suivi en Europe en 1987 qui ont accru la concurrence.

Les plus importantes compagnies aériennes se sont très vite rendues compte de la difficulté de remplir, seulement par croissance organique, un triple objectif qu'elles poursuivent toutes : contrôler leur propre marché, s'implanter sur des marchés voisins et enfin rechercher une alliance plus globale au niveau mondial. D'un point de vue logistique, elles ne peuvent pas gérer seule un réseau couvrant l'intégralité du globe et d'autre part, certaines lignes leur sont déjà inaccessibles car les aéroports sont saturés et qu'il est très difficile d'obtenir des « slots » ou créneaux horaires c'est-à-dire des autorisations de décollage et d'atterrissage.

Ainsi, poussées par la recherche d'économies et des choix de gestion rationnels, elles ont réorganisé leur réseau et ont passé divers types d'accords entre elles. Dans un premier temps, il s'agissait d'exploitation conjointe de lignes ou d'appels à des moyens de production d'autres compagnies souvent de plus petite taille dans le cadre d'accord d'affrètement (appareils de faible capacité). Par la suite, les complémentarités recherchées ont visé principalement à élargir leur réseau géographique afin de satisfaire les voyageurs de plus en plus exigeants sur ce point. Les compagnies ont donc noué des alliances stratégiques et se sont également concentrées.

2 Les réponses des compagnies

2.1 La réorganisation autour des hubs

Plutôt que de multiplier à outrance des dessertes entre villes à la fois coûteuses, mobilisatrices d'appareils et pas toujours synonymes de taux de remplissage maximums, la plupart des compagnies aériennes appliquent désormais le système de « hub » ou plaque tournante. Le but recherché est de regrouper un maximum de passagers en provenance de différentes villes avant de les acheminer par un système de correspondance rapide et efficace vers leur destination finale.

2.2 Les alliances stratégiques

Rien que pour une question d'offre, c'est-à-dire afin de proposer un maximum de destinations, les compagnies aériennes ont donc cherché à se rapprocher les unes des autres au travers *d'alliances stratégiques*. Contrairement aux autres secteurs d'activité par contre, le transport aérien a été caractérisé par la constitution d'un grand nombre d'alliances, et l'existence, en proportion, d'un plus faible nombre de concentration par fusion acquisition. Ce point doit cependant être nuancé par la restructuration récente du marché américain. De façon générale, le but de ces alliances est de maintenir l'indépendance de chacune des firmes partenaires malgré la conclusion d'un accord. Dans le cas du transport aérien, ces alliances peuvent être de simples accords de partage de code ou des coopérations plus étendues.

Le *partage de code* implique l'utilisation par une compagnie de son code de désignation sur un avion exploité par une autre compagnie qui utilise elle-même son propre code de désignation sur cet avion. Ce procédé permet d'intégrer les horaires et vols d'un transporteur à ceux d'un autre, d'englober ses vols de correspondance en ne présentant qu'une seule offre au public. Le partage de code donne l'impression d'un service de réseau. Il représente donc une stratégie importante de survie surtout pour les petits transporteurs. Au niveau international, il permet aux transporteurs qui cherchent à accéder au trafic protégé par des points d'accès internationaux en dépit des limitations imposées par les droits de cabotage, les clauses de nationalité des accords bilatéraux et les dispositions sur les droits de participations des étrangers.

L'accord conclu entre Swissair et Delta Airlines pour coordonner leurs lignes, leurs horaires et leurs politiques de réservation en est un exemple. Il s'agit là d'une alliance entre une compagnie américaine et une européenne, les deux compagnies restant indépendantes et développant chacune leur stratégie propre, stratégies qui s'appuient néanmoins sur les avantages que leurs procure l'accord de coopération.

Afin de pousser encore plus loin leur collaboration, les compagnies se sont peu à peu regroupées au sein de véritables *alliances* qui dépassent le partage de code. Ces alliances se sont imposées, ramifiées autour de grands pôles, chacun dominé par une compagnie majeure américaine. Leur contenu est plus ou moins étendu, mais les compagnies partenaires et leurs passagers peuvent y trouver les avantages suivants :

• enregistrement unique ;

• suivi automatique des bagages ;

• programmes de fidélisation communs ;

• partage des réseaux d'agences ;

• gestion commune des réclamations passagers ;

• accroissement du nombre de destinations ;

• alimentation en passagers des hubs respectifs permettant une meilleure exploitation des lignes régionales ;

• achats communs (avions, équipements carburant, restauration à bord, maintenance, assistance en escale…).

Les alliances, censées à la fois accroître les taux de remplissage – et donc les recettes – et diminuer les coûts, ont peu à peu structuré le trafic aérien mondial.

Ainsi, dès en 1999, cinq grandes alliances se sont partagées 67 % du trafic aérien mondial, en s'appuyant sur les grandes plates-formes de correspondance européennes, américaines et asiatiques des pays membres.

Le poids des différentes alliances au mois d'août 2000 est présenté en annexe 1.

L'expérience récente montre que ces alliances, qui sont rarement prolongées par des alliances capitalistiques, à l'exception justement de celle menée par Swissair, mais qui restent plutôt de simples accords commerciaux, sont peu stables dans leur composition. Les derniers développements ont, en effet, mis en lumière de véritables changements de stratégie de la part de plusieurs compagnies. Ainsi, KLM a-t-elle rompu, le 28 avril dernier, l'accord la liant à Alitalia depuis juillet 1999 et prévoyant une fusion de ces deux sociétés d'ici à 2002. Cet accord avait déjà pourtant commencé à être mis en oeuvre au niveau commercial : regroupement des équipes commerciales des compagnies, tarification identique, mise en commun du programme de fidélisation…

Les alliances leur permettent de tirer parti des avantages commerciaux et opérationnels d'une large présence sur le marché.

2.2.1 La concentration

Les opérations de **fusions et d'acquisition** sont, comme dans les autres industries, un moyen supplémentaire de croître. Ce moyen diffère des alliances parce que cette fois la nouvelle entité créée poursuit un ensemble cohérent et unifié d'objectifs.

Pour des compagnies européennes en particulier, ces opérations peuvent permettre d'affronter à taille égale les concurrentes américaines plus puissantes. Elles apportent des créneaux horaires et également une clientèle.

Le rapprochement d'UTA et d'Air Inter avec Air France par exemple, est bien une fusion puisque ces trois entreprises ont été intégrées à un groupe doté d'une direction unique.

Les projets de fusions dans le transport aérien semblent se multiplier, en Europe comme aux États-Unis. Si ceux-ci devaient aboutir, le nombre de compagnies pourrait se réduire assez fortement, même si le processus de fusion, long et complexe, est en outre susceptible d'être ralenti – voire bloqué – par le contrôle des concentrations, effectué par les autorités concurrentielles tant européennes qu'américaines.

Les fusions envisagées touchent tant le continent européen (KLM-British Airways) que les États-Unis (American Airlines-Northwest ; Delta Airlines-Continental Airlines et United Airlines-US Airways). S'il est encore trop tôt pour imaginer les conséquences de ces éventuelles recompositions, nombre d'analystes inclinent à penser qu'une concentration accrue ne remettrait pas en cause le système des alliances stratégiques, même si certaines en sortiraient très affaiblies, tandis que d'autres seraient au contraire renforcées. Il semble en tous cas peu douteux que leur périmètre doive être redéfini dans un futur assez proche.

Ces différents types de rapprochement ont été notamment utilisés entre les grandes compagnies régulières et les compagnies régionales sur la base du hub. Les compagnies régionales exploitent plutôt les lignes moyen-courrier et court-courrier partant du hub qui ne sont pas assez rentables pour les grandes compagnies régulières qui utilisent plutôt de gros appareils exigeant des taux de remplissage élevés. Parallèlement, les compagnies régulières exploitent principalement les destinations plus lointaines mais elles se partagent ainsi leur clientèle.

3 Swissair : une compagnie de taille moyenne

De manière générale, les compagnies régulières se sont regroupées entre elles au sein d'alliances pour étendre leur réseau. Parallèlement, elles se sont rapprochées, via des partenariats ou des prises de participations, des compagnies régionales qui leur assurent l'exploitation d'une partie de leur marché domestique ainsi que des marchés adjacents.

Swissair, comme la plupart des compagnies régulières, a expérimenté ces différents modes de croissance mais de façon particulière. Contrairement aux trois leaders européens, Air France, Lufthansa et British Airways,

Swissair est en matière de trafic une compagnie de second rang, et ne pouvait espérer croître qu'en dehors de son marché domestique.

Deux possibilités se présentaient alors pour une compagnie de cette taille. Soit elle intégrait une alliance existante aux côtés d'une autre grande compagnie européenne, avec le risque de ne pas être totalement indépendante, voire quelque peu dominée, soit elle restait seule. Dans tous les cas, une grande compagnie européenne a besoin de partenaires américains parce que c'est le premier marché et qu'elle ne peut pas l'exploiter seule. Intégrer une alliance procurait de tels accords mais pour intéresser seule un partenaire américain, il faut une taille suffisamment importante. Swissair a choisi de conserver son indépendance et d'affronter les autres grandes compagnies européennes. Après le rejet de l'entrée de la Suisse dans l'Union Européenne par son souverain fin 1992, le conseil d'administration du groupe a articulé sa stratégie autour de deux piliers. D'une part les activités connexes plus rentables. D'autre part, les activités aériennes volatiles, pour lesquelles il a cherché des partenaires.

En 1995, a été lancée la stratégie d'achat de participations minoritaires dans des compagnies aériennes étrangères. La même année, une participation de 49,5 % a été acquise dans Sabena. D'autres participations ont ensuite été prises dans Volare, Air Europe, LTU, Air Littoral, AOM, Air Liberté, LOT et SAA. L'alliance Qualiflyer a drainé le trafic de correspondances vers Zurich. Pour les compagnies aériennes de SAirGroup, les retombées ont été tangibles : progression du coefficient d'occupation des sièges, destinations internationales plus nombreuses et un réseau de fréquences plus dense. Les onze partenaires aériens ont aussi offert de nouveaux débouchés aux filiales de SAirGroup exerçant des activités connexes telles que l'entretien, le catering, l'informatique et le fret. Dans la deuxième moitié de l'exercice, les problèmes financiers se sont tellement accentués, sur un marché extrêmement défavorable que le conseil d'administration a du remettre en question les possibilités de financement de cette stratégie.

Les objectifs prévisionnels dont étaient assorties les décisions d'investissement se sont finalement avérées irréalisables. La restructuration de LTU, de Sabena et des trois compagnies françaises, à l'encontre de multiples intérêts politiques et sociaux s'est avérée plus longue et plus onéreuse que prévu. Faute de ressources financières suffisantes pour poursuivre les acquisitions et procéder aux redressements en Allemagne, en Belgique et en France, le projet n'a pu être mené à terme. Le conseil d'administration a donc décidé d'un changement de cap dans le secteur aérien.

Les choix de Swissair sont présentés plus en détails dans la deuxième partie.

4 Le crash de Swissair

4.1 Présentation générale

4.1.1 Formation du groupe Swissair

■ Les débuts

La compagnie aérienne Swissair a été créée le 26 mars 1931 à la suite de la fusion entre Balair et Ad Astra. Elle devient en 1947 le transporteur national helvétique, 30 % des actions sont alors détenues par des institutions publiques du pays.

Swissair est en outre la première compagnie à avoir employé des hôtesses de l'air, à partir de 1934.

Le rapprochement avec Crossair dont l'importance va s'avérer majeure par la suite a commencé en 1982 avec la signature d'un premier accord prévu pour une durée initiale de 5 ans. Puis en 1988 Swissair acquiert 38 % de la compagnie régionale suisse. La même année, elle prend des participations dans Covia et Austrian Airlines, respectivement à hauteur de 11,3 % et 3 %.

En 1990, Austrian Airlines, SAS, Finnair et Swissair annoncent la création de l'European Quality Alliance (EQA). Finnair quitte l'alliance l'année suivante.

En 1991 Swissair acquiert la majorité des droits de vote de Crossair.

En 1991, Philippe Bruggisser, souvent considéré comme responsable de la chute de Swissair, succède à Rolf Krähenbühl comme président de Swissair Associated Companies (SAC).

Les divisions Gate Gourmet (catering), Restorama (restaurants du personnel) et Nuance Trading (boutiques hors taxes) obtiennent leur autonomie. Les trois compagnies deviennent alors des filiales à 100 % de SAC.

■ La création du groupe et ses rapprochements

Swissair adopte une structure de groupe en 1995. Otto Loepfe est nommé CEO de la holding Swissair et Philippe Bruggisser reste en charge de l'activité transport aérien (SAC).

Swissair entame alors sa politique de prise de participations dans différentes compagnies aériennes européennes. Elle signe ainsi un accord avec Sabena et le gouvernement belge qui pose les bases d'une collaboration plus étroite entre les deux compagnies et acquiert 49.5 % de la compagnie belge.

De nouvelles divisions du groupe deviennent des filiales à part entière en 1996 : Atraxis (systèmes d'information), SR Technics (engineering et maintenance), Swissport (maintenance d'aéroports) et SAirLogistics (fret et logistique).

Le groupe procède alors à une première grande restructuration entraînant d'importantes réductions du personnel.

En 1997, Philippe Bruggisser succède à Otto Loepfe comme Président et CEO du groupe fraîchement renommé SAirGroup. Il est alors accueilli comme l'homme providentiel au moment ou la compagnie Swissair perd des parts de marché et que sa rentabilité diminue, suite à l'ouverture à la concurrence du ciel européen. Le groupe adopte une véritable structure de groupe qui comprend une petite société holding – Swissair Group – en charge des fonctions communes à l'ensemble du groupe (finances, développement corporate, gestion du personnel et communication), ainsi que 4 divisions :

- SairLines, pour l'activité transport aérien pure et qui inclue les compagnies Swissair et Crossair ;
- SairServices, et ses filiales Swissport, SR Technics et Avireal (facility management) ;
- SairLogistics, qui regroupe Swisscargo (capacité du fret), Cargologic (distribution) et Jetlogistics (support logistique au catering) ;
- SAirRelations, ex- Swissair Associated Companies, et dont dépend Swisshôtel, Gate Gourmet, Rail Gourmet, Restorama et Nuance International.

Sabena, comme les autres compagnies dans lesquelles SAirGroup prendra des participations, est rattachée à SAirLines.

La structure du groupe (sans les compagnies associées) est présentée en annexe 2.

Volontairement, en marge de tous les regroupements des compagnies au sein d'alliance tels Skyteam ou Oneworld, Swissair crée une nouvelle alliance, le Qualiflyer Group, dont le but est de préserver l'indépendance du groupe par rapport aux autres compagnies européennes mais plutôt d'intéresser un grand acteur américain. Tous les membres sont cette fois des compagnies dans lesquelles Swissair a des participations : *Austrian Airlines, Sabena, TAP, Turkish Airlines, AOM, Crossair, Lauda Air, Tyrolean Airways*. La formation de l'alliance va permettre de formaliser la stratégie de l'ensemble de ces compagnies.

Elle signe également en 1997 un accord stratégique et financier avec Air Littoral.

En 1999, Swissair et Sabena annoncent une coopération avec American Airlines en réponse à la décision de Delta Air Lines, annoncée le même jour, de travailler plus étroitement avec Air France. À partir du 21 novembre, les vols transatlantiques sont donc effectués en code sharing.

Air Littoral rentre effectivement dans l'alliance Qualiflyer tout comme la compagnie italienne Air Europe dont le groupe possède désormais 45 %.

Au cours de l'année 2000, le groupe va continuer à s'implanter en France et prend des participations à hauteur de 49,5 % dans AOM-Air Liberté. L'objectif de Swissair est très clairement de constituer le deuxième pôle aérien français en réunissant les trois compagnies AOM – Air Liberté et Air Littoral.

SAirGroup a revendu, en septembre 2000, la holding LTU à REWE mais conserve une participation de 49,9 % dans la nouvelle compagnie LTU.

■ La tentative de sauvetage

Les participations de SAirGroup au début de l'année 2001 sont présentées en annexe 2.

Il apparaît très vite que cette politique d'expansion massive est un échec surtout d'un point de vue financier. En 2000, toutes les compagnies, Swissair, Crossair tout comme les compagnies associées au groupe (exceptées SAA et LOT) perdent de l'argent. A l'origine de cette politique, Philippe Bruggisser se voit contraint de démissionner de son poste de CEO début avril 2001. Le groupe fait alors appel à Mario Corti, ancien PDG de Nestlé dont il avait redressé la situation, et qui se trouve être le seul membre à ne pas avoir quitté le conseil d'administration du groupe.

Le groupe a alors entamé plusieurs plans de restructurations successifs. Mesure symbolique, il s'est rebaptisé Groupe Swissair, signe d'un recentrage de ses activités sur le transport aérien.

Mais le groupe est surtout dans l'incapacité de financer les pertes des compagnies dans lesquelles il a investi peu de temps auparavant. Il se voit donc dans l'obligation de leurs trouver des repreneurs. Ainsi, Marc Dufour reprend Air Littoral le 25 avril 2001. AOM – Air Liberté est confié à Jean-Charles Corbet.

Enfin, Sabena dépose le bilan en novembre 2001 et cesse toute activité. Le gouvernement belge pense alors reconstruire une nouvelle compagnie nationale.

4.1.2 Swissair, un des fleurons de la Suisse et un exemple au sein des compagnies du monde entier

La situation extrêmement difficile dans laquelle va se trouver Swissair au début de l'année 2001 est d'autant plus impressionnante que pendant des années, la compagnie suisse a été citée en exemple.

Lors de la formation des premières compagnies, Swissair a connu un essor plus rapide que ses concurrents et a réalisé – fait assez rare alors – régulièrement des bénéfices. Coupés de la mer, les Suisses prenaient l'avion pour franchir la barrière des Alpes ou se rendre chez leurs clients du monde entier. Le transport aérien faisait appel aux qualités traditionnelles des Suisses : stricte discipline militaire, service impeccable de l'hôtellerie, maîtrise des langues étrangères, vocation internationale des banques et mercantilisme de l'Etat. Les banquiers helvétiques se servaient adroitement de Swissair pour promouvoir leur politique d'échanges avec l'étranger et gonfler leurs avoirs financiers.

Au sortir de la seconde guerre mondiale, la compagnie est confrontée à une grave crise financière et l'Etat doit lui apporter sa caution. En 1950, le conseil d'administration nomme à sa tête Walter Berchtold. Très rapidement, il introduit des méthodes de travail rigoureuses associant une discipline stricte et le sens de la délégation des pouvoirs. Parallèlement la compagnie exploite des routes plus retables, vers l'Amérique puis vers l'Asie. Ainsi, à partir de 1955, son chiffre d'affaires double tous les cinq ans. Lorsque Berchtold prend sa retraite en 1971, le siège de la compagnie à Zurich était au cœur d'un réseau mondial dont dépendaient des hôtels, des agences de voyages et des banques et qui faisait de Swissair un modèle de planification commerciale.

Par la suite, Swissair a toujours offert le meilleur exemple des qualités requises dans les transports aériens : ponctualité, serviabilité, attention au moindre détail, politesse en toute circonstance. En outre, à l'inverse des autres, elle a conservé la première classe sur les vols courts et c'est la compagnie préférée des banquiers.

Cette discipline va être récompensée. En avril 2001, elle a reçu pour la cinquième fois consécutive le prestigieux World Travel Awards respectivement dans les catégories « compagnie aérienne leader en Europe » et « meilleure Economy Class du monde ».

À la recherche d'une excellente prestation de service à tous les niveaux, Swissair va notamment être à la pointe au niveau des réservations. En 1987, elle lance le système de réservation centralisé Galileo avec 10 autres compagnies aériennes américaines et européennes : Aer Lingus, Air Canada, Alitalia, Austrian Airlines, British Airways, KLM Royal Dutch Airlines, Olympic Airways, TAP Air Portugal, United Airlines et US Airways qui possèdent chacune des participations dedans.

De tels systèmes relient les compagnies aériennes aux agences de voyage. Ils permettent aux agents de connaître les disponibilités des compagnies pour chaque requête d'un passager. Ils prennent également en charge la réservation et le paiement du billet.

Outre celles des compagnies actionnaires, le système présente aussi les disponibilités d'autres compagnies qui paient des suscriptions.

Dans le cadre de Galileo comme dans celui des autres systèmes, les compagnies sont coordonnées mais ne signent pas de contrats entre elles. Par conséquent, ils n'ont pas d'impact sur leurs alliances.

Cependant en 2001, Swissair va céder ces participations dans Galileo afin d'obtenir des liquidités nécessaires à la poursuite de ses activités.

Swissair a également été la première compagnie à proposer à ses clients l'enregistrement en ligne pour tous types de réservations. Pour 2001 elle prévoyait que le segment des billets électroniques atteindrait 15 millions d'euros soit 0,2 %.

4.2 Une politique d'expansion trop ambitieuse

4.2.1 Une taille insuffisante pour faire face à ses principaux concurrents européens

Depuis ses débuts, Swissair est reconnue par tous pour la qualité de son service et attire ainsi de nombreux voyageurs, et plus particulièrement des voyageurs d'affaire. Néanmoins, comme toutes les compagnies, Swissair va ressentir les effets de la déréglementation et va devoir chercher des partenaires, d'autant plus que sa clientèle de base ne suffit pas à lui procurer une taille suffisante. Elle va donc signer un certain nombre d'accords de partage de codes, notamment avec Delta Airlines ou Malaysian Airlines…

Cependant, après le refus de la Confédération d'entrer dans l'Union Européenne en 1992, Swissair a eu peur d'être marginalisée et a donc voulu racheter des compagnies. Elle a également constitué autour d'elle l'alliance Qualiflyer, qu'elle espérait mesurer aux trois autres alliances majeures en Europe auxquelles appartenaient Air France, Lufthansa et British Airways.

Qualiflyer a été formée, sous l'impulsion de Philippe Bruggisser, dans le but de préserver l'autonomie de la compagnie par rapport à ses concurrentes européennes. Ainsi, elle ne regroupe que des compagnies dans lesquelles SAirGroup a des participations en capital.

4.2.2 Un premier accord avec Sabena

Si la constitution de l'alliance Qualiflyer a eu lieu après les autres, Swissair s'est néanmoins rapprochée de la compagnie belge Sabena en 1995 afin de rester dans la course. Le groupe a ainsi acquis les 49,5 % de Sabena dont venait juste de se débarrasser Air France.

Les pays hors de l'Union européenne n'ont pas le droit de posséder majoritairement une entreprise de l'Union. Par conséquent, le groupe a du se limiter à cette participation et s'est vu contraint de gérer la compagnie côte à côte avec l'État belge détenteur des 50,5 % restants.

SAirGroup place Paul Reutlinger à la tête de Sabena et lui donne trois ans pour ramener la compagnie, dont les résultats sont alors de plus en plus inquiétants, à une situation profitable.

Reutlinger a apporté une nouvelle philosophie à l'entreprise, reposant sur la communication ainsi que sur des relations sociales solides. Son but était d'instaurer « une culture dans l'entreprise où le dialogue social est pris au sérieux ». Ce dialogue social a permis une politique importante de réduction de coûts et de nombreuses suppressions d'emplois, mesures relativement bien acceptées par les syndicats qui en comprenaient la nécessité.

Reutlinger a également su mettre en place rapidement plusieurs mesures qui ont permis aussitôt de dégager des bénéfices. La réalisation d'un hub à Bruxelles, l'expansion du réseau long-courrier, l'harmonisation de la flotte ainsi que différentes alliances ont contribué au changement radical qu'a connu Sabena en trois ans.

Début 1999, la compagnie mère enfin profitable, Sabena entreprend une profonde restructuration. Sur le modèle du SAirGroup, elle souhaite filialiser les activités annexes à la compagnie aérienne. Sabena Technics est la première à être ainsi créée le 1er mai puis se sera au tour de l'école d'aviation et des systèmes d'informations. Le reste est réorganisé en trois business unit : le pôle hub qui regroupe les activités catering et fret, le pôle charter,

Sobelair, par la suite intégré à European Leisure Group de SAirGroup, et le pôle régional DAT. Cette nouvelle structure a particulièrement bénéficié aux autres activités qui jusque là travaillaient pour la compagnie, loin d'être la partie la plus rentable.

Ainsi, en juillet 1999, la compagnie belge Sabena est à nouveau profitable et connaît même l'un des taux de croissance les plus élevés de son secteur, comme le montre le tableau ci-dessous :

Sabena

M€	1994	1995
Chiffre d'affaires	117	1731
Marge opérationnelle	19%	0%
Résultat	(39)	(61)
Passagers (millions)	4,26	6
Croissance du trafic*	13%	15%

Source : Airline business

* *La croissance du trafic est exprimée en kilomètre-passagers.*

4.2.3 Plusieurs tentatives en Europe de l'Est

Un échec en Autriche...

La collaboration entre Swissair et la compagnie autrichienne Austrian Airlines (AUA) remonte à 1963. Elles avaient alors conclu un accord de coopération technique. En 1988 Swissair prend une participation de 3 % dans la compagnie autrichienne.

Cette participation sera portée à 10 % mais très vite les relations entre Austrian Airlines et SAirGroup vont se dégrader. D'une part, la compagnie autrichienne n'était pas d'accord avec la rupture de l'accord Atlantic Excellence. Cet accord signé entre Swissair, Sabena, Austrian Airlines et la compagnie aérienne américaine Delta Airlines en 1987 avait pour objectif de mettre en commun leurs réseaux et leurs opérations en Europe et aux Etats-Unis et leurs ouvraient donc une porte sur le marché nord-américain. D'autre part, Austrian Airlines craint une domination trop importante de Swissair. Dès 1999, elle annonce donc son intention de quitter le Qualiflyer Group, soit seulement un an après sa formation et rejoint la Star Alliance peu après. Sa nouvelle alliance lui garantit principalement une plus grande indépendance.

Suite à ce départ, le président du Conseil d'Administration de SAirGroup, Hannes Goetz, a présenté les conditions qui dicteront ses nouvelles alliances. L'objectif très clair est d'être plus grand mais à moindres coûts. Plus précisément, il a énoncé les nouvelles règles : « Nous demanderons à nos partenaires une adhésion totale du management pour travailler avec nous, une harmonisation de leur flotte et une mise aux normes de leur système informatique ».

La stratégie du groupe est alors de rester seul mais de se renforcer par des alliances solides et de qualité. Après les départs de SAS puis d'AUA, SAirGroup a décidé d'entrer plus lourdement dans le capital de ses futurs alliés avec des participations de 35 à 40 % qui traduiraient une volonté d'alliance à long terme.

...Compensé par un succès en Pologne

La première compagnie concernée par cette nouvelle politique est la compagnie polonaise LOT. Ainsi, le gouvernement polonais a choisi SAirGroup comme partenaire stratégique de LOT, au détriment de British Airways et de Lufthansa. Fin 1999, le groupe suisse a ainsi pris une participation de 37,6 % dans la compagnie polonaise tandis que le gouvernement polonais et les employés de LOT sont restés majoritaires.

Un des premiers impacts est le renforcement, par l'adhésion de LOT, de l'alliance Qualiflyer dont la pérennité était sérieusement mise en doute. Le nouveau partenaire complétait en outre le réseau en Europe de l'Est, notamment grâce à son hub de Varsovie.

4.2.4 L'implantation en Afrique

En novembre 1999, SAirGroup a acquis 20 % de la compagnie sud-africaine South African Airways (SAA) pour 1,4 milliards de rands (220 millions d'euros), aux dépens d'autres compagnies, notamment Lufthansa, Singapore Airlines ou encore American Airlines. Le groupe suisse a ainsi obtenu le contrôle conjoint de SAA avec la société publique sud-africaine de transport Transnet qui en conserve 80 %.

Depuis plusieurs années, la plus grande compagnie aérienne africaine connaissait des difficultés. Dans le cadre du programme de privatisations engagé par le gouvernement de Nelson Mandela, l'Afrique du Sud était donc à la recherche d'un partenaire pour SAA. Swissair et SAA ont entamé leur collaboration en septembre 1998 puis elles ont opéré des vols en partage de code. Grâce à ce rapprochement, le Qualiflyer Group possède 40 % du marché entre l'Afrique du Sud et l'Europe et de son côté SAA détient les droits de trafic pour Zurich ainsi que pour tous les aéroports helvétiques.

4.2.5 Vers la formation du deuxième pôle aérien français

Un des objectifs de SAirGroup était, grâce au rachat d'AOM, d'Air Liberté et d'Air Littoral, de construire le second pôle aérien français, capable de concurrencer Air France. Ce rapprochement était également le souhait du patron d'AOM depuis 1996, Alexandre Couvelaire, qui rêvait depuis des années de constituer ce pôle privé.

Air Littoral

Air Littoral est la première compagnie régionale française privée et spécialiste des réseaux régionaux à travers l'Europe, en particulier autour de la

Méditerranée. Elle a largement contribué à faire de Nice le second aéroport français.

Le premier accord avec SAirGroup date de 1998 et son entrée dans le groupe Qualiflyer de 1999.

■ Air Outre Mer

Au départ ils étaient quatre prétendants : Lufthansa, Bristish Airways, Iberia et Swissair. Mais finalement un seul véritable candidat subsistait à l'arrivée, Swissair ; la vente de la compagnie française n'a finalement pas déclenché la grande compétition attendue entre les principaux transporteurs aériens européens.

Air Outre Mer a été créée à partir de la Réunion et a commencé ses activités en 1990. Ses premiers résultats ne sont pas très encourageants (72 millions de francs soit 11 millions d'euros de déficit en 1991) et la banque Saga en possession de 99 % du capital cède ses parts à Altius Finance, à l'époque filiale commune de Thomson et du Crédit Lyonnais. Marc Rochet devient président de la compagnie en 1991. Elle perd à cette époque 20 millions de francs par mois (3 millions d'euros) mais Marc Rochet travaille à assainir la situation. Le 31 décembre 1991, Air Outre Mer et Minerve fusionnent pour former AOM French Airlines. Le Club Méditerranée, détenteur avant la fusion de 39 % du capital, ramène sa participation à 18 % puis finalement se désengage totalement. Le Crédit Lyonnais, via Altus Finance, se retrouve pratiquement seul à bord alors qu'AOM est toujours dans le rouge. La banque a injecté en quatre ans plus de 1,1 milliard de francs (170 millions d'euros).

Lorsque le 28 mai 1996, Marc Rochet démissionne, le retour à l'équilibre n'est pas loin. Il est alors remplacé par Alexandre Couvelaire. Entre temps, le dossier est passé dans les mains du Consortium De Réalisation (CDR), organisme chargé de vendre les actifs du Crédit Lyonnais.

AOM était l'un des derniers gros actifs du CDR. Deux conditions, imposées par le gouvernement français, étaient liées à la reprise cette compagnie, et donc au choix du repreneur : d'une part ne procéder à aucun licenciement et d'autre part ne pas faire trop de concurrence à Air France, sur le point alors d'ouvrir son capital. Alexandre Couvelaire, de son côté, a convaincu son ami Ernest-Antoine Seillère, patron de la holding Alpha-Marine Wendel et un de ses proches amis à l'époque, de se porter acquéreur.

Ainsi, le 2 février 1999, le CDR a attribué AOM à un groupement composé de SAirGroup et du duo Alpha-Marine Wendel. Comme pour Sabena, Swissair n'avait pu prétendre au rachat de la majorité d'AOM et devait donc trouver un partenaire financier pour 51 % du capital.

Ce rachat a satisfait l'ensemble des parties car il présentait de nombreux avantages. Alexandre Couvelaire avait déjà impulsé un accord commercial entre les deux compagnies dès 1997.

Pour Air France, il s'agit d'un soulagement. En effet, le rachat par British Airways, qui possédait alors Air Littoral, le numéro 2 français, aurait placé la compagnie britannique en position de force. De plus au niveau d'Orly, ses lignes intérieures auraient sérieusement menacé le système de navettes mis en place à grand frais par Air France. Un rachat par Lufthansa n'aurait été guère mieux pour la compagnie française

Ces deux compétiteurs se sont finalement retirés et c'est certainement l'un des premiers signes qui peuvent laisser entrevoir un avenir difficile. AOM n'était pas une si bonne affaire puisque la compagnie perdait de l'argent sur ses lignes court et moyens courriers et que sa flotte souffrait d'un vieillissement chronique. Les créneaux de décollage que possède AOM (dont une partie importante à l'aéroport d'Orly, saturé depuis plusieurs années) représentent certes une grande valeur financière mais insuffisante pour British Airways comme pour Lufthansa qui vont même toutes deux se défaire de leur participation respective dans Air Liberté et dans Air Littoral au profit de Swissair.

■ Air Liberté

Air Liberté fut fondée en 1987 par Lotfi Belhassine comme une compagnie charter. En 1990 commence l'exploitation de sa première ligne régulière, entre Paris et Montréal. Le réseau d'Air Liberté connaît alors un important développement vers les destinations touristiques à l'étranger puis sur le territoire national, où elle contribue à la « libéralisation » du ciel français.

S'ensuit une guerre tarifaire, brève mais intense, qui fragilise durablement la compagnie, puis la conduit à déposer son bilan.

En novembre 1996, un plan de redressement est alors proposé par British Airways et par la banque Rivaud. Ce plan est approuvé et le 9 janvier 1997 British Airways et la banque Rivaud deviennent propriétaires de la société. En avril 1997, elle fusionne avec TAT déjà propriété de British Airways.

Finalement, en mai 2000, British Airways vend Air Liberté à Marine-Wendel.

AOM et Air Liberté sont alors regroupées par Marine-Wendel en une seule compagnie aérienne. La construction du second pôle aérien français prend forme.

■ Le rapprochement des trois entités

Désormais toutes trois sous le contrôle du groupe helvétique, la fusion des compagnies, programmée pour l'été 2000, devait donc permettre de créer le deuxième pôle aérien hexagonal à côté du géant Air France. « On va vers un seul nom, on va vers une seule compagnie », avait résumé alors le patron d'AOM et d'Air Liberté, assurant qu'il n'y aurait pas de plan social lié à la fusion. « Le niveau d'activité de ce deuxième pôle et la croissance envisagée de permettent de penser que le niveau global des effectifs permanents est satisfaisant » avait-il ajouté.

Selon le schéma retenu, une holding détenu à 51 % par Taitbout et 49 % par SAirGroup devait chapeauter une compagnie unique rassemblant AOM, Air Liberté et Air Littoral. La formation de ce pôle constitue une véritable entrée de la compagnie Swissair sur le marché aérien français, le plus grand d'Europe par sa taille.

4.2.6 Un premier bilan

Les résultats de l'année 2000 sont loin d'être encourageants. Certes, les prises de participations dans diverses compagnies ont largement contribué à la croissance du chiffre d'affaires du groupe :

■ Répartition de la croissance du chiffre d'affaires entre 1999 et 2000

	Croissance	% Total
Acquisitions	1031	48,9%
Mix Volume/Prix	779	36,9%
Écarts de change	299	14,2%
Total	3109	100%

Source : Groupe Swissair

Au début de l'année 2001, Swissair possède une flotte de 75 appareils et dessert 210 destinations dans 75 pays. Cependant la politique de diversification hasardeuse qu'a conduit Swissair, en prenant des participations dans des compagnies en mauvaise santé financière, a eu comme première conséquence d'entraîner de lourdes pertes. Fin juin 2001, le groupe avait certes deux milliards de francs suisses (1.3 milliards d'euros) de trésorerie à son bilan mais aussi plus de 15 milliards de francs suisses (10 milliards d'euros) de dettes et engagements divers.

■ Évolution du résultat net du groupe (en millions d'euros)

1996	1997	1998	1999	2000
– 327	213	238	180	– 1898

Source : Groupe Swissair

Au total, l'excédent de charges non prévues généré par la stratégie de développement du groupe est évalué dès l'année 2000 à 2 milliards d'euros.

L'endettement général du groupe, malgré de bons résultats dans certains domaines non aériens (le catering par exemple) atteint 80 %.

	M Euros
Dettes long terme	5334
Dettes court terme	1461
Total Dettes	6795
CA	10607
Endettement global	64%

Source : Groupe Swissair

Comment les membres du Conseil d'administration de SAirGroup n'ont-ils pas vu venir le trou de plusieurs milliards d'euros accumulés avec ces prises de participations ?

SAirGroup ne manque pourtant pas d'administrateurs avisés : Lucas Mühleman (à la tête du Crédit Suisse), l'industriel Thomas Schmidheiny, Andreas Leuenberger (vice-président de Roche) et Benedict Hentsch, le banquier privé. Ils semblent tout simplement avoir été éblouis par l'ambition un peu démesurée que leur a présentée Philippe Bruggisser.

À l'horizon 2001, plusieurs scénarii sont donc étudiés :

- la participation minoritaire d'une compagnie aérienne étrangère : à 10 % au minimum pour que cela en vaille la peine. La difficulté est dans ce cas de trouver un partenaire qui acceptera d'injecter des fonds mais avec peu droit à la parole. Pourtant, plusieurs compagnies se sont montrées intéressées, plus particulièrement Lufthansa, car le groupe n'a jamais été si bon marché : sa capitalisation boursière atteint à peine les 3 milliards de francs fin 2000. L'évolution du cours est présentée en annexe ;
- l'abandon du Qualiflyer Group : cette stratégie d'alliances coûte très cher au groupe. Cet abandon signifierait un recentrage de Swissair sur les passagers à fort pouvoir d'achat, sa clientèle d'origine puisque les autres types de clientèle sont attirés par les autres compagnies ;
- le démantèlement du groupe : afin de financer les pertes des compagnies aériennes, SAirGroup envisage de vendre des divisions rentables – telle l'hôtellerie ou le *catering* – voire à les mettre en Bourse. Cette alternative semble au départ la moins probable car elle prive le groupe de revenus importants ;

La situation va rapidement évoluer et toujours dans le mauvais sens. Et finalement la troisième possibilité va être choisie. La vente de Swissair semblait impensable parce que la compagnie reste encrée dans la population suisse mais par contre ses activités vont être reportées sur l'autre pilier du groupe, Crossair.

4.3 Un échec profond

4.3.1 Des partenaires mal choisis

Comme beaucoup de compagnies, Swissair a été profondément touchée en 2000 par la hausse des prix du pétrole et le ralentissement de l'économie américaine. Cependant son plus sérieux problème a résidé dans le choix de ses partenaires dont la plupart n'étaient pas rentables et dont il n'a résulté aucune synergie. Trop de disparités existaient en effet entre par exemple Swissair, compagnie haut de gamme, Air Liberté franco-française et LTU, spécialisée dans les vols charter.

SAirGroup a ainsi dépensé 3,3 milliards d'euros (5 milliards de francs suisses) pour bâtir le réseau Qualiflyer afin de s'imposer à terme comme partenaire de poids d'une grande compagnie américaine. La stratégie comprenait un deuxième volet : les compagnies rachetées devenaient des « clients captifs » des autres sociétés du groupe comme Swissport ou Gate Gourmet. Le groupe comptait ainsi récupérer l'argent déboursé pour prendre le contrôle des compagnies.

Mais l'opération n'a pas été un succès tout d'abord parce que les compagnies visées étaient loin d'être en bonne santé financière en particulier Sabena, malgré sa bonne réputation. Ne possédant que 49,5 % de la compagnie belge, Swissair n'a pas pu mettre en place les changements nécessaires pour combler les pertes de la compagnie et s'est toujours retrouvée en conflit avec l'autre actionnaire, l'État belge.

Outre les aspects de rentabilité, le management de Swissair n'a pas été à la hauteur. D'une part, il a eu du mal à gérer ses relations avec les syndicats des compagnies acquises. En effet, la Suisse est sur ce point un pays à part où les syndicats et le management cherchent toujours à coopérer. Les dirigeants de Swissair n'avaient pas l'habitude d'affronter des syndicats aussi durs. En outre, il n'est pas possible en Europe de rapidement réduire les coûts de personnel lors d'un renversement de conjoncture comme c'est le cas aux États-Unis.

D'autre part, le management a commis plusieurs erreurs plus opérationnelles. Par exemple, AOM a reçu l'ordre de supprimer ses bureaux régionaux sous prétexte que Swissair n'en avait pas, sans tenir compte du fait que la superficie de la France est treize fois celle de la Suisse. Il a également poussé les compagnies a abandonné leur système de réservation au profit de celui de Swissair qui s'est finalement révélé moins performant. Le service commercial s'est donc trouvé profondément désorganisé.

Parallèlement à ses propres erreurs sont venues s'ajouter des différences avec les autres compagnies qui n'étaient pas en sa faveur. Ainsi, plusieurs de ses concurrents européens ont reçu un appui important de la part de leur gouvernement respectif. En France, par exemple, 130 000 employés du gouvernement sont obligés de voler sur Air France (et en première classe…) lorsqu'ils se déplacent pour des raisons professionnelles.

Les résultats financiers du groupe mettent en lumière ce point :

Résultat des compagnies associées au groupe

M€	2000	1999
Sabena	(33)	23
AOM	(155)	(68)
Air Littoral	(2)	(20)
LTU	(325)	(109)
Volare Group*	(20)	(87)
SAA	10	–
LOT	5	–
Total	(520)	(261)

Source : Groupe Swissair

** Volare Group est issu du rapprochement, en août 2000, de Volare et d'Air Europe*

Impact sur le résultat sur groupe

M€	2000	1999
EBIT avant participations	393	440
Compagnies associées	(520)	(261)
Résultat exceptionnel	193	228
Charges exceptionnelles	(1771)	0
EBIT	(1705)	407

Source : Groupe Swissair

Finalement, le groupe a sous-estimé d'une part les ressources financières (près de 2 milliards d'euros de provisions pour les participations dans les autres compagnies) et d'autre part les ressources en matière de management nécessaires pour intégrer ces compagnies en son sein d'autant que la plupart obtenaient déjà de mauvais résultats.

Le groupe s'est ensuite rendu compte que l'offre de ces nouvelles compagnies ne correspondait pas à l'offre de base de Swissair, plutôt haut de gamme.

4.3.2 *La crise au sein du management*

Face aux mauvais résultats du groupe, Philippe Bruggisser s'est vu contraint de démissionner le 23 janvier 2001.

Moins de deux mois après, c'est au tour de Paul Reutlinger, directeur du pôle français et Moritz Suter, patron de Crossair, de présenter également leur démission. La démission de Suter intervient seulement 44 jours après sa nomination et par faute de soutien pour sa stratégie. Il préconisait déjà l'abandon de toutes les participations et le repli autour d'un noyau constitué de Swissair, Crossair et Balair.

La crise s'enlise définitivement lorsque neuf membres du conseil d'administration sur 10 décident de quitter précipitamment leur poste, souhaitant ainsi montrer qu'ils assument leur responsabilité dans l'échec de la stratégie mise en place. Tous grandes figures de l'économie suisse et très performants au sein de leur société, il n'étaient cependant pas spécialistes du transport aérien mais surtout se sont laissés convaincre par Philippe Bruggisser, personnage très charismatique et qui paraissait particulièrement sûr de son projet. Seul membre à rester, Mario Corti doit prendre en charge les mesures nécessaires.

4.3.3 Des compagnies en perte de vitesse

■ Vers une recapitalisation de Sabena

Devant ses mauvais résultats, la première mesure décidée a été une recapitalisation de la compagnie. Elle a au départ été accueillie comme un véritable soulagement par l'ensemble du personnel, qui estimait que l'argent frais obtenu, soit 430 millions d'euros, éviterait la faillite et permettrait de discuter du plan de restructuration. La priorité affichée était que l'entreprise retrouve sa rentabilité.

Néanmoins plusieurs interrogations subsistent qui finissent par inquiéter fortement les employés. D'une part, la somme provenant de cette recapitalisation ne représente que la moitié des besoins de Sabena et l'autre moitié viendra de la vente des activités annexes et plus rentables comme la *catering*. Beaucoup s'interrogent sur la pertinence de cette stratégie industrielle à long terme.

D'autre part, le plan de restructuration passe par un recentrage de la compagnie sur les moyen-courriers avec une flotte réduite en nombre et en taille qui induirait la suppression de 1 600 à 2 000 emplois. Or les pilotes ont déjà fait des concessions en termes de salaires et de flexibilité et donc s'opposent fermement à tout licenciement.

■ Le dépôt de bilan pour AOM-Air Liberté

AOM-Air Liberté donne des premiers signes de difficulté au mois d'avril 2001. Néanmoins elle tente alors de rassurer ses clients en expliquant que les vols seront de toutes façons assurés. Mais à partir de juin tout s'accélère et le 15 juin, la compagnie dépose son bilan, au début des grandes vacances. Elle accuse alors 6 milliards de francs de passif et seulement quelques jours de trésorerie dans ses caisses. Les actionnaires se menacent mutuellement de poursuites.

Le dépôt de bilan intervient au moment des grandes vacances, période particulièrement chargée. Pour compenser Air France remplit ses avions aux limites du surbooking permanent mais de nombreux passagers n'ont finalement pas été remboursés.

De nombreux candidats se sont portés volontaires à une reprise totale ou partielle des actifs d'AOM-Air Liberté.

Le 27 juillet 2001, la justice a finalement choisi Jean-Charles Corbet et son projet « Holoco » pour reprendre les rênes d'AOM-Air Liberté. L'ancien pilote d'Air France a en outre promis de conserver 2 706 salariés sur les 4 556 que comptait alors la deuxième compagnie aérienne française. Mais il restait encore à négocier les modalités du plan social et à compléter le financement du plan de reprise par un tour de table qui ne s'achèvera qu'en fin d'année. D'autre part, ce plan de sauvetage prévoyait un versement du groupe suisse de 200 millions d'euros. En août, un premier versement de 45 millions d'euros a été effectué mais moins de trois mois après, Swissair dépose à son tour le bilan et n'a plus les moyens d'honorer cet engagement.

4.4 Un changement de cap insuffisant

4.4.1 Des premières mesures début 2001

L'année 2000 a été qualifiée par le dernier CEO en date, Mario Corti, comme « la pire année au cours des 70 d'histoire de la compagnie ». L'arrivée de Mario Corti a permis notamment de faire adhérer l'ensemble du management à l'idée que l'ancienne politique devait être abandonnée.

Le conseil d'administration du groupe a donc dressé le bilan de ses opérations et pointe très clairement ses principaux problèmes :

– le groupe a atteint ses limites en ce qui concerne ses ressources financières et managériales, particulièrement mais pas exclusivement, à cause de ses prises de participations dans des compagnies étrangères en sérieuse difficulté,

– le groupe dans son ensemble ne gagne pas son coût du capital donc le problème n'est pas seulement dû à ses participations mais également au résultat de l'industrie du transport aérien dans son ensemble,

– la structure du groupe est trop complexe, d'où des coûts inutiles, des obstacles à la communication aussi bien en interne que vis-à-vis de l'extérieur et aussi une décote de conglomérat.

– la confiance dans le management du groupe est entamée.

Face à ces mauvais résultats de 2000, Mario Corti entouré d'un nouveau conseil d'administration a redéfini, au mois d'avril, les points-clés de la stratégie du groupe et a réorganisé sa direction générale.

Le principal objectif était d'améliorer durablement le rendement des activités aériennes. L'accent était donc mis sur le renforcement de l'attrait de Swissair, Crossair et Sabena, avec des prestations de haute qualité, ainsi que sur le développement de leur collaboration.

D'autres objectifs concernent le coût du capital. Le but est que les revenus des compagnies correspondent au moins au coût du capital et que celui des autres activités par contre le dépasse.

Le conseil d'administration décide en outre de simplifier sa structure. Il s'agit d'obtenir une structure plus plate avec des entités claires et un processus de décisions plus rapide.

Mais il s'agit surtout de mettre fin à cette politique de diversification qui l'a conduit dans une telle situation. Les projets relatifs à cette politique sont donc définitivement abandonnés. « L'argent doit être placé sur les bons business », Mario Corti explique-t-il alors. À l'époque cependant, les partenariats avec les autres compagnies de l'alliance Qualiflyer ne sont pas remis en question.

4.4.2 La succession des plans de restructuration

Malgré ces choix – dont les effets ne peuvent certes pas être immédiats –, les résultats du groupe Swissair continuent de s'enliser.

Mario Corti présente donc un deuxième plan de restructuration en juin 2001. L'accent est cette fois mis sur un recentrage autour de l'activité de base du groupe, le transport aérien.

En particulier, la nouvelle stratégie prévoit un rapprochement significatif des deux compagnies principales du groupe, Swissair et Crossair. Les décisions du management seront désormais prises parallèlement avec un objectif commun de rentabilité, avec une vision unique pour les deux compagnies dans le but d'optimiser encore plus le réseau et la flotte. Le groupe souhaite mettre en commun les structures, les processus et les systèmes pour améliorer l'efficacité en particulier au niveau des ventes, de l'émission des billets et des opérations au sol.

Les événements du 11 septembre et leurs graves répercussions sur l'aviation civile mondiale et sur l'économie internationale ont conduit le groupe à prendre des mesures plus rigoureuses encore. Swissair Group a ainsi décidé de redimensionner ses services aériens et les activités afférentes, une mesure qui appelle notamment une recapitalisation à court terme.

Cette nouvelle restructuration s'articule autour de trois points :

■ Un business plan entièrement remanié sur la base d'une unique nouvelle compagnie aérienne baptisée Swiss Air Lines

André Dosé alors président de Crossair devient CEO de cette nouvelle entité. Sa principale mission est de mettre en place toutes les mesures de restructuration qui devront être présentées au conseil d'administration de Swissair Group en octobre et prévues sur trois ans.

Même si les marques Swissair et Crossair sont maintenues, le nouveau concept prévoit tout d'abord le regroupement du réseau court-courrier des deux compagnies ainsi qu'une réduction des dessertes long-courrier de Swissair. D'autre part, la planification de la flotte, les ventes, le marketing et les autres fonctions de support seront fusionnées.

La nouvelle compagnie aérienne cherche plutôt à se rapprocher de la stratégie de Crossair à savoir offrir un produit de qualité supérieure tout en appliquant une structure de coûts sensiblement inférieure à celle de Swissair. La compagnie ciblera ses services sur les liaisons de point à point en Europe en continuant d'opérer et d'optimiser des vols long-courriers rentables. Ceux-ci incluent notamment les destinations en Asie où Swissair est déjà bien implanté dans le marché, le Moyen-Orient et l'Afrique. Swissair continuera également de relier des destinations en Amérique du Nord importantes pour l'économie suisse. L'objectif étant de réduire le pourcentage de passagers en transfert, actuellement de 60 pour cent, à moins de 40 pour cent d'ici à 2004 au plus tard.

La nouvelle stratégie prévoit également une diminution des flottes de Swissair et de Crossair d'ici à 2004, avec une baisse de 25 pour cent pour la flotte long-courrier. La flotte court-courrier sera réajustée pour répondre aux fréquences et aux taux de chargement escomptés. Cette mesure se traduira par une baisse des effectifs, dont le chiffre exact sera communiqué après consultation avec les partenaires sociaux.

■ La recapitalisation de Swissair Group

Les dirigeants de Swissair Group ont rencontré le Conseil fédéral et les acteurs des milieux économiques suisses samedi 22 septembre 2001 afin de discuter la situation du groupe. La Suisse n'imagine certes pas de se séparer de sa compagnie aérienne nationale qui lui a longtemps apporté une grande fierté. Swissair Group collabore étroitement avec le Conseil fédéral et les milieux économiques pour trouver une solution à la situation actuelle. Le groupe se félicite de l'initiative créée pour sa recapitalisation et apprécie la nomination d'Ulrich Bremi, homme d'affaires réputé et ancien conseiller national, à la tête du groupe de travail qui devra formuler ses propositions avant le 10 octobre 2001. Cette initiative en vue d'une recapitalisation est entièrement appuyée par le nouveau conseil d'administration de Swissair Group et sa structure finale sera présentée aux actionnaires lors de l'assemblée générale du 9 novembre 2001.

■ De profonds changements au sein de la direction du groupe

La restructuration de Swissair Group se traduit également par un certain nombre de changements au sein de sa direction afin de favoriser un processus décisionnel plus efficace. Le management compte désormais six personnes. Les responsables des finances et de l'administration, de Swiss Air Lines, de Gate Gourmet, de SR Technics et de Swisscargo rapporteront directement à Mario A. Corti, CEO et délégué du conseil d'administration du groupe.

Swissair et Crossair sont deux entités séparées de Swiss Air Lines mais partagent des services en commun : management du réseau et stratégie, ventes, marketing (produit et services), ressources humaines et services informatiques liés à l'aviation.

Gate Gourmet et SR Technics restent des centres de profit au sein du groupe alors que Swisscargo sera réintégré dans le secteur aérien en temps opportun.

4.4.3 Le dépôt de bilan et le transfert vers Crossair

Les événements survenus aux États-Unis le 11 septembre n'ont fait qu'aggraver la situation et n'ont pas laissé le temps à Swissair de mettre toutes ces réformes en place. Le 1er octobre, le groupe se déclare en quasi-faillite. Par crainte d'un dépôt de bilan, les fournisseurs de Swissair ont donc exigé d'être payés comptant, en particulier dans le cas du carburant et des taxes aéroportuaires. Cependant très rapidement, Swissair n'a plus eu été en mesure de faire de la sorte. Les sociétés pétrolières BP et Shell ont alors décidé de ne plus ravitailler les appareils que contre paiement comptant si bien qu'au cours des premiers jours d'octobre, plusieurs avions de Swissair ont du rester au sol. D'autres ont également été retenus sur plusieurs aéroports dans le monde dans le but d'obtenir des assurances sur le paiement de taxes aéroportuaires, de service et de carburant.

Le dépôt de bilan ne peut finalement être évite. Le groupe est donc contraint de procéder à son démantèlement mais la Suisse ne pouvant accepter l'idée d'abandonner toute activité dans le transport aérien, il la reporte sur Crossair, alors un peu plus rentable.

M€	Swissair	Crossair
Chiffre d'affaires	3 778	832
EBIT	(127)	(13)
EBIT (%)	(3,4%)	(1,6%)
Employés	7 290	3 263

Source : Groupe Swissair

Crossair va prendre sous son aile Swissair et devient indépendante du groupe dont la participation (70,4 %) est rachetée par un consortium de banques réunissant le Crédit Suisse et UBS. Elle conserve son nom mais aura une option sur celui de Swissair.

Crossair ne reprend que les deux tiers de l'activité aérienne de Swissair avant la fin novembre. Le tiers restant va être par contre supprimé, ainsi qu'environ 30 % de ses effectifs, soit 2 560 emplois. Au niveau du management, André Dosé, directeur général de Swissair va quitter ce poste pour éviter des conflits d'intérêts puisqu'il reste directeur de Crossair. Mario Corti par contre, abandonne ses fonctions au conseil d'administration de Crossair.

Pour pouvoir reprendre les deux tiers de l'activité de Swissair, Crossair va bénéficier d'une augmentation de capital de 1,8 milliards d'euros provenant des collectivités publiques et des milieux économiques suisses (plus de vingt entreprises du pays). Le gouvernement a également décidé de débloquer un nouveau crédit de 667 millions d'euros pour assurer la poursuite des vols de Swissair jusqu'au 31 mars 2002, qui s'ajoutent aux 303 millions d'euros apportés début octobre pour permettre aux avions de voler.

Le soutien du gouvernement envers Swissair ne va pas sans poser des problèmes à la Commission Européenne. Ainsi Bruxelles, qui participe aussi, n'a pas exclu de bloquer l'aide d'urgence apportée à la compagnie, le temps de s'assurer notamment de « sa compatibilité avec le droit communautaire dans le transport aérien ». De son côté, le gouvernement suisse s'est défendu en expliquant que sa décision respectait l'accord sur le transport aérien existant entre l'Union Européenne et la Suisse puisqu'elle comprenait une clause stipulant que l'argent injecté ne servirait en aucun cas à financer des mesures de dumping tarifaire.

En attendant que ces questions soient réglées, il reste néanmoins à la future compagnie qui va naître de réussir le plus rapidement possible l'intégration de deux compagnies à l'histoire et à la culture d'entreprise finalement assez opposées. Il s'agit d'une mutation fondamentale puisque de 6,3 millions de passagers par an, Crossair va devoir passer à plus de 15 millions par an d'ici à 2004 selon le plan de développement présenté le 22 octobre 2001. La réussite de cette intégration suppose en particulier que les personnels de Swissair acceptent des réductions de salaire de 35 % chez les pilotes et de 10 % pour le reste du personnel.

La mobilisation de toute la Suisse pour maintenir une compagnie aérienne nationale intercontinentale souligne une fois de plus que les différents pays du vieux continent ne sont pas prêts à dépasser les visions strictement nationales et que la volonté ne posséder une compagnie nationale est loin de disparaître. Si la Suisse parvient effectivement à conserver sa compagnie, elle ne va cependant plus pouvoir faire cavalier seul, surtout que le nouveau réseau de Crossair (112 destinations dont 37 intercontinentales) risque d'être insuffisant pour être attractif aux yeux des passagers.

4.4.4 Quel avenir pour les autres compagnies ?

Pour AOM/Air Liberté, devenue Air Lib, comme pour Sabena, le dépôt de bilan du groupe Swissair et la reprise des actifs, mais pas de son passif par la compagnie Crossair, pose un problème majeur. En effet, le groupe pourrait ne pas avoir à respecter ses engagements et de leurs verser les fonds promis.

■ Air Littoral cédée à son ancien PDG

Ce problème ne s'est en fait pas posé pour Air Littoral donc le groupe suisse s'est séparé en premier. Dès avril, il décide en effet de trouver de nouveaux actionnaires pour la compagnie française et de ne plus l'aider financièrement. Marc Dufour en reprend alors le contrôle.

Le désengagement de Swissair était surtout dans le but d'éviter une action en justice de la part de la compagnie française pour mauvaise gestion.

Air Littoral a donc procédé à sa restructuration. Début août elle a réalisé une augmentation de capital de 127 millions d'euros dont 59 millions d'abandon de créances antérieures au 30 juin.

Les premiers résultats semblent encourageants.

■ AOM-Air Liberté devient Air Lib

Née le 1er août dernier pour succéder à AOM-Air Liberté, Air Lib s'attache tout particulièrement à redonner confiance à son personnel, à ses clients et aux professionnels du voyage, sans oublier les investisseurs.

Swissair aurait du lui verser 61 millions d'euros avant la fin de l'année 2001.

Néanmoins les premiers mois d 'exploitation sont plutôt encourageants avec des taux de remplissage de 75 % sur les lignes intercontinentales. Air Lib va par ailleurs ouvrir la liaison Paris-Alger abandonnée depuis plusieurs années par Air France et dont elle prévoit qu'elle va représenter 20 % de son chiffre d'affaires en 2002.

La compagnie a entrepris d'élargir son actionnariat tout en remplaçant les 61 millions d'euros qui n'ont pas été versés par Swissair. Dans cette optique, elle a engagé des pourparlers avec les départements d'outre-mer de Martinique, Guadeloupe et de la Réunion en novembre 2001 dans le but d'obtenir une prise de participations des régions concernées au premier trimestre 2002 pour un montant de 5 à 7 millions d'euros et surtout de rassurer les banques.

■ Sabena se place sous la protection de la justice

La compagnie aérienne belge a donc demandé au tribunal de commerce de Bruxelles l'ouverture d'une procédure de concordat pour obtenir la protection judiciaire vis-à-vis de ses créanciers et préparer sa reconstruction. Ce petit délai supplémentaire, qui évite le dépôt de bilan immédiat, peut aller jusqu'à 6 mois.

Certain que le groupe suisse ne pourra verser à Sabena les 135 millions d'euros qui étaient indispensables au financement de son plan social, le gouvernement belge, actionnaire à 51 % de la compagnie, a réactivé les plaintes qu'il avait envisagées de déposer contre Swissair au début de l'été. Il a aussi accepté d'accorder un prêt-relais d'un mois à Sabena. Mais déjà la création d'une nouvelle compagnie aérienne en Belgique commence à naître. Le gouvernement est en outre prêt à y accorder plusieurs milliards de francs belges. La réglementation européenne permet d'autoriser sous strictes conditions une aide de trésorerie pour aider au sauvetage d'une entreprise européenne. De son côté, le conseil d'administration de la Sabena a pris toutes les mesures pour que la compagnie puisse poursuivre son exploitation dans l'immédiat c'est-à-dire payer le carburant afin d'empêcher que ses avions soient cloués au sol.

■ La faillite inévitable

La procédure de concordat n'aura pas suffit. Le tribunal de Commerce de Bruxelles a finalement prononcé la faillite de Sabena. Fred Chaffart, président du conseil d'administration de la compagnie a déclaré le 6 novembre « À mon grand regret, le conseil d'administration de Sabena s'est trouvé dans l'obligation, comme la loi l'impose, de demander la révocation de la procédure concordataire au Tribunal de commerce et de faire un aveu de faillite ». N'ayant plus aucun doute, une partie du personnel s'était alors mis en grève.

Le gouvernement a parallèlement a annoncé la création d'une nouvelle compagnie qui permettrait de reclasser 6 000 à 7 000 des 12 000 employés de Sabena. Un accord a été trouvé entre 3 sociétés d'investissement régionales et 12 investisseurs privés pour apporter 200 millions d'euros à la création d'une compagnie régionale.

L'annonce de la faillite n'a évidemment pas été bien accueillie par l'ensemble du personnel. En outre, le 7 novembre 2001, des milliers d'employés ont ignoré les invitations à rester chez eux pour occuper le principal terminal de l'aéroport de Bruxelles. La police anti-émeute a empêché les manifestants de pénétrer sur le tarmac, permettant l'atterrissage de quelques appareils. Les forces de l'ordre appuyées par des canons à eau ont également dû refouler des employés de Sabena qui se dirigeaient vers la résidence du Premier ministre dans le centre de la capitale.

Conclusion

Toutes les difficultés qu'a connues le groupe Swissair depuis 1999 viennent principalement de sa politique d'expansion à outrance qui a consisté à racheter des compagnies aériennes étrangères dans le but d'améliorer sa position concurrentielle globale.

Mais surtout, c'est finalement la non-appartenance de la Suisse à l'Union Européenne qui va jouer. En effet, ne pouvant bénéficier de la libéralisation du transport aérien en Europe, le groupe s'est lancé sans retenue dans des prises de participations dans des compagnies en difficulté regroupées au sein du Qualiflyer Group, avec la conviction ou du moins l'espoir, que cette alliance suisse compte un jour parmi les plus grands acteurs en Europe et puisse alors intéresser un grand partenaire américain.

Seulement ces prises de participations ont dû rester minoritaires et le groupe Swissair n'a pas pu mettre en place tous les changements nécessaires d'autant qu'il n'avait pas prévu les ressources à cet effet. Du moins il n'a pas su convaincre assez rapidement le personnel de leur nécessité et ces plans étaient la plupart du temps dépassés une fois acceptés.

Enfin, ces opérations ont été effectuées dans un contexte très défavorable au transport aérien. Ce sont au final des milliers de personnes qui se retrouvent sans emploi au moment où le secteur traverse une crise, fortement accentuée par les événements survenus aux États-Unis le 11 septembre 2001.

Annexe 1 : Poids des différentes alliances stratégiques début 2000

	Trafic total (millions de -passagers-kilomètres transportés)	Part du trafic mondial
Star alliance Air Canada, Air New Zealand, All Nippon Airways, Ansett Australia, Austrian Airlines, British Midlands, Lauda Air, Lufthansa, Mexicana, SAS, Singapore Alirlines, Thai Airlines, Tyrolean, United Airlines, Varig	620	24 %
Oneworld Aer Lingus, American Airlines, British Airways, Cathay Pacifics, Finnair, Ibéria, LAN-Chile, Quantas	456	18 %
Skyteam Aeromexico, Air France, Delta Airlines, Korean	301	12 %
Wings Continental, KLM, Northwest	267	10 %
Qualiflyer Air Europe, Air Littoral, AOM, Crossair, LOT, Portugalia, Sabena, Swissair, TAP, Turkish Airlines, Volare Airlines	89	3 %
Total	**1 733**	**67 %**

Source : IATA

Annexe 2 : Structure du groupe Swissair en avril 2001

Annexe 3 : Participations du groupe début avril 2001

Compagnie aérienne	Participation détenue
Swissair *(Suisse)*	100 %
Balair *(Suisse)*	100 %
Crossair *(Suisse)*	69,2 %
LTU *(Allemagne)*	49,9 %
Sabena *(Belgique)*	49,5 %
Air Littoral *(France)*	49,5 %
AOM *(France)*	49,5 %
Air Libe *(France)*	49,5 %
Air Europe *(Italie)*	45 %
LOT *(Pologne)*	37,6 %
Volare *(Portugal)*	34 %
South African Airways *(Af. du Sud)*	20 %

Source : Swissair

Annexe 4 : Données financières

Chiffres d'affaires par division en 2000 avant participations (en millions d'euros)

	SAirLines	SAir-Logistics	SAirServices	SAir-Relations	Autres	Total	Inter-société	SAir-Group
Chiffre d'affaires (2000)	4 684	1 119	2 080	4 064	101	12 048	1 441	10 607
EBIT	23	65	106	196	5	394	–	394
EBIT (%)	0,5%	5,8%	5,1%	4,8%	4,5%	3,7%	–	3,7 %

Source : Swissair

Structure de coût du groupe Swissair en avril 2001 avant participations dans les compagnies associées (millions d'euros)

Chiffre d'affaires	10 607
Coûts des biens et services	5061
Salaires et charges sociales	2945
Autres coûts opérationnels	1559
EBITDA	1 042
Amortissement	648
EBIT avant participations	394
marge opérationnelle	3,7 %
EBIT Compagnies associées	(508)
Résultat exceptionnel	193
Charges exceptionnelles	(1774)
EBIT final	(1695)

Source : Swissair

Annexe 5 : Évolution du cours de l'action Swissair

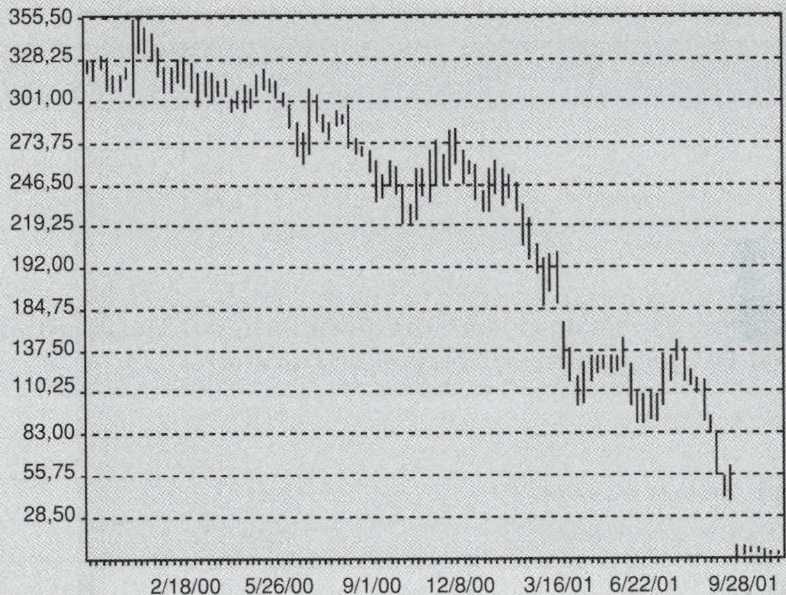

Source : Swissair

- Nombre d'actionnaires au 31 décembre 2000 : 57 964
- Nombre d'actions au 31 décembre 2000 : 12 716 245.

Annexe 6 : Évolution des valeurs hautes et basses de l'action Swissair (en francs suisses)

	Plus haut	Plus bas
1996	272	172
1997	405	215
1998	518	245
1999	358	294
2000	350	223

Source : Swissair

Grands auteurs en stratégie

Igor Ansoff

Domaines de recherche

Igor Ansoff est spécialisé dans l'étude de la surveillance de l'environnement des entreprises et des signaux d'information. À la fin des années soixante, ses travaux, comme ceux d'Aguilar sur l'analyse de l'environnement des entreprises, s'orientent vers les concepts de surveillance, veille stratégique et intelligence économique.

Dans un article fondateur de 1975, I. Ansoff a souligné l'importance de détecter les signaux faibles (*weak signals*) de l'environnement permettant d'éviter les surprises stratégiques. Il remet en cause la *planification stratégique,* essentiellement fondée sur l'étude d'informations passées. Selon lui les plans stratégiques du milieu des années soixante-dix sont mal construits ils n'ont pu prévoir par exemple un événement comme le choc pétrolier de 1973. L'entreprise doit apporter une réponse adaptée en fonction du signal de menace ou d'opportunité qu'elle reçoit. Elle doit donc accroître sa flexibilité et disposer d'un processus d'examen systématique de l'information.

Concepts clés : veille stratégique, *weak signals*, planification stratégique, matrice d'Ansoff.

Principales publications

- *Corporate Strategy*, McGraw-Hill, 1965.
- « Managing Strategic Surprise by Response to Weak Signals », *California Management Review*, n°18, hiver, pp. 21-33, 1975.

- *Strategic Management*, Halsted, 1979.
- *Implanting Strategic Management*, Prentice Hall, 1984.
- Avec E. J. Mac Donnell, *The New Corporate Strategy*, John Wiley & Sons Inc, 1988.
- *Stratégie du développement de l'entreprise*, Éditions d'Organisation, 1989.

Chris Argyris (1923-)

Biographie

Titulaire d'un MA en psychologie et économie de l'université du Kansas et d'un PhD de Comportement des organisations de l'université de Cornell.

Après avoir enseigné pendant vingt ans à Yale, il est devenu professeur à la Harvard Business School.

Directeur de *Monitor Company* à Cambridge, il a exercé une activité de conseil auprès de plusieurs gouvernements (français, anglais, suédois...), et continue à intervenir auprès de nombreuses entreprises.

Chris Argyris est professeur Honoris Causa au Groupe HEC.

Domaines de recherche

Ses principaux travaux de recherche portent sur les organisations et leur capacité de changement. Les organisations ne remettent pas en cause leurs normes centrales (stratégie...), ce qui entraîne le statu quo. Les équipes dirigeantes doivent renforcer leur capacité d'apprentissage et évoluer par rapport à des schémas figés et privilégier les réponses constructives par rapport aux réponses instinctives. L'organisation doit sortir du modèle de comportement dominant. Grâce à son expérience auprès de nombreuses entreprises, C. Argyris a mis point des modèles permettant de résoudre ces difficultés.

Concepts clés : théorie de l'apprentissage, messages ambigus, raisonnement défensif, reprogrammation mentale, apprentissage à double boucle, modèle 1 et modèle 2.

Principales publications

- *Flawed Advice and the Management Trap*, Oxford University Press, 2000.
- *On Organizational Learning*, Blackwell Publishers, 1999.
- *Organizational Learning II : Theory, Method and Practices*, Prentice Hall, 1995.
- *L'Apprentissage organisationnel : théorie, méthode et pratique,* De Boeck Université, 2001.

• *Knowledge for Action : A Guide to Overcoming Barriers to Organizational*
• *Change,* Jossey-Bass, 1993, *Savoir pour agir : surmonter les obstacles à l'apprentissage organisationnel,* Dunod, 2003.

• *Overcoming Organizational Defenses*, Allyn & B. 1990.

• *Reasons and Rationalizations : The Limits to Organization Knowledge*, Oxford University Press, 2004.

Michel Crozier (1922-)

Biographie

Diplômé d'HEC, docteur en droit, sociologue.

En 1965, il fonde le Centre de sociologie des organisations au sein duquel il lance un programme de recherche sur l'administration face aux changements.

Ancien professeur à l'université de Harvard et de Paris X-Nanterre.

Directeur de recherche émérite (CNRS).

Membre de l'Académie des Sciences Morales et Politiques depuis 1999.

Professeur Honoris Causa au Groupe HEC.

Domaines de recherche

Spécialiste de la sociologie des organisations dont il a fondé les principaux concepts, ses premiers travaux en 1959 sont à l'origine de *l'analyse stratégique des organisations*. Avec son équipe de recherche au CNRS, le Centre de sociologie des organisations, il étudie l'administration française face au changement.

Michel Crozier a développé une nouvelle théorie des formes bureaucratiques qui établit des corrélations entre le système bureaucratique et les relations de pouvoir : un système bureaucratique qui ne sait pas corriger ses erreurs et donc s'adapter aux changements, ne fonctionne que par crises. Afin de faciliter le développement des organisations, il faut en assouplir le fonctionnement et développer la coopération.

Il publie en 1977, avec E. Friedberg, *l'Acteur et le Système*, qui présente les éléments d'une théorie organisationnelle de l'action collective.

Pour M. Crozier, la sociologie doit être un outil de changement qui permet aux acteurs de la vie économique de mieux appréhender leur situation et associe pour cela recherche théorique et enquête empirique.

Concepts clés : analyse stratégique des organisations, zone d'incertitude organisationnelle, marginal sécant, jeux ouverts.

Principales publications

- *Petits Fonctionnaires au travail*, Éditions du CNRS, 1955.
- *Le Phénomène bureaucratique*, Le Seuil, 1964.
- *Le Monde des employés de bureau*, Le Seuil, 1965.
- *La Société bloquée*, Le Seuil, 1970.
- Avec Friedberg E., Grémion C., et al., Où *va l'administration française ?*, Éditions d'Organisation, 1974.
- *The Crisis of Democraties. Report on the Governability of Democracies,* en collaboration, New York University Press, 1975.
- Avec Friedberg E., *L'Acteur et le Système*, Le Seuil, 1977.
- *On ne change pas la société par décret*, Fayard, 1979.
- *État Moderne, État Modeste*, Fayard, 1986.
- *L'Entreprise à l'écoute*, InterEditions, 1989.
- *La Crise de l'Intelligence, Essai sur les élites à se réformer*, InterEditions, 1995.
- *À quoi sert la sociologie des organisations ?, Vol. I. Théorie, culture et société ; vol. 2. Vers un nouveau raisonnement* pour l'action, Éditions Seli Arslan, 2000.
- *Ma Belle Époque, Mémoires*. Fayard, 2002.
- *À contre courant, Mémoires* tome 2, Fayard, 2004.

Peter F. Drucker (1909-)

Biographie

Titulaire d'un doctorat en droit public et international de l'université de Francfort, il a travaillé comme journaliste et économiste à Londres avant de partir pour les États-Unis en 1937.

Il a été professeur de sciences politiques et de philosophie à l'université de Claremont dont la business school porte aujourd'hui son nom.

Consultant auprès d'entreprises multinationales, il dirige également la fondation qui porte son nom.

Domaines de recherche

Peter Drucker souligne dans ses travaux l'importance du rôle du manager dans la réussite d'une entreprise. Le manager doit, pour être efficace, exercer cinq activités essentielles : fixer des objectifs, organiser le travail, motiver et communiquer, établir des normes de performances.

Peter Drucker a défini ce qu'est une approche centrée sur le marché. Il faut, selon lui, donner la priorité au client et innover en permanence. Dans une vision plus large il souligne l'importance d'envisager toutes les activités de l'entreprise sous l'angle du client.

Concepts clés : travailleur du savoir, approche centrée sur le marché.

Principales publications

- *Concept of corporation*, New Amer Library, 1946.
- *The practice of management,* Butterworth-Heinemann, 1999, (1re edition 1955).
- *The effective executive,* HarperBusiness, 2002, (1re edition 1967).
- *The End of Economic man*, Transaction Publishers, 1995, (1re édition 1939).
- *L'avenir du management*, Village mondial, 1999.
- *Management Challenges for the 21st Century*, HarperBusiness, 2001.
- *The Daily Drucker : 366 Days Of Insight And Motivation For Getting The Right Things Done*, HarperBusiness, 2004.

Henri Fayol (1841-1925)

Biographie

Diplômé de l'école des Mines de Saint-Étienne, il a fait partie du conseil de perfectionnement de l'école et du Conservatoire Nationale des Arts et Métiers, il a donné des conférences à l'école Supérieure de Guerre.

Il a fait toute sa carrière à la société industrielle et minière de Commentry-Fourchambault, dont il est devenu directeur général en 1888, après lui avoir évité la faillite.

Domaines de recherche

Henry Fayol est considéré comme le père de l'école classique du management. Il a développé en France l'organisation scientifique du travail. Ses principes relatifs à l'organisation, l'administration et la gestion ont d'abord été utilisés aux États-Unis avant de trouver un écho en France, après la seconde guerre mondiale.

Selon Fayol une entreprise s'analyse à travers six fonctions principales : technique, commerciale, financière, de sécurité, comptable, administrative. En étudiant la fonction administrative (celle de la direction), Henry Fayol a défini les cinq concepts clés du management moderne : prévoir et planifier, organiser, commander, coordonner, contrôler.

Pour optimiser le fonctionnement de l'entreprise les dirigeants doivent mettre en place quatorze éléments : la division du travail, l'autorité, la discipline, l'unité de commandement, l'unité de direction, la subordination des intérêts particuliers à l'intérêt général, la rémunération, la centralisation, l'ordre, la hiérarchie, l'équité, la stabilité du personnel, l'initiative l'union du personnel.

Principales publications

- « Étude sur l'altération et la combustion spontanée de la houille exposée dans l'air », *Bulletin de la société de l'industrie minérale*, 1878.
- *Administration industrielle et générale*, Dunod, 1918 (réédition 1979 et 1999).
- « L'industrialisation de l'État », *Bulletin de la société de l'industrie minérale*, 1919.

Gary Hamel

Biographie

Professeur à la London Business School, il a fondé et dirige Strategos, cabinet spécialisé en stratégie d'entreprise.

Quatre de ses articles ont reçu le prix McKinsey. Il a écrit pour le magazine *Fortune*.

Domaines de recherche

G. Hamel est spécialisé en stratégie. Il préconise de réinventer l'espace concurrentiel existant et de repenser la stratégie pour construire un nouvel avenir aux sociétés, ce qui passe par l'innovation. Selon lui, les innovations ne proviennent pas seulement de la direction mais d'une culture d'entreprise « ouverte et démocratique ». Être un bon innovateur demande de « remettre en question ce qui existe déjà et mesurer le potentiel révolutionnaire de ce qui est en train de changer », savoir prendre des risques, lancer des projets, doser les conséquences et enfin, à partir de nombreuses petites expériences investir sur les forts potentiels qui se dégagent.

Principales publications

- Avec C. K. Prahalad, « Strategic Intent », *Harvard Business Review*, 1989.

• Avec C. K. Prahalad, *Competing for the future*, Harvard Business School Press, 1994 (le livre de management de l'année selon *Business Week*), traduction : *La Conquête du futur*, Dunod, 1999.

• Avec Yves L. Doz, *Alliance Advantage*, Harvard Business School Press, 1998.

• Avec C. K. Prahalad, *Leading the Revolution,* Harvard Business School Press, 2000, traduction : *La Révolution en tête*, Village Mondial, 2000.

Henry Mintzberg (1939-)

Biographie

Ingénieur en génie mécanique, il est titulaire d'un PhD de la Sloan School of Management du MIT.

Professeur à l'université McGill (Canada) et professeur invité à l'Insead.

Membre de l'*Academy of Management* et de l'*International Academy of Management*.

H. Mintzberg a présidé la *Strategic Management Society* de 1988 à 1991.

Il a publié plus de 120 articles et une dizaine d'ouvrages et a reçu deux fois le prix McKinsey.

Domaines de recherche

Chercheur en gestion, H. Mintzberg a plus orienté ses travaux vers le management, les organisations et la stratégie.

Il a créé des modèles d'organisations, il distingue cinq formes : la structure simple, la bureaucratie mécaniste, la bureaucratie professionnelle, la structure divisionnelle, l'adhocratie.

H. Mintzberg a prouvé empiriquement que les stratégies mises en place par les décideurs ne sont pas les seules ni les plus importantes, les stratégies naissent également du fonctionnement de l'organisation ce qui remet en cause la planification stratégique.

Il développe des recherches et des actions originales dans des domaines comme le leadership, la décision, la formation des managers…

Principales publications

• *The Nature of Managerial Work,* Harpercollins College Div, 1973.

• *Structuring of Organizations,* Prentice Hall, 1978.

• *Le Management voyage au centre des organisations*, traduit par Jean-Michel Behar, 2e tirage, Éditions d'Organisation, 1999.

- *Safari en pays stratégie*, Village Mondial, 1999.
- *Le Manager au quotidien, les 10 rôles du cadre*, Éditions d'Organisation, 2002.
- *Structure et dynamique des organisations*, Éditions d'Organisation, 2003.
- *Le Pouvoir dans les organisations*, Éditions d'Organisation, 2003 (réédition).
- *Grandeur et décadence de la planification stratégique*, Dunod, 2004 (réédition).

Michael Porter (1947-)

Biographie

Titulaire d'un PhD en économie et d'un MBA en stratégie de l'université d'Harvard, il est ingénieur en mécanique aéronautique, diplômé de l'université de Princeton.

Professeur de stratégie depuis 1973 à la Harvard Business School, il est également professeur Honoris Causa au Groupe HEC.

Consultant en stratégie auprès de multinationales, il intervient comme formateur auprès des décideurs économiques et politiques. Il a créé le groupe « compétitivité et stratégie » de la Harvard Business School, ainsi que les ateliers CEO pour les dirigeants des grandes entreprises.

Au milieu des années quatre-vingt il est nommé par Ronald Reagan à la Commission sur la compétitivité industrielle pour étudier les techniques de concurrence.

Il a obtenu de nombreux prix pour récompenser ses recherches et publications.

Domaines de recherche

M. Porter est spécialiste de la stratégie concurrentielle et de la compétitivité internationale. Dans son ouvrage clé, *Competitive Strategy* il présente des techniques d'analyse qui permettent de cerner un secteur d'activité et de prévoir le comportement des concurrents.

Dans ses recherches sur les contextes concurrentiels, il a identifié cinq forces (concurrents, nouveaux entrants, offreurs de produits de substitution, pouvoir de négociation des fournisseurs, pouvoir de négociation des clients) qui s'exercent dans tous les secteurs et qu'il faut prendre en compte pour élaborer une stratégie efficace.

Michael Porter a défini trois stratégies concurrentielles, les stratégies génériques : la différentiation, la domination par les coûts et la focalisation.

Principales publications

- *Competitive Strategy*, McMillan Publishing, 1980, traduction : *Choix Stratégiques et concurrence*, Economica, 1982.
- *Competitive Advantage,* Free Press, 1985, traduction *L'Avantage concurrentiel,* Dunod, 2003, InterEditions 1986 (1e édition).
- *Competitive Advantage of Nations,* Harvard Business School Press, *1990,* traduction *L'Avantage concurrentiel des nations*, InterEditions, 1993.
- Avec L. Fahey et R. Randall Robert, *Les Paramètres essentiels de la gestion stratégique des entreprises,* Maxima, 1997.
- Avec Hirotaka Takeuchi, Mariko Sakakibara, *Can Japan Compete ?,* McMillan Press, 2000.

C. K. Prahalad

Biographie

Professeur de stratégie d'entreprise et de management international à l'université du Michigan, il a participé à la commission sur le secteur privé et le développement sous l'égide du Programme des Nations Unies pour le Développement (PNUD).

Il a reçu le prix McKinsey en 1998.

Domaines de recherche

C. K. Prahalad est spécialisé dans la stratégie d'entreprise, il étudie particulièrement le rôle et la valeur ajoutée des hauts dirigeants des entreprises multinationales.

Il a beaucoup travaillé avec Gary Hamel à l'élaboration d'une nouvelle forme de pensée stratégique basée sur la création de compétences nouvelles et la transformation de l'industrie. Les entrepreneurs doivent savoir anticiper, prévoir le futur et ne pas mener uniquement des actions à court terme.

C. K. Prahalad s'est également attaqué à la question de la pauvreté. Selon lui, les 4 milliards de pauvres doivent être aidés par le secteur privé, qui doit proposer de nouvelles formules de vente.

Principales publications

- Avec Y. L. Doz, *The Multinational Mission : Balancing Local Demands and Global Vision,* Free Press, 1987.
- Avec G. Hamel, « Strategic Intent », *Harvard Business Review*, 1989.

• Avec G. Hamel, *Competing for the Future*, Harvard Business School, 1994 (le livre du management de l'année selon Business Week), traduction : *La Conquête du futur*, Dunod, 1999.

• Avec V. Ramaswamy, *The Future of Competition : Co-Creating Unique Value with Customers,* Harvard Business School Press, 2004.

• *The Fortune At The Bottom Of The Pyramid : Eradicating Poverty Through,* Wharton School Publishing, 2004, traduction : *Profits 4 milliards de nouveaux consommateurs, Vaincre la pauvreté grâce au profit*, Village Mondial, 2004.

Oliver E. Williamson (1937-)

Biographie

Titulaire d'un MBA de l'université de Stanford et d'un PhD en économie de l'université de Carnegie-Mellon, il est également diplômé du MIT.

Il est professeur de management, économie et droit à l'université Berkeley.

Il a été consultant auprès de nombreuses commissions et a dirigé le centre d'études sur l'innovation des organisations de l'université de Pennsylvanie.

Domaines de recherche

O. Williamson est spécialiste de stratégie d'entreprise, il a une vision néo-institutionnaliste de la théorie des organisations. Selon cette approche, l'organisation est un réseau de contrats.

Il s'est intéressé aux coûts de transaction dans l'économie et plus particulièrement leurs effets sur les politiques publiques (comme dans la loi antitrust et régulation) et sur les entreprises modernes.

Pour Williamson, la forme organisationnelle est déterminée par des facteurs extérieurs, contrairement au point de vue de Mintzberg, pour qui la forme de l'organisation est issue des groupes de participants.

Principales publications

• « Corporate Finance and Corporate Governance », *Journal of finance*, 1988

The Economic Institutions of Capitalism : Firms, Market, Relations Conctracting, Free press New York, 1985, traduction : *Les Institutions de l'économie*, Interéditions, 1994.

• « The Evolving Science of Organization », *Journal of institutional and theoretical economics*, 1993.

• Avec Winter S., *The nature of the firm ; origins, evolution and development*, Oxford University Press, 1993.

• *The Mechanisms of Gouvernance*, Oxford University Press, 1996.

Abraham Zaleznik (1926-)

Biographie

Titulaire d'un MBA et d'un doctorat de la Harvard Business School, il est aussi docteur honoraire en lettres d'Alma College.

Psychanalyste et professeur émérite à la Harvard Business School, il y a enseigné des cours intitulés *Psychologie sociale du management* ou *Psychologie de type psychanalytique et théorie organisationnelle.*

Il a obtenu le prix McKinsey en 1977.

Domaines de recherche

A. Zaleznik s'est intéressé à la psychanalyse et au leadership. Il remet en cause les enseignements classiques de type behavioriste, dans lesquels les comportements des individus sont appréhendés de façon trop mécanique et sur la base des seuls comportements observables.

Il a également travaillé sur les relations entre les organisations et l'environnement.

Principales publications

• *Human dilemas of leadership*, Harper & Row, 1966.

• *Executive's Guide to Motivating People : How Freudian Theory Can Turn Good Executives into Better Leaders,* Bonus Book, 1990.

• Avec H. Mintzberg et J.P. Kotter, *Harvard Business Review on Leadership*, Harvard Business School Press, 1998.

Glossaire

Accord de coopération (*cooperative agreement*) **:** association de plusieurs entreprises dans le but de développer de nouvelles activités ou de nouvelles technologies.

Achat de licences : accès payant à des technologies brevetées par des entreprises concurrentes ou non.

Adaptation administrative : pratique décisionnelle de type organisationnel constituée de nombreuses décisions locales et limitées des différentes sous-parties de l'organisation, produites à travers des procédures standards.

Ajustement rationnel : pratique décisionnelle monorationnelle apparaissant dans la situation de décision de type émergent et supposant le recours au calcul. Exemple *: l'homo economicus.*

Alliance stratégique (*strategic alliance*) **:** association entre plusieurs entreprises qui mettent en commun des ressources pour développer ensemble une nouvelle activité.

Analyse concurrentielle (*competitive analysis*) **:** consiste à analyser les caractéristiques intrinsèques d'une activité pour comprendre les principales forces de la concurrence et mettre à jour les variables stratégiques.

Analyse stratégique (*strategic analysis*) **:** pratique décisionnelle de type monorationnel et anticipé dans laquelle un acteur unique réel (dirigeant) ou fictif (service ou cabinet de consultants) procède à une réflexion stratégique formalisée.

Autorité (*authority*) *:* pouvoir de décision explicite ou implicite d'un agent. L'existence d'une hiérarchie s'accompagne d'une relation d'autorité, mais l'inverse ne se vérifie pas nécessairement.

Avantage concurrentiel (*competitive advantage*) **:** meilleure maîtrise que les concurrents de certaines compétences qui constituent un facteur décisif de succès dans un domaine d'activité.

Barrières à la mobilité (*mobility barriers*) **:** facteurs qui dissuadent les firmes de passer d'un groupe stratégique à un autre.

Barrières à l'entrée (*entry barriers*) **:** obstacles limitant l'accès à un secteur.

Base d'expérience : tâche élémentaire entrant dans le processus de transformation sur laquelle l'entreprise va pouvoir accumuler de l'expérience.

Capacité de riposte : ensemble des moyens qu'un secteur peut mobiliser pour décourager un nouvel arrivant.

Centre de stratégie (*strategic center*) **:** terme utilisé par le cabinet Arthur D. Little pour désigner un domaine d'activité.

Chaîne de valeur (*value chain*) **:** ensemble des différentes étapes d'élaboration d'un produit correspondant à un domaine d'activité, depuis la matière première jusqu'à l'après-vente.

Choix stratégique (*strategic choice*) **:** substance d'un changement de position stratégique résultant d'une décision stratégique.

Compétence distinctive (*distinctive competencie*) **:** notion établie à partir de l'analyse des forces et des faiblesses de l'entreprise qui permet de dégager les domaines d'excellence grâce auxquels une entreprise se distingue de manière radicale de ses concurrents.

Concentration des échanges : intensité de la concentration des achats ou des ventes d'un secteur sur un autre.

Concentration relative (*relative concentration*) **:** fait référence à la distribution des parts de marché sur un nombre plus ou moins grand d'entreprises.

Contexte concurrentiel (*competitive environment*) **:** ensemble des variables déterminant l'environnement économique dans lequel l'entreprise se meut.

Contrats de recherche externe : sous-traitance à un organisme extérieur de travaux de recherche.

Coordination horizontale : action de coordonner le bon enchaînement des différentes fonctions qui s'inscrivent dans un même flux d'opérations.

Coordination verticale : action de coordonner les objectifs et l'utilisation des moyens dévolus à chaque fonction et unité opérationnelle afin d'assurer la convergence des actions dans l'entreprise vers les objectifs de la direction générale.

Courbe d'expérience (*experience curve*) **:** représentation graphique de l'effet d'expérience.

Coûts complets : ensemble des coûts directs et indirects.

Coûts de transaction (*transaction costs*) **:** coûts de recours au marché pour procéder à l'allocation de ressources et transférer les droits de propriété. Au-delà d'un certain seuil, les coûts de transaction au sein du marché sont trop élevés et justifient l'existence des organisations dont la fonction est justement de minimiser ces coûts.

Coûts de transfert (*switching costs*) **:** ensemble des dépenses engendrées par un changement de fournisseur.

Coûts partagés (*shared costs*) **:** coûts communs à plusieurs activités.

Coûts spécifiques : coûts engendrés par la différenciation du produit. Ils sont propres à une activité.

Croyances (*beliefs*) **:** propositions générales sur le fonctionnement du milieu pertinent au groupe.

Culture d'entreprise (*corporate culture*) **:** ensemble de postulats sur l'action collective, reconnus comme communs et exprimés par des symboles : mythes, tabous, rites, et renvoyant à des valeurs auxquelles les membres d'une entreprise croient ou feignent de croire.

Cycle de vie des technologies (*technologies life-cycle*) **:** évolution des technologies au cours du temps.

Cycle de vie du produit (*product life-cycle*) **:** évolution au cours du temps du chiffre d'affaires et de la rentabilité générés par un produit donné.

DAS (Domaine d'Activité Stratégique) (*strategic business unit*) **:** ensemble d'activités d'une entreprise où les facteurs clés de succès sont semblables et reposent sur des ressources ou des savoir-faire communs.

Décision entrepreneuriale : pratique décisionnelle traduisant la réaction d'un acteur unique, en situation de faible information et de surprise stratégique.

Décision stratégique : processus par lequel une entreprise modifie sa position stratégique. La décision stratégique produit un choix stratégique.

Développement externe : développement de l'entreprise par rachat d'autres entreprises.

Développement interne (*organic growth*) **:** développement de l'entreprise par la mobilisation de ses ressources internes pour accroître sa présence sur les marchés.

Différenciation : ensemble des différences cognitives et émotionnelles entre les individus occupant différentes fonctions et des différences de structure entre les unités.

Différenciation des produits : création d'une offre ressentie comme unique par le consommateur.

Dilemmes (*question marks*) **:** activités dont la part de marché relative est faible mais dans un marché en forte croissance.

Diversification de confortement : entrée de l'entreprise dans une nouvelle activité dans le but de renforcer l'ensemble des activités existantes.

Diversification de placement : entrée de l'entreprise dans un nouveau domaine d'activité afin d'y investir ses excédents de liquidités.

Diversification de redéploiement : entrée de l'entreprise dans un nouveau domaine afin d'y trouver une nouvelle croissance que ses activités traditionnelles ne peuvent plus lui apporter.

Diversification de survie : entrée de l'entreprise dans un nouveau domaine d'activité afin d'assurer sa pérennité, de pallier la condamnation de son activité traditionnelle.

Diversification géographique : implantation sur des zones géographiques se caractérisant par une combinaison de facteurs clés de succès différente de celle des zones d'influence traditionnelles de l'entreprise.

Diversification horizontale : exploitation de nouveaux domaines d'activité s'appuyant sur des effets de synergie et de complémentarité avec le portefeuille d'activités existant.

Diversification verticale : extension des activités de l'entreprise soit vers les consommations intermédiaires ou la production de matières premières soit vers la commercialisation (voir intégration amont et intégration aval).

Domaine stratégique : terme utilisé par le BCG pour désigner un domaine d'activité.

Économies de champ (*economies of scope*) : réductions de coûts résultant de la mise en œuvre conjointe d'activités distinctes, mais possédant certains points communs. Une telle réduction des coûts correspond par exemple à l'utilisation de ressources tangibles ou intangibles communes (matières premières, technologies, savoir-faire...) pour fabriquer des produits différents.

Économies d'échelle (*economies of scale*) : baisses des coûts unitaires résultant d'une augmentation du volume d'affaires de l'entreprise par un étalement des frais fixes.

Effet d'apprentissage (*learning effect*) : phénomène traduisant une amélioration de la productivité du travail et résultant de la répétition des tâches.

Effet d'expérience : le coût unitaire total d'un produit décroît d'un pourcentage constant chaque fois que sa production cumulée au sein d'une entreprise est multipliée par deux.

Entrant : concurrent pénétrant dans un secteur qui n'est pas habituellement le sien.

Épuration : suppression de certaines caractéristiques d'un produit ou d'un service engendrant une baisse des coûts.

Évaluation stratégique (ou audit décisionnel) : étude approfondie *a posteriori* d'une décision ayant pour objectif de comprendre les pratiques décisionnelles qui ont été à l'œuvre, leur rôle dans les actions menées et les effets obtenus.

Facteurs clés de succès : éléments sur lesquels se fonde en priorité la concurrence, correspondant aux compétences qu'il est nécessaire de maîtriser pour être performant.

Filière de transformation : ensemble des stades économiques transformant progressivement la matière première pour aboutir au produit final.

Focalisation : processus dynamique par lequel les aspirations et les actions des membres d'une même entité économique et sociale convergent vers un même élément, constituant ainsi l'ossature de l'identité. On reconnaît généralement trois objets de focalisation : l'activité, les modes de comportement et les leaders.

Frais fixes (*fixed costs*) : coûts insensibles aux variations de l'activité à court terme.

Frais variables : coûts variant proportionnellement avec le niveau de l'activité.

Globalisation : approche du marché mondial comme s'il s'agissait d'un seul et même marché, avec des produits et des services standardisés à l'échelle mondiale. Cette stratégie repose sur la similitude des facteurs clés de succès sur la plupart des marchés mondiaux. La concurrence dans un pays ou un continent est alors dépendante de la concurrence dans les autres pays ou continents.

Groupe d'intégration : rassemblement de responsables venant de différents horizons de l'entreprise, dans le but de résoudre un problème qui ne peut être confié à une seule unité.

Groupe stratégique : ensemble des firmes qui, au sein d'un secteur, suivent la même stratégie.

Habitus : système de dispositions durables acquis au cours d'une histoire personnelle dans un milieu social donné et qui engendre, puis structure des pratiques sociales et culturelles.

Hiérarchie : relation d'ordre au sein d'une organisation impliquant une asymétrie dans la détention et l'exercice de l'autorité. La hiérarchie traduit la concentration de l'autorité dans l'organisation et le degré de centralisation dans la prise de décision. Dans la plupart des organisations, il y a généralement couplage entre la structure hiérarchique et la relation d'autorité.

Homme de liaison : individu mettant en communication différents responsables concernés par un même problème dans des unités différentes afin de provoquer une réflexion commune.

Identification : aspiration à être et se comporter comme un modèle de référence.

Identité : système de caractéristiques développées par l'entreprise qui en donne une représentation spécifique, stable et cohérente. L'identité constitue le signifié profond de la culture. Le noyau de l'identité est constitué par les représentations conscientes et inconscientes que le personnel forme de son entreprise et de la vie organisationnelle. La notion d'identité fournit donc un substrat aux phénomènes culturels et prend en compte les dimensions idéologiques et psychiques à l'œuvre au sein de l'entreprise.

Image de la structure de pouvoir : perception de l'agencement des pouvoirs au sein (ou à l'extérieur) d'une organisation et des rapports qu'ils entretiennent entre eux.

Image de l'entreprise : ensemble des représentations que se fait un individu de son entreprise.

Image du métier : ensemble des représentations que se fait un individu de son métier.

Imaginaire organisationnel : ensemble des représentations que se fait tout individu de son entreprise, du métier et des qualités nécessaires pour y travailler et de la distribution des pouvoirs au sein de l'entreprise.

Incrémentalisme (ou « incrémentalisme disjoint » *ou muddling through*) : pratique décisionnelle de type politique s'exprimant par un tâtonnement systématique et le cheminement par petits pas.

Incrémentalisme logique : modèle composite de la décision dans lequel se combinent une logique rationnelle et formelle au niveau de sous-systèmes de décision, et une logique de type politique au niveau de l'intégration des sous-systèmes par le dirigeant.

Intégration : qualité de la collaboration qui existe entre les unités qui sont amenées par l'environnement à unir leurs efforts.

Intégration amont (*upstream integration*) : réalisation par l'entreprise elle-même de tout ou partie de ce qu'elle achetait préalablement à un fournisseur.

Intégration aval (*downstream integration*) : l'entreprise prend en charge la transformation que réalisait jusqu'à présent son client.

Introjection : intégration psychique d'une partie ou de la totalité des qualités du modèle de référence.

Jeu politique interne : pratique décisionnelle dans laquelle la décision est l'enjeu de lutte de pouvoirs entre les groupes et les individus à l'intérieur de l'entreprise.

Matrice stratégique : grille permettant d'évaluer la position des différents domaines d'activité d'une entreprise par rapport à deux variables.

Mécanisme de la projection : processus par lequel un individu attribue à autrui un désir ou un sentiment qu'il a lui-même.

Menace (*threat*) : transformation de l'environnement susceptible de remettre en cause la position stratégique de l'entreprise.

Métier : vision subjective qu'ont les membres de l'entreprise des compétences spécifiques qu'elle possède par rapport aux segments stratégiques dans lesquels elle exerce son activité.

Modèle composite de décision : représentation théorique dans laquelle plusieurs logiques fondamentales de comportement se combinent pour expliquer la nature du processus de décision. Exemples : modèle d'allocation de ressources de Bower, modèle de l'incrémentalisme logique de Quinn.

Modèle du fourre-tout ou modèle de la poubelle (*garbage can model*) : modèle composite de la décision dans lequel les choix stratégiques sont le produit (éventuellement aléatoire) de la rencontre de quatre flux : les problèmes, les solutions, les acteurs et les opportunités de décision.

Modèle élémentaire de décision : représentation théorique dans laquelle une logique fondamentale de comportement explique la nature du processus de décision. Exemples : modèle monorationnel, modèle organisationnel, modèle politique.

Modèle générique de décision (macro-modèle ou modèle global) : représentation théorique expliquant l'apparition des différentes pratiques décisionnelles par une mise en rapport de la distribution du pouvoir dans l'organisation avec la situation de décision concrète dans laquelle se trouve l'entreprise.

Modèles monorationnels de la décision, ou modèles de l'acteur unique (modèles élémentaires) : représentations théoriques dans lesquelles la décision est le fait d'un acteur, réel ou fictif, unique, rationnel et doté du pouvoir d'opérer un choix.

Modèles organisationnels de la décision (modèles élémentaires) : représentations théoriques dans lesquelles l'organisation est composée de sous-systèmes obéissant à des logiques différentes et respectant des procédures standards qui contraignent les processus de décision.

Modèles politiques de la décision (modèles élémentaires) : représentations théoriques dans lesquelles l'organisation est composée d'individus et de groupes poursuivant la satisfaction de leurs intérêts et de leurs idées et dont le jeu des interactions produit des choix à travers l'affrontement et/ou la négociation.

Niche : sous-segment stratégique d'un marché, nécessitant une offre spécifique.

Niveau de flux de fonds net (*free cash flow*) : différence entre l'ensemble des ressources dégagées par les domaines d'activité et des emplois engendrés par leur exploitation (financement des investissements matériels ou immatériels et du besoin en fonds de roulement).

Normes : règles spécifiques de comportement s'appliquant à tous les membres du groupe.

Ombrelle de prix : résulte de la différence entre un niveau initial de prix maintenu dans le temps et un niveau décroissant des coûts.

Opportunité : événement nouveau dans l'environnement, susceptible de faciliter l'atteinte des objectifs stratégiques.

Organigramme : traduction formelle de la répartition de l'autorité et des responsabilités dans l'entreprise. Il formalise la structure hiérarchique et identifie les unités de travail ainsi que leurs missions principales.

Organisation : unité économique de coordination possédant des frontières identifiables et fonctionnant de façon continue en vue d'atteindre certains objectifs, *a priori* partagés par les membres de l'organisation.

Part de marché absolue : part de marché calculée par rapport aux ventes totales du marché de référence.

Part de marché relative (*relative market share*) : part de marché de l'entreprise calculée par rapport à celle du leader. La part de marché relative du leader est obtenue en divisant sa part de marché absolue par rapport à celle de son concurrent immédiat.

Patrimoine technologique : ensemble des technologies possédées par l'entreprise (mises en œuvre dans les diverses activités ou non encore exploitées).

Planification d'entreprise : procédure formalisée de prise de décision par laquelle une entreprise élabore une représentation voulue de son état futur et les modalités de sa mise en œuvre. On peut distinguer la planification stratégique et la planification opérationnelle.

Planification d'entreprise classique : planification d'entreprise *(voir cette expression)* globale, ajustée à la structure organisationnelle, cyclique, et utilisant des outils de prévision de type financier.

Planification opérationnelle : procédure par laquelle l'entreprise traduit ses orientations stratégiques en programmes d'action mis en œuvre par tous les services, départements et unités de l'entreprise dans le cadre de leurs activités habituelles.

Planification stratégique (*strategic planning*) : procédure formalisée de décision par laquelle une entreprise fixe les grandes orientations de son développement, en particulier la nature des domaines d'activité dans lesquels elle s'engage et l'intensité de son engagement.

Planification stratégique différenciée : système de planification dans lequel la réflexion stratégique formalisée se déroule selon une procédure séparée et des méthodes différentes de la planification opérationnelle.

Planification stratégique intégrée : système de planification d'entreprise dans lequel la planification stratégique et la planification opérationnelle sont élaborées au sein de la même procédure et selon le même cadre de présentation, généralement des budgets, des comptes de résultat et des bilans prévisionnels.

Poids morts (*dogs*) : activités dont la part de marché relative est faible sur un marché vieillissant.

Portefeuille de technologies : grille de présentation de l'ensemble des technologies possédées par l'entreprise.

Position concurrentielle (*competitive position*) : évalue la force quantitative et qualitative d'une entreprise par rapport à ses concurrents dans un domaine d'activité donné.

Pratique décisionnelle : comportement type de décision quelquefois formalisé dans un modèle élémentaire ou la sous-partie d'un modèle composite.

Procédures d'urgence : pratique décisionnelle caractérisée par l'existence de programmes d'action conditionnels, dont l'application est soumise à l'occurrence d'un événement (expressions voisines : planification contingente, planification d'urgence, stratégies de rechange).

Procédures standards (*standard operating procedure*) : règles formalisées permettant de traiter des problèmes formulés selon des schémas connus.

Psychologie psychanalytique : l'étude du fonctionnement de l'appareil psychique à partir de la psychanalyse.

Qualité liée : la valeur d'un produit fini ou d'un service rendu est fonction de la qualité des produits ou services intermédiaires (achetés au fournisseur).

Quasi-intégration : moyen par lequel l'entreprise élargit son champ de contrôle économique sur d'autres activités ou d'autres entreprises sans pour autant détenir des droits de propriété sur ces activités.

Rationalité limitée : forme opératoire de la rationalité selon laquelle les individus au sein des organisations ne peuvent rechercher une solution optimale aux problèmes qu'ils rencontrent, mais se contentent de la première solution satisfaisante rencontrée. Les limites à la rationalité sont liées au manque d'information et de connaissance, à la difficulté de prévoir et de valoriser les conséquences des choix envisageables, à la difficulté de satisfaire plusieurs objectifs simultanément.

Rationalité procédurale : logique de décision où la décision dépend moins de son objet que des procédures qui y conduisent.

Rationalité substantielle : logique de décision seulement déterminée par l'objet de la décision, c'est-à-dire le résultat à atteindre.

Responsabilité sociale de l'entreprise : obligation morale que peut ressentir l'entreprise de prendre en compte les conséquences de ses activités sur les membres de la société civile (cf. modèle de Harvard).

Segment stratégique : ensemble de produits ou services se caractérisant par une même combinaison de facteurs clés de succès ; sous-ensemble de l'activité de l'entreprise exigeant donc, de la part de celle-ci, la mise en œuvre de compétences spécifiques. Des segments stratégiques constituent les unités de base du raisonnement stratégique.

Segmentation stratégique : opération consistant à diviser les activités de l'entreprise en groupes homogènes, appelés segments stratégiques.

Situation de décision : conditions concrètes d'espace, de temps et de perception dans lesquelles un ou plusieurs acteurs sont amenés à produire des choix stratégiques.

Sophistication : ajout de caractéristiques à un produit ou un service permettant de toucher une cible de clientèle spécifique.

Spécialisation : type de développement se caractérisant par une concentration, une mobilisation et un renforcement constants des ressources d'une entreprise sur un seul domaine d'activité afin d'y acquérir une position forte.

Spécialisation fonctionnelle : découpage des responsabilités suivant des compétences techniques spécifiques.

Stars : activités possédant une forte part de marché relative sur un marché en croissance rapide.

***Strategic Business Unit* :** organisation d'un ensemble de DAS *(voir ce terme)* liés par l'existence de ressources ou de savoir-faire communs.

Stratégie de coût (*cost leadership strategy*) : consiste à rechercher la minimisation du coût total afin d'être en position de dicter les prix sur le marché. L'avantage en termes de coût est souvent obtenu par une taille importante et de forts volumes de production ; les stratégies de coût sont donc souvent qualifiées également de stratégies de volume *(voir aussi :* Effet d'expérience et Stratégie de volume).

Stratégie de différenciation : consiste à créer une offre unique rendant la concurrence et la substitution très difficiles.

Stratégie de volume : voir Stratégie de coût.

Stratégie émergente : opposée à la stratégie délibérée dans la mesure où elle n'exprime pas une stratégie claire formulée au préalable. Elle consiste à appréhender la stratégie comme réponse à des événements ou à des conduites imprévus.

Stratégies de grappe technologique : stratégies qui, à partir de la fertilisation croisée de technologies génériques, aboutissent au développement de l'entreprise dans des domaines d'activité très divers, sans autre lien les uns avec les autres que le recours à des technologies communes.

Stratégies génériques : stratégies types qu'une entreprise doit mettre en œuvre pour construire un avantage concurrentiel. Elles désignent généralement les stratégies de coût, les stratégies de différenciation (les stratégies de spécialisation ou de niche).

Stratégies technologiques : stratégies s'appuyant sur la valorisation de technologies dont l'entreprise a acquis une maîtrise exceptionnelle.

Structure : ensemble des fonctions et des relations déterminant formellement les missions que chaque unité de l'organisation doit accomplir, et les modes de collaboration entre les unités.

Structure de compromis : structure combinant les caractéristiques des différentes structures classiques.

Structure de coût : décomposition du prix de revient suivant la nature des coûts.

Structure divisionnelle : structure divisée en centres de profits distincts disposant de pouvoirs étendus sur leur produit et leur marché.

Structure en soleil : structure exclusivement centrée autour du patron qui assure les responsabilités stratégiques et la direction opérationnelle de l'entreprise.

Structure fonctionnelle évoluée : structure découpée principalement par fonctions, mais permettant des modes d'intégration autour d'autres axes de spécialisation (par exemple, produit ou pays).

Structure fonctionnelle simple : structure exclusivement découpée en grandes fonctions et en sous-fonctions.

Structure globale : structure qui prend en compte à la fois les dimensions fonctions, pays et produits dans une multinationale diversifiée.

Structure matricielle : structure différenciée suivant plusieurs axes à la fois (pays/produits, technologie/produit, fonctions/projets…) et impliquant, par conséquent, plusieurs lignes hiérarchiques simultanées.

Structure mécaniste : structure se caractérisant par sa centralisation, sa formalisation et sa rigidité élevée.

Structure organique : structure se caractérisant par sa décentralisation, son caractère peu formalisé et sa flexibilité.

Structure par projets pure : structure découpée en fonction des projets, où le responsable de projet dispose d'un pouvoir hiérarchique sur tous les membres de l'entreprise intervenant dans son projet.

Substitution : consiste à remplacer un produit ou un service existant par un autre remplissant une fonction d'usage similaire ou élargie.

Support logistique : fonctionnels fournissant des services spécialisés, systématiquement ou à la demande, de façon à réaliser des économies d'échelle au niveau de l'entreprise.

Surprise stratégique : événement apparaissant dans la vie de l'entreprise caractérisé par sa soudaineté et par l'importance de ses conséquences.

Synergie : provient de la combinaison de deux activités qui, exercées en commun, sont mises en œuvre plus efficacement que lorsqu'elles sont exercées séparément.

Systèmes concurrentiels : systèmes définissant les caractéristiques dominantes de la concurrence dans un domaine d'activité à partir de deux critères : les sources de différenciation concurrentielle et l'importance de l'avantage concurrentiel potentiel qu'il est possible de construire dans le domaine.

Taux de croissance du marché (*market growth*) : mesuré par l'accroissement du marché en volume ou en valeur d'une année sur l'autre. Il constitue l'un des facteurs déterminant l'attrait d'un secteur d'activité.

Technologie : application concrète de connaissances scientifiques et techniques à la conception, au développement et à la fabrication d'un produit.

Technologies clés : technologies ayant un impact majeur sur la position concurrentielle d'une firme dans une activité donnée.

Technologies de base : technologies qui sont largement répandues dans une activité et ne constituent plus les fondements de la concurrence.

Technologies élémentaires : procédés ne pouvant faire l'objet d'une décomposition.

Technologies émergentes : technologies au stade de l'expérimentation susceptibles de modifier à l'avenir les conditions de la concurrence dans une activité.

Technostructure : fonctionnels conseillant et orientant les unités dans la définition de leurs politiques spécifiques et dans la mise en œuvre des décisions correspondantes.

Théorie de la contingence : théorie appréhendant l'entreprise comme un système ouvert qui doit s'adapter aux caractéristiques de l'environnement. La structure d'une entreprise dépend alors de plusieurs critères : sa taille, la technologie utilisée et l'évolution de l'environnement.

Trajectoire stratégique : évolution dans le temps de la position stratégique de l'entreprise.

Vaches à lait (*cash cows*) : activités dont le marché de référence connaît une croissance faible, mais pour lesquelles l'entreprise détient une part de marché relative élevée.

Valeur d'un domaine d'activité : évaluation de l'intérêt que présente un domaine d'activité pour une entreprise.

Valeur intrinsèque d'un domaine d'activité : valeur définie à partir de critères objectifs tels que la croissance, la structure concurrentielle, la rentabilité potentielle et les barrières à l'entrée.

Valeur relative d'un domaine d'activité : valeur s'appréciant à partir des caractéristiques propres à l'entreprise.

Valeurs : préférences collectives qui s'imposent au groupe.

Valeurs personnelles des dirigeants : ensemble des principes moraux, des préférences culturelles et des attitudes psychologiques qui structurent les jugements des dirigeants (cf. modèle de Harvard).

Veille technologique : collecte et exploitation permanente d'informations sur l'environnement technologique pertinent de l'entreprise.

Bibliographie

Abel D.F., *Defining the Business : the Starting Point of Strategic Planning*, Prentice-Hall, 1980.

Abel D.F. et Hammond J.S., *Strategic Market Planning Problems and Analytical Approaches*, Prentice-Hall, 1979.

Ackoff R.L., *Méthodes de planification dans l'entreprise*, Éditions d'Organisation, 1973.

Aguilar F.J., *Scanning the Business Environment*, MacMillan, 1967.

Aharoni Y., *The Foreign Investment Decision Process*, Harvard University Press, 1966.

Albert K.J., *The Strategic Management Handbook*, McGraw-Hill, 1983.

Allison G.T., *Essence of Decision*, Little Brown, 1971.

Anastassopoulos J.-P., *La Stratégie des entreprises publiques*, Dalloz, 1980.

Anastassopoulos J.-P. et Larçon J.-P., *Profession patron*, Flammarion, 1977.

Anastassopoulos J.-P. et Nioche J.-P., *Entreprises publiques. Expériences comparées*, FNEGE, 1982.

Anastassopoulos J.-P., Blanc G. et Dussauge P., *Les Multinationales publiques*, PUF/IRM, 1985.

Anastassopoulos J.-P., Blanc G., Nioche J.-P. et Ramanantsoa B., *Pour une nouvelle politique d'entreprise*, PUF, 1985.

Andrews K.R., *The Concept of Corporate Strategy*, Dow Jones Irwin, 1971.

Ansoff I., *Stratégie du développement de l'entreprise*, Hommes et Techniques, 1968.

Ansoff I., *Strategic Management*, MacMillan, 1979.

Ansoff I., *Implanting Strategic Management*, Free Press, 1984.

Ansoff I., *The New Corporate Strategy*, John Wiley, 1988.

Ansoff I., Declerck R.P. et Hayes R.L. (eds), *From Strategic Planning to Strategic Management*, John Wiley, 1979.

Ardoino J., *Management ou commandement*, Epi, 1970.

Argyris C., *Participation et organisation*, Dunod, 1974.

Argyris C., *Organizational Learning. A Theory of Action Perspective*, Addison-Wesley, 1978.

Argyris C., *Savoir pour agir. Surmonter les obstacles à l'apprentissage organisationnel*, Paris, InterEditions, 1995.

Argyris C., Putnam R. et D. M. Smith, *Action Science*, Jossey-Bass, San Francisco, 1985.

Argyris C. et Schön D., *Theory in Practice*, Jossey-Bass, San Francisco, 1974.

Argyris C. et D. Schön, *Organizational Learning : A theory of action perspective*, Reading, MA, Addison-Wesley, 1978.

Argyris C. et D. Schön, *Organizational learning II : Theory, method, and practice*, Reading, MA, Addison-Wesley, 1996 (traduction en français : *Apprentissage organisationnel : Théorie, méthode, pratique*, Paris, De Boeck Université, 2002).

Arrow K., *Les Limites de l'organisation*, PUF, 1976.

Asplund G. et Asplund G., *An Integral Development Strategy*, John Wiley, 1982.

Avenier M.J., *Le Pilotage stratégique de l'entreprise*, 2e éd., Presses du CNRS, 1988.

Bacharach S.B. et Lawler E.J., *Power and Politics in Organizations*, Jossey-Bass, 1980.

Barnard C., *The Fonctions of the Executive*, Harvard University Press, 1938.

Barney J.B., « *Firm resources and sustained competitive advantage* », Journal of Management, 1991, 17 (1), pp. 99-120.

Bartlett C.A. et Ghoshal S., *Managing Across Borders. The Transnational Solution*, Hutchinson, 1989.

Bass B.M., *Organizational Decision-Making*, Irwin, 1983.

Bauer M. et Cohen E., *Qui gouverne les groupes industriels ?*, Le Seuil, 1981.

Bauer R.A. et Gergen K.J., *The Study of Policy Formation*, Free Press, 1968.

Berry M., *Une Technologie invisible ? L'impact des instruments de gestion sur l'évolution des systèmes humains*, École Polytechnique, 1983.

Bidault F., *Le Champ stratégique de l'entreprise*, Economica, 1988.

Bienaymé A., *Stratégies de l'entreprise compétitive*, Masson, 1980.

Bienaymé A., *Entreprise, marchés, État*, PUF, 1982.

Bodinat (de) H. et *al.*, *Gestion internationale de l'entreprise*, Dalloz, 1978.

Boston Consulting Group, *Les Mécanismes fondamentaux de la compétitivité*, Hommes et Techniques, 1980.

Boston Consulting Group, *Perspectives sur la stratégie d'entreprise*, Hommes et Techniques, 1974.

Bourdieu P., *Questions de sociologie*, Paris, éd. de Minuit, 1984.

Bower J.L., *Managing the Resource Allocation Process*, Harvard University Press, 1970.

Bower J.L., *The Two Faces of Management. An American Approach to Leadership in Business and Politics*, Houghton-Mifflin, 1983.

Braybrooke D. et Lindblom C., *A Strategy of Decision Policy Evaluation as a Social Process*, Free Press, 1963.

Brooke M. et Van Beusekom M., *International Corporate Planning*, Putman, 1979.

Brunsson N., *The Irrational Organization. Irrationality as a Basis.for Organizational Change*, John Wiley, 1985.

Brunsson N., *The Organization of Hypocrisy : Talk, Decision and Action in Organizations*, John Wiley, 1989.

Buigues P.A., *Prospective et compétitivité*, McGraw-Hill,1985.

Buono A.F. et Bowditch J.L., *The Human Side of Mergers and Acquisitions*, Jossey Bass, 1989.

Burgelman R.A. et Sayles L.R., *Les Intrapreneurs*, McGraw-Hill, 1987.

Buzzel R.D. et Gale B.T., *The Pims Principles*, Free Press, 1987.

Cadiou C., *Le Redéploiement stratégique de l'entreprise*, Éditions d'Organisation, 1990.

Calori R. et Atamer T., *L'Action stratégique* : *le management transformateur*, Éditions d'Organisation, 1989.

Calori R. et Atamer T., *Diagnostic et décision stratégiques*, Dunod, 1993.

Capet M., Causse G. et Meunier L., *Diagnostic, organisation, planification de l'entreprise*, Economica, 1983.

Chakravarthy A.K. et Lorange P., *Managing the Strategy Process*, Prentice-Hall, 1990.

Chandler A., *Stratégies et structures de l'entreprise*, Éditions d'Organisation, 1972.

Chandler A., The Visible Hand : *The Managerial Revolution in American Business*, Belkmap Press, 1977.

Chandler A. et Daems H. (eds), *Managerial Hierarchies. Comparative Perspective on the Rise of the Modern Industrial Enterprise*, Harvard University Press, 1980.

Charreaux G., *De nouvelles théories pour gérer l'entreprise*, Économica, 1987.

Chevalier J.M., *L'Échiquier industriel*, Hachette, 1980.

Christensen, C.R. et Andrews K.R., *Business Policy : Text and Cases*, R. Irwin, 1973.

Cohen E. et Bauer M., *Les Grandes Manœuvres industrielles*, Belfond, 1985.

Cohen M.D. et March J.G., *Leadership and Ambiguity*, McGraw-Hill, 1974.

Collins T.M. et Doorley T.L., *Les Alliances stratégiques*, InterÉditions, 1992.

Copeland T, Koller T. et Murrin J., *La Stratégie de la valeur*, InterÉditions, 1991.

Crozier M. et Friedberg E., *L'Acteur et le système*, Le Seuil, 1977.

Cyert J.L. et March J.G., *Processus de décision dans l'entreprise*, Dunod, 1970.

Daintith H. et Teubner G., *Contract and Organization*, Walter de Gruyter, 1986.

Davis S.M. et Lawrence P.R., *Matrix,* Addison-Wesley, 1973.

Day G.S., *Strategic Market Planning. The Pursuit of Competitive Advantage*, West Publishing Company, 1984.

Deal T.E. et Kennedy A.A., *Corporate Cultures*, Addison-Wesley, 1982.

Declerck R.P., Eymery P. et Crener M.A., *Le Management stratégique des projets*, Hommes et Techniques, 1980.

Delapierre M. et Michalet C.A., *Les Implantations étrangères en France : stratégies et structures*, Calmann-Lévy, 1976.

Deleau M., Nioche J.P., Penz P. et Poinsard R., *Évaluer les politiques publiques. Méthodes, déontologie, organisation*, La Documentation française, 1986.

Delpeuch J.L. et Lauvergeon A., *Sur les traces des dirigeants*, Calmann-Lévy, 1988.

Desclée de Maredsous X. et Woot (de) Ph., *Le Management stratégique des groupes industriels*, Économica, 1984.

Desreumaux A., *Structures d'entreprise*, Vuibert, 1992.

Desrousseaux J., *La Stratégie de l'entreprise*, La Pensée universelle, 1978.

Détrie J.P. et Ramanantsoa B., *Stratégie de l'entreprise et diversification*, Nathan, 1983.

Donaldson G. et Lorsch J.W., *Decision-Making at the Top*, Basic Books, 1983.

Doz Y. et Prahalad, *The Multinational Mission*, Free Press, 1987.

Duhamel H., *Stratégie et direction de l'entreprise*, CLET, 1986.

Dussauge P., *L'Industrie française de l'armement,* Économica, 1985.

Dussauge P. et Ramanantsoa B., *Technologie et stratégie d'entreprise*, McGraw-Hill, 1987.

Dyas G.P. et Thanheiser H.T., *The Emerging European Enterprise. Strategy and Structure in French and German Industry*, MacMillan, 1976.

Eden C. et Radford J. (eds), *Tackling Strategic Problems*, Sage, 1990.

Edmondson A., *« Psychological safety and learning behavior in work teams »*, Administrative Science Quarterly, 1999, vol. 44, pp. 350-383.

Edmondson A. et B., Moingeon (1996), *« When to learn how and when to learn why : Appropriate organizational learning processes as a source of competitive advantage »*, in Moingeon, B. et A. Edmondson (eds), *Organizational Learning and Competitive Advantage*, Londres, Sage, pp. 17-37.

Edmondson A. et B., Moingeon, *« From organizational learning to the learning organization »*, Management Learning, 1998, 29, 1, mars, pp. 5-20.

Enrègle Y. et Thiétart R.-A., *Précis de direction et de gestion*, Éditions d'Organisation, 1978.

Etzioni J.D., *Les Organisations modernes*, Duculot, 1971.

Fayol H., *L'Administration industrielle et générale, Bulletin de la Société de l'Industrie minérale*, 1916 ; réédition, Dunod, 1976.

Foucault M., *Surveiller et punir*, Gallimard, 1975.

Freeman R.E., *Strategic Management : A Stakeholder Approach*, Putman, 1983.

Galbraith J., *Le Nouvel État industriel*, Gallimard, 1968.

Galbraith J., *Designing Complex Organizations*, Addison-Wesley, 1973.

Galbraith J., *Organization Design*, Addison-Wesley, 1977.

Galbraith J. et Nathanson D.A., *Strategy Implementation : The Role of Structure and Process*, West Publishing Company, 1978.

Garvin, D., « Building a learning organization », Harvard Business Review, juillet-août, 1993, pp. 78-91.

Gélinier O., *Stratégie de l'entreprise et motivations des hommes*, Hommes et Techniques, 1984.

Gervais M., *Contrôle de gestion et planification de l'entreprise*, Economica, 3e éd., 1988.

Gest, *Groupes technologiques : Les nouvelles stratégies d'entreprise*, McGraw-Hill, 1986.

Ghemawat P., *Commitment. The Dynamic of Strategy*, Free Press, 1991.

Ghertman M., *La Prise de décision*, PUF/IRM, 1981.

Ghertman M., *Les Multinationales*, PUF, « Que sais-je ? », 2e éd., 1985.

Ghertman M., *An Introduction to the Multinationals*, MacMillan, 1984.

Ghertman M. et Cotta A., *Les Multinationales en mutation*, PUF, 1983.

Giroire J., *La Volonté stratégique*, Entreprise moderne d'éditions, 1985.

Glueck W.E (ed.), *Business Policy and Strategic Management*, McGraw-Hill, 1980.

Godet M., *Prospective et planification stratégique*, Economica, 1985.

Goh S.C., et G. Richards (1997), *« Benchmarking the learning capability of organizations »*, European Management Journal, vol. 15 (5), octobre, pp. 575-583.

Goold D.M. et Campbell A., *Strategies and Style*, Blackwell, 1987.

Goold D. et Quinn J.J., *Strategic Control. Milestones for Long-Term Performance*, The Economist Book, 1990.

Gordon R.A., *Business Leadership in the Large Corporation*, University of California Press, 1966.

Gouillart F.-J.-X., *Stratégie pour une entreprise compétitive*, Economica, 1989.

Greene (de) K.B., *The Adaptative Organization. Anticipation and Management of Crisis*, John Wiley, 1982.

Hansen, M.T., Nohria N. et T. Tierney, « What's your strategy for managing knowledge ? », Harvard Business Review, mars-avril 1999, pp. 106-116.

Harrigann K.R., *Strategies for Joint Ventures*, D.C. Health, 1985.

Haspeslagh P.C. et Jemison D.B., *Managing Acquisition*, Free Press, 1991.

Hax A.C. et Majluf N.S., *Strategic Management,* Prentice-Hall, 1984.

HEC, *L'Entreprise... Demain*, Dunod, 1981.

Heller F., Drenth P., Joopman P. et Russ V., *Decisions in Organizations. A Three Country Comparative Study*, Sage, 1988.

Henderson B.D., *What is Business Strategy ?,* Boston Consulting Group, 1969.

Herman E.S., *Corporate Control, Corporate Power*, Cambridge University Press, 1981.

Hermel P., *Le Management participatif : sens, réalités, actions*, Éditions d'Organisation, 1988.

Hermel P. (éd.), *Management européen et international*, Economica, 1993.

Hickson D.J., *Top Decisions. Strategic Decision-Making in Organizations*, Blackwell, 1986.

Hiebeler R., Kelly T., et C. Ketterman (1999), *Les meilleures pratiques de la relation client*, Paris, Dunod.

Hirshman A.O., *Evit, Voice and Loyalty*, Harvard University Press, 1970.

Hofer C.W. et Schendel D., *Strategy Formulation Analytical Concepts*, West Publishing Company, 1978.

Hofstede G., *Culture Consequences. International Differences in Work Related Values*, Sage, 1980.

Huff A., *Mapping of Strategic Thought*, John Wiley, 1990.

Husson B., *La Prise de contrôle d'entreprises*, PUF, 1987.

Itami H. et Roehl T., *Mobilizing Invisible Assets*, Harvard University Press, 1987.

Jabès J. (éd.), *Gestion stratégique internationale*, Economica, 1988.

Jacquemin A., *Sélection et pouvoir dans la nouvelle économie industrielle*, Économica, 1985.

Jacquemin A., *Économie industrielle européenne*, Dunod, 1975.

Jardim A., *The First Henry Ford*, MIT Press, 1970.

Jarroson B., *Introduction à une philosophie du management*, Calmann-Lévy, 1991.

Joffre P.,et Koenig G., *Stratégie d'entreprise – antimanuel*, Economica, 1985.

Johnson G., *Strategic Change and the Management Process*, Blackwell, 1987.

Kaes R., *L'Appareil psychique groupal*, Dunod, 1976.

Kanter R.M., *The Change Masters*, Simon & Schuster, 1984.

Kets de Vries M. et Miller D., *Unstable at the Top Inside the Neurotic Organization*, New American Library, 1988.

Kobrin S.J., *Managing Political Risk Assessment : Strategic Response to Environmental Change*, University of California Press, 1982.

Koenig G., *Management stratégique,* Dunod, 2005.

Kuhn T., *La Structure des révolutions scientifiques*, Flammarion, 1983.

Labourdette A., *Stratégies d'entreprise*, Montchrestien, 1988.

Labourdette A., *Théories des organisations*, PUF, 1993.

Lapassade G., *Groupes, organisations, institutions*, Gauthier-Villars, 1974.

Larçon J.-P. et Reitter R., *Structures de pouvoir et identité de l'entreprise*, Nathan, 1979.

Larçon J.-P., et R. Reitter, *Structure de pouvoir et identité de l'entreprise*, Paris, Nathan, 1979.

Lawrence P.R. et Lorsch J.W., *Adapter les structures de l'entreprise*, Éditions d'Organisation, 1973.

Le Moigne J.L., *Les Systèmes de décision dans les organisations*, PUF, 1974.

Learned E.P., Christensen C.R., Andrews K.R. et Guth W.D., *Business Policy, Text and Cases*, Irwin, 1965.

Lemattre P. et Vulliez C., *L'Entreprise face son environnement*, Dunod, 1971.

Leonard-Barton D., « *Core capabilities and core rigidities : A paradox in managing new product development* », Strategic Management Journal, 1992, 13, pp. 111-125.

Leontiades M., *Management Policy, Strategy and Plans*, Little Brown, 1982.

Leontiades M., *Strategies for Diversification and Change*, Little Brown, 1980.

Lescas H., *Système d'information pour le management stratégique*, McGraw-Hill, 1986.

Lesourne J., *Les Mille sentiers de l'avenir*, Seghers, 1981.

Levinson H., *L'Art de diriger*, Publi-Union, 1971.

Levi-Strauss C., *L'Identité*, Grasset, 1977.

Levitt B., et J. March (1988), « *Organizational learning* », Annual Review of Sociology, 14, pp. 319-340.

Lindblom C.E., *The Policy-Making Process*, Prentice-Hall, 1968.

Lorange P., *Implementation of Strategic Planning*, Prentice-Hall, 1982.

Lorange P., *Corporate Planning : an Executive Viewpoint*, Prentice-Hall, 1980.

Lorange P. et Vancil R., *Strategic Planning Systems*, Prentice-Hall, 1977.

Lussato B., *Les Structures de l'entreprise*, Éditions d'Organisation, 198 1.

Lussato B., *Introduction critique aux théories des organisations*, Dunod, 1969.

Macmillan, *Strategy Formulation : Political Concepts*, West Publishing Company, 1978.

Maître P., *Plans d'entreprise et contrôle de gestion*, Dunod, 1984.

March J.G. et Olsen J.P., *Ambiguity and Choice*, Universitets Forlaget, 1976.

March J.G. et Simon H., *Les Organisations*, Dunod, 1969.

March J.G., *Decisions and Organizations*, Blackwell, 1988.

March J.G., (1991), « *Exploration and exploitation in organizational learning* », Organization Science, vol. 2, n° 1, février, pp. 71-87.

Marchesnay M., *La Stratégie : du diagnostic à la décision industrielle*, Chotard, 1986.

Marion A. (éd.), *Le Diagnostic d'entreprise. Cadre méthodologique*, Économica, 1993.

Martinet A.C., *Management stratégique : organisation et politique*, McGraw-Hill, 1984.

Martinet A.C., *Stratégie*, Vuibert, 1983.

Martinet A.C., *Diagnostic stratégique*, Vuibert, 1988.

McArthur J.H. et Scott B.R., *L'Industrie française face aux plans*, Éditions d'Organisation, 1970.

McGee, J. et Thomas H., *Strategic Management Research*, John Wiley, 1986.

McNamee P.B., *Tools and Techniques for Strategic Management*, Pergamon Press, 1985.

Merigot J.G. et Labourdette A., *Éléments de gestion stratégique des entreprises*, Cujas, 1980.

Meyer J. et Boudeville J., *Stratégies d'entreprise : formulation et mise en œuvre*, PUF, 1986.

Michalet C.A., *Le Capitalisme mondial*, PUF, 1976.

Michalet C.A. et Delapierre M., *La Multinationalisation des entreprises françaises*, Gauthier-Villars, 1973.

Miles R.E. et Snow C.C., *Organizational Strategy, Structure and Process*, McGraw-Hill, 1978.

Miles R.H. et Cameron K.S., *Colin Nails and Corporate Strategies*, Prentice-Hall, 1982.

Miller D. et Friesen P.H., *Organizations : a Quantum View*, Prentice-Hall, 1984.

Mintzberg H., *The Nature of Managerial Work*, Harper & Row, 1973.

Mintzberg H., *Structure et dynamique des organisations*, Éditions d'Organisation, 1982.

Mintzberg H., *Power in and around Organizations*, Prentice-Hall, 1983.

Mintzberg H., *Mintzberg on Management : Inside our Strange World of Organizations*, Free Press, 1989.

Mintzberg H., *Rise and Fall of Strategic Planning*, Free Press, 1993.

Mitroff 1.1., *Business not as Usual*, Jossey-Bass, 1987.

Moingeon B., « *L'auto-analyse stratégique : un exercice délicat* », L'Expansion Management Review, automne, pp. 83-87, 1994.

Moingeon B., et A. Edmondson, « *Trust and organizational learning* », in Lazaric, N. et E. Lorenz (eds), The Economics of Trust and Learning, Londres, Edward Elgar Publishers, pp. 247-265, 1998.

Moingeon B., et Métais E., « *Le management des compétences et capacités organisationnelles : illustration par le cas de l'entreprise Salomon* », in Quélin, B. et Arrègles J.L. (eds), *Le management stratégique des compétences*, Paris, Ellipses, pp. 263-286, 2000.

Moingeon B., et B. Ramanantsoa, « *Understanding corporate identity : The French school of thought* », *European Journal of Marketing*, vol. 31, n° 5/6, pp. 383-395, 1997.

Montmorillon (de) B., *Les Groupes industriels : analyse structurelle et stratégique*, Economica, 1986.

Morvan Y., *Économie industrielle*, PUF, 1976.

Mouzelis N.P., *Organization and Bureaucracy. An Analysis of Modern Theories*, Aldine Publishing Company, 1968.

Mumford E. et Pettigrew A., *Implementing Strategic Decisions*, Longman Group, 1975.

Nelson R.R. et Winter S.G., *An Evolutionary Theory of Economic Change*, Belknap Press, 1992.

Newman W.H. et Logan J.P., *Strategy, Policy and Central Management*, South Western Publishing, 1971.

Nioche J.-P. et Poinsard R., *L'Évaluation des politiques publiques*, Économica, 1984.

Nonaka I., et Takeuchi H., *The Knowledge-Creating Company. How Japanese Companies Create the Dynamics of Innovation*, Oxford University Press, 1995.

Nussembaum, M., *La Décision d'investissement dans l'entreprise*, Économica, 1978.

Ohmae K., *La Triade : émergence d'une stratégie mondiale pour l'entreprise*, Flammarion, 1985.

Ohmae K., *Le Génie du stratège*, Dunod, 1991.

Ohmae K., *L'Entreprise sans frontières. Nouveaux impératifs stratégiques*, InterÉditions, 1991.

Olins W., *Identité d'entreprise*, InterÉditions, 1991.

Oreal S., *Management stratégique de l'entreprise*, Economica, 1993.

Orsoni J., *Politique générale de l'entreprise*, Vuibert, 1987.

Ouchi W., *Théorie Z,* InterÉditions, 1982.

Ouchi W., M, *Un nouvel esprit d'entreprise*, InterÉditions, 1985.

Pages M. et al., *L'Emprise de l'organisation*, PUF, 1981.

Paris F., *Missions stratégiques de l'équipe dirigeante*, Dunod, 1980.

Pascale R.T. et Athos A.G., *Le Management est-il un art japonais ?,* Éditions d'Organisation, 1984.

Pastre O., *La Stratégie internationale des groupes financiers américains*, Economica, 1979.

Paul D. et Viollier B., *Adapter la planification d'entreprise*, Éditions d'Organisation, 1976.

Pedler M., Burgoyne, J. et T. Boydell, *The Learning Company*, Londres, McGraw Hill, 1991.

Penrose E., *The Theory of the Growth of the Firm*, John Wiley, 1959.

Perrow C.B., *Organizational Analysis : a Sociological View*, Tavistock, 1970.

Peteraf M.A., « The cornerstones of competitive advantage : A resource-based view », *Strategic Management Journal,* vol. 14, n° 3, pp. 179-191, 1993.

Pettigrew A., *The Politics of Organizational Decision-Making*, Tavistock, 1973.

Pettigrew A., *The Awakening Giant. Continuity and Change in ICI*, Blackwell, 1985.

Pettigrew A., *The Management of Strategic Change*, Blackwell, 1987.

Pfeffer J. et Salancik G.R., *The External Control of Organizations, a Resource Dependence Perspective*, Harper & Row, 1978.

Pfeffer J., *Organizations and Organization Theory*, Putman, 1982.

Phillips J.J., et D. Bonner, *Leading Knowledge Management and Learning*, Alexendria, ASTD, 2000.

Poirier L., *Essais de stratégie théorique*, Les Sept Épées, 1983.

Poirier L., *Les Voix de la stratégie*, Fayard, 1985.

Polanyi M., *The Tacit Dimension*, New York, Doubleday, 1966.

Pondy L.R., Boland R.J. et Thomas H., *Managing Ambiguity and Change*, John Wiley, 1989.

Ponsard J.P., *Stratégie d'entreprise et économie industrielle*, McGraw-Hill, 1988.

Porter M.E., *Choix stratégiques et concurrence*, Economica, 1982.

Porter M.E., *Competition in Global Industries*, Harvard University Press, 1985.

Porter M.E., *L'Avantage concurrentiel*, InterÉditions, 1986.

Porter M.E., *L'Avantage concurrentiel des nations*, InterÉditions, 1993.

Pras B., *La Firme multinationale face au risque*, PUF, 1980.

Quinn J.B., *Strategies for Change : Logical Incrementalism*, R. Irwin, 1980.

Quinn J.B., Mintzberg H. et James R.M., *The Strategy Process*, Prentice-Hall, 1988.

Reitter R., Chevalier F., Laroche H., Mendoza C. et Pulicani P., *Cultures d'entreprises*, Vuibert, 1992.

Reitter R. et Ramanantsoa B., *Pouvoir et politique. Au-delà de la culture d'entreprise*, McGraw-Hill, 1985.

Remmers H.L. et Brooke M., *Forces et faiblesses des entreprises multinationales*, Éditions d'Organisation, 1974.

Rhenman E., *Organization Theory for Long Range Planning*, John Wiley, 1973.

Rochet C., *Diversification et redéploiement de l'entreprise*, Éditions d'Organisation, 1981.

Rowe A.J. et Mason R.O., *Managing with Style : A Guide to Understanding, Assessing and Improving Decision Making*, Jossey-Bass, 1987.

Roy B. (éd.), La Décision, ses disciplines, ses acteurs, Presses universitaires de Lyon, 1983.

Rumelt R., *Strategy, Structure and Economic Performance*, Harvard University Press, 1974.

Sainsaulieu R., *Sociologie de l'organisation et de l'entreprise*, Presses de la Fondation nationale des sciences politiques, 1987.

Saint-Semin B., *Le Décideur*, Gallimard, 1979.

Sallenave J.P., *La Stratégie de l'entreprise face à la concurrence*, Éditions d'Organisation, 1973.

Sallenave J.P., *Direction générale et stratégie d'entreprise*, Éditions d'Organisation, 1984.

Salter M. et Weinhold W., *Diversification Through Acquisition*, Free Press, 1979.

Sasaki N., *Management and Industrial Structure in Japan*, Pergamon Press, 1981.

Savary J., *Les Multinationales françaises*, PUF, 1981.

Schein E.H., *Organizational Culture and Leadership*, Jossey Bass, 1986.

Schendel D.E. et Hofer C.W., *Strategic Management : A New View of Business Policy and Planning*, Little Brown, 1979.

Schwebig P., *Les Communications de l'entreprise*, McGraw-Hill, 1988.

Schwenk C.R., *The Essence of Strategic Decisions*, Lexington Books, 1989.

Selznik P., *Leadership in Administration*, Harper & Row, 1957.

Senge P., (1990), *The Fifth Discipline : The art and practice of the learning organization,* New York, Doubleday.

Sfez L., *La Décision*, PUF, coll. « Que sais-je ? », 1984.

Sfez L., *Critique de la décision*, Armand Colin, 1974.

Shubik M., *Stratégie et structures des marchés*, Dunod, 1964.

Simon H.A., *Le Nouveau Management. La décision par les ordinateurs*, Économica, 1980.

Simon H.A., *Administration et processus de décision*, Économica, 1983.

Sloan A.P., *Mes années à la General Motors*, Hommes et Techniques, 1964.

Soenen G., et B. Moingeon (2002), « The five facets of collective identities : integrating corporate and organizational identity », in Moingeon, B. et G. Soenen (eds), *Corporate and Organizational Identities : Integrating Strategy, Marketing, Communication, and Organizational Perspectives*, Londres, Routledge, pp. 13-34.

Steiner G.A., *Top Management Planning*, Collier-MacMillan, 1969.

Stewart R., *Managers and Their Jobs*, Macmillan, 1967.

Stora B., *Crise, puissance, perspectives de la sidérurgie mondiale*, Économica, 1979.

Stora B., *Le Système d'Hermès. Pour une approche européenne à la stratégie d'entreprise*, École des Hautes Études Commerciales, 1985.

Tabatoni P. et Jamiou P., *Les Systèmes de gestion – Politiques et structures*, PUF, 1971.

Tarondeau J.C., *Produits et technologies : choix politiques de l'entreprise industrielle*, Dalloz, 1982.

Tarondeau J.-C., *Stratégie industrielle*, Vuibert, 1993.

Taylor B. et Hawkins K. (eds), *Handhook of Strategic Planning*, Longman, 1972.

Taylor F.W., *Direction scientifique des entreprises*, Dunod, (réédition), 1957.

Teece D.J., *The Competitive Challenge : Strategies for Industrial Innovation and Renewal*, Ballinger, 1987.

Thévenet M., *Audit de la culture d'entreprise,* Éditions d'Organisation, 1986.

Thiétart R.A., *La Stratégie d'entreprise*, McGraw-Hill, 1984.

Thomson J.D., *Organizations in Action*, McGraw-Hill, 1967.

Tichy N.M. et Devanna M.A., *The Transformational Leader*, John Wiley, 1986.

Tirole J., *The Theory of Industriel Organization*, MIT Press, 1988.

Tregoe B. et Zimmermann J., *La Force motrice, une nouvelle stratégie pour l'entreprise*, InterÉditions, 1982.

Urban S. et al., *Éléments sur les stratégies industrielles allemandes*, Morstadt, 1982.

Van de Ven A.H. et Joyce W.E., *Perspectives on Organization Design and Behavior*, John Wiley, 1981.

Varie Auctores, *La Croissance de la grande firme multinationale*, Éditions du CNRS, 1973.

Varie Auctores, *Entreprise et organisation*, Economica, 1982.

Very Ph., *Stratégies de diversification : nouvelles perspectives*, Éditions Liaisons, 1991.

Weick K.E., *The Social Psychology of Organizing*, Addison-Wesley, 1979.

Welsch L.A. et Cyert R.M. (eds), *Management Decision-Making*, Penguin Books, 1970.

Williams J.D., *La Stratégie dans les actions humaines, les affaires, la guerre et les jeux*, Dunod, 1962.

Williamson O.E., *Market and Hierarchies : Analysis and Antitrust Implications*, Free Press, 1975.

Williamson O.E., *The Economic Institution of Capitalism*, Free Press, 1985. (Traduction française à paraître chez InterÉditions.)

Woodward J., *Industrial Organization : Theory and Practice*, Oxford University Press, 1965.

Zaleznik A., *Human Dilemnas of Leadership*, Harper & Row, 1966.

Zaleznik A. et Kets de Vries M., *Power and the Corporate Mind*, Hougthon Mifflin, 1975.

Zémor P., *Un bon conseil. Incursions chez les décideurs*, Olivier Orban, 1986.

Zysman J., *L'Industrie française entre l'État et le marché*, Bonnel, 1982.

Index des concepts

A

Acquisitions 302
- conglomérales 309
- de diversification liée 307
- horizontales 302
- verticales 305

Alliances 247, 335, 343
- complémentaires 348, 353, 354
- de co-intégration 349, 352, 354
- de complémentarité 357
- de pseudo-concentration 350, 353, 355, 357
- stratégiques 337

Analyse concurrentielle 13, 39

Avantage
- compétitif 13
- concurrentiel 78, 89, 124, 232, 237

B

Barrières à l'entrée 40, 70

Benchmarking 109, 110

Business
- *model* 180
- *strategy* 11, 259

C

Capacités organisationnelles 89

Chaîne
- de business 84
- de valeur 80, 83, 98

Changement organisationnel 534

Compétences 74, 79, 119
- « cœur » 99

Comportements « concurrentiels » 116

Corporate
- *culture* 6
- *strategy* 11, 259

Coûts
- partagés 140, 201
- spécifiques 201

Création de valeur 164

Croissance externe 219, 311

D

Déchets 393

Dépendance de parcours 94

Développement
- durable 372, 383
- interne 219

Différenciation 155, 425

Dilemme du prisonnier 114, 115

Diversification 203, 212, 457

Division du travail 445

Divisionnalisation 457

Domaine d'activité 204, 263

E

Économie d'échelle 40, 232, 303
Effet
– d'apprentissage 131
– d'expérience 129, 131, 140, 142
– de levier 96
Environnement 361, 383, 423
Équité sociale 383
Étalonnage 109

F

Facteur clé de succès 104, 105, 120
Filière 38
Forces concurrentielles 39
Frontière efficiente 127

G

Gap concurrentiel 107
Globalisation 224

I

Indices de concentration 51
Industries globales 231
Intégration 210, 326, 427
Intelligence économique 117
Intensité concurrentielle 49
Interdépendance de portefeuille 114
Investissement « solidaire » 387

J

Jeu concurrentiel 104
Jeu de la concurrence 232
Joint-ventures 244

L

Localisation 234

M

Marché 34
Matrice
– Arthur D. Little 278, 279
– McKinsey 278, 279
Maturité 67, 68, 70, 197
Métier 15
Modèle
– BCG 274
– LCAG 12
– MACS 286
Multi-domestique 240
Multinationales 233

N

Niche 199
Notations financières 388

O

Offre de référence 147
Opportunité 37

P

Parties prenantes 381
Politique d'entreprise 3
Position concurrentielle 197
Positionnements concurrentiels 148
Pouvoir
– de marché 303
– de négociation 42
Processus 514
Profil concurrentiel 108
Protocole de Kyoto 393

R

Résistance au changement 438
Ressources 79

S

Segment stratégique 452
Segmentation
– marketing 271
– stratégique 13, 261, 262, 268, 271, 461
Sourire de Stan Shi 250
Spécialisation 199

– restrictive 198
Stades
– de développement 5
– de maturité 137
Stratégie
– concurrentielle 4
– d'abandon 137
– d'alliance 4
– d'ombrelle 136
– de coût 14, 238
– de différenciation 14, 216, 237
– de domination 135
– de dumping 134
– de prix 134
– de rattrapage 136
– de spécialisation 197
– de volume 132
– globale 461
– internationale 241
– mise en œuvre 4
– par pays 505
– produit 505
Structure
– concurrentielle 210
– de compromis 470
– de coût 138, 140
– divisionnelle 453
– en soleil 445
– fonctionnelle 444
– fonctionnelle évoluée 447
– fonctionnelle simple 446
– globale 500
– matricielle 485, 490
– par projet 482, 485
Substitution 131
Synergie 205, 216, 290
– globale 241
Système concurrentiel 74, 78

T

Technologie 420, 421
Tests de Porter 284
Théorie des jeux 114

V

Valeur
– d'utilité perçue par le client 164
– relative 323

Index des sociétés

A

Accor 37
Airbus 117
Alter Eco 372
Amazon 41
American Express 22
Amora-Maille 287
Amtrack 36
Apple 18, 58

B

Bénédicta 288
Bic 205
Black et Decker 100
BMW 63
Boeing 117
Bolloré 76
Bridgestone 62
British Airways 111
Business Objects 185

C

Canal Satellite 51, 57
Canon 100, 208
Carrefour 100
CATIA 172
Chrysler 200
Coca-Cola 112, 306
Conforama 221
Continental 62
Corsair 261

D

Danone 243
Dell 91
Dvorak 169

E

Electrolux 76
Évian 300

F

Facom 41
Fedex 100
Fiat 116
Finaref 221
FNAC 221
France Télécom 58

G

General Electric 44, 58, 94
Gervais-Danone 300
Gillette 205
Goodyear 62
Groupe Péchiney 216
Groupe PPR 221

Groupe PSA-Peugeot-Citroën 236
Gucci 258

H

Hachette Livre 242
Heinz 275
Hewlett-Packard 30, 45
Holiday Inn 78
HP-Foods 275

I

IBM 30
Intel 30

J

Jaguar 63

K

Kodak 24
Kronenbourg 300

L

La Redoute 221
Lange 220
Le Printemps 221
Leclerc 59
LVMH 258

M

3M 59, 100
Max Havelaar 372
McDonald's 78, 244
McKinsey 267
Mercedes 63
Michelin 62, 205
Microsoft 30, 92
Moët-Hennessy 300
Monoprix 372
Muskin 206

N

Nature & Découvertes 372
NEC 100
Nestlé 267
Nike 371
Nokia 19, 45
Nouvelles Frontières 261
Novartis 234

P

Palm 18
PalmOne 45
Pepsi 112
Philip Morris 215
Philips 76
Pirelli 62
Protecoque 176
PSA 116

R

Renault 31
Rolls-Royce 44, 63
Rossignol 220

S

Samsung 19, 45
Sanofi-Synthelabo 234
Sears 62
Seat 229
Shell 58, 267
Sony 45
Speedy 216
Sun 24

T

Taylor Made 220
TempoSoft 189
Texas Instruments 208
The Body Shop 372
Total 58
Toyota 126
TPS 51, 57
Trappeur 220
Tyco 299

U

United Technology 44

V

Valeo 99
Vivendi-Universal 299
Volkswagen 229
Vuitton 258

W

Wal-Mart 62
WalMart 174
Weber Aircraft 206
Whirlpool 76
William Saurin 287

Z

Zodiac 206

48314-(I)-(9)-CSB 80°-NOC-MER
Dépôt légal de la 1re édition 2e trimestre 1997
Dépôt légal : juin 2005
Imprimé en France par I.M.E. 25110 Baume-les-Dames